DER GROSSE MUSIK FÜHRER

Musikgeschichte in Werkdarstellungen

ALFRED BAUMGARTNER

Musik der Klassik

KIESEL VERLAG

ISBN 3 7023 4003 3

Inhalt

Vorwort

Wie alle Bezeichnungen von Kunstepochen ist auch der Begriff der Klassik undeutlich und vage und daher äußerst problematisch. Geht man von seiner normativen Bedeutung aus, kann in Anlehnung an die Ableitung des Wortes vom römischen »classicus« (der höchsten Steuerklasse zugehörig) jedes Werk und jede Werkgesamtheit, denen man Vollendung und Mustergültigkeit zubilligt, das Epitheton »klassisch« erhalten, wobei diese Zubilligung allerdings in jedem Fall eine subjektive Wertschätzung bleibt, auch wenn sie aufgrund weitreichender allgemeiner Übereinkunft von allseitig anerkannten Autoritäten abgegeben wird; denn diese »allgemeine Übereinkunft« ist in den meisten der Fälle nur behauptet und selten tatsächlich erhoben, und die »allseitige Anerkennung« unterliegt wiederum subjektiven Kriterien. Eine einwandfreie Legitimation zu einem Werturteil mit der unbegrenzten Geltung der Objektivität kommt eben niemandem zu.

Abgesehen von diesen Überlegungen verleihen wir in der Musikgeschichte wie in der Geschichte der bildenden Künste, der Literatur und der Bühne einzelnen Werken oder dem Gesamtschaffen eines Künstlers oder auch ganzer Epochen den Ehrentitel »klassisch«; in der Musik kommt er, wenn man darunter Kunstwerke verstehen will, in denen der Darstellungswille emotional und rational seine Vollendung fand, einem Palestrina, einem Lassus, einem Johann Sebastian Bach, Schubert, Mahler und Schönberg – um nur einige zu nennen – mit vollem Recht zu. Die Beschränkung des Begriffes »Klassik« auf eine bestimmte Zeitspanne und eine gewisse Stilkategorie jedoch stellt eine methodologische Willkür dar wie etwa die Bezeichnung »Gotik« oder »Barock«, die ursprünglich depravierende Bedeutung hatten, ehe damit gewisse Stilrichtungen und deren Zeit sozusagen ihre Aufschrift erhielten, während bei »Klassik« die dem Wort innewohnende positive Wertung stets mitklang.

Auch die Literatur hat ihre Klassik in mehrfacher Bedeutung. Wir kennen die Schriften des klassischen Altertums und benennen die Werke des hohen Mittelalters mit dem gleichen auszeichnenden Wort, wir sprechen von der »Weimarer Klassik« als Blütezeit deutscher Dichtung mit seiner hohen ethischen Wertsetzung und dem Humanitätsideal eines Herder, Goethe und Schiller. So klar hier die Norm zutage tritt, die anzuwenden ist, so ungesichert ist dabei die historische Einordnung, weil der Stilbegriff vom Epochenbegriff nicht rein trennbar ist und eine gewisse historische Relativierung der Wertungskategorie schwer vermieden werden kann, auch wenn man dieser auf keinen Fall eine absolute Geltung zuerkennt.

Die gleiche Schwierigkeit ergibt sich beim Versuch einer zeitlichen Umgrenzung der klassischen Musik, der eine zumindest deskriptive Klarlegung des Stilbegriffes vorauszugehen hat. Relativ einfach ist diese Aufgabe hinsichtlich des engeren Begriffes der »Wiener Klassik« zu lösen, die als Musik der »Wiener Klassiker« dreimal mit Joseph Haydn, Wolfgang Amadeus Mozart und Ludwig van Beethoven eine der höchsten, zeitlos gültigen und in jeder Hinsicht beispielhaften Stufe der Musik erreichte, in der die Idee ihrer Werke zu allseitig vollendeter Ausprägung gelangte. Sie erfüllte alle Postulate, die von ästhetischer, ethischer, künstlerischer und technischer Seite gestellt wurden, im höchstmöglichen Ausmaß. Daß sie nicht mehr überbietbar war, geht daraus hervor, daß sie nicht überboten wurde. Sie war kein höchster Entwicklungsgipfel der Musik überhaupt, Beethoven war nicht besser als Johann Sebastian Bach und Mozart nicht größer als Monteverdi. In der Kunst gibt es keine absoluten Höchstleistungen, weil jedes Werk auf Zeit und Umwelt bezogen werden muß. Wohl aber weist die Geschichte jeder Kunst im Rahmen derselben Epoche, derselben vorherrschenden Stilrichtung und derselben Umweltbedingungen solche einsame Höhepunkte auf. Die drei »Klassiker«, die Wien zu

ihrer Wahlheimat gemacht hatten, erreichten innerhalb ihrer Schaffenszeit, die man approximativ zwischen 1760 und 1830 ansetzen darf, jeder für sich und nicht etwa voneinander abgeleitet oder im gemeinsamen Schaffen in einer vorgegebenen Bahn die höchste Vollendung. Gemeinsam war für sie nur der Wiener Boden, auf dem alle Stilelemente des 17. und 18. Jahrhunderts ineinanderflossen, gemeinsam war für alle drei die Kenntnis der Werke der großen Barockmeister, der Musik Frankreichs und der Vorklassiker in Italien, in Mannheim und in Wien selbst und die Musikalität der Stadt, die seit dem Wirken der Minnesänger am Babenbergerhof nie eine Unterbrechung erlitten hatte. Dazu kamen das gleiche Zeiterleben – Französische Revolution, Napoleonische Zeit, Anbruch des bürgerlichen Zeitalters – und der damit verbundene Wandel der Kultur- und Lebensformen sowie dann vielleicht auch eine Geistesgemeinschaft, die von äußeren Umständen nicht abgeleitet und daher nicht analysiert werden kann.
Wenn man aber die übrige »klassische« Musik den gleichen Kriterien unterwerfen will wie die »Wiener Klassik«, so bleibt nur das Ergebnis, daß es außer der »Wiener Klassik« keine andere gab. Daher wurde der Band auch nicht mit »Klassische Musik« betitelt, sondern mit »Musik der Klassik«, wobei die gesamten Vorformen und die Anlaufzeit subsumiert sind, die das Entstehen der »Wiener Klassik« ermöglichten. Die Bezeichnung »Musik der Klassik« hat somit überhaupt keine normative Bedeutung, sondern eine rein historische. Sie umfaßt alle Musik nach Johann Sebastian Bach bis zum Wirken Beethovens, also das Ausklingen des Barock, das in Wien bis zum Ende des 18. Jahrhunderts wirksam war, den galanten und den empfindsamen Stil, alle Formen des Rokoko, dazu die Bestrebungen, Stilgattungen der Renaissance sowie der Gregorianik neu zu erwecken und deren Pflege zu erhalten, weiters die vorklassischen Formen italienischer Meister, der Mannheimer und der Wiener Komponisten und zuletzt auch die Vorformen des romantischen Zeitalters, die wenigstens einen kleinen Anteil an der Bildung der Klassik hatten; ebenso berücksichtigt wurden die ersten Leistungen der Nationen, die sich erst allmählich der abendländischen Musikentwicklung anschlossen.
Die Oper, die in die Geschichte der Bühnenkunst gehört, wurde nur insoweit herangezogen, wie ihre Musik zur Charakteristik einzelner Komponisten wichtig war oder die Musikentwicklung beeinflußt hat. Es mußte daher häufig auf ihre Entwicklung und ihre Funktion im Rahmen des gesamten musikalischen Geschehens zurückgegriffen werden. Ohne die Beherrschung der Wiener Bühnen durch die italienische Oper, ohne die Reformen der Oper durch Gluck hätten mehrere Bausteine zur »Wiener Klassik« gefehlt. Das Ballett wurde behandelt, soweit seine Musik zum Konzertgebrauch Verwendung fand oder diese musikgeschichtlich von Bedeutung war.
Wie in den vorhergehenden Bänden des »Großen Musikführers« wurden alle Meister nach Geburtsdaten geordnet, die jünger als Johann Sebastian Bach waren, einzeln vorgeführt, in die durch Zeit und Umwelt jeweils am meisten ausschlaggebenden Kulissen gestellt und biographisch und werkgeschichtlich besprochen. Werke von bleibendem Wert oder solche, die den Gang der Entwicklung auf die Vollendung der Klassik hin verdeutlichen, erfuhren eine gesonderte eingehende Behandlung.
Die geschichtsphilosophischen Gründe für die gewählte Art der Darstellung wurden bereits in den vorhergehenden Bänden besprochen. Hier soll nur erwähnt werden, daß gerade die »Wiener Klassik« aufzeigt, wie stark die Isolation der einzelnen Meister trotz aller Geistesgemeinschaft wirksam war. Ihr nahezu paralleler Aufstieg war für jeden zu guter Letzt ein einsamer Weg und das gemeinsame Erleben der Zeitverhältnisse und Umweltbedingungen nicht viel mehr als der gleichartige Eindruck der Wetterlaunen auf eine Gruppe von Personen, die keine Beziehung zueinander haben. Zu welchen Fehleinschätzungen die Zusammenfassung der drei »Wiener Klassiker« zu einer Gruppe führt, soweit das nicht arbeitshypothetisch geschieht, zeigen nicht wenig musikhistorische Traktate.
Die dem Band vorangestellte »Zeittafel« soll das wichtigste Zeitgeschehen aufzeigen, das parallel zur fortschreitenden Musikgeschichte vor sich ging. Das »Kurzlexikon zur Musik der Klassik«

erklärt alle im Band angeführten Fachausdrücke der Musik, die vom reinen Wort her nicht von selbst verständlich sind. Das Kreuzregister soll die Verwendbarkeit des Buches erhöhen.
Im Gegensatz zu den vorangehenden Bänden wurde in diesem auf die Aufführung der Nationalität der einzelnen Komponisten verzichtet. Der Grund hiefür liegt in der Wandlung des Nationalitätsbegriffes im 17. und 18. Jahrhundert. Noch in der Barockzeit hatte die Volkszugehörigkeit landsmannschaftliche Bedeutung. Man konnte daher von Deutschen und Italienern sprechen, wenngleich es damals weder ein Deutschland noch ein Italien als Staat gab. Wer innerhalb der geographischen Grenzen des antiken oder nachmaligen Italien geboren war, galt als Italiener, ob er nun Genuese, Venezianer oder Neapolitaner war. Im Gefolge des Dreißigjährigen Krieges wurden aus diesen Volkszugehörigen Untertanen, deren neue Nationalität durch ihren jeweiligen Aufenthalt bestimmt wurde. Wie hätte man Wolfgang Amadeus Mozart bezeichnen sollen? Sein Vater stammte aus Augsburg, er selbst kam als Salzburger Untertan zur Welt und wurde sodann österreichischer. Bei Ludwig van Beethoven hätten sich ähnliche Schwierigkeiten und damit Unklarheiten ergeben. Die Volkszugehörigkeit war zu einer veränderlichen Staatszugehörigkeit geworden, die in der jeweiligen Biographie ohnehin angeführt ist.
Diese Darstellung einer Musikepoche, die als rein zeitliche Umgrenzung »Musik der Klassik« benannt wurde und ebenso den umständlichen Titel »Galante, empfindsame, vorklassische und klassische Musik« erhalten hätte können, soll durch eine sorgfältige, aber nur auf ausschlaggebende Momente abgezielte Vorstellung von etwa 1300 Komponisten und die Schilderung der politischen, sozialen und kulturellen Tatbestände und Bedingungen, unter denen sie lebten und wirkten, durch die Analyse der Techniken und Stilgattungen, der emotionalen und rationalen Inhalte ihrer Werke ein Bild des Musikgeschehens geben, das mit seiner facettenreichen Vielfalt der Strömungen und Gegenströmungen, der Vormärsche und Rückläufe, parallelen und abzweigenden Linien sich vom Höhepunkt des Barock auf den der »Wiener Klassik« zubewegte, und zugleich aufzeigen, daß sie von der Interpretation neben der Renaissance, dem Barock, der Hochklassik und der Romantik zu Unrecht als Übergangszeit vernachlässigt wird, denn es handelt sich um eine Epoche, die als gemeinsamen Nenner zwar nur das erreichte Endziel aufzuweisen hat, aber gerade durch ihre häufige Widersprüchlichkeit und oft scheinbare Ziellosigkeit und sodann durch das überraschend hohe Niveau ihres Kulminationspunkts mehr überrascht als alle Zeitläufte der Musikgeschichte zuvor. Daher ist dieses Buch allen Chören und Ensembles jeder Art, allen Interpreten und Dirigenten gewidmet, die sich mit dieser Zeit des Werdens und Entwickelns nicht nur wegen des Glanzes ihrer Endphase beschäftigen, sondern auch um ihrer selbst willen, um alle Kostbarkeiten, die die verschiedenartigsten Wege zur letzten Vollendung bieten, nicht zur »vergessenen« Musik werden zu lassen.

DDDr. Alfred Baumgartner

Zeittafel zur Musik der Klassik

Zeit	*Allgemeine Geschichte*	*Musikgeschichte*
1751–1755	1751 Französische Enzyklopädie beginnt zu erscheinen (35 Bände); »Hexerei« in Bayern noch mit Todesstrafe bedroht 1754 Gründung der Columbia-Universität in New York; Universität Halle promoviert Deutsche zum Dr. med. 1755 Gründung der 1. russischen Universität in Moskau; Englisch-französischer Kolonialkrieg bis 1763	1751 Buffooper aus Italien tritt neben französische Nationaloper; »Jephta«, letztes Oratorium von G. F. Händel 1753 J.-J. Rousseau: Briefe über die französische Musik; C. Ph. E. Bach: Traktat über die Technik seines empfindsamen Spiels 1755 J. Haydn: 1. Streichquartett
1756–1760	1756 Beginn des Siebenjährigen Krieges 1757 Preußischer Sieg bei Leuthen 1758 H. Nelson siegt bei Abukir 1759 Niederlage Friedrichs II. bei Kunersdorf 1760 England erobert Kanada; Russen besetzen Berlin	1756 L. Mozart: Violinschule; W. A. Mozart geboren 1757 D. Scarlatti, Verfasser der Vorform zur klassischen Sonate, und J. Stamic, eines der ersten Mitglieder des Mannheimer Hoforchesters, gestorben 1759 J. Haydn: 1. Sinfonie; J. G. Noverre: Ballettreform; G. F. Händel gestorben
1761–1765	1762 J.-J. Rousseau: Contrat social; Zarin Elisabeth gestorben; Nachfolger Peter III. ermordet; Katharina II. wird Zarin 1763 Friede von Hubertusburg 1765 Kaiser Franz I. gestorben, Nachfolger Joseph II.	1761 J. Haydn: Kapellmeister bei Fürst Esterházy 1763 C. Ph. E. Bach: »Sonaten für Clavier«; J.-Ph. Rameau, Begründer der neuen Harmonielehre, gestorben 1764 Gründung der Bach-Abel-Concerts in London 1765 W. A. Mozart: 1. Sinfonie

Zeit	*Allgemeine Geschichte*	*Musikgeschichte*
1766–1770	1766 G. E. Lessing: Laokoon oder über die Grenzen der Malerei und Poesie 1769 Napoleon Bonaparte geboren 1770 I. Kant wird Professor in Königsberg	1767 G. Ph. Telemann gestorben; C. Ph. E. Bach wird als Musikdirektor der Kirchen Hamburgs sein Nachfolger 1770 G. Tartini, einer der Begründer virtuoser Violinistik, gestorben; L. v. Beethoven geboren
1771–1775	1772 1. Teilung Polens 1773 F. G. Klopstock vollendet »Messias« 1774 Ludwig XV. gestorben, Nachfolger Ludwig XVI.; Goethe schreibt »Werther«	1771 J. Haydn: Sonnenquartette 1772 J. Haydn: »Abschiedssinfonie« 1773 A. Schweitzer: »Alceste«, 1. deutsche Nationaloper 1775 W. A. Mozart: 5 Violinkonzerte
1776–1780	1776 Unabhängigkeitserklärung der USA, »Verkündigung der Menschenrechte«; A. Smith legt Grund zur liberalistischen Volkswirtschaft in England 1778 Bayrischer Erbfolgekrieg 1780 Kaiserin Maria Theresia gestorben, Nachfolger Joseph II.	1776 Opernstreit der »Gluckisten« und »Piccinnisten« in Paris; W. A. Mozart: Haffner-Serenade 1777 W. A. Mozart reist mit seiner Mutter nach Paris 1778 L. v. Beethovens Vater stellt seinen Sohn als sechsjähriges Wunderkind vor; »Scala« in Mailand eröffnet 1779 W. A. Mozart: Krönungsmesse
1781–1785	1781 Beginn der Reformen Josephs II., des Vertreters des »Aufgeklärten Absolutismus« 1783 F. v. Schiller: »Die Schaubühne als moralische Anstalt«; England erkennt Unabhängigkeit der USA an 1785 »Times« in London gegründet; Handelsvertrag USA/Preußen	1781 J. Haydn: russische Streichquartette; W. A. Mozart heiratet Constanze Weber 1783 L. v. Beethoven: »Drei Sonaten fürs Klavier«; W. A. Mozart: c-Moll-Messe 1785 W. A. Mozart: Klavierkonzert Es-Dur

Zeit	*Allgemeine Geschichte*	*Musikgeschichte*
1786–1790	1786 Friedrich der Große gestorben 1787 F. v. Schiller geht nach Weimar 1789 Ausbruch der Französischen Revolution; Einberufung der Generalstände; G. Washington 1. Präsident der USA 1790 Joseph II. gestorben, Nachfolger Kaiser Leopold II.	1786 J. Haydn: Pariser Sinfonien beendet; C. M. v. Weber geboren 1787 L. Boccherini wird Hofkomponist von Berlin; Ch. W. v. Gluck gestorben 1788 J. Haydn: Oxfordsinfonie; W. A. Mozart: Jupitersinfonie; C. Ph. E. Bach gestorben 1790 W. A. Mozart: »Krönungskonzert«
1791–1795	1791 Washington wird als Hauptstadt der USA gegründet 1792 Kaiser Leopold II. gestorben, Nachfolger Franz II.; Frankreich wird Republik 1793 2. Teilung Polens 1794 G. Danton und M. de Robespierre hingerichtet 1795 3. (letzte) Teilung Polens	1791 W. A. Mozart gestorben, hinterläßt unvollendetes Requiem 1792 J. Haydn wird L. v. Beethovens Lehrer 1795 J. Haydn vollendet Londoner Sinfonien
1796–1800	1796 Zarin Katharina II. gestorben, Nachfolger Paul I. 1797 Napoleon in Italien 1798 Helvetische Republik gegründet; Beginn der Koalitionskriege; Römische Republik gegründet; Papst Pius VI. Gefangener der Franzosen 1799 G. Washington gestorben 1800 Vereinigte Königreiche Großbritannien und Irland gegründet	1797 J. Haydn: Kaiserquartett 1798 J. Haydn: »Die Schöpfung« 1799 L. v. Beethoven: 1. Sinfonie 1800 Starke Ausbreitung der Ausbildung von Leibeigenen zu Musikern in Rußland; N. Piccinni gestorben

Zeit	*Allgemeine Geschichte*	*Musikgeschichte*
1801–1805	1801 Friede von Lunéville zwischen Österreich und Frankreich; A. W. Schlegel vollendet 8 Bände seiner Shakespeare-Übersetzung 1804 Kaiser Franz II. als Franz I. 1. österreichischer Kaiser; Napoleon Bonaparte Kaiser der Franzosen 1805 Napoleon besiegt bei Austerlitz Österreich und Rußland; H. Nelson besiegt französisch-spanische Flotte bei Trafalgar; F. v. Schiller gestorben	1801 J. Haydn: »Die Jahreszeiten«; L. v. Beethoven: »Die Geschöpfe des Prometheus« 1802 J. N. Forkel: »Über J. S. Bachs Leben, Kunst und Kunstwerke« 1803 L. v. Beethoven: Pathétique, Mondscheinsonate; 1804 L. v. Beethoven: 3. Sinfonie, Eroica 1805 L. v. Beethoven: Klavierkonzert G-Dur und Kreutzersonate; L. Boccherini gestorben
1806–1810	1806 Napoleon siegt gegen Rußland und Preußen, »Kontinentalsperre« gegen Großbritannien; Kaiser Franz I. von Österreich legt deutsche Kaiserkrone nieder; Ende des »Heiligen Römischen Reiches Deutscher Nation« 1807 Aufhebung der Erbuntertänigkeit in Preußen; Napoleon besetzt Spanien 1808 Beginn der nationalen Erhebung in Spanien; A. Wellington siegt in Spanien über Napoleon; J. Murat König von Neapel 1809 Napoleon als Sieger in Wien; Fürst K. W. L. v. Metternich wird österreichischer Außenminister; Papst Pius VII. Gefangener Napoleons 1810 Heirat von Napoleon und Erzherzogin Marie Louise von Österreich	1806 L. v. Beethoven: Violinkonzert und Rasumowsky-Quartette 1808 L. v. Beethoven: 5. und 6. Sinfonie; E. T. A. Hoffmann wird Musikdirektor in Bamberg 1809 C. F. Zelter gründet Liedertafel in Berlin; J. Haydn gestorben; F. Mendelssohn-Bartholdy geboren 1810 F. Chopin, O. Nicolai und R. Schumann geboren

Zeit	*Allgemeine Geschichte*	*Musikgeschichte*
1811–1815	1812 Napoleons Rußlandfeldzug 1813 Völkerschlacht bei Leipzig; Franzosen verlassen Spanien 1814 Franzosen räumen Italien; Napoleon dankt ab und wird nach Elba verbannt; Ludwig XVIII. franz. König; 1815 Wiener Kongreß; Napoleon kehrt nach Paris zurück, wird bei Waterloo endgültig geschlagen und nach St. Helena verbannt; »Heilige Allianz« gegründet	1811 F. Liszt geboren; F. Schubert: »Hagars Klage« 1812 L. v. Beethoven: 7. und 8. Sinfonie; Begegnung mit J. W. v. Goethe in Teplitz (Teplice) 1813 R. Wagner und G. Verdi geboren; 1814 L. v. Beethoven: Fidelio 1815 F. Schubert: 3. Sinfonie; J. N. Mälzel: Erfindung des Metronoms
1816–1820	1816 Goethe: »Die italienische Reise«; Sachsen-Weimar erhält Verfassung 1818 Bayern und Baden erhalten Verfassung 1819 »Karlsbader Beschlüsse« gegen politische und geistige Freiheit in Deutschland	1816 F. Schubert: 4. und 5. Sinfonie 1818 F. Schubert: Sinfonie C-Dur; K. Loewe: »Erlkönig« 1819 F. Schubert: »Forellenquintett«
1821–1825	1821 Aufstand der Griechen gegen die Türken; Napoleon gestorben 1822 Griechenland wird unabhängig 1823 Mexiko wird Republik 1825 Ende der spanischen Kolonialherrschaft in Amerika; Dekabristenaufstand um eine Verfassung in Rußland niedergeschlagen; König von Bayern Maximilian I. Joseph gestorben, Nachfolger Ludwig I.	1821 C. M. v. Weber: »Der Freischütz« 1822 F. Schubert: »Die Unvollendete«; F. Mendelssohn-Bartholdy: Sinfonie in D-Dur 1823 L. v. Beethoven: Die Neunte; modernes Pianoforte mit Repetitionsmechanik von J.-B. Erard 1824 L. v. Beethoven: Missa Solemnis; A. Bruckner und F. Smetana geboren 1825 A. Salieri gestorben

Zeit	*Allgemeine Geschichte*	*Musikgeschichte*
1826–1830	1826 Gasbeleuchtung Unter den Linden in Berlin; erster (gescheiterter) Versuch eines panamerikanischen Kongresses in Panama 1827 Entstehen panslawistischer Bestrebungen in der Slowakei 1828 Erste Versuche deutscher Staaten, Zölle gegenseitig abzubauen 1830 Erhebung der Belgier gegen die Niederländer; Gründung des Königreiches Belgien; vergeblicher Aufstand der Polen gegen Rußland; Julirevolution in Frankreich; Karl X. dankt ab, Nachfolger: »Bürgerkönig« Louis Philippe	1826 F. Schubert: Streichquartett d-Moll »Der Tod und das Mädchen«; C. M. von Weber gestorben 1827 L. v. Beethoven gestorben; F. Schubert: Die Winterreise 1828 F. Schubert gestorben 1829 Erste Wiederaufführung der Matthäus-Passion von J. S. Bach 1830 F. Chopin kommt nach Paris; F. Mendelssohn-Bartholdy: »Reformations-Sinfonie«

Antonio Bernacchi (1685–1756)

ZEIT UND UMWELT

Das in Italien bereits seit der Spätantike geübte Verschneiden von Knaben, um ihre unmutierte Stimmlage zu erhalten, nahm im 17. und noch mehr im 18. Jahrhundert überhand. Die Kastraten, deren Stimme das Timbre und die Höhe eines Knaben mit der Brustresonanz und Lungenkraft eines Erwachsenen verband, ersetzten zunehmend in der katholischen Kirchenmusik die Falsettisten; in den Kirchen Roms wirkten mehr als 200 Kastratensänger, die päpstliche Kapelle beschäftigte schon ab 1588 Verschnittene, obschon die Kirche 1587 die Kastration verboten hatte, und noch von 1883 bis 1913 den Kastraten Alessandro Moreschi (11. 11. 1858, Rom, bis 21. 4. 1922, Rom) als Sopranisten. Das weiteste Feld bot diesen Sängern aber die Oper. Einzelne stiegen durch die Gunst des Publikums zu bedeutendem Ansehen und Reichtum empor, wie Baldassare Ferri (9. 12. 1610, Perugia, bis 8. 9. 1680, Perugia), der an den Fürstenhöfen von Polen, Österreich und England Triumphe feierte, Francesco Bernardi (um 1680, Siena, bis um 1750, Siena), den Händel in London beschäftigte, Carlo Broschi (1705–82), der einflußreiche Günstling spanischer Könige, und Gaetano Majorano (12. 4. 1710, Bitonto bei Bari, bis 31. 1. 1783, S. Dorato bei Neapel), der als Duca di S. Dorato starb. Die Kastratenstimmen wurden so sehr bevorzugt, daß Männerstimmen von der Opernbühne nahezu verschwanden und Sängerinnen Hosenrollen übernahmen, um der Konkurrenz der Verschnittenen auszuweichen.

Gaetano Caffarelli, genannt Majorano

LEBEN

Antonio Maria Bernacchi wurde am 23. 6. 1685 in Bologna getauft. Er war dort Schüler von Francesco Antonio Pistocchi (1659 bis 1726), der ihn zum Kastratensänger ausbildete. Kurfürst Johann Wilhelm von der Pfalz (1658–1716) zog ihn 1701 nach Düsseldorf. Nach seinem Auftreten in den Jahren 1716/17 in London sang er mit größtem Erfolg in Venedig, Mailand, Bologna, Turin und München, wo er bei Giuseppe Antonio Bernabei (um 1649–1732) Kompositionsunterricht nahm. Von 1720 bis 1727 wirkte er in Wien und wurde 1729 von Händel neuerlich nach London verpflichtet. Im Jahr 1736 ging er in seine Heimatstadt Bologna zurück und gründete dort eine Gesangschule, die er bis zu seinem Tod am 16. 3. 1756 leitete.

WERKE

Ruf und Ruhm errang der italienische Evirat Antonio Bernacchi durch seine außerordentliche Gesangskunst. Seine kompositorischen Leistungen, Soli und Duette mit sakralen und profanen Texten, vorwiegend zum eigenen Gebrauch, traten dagegen zurück. Es handelte sich um Virtuosenmusik, die aber sehr ansprechend war und stilistisch ihrer Zeit entsprach.

LITERATUR

Antonio Bernacchi e la sua scuola di canto, Rivista Musicale Italiana XXIX, 1922.

Jacques Loeillet (1685–1746)

ZEIT UND UMWELT

Im 18. Jahrhundert überstürzten sich naturwissenschaftliche Erkenntnisse und darauf fußende Erfindungen, der aufkommende Rationalismus näherte sich stark einer materialistischen Weltanschauung. Daß der flandrische Raum, einst Ausgangspunkt bedeutender künstlerischer Impulse, sein ehemaliges Niveau nicht mehr erreichen konnte, lag zu einem großen Teil an der schwachen Aufnahmebereitschaft einer hauptsächlich auf Erlös und Erwerb ausgerichteten Gesellschaft, der die Fähigkeit zur Verinnerlichung abhanden gekommen war. Wenn Kulturschaffende ihre Werke präsentieren wollten, fanden sie zuwenig Widerhall und mußten sich in Länder begeben, wo noch Fürstenhäuser, wenn auch nur oft in starrer Nachahmung ehemaligen verständnisvollen Mäzenatentums, Entfaltungsmöglichkeiten boten.

LEBEN

Jacques Loeillet, Bruder des Jean Loeillet (1680–1730), wurde am 7. 7. 1685 in Gent getauft. Die Anwesenheit des bayrischen Kurfürsten Max II. Emanuel (1662–1726) in Brüssel, der im Zuge des Spanischen Erbfolgekrieges sein Land verlassen hatte müssen, bot dem Genter Musiker die Gelegenheit, in dessen Hofkapelle als Oboist einzutreten. Als der musikliebende Kurfürst nach dem Frieden von Rastatt (1714) von seinem Exil in Frankreich nach München zurückgekehrt war, erhielt Loeillet dort die Stelle eines Kammermusikers und Konzertmeisters. Im Jahr 1727 ging er für mehrere Jahre an den Hof Ludwigs XV. in Versailles, wirkte darauf erneut in München bis 1746, in welchem Jahr er nach Gent heimkehrte und dort am 28. 11. starb. Seine Witwe bezog eine Pension aus Versailles.

Sein Vetter Jean-Baptiste Loeillet (getauft 26. 7. 1688, Gent, nach 1729, Frankreich) lebte und wirkte als Komponist, Flötist und Konzertmeister in Frankreich und vermutlich zumindest einige Zeit am Hof des Erzbischofs von Lyon. Im Jahr 1729 ist seine letzte Komposition erschienen. Wann und wo er gestorben ist, kann nicht festgestellt werden.

WERKE

Von Jacques Loeillet sind 6 Sonaten für Querflöte mit Continuo, 6 Sonaten für zwei Querflöten ohne Continuo und 2 Konzerte für Oboe und Streicher in Es-Dur und D-Dur erhalten.

Jean-Baptiste Loeillet hinterließ eine beträchtliche Anzahl Sonaten für eine und zwei Querflöten, die großen Anklang fanden.

LITERATUR

P. Bergmans, Une famille des musiciens belges: Les Loeillet, Brüssel 1928.

Giuseppe Matteo Alberti (1685–1751)

ZEIT UND UMWELT

Macht und Glanz der Fürstenhöfe Italiens, die durch Jahrhunderte die Kraftquellen der kulturellen Entwicklung des Landes bildeten, erloschen im 18. Jahrhundert fast vollkommen. Die einzelnen Residenzstädte hielten zwar ihr kulturelles Niveau mehr oder minder aufrecht, die Ausstrahlungskraft einstiger Zeiten war jedoch versiegt. Venedig, Rom und vor allem Bologna konnten jedoch ihre Stellung als Kulturzentren bis zum Ende des Jahrhunderts bewahren.

LEBEN

Giuseppe Matteo Alberti wurde am 20. 9. 1685 in Bologna geboren, dort zum Violinisten und Komponisten ausgebildet und wirkte als Violinist an San Petronio bis zu seinem Tod am 18. 2. 1751.

WERKE

Giuseppe Matteo Alberti, ein ausgezeichneter Violinist, verfaßte 12 Sinfonien für zwei Violinen, Bratsche, Cello und Continuo, 12 Violinsoli mit Generalbaß, eine Reihe von Vokalwerken und das Oratorium »La Vergine annunziata« (Mariae Verkündigung). Sein Stil gehört dem Spätbarock an.

Domenico Scarlatti (1685–1757)

ZEIT UND UMWELT

Der spanische König Philipp V. (1683–1746) war bereits in schwere Melancholie verfallen, als der Kastratensänger Farinelli (Carlo Broschi) im Juni 1737 von London an den Hof von Madrid kam. Besonders die »Messa di voce« war es, jenes allmähliche Anschwellen des Tones vom zartesten Pianissimo bis zum stärksten Fortissimo und das entsprechende Abschwellen bis zur Ausgangslage, die das umdüsterte Gemüt des Königs aufheitern konnte. Die Gunst des Nachfolgers Ferdinand VI. (1712–59) reichte so weit, daß er dem Sänger stärksten Einfluß auf die Politik einräumte. Erst der Regierungsantritt Karls III. (1716–88) vertrieb ihn aus Spanien.

Es war für jene Epoche typisch, daß sich das Interesse aller Publikumsschichten der Interpretationstechnik zuwandte, Außerordentliche Stimmlagen, ungewöhnlich lang angehaltene Töne, komplizierte Figurierungen der Sänger, erstaunliche Geläufigkeit, akrobatische Griffe, weite Sprünge der Instrumentalisten wurden bewundert und hoch honoriert. Kunstfertigkeit wurde mit Kunst und das Jonglieren mit Tönen mit Musik verwechselt. Damit vermochte ehrlicher Wille zur Kunst nur schwer in Wettbewerb zu treten, so daß eine gewisse Verflachung und Betonung von Äußerlichkeiten die gesamte Stilentwicklung nach dem Abklingen des Barock kennzeichnete. Allerdings wurde gleichzeitig auch schon die Reaktion auf solche Tendenzen sichtbar, weil sich neben diesen inhaltsleeren Klanggebilden die Ansätze zur Ballung künstlerischer Ideen formten, die sodann im Zeitalter der Klassik alles in den Schatten stellten.

Domenico Scarlatti, Lithographie von A. Lemoine

LEBEN

Giuseppe Domenico Scarlatti wurde am 26. 10. 1685 in Neapel geboren. Er war Schüler seines Vaters Alessandro Scarlatti (1660 bis 1725), der ihn 1701 in die von ihm geleitete Königliche Kapelle als Organisten aufnahm. Ein Jahr darauf reisten Vater und Sohn über Rom nach Florenz, von wo Domenico noch im selben Jahr nach Neapel zurückkehrte, weil er hoffte, die Leitung der Hofkapelle zu erhalten. Da sich seine Erwartung nicht erfüllte, ging er 1705 nach Venedig, wo er bis 1708 Unterricht bei Francesco Gasparini (1668–1727) nahm. Sodann übersiedelte er nach Rom und fand Gelegenheit, sich bei Arcangelo Corelli (1653–1713) und Bernardo Pasquini (1637–1710) weiterzubilden. Im Jahr 1709 wurde er zum Kapellmeister des Privattheaters der polnischen Königin Marie Casimira de La Grange d'Arquien (1635–1716), Witwe nach Jan III. Sobieski (1629–96). Nachdem die Königin 1714 Rom verlassen hatte, wurde er Kapellmeister der portugiesischen Botschaft in Rom und an der Cappella Giulia. Im Jahr 1720 berief ihn König João V. von Portugal (1689–1750) als Kapellmeister und Lehrer der Infantin Maria Barbara (1711–58) nach Lissabon. Als die Tochter des Königs den spanischen Infanten Ferdinand (den späteren König Ferdinand VI.) geheiratet hatte, nahm sie ihren Lehrer als Cembalisten 1729 nach Sevilla und 1733 nach Madrid mit, wo der Kastrat Farinelli 1737 das höfische Musikleben be-

herrschte. Neben dem berühmten Sänger vermochte sich Scarlatti nur zu behaupten, indem er sich auf seine Rolle als Cembalist und Komponist für dieses Instrument beschränkte und Farinelli auf keinem Gebiet konkurrenzierte. Er starb am 23. 7. 1757 in Madrid. Die mehrfach geäußerte Ansicht, der Komponist sei 1754 nach Neapel heimgekehrt und dort gestorben, geht auf eine irrige Behauptung einer neapolitanischen Musikzeitschrift des 19. Jahrhunderts zurück.
Sein älterer Bruder Pietro Filippo Scarlatti (5. 1. 1679, Rom, bis 22. 2. 1750, Neapel) war von 1705 bis 1708 Kirchenkapellmeister in Urbino und wirkte sodann als Hilfsorganist und ab 1712 als regulärer Organist an der Königlichen Kapelle in Neapel.

Werke

Im kompositorischen Werk von Domenico Scarlatti ist eine markante Zäsur festzustellen. Vor seiner Übersiedlung nach der Iberischen Halbinsel verfaßte er eine Reihe von Opern, ein Oratorium, »Die Bekehrung Chlodwigs«, eine Farsetta und eine Pastorale, mehrere Kantaten und Serenaten, außerdem 2 Messen und sein berühmtes Stabat mater. Im Dienst der portugiesischen Infantin und späteren spanischen Königin widmete er sich nahezu ausschließlich der Komposition für Cembalo, das er meisterhaft beherrschte. Er schrieb etwa 545 zumeist einsätzige Stücke für sein Instrument, die für die Klaviermusik des 18. Jahrhunderts grundlegend wurden, obgleich sie noch keine Themendurchführung im klassischen Sinn brachten, aber diese geistvollen, unterhaltenden und zugleich spielerischen Rokokostücke sind absolute, von jeder Programmatik und allen didaktischen Zielen freie Musik und stehen damit dem klassischen Ideal näher, als es eine oberflächliche Betrachtung ahnen läßt. Er baute damit auch die pianistische Technik weiter aus. Einige Stücke hat der Cembalomeister für Ensemble verfaßt. Sein Salve regina für Sopran und Streicher aus dem Jahr 1756 soll seine letzte Komposition gewesen sein.
Die Hinterlassenschaft seines Bruders Pietro Filippo Scarlatti besteht aus einer Oper und 6 Cembalotoccaten.

Stabat mater für vier Sopran-, zwei Alt-, zwei Tenor- und zwei Baßstimmen und Continuo

Diese Jugendkomposition ist höchstwahrscheinlich von einer religiösen Bruderschaft Roms, die der alten A-cappella-Tradition nachhing, für ihre Gebetsgottesdienste bestellt worden. Der archaische Stil, den der Komponist treffend beherrschte, ist mit Barockelementen vermischt, stellt aber dennoch ein in sich geschlossenes Ganzes dar und ist eine der wenigen Kirchenkompositionen des Meisters, die noch heute Beachtung finden.

Salve regina, Kantate für Sopran und Streicher, entstanden 1756

Es handelt sich wahrscheinlich um das letzte Werk des Komponisten, mit dem der Cembalomeister mit sattem Streicherklang, feinen kammermusikalischen Wendungen und weiten Melodiebogen des Solos zur Welt des Hochbarock zurückkehrte, gleichsam, um von ihr Abschied zu nehmen. Das mächtige Amen legt die Ahnung nahe, daß es ein Abschied nicht nur von der verklungenen Epoche, sondern auch von Musik und Leben überhaupt war.

Sonaten für Cembalo

Der Pianist Alessandro Longo (1864–1945) brachte eine Gesamtausgabe der Cembalosonaten von Domenico Scarlatti heraus, die er zu Suiten zusammenstellte, um die Stilgruppen deutlicher zu profilieren, die sich von spätbarocker Faktur bis zur »galanten Hurtigkeit« erstreckt. Es handelt sich um keine Sonaten im klassischen Sinn, weil es nirgends zu einer Durchführung kommt, sondern höchstens um Aneinanderreihungen wie bei der Suite. Einige der einsätzigen, zumeist zweiteiligen Stücke sind fugiert. Der Komponist nannte sie »Sonaten«, »Esercizi« oder »Pièces pour clavecin«. Das hatte aber keine grundsätzliche Bedeutung, denn jedes Stück ist gleich kurz, prägnant, gefällig und elegant gearbeitet.

Sonate Nr. 23 in E-Dur

Fröhlichkeit und Freude an der Natur werden anfänglich mit nachgeahmten Flöten und Hörnern geschildert, von weit her erklingen Trompetentöne, dann bricht sich mit lebhaften Sechzehntelläufen die allgemeine Festesfreude Bahn.

Sonate Nr. 82 in G-Dur

Diese Sonate gehört zu den wenigen, die auf Tanzformen zurückgehen; sie ist ausdrücklich als »Minuet« bezeichnet, und ihre Begleitfiguren geben die zeremonielle Grazie dieses Tanzes wieder.

Sonate Nr. 90 in G-Dur

Der Scherzo-Typus, dem dieses Stück angehört, ist in der gesamten Reihe am stärksten vertreten. Sein lebhafter Dreiachteltakt ist ausgesprochen neapolitanisch. Ein energisches und ein zartes Motiv reihen sich in durchgezogenen Achtelbewegungen aneinander und schließen zwei g-Moll-Teile ein, die einander kontrastieren.

Sonate Nr. 93 in a-Moll
Hier ist dem modischen »galanten« Zeitstil Rechnung getragen. Das Thema ist noch barock gefärbt und wird von einer continuoartigen Baßstimme vorgestellt, deren Periodik der galanten Musik angehört.

Sonate Nr. 104 in C-Dur
Die aus fanfarenartiger Dreiklangthematik entwickelten stilisierten Bläserstücke dürfen als Jagd- oder Festmusik gedeutet werden wie diese Sonate, die mit ihren reizenden Hornquinten noch heute in Konzertsälen lebendig ist.

Sonate Nr. 111 in Es-Dur
Dieses Werk bringt ein zweiteiliges Anfangsthema, symmetrische Perioden, Terzen- und Sextenparallelen und melodische Imitationen und nimmt damit bereits einiges der zukünftigen Klassik vorweg.

Sonate Nr. 128 in g-Moll
Voll Affekt kleidet diese Sonate dunkle romantische Leidenschaft in eigenartige individuelle klangschwere, von Pausen zerrissene Klangsymbolik.

Sonate Nr. 188 in F-Dur
Hier liegt ein lustiges sprudelndes Tanzspiel vor, das immer wieder von überraschenden akkordischen Einwürfen unterbrochen wird und gerade dadurch ungeheuer viel an Reiz gewinnt.

Sonate Nr. 208 in D-Dur
Die begleitenden Triolen betonen die höfische Liebenswürdigkeit dieses zarten, zierlichen Tanzstückes, das an die Grazie des Barock erinnert.

Sonate Nr. 210 in D-Dur
Die virtuosen Sprünge in Terzgriffen, die technisch eine nur von wenigen zu bewältigende Aufgabe stellen, bringen einen grandiosen Effekt

Sonate Nr. 215 in d-Moll
Die Technik des ständigen Übergreifens der Hände wurde vom Komponisten erfunden und in diesem Stück mit den feurigen Bewegungen und den imitierenden Themeneinsätzen einer Gigue reichlich angewendet.

Sonate Nr. 241 in a-Moll
Oktavenreich und breit schwingt die affektbeladene Musik dieses Stücks aus, die aus arpeggierenden Triolenfiguren entwickelt wurde.

Sonate Nr. 286 in G-Dur
Dieses humoristische Spielstück deutet den vorklassischen Sonatencharakter an, wenn die Themen einander auch nicht kontrastieren, sondern nur gereiht sind. Schon die viermaligen akkordischen Fortissimoeinwürfe siedeln es weit über den herrschenden Stil hinaus an.

Sonate Nr. 369 in D-Dur
Nach einem zierlichen Arpeggiovorschlag stellt diese Sonate ein weiches lyrisches Stimmungsbild vor, zart und duftig wie ein Rokokogemälde.

Sonate Nr. 375 in E-Dur
Terzen und Sexten wechseln in dieser Sonate mit Sechzehntelpassagen ab und erzeugen eine plastische Ensemblewirkung. Die Lyrismen des Stückes grenzen an den empfindsamen Stil kommender Jahrzehnte.

Sonate Nr. 413 in d-Moll
Die Schalmeienmelodie, die Terzenskalen und die wie Glocken klingenden Bässe kennzeichnen diese Sonate als echte Pastorale.

Sonate Nr. 415 in D-Dur
Harte Akkordschläge, Tonwiederholungen und überraschend kühne, heutigen Clustern ähnliche Acciaccaturen stellen diese Sonate außerhalb jeder Stileinordnung. Die musikalische Faktur wird einer rücksichtslosen Virtuosität unterworfen.

Sonate Nr. 433 in F-Dur
Mit Recht trägt diese Sonate den Titel »Pastorale«. Sanft wiegende Melodielinien werden naiv kantabel ausgesponnen und vermitteln echte bukolische Stimmung.

Sonate Nr. 461 in D-Dur
Diese Sonate gehört zur Gruppe, die der Komponist als »Esercizi« (Übungen) bezeichnete. Dabei tritt der musikalische Gehalt zugunsten spieltechnischer Probleme zurück. Hier handelt es sich um Armkreuzungen, die den zweistimmigen Satz gleichsam auf den Kopf stellen, also um eine frühe Klavieretüde.

Sonate Nr. 463 in D-Dur
Die zärtlichen Figuren und die großspurigen Oktavenschritte dieser Sonate bilden äußerst humorvolle Kontraste, die von einem graziösen Dreiachteltakt fein begleitet werden.

Sonate Nr. 490 in D-Dur
Extravagante Oktaven- und Dezimensprünge verleihen diesem Stück viel Brillanz und vollendete Grazie, die jede groteske Wirkung vermeidet.

Sonate Nr. 499 in d-Moll, »Katzenfuge«
Das Thema dieser Sonate besteht aus regellosen Intervallschritten, die klingen, als wäre eine

Katze über die Klaviatur geschritten. Die Fuge, die der Komponist daraus formte, soll offensichtlich diese Kompositionstechnik ironisieren.

LITERATUR

A. Longo, Domenico Scarlatti, Neapel 1913.

Lodovico Giustini (1685 bis nach 1732)

ZEIT UND UMWELT

Bartolomeo Cristofori (4. 5. 1655, Padua, bis 27. 1. 1731, Florenz) baute im Jahr 1698 das erste »Cembalo a martelletti« (Hammercembalo) und hatte damit das Hammerklavier erfunden. Die Erfindung blieb zunächst unbeachtet. Erst als der Orgelbauer Gottfried Silbermann (1683–1753), der durch eine italienische Publikation aus 1711, die Johann Mattheson (1681–1764) in seine Critica musica aufnahm, von dem neuen Instrument Kenntnis erhielt und es der Beschreibung mit einigen Verbesserungen nachbaute, trat das Pianoforte, auf dem man im Gegensatz zum Cembalo piano und forte spielen konnte, seinen Siegeszug als eines der wichtigsten Musikinstrumente an.

LEBEN

Lodovico Giustini (Don Luigi) wurde am 12. 12. 1685 in Pistoia geboren. Über sein Leben ist nichts bekannt, außer daß er Kleri-

Hammerklavier in Mozarts Geburtshaus

ker war und die Musik vermutlich nicht beruflich, sondern aus Liebhaberei ausübte. Seine einzige Publikation ist 1732 in Florenz erschienen. Wann und wo er gestorben ist, läßt sich nicht feststellen.

WERKE

Die im Jahr 1732 in Florenz gedruckten »12 Sonate da Cimbalo di piano e forte« (12 Sonaten für Pianofortecembalo) waren zweifellos die ersten Kompositionen, die ausdrücklich für das von Bartolomeo Cristofori erfundene Hammerklavier geschrieben wurden. Sie sind vier- oder fünfsätzig und von der Suitenform beeinflußt, zeigen aber keinen ausgeprägten Stil.

LITERATUR

R. E. M. Harding, The Earliest Pianoforte Music, Music & Letters XIII, 1932.

Jacques Hotteterre (um 1686–1762)

ZEIT UND UMWELT

Als der bedeutendste alpenländische Geigenbauer Jakob Stainer (vor 1617, Absam, Tirol, bis November 1683, Absam) als Chorknabe an der Pfarrkirche in Hall in Tirol Violinen sah und spielen hörte, wünschte er, selbst eine zu besitzen und zu spielen, und da es für ihn unmöglich war, ein solches Instrument zu erwerben, baute er selbst eines. Das Produkt seines Versuches sah zwar grotesk aus, aber man konnte darauf spielen. Er erhielt den Rat, nach Italien zu gehen und sich zum Geigenbauer auszubilden. Auch bei allen anderen Instrumentenbauern der Musikgeschichte kann man feststellen, daß sie das Instrument, das sie bauten oder verbesserten, spielten oder spielen wollten, und daher zum Werkzeug griffen. Es ist daher unrichtig, der Technik die Priorität zuzubilligen. Man begann nicht, ein Instrument zu spielen, weil es gebaut worden war, sondern man baute es, weil man es spielen und damit gewissen Klangvorstellungen entsprechen wollte. Primär war immer der künstlerische Wille, den die Technik zu erfüllen hatte.

LEBEN

Jacques Martin Hotteterre wurde um das Jahr 1686 in Paris geboren und 1705 als Baßviolist und Fagottist in die Kapelle der Grande Écurie (Garde) aufgenommen. Er wirkte bis zu seinem Tod am 16. 7. 1762 gleichzeitig als Kammerflötist des Königs. In seinen Jugendjahren hatte er sich einige Zeit zur Ausbildung in Rom aufgehalten und trug seitdem den Beinamen »Le Romain« (Der Römer).

Hotteterre ist der Name einer großen französischen Familie, die Blasinstrumente und Drehleiern baute. Mehr als 20 Mitglieder davon sind als Hersteller oder Bläser einer Vielzahl von Instrumenten, wie Blockflöte, Querflöte, Oboe und Fagott, bekannt. Als Begründer der Instrumentenmacher- und Instrumentalistendynastie kann der Holzdrechsler Loys Hotteterre (um 1570, La Couture, bis um 1625, La Couture) angesehen werden. Sein Sohn Jehan Hotteterre (um 1620, La Couture, bis 1691, Paris) ließ sich als Instrumentenbauer und Instrumentalist in Paris nieder und trat in Versailles der Königlichen Kapelle als Sackpfeifer und Oboist bei. Er brachte an der Sackpfeife und anderen Blasinstrumenten entscheidende Verbesserungen an. Seine Brüder, Nicolas Hotteterre (um 1621, La Couture, bis 1694, Paris), Louis Hotteterre (um 1623, La Couture, bis 1714, Paris) und Martin Hotteterre (um 1524, La Couture, bis 1612, Paris), Vater des Jacques Martin Hotteterre, waren als Flötisten, Oboisten, Sackpfeifer und Drehleierspieler am Hof in Versailles und in Paris tätig, wie noch eine Reihe anderer Angehöriger der großen Familie.

Das entscheidend Neue am Bau der Holzblasinstrumente, besonders der Flöte, war die Einführung der konischen Bohrung für das Rohr und der zylindrischen für das Kopfstück. Das ergab einen reinen, weichen Ton, der weniger schrill war als der der Flöte eng verwandten Pfeife. Die Familie Hotteterre baute ihre Flöten und Oboen aus drei trennbaren Stücken, anstelle des früheren einen, so daß man sie durch Verlängern oder Verkürzen der Verbindungsstellen stimmen konnte.

WERKE

Von Jacques Hotteterre sind Stücke für Querflöte und Generalbaß, Triosonaten für Querflöten, Soli für Querflöte, Brunetten für zwei Flöten, Rondos für Flöten, Menuette für zwei Flöten, Duette für zwei Flöten oder Musetten, außerdem einige Airs sérieux et à boire überliefert. Er verfaßte eine Reihe von sehr instruktiven Abhandlungen über das Flötenspiel.

Von Martin Hotteterre ist ein Militärmarsch erhalten.

LITERATUR

N. Mauger, Les Hotteterre, Paris 1912.

François Campion

(um 1686 bis um 1748)

ZEIT UND UMWELT

Im 18. Jahrhundert erhielt die Gitarre ihre sechste Saite und wurde einchörig. Das erhöhte die Möglichkeit zu einem virtuosen Spiel, so daß sich für die Gitarrenkomposition neue Felder eröffneten und sogar Fugen mit diesem Instrument wiedergegeben werden konnten.

LEBEN

François Campion wurde um 1686 in Rouen geboren. Er war von 1703 bis 1719 Gitarrist und Theorbist der Académie Royale de Musique in Paris, wo er um 1748 starb.

WERKE

Der Gitarrist François Campion veröffentlichte mit seinen theoretischen Schriften über das Gitarrenspiel eine Reihe von Stücken für dieses Instrument, außerdem eine Anzahl verschiedener Airs. Er dürfte der erste gewesen sein, der auch Fugen für die Gitarre verfaßte.

Alessandro Romano

(um 1686 bis um 1730)

ZEIT UND UMWELT

Das Violinkonzert mit Generalbaß allein bot dem Violinisten die Möglichkeit, ohne Konkurrenten vor dem Publikum zu brillieren, denn die konventionelle Cembalo- oder Orgelbegleitung bildete nur eine Klangkulisse, vor der der Virtuose seine Technik zeigen konnte. Wenn dazu der Solist sein eigener Komponist war, schrieb er Konzerte, in denen er sein instrumentales Können besonders beweisen durfte. Daß dabei in vielen Fällen der musikalische Gehalt sehr gering ausfiel, lag in der Natur der Sache.

LEBEN

Alessandro Romano wurde um 1686 vermutlich in Rom geboren. Ob der Name Romano sein echter Name oder nur eine Herkunftsbezeichnung war, ist unbekannt. Er war vermutlich in Brüssel als Violinist tätig und dürfte dort nach 1730 gestorben sein.

WERKE

Vom Violinisten Alessandro Romano sind zwei Bücher mit Violinsonaten und Generalbaß überliefert. Es handelt sich dabei um echte Virtuosenmusik. Über weitere Werke des Komponisten ist nichts bekannt.

Giovanni Battista Allegri

(um 1686 bis nach 1730)

ZEIT UND UMWELT

Motetten für Solostimme mit Instrumenten unterschieden sich am Ende der Barockzeit von der Solokantate fast nur durch den nahezu ausschließlich sakralen Text und ihre liturgische Verwendung, wodurch ihr alter Nimbus der Erhabenheit über die Kantate gewahrt wurde.

LEBEN

Giovanni Battista Allegri wurde um 1686 vermutlich in oder bei Venedig geboren. Er war Kapellmeister und Organist in Argignano bei Vicenza und dürfte dort nach 1730 gestorben sein.

WERKE

Außer einer Sammlung Motetten für Solostimme, zwei Violinen, Cello und Orgel als

Generalbaß sind alle kompositorischen Werke von Giovanni Battista Allegri verlorengegangen. Die Motetten verdienen durch den Instrumentalsatz, der dem Cello neben dem Generalbaß eine gesonderte Stimme zuweist, Beachtung.

Charles Desmazures

(um 1686 bis nach 1740)

ZEIT UND UMWELT

Die alte Kathedrale Ste-Marie-Majeure (La Major) in Marseille stammt aus dem 12. und diente bis zum späten 19. Jahrhundert kirchlichen Zwecken. Im 18. bildete sie neben St-Victor - erbaut im 13. Jahrhundert - den Mittelpunkt des kirchlichen Lebens der Stadt und der Kirchenmusik.

LEBEN

Charles Desmazures wurde um 1686 in Südwestfrankreich geboren. Er war Organist und Kapellmeister der Kathedrale La Major von Marseille, wo er vermutlich nach 1740 starb.

Sein Sohn Laurent Desmazures (um 1710, Marseille, bis 1778, Marseille) war Organist in Albi, sodann ab 1758 in Rouen. Im Jahr 1777 wurde er Organist an St-Ferréol in Marseille.

WERKE

Die unter dem Titel »Pièces de simphonie« veröffentlichten vierstimmigen 7 Suiten von Charles Desmazures für Violine, Flöte und Oboe bestehen aus je einer Ouvertüre, 2 Menuetten und ungefähr 10 anderen Tanzsätzen. Sie sind nach Tonarten geordnet und gehören dem galanten Stil an.

Von Laurent Desmazures ist ein Opernballett erhalten.

LITERATUR

A. Gouirand, La musique en Provence, Paris 1908.

Giovanni Antonio Guido

(um 1686 bis nach 1728)

ZEIT UND UMWELT

Der im 17. und besonders im 18. Jahrhundert in Italien einsetzende »Export« von Violinvirtuosen erfaßte auch Paris, obwohl dort ausreichend eigene vorzügliche Kräfte tätig waren. Es handelte sich in vielen Fällen nicht so sehr um die hochentwickelte Technik der Italiener, die sie empfahl, sondern um den durch keine Grenzen gehemmten Stil, der dem französischen Publikum eine Befreiung vom strengen Barock von Versailles schenkte.

LEBEN

Giovanni Antonio Guido wurde um 1686 in Genua geboren. Er kam nach Frankreich und trat in den verschiedenen Schlössern und Palais des Pariser Adels mit viel Erfolg auf. Daneben wirkte er als Violinlehrer. Er starb in Paris nach 1728.

WERKE

Von den Kompositionen für Violine von Giovanni Antonio Guido sind lediglich 6 Solosonaten mit Generalbaß erhalten, deren Stil unter dem Einfluß von Arcangelo Corelli und Jean-Baptiste Senallié steht. Als unbedingten Vertreter italienischer Musik zeigen ihn seine Motetten und Kantaten.

Pietro Giuseppe Gaetano Boni

(um 1686 bis nach 1741)

ZEIT UND UMWELT

In der ersten Hälfte des 18. Jahrhunderts war Italien in den Kompositionen für Cello führend. Das Solospiel auf diesem Instrument wurde in Bologna bereits sehr früh gepflegt, eroberte aber schon bald das ganze Land und die übrige musikalische Welt.

LEBEN

Pietro Giuseppe Gaetano Boni wurde um 1686 in oder bei Bologna geboren. Er war Mitglied der Accademia Filarmonica der Stadt, in der er als Cellist wirkte. Er dürfte sich auch in Rom aufgehalten haben, aber wieder in seine Vaterstadt zurückgekehrt und dort nach 1741 gestorben sein.

WERKE
Seine 12 Kammersonaten für Cello und Cembalo und die 10 Sonaten für Violine, Violone (Cello) und Cembalo brachte Pietro Giuseppe Gaetano Boni in Rom heraus. Außerdem verfaßte er ein Oratorium, »Santa Rosalia«, und zwei Opern. Sein Stil ist schon weit vom Barock entfernt.

Giorgio Gentili (um 1686 bis nach 1716)

ZEIT UND UMWELT
Venedig war die Wiege des konzertanten Spiels. Ausgehend von der Doppelchörigkeit der Domkapelle und dem bald folgenden alternierenden Einsatz mehrerer Instrumentalensembles, dem im Zeitalter des Barock monodische Passagen hinzugefügt wurden, bildete sich der für eine lange Zukunft gültige Konzertstil aus, der wegen seines Facettenreichtums in der gesamten musikalischen Welt Aufnahme und Nachahmung fand.

LEBEN
Giorgio Gentili wurde um 1686 in Oberitalien geboren. Er war Violinist in Venedig. Ob er noch eine andere musikalische Funktion ausgeübt hat, läßt sich nicht feststellen. Er dürfte nach 1716 in Venedig gestorben sein.

WERKE
Der Violinist Giorgio Gentili komponierte 12 vierstimmige Konzerte, 12 Kammerkonzerte und eine Anzahl dreistimmiger Sonaten für zwei Violinen, Cello und Generalbaß. Die selbständige Verwendung des Cello neben dem Generalbaß weist auf die echte Triosonate des 18. Jahrhunderts hin, die nur mehr drei Instrumente ohne Füllakkorde verwendete.

William Viner (um 1686–1716)

ZEIT UND UMWELT
Das Musikleben in Irland stand wenig hinter dem Englands zurück. Englische wie kontinentale Musiker kamen regelmäßig nach Dublin, um zu konzertieren, zu dirigieren und zu unterrichten. An den Kirchen wirkten vorzügliche Organisten und Kapellmeister. Das starke Publikumsinteresse für Musik machte es zum Beispiel möglich, die Erstaufführung des »Messias« von Georg Friedrich Händel nach Dublin zu verlegen.

LEBEN
William Viner wurde um 1686 in Irland geboren. Er lebte als Violinist und Komponist für Violine von 1703 bis zu seinem Tod im Jahr 1716 in Dublin.

WERKE
Posthum ist von William Viner eine Serie Violinsoli mit Generalbaß erschienen, die große Beachtung fand. Er stand bei seinen Zeitgenossen als Virtuose und als Komponist in hohem Ansehen.

Diogenio Bigaglia
(um 1686 bis um 1745)

ZEIT UND UMWELT
Das italienische Barock, das nie in einen solchen Formenzwang gepreßt wurde wie das französische und dadurch vielleicht seinem Begriff näherkam, hielt sich um einiges länger als anderswo. Der galante Stil entsprach dem Volkscharakter ebensowenig wie der empfindsame Stil; wie die Musikentwicklung in Italien überhaupt ab 1700 die in Frankreich und Deutschland eingehaltene Linie nur teilweise mitvollzog.

LEBEN
Diogenio Bigaglia wurde um 1686 in Murano, Venedig, geboren. Er war Benediktiner im Kloster San Giorgio Maggiore in Venedig, wo er um 1745 starb. Welche musikalische Tätigkeit er im Rahmen seines Ordens ausübte, ist nicht bekannt.

Werke

Von Diogenio Bigaglia sind 12 Violinsonaten mit Generalbaß erschienen. Handschriftlich überliefert sind einige Concerti grossi, Cembalokonzerte und sakrale Gesänge mit Instrumentalbegleitung. Seine Musik gehört dem Spätbarock an.

Martin Denis (um 1686 bis nach 1727)

Zeit und Umwelt

Auch in Frankreich mehrten sich die Violinvirtuosen, so daß das Publikum sich nicht allein mit den aus Italien zugewanderten begnügen mußte, die dort nie derart bereitwillig aufgenommen wurden, wie etwa in Deutschland.

Leben

Martin Denis wurde um 1686 vermutlich in Paris geboren. Er war in verschiedenen Adelshäusern als Violinist und wahrscheinlich auch als Violinlehrer tätig. Er starb in Paris nach 1727.

Werke

Die zweimal 12 »Sonates allemandes«, die Martin Denis in zwei Büchern herausbrachte, sind für Violinsolo mit Generalbaß gesetzt. Sie schließen sich, ihrem Titel entsprechend, dem zu seiner Zeit in Deutschland üblichen Stil an.

Martino Bitti (um 1686 bis um 1728)

Zeit und Umwelt

Für den Fall der voraussichtlichen Kinderlosigkeit seiner Söhne Ferdinando (1663 bis 1713) und Gian Gastone (1671–1737) sowie seines Bruders Kardinal Francesco Maria wollte Großherzog der Toskana, Cosimo III. de'Medici (1642–1723), aus seinem Reich eine Republik bilden. Die Quadrupelallianz, bestehend aus Großbritannien, den Vereinigten Provinzen der Niederlande, Frankreich und Kaiser Karl VI., nominierte jedoch als Nachfolger Cosimos den spanischen König Karl III. Obwohl das Großherzogtum unter Cosimo III. und seinem Sohn Gian Gastone politisch und wirtschaftlich rasch abfiel, setzten die letzten beiden Großherzoge Kunst- und Musikpflege mit Intensität fort.

Leben

Martino Bitti (Martinetto) wurde um 1686 in Genua geboren und dort ausgebildet. Er kam über seinen Landsmann Giovanni Maria Pagliardi (1637–1702) bereits um 1700 als Violinist und Flötist an den großherzoglichen Hof in Florenz, wo er um 1728 starb.

Werke

Von Martino Bitti sind Flötensonaten mit Generalbaß, Triosonaten für Flöte, Violine und Generalbaß, ein Violinkonzert und eine Solokantate erhalten, deren Faktur noch dem Spätbarock angehört.

Literatur

M. Fabbri, Due musicisti genovesi alla corte granducale medicea, Giovanni Maria Pagliardi e Martino Bitti, in: Musicisti piemontesi e liguri, Siena 1959.

Joseffo Bencini (um 1686 bis nach 1730)

Zeit und Umwelt

Da noch im 18. Jahrhundert kleine Orgelwerke – Positive, Regale, Portative – sehr häufig verwendet wurden, fand profane Musik für dieses Instrument mehr Publikum als etwa im nächsten Jahrhundert, in dem fast ausschließlich auf den großen Kirchenorgeln gespielt und alle Musik für Tasteninstrumente für das Klavier geschrieben wurde. Damit verschwand auch die Orgelsonate aus dem Programm der Komponisten.

Leben

Joseffo Bencini wurde um 1686 in Oberitalien geboren. Über sein Leben und Wirken ist nichts bekannt. Er dürfte nach 1730 gestorben sein; der Ort seines Todes ist nicht feststellbar.

Werke

Die Kammersonaten von Joseffo Bencini

sind zusammen mit Werken von Giovanni Carlo Maria Clari (1677–1754) erschienen. Handschriftlich ist von ihm eine Anzahl vorzüglicher Orgelsonaten überliefert, die auch auf dem Cembalo gespielt werden können.

Giuseppe Vignati
(um 1686 bis nach 1726)

ZEIT UND UMWELT
Auch Komponisten, die sich völlig der Opernkomposition widmeten, verfaßten einige sakrale Musik. Diese wurde zumeist für die Kirche geschrieben, zu der der Komponist persönliche Beziehungen pflegte.

LEBEN
Giuseppe Vignati wurde um 1686 in Bologna geboren und wirkte dort als Opernkomponist. Mit 1726 ist seine letzte bekannte Oper datiert. Wann er in Bologna gestorben ist, kann nicht festgestellt werden.

WERKE
Neben einer Anzahl Opern, von denen nur das Textbuch überliefert ist, verfaßte Giuseppe Vignati mehrere Kantaten und sakrale Stücke, die sich stark an seinen Opernstil anlehnten.

Johann Baptist Matthäus Trost
(um 1686 bis nach 1718)

ZEIT UND UMWELT
Die Hofkapelle in Durlach der Markgrafen von Baden-Durlach war reich dotiert, so daß gute Kräfte aufgenommen werden konnten. Wenn einer davon Opern verfaßte, durfte er sicher sein, aufgeführt zu werden, weil man gerne zu jeder Oper in deutscher Sprache griff, denn für italienische Aufführungen fehlten oft die entsprechenden Sänger.

LEBEN
Johann Baptist Matthäus Trost wurde um 1686 im Bereich von Baden-Durlach geboren. Er war ab 1714 Hofmusikus in Durlach, wo er vermutlich nach 1718 starb.

WERKE
Neben drei Opern in deutscher Sprache, von denen die letzte mit 1718 datiert ist, hat Johann Baptist Matthäus Trost noch eine Anzahl profaner Werke verfaßt, von denen aber nichts erhalten geblieben ist.

Giovanni Maria Ruggeri
(um 1686 bis nach 1715)

ZEIT UND UMWELT
Die musikalische Atmosphäre von Venedig war im 18. Jahrhundert mehr von Opern und Opernmusik erfüllt als in jeder anderen Stadt. Es erscheint nahezu unmöglich, daß ein in dieser Stadt lebender Musiker keine Opern schrieb, weil ihn das erst als Komponisten legitimierte und bekannt machte.

LEBEN
Giovanni Maria Ruggeri (Rugieri, Ruggieri) wurde um 1686 vermutlich in Venedig geboren. Mehrfach wird seine Geburt um vieles früher angesetzt, nämlich zwischen 1665 und 1685. Welche Tätigkeit er außer der eines Komponisten ausübte, bis er 1715 Kapellmeister in Pesaro wurde, ist nicht bekannt. Es ist auch nicht feststellbar, in welchem Jahr und wo er gestorben ist.

WERKE
Außer 12 Opern, die mit Erfolg in Venedig aufgeführt wurden, verfaßte Giovanni Maria Ruggeri eine Anzahl Instrumentalstücke – Kammersonaten, Kirchensonaten, Kantaten –, die zum Großteil Generalbaß vorschrieben und auch sonst der Barockfaktur noch nicht entwachsen waren.

Česlav Vaňura (um 1686–1736)

ZEIT UND UMWELT
Seit dem Dreißigjährigen Krieg erfolgte die böhmische Musikentwicklung nahezu ausschließlich in den Kapellen der Kirchen und Klöster, wo geniale Kleriker – Deutsche wie Tschechen – das Verstummen der Musik in Böhmen verhinderten.

Leopold I., Stich von M. Kusell

LEBEN
Česlav Vaňura (Waniura) wurde um 1686 – nach anderen bereits 1667 – in Miletín geboren. Er war Franziskaner und Chorregent der Jakobskirche in Prag, wo er am 7. 1. 1736 starb.

WERKE
Von dem angeblich umfangreichen kompositorischen Werk von Česlav Vaňura sind 7 feierliche Litaneien und 12 Offertorien bekannt geworden, die noch dem Spätbarock angehören. Weitere sakrale Kompositionen sind handschriftlich erhalten.

Domenico Della Bella
(um 1686 bis nach 1740)

ZEIT UND UMWELT
Die alte Stadt Treviso wurde 1339 venezianisch. Ihr Bild ist von Romanik und Gotik bestimmt. Die Basilika Santa Maria und eine Reihe anderer Kirchen der Stadt sind mit herrlichen Fresken des großen italienischen Malers Tommaso da Modena (um 1325–79) geschmückt. Auch ihre Musik war trotz des ständigen Kontakts mit Venedig sehr konservativ.

LEBEN
Domenico Della Bella wurde um 1686 vermutlich in Treviso geboren, wo er Kirchenkapellmeister wurde und nach 1740 starb.

WERKE
Die von Domenico Della Bella überlieferten 12 Kirchensonaten für zwei Violinen und Generalbaß und die Cellosonate folgen dem zeitgenössischen italienischen Stil. Sehr konservativ waren jedoch seine 7 vierstimmigen A-cappella-Messen, seine Psalmen für Chor und Instrumente und das sechsstimmige Te Deum.

Antony Young (um 1686 bis nach 1720)

ZEIT UND UMWELT
Lieder, die möglichst einfach und volksliednah gesetzt waren oder an Melodien vielgesungener Anthems anklangen, durften in England immer auf bereitwillige Aufnahme zählen. Sie erfreuten sich, zumindest in der ersten Hälfte des 18. Jahrhunderts, neben der Arie aus Opern der größten Beliebtheit.

LEBEN
Antony Young wurde um 1686 in London geboren. Er war ab 1707 Organist an St. Clement Danes und darauf an St. Catherine Cree. Seine letzte Publikation ist mit 1720 datiert. Es ist nicht bekannt, wann er in London gestorben ist.

WERKE
Die Meinung, daß Antony Young die Hymne »God save the King« verfaßt habe, hat sich schon längst als irrig erwiesen. Die Beliebtheit seiner Lieder kann man aber an dieser Zuschreibung messen; einzelne wurden lange nach seinem Tod und dem seiner Kinder, die alle musikalisch tätig waren, gesungen.

Antonio Tonelli (1686–1765)

Zeit und Umwelt

Der Geigenbauer Antonio Stradivari (1644, Cremona, bis 18. 12. 1737, Cremona) fand um 1710 die klassische Mensur des Cello mit 75 bis 76 cm Länge des Korpus und 11,5 cm Zargenhöhe; die noch heute gültige Besaitung war bereits in der 2. Hälfte des 16. Jahrhunderts aufgekommen; fünf- und sechssaitige Instrumente waren aber daneben immer in Gebrauch – Johann Sebastian Bach schrieb für seine 6. Cellosuite ein fünfsaitiges Instrument vor. Der Stachel ist erst seit ungefähr 1860 in Gebrauch. Vor 1710 wurden bereits (seit dem 16. Jahrhundert) um einiges größerere Celli gespielt, eine Sololiteratur dafür gibt es erst seit den Ricercari per violoncello von Domenico Gabrielli (1659–90); bis dahin wurden sie lediglich als Baßinstrumente verwendet. Daneben stand auch ein anderes Baßinstrument aus der Violenfamilie in gleicher Verwendung, das in Frankreich unter dem Namen Basse de violon bis zum Beginn des 18. Jahrhunderts vorherrschend war, weil als tiefes Soloinstrument die Gambe vorgezogen wurde. Kleinere Sonderformen des Cello wurden im 18. Jahrhundert entwickelt, wie die Viola da spalla und die Viola pomposa, in Führung blieb aber das Cello im endgültigen Format des Cremonenser Geigenbauers.

Leben

Antonio Tonelli (eigentlich De'Pietri) wurde am 19. 6. 1686 in Carpi, Modena, geboren. Er bildete sich in Carpi und in Bologna zum Cellisten, Organisten und Komponisten aus und war ab 1706 Musiklehrer am Collegio dei Nobili und Kammervirtuose des Herzogs Francesco Farnese (1678–1727) in Parma. Er wirkte darauf angeblich einige Jahre am dänischen Hof, wurde 1724 Organist an der Accademia del Rosario in Finale Emilia und 1725 dort Kapellmeister, erhielt 1730 die Domkapellmeisterstelle in Carpi, wo er eine Musikschule gründete, war nach ausgedehnten Konzertreisen als Cellist in Oberitalien, von 1741 bis 1745 als Kapellmeister in Alassio tätig, ging sodann nach Carpi zurück und versah dort, von etlichen Konzertreisen

Antonio Stradivari, von U. Mochi

unterbrochen, die Domkapellmeisterstelle bis zu seinem Tod am 25. 12. 1765.

Werke

Neben einigen theoretischen Schriften verfaßte Antonio Tonelli mehrere Opern, die Oratorien »Il trionfo dell'umiltà di S. Filippo Neri« (Der Triumph der Demut des hl. Filippo Neri), »Sapienza, S. Antonio ed eresia« (Die Weisheit, der hl. Antonius und die Ketzerei) und »Dialogo per musica fra il beato Andrea Conti e un'anima devota« (Musikalischer Dialog zwischen dem seligen Andrea Conti und einer frommen Seele), Kantaten und eine Reihe verschiedener Kirchenmusik. Sein virtuoses Spiel hat zur Entwicklung der Cellomusik des 18. Jahrhunderts viel beigetragen.

Literatur

N. Pelicelli, Musicisti in Parma, in: Note d'archivio per la storia musicale XII, 1935.

Christoph Raupach (1686–1744)

Zeit und Umwelt

Die mittelalterliche ehemalige Hansestadt Stralsund am Strelasund mit ihren vielen Toren, Türmen und Kirchen war von 1648 bis 1807 schwedisch. Ihre Organisten und

Kantoren kamen jedoch aus Norddeutschland und waren zumeist in Lübeck oder Hamburg ausgebildet worden.

LEBEN
Christoph Raupach wurde am 5. 7. 1686 in Tondern (Tønder) geboren. Er war Schüler von Georg Bronner (1666–1724) in Hamburg und erhielt 1703 die Organistenstelle an der Nikolaikirche in Stralsund, wo er 1744 starb.

WERKE
Johann Mattheson rühmt in seiner »Grundlage einer Ehren-Pforte« Oratorien, Kantaten und Cembalosuiten von Christoph Raupach. Erhalten ist davon nichts.

Benedetto Marcello (1686–1739)

ZEIT UND UMWELT
Die Verflachung und der Niedergang der venezianischen Oper wurden vor allem vom Publikum verschuldet, das darin nur eine Ausschmückung seiner abendlichen Unterhaltungen erblickte, bei denen es aß, trank, würfelte, lärmte und sich höchstens für die Arien eines Kastraten oder einer Sängerin interessierte. Wenn nun einer aus den vornehmen Kreisen, aus denen das Opernpublikum kam, später, nachdem er zu Amt und Würden gelangt war, etwas zur Hebung des Opernbetriebes unternehmen wollte, mußte er scheitern, denn er hätte gegen die eigene Gesellschaftsschicht Stellung beziehen müssen.

LEBEN
Benedetto Marcello, Bruder des Alessandro Marcello (1669–1747), wurde am 9. 8. 1686 in Venedig in einer alten Patrizierfamilie geboren. Er studierte Rechtswissenschaft, wurde Advokat und 1716 in den Rat der Vierzig der Republik Venedig aufgenommen. Im Jahr 1730 sandte ihn der Rat als Proveditore nach Pola, das er 1738 verließ, und wurde Ratsherr in Brescia, wo er am 24. 7. 1739 starb.
Die Musik betrieb er neben Studium und Laufbahn als Liebhaberei. Seine Ausbildung erhielt er von Francesco Gasparini und Antonio Lotti (um 1666–1740). Er bemühte sich um eine Verbesserung des verwilderten Opernbetriebes, aber ohne Erfolg.

WERKE
Als kompositorisches Hauptwerk von Benedetto Marcello gilt die Vertonung der italienischen Paraphrasen der ersten 50 Psalmen von Girolamo Ascanio Giustiniani für eine bis vier Stimmen unter dem Titel »Estropoetico-armonico« in 8 Bänden, wobei er bei 12 Psalmen synagogale Weisen verwendete. Außerdem schrieb er neben mehreren Opern und szenischen Darstellungen die Oratorien »Giuditta«, »Joaz«, »Il pianto e il riso delle quattro stagioni« (Weinen und Lachen der vier Jahreszeiten) und »Il Trionfo della Poesia« (Der Triumph der Poesie), eine Anzahl vier- bis achtstimmiger Messen, eine davon kanonisch a cappella, etwa 170 Kantaten, Sinfonien für Streicher und Generalbaß, Konzerte, Cello-, Flöten-, Cembalo- und Orgelsonaten, Menuette, Madrigale, Arien, Duette, Terzette und fünfstimmige Konzerte mit Violinsolo und obligatem Cello.

Konzert in d-Moll für Oboe und Streicher, 3 Sätze
Das Stück wird zu den schönsten Werken der venezianischen Schule gezählt. Johann Sebastian Bach hat es für das Cembalo übertragen und dabei nur die nötigsten Änderungen vorgenommen. Der erste Satz – Andante – bringt kühne orchestrale Linien und Intervalle und verwendet häufig Vorhalte. Im Mittelsatz trägt die Oboe eine weite ergreifende Kantilene zu einer pulsierenden Begleitung vor, und das Finale besteht aus einem figurenreichen Presto.

LITERATUR
A. D'Angeli, Benedetto Marcello, Mailand 1940. E. Werner, Die hebräischen Intonationen Benedetto Marcellos, in: Monatsschrift für Geschichte und Wissen des Judentums, 1937.

Nicola Porpora (1686–1768)

ZEIT UND UMWELT
»Die Opernkomponisten bemühen sich nur um die Singstimmen, die reich mit Verzie-

Nicola Porpora

rungen überladen werden, aber keinen Bezug zu den dramatischen Vorgängen haben. Die Musik hat nur begleitende Funktion und bringt weder Farbe noch Spannung. Aber das Publikum nimmt sie ebenso wenig zur Kenntnis wie die Handlung der Opern, es hört nur auf den Gesang berühmter Stimmen, der oft zu der vom Sänger dargestellten Person in starkem Widerspruch steht.« Dieser Bericht eines Reisenden aus Neapel beleuchtete grell den neapolitanischen Opernbetrieb in der ersten Hälfte des 18. Jahrhunderts und hatte nicht nur für Neapel Geltung, sondern ebenso für Rom, Venedig, Wien, Dresden und jeden Ort, wo Opern aufgeführt wurden.

LEBEN

Nicola Antonio Giacinto Porpora wurde am 17. 8. 1686 in Neapel geboren und kam mit 10 Jahren zu Gaetano Greco (um 1657–1728) an das Conservatorio di Gesù Cristo. In den Jahren 1707–13 schrieb er für Neapel 3 Opern, war Kammervirtuose und Kapellmeister des Landgrafen Philipp von Hessen-Darmstadt, der sich in der Stadt aufhielt. Von 1715 bis 1722 war er als Kapellmeister am Conservatorio Sant'Onofrio und privat als Gesanglehrer tätig. Da seine Versuche, mit Wien in Verbindung zu kommen, vergebens waren, ging er 1726 als Lehrer an das Ospedale degl'Incurabili in Venedig und 1733 nach London, wo er als Operndirektor und Komponist zu Georg Friedrich Händels Rivalen wurde. Im Jahr 1736 verließ er England, kehrte nach Italien zurück, wirkte als Kapellmeister ab 1739 am Conservatorio Santa Maria di Loreto in Neapel, ab 1742 am Ospedale della Pietà und ab 1746 am Ospedaletto in Venedig. Von 1747 bis 1751 war er Gesanglehrer der Kurprinzessin Maria Antonia Walpurgis in Dresden, wirkte neben Johann Adolf Hasse ab 1748 auch als Hofkapellmeister, verließ jedoch den sächsischen Hof 1752, um nach Wien zu gehen. Das Jahr 1458 sah ihn in Neapel, 1759 war er neuerlich in Wien und 1760 wieder in Neapel als Kapellmeister am Conservatorio Santa Maria di Loreto. Seine letzten Lebensjahre bis zum 3. 3. 1768 verbrachte er in Neapel ohne feste Anstellung in bedrängten Verhältnissen.

WERKE

Nicola Porpora hat ungefähr 50 Opern und dramatische Serenaten geschrieben, die trotz ihrer virtuosen Partien für große Sänger keinen langen Bestand hatten, weil bei Wiederholungen mit weniger berühmten Interpreten ihr Mangel an Musikalität sofort zutage trat. Ähnlich verhielt es sich mit seinen 10 Oratorien, den Messen, Motetten, Kantaten und Arien. Seine Kammermusiken – 6 Kammersinfonien, 6 Sonaten für zwei Celli und zwei Violinen mit Generalbaß, 12 Violinsonaten mit Generalbaß, ein Cellokonzert und eine Cellosonate – sind glänzend und virtuos, entbehren aber auch nicht der musikalischen Tiefe und zeigen die kompositorischen Fähigkeiten des Meisters.

Konzert in G-Dur für Cello und Streichorchester, 4 Sätze

Das Konzert zeigt die Form der Kirchensonate, überschreitet jedoch das von Antonio Vivaldi geprägte Barockmuster. Der ständige Wechsel von

Solo und Tutti fehlt, diese spielen nicht gegeneinander, sondern zumeist miteinander. Das einleitende Adagio ist ruhig und sozusagen vorbereitend. Das darauf folgende Allegro bringt eine rhythmisch drängende Musik, die im 3. Satz von einer elegischen Melodie in e-Moll abgelöst wird. Das rasche Finale klingt fröhlich bewegt aus.

LITERATUR

E. Walkers, A Chronology of the Life and Works of Nicola Porpora, in: Italian Studies VI, Cambridge 1951.

Wilhelm Hieronymus Pachelbel (1686–1764)

ZEIT UND UMWELT

Um an einer Nürnberger Kirche als Organist aufgenommen zu werden, mußte man eine vorzügliche Ausbildung nachweisen, denn diese Stadt war durch viele Generationen hindurch gewohnt, nur bestes Spiel zu hören.

LEBEN

Wilhelm Hieronymus Pachelbel wurde am 29. 8. 1686 in Erfurt getauft. Er war der Sohn und Schüler des berühmten Organisten Johann Pachelbel (1653–1706), dem er 1719 an der Orgel von St. Sebaldus, nachdem er bereits an St. Jakob und an St. Egidien gewirkt hatte, nachfolgte. Er versah diesen Dienst bis zu seinem Tod im Jahr 1764.

WERKE

Das kompositorische Werk von Wilhelm Hieronymus Pachelbel ist nicht umfangreich: Präludium und Fuge in C-Dur und »Musikalisches Vergnügen«, bestehend aus Präludium, Fuge und Fantasie, außerdem im Manuskript einige Choralfantasien und Variationen. Auch diese geringe Hinterlassenschaft beweist eine beachtliche Befähigung des Organisten, dessen Stil unter dem Einfluß seines Vaters und Domenico Scarlattis stand.

Silvius Leopold Weiß (1686–1750)

ZEIT UND UMWELT

Auch im 18. Jahrhundert nahmen die Hofkapellen noch Lautenisten auf, wenngleich ihr Instrument immer mehr aus dem Mittelpunkt des musikalischen Interesses rückte. Für intime Kammermusik und für Liedbegleitung wurde es von einzelnen Liebhabern seines warmen, sanften Klanges noch gerne herangezogen. Außerdem waren Lautenisten sehr oft auch Theorbisten, die zum Continuospiel verwendet werden konnten.

LEBEN

Silvius Leopold Weiß wurde am 12. 10. 1686 in Breslau (Wrocław) geboren. Nach Aufenthalten an verschiedenen deutschen Höfen als Lautenist bereiste er von 1708 bis 1714 im Dienst des Fürsten Jan Aleksander Benedikt Sobieski (gest. 1714) Italien, wirkte sodann in Kassel und Düsseldorf und wurde 1717 Mitglied der Hofkapelle in Dresden, wo er, unterbrochen von einigen Konzertreisen, bis zu seinem Tod am 15. 10. 1750 blieb.

WERKE

Der Lautenist Silvius Leopold Weiß war einer der letzten großen Virtuosen seines Instruments. Besonders bewundert wurde von seinen Zeitgenossen seine Improvisationskunst. Sein umfangreiches kompositorisches Werk, das Manuskript geblieben ist, umfaßt vor allem Suiten, aber auch Präludien, Sonaten und Tänze, die sowohl technisch wie musikalisch hochwertig sind. Ihr Wert kommt erst durch die Veröffentlichungen einzelner Stücke in unserem Jahrhundert allmählich zur Geltung.

LITERATUR

H. Volkmann, Silvius Leopold Weiß, der letzte große Lautenist, in: Die Musik VI, 1906–07.

Giovanni Battista Somis (1686–1763)

ZEIT UND UMWELT

Herzog von Savoyen Victor Amadeus II.

(1666–1732), von 1713 bis 1720 König von Sizilien und sodann von Sardinien, konnte 1696 Macht und Ausdehnung seines Herzogtums erheblich erweitern. Er bemühte sich, das künstlerische und wissenschaftliche Niveau seiner Hauptstadt Turin zu heben und ließ seiner Hofkapelle jede erdenkliche Förderung zukommen.

LEBEN

Giovanni Battista (Giovanbattista) Somis wurde am 25. 12. 1686 in Turin geboren. Er war Schüler seines Vaters Lorenzo Francesco Somis (1663, Turin, bis 13. 1. 1736, Turin), der Violinist der herzoglichen Kapelle in Turin war, und konnte ihr selbst in gleicher Eigenschaft bereits 1696 anläßlich ihrer Erweiterung beitreten. Von 1703 bis 1706 ließ er sich in Rom von Arcangelo Corelli ausbilden und wurde anschließend Soloviolinist und Orchesterdirektor in Turin. Er blieb in dieser Position, unterbrochen von mehrmaligem Auftreten in Paris, bis zu seinem Tod am 14. 8. 1763.

Sein Bruder Lorenzo Giovanni Somis (11. 11. 1688, Turin, bis 29. 11. 1775, Turin) war ebenfalls Violinist der Hofkapelle in Turin, wirkte sonach viele Jahre in Paris.

Arcangelo Corelli

WERKE

Der Hofviolinist Giovanni Battista Somis gilt als Begründer der Piemonteser Geigenschule, an der auch sein Bruder namhaften Anteil hatte. Seinen Ruf als Komponisten begründeten Sonaten für Violine und Cello, Triosonaten für zwei Violinen und Generalbaß und 12 Kammersonaten.

Lorenzo Giovanni Somis schrieb 2 Bücher Sonaten für Violine und Cello oder Cembalo und 8 Kammersonaten.

LITERATUR

G. Fino, Un grande violinista torinese ed una famiglia di violinisti, in: Il Momento, Turin 1927.

Elias Brönnemüller

(um 1687 bis nach 1710)

ZEIT UND UMWELT

Das von Bartolomeo Cristofori erfundene und von Andreas Silbermann entwickelte Klavier löste im 18. Jahrhundert allmählich das Cembalo und verwandte Tasteninstrumente ab. Um 1750 kann man das vorläufige Ende der Cembalomusik ansetzen. Die meisten Komponisten schrieben für »Clavier« und meinten damit jedes Tasteninstrument mit Ausnahme der Orgel. Aber bereits im zweiten Jahrhundert gab es dezidierte Vorschreibungen für Pianoforte, also für das moderne Klavier.

LEBEN

Elias Brönnemüller (Brunnemullerus) wurde um 1687 vermutlich in Amsterdam geboren, wo er nach seiner Ausbildung als Musiklehrer wirkte. Seine letzte erhaltene Publikation ist mit 1710 datiert. Es ist nicht feststellbar, wann er, vermutlich in Amsterdam, nach diesem Jahr gestorben ist.

WERKE
Von den Werken von Elias Brönnemüller ist die handschriftlich erhaltene Arie für Mezzosopran mit Oboe und »Pianoforte« interessant, weil sie als eine der ältesten Kompositionen ein »Pianoforte« verlangt. Außerdem liegen 6 Sonaten für zwei Violinen, Cello und Orgel und eine Suite für Violine vor. Alles gehört dem galanten Stil an.

Wincenty Maxylewicz (um 1687–1745)

ZEIT UND UMWELT
Als 1609 der polnische König Sigismund III. seine Residenz von Krakau nach Warschau verlegte, nahm er seine Hofkapelle selbstverständlich mit, und der Wawel, auf dem bisher ein reges Musikleben herrschte, verstummte. Jedoch bereits 10 Jahre später wurde in Krakau als Ersatz ein neues Vokal-Instrumental-Ensemble gegründet, dessen Leitung dem Italiener Hannibal Orgas (um 1575–1629) und nach dessen Tod Franciscek Lilius (um 1600 bis 1657) anvertraut war. Diese neue Kapelle pflegte die zweihundertjährige Musiktradition der alten Residenzstadt Polens weiter.

LEBEN
Wincenty Maxylewicz wurde um 1687 in Polen geboren und im Jesuiteninternat von Krakau zum Musiker ausgebildet. Er war Sänger und sodann ab 1739 bis zu seinem Tod am 24. 1. 1745 Kapellmeister am Dom in Krakau.

WERKE
Von Wincenty Maxylewicz ist nur die vierstimmige Motette im A-cappella-Stil »Gloria tibi trinitas« (Ehre sei dir, Dreieinigkeit) erhalten. Zwei weitere in Krakau aufbewahrte unsignierte Motetten werden ihm zugeschrieben. Sein Stil ist dem von Grzegorz Gerwasy Gorczycki (um 1666–1734) sehr ähnlich.

LITERATUR
A. Chybiński, Wincenty Maxylewicz, in: Kwartalnik Muzyczny II, 1929.

Henry Carey (um 1687–1743)

ZEIT UND UMWELT
Der Ursprung der britischen Nationalhymne »God save the King« ist ungeklärt. Sie wurde angeblich am 28. 9. 1745, nachdem die Nachricht über die Niederlage der königlichen Truppen bei Prestonpans im Kampf gegen den Thronprätendenten Karl Eduard (1720 bis 1788) in London eingetroffen war, im Drury Lane und im Covent Garden Theatre gleichsam als Treuebekenntnis für König Georg II. zum ersten Mal gesungen. Textdichter und Komponist des vermutlich kurz zuvor entstandenen Gesanges sind unbekannt geblieben. Sie wurde rasch populär und wird mit einigen textlichen Abänderungen heute noch als offizielle Hymne verwendet. Die Melodie wurde inzwischen von 20 anderen Ländern adoptiert. Die Behauptung von George Savile Carey (1743–1807), daß die Melodie von seinem Vater Henry Carey stamme, entbehrt jedes Beweises.

LEBEN
Henry Carey wurde um 1687 vermutlich in London geboren. Er war Schüler von Daniel Roseingrave und von Francesco Saverio Geminiani. Er lebte als Dichter und Komponist bis zu seinem Tod am 4. 10. 1743 in London.

WERKE
Außer mehreren Singspielen, zu denen er auch die Libretti verfaßte, schrieb Henry Carey zahlreiche Lieder, die vom Publikum begeistert aufgenommen wurden und eine interessante Etappe der Entwicklung des englischen Liedes darstellten. Auch die Liedtexte stammten größtenteils von ihm selbst.

Charles King (1687–1748)

ZEIT UND UMWELT
Die sakrale Musik Englands der ersten Hälfte

des 18. Jahrhunderts gleicht der des 17. Jahrhunderts. Die Services und Anthems scheinen zeitlos geworden zu sein. Eine Weiterentwicklung ist nicht feststellbar. Die Schüler schrieben wie ihre Lehrer klangvoll, technisch vollendet, mit einem Wort: gut gekonnt, aber nicht mehr. Ein Impuls seitens der profanen Musik war nicht möglich, weil auch diese stagnierte.

LEBEN
Charles King wurde 1687 in Bury St. Edmunds geboren. Er war Sänger unter Jeremiah Clarke (um 1674–1707) an St. Paul's und folgte ihm als Chormeister nach. Im Jahr 1730 wurde er Chorvikar an St. Paul's in London, wo er am 17. 3. 1748 starb.

WERKE
Die vielen Services und Anthems, die Charles King verfaßte, sind ohne Originalität, wurden aber vielseitig und durch lange Zeit bei Gottesdiensten gesungen, besonders seine Services in F-Dur und C-Dur.

William Hine (1687–1730)

ZEIT UND UMWELT
Das kompositorische Können vieler anglikanischer Kirchenkomponisten war hervorragend; was in manchen Fällen fehlt, ist die Originalität. Viele wandeln in den gleichen ausgefahrenen Bahnen, für die die Komposition zum Handwerk geworden war.

LEBEN
William Hine wurde 1687 in Brightwell, Oxfordshire, geboren. Er wurde 1694 Chorsänger am Magdalen College in Oxford und ging 1705 nach London, um bei Jeremiah Clarke zu studieren; 1710 wurde er Organist an der Kathedrale von Gloucester, nachdem er zwei Jahre als Stellvertreter gewirkt hatte. Er starb am 28. 8. 1730 in Gloucester.

WERKE
Von William Hine wurden nach seinem Tod in »Harmonia sacra Gloucestriensis« Anthems für eine, zwei und drei Stimmen, ein Jubilate und ein Voluntary für Orgel veröffentlicht. Das Voluntary gibt einen interessanten Einblick in die Orgelpraxis seiner Zeit.

Johann Adam Birckenstock
(1687–1733)

ZEIT UND UMWELT
Die Violine, die um die Wende zum 18. Jahrhundert ihren dominierenden Rang im Konzert der Instrumente bereits fest eingenommen hatte, war in Deutschland noch zu einem großen Teil in den Händen der Italiener. Aber da diese Violinisten der verschiedenen Kapellen sehr häufig auch als Lehrer ihres Instrumentes wirkten, fanden sich sehr bald einheimische Kräfte mit gleichem Können.

LEBEN
Johann Adam Birckenstock wurde am 19. 2. 1687 in Alsfeld, Hessen, geboren. Er bildete sich bei verschiedenen Virtuosen zum Violinisten aus und wirkte ab 1709 in der Kapelle in Kassel. Nach mehreren Konzertreisen war er in Eisenach ab 1725 als Konzertmeister und ab 1730 bis zu seinem Tod am 26. 2. 1733 als Kapellmeister tätig.

WERKE
Johann Adam Birckenstock zählte zu den bedeutendsten älteren Violinkomponisten Deutschlands, verfaßte 2 Bücher mit Violinsonaten mit Generalbaß, 6 Triosonaten für zwei Violinen und Generalbaß und 12 sechsstimmige Konzerte, außerdem eine Sinfonie mit Oboen und Hörnern.

LITERATUR
Chr. Engelbrecht, Die Hofkapelle des Landgrafen Carl von Hessen-Kassel, Zeitschrift der Vereinigung für hessische Geschichte und Landeskunde LXVIII, 1957.

Willem de Fesch (1687–1761)

ZEIT UND UMWELT
Im 18. Jahrhundert prägte sich die Staatlich-

keit der einzelnen Länder noch schärfer aus als im 17. Die Volkszugehörigkeit trat hinter dem Untertanenverhältnis zurück, das weder durch Abstammung noch durch Herkunft bestimmt wurde, sondern nur durch den Aufenthalt der Einzelpersönlichkeit und demgemäß einem Wechsel unterliegen konnte. Auf der anderen Seite hörte auch die kulturelle Einzelentwicklung der Völker auf, die bis in die Periode des Barock mehr oder weniger isoliert dahinfloß; sie mündete nun in den breiten Strom des gesamteuropäischen geistigen Fortschreitens, in dem zwar der Beitrag der teilnehmenden Staaten sichtbar blieb, aber vom Geburtsort des einzelnen Kulturträgers völlig unabhängig war. Ob ein Komponist in einem deutschen Staat, auf der Apenninenhalbinsel oder im Bereich des ehemaligen Flandern zur Welt gekommen war, war für seine Charakterisierung unwichtig geworden; allein seine Ausbildung, seine Leistungen und sein Wirkungskreis müssen dafür herangezogen werden.

LEBEN

Willem de Fesch (de Feghg, de Veg, du Fech) wurde am 26. 8. 1687 in Alkmaar geboren. Über seine Ausbildung ist nichts bekannt. Um das Jahr 1710 etablierte er sich selbst als Violinlehrer in Amsterdam, von 1725 bis 1731 war er Kapellmeister an der Kathedrale in Antwerpen. Später ließ er sich in London nieder und wirkte dort als Violinlehrer und Orchesterdirigent der Marylebone Gardens bis zu seinem Tod am 3. 1. 1761. Er kam mit Georg Friedrich Händel (1685–1759) in Verbindung und spielte und dirigierte einige seiner Werke.

WERKE

Bei den Kompositionen von Willem de Fesch fällt auf, daß bei den in Amsterdam entstandenen ein starker Einfluß von Arcangelo Corelli bemerkbar ist, bei den in London verfaßten ein deutliches Anlehnen an den Stil Händels nicht übersehen werden kann. Zu den ersteren gehören vor allem die »VI Duetti a due violini«, die »Sonates à deux violoncelles«, die »VI Concerts«, die »XII sonate« (6 für Violine, 6 für zwei Celli), die 6 Sonaten für Violine oder Querflöte und eine Kantate. In London entstanden bei 30 Triosonaten, 12 Sonaten (wiederum 6 für Violine und 6 für zwei Celli), 6 Triosonaten, »VIII Concertos«, 30 Flötenduette und 6 Cellosonaten, außerdem Canzonetten, Lieder und Hymnen. Seine 3 Oratorien, die Ostermesse und die Serenata »Liebe und Freundschaft« sind verloren. Bemerkenswert ist dabei, daß die kleineren Stücke die umfangreicheren qualitativ um vieles überragen.

LITERATUR

F. Van den Bremt, Willem de Fesch, Nederlands Componist en Virtuoos, Leven en Werk, Löwen 1949.

Jean-Baptiste Senallié (1687–1730)

ZEIT UND UMWELT

Die stille Revolution gegen die starren Gesetze des französischen Barock fand sogar in seiner Zentrale ihre Parteigänger; Mitglieder der »24 violons du roy« in Versailles zogen den vom König verpönten italienischen Stil vor, entnahmen ihm aber nur, was ihnen zur Bildung des regellosen Rokoko brauchbar schien. Daß dieses Ausbrechen aus absoluten Diktaten ein Auflehnen gegen das gesamte System war, wurde den einzelnen Künstlern zu jener Zeit noch nicht bewußt.

LEBEN

Jean-Baptiste Senallié (Senaillé, Senaillié, Senallier, Senaillier) wurde am 23. 11. 1687 in Paris geboren. Er wurde von seinem Vater, dem »Violon du roy« Jean Senallié (um 1650, Paris, bis 10. 1. 1713, Paris), und von Jean-Baptiste Anet (um 1651–1710) zum Violinisten ausgebildet und folgte 1713 seinem Vater in dessen Stellung am Hof zu Versailles nach. Im Jahr 1717 reiste er nach Italien, spielte vor dem Hof in Modena, wo er bis 1719 blieb und mit Tommaso Vitali (1663–1745) zusammenarbeitete. Er starb in Paris am 15. 10. 1730.

WERKE

Durch seinen Unterricht und seine Kompositionen gewann Jean-Baptiste Senallié große Bedeutung für die Violinistenschule und die Sonatenkomposition Frankreichs. Er veröffentlichte 5 Bücher mit insgesamt 50 Violinsonaten mit Generalbaß, die mit ihrer Liebenswürdigkeit, Grazie und technischen Anspruchslosigkeit mit Begeisterung - besonders im Concert spirituel - aufgenommen wurden.

LITERATUR

La Laurencie, L'école française de violon, Paris 1922.

Johann Georg Pisendel (1687–1755)

ZEIT UND UMWELT

Durch die Collegia musica - Vereinigungen von Musikfreunden zu privatem gemeinschaftlichem Musizieren - wurde bereits im 17., aber besonders im 18. Jahrhundert das öffentliche Konzertwesen eingeleitet. Die ersten öffentlichen Konzerte eines Collegium musicum fanden in Hamburg seit 1600 statt. In Frankfurt wurden im 17. Jahrhundert vom Collegium musicum regelmäßig öffentliche Konzerte gegeben, und das seit 1729 von Johann Sebastian Bach geleitete Collegium musicum in Leipzig bereitete den Boden für die späteren Gewandhauskonzerte.

LEBEN

Johann Georg Pisendel wurde am 26. 12. 1687 in Cadolzburg bei Nürnberg geboren. Er war in Ansbach als Kapellknabe Schüler von Francesco Antonio Pistocchi und von Giuseppe Torelli (1658–1709) und bereits mit 16 Jahren Violinist der dortigen Hofkapelle. Sein Studium in Leipzig ab 1709 gab er bald zugunsten der Musik auf und vertrat ab 1711 den Leiter des Leipziger Collegium musicum. Im Jahr 1712 wurde er Violinist an der Hofkapelle in Dresden, von wo er mehrere Auslandsreisen unternahm, auf denen er sich mit der italienischen und französischen Violintechnik vertraut machen konnte. Nach dem Tod des Konzertmeisters Jean-Baptiste Volumier (1670–1728) übernahm er dessen Stelle und wurde zum führenden Musiker der Hofkapelle in Dresden, wo er am 25. 11. 1755 starb.

WERKE

Von Johann Georg Pisendel sind 7 Violinkonzerte, 4 Concerti grossi mit einem Satz, eine Soloviolinsonate, 2 Violinsonaten mit Generalbaß und eine Sinfonia erhalten. Man vermutet, daß sich unter den anonymen Kompositionen der Sächsischen Landesbibliothek in Dresden weitere Werke des Komponisten befinden. Er war vom Publikum und den zeitgenössischen Musikern hochgeschätzt und stand mit vielen bedeutenden Komponisten seiner Zeit in freundschaftlicher Verbindung. Johann Sebastian

Titelblatt von Giuseppe Torellis »Concerti musicali op. 6«, Augsburg 1698

CONCERTI MUSICALI
CONSEGRATI ALL'
Altezza Sereniſsima Elettorale
di
MADAMA
SOFFIA CHARLOTTA,
ELETTRICE
di
BRANDEMBURGO,
Della Caſa Elettorale di Bronſuic è Luneburgo; Ducheſſa di Pruſsia, e di Magdeburgo; Cleve, Julia, Berga, Stetino, Pomerania; Caſſovia, e de Vandali, in Sileſia, Crosne; Burgravia di Norinberga, Principeſſa di Halberſtat, Mindia, e Camin; Conteſſa di Hoenzollern, e Ravensberg, Ravenſtein, Lauenburg e Butau &c.
Dà
GIUSEPPE TORELLI,
Veroneſe Accademico Filarmonico, e Maſtro del Concerto del A. S. il Margravio di Brandemburgo Anſpach &c.
OPERA SESTA.
IN AUGUSTA,
Appreſſo Lorenzo Kroniger & Eredi del Teofilo Gœbelio, per Gio: Chriſtof Wagner.
1698.

Bach schrieb seine Solosonaten für Violine vermutlich für ihn.

LITERATUR
H. R. Jung, Johann Georg Pisendel, Leben und Werk, Jena 1956.

Matteo Palotta (um 1688–1758)

ZEIT UND UMWELT
Der A-cappella-Gesang war trotz aller Stilentwicklungen aus der Kirchenmusik auch im 18. Jahrhundert nicht verschwunden. Wenn auch die strenge Polyphonie der Renaissance starken Modifikationen unterworfen war, wurde der »Palestrina-Stil«, wie man ihn zu jener Zeit eben verstand, gepflegt, so daß es von Fall zu Fall mit diesen antikisierenden Stilmitteln zu beachtlichen Leistungen kam.

LEBEN
Matteo Palotta wurde um 1688 in Palermo geboren und in Neapel am Conservatorio Sant'Onofrio, nachdem er dort die Weihen erhalten hatte, ausgebildet. Kaiser Karl VI. berief ihn über Empfehlungen 1733 als Hofkapellmeister nach Wien; er erbat sich jedoch die Stelle eines Komponisten für A-cappella-Musik und wurde zum Hofkomponisten ernannt. Im Zuge der einschneidenden Reduktion der Wiener Hofkapelle nach dem Tod des Kaisers wurde Palotta entlassen, aber 1749 doch wieder eingestellt, und wirkte dort bis zu seinem Tod am 28. 3. 1758.

WERKE
Von Matteo Palotta sind zahlreiche Messen im Palestrina-Stil sowie vier- und achtstimmige Motetten erhalten, die stilgerecht gearbeitet sind, aber zum Teil sehr doktrinär wirken. Einzelne Motetten jedoch fallen durch schönen Klang und elegante Stimmführung auf. Er schrieb eine Abhandlung über Gregorianik.

LITERATUR
K. G. Fellerer, Der Palestrinastil, Augsburg 1929.

Johann Georg Pisendel

Giovanni Perroni (1688–1748)

ZEIT UND UMWELT
Seit das Cello um 1700 zum Soloinstrument geworden war, machten es immer mehr Musiker zum Mittelpunkt ihres Interesses, sei es, daß sie sich zum Virtuosen auf dem Cello ausbildeten, sei es, daß sie dafür komponierten. Sein Klangfarbenreichtum und seine breite Ausdrucksmöglichkeit hoben seine Beliebtheit von Jahr zu Jahr, ohne natürlich jemals die der Violine zu erreichen.

LEBEN
Giovanni Perroni wurde 1688 in Oléggio bei Novara geboren. Er stand von 1704 bis 1714 als Cellist im Dienst des Herzogs von Parma, Francesco Farnese, war von 1718 bis 1720

Kapellmeister an Santa Maria delle Grazie und zugleich Mitglied des Hoforchesters in Mailand, wo sich die politischen Verhältnisse ebenso ungünstig auswirkten wie in Parma. Daher begab er sich nach Wien, wo er von 1721 bis zu seinem Tod am 10. 3. 1748 der Hofmusikkapelle angehörte.

WERKE

Dem Oratorium galt das kompositorische Schaffen des Cellisten Giovanni Perroni in erster Linie. Er verfaßte bei 10 äußerst klangvolle, sehr farbig begleitete, stark an die Oper angelehnte Oratorien, von denen »Das Opfer des Noah« und »Job« am meisten geschätzt wurden. Außerdem schrieb er Kantaten für den Kirchengebrauch und ein Cellokonzert mit zwei Violinen, Trompeten, Bratsche und Cello.

Giuseppe Maria Orlandini (1688–1760)

ZEIT UND UMWELT

Da die meisten Opernkomponisten des 17. und der ersten Hälfte des 18. Jahrhunderts auch Oratorien schrieben, mußte nach dem Muster der erzeugten Opern zwangsläufig eine Depravierung des volkstümlichen Oratorio volgare eintreten, in dem auch nur die Brillanz der Gesangvirtuosen wichtig war und die Musik oft sehr zu kurz kam.

LEBEN

Giuseppe Maria Orlandini wurde am 4. 2. 1688 in Bologna geboren. Er wurde 1718 in die Accademia Filarmonica seiner Geburtsstadt aufgenommen und 1723 als Kapellmeister des Hofes nach Florenz berufen. Ab 1732 wirkte er auch als Kapellmeister des Domes von Florenz bis zu seinem Tod am 24. 10. 1760.

WERKE

Neben ungefähr 50 Opern verfaßte Giuseppe Maria Orlandini eine Reihe von Oratorien, außerdem Kantaten von beachtlichem musikalischem Wert.

Johann Friedrich Fasch (1688–1758)

ZEIT UND UMWELT

Das Barock in Mitteleuropa mündete nicht so einmütig in das Rokoko wie in Frankreich. Die Umformung der stilistischen Faktur in die des galanten und des empfindsamen Stils wurde von vielen Komponisten nur teilweise oder überhaupt nicht mitvollzogen. Der Generalbaß wurde verabschiedet, auch die vom Komponisten selbst verfaßten akkordischen Füllstimmen genügten nicht mehr dem beabsichtigten künstlerischen Ausdruck, die Harmonik wurde, ihrer dienenden, begleitenden Rolle enthoben, zur Ausdrucksform neben der Melodik. Es war einer der ersten Schritte zur Klassik.

LEBEN

Johann Friedrich Fasch wurde am 15. 4. 1688 in Büttelstedt bei Weimar geboren. Er war 1700 Diskantist der Hofkapelle in Weißenfels, 1701 Alumne der Thomasschule in Leipzig, wo er 1707 die Universität besuchte und ein Collegium musicum gründete. Seine musikalische Ausbildung vervollständigte er 1713 bei Christoph Graupner (1683–1760) in Darmstadt. Im Jahr 1714 wirkte er als Violinist in Bayreuth, war sodann bis 1719 als Kammerschreiber und Sekretär in Gera tätig, dann bis 1721 als Organist in Greiz und noch im selben Jahr als Kapellmeister in Lukawitz (Lukavice), Böhmen. Ein Jahr darauf wurde er Hofkapellmeister in Zerbst, wo er am 5. 12. 1758 starb.

WERKE

Johann Sebastian Bach schätzte seinen Zeitgenossen Johann Friedrich Fasch so sehr, daß er für sich selbst eine Abschrift von dessen 5 Orchestersuiten anfertigte. Der vielseitige Komponist verfaßte mehrere Opern, 7 Jahrgänge Kirchenkantaten, 12 Messen, 69 Ouvertüren, 21 Konzerte für verschiedene Instrumente, Triosonaten, Quartette, Sinfonien, Motetten und Gelegenheitskompositionen. Obwohl keines seiner Werke zu seinen Lebzeiten gedruckt wurde, galt er als sehr fähiger Komponist. Die Nachwelt sieht in ihm einen Vorläufer der Klassik.

Sonate in B-Dur für Blockflöte, Oboe (oder Violine), Violine und Generalbaß, 4 Sätze

Im einleitenden Largo schlägt die Flöte das Thema an, das die Oboe und darauf die Violine wie bei einer Fuge aufgreifen, aber sofort selbständig abwandeln. Das Spiel wiederholt sich, aber bei der dritten Durchführung kommt es zu einer harmonischen Parallelität der drei Stimmen, die einander die Führung zuweilen streitig machen oder überlassen. Die gleiche motivische Verarbeitung, die das Heraufdämmern der Klassik deutlich ankündigt, findet sich im anschließenden Allegro, das genial fugiert ist, im 3. Satz, einem äußerst farbenfrohen Grave, und im Finale, das das Werk mit fröhlicher Stimmung abschließt.

Sonate in d-Moll für zwei Violinen, Bratsche und Cello, 4 Sätze

Schon die Besetzung nimmt das Streichquartett kommender Zeiten voraus. Der Generalbaß ist ausgeschaltet, die Füllstimmen werden durch eine echte Vierstimmigkeit ersetzt. Der musikalische Gedanke wandert von einer Stimme zur anderen, von denen jede selbständig auftritt, während sie die anderen harmonisch kontrapunktieren und die Aufmerksamkeit auf sich zieht. Diese Transparenz mag für die Ohren der Zeitgenossen, die an eine führende Stimme mit einer konventionellen Begleitung gewohnt waren, zu anspruchsvoll gewesen sein, wurde jedoch für die kommenden zwei Jahrhunderte zur Grundlage der musikalischen Faktur. Die einzelnen Sätze bringen ein klangreiches Largo wie bei einer Kirchensonate, ein Allegro voll Tiefe, ein mit harmonischen Spannungen angefülltes zweites Allegro und ein rasantes Finale.

Triosonate in d-Moll für Violine, Bratsche und Generalbaß, 4 Sätze

Die barocke Viersätzigkeit ist hier noch beibehalten, die anmutige Zierlichkeit nähert die Sonate dem Rokoko, jedoch nur oberflächlich, denn der Gedankenreichtum aller Sätze weist auf die zukünftige Stilentwicklung hin. Die beiden Melodieinstrumente sind streng kanonisch, vom Baß kontrapunktiert, eingesetzt. Die Themen spannen sich ohne Unterbrechung über die einzelnen Sätze und erzeugen so eine geradezu »klassische« Geschlossenheit. Der 1. Satz, ein Andante, wirkt ernst und kraftvoll, das folgende Allegro ist voll Bewegung und Spannung, das Largo verströmt in warmer Sanglichkeit, und das Finale ist geradezu musikantisch bis zur letzten Note.

Triosonate in D-Dur für Violine, Bratsche und Generalbaß, 3 Sätze

Im Andante und den beiden Allegri sind die Melodiestimmen durchgehend kanonisch angelegt, entfalten sich jedoch völlig frei, zumeist zu schönster sanglicher Führung. Das Thema des Finales ist beschwingt tänzerisch, bringt die Wiederholungen der zweiten Stimme nicht in gleicher Höhe, sondern in der Unterquart, was eine reizvolle Farbigkeit des Satzes erzeugt.

Triosonate in G-Dur für Violine, Bratsche und Generalbaß, 3 Sätze

Die Funktion des Generalbasses ist hier schon stark eingeschränkt, streckenweise wird auf Füllstimmen verzichtet, so daß die Harmonik von den Solisten mit dem Baß allein bestritten wird und viel an Farbe und Weiträumigkeit gewinnt. Die kanonische Faktur ist aufgegeben, die Stimmen entwickeln sich sehr freizügig, was das Werk der Triosonate des 18. Jahrhunderts stark annähert. Interessant ist das volkstümlich drastische Finale.

Literatur

C. A. Schneider, Johann Friedrich Fasch, München 1932.

Johann Ludwig Steiner (1688–1761)

Zeit und Umwelt

Gehemmt durch das calvinistische Bekenntnis und die daraus resultierende Einstellung zur Kunst, kam es in Zürich, im Gegensatz zu anderen west-, süd- und mitteleuropäischen Städten, im 17. Jahrhundert zu keiner nennenswerten Musikentwicklung. Aber die Gründung eines Collegium musicum beweist, daß zumindest ein Teil der Bürgerschaft auf Musik nicht verzichten wollte.

Leben

Johann Ludwig Steiner wurde am 1. 7. 1688 in Zürich geboren. Im Jahr 1705 wurde er Stadttrompeter und Türmer von St. Peter, seiner Vaterstadt. Zur selben Zeit trat er dem Collegium musicum bei und war zeitlebens als Musiklehrer tätig. Er starb in Zürich am 27. 3. 1761.

Werke

Durch mehr als 20 Jahre verfaßte Johann Ludwig Steiner die Neujahrsmusik für die Stadt Zürich. Er veröffentlichte ein »Neues

Gesangbuch auserlesener geistreicher Liedern« in 2 Bänden, das interessant instrumentiert ist, weil Sing- und Instrumentenstimmen äußerst effektvoll integriert werden.

LITERATUR

A. R. Cherbuliez, Johann Ludwig Steiner, Stadttrompeter von Zürich, Zürich 1964.

Luca Antonio Predieri (1688–1767)

ZEIT UND UMWELT

Kaiser Karl VI. (1685–1740) war die letzte musische Herrschergestalt auf dem Thron in Wien. Mit seinem Tod setzte jede Förderung des Musiklebens seitens des Hofes aus. Kaiserin Maria Theresia (1717–80) reduzierte die Hofkapelle auf ein Minimum, was einer Zertrümmerung gleichkam, der Opernbetrieb stagnierte. Das vermochte jedoch den Aufstieg der Musik zur »Wiener Klassik« nicht aufzuhalten.

LEBEN

Luca Antonio Predieri, Neffe des Giacomo Cesare Predieri (1671–1753) wurde am 13. 9. 1688 in Bologna geboren, wo er 1716 Mitglied der Accademia Filarmonica wurde und an verschiedenen Kirchen (San Paolo, 1728 bis 1731, San Pietro 1731–35) als Kapellmeister tätig war. Im Jahr 1737 kam er nach Wien und löste Antonio Caldara (1670–1736) auf dem Posten des Zweiten Hofkapellmeisters ab, 1746 wurde er Erster Hofkapellmeister, verließ aber Wien bereits 1751, um nach Bologna zurückzukehren, wo er am 3. 1. 1767 starb.

WERKE

Neben 24 Opern und Serenaden sowie 9 Oratorien verfaßte Luca Antonio Predieri eine Reihe von Violinkonzerten und einige Kirchenmusiken von beachtlichem Wert. Davon stechen das h-Moll-Konzert für konzertierende Violine und Streichorchester und das Stabat mater besonders hervor.

Domenico Zipoli (1688–1726)

ZEIT UND UMWELT

Córdoba im heutigen Argentinien wurde durch die Gründung der Jesuitenuniversität im Jahr 1613 zum kulturellen Mittelpunkt des südlichen Südamerika. Die Kathedrale war eine der wichtigsten Pflegestätten der Kirchenmusik des Kontinents.

LEBEN

Domenico Zipoli wurde am 16. 10. 1688 in Prato geboren. Nach seiner Ausbildung in Florenz bei Giovanni Maria Casini (1652 bis 1719), bei Alessandro Scarlatti in Neapel und bei Bernardo Pasquini in Rom wurde er Organist an der römischen Jesuitenkirche. Im Jahr 1716 trat er in Sevilla dem Jesuitenorden bei, der ihn als Organisten an die Kathedrale in Córdoba, damals Rio de la Plata, sandte. Er starb dort am 2. 1. 1726.

WERKE

Die Kompositionen von Domenico Zipoli bewegen sich im Rahmen des Barock. Er schrieb noch in Rom Oratorien, von denen nur der Text erhalten ist, außerdem eine Anzahl sehr geschätzter Sonaten für Orgel oder Cembalo. Über seine kompositorische Tätigkeit in Córdoba ist nichts bekannt.

LITERATUR

L. Ayestaran, Domenico Zipoli, el gran compositor y organista romano del 1700 en el Rio de la Plata, in: Revista historica XXXV/13, Montevideo 1941.

Michel Gabriel Besson (um 1689–1765)

ZEIT UND UMWELT

Die Musette zu spielen, war im 18. Jahrhundert auf keinen Fall eine Deklassierung wie etwa ein Jahrhundert später, weil dieses Instrument dem sentimentalen Hang zur ländlichen Idylle, der in Frankreich Mode geworden war, sehr entgegenkam.

LEBEN

Michel Gabriel Besson wurde um 1689 vermutlich in Paris geboren. Er war ungefähr seit 1722 als Flötist und Musettespieler Mitglied der Königlichen Kapelle und wurde 1728 zu den »24 violons du roy« übernommen, wo er bis zu seinem Tod am 22. 8. 1765 in Versailles wirkte.

WERKE

Von Michel Gabriel Besson sind 6 viersätzige Sonaten für Solovioline mit Generalbaß erschienen. Sie fallen durch kapriziöse und nervöse melodische Linien und durch außergewöhnliche Breite der langsamen Sätze auf. Über weitere Werke gibt es keine Informationen.

LITERATUR

W. Newman, The Sonata in the Baroque Era, Chapel Hill 1959.

Johann Joseph Brenntner (1689–1742)

ZEIT UND UMWELT

Über die Hofkapellen in Wien und Prag einerseits und über Leipzig und Dresden andererseits wurde der konzertante Stil Venedigs auch in Böhmen frühzeitig bekannt und fand auch in die Kirchenmusik bodenständiger Komponisten bald Eingang.

LEBEN

Johann Joseph Ignaz Brenntner wurde 1689 in Wiesengrund (Dobrzan), Böhmen, geboren. Er war in seinem Geburtsort, wo er 1742 starb, als Kirchenmusiker tätig.

WERKE

Von den kirchenmusikalischen Werken von Johann Joseph Brenntner sind nur 12 sakrale Arien unter dem Titel »Hymnodia divina« erhalten. Die sehr ansprechenden Kompositionen gehören dem Spätbarock an. Auch die verschollenen Vertonungen sollen konzertant gewesen sein. Die profane Musik des Komponisten ist durch ein Lautenkonzert

Blasinstrumente aus dem 18. Jahrhundert

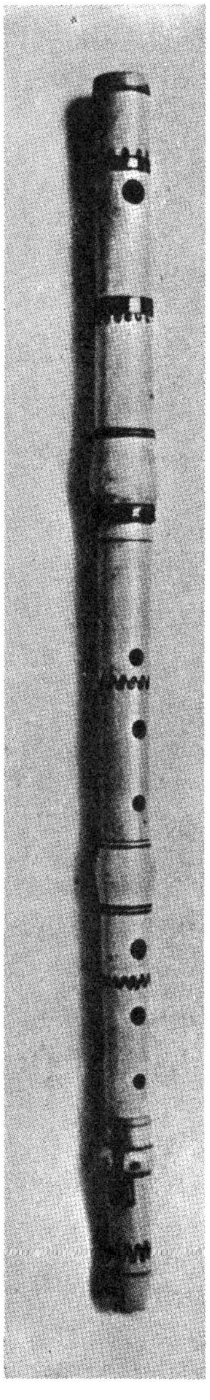

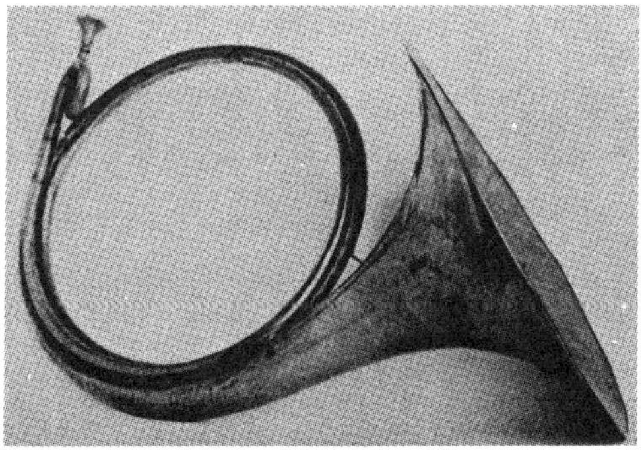

vertreten, das an den Spieler hohe technische Anforderungen stellt.

Pierre Gabriel Buffardin (1689–1768)

Zeit und Umwelt

Die Anzahl der verwendeten Instrumententypen reduzierte sich im Verlauf des 18. Jahrhunderts stark. Gegenüber den vielen Sorten der Violenfamilie beschränkte man sich auf Violine, Viola, Cello und Kontrabaß, weil weitere Violinentypen bald aufgegeben wurden wie alle Violen. Die Längsflöten in verschiedenen Formaten mußten der Querflöte weichen, neben der nur mehr die Piccoloflöte bestehenblieb. Da auch von Oboen und den Blechblasinstrumenten alle Abarten gestrichen wurden, bildete sich bald der sinfonische Klangkörper heraus, den die Musik der Klassik benötigte.

Leben

Pierre Gabriel Buffardin wurde am 29. 6. 1689 in Avignon getauft. Er war von 1715 bis 1749 erster Flötist der Hofkapelle in Dresden. Dann lebte er als Flötist und Flötenlehrer bis zu seinem Tod am 13. 1. 1768 in Paris.

Werke

Von dem berühmten Flötisten und Flötenlehrer Pierre Gabriel Buffardin ist nur ein Flötenkonzert erhalten. Alle anderen Kompositionen sind verschollen.

Jacques Aubert (1689–1753)

Zeit und Umwelt

Als Ludwig XIV. (1638–1715) starb, war sein Nachfolger Ludwig XV. (1710–74) erst fünf Jahre alt. Die Regentschaft für den minderjährigen König führte Philippe II., duc d'Orléans (1674–1723). Louis Henri, duc de Bourbon-Condé (1692–1740), kam an die Spitze des Regentschaftsrates und wurde nach dem Tod des Regenten Premierminister. Die Lebensumstände in Frankreich, die bereits unter Ludwig XIV. unerträglich geworden waren, verschlimmerten sich unter dessen Nachfolger und den Ministern noch mehr; Mätressenwirtschaft, Steuererhöhungen, diktatorische Maßnahmen und Korruption stellten die Weichen für die Ereignisse, die am Ende des Jahrhunderts das Land erschütterten.

Leben

Jacques Aubert wurde am 30. 9. 1689 in Belleville, Paris, geboren. Mit königlichem Dekret wurde er 1719 zum Konzertmeister des duc de Condé ernannt. Im Jahr 1727 wurde er Mitglied der »24 violons du roy« und 1728 Violinist im Pariser Opernorchester; 1752 zog er sich von seinen Verpflichtungen zurück und starb in Paris am 18. 5. 1753.

Werke

Die Mehrzahl seiner Kompositionen präsentierte Jacques Aubert im Concert spirituel. Neben 3 Balletten und mehreren Divertissements verfaßte er an Instrumentalmusik 5 Bücher für Solovioline und Generalbaß, die mehrere Auflagen erlebten, Stücke für Violen, Musetten, Violinen, Flöten und Oboen, 6 Suiten von Konzerten für Violinen, Flöten und Oboen, Stücke für zwei Violinen oder Flöten, Duos für Musetten, Violen, Violinen, Flöten und Oboen, 2 Bücher mit Konzerten für vier Violinen, Cello und Generalbaß und 6 Bücher mit für zwei Violinen arrangierten Airs; an Vokalmusik ist nur eine einzige Kantate überliefert.
Der Komponist hat als erster das Violinkonzert in Frankreich eingeführt. Es war zumeist dreiteilig – schnell, langsam, schnell –, seine Instrumentation wurde den Italienern entlehnt (vier hohe Stimmen ohne Alt und Generalbaß), seine Faktur ist zumeist leicht faßlich und graziös, gemäß dem Stil der Zeit.

Literatur

M. Brenet, Les concerts en France sous l'Ancien Régime, Paris 1900.

João da Silva Moräes (1689–1747)

Zeit und Umwelt

Unter König João V. erlebte Portugal infolge günstiger Handelsabkommen mit England und des aus Brasilien einfließenden Reichtums einen ungeheuren wirtschaftlichen und kulturellen Aufschwung: Künste und Wissenschaften wurden kräftig gefördert; Bibliotheken erweitert, Akademien und Museen gegründet, und die Bautätigkeit wurde vervielfacht. Da der König die Musik sehr liebte, kam auch diese Kunstgattung nicht zu kurz, vor allem die Kirchenmusik. An profaner Musik wurde nicht viel geschaffen, weil weder Adel noch Bürgerschaft daran interessiert war; man begnügte sich mit der italienischen Oper und der spanischen Zarzuela.

Leben

João da Silva Moräes wurde am 27. 11. 1689 in Lissabon geboren. Er wirkte ab 1727 bis zu seinem Tod um 1747 an der Kathedrale seiner Vaterstadt als Kapellmeister.

Werke

Der Großteil der 180 Kompositionen von João da Silva Moräes wurde beim Erdbeben von Lissabon (1755) vernichtet. Erhalten geblieben sind eine fünfstimmige Messe, ein vierstimmiges Stabat mater, Hymnen, Motetten, Lamentationen, Magnificat, Miserere, Responsorien, Te Deum und Vilhancicos. Der Stil dieser Musik ist sehr konservativ, teils polyphon, teils monodisch, aber stark auf Klangwirkung gezielt.

Joseph Bodin Boismortier (1689–1755)

Zeit und Umwelt

Dem Vorstellungs- und Gefühlsgehalt des Rokoko kam vielleicht die Flöte mit ihren verschiedenen Formen am meisten entgegen, weil sie mehr als jedes andere Instrument die Ruhe und Problemlosigkeit des Landlebens, die Idylle von Hain und Flur und die Verbundenheit mit der freien Natur heraufbeschwört – Gedankeninhalte, ausgehend von der Lehre des Philosophen Jean-Jacques Rousseau, daß allein das naturnahe Leben zum menschlichen Glück führen könne. Das formstrenge, gekünstelte und verkünstelte Barock konnte das Verlangen der Menschen nach Natürlichkeit und Einfachheit nicht austilgen. Der Ruf: »Zurück zur Natur« (der nicht von Rousseau stammt) fand starken Widerhall. Die läppische Nachahmung und Nachäffung des Landlebens durch die Adelsgesellschaft tat dem allgemeinen Zug der Zeit keinen Abbruch.

Leben

Joseph Bodin (de) Boismortier wurde am 23. 12. 1689 in Thionville geboren. Er verbrachte seine Jugend in Metz, hielt sich in Nancy, Lunéville und Perpignan auf und ließ sich 1724 in Paris nieder. Am 28. 10. 1755 starb er in Roissy-en-Brie. Ob er außer der Komposition eine musikalische Tätigkeit ausübte, ist nicht bekannt.

Werke

Die Sonaten von Joseph Bodin Boismortier gehören zu den ältesten Beispielen für die Einführung der dreisätzigen italienischen Konzertform in Frankreich. Das Werk des Komponisten besteht vorwiegend aus Instrumentalmusik, von der ein großer Teil für Flöten geschrieben ist. Er verstand es, gerade dieses Instrument differenziert und effektvoll einzusetzen, aber Oboen, Fagotte, Musetten und Drehleiern sind auch herangezogen, ferner Violen, Gamben und Violinen. Die Sonate ist seine bevorzugte Form, er schrieb aber auch Konzerte, Suiten, Serenaden, Divertissements und kleinere Stücke. Die Vokalmusik ist mit Motetten, Airs sérieux et à boire und schönen Kantaten vertreten. Für die Bühne verfaßte er die Ballette »Les Voyages de l'Amour« (Reisen der Liebe) und »Don Quijote«, außerdem eine Pastorale: »Daphnis und Chloe«.

Sonate in d-Moll für 3 Oboen, 4 Sätze

Der 1. Satz – Doucement – bringt ein liebliches Terzett der drei Instrumente. Die Tänze des 2. und 3. Satzes erinnern an das Musizieren von Dorfmusikanten. Die beiden Menuette des 4. Satzes führen uns in das höfische Milieu zurück.

Konzert in D-Dur für 5 Flöten, 3 Sätze
Hier sind die Möglichkeiten dieser idyllischen Instrumente voll ausgenützt. Die Verschiedenheit der Klangfarben der einzelnen Stimmlagen täuscht ein ganzes Orchester vor. Man gewinnt den Eindruck, als hätten sich die 5 Flötisten zusammengefunden, um für sich selbst, zur eigenen Unterhaltung, zu konzertieren.

Sonate in g-Moll für 2 Flöten, 4 Sätze
Nach den fröhlichen Tänzen des Flötenpaares im 1. und 2. Satz kommt es zu einem ruhigen Zwiegespräch, dem eine übermütige Gigue im 4. Satz folgt.

Sonate in a-Moll für 3 Violinen und Cembalo, 4 Sätze
Mit sattem Klang setzen die drei Violinen zum 1. Satz, ein Adagio, an. Ihre Stimmführung ist im Gegensatz zum galanten Stil kontrapunktisch angelegt, aber harmonisch gut gegeneinander abgewogen. Die Sonate zeigt die Struktur der Sonata da chiesa: 4 Sätze, langsam - schnell - langsam - schnell, und bietet auch in den schnellen Sätzen einen gewissen Ernst. Der Klang aller Sätze ist von erstaunlicher Dichte und scheint die Musik späterer Jahrzehnte vorwegzunehmen.

Triosonate in D-Dur für Violine, Bratsche, Cello und Generalbaß, 4 Sätze
Die Struktur dieser Sonate ist konservativ, nicht aber ihr Klangbild, weil die »Füllstimmen« nicht der Willkür des Cembalisten überlassen, sondern vorgeschrieben sind und sich zuweilen solistischem Vortrag nähern.

Konzert in a-Moll für 2 Oboen und Cembalo und Orchester, 3 Sätze
Dieses Werk kommt einem Concerto grosso nahe, denn obwohl Oboen und Cembalo nicht oft getrennt konzertieren, kommt es doch zuweilen zu einem Zwiegespräch der beiden Klangkörper. Der Mittelsatz, ein Adagio, bringt eine herrliche Kantilene der Oboen, die vergessen läßt, daß die Welt der Romantik erst ein Jahrhundert später einsetzte. Das Konzert ist ein Juwel vorklassischer Komposition.

Literatur

H. Thibout de Morembert, Bodin de Boismortier, Notes sur un musicien lorrain, in: Revue de Musicologie LIII, 1927.

Giovanni Porta (um 1690–1755)

Zeit und Umwelt

Kurfürst Karl Albert von Bayern (1697 bis 1745), der mit Erzherzogin Maria Amalia (1701–56), Tochter Kaiser Josephs I. (1678 bis 1711), verheiratet war, erhob nach dem Tod Karls VI. Anspruch auf das Erbe, obgleich das Haus Bayern die Pragmatische Sanktion, die Maria Theresia als Nachfolgerin vorsah, anerkannt hatte. Er wurde mit Unterstützung Frankreichs als Karl VII. zum deutschen Kaiser gewählt, während österreichische Truppen in Bayern einmarschierten, so daß er erst 1744 den Thron in München besteigen konnte. Ein Jahr darauf starb er. Sein Sohn Maximilian III. Joseph (1727–77) verzichtete auf die österreichischen Gebiete und wandte sich der kulturellen Förderung seines Landes zu. Auch der Betrieb der Hofkapelle, der durch die politischen Wirren zeitweise gehemmt war, nahm erneut starken Aufschwung.

Leben

Giovanni Porta wurde um 1690 in Venedig geboren, hielt sich von 1706 bis 1716 vermutlich in Diensten des Kardinals Pietro Ottoboni (1667–1740) in Rom auf, wirkte anschließend als Chormeister und als Leiter des Ospedale della Pietà in Venedig, war einige Zeit in London tätig und erhielt 1737 die Stelle des Hofkapellmeisters in München, die er bis zu seinem Tod am 21. 6. 1755 betreute.

Werke

Neben 32 Opern für Venedig, London, München und Bologna komponierte Giovanni Porta eine große Anzahl Messen und Psalmen, die von seinem Opernschaffen stark beeinflußt sind, so daß die Chöre etwas flach, dafür aber die häufigen Solostellen um so glänzender ausfielen.

William Babell (um 1690–1723)

Zeit und Umwelt

Der Klavierauszug, der bis zum Aufkommen von Schallplatte, Tonband, Radio und Fernsehen das wichtigste Mittel war, um mehrstimmige Musik zu reproduzieren und zu studieren, weil ein unmittelbares Anhören nur einem beschränkten Personenkreis möglich war, hatte seinen Vorläufer im Arrangement von Orchesterstücken, Opernarien und Oratoriumchören für Cembalo.

LEBEN
William Babell wurde um 1690 in London geboren. Sein Lehrer im Cembalo-, Orgel- und Violinspiel wie in der Komposition war Johann Christoph Pepusch (1667–1752). Babell war Mitglied der Königlichen Musikkapelle (Royal band) und einige Zeit Organist an All Hallows in London, wo er am 23. 9. 1723 starb.

WERKE
Der vielseitige Instrumentalist William Babell machte sich vor allem durch seine Cembaloarrangements von Arien beliebter Opern einen großen Namen. Sie fanden bis nach Frankreich und Deutschland weite Verbreitung. Außerdem verfaßte er mehrere Suiten beliebter Cembaloübungen, Konzerte für Violine, Flöte, Oboe und Generalbaß, 6 Konzerte für Flöten und Violinen und ein Concerto grosso für zwei Violinen und Streicher. Sein Stil gehörte noch dem späten Barock an.

Francesco Barsanti (um 1690–1772)

ZEIT UND UMWELT
Der scharfe Konkurrenzkampf, den Georg Friedrich Händel auf dem Feld der Oper in London auszufechten hatte und schließlich ebenso verlor wie seine Gegner, weil das Opernpublikum der italienischen Oper überdrüssig geworden war, brachte viele der vom Kontinent zugewanderten Musiker um ihre Position. Diese konnten zumindest zum Teil in anderen englischen Städten, in Irland oder Schottland unterkommen, wo die Musikentwicklung etwas langsamer ablief als in London selbst.

LEBEN
Francesco Barsanti wurde um 1690 in Lucca geboren. Er studierte in Padua Rechtswissenschaft und ging darauf 1714 mit Francesco Geminiani (1680–1762), dem er vermutlich seine Ausbildung zum Musiker verdankte, nach London, wo er an der Italienischen Oper Flöte und Oboe spielte. Als die italienischen Opern in London ihre Zugkraft einbüßten, begab er sich nach Schottland und wirkte dort als Instrumentalist, Komponist und Lehrer. Um 1750 kehrte er nach London zurück und betätigte sich als Bratschist bis zu seinem Tod im Jahr 1772.

WERKE
Den Aufenthalt in Schottland verwendete Francesco Barsanti zur Sammlung schottischer Lieder, die er mit viel Erfolg herausgab. Außerdem schrieb er vierstimmige Ouvertüren, Soli und Sonaten für Quer- und Längsflöte, Triosonaten, Concerti grossi und 6 Antiphonen im Palestrina-Stil. Sein Stil hing deutlich von Geminiani ab, ließ aber die barocke Faktur bereits hinter sich. Bei den Antiphonen bemühte er sich, den archaischen Stil zu treffen, was allerdings nicht ganz gelang.

Paolo Benedetto Bellinzani
(um 1690–1757)

ZEIT UND UMWELT
Nicht alle Komponisten Italiens unterwarfen sich im 18. Jahrhundert dem Diktat der virtuosen Sänger und des Opernpublikums. Das Erbe von Arcangelo Corelli war noch sehr lebendig und regte manchen, der bestrebt war, ehrliche Musik zu schreiben, zur Nachahmung und Weiterbildung an.

LEBEN
Paolo Benedetto Bellinzani wurde um 1690 in Mantua geboren. Er war Kleriker und Kapellmeister in verschiedenen Städten Italiens, und zwar ab 1717 in Udine, ab 1722 in Ferrara, ab 1724 in Pesaro, ab 1730 in Urbino, ab 1734 in Fano, ab 1735 in Orvieto und ab 1737 bis zu seinem Tod am 25. 2. 1757 in Recanati.
Sein Neffe Antonio Bellinzani (um 1700, Ferrara, bis um 1767, Pesaro) war Kirchenmusiker in Urbino, Recanati und Pesaro.

Werke
Die 12 Kirchensonaten für zwei Violinen und Generalbaß bezeichnete Paolo Benedetto Bellinzani selbst als Nachahmungen der Sonaten von Arcangelo Corelli. Das gleiche Vorbild wird auch bei den 12 Kammerduetten und den Sonaten für Flöte und Generalbaß deutlich. Weiter zurück greifen seine 4 Messen für vier Stimmen und Orgel, die Psalmen für acht Stimmen und Instrumente, die zweistimmigen Offertorien und noch mehr die zwei- bis fünfstimmigen Madrigale. All diese Musik ist klangvoll und ihrem Stil gemäß gearbeitet.
Von Antonio Bellinzani ist eine Anzahl Kirchenmusik im Manuskript erhalten.

Charles Coffey (um 1690–1745)

Zeit und Umwelt
Der Dichter Christian Felix Weiße (1726 bis 1804) war einer der Schöpfer des deutschen Singspiels. Er gestaltete seine Texte zum Teil, indem er ausländische Vorbilder übersetzte und bearbeitete. Die Komposition besorgten bei einigen Johann C. Standfuß und Johann Adam Hiller.

Leben
Charles Coffey wurde um 1690 in Irland geboren. Er dürfte in London als Dramatiker und Komponist gelebt haben und vermutlich am 13. 5. 1745 gestorben sein.

Werke
Von Charles Coffey sind mehrere Balladenopern bekannt geworden, deren Text er gestaltete und deren Musik er selbst schrieb oder zumindest für den Bühnengebrauch einrichtete. Zwei davon sind von Christian Felix Weiße textlich bearbeitet und von deutschen Komponisten neu komponiert worden; sie wurden zu einem der Ausgangspunkte des deutschen Singspiels.

Carlo Tessarini

Carlo Tessarini (um 1690 bis nach 1766)

Zeit und Umwelt
Am Ende des 17. Jahrhunderts vollzog sich die Fusion der Kirchen- und der Kammersonate. Der neue Typus, der nur mehr Sonate genannt wurde, ähnelte in Form und Stil der alten Kirchensonate und war viersätzig. Immer häufiger wurde jedoch ein langsamer Satz weggelassen, so daß ein dreisätziger Typus entstand, der für das gesamte 18. Jahrhundert und darüber hinaus maßgebend blieb, obschon daneben viersätzige und zweisätzige Sonaten immer wieder entstanden.

Leben
Carlo Tessarini wurde um 1690 in Rimini geboren. Er war ab 1729 Violinist an San Marco in Venedig, sodann Konzertmeister an San Giovanni e Paolo in Venedig, in Urbino und in Brünn, von wo er 1738 nach Urbino zurückkehrte. Er blieb dort, von ausgedehnten Konzertreisen unterbrochen, bis 1757, dann wanderte er ständig als Violinvirtuose durch viele Städte Europas. Sein letztes Konzert gab er am 16. 12. 1766 in Arnheim. Das Jahr und der Ort seines Todes sind nicht bekannt.

WERKE

Das kompositorische Werk von Carlo Tessarini ist durchwegs instrumental und legt von seiner eigenen Virtuosität Zeugnis ab. Die dreisätzige Struktur der Sonate im 18. Jahrhundert nahm bei seinen Kompositionen ihren Ursprung. Er schrieb zahlreiche Sonaten für Violine, für Flöte, Duette für Violinen, Triosonaten, Konzerte für mehrere Instrumente, Concerti grossi, 6 große Ouvertüren, 6 große Sinfonien und außerdem ein theoretisches Werk. Eine gewisse Abhängigkeit vom Stil Arcangelo Corellis ist dabei deutlich bemerkbar.

Antonio Vandini

(um 1690 bis nach 1771)

ZEIT UND UMWELT

Wie die gesamte Republik Venedig blieb Padua von den politischen und kriegerischen Ereignissen des 18. Jahrhunderts bis zu dessen letztem Jahrzehnt verschont. Das musikalische Geschehen spielte sich allerdings nahezu ausschließlich in den Kirchen ab, vor allem in der Basilika Sant'Antonio.

LEBEN

Antonio Vandini wurde um 1690 in Bologna geboren. Im Jahr 1721 trat er als Cellist in das Orchester an Sant'Antonio in Padua ein, verbrachte ab 1722 vier Jahre in Österreich (Wien, Prag) und wirkte ab 1726 erneut bis 1770 an Sant'Antonio. Im Jahr 1771 wurde ihm noch ein Ruhegehalt ausbezahlt; in den nächstfolgenden Jahren dürfte er in Padua gestorben sein.

WERKE

Von den Cellowerken Antonio Vandinis sind ein Concerto in D-Dur, eine Sonate für Cello solo, 2 Soli für Cello und 3 Sonaten für Cello und Baß überliefert. Alles andere ist verlorengegangen. Der Stil dieser Kompositionen hat das Barock bereits zum Teil verlassen, der Generalbaß wurde dabei nur mehr fallweise angewendet.

Daniel Magnus Gronau

(um 1690–1747)

ZEIT UND UMWELT

Die Choralbearbeitungen in Variationenform blieben nahezu ausschließlich auf den protestantischen deutschen Raum beschränkt. Da die Orgelmeister das Choralthema trotz aller Umspielungen und Verzierungen, trotz Diminuierungen und Augmentationen deutlich hörbar erhalten wollten, hoben sie es nicht selten durch eine besondere Klangfarbe hervor, so daß der Registrierung der Orgeln große Bedeutung zukam und in vielen Fällen nicht dem Organisten überlassen, sondern vom Komponisten vorgeschrieben wurde, weil dieser bestimmte Klangfarbenvorstellungen verwirklichen wollte.

LEBEN

Daniel Magnus Gronau wurde um 1690 vermutlich in Danzig (Gdańsk) geboren und war dort als Organist tätig, zuletzt von 1730 bis zu seinem Tod am 2. 2. 1747 an St. Johann.

WERKE

Die 84 erhaltenen Choralvariationen von Daniel Magnus Gronau enthalten eine genaue Registrieranweisung, die uns einen wertvollen Einblick in die Ästhetik der Orgelkunst des 18. Jahrhunderts gewährt. Der Komponist soll auch eine Anzahl Orgelfugen und Orgelpräludien verfaßt haben.

LITERATUR

G. Frotscher, Ein Danziger Orgelbuch, Kongreß-Bericht, Leipzig 1925.

Sebastian Bodinus

(um 1690 bis nach 1753)

ZEIT UND UMWELT

So rasch sich der Generalbaß in Deutschland eingebürgert hatte, so zögernd wurde er im 18. Jahrhundert überwunden. Verhältnismäßig schnell fand die Methode Anklang, daß Füllstimmen ein Teil der Komposition zu sein haben und nicht der Routine des Continuospielers ausgeliefert werden sollen. Aber der nächste Schritt zur Aufgabe dieser Begleitungsart brachte zwangsläufig die Notwendigkeit, die unteren Stimmen durchzuarbeiten – kontrapunktisch oder harmonisch begleitend. Die Komposition war wieder mühsamer und komplizierter geworden.

Leben
Sebastian Bodinus wurde um 1690 im Herzogtum Altenburg geboren. Er war Kammermusiker in Württemberg und bis 1752 Violinist der Markgrafen von Baden-Durlach. Ab 1753 verliert sich seine Lebensspur. Es ist daher nicht feststellbar, in welchem der folgenden Jahre und wo er gestorben ist.

Werke
Unter dem Titel »Aroma musicum« brachte Sebastian Bodinus 6 Violinsonaten mit Generalbaß heraus und ließ weitere 12 Violinsonaten mit Generalbaß folgen. Sein »Musikalisches Divertissement« brachte Triosonaten mit verschiedener Besetzung und Quartette, alles mit beziffertem Generalbaß. Handschriftlich liegen noch Violinsonaten, Triosonaten, Sinfonien und Konzerte vor. Seine Musik ist sehr konservativ gehalten. Am ansprechendsten ist ein Siciliano in G-Dur.

Philippe Courbois
(um 1690 bis nach 1729)

Zeit und Umwelt
Die Kirchenmusik in Versailles hatte Konzertcharakter und unterschied sich wesentlich von der in den französischen Kathedralen. Dafür war sie der profanen Musik des Schlosses eng angeschlossen. Ihr Zweck war einzig und allein, die Messebesucher zu unterhalten.

Leben
Philippe Courbois wurde um 1690 vermutlich in Paris geboren. Außer seiner Tätigkeit als Musiklehrer und als bekannter Komponist ist nichts über seine persönlichen Umstände bekannt. Er dürfte in Paris gestorben sein. Sein letztes Auftreten ist mit 1729 datiert. Dann verliert sich die Spur.

Werke
Die Motetten von Philippe Courbois, die mehrmals bei der Messe des Königs und auch im Concert spirituel gesungen wurden, sind nicht erhalten. Sie waren es, die den Namen des Komponisten berühmt machten. Aber die überlieferten »Französischen Kantaten« für eine oder zwei Stimmen, begleitet oder unbegleitet, und Airs sérieux et à boire sind ebenfalls sehr ansprechend.

Literatur
M. Brenet, Les concerts en France, Paris 1900.

Nathaniel Gawthorn
(um 1690 bis nach 1730)

Zeit und Umwelt
Services, Anthems, Psalmen und Hymnen entstanden auch im 18. Jahrhundert an allen anglikanischen Kirchen. Die zumeist gut ausgebildeten Komponisten lieferten vorzügliche Arbeiten. Nach dem kurzen Aufschwung am Ende des 17. Jahrhunderts stagnierte die Entwicklung und blieb beim »Gekonnten« stehen.

Leben
Nathaniel Gawthorn wurde um 1690 vermutlich in London geboren. Er war an verschiedenen Kirchen als Musiker und Kleriker tätig. Er dürfte in seiner Geburtsstadt in den Jahren nach 1730 gestorben sein.

Werke
Unter dem Titel »Harmonia perfecta« veröffentlichte Nathaniel Gawthorn 1730 eine Anzahl vierstimmiger Psalmmelodien, die viel gesungen wurden. Dieselbe Publikation brachte auch einige gute Hymnen und Anthems von der Hand des Komponisten.

William Morley (um 1690–1731)

ZEIT UND UMWELT
In der anglikanischen Kirche war bis zum 17. Jahrhundert nur der einfache (»single«) Chant gebräuchlich, das heißt, daß jeder einzelne Psalmen- und Hymnenvers mit einer kurzen Melodie gesungen wurde. Dann wurden die Melodien verlängert und zwei oder mehreren Versen angepaßt – »double«, »triple« und »quadruple« Chant – sowie mit mehr Tönen angereichert. Seine Monotonie, aber auch seine Eigenart verschwand dadurch.

LEBEN
William Morley wurde um 1690 vermutlich in London geboren. Er studierte in Oxford und wurde 1715 als Gentleman in die Chapel Royal aufgenommen, der er bis zu seinem Tod am 29. 10. 1731 angehörte.

WERKE
Die vielen Lieder, die William Morley geschrieben hat, sind in verschiedene Sammelwerke aufgenommen und viel gesungen worden. Ihm wurde der erstmalige Gebrauch der Technik des »Double chant« zugeschrieben, und zwar bei seinem sehr bekannten Chant in d-Moll.

Giovanni Maria Marchi
(um 1690–1740)

ZEIT UND UMWELT
Die Brüder Giovanni Battista und Giuseppe Sammartini, die auf die Musikentwicklung in Mailand und weit darüber hinaus durch die Ausbildung beweglicherer Themen und ihrer Sanglichkeit nachhaltigen Einfluß ausübten, galten in ihrer Geburtsstadt als Autoritäten in allen Fragen der Musik. Wenn nun einer von ihnen einen auch nur kleinen Anteil an einer Komposition nahm, war ihr Erfolg bereits gesichert.

LEBEN
Giovanni Maria Marchi wurde um 1690 vermutlich im Raum von Mailand geboren. Er war Organist am Dom von Mailand und zugleich von 1720 bis 1728 Kapellmeister an Santa Maria della Pace und ab 1731 an Santa Maria della Passione in Mailand, wo er am 10. 12. 1740 starb.

WERKE
Das Oratorium »La calunnia delusa« (Die vereitelte Verleumdung) verfaßte Giovanni Maria Marchi gemeinsam mit Giovanni Sammartini und einigen anderen Mailänder Musikern. Er schrieb für Mailand eine Reihe Oratorien mit wechselndem Erfolg und mehrere Opern, außerdem Kantaten und Motetten. Sein Stil ist deutlich von den Brüdern Sammartini beeinflußt.

LITERATUR
Cl. Sartori, Giovanni Battista Sammartini e la sua corte, in: Musica d'oggi III, 1960.

George Vanbrughe
(um 1690 bis nach 1720)

ZEIT UND UMWELT
Gerade bei sehr häufig gesungenen, weitverbreiteten Liedern treten im Bewußtsein des Publikums Textdichter und Komponisten nicht selten völlig in den Hintergrund, weil ihre Werke mehr oder weniger zum Liedgut des Volkes und, wie Volkslieder, anonym geworden sind. Sie teilen das Schicksal mit Zitaten aus Werken der Dichtkunst, die Sprichwortcharakter annehmen; ihre Quellen interessieren nur wenige. Und wenn dennoch der Name des Komponisten erhalten blieb, sind in vielen Fällen dessen nähere Lebensumstände in Vergessenheit geraten.

LEBEN
George Vanbrughe wurde um 1690 vermutlich in London geboren. Über sein Leben und Wirken ist nichts bekannt, außer daß seine letzte Publikation mit 1720 datiert ist. Wann in den folgenden Jahren und wo er gestorben ist, läßt sich nicht feststellen.

WERKE
Außer einer großen Anzahl einzelner Lieder,

die in verschiedene Sammlungen aufgenommen wurden, veröffentlichte George Vanbrughe »Mirth and Harmony, Consisting of Vocal and Instrumental Musick, as songs, and ariets, for one and two Voices« (Myrthen und Harmonie; Lieder, Arietten für eine oder zwei Stimmen, bestehend aus Vokal- und Instrumentalmusik) und »Modern Harmony or desire to pleasing« (Moderne Klänge oder vergnügliche Wünsche). Alle seine Lieder erfuhren eine weite Verbreitung und waren wegen ihrer schlichten Volkstümlichkeit sehr beliebt.

William Turner (um 1690 bis nach 1746)

ZEIT UND UMWELT

Wenn in der ersten Hälfte des 18. Jahrhunderts profane Musik veröffentlicht wurde, handelte es sich zumeist um Lieder in volkstümlicher Fassung oder um Gesänge für Schauspiel oder Oper.

LEBEN

William Turner wurde vermutlich in London um 1690 geboren. In welcher musikalischen Stellung er wirkte, ist nicht bekannt. Er war wahrscheinlich Musiklehrer. Seine letzte musiktheoretische Publikation ist 1746 erschienen. Er dürfte in einem der folgenden Jahre gestorben sein.

WERKE

Außer seinen theoretischen Publikationen verfaßte William Turner einige Sonaten und eine Anzahl Lieder für verschiedene Bühnenstücke. Seine Musik war wenig klangreich.

Giuseppe Antonio Brescianello
(um 1690–1757)

ZEIT UND UMWELT

Der bayrische Kurfürst Maximilian II. Emanuel vermählte sich 1695 in zweiter Ehe mit der polnischen Prinzessin Teresa Kunegunda Sobieska (1676–1730), die als Kurfürstin eine eigene Kapelle unterhielt und diese mit besten Kräften ausstattete.

LEBEN

Giuseppe Antonio Brescianello wurde um 1690 in Bologna geboren. Im Jahr 1715 ging er nach seiner Ausbildung in Venedig nach München in die Dienste der bayrischen Kurfürstin als Musikdirektor und Konzertmeister. Von 1721 bis 1751 wirkte er als Erster Kapellmeister in Stuttgart, wo er 1757 starb.

WERKE

Von Giuseppe Antonio Brescianello sind 1738 in Amsterdam 12 Violinkonzerte erschienen. Seine Sinfonien, Triosonaten, Kantaten und Stücke für Colascione und eine Messe sind handschriftlich überliefert; 6 Trios für zwei Violinen und Generalbaß sind in unserem Jahrhundert neu herausgebracht worden.

François Chauvon
(um 1690 bis nach 1736)

ZEIT UND UMWELT

Der Einfluß von François Couperin auf die französische Musik reichte bis zum Ende des 18. Jahrhunderts. Seine Formprinzipien wurden von Schülern an Enkelschüler weitergereicht und kamen in allen Musikgattungen zur Wirkung.

LEBEN

François Chauvon wurde um 1690 vermutlich in Paris geboren. Über seine musikalische Tätigkeit neben der Komposition und über seine Lebensumstände ist nichts bekannt. Seine letzte Publikation ist 1736 herausgekommen, so daß die Annahme naheliegt, daß er in einem der folgenden Jahre gestorben ist. Der Ort seines Todes ist nicht feststellbar.

WERKE

Von François Chauvon sind 3 Sammlungen mit Potpourris aus beliebten Modeliedern unter dem Titel »Les Mille et un Air« (Tausend und ein Lied) erschienen. Er schrieb außerdem einige Stücke für Flöte und Oboe, 2 französische Kantaten, eine Pastorale und ein Konzert für mehrstimmigen Gesang und

Instrumente. Alles folgte dem herrschenden Rokokostil.

Pedro Rabassa (um 1690–1760)

Zeit und Umwelt

Vom Barockstil, der im Verlauf des 17. Jahrhunderts in die spanische Kirchenmusik eindrang, übernahm diese vor allem die Klangpracht der Vielstimmigkeit, weil dadurch die Sakralhandlungen repräsentativer wurden. Die Monodie wurde nur für gelegentliche Passagen verwendet, anscheinend um durch den Kontrast den Vollklang noch eindrucksvoller zu gestalten.

Leben

Pedro Rabassa wurde um 1690 in Katalonien geboren. Er war Kapellmeister an den Kathedralen in Vich, in Valencia und von 1724 bis zu seinem Tod im Jahr 1760 in Sevilla.

Werke

Das kirchenmusikalische Werk von Pedro Rabassa bestand aus vier- bis zwölfstimmigen Messen, Motetten, Psalmen und Villancicos. Es liegt handschriftlich in den Archiven verschiedener spanischer Kathedralen.

Abiell Whichello (um 1690 bis um 1745)

Zeit und Umwelt

Thomas Britton (14. 1. 1643, Rushden bei Higham Ferrars, bis 27. 9. 1714, London) war ursprünglich Kohlenhändler. Seine Liebe zur Musik befriedigte er vorerst durch autodidaktes Studium und schließlich durch die Veranstaltung wöchentlicher öffentlicher Konzerte in einem primitiven Raum. Es gelang ihm, dafür die Musiker Georg Friedrich Händel, Johann Christoph Pepusch, John Banister (um 1660–1735), Henry Needler (1685–1760), Philip Hart, Obadiah Shuttleworth und viele andere wie eine große Anzahl Musikenthusiasten als Interpreten oder Publikum zu gewinnen. Diese Konzerte erweckten bald allgemeines Interesse.

Leben

Abiell Whichello (Wichello) wurde um 1690 in London geboren. Er assistierte eine Zeitlang Philip Hart beim Orgelspiel und erhielt sodann eine Organistenstelle an St. Edmund the King. Er war Cembalolehrer und trat sehr oft in den von Thomas Britton veranstalteten Konzerten auf. Um 1745 dürfte er in London gestorben sein.

Werke

Der Organist und Cembalist Abiell Whichello veröffentlichte eine Sammlung Cembaloübungen, 2 Kantaten und eine große Anzahl Lieder, von denen einzelne weit verbreitet und lang über seinen Tod hinaus gesungen wurden.

Obadiah Shuttleworth
(um 1690 bis um 1735)

Zeit und Umwelt

Im Verlauf des 18. Jahrhunderts löste sich das

Thomas Britton

Londoner Musikleben, wie auch in anderen Ländern, von der Hof- und Adelsgesellschaft ab. In privaten Konzertunternehmen trat nun das Bürgertum mit der Bezahlung von Eintrittsgeldern an die Stelle des ehemaligen Mäzenatentums.

LEBEN
Obadiah Shuttleworth wurde um 1690 in London geboren. Er brachte sich zunächst mit Kopieren noch nicht veröffentlichter Werke von Arcangelo Corelli fort, wirkte dann als erster Violinist von 1728 bis zu seinem Tod um 1735 an den Swan Taverne Concerts, nachdem er ab 1724 an Saint Michael's und an Temple Church als Organist tätig gewesen war.

WERKE
Von Obadiah Shuttleworth sind 12 Violinkonzerte und einige Violinsonaten handschriftlich überliefert. Sie sind stark von Corelli beeinflußt. Die Orgelstücke, die er geschrieben haben soll, sind unauffindbar.

Philip Hart (um 1690–1749)

ZEIT UND UMWELT
Sir John Hawkins (1719–89), Rechtsanwalt, Journalist, Librettist und Musikhistoriker, brachte 1772 eine »Allgemeine Geschichte der Musikwissenschaft und Musikpraxis« heraus, die neben der im selben Jahr erschienenen »Allgemeine Musikgeschichte« von Charles Burney (1726–1814) die wichtigste Quelle für die englische Musik im 18. Jahrhundert bildete. Man gewinnt durch beide Publikationen eine genaue Übersicht über das private Konzertwesen, das Hof- und Adelskapellen ersetzen mußte.

LEBEN
Philip Hart wurde um 1690 als Sohn des Sängers und Komponisten James Hart (1647 bis 1718) in London geboren. Er spielte anfänglich an mehreren Londoner Kirchen die Orgel, bis er 1724 Erster Organist an St. Dionis Backchurch wurde. Er versah diesen Dienst bis zu seinem Tod am 17. 7. 1749.

WERKE
Das Hauptwerk von Philip Hart war die »Morgenhymne« aus dem fünften Buch »Das verlorene Paradies« von John Milton (1608 bis 1674). Er veröffentlichte eine Sammlung Orgelfugen und 2 Anthems, die sich in einem Sammelwerk befinden, und eine Ode.

Valentine Nalson (um 1690–1722)

ZEIT UND UMWELT
Die Kathedrale von York, »The Minster« genannt, war seit Jahrhunderten wegen ihres vorzüglichen Chores bekannt, der stets von gründlich ausgebildeten Chorleitern geführt wurde. Der Wohlstand der Handelsstadt erlaubte es, stets gute Kräfte anzuwerben.

LEBEN
Valentine Nalson wurde um 1690 vermutlich in Yorkshire geboren. Er war Chorknabe am »Minster« von York, später Sänger und schließlich stellvertretender Chorleiter bis zu seinem Tod im Jahr 1722.

WERKE
Von Valentine Nalson sind ein Abendservice in G-Dur und ein Morgenservice in der gleichen Tonart, anläßlich des Friedens von Utrecht (1713) geschrieben, außerdem einige vorzügliche Anthems erhalten, die in ihrer Gleichartigkeit nahezu zeitlos wirken, als wäre eine Weiterentwicklung dieser Musikgattung überhaupt nicht mehr möglich.

James Heseltine (um 1690–1763)

ZEIT UND UMWELT
Es dürfte nicht allein bei den Kirchenkomponisten die Schuld gesucht werden, daß das Anthem von Jahrzehnt zu Jahrzehnt bei derselben Faktur blieb und kaum eine Entwicklung eintrat. Vermutlich waren es auch die Kirchenleitungen, die hier hemmend auftraten. Anders lassen sich Vorkommnisse, bei denen Komponisten nach einem Konflikt mit ihren Vorgesetzten ihre Kompositionen vernichteten, kaum deuten.

LEBEN

James Heseltine wurde um 1690 in England geboren. Er war Schüler von John Blow und anschließend Organist am St. Katherine's Hospital. Im Jahr 1711 wurde er Organist an der Kathedrale von Durham, wo er im Juni 1763 starb.

WERKE

Von James Heseltine sind mehrere außerordentlich schöne und vorzüglich gearbeitete Anthems überliefert. Den Großteil seiner Kompositionen hatte er nach einem Streit mit der Kathedralenleitung vernichtet. Man kann annehmen, daß seine für jene Zeit fortschrittliche Kompositionstechnik die Ursache der Auseinandersetzung war.

Thomas Roseingrave (1690–1766)

ZEIT UND UMWELT

Als Sänger, Instrumentalist oder Dirigent eines Opernorchesters, aus Konzerten, Musikunterricht, dem Verkauf von gedruckten Kompositionen oder im Dienst einer Kirche mußten die Musiker in England im 18. Jahrhundert ihren Unterhalt verdienen; einzelne konnten an Hofkapellen mitwirken und davon leben. Die Förderung seitens des Hofes gab es nicht mehr; auch das private Mäzenatentum war selten. Diese Entwicklung trat nicht in England allein auf. Die Sonderheit daran war nur, daß anderswo die Emanzipation der Musik von Gunst und Huld der Regierenden sie zu einem Aufschwung antrieb, in England aber lähmte; einzelne hervorstechende Leistungen veränderten dieses Bild nicht, weil sie eben vereinzelt blieben.

LEBEN

Thomas Roseingrave wurde 1690 in Winchester geboren und studierte ab 1707 am Trinity College in Dublin. Im Jahr 1710 begab er sich zu weiterer Ausbildung nach Italien und lernte dabei Alessandro und Domenico Scarlatti kennen. 1720 kehrte er zurück und trat 1725 den Organistendienst an St. George's in London an. Krankheitshalber mußte er 1737 dieses Amt aufgeben. Er übersiedelte nach Irland und starb am 23. 6. 1766 in Dunleary.

Sein Vater Daniel Roseingrave (um 1650, London, bis Mai 1727, Dublin) war von 1678 bis 1681 Organist in Gloucester, von 1682 bis 1692 in Winchester, sodann bis 1698 in Salisbury und schließlich in Dublin.

Sein Bruder Ralph Roseingrave (um 1695, Salisbury, bis 1747, Dublin) wirkte ab 1617 als Vikar und sodann bis zu seinem Tod als Organist an St. Patrick's.

WERKE

Von Thomas Roseingrave sind 15 Voluntaries und Fugen, 6 Doppelfugen für Orgel oder Cembalo, 8 Suiten für Cembalo oder Spinett, 12 Flötensoli mit Generalbaß auf dem Cembalo und 6 Kantaten auf italienische Texte überliefert. Er schrieb auch eine Oper. Sein Stil ist stark von Alessandro Scarlatti beeinflußt und beweist, daß in England das Barock noch nicht zu Ende war.

Von Daniel Roseingrave, der ein sehr fruchtbarer Kirchenkomponist gewesen sein soll, ist außer einigen Anthems nichts erhalten.

Auch Ralph Roseingrave soll viel Kirchenmusik geschrieben haben. Überliefert sind nur 2 Services in C-Dur und F-Dur und ungefähr 10 Anthems.

LITERATUR

V. Butcher, Thomas Roseingrave, Music & Letters MLXIX, 1938.

Nicolas-Antoine Bergiron de Brion (1690–1768)

ZEIT UND UMWELT

Im Verlauf des 18. Jahrhunderts begann sich die absolute Vormachtstellung, die Paris in der Entwicklung der französischen Musik einnahm, etwas zu entschärfen, weil, sozusagen im Schatten, auch in den größeren Städten des Landes Musikzentren außerhalb der Kathedralen, in denen die Musik immer intensiv gepflegt wurde, entstanden. Lyon zum Beispiel, das sein hohes wirtschaftliches und kulturelles Niveau in der Zeit vor den

Religionskriegen zwar nie wieder erreichen konnte, schuf mit einer Konzertgesellschaft ein von Paris unabhängiges Musikleben.

LEBEN

Nicolas-Antoine Bergiron de Brion wurde 1690 in Lyon geboren. Er gründete in seiner Geburtsstadt 1713 die Académie des Beaux-Arts, eine Konzertgesellschaft, die wöchentlich ein Konzert gab. Ab 1739 war er auch Mitdirektor und Kapellmeister der Oper der Stadt, in der er 1768 starb.

WERKE

Von den zahlreichen Motetten, Kantaten und Gelegenheitskompositionen, die Nicolas-Antoine Bergiron de Brion für die von ihm gegründete Akademie schrieb, wurde nur ein Buch Kantaten veröffentlicht, die sehr konservativ gehalten sind.

Gottlieb Muffat (1690–1770)

ZEIT UND UMWELT

Das blühende Musikleben Wiens unter dem musischen Kaiser Karl VI., der, von wo immer, Talente an sich zog und sie in seine Kapellen einstellte, fand mit dessen Tod ein jähes Ende. Wer von den Musikern in der Stadt blieb, mußte den Niedergang der Hofmusik erleben. Die Musik in Wien starb jedoch nicht. Es gab genügend Kreise außerhalb der Hofgesellschaft, die zu Trägern es Musikgeschehens wurden, das sich zu den Höhen der Wiener Klassik erheben konnte.

LEBEN

Gottlieb Muffat (Theophil) wurde am 25. 4. 1690 in Passau getauft. Seinen ersten Musikunterricht erhielt er von seinem Vater Georg Muffat (1653–1704), sodann um 1704 in Wien von Johann Joseph Fux (1660–1741). Im Jahr 1714 wurde er Accompagnist, 1717 Zweiter und 1751 Erster Hoforganist; 1763 zog er sich von seinen Pflichten zurück und starb am 9. 12. 1770 in Wien.

WERKE

Neben einer großen Anzahl Toccaten, Präludien, Capricci, Ricercari, Kanzonen, Versetten und Tänzen für Tasteninstrumente verfaßte Gottlieb Muffat »72 Versetl Sammt 12 Toccaten« für Orgel und »Componimenti Musicali per il Cembalo«.

Mit Muffat, der zu den ersten Komponisten für Tasteninstrumente der ersten Hälfte des 18. Jahrhunderts gehörte, erreichte die Barockepoche im österreichisch-deutschen Raum ihren endgültigen Abschluß. In seinen Werken verschmolzen sich eine gründliche Kenntnis des Kontrapunkts, eine gewisse Pathetik mit der Grazie des Rokoko und volkstümlichem Melos. Georg Friedrich Händel hat zahlreiche Themen des Komponisten für seine Concerti grossi entlehnt.

Componimenti Musicali per il Cembalo, Sammlung verschiedener Stücke für Cembalo, entstanden 1739

Diese Sammlung war ein wichtiger Beitrag zur Musik für Tasteninstrumente ihrer Zeit. Einzelstücke wechseln mit Suiten und mehrsätzigen Variationen ab. Eine Chaconne mit 38 Variationen schöpft diese Kompositionsform ganz aus, wirkt aber etwas trocken und doktrinär. Dafür

Johann Joseph Fux

wird der Hauptteil des Werkes von 6 Suiten bestritten, die den Gipfelpunkt damaliger klavieristischer Kunst darstellen. Sie weisen noch die traditionelle Form: Allemande – Courante – Sarabande – Gigue, auf, die einem mehrsätzigen Vorspiel folgt. Fugierte Sätze und strenge Fugen, neue Tanzformen des Jahrhunderts sind herangezogen, ältere und zeitnahe Stilgattungen sind ineinander verschränkt.

LITERATUR

S. T. Morris, Gottlieb Muffats Clavier Suites, Boston 1959.

Fortunato Chelleri (1690–1757)

ZEIT UND UMWELT

Landgraf Friedrich von Hessen-Kassel (1676 bis 1751) heiratete 1715 Ulrika Eleonora (1688–1741), die Schwester des schwedischen Königs Karl XII. (1682–1718), dem sie nach dessen Tod auf den Thron folgte. Im Jahr 1720 übertrug sie die Königswürde ihrem Mann, der als Regent keine sehr glückliche Hand hatte, sich aber jeder Hebung des kulturellen Niveaus des Landes und des Aufbaus der Hofkapelle und des gesamten Musiklebens tatkräftig annahm.

LEBEN

Fortunato Chelleri wurde im Juni 1690 in Parma geboren. Er wurde in Piacenza zum Musiker ausgebildet und war von 1716 bis 1719 Kapellmeister am Hof der pfälzischen Kurfürstin Maria Anna Luise (1677–1745) in Florenz, hielt sich darauf in Venedig auf, sodann in Würzburg und Heidelberg und wurde 1725 Hofkapellmeister in Kassel, von wo ihn König Friedrich I. von Schweden nach Stockholm holte. Er ging 1734 nach Kassel zurück, wo er am 11. 12. 1757 starb.

WERKE

Fortunato Chelleri verfaßte außer mehreren Opern und Oratorien eine Anzahl Solokantaten, Orchestersuiten, Kammermusik, Klavierwerke, Messen und andere Kirchenmusik; alles von durchschnittlich guter Qualität im Stil des Nachbarock.

Gottfried Heinrich Stölzel
(1690–1749)

ZEIT UND UMWELT

Lorenz Christoph Mizler (25. 7. 1711, Heidenheim, bis März 1778, Warschau), Musikschriftsteller, Universitätslehrer für Mathematik, Philosophie und Musik, Hofrat, Historiograph und Hofarzt in Warschau, bemühte sich um eine philosophisch-mathematische Betrachtung der Musik und fühlte sich auch imstande, anhand musikalischer Regeln den Verlauf des »Krieges zwischen Kaiser Karl VII. und Frankreich« vorauszusagen. Im Jahr 1743 gründete er in Leipzig die »Societät der musikalischen Wissenschaften«, der auch Johann Sebastian Bach nach einigem Zögern als 14. Mitglied beitrat (das 20. und letzte Mitglied war Leopold Mozart).

LEBEN

Gottfried Heinrich Stölzel (Stölzl, Stöltzel) wurde am 13. 1. 1690 in Grünstädtel, Erzgebirge, geboren. Er erhielt seine musikalische Ausbildung in Schneeberg, Gera und Leipzig, war von 1710 bis 1712 Musiklehrer in Breslau (Wrocław), wurde nach Aufenthalten in Italien, Prag, Bayreuth und Gera 1719 Hofkapellmeister in Gotha und versah diese Stelle bis zu seinem Tod am 27. 11. 1749. Im Jahr 1739 wurde er Mitglied von Mizlers »Societät der musikalischen Wissenschaften«; in seinen eigenen musiktheoretischen Schriften ist aber nichts von der philosophisch-mathematischen Betrachtungsweise der Musik und deren prophetischer Anwendung zu bemerken.

WERKE

Zum kompositorischen Werk von Gottfried Heinrich Stölzel, das zum größten Teil verlorengegangen ist, gehören 18 musikalische Bühnenwerke, 12 Kantatenjahrgänge (davon 4 doppelt), 7 Passionen, außerdem zahlreiche Motetten und viele Instrumentalwerke wie Serenaden, Concerti grossi und Triosonaten. Sein Concerto grosso in D-Dur für vier Chöre ist wegen seiner Klangpracht eines seiner bekanntesten Werke. Er verfaßte ferner einige theoretische Werke.

Francesco Maria Veracini
(1690–1768)

ZEIT UND UMWELT
Das 18. Jahrhundert war in Italien nicht allein das Zeitalter der großen Sänger, sondern auch die Epoche der brillanten Violinisten. Antonio Stradivari hatte 1713 die endgültige Mensur der Violine von 35,5 cm Korpuslänge festgelegt, so daß das Instrument einen bei weitem strahlenderen Ton erhielt als zuvor. Violinvirtuosen wurden umworben und hoch bezahlt wie Sänger. Auch die Kirchen wollten nicht darauf verzichten. Der Markusdom in Venedig stellte 1692 einen Violinisten für das Spiel während der Wandlung ein. Violinkompositionen waren sehr gefragt, besonders Sonaten, und eine stattliche Reihe Meister konnte in der Nachfolge Arcangelo Corellis als Komponisten und Interpreten diesem Verlangen entgegenkommen.

LEBEN
Francesco Maria Veracini wurde am 1. 2. 1690 in Florenz geboren. Er war Neffe und Schüler des Violinisten und Komponisten Antonio Veracini (um 1650–1733) und vervollständigte seine Ausbildung bei Giovanni Maria Casini und Michelangelo Gasparini (um 1670 bis um 1732). Sein Auftreten als Violinvirtuose in Venedig im Jahr 1714 war ein voller Erfolg. Anschließend begab er sich nach London, wo er in den Zwischenakten der Italienischen Oper konzertierte. Von 1720 bis 1723 war er Kammervirtuose in Dresden, wirkte anschließend in Prag und sodann von 1736 bis 1745 erneut in London. Hernach zog er sich nach einem Aufenthalt in Pisa nach Florenz zurück, wo er am 31. 10. 1768 starb.

WERKE
Außer 5 Opern, 5 Oratorien, zahlreichen Kantaten und Arien verfaßte Francesco Maria Veracini 36 Sonaten für Solovioline und Generalbaß und eine Reihe von Violinkonzerten. Der Generalbaß der Sonaten ist auf dem Cembalo auszuführen. Der Violinsatz ist stark von Arcangelo Corelli abhängig, aber dem spieltechnischen Fortschritt entsprechend weiterentwickelt.

Violinsonate in e-Moll, 4 Sätze
Schon die Tonart zeigt, wie weit diese Sonate der barocken Diktion entwachsen ist. Die Modulationen gehören bereits dem galanten Stil an. Einem kräftigen Ritornell folgt ein zierliches Menuett. Die Gavotte bringt mehrere äußerst sangbare Passagen, und die Giga läßt das Werk fröhlich ausklingen.

LITERATUR
M. Pincherle, Les violinistes compositeurs et virtuoses, Paris 1824.

François Colin de Blamont
(1690–1760)

ZEIT UND UMWELT
Anne Louise Bénédicte de Bourbon-Condé (1676–1753), die Gemahlin des duc du Maine, Louis Auguste de Bourbon (1670–1736), veranstaltete in ihrem Château de Sceaux glänzende literarische und musikalische Abende, die Nuits de Sceaux, und hielt sich dafür eine eigene Kapelle, deren Angehörige sorgfältig ausgewählt wurden.

LEBEN
François Colin de Blamont (Collin) wurde am 22. 11. 1690 in Versailles geboren und nach seiner Ausbildung von der Duchesse du Maine zum Mitarbeiter bei den Veranstaltungen ihrer Nuits de Sceaux berufen. Neben dieser Pflicht nahm er bei Michel-Richard Delalande (1657–1726) Kompositionsunterricht. Im Jahr 1719 wurde er Leiter der Kammermusik des Schlosses in Versailles und betreute diese Stellung bis zu seinem Tod am 14. 2. 1760.

WERKE
Neben der Kantate »Circé«, mit der er auf sich aufmerksam machte, verfaßte François Colin de Blamont Sammlungen von Airs à boire und 16 weitere Airs für fremde Sammelwerke, 3 Bücher mit französischen Kantaten für eine Stimme, Orchester und großen

Chor, ein- und zweistimmige Motetten mit Orchester und großen Chor und ein Te Deum mit Orchester. Er gilt als Schöpfer des Ballet héroïque mit dramatischer Handlung und leichten Gesangspartien mit seinen Bühnenwerken »Les Festes Grecques et Romaines« (Griechische und römische Feste), »Les Charactères de l'Amour« (Gesichter der Liebe), »Les Amours du Printemps« (Liebe im Frühling), »Les Festes de Thétis« (Feste der Thetis). Seine Musik war typisch französisch und ohne jeden italienischen Einfluß.

LITERATUR

P. Fromageot, Les compositeurs versaillais, Versailles 1906.

Karl Theodor Pachelbel (1690–1750)

ZEIT UND UMWELT

Zu Ansätzen zur Bildung eines Musiklebens in Nordamerika kam es erst nach 1700. Die Zeit davor war wegen der dünnen Besiedlung, des Fehlens größerer Städte, der Kämpfe der Kolonisten aus verschiedenen europäischen Staaten und zuweilen auch dringender materieller Sorgen für eine Musikentwicklung nicht förderlich. Es gab kaum Musikinstrumente. Im 18. Jahrhundert setzte jedoch durch Zuwanderung, Kinderreichtum, gute hygienische Verhältnisse und relativen Wohlstand eine rasche Bevölkerungsvermehrung ein. Große Städte entstanden, und damit begann ein urbanes Leben. Ein von eingewanderten Musikern bestrittenes Konzertleben setzte ein; in Charleston und New York wurde 1703 öffentlich Musik gemacht, 1733 gab es in New York das erste Konzert. Instrumentalisten, Musik- und Tanzlehrer begannen ihre Tätigkeit.

LEBEN

Karl Theodor (Charles Theodore) Pachelbel wurde am 24. 11. 1690 in Stuttgart getauft. Er emigrierte um 1730 nach Nordamerika und wirkte nach Aufenthalten in Boston und Newport von 1730 bis zu seinem Tod am 17. 9. 1750 als Organist an St. Philip's in Charleston, South Carolina.

WERKE

Der amerikanische Musikforscher Oscar George Theodore Sonneck (6. 10. 1873, Jersey City, bis 30. 10. 1928, New York) stellte fest, daß »Charles Theodore Pachebel« in den Jahren 1736 und 1737 in New York und Charleston mehrere Orgelkonzerte gab, nachdem er ab 1733 in Newport als Organist an Trinity Church gewirkt hatte. Der Emigrant hatte also maßgebenden Anteil an den Anfängen der nordamerikanischen Musikentwicklung. Von seinen Kompositionen ist lediglich ein noch in Deutschland verfaßtes achtstimmiges Magnificat erhalten.

LITERATUR

O. Sonneck, Early Concert-Life in America, New York 1949.

Francesco Feo (1691–1761)

ZEIT UND UMWELT

Auf Anregung von Alessandro Scarlatti gründete Domenico Gizzi (1680, Arpino, Neapel, bis 14. 10. 1758, Neapel) eine Privatschule für Opernkomposition. Es gingen namhafte Kräfte daraus hervor, die der neapolitanischen Oper den Beliebtheitsgrad verliehen, den sie durch viele Jahrzehnte genoß.

LEBEN

Francesco Feo wurde 1691 in Neapel geboren und an der Privatschule von Domenico Gizzi, von Nicola Fago (1677–1745) am Conservatorio della Pietà de'Turchini und von Giuseppe Ottavio Pitoni (1657–1743) in Rom ausgebildet. Von 1723 bis 1738 war er Kapellmeister am Conservatorio Sant'Onofrio in Neapel und anschließend bis 1743 am Conservatorio dei Poveri di Gesù Cristo. Danach lebte er als Privatlehrer und Komponist in seiner Geburtsstadt, in der er am 28. 1. 1761 starb.

WERKE

Das Bühnenwerk von Francesco Feo bestand aus einem Dutzend Opern und mehreren Serenaden. Er war einer der bedeutendsten Vertreter der neapolitanischen Opernschule.

Außerdem schrieb er 2 Oratorien mit deutlichem Operncharakter, 6 sehr klangvolle Messen, ein viel aufgeführtes Requiem und weitere Kirchenmusik, die den alten Stil nachahmte.

LITERATUR

U. Prota-Giurleo, Breve storia del teatro di Corte, Neapel 1952.

Louis Homet (1691-1777)

ZEIT UND UMWELT

Stanisław I. Leszczyński (1677-1766) wurde über die Intervention des Schwedenkönigs Karl XII. (1682-1718) im Jahr 1704 zum König von Polen gewählt, nachdem August II. »der Starke« entthront worden war. Nach der Niederlage des Schweden bei Poltawa (1709) floh der Gewählte nach dem Elsaß. Seine Tochter Maria (1703-68) wurde 1725 die Gemahlin des französischen Königs Ludwig XV., der sich nach dem Tod König Augusts II. (1733) für seinen Schwiegervater einsetzte, so daß dieser 1733 ein zweites Mal König von Polen wurde. Auf den Druck Rußlands hin mußte die Wahl annulliert und Kurfürst von Sachsen Friedrich August II. (1696-1763) als August III. gewählt werden. Leszczyński behielt den Königstitel und erhielt Lothringen und Bar auf Lebenszeit.

Ludwig XV.

LEBEN

Louis Homet wurde 1691 in Paris geboren, 1699 als Chorknabe an der Ste-Chapelle aufgenommen und von Nicolas Bernier (1664 bis 1734) ausgebildet. Ab 1710 wirkte er als Sänger an der Kathedrale von Chartres, 1711 erhielt er die Kapellmeisterstelle an St-Jacques-de-la-Boucherie. Von 1724 bis 1731 leitete er die Kapelle an der Kathedrale von Orléans und war zugleich Musiklehrer des polnischen Königs Stanisław I. Leszczyński. Im Jahr 1731 wurde er Kapellmeister an der Kathedrale von Chartres und 1734 an Notre-Dame in Paris, wo er 1777 starb.

WERKE

Von Louis Homet sind nur 2 drei- bis fünfstimmige Motetten, eine vierstimmige Messe und ein »Lied der Toten« für vier Stimmen überliefert. Der Stil ist konservativ.

Josef Antonín Planický (1691-1732)

ZEIT UND UMWELT

Das 739 von Bonifatius (um 675-754) gegründete Bistum (spätere Fürsterzbistum) Freising war bis zu seiner Säkularisierung im Jahr 1803 eine wichtige Pflegestätte katholischer Kirchenmusik, an der nur bewährte Kräfte Aufnahme fanden.

LEBEN

Josef Antonín Planický wurde am 27. 11. 1691 in Manětin, Böhmen, geboren. Er wurde von Mauritius Vogt (1669-1730) ausgebildet und wirkte als Tenorist in Österreich und Süddeutschland, bis er 1722 in die fürsterzbischöfliche Kapelle in Freising aufgenommen wurde. Er starb in Freising am 17. 9. 1732.

WERKE
Die Festoper »Zelus divi Corbiniani« (Die Hingabe des seligen Corbinianus) von Josef Antonín Planický ist verschollen. Von seinen weiteren Werken ist lediglich eine Sammlung von 12 Solomotetten, »Opella ecclesiastica« (Kleine kirchliche Stücke), erhalten, die noch dem Spätbarock angehören.

Giorgio Antoniotto
(um 1692 bis nach 1776)

ZEIT UND UMWELT
Das ab 1540 von Spanien beherrschte Mailand wurde 1706 im Verlauf des Spanischen Erbfolgekrieges von österreichischen Truppen besetzt. Im Polnischen Erbfolgekrieg wurde es von Savoyen annektiert und im Österreichischen Erbfolgekrieg von französischen und spanischen Truppen erobert; 1748 gelangte es neuerlich in österreichische Hand. Dadurch kam es zu einem starken Absinken des wirtschaftlichen und kulturellen Niveaus Mailands. Erst in der zweiten Hälfte des Jahrhunderts konnte sich die Stadt erholen.

LEBEN
Giorgio Antoniotto (Antonietti) wurde um 1692 in Mailand geboren. Über sein Leben und Wirken gibt es keine Informationen. Er dürfte sich zwischen 1760 und 1770 in London aufgehalten haben, dann nach Mailand zurückgekehrt und nach 1776 gestorben sein.

WERKE
Von Giorgio Antoniotto sind 12 Sonaten – Nummern 1 bis 5 für Cello und Generalbaß, 6 bis 12 für zwei Celli oder Gamben – überliefert, deren Faktur dem Spätbarock entspricht. Er verfaßte auch eine dreibändige Kompositionslehre.

Geminiano Giaccomelli
(um 1692–1740)

ZEIT UND UMWELT
Der letzte Herzog Farnese, Antonio (1679 bis 1731), starb ohne männliche Nachkommen. Die Nachfolge trat Don Carlos, der zukünftige spanische König Karl III., Sohn Philipps V. und dessen Gemahlin Elisabeth Farnese (1692–1766), einer Kusine Antonios, an.

LEBEN
Geminiano Giaccomelli (Jacomelli) wurde um 1692 in Piacenza geboren. Er war von 1719 bis 1727 Hofkapellmeister und Kapellmeister an Della Steccata in Parma, wirkte sodann einige Zeit in Piacenza und darauf erneut bis 1737 in Parma. Ehe er 1738 die Kapellmeisterstelle an Santa Casa in Loreto antrat, dirigierte er durch mehrere Monate das Theater in Graz. Er starb in Loreto am 25. 1. 1740.

WERKE
Außer 19 Opern für verschiedene Häuser verfaßte Geminiano Giaccomelli das Oratorium »La Conversione di Santa Margherita da Cortona« (Die Bekehrung der heiligen Margherita von Cortona), eine Sinfonie, Konzertarien mit Generalbaß und eine Vertonung des 8. Psalms für zwei Tenöre und Baß. Er war einer der beliebtesten Opernkomponisten Italiens. Auch seine übrige Musik läßt den Opernmann erkennen.

LITERATUR
N. Pelicelli, Musicisti in Parma, in: Note d'archivio, 1934.

Giovanni Alberto Ristori (1692–1753)

ZEIT UND UMWELT
Kurfürst Friedrich August II., Sohn Augusts des Starken (1670–1733), folgte diesem als König August III. auf den polnischen Thron. Die neben der deutschen in Dresden errichtete polnische Hofkapelle war, abgesehen von den wenigen polnischen Kräften, ebenso mit Deutschen und Italienern besetzt, vielleicht mit dem Unterschied, daß berühmte Musiker in die kursächsische Kapelle aufgenommen wurden und der Königlichen polnischen Kapelle die zweite Garnitur zugewie-

sen wurde. Man ging aber nicht in jedem Fall so vor, so daß auch die polnische Kapelle eine Reihe von berühmten Namen aufzuweisen hatte.

LEBEN
Giovanni Alberto Ristori wurde 1692 in Bologna geboren. Er kam nach Dresden und wurde dort 1717 Komponist des Italienischen Theaters und Leiter der Königlichen polnischen Hofkapelle, sodann im Jahr 1733 Kammerorganist, 1746 Kirchenkomponist und wirkte von 1750, unter dem Oberkapellmeister Johann Adolf Hasse, bis zu seinem Tod am 7. 2. 1753 als Vizekapellmeister.

WERKE
Von den 3 Oratorien, die Giovanni Alberto Ristori geschrieben hat, ist »La deposizione della croce« (Die Kreuzabnahme) das bekannteste. Außer 20 Opern und Intermedien verfaßte er 15 Kantaten, 15 Messen, 3 Requiem, 21 Motetten, das berühmte Stabat mater in c-Moll und einige Konzerte für verschiedene Instrumente. Seine Musik ist vom Barock schon weit entfernt.

LITERATUR
C. R. Mengelberg, Ein Beitrag zur Geschichte italienischer Kunstherrschaft in Deutschland im 18. Jahrhundert, Leipzig 1916.

Louis Joseph Marchand (1692–1774)

ZEIT UND UMWELT
In einzelnen Kathedralen Frankreichs wurde noch im 18. Jahrhundert und sogar später die alte Polyphonie gepflegt und studiert. Das beweisen nicht nur einzelne überlieferte sakrale Kompositionen, sondern auch Lehrwerke des Kontrapunktes aus jener Zeit. Auch die mehrstimmige Improvisation war noch nicht ausgestorben.

LEBEN
Louis Joseph Marchand wurde am 1. 1. 1692 in Troyes geboren. Er war Chorknabe an der Kathedrale von Bourges, von 1735 bis 1767 Kirchenkapellmeister in Chalon-sur-Saône, Besançon und Bar-le-Duc und lebte später als Kanonikus in Troyes, wo er am 29. 11. 1774 starb.

WERKE
Von dem Kirchenkapellmeister Louis Joseph Marchand ist nur eine vierstimmige Messe, »Quis ut Deus« (Wer ist wie Gott), erhalten, die als Zeugnis später Polyphonie sehr interessant ist. Er hat auch ein Lehrbuch des Kontrapunktes geschrieben.

Giuseppe Tartini (1692–1770)

ZEIT UND UMWELT
Das Publikum unterlag im 18. Jahrhundert immer mehr dem Zauber der Violine. Die sich von Jahrzehnt zu Jahrzehnt steigernde Entwicklung der Technik, die sich ständig erweiternde Palette der Klangfarben des Instruments, seine vielfältigen Ausdrucksmöglichkeiten, mit denen es der menschlichen Stimme kaum mehr nachstand, wirkten derart faszinierend, daß bei nicht wenigen die Differenz zwischen Realität und Vorstellungsvermögen rationell nicht mehr faßbar wurde und mystischen Charakter annahm. Vor Jahrhunderten wurde Guido von Arezzo (um 990–1050) beschuldigt, daß er seine Musik von finsteren Mächten bezog. Ähnliche Gedanken wurden angesichts der Höchstleistungen der Violinvirtuosen in der Zeit der einsetzenden Aufklärung wach, weil man ihr Spiel als außerirdisch, dämonisch und teuflisch verführerisch empfand. Man darf sich daher nicht darüber wundern, daß sich manche Violinisten selbst in solche abstruse Gedankengänge verirrten.

LEBEN
Giuseppe Tartini wurde am 6. 4. 1692 in Pirano, Istrien (Piran, Slowenien), in wohlhabender Familie geboren, die ihn für den geistlichen Stand bestimmte und in Capo d'Istria (Koper) in einer Klosterschule zum Kleriker erziehen ließ. Er bekam die Erlaubnis, ab 1708 in Padua Rechtswissenschaft zu studieren, wandte sich jedoch schon nach

zwei Jahren der Musik zu und heiratete bald darauf eine Musikschülerin. Da er Abbate war, führte seine Eheschließung zu einem Skandal. Er mußte angeblich Padua verlassen, um einer Verhaftung durch den Bischof von Padua zu entgehen. Die Franziskaner, bei denen er vermutlich getraut worden war, ermöglichten ihm die Flucht und boten ihm in ihrem Kloster in Assisi Asyl. Dort bildete er sich mit zähem Fleiß zum Violinisten aus und nahm bei Bohuslav Černohorský (1684 bis 1740), der Ordensmitglied und zu jener Zeit als Padre Boemo Kapellmeister an der Ordenskirche in Assisi war, Musikunterricht. Eine der vielen biographischen Legenden des Virtuosen will wissen, daß er in Assisi das Amt eines Pförtners versehen und regelmäßig am Grab des heiligen Franziskus Violine gespielt habe, aber – um von den Pilgern unerkannt und vor Verfolgungen aus Padua sicher zu sein – hinter einem Vorhang. Im Jahr 1716 sei er durch einen Zufall von Paduanern entdeckt und nach Padua eingeladen worden; der Bischof habe ihm verziehen, so daß er an der Basilika Sant'Antonio als Violinist aufgenommen werden konnte. In Wahrheit hat sich Tartini nie versteckt, sondern seit seiner Flucht sich in der Provinz als Orchestergeiger verdingt und 1713 in Ancona bei der Opernstagione als Orchestergeiger gespielt. Der Bischof mußte ihm nicht verzeihen, da der Violinist Schützling des exempten (der regulären kirchlichen Hierarchie nicht unterstehenden) Franziskanerordens war, der auch über Anstellungen an der Basilika verfügte. Eine Feindschaft der Paduaner Bürgerschaft mußte nicht mehr befürchtet werden; im Laufe der Zeit geriet die Sache in Vergessenheit. Tartini hielt sich überhaupt viel in Ancona auf, wo er vermutlich von einem Musiker des Ordens weiter ausgebildet wurde. Dort beschäftigte er sich auch mit musiktheoretischen und akustischen Problemen, war aber 1716 noch nicht soweit, daß er es wagen konnte, in Venedig mit Francesco Veracini in Wettstreit zu treten. 1721 wurde er erster Violinist an Sant'Antonio und blieb in dieser Stellung bis 1765. 1723 unterbrach er seine Tätigkeit, um einer Einladung nach Prag zu folgen, von wo

Giuseppe Tartini

er 1726 zurückkehrte. Da trotz ehrenvoller Aufnahme der Prager Aufenthalt keinen wirtschaftlichen Erfolg brachte, lehnte er in der Folgezeit eine Reihe von verlockenden Einladungen aus dem Ausland ab und beschränkte sich darauf, in verschiedenen italienischen Städten bei kirchlichen Festen aufzutreten. Er entfaltete in Padua eine intensive Unterrichtstätigkeit und gründete dort 1728 eine Musikakademie. Von seinen Schülern lassen sich 70 namentlich nachweisen, einige davon sind berühmt geworden wie der Lehrer selbst. Wegen der Vielzahl der Länder, aus denen Schüler zu ihm nach Padua kamen, wurde er bereits zu seinen Lebzeiten mit dem Beinamen »Scuola delle nazioni« (Schule der Völker) geehrt. Er starb in Padua am 16. 2. 1770.

WERKE

Nach seiner eigenen Angabe hatte Giuseppe Tartini 1714 in Ancona die Differenztöne entdeckt, die beim Zusammenklingen zweier Töne als dritte entstehen. Er bemühte sich durch Jahrzehnte um eine Erklärung dieses physikalischen Phänomens und diskutierte es mit namhaften Musiktheoretikern, Philosophen und Physikern, darunter auch mit dem berühmten Astronomen Joseph Jérôme le Français de Lalande (1732–1807), dem er auch die phantastische Entstehungsgeschichte seines »Teufelstrillers« anvertraute. Der Astronom berichtet, daß dem Virtuosen in einer Nacht des Jahres 1713 der Teufel erschienen sei und ihm eine unerhört schöne und wilde Sonate vorgespielt habe, und zwar derart hinreißend, wie man noch nie spielen habe können. Durch die Macht des Traumerlebnisses geweckt, habe Tartini nun versucht, das Gehörte zumindest teilweise niederzuschreiben, aber nur einen schwachen Abglanz der »Musik des Teufels« wiedergeben können. Am Bericht des Astronomen ist nicht zu zweifeln, Giuseppe Tartini dürfte ihm den Traum im hohen Alter tatsächlich einmal mitgeteilt haben. Aber schon das genannte Jahr 1713 entlarvt die Erzählung, da der Violinist, der es drei Jahre später nicht wagte, mit Veracini in Konkurrenz zu treten, zu jener Zeit außerstande gewesen wäre, ein Werk wie den »Teufelstriller« zu konzipieren und zu spielen.

Das kompositorische Werk des Virtuosen ist gigantisch: mehr als 130 Violinkonzerte, 2 Flötenkonzerte, 2 Cellokonzerte, mehr als 200 Violinsonaten, zum Teil mit Generalbaß, bei 50 Triosonaten, 4 vierstimmige Sonaten. Formal folgen die Sonaten dem von Arcangelo Corelli geschaffenen Schema: 4 Sätze wie bei der Kirchensonate, wobei der 2., langsame Satz oft stark verkürzt ist. Die Konzerte folgen der Struktur von Antonio Vivaldi mit der Satzfolge Allegro, Adagio, Allegro und halten dessen Manier, im Allegro Tutti und Soli alternieren zu lassen. Giuseppe Tartini war also kein Neuerer; seine Originalität offenbart sich durch die instrumentale Virtuosität und den tiefen Ausdruck, der besonders durch eine gefühlstiefe Kantabilität erreicht wird.

Sein Vokalwerk ist gering: 2 Tantum ergo, dreistimmig, 5 Miserere für drei, vier oder fünf Stimmen, ein sehr schönes Stabat mater für drei Stimmen und Orgel, 20 kleine sakrale Lieder und als letzte Komposition ein inniges vierstimmiges Salve regina. Außerdem liegen mehrere theoretische Werke vor.

Sonate in A-Dur für Violine und Generalbaß, 4 Sätze

Die Sätze Grave – Allegro – Adagio – Presto bringen nach einer ernsten Einleitung im Allegro eine rasante Fuge. Das Adagio ist sehr kantabel und voll Ausdruck, und das Finale schließt das Werk majestätisch ab.

Sonate in d-Moll für Violine und Generalbaß, *»Verlassene Dido«*, 3 Sätze

Der 1. Satz – Affettuoso – ist ein Ausdruck tiefsten Schmerzes, der 2. – Presto – schildert den verzweifelten Zorn der Frau, und der 3. – Presto – verklingt in hoffnungsloser Resignation. Keiner der Sätze ist fugiert.

Sonate in F-Dur für Violine und Generalbaß, 3 Sätze

Die Sonate trug im Manuskript die Aufschrift »Lascia ch'io dica addio« (Laß mich Abschied nehmen). Der 1. Satz – Adagio – ist ein wehmütiges Abschiedslied, das folgende Allegro besteht aus einem variierten Thema, das die gesamte Erfindungskraft des Komponisten widerspiegelt.

Sonate in a-Moll für Violine und Generalbaß, 4 Sätze

Weiträumigkeit und Dichte sind die Hauptmerkmale dieses Stücks. Dazu tritt eine gewisse einfache Natürlichkeit, die alle späteren Werke des Komponisten auszeichnet. Der Generalbaß, den Tartini bei vielen Sonaten wegzulassen erlaubt, ist hier obligat und wie eine Stimme vorgeschrieben. Dadurch nähert sich die Komposition einem sinfonischen Werk, obwohl durch die Violine der Sonatencharakter deutlich genug gewahrt bleibt. Das Adagio lenkt mit breiten Klängen die Aufmerksamkeit auf sich. Das folgende Allegro bringt virtuose Passagen des Soloinstruments, die kräftig untermalt sind, und das Allegro assai steigert alles bis zum höchsten Maß. Als letzter Satz wird ein »Thema mit Variationen« vorgetragen, das für sich allein bestehen könnte.

Sonate in C-Dur für Violine und Generalbaß, 4 Sätze

Melodische und harmonische Einfachheit ist auch für dieses Werk das bestimmende Element. Daneben strahlen alle Sätze eine Heiterkeit aus, die man in diesem Maß kaum bei anderen Kompositionen von Giuseppe Tartini finden kann. Schon das einleitende Largo und noch mehr das folgende Andante sprechen von gelassener Ruhe und weiser Überlegenheit. Es ist, als wollte der Komponist über die Wechselfälle seines Lebens lächeln. Das Allegro läßt dem Frohsinn freien Raum, und das abschließende Presto endet mit einem ausgelassenen Volkstanz.

Sonate in g-Moll für Violine und Generalbaß, »Der Teufelstriller«, 4 Sätze

Das Stück, das heute das einzige darstellt, das von Giuseppe Tartini bekannt geblieben ist, beginnt mit einem langsamen Satz – Larghetto affettuoso –, mit vielen Doppelgriffen und offenen Quinten, die eine mysteriöse Stimmung erzeugen. Es kommt auch zu sehr scharf dissonanten Mehrfachgriffen. Dann folgt ein zweiteiliges großes Allegro, das mit vielen Trillern und Doppeltrillern die Virtuosität der Sonate betont. Im nächsten Satz wechseln langsame und schnelle Episoden ab; er beginnt mit einer ruhig weit ausladenden Melodie, die sodann von einem nervösen, geradezu zerrissenen Allegro unterbrochen wird; das Thema erhebt sich zum berühmten doppelgriffigen »Teufelstriller«, bis eine neuerliche Unterbrechung den Satz zu einem dramatischen Ende führt. Hier wird von den Virtuosen zumeist eine Kadenz eingelegt, die jedoch stets einen Stilbruch bringt, so gut sie auch sein mag. Das Original schließt mit einer rasanten Passage ab.

LITERATUR

A. Capri, Giuseppe Tartini, Mailand 1945.

Leonardo Vinci (um 1693–1730)

ZEIT UND UMWELT

Mit dem Einzug der Österreicher in Neapel (1707) endete die während der spanischen Herrschaft bestehende Kluft zwischen dem Hof des Vizekönigs und den Neapolitanern. Alle maßgebenden Stellen am Hof, selbstverständlich auch die Hofkapelle, waren von Spaniern besetzt. Das Geistes- und Kunstleben der Stadt lief nebenher und orientierte sich nach dem übrigen Italien. Nachdem der spanische Hof mit allen Anhängern Neapel verlassen hatte, zogen die neuen Herren viele Persönlichkeiten der Stadt zu ihrer Verwaltung heran; sie öffneten den Künstlern den Zugang zur Hofkapelle und nahmen am regen Musik- und Opernbetrieb Neapels Anteil.

LEBEN

Leonardo Vinci wurde um 1693 in Strongoli, Kalabrien, geboren. Er war am Conservatorio dei Poveri di Gesù Cristo in Neapel Schüler von Gaetano Greco. Im Jahr 1725 wurde er Vizekapellmeister und leitete ab 1728 die Kapelle des Konservatoriums, an dem er selbst ausgebildet worden war. Er starb in Neapel am 27. 5. 1730.

WERKE

Das Hauptverdienst des Komponisten Leonardo Vinci lag auf dem Gebiet der Oper. Er führte das durchwegs begleitete Rezitativ ein und trennte es von der Arie. Er verfaßte etwa 40 Opern für verschiedene italienische Städte, außerdem mehrere Oratorien, von denen »Le Glorie del Santissimo Rosario« (Die Glorie des heiligsten Rosenkranzes) große Beliebtheit erreichte. Seine Messen, Motetten, Kantaten und Arien sind heute zu Unrecht vergessen. Es werden ihm auch etliche Instrumentalstücke minderer Bedeutung zugeschrieben.

LITERATUR

G. S. Silva, Illustri musicisti calabresi: Leonardo Vinci, Genua 1935.

Giuseppe Sammartini (um 1693–1751)

ZEIT UND UMWELT

Der sanfte Schalmeienklang der Oboe, der wegen seiner aparten Färbung aus dem lautesten Orchester herausklingt, spricht die Gefühlssphäre so stark an wie kaum ein anderes Instrument. Der beklagte »scharfe« Ton des Instruments wurde durch die neue Konstruktion der Instrumentenmacherfamilie Hotteterre mittels Verbesserung des Rohrblattes und besonders einer neuen Technik des Anblasens zu dem Klang gemildert, den wir gewohnt sind.

LEBEN

Giuseppe Sammartini, Sohn des Oboisten Alexis Saint-Martin (um 1660, Frankreich, bis nach 1720, Mailand), wurde um 1693 in Mailand geboren. Er war bis ungefähr 1726 wie sein Vater Orchestermitglied des herzoglichen Theaters in Mailand, ging sodann nach London, wo er von 1732 bis 1744 an verschiedenen Orchestern als Oboist wirkte. Darauf wurde er Kammermusikdirektor des Prince of Wales Frederick Louis (1707–51) und starb in der ersten Hälfte des Jahres 1751.

WERKE

Der Oboist Giuseppe Sammartini gehörte in der ersten Hälfte des 18. Jahrhunderts zu den bedeutendsten Persönlichkeiten des Londoner Musiklebens. Sein kompositorisches Werk erstreckte sich vor allem auf die Instrumentalmusik. Es sind eine große Anzahl Concerti grossi, Sonaten für eine und mehrere Oboen, für Querflöten, für Violinen und Ouvertüren überliefert, außerdem im Manuskript Menuette, Lieder und Kantaten. Von dem – ihm zugeschriebenen – Oratorium »La calunnia delusa« (Die vereitelte Verleumdung) stammen nur eine Sinfonia und eine Arie von ihm selbst.

Konzert in F-Dur für Sopranblockflöte und Streicher, 3 Sätze

Die Faktur dieses Konzerts ist beispielgebend für die Technik des Komponisten. Das einleitende Allegro teilt dem Soloinstrument eine prächtige melodische Linie zu, mit der es Orchesterpausen des Satzes überbrückt. Das folgende Siciliano weicht zur Molltonart aus und bringt mit seinem reizenden Rhythmus viel bukolische Stimmung, und das Allegro assai des Finales brilliert mit virtuos weiten Sprüngen der Flöte.

Louis Lemaire (1693 bis um 1750)

ZEIT UND UMWELT

Die Kapellen des Hofes in Versailles und des Hochadels, die Adelspaläste, Kirchen und Bühnen von Paris boten sehr vielen Musikern jeder Gattung feste Anstellungen. Auch an privaten Musiklehrern war großer Bedarf. Komponisten ohne enge Beziehungen zu Orchestern hatten jedoch oft Schwierigkeiten, ihre Werke zu Gehör zu bringen. Durch die wöchentlichen Aufführungen des Concert spirituel eröffnete sich aber eine Möglichkeit, ihre Kompositionen vorzustellen.

LEBEN

Louis Lemaire wurde 1693 vermutlich in Tours geboren und an der Maîtrise der Kathedrale von Meaux unter Sébastien de Brossard (1655–1730) ausgebildet. Er ließ sich in Paris als Musiklehrer nieder. Seine Kompositionen wurden regelmäßig im Concert spirituel aufgeführt. Eine feste musikalische Stelle hatte er nicht. Er starb in Tours um 1750.

WERKE

Die 48 Motetten von Louis Lemaire sind in 2 Bänden erschienen und wurden im Concert spirituel gesungen – wie seine 66 kleinen Kantaten, die teils von Instrumenten, teils nur von einem Generalbaß begleitet sind. Er verfaßte auch Kammerkonzerte für Violine, Flöte, Oboe, Musette und Drehleier. In verschiedenen Sammlungen finden sich Airs sérieux et à boire des Komponisten. Sein Stil kann als konservativ bezeichnet werden.

Gregorius Joseph Werner (1693–1766)

ZEIT UND UMWELT

Schon unter Fürst Paul Esterházy von Galántha (1635–1713), selbst namhafter Cembalist und Komponist, und noch früher war seine Familie für ihr Mäzenatentum berühmt. Ihre Kapelle wurde unter seinem Enkel Fürst Paul Anton (1711–62) noch weiter ausgebaut und mit besten Kräften besetzt.

LEBEN

Gregorius (Gregor) Joseph Werner wurde am 29. 1. 1693 in Ybbs an der Donau, Niederösterreich, geboren. Er war ab 1728 Kapellmeister der ungarischen Adelsfamilie Esterházy in Eisenstadt (damals Kismarton) und blieb in dieser Stellung bis zu seinem Tod am 3. 3. 1766. Ab 1761 stand ihm Joseph Haydn als Vizekapellmeister zur Seite.

WERKE

Joseph Haydn, der Gregorius Joseph Werner als Kontrapunktiker sehr schätzte, arrangierte 6 seiner Fugen für Streichquartett. Im Druck erschienen die Kompositionen:

6 Kammersinfonien und 7 Kirchensonaten für zwei Violinen und Clavichord, »Neuer und sehr curios musicalischer Instrumental-Calender, Parthien-weiß mit zwei Violinen und Baß«, »Zwey neue und extra lustige musicalische Tafel-Stücke: Der Wienerische Tandlmarckt und Die Bauren-Richters-Wahl«. Im Manuskript sind zahlreiche Messen, Oratorien und Motetten, eine Hirtenkantate, 2 Hirtenmusiken und 2 Pastorellen zur Weihnacht überliefert.

LITERATUR

A. Bogati, Gregor Joseph Werner, Eisenstadt 1936.

Christoph Förster (1693–1745)

ZEIT UND UMWELT

Am Ende des barocken Generalbaßzeitalters wurde die Gestaltung der Füllstimmen nicht mehr dem Generalbaßspieler überlassen, sondern vom Komponisten selbst ausgearbeitet. Damit verloren sie bald den Charakter reiner Füllstimmen und wurden nicht auf ihre begleitende Funktion beschränkt, sondern nahmen selbständigen Anteil an den musikalischen Vorgängen.

LEBEN

Christoph Förster wurde am 30. 11. 1693 in Bibra bei Laucha, Thüringen, geboren. Er war Schüler von Johann David Heinichen (1683–1729) und Georg Friedrich Kauffmann (1679–1735) in Merseburg, wo er Konzertmeister der Hofkapelle wurde. Im Jahr 1643 erhielt er die Ernennung zum Vizehofkapellmeister in Rudolstadt, wo er am 6. 12. 1745 starb.

WERKE

Das Instrumentalwerk von Christoph Förster zeichnet sich durch großen Formenreichtum und deutliche Betonung galanter Züge aus. Sein Generalbaß ist zum Teil »komponiert« und nähert sich klassischer Harmonik. Seine Musik galt bei den Zeitgenossen als angenehm und gefällig. Erhalten sind davon 26 Kirchenkantaten, eine Vertonung des 117. Psalms, eine Messe, ein Sanctus, 4 weltliche Kantaten, 6 Orchestersuiten, 12 Sinfonien, 6 Solokonzerte, 6 Violinsonaten und ein Trio für zwei Violinen und Generalbaß. Sehr bekannt geworden ist sein Konzert in Es-Dur für Waldhorn, Streicher und Generalbaß.

Pierre Claude Foucquet (1694–1772)

ZEIT UND UMWELT

Die zierliche, liebenswürdige, oft deskriptive Faktur der Cembalokompositionen von François Couperin (1668–1733) übte auf die französische Cembalo- und Pianofortekomposition des 18. Jahrhunderts einen nachhaltigen Einfluß aus. Der Mentalität der Zeit entsprechend, boten sich die Nachahmungen noch um einiges verzärtelter, pittoresker und programmatischer dar.

LEBEN

Pierre Claude Foucquet wurde 1694 in Paris als Mitglied der Pariser Organisten- und Cembalistendynastie Foucquet, die von Gilles Foucquet (um 1600, Paris, bis 1646, Paris), Organist an St-Laurent, begründet wurde, geboren. Er wurde von seinem Vater ausgebildet und löste 1723 dessen Bruder Antoine Foucquet (1670, Paris, bis 1731, Paris) an der Abbaye de St-Victor und Charles Piroye (um 1665–1730) an St-Honoré als Organist ab; 1750 wurde er Organist an St-Eustache. Im Jahr 1758 wurde er in die Königliche Kapelle aufgenommen und erhielt 1761 die Organistenstelle an Notre-Dame, wo er bis zu seinem Tod am 13. 2. 1772 wirkte.

Sein Vater Pierre Foucquet (1667, Paris, bis 1735, Paris), Sohn des Antoine Foucquet (1636, Paris, bis um 1708, Paris), Enkel des Gilles Foucquet, war Organist an St-Eustache und von 1707 bis 1708 auch an St-Honoré.

WERKE

Von Pierre Claude Foucquet sind 3 Bücher mit Cembalostücken erschienen, die von den Zeitgenossen sehr geschätzt wurden. Sie zeigen deutlich den Einfluß von François Cou-

perin, sind voll malerischer Effekte und humorvoller Wendungen.
Von Pierre Foucquet sind 3 Airs sérieux et à boire erhalten. Seine 2 Violinsonaten und seine Sonaten für zwei Violinen und Generalbaß sind verschollen.

LITERATUR
A. Pirro, Les clavecinistes, Paris 1924.

Louis-Claude Daquin (1694–1772)

ZEIT UND UMWELT
Trotz aller Manieriertheit und Verflachung des Musikstils des 18. Jahrhunderts in Paris hielten bestimmte Kapellen an einer klaren stilistischen Linie fest und bildeten sozusagen Bastionen gegen die Auswüchse, die das Ende des Barock mit sich brachte. Besonders die Kirchen, die die Entwicklung der profanen Musik nur teilweise und zögernd mitmachten, weil sie das Althergebrachte nicht leicht und nicht leichtsinnig aufgeben wollten, wurden zu Brückenköpfen für einen neuen französischen Stil.

LEBEN
Louis-Claude Daquin (d'Aquin) wurde am 4. 7. 1694 in Paris geboren. Er war ein Wunderkind und spielte bereits im achten Lebensjahr vor König Ludwig XIV. Im Jahr 1706 assistierte er dem Organisten Marin de La Guerre (1. 12. 1658, Paris, bis 16. 7. 1704, Paris) und wurde Organist am Kloster Petit-Saint-Antoine; 1727 übernahm er die Organistenstelle an St-Paul, 1732 bei den Cordeliers, 1739 an der Königlichen Kapelle und 1735 an Notre-Dame. Seine Lehrer waren Louis Marchand (1669–1732) und Nicolas Bernier. Er starb in Paris am 15. 6. 1772.

WERKE
Die seriöse Linie, die Louis-Claude Daquin als Organist und Komponist entgegen dem Zeitstil einhielt, stellte ihn in die Reihe der bedeutendsten Meister des 18. Jahrhunderts. Sein »Erstes Buch mit Cembalostücken« mit reizenden deskriptiven Kompositionen liegt auf einer Linie mit den besten Werken von François Couperin und Jean-Philippe Rameau (1683–1764). Sein »Neues Weihnachtsliederbuch« für Orgel ist ein typisches Beispiel für Sammlungen dieser Art geblieben. Außerdem verfaßte er 2 Messen, ein Te Deum, ein Miserere, Lamentationen, mehrere Kantaten und Motetten mit Orchester sowie verschiedene Divertissements für das Concert spirituel.

Nouveau livre de Noël (Variationen über Weihnachtslieder) für Orgel
Eine Serie aus 10 französischen und 2 ausländischen Weihnachtsmelodien wird figurativ verändert, aber in ihrem naiven Volksliedton belassen. Es handelt sich mehr um ein zierliches Umspielen der Weisen, um ihnen noch mehr weihnachtliche Fröhlichkeit zu verleihen, als sie selbst aus ihren Ursprungsländern mitbringen.

LITERATUR
P.-L. Daquin, Lettres sur les hommes célèbres sous le règne de Louis XV, Paris 1752.

Johann Samuel Endler (1694–1762)

ZEIT UND UMWELT
Die westdeutschen Kapellen und deren Leiter tendierten zum großen Teil zur französischen Musik, ihr Zusammenhang mit der norddeutschen Schule war nur lose. Die Hofhaltung von Versailles wirkte auf viele deutsche Höfe faszinierend, ihre Schattenseiten waren auf die Entfernung nur mehr für wenige bemerkbar.

LEBEN
Johann Samuel Endler wurde am 30. 7. 1694 vermutlich in oder bei Darmstadt geboren. Im Jahr 1729 war er Mitglied der Hofkapelle von Darmstadt, 1740 ihr Konzertmeister und 1744 ihr Vizekapellmeister unter Kapellmeister Christoph Graupner, dem er nach dessen Tod nachfolgte. Er starb in Darmstadt am 23. 4. 1762.

WERKE
Von Johann Samuel Endler sind 31 Sinfonien, 7 Ouvertüren, 2 Orchesterstücke, eine Partita für Cembalo, 3 Kantaten und meh-

rere Kanons überliefert. Diese Kompositionen sind deutlich von Frankreich beeinflußt und erheben sich kaum über einen guten Durchschnitt.

LITERATUR
E. Noack, Musikgeschichte Darmstadts vom Mittelalter bis zur Goethezeit, Mainz 1967.

Leonardo Leo (1694–1744)

ZEIT UND UMWELT
Im Zug des Polnischen Erbfolgekrieges eroberte der spanische Infant Don Carlos (nachmaliger König Karl III. von Spanien) durch den Sieg über die österreichischen Truppen bei Bitonto (1734) Neapel und Sizilien und wurde im Frieden zu Wien (1738) im Besitz der beiden Königreiche bestätigt. Dadurch erlangte Neapel die durch Jahrhunderte ersehnte Selbständigkeit zumindest dem äußeren Anschein nach zurück. Don Carlos setzte die bereits von Österreich begonnene Reform des politischen und administrativen Systems im verstärkten Maß fort und förderte nach Kräften den kulturellen Aufschwung seines Königreiches.

LEBEN
Leonardo Leo (Lionardo Oronzo Salvatore de Leo) wurde am 5. 8. 1694 in San Vito degli Schiavi (San Vito dei Normanni), Brindisi, geboren. Er war ab 1709 Schüler von Nicola Fago am Conservatorio della Pietà de'Turchini in Neapel. Im Jahr 1713 wurde er beigeordneter Organist der Königlichen Kapelle, 1725 Erster Organist, 1730 Dritter, 1737 Zweiter und 1744 einige Monate vor seinem Tod am 31. 10. 1744 Erster Hofkapellmeister. Gleichzeitig wirkte er von 1734 bis 1737 als Vizekapellmeister am Conservatorio della Pietà de'Turchini, wo er 1741 Erster Kapellmeister wurde, und ab 1739 als Kapellmeister am Conservatorio di Sant'Onofrio.

WERKE
Das Oratorium »L'Infedelita abbattuta in Assisi con la fuga dei Saraceni a gloria di Santa Chiara« (Die in Assisi mit der Flucht

Karl Böhm

der Sarazenen zum Ruhme der heiligen Clara besiegte Glaubenslosigkeit) war die erste kompositorische Leistung des achtzehnjährigen Leonardo Leo. Dem folgten ungefähr 70 dramatische Werke, etwa 150 Arien und Arietten mit Instrumentalbegleitung, 17 Kantaten, zahlreiche Messen für vier bis fünf Stimmen und Instrumente, Motetten, Antiphonen, Psalmen, Magnificat und 6 weitere Oratorien, von denen »Sant'Elena al Calvario« (Die heilige Helena auf dem Kalvarienberg) und »La morte di Abel« (Der Tod Abels) den größten Erfolg hatten; er verfaßte auch eine Anzahl Solfeggien. Seine Instrumentalmusik besteht aus Klaviersonaten, Orgelfugen, 6 Konzerten für Cello und Orchester und einem für vier Violinen und Orchester.
Sein Stil nähert sich häufig älteren Formen, ist trotzdem voll Klang und Ausdruck. Er weist aber unmittelbar über das Werk vieler Zeitgenossen auf die Klassik der zweiten Hälfte seines Jahrhunderts hin.

Praebe, virgo, benignas aures (Neige, Jungfrau, gnädig dein Ohr), Kantate für Sopran und Orgel
Der Gesangsstil dieser Kantate ist ohne Zweifel

empfindsam, verläßt aber nie den Rahmen einer tiefen Musikalität. Der Orgel ist eine ausgedehnte konzertante Funktion zugewiesen, was man sonst nur in der Kirchenmusik der Klassik findet. Das Gesamtwerk kann, wie vieles von diesem Meister, nicht in eine eng begrenzte Stilepoche eingereiht werden, weil Altes und Neues, Vergangenheit und Zukunft zu einer Einheitlichkeit höherer Ordnung vereint wurden. Eigenartig und zugleich interessant ist, daß das Stück mit einem Rezitativ abschließt.

LITERATUR

G. Leo, Leonardo Leo, musicista del secolo XVIII e le sue opere musicali, Neapel 1905.

Johan Helmich Roman (1694–1758)

ZEIT UND UMWELT

Der schwedische König Friedrich I. (von Hessen-Kassel) nahm, als er 1720 die Regierung antrat, eine Reihe Musiker aus seiner alten Hofkapelle mit nach Stockholm und bot auch schwedischen Kräften großzügige Entfaltungsmöglichkeiten, so daß sich eine bodenständige schwedische Musikentwicklung anbahnen konnte. Mag er außen- und innenpolitisch keine glückliche Hand gehabt haben, seine Bereitschaft, Begabungen mit allen Kräften zu fördern, hat den kulturellen Aufschwung in den kommenden Jahrhunderten Auftrieb verliehen.

LEBEN

Johan Helmich Roman (Rohman) wurde am 26. 10. 1694 in Stockholm als Sohn des Konzertmeisters der schwedischen Hofkapelle Johan Roman (um 1660, Stockholm, bis 1720, Stockholm) geboren. Er trat bereits mit sieben Jahren als Violinist auf, als Sechzehnjähriger wurde er in die Hofkapelle aufgenommen. Seit 1715 war er Schüler von Johann Christoph Pepusch und von Attilio Ariosti (1666–1740) in London; 1721 kehrte er nach Stockholm zurück und trat die Stelle des Vizehofkapellmeisters an; 1727 wurde er Hofkapellmeister. Von 1735 bis 1737 reiste er durch mehrere europäische Länder und nahm sodann seine Tätigkeit in Stockholm wieder auf, die er dann 1745 aus gesundheitlichen Gründen niederlegte. Er starb am 20. 11. 1758 in Haraldsmåla bei Kalmar, Småland.

WERKE

Das kompositorische Werk von Johan Helmich Roman umfaßt etwa 400 Stücke aller Musikgattungen, mit Ausnahme der Oper und des Oratoriums. An Instrumentalmusik des Begründers der schwedischen Musik sind 21 Sinfonien, 5 Ouvertüren, 7 Suiten, 4 Violinkonzerte, ein Oboenkonzert in B-Dur, eine Festmusik (Musique till en Festin) aus 45 Instrumentalsätzen und eine Hochzeitsmusik zur Vermählung des schwedischen Königs Adolf Friedrich (1710–71) mit Luise Ulrike (1720–82) im Jahr 1744 auf Schloß Drottningholm erhalten, weiters 17 Triosonaten und zahlreiche Violinsonaten mit Generalbaß. An Vokalmusik liegen 13 Kantaten für Hoffestlichkeiten und eine schwedische Messe (Svenska Messan) vor.
Mit diesen Kompositionen trat Schweden zum ersten Mal mit Musik hervor, die der zeitgenössischen der anderen Musikländer ebenbürtig war.

Drottningholms Musiquen, Suite aus 24 Instrumentalsätzen

Diese Suite des »Vaters der schwedischen Musik« zeigt deutlich, daß der Komponist sich in den Musikländern gründlich umgesehen hatte. Sie bringt Reminiszenzen von überall, ohne nachzuahmen. Die Tanzsätze sind nur zum Teil französisch oder italienisch, in manchen erklingen heimische Rhythmen. Schwedisch sind jedoch einzelne langsame Sätze, die in der Manier der Vorromantik verhalten und verträumt die Sehnsucht nach den nordischen Sommerabenden wecken.

LITERATUR

P. Vretblad, Johan Helmich Roman, Svenska Musikens Fader, Stockholm 1914.

Lorenz Sichard (1694–1771)

ZEIT UND UMWELT

Die Musiktradition von Nürnberg versiegte auch im 18. Jahrhundert nicht. Die starke pietistische Strömung in der Stadt begünstigte besonders den empfindsamen Stil, der nicht nur in die Liederkomposition, sondern auch in die Instrumentalstücke Eingang fand. Die Verinnerlichung der Stadt war zwar keine Folge ihres politischen und wirtschaftlichen Niederganges, aber eine Parallelerscheinung.

Leben

Lorenz Sichard (Sichert, Sighard) wurde am 8. 12. 1694 in Nürnberg getauft. Er wirkte ab 1719 als Organist an der Frauenkirche und ab 1743 an St. Egidien in seiner Vaterstadt, wo er 1771 starb und am 6. 5. begraben wurde.

Werke

Sonaten und Fugen für Klavier und Orgel bilden das kompositorische Werk von Lorenz Sichard, dazu eine Reihe Kirchenkantaten. Er verwendet zwar die Kompositionstechniken des Barock, aber seine Melodik ist weich und voll Weltschmerz. Er verfaßte auch ein Choralbuch mit den zu seiner Zeit gebräuchlichsten Melodien, das vermutlich für den eigenen Gebrauch bestimmt war.

Thomas Kelway (um 1695–1749)

Zeit und Umwelt

So stark der Einfluß italienischer Musiker wie zum Beispiel eines Francesco Saverio Geminiani auf Kompositionsstil und Vortragstechnik in England war, die Kirchenkomposition wurde davon nicht erreicht. Hier hießen die Vorbilder Georg Friedrich Händel und Johann Christoph Pepusch. Die Verschiedenheit des Bekenntnisses dürfte eine der Ursachen dafür gebildet haben.

Leben

Thomas Kelway wurde um 1695 in Cichester geboren und als Chorknabe an der Kathedrale der Stadt ausgebildet. Er erhielt dort 1726 die Organistenstelle, die er bis zu seinem Tod am 21. 5. 1749 betreute.

Werke

Von Thomas Kelway sind 7 Services und 9 Anthems überliefert. Davon hat das Abendservice in h-Moll einen hohen Bekanntheitsgrad erreicht. Auch die Services in a-Moll und g-Moll wurden viel gesungen.

Giovanni Chintzer
(um 1695 bis um 1750)

Zeit und Umwelt

Die politischen Unruhen, die im 18. Jahrhundert in ganz Italien herrschten – Schlachten, Eroberungen, Durchzug von Heeren –, vertrieben viele Kulturschaffende aus dem Land. Große Gebiete gingen von einer Hand in die andere, Regierungen wechselten in rascher Folge ab, so daß des einen Fürsten Gunst die Ungnade des nächstfolgenden bedeuten konnte, und keine noch so günstige Position ein gesichertes Dasein gewährleistete.

Leben

Giovanni Chintzer (Chinzer) wurde um 1695 vermutlich in der Schweiz geboren. Von 1731 bis 1742 dürfte er in Florenz als Musiker gewirkt haben und sodann nach Paris übersiedelt und dort um 1750 gestorben sein.

Werke

Von Giovanni Chintzer sind in Paris eine große Anzahl Triosonaten für 2 Violinen und Generalbaß, vierstimmige Sinfonien, Duette für Flöte und Violine und Sonaten für Solovioline und Generalbaß erschienen. Er schrieb außerdem etliche kirchliche Werke und Arien mit Instrumenten sowie 2 Oratorien. In seiner Florentiner Zeit verfaßte er 8 Operetten. Alle seine Werke wurden sorgfältig gearbeitet, erhoben sich aber nicht über den Durchschnitt.

Giuseppe Maria Buini (um 1695–1739)

Zeit und Umwelt

Wenn auch das Opernleben in Bologna nie den Umfang wie etwa in Neapel oder in Venedig erreichte, weil das Publikum, durch die Fülle an hervorragenden Musikern verwöhnt, gehobenere Musikgattungen vorzog, versorgten nicht wenige Bologneser Meister die Zentren der Opernpflege laufend mit Kompositionen für die Opernbühnen.

LEBEN

Giuseppe Maria Buini wurde um 1695 in Bologna geboren. Er war als Komponist und Dichter Mitglied der Accademia Filarmonica, die ihn zweimal zu ihrem Leiter wählte. Welche Tätigkeit er außer der Komposition ausübte, ist nicht bekannt. Er starb am 13. 5. 1739 in Alessandria.

WERKE

Von den etwa 40 Opern von Giuseppe Maria Buini, der bei vielen auch das Libretto dichtete, sind nur 2 Arien erhalten. Es handelte sich zumeist um komische Opern, die neben den venezianischen die Publikumsgunst eroberten. Außerdem verfaßte Buini ein Oratorium und mehrere Kammersonaten.

Maurice Greene (um 1695–1755)

ZEIT UND UMWELT

Das Wirken Georg Friedrich Händels und einer Reihe von aus dem Ausland zugezogenen Komponisten regte nur wenige Engländer an, die Ausländer nachzuahmen. Einer der Gründe hiefür lag in der geringen Förderung, der zweite war die Haltung des Publikums, das Ausländer auf jeden Fall vorzog. Eine Ausnahme bildeten nur die Kirchenmusiker, die jedoch so sehr traditionsverbunden waren, daß es zumindest vorläufig zu keiner Fortentwicklung kommen konnte.

LEBEN

Maurice Greene wurde um 1695 in London geboren. Er war Chorknabe an St. Paul's unter Jeremiah Clarke und Richard Brind (um 1650, London, bis 1717, London), 1716 Organist an St. Dunstan's und 1717 auch an St. Andrew's. Im Jahr 1718 wurde er Organist an St. Paul's und ab 1727 zugleich auch an der Chapel Royal. Die Universität Cambridge ernannte ihn 1730 zum Musikprofessor, 1735 wurde er Komponist der King's Band. Er starb in London am 1. 12. 1755.

WERKE

Die 40 Anthems von Maurice Greene werden der besseren englischen Kirchenmusik des 18. Jahrhunderts zugezählt; auch seine 6 Soloanthems, die »Caecilienode«, der »Gesang der Deborah« und die Oratorien »Jephthah« und »Die Macht der Wahrheit« waren sehr geschätzt. Er schrieb auch mehrere Pastoraloratorien, Catches, Kanons, Lieder, Kantaten und eine Sammlung Cembaloübungen. Am meisten bekannt wurde die Vertonung der Sonettenfolge »Amoretti« von Edmund Spenser (um 1552–99) für Singstimme, Cembalo und Violine.

LITERATUR

H. W. Shaw, Eighteenth-Centurys Cathedral Music, London 1952.

Carlo Grua (um 1695–1773)

ZEIT UND UMWELT

Mannheim nahm jeden Musiker auf, dessen Befähigung ausreichte, sich in das hochentwickelte Orchester einzufügen. Es waren neben Österreichern vorwiegend Talente aus Böhmen und Mähren, aber auch Italiener waren willkommen, die sich der neuen Aufführungspraxis unterwarfen.

LEBEN

Carlo Luigi Pietro Grua wurde um 1695 in Mailand als Sohn des Sängers und Komponisten Carlo Luigi Pietro Grua (um 1665 bis nach 1718) geboren. Er war um 1734 Hofkapellmeister in Mannheim, wo er am 11. 4. 1773 starb.

WERKE

Von Carlo Grua sind eine Anzahl Oratorien, verschiedene Kirchenmusik und 2 Opern bekannt. Seine späteren Werke fügen sich bereits ganz dem Mannheimer Stil ein.

Daniel Gottlieb Treu (1695–1749)

Zeit und Umwelt

Herzog Eberhard Ludwig (1676–1733) erschöpfte die Finanzen seines Landes Württemberg durch seine Prachtentfaltung vollends. Hand in Hand damit ging ein großzügiges Mäzenatentum, das vor allem Musikern zugute kam.

Leben

Daniel Gottlieb Treu wurde 1695 in Stuttgart geboren und dort von Sigmund Kusser (1660–1727) ausgebildet. Die Großzügigkeit des Herzogs von Württemberg ermöglichte ihm ab 1717 einen Aufenthalt in Venedig, wo er bei Antonio Vivaldi (1678–1741) seine Ausbildung vervollständigte und – als Danielo Teofilo Fedele – eine Anzahl Opern herausbrachte. Im Jahr 1725 zog er mit einer italienischen Operntruppe nach Breslau (Wrocław) und führte dort weitere von ihm verfaßte Opern auf. Ab 1727 wirkte er als Kapellmeister in verschiedenen Adelshäusern und starb am 7. 8. 1749 in Breslau.

Werke

Außer seinen Opern sind von Daniel Gottlieb Treu eine Anzahl Kantaten, Instrumentalsonaten und andere Orchesterwerke überliefert, die stilistisch stark von Antonio Vivaldi abhängen. Er hat auch zwei musiktheoretische Werke verfaßt.

Antoine Calvière (1695–1755)

Zeit und Umwelt

Orgelspiel und Orgelkomposition waren in Frankreich für eine stattliche Reihe von Musikern im Verlauf der gesamten Musikgeschichte Beruf und Berufung zugleich. Dadurch hatte sich eine von den Meistern Deutschlands und Italiens wenig abhängige Orgeltradition gebildet, die von den ältesten Anfängen bis in unsere Zeit reicht.

Leben

Antoine Calvière wurde 1695 in Paris geboren. Er war Organist an St-Germain-des-Prés, an Ste-Marguerite, an der Ste-Chapelle und ab 1630 an Notre-Dame. 1738 folgte er Louis Marchand als Organist der Chapelle Royale nach und versah diesen Dienst bis zu seinem Tod am 18. 4. 1755.

Werke

Die Motetten für großen Chor von Antoine Calvière sind nicht erhalten. Von seinen damals sehr beliebten und geschätzten Orgelstücken ist nur ein einziges überliefert, das allerdings eine große Meisterschaft verrät.

Literatur

F. Raugel, Les grandes Orgues des églises de Paris, Paris 1927.

Denis Hempson (1695–1807)

Zeit und Umwelt

Der irische Harfenist und Komponist Turlogh Carolan (1670–1738) hat seine Weisen dem englischen Geschmack anzupassen versucht und damit große Erfolge erreicht, aber auch die Kritik anderer irischer Volksmusiker herausgefordert, die ihm vorwarfen, daß er durch diese »Modernisierung« das reine Volksgut geschändet habe.

Leben

Denis Hempson wurde 1695 in Craigmore geboren. Er soll als Barde die altüberlieferten Melodien völlig unverändert wiedergegeben und auch die alte Spieltechnik der irischen Harfe, die mit langgewachsenen Fingernägeln angeschlagen wurde, virtuos beherrscht haben. Er starb 1807 im Alter von 112 Jahren in Magilligan.

Werke

Im Gegensatz zu Turlogh Carolan hat der irische Barde Denis Hempson keines seiner Lieder aufgezeichnet, sondern wie seine echten Vorgänger nur mündlich vorgetragen. Sie sind aber trotzdem sehr verbreitet worden und fanden in der irischen und in der britischen Komposition ihren Niederschlag; einzelne haben ihren Weg bis zum Kontinent gemacht.

Conrad Friedrich Hurlebusch
(1695–1765)

ZEIT UND UMWELT
Das Liedschaffen der ersten Hälfte des 18. Jahrhunderts war vom Geist des Rokoko erfüllt. Die Lieder waren unterhaltsam, zumeist geistreich und bis zu Derbheiten witzig; Liebe, Freundschaft, Trinken, Rauchen waren die Hauptthemen, die Verse schlicht und die Weisen einfach. »Alleweil ein wenig lustig, alleweil ein wenig durstig«, war eine häufige Devise.

LEBEN
Conrad Friedrich Hurlebusch wurde 1695 in Braunschweig geboren und von seinem Vater vielseitig ausgebildet. Er hielt sich sodann in Hamburg, Wien, Italien und München auf, ging 1722 als Hofkapellmeister nach Stockholm und 1725 nach Braunschweig. Von 1727 bis 1736 lebte er in Hamburg als Komponist, ab 1743 wirkte er als Organist der Oude Kerk in Amsterdam bis zu seinem Tod am 17. 12. 1765.
Sein Vater Heinrich Lorenz Hurlebusch (8. 7. 1666, Hannover, bis nach 1700, Braunschweig) wirkte als Organist an St. Magnus in Braunschweig, löste 1694 Delphin Strungk (1601–94) in gleicher Eigenschaft an St. Martin und St. Egidien ab und spielte später auch noch in der Katharinenkirche in Braunschweig, wo er nach 1700 gestorben ist.

WERKE
Vom kompositorischen Werk von Conrad Friedrich Hurlebusch ist sein Liedschaffen an die erste Stelle zu reihen. Für die »Sammlung verschiedener und auserlesener Oden« von Johann Friedrich Gräfe verfaßte er 72 Oden. Neben 3 Opern schrieb er »De 150 Psalmen Davids«, etwa 100 italienische Arien mit Instrumenten, 48 italienische Kantaten, zum Teil mit Bässen und Gesangstimmen, außerdem an Instrumentalmusik 12 Konzerte, 12 Sonaten, 8 Ouvertüren, 6 Cembalokonzerte, 24 Fugen für Cembalo und Orgel, 18 Sonaten oder Suiten für Cembalo. Seine Lieder gehören dem empfindsamen Stil an, die Instrumentalmusik ist konzertant, und die Cembalowerke schließen sich dem von François Couperin und Gottlieb Muffat geschaffenen Stil an.

André Chéron (1695–1766)

ZEIT UND UMWELT
Nach italienischem Muster wurde auch im Paris des 18. Jahrhunderts die Oper zum Mittelpunkt des Musikgeschehens. Komponisten wurden immer mehr nach ihrem Opernschaffen eingeschätzt, ihre übrigen Kompositionen sehr oft nur als Randerscheinungen betrachtet. Auch Interpreten gewannen viel an Prestige, wenn ihr Wirken in irgendeinem Zusammenhang mit der Oper stand.

LEBEN
André Chéron wurde am 6. 2. 1695 in Paris getauft. Er war Chorknabe an der Ste-Chapelle, wo ihn Nicolas Bernier ausbildete. Im Jahr 1734 wurde er Cembalist der Oper und bald darauf auch Taktschläger. Zur selben Zeit wirkte er als Organist am Concert spirituel. 1750 wurde er schließlich Chorleiter der Oper. Er starb 1766 in Paris und wurde am 7. 10. begraben.

WERKE
Von André Chéron sind einige gute Motetten, Triosonaten für zwei Flöten und Generalbaß, Duos und Trios für Flöten, außerdem einige Ballettintermedien für Bühnenstücke erhalten. Sein Instrumentalstil gehört dem zeitgenössischen Rokoko an.

Pietro Antonio Locatelli (1695–1764)

ZEIT UND UMWELT
Die Instrumentenbauerfamilien in Cremona schufen jene in ihrem Klang bis heute nicht erreichten kostbaren Violinen. Gleichzeitig entwickelten sich Spieltechnik und Komposition von Höhepunkt zu Höhepunkt. Die italienischen Violinvirtuosen, die zumeist selbst für sich komponierten, bereisten Europa, so daß Spiel und Komposition zum Ausfuhrartikel wurden, wie die Oper aus Italien,

deren Übergewicht auch erst im 19. Jahrhundert durch die Leistungen anderer Länder ausgeglichen wurde.

LEBEN
Pietro Antonio Locatelli wurde am 3. 9. 1695 in Bergamo geboren. Er war in Rom Schüler von Arcangelo Corelli und ließ sich darauf in Amsterdam nieder, von wo aus er seine zahlreichen Konzertreisen durch Deutschland, Frankreich, England, Italien und Spanien unternahm. Zwischen 1732 und 1735 hielt er sich vermutlich in Venedig auf. Er wirkte als gesuchter Violinlehrer und betrieb einen Handel mit italienischen Saiten in Amsterdam, wo er am 30. 3. 1764 starb.

WERKE
Mit Ausnahme seiner 12 Sonaten für Soloflöte und Baß sind alle Kompositionen des Virtuosen Pietro Antonio Locatelli der Violine gewidmet. Seine 12 Concerti grossi für vier und fünf Stimmen mit zwölf Fugen, die er als erste Komposition veröffentlichte, lassen noch stark die Schule seines Lehrers Arcangelo Corelli erkennen; dann allerdings entfernte er sich davon, erweiterte die Spieltechnik, verstärkte den Affektausdruck, vor allem in seinen 12 Violinkonzerten mit 24 Capricci, den 6 Ouvertüren und 6 Konzerten, den 6 Triosonaten und den 12 Kammersonaten. Er formte das Concertino in den Concerti grossi durch Hinzuziehen einer Bratsche zum Quartett um, wie seine »Concerti a quattro«; die 10 Sonaten – 6 für Soloviolíne, 4 für Violinenterzett – steigern die Virtuosität zu neuen Höhepunkten. Eine Sinfonia für zwei Violinen, Bratsche und Baß – eine Trauersinfonie – und ein Concertino in A-Dur liegen handschriftlich vor; ihre Echtheit wird aber angezweifelt.

Sonate in g-Moll für Violine und Cembalo, 4 Sätze
Stark betonter Affektausdruck und glanzvolle Virtuosität beherrschen diese Sonate, der nichts mehr vom Stil des Römers Corelli anhaftet. Trotzdem kommt die Musik deutlich zu Wort. Gerade das einleitende Largo scheint den Hang zu technischer Brillanz überwunden zu haben und wie der 3. Satz – Adagio – in die Klassik hinüberzureichen. Die schnellen Sätze – Giga und Gavotta – lassen der virtuosen Auszierung freien Raum.

Pietro Antonio Locatelli

LITERATUR
A. Koole, Leven en werken van Pietro Antonio Locatelli da Bergamo, Amsterdam 1949.

Johann Lorenz Bach (1695–1773)

ZEIT UND UMWELT
Georg Christoph Bach (6. 9. 1642, Erfurt, bis 24. 4. 1697, Schweinfurt), Onkel des Johann Sebastian Bach, kam 1654 mit seinem Vater Christoph Bach (1613, Wechmar, bis 1661, Arnstadt) nach Arnstadt, ging aber nach dem Tod des Vaters als Schuldiener nach Heinrichs bei Suhl und wurde 1668 Kantor in Themar und 1688 in Schweinfurt. Sein Sohn Johann Valentin Bach (6. 1. 1669, Themar, bis 12. 8. 1720, Schweinfurt) war ab 1694 Stadtmusikus in Schweinfurt.

LEBEN
Johann Lorenz Bach wurde am 10. 9. 1695 in Schweinfurt geboren. Er wurde von seinem Vater Johann Valentin Bach und in Weimar von Johann Sebastian Bach ausgebildet. Von 1718 bis zu seinem Tod am 14. 12. 1773 wirkte er als Schulmeister, Organist und Kantor in der Freiherrlich Lichtensteinischen Residenz Lahm.

WERKE
Von den Werken von Johann Lorenz Bach ist nur ein Präludium mit Fuge in D-Dur erhalten. Alles andere ist verschollen.

Johann Caspar Bachofen (1695–1755)

ZEIT UND UMWELT
Barthold Hinrich Brockes (1680–1747) verließ unter englischem Einfluß die Barocklyrik und wandte sich religiös-philosophischer Naturdichtung zu, die stark pietistisch gefärbt ist und dadurch den Tendenzen seiner Zeit entsprach.

LEBEN
Johann Caspar Bachofen wurde am 26. 12. 1695 in Zürich geboren. Er war nach seinem Theologiestudium ab 1720 Kantor an der Lateinschule und ab 1742 am Großmünster seiner Vaterstadt, wo er am 23. 6. 1755 starb.

WERKE
Die Sammlung von 600 Liedern für zwei und drei Stimmen mit Orgel und Generalbaß: »Musikalisches Halleluja oder schöne und geistreiche Gesänge« von Johann Caspar Bachofen erlebte mehr als 10 Auflagen. Er schrieb weiters: »Psalmen Davids samt Fest- und Kirchengesängen«, »Vermehrte Zusatz von Morgen, Abend Gesängen«, 12 Hefte mit im Konzertstil arrangierten sakralen Liedern für zwei und drei Stimmen, die Vertonung des Hauptwerkes des Lyrikers Barthold Hinrich Brockes »Irdisches Vergnügen in Gott« und seiner Passion »Der für die Sünden der Welt gemarterte und sterbende Jesus«.

LITERATUR
M. Menge, Über Brockes und Bachofen, in: Schweizerische Musikzeitung LXXIX, 1939.

Esprit Philippe Chédeville
(1696–1762)

ZEIT UND UMWELT
Die Musette, eine Sackpfeife kleinen Formats mit zwei Spielpfeifen und veränderbarem Bordun, wurde im 17. und 18. Jahrhundert in Frankreich zusammen mit der Drehleier zur Begleitung der Schäferspiele der Adelsgesellschaft verwendet. Auch rein instrumentale Pastoralen wurden damit gespielt.

LEBEN
Esprit Philippe Chédeville wurde 1696 in Oulins, Eure-et-Loire, geboren. Er war Virtuose auf der Musette, die zu seiner Zeit von der Instrumentenbauerfamilie Hotteterre, mit der er verwandt war, gebaut wurde, und spielte in verschiedenen Adelshäusern von Paris, wo er am 9. 3. 1762 starb.
Sein Bruder Pierre Chédeville (1694, Oulins, bis 1725, Paris) war ab 1709 Musettespieler an der Oper und ab 1720 Oboist der Königlichen Kammermusik und der Paradekapelle.
Sein zweiter Bruder Nicolas Chédeville (1705, Sérez, Eure, bis 6. 8. 1782, Paris) übernahm 1725 die Stelle, die Pierre Chédeville innehatte.

WERKE
Von den vielen Kompositionen für Musette, die Esprit Philippe Chédeville verfaßte, sind Sinfonien, Sonaten, Konzerte mit Generalbaß, Duette für zwei Musetten, Sonatinen für Musetten oder Drehleiern mit Generalbaß, zahlreiche Noëls und Vaudevilles überliefert. Die vielseitige Verwendbarkeit des Instruments ist erstaunlich.
Von Nicolas Chédeville sind »Amusements champêtres« für zwei Musetten, »Les Danses amusantes mellées de Vaudeville pour la musette« und »Sonates amusantes pour la Musette« sowie weitere interessante Stücke für dieses Instrument erhalten; außerdem

6 Sonaten für Querflöte. Alle diese Stücke sind typische Beispiele des galanten Stils.

Jean Hübner (1696 bis nach 1754)

ZEIT UND UMWELT
Die russische Kaiserin Anna Iwanowna (1693 bis 1740), Tochter von Iwan V. (1666–96), dem Bruder von Peter I., stützte ihre Regierung auf die Günstlinge Ernst Johan Biron (1690–1772), Andrei Iwanowitsch Ostermann (1687–1747) und Burchard Christoph Münnich (1683–1767). Neben diesen einflußreichen Deutschstämmigen waren viele Hofämter mit aus dem deutschen Sprachgebiet Zugewanderten besetzt.

LEBEN
Jean Hübner wurde im März 1696 von deutschen Eltern geboren und in Wien zum Violinisten ausgebildet. Ab 1727 war er Konzertmeister der Kaiserin Anna Iwanowna und gründete ein Hof- und Kammerorchester, das ausschließlich aus deutschen Mitgliedern bestand. Er starb in Moskau nach 1754.

WERKE
Die Werke, die Jean Hübner angeblich für sein Hoforchester verfaßte, sind verschollen. Sein Verdienst besteht jedoch darin, neben der italienischen Musik den deutschen Einflüssen in Rußland breiten Raum geschaffen zu haben, die die Ausgangsplattform für die Entwicklung der russischen Musik um vieles erweiterten.

Johann Melchior Molter (1696–1765)

ZEIT UND UMWELT
Markgraf Karl Wilhelm von Baden-Durlach (1679–1738) erhob 1715 Karlsruhe zur Residenz- und Hauptstadt seiner Markgrafschaft, die er früher von Durlach aus regierte. Zur Übersiedlung der Hofkapelle aus der alten Residenz in Durlach kam es erst im Verlauf der dreißiger Jahre des Jahrhunderts.

LEBEN
Johann Melchior Molter wurde am 10. 2. 1696 in Tiefenort an der Werra geboren. Er trat 1717 in den Dienst des Markgrafen von Baden-Durlach, dessen Hofkapellmeister er nach einem Studienaufenthalt in Italien von 1719 bis 1721 wurde. Von 1733 bis 1743 wirkte er als Kirchenmusikdirektor in Eisenach und darauf neuerlich bis zu seinem Tod am 12. 1. 1765 in Durlach.

WERKE
Die Anzahl der von Johann Melchior Molter geschaffenen Werke ist sehr groß: 169 Sinfonien, 14 Ouvertüren, 61 kleine Konzerte für fünf Stimmen, 12 vierstimmige und 22 dreistimmige Konzerte, 66 Sonaten, 14 Kantaten. Dazu kamen eine Passion und 3 deutsche Opern. Von besonderem Interesse sind seine 4 Konzerte für D-Klarinette, die als eine der ältesten dieses Instrument solistisch einsetzten und damit die stattliche Reihe von Klarinettenkonzerten der folgenden Epochen eröffneten. Sie hielten sich noch im Rahmen der spätbarocken Concerto-grosso-Faktur.

LITERATUR
H. Becker, Zur Geschichte der Klarinette im 18. Jahrhundert, in: Die Musikforschung III, 1955.

Ernst Gottlieb Baron (1696–1760)

ZEIT UND UMWELT
Der Kronprinzensitz des nachmaligen preußischen Königs Friedrich des Großen im Rokoko-Wasserschloß in Rheinsberg war Treffpunkt einer wissenschaftlichen und künstlerischen Elite, die der geistig vielseitig interessierte, musikliebende und selbst Musik schaffende Kronprinz um sich versammelte.

LEBEN
Ernst Gottlieb Baron wurde am 17. 1. 1696 in Breslau (Wrocław) geboren. Er studierte in Leipzig Rechtswissenschaft und Philosophie, wirkte von 1720 bis 1722 als Lautenist in Jena, hielt sich in der Folge in Nürnberg, Gotha und Eisenach auf, bis er 1735 vom

Ernst Gottlieb Baron

preußischen Kronprinzen Friedrich nach Rheinsberg als Kammertheorbist berufen wurde. Als der Kronprinz 1740 als Friedrich II. den preußischen Thron bestieg, folgte ihm Baron nach Berlin, wo er am 12. 4. 1760 starb.

WERKE

Außer seinen musiktheoretischen Werken veröffentlichte der Lautenist Ernst Gottlieb Baron einige Kammermusik, Lautenstücke und 2 Lautenkonzerte, die voll dem Rokokozeitalter entsprechen.

LITERATUR

A. Koczirz, Verschollene neudeutsche Lautenisten, in: Archiv für Musikwissenschaft IX, 1926/27.

Esprit Blanchard (1696–1770)

ZEIT UND UMWELT

Die vom Instrumentenmacher Johann Christoph Denner (13. 8. 1655, Leipzig, bis 20. 4. 1707, Nürnberg) erfundene Klarinette wurde in der ersten Hälfte des 18. Jahrhunderts vorwiegend als Nebeninstrument – von Oboisten oder Flötisten geblasen – eingesetzt, schwang sich aber bald zu einem Hauptinstrument des Orchesters auf, das schon 1738 mit der menschlichen Stimme verglichen und gerade deswegen melodieführend eingesetzt wurde.

LEBEN

Esprit Joseph Antoine Blanchard wurde am 29. 2. 1696 in Pernes, Vaucluse, geboren. Er war Schüler von Guillaume Poitevin in Aix-en-Provence und anschließend Kapellmeister an St-Victor in Marseille und an den Kathedralen in Toulon, Besançon und Amiens. 1738 wurde er Vizekapellmeister an der Chapelle Royale in Versailles und Direkor der Musikpagen, verkaufte aber 1759 diese Stelle. Er starb am 19. 4. 1770 in Versailles.

WERKE

Vom Kirchenmusiker Esprit Blanchard sind lediglich einige festliche Motetten für Soli, Chor, Orchester und Orgel überliefert, die noch Vater und Sohn Mozart 1763 in der Kapelle von Versailles bewunderten. Er führte als erster die Klarinette als Hauptinstrument in das Orchester der Königlichen Kapelle ein.

Johann Paul Kunzen (1696–1757)

ZEIT UND UMWELT

Während zum Beispiel in England das Konzertleben auf dem Unternehmergeist Privater beruhte, die nach Möglichkeit bekannte Berufsmusiker engagierten, um das Publikum anzulocken, bildeten sich in den deutschen Städten Liebhaberensembles, die zwar von Berufsmusikern geleitet wurden, sich aber im Rahmen der Fähigkeiten ihrer musikbegeisterten Mitglieder beschränken mußten. Sie brachten zumeist sinfonische Werke oder Chöre zur Aufführung, für Solistenkonzerte fehlten die Kräfte. Als gegen Ende des 18. Jahrhunderts die Komponisten auch an die Orchestermusiker höhere Anforderungen stellten, blieben diese Dilettantenvereinigungen hinter den Berufsorchestern, die sich daneben in größeren Städten bildeten, immer mehr zurück.

LEBEN
Johann Paul Kunzen (Kuntzen) wurde am 31. 8. 1696 in Leisnig, Sachsen, geboren. Er studierte ab 1717 an der Universität Leipzig und wurde vom Thomaskantor Johann Kuhnau (1660–1722) ausgebildet. Im Jahr 1718 war er Kapellmeister in Zerbst und 1719 in Wittenberg, wo er eine Konzertgesellschaft gründete und ihre Leitung führte. Von 1723 bis 1725 leitete er die Opernmusik in Hamburg und blieb dort bis 1832 als Privatmusiklehrer. 1733 folgte er Johann Christian Schieferdecker als Organist an der Marienkirche in Lübeck nach, wo er die berühmten Abendmusiken auf ihrem hohen Niveau weiterführte. Er starb am 20. 3. 1757 in Lübeck.

WERKE
Von Johann Paul Kunzen sind nur eines seiner Oratorien (»Der verlorene Sohn«), 4 Serenaden, eine Suite in G-Dur, eine Sinfonie in D-Dur und 2 Cembalokonzerte erhalten. Alle anderen zahlreichen Werke, mit denen er dem Musikleben Lübecks und ganz Norddeutschlands wertvolle Impulse verliehen hat, sind verlorengegangen.

Titelblatt zum Textbuch der »Serenata« für die Schonenfahrer von Johann Paul Kunzen

Das
durch vernünftige Handlung
beglückte Lübek,
wurde
bey dem gewöhnlichen
Ehren= und Freudenmahle
des
Schonenfahrer=
COLLEGII,
in einer
SERENATA
vorgestellt
und
musicalisch aufgeführt
von
IOHANN PAUL KUNTZEN.
Lübek, den 4 Febr. Anno 1744.

LITERATUR
J. Hennings, Musikgeschichte Lübecks I: Weltliche Musik, Kassel 1951. W. Stahl, Musikgeschichte Lübecks II: Geistliche Musik, Kassel 1952.

Alfonso Maria de'Liguori (1696–1787)

ZEIT UND UMWELT
Die Trennung zwischen Kirchenmusik und profaner Musik war in Italien im gesamten Verlauf der Musikentwicklung nie so scharf wie etwa in Frankreich. Volksweisen, höfische Tanzmelodien klangen oft aus sakralen Kompositionen, und zur Laute und zum Cembalo wurden Passagen gesungen, die man in der Kirche gehört hatte; Opernarien erkennt man zuweilen in einer Kirchenkantate, wogegen manche Sätze in Instrumentalkonzerten Motettencharakter aufweisen.

LEBEN
Alfonso Maria de'Liguori wurde am 27. 9. 1696 in Marianella bei Neapel geboren. Er studierte in Neapel Rechtswissenschaft und übte durch 8 Jahre den Beruf des Juristen aus. Dann wurde er Kleriker, gründete den Redemptoristenorden und entfaltete eine umfangreiche schriftstellerische Tätigkeit. Seine Theologia moralis stellt ein grundlegendes Werk dar. Er starb am 1. 8. 1787 in Pagani bei Neapel.

WERKE
Vom kompositorischen Werk des Geistlichen und Kirchenlehrers Alfonso Maria de'Liguori sind eine große Anzahl Hymnen noch in Italien lebendig, vor allem das Weihnachtslied »Tu scendi dalle stelle« (Du steigst von den Sternen herab) und sein »Recitativo e Duetto tra l'Anima e Gesù Cristo« (Rezitativ und Duett der Seele und Jesu Christi), das den Stempel eines »Rezitativ und Arie« der Oper trägt.

LITERATUR

I. Bogarts, Saint Alphonse de Liguori, musicien, Paris 1899.

Gerhardus Havingha (1696–1753)

ZEIT UND UMWELT

Orgeln von Arp Schnitger (1648–1720) und anderen bedeutenden deutschen Orgelbauern wurden im 17. Jahrhundert in vielen großen Kirchen der Niederlande gebaut oder umgebaut. Die Organisten des Landes schulten sich an der Kunst deutscher Orgelmeister, die diese als Schüler oder als Enkelschüler des berühmten Niederländers Jan Pieterszoon Sweelinck (1562–1621) entwickelt hatten.

LEBEN

Gerhardus Havingha wurde am 15. 11. 1696 in Groningen geboren. Er war ab 1722 Organist an St. Laurentius in Alkmaar und versah diesen Dienst bis zu seinem Tod am 6. 3. 1753.

WERKE

Der Organist Gerhardus Havingha war sehr um das Orgelwesen in den Niederlanden bemüht; Amsterdam, Gouda, Haarlem und andere Städte des Landes verdankten es ihm, daß ihre Kirchen mit vorzüglichen Instrumenten ausgestattet wurden. Seine Abhandlung über den niederländischen Orgelbau stellt eine wichtige historische Quelle darüber dar. Seine Orgelkompositionen sind nicht überliefert. Erhalten sind lediglich seine Cembalosuiten, die unter französischem Einfluß stehen.

Johann Pfeiffer (1697–1761)

ZEIT UND UMWELT

Im Gegensatz zu seinem Vater König Friedrich Wilhelm I. (1688–1740) war Friedrich II. Kunst und Künstlern gegenüber äußerst aufgeschlossen. Musik und Musiker standen ihm am nächsten und wurden von ihm am meisten gefördert.

LEBEN

Johann Pfeiffer wurde am 1. 1. 1697 in Nürnberg geboren. Er studierte in Leipzig und Halle Rechtswissenschaft und bildete sich zum Musiker aus, so daß er 1720 als Violinist nach Weimar gehen konnte und 1726 Konzertmeister wurde. Ab 1732 lebte er in Berlin in der Umgebung des Kronprinzen Friedrich; durch dessen Vermittlung erhielt er 1734 die Stelle des Hofkapellmeisters in Bayreuth, wo er am 7. 10. 1761 starb.

WERKE

Außer einer deutschen Oper schrieb Johann Pfeiffer Sinfonien, Konzerte, Suiten, Sonaten sowie sakrale und profane Kantaten. Seine Technik war anfänglich streng kontrapunktisch, wurde aber dann zunehmend homophon. Hervorzuheben sind eine zierliche Sonate in D-Dur für Viola da gamba und Cembalo concertato und eine in G-Dur für Flöte, Oboe, Horn, Fagott und Cembalo, die wegen ihrer zu jener Zeit noch seltenen Bläserbesetzung interessant ist.

LITERATUR

L. Sander, Johann Pfeiffer, in: Archiv für Geschichte von Oberfranken XLVI, 1966.

Johann Joachim Quantz (1697–1773)

ZEIT UND UMWELT

Hofkomponisten waren, wenn sie sich ihre Stellung erhalten wollten, gezwungen, den Geschmack ihres Brotgebers zu berücksichtigen, und wenn diese selbst Musiker waren, auch deren technische Fähigkeiten. Das zog der kompositorischen Tätigkeit oft enge Grenzen und führte zu einer gewissen Routine, bei der die Musik viel zu kurz kam. Dadurch gerieten diese Komponisten in die gleiche Lage, in der sich alle Höflinge befanden. Doch solchen Zwängen sind auch Künstler in diktatorisch gelenkten Staaten ausgesetzt, in denen Ideologien das Leben regeln. Es gab und gibt jedoch so potente Künstlernaturen, die innerhalb jeder Beschränkung Kunstwerke von hoher Bedeutung schaffen.

LEBEN

Johann Joachim Quantz wurde am 30. 1. 1697 in Oberscheden bei Göttingen geboren. Verwandte in Merseburg, wo er das Hufschmiedgewerbe erlernen sollte, waren Stadtmusikanten und seine ersten Musiklehrer, so daß er selbst 1713 als Stadtpfeifer nach Radeberg und später nach Pirna gehen konnte und 1716 in die Stadtkapelle von Dresden aufgenommen wurde. 1717 kam er nach Wien, um bei Jan Dismas Zelenka (1679–1745) und Johann Joseph Fux Kontrapunktik zu studieren, und 1718 trat er als Oboist in die polnische Königliche Kapelle in Dresden ein, in der er die Querflöte zu seinem Hauptinstrument machte. Nach einer Studienreise nach Rom, Neapel, Florenz, Venedig, Genf, Lyon, Paris und London von 1724 bis 1727 nahm er seine Tätigkeit in Dresden wieder auf. Ab 1728 wurde er jährlich zweimal vom preußischen Kronprinzen Friedrich zu einem Flötenunterricht empfangen, nach dessen Thronbesteigung wurde er als »Musikvertrauter« – Kammermusiker und Hofkomponist – nach Potsdam berufen, wo er am 12. 7. 1773 starb.

Johann Joachim Quantz

WERKE

Als preußischer Hofkomponist verfaßte Johann Joachim Quantz die beachtliche Zahl von ungefähr 300 Flötenkonzerten und 200 kammermusikalischen Werken, in denen die Flöte dominiert; sie waren zwar gründlich gearbeitet, lassen aber wegen des Geschmacks und der instrumentalen Fähigkeiten des Königs zum Teil persönliches Gepräge und Abwechslungsreichtum vermissen. Das Galante und Graziöse dominiert besonders in den dreisätzigen Konzerten, die den Solokonzerten von Antonio Vivaldi entsprechen. Es sind darin aber französische und italienische Fakturen geschickt mit deutscher kontrapunktischer Technik verschmolzen. Sein melodiöser Einfallsreichtum reichte auch nicht immer für diese Massenproduktion aus. Die Flötenwerke, die vor der Potsdamer Zeit entstanden, wurden freier und eindrucksvoller gestaltet, wie die 6 Solosonaten für Flöte und Generalbaß und die 6 Flötenduette. Außerdem schrieb er »Neue Kirchen-Melodien« zu den geistlichen Liedern von Christian Fürchtegott Gellert (1715–69). Sein Schulwerk, »Versuch einer Anweisung die Flöte transversiere zu spielen«, war die erste deutsche Flötenschule und bis in das 19. Jahrhundert hinein allgemein im Gebrauch. Sein gesamtes kompositorisches Werk muß dem galanten Stil zugerechnet werden.

Flötenkonzert in G-Dur für Soloflöte, zwei Violinen, Bratschen und Generalbaß, 4 Sätze

Im 1. Satz sind vier Solostellen von fünf Tuttieinsätzen umrahmt. Das Hauptthema ist melodisch und rhythmisch sehr einfach gehalten; auch die akkordische Begleitung ist schlicht. Aber gerade diese Anspruchslosigkeit birgt einen ganz besonderen Reiz in sich, so daß man versteht, daß dieses Konzert eines der am meisten gespielten ist. Das Arioso des 2. Satzes bringt eine schön geschwungene Melodik und kontrastierende Dynamik, wie es die empfindsame Zeit verlangte. Geradezu rührend wirkt der B-Dur-Einschub in den in d-Moll gehaltenen Ablauf. Im dreiteiligen 3. Satz umrahmen zwei Tuttiabschnitte den Soloteil. Das Finale bringt ein frisches Allegro vivace, das dem Flötisten bedeutendes technisches Können abfordert.

Triosonate in C-Dur für Blockflöte, Flöte und Generalbaß, 4 Sätze

Die Klangkontraste des älteren Barockinstruments und der modernen Querflöte treten deutlich hervor, weil beide gleichwertig geführt sind. ein Affettuoso leitet die Sonate ein. Das graziöse Thema der Flöte wird etwas steif begleitet, gleichsam, um jeden Gefühlsüberschwang zu verhindern. Das anschließende Alla breve klingt befreiter, die Flöte begleitet das von der Blockflöte vorgetragene Thema mit aufgelösten Harmonien in »klassischer« Manier. Dann tauschen sie die Rollen, bis ein zweites Thema eingeführt wird. Nun werden beide Themen durchgeführt, aber es kommt zu keinen Konflikten, sondern zu einem friedlichen Ausklang. Der 3. Satz, Larghetto, verteilt sein elegisches Thema auf beide Solisten, und der 4. schildert dann mit tänzerischen Figuren die Lebensauffassung des Rokoko.

LITERATUR

A. Raskin, Johann Joachim Quantz, Köln 1923.

Johann Gottlieb Görner (1697–1778)

ZEIT UND UMWELT

Das Wirken des Thomaskantors Johann Sebastian Bach erschien seinen Zeitgenossen in der ersten Hälfte des 18. Jahrhunderts wie ein unbewegter und unbeweglicher erratischer Block im vorwärtsdrängenden Strom der Stilwandlung. Er galt als traditionstreu im Gegensatz zu den »Modernen«, die durch ihre leichte »galante« Formgebung die Gunst des Publikums für sich in Anspruch nehmen konnten. Um wieviel mehr als die anderen er auf der Höhe der Zeit stand, erkannten nur wenige, die imstand waren, die Tiefen seiner Musik auszuloten.

LEBEN

Johann Gottlieb Görner wurde am 16. 4. 1697 in Penig, Sachsen, getauft. Er war Thomasschüler und Student an der Universität Leipzig und wurde 1716 Organist der Paulinerkirche und 1721 an der Nikolaikirche der Stadt. 1723 gründete er ein Collegium musicum, das dem Bachs empfindliche Konkurrenz machte, und wurde im selben Jahr zum Musikdirektor der Paulinerkirche ernannt. Er starb am 15. 2. 1778 in Leipzig.

Sein Bruder Johann Valentin Görner (27. 2. 1702, Penig, bis Juli 1762, Hamburg) studierte in Leipzig, ließ sich 1728 in Hamburg nieder, wo er 1756 Musikdirektor des Domes wurde.

WERKE

Die Messen und Kirchenkantaten von Johann Gottlieb Görner waren gefällig und leicht verständlich und daher beim zeitgenössischen Publikum sehr beliebt. Sie folgten dem Zeitstil, bergen aber dennoch viel Musikalität in sich.

Johann Valentin Görner war Vertreter der um die Mitte des 18. Jahrhunderts sehr beliebten Odenkomposition, ohne ihre sonst übliche Nüchternheit zu übertreiben. Seine »Sammlung Neuer Oden und Lieder« wurde mehrmals aufgelegt.

Adam Falkenhagen (1697–1761)

ZEIT UND UMWELT

Obgleich die Gitarre im 18. Jahrhundert wegen ihres lauteren Klanges und größeren Tonumfanges zum beliebten Konzert- und Hausinstrument geworden war, konnte sie die Laute nicht verdrängen, weil diese mit ihren vielen Saiten ein volleres polyphones Spiel erlaubte und ihr warmer Ton noch immer sehr geschätzt wurde.

LEBEN

Adam Falkenhagen (Falckenhagen) wurde am 26. 4. 1697 in Groß-Daltzig bei Leipzig geboren. Er studierte ab 1719 an der Universität Leipzig, unterrichtete darauf durch 7 Jahre in Leipzig und Merseburg und war anschließend 4 Jahre lang am Hof in Weißenfels bedienstet. Nach Aufenthalten in Dresden und Jena kam er 1729 in den Dienst des Herzogs Ernst August von Sachsen-Weimar (1688–1745) und ging ungefähr 1734 nach Bayreuth, wo er 1761 starb.

WERKE

Der Lautenvirtuose Adam Falkenhagen verfaßte für sein Instrument eine Anzahl Sonaten, darunter 6 für dreizehnchörige Laute, Konzerte, Partiten, Suiten, Lieder mit Lautenbegleitung, außerdem Divertimenti, Konzerte und Bearbeitungen von Opernarien für Laute und Streicher. Alle diese Werke beanspruchen eine gut ausgebildete Spieltechnik.

Jean-Marie Leclair (1697–1764)

Zeit und Umwelt

Die musikalische Situation Frankreichs in der ersten Hälfte des 18. Jahrhunderts war einerseits durch eine starke Pflege der französischen Tradition, andererseits durch das Eindringen italienischer Stilelemente gekennzeichnet, während in diesem Zeitabschnitt das Musikgeschehen in Mitteleuropa wenig Beachtung fand. Das galt vor allem auf dem Feld der Violinmusik. Die großen Cembalisten Couperin und Rameau, die Gambisten um Marais und das Wirken des Opernmeisters Lully hinterließen ein gewaltiges Erbe. Ohne Zweifel ernteten die italienischen Violinisten große Erfolge. Ihre hochentwickelte Technik und die große Linie ihrer Kompositionen, ihr bis zu den Grenzen des Möglichen gesteigerter Affektausdruck und ihre kühne Akkordik verfehlten auch in Frankreich nicht ihre Wirkung. Eine dominierende Position wie zum Beispiel in Mitteleuropa vermochte die italienische Violinmusik in Frankreich jedoch nicht zu erreichen. Die französischen Meister gründeten eine eigene Schule der Violinmusik auf der Grundlage der französischen Tradition, in die vieles aus Italien Kommende integriert wurde, wie auch viele italienische Opern aufgeführt wurden, aber die eigenständige Operntradition nie zu verdrängen imstand waren.

Leben

Jean-Marie Leclair wurde am 10. 5. 1697 in Lyon geboren. Er wirkte anfänglich als Tänzer und Violinist an der Oper in Lyon, sodann ab 1722 als Ballettmeister an der Oper in Turin, wo er zugleich eine gründliche Ausbildung zum Violinisten von Giovanni Battista Somis erhielt. 1728 ging er nach Paris, wo er mit viel Erfolg im Concert spirituel auftrat. Sein Ruf als Violinist hatte sich bald über die Grenzen seiner Heimat hinaus verbreitet, so daß ihn Johann Gottfried Walther (1684–1748) in sein 1732 erschienenes »Musicalisches Lexicon« einreihte. König Ludwig XV. nahm ihn 1734 in seine Kapelle auf; er schied jedoch wegen Streitigkeiten um den Konzertmeisterposten 1736 wieder aus, reiste als Virtuose nach Holland und Spanien und ließ sich 1745 endgültig als Violinlehrer in Paris nieder. Er starb am 22. 10. 1764 von der Hand eines unbekannten Mörders.

Sein Bruder Jean-Marie Leclair (23. 9. 1703, Lyon, bis 30. 11. 1777, Lyon) wirkte als Violinist in Lyon, darauf als Kapellmeister an der Académie von Besançon und schließlich neuerlich als Violinlehrer in seiner Vaterstadt.

Sein Bruder Pierre Leclair (16. 11. 1709, Lyon, bis 2. 4. 1784, Lyon) war gleichfalls

Jean-Marie Leclair

Violinist in Lyon. Drei weitere Geschwister waren als Instrumentalisten und Musiklehrer erfolgreich tätig.

WERKE

Von Jean-Marie Leclair erschienen 48 Violinsonaten mit Generalbaß, Duos für zwei Violinen, zahlreiche Trios für zwei Violinen und Generalbaß, 12 Konzerte für Solovioline, zwei Violen, Baß und Generalbaß, Ouvertüren und Triosonaten, eine Violinsonate und eine Oper. Er nahm sehr viele italienische Stilformen auf, integrierte sie mit der französischen Tradition und steigerte die Spieltechnik um ein Vielfaches, besonders im Gebrauch der Mehrfachgriffe. Sein Einfluß auf die Entwicklung des französischen Violinspiels war bis zur Revolution des Jahres 1789 spürbar.
Von Jean-Marie Leclair sind Sonaten für Solovioline mit Generalbaß, Sonaten für zwei Violinen ohne Generalbaß, einige Divertissements und Vokalwerke erhalten.
Pierre Leclair brachte 2 Bände mit Violinduos heraus.

LITERATUR

L. Vallas, Une famille de violinistes lyonnais, Les Leclair, in: Bulletin de la Société française de Musicologie V, 1921.

Francesco Antonio Vallotti
(1697–1780)

ZEIT UND UMWELT

Die Pflege der Musikwissenschaft in Padua reicht bis in das Mittelalter zurück. Der Musiktheoretiker Marchettus de Padova (14. Jahrhundert) wurde dort ausgebildet. Sein wissenschaftlicher Kritiker und Gegner Prosdocimus de Beldemandis (um 1380, Padua, bis 1428, Padua), Mathematiker und Astronom, beschäftigte sich intensiv mit musikwissenschaftlichen Problemen. Die 1566 von Adeligen der Stadt gegründete Accademia dei Costanti war, neben Naturphilosophie, Ethik, Rhetorik, Poetik und Linguistik, der Musik gewidmet. Seit jener Zeit wurde die Musikwissenschaft in Padua zumindest ebenso intensiv betrieben wie in den anderen Musikzentren Italiens.

LEBEN

Francesco Antonio Vallotti wurde am 11. 6. 1697 in Vercelli geboren. Er war Franziskaner und Schüler von Francesco Antonio Calegari (um 1670 bis nach 1740) in Padua. 1722 wurde er an Sant'Antonio Organist, 1727 Vizekapellmeister und 1730 Kapellmeister. Er betreute diese Stelle bis zu seinem Tod am 19. 1. 1780.

WERKE

Von den zahlreichen kirchenmusikalischen Werken, die Francesco Antonio Vallotti komponiert haben soll, sind nur einige Sammlungen Responsorien erschienen. Alles andere ist verlorengegangen. Sein vierbändiges Werk über Theorie und Praxis der modernen Musik wurde viel studiert.

LITERATUR

G. Tebaldini, L'Archivio musicale della Cappella Antoniana, Padua 1895.

Johann Christian Hertel (1697–1754)

ZEIT UND UMWELT

Die Gambe war im 18. Jahrhundert bereits selten geworden, weil sie dem Cello weichen mußte, wie alle Mitglieder der Violenfamilie von den Violinen vorläufig verdrängt wurden. Es fanden sich aber immer noch Musiker, die sich mit jenem warm, aber doch voll klingenden Instrument beschäftigten und ihm immer neue Reize abgewannen.

LEBEN

Johann Christian Hertel wurde am 25. 6. 1697 in Oettingen, Bayern, geboren und von Georg Friedrich Kauffmann in Merseburg und sodann ab 1717 von Ernst Christian Hesse (1676–1762) in Darmstadt ausgebildet. Er war von 1718 bis 1733 Mitglied und dann bis 1741 Konzertmeister der Hofkapelle in Eisenach, darauf bis 1753 Konzertmeister am Hof von Strelitz, Mecklenburg, wo er im Oktober 1754 starb.

WERKE

Von den vielen Orchester- und Kammermusikwerken von Johann Christian Hertel sind nur 6 Violinsonaten gedruckt worden. Unter den handschriftlich überlieferten Werken befinden sich viele für die Viola da gamba, die der Komponist virtuos beherrschte, außerdem 3 Trios, mehrere Sinfonien, 5 Ouvertüren und 9 Violinkonzerte. Die Sinfonien in G-Dur und D-Dur sowie das Konzert in a-Moll für Fagott, Streicher und Generalbaß verdienen besondere Beachtung.

Giovanni Platti (1697–1763)

ZEIT UND UMWELT

Man kann unter dem Epochenbegriff Klassik nur die Wiener Klassik verstehen und diese auf die drei Wiener Klassiker (die keine Wiener waren) Haydn, Mozart und Beethoven beschränken, weil diese das tautologische Postulat der höchsten Vollendung allein erfüllen. Nomenklaturen und Klassifikationen sind immer mehr oder weniger willkürlich, aber eben methodisch nötig. Wenn man aber weiters verneint, daß die Klassik sich aus der Vorklassik entwickelte, weil »diese sich, von der Wiener Klassik wenig berührt, in ihren eigenen Bahnen wandelte und später in der romantischen Musik aufging«, wird die Benennung sinnlos, außer, wenn man sie rein zeitlich verstehen will, während »klassisch« zur Wertung wird. Ohne sich mehr mit dem Begriff der Klassik auseinanderzusetzen, muß hier gesagt werden, daß auch die Klassik, wie immer man den Begriff faßt, erweitert oder beschränkt, nicht, gleich einem Meteor, in die musikalische Welt gefallen ist, sondern sich aus einer Vorzeit und in ihrer Zeit geformt hat. Die sogenannte »dramatische Klaviersonate« mit Gegeneinanderführung einzelner Themen der Vorklassik ist, auch wenn ihr alle Merkmale des galanten und des empfindsamen Stils anhaften, eine Vorbereitung des Wiener klassischen Stils in der Klaviermusik.

LEBEN

Giovanni Benedetto Platti wurde am 9. 7. 1697 in Padua geboren. Er war von 1722 bis 1749 Kammervirtuose – Tenorist, Violinist, Oboist, Cembalist – am fürstbischöflichen Hof in Bamberg und darauf in Würzburg, wo er am 11. 1. 1763 starb.

WERKE

Der Musikforscher Fausto Torrefranca (1. 2. 1883, Monteleone Calabro, bis 26. 11. 1955, Rom) sah in Giovanni Platti den Schöpfer der »dramatischen Klaviersonate« mit bipolarer Thematik. Im Druck sind von Platti erschienen: 12 Cembalosonaten, 6 Cembalokonzerte und 6 Flötensonaten; handschriftlich: 22 Cellokonzerte, 5 Cembalokonzerte, ein Oboen- und ein Violinkonzert, 12 Cellosonaten, 4 Ricercari für Violine und Cello, 2 Messen, ein Miserere, ein Offertorium, eine Serenata, mehrere Oratorien und Kantaten.

Cembalokonzert Nr. 2 in c-Moll, 3 Sätze

Das Werk steht stilistisch zwischen Barock und Vorklassik, was sich schon im 1. Satz deutlich ausdrückt, in dem die Melodie eindeutigen Barockcharakter aufweist, während die Begleitung von einer kontrapunktischen Diktion abgeht. Die gleiche Stilmischung zeigt der 2. Satz auf eine reizende Art. Der 3. Satz ist eine Gigue und folgt barocken Tendenzen um vieles getreuer als die beiden Vorgänger.

LITERATUR

F. Torrefranca, La creazione della Sonata drammatica, in: Rivista Musicale Italiana XVII, 1910.

François Hanot (1697–1770)

ZEIT UND UMWELT

Auch in der französischen Provinz wuchsen eine Reihe von vorzüglichen Violinisten heran, die der heimischen Tradition verbunden waren und zur Gründung einer eigenständigen französischen Violinistenschule beitrugen, wenn sie auch italienische Stilelemente und Techniken übernahmen, um sie selbständig weiterzuentwickeln.

LEBEN

François Hanot (Annote, Hanno, Hannot)

wurde am 10. 7. 1697 in Dunkerque geboren. Er ließ sich nach einer Konzertreise als Violinvirtuose durch Frankreich und die Niederlande in Lille als Tanz- und Violinlehrer nieder. Nach 1740 wirkte er in gleicher Eigenschaft in Tournai, wo er am 26. 2. 1770 starb.

WERKE

Außer einer Anzahl Airs verfaßte François Hanot 6 Sonaten für Flöte oder Violine und 6 Sonaten für Violine oder Flöte, alle mit Generalbaß. Beide Serien gehören dem Spätbarock an.

LITERATUR

La Laurencie, L'école française de violon, Paris 1923.

Carlo Arrigoni (1697–1744)

ZEIT UND UMWELT

Hickford's Room war einer der ersten öffentlichen Konzertsäle mit regelmäßigen Aufführungen in London. Er war von Thomas Hickford am Ende des 17. Jahrhunderts als Tanzschule und -saal eröffnet und ab 1697 als Konzertsaal verwendet worden. Die letzte Konzertaufführung fand 1779 statt. Dann wurden die neuen Säle am Hanover Square vorgezogen. Die Konzerte wurden in der Regel von namhaften Dirigenten geleitet.

LEBEN

Carlo Arrigoni wurde am 5. 12. 1697 in Florenz geboren, dürfte aber sehr früh Italien verlassen haben. Nach einem Aufenthalt in Brüssel dirigierte er ab 1734 mit Giuseppe Sammartini abwechselnd die Donnerstagkonzerte im Hickford's Room in London. Er dürfte um 1739 nach Florenz zurückgekehrt sein, wo er am 19. 8. 1744 starb.

WERKE

Außer einer Oper für London und 2 für Florenz verfaßte Carlo Arrigoni 3 Oratorien, 10 Kammerkantaten mit Generalbaß und 6 Kantaten mit Instrumenten, außerdem eine Anzahl Arien. Seine Kompositionen fanden wenig Anklang.

Antonio Bioni (um 1698 bis nach 1739)

ZEIT UND UMWELT

Gastspielreisen italienischer Operntruppen, bestehend aus Sängern, Instrumentalisten und allem Personal, das dabei benötigt wurde, nahmen im 18. Jahrhundert an Häufigkeit zusehends zu. Sie verfügten zumeist über ein kleines Repertoire, das sie in einer Stadt abspielten und in der nächsten wiederholten. Der finanzielle Erfolg dürfte zumeist befriedigend gewesen sein, besonders in Deutschland, wo italienische Opernleute sehr bereitwillig aufgenommen wurden. Nicht selten blieben einzelne Teilnehmer irgendwo zurück, weil sie eine feste Anstellung annahmen; zuweilen fand die gesamte Truppe für mehrere Jahre ein bleibendes Betätigungsfeld.

LEBEN

Antonio Bioni wurde um 1698 in Venedig geboren. Er war Schüler von Giovanni Porta. 1724 ging er als Dirigent einer italienischen Operntruppe nach Prag und 1726 nach Breslau (Wrocław); 1731 ernannte ihn der Kurfürst von Mainz zu seinem Hofkomponisten; 1739 führte er in Wien eine seiner Opern auf. Es ist nicht bekannt, wann und wo er gestorben ist.

WERKE

Außer 26 Opern, von denen nur 2 überliefert sind, verfaßte der Operndirigent Antonio Bioni mehrere sakrale Werke, darunter eine vierstimmige Messe.

Pietro Auletta (1698–1771)

ZEIT UND UMWELT

Der Ruf der neapolitanischen Oper verbreitete sich in ganz Italien und jenseits der Alpen im 18. Jahrhundert sehr stürmisch. Sie wurde manchmal sogar der venezianischen vorgezogen, so daß der Bedarf an Opern neapolitanischer Meister ständig stieg; auch Kirchenmusiker widmeten in manchen Fällen ihre ganze kompositorische Tätigkeit jener Musikgattung.

LEBEN
Pietro Auletta wurde 1698 in Sant'Angelo a Scala bei Avellino geboren. Er war am Conservatorio Sant'Onofrio in Neapel Schüler von Nicola Antonio Giacinto Porpora. 1724 wurde er Kapellmeister an Santa Maria la Nova in Neapel, wo er 1771 starb.

WERKE
Es ist nicht bekannt, ob Pietro Auletta außer seinen etwa 12 Opern, die sehr erfolgreich waren, auch weitere Kompositionen verfaßte, obwohl man annehmen müßte, daß er als Kirchenkapellmeister auch sakrale Musik geschrieben hat.

William Knapp (1698–1768)

ZEIT UND UMWELT
Die Stagnation der englischen Kirchenkomposition in der ersten Hälfte des 18. Jahrhunderts brachte es mit sich, daß jede neue Psalmenmelodie spontan von vielen Kirchen übernommen wurde und besonders neue mehrstimmige Psalmen und Anthems viele Auflagen erlebten.

LEBEN
William Knapp wurde 1698 vermutlich in Poole geboren, wo er als Kirchenmusiker tätig war und 1768 starb.

WERKE
Die neuen Psalmenmelodien, die vierstimmigen Psalmen und Anthems von William Knapp, wurden lange Zeit in den Kirchen Südenglands verwendet. Seine Publikation »The New Church Melody« (Neue Kirchenmelodie) wurde fünfmal aufgelegt.

Henri Madin (1698–1748)

ZEIT UND UMWELT
Der Sohn des entthronten englischen Königs Jakob II. (1633–1701) wurde nach dessen Tod vom französischen König Ludwig XIV. als König Jakob III. anerkannt. Seine Versuche, die Krone tatsächlich an sich zu bringen, waren vergebens. Er blieb zeitlebens »The Old Pretender« (Der alte Kronprätendent, 1688–1766). Eine größere Anzahl katholischer Familien, vor allem Iren, folgten Jakob II. auf den Kontinent – in der Hoffnung, mit ihm oder mit dessen Sohn zurückkehren zu können.

LEBEN
Henri Madin (eigentlich Madden) wurde 1698 in Verdun in irischer Familie, die nach dem Thronverlust Jakobs II. im Jahr 1688 Großbritannien verlassen hatte, geboren. Er wurde Mönch und um 1720 Kapellmeister an der Kathedrale von Tours, 1737 an der Kathedrale von Rouen, 1738 an der Königlichen Kapelle in Versailles, wo ihm 1744 die Führung der Musikpagen übertragen wurde. Er starb am 4. 2. 1748 in Versailles.

WERKE
Außer seinen didaktischen Publikationen sind von Henri Madin 3 Messen für vierstimmigen gemischten Chor und 25 Motetten für großen Chor, von denen einige mit Erfolg im Concert spirituel gesungen wurden, überliefert. Alle anderen Kompositionen sind unauffindbar.

Carlo Cotumacci (1698–1775)

ZEIT UND UMWELT
Die Organisation der neapolitanischen Musikschulen, die begabte Schüler auch umsonst aufnahmen und nach der Ausbildung verpflichteten, selbst einige Zeit als Lehrer an der Schule zu wirken, erzielte eine ununterbrochene Traditionskette von Generation zu Generation.

LEBEN
Carlo Cotumacci (Contumacci) wurde 1698 in Neapel geboren. Er war Schüler von Alessandro Scarlatti und sodann Lehrer am Conservatorio Sant'Onofrio in seiner Geburtsstadt, in der er 1775 starb. Neben seiner Lehrtätigkeit wirkte er als Organist.

WERKE
Von Carlo Cotumacci sind ein fünf- bis acht-

stimmiges Requiem, 4 sakrale Gesänge, Cembalotoccaten und eine Anzahl »Partimenti« (Skizzen zu polyphonen Sätzen als Stützen für improvisatorisches Spiel) erhalten. Der Kirchenmusiker schrieb 2 musikalische Lehrwerke.

Gaetano Schiassi (1698–1754)

ZEIT UND UMWELT

João V. Bragança, der 1706 den portugiesischen Thron einnahm, war mit der Schwester Kaiser Karls VI., Erzherzogin Maria Anna (1683–1754), verheiratet. Das hatte die Vorliebe der portugiesischen Hofgesellschaft für Musik und Musiker aus Italien, die ohnehin bereits vorherrschte, noch verstärkt.

LEBEN

Gaetano Maria Schiassi wurde am 10. 3. 1698 in Bologna geboren und dort ausgebildet. Er war Mitglied der Accademia Filarmonica in Bologna, der er Kapellmeisterdienste leistete. Darauf wurde er Kapellmeister beim Herzog von Massa Alderano Cybo Malaspina (regierte 1715–31) und anschließend am Landgräflichen Hof in Darmstadt. Im Jahr 1735 wurde er als Hofkapellmeister des portugiesischen Königspaares nach Lissabon berufen, wo er 1754 starb.

WERKE

Von Gaetano Schiassi sind »Trattenimenti musicali« (Musikalische Unterhaltungen) für Violine, Cello und Cembalo und 12 Konzerte erschienen. Außerdem sind von ihm einige Oratorien und Melodramen handschriftlich erhalten. Berühmt geworden ist seine Weihnachtssinfonie für Streicher und Orgel, die bis in unsere Zeit mehrmals aufgelegt wurde.

Heinrich Valentin Beck (1698–1758)

ZEIT UND UMWELT

Der Stadtschultheiß Johann Wolfgang Textor, Goethes Großvater, und dessen Tochter Katharina Elisabeth (1731–1808), Goethes Mutter, förderten nach Kräften Künstler in Frankfurt, vor allem aber, ihrer Neigung entsprechend, Musiker.

LEBEN

Heinrich Valentin Beck wurde am 4. 4. 1698 in Maar, Oberhessen, geboren. Er war von 1718 bis 1734 Kantor in Lauterbach, sodann bis 1737 in Hanau in gleicher Eigenschaft tätig, und ab 1738 bis zu seinem Tod am 15. 4. 1758 in Frankfurt am Main Vizekapelldirektor. Bis 1755 war er Klavierlehrer der Mutter Goethes, deren Vater Johann Wolfgang Textor zu seinen Gönnern zählte.

WERKE

Neben seiner Kapellmeister- und Lehrtätigkeit verfaßte Heinrich Valentin Beck eine Anzahl Kantaten, die zu seiner Zeit sehr geschätzt wurden, weil er den empfindsamen Stil gut getroffen hatte.

Georg Gottfried Wagner (1698–1756)

ZEIT UND UMWELT

Zöglinge der Leipziger Thomasschule unter Johann Kuhnau erhielten eine gründliche Musikausbildung, die sie befähigte, an den Aufführungen des Nachfolgers, Johann Sebastian Bach, mitzuwirken.

LEBEN

Georg Gottfried Wagner wurde am 5. 4. 1698 in Mühlberg, Sachsen, geboren. Er wurde unter Johann Kuhnau an der Thomasschule in Leipzig ausgebildet und studierte anschließend Theologie. Ab 1722 wirkte er an den Aufführungen Johann Sebastian Bachs als erster Violinist mit. Über Bachs Empfehlung wurde er 1726 Kantor in Plauen, wo er am 23. 3. 1756 starb.

WERKE

Die Oratorien, Kantaten, Motetten, Trios, Ouvertüren, Violinkonzerte und Violinstücke von Georg Gottfried Wagner waren so gut gearbeitet, daß seine Motette »Lob und Ehre« einige Zeit Johannn Sebastian Bach zugeschrieben wurde. Dennoch ist sein Stil dem Barock bereits sehr entfremdet.

LITERATUR

B. Hammerschmidt, Georg Gottfried Wagner, Chemnitz 1912.

François Francœur (1698–1787)

ZEIT UND UMWELT

Trotz des regen Konzertlebens in Versailles und in den Adelspalästen in Paris und der stark besuchten ständigen Aufführungen im Concert spirituel rückte die Oper immer mehr in den Mittelpunkt des Musikgeschehens. Die meisten in Paris wirkenden Komponisten standen, auch wenn sie selbst keine Bühnenstücke verfaßten, in irgendeinem Zusammenhang mit der Oper. Auch für die Stilentwicklung war die Oper ein wesentlicher Faktor geworden.

LEBEN

François Francœur (le Cadet) wurde am 8. 9. 1698 in Paris als Sohn des Baßviolisten und späteren Mitglieds der »24 violons du roy« Joseph Francœur (um 1670, Paris, bis um 1741, Paris) geboren und von seinem Vater ausgebildet. Er trat bereits mit 15 Jahren in das Opernorchester als Violinist ein. In den zwanziger Jahren des 18. Jahrhunderts spielte er in Wien, Prag und sodann wieder in Paris im Concert spirituel (gemeinsam mit François Rebel), 1730 wurde er zu den »24 violons« aufgenommen, 1739 zum Musiklehrer der Oper und 1744, gemeinsam mit François Rebel, zum Operninspektor ernannt. 1753 zog er sich von allen Verpflichtungen zurück, übernahm mit François Rebel die Leitung der Oper und stieg 1760 zum Königlichen Musikintendanten auf. Er starb am 5. 8. 1787 in Paris.

Sein Bruder Louis Francœur (l'Aîné) (um 1692, Paris, bis September 1745, Paris) trat 1704 dem Opernorchester als Violinist bei und löste Jean-Baptiste Anet (um 1651–1710) bei den »24 violons du roy« ab.

Sein Neffe Louis-Joseph Francœur (8. 10. 1738, Paris, bis 10. 3. 1804, Paris) war Leiter der Kammermusik des Königs, Orchesterdirigent und sodann Direktor der Oper. Beim Ausbruch der Französischen Revolution (1789) wurde er festgenommen und bis zum Sturz von Maximilien de Robespierre (1758–94) in Haft behalten.

WERKE

Außer 2 Büchern mit Violinsonaten und den gemeinsam mit François Rebel verfaßten 10 Opern sind von François Francœur noch einige Vokal- und Instrumentalwerke erhalten. Seine kompositorische Tätigkeit bewegte sich auch in den Konzertstücken im Schatten der Oper. Als Violinist hat der Komponist, wie seine gesamte Familie, Beträchtliches zur Entwicklung der französischen Schule des Violinspiels beigetragen.

Louis Francœur hat 2 Bücher mit Sonaten für Solovioline und Generalbaß veröffentlicht.

Louis-Joseph Francœur schrieb eine Anzahl Opern und außerdem eine Abhandlung über Blasinstrumente, die eine der ältesten Instrumentationslehren darstellt.

LITERATUR

La Laurencie, l'École française du violon, Paris 1922.

Nicola Logroscino (1698 bis um 1766)

ZEIT UND UMWELT

Während noch im 17. Jahrhundert die nächsten Ausbildungsstätten für Musiker aus Sizilien in Neapel waren, wurden doch im Verlauf der folgenden Zeit nach neapolitanischem Muster Musikschulen in Palermo gegründet. Eine der bekanntesten war das Conservatorio dei Figliuoli dispersi, wo namhafte Fachkräfte unterrichteten und Musiker von Rang hervorgingen.

LEBEN

Nicola Logroscino wurde am 22. 10. 1698 in Bitonto, Bari, getauft. Von 1714 bis 1727 genoß er eine Musikausbildung am Conservatorio Santa Maria di Loreto in Neapel und war anschließend bis 1731 Organist in

Conza, Avellino. Dann hielt er sich als Komponist in Neapel auf. Ab 1758 bis zu seinem Tod um 1766 lehrte er am Conservatorio dei Figliuoli dispersi in Palermo.

WERKE
Die kompositorische Tätigkeit von Nicola Logroscino erstreckte sich, der damaligen musikalischen Situation Neapels entsprechend, auf die Oper, und zwar vor allem auf die Opera buffa, in der er als erster die Akte mit einem konzertanten Ensemblefinale abschloß. Er verfaßte aber auch eine Reihe von Opere serie, die dem damaligen neapolitanischen Opernstil folgten. Von seinen übrigen Kompositionen sind 2 Stabat mater, eine Kantate, Arien und Duette erhalten, die stilistisch der Oper sehr nahestehen. Er verfaßte außerdem theoretische Schriften und Lehrwerke.

LITERATUR
U. Prota-Giurleo, Nicola Logroscino, Neapel 1927.

Ignazio Conti (1699–1759)

ZEIT UND UMWELT
Wie die Dichtkunst verstand sich die Komposition bis weit in die Neuzeit als artifizielle, auf Wissenschaft, Lehre und Fertigkeit beruhende Tätigkeit, deren Erfolg von der richtigen Anwendung übernommener oder selbst geschaffener Regeln, also vom Grad des »Könnens« abhing. Sie wurde von den in diesem Können Ausgebildeten zu jeder Zeit auf Bestellung ausgeübt. Der bei einem Hof, einer Kirche oder Akademie angestellte »Komponist« war, wie ein Leibjäger, Koch oder Pferdepfleger, verpflichtet, diese Aufträge ohne Rücksicht auf seine eigene Disposition zu erfüllen, gleichgültig, ob er im Einzelfall oder regelmäßig honoriert wurde. Zu einer Individualisierung der Komposition wie aller anderen künstlerischen Betätigungen kam es nach vielen Ansätzen erst im 19. Jahrhundert.

LEBEN
Ignazio Conti wurde 1699 in Florenz als Sohn von Francesco Bartolomeo Conti (1682 bis 1732) geboren und von seinem Vater, der ab 1701 in Wien wirkte, ausgebildet. Er übte seine Tätigkeit als Theorbist und Komponist in enger Verbindung mit der Kaiserlichen Hofkapelle aus, erhielt jedoch trotz seiner Bemühungen die angestrebte Ernennung zum Hofkomponisten nicht. Er starb am 28. 3. 1759 in Wien.

WERKE
Von Ignazio Conti sind 7 Opern und 7 Oratorien aufgeführt worden. Er schrieb außerdem Messen im A-cappella-Stil und einige weitere sakrale Werke.

Johann Georg Lösel (1699–1750)

ZEIT UND UMWELT
Das 1711 gefürstete süddeutsche Geschlecht Löwenstein-Wertheim übernahm wie zahlreiche Adelshäuser in Österreich und Deutschland die Rolle der Höfe als Förderer des Kulturstrebens und damit der Musik, bis diese Funktion allmählich an das Bürgertum weitergegeben wurde.

Pietro Metastasio

Leben

Johann Georg Ernst Cajetan Lösel wurde 1699 in Böhmen geboren. Er war Mitglied der Hofkapelle in Dresden und sodann, bis ungefähr 1745, Kapellmeister des Fürstenhauses Löwenstein in Prag, Wertheim und Klein-Heubach. Darauf lebte er bis zu seinem Tod am 7. 12. 1750 in Miltenberg, Bayern.

Werke

Von Johann Georg Lösel sind eine Sinfonie, 2 Flötenkonzerte und ein Capriccio für Flöte und Orchester erhalten. Seine 3 Passionsoratorien, die in Prag aufgeführt wurden, sind nicht überliefert. Sein Stil ist leicht und ohne besondere Tiefe, aber diese wurde im empfindsamen Zeitalter nicht gefordert.

Johann Adolf Hasse (1699–1783)

Johann Adolf Hasse, Stich von L. Zucchi

Zeit und Umwelt

Der italienische Dichter Pietro Metastasio (3. 1. 1698, Rom, bis 12. 4. 1782, Wien), der eigentlich Trapassi hieß, zählte zu den bedeutendsten Librettisten seines Jahrhunderts. Seine zahlreichen Libretti sind von den berühmtesten italienischen und deutschen Opernkomponisten vielfach vertont worden, die »Verlassene Dido« wurde zum Beispiel sechzigmal komponiert. Er ging vom französischen Klassizismus aus, ohne sich starr daran zu halten, und verlieh den Stücken eine im Vergleich zur in den Operntexten eingerissenen Verwilderung wohltuende Einheitlichkeit. Charakteristisch für seine Libretti, die auch sehr oft als Schauspiele ohne Musik aufgeführt wurden, ist eine gefeilt klingende Sprache, die Handlungen spitzen sich zwar dramatisch zu, die Konflikte lösen sich aber durch die wachsende Einsicht der Personen auf der Bühne. Diese optimistische Lebensauffassung entsprach dem Rokoko und war vielleicht unernst, begeisterte aber das Publikum. Einer Oper mit einem Libretto von Metastasio war der Erfolg unfehlbar gesichert.

Leben

Johann Adolf Hasse wurde am 25. 3. 1699 in Bergedorf bei Hamburg getauft. Sein Vater Peter Hasse (um 1668, Neuengamme, bis 6. 10. 1737, Bergedorf) war ein unmittelbarer Nachfahre des Lübecker Orgelmeisters Peter Hasse (um 1585–1640). Er kam 1718 als Tenorist an die Hamburger und 1719 an die Braunschweiger Oper. 1721 brachte er mit Erfolg seine erste Oper heraus und begab sich 1722 nach Neapel, wo er Schüler von Nicola Porpora und Alessandro Scarlatti war und mit Kompositionen frühe Erfolge errang. 1727 wurde er Kapellmeister am Ospedale degl'Incurabili in Venedig und heiratete 1730 die gefeierte Sängerin Faustina Bordoni (1700, Venedig, bis 4. 11. 1781, Venedig), die in vielen seiner Opern als Mezzosopran auftrat. Mit ihr reiste er nach Dresden, wo er 1731 eine Oper aufführte und mit dem Titel eines »Königlich polnischen und kurfürstlich sächsischen Kapellmeisters« ausgezeichnet wurde. Nach weiteren Opernaufführungen in Venedig, Parma, Mailand, Turin, Rom, Bologna und Wien trat das Künstlerpaar 1733 in sächsische Dienste, in denen es, von ausgedehnten Gastspielreisen unterbrochen, durch 30 Jahre verblieb. Italienische Städte,

München, Berlin, Paris und London waren die Stationen ihrer Triumphe. 1750 wurde Hasse zum Oberkapellmeister ernannt, 1760 fiel ein großer Teil seiner Manuskripte der Beschießung von Dresden durch die Preußen zum Opfer; nach dem Tod des Kurfürsten Friedrich August II. (1763) wurden die Verträge mit Hasse und seiner Frau wegen Geldmangels nicht mehr erneuert. Sie gingen nach Wien und 1773 nach Venedig, wo der Opernkomponist, der bereits zu seinen Lebzeiten einen weltweiten Ruf erwerben konnte, am 16. 12. 1783 starb.

Werke

Von den 56 Opere serie des überaus fruchtbaren und geschätzten Komponisten seiner Epoche Johann Adolf Hasse sind 32 auf Libretti von Pietro Metastasio komponiert, also auf den Großteil dessen dichterischen Schaffens. Außerdem verfaßte er 13 Intermezzi für Opern. Seine 11 Oratorien, Messen, Requiem, Psalmen, Motetten, Hymnen und Litaneien sind nur als Manuskript erhalten. An Instrumentalmusik verfaßte er Flötenkonzerte, Konzerte für Violine und Horn mit Orchester, Solosonaten, Triosonaten, Cembalosonaten und eine Reihe von Gelegenheitskompositionen, wie zum Beispiel die Trauermusik zum Tod Friedrich Augusts II. Sein ganzes Schaffen war von der Oper beeinflußt und fügte sich in den herrschenden Rokokostil ein. Es geriet nach dem Tod des Komponisten sehr bald in Vergessenheit, weil sich sein Stil bereits überlebt hatte.

Literatur

J. Hennings, Das Musikergeschlecht der Hasse, in: Musikforschung, 1949.

Christoph Gottlieb Schröter
(1699–1782)

Zeit und Umwelt

Klaviermusik war bis in das 18. Jahrhundert zum Großteil auf allen Tasteninstrumenten – Orgel, Cembalo, Clavichord, Pianoforte – aufführbar, obwohl schon viele Musik für Orgel wegen des vorgeschriebenen Pedals ausschied. Das Clavichord war nur beschränkt verwendbar, weil sein Tonumfang und sein Klangvolumen vielen Kompositionen nicht entsprachen. Als dann um die Mitte des Jahrhunderts das Cembalo schon stark vom Pianoforte zurückgedrängt war, wurde die Bezeichnung Klavier zumeist auf das Clavichord bezogen und erst um die Wende zum 19. Jahrhundert auf das Pianoforte, das bis dahin alle »Klaviermusik« erobert hatte. Aber bis es soweit kam, mußte viele theoretische Erörterung den Weg dahin bereiten.

Leben

Christoph Gottlieb Schröter wurde am 10. 8. 1699 in Hohenstein bei Bad Schandau geboren. Er war Kapellknabe an der Kreuzschule in Dresden und studierte sodann in Leipzig Theologie und Musik. Nach einer Reise durch Deutschland, Holland und England hielt er in Jena Vorlesungen über Musik und erhielt 1726 einen Organistenposten in Minden. Von 1732 bis zu seinem Tod am 20. 5. 1782 wirkte er als Organist in Nordhausen.

Werke

Die umfangreiche von Christian Gottlieb Schröter selbst entworfene Werkliste weist 7 Jahrgänge Kirchenkantaten, eine Passion (»Die sieben Worte«), weltliche Kantaten, Serenaden, Konzerte, Ouvertüren, Sonaten, Ensemblewerke, Orgelpräludien, Fugen und viele Gelegenheitsvertonungen, zum Teil auf eigene Gedichte, auf. Überdies verfaßte er eine Reihe musiktheoretischer Werke, darunter eine Beschreibung des neuen Hammerklaviers und dessen Vorteil »in unterschiedlichen Graden stark und schwach so leicht als auf einem Clavichord« spielen zu können.

Jan Zach (1699–1773)

Zeit und Umwelt

Beinahe alle Werke des Komponisten Bohuslav Černohorský sind 1754 durch einen Brand des Minoritenklosters in Prag vernichtet worden. Der Einfluß der von ihm begründeten »Böhmischen Altmeisterschule« wurde jedoch von seinen Schülern weitergetragen und wirkte bis in das folgende Jahrhundert hinein.

Leben

Jan Zach wurde am 13. 11. 1699 in Čelákovice, Böhmen, geboren. Er kam 1724 nach Prag und betätigte sich ab 1725 als Violinist und Hilfsorganist an verschiedenen Kirchen und nahm bei Bohuslav Černohorský Unterricht. Um 1740 verließ er die Stadt und erhielt die Hofkapellmeisterstelle in Mainz, die er 1756 krankheitshalber aufgab. Anschließend gab er in verschiedenen deutschen Orten und auch in Zams, Tirol, Orgelkonzerte. Er starb am 24. 5. 1773 in Ellwangen (Jagst).

Werke

Von den zahlreichen Kompositionen von Jan Zach sind 6 Orgelstücke, 35 Messen, 3 Requiem, 35 Propriumgesänge, 18 Vespern und Hymnen, 5 Psalmen, 3 Oratorien, 3 Klavierstücke, 8 Triosonaten, etwa 30 Sinfonien und 14 Konzerte für Flöte, Oboe, Cello und Cembalo bekannt. Sein kirchenmusikalisches Schaffen bewegte sich in den Bahnen der »Böhmischen Altmeisterschule«, seine instrumentalen Kompositionen gehörten dem neuen vorklassischen Stil an. Bemerkenswert sind dabei die darin aufgenommenen zahlreichen volkstümlichen Elemente.

Literatur

K. M. Komma, Jan Zach, in: Studien zur Heidelberger Musikwissenschaft VII, Kassel 1938.

Joseph Gibbs (1699–1788)

Zeit und Umwelt

Nicht wenige englische Kirchenmusiker des 18. Jahrhunderts versuchten, profane Musik für Cembalo oder Streicher zu schreiben. Die großen Vorbilder Georg Friedrich Händel und Johann Christoph Pepusch wurden häufig nachgeahmt, aber in vielen Fällen schlägt die Diktion der gewohnten sakralen Musik durch, so daß das Anthem spürbar wird.

Leben

Joseph Gibbs wurde vermutlich am 23. 12. 1699 in Dedham geboren. Er war ab 1734 Organist an St. Nicholas in Harwich, ab 1744 in Dedham und ab 1748 an St. Mary-le-Tower in Ipswich, wo er am 12. 12. 1788 starb.

Werke

Von Joseph Gibbs sind 8 Soli für Violine mit Generalbaß im Cembalo und 6 Streichquartette veröffentlicht worden. Die Quartette nähern sich der kontinentalen Vorklassik stark an.

Literatur

L. W. King, Joseph Gibbs, A Forgotten Georgian Composer, in: The Strad LXXIV, 1963/64.

Jean-Baptiste Quentin

(um 1700 bis nach 1750)

Zeit und Umwelt

Die »24 violons du roy« bildeten ein Reservoir von Violinisten, die die Linie der »Französischen Schule« des 18. Jahrhunderts mehr oder minder getreu einhielten. Auch die Streicher des Opernorchesters darf man dazurechnen, so daß bis zur Revolution genügend Kräfte vorhanden waren, eine völlige Überfremdung durch italienische Violinmusik aufzuhalten und die eigenständige Entwicklung zu gewährleisten.

Leben

Jean-Baptiste Quentin (le Cadet) wurde um 1700 vermutlich in Paris geboren. Er war von 1718 bis zu seinem Tod nach 1750 erster Violinist im Opernorchester von Paris.
Sein Bruder Bertin Quentin (um 1690, vermutlich Paris, bis 1767, Paris) war ab 1706 Violinist im Opernorchester von Paris und von 1720 bis 1751 Mitglied der »24 violons du roy«. Die weiteren Jahre bis zu seinem Tod verbrachte er als Pensionist der Oper.

Werke

Zwischen 1724 und 1750 erschienen von

Jean-Baptiste Quentin 4 Bücher mit Sonaten für Solovioline und Generalbaß, 7 Bücher mit Triosonaten für zwei Violinen, Querflöten und Generalbaß, 5 Bücher mit drei- und vierstimmigen Sonaten, ein Buch mit Sinfonien für drei und vier Stimmen, die in der Faktur der alten Suiten gehalten sind. Auch die übrigen Kompositionen sind einigermaßen konservativ.
Von Bertin Quentin sind 10 Sonaten für Solovioline und Flöte mit Generalbaß überliefert.

LITERATUR

La Laurencie, L'école française de violon, Paris 1922.

Robert Woodcock
(um 1700 bis nach 1750)

ZEIT UND UMWELT

Musikverlage und Musikalienhandlungen entwickelten sich besonders in der ersten Hälfte des 18. Jahrhunderts, in der Händel und Pepusch in London tätig waren. Einzelne Opernarien, Ensemblemusik und Lieder hatten guten Absatz. Die Verlage Walsh, Randall und Hare vor allem bemühten sich, neben vieler italienischer und französischer Musik die Kompositionen englischer Meister auf den Markt zu bringen und trugen damit wesentlich zur Entwicklung der englischen Musik bei.

LEBEN

Robert Woodcock wurde um 1700 vermutlich in London geboren. Er war ein bekannter Flötist. Es ist unbekannt, in welcher musikalischen Stellung er gewirkt hat. Er dürfte nach 1750 in London gestorben sein.

WERKE

Von Robert Woodcock sind 12 achtstimmige Konzerte für Flöten und Streicher bekannt, die mehrfach bei Walsh und bei Hare herausgebracht wurden. Man spielte sie auch bei öffentlichen Konzerten mit viel Erfolg; das Musikverlagshaus Randall kündigte noch 1776 eine neue Auflage an. Teile davon wurden von späteren Komponisten einige Male für andere Besetzungen arrangiert.

Václav Spourný (um 1700–54)

ZEIT UND UMWELT

Das bekannt hochmusikalische tschechische Volk brachte zu allen Zeiten mehr Musiker hervor, als im eigenen Land Verdienst- und Wirkungsmöglichkeiten finden konnten. Einstmals sind sie als Spielleute durch Europa gezogen; bereits im 17. Jahrhundert findet man sie in den Klangkörpern aller Musikländer oder an den Kirchenorgeln. Sie mußten, den Gepflogenheiten der Zeit entsprechend, sich und oft auch ihre Namen assimilieren, die Musikalität jedoch, die sie geerbt hatten, blieb immer erkennbar.

LEBEN

Václav Spourný (Wenceslas Joseph Spourni, Spurni) wurde um 1700 in Böhmen oder Mähren geboren. Er kam nach Paris und spielte als Cellist in mehreren Adelshäusern. Über seine näheren Lebensumstände ist nichts bekannt. Er starb 1754 in Paris.

WERKE

Von Václav Spourný sind 6 Sonaten für zwei Celli ohne Generalbaß, 3 Konzerte für drei Celli und Baß, 3 Sinfonien für zwei Celli und zwei verschiedene Bässe, 3 vierstimmige Konzerte, Divertissements, die aus 6 vierstimmigen Sinfonien für drei Celli und Generalbaß bestehen, überliefert, außerdem eine Motette für großen Chor, die im Concert spirituel gesungen wurde. Diese Werke lassen das Rokoko bereits hinter sich und nehmen Formen des nächsten Jahrhunderts vorweg.

Johann Christian Schickhard
(um 1700 bis nach 1750)

ZEIT UND UMWELT

Das 18. Jahrhundert war die Blütezeit der Flöte, deren bukolischer Klang der galanten und empfindsamen Zeit entsprach. Die Querflöte, deren Ton runder und modulationsfähiger ist als der der Längsflöte, löste diese immer mehr ab, so daß man gegen Ende des Jahrhunderts kaum mehr eine andere verwendete. Sie eignet sich wegen ihres Klanges und ihrer Wendigkeit wie die Violine als stimmführendes Instrument bei Ensemblemusik und gleicherweise als Soloinstrument.

Leben

Johann Christian Schickhard (Schickard) wurde um 1700 in Norddeutschland geboren. Er lebte ab ungefähr 1730 in Hamburg als Flötist und Komponist. Welche musikalische Stelle er eingenommen hat, ist nicht feststellbar. Er dürfte nach 1750 in Hamburg gestorben sein.

Werke

Die Kompositionen von Johann Christian Schickhard erschienen zuerst in Amsterdam, wurden jedoch sodann in London vom Verlag Walsh und später zum dritten Male bei Randall verlegt. Sie bestanden aus Soli für Flöte und Baß, Konzerten für mehrere Flöten, Soli für Querflöte, Oboe oder Violine, Sonaten für zwei Violinen und Baß, Sonaten für zwei Querflöten und Baß und einigen weiteren vorwiegend für Flöten gesetzten Instrumentalstücken. Die Musik ist dem empfindsamen Stil zuzuordnen.

Jacques Christophe Naudot

(um 1700–62)

Zeit und Umwelt

Die aus der Querpfeife entstandene Querflöte fand, ehe sie unter dem Namen »Deutsche Flöte« in anderen Ländern aufgenommen wurde, zuerst im deutschen Sprachgebiet Verbreitung. Frankreich, das auf dem Gebiet der Musik Neuerungen gegenüber immer etwas zurückhaltend war, freundete sich mit dem neuen Instrument erst während der ersten Hälfte des 18. Jahrhunderts an. Dann allerdings entstand eine Fülle von Kompositionen dafür.

Leben

Jacques Christophe Naudot wurde um 1700 vermutlich in Paris geboren. Er etablierte sich in Paris als Flötenlehrer und machte die »Deutsche Flöte« populär, indem er sie virtuos spielte und dafür schrieb. Er starb am 25. 11. 1762 in Paris.

Werke

Musette und Drehleier gehörten auch im 18. Jahrhundert noch zu den beliebten Instrumenten, obwohl sie anderswo schon völlig aufgegeben waren. Jacques Christophe Naudot verfaßte 6 »Ländliche Festmusiken« für Musetten, Drehleiern, Flöten, Oboen, Violinen mit Generalbaß, 6 leichte Unterhaltungsstücke für zwei Drehleiern, Musetten, Schnabelflöten, Querflöten, Oboen oder Violinen ohne Generalbaß, außerdem 6 siebenteilige Konzerte für eine Querflöte, drei Violinen, eine Altviole und zwei Bässe, 6 vierstimmige Konzerte, ferner Solosonaten, Triosonaten, Divertissements und Menuette mit Flöten und Stücke für zwei Waldhörner. Alle Musik ist im empfindsamen Stil gehalten.

Vincenzo Pallavicini

(um 1700 bis nach 1755)

Zeit und Umwelt

Obwohl Brescia schon seit 1456 zur Republik Venedig gehörte, tendierte das kulturelle Leben mehr zu dem nahen Mailand. Als aber Mailand zum Ende des Spanischen Erbfolgekrieges 1714 in die Hände Österreichs geriet, verstärkte sich die Bindung zu Venedig um ein Vielfaches.

Leben

Vincenzo Pallavicini wurde um 1700 in Brescia geboren. Er wurde in Venedig ausgebildet und erhielt darauf die Kapellmeisterstelle am Conservatorio degl'Incurabili der Stadt. 1743 wurde er in einem Manuskript von Bologna als Komponist einiger Stücke genannt, die als Probearbeit für die Aufnahme in die Accademia Filarmonica eingereicht worden waren, 1755 trat er als Opernkomponist auf. Er dürfte in Venedig in den folgenden Jahren gestorben sein.

WERKE
Vom kompositorischen Werk von Vincenzo Pallavicini ist wenig bekannt. Man hat nur Informationen über einige Instrumentalstücke, ein Cembalostück und Teile von Opern. Seine Kapellmeisterstelle beweist seine hohe Befähigung als Musiker.

George Hayden (um 1700 bis um 1750)

ZEIT UND UMWELT
Neben den aus dem Ausland bezogenen und zum großen Teil auch von Ausländern gespielten Opern erfreuten sich leicht eingängige Lieder der Beliebtheit des Londoner Publikums. Wer diesen Geschmack traf, fand leicht einen Musikverleger.

LEBEN
George Hayden wurde um 1700 vermutlich in London geboren. Er war Organist an St. Mary Magdalen bis ungefähr 1750 und dürfte in einem der folgenden Jahre gestorben sein.

WERKE
Die von George Hayden veröffentlichten 3 Kantaten weisen ihn als einfallsreichen Komponisten aus. Sie folgen noch der Barockfaktur. Beliebt wurde er aber durch seine sehr sangbaren Lieder, die zu den »Schlagern« seiner Zeit gehörten.

Liebhold (um 1700 bis um 1750)

ZEIT UND UMWELT
Friedberg in der Wetterau mit seiner 1170 von Kaiser Friedrich I. (um 1122–90) erbauten Burg war seit 1252 Reichsstadt. Sie war im 17. und 18. Jahrhundert durch eine beachtliche Musikpflege bekannt. Ihre Kantoreien wurden stets mit ausgezeichneten Kräften besetzt.

LEBEN
Liebhold – der Vorname ist unbekannt – wurde um 1700 vermutlich in Friedberg in der Wetterau geboren und dürfte dort als Kantor gewirkt haben. Nähere Lebensumstände des Komponisten sind nicht überliefert. Es ist auch nicht bekannt, wo er um das Jahr 1750 gestorben ist.

WERKE
Von Liebhold sind eine Reihe Motetten und ungefähr 130 Kantaten erhalten. Ihre Fassungen sind sehr konservativ. Einige seiner Motetten fallen durch einen satten Chorklang auf.

LITERATUR
K. Schmidt, Beiträge zur Kenntnis des Kantatenkomponisten Liebhold, in: Archiv für Musikwissenschaft III, 1921.

Francisco Manalt (um 1700–59)

ZEIT UND UMWELT
Ferdinand VI. folgte 1746 seinem Vater Philipp V. auf den spanischen Thron; eine durch-

Abraham Jordan erbaute 1712 die Orgel in St. Magnus the Martyr, London

aus ambitionslose, aber äußerst friedfertige Gestalt, unter deren Regierung Spanien den berühmten »Siebenjährigen Frieden« genoß. Die Wirtschaft des Landes hob sich, kulturelle Einrichtungen entstanden, und die Inquisition, die unter Philipp V. noch 728 Verbrennungen angeordnet und bei 14.000 andere Urteile gefällt hatte, wurde nahezu entmachtet. Die Friedensjahre gewährten auch dem Musikleben etwas Auftrieb.

LEBEN
Francisco Manalt wurde um 1700 in Barcelona geboren. Er war ab 1733 Violinist der Real Capilla de Madrid (Königliche Kapelle) und versah diesen Dienst bis zu seinem Tod am 16. 1. 1759.

WERKE
1757 veröffentlichte Francisco Manalt 6 Kammersonaten für Violine und Baß, die beweisen, daß um die Mitte des 18. Jahrhunderts die Violine auch die spanische Musiklandschaft erobert und die Sonatenform der Zeit sich bereits eingebürgert hatte. Über weitere Werke des Violinisten ist nichts bekannt.

Charles Maclean
(um 1700 bis um 1772)

ZEIT UND UMWELT
Aberdeen und noch mehr die schottische Hauptstadt Edinburgh hatten schon seit langem ein eigenständiges Kulturleben. In beiden Städten wurden bereits im 16. und 17. Jahrhundert Musik- und Singschulen eröffnet. Die öffentliche Konzerttätigkeit nahm im 18. Jahrhundert einen beachtlichen Aufschwung. Wenn auch die meiste Musik von London oder aus dem Ausland bezogen wurde und viele Interpreten nicht bodenständig waren, so nahm die Anzahl der schottischen Musiker doch allmählich zu.

LEBEN
Charles Maclean wurde um 1700 in Schottland geboren. Er war zwischen 1736 und 1740 Violinlehrer und sodann Leiter der Musikschule in Aberdeen. Dann wirkte er als Lehrer und Interpret in Edinburgh, wo er um 1772 starb.

WERKE
Melodische Eigenheiten, die Charles Maclean als schottischen Komponisten kennzeichnen, sind nur in seiner Sammlung »Beliebter schottischer Weisen« für Violine und Generalbaß, die nur teilweise von ihm stammen, feststellbar. Seine 12 Sonaten für Violine, Cello und Generalbaß (4 davon schreiben anstelle der Violine eine Querflöte vor) sind wohl sehr ansprechend, haben aber nichts »Schottisches« an sich.

LITERATUR
H. G. Farmer, History of Music in Scotland, London 1947.

François Lupien Grenet
(um 1700–53)

ZEIT UND UMWELT
Bis zum 18. Jahrhundert war der Begriff des geistigen Eigentums auf dem Feld der Musik wenig ausgeprägt. Die Komponisten pflegten sich untereinander und bei ihren Vorläufern kräftig zu bedienen. Dann wurde man gegen Plagiatoren empfindlicher. Die Übernahme fremder Kompositionen oder Kompositionsteile unterlag zwar noch mehr als 100 Jahre lang keinen juristischen Sanktionen, wurde aber von immer breiteren Kreisen als unehrenhaft angesehen und konnte zum Verlust von Stellungen und Aufträgen führen.

LEBEN
François Lupien Grenet wurde um 1700 in Paris geboren. Er war bis 1712 Chorknabe an der Ste-Chapelle, 1733 wurde er an die Pariser Oper als Musiklehrer aufgenommen, verlor jedoch die Stelle nach 2 Jahren, weil man ihm vorwarf, er habe die Mitarbeit von Louis-Nicolas Clérambault (1676–1749) und Jean-Philippe Rameau an seinem Divertissement »Le Triomphe de l'Harmonie« verschwiegen. Er ging darauf nach Lyon, wo er 1745 Leiter der Académie des Beaux-Arts wurde und im Februar 1753 starb.

WERKE
Von François Lupien Grenet sind 2 Divertissements erhalten: »Le Triomphe de l'Amitié« (Der Triumph der Freundschaft) und »Le Triomphe de l'Harmonie« (Der Triumph der Harmonie). Die im Concert spirituel aufgeführten Motetten sind verlorengegangen. Seine Werke blieben in der Tradition von Lully und Jean-Joseph Mouret (1682–1738).

LITERATUR
L. Vallas, Un siècle de musique et de théâtre à Lyon de 1688 à 1789, Lyon 1932.

Giovannini (um 1700–82)

ZEIT UND UMWELT
Oden wurden im 18. Jahrhundert von norddeutschen Liederkomponisten vor allen anderen Texten bevorzugt. Die repräsentative Feierlichkeit ihrer Sprache kam dem Geschmack der Zeit sehr entgegen.

LEBEN
Giovannini (der Vorname ist nicht überliefert) wurde um 1700 in Italien geboren und vermutlich in Turin von Jean-Marie Leclair zum Violinisten ausgebildet. Er lebte ab 1740 bis zu seinem Tod im Jahr 1782 in Berlin. Welche Tätigkeit er dort ausübte, ist nicht bekannt. Sein angeblicher Aufenthalt in London ist ebensowenig verbürgt wie die Behauptung, er sei dort unter dem Pseudonym eines Grafen von St. Germain aufgetreten.

WERKE
Von Giovannini ist eine Anzahl Kompositionen in die von Johann Friedrich Gräfe veröffentlichte »Sammlung verschiedener Oden« aufgenommen worden. Vermutlich ist auch das als »Aria di Giovannini« dem zweiten Klavierbüchlein der Anna Magdalena Bach eingefügte Lied »Willst du dein Herz mir schenken« von ihm. Die Zuschreibung von 8 Violinsonaten ist zweifelhaft.

LITERATUR
E. O. Lindner, Geschichte des deutschen Liedes, Leipzig 1871.

Andrea Caporale (um 1700 bis um 1756)

ZEIT UND UMWELT
Durch die Verwendung von Celli im Opernorchester und bei Oratorien durch Georg Friedrich Händel wurde das Instrument auch in England bald populär und vielseitig der Viola da gamba vorgezogen. Zum solistischen Einsatz wurde es allerdings erst um die Mitte des 18. Jahrhunderts verwendet.

LEBEN
Andrea Caporale wurde um 1700 in Italien geboren und zum Cellisten ausgebildet. Er kam 1734 nach London und erregte dort durch sein virtuoses Spiel bald Aufsehen. Im Jahr 1740 nahm ihn Georg Friedrich Händel in sein Opernorchester auf. In den fünfziger Jahren trat er mehrfach in Dublin mit seinem Instrument auf. Er starb um 1756 in London.

WERKE
Von Andrea Caporale sind 18 Soli für Cello in London erschienen, die für die ältere Celloliteratur dadurch bezeichnend sind, daß sie weniger Spielgeläufigkeit als Ausdruck und schöne Tonbildung verlangen.

Peter Prelleur (um 1700 bis vor 1758)

ZEIT UND UMWELT
Komponisten von Schauspielmusiken, leichten Arien und Liedern durften in London stets mit guten Erfolgen rechnen. Die Theater und die Vergnügungsunternehmen hatten großen Bedarf. Voraussetzung dafür war nur, daß dem Publikum »Unterhaltung« geboten wurde.

LEBEN
Peter Prelleur wurde um 1700 vermutlich in Frankreich geboren. Er kam als junger Mann nach London und ließ sich als Schreiber nieder. Daneben wirkte er als Organist an St. Alban's und außerdem bis 1737 als Cembalist an Goodman's Field-Theatre. Im Jahr 1735 wurde er Organist an Christ Church. Später versorgte er das New Wells Theatre mit Kompositionen. Seine letzte Publikation

kam 1758 heraus; darin wurde er bereits als verstorben bezeichnet; man muß daher annehmen, daß er kurz davor in London gestorben war.

WERKE
Von Peter Prelleur sind Schauspielmusiken, Lieder, Arien, 2 Pantomimen, Duette und ein Intermedium erschienen. Seine Musik war leicht und eingängig. Er war auch als Musikschriftsteller tätig.

Benedict Geisler (um 1700 bis nach 1759)

ZEIT UND UMWELT
Der Augustinerorden richtete seinen täglichen Chorgesang streng nach den überkommenen Melodieformen. Die einzelnen Klöster betrieben Musikschulen, die der Schola Cantorum am Kloster Santa Monica in Rom nachgebildet wurden. Daneben wurde stets zeitgenössische Kirchenmusik intensiv gepflegt, so daß einige tüchtige Musiker aus dem Orden hervorgingen.

LEBEN
Benedict Geisler wurde um 1700 in Süddeutschland geboren. Er trat dem Augustinerorden bei, in dem er zum Musiker ausgebildet wurde. Er dürfte in Augsburg oder Bamberg als Kirchenmusiker tätig gewesen und in den Jahren nach seiner letzten Publikation im Jahr 1759 gestorben sein. Der Ort seines Todes ist nicht feststellbar.

WERKE
In Augsburg und Bamberg brachte Benedict Geisler in den vierziger und fünfziger Jahren des 18. Jahrhunderts eine beträchtliche Anzahl Messen und Propriumsätze heraus, die sehr konservativ gehalten wurden. Einiges davon fällt durch schönen breiten Klang auf.

Pietro Giannotti (um 1700–65)

ZEIT UND UMWELT
Der Kontrabaß wurde aus der tiefsten Form der Viola da gamba entwickelt und bis in das 18. Jahrhundert hinein als Tonverstärkung des Cello verwendet. Gesonderte Notierung und Führung traten erst um die Wende zum 19. Jahrhundert auf. Der solistische Einsatz des Instruments ist auch heute noch selten.

LEBEN
Pietro Giannotti (Gianotti) wurde um 1700 in Lucca geboren und dort zum Kontrabassisten ausgebildet. Er kam 1728 nach Paris, wirkte von 1739 bis 1758 als Kontrabassist an der Oper und dürfte auch als Lehrer seines Instruments tätig gewesen sein, bis er am 19. 6. 1765 starb.

WERKE
Von den zahlreichen Kompositionen, mit denen sich Pietro Giannotti bekannt machte, sind eine Violinsolosonate mit Baß, mehrere Sonaten für zwei Violinen ohne Baß, Sonaten für zwei Celli oder Gamben, Sonaten für Flöte und Baß, eine große Anzahl Triosonaten, Konzerte und Stücke für Drehleiern, Musetten und Violinen hervorzuheben. Sein Stil ist gefällig und entspricht ganz dem französischen Rokoko. Er setzte sein Instrument sehr sparsam ein.

Luigi Madonis (um 1700 bis nach 1767)

ZEIT UND UMWELT
Peter I. (1672–1725), russischer Zar ab 1682, ersetzte die religiös-traditionalistischen Wertvorstellungen des Moskauer Staates durch die rationalistischen Westeuropas. Als Symbol für den Anschluß an Europa verlegte er seine Hauptstadt von Moskau nach dem neugegründeten St. Petersburg (1703). Damit öffneten sich die Tore Rußlands für die westeuropäische Musik schon unter seiner Regierung und sich stets verstärkend unter seinen Nachfolgern, besonders unter den Kaiserinnen Elisabeth Petrowna (1709–62) und Katharina II. (1729–96).

LEBEN
Luigi Madonis (Lodovico Madoni, Madonnis) wurde um 1700 in Venedig geboren. Er war vermutlich Schüler von Antonio Vi-

Katharina II. von Rußland, Gemälde von P. Rotari

valdi. In den Jahren 1725 und 1726 wirkte er als Konzertmeister einer Operntruppe in Breslau (Wrocław), zwischen 1729 und 1731 trat er als Violinist im Concert spirituel in Paris mit großem Erfolg auf. Darauf betreute er bis zu seinem Tod nach 1767 die Konzertmeisterstelle am Hof von St. Petersburg.

WERKE

Die 12 Sinfonien für Violine und Generalbaß von Luigi Madonis erschienen als erster russischer Musikdruck in St. Petersburg. Ebenfalls zum ersten Male wurden Elemente russischer Volksmusik in Kompositionen aufgenommen. In Paris brachte der Komponist Sonaten für Solovioline und Generalbaß heraus.

LITERATUR

R. A. Mooser, Annales de la musique et des musiciens en Russie au XVIIIe siècle, Genf 1948.

Louis Antoine Lefebure (um 1700–63)

ZEIT UND UMWELT

Sololieder oder Duette mit Instrumentalbegleitung auf leichten Texten – spielerisch oder etwas traurig und wehmütig resignierend, aber nie wirklich ernst, um die Fröhlichkeit des Lebens nicht zu stören – entsprachen den Wünschen der französischen Rokokogesellschaft, die nicht sah und auch nicht sehen wollte, was sich über ihren sorglosen Köpfen zusammenbraute.

LEBEN

Louis Antoine Lefebure wurde um 1700 in Péronne geboren. Er war ab 1739 Organist an St-Louis-en-l'Isle und zwischen 1753 und 1756 gleichzeitig auch an Notre-Dame des Blancs-Manteaux. Er starb am 27. 7. 1763 in La Ferté-sous-Jouarre, Seine-et-Marne.

WERKE

Die Vokalkompositionen von Louis Antoine Lefebure wurden im Concert spirituel mit viel Erfolg aufgeführt. Im einzelnen sind davon überliefert: 23 kleine Lieder für eine Singstimme und Orchester, »Zarte Lieder« für eine Stimme und Flöte und Generalbaß, 4 Motetten für eine Stimme und Instrumente, eine Kantate, »Atalante et Hippomène«, für zwei Singstimmen und Instrumente, 2 Divertissements für Singstimmen und Instrumente; außerdem handschriftlich: 5 kleine Motetten für Solostimmen und Instrumente. Alles ist sehr ansprechend, aber mit wenig Tiefe.

Martin Berteau (um 1700–71)

ZEIT UND UMWELT

Obschon das Cello nahezu gleichzeitig mit der Violine und der Bratsche entwickelt wurde, verging nahezu ein Jahrhundert, bis es seinen Rang in der Violinenfamilie einnehmen konnte. Grund dafür waren die Beliebtheit der Viola da gamba und die anfänglich schlechte Handlichkeit des neuen Instruments. Zu einem ständigen solistischen Einsatz des Cello kam es erst im 18. Jahrhundert; dann allerdings war sein Siegeszug als eines der wichtigsten Mitglieder der gesamten Instrumentenfamilie nicht mehr aufzuhalten.

LEBEN
Martin Berteau (Berteaud, Berthau) wurde um 1700 in Valenciennes geboren. Er dürfte in Böhmen zum Gambisten ausgebildet worden sein, wechselte aber nach seiner Rückkehr nach Frankreich zum Cello über. In Paris trat er ab 1739 im Concert spirituel auf und wirkte als Cellolehrer, bis er seine Tätigkeit nach Angers verlegte, wo er am 23. 1. 1771 starb.

WERKE
Vom kompositorischen Schaffen von Martin Berteau ist eine Reihe von Konzerten und Sonaten für Cello und Baß erhalten, die eine hochentwickelte Virtuosität erfordern und auf die Cellomusik der folgenden Zeitläufte starken Einfluß ausübten.

Giovanni Verocai (um 1700–45)

ZEIT UND UMWELT
Nachdem im 16. und 17. Jahrhundert die polnischen Residenzen Krakau und dann Warschau ein nicht seltenes Musikerziel bildeten, kam ungefähr ab 1730 das neugegründete St. Petersburg an die Reihe. Die Aufnahmebereitschaft des Zarenhofes für west- und südeuropäische Musiker verhieß gute Verdienste für Interpreten und Komponisten, und das erwachte Interesse des russischen Adels für europäisches Geistes- und Kunstleben erforderte eine große Anzahl Lehrer.

LEBEN
Giovanni Verocai wurde um 1700 in Venedig geboren. Er wirkte ab 1727 als Dirigent in Breslau (Wrocław), ab 1730 in Warschau und von 1731 bis 1738 am Zarenhof in St. Petersburg. Darauf begab er sich nach Braunschweig, wo er, vermutlich als Opernleiter, seine 14 Opern aufführte. Er starb am 13. 12. 1745 in Braunschweig.

WERKE
In St. Petersburg brachte Giovanni Verocai eine Krönungskantate und 12 Violinsonaten mit Generalbaß heraus, außerdem eine Sinfonie und ein »Labirinto musicale« für zwei Violinen.

LITERATUR
R.-A. Mooser, Annales de la musique et des musiciens en Russie au XVIIIe siècle, Genf 1948.

Santo Lapis (um 1700 bis nach 1758)

ZEIT UND UMWELT
Von den verschiedenen Typen der Mandoline hat der neapolitanische – 4 Doppelsaiten, Quintenstimmung wie bei der Violine – den Sieg davongetragen. Die übrigen mit verschiedenen Saitenzahlen und Stimmungen lebten ab dem 18. Jahrhundert nur mehr als Volksinstrument weiter. Ihre Verwendung als Melodieinstrument und im Orchester verbreitete sich sehr rasch über alle Musikländer. Es traten auch von Fall zu Fall Virtuosen auf, die mit diesem in seinen Möglichkeiten stark beengten Instrument Erstaunliches leisteten. Als Altinstrument wurde die um eine Oktave tiefer gestimmte größere Mandola entwickelt.

LEBEN
Santo Lapis wurde um 1700 in Oberitalien geboren. Er war in Bologna als Sänger und Mandolinist tätig und wurde in die Accademia Filarmonica aufgenommen. Um die Mitte des 18. Jahrhunderts wirkte er in Den Haag als Gesang- und Mandolinenlehrer und ab ungefähr 1758 in gleicher Eigenschaft in London. Es ist unbekannt, wann und wo Santo Lapis nach diesem Zeitraum gestorben ist.

WERKE
Außer 3 Opern verfaßte Santo Lapis verschiedene Sonaten, darunter auch für die Mandoline, um die Verwendbarkeit dieses Instruments zu demonstrieren, das er selbst meisterhaft beherrschte.

Charles Baton (um 1700–58)

ZEIT UND UMWELT
Die im Mittelalter und in früher Neuzeit häufig verwendete Drehleier erlebte am Beginn des 18. Jahrhunderts in der im Rokoko aufkommenden französischen Schäfermode jenes spielerische, unernste und nur vorgegebene Besinnen auf die Natur, eine Nachblüte wie die Musette. Beide Instrumente waren, im Vergleich zu den älteren, sehr verbessert.

LEBEN
Charles Baton wurde um 1700 vermutlich in Paris geboren. Er war ein virtuoser Drehleierspieler. Ob er eine musikalische Stellung innehatte, ist nicht bekannt. Er starb 1758 in Paris.

WERKE
Von Charles Baton sind eine Suite und die Stücke »La Vielle amusante« und »Amusements d'une heure«, alle für zwei Drehleiern oder zwei Musetten gesetzt, überliefert. Sie treffen gut die bukolische Stimmung von Rokokoparks, in denen als Landleute verkleidete Damen und Kavaliere, mit landwirtschaftlichen Geräten in den Händen, »zurück zur Natur« spielten.

Timofei Belogradski
(um 1700 bis nach 1762)

ZEIT UND UMWELT
Die Nichte des Zaren Peter I., Anna Iwanowna (1693–1740), wurde 1730 Zarin. So schlimm ihre Regierungszeit für die wirtschaftlichen und sozialen Zustände Rußlands war, die Kulturpolitik ihres Onkels setzte die Zarin entgegen allen konservativen Strömungen fort.

LEBEN
Timofei Belogradski wurde um 1700 in der Ukraine geboren. Er kam 1733 nach Dresden, wo er bei Silvius Leopold Weiß Lautenunterricht erhielt. Im Jahr 1737 wurde er Lautenspieler der Zarin Anna Iwanowna und reiste nach deren Tod erneut nach Dresden, wo er in die Dienste des sächsischen Ministers Reichsgraf Heinrich von Brühl (1700 bis 1763) trat. Einige Jahre, nachdem Zarin Elisabeth 1741 den Thron bestiegen hatte, kehrte er nach St. Petersburg zurück, um wieder als Lautenspieler zu wirken. Er dürfte erst unter Katharina II. gestorben sein.

WERKE
Der Lautenspieler Timofei Belogradski komponierte russische Lautenlieder auf Gedichte des zeitgenössischen Dichters Aleksandr Petrowitsch Sumarokow (1718–77), die als erste Ansätze zu einer eigenständigen russischen Musikentwicklung angesehen werden dürfen.

Jean du Grain (um 1700 bis nach 1765)

ZEIT UND UMWELT
Die Bedeutung der ehemaligen preußischen Hofkapelle in Königsberg (Kaliningrad), an der durch mehr als ein Jahrhundert vorzügliche Kräfte tätig waren oder ihre Ausbildung genossen hatten, wirkte auch im 18. Jahrhundert noch nach. Immer wieder gingen aus der Stadt Musiker von Rang hervor.

LEBEN
Jean (Johann) du Grain wurde um 1700 im ehemaligen Ostpreußen geboren und vermutlich in Königsberg ausgebildet. Er dürfte in seinen jüngeren Jahren nach Frankreich gekommen sein und seinen Namen französisiert haben. Es ist nicht feststellbar, wann er in seine Heimat zurückgekehrt war, jedenfalls wirkte er von 1737 bis 1739 in Elbing (Elbląg) als Sänger. Hernach hielt er sich in Danzig (Gdańsk) und ab 1765 in Königsberg auf, wo er in einem der folgenden Jahre gestorben ist.

WERKE
Die Passion von Jean du Grain wurde jährlich bis zum Beginn des 19. Jahrhunderts in Danzig aufgeführt. Von den weiteren Werken des von den Zeitgenossen hochgeschätzten Komponisten ist nahezu nichts überlie-

fert. Auch die »Jubel-Kantate«, die er angeblich verfaßt hat, ist nicht erhalten. Einzelne sakrale Vokalmusik ist als Manuskript überliefert.

Antonio Guerrero (um 1700–76)

ZEIT UND UMWELT
Die Tonadilla der ersten Hälfte des 18. Jahrhunderts war bei spanischen Schauspielaufführungen ein kurzes, mit Refrain versehenes Gesangstück. Gegen die Mitte des Jahrhunderts war daraus eine gesungene Zwischenaktunterhaltung mit betont volkstümlichem Charakter geworden, die den italienischen Intermedien entsprach. Sie war oft mit bis zu zwölf Solisten, Chor und Orchester besetzt. Mit dem starken Eindringen italienischer Stilelemente verfiel sie.

LEBEN
Antonio Guerrero wurde um 1700 in Sevilla geboren. Er war nahezu durch sein ganzes Leben als Komponist, Regisseur und musikalischer Dramaturg mit dem Theaterleben von Madrid verbunden, wo er am Beginn des Jahres 1776 starb.

WERKE
Von dem Bühnenkomponisten und Regisseur Antonio Guerrero sind mehr als 100 Tonadillas, Sainetes (Schwänke mit Musik und Tanz als Zwischenakteinlagen zu Schauspielen), Entremeses (Intermezzi), Loas (Vorspiele zu Schauspielen) und komplette Bühnenmusiken erhalten.

LITERATUR
J. Subirá, La Tonadilla Escénica, Madrid 1928–30.

Gilles van den Eeden (um 1700–82)

ZEIT UND UMWELT
Die Umwelt bestand für den aus Flandern stammenden Meister aus der Kapelle des Kurfürsten von Köln in Bonn und seinem engeren Landsmann aus Mecheln und Freund Ludwig van Beethoven, dessen Enkel er in die Geheimnisse der Musikwelt einführte.

LEBEN
Gilles van den Eeden dürfte um 1700 im flämischen Raum geboren worden sein. Er wurde 1722 als Sänger in die kurfürstliche Kapelle in Bonn aufgenommen, wurde dort 1726 Zweiter und bald darauf Erster Organist und 1774 Hofkomponist. Nachdem er 1780 in den Ruhestand getreten war, starb er im Jahr 1782 und wurde am 20. 6. begraben.

WERKE
Gilles van den Eeden war einer der ersten Lehrer Ludwig van Beethovens. Über seine eigenen Kompositionen, die er als Hofkomponist sicherlich verfaßt hat, ist nichts bekannt.

Beethovens Großvater Ludwig van Beethoven, Gemälde von A. Radoux

Jean Lemaire (um 1700–49)

ZEIT UND UMWELT
Der Krieg um die Erbfolge Maria Theresias wurde im Jahr 1748 durch den Zweiten Aachener Frieden beendet. Die Pragmatische Sanktion wurde allseitig anerkannt. Frankreich zog einen bescheidenen Gewinn daraus, weil Österreich Parma und Piacenza an eine Seitenlinie der Bourbonen abtrat. Seine wirtschaftlichen Mittel waren aber durch den achtjährigen Krieg stark erschöpft.

LEBEN
Jean Lemaire (Le Maire) wurde um 1700 vermutlich in Paris geboren und zum Violinisten ausgebildet. Er war erster Violinist in verschiedenen Pariser Adelshäusern und ein gesuchter Violinlehrer. Er starb im Jahr 1749 in Paris.

WERKE
Das bekannteste Werk von Jean Lemaire war »Les Plaisirs de la Paix« (Die Freuden des Friedens), eine Sammlung von Triosonaten, veröffentlicht anläßlich des Abschlusses des Zweiten Friedens von Aachen. Er hinterließ weiter ein Buch Sonaten für Violine und Generalbaß. Alle anderen Werke sind verschollen. Seine Kompositionen wurden im galanten Stil gehalten.

Francisco António de Almeida
(um 1700–55)

ZEIT UND UMWELT
Endogen war die Oper in keinem Land, Italien ausgenommen, wo die ersten Opern entstanden waren. In die anderen Länder wurde sie importiert, und zwar zuerst von italienischen Operntrupps mit eigenem Orchester, die für einige Zeit seßhaft blieben, bodenständige Kräfte aufnahmen und ausbildeten, bis sich im Land selbst Opernensembles bildeten. Die Opern wurden vorerst aus Italien bezogen oder von italienischen Meistern an Ort und Stelle geschaffen. Die nächste Stufe war die Komposition einheimischer Meister von Opern im italienischen Stil auf italienische Libretti und später auf Texte in der Landessprache. Hand in Hand damit ging die Übersetzung italienischer Texte. Bis zur Endphase, zur Komposition von Opern im bodenständigen Stil, konnte es allerdings erst kommen, sobald dieser Stil auch in anderen Musikgattungen gebildet war. Die Vorstellung, daß »Oper« gleichbedeutend sei mit »Oper im italienischen Stil«, herrschte in manchen Ländern noch lange vor.

LEBEN
Francisco António de Almeida wurde um 1700 vermutlich in Lissabon geboren. Er dürfte neben seiner Opernkomposition als Kapellmeister oder Organist an einer Kirche der Stadt gewirkt haben und im Jahr 1755 in Lissabon gestorben sein.

WERKE
Von Francisco António de Almeida sind 4 Opern teilweise erhalten. Er war der erste portugiesische Komponist, der neben den aus Italien bezogenen eigene Kompositionen auf die Bühne brachte, die jedoch im italienischen Stil auf italienische Libretti komponiert waren. Er schrieb auch Kirchenmusik, die aber nicht erhalten geblieben ist.

Bartolommeo Cordans (um 1700–57)

ZEIT UND UMWELT
Welche wichtige Rolle die Oper im gesellschaftlichen Leben Italiens einnahm, kann man auch daran ermessen, daß Mönche sich ohne Schwierigkeiten der Opernkomposition widmeten und oft sogar von der Kurie von den Weihen entbunden wurden, damit sie am Opernbetrieb teilnehmen konnten.

LEBEN
Bartolommeo Cordans wurde um 1700 in Venedig geboren. Er trat in jungen Jahren in den Franziskanerorden ein, den er mit päpstlicher Erlaubnis wieder verließ, um als Opernkomponist zu wirken. Da in dieser Tätigkeit seine Erfolge nicht sehr groß waren, wurde er 1735 Domkapellmeister in Udine, wo er am 14. 5. 1757 starb.

WERKE

Außer 5 Opern, 2 Intermezzi und einem Oratorium verfaßte Bartolommeo Cordans über 60 Messen, mehr als 100 Psalmen – zum Teil doppelchörig –, eine große Anzahl Motetten und 24 Triosonaten. Seine Musik bewegt sich noch in den Bahnen des Spätbarock.

LITERATUR

G. Vale, La Cappella Musicale del Duomo di Udine, in: Note d'Archivio, 1930.

Johann Sewald Triemer (um 1700–61)

ZEIT UND UMWELT

Cembalo, Viole, Gambe und Blockflöte wurden um die Mitte des 18. Jahrhunderts verabschiedet wie das Barock. Die Musik war lauter geworden, weil sie vom intimen Rahmen der Paläste in die Konzertsäle gegangen war, und besonders, weil einzelne Instrumente, von ihrer Funktion als Füll- und Verstärkungsstimmen befreit, ihr Eigenleben erhielten und sich daher voneinander klarer abheben mußten.

LEBEN

Johann Sewald Triemer wurde um 1700 in Weimar geboren. Er wurde in Paris von Joseph Bodin de Boismortier ausgebildet. 1729 ging er nach Alkmaar und ließ sich einige Jahre später als Cellist und Cellolehrer in Amsterdam nieder, wo er 1761 starb.

WERKE

Von Johann Sewald Triemer ist eine Reihe Cellosonaten erschienen, die den Entwicklungsstand des Spieles auf diesem Instrument aufzeigen. Außerdem schrieb er eine Anzahl Psalmen.

Giovanni Battista Sammartini
(1700–75)

ZEIT UND UMWELT

Der Entwicklungsgang einzelner Komponisten der ersten Hälfte des 18. Jahrhunderts

Giovanni Battista Sammartini

kann als Modell für die Wandlung des Spätbarock zum galanten Stil der Vorklassik mit der Zielrichtung gegen die Klassik dienen. Die älteren Sinfonien dieser Meister sind zumeist drei- bis vierstimmig für Streicher gesetzt und haben in der Regel 3 Sätze. Ihr Allegro in Sonatenform, ihre gut modellierten Themen, die groß angelegten Durchführungen und die ausdrucksstarken langsamen Sätze kündigen die klassische Sinfonie an. Im Verlauf der Weiterentwicklung erhält das melodische Element mehr Gewicht und hat gewöhnlich in kleinen Zellen seine Wurzeln. Das Orchester ist mit Bläsern erweitert, Thematik und Rhythmik werden stark angereichert und mit profilierten Konstrasten ausgestattet und die Anzahl der Wiederholungen herabgesetzt; die langsamen Sätze verlieren ihre bisherige Sentimentalität und ersetzen sie durch eine dichte, tiefempfundene Lyrik.

LEBEN

Giovanni Battista Sammartini (San Martino, San Martini), Bruder des Giuseppe Sammartini, wurde 1700 in Mailand geboren. Nach seiner Ausbildung zum Organisten und Dirigenten erhielt er 1728 die Kapellmeisterstelle an Sant'Ambrogio und bei der Congregazione del Santissimo Entierro (heiligstes Grab) an San Fedele. Zwischen 1761 und 1770 war er an mindestens sieben Kirchen in Mailand als Kapellmeister tätig, wo er am 15. 1. 1775 starb.

Werke

Obgleich ein Großteil des kompositorischen Schaffens von Giovanni Battista Sammartini verlorengegangen ist, profiliert das Erhaltene ihn dennoch als eine der bedeutendsten Gestalten der italienischen Instrumentalmusik des 18. Jahrhunderts. Überliefert sind etwa 15 Klaviersonaten, 24 Flötenduette, ungefähr 50 Sonaten für Violine oder Flöte mit Generalbaß, 187 Triosonaten, 20 Streichquartette, die auch mit Flöten und Streichern gespielt werden können, 78 Sinfonien, 17 Konzerte. An sakraler Musik liegen vor: 8 Karfreitagskantaten für Soli und Orchester, 3 Messen, 4 Messenfragmente, ein Miserere, 8 Psalmen und ein Magnificat. Außerdem schrieb Sammartini 3 Opern.

Konzert in C-Dur für Viola Pomposa und Streichorchester, 3 Sätze

Es handelt sich hier um die echte Viola Pomposa, eine fünfsaitige größere Viole, und nicht um das Violoncello piccolo, das Johann Sebastian Bach so benannte. Es sind nur 5 Stücke mit diesem Instrument überliefert: 2 von Georg Philipp Telemann, eines von Johann Gottlieb Graun, eines von Cristiano Giuseppe Lidarti und das vorliegende. Das Konzert hat reine Barockfaktur. Die beiden schnellen Sätze folgen mit vier Tutti- und drei Soloabschnitten dem von Antonio Vivaldi vorgezeichneten Muster. Der Mittelsatz bringt eine kantable Arie. Man sagte, daß Antonio Vivaldi es unterlassen habe, ein Konzert für Viola Pomposa zu schreiben und Giovanni Battista Sammartini dies an seiner Stelle nachgeholt habe.

Literatur

G. Barblan, Contributo alla biografia di Giovanni Battista Sammartini, in: Festschrift E. Schenk, Wien 1962.

Michel Blavet (1700–68)

Zeit und Umwelt

Durch den Musikerkreis, mit dem sich der preußische Kronprinz Friedrich in Rheinsberg und später als Friedrich der Große (1712 bis 1786) in seinen Residenzen umgab, wurde die Querflöte zum »königlichen Instrument«, das nicht nur in den deutschen Ländern eine intensive Pflege erfuhr – auch Franzosen nahmen sich der »Deutschen Flöte« gerne an, weil ihr perlender Klang dem Zeitgeschmack wie kaum ein anderes Instrument entsprach.

Leben

Michel Blavet wurde am 13. 3. 1700 in Besançon geboren. Er ging nach seiner Ausbildung zum Flötisten nach Paris, wo sein Spiel und seine Kompositionen im Concert spirituel mit Begeisterung aufgenommen wurden. Er hielt sich zeitweilig bei Friedrich II. in Preußen auf, schlug aber ein Angebot, ständig am preußischen Hof zu bleiben, aus. Im Jahr 1738 wurde er Mitglied der Königlichen Kapelle in Versailles und 1740 des Orchesters der Oper von Paris, wo er am 28. 10. 1768 starb.

Werke

Die Instrumentalkompositionen von Michel Blavet sind der Flöte gewidmet. Er schrieb 6 Sonaten für zwei Flöten und 12 für eine Flöte mit Generalbaß, ein vierstimmiges Konzert für Flöte, zwei Violinen und Baß, außerdem mehrere Opern. Seine berühmten Quartette für Flöte, Violine, Gambe und Cello sind nicht überliefert. Er verfaßte als einer der ersten eine französische komische Oper.

James Kent (1700–76)

Zeit und Umwelt

Der gegen das Ende des 17. Jahrhunderts gebildete Stil der anglikanischen Kirchenmusik erfuhr zumindest bis weit in das 18. hinein keine wesentliche Änderung. Die bis zu jenem Zeitpunkt entwickelte Faktur wurde sozusagen als Muster beibehalten und ständig nachgeahmt. Ein Meister, der Neues bringen hätte können, fehlte. Dafür wurden die bewährten Formen erleichtert und volkstümlichen Gesängen angeglichen, wodurch sie den Großteil ihrer künstlerischen Substanz einbüßten und zu recht mittelmäßigen Stücken wurden.

LEBEN

James Kent wurde am 13. 3. 1700 in Winchester geboren. Er war von 1711 bis 1714 Chorknabe an der Kathedrale seiner Vaterstadt, darauf unter William Croft (1678–1727) an der Chapel Royal in London. Von 1717 bis 1731 wirkte er als Organist in Finedon, Northamptonshire, dann am Trinity College in Cambridge und schließlich von 1737 bis 1774 an der Kathedrale in Winchester, wo er am 6. 5. 1776 starb.

WERKE

Von James Kent sind »Twelve Anthems« (12 Anthems) und 2 Bände »A Morning and Evening Service and Eight Anthems« (Ein Morgen- und Abendservice und 8 Anthems) gedruckt worden. Weitere Werke scheinen verlorengegangen zu sein. Die Anthems wurden als eingängig und gefällig, die sich selten über eine gewisse Mittelmäßigkeit erheben, bezeichnet.

Giuseppe Sellito (1700–77)

ZEIT UND UMWELT

Buffoopern und vor allem Intermezzi liefen der ernsten Oper bald den Rang ab. Besonders die Intermezzi erfreuten sich großer Beliebtheit, die oft die des Hauptwerks überstieg. Viele Aufführungen ernster Opern wurden nur wegen der fröhlichen Intermezzi besucht.

LEBEN

Giuseppe Sellito (Selletti, Sellitti) wurde am 22. 3. 1700 in Neapel geboren. Er war Schüler am Conservatorio Santa Maria di Loreto. Nach seiner Ausbildung verfaßte er mit großem Erfolg Opern, aber vor allem Intermezzi für Neapel, Rom, Venedig, Bologna und Florenz. In den Jahren 1752 und 1753 gastierte er mit einer italienischen Operntruppe in Paris, 1760 gab er das Theater auf und wurde Kirchenmusiker, und zwar Organist an Santo Giacomo degli Spagnoli in Neapel, wo er sich auch als Gesanglehrer einen Namen machte. Er starb in Neapel am 23. 8. 1777.

Sein Bruder Giacomo Selitto (28. 7. 1701, Neapel, bis 20. 11. 1763, Neapel) wirkte in Neapel als Kapellmeister am Collegio dei Nobili.

WERKE

Neben seinen zum Teil überaus erfolgreichen rund 46 Opern verfaßte Giuseppe Selitto etliche Oratorien, Serenaden und sakrale Gesänge, außerdem eine zweistimmige Kantate, die sehr beliebt geworden ist.

Giacomo Selitto schrieb ein sehr geschätztes Stabat mater und 72 Cembalofugen.

Johann Bernhard Bach (1700–43)

ZEIT UND UMWELT

Die Zeit der Mitglieder der Familie Bach war die der »Bache« und ihre Umwelt die eigene weitverzweigte Familie, in der nahezu alle sich berufen und verpflichtet fühlten, ihr Leben der Musik zu widmen. Wirken und Leistung der zeitgenössischen und ehemaligen Angehörigen der Familie waren für jeden Vorbild, Ansporn und Auftrag, sein Bestes zu geben.

LEBEN

Johann Bernhard Bach wurde am 24. 11. 1700 in Ohrdruf als Sohn des Johann Christoph Bach (16. 6. 1671, Erfurt, bis 22. 2. 1721, Ohrdruf), ältester Bruder von Johann Sebastian Bach, geboren. Er leistete seinem Onkel in Weimar ab dem 15. Lebensjahr Kopistendienste. 1721 folgte er seinem Vater in das Organistenamt an St. Michael in Ohrdruf nach und versah es bis zu seinem Tod am 12. 6. 1743.

WERKE

Von Johann Bernhard Bach, Neffe und Schüler Johann Sebastian Bachs, sind einige Klavierstücke überliefert. Alles andere, insbesondere die Orgelstücke, die er geschrieben haben soll, ist verschollen.

LITERATUR

C. Freyse, Die Ohrdrufer Bache, Kassel 1957.

Louis Naudé (um 1701–47)

ZEIT UND UMWELT

Die Liedkunst des französischen Rokoko lehnte sich stark an die Opernariette an. Leichte, oft witzige Texte, zuweilen etwas sentimental, aber doch das Leben von der leichten Seite nehmend, erhielten eine adäquate Musik ohne jeden Tiefgang und überspielten jedes Leid und jede Tragik des Daseins.

LEBEN

Louis Naudé wurde um 1701 in Paris geboren. Er war Musiklehrer bis zu seinem Tod am 10. 5. 1747.

Jacques Naudé (um 1700, Paris, bis 6. 3. 1765, Paris) war Sänger. Er arbeitete mit Jean-Marie Leclair beim Arrangement mehrerer Ballette zusammen. In welchem Verhältnis beide zueinander standen, ist ungeklärt. Sie waren möglicherweise Brüder.

WERKE

Von Louis Naudé ist eine Anzahl Lieder überliefert.

Von Jacques Naudé sind mehrere Sammlungen mit Airs, »Zarte Lieder« und »Gassenhauer und Rundgesänge« erhalten. Die Zuschreibungen sind für beide Komponisten in manchen Fällen unsicher.

Giovanni Battista Mele (1701 bis nach 1752)

ZEIT UND UMWELT

Das Musiktheater in Spanien wurde im 18. Jahrhundert nahezu ausschließlich von der Zarzuela und den italienischen Opern bestritten, die zum Teil mit spanischen Texten aufgeführt wurden. Madrid verfügte über eine ständige italienische Oper unter italienischer Leitung, deren Personal aus Italien engagiert wurde. Es wurden auch italienische Opernkomponisten eingeladen, sich für längere Zeit in Madrid niederzulassen.

LEBEN

Giovanni Battista Mele wurde 1701 in Neapel geboren und von Gaetano Greco (um 1657–1728) am Conservatorio dei Poveri di Gesù Cristo ausgebildet. 1720 kam er als Instrumentalist an die italienische Oper in Madrid, wo er 1736 selbst seine erste Oper herausbrachte. Durch sein weiteres Schaffen erwarb er sich die Gunst des Königspaares und wurde Hofkapellmeister. 1752 kehrte er nach Neapel zurück, wo er in einem der folgenden Jahre starb.

WERKE

Außer seinen für das italienische Theater in Madrid teils mit spanischen, teils mit italienischen Texten komponierten Opern schrieb Giovanni Battista Mele 2 fünfstimmige Serenaden, eine Kantate und ein Konzert für Flöte und Streicher.

LITERATUR

A. Mondolfi, Giovanni Battista Mele, musicista felice, in: Gazzetta musicale di Napoli, 1956/6.

Johan Agrell (1701–65)

ZEIT UND UMWELT

Im 18. Jahrhundert hatte sich in Schweden bereits ein eigenständiges Musikleben gebildet, so daß Schweden zur Ausbildung nicht mehr in das Ausland gehen mußten. Insbesondere die 1477 gegründete Universität in Uppsala bot Musikstudenten ausreichende theoretische und praktische Schulung.

LEBEN

Johan Joachim Agrell (Giovanni Agrelli) wurde am 1. 2. 1701 in Löth, Ostgotland, geboren. Er studierte an der Universität in Uppsala. 1723 war er Kammerviolinist in

Kassel, und von 1746 bis zu seinem Tod am 19. 1. 1765 wirkte er als Musikdirektor in Nürnberg.

WERKE
Von dem ersten schwedischen und in Schweden ausgebildeten, in Deutschland wirkenden Musiker Johan Agrell ist eine beträchtliche Anzahl Sonaten für Cembalo - das er virtuos spielte - erhalten. Außerdem schrieb er 10 Konzerte für Cembalo, zwei Violinen, Bratsche und Cello und eines für Pianoforte in G-Dur. Handschriftlich sind ungefähr 10 Sinfonien, verschiedene Sonaten und Konzerte überliefert.

LITERATUR
P. Lindfors, En studie över Johan Agrells liv och musikaliska stil, in: Svensk Tidkrift för Musikforskning XIX, 1937.

François Rebel (1701-75)

ZEIT UND UMWELT
Mit fortschreitendem 18. Jahrhundert rückte die Oper immer mehr in den Mittelpunkt des Musikgeschehens von Paris. Die Königlichen Kapellen, die »24 violons« für die Hofgesellschaft und das Concert spirituel für das breite Publikum beschäftigten sicherlich die Elite der Interpreten und Komponisten, jedoch auch diese strebten ein Betätigungsfeld bei der Oper an, weil es am meisten für die Zukunft versprach.

LEBEN
François de Rebel wurde am 19. 6. 1701 als Sohn von Jean-Ferry Rebel (1666–1747) in Paris geboren. Er war bereits mit 13 Jahren Mitglied des Pariser Opernorchesters und wurde 1727 Mitglied der »24 violons« und Königlicher Kammerkomponist. Von 1757 bis 1767 leitete er gemeinsam mit François Francœur die Oper. 1760 wurde er vom König geadelt. Er starb am 7. 11. 1775 in Paris.

WERKE
In Zusammenarbeit mit François Francœur verfaßte François Rebel 10 Opern. Er schrieb außerdem eine Reihe von Airs, die in einem Sammelwerk erschienen sind, ein Te Deum und ein De Profundis, die im Concert spirituel mit Erfolg gesungen wurden.

Johann Gottlieb Graun (um 1702–71)

ZEIT UND UMWELT
»Schulfuchserei, Entfernung von der Natur und ängstliches Ringen mit der Kunst«, so lautete das Urteil von Christian Friedrich Daniel Schubart in seiner »Deutschen Chronik« 1775 über die Berliner Schule oder norddeutsche Schule, die aus der am Hof Friedrichs des Großen wirkenden Komponistengruppe bestand, also aus Schülern von Johann Sebastian Bach, Christoph Nichelmann, Johann Philipp Kirnberger, Johann Friedrich Agricola und Carl Philipp Emanuel Bach, weiters aus Johann Joachim Quantz, František Benda und den Brüdern Graun. Ihre Instrumentalmusik verband streng gearbeitete Kontrapunktik mit galanter, gefälliger Faktur. Altertümliche Breite und schwach differenzierte Rhythmik bildeten zu expressiver Harmonik und Dynamik wohl interessante Kontraste, aber es fehlte ihnen die künstlerische Unmittelbarkeit. Alles wirkte überlegt und nach vorgefaßten Regeln konstruiert.

LEBEN
Johann Gottlieb Graun wurde 1702 oder 1703 in Wahrenbrück, Sachsen, geboren. Nach einem elementaren Unterricht bei Johann Zacharias Grundig (1. 8. 1669, Berggießhübel, bis 14. 6. 1721, Dresden) war er von 1713 bis 1721 Schüler der Kreuzschule in Dresden, wo ihn Johann Georg Pisendel zum Violinisten ausbildete. In Prag setzte er diese Ausbildung bei Giuseppe Tartini fort. Im Jahr 1726 erhielt er die Konzertmeisterstelle in Merseburg, um 1728 wirkte er in der Kapelle der Reichsfürsten von Waldeck in Arolsen, 1732 berief ihn Kronprinz Friedrich von Preußen in sein Orchester, wo er bis zu seinem Tod am 27. 10. 1771 verblieb.
Sein Bruder August Friedrich Graun (1698 oder 1699, Wahrenbrück, bis 5. 5. 1765,

Merseburg) war Kantor an der Domschule in Merseburg.

WERKE

Die Hauptaufgabe in der Königlichen Hofkapelle Friedrichs des Großen bestand für Johann Gottlieb Graun darin, ständig für neue Kammermusik zu sorgen. Er erfüllte sie mit 26 Sonaten für Soloinstrumente, ungefähr 200 Triosonaten, 10 Quintetten und Quartetten, 97 Sinfonien, 17 französischen Ouvertüren, mehr als 60 Konzerten für ein oder mehrere Soloinstrumente mit Orchester; außerdem verfaßte er einige Vokalkompositionen und Lieder. Obwohl die Kammermusik nur für den preußischen Hof geschrieben wurde, verbreitete sie sich bald über ganz Norddeutschland und begründete durch ihre italienische Homophonie, die von Kanons und Fugen unterbrochen wird, den typisch norddeutschen vorklassischen Stil. Die Instrumentation ist konservativ und berücksichtigt Klangfarben und spezielle Techniken der einzelnen Instrumente wenig. Seine unter dem Einfluß ehemaliger Violinlehrer verfaßten Violinkonzerte überragen alles andere an Qualität.

Von August Friedrich Graun ist ein vierstimmiges Kyrie und Gloria erhalten.

Triosonate in F-Dur für Oboe, Violine und Generalbaß (Cello und Cembalo), 4 Sätze

Gerade diese Sonate zeigt deutlich auf, wie peinlich in der Berliner Schule die Barocktradition gepflegt wurde. Im einleitenden Larghetto voll elegischem Ausdruck ist die Oboe Melodieträger, während sie von der Violine mit in Bewegung aufgelösten Harmonien begleitet wird. Im anschließenden polyphonen Allegro sind beide Instrumente gleichwertig nebeneinandergeführt. Eine ständig wiederkehrende Synkope charakterisiert den Satz. Das Siciliano des 3. Satzes bringt eine dunkel gefärbte Melodik und anmutige stilisierte Tanzrhythmen. Das abschließende Allegro wirkt dagegen etwas steif.

Triosonate in G-Dur für zwei Violinen und Generalbaß, 3 Sätze

Alle 3 Sätze verarbeiten das gleiche Material, ein Dreiklangmotiv, das aber nicht variiert, sondern nur in wechselnder Form gebracht wird und sich in jedem Satz frei entfaltet. Im 1. Satz – Adagio – wird die melodische Substanz mit starkem Ausdruck vorgestellt, im 2. – Allegro – synkopiert und drängend bewegt und im 3. – Allegro – spielerisch aufgelöst. Ansätze zu einer klassischen Durchführung bleiben allerdings in den Anfängen stecken.

Triosonate in c-Moll für zwei Violinen und Generalbaß, 3 Sätze

Das Thema des einleitenden Adagio wird auch in den 2 folgenden Sätzen verarbeitet, was zu einer geschlossenen Einheitlichkeit führt. Synkopen geben dem ganzen Werk ein lebhaftes Kolorit, steigende und fallende Sexten prägen seine Eigenart ansprechend aus.

LITERATUR

E. Bücken, Die Musik des Rokokos, Potsdam 1928.

Enrique Villaverde (1702–74)

ZEIT UND UMWELT

Der gelehrte Benediktiner Benito Jerónimo Feijóo y Montenegro (1676–1764) war einer der ersten spanischen Essayisten und muß als erster Vertreter der Aufklärung in Spanien angesprochen werden. Er versuchte, an alle Phänomene unseres Daseins das Maß der Vernunft anzulegen; an die Stelle gläubiger Bewunderung wollte er die rationale Erklärung setzen. Dieser Bruch mit der Tradition ist in Oviedo, der Stadt seines Wirkens, auch in der Musik deutlich erkennbar.

LEBEN

Enrique Villaverde wurde 1702 in Cañizar, Guadalajara, geboren. Nach seiner Ausbildung in Toledo erhielt er 1724 die Kapellmeisterstelle an der Basílica del Salvador in Oviedo, die er bis zu seinem Tod am 2. 5. 1774 betreute.

WERKE

Die Kirchenmusik von Enrique Villaverde – Messen, Motetten, Psalmen, Hymnen, Lamentationen, Miserere, Sequenzen, Totenoffizien und Villancicos – folgen dem von Italien übernommenen Stil, der das Barock schon hinter sich läßt.

Francisco Corselli (1702–78)

ZEIT UND UMWELT
Mit Antonio Farnese starb das Geschlecht der Herzoge von Parma im Mannesstamm aus. Das Herzogtum mit Piacenza, wie die Großmächte bereits mit den Verträgen von London (1718), Den Haag (1720) und Sevilla (1729) trotz der Proteste von Papst und Kaiser festgelegt hatten, fiel an Don Carlos, den späteren spanischen König Karl III.

LEBEN
Francisco Corselli (Courselle) wurde 1702 in Parma geboren und wirkte zunächst dort als herzoglicher Kapellmeister. Als Don Carlos nach Madrid übersiedelte, um als Karl III. den spanischen Thron einzunehmen, folgte ihm Corselli und wurde Kapellmeister der Real Capilla und Musiklehrer der Infanten. Er starb am 3. 1. 1778 in Madrid.

WERKE
Von Francisco Corselli, der in Italien und Spanien eine Reihe von Opern herausgebracht hatte, sind ferner 30 Messen, zahlreiche Miserere, Litaneien, Psalmen, Kantaten, Villancicos und verschiedene andere liturgische Kompositionen handschriftlich erhalten. Sie sind wie alle seine Opern im italienischen Stil der Zeit gehalten.

LITERATUR
A. Solar Quintes, El compositor Francisco Corselli, in: Anuario musical VI, 1951.

José de Nebra (1702–68)

ZEIT UND UMWELT
Der Brand des königlichen Schlosses in Madrid im Jahr 1734 vernichtete das gesamte kirchenmusikalische Repertoire der Hofkapelle. Es bedurfte intensiver Bemühungen, ein neues zu sammeln, indem man Abschriften aus ganz Spanien anfertigen ließ. Vieles blieb jedoch unwiederbringlich verloren. Es wurde durch neue Kompositionen ersetzt, was aber die Verluste für die Traditionspflege und die spanische Musikgeschichte nicht wettmachen konnte.

LEBEN
José de Nebra wurde am 6. 1. 1702 in Calatayud, Zaragoza, geboren. Er war Organist im Kloster der Descalzas Reales in Madrid, wurde Zweiter Organist der Real Capilla und 1751 Vizekapellmeister. Nach der Vernichtung des Kirchenmusikrepertoires beim Brand des königlichen Schlosses arbeitete er mit Antonio Literes Carrión (1675–1747) am Neuauffüllen der Bestände, zum Teil mit eigenen Kompositionen. Er starb am 11. 7. 1768 in Madrid.

WERKE
Um das verbrannte kirchenmusikalische Notenmaterial der Königlichen Kapelle zum Teil zu ersetzen, komponierte José de Nebra eine Anzahl Messen, Psalmen und Litaneien, außerdem schrieb er ein achtstimmiges Requiem zum Tod der Königin Barbara de Bragança im Jahr 1758. Für die Bühne komponierte er ungefähr 20 Zarzuelas.

LITERATUR
N. A. Solar-Quintes, El compositor español José de Nebra, in: Anuario musical IX, 1955.

Jean-Pierre Guignon (1702–74)

ZEIT UND UMWELT
Der von Giovanni Battista Somis in Turin gegründeten piemontesischen Violinistenschule gehörten mehrere namhafte Virtuosen und Komponisten an. Ein Teil davon suchte sich ein Betätigungsfeld in Paris, wo sie ein begeistertes Publikum für ihre Kunst fanden und lukrative Positionen erhielten.

LEBEN
Jean-Pierre Guignon (Giovanni Pietro Ghignone) wurde am 10. 2. 1702 in Turin geboren und dort von Giovanni Battista Somis ausgebildet. Im Jahr 1725 trat er bereits in Paris im Concert spirituel auf. Anschließend begründete er seinen Ruf mit mehreren Konzertreisen durch die französischen Provin-

zen. Schon 1733 erreichte ihn der Ruf, als Mitglied der Königlichen Kapelle und als Kammermusiker nach Versailles zu kommen. Ab 1746 war der Musikerzieher des Dauphin. Er starb am 30. 1. 1774 in Versailles.

WERKE

Obwohl Jean-Pierre Guignon als Virtuose und Komponist italienische Stilformen vorzog, war er in Paris äußerst erfolgreich. Seine 12 Sonaten für Solovioline und Baß, die 6 Sonaten für zwei Celli, Violon und Fagott, die 6 Sonaten für zwei Violinen und Querflöte, die 6 Triosonaten und die weiteren Instrumentalsonaten und Konzerte waren wegen ihrer melodischen Ausgewogenheit und ihren stark variierten Rhythmen äußerst beliebt. Er soll auch eine große Sinfonie für Jagdhörner geschrieben haben. Überliefert sind auch einige Messen von geringerer Bedeutung.

LITERATUR

La Laurencie, Un musicien piémontais, in: Rivista Musicale Italiana XVIII, 1911.

Siegmund Christoph Graf von Schrattenbach, aus einem Gemälde von R. Barducci (?)

Johann Ernst Eberlin (1702–62)

ZEIT UND UMWELT

Das Barock war in Salzburg bis weit in das 18. Jahrhundert hinein wirksam, und zwar, um es summarisch auszudrücken, vorwiegend der positive Aspekt dieser Kulturepoche, denn der ideologische Hintergrund hatte sich im anbrechenden Zeitalter der Aufklärung bereits überlebt. Das heißt, daß Ausdruckskraft, künstlerische Tiefe, Wille zur absoluten Schönheit der Formung, in sich geschlossene Architektonik über die Barockzeit hinaus bestehenblieben und in den neuen Stil eingebunden wurden. Ohne die lange anhaltenden Impulse der Salzburger Barocktradition hätte es nie zur Vollendung der Wiener Klassik kommen können. Bezeichnend ist für die Stadt, daß sie weit stärker als anderswo das Schuldrama bis zum Jahr 1796 lebendig erhielt, das alljährlich am jeweiligen Schuljahrende der Universität von Studenten aufgeführt wurde und Vertonungen namhafter Komponisten brachte.

LEBEN

Johann Ernst Eberlin wurde am 27. 3. 1702 in Jettingen bei Burgau, Bayern, geboren und am Jesuitenkolleg in Augsburg zum Organisten ausgebildet. Von 1721 bis 1723 studierte er in Salzburg Rechtswissenschaft, wechselte sodann zur Musik über und wurde 1726 fürsterzbischöflicher Hoforganist. Fürsterzbischof Andreas Jakob Graf von Dietrichstein (1689–1753) ernannte ihn 1749 zum Hofkapellmeister und dessen Nachfolger, Siegmund Christoph Graf von Schrattenbach (1698–1771), zum Titular-Truchseß. Er starb in Salzburg am 21. 6. 1762.

Hornwerk und Walzenorgel (Salzburger Stier) auf der Feste Hohensalzburg

WERKE

Von Johann Ernst Eberlin sind lediglich 9 Orgeltoccaten gedruckt worden. Alle anderen Werke des äußerst fruchtbaren Komponisten - 23 Sinfonien als Einleitungsmusik zu Bühnenstücken, 3 dreisätzige Sinfonien im Stil der Vorklassik, ein Divertimento, 2 Cembalosonaten, 248 Orgelversetten, 4 Stücke für das mechanische Orgelwerk in Hellbrunn, 5 Stücke für das Hornwerk der Feste Hohensalzburg, rund 60 Messen, 18 Requiem, 2 Te Deum, 30 Litaneien, 70 Offertorien, 3 Introitus, 34 Vespern, 9 Miserere, 5 Regina coeli, ein Tenebrae und 7 kleinere sakrale Stücke - liegen nur handschriftlich vor. Außerdem verfaßte er 3 Opern, die verschollen sind, 22 Oratorien, von denen »Christus verurteilt«, »Augustinus« und »Der Blut schwitzende Jesus« am bekanntesten geworden sind, 3 musikalische Schwänke und etwa 60 Musiken zu Schuldramen.

Johann Ernst Eberlin muß als die stärkste Musikerpersönlichkeit der Salzburger Musikgeschichte zwischen Heinrich Ignaz Franz Biber (1644–1704) und Leopold Mozart bezeichnet werden.

Neun Toccaten mit Fugen

Die Toccaten weisen ohne Ausnahme die Struktur von Präludien auf. Jede führt jeweils eine Grundfaktur durch. Toccata I bringt Akkordbrechungen und eine einfache Fuge. Die folgenden Toccaten bestehen aus einer akkordbegleiteten Melodie oder aus ostinat rhythmisierten Figuren oder Synkopenhäufungen. Doppelfugen treten dreimal auf. Das Stück zeigt in seiner ungekünstelten, echt empfundenen Art den süddeutsch-österreichischen Stil des Musizierens am Vorabend der Klassik.

LITERATUR

C. Schneider, Geschichte der Musik in Salzburg, Salzburg 1935.

Charles Demars (1702–74)

ZEIT UND UMWELT

Neben den großen Violinisten wirkten in Frankreich im 18. Jahrhundert nicht wenige Cembalisten an der Fassung und Vertiefung der vorklassischen Klaviermusik. Die Musiktradition des Landes war zu mächtig, um von fremden Einflüssen überschattet zu werden. Es wurde jede Anregung wohl übernommen, aber in den Entwicklungsstrom der französischen Musik integriert.

LEBEN

Charles Demars (de Mars) wurde am 28. 4. 1702 in Sézanne, Champagne, geboren. Er erhielt 1728 die Organistenstelle an der Kathedrale in Vannes, Morbihan, und betreute sie bis 1774, dann übersiedelte er nach Paris, wo er kurz darauf starb.

Sein Bruder Jean-Odéo Demars (2. 2. 1695, Sézanne, bis 7. 2. 1756, Paris) war Organist an St-Jacques-de-la-Boucherie und an St-Nicolas-du-Chardonnet in Paris.

WERKE

Von Charles Demars ist ein Buch mit Cembalostücken erhalten, die ihn eindeutig als Vorklassiker einstufen.

Von Jean-Odéo Demars sind Gesänge für die Demoiselles der Maison Royale de Saint-Cyr überliefert.

Franz Anton Meichelbeck (1702–50)

ZEIT UND UMWELT

Das Münster Unserer Lieben Frau in Freiburg im Breisgau geht auf eine spätromanische Gründung des 12. Jahrhunderts zurück. Es erhielt durch mehrere Um- und Zubauten in der Mitte des 14. Jahrhunderts seine heutige Gestalt. Für den Hochaltar schuf Hans Baldung (1484–1545) in den Jahren 1512 bis 1516 sein Hauptwerk. Die Orgel des Münsters war immer nur mit vorzüglichen Meistern besetzt.

LEBEN

Franz Anton Meichelbeck (Meichelpeck, Maichelbeck) wurde am 6. 7. 1702 in Mitterzell, Reichenau, getauft. Er studierte ab 1721 in Freiburg im Breisgau Theologie und Musik, ging 1725 für 2 Jahre nach Rom und wirkte ab 1728 als Organist am Münster zu Freiburg, wo er am 14. 6. 1750 starb.

WERKE
Während sein »Die auf dem Clavier lehrende Caecilia« ein Lehrbuch mit Übungsstücken war, brachte sein »Die auf dem Clavier spielende Caecilia« 8 Cembalosonaten im vorklassischen Stil. Seine Messen und Chöre sind nicht erhalten.

LITERATUR
C. Schweitzer, Franz Anton Meichelbeck, in: Freiburger Diözesan-Archiv LXIV, 1936.

Johann Schneider (1702–88)

ZEIT UND UMWELT
Reine Orgelkomponisten waren am wenigsten geneigt, die neuen Stilformen des 18. Jahrhunderts anzunehmen, weil für sie die Vielfältigkeit ihres Instruments von den großen Meistern jüngst verflossener Zeit voll ausgeschöpft worden war und angesichts der dadurch gewonnenen großartigen Klangbilder der aufgekommene empfindsame Stil eine starke Verarmung bedeutet hätte.

LEBEN
Johann Schneider wurde am 17. 7. 1702 in Lauter bei Coburg geboren. Er war sowohl in Köthen wie später in Leipzig Schüler von Johann Sebastian Bach. Im Jahr 1721 wurde er Hoforganist in Saalfeld, 1726 als Violinist Kammermusikus in Weimar und 1730 Organist an der Nicolaikirche in Leipzig, wo er am 15. 1. 1788 starb.

WERKE
Von Johann Schneider ist nur Orgelmusik erhalten. Seine Choralbearbeitungen erreichten eine beachtliche künstlerische Höhe und lassen den Lehrer deutlich erkennen.

LITERATUR
R. Sietz, Die Orgelkompositionen des Schülerkreises um Johann Sebastian Bach, in: Bach-Jahrbuch XXXII, 1935.

Alessandro Besozzi (1702–93)

ZEIT UND UMWELT
Für Musiker, die im ersten Viertel des 18. Jahrhunderts in die Dienste des Herzogs von Parma, Antonio Farnese, traten, dauerte es nur einige Jahre, bis sie sich nach einem anderen Betätigungsfeld umsehen mußten, denn sowohl die Hofkapelle wie die Gardemusik wurden nach dem Tod des Herzogs (1731) aufgelöst, weil das Herzogtum in die Hände des spanischen Königshauses geriet und die Kapellen neu besetzt wurden.

LEBEN
Alessandro Besozzi wurde am 22. 7. 1702 in Parma als Sohn des Oboisten Cristoforo Besozzi (1661, Mailand, bis 11. 10. 1725, Piacenza) geboren. 1728 trat er wie seine Brüder Giuseppe Besozzi (1686, Mailand, bis 22. 12. 1760, Turin) und Paolo Girolamo Besozzi (17. 4. 1704, Parma, bis 26. 7. 1778, Turin) als Oboist in den Dienst des Großherzogs von Parma. Nach dessen Tod kamen alle drei Brüder an die Hofkapelle in Turin, wo Alessandro Kammervirtuose wurde. Er unternahm mit den Brüdern ausgedehnte Konzertreisen; sie traten auch in Paris im Concert spirituel auf. Alessandro Besozzi starb am 26. 7. 1793 in Turin.
Die Söhne von Giuseppe Besozzi, Antonio Besozzi (1714, Parma, bis 1781, Turin) – Oboist an der Dresdner Hofkapelle – und Gaetano Besozzi (25. 2. 1725, Piacenza, bis 1798, London), waren weltbekannte Oboisten und Fagottisten.

WERKE
Von Alessandro Besozzi sind etwa 100 Kammermusikwerke für ein, zwei und drei Instrumente – zumeist mit Oboe oder Fagott – erschienen, die der Entwicklung der Bläsermusik starke Impulse verliehen.

Heinrich Nikolaus Gerber (1702–75)

ZEIT UND UMWELT
Daß Werk und Name von Johann Sebastian Bach nach dessen Tod nahezu in Vergessen-

heit geraten sei, ist eines der Märchen pseudohistorischer Biographien. Die Vielzahl von Schülern des Thomaskantors trugen Ruhm und Lehre des Meisters weiter, so daß sein Andenken nie erlosch, wenn auch sein Werk nur von wenigen beachtet und erst über ein Jahrhundert später wieder auf den ihm zukommenden Platz gerückt wurde.

LEBEN

Heinrich Nikolaus Gerber wurde am 6. 9. 1702 in Wenigen-Ehrich bei Sondershausen geboren. Er war während seines rechtswissenschaftlichen Studiums in Leipzig Schüler von Johann Sebastian Bach. Nach seinem Organistendienst in Heringen wurde er ab 1728 fürstlicher Hoforganist in Sondershausen und versah diese Stelle bis zu seinem Tod am 6. 8. 1775.

Sein Sohn Ernst Ludwig Gerber (29. 9. 1746, Sondershausen, bis 30. 6. 1819, Sondershausen) war Lexikograph, Organist und Cellist.

WERKE

Die zahlreichen Cembalowerke - Konzerte, Menuette, Suiten - und die Orgelkompositionen - Trios, figurierte Choräle, Präludien und Fugen, Konzerte, Inventionen - von Heinrich Nikolaus Gerber sind Manuskript geblieben. Sie können der Vorklassik zugerechnet werden. Der Komponist beschäftigte sich auch mit Orgelbauproblemen und erfand ein Xylophon mit Klaviatur.

Als Komponist brachte Ernst Ludwig Gerber einige Klavier- und Orgelstücke und mehrere Stücke für Bläser heraus, denen keine große Bedeutung beigemessen werden kann. Sein Hauptverdienst lag auf dem Gebiet der Musik-Lexikographie. Sein »Historisch-Biographisches Lexicon der Tonkünstler« in 2 Bänden und die Ergänzung »Neues historisch-biographisches Lexikon der Tonkünstler« in 4 Bänden haben noch heute einen bedeutenden Wert.

Jean Laurent de Béthizy (1702–81)

ZEIT UND UMWELT

Das bereits im 17. Jahrhundert sehr intensive Musikleben von Paris erfuhr im 18. Jahrhundert eine weitere Verstärkung. Die Tätigkeit der öffentlichen Musiktheater und die allgemein zugänglichen Konzerte trugen die Musik in die breiten Massen und erweckten ein steigendes Interesse, selbst zu musizieren. Daher fanden Musiklehrer jeder Art Schüler genug.

LEBEN

Jean Laurent de Béthizy (Béthisy) wurde am 1. 11. 1702 in Dijon geboren. Er ließ sich in Paris als Musiklehrer nieder und erfreute sich wegen seiner Vielseitigkeit großen Zuspruchs. Es ist unbekannt, ob er auch als ausübender Musiker tätig war. Er starb am 19. 10. 1781 in Paris.

WERKE

Neben einem von Johann Mattheson (1681 bis 1764) heftig angegriffenen musiktheoretischen Werk sind von Jean Laurent de Béthizy 2 Kantaten überliefert, die viel gesungen wurden. Über weitere Kompositionen ist nichts bekannt.

John Travers (um 1703–58)

ZEIT UND UMWELT

Die Dichtungen von Matthew Prior (1664 bis 1721), der mit seinen anakreontischen Versen das englische Rokoko einleitete, werden heute noch gedruckt und gelesen. Ihr eleganter Stil lud nachgerade zu ihrer Vertonung ein.

LEBEN

John Travers wurde um 1703 vermutlich in London geboren. Er war Chorknabe an St. Georg's Chapel in Windsor und darauf Schüler von Johann Christoph Pepusch. Im Jahr 1725 wurde er Organist an St. Paul's, sodann an Covent Garden und darauf an Fulham Church; 1737 nahm ihn die Chapel Royal in gleicher Eigenschaft auf. Er versah diesen Dienst bis zu seinem Tod im Juni 1758.

WERKE

Von der zahlreichen Kirchenmusik, die John

Travers komponierte, sind ein Service in F-Dur und ein Te Deum in D-Dur sehr bekannt geworden. Er brachte neben etlichen Anthems in 2 Bänden eine ein- bis fünfstimmige Psalmvertonung mit Cembalo-Generalbaß heraus. Weitreichende und lange andauernde Beliebtheit erreichte er mit seinen »18 Canzonetten für zwei und drei Stimmen« auf Texte von Matthew Prior. Man könnte sagen, daß damit das englische Rokokolied seinen Anfang genommen hat. Manches davon wird heute noch gesungen. 12 Voluntaries für Orgel oder Cembalo wurden posthum publiziert.

Carl Heinrich Graun (um 1703–59)

Carl Heinrich Graun, Stich von V. D. Preissler, 1752

ZEIT UND UMWELT

Christian Gottfried Krause veröffentlichte 1753 eine Sammlung von 31 »Oden mit Melodien« von Johann Friedrich Agricola, Carl Philipp Emanuel Bach, František Benda, Christoph Nichelmann, Georg Philipp Telemann, der Brüder Johann Gottlieb und Carl Heinrich Graun und von ihm selbst auf Texte, die vorwiegend von Johann Wilhelm Ludwig Gleim (1719–1803) und Friedrich von Hagedorn (1708–54) stammten. Er gründete damit die »Berliner Liederschule«. In den Jahren 1756 bis 1763 brachte Friedrich Wilhelm Marpurg die dreibändige Sammlung »Berlinische Oden und Lieder« heraus, die das gegen den Stil der Opernarie gerichtete Programm der Schule endgültig festlegte. Volkstümlichkeit, Einfachheit und Gemeinverständlichkeit waren das an die Lieder gestellte Postulat; sie sollten »von jedem Munde ohne Mühe angestimmt werden können«.

LEBEN

Carl Heinrich Graun wurde 1703 oder 1704 als Bruder von Johann Gottlieb Graun in Wahrenbrück geboren. Er besuchte von 1714 bis 1721 die Kreuzschule in Dresden und wurde dort neben dem Musikunterricht zum Tenoristen ausgebildet, so daß er 1725 als Opernsänger nach Braunschweig gehen konnte. Im Jahr 1727 war er bereits Vizekapellmeister der Oper; 1735 wurde er an den Hof des nachmaligen Königs Friedrich II. berufen, der ihn 1740 zum Hofkapellmeister und Leiter der Königlichen Oper in Berlin bestellte. Er starb am 8. 8. 1759 in Berlin.

WERKE

An Instrumentalmusik schuf Carl Heinrich Graun ungefähr 100 Triosonaten, 30 Cembalokonzerte, einige Flötenkonzerte für König Friedrich II., ein Hornkonzert, ein Concerto grosso, 2 Orchestermärsche und Gelegenheitsstücke. Seine Stärke lag jedoch in der Vokalmusik. Neben über 33 Opern für Braunschweig und Berlin verfaßte er die Passionskantate »Der Tod Jesu«, die bis 1884 alljährlich am Karfreitag in Berlin gegeben wurde, ein Te Deum anläßlich des Sieges Friedrichs des Großen bei Prag (1757), 3 weitere Passionskantaten, 3 Trauermusiken, 27 Kirchenkantaten, mehrere Messen und Kurzmessen (nur mit Kyrie und Gloria), ein weiteres achtstimmiges Te Deum und einige lateinische und deutsche Motetten. Außerdem schrieb er etwa 100 weltliche, zumeist italienische Kantaten und »außerlesene Oden« auf Texte deutscher Dichter und schließlich eine Anzahl Lieder, mit denen er seinen Beitrag zur Begründung der »Berliner Liederschule« leistete; sie wurden in verschiedene Sammlungen aufgenommen. Seine vierstimmige Vertonung des wortkühnen Textes von Friedrich Gottlieb Klopstock (1724 bis 1803), »Auferstehen, ja auferstehen«, fand weite Verbreitung.

LITERATUR

C. Mennicke, Zur Biographie der Brüder Graun, in: Neue Zeitschrift für Musik LXXI, 1904.

Johann Gottlob Harrer (1703–55)

ZEIT UND UMWELT

Das Ableben des Thomaskantors Johann Sebastian Bach wurde mit wenigen Ausnahmen vom Leipziger Publikum mit geringem Bedauern zur Kenntnis genommen. Es hatte ihn mit seinem Konservativismus schon seit längerer Zeit für überlebt und unzeitgemäß gehalten. Man verstand nicht, daß er die Stilentwicklung seiner Zeit ebenso wie die anderen zeitgenössischen Komponisten mitgemacht und nur die alten bewährten Formen beibehalten hatte. Man erfaßte nicht, daß er die neuen künstlerischen Ideen des Jahrhunderts zwar nicht zu gefälligen, seichten Gebilden formte, aber bis in ihre Tiefe ausschöpfte und damit eben höhere Anforderungen an das Publikum stellte als andere.

LEBEN

Johann Gottlob Harrer wurde 1703 in Görlitz geboren. Er studierte in Leipzig, dann in Italien auf Kosten des Reichsgrafen Heinrich von Brühl, in dessen Kapelle er ab 1731 wirkte. Der Reichsgraf verhalf ihm auch 1750 zum Thomaskantorat in Leipzig nach Johann Sebastian Bach. Er starb am 9. 7. 1755 in Karlsbad (Karlovy Vary).

WERKE

Das kompositorische Interesse von Johann Gottlob Harrer bezog sich vor allem auf instrumentale Werke. Er schrieb 27 Sinfonien, 24 Orchestersuiten, 3 Oboentrios, 51 Duette für Flöten, mehrere Konzerte, Cembalosonaten und eine Sinfonia. Die Vokalmusik ist mit einer Messe a cappella, 2 Messen mit Orchester, mehreren Oratorien, Passionen, Psalmen, Motetten und 47 Kantaten vertreten. Alles gehört dem empfindsamen Stil an.

LITERATUR

A. Schering, Der Thomaskantor Johann Gottlob Harrer, in: Bach-Jahrbuch XXVIII, 1931.

Matthew Dubourg (1703–67)

ZEIT UND UMWELT

Die kleinen privaten Konzertunternehmer in London trugen viel dazu bei, daß das Interesse für Musik bei den breiten Volksschichten wach blieb. Sie förderten auch Talente aus dem Volk, die sonst vermutlich nicht zur Entfaltung gekommen wären.

LEBEN

Matthew Dubourg wurde 1703 in London geboren. Er lernte als Autodidakt Violine und trat im »Konzertsaal« des Kohlenhändlers Thomas Britton mit einem Solo von Arcangelo Corelli auf. Von da an stieg seine Karriere steil an. Er wurde Kapellmeister in Dublin und 1752 Leiter der King's Band in London, wo er, hoch geehrt, am 3. 7. 1767 starb.

WERKE

Von Matthew Dubourg sind nur wenige Kompositionen erhalten. Es handelt sich um einige Gelegenheitswerke und Violinkonzerte, außerdem um Konzertstücke für Bläser. Von den Zeitgenossen wurden seine Solokadenzen (die nicht aufgezeichnet sind) bei Violinkonzerten gerühmt. Er war ein Vollblutmusiker, der sich mit eigener Kraft zum Virtuosen, Dirigenten und Komponisten emporentwickelte.

Karlmann Kolb (1703–65)

ZEIT UND UMWELT

Der österreichisch-süddeutsche Orgelstil der ersten Hälfte des 18. Jahrhunderts war stark von Italien beeinflußt und daher leicht und gefällig, ohne größeren Tiefgang. Er verlief im Rahmen des empfindsamen Stils der Zeit. Auch die sakralen Werke waren zumeist auf dem Cembalo oder dem Pianoforte ausführbar und unterschieden sich von profanen Fakturen kaum merklich.

LEBEN

Karlmann Kolb wurde 1703 in Köstlarn, Bayern, geboren. An der Benediktinerabtei Aschbach erhielt er als Chorknabe seinen ersten Musikunterricht. Er trat in den Orden ein, übernahm aber die Erzieherstelle in einer Adelsfamilie in München, die er bis zu seinem Tod im Jahr 1765 innehatte.

WERKE

Die von Karlmann Kolb komponierten Orgelstücke – Präludien, Fugen, Versetten, Kadenzen und Postludien – wurden für den kirchlichen Gebrauch bestimmt, aber im von Italien beeinflußten leichten, stark profaner Musik angenäherten Stil gehalten, wie dieser in der ersten Hälfte des 18. Jahrhunderts auch in Süddeutschland und Österreich um sich gegriffen hatte. Sie konnten auch auf dem Cembalo oder dem Pianoforte gespielt werden und gleichen guter Unterhaltungsmusik für diese Instrumente. Ihre kühne Chromatik erweckte allgemeines Interesse.

John Frederick Lampe (1703–51)

ZEIT UND UMWELT

Liedersammlungen, von denen es in England bereits im 17. Jahrhundert eine Fülle gab, wurden im 18. Jahrhundert von den Musikverlagen in noch gesteigerter Menge herausgebracht, weil die Publikumsnachfrage sich ständig verstärkte. Daher vermehrte sich auch die Liedkomposition. Nachgeahmte oder nur geringfügig veränderte Opernarien, harmonisierte Volkslieder oder dem Volkston angenäherte Kunstlieder erfreuten sich großer Beliebtheit; zu einer typisch englischen Liederschule kam es allerdings nicht.

LEBEN

John Frederick Lampe (Johann Friedrich) wurde 1703 in Sachsen geboren und kam um 1725 als Fagottist an die Londoner Oper. Er trat bald als Komponist hervor, verließ die Oper 1748, um seine Lieder auf Konzertreisen von seiner Frau, der bekannten Sängerin Isabella Young (um 1710, London, bis um 1770, vermutlich London), vortragen zu lassen. Nach einem zweijährigen Aufenthalt in Dublin ging das Paar nach Edinburgh, wo der Komponist am 25. 7. 1751 starb.
Sein Sohn Charles John Frederick Lampe (um 1730, London, bis nach 1769, London) war ab 1758 Organist von All Hallows in Barking und ab Mai 1763 auch an Covent Garden in London.

WERKE

Neben einer Reihe von Bühnenstücken – Opern, Maskenspiele, Burlesken – verfaßte John Frederick Lampe eine große Anzahl Lieder, die in verschiedene Sammelwerke aufgenommen wurden und über seinen Tod hinaus beliebte Konzertnummern bildeten.
Von Charles John Frederick Lampe ist ein einziges Catch erhalten. Alles andere ist verschollen.

René Bousset (1703–60)

ZEIT UND UMWELT

Die von Nicolas Bernier und Antoine Calvière vertretene Linie der Verschmelzung italienischer und französischer Stilelemente setzte die Bemühungen von Michel-Richard Delalande, den klassischen Barockstil von Versailles aufzulockern und vor einer endgültigen Erstarrung zu bewahren, fort. Der französische Stil des 18. Jahrhunderts bewegte sich aber von italienischen Einflüssen weg, weil in Frankreich genügend Talente vorhanden waren, eine eigenständige Entwicklung zu schaffen, nachdem einmal die Panzer der höfischen Musik gesprengt waren.

Jean-Baptiste Rousseau

LEBEN

René Bousset, Sohn von Jean-Baptiste Drouart de Bousset (1662–1725), wurde am 15. 2. 1703 in Paris geboren. Er war Schüler von Nicolas Bernier und Antoine Calvière und wurde, nachdem er an verschiedenen Kirchen als Organist gewirkt hatte, 1755 Organist an Notre-Dame und 1756 an St-Merry. Die zuletzt genannte Stelle betreute er bis zu seinem Tod am 19. 5. 1760.

WERKE

Die 8 Oden auf Texte von Jean-Baptiste Rousseau (1670–1741), die René Bousset schrieb, wurden mehrmals aufgelegt. Auch seine Sammlungen von Airs sérieux et à boire und von sakralen Kantaten wurden von den Zeitgenossen sehr geschätzt.

Nicolas Gilles Forqueray (1703–61)

ZEIT UND UMWELT

Obwohl die Viola da gamba in Frankreich in der ersten Hälfte des 18. Jahrhunderts dank einiger großer Meister des Instruments noch einen hohen Aufschwung erlebte, kam auch dort die Zeit, in der das schöne Instrument vom Cello abgelöst wurde. Auch die Familien, in denen die Gambe zum traditionellen Instrument geworden war, stellten sich um, griffen entweder zum Cello oder wandten sich der Orgel zu, die alle Wandlungen auf dem Gebiet der Musikinstrumente überdauerte.

LEBEN

Nicolas Gilles Forqueray wurde am 15. 2. 1703 in Chaumes-en-Brie als Großneffe des berühmten Gambisten Antoine Forqueray (1672–1745) geboren. Er wirkte als Organist König Ludwigs XV. und gleichzeitig ab 1726 an St-Laurent, ab 1731 an Des Innocents, ab 1740 an St-Merry und ab 1757 an St-Séverin. Er starb am 22. 10. 1761 in Chaumes-en-Brie.

Sein Onkel Michel Forqueray (15. 2. 1681, Chaumes-en-Brie, bis 30. 5. 1757, Montfort-l'Amaury), Neffe von Antoine Forqueray, war ab 1703 Organist an St-Martin-des-Champs und von 1704 bis 1757 an St-Séverin.

Sein weiterer Onkel, Jean-Baptiste Antoine Forqueray (3. 4. 1699, Paris, bis 15. 8. 1782, Paris), Sohn von Antoine Forqueray, war als Violist Mitglied der Königlichen Kammermusik.

Ein dritter Onkel, Jean-Baptiste Forqueray (um 1728, Paris, bis um 1760, Paris), ebenfalls Sohn von Antoine Forqueray, war Gambist und Organist an St-Merry in Paris.

WERKE

Von Nicolas Gilles Forqueray sind neben Orgelstücken Airs in verschiedene Sammelwerke aufgenommen worden.

Von Michel Forqueray sind alle Orgelkompositionen, die er verfaßt haben soll, verlorengegangen.

Von Jean-Baptiste Antoine Forqueray sind 3 Stücke für Viola da gamba und Generalbaß überliefert.

Von Jean-Baptiste Forqueray sind ebenfalls einige Gambenstücke erhalten, die ebenso wie die seines Bruders an die Kompositionen des Vaters Antoine Forqueray nicht heranreichen.

LITERATUR

L. Forqueray, Musiciens d'autrefois: les Forqueray et leurs descendants, Paris 1911.

Dieudonné Raick (1703–64)

ZEIT UND UMWELT

Da es im niederländischen Raum auch in der ersten Hälfte des 18. Jahrhunderts zu keiner öffentlichen Konzerttätigkeit kam, blieb das Musikgeschehen vorwiegend den Kathedralen vorbehalten, deren Kapellmeister und Organisten jedoch über ihren Wirkungskreis hinaus auch profane Musik schrieben und veröffentlichten.

LEBEN

Dieudonné Raick wurde am 1. 3. 1703 in Lüttich getauft. Er war Chorknabe der Kathedrale von Antwerpen und wirkte als Organist von 1621 bis 1626 in Antwerpen, ab 1727 in Löwen, von 1741 bis 1757 an Sint Baafs in Gent und schließlich erneut an der Kathedrale von Antwerpen, wo er am 30. 11. 1764 starb.

WERKE

Gedruckt sind von Dieudonné Raick eine Anzahl Cembalosuiten, 3 Cembalosonaten und 6 kleine Suiten für Cembalo, Flöte oder Violine erschienen. Seine Kirchenmusik, die er angeblich verfaßt hat, ist verschollen. Die Cembalostücke lassen die Nachfolge François Couperins erkennen.

Georg Andreas Sorge (1703–78)

ZEIT UND UMWELT

Uns sind die temperierten Skalen, wie diese nunmehr bereits seit ungefähr 200 Jahren verwendet werden, eine solche Selbstverständlichkeit geworden, daß es uns nicht leichtfällt, die Auseinandersetzungen über die verschiedenen Stimmungen, die das 17. und 18. Jahrhundert bewegten, nicht nur zu verstehen, sondern auch mitzufühlen. Unsere Hörgewohnheiten sind eben nicht die gleichen geblieben, so daß wir die »Schärfe« der temperierten Töne und die »Gewaltsamkeit« der Enharmonik nicht mehr spüren. Wir können aber aus der Heftigkeit der Diskussionen entnehmen, wie schwierig es war, den Weg der Temperatur zu beschreiten, der erst den Höhenflug ermöglichte, den die Musik in den folgenden Zeiträumen nahm.

LEBEN

Georg Andreas Sorge wurde am 21. 3. 1703 in Mellenbach bei Schwarzburg, Thüringen, geboren. Er war von 1721 bis zu seinem Tod am 4. 4. 1778 Hof- und Stadtorganist sowie Lehrer in Lobenstein.

WERKE

Vom umfangreichen kompositorischen Werk von Georg Andreas Sorge sind »Clavierübungen über 18 Sonatinen«, »Clavierübungen aus 24 Praeludia durch den ganzen Circulum Modorum«, »Clavier-Toccata per omnem circulum Modorum«, »12 Menuette für Clavier und Violine« (oder Flöte), 2 Flötenpartien, 6 Klavierpartien, 24 Präludien für Schüler, außerdem handschriftlich 3 Bach-Fugen erhalten. Bedeutender als seine Kompositionen, die stark von Johann Sebastian Bach beeinflußt wurden, sind seine musiktheoretischen Lehrwerke und Abhandlungen, die sich mit Kompositionspraxis, der Temperatur der Skalen und dem Stimmen von Orgeln beschäftigten.

Giovanni Battista Pescetti
(um 1704–66)

ZEIT UND UMWELT

Es war im 17. und 18. Jahrhundert in Italien keine seltene Erscheinung, daß erfolgreiche Opernkomponisten im vorgerückten Alter die Organisten- oder Kapellmeisterstelle einer Kirche annahmen. Das wirkte für den Profanierungsprozeß der Kirchenmusik des Landes beschleunigend. Die opernhafte Faktur der Musik dieser Kirchenmusiker erinnerte stark an ihr früheres Betätigungsfeld, und die Kirchenbesucher hatten nichts dagegen einzuwenden, einen Stil zu hören, an den sie durch die Oper gewöhnt waren.

LEBEN
Giovanni Battista Pescetti wurde um 1704 in Venedig geboren. Er war ein Schüler von Antonio Lotti und schrieb nach seiner Ausbildung zuerst gemeinsam mit Baldassare Galuppi und sodann selbständig von 1726 bis 1738 jährlich eine Oper für die Operntheater Venedigs. Im Jahr 1739 wurde er in London Leiter des Covent Garden Theatre und 1740 des King's Theatre, kehrte jedoch noch in den vierziger Jahren nach Italien zurück und brachte dort erneut eine Reihe von vorwiegend komischen Opern heraus, bis er 1762 zur Kirchenmusik überwechselte und Zweiter Organist am Markusdom wurde. Er versah diesen Dienst bis zu seinem Tod am 20. 3. 1766.

WERKE
Außer seinen 26 zum Teil sehr erfolgreichen Opern schrieb Giovanni Battista Pescetti 9 Cembalosonaten, einige Messesätze und Orgelstücke, Kantaten, zahlreiche Arien und ein Oratorium. Seine Musik stand im Stildenken des Opernmannes.

Gian Andrea Fioroni (1704–78)

ZEIT UND UMWELT
Die Ausstrahlung der von Herzog Ludovico Sforza (1451–1508) als zweitälteste 1483 in Mailand gegründeten Musikschule, die Erkenntnisse der alten Meister der Polyphonie und ihre kompositorischen Leistungen hatten bis weit in die Neuzeit hinein ihre Wirkung nicht verloren. Immer wieder entstanden in der lombardischen Hauptstadt, in Rom, Florenz und Bologna Musikerpersönlichkeiten, die die alte Polyphonie und Kontrapunktik beherrschten und streng befolgten.

LEBEN
Gian Andrea Fioroni wurde 1704 in Pavia geboren. Er war Schüler des bedeutenden Kontrapunktisten Leonardo Leo in Neapel. Von 1747 bis zu seinem Tod am 19. 12. 1778 wirkte er ununterbrochen als Kapellmeister am Dom von Mailand.

WERKE
Die zahlreichen sakralen Kompositionen von Gian Andrea Fioroni sind streng kontrapunktisch gearbeitet. Seine »Ingressae et Responsoria Missarum« für alle Festtage des Domes waren sehr lang in Verwendung. Er hat außerdem auch eine Oper verfaßt.

Hubert Renotte (1704–45)

ZEIT UND UMWELT
Das Zusammengehörigkeitsgefühl der alten Musiklandschaft des franko-flämischen Raums war auch noch in Zeiten, in denen seine »Schule« nicht mehr lebendig war, wirksam. Französische Musiker fanden ebensoleicht in flämischen Gebieten ein Betätigungsfeld, wie Flamen bei französischen Kapellen willkommen waren.

LEBEN
Hubert Renotte wurde am 24. 2. 1704 in Outre-Meuse getauft. Er war zunächst Gesanglehrer in Tongeren, darauf von 1730 bis 1735 Phonascus an St-Martin in Lüttich und schließlich bis zu seinem Tod am 23. 6. 1745 Organist der Lütticher Kathedrale St-Lambert.

WERKE
Von Hubert Renotte sind 6 Sonaten für Querflöte und Continuo, 6 Triosonaten und mehrere Cembalostücke erhalten, die dem herrschenden französischen Stil folgen. Von seiner Kirchenmusik sind nur Vespern und ein vierstimmiges Magnificat mit Violinen und Orgel handschriftlich überliefert.

Carlos de Seixas (1704–42)

ZEIT UND UMWELT
Die profane Musik in Portugal bestand im 18. Jahrhundert vorwiegend aus italienischen Opern und spanischen Zarzuelas, die durch die portugiesischen Texte nur wenig an Eigenständigkeit gewannen. Auch die Kirchenmusiker verfaßten ihre Sonaten und Toccaten für den sakralen Gebrauch. Daß

dabei anstelle der Orgel auch das Cembalo verwendet wurde, war in vielen Fällen nicht einmal beabsichtigt.

LEBEN
José António Carlos de Seixas wurde am 11. 6. 1704 in Coimbra geboren. Er war ab 1718 Domorganist in Coimbra und 1720 Organist der Königlichen Kapelle in Lissabon, die ab 1721 von Domenico Scarlatti geleitet wurde. Er starb am 25. 8. 1742 in Lissabon.

WERKE
Nach zeitgenössischen Quellen soll Carlos de Seixas über 700 Toccaten für Orgel verfaßt haben, etwa 100 davon sind belegbar. Jedenfalls ist er noch immer unter die größten Komponisten Portugals für Tasteninstrumente zu reihen. Außerdem schrieb er 10 Messen, ein Te Deum für vier Chöre, eine Ouvertüre in D-Dur und eine Sinfonie in B-Dur für Orchester.

LITERATUR
M. S. Kastner, Carlos de Seixas, Coimbra 1947.

Lorenzo Fago (1704–93)

ZEIT UND UMWELT
An den Konservatorien in Neapel wurden ganze Familien ausgebildet. Die Lern- und Lehrstellen wurden von einer Generation zur nächsten weitergereicht, damit auch das Wissen, Können und schließlich die späteren Wirkungskreise.

LEBEN
Lorenzo Fago wurde am 13. 8. 1704 in Neapel als Sohn des Nicola Fago geboren. Er war nach seiner Ausbildung am Conservatorio della Pietà de'Turchini zunächst Organist an San Gennaro in Neapel, sodann ab 1737 Lehrer am Konservatorium, aus dem er hervorgegangen war. Er wirkte dort nach dem Ableben von Leonardo Leo (1744) als Kapellmeister bis zu seinem Tod am 30. 4. 1793.
Sein Sohn Pasquale Fago (um 1740, Neapel, bis 1794, Neapel) war ebenfalls Organist an San Gennaro.

WERKE
Von Lorenzo Fago ist eine Anzahl sakraler Musik – Messen, Offertorien – überliefert. Sein Stil war der seines Vaters.
Pasquale Fago hat einige Opern verfaßt, die in Neapel aufgeführt wurden, aber nicht erhalten sind.

LITERATUR
E. Faustini-Fasini, Il Tarantino e la sua famiglia, Tarent 1931.

Giovanni Battista Costanzi (1704–78)

ZEIT UND UMWELT
Die Dome, Basiliken und Kirchen Roms mit ihren Kapellen und Chören, die Kapellen des Vatikans und der ihm unterstellten Institutionen, die Privatkapellen der Kardinäle und die Adelshäuser boten seit dem Beginn der Renaissance und schon früher zahlreichen Talenten ein weites Betätigungsfeld. Diese kulturelle und politische Metropole war und blieb mit ihrer Fülle an musikalischen Darbietungen und ihren nahezu zur Alltäglichkeit gewordenen Höchstleistungen ihrer Musiker – konservativ und traditionsbeladen und dennoch für jede Neuerung geöffnet – die erste Musikstadt der Welt im wahren Sinn des Wortes.

LEBEN
Giovanni Battista Costanzi (Giovannino di Roma) wurde am 3. 9. 1704 in Rom geboren. Er trat 1725 als Cellist in den Dienst des Kardinals Pietro Ottoboni und nach dessen Tod in den des Kardinals Troiano Acquaviva d'Aragona, war gleichzeitig an verschiedenen Kirchen Roms Kapellmeister und schließlich von 1755 bis zu seinem Tod am 5. 3. 1778 in gleicher Eigenschaft an der Cappella Giulia tätig.

WERKE
Neben 7 in Rom uraufgeführten Opern verfaßte Giovanni Battista Costanzi 3 Orato-

rien, ein geistliches Schauspiel, eine vorzügliche Kantate, »La fenice« (Der Phönix), und zahlreiche Kirchenmusik – Messen, Messeteile, Offertorien, andere Proprien, Responsorien, Vespern, Litaneien. Der Stil der sakralen Musik ist zwar konzertant, unterscheidet sich jedoch von dem seiner Opern wesentlich. Kompositionen für das Cello, das er meisterhaft spielte, sind keine überliefert.

František Ignác Tůma (1704–74)

ZEIT UND UMWELT

Nachdem Kaiserin Maria Theresia ihre Hofkapelle auf ein Minimum reduziert und die Musikpflege am Wiener Hof praktisch ihr Ende gefunden hatte, übernahmen einzelne Adelshäuser der Stadt das Musikmäzenatentum und statteten ihre Hauskapellen mit den Kräften aus, die vom Kaiserhof entlassen oder von vornherein nicht aufgenommen wurden.

LEBEN

František Ignác Tůma (Franz Seraf Ignaz Anton Tuma) wurde am 2. 10. 1704 in Adlerkosteletz (Kostelec nad Orlici) geboren. Er wurde in Prag ausgebildet, kam als Gambist zum Hofstaat des Grafen Franz Ferdinand Kinský, der ihn ungefähr 1727 nach Wien mitnahm und dort zu seinem Kapellmeister ernannte. Im Jahr 1742 wurde er Kapellmeister der Kaiserinwitwe Elisabeth Christine

Maria Theresia und Franz I. mit ihren Kindern

von Braunschweig-Wolfenbüttel (1691–1750) und lebte nach deren Tod von seiner Pension; 1768 trat er in das Praemonstratenserkloster Geras, Niederösterreich, ein. Er starb am 30. 1. 1774 in Wien.

Werke
Von den stark an Antonio Caldara und Johann Joseph Fux angelehnten kirchenmusikalischen Werken von František Ignác Tůma sind 53 Messen und zahlreiche andere Gesänge erhalten. Er verfaßte außerdem eine große Anzahl Sonaten, Sinfonien und Partiten, bei denen auch die Gambe viel beschäftigt wird. Sein vierstimmiges Stabat mater für Chor und Orgel, seine Passionsgesänge werden noch heute fallweise aufgeführt, wie man seine Triosonate in A-Dur, seine dreistimmigen Partiten für zwei Violinen, Cello und Generalbaß in G-Dur, c-Moll und A-Dur und seine vierstimmige Sinfonia für Streicher und Generalbaß in e-Moll zuweilen spielt.

Literatur
O. Ball, Franz Tuma, Wien 1901.

Jean Barrière (um 1705–47)

Zeit und Umwelt
Der Gebrauch des Cello als Soloinstrument setzte in Frankreich um einiges später ein als in Deutschland oder Italien. Die Viola da gamba, deren Spiel um das Ende des 17. Jahrhunderts seine höchste Vollendung erfuhr, entsprach mit ihrem süßen Klang sowohl der barocken Welt wie dem Rokoko. Erst durch das Vorbild einiger Cellovirtuosen aus dem Ausland bürgerte sich das neue Instrument ein.

Leben
Jean Barrière wurde um 1705 in Bordeaux geboren. Er wurde in Paris von den Brüdern Pierre Philippe Saint-Sevin (um 1700, Agen, bis 15. 5. 1768, Paris) und Pierre Saint-Sevin (um 1700, Agen, bis März 1777, Paris) zum Musiker, besonders zum Cellisten ausgebildet. Von 1736 bis 1739 vervollständigte er seine Ausbildung in Rom. Sodann ließ er sich als Cellist und Cellolehrer in Paris nieder, wo er am 6. 6. 1747 starb. Er hatte als einer der ersten Franzosen das Cello als Soloinstrument anstelle der Gambe eingesetzt.

Werke
Von Jean Barrière sind 4 Bücher Sonaten für Cello und Generalbaß erschienen, außerdem Sonaten für Diskantviole mit Continuo und eine Sammlung Cembalostücke. Stilistisch fügte sich diese Musik dem zeitgenössischen Rokoko ein.

César François Nicolas Clérambault
(um 1705–60)

Zeit und Umwelt
Die französische Tradition des Orgelspiels und der Orgelkomposition entwickelte sich nahezu unabhängig von der deutschen. Die in Deutschland bis zur Vollendung kultivierte Fuge wurde dort weit weniger gepflegt, dafür aber der mehrstimmige Satz über das Barock hinaus ausgebaut und vertieft und damit der bis heute spezifische, von allen anderen deutlich unterschiedene französische Orgelsatz gebildet.

Leben
César François Nicolas Clérambault wurde als Sohn von Louis-Nicolas Clérambault um 1705 in Paris geboren. Er folgte seinem Vater in alle Organistenposten, die dieser innegehabt hatte, und starb am 30. 10. 1760 in Paris.

Werke
Von César François Nicolas Clérambault sind einige sehr klangvolle Kantaten und ein Divertissement – aufgeführt 1729 im Concert spirituel – erhalten. Seine Orgelkompositionen sind verlorengegangen.

James Oswald (um 1705–69)

Zeit und Umwelt
Der Musikverleger und Instrumentenhändler John Simpson (um 1680 bis um 1747) brachte

in London neben sehr interessanter älterer Musik und zeitgenössischen Werken anonyme Kompositionen heraus, die von Standespersonen oder solchen, die sich dafür hielten, verfaßt waren.

LEBEN

James Oswald wurde um 1705 vermutlich in Dunfernline geboren. Er war dort ursprünglich Tanzmeister und trat 1734 mit seinen ersten Kompositionen hervor. Zwei Jahre darauf übersiedelte er nach Edinburgh und wirkte dort als Violinist, Organist, Komponist und Tanzlehrer. Im Jahr 1741 ging er nach London, wo er die Protektion des Prince of Wales Frederick Louis und der Prinzessin Augusta von Sachsen-Gotha genoß. Er dürfte als Musikerzieher des Sohnes des Prinzenpaares, George, des nachmaligen Königs Georg III., herangezogen worden sein. Er starb im Januar 1769 in London.

WERKE

Ein Teil der kompositorischen Werke von James Oswald, die vorwiegend aus Liedern bestanden, ist nicht feststellbar, weil er eine Anzahl seiner Kompositionen anonym oder unter einem Pseudonym wie andere Standespersonen jener Zeit bei John Simpson oder über die »Society of the Temple of Apollo« veröffentlichte. Seine Lieder sind, so weit man sie kennt, sehr ansprechend und lehnen sich an zeitgenössische Rokokomusik an.

José de Orejón y Aparicio
(um 1705–65)

ZEIT UND UMWELT

Das von Francisco Pizarro (um 1478–1541) im Jahr 1535 gegründete Lima, jetzt Hauptstadt von Peru, wurde bald zum Brennpunkt der spanischen Kolonisation Südamerikas und zum Herzen der Macht Spaniens in der Neuen Welt. Der Grundstein zur ersten Kathedrale der Stadt wurde im selben Jahr gelegt. Der erste Erzbischof zog 1545 ein, nachdem ein Jahr zuvor der erste spanische Vizekönig die Regierung der Kolonie übernommen hatte. Im 18. Jahrhundert bildete sich eine eigenständige Kirchenmusik aus, die allerdings noch stark von der spanischen abhängig war.

LEBEN

José de Orejón y Aparicio wurde um 1705 in Huacho, Lima, geboren. Er war Schüler des aus Spanien eingewanderten Tomás de Torrejón y Velasco (1644–1728), von 1742 bis 1760 Organist und sodann bis zu seinem Tod im Mai 1765 Kapellmeister an der Kathedrale von Lima.

WERKE

Von den kirchenmusikalischen Werken des José de Orejón y Aparicio, Messen, Passionen, Chorwerke, sind »Pasión del Viernes Santo« (Karfreitagspassion) für Tripelchor und Orchester, »Aria al Santisimo Sacramento« (Sakramentsgesang) für Singstimme, zwei Violinen und Generalbaß und »Contrapunto a la Concepsión de Nuestra Señora« (Kontrapunktik zu Maria Empfängnis) am meisten bemerkenswert. Sie folgen dem spanischen Barockstil.

Charles Stroud (um 1705–26)

ZEIT UND UMWELT

Die Umweltbedingungen des 18. Jahrhunderts waren noch für alle in jener Zeit Lebenden äußerst ungünstig und lebensbedrohend. Der Mangel jeder Hygiene, die Hilflosigkeit der Medizin jeder ernsten Erkrankung gegenüber, die niedrige Lebensqualität aller Gesellschaftsschichten, auch der höchsten, setzten die durchschnittliche Lebenserwartung sehr niedrig an, wenn auch mancher ein patriarchalisches Alter erreichte. Ständig grassierende Epidemien reduzierten die an sich hohe Kinderzahl, Jugendliche fielen der Tuberkulose zum Opfer.

LEBEN

Charles Stroud wurde um 1705 in London geboren. Er erhielt seine musikalische Ausbildung als Chorknabe der Chapel Royal unter William Croft, wurde nachher dessen Hilfskraft an der Orgel und schließlich Organist an Whitehall Chapel. Er starb am 26. 4. 1726.

WERKE
Der früh verstorbene begabte Charles Stroud hinterließ als Beweis seiner Befähigung als Komponist das Anthem »Hear my prayer, O God« (Höre mein Gebet, o Gott), das noch durch lange Zeit in den Kathedralen Englands gesungen wurde.

William Hine (um 1705–77)

ZEIT UND UMWELT
Wenn der Vorwurf des Traditionalismus und Konservativismus die Musik der Universitäten Cambridge und Oxford nicht ganz unberechtigt traf, zeigte sich dennoch, daß dieses strenge Regulativ für das gesamte sakrale Musikgeschehen Englands eine gewisse Notwendigkeit darstellte. Das beweist sich schon dadurch, daß gerade die liturgische Musik, die von diesen Zentren kam, am längsten im Gebrauch der Kathedralen stand.

LEBEN
William Hine wurde um 1705 in England geboren. Er war von 1729 bis 1731 Organist an St. Mary's Church in Shrewsbury, sodann bis 1734 an der Kathedrale in Worcester und darauf Organist und Chorleiter am Magdalen College in Oxford, wo er 1740 zum Professor ernannt wurde. Er starb am 27. 7. 1777 in Oxford.
Eine verwandtschaftliche Beziehung zu William Hine, geboren 1687 in Brightwell, kann nicht angenommen werden.

WERKE
Von William Hine liegt nur liturgische Musik vor, die streng konservativ gehalten ist, aber bis in das 20. Jahrhundert in anglikanischen Kirchen gesungen wurde, weil sie alle Merkmale einer gehobenen Wortausdeutung aufweist und sehr klangvoll ist.

Georg Franz Waßmuth
(um 1705–66)

ZEIT UND UMWELT
Die Ausstrahlung der älteren Wiener Schule, die trotz starkem Traditionsbewußtsein die Vorklassik einleitete oder zumindest vorbereitete, reichte weit über die Grenzen Österreichs hinaus und fand gerade in Würzburg, das sich von französischen Einflüssen frei hielt, ihre Jünger.

LEBEN
Johann Georg Franz Waßmuth (Wasmuth) wurde um 1705 in oder bei Würzburg geboren. Um 1729 trat er der fürstbischöflichen Kapelle als Violinist bei, wurde 1730 Hoforganist und Chorregent und schließlich 1737 Kapellmeister. Er starb 1766 in Würzburg.

WERKE
Von Georg Franz Waßmuth sind 16 Serenaten, 8 Burlesken, zahlreiche Messen, Konzerte, Partiten und Sinfonien mit verschiedenen Besetzungen erhalten. Sein Stil läßt seine Schulung an den Werken der Wiener Vorklassiker deutlich erkennen.

Louis Mercy (um 1705 bis um 1750)

ZEIT UND UMWELT
Die Ablöse der Blockflöte durch die Querflöte fand in der ersten Hälfte des 18. Jahrhunderts auch in England statt. Ein solcher Abtausch von alten Instrumentenformen durch neue traf manchen Virtuosen, der viel Zeit und Mühe aufgewendet hatte, um seinen hohen Geläufigkeitsgrad zu erreichen, sehr hart, weil es nahezu unmöglich war, das gleiche auf dem neuen Instrument zu erlernen. Es kam zu verzweifelten Anstrengungen, das gefährdete Instrument zu verbessern und damit zu erhalten, aber das Publikum wandte sich früher oder später mitleidlos dem Neuen zu. Ähnliche Vorgänge kann man beim Wechsel von der Laute zur Gitarre, von der Violenfamilie zu den Violinen und vom Cembalo zum Klavier beobachten.

LEBEN
Louis Mercy (Merci) wurde um 1705 vermutlich in Frankreich oder in England von französischen Eltern geboren. Er bildete sich zum bedeutenden Blockflötenvirtuosen aus, geriet aber in die Zeit, in der auch in England die Querflöte die Längsflöte verdrängte. Auch die Versuche, Ton und Spielmöglichkeiten der Blockflöte zu verbessern, vermochten den Zug der Zeit nicht zu hemmen. Er starb um 1750 vermutlich in London.

WERKE
Von den 12 Solokonzerten für Blockflöte von Louis Mercy wurden 6 für Querflöte, Violine oder die verbesserte Längsflöte arrangiert. Außerdem sind von ihm 2 Sammlungen von Stücken für Blockflöte und Fagott (oder Cello) erhalten. Seine übrigen Kompositionen für sein Instrument sind nicht überliefert.

Pancrace Royer (1705–55)

ZEIT UND UMWELT
Die Kontakte der Hofkapelle von Turin zu den Pariser Kapellen waren sehr eng, so daß Kräfte aus dem Piemont in der französischen Hauptstadt leicht Aufnahme fanden, zumal die Schulung in Turin als vorzüglich bekannt war.

LEBEN
Joseph Nicolas Pancrace Royer wurde 1705 in Turin geboren und vermutlich dort ausgebildet. Er kam sodann 1725 als Cembalist nach Paris, dirigierte von 1730 bis 1733 das Opernorchester, wurde 1734 Mitglied der Königlichen Kapelle, 1748 Dirigent des Concert spirituel und 1753 königlicher Kammermusiker. Er starb in Paris am 11. 1. 1755.

WERKE
Außer einer Reihe sehr erfolgreicher Opern und Ballettopern für Paris verfaßte Pancrace Royer brillante Cembalostücke, Sonaten und eine Ode, »An das Glück«, für Singstimme und Orchester.

Carlo Broschi (1705–82)

ZEIT UND UMWELT
Das 18. Jahrhundert war in Italien die Zeit der großen Violinisten und der großen Sän-

Severino Gazzelloni, Virtuose auf allen Flötentypen

ger. Der Belcanto mancher Kastraten verdrängte Kontraaltisten und Sängerinnen von der Bühne, weil sie nie die Tonreinheit und Tonstärke der männlichen Sopranisten erreichen konnten, und für die grobe Verletzung der Würde eines Menschen durch die Verstümmelung hatten die Opfer, die Täter und das Publikum weder Verständnis noch Sinn.

LEBEN

Carlo Broschi, der allgemein unter dem Namen Carlo Farinelli bekannt war, wurde am 24. 1. 1705 in Andria, Apulien, geboren. Er war Schüler des berühmten Kastratensängers Gaetano Majorano, der sich Caffarelli nannte (12. 4. 1710, Bitonto, bis 31. 1. 1783, Neapel), und des Komponisten Nicola Antonio Porpora in Neapel. Er feierte seine Triumphe als Sänger in Neapel, Rom, Bologna, Wien, London, Paris und in Madrid, wo er als Günstling des Hofes durch 22 Jahre das Königliche Theater und das gesamte Musikleben des Hofes leitete. Als reicher Mann kehrte er 1759 nach Italien zurück und lebte von 1761 bis zu seinem Tod am 16. 9. 1782 in Bologna.

WERKE

Die Instrumentalkompositionen von Carlo Broschi sind verschollen, dafür beweisen seine überlieferten Arien, daß er nicht nur ein hervorragender Sänger, sondern auch ein echter Musiker war.

Carlo Broschi, genannt Farinelli

Johann Matthäus Leffloth (1705–31)

ZEIT UND UMWELT

Die Organistenfamilie Pachelbel hat der Orgelkomposition und dem Orgelspiel in ganz Süddeutschland und Österreich starke Impulse verliehen. Besonders die nachfolgenden Orgelmeister von Nürnberg standen im verstärkten Maß unter ihrem Einfluß.

LEBEN

Johann Matthäus Leffloth wurde am 6. 2. 1705 in Nürnberg getauft. Er war vermutlich Schüler von Wilhelm Hieronymus Pachelbel. Auf einer Reise durch Europa bildete er sich weiter. Im Jahr 1723 erhielt er die Organistenstelle an St. Leonhard und 1731 an St. Bartholomäus in Nürnberg, wo er im gleichen Jahr starb und am 2. 11. begraben wurde.

WERKE

Trotz seines frühen Ablebens konnte sich Johann Matthäus Leffloth einen Namen als Organist und Cembalist machen und beträchtliche, von den Zeitgenossen sehr geschätzte Kompositionen schaffen. Er schrieb ein Divertimento für Cembalo, eine Ratswahlkantate, ein Konzert in D-Dur für Cembalo und Flöte oder Violine und eines in F-Dur für Cembalo und Violine. Seine Sonaten und Fugen für Cembalo sind verlorengegangen. Eine Gambensonate wurde lang Georg Friedrich Händel zugeschrieben.

Johann Elias Bach (1705–55)

ZEIT UND UMWELT

Die Zeit der Bach-Generation nach Johann Sebastian war geneigt, alles Vergangene als antiquiert abzutun und sich modern und fortschrittlich zu gebärden. Dabei übersahen diese Fortschrittlichen, daß sie vom »überwundenen« Thomaskantor bereits überholt waren, ehe sie die ersten Schritte im Reich der Musik machten.

LEBEN

Johann Elias Bach wurde am 12. 2. 1705 in Schweinfurt als Sohn des Johann Valentin Bach geboren. Er studierte Theologie in Jena und dann während seines vierjährigen Aufenthaltes in Leipzig bei Johann Sebastian Bach Musik. Ab 1743 bis zu seinem Tod am 30. 11. 1755 war er Kantor in Schweinfurt.

WERKE

Die Kirchenkantaten für 2 Jahre von Johann Elias Bach, die von Zeitgenossen gerühmt wurden, sind bisher nicht aufgefunden worden.

Michael Scheuenstuhl (1705–70)

ZEIT UND UMWELT

Johannes Sigismund Scholze (20. 3. 1705, Lobendau bei Liegnitz, bis 27. 9. 1750, Leipzig) veröffentlichte unter dem Pseudonym Sperontes die Odensammlung »Singende Muse an der Pleisse«, die bekannten Melodien angepaßt wurde. Ihre Baßbegleitung bestand in vielen Fällen aus Murkybässen. Diese primitive Kompositionstechnik wurde von einigen zeitgenössischen Liederkomponisten übernommen.

LEBEN

Michael Scheuenstuhl wurde am 3. 3. 1705 in Gutenstetten, Mittelfranken, geboren. Er war ab 1722 Organist in Wilhermsdorf und ab 1729 an St. Michael in Hof, wo er 1752 auch Rektor der Mädchenschule wurde und am 26. 7. 1770 starb.

WERKE

Von Michael Scheuenstuhl wurde nur Klaviermusik im galanten Stil veröffentlicht, vor allem Murkys, die diese primitive Liedbegleitung nachahmen, ferner Tanzsuiten und drei unbegleitete Konzerte, die offenbar von Johann Sebastian Bach abhängen.

Balthasar Schmid (1705–49)

ZEIT UND UMWELT

Trotz des wirtschaftlichen Niedergangs von Nürnberg blieb die Stadt ein Musikzentrum des deutschen Raumes und zugleich auch ein Zentrum des Instrumentenbaues und des Musikdruckes. Verleger, Drucker und Stecher brachten eine Fülle zeitgenössischer Musik auf den Markt.

LEBEN

Balthasar Schmid (Schmidt) wurde am 20. 4. 1705 in Nürnberg getauft. Er studierte an der Leipziger Universität und eröffnete 1729 in Nürnberg einen Musikverlag, in dem er bis 1738 nur eigene Kompositionen herausbrachte. Dann stach, druckte und verlegte er eine beträchtliche Anzahl von Musikwerken zeitgenössischer Komponisten. Neben seiner verlegerischen Tätigkeit wirkte er ab 1733 an St. Margareth, ab 1737 an der Augustinerkirche und ab 1743 auch noch an St. Walburg als Organist. Er starb in Nürnberg im Jahr 1749 und wurde am 27. 11. begraben.

WERKE

Der Musikverleger Balthasar Schmid veröffentlichte eine große Anzahl Cembalowerke, die dem galanten Stil angehörten und wegen ihrer beachtlichen Qualität sehr geschätzt wurden.

Henri Jacques de Croes (1705–86)

ZEIT UND UMWELT

Prinz Karl Alexander von Lothringen (1712 bis 1780), Schwager der Kaiserin Maria Theresia, war Oberbefehlshaber der österreichischen Truppen gegen Friedrich den Großen. Im Jahr 1757 beendete er seine wenig erfolgreiche militärische Laufbahn und zog sich in die österreichischen Niederlande zurück, wo er seit 1748 Gouverneur war.

LEBEN
Henri Jacques de Croes wurde am 19. 9. 1705 in Antwerpen getauft. Er war ab 1723 Violinist und Vizekapellmeister an St-Jacques in Antwerpen und ab 1729 in Regensburg am Hof der Thurn und Taxis. Im Jahr 1744 ging er nach Brüssel und wirkte ab 1749 als Hofkapellmeister des Gouverneurs der österreichischen Niederlande, Prinz Karl Alexander von Lothringen. Er starb in Brüssel am 16. 8. 1786.

WERKE
Von Henri Jacques de Croes sind 15 Messen für vier Stimmen und Instrumente, ein Requiem und 34 Motetten für alle hohen Kirchenfeiertage, außerdem Sinfonien, Flöten- und Violinkonzerte, Sonaten und Divertimenti erhalten. Seine Musik folgt französischen Stilformen.

LITERATUR
S. Clercx, Henri Jacques de Croes, compositeur et maître de chapelle du prince Charles de Lorraine, Brüssel 1940.

Johann Peter Kellner (1705–72)

ZEIT UND UMWELT
Kopien von Werken bedeutender Meister, die deren Schüler für das eigene Studium anfertigten, sind äußerst wichtige Quellen der musikgeschichtlichen Forschung, weil die Originale nicht selten unauffindbar sind. Der Vergleich mehrerer Kopien ermöglicht erst die Kenntnis authentischer Fassungen mit ihren Entwicklungsphasen.

LEBEN
Johann Peter Kellner wurde am 28. 9. 1705 in Gräfenroda, Thüringen, geboren. Er wurde in seinem Geburtsort, in Zella und in Suhl ausgebildet und wirkte als Kantor in Frankenheim, Thüringen, von 1725 bis 1728 und anschließend bis zu seinem Tod am 19. 4. 1772 in Gräfenroda. Er dürfte Schüler von Johann Sebastian Bach, mit dem er jedenfalls, wie mit Georg Friedrich Händel, gut bekannt war, gewesen sein.

WERKE
Wir verdanken Johann Peter Kellner eine Reihe sehr wertvoller Kopien von Werken Johann Sebastian Bachs und dessen Generalbaßlehre. An eigenen Werken liegen von ihm vor: ein Certamen musicum (musikalischer Wettstreit), aus Präludien, Fugen und Tanzstücken für Cembalo bestehend, 6 einzelne Cembalosuiten, 4 Cembalosonaten, eine Anzahl figurierter Choräle, ein vollständiger Kirchenjahrgang Kantaten, Orgeltrios und mehrere kleine Orgelstücke, außerdem ein Karfreitagsoratorium. Die Nachfolge Bachs ist in jedem Stück erkennbar.

Louis Gabriel Guillemain (1705–71)

ZEIT UND UMWELT
Neben den vielen hervorragenden Vertretern der französischen Schule des Violinspiels traten im 18. Jahrhundert ausgezeichnete Virtuosen des Instruments auf, die den italienischen Geschmack bevorzugten. Diese Parallelität der Stilgattungen führte im Verlauf der Jahrzehnte zu einer glücklichen Synthese, wie zum Beispiel der Aufstieg der französischen Oper zu einem Teil dem Wettstreit der verschiedenen Fakturen zu verdanken war.

LEBEN
Louis Gabriel Guillemain wurde am 15. 11. 1705 in Paris geboren und in Paris zum Violinisten ausgebildet. Er vervollkommnete sich in Italien. Nach seiner Rückkehr wirkte er im Opernorchester von Lyon und bald darauf als erster Violinist an der Académie Royale in Dijon. Im Jahr 1737 kam er als Instrumentalist zur Hofkapelle von Versailles, 1759 trat er in den Dienst der Königin Maria Leszczyńska. Er starb am 1. 10. 1771 in Paris.

WERKE
Neben dem Ballett »La Cabale«, bei dem Louis Gabriel Guillemain die Auszierungen der Violinstimmen selbst notierte und dadurch seine eigene Virtuosität erkennen ließ, verfaßte er 3 Bücher mit Sonaten für Violine und Generalbaß, ein Heft »Amusement à la

mode« (Modisches Vergnügen) für Solovioline, 6 Sonaten für zwei Violinen ohne Continuo, ein weiteres Buch mit Sonaten für zwei Violinen oder Querflöten, Cembalostücke in Sonatenform mit Violinbegleitung, 12 Triosonaten, Stücke für zwei Drehleiern, zwei Musetten, Flöte oder Violine, mehrere Sinfonien nach Art der italienischen Triosonate, Konzertsinfonien für Musetten, Drehleiern, Flöten und Oboen und ein Konzert für vier Violinen, außerdem eine Reihe von Divertissements.
Louis Gabriel Guillemain zählte mit Jean-Marie Leclair zu den größten Violinvirtuosen des 18. Jahrhunderts, deren brillante Technik nahezu an das auf diesem Instrument Erreichbare grenzte.

LITERATUR

L. de La Laurencie, L'école française de violon, Paris 1923.

Andrea Basili (1705–77)

ZEIT UND UMWELT

Kirchenkomponisten, die selbst keine Opern schrieben und am Opernbetrieb überhaupt nicht teilnahmen, weil es an ihrem Wirkungsort keine Oper gab, hielten zumeist auch ihren Stil davon entfernt. Ihre Musik klingt um einiges »sakraler«.

LEBEN

Andrea Basili wurde am 16. 12. 1705 in Città della Pieve geboren. Er war ab 1729 Kapellmeister am Dom in Tivoli und von 1740 bis zu seinem Tod am 28. 8. 1777 an Santa Casa di Loreto.
Sein Sohn Pasquale Antonio Basili (um 1730, Tivoli, bis nach 1776, Narni) war Organist in Ancona, dann bis 1776 Kapellmeister am Dom in Tivoli und anschließend am Dom von Narni.

WERKE

Neben didaktischen Werken verfaßte Andrea Basili das Oratorium »Il Martirio di Santa Sinforosa« (Das Martyrium der heiligen Sinforosa) und eine Anzahl kirchlicher Werke – Messen, Responsorien, Proprien. Der Stil dieser Musik erinnert an das Barock.
Pasquale Antonio Basili beschränkte seine kompositorische Tätigkeit auf Kirchenmusik allein. Seine Messen wurden sehr konservativ gehalten.

Jan Křitel Jiří Neruda (1706–80)

ZEIT UND UMWELT

In Böhmen verbreitete sich die Violine so rasch, daß sie nachgerade zum Volksinstrument wurde. Es gab bald kein Dorf, in dem nicht Violine gespielt wurde. Es wurde behauptet, daß im 18. Jahrhundert auch kein Haus ohne Violine gefunden werden konnte. Es entstand eine Fülle von Violinisten, die das Spiel zu ihrer Lebensaufgabe machen wollten; sie strömten nach allen Richtungen über die Landesgrenze und erhielten bei allen Orchestern und Kapellen leicht Stellen, denn wenn auch nicht alle Virtuosen waren, zu guten Ensembleviolinisten brachten es die meisten.

LEBEN

Jan Křitel Jiří (Johann Baptist Georg) Neruda wurde 1706 in Rositz (Rosice) bei Pardubitz (Pardubice) geboren. Er kam nach seiner Ausbildung nach Dresden und wurde dort 1742 in die Hofkapelle aufgenommen, wo er bis 1772 als Violinist wirkte. Er starb um 1780 in Dresden.

WERKE

Vom umfangreichen Werk, das Jan Křitel Jiří Neruda verfaßte, ist nur ein Bruchteil erhalten. Gedruckt wurden 6 Triosonaten, 3 vorzügliche Violinkonzerte, 4 Sinfonien und ein Opernfragment. Seine Sonate für Viola d'amore, Flöte und Generalbaß wurde besonders ihres melodischen Gehaltes wegen geschätzt.

Giovanni Battista Lampugnani
(1706 bis um 1785)

ZEIT UND UMWELT
Nachdem das herzogliche Theater in Mailand 1776 durch Brand zerstört worden war, errichteten die Besitzer an der Seite der Kirche Santa Maria della Scala ein neues Opernhaus. Es war das größte und modernste seiner Zeit und reihte sich bald zu den bedeutendsten Musikbühnen der Welt ein, welchen Rang es bis heute unbestritten innehat.

LEBEN
Giovanni Battista Lampugnani wurde 1706 in Mailand geboren und dort ausgebildet. Er trat 1732 mit seiner ersten Oper in Mailand vor das Publikum, dirigierte von 1743 bis 1746 das King's Theatre in London und ging sodann nach Italien zurück, wo er in verschiedenen Städten und darauf in Barcelona, London und in Deutschland weitere Opern herausbrachte. Im Jahr 1760 wurde er Cembalist am herzoglichen Theater in Mailand und, nach der Eröffnung 1778, an der »Scala«. Er starb um 1785 in Mailand.

WERKE
Neben einer Reihe von Opere serie nach dem Beispiel von Johann Adolf Hasse und komischen Opern nach dem Muster von Baldassare Galuppi verfaßte Giovanni Battista Lampugnani 14 Sonaten für zwei Violinen und Generalbaß, 2 Konzerte für zwei Flöten in G-Dur und mehrere Kantaten. Sein Hauptverdienst beruht auf seiner Ausgestaltung des sinfonischen Gehaltes der Oper.

Andrea Bernasconi (1706–84)

ZEIT UND UMWELT
Maximilian III. Joseph, Kurfürst von Bayern, mußte 1745 im Frieden zu Füssen auf alle Ansprüche auf österreichisches Gebiet verzichten, die sein Vater Kaiser Karl VII. (1697 bis 1745) im Österreichischen Erbfolgekrieg gestellt hatte. Er wandte sich der wirtschaftlichen und kulturellen Förderung des Kurfürstentums zu, gründete 1759 die Akademie der Wissenschaften in München, verbot den Jesuitenorden, erlaubte den evangelischen Gottesdienst und bemühte sich um das Niveau von Hofkapelle und Hofoper.

LEBEN
Andrea Bernasconi wurde 1706 in Parma – oder in Mailand – geboren, erhielt seine Ausbildung in Parma, hielt sich darauf in Mailand, Verona und Venedig auf und folgte 1753 einem Ruf an den kurfürstlichen Hof in München, wo er zunächst als Vizekapellmeister und von 1755 bis zu seinem Tod am 29. 1. 1784 als Hofkapellmeister wirkte.

WERKE
Außer 25 Opern und mehreren kleineren Bühnenwerken für Wien, Venedig, Turin und München verfaßte Andrea Bernasconi ein Oratorium, eine größere Anzahl Messen, Requiem, Motetten, Psalmen, Magnificat. Alle diese Kompositionen sind sehr opernhaft gehalten. Ein von der Oper unabhängiger Stil wurde bei den Sinfonien, die handschriftlich erhalten sind, angewendet.

LITERATUR
M. Zenger, Geschichte der Münchener Oper, München 1923.

Benjamin Franklin (1706–90)

ZEIT UND UMWELT
Am 4. 7. 1776 erfolgte die Unabhängigkeitserklärung der ehemaligen britischen Kolonien Nordamerikas, aus denen die USA entstanden. Der Kampf gegen England endete allerdings erst 1783 mit dem Frieden von Versailles.

LEBEN
Benjamin Franklin wurde am 17. 1. 1706 in Boston geboren. Er war US-amerikanischer Politiker, Schriftsteller und Naturforscher. Von 1753 bis 1775 war er Generalpostmeister der englischen Kolonien in Nordamerika und hatte, nachdem er anfänglich sich für eine Verständigung zwischen der Londoner

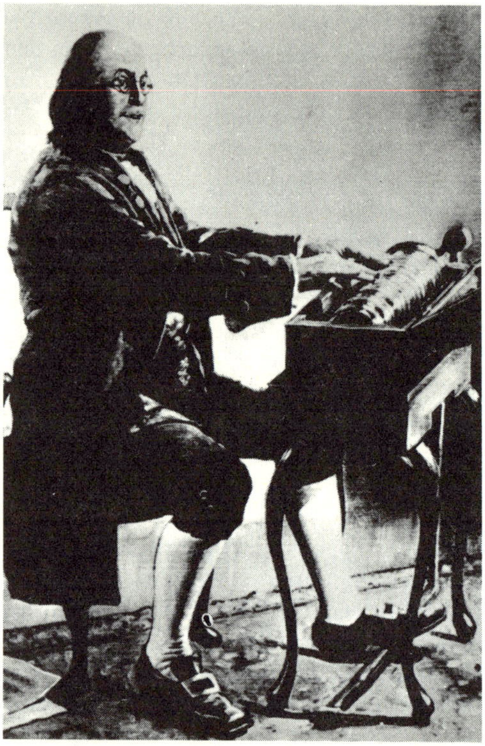

Der vielseitige Amerikaner Benjamin Franklin erfand eine Glasharmonika

Regierung und den Kolonien eingesetzt hatte, an der Unabhängigkeitsbewegung und der Unabhängigkeitserklärung maßgebenden Anteil. Von 1776 bis 1785 wirkte er als Gesandter des neuen Staatswesens in Paris. An der bis heute gültigen Verfassung der USA vom 17. 9. 1787 arbeitete er entscheidend mit. Er starb am 17. 4. 1790 in Philadelphia.

WERKE

Der vielseitige Gelehrte, Autor und Politiker Benjamin Franklin hatte den skurrilen Einfall, ein Streichquartett für Leersaiten zu verfassen, wobei er mit drei verschieden skordierten Violinen und einem Cello 16 verschieden klingende Saiten gewann, die für einen einfachen Satz ausreichten. Er komponierte außerdem einige Lieder und erfand eine Glasharmonika. Diese bestand aus einer Reihe verschieden großer Scheiben, die so über einem Wasserbehälter rotierten, daß sie das Wasser eben noch streiften; sie wurden durch Berühren mit den Fingern zum Ertönen gebracht.

Quartetto a 3 Violini con Violoncello, del Sig^{re} Benjamin Franklin, 5 Sätze

Zur Wiedergabe des Stücks genügen die zwölf Töne der verschieden skordierten Violinen und die vier des skordierten Cello. Keine Saite wird gegriffen, sondern nur gestrichen. Die einfache, volksmusikähnliche Musik beginnt mit einer reizenden Intrada alla breve, ihr folgen ein etwas schwerfälliges Menuett, ein spritziges Capriccio und eine Reprise des Menuetts. Eine rührend naive Siciliana schließt das einzigartige Werk ab.

LITERATUR

Verner W. Crane, Benjamin Franklin and a Rising People, New York 1954.

Giambattista Martini (1706–84)

ZEIT UND UMWELT

Bologna war bereits durch Jahrhunderte eine der ersten Musikstädte Italiens. Seine Hochblüte erlebte es aber im 18. Jahrhundert, in dem es in allen Sparten der Musik – Kirchenkomposition, Oper, profanes Konzert, Violine, Cello, Gesang und schließlich auch Musikwissenschaft – zu Höchstleistungen kam. Aus aller Herren Länder strömten Musiker und Dilettanten in die Stadt, um Musik zu hören und zu lernen.

LEBEN

Giambattista Martini wurde am 24. 4. 1706 in Bologna geboren. Er trat dem Franziskanerorden bei und war bald als »Padre Martini« in aller Mund. Er wurde von seinem Vater, dem Violinisten Antonio Maria Martini (Daten nicht eruierbar) im Violinspiel, von Angelo Predieri (1655–1731) im Cembalospiel, von Francesco Antonio Pistocchi (1659 bis 1726) im Gesang, von Giovanni Antonio Riccieri (1679–1746) im Kontrapunkt und von Giacomo Antonio Perti (1661–1756) in der Kirchenkomposition ausgebildet. Im Jahr 1725 übertrug man ihm die Kapellmeisterstelle an San Francesco in Bologna. Durch seine musiktheoretischen Publikationen wurde er zur höchsten Instanz Italiens in Fragen der Musik und genoß in allen Musikländern den Ruf eines hervorragenden Musikwissenschafters. Er starb in Bologna am 3. 8. 1784.

WERKE

»Padre Martini« trat in allen seinen Werken für eine rein mathematische Begründung der Musik ein. Das brachte ihm viele bewundernde Anhänger, aber auch Gegner ein, unter denen sich der bedeutende spanische Musikforscher Antonio Eximeno y Pujades (26. 9. 1729, Valencia, bis 9. 6. 1808, Rom) befand. Martinis wichtigste Werke sind »Storia della musica« (Geschichte der Musik), von der er allerdings nur 3 Bände über Musik des Altertums und einen 4. über mittelalterliche Musik vollendete, und die »Praxis des Kontrapunkts beim cantus-firmus-gebundenen Stil«. Von seinen zahlreichen Kompositionen wurden gedruckt: 18 Orgelsonaten, 12 Kammerduette, 2 Hefte Kanons für drei bis vier Stimmen, sodann 3 Oratorien, eine Karfreitagskomposition, »Salve signor eterno« (Sei gegrüßt, Herr der Ewigkeit). Handschriftlich sind Messen, Motetten, Psalmen, Intermezzi, Sinfonien und Konzerte erhalten. Trotz der Gelehrsamkeit des Komponisten bot er lebendige, sehr ansprechende, wenn auch etwas konservative Musik.

Padre Martini

LITERATUR

F. Parisini, Della vita e delle opere del padre Martini, Bologna 1887.

Franz Habermann (1706–83)

ZEIT UND UMWELT

Die Eigenständigkeit der böhmischen Kirchenmusik, die auf der »Altböhmischen Schule« fußte, geriet gegen die Mitte des 18. Jahrhunderts stark unter italienische Einflüsse, die durch die Italienreisen der einzelnen Musiker noch intensiviert wurden. Die Zeit, in der von einer gesonderten böhmischen Musikentwicklung nicht mehr gesprochen werden konnte, war nicht mehr fern. Erst das 19. Jahrhundert verlieh diesem Gang der Entwicklung eine neue Richtung.

LEBEN

Franz Johann Xaver Wenzel Habermann wurde am 20. 9. 1706 in Königswart (Lážně Kynžvart) geboren. Er studierte in Klattau (Klatovy), sodann in Italien, Spanien und Frankreich, wurde 1731 Kapellmeister des Prinzen Louis Henri de Bourbon-Condé, wirkte später am großherzoglichen Hof in Florenz und ab 1750 als Organist an verschiedenen Kirchen und als Musiklehrer in verschiedenen Adelshäusern in Prag. Im Jahr 1773 wurde er Chorregent in Eger (Cheb), wo er am 7. 4. 1783 starb.

WERKE

Die 1744 von Franz Habermann veröffentlichte Messensammlung »Philomela pia« (Fromme Musik), die allgemein bekannt wurde, diente Georg Friedrich Händel als Themenfundgrube für seine Werke »Agrippina«, »Hercules«, »Jephta« und »17. Klaviersuite«. Die weiteren 12 Messen und 6 Litaneien des Komponisten sind verschollen. Von seinen 3 Oratorien sind nur die Texte erhalten. Eine Missa pastoralis, 4 Motetten, 2 Regina coeli, konzertante Psalmen und weitere verschiedene sakrale Werke sind handschriftlich überliefert; seine Instrumentalwerke, die von den Zeitgenossen gerühmt wurden, fehlen. Der italienische Einfluß auf die Kirchenmusik dieses böhmischen Meisters ist unverkennbar.

LITERATUR

S. Taylor, The Indebtedness of Handel to Works other Composers, Cambridge 1906.

Jacob Wilhelm Lustig (1706–96)

ZEIT UND UMWELT

Die Versuche, eine eigenständige niederländische Musikentwicklung anzubahnen, wiederholten sich ständig. Man dachte wohl nicht daran, das ehemalige Musikleben mit seiner dominierenden Stellung innerhalb der verschiedenen Musiklandschaften zu wiederholen, man bemühte sich daher, die Musik dem eigenen Volk näherzubringen, indem fremde Texte und Abhandlungen in das Niederländische übersetzt und dadurch den Niederländern zugänglich gemacht wurden.

LEBEN

Jacob Wilhelm Lustig wurde am 21. 9. 1706 in Hamburg als Sohn des gleichnamigen Organisten an St. Michael (um 1670, Hamburg, bis 1722, Hamburg) geboren und vom Vater, sodann von Johann Mattheson, Georg Philipp Telemann und Johann Paul Kunzen ausgebildet. Nachdem er schon seit 1717 seinen Vater an St. Michael vertreten hatte, erhielt er 1728 den Organistenposten an Martini-Kerk in Groningen, den er, von mehreren Reisen unterbrochen, bis zu seinem Tod am 17. 5. 1796 betreute.

WERKE

Von den Kompositionen von Jacob Wilhelm Lustig sind 6 Suiten für Cembalo und 6 Cembalosonaten sehr bekannt geworden, außerdem auch seine Villanelles hollandaises, 6 Konzerte und 6 »Villanelles angloises«. Überdies verfaßte er eine Reihe sehr wertvoller musiktheoretischer Werke und übersetzte zahlreiche deutsche Lehrwerke in das Niederländische. Er war in Holland und Westdeutschland als Sachverständiger für Orgelfragen sehr gesucht.

LITERATUR

J. du Saar, Het Leven en de Werken van Jacob Wilhelm Lustig, Amsterdam 1948.

Baldassare Galuppi (1706–85)

ZEIT UND UMWELT

Der Dichter und Librettist Carlo Goldoni (1707–93) überwand in seinen Bühnenwerken und Opernlibretti die starren Typen der Commedia dell'Arte, indem er die Charaktere seiner Figuren individuell psychologisch zeichnete und sie mit einer lebenden, gesprochenen Sprache lebensnahe, wahrscheinliche Handlungen spielen ließ und damit den Beginn zur italienischen Rokokokomödie setzte.

LEBEN

Baldassare Galuppi wurde am 18. 10. 1706 auf der Insel Burano, Venedig, geboren. Schon mit 16 Jahren versuchte er sich mit einer Oper, die Aufsehen erregte. Dann nahm er ernsthaften Musikunterricht bei Antonio Lotti. Ab 1726 wirkte er am Teatro della Pergola in Florenz als Cembalist, kehrte jedoch 1728 nach Venedig zurück, wo er 1740 Chordirigent am Ospedale de'Mendicanti wurde. Von 1741 bis 1743 hielt er sich in London auf, um für das Haymarket und das King's Theatre zu komponieren. Im Jahr 1748 ernannte man ihn zum Vizekapellmeister, 1762 zum Ersten Kapellmeister am Markusdom und zum Musikdirektor des Ospedale degl'Incurabili. Von 1765 bis 1768 wirkte er als Hofkomponist und Hofkapellmeister der russischen Zarin Katharina II. in St. Petersburg. Dann trat er erneut seine Stellungen in

Venedig an und betreute sie bis zu seinem Tod am 3. 1. 1785.

WERKE
Hauptbetätigungsfeld und Bedeutung von Baldassare Galuppi lagen auf dem Gebiet der Opern, von denen er über 100 schrieb. Aus seinem Instrumentalschaffen sind besonders seine 85 Cembalosonaten hervorzuheben, die einen wichtigen Beitrag zur Entwicklung des vorklassischen Klaviersatzes leisteten. Außerdem schrieb er ein Trio für Flöte, Oboe und Generalbaß, 7 vierstimmige Konzerte für zwei Violinen, Bratsche und Cello, 2 Konzerte für Cembalo und 3 für Flöte, ferner 4 Orchestersinfonien. An Vokalmusik liegen handschriftlich Messen, Motetten, Te Deum und andere sakrale Gesänge vor, weiters 27 Oratorien und 7 Kantaten. Alle diese Musik steht im Schatten des dramatischen Schaffens des Komponisten.

LITERATUR
A. Della Corte, Profilo critico di Baldassare Galuppi, Siena 1948.

William Tansur (1706–83)

ZEIT UND UMWELT
Die Welle des Pietismus, die vorwiegend Norddeutschland überschwemmte, machte vor dem Ärmelkanal nicht halt. In die traditionell festgefügte Musik der Services und Anthems konnte der weichliche Stil nicht eindringen, dafür bemächtigte er sich der Psalmodie, die im Verlauf des Jahrhunderts immer süßlicher, gefühlsseliger und oberflächlicher wurde.

LEBEN
William Tansur wurde am 6. 11. 1706 in Dunchurch, Warwickshire, getauft. Er wirkte als Organist und Musiklehrer in verschiedenen Städten, wie in Ewell bei Epsom, Barnes in Surrey, Stamford in Lincolnshire und St. Neot's, wo er am 7. 10. 1783 starb.

WERKE
Von William Tansur ist eine Fülle eigener und arrangierter fremder sakraler Gesänge veröffentlicht worden, deren Titel schon den pietistischen Einfluß verraten: »The new Harmony of Sion«, »Der Himmel auf Erden oder die Schönheit der Heiligkeit«, »Heilige Myrthe oder der frommen Seele tägliches Vergnügen«, »Juwel des Psalmsängers«. Er verfaßte eine Reihe musiktheoretischer und didaktischer Werke, die einen interessanten Einblick in das Musikleben seiner Zeit in England bieten.

Johann Nicolaus Tischer (1707–74)

ZEIT UND UMWELT
Der Behauptung, Name und Werk von Johann Sebastian Bach seien bald nach seinem Tod in Vergessenheit geraten und erst in der Mitte des 19. Jahrhunderts wieder hervorgeholt worden, kann nicht oft genug widersprochen werden, weil sie immer wieder auftaucht. Der Thomaskantor hinterließ Nachfahren, die zwar seinen Stil nicht fortsetzten, aber nie verleugneten. Ein Teil seiner Werke kam durch verschiedene Abschriften in die Hände späterer Musiker, die sie studierten und schätzten; über das deutsche Sprachgebiet verstreut wirkte eine beträchtliche Anzahl persönlicher Schüler Bachs, die sein Andenken wiederum an Schüler weiterreichten, so daß es unmöglich eine Zeit gegeben haben kann, in der man von Bach und seinem Werk nichts wußte. Es ist richtig, daß er selten aufgeführt wurde, aber man hat bis weit in das 19. Jahrhundert hinein nur Gegenwartsmusik gespielt und die ältere lediglich studiert. Die Antiquargesinnung, die alles Alte für gut hält und für besser als das Neue, ist ein Merkmal unserer Gegenwart.

LEBEN
Johann Nicolaus Tischer wurde 1707 in Böhlen bei Leipzig geboren. Er war Schüler von Johann Sebastian Bach. Im Jahr 1728 trat er als Oboist in das Garderegiment des Herzogs August Wilhelm von Braunschweig (1715 bis 1781) ein und wirkte sodann von 1731 bis zu

seinem Tod am 3. 5. 1774 als Hof- und Stadtorganist in Schmalkalden.

WERKE
Von Johann Nicolaus Tischer sind zahlreiche Suiten, Divertissements, Partiten und Konzerte für Cembalo überliefert. Er schrieb außerdem einige Kirchenmusik, Sinfonien, Ouvertüren, 2 Violinsonaten, Konzerte für verschiedene Instrumente und Bläsermusik. Seine Cembalomusik steht an der Schwelle zur Vorklassik.

Pietro Domenico Paradies (1707–91)

ZEIT UND UMWELT
Da gerade in London neben der Oper das Schauspiel mit Musik ebenso intensiv gepflegt wurde, war der Bedarf an Gesangseinlagen für die Bühne gleichbleibend groß, und Komponisten von Arien wurden viel beschäftigt. Diese Arien und Gesänge fanden ihren Weg auch in die Konzertsäle. Sie wurden, weil sie zumeist nicht übermäßig kompliziert waren, auch vom Publikum gesungen, so daß es für Musikverleger lukrativ wurde, sie zu drucken.

LEBEN
Pietro Domenico Paradies (Paradisi) wurde 1707 in Neapel geboren. Er war in seinem Geburtsort Schüler von Nicola Antonio Porpora. Nachdem er in Italien mehrere Opern herausgebracht hatte, ging er um 1745 nach London, wo er ohne Erfolg eine Oper herausbrachte, für Bühnen zahlreiche Arien verfaßte und Gesang- und Cembalounterricht gab. Im Jahr 1760 kehrte er nach Italien zurück und starb am 25. 8. 1791 in Venedig.

WERKE
Neben seinen Opern verfaßte Pietro Domenico Paradies eine Vielzahl von Arien für Bühnenstücke, einzelne andere Vokalstücke, Konzerte für Cembalo oder Orgel, mehrere Cembalostücke und – als sein bekanntestes und mehrfach aufgelegtes Werk – 12 Cembalosonaten, die der Vorklassik zugerechnet werden können.

John Humphries (1707 bis um 1730)

ZEIT UND UMWELT
Neben den Violinisten aus Italien, Frankreich und auch aus Deutschland meldeten sich in England immer wieder tüchtige Virtuosen zu Wort. Es wurde auch fallweise gute Violinmusik geschrieben, aber zur Bildung einer englischen Schule des Violinspiels kam es nicht, weil es an den Persönlichkeiten fehlte, die Schule machen hätten können.

LEBEN
John Humphries wurde 1707 vermutlich in London geboren. Über seine Lebensumstände ist nichts bekannt. Er wirkte wahrscheinlich als Instrumentalist an einem Opernorchester und gab Violinunterricht. Er starb in London um 1730.
Ungefähr zur selben Zeit wirkte in London der Violinist J. S. Humphries, dessen Vornamen nicht überliefert sind (um 1700, London, bis um 1734, London). Auch über ihn fehlen alle weiteren Informationen.

WERKE
Von John Humphries sind 6 Soli für Violine mit Baß und Generalbaß im Cembalo, 12 Konzerte für zwei Violinen und eine weitere Serie Violinsonaten überliefert.
Von J. S. Humphries sind »12 Sonaten für 2 Violinen und Generalbaß« bekannt geworden.

Karl Hoeckh (1707–73)

ZEIT UND UMWELT
Die Militärkapellen nahmen im 18. Jahrhundert bereits Umfang und Form an, in der sie sich heute präsentieren. Auch ihre Verwendungszwecke gingen weit über die ursprünglichen Signale und die Stütze der Marschdisziplin hinaus. Es waren große Klangkörper aus Blech- und Holzblasinstrumenten, zu denen später noch Schlagzeug kam. Sie spielten bei Paraden, militärischen Festlichkeiten, zur Unterhaltung der Truppe und der Standortbevölkerung. Für Musiker bildeten sie wie Kirchen-, Adels- und Stadtkapellen eine

Ausbildungsstätte und Verdienstmöglichkeiten.

Leben
Karl Hoeckh wurde am 22. 1. 1707 in Ebersdorf, heute Wien, geboren. Er war Oboist in einer Regimentskapelle. Um 1730 verließ er sie und ging mit František Benda nach Warschau, wo ihn eine Privatkapelle als Violinisten aufnahm. Am Ende des Jahres 1730 empfahl ihn Benda der Hofkapelle in Zerbst, wo Hoeckh neben Johann Friedrich Fasch bis zu seinem Tod am 25. 11. 1773 als Konzertmeister wirkte.

Werke
Von Karl Hoeckh sind 7 Partiten für zwei Violinen und Generalbaß und einige Violinstücke im Druck veröffentlicht worden. Im Manuskript hinterließ er 10 Sinfonien, 18 Violinkonzerte und 12 Violinsoli, wovon einiges im Zweiten Weltkrieg vernichtet wurde. Seine Musik gehörte der vorklassischen norddeutschen Schule an.

António Teixeira (1707–55)

Zeit und Umwelt
Die italienische Oper beherrschte während des gesamten 18. Jahrhunderts die portugiesischen wie die spanischen Bühnen. Daran änderte sich auch nichts, als man daranging, die italienischen Libretti in die Landessprache zu übersetzen, damit das Publikum der Handlung besser folgen konnte. Und wenn auch die Musik von Portugiesen komponiert wurde, handelte es sich doch um Schüler italienischer Meister, die kopiert wurden. Zu einer echten portugiesischen Oper kam es vorläufig ebensowenig wie zu einer eigenständigen Musikentwicklung überhaupt.

Leben
António Teixeira wurde am 14. 5. 1707 in Lissabon getauft. Er wurde von König João V. nach Rom zur Ausbildung gesandt. Im Jahr 1728 kehrte er zurück und wurde Kantor der Igreja Patriarcal, wo er auch als Kaplan wirkte. Er starb 1755 in Lissabon.

Werke
Für Lissabon schrieb António Teixeira einige Opern auf portugiesische Texte, die aber eine rein italienische Faktur aufwiesen. Außerdem verfaßte er eine Kantate und ein Te Deum für zwanzig Stimmen nach alter Barockmanier sowie ein Duett für zwei Singstimmen mit Streichern und Cembalo. Seine weiteren Werke dürften beim Erdbeben von Lissabon zugrunde gegangen sein.

Jacques Philippe Lamoninary
(1707–1802)

Zeit und Umwelt
Carlo Tessarini und Giuseppe Tartini übten auf die Mitglieder der französischen Schule des Violinspiels trotz deren intensiver Traditionspflege starken Einfluß aus, der bei manchen französischen Meistern entscheidend wirkte. Aber gerade aus der Verschiedenheit der Einflußstärke auf den einzelnen ergab sich der breite Entwicklungsstrom, der das hohe Niveau der Violinmusik in Frankreich erreichte.

Leben
Jacques Philippe Lamoninary wurde am 14. 7. 1707 in Maroilles, Avesnes, geboren. Er war von 1734 bis 1736 und von 1757 bis 1779 Violinist an St-Pierre in Valenciennes, Nord, und sodann in Boulogne-sur-Mer bis zu seinem Tod am 29. 10. 1802 tätig.

Werke
Von Jacques Philippe Lamoninary sind 6 Sonaten für zwei Violinen und Baß, 12 Trios für zwei Violinen mit Baß und 6 vierstimmige Sinfonien für zwei Violinen, Bratsche und Cello mit Orgel erhalten. Sein stark manierierter Stil steht unter deutlichem italienischem Einfluß, ist aber sehr ansprechend.

Johann Anton Sgatberoni
(um 1708–95)

Zeit und Umwelt
Die durch die ausgezeichnet besetzte Hof-

kapelle der habsburgischen Erzherzoge von Innerösterreich begründete Musiktradition von Graz wurde von den Kirchen- und Stadtkapellen auf hohem Niveau fortgesetzt.

LEBEN
Johann Anton Sgatberoni wurde um 1708 in Graz geboren. Er wirkte als Stadtpfarrmusikus seiner Vaterstadt bis zu seinem Tod am 5. 2. 1795.

WERKE
Von Johann Anton Sgatberoni sind 4 Cembalokonzerte in D-Dur, B-Dur, G-Dur und A-Dur erhalten. Mit diesen und seinen weiteren, verlorengegangenen, Cembalowerken reihte sich der Komponist den Begründern der österreichischen Vorklassik zu.

LITERATUR
H. Federhofer und G. M. Schmeiser, Grazer Stadtmusikanten als Komponisten vorklassischer Klavierkonzerte, Historisches Jahrbuch der Stadt Graz IV, 1971.

Anton Wilhelm Solnitz
(um 1708 bis um 1758)

ZEIT UND UMWELT
Der Aufführungs- und Kompositionsstil von Mannheim regte sehr bald zur Nachahmung an, und zwar nicht innerhalb des deutschen Sprachgebietes allein, sondern weit über dessen Grenzen hinaus. Die Niederlande, die sonst eng mit der Stilentwicklung Norddeutschlands verbunden waren, zeigten sich für die Mannheimer Vorklassik sehr aufgeschlossen.

LEBEN
Anton Wilhelm Solnitz (Solniz) wurde um

Früheste Darstellung einer Griffanweisung für die Zweiklappenklarinette aus J. F. B. C. Majers »Museum Musicum«, 1732

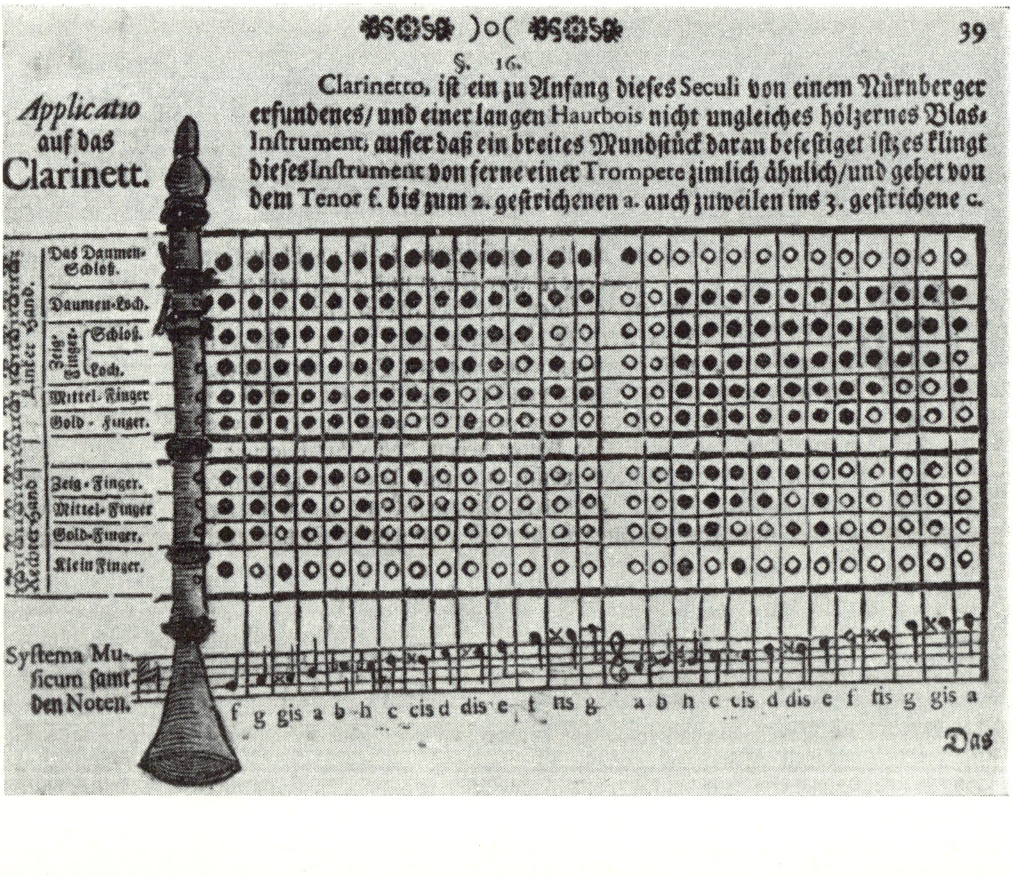

1708 in den Niederlanden geboren. Er studierte in Leiden und verbrachte dort den größten Teil seines Lebens. Über seine näheren Lebensverhältnisse und seine musikalische Tätigkeit, außer seiner Komposition, ist nichts bekannt. Er starb in Leiden um das Jahr 1758.

WERKE
Von den zahlreichen Kompositionen des Anton Wilhelm Solnitz wurden gedruckt: 6 Trios für zwei Flöten oder Violinen und Baß, 12 Streichquartette, 12 Stücke für zwei Klarinetten und zwei Hörner, 6 Sonaten für zwei Violinen und Cembalo, 2 Sonaten für zwei Querflöten und Cembalo, 6 Sinfonien, Serenaden für Streichorchester und mehrere weitere Instrumentalstücke. Der Stil aller dieser Musik ist an den von Mannheim angelehnt.

Giuseppe d'Avossa (1708–96)

ZEIT UND UMWELT
Die neapolitanischen Konservatorien, die sehr viele mittellose Knaben in den Elementargegenständen und in Musik ausbildeten, deckten ihre Kosten zum Teil dadurch, daß sie junge Sänger für Veranstaltungen jeder Art und zur Verstärkung von Kirchenchören »vermieteten«. Sie wurden nicht selten auch von den Opernhäusern angefordert und hatten so schon früh Gelegenheit, sich mit der Oper vertraut zu machen. Natürlich standen die Operninterpreten und Opernkomponisten im Mittelpunkt des Interesses der Schüler, von denen viele später versuchten, Ruf, Ruhm und Einkommen der Persönlichkeiten im Bereich des Opernbetriebes zu erreichen.

LEBEN
Giuseppe d'Avossa (Abos, Avos) wurde 1708 in Paola, Kalabrien, geboren und in einem der neapolitanischen Konservatorien ausgebildet. Er wirkte als Kirchenmusiker und als Lehrer am Konservatorium, dem er selbst seine Ausbildung zu verdanken hatte, bis zu seinem Tod im Jahr 1796.

WERKE
Von Giuseppe d'Avossa sind 4 Opern bekannt geworden, außerdem eine Reihe Messen und andere sakrale Gesänge, die nach damaliger Manier in Neapel Opernarien glichen.

Louis Antoine Travenol
(1708–83)

ZEIT UND UMWELT
Obgleich François Marie Voltaire (21. 11. 1694, Paris, bis 30. 5. 1778, Paris) – eigentlich Arouet – mit Angriffen auf seine Zeitgenossen nie sparte, war er dennoch sehr empfindlich, wenn er zum Ziel negativer Äußerungen wurde. Er selbst war kein Musiker, so daß sein Urteil in musikalischen Fragen nicht immer sehr treffend war. Auch als Librettist war er wenig geneigt, sich den Anforderungen der Komponisten anzupassen. Gegen Widersprüche versuchte er sich nicht selten auf dem Prozeßweg zur Wehr zu setzen.

LEBEN
Louis Antoine Travenol wurde 1708 in Paris geboren. Er war vermutlich Schüler von Louis-Nicolas Clérambault und Jean-Baptiste Senallié und stand nach seiner Ausbildung im Dienst des Königs Stanisław Leszczyński. Von 1737 bis 1758 wirkte er als Violinist an der Pariser Oper. Er dürfte sodann als Violinlehrer, Komponist und Schriftsteller bis zu seinem Tod im Jahr 1783 gearbeitet haben. Er geriet mit Voltaire in einen langen Prozeß, weil er ihn mit mehreren Schriften angegriffen hatte. Es gab auch Konflikte mit Jean-Jacques Rousseau, den er heftig kritisierte.

WERKE
Von Louis Antoine Travenol sind ein Buch mit Sonaten für Solovioline und Generalbaß und eine Suite aus Sinfonien bekannt geworden. Seine von den Zeitgenossen geschätzte Kantate »La Fierté vaincue par l'Amour« (Der durch die Liebe überwundene Stolz) ist verschollen. Travenol gehörte eindeutig der

französischen Violinistenschule des 18. Jahrhunderts an.

William Hayes (1708–77)

Zeit und Umwelt

Ihre Gelehrsamkeit hinderte eine Anzahl von Professoren und Doktoren der ersten englischen Universitäten nicht, neben sakralen Kompositionen auch Glees dem Catch Club einzureichen und dafür auch Preise entgegenzunehmen. Das war völlig legitim, weil die anglikanische Kirchenmusik jener Zeit – Services und Anthems – ihre Melodik bis zu gewissen Grenzen dem Volkston anpaßte und zugleich ihrerseits das profane Lied, sofern es nicht der Oper entnommen wurde, beeinflußte.

Leben

William Hayes wurde am 25. 1. 1708 in Hanbury, Worcestershire, geboren. Er war Chorist an der Kathedrale von Gloucester unter William Hine und wirkte dort auch als Organist. Im Jahr 1729 wurde er Organist an St. Mary's Church in Shrewsbury und 1741 an der Kathedrale von Worcester, 1734 dirigierte er die Worcester Festivals und übernahm im selben Jahr die Leitung des Chores und den Organistendienst am Magdalen College in Oxford; 1742 wurde er zum Professor der Universität Oxford ernannt. Er dirigierte auch die Gloucester Festivals in den Jahren 1757, 1760 und 1763. Er starb am 27. 7. 1777 in Oxford.

Werke

Von William Hayes sind 12 Balladen und 2 Kantaten, Oden, die Ouvertüre und Lieder zu einem Maskenspiel, eine Triosonate, Balladen, Catches, Glees und Kanons, 16 Psalmen, Services und Anthems erschienen. Er war auch als Musikschriftsteller tätig.

Felix Benda (1708–68)

Zeit und Umwelt

Die »Altböhmische Meisterschule« hatte durch die zahlreichen Schüler des Begründers Bohuslav Černohorský einen nachhaltigen Einfluß auf den deutschsprachigen Raum und auch Italien, weil diese in den verschiedensten Musikmetropolen wirkten und ihren Stil verbreiteten, oder zwar in Böhmen blieben, aber ihrerseits Schüler in andere Länder abgaben.

Leben

Felix Benda wurde am 25. 2. 1708 in Skalsko, Böhmen, geboren. Er zählte zu den Schülern von Bohuslav Černohorský und wirkte als Organist an der Michaelskirche in Prag, wo er 1768 starb.

Werke

Von den Werken Felix Bendas sind 2 Oratorien, eine Anzahl Messen, ferner Kirchenmusik und Orgelstücke bekannt geworden.

Georg Reutter (1708–72)

Zeit und Umwelt

Kaiserin Maria Theresia setzte bald nach ihrem Regierungsantritt die Anzahl der Hofmusiker drastisch herab, so daß von einem störungsfreien Einsatz der Hofkapelle kaum noch gesprochen werden konnte. Im Jahr 1751 wählte die Kaiserin die Methode, ihrem Hofkapellmeister jährlich 20.000 Gulden zu übergeben. Mit diesem Betrag sollte er sich selbst und den gesamten vokalen und instrumentalen Klangkörper der Kapelle bezahlen und alle anderen Aufwendungen bestreiten. Die Summe reichte bei weitem nicht aus. Die Anzahl der Hofmusiker wurde weiter gesenkt, indem man Abgänge nicht mehr ersetzte. Der mehrfach ausgesprochene Verdacht, daß der Hofkapellmeister die Kapelle reduziere, um sich selbst ein möglichst hohes Honorar zu sichern, ist bereits durch die Geringfügigkeit des jährlichen Budgets widerlegt. Es sollte damit wohl von den wahren Ursachen des Niederganges der Hofmusik abgelenkt werden.

Leben

Johann Adam Joseph Karl Georg Edler von

Reutter wurde am 6. 4. 1708 in Wien als Sohn von Georg Reutter (1656–1738) geboren. Er war Schüler seines Vaters und von Antonio Caldara. Nach einer Italienreise wurde er 1731 Hofkomponist und 1738 Erster Domkapellmeister am Stephansdom in Wien. Im Jahr 1747 erhielt er die Stelle des Zweiten Hofkapellmeisters und Leiters der gesamten Kirchenmusik und 1759 die des Ersten Hofkapellmeisters, nachdem er 1756 auch Zweiter Kapellmeister an St. Stephan geworden war. Kaiserin Maria Theresia überantwortete ihm 1751 gegen einen jährlichen festen Betrag die gesamte Hofkapelle. Er wurde 1740 geadelt, am 11. 3. 1772 starb er in Wien.

WERKE

Das kompositorische Werk von Georg Reutter umfaßte 677 Nummern. Darunter befanden sich 41 Opern und andere dramatische Kompositionen, zahlreiche Oratorien, etwa 80 Messen, viele Kantaten und Motetten sowie Sinfonien und andere Instrumentalwerke sowie Musik für Tasteninstrumente. Seine Musik wurde von den Zeitgenossen wegen ihrer wirkungsvollen Instrumentierung sehr geschätzt, seine »rauschenden Violinen« wurden zum stehenden Begriff. Es muß aber zugegeben werden, daß alles, was er schrieb, wenig Tiefgang hatte.

LITERATUR

L. Stollbrock, Leben und Wirken des k. k. Hofkapellmeisters Johann Georg Reutter junior, Vierteljahresschrift für Musikwissenschaft VIII, 1892.

Georg Reutter

Johann Adolf Scheibe (1708–76)

ZEIT UND UMWELT

Der deutsche Schriftsteller und Literaturtheoretiker der Aufklärung Johann Christoph Gottsched (1700–66) war ab 1730 Professor für Poesie an der Universität Leipzig. Sein Einfluß auf die Literaten seiner Zeit und auf andere Künstler bis zu den Musikern war ungeheuer groß. Seine ästhetischen Grundsätze wurden für viele zum Axiom.

LEBEN

Johann Adolf Scheibe wurde am 5. 5. 1708 als Sohn des Orgelbauers Johann Scheibe (um 1680, Leipzig, bis 3. 9. 1748, Leipzig) geboren. Er studierte ab 1725 in Leipzig Jurisprudenz und geriet in den Einflußbereich von Johann Christoph Gottsched. Im Jahr 1740 wurde er Kapellmeister des Markgrafen von Brandenburg-Kulmbach und 1744 Königlicher Kapellmeister in Kopenhagen. Er verließ die dänische Hauptstadt und ließ sich in Sönderborg, Als, als Musiklehrer nieder, hielt sich jedoch weiterhin fallweise in Kopenhagen auf, um seine Werke aufzuführen. Er starb am 22. 4. 1776 in Kopenhagen.

WERKE

Von den mehreren hundert Kompositionen von Johann Adolf Scheibe erschienen nur 3 Flötensonaten, 2 tragische Kantaten und eine Reihe von Liedern – darunter ein Freimaurerliederbuch – im Druck. Alle anderen kirchlichen Werke, Konzerte, Quartettsinfonien, Kammermusiken blieben Manuskript. Seine zahlreichen theoretischen Werke können nur historisches Interesse beanspruchen, wie sein Angriff auf Bachs »schwülstige und verworrene, durch allzugroße Kunst verdunkelte« Schreibweise.

LITERATUR

E. Reichel, Gottsched und Johann Adolf Scheibe, Sammelbände der Internationalen Musikgesellschaft II, 1900/01.

Johann Gottlieb Janitsch
(1708 bis um 1763)

ZEIT UND UMWELT

Die Hausakademien, die am Sitz des preußischen Kronprinzen Friedrich von seiner Kapelle regelmäßig veranstaltet wurden, bestanden vorwiegend aus Darbietungen norddeutscher Musik. Es wurden aber nicht selten Gäste aus verschiedenen Gebieten empfangen, die entweder ihre Werke selbst zu Gehör brachten oder von der Kapelle spielen ließen. Das künstlerische Niveau war, dem gesamten Kreis um den Prinzen in Rheinsberg entsprechend, sehr hoch.

LEBEN

Johann Gottlieb Janitsch wurde in Schweidnitz (Świdnica), Schlesien, geboren. 1736 zog ihn der nachmalige König Friedrich II. an seinen Kronprinzensitz nach Rheinsberg und übertrug ihm das Arrangement seiner regelmäßigen Hausakademien. Nach Friedrichs II. Thronbesteigung wurde er Direktor der Redoutenmusiken in Berlin, wo er um 1763 starb.

WERKE

Die Konzerte, Trios und Quartette von Johann Gottlieb Janitsch sind stark vom Stil Johann Gottlieb Grauns beeinflußt. Das gleiche gilt von seinen Kantaten und dem Te Deum, das oft aufgeführt wurde.

LITERATUR

H. Fuhrich, Ein schlesischer Musiker am preußischen Königshofe, in: Schlesien III, 1958.

Innocenzo Gigli (1708–72)

ZEIT UND UMWELT

Francesco III. d'Este, Herzog von Modena, (1698–1780) kämpfte im Spanischen Erbfolgekrieg auf spanischer Seite. Die österreichischen Truppen besetzten und verwüsteten sein Herzogtum, das er erst durch den Vertrag von Aachen 1748 wieder zurückerhielt. Kaiserin Maria Theresia verlieh ihm 1754 den Titel eines Gouverneurs der Lombardei. Durch die politischen Ereignisse war es ihm kaum möglich, die in seinem Haus traditionelle Pflege der Musik fortzusetzen.

LEBEN

Innocenzo Gigli wurde am 3. 12. 1708 in Finale, Modena, geboren. Er war in Modena als Kirchenmusiker tätig und starb dort am 13. 8. 1772.

Giovanni Battista Gigli (um 1720, bei Modena, bis um 1785, vermutlich Florenz) wirkte wahrscheinlich an den Höfen von Modena und Florenz. Er war vielleicht ein älterer Verwandter von Innocenzo Gigli.

WERKE

Von Innocenzo Gigli sind mehrere Oratorien bekannt geworden. Über weitere Kompositionen gibt es keine Informationen.

Von Giovanni Battista Gigli, der Il Tedeschino (der kleine Deutsche) genannt wurde, vermutlich, weil er deutscher Abstammung war oder sich längere Zeit in Deutschland aufgehalten hatte, sind 2 Oratorien, eine Kantate und 6 Triosonaten bekannt.

Stilistisch gehörten beide Komponisten dem Barock an.

Marianus Königsperger (1708–69)

ZEIT UND UMWELT

Bezeichnend für die Musik der Vorklassik war ein gründlicher Wandel in der Besetzung der Orchester. Die verschiedenartigen Formate der Instrumente wurden aufgegeben und durch Standardformen ersetzt. Das Holz behielt nur mehr die Querflöte, das Pikkolo, die Klarinette, die Oboe und das Fagott, das

Blech begnügte sich mit Trompeten, Hörnern und Posaunen. Dazu trat noch die Pauke als Schlaginstrument. Auch auf Tasteninstrumente konnte bald verzichtet werden, weil die Zeit des Generalbasses vorbei war.

LEBEN
Marianus Königsperger wurde am 4. 12. 1708 in Roding, Oberpfalz, geboren. Er wurde Benediktinermönch und lebte im Kloster Prüfening bei Regensburg bis zu seinem Tod am 9. 10. 1769. Er dürfte im Kloster ausgebildet und sodann als Kirchenmusiker beschäftigt worden sein.

WERKE
An kirchlicher Musik liegen von Marianus Königsperger eine große Anzahl vierstimmiger Messen mit Instrumenten, Offertorien, Vesperpsalmen, Litaneien, Miserere und 6 Stabat mater vor. Ebenfalls für den kirchlichen Gebrauch komponierte er 12 konzertante Sonaten für die Messe für zwei Violinen, Bratsche mit doppeltem Generalbaß, 10 Sinfonien für zwei Clarini, Pauken, zwei Violinen, Bratsche und Continuo und 8 Vorspiele mit Fugen. Zu didaktischen Zwecken veröffentlichte er Klavierübungen - Präludien und Fugen.

LITERATUR
Fr. Zwickler, Frater Marianus Königsperger OSB (1708 bis 1769). Ein Beitrag zur süddeutschen Kirchenmusik des 18. Jahrhunderts, Mainz 1964.

Michel Corrette (1709–95)

ZEIT UND UMWELT
Die Grenzen zwischen höfischer und volkstümlicher Musik wurden um die Mitte des 18. Jahrhunderts in Frankreich immer öfter durchschritten. Die gespielte Zuwendung zur Natur und zum einfachen Leben des Rokoko erforderte die Verwendung von Volksinstrumenten, um das Kolorit zu unterstreichen. Dadurch entstanden Kompositionen, die bei breiten Bevölkerungsschichten, die aus sozialen Gründen zur einfachen, naturnahen Lebensführung genötigt waren, große Aufnahmebereitschaft fanden. Dieses Einströmen volkstümlicher Elemente wirkte außerordentlich befruchtend und belebend und bildete eine der Grundlagen, auf denen sich die Musik Frankreichs in der folgenden Zeit zu ihrer Hochblüte entfalten konnte.

LEBEN
Michel Corrette wurde 1709 in Rouen geboren. Im Jahr 1726 erhielt er die Stelle des Organisten an Ste-Marie-Madeleine-en-la-Cité, 1737 beim Grand Prieur von Frankreich, 1750 bei den Jesuiten der Rue St-Antoine, 1759 bei prince de Condé Louis Joseph de Bourbon (1736–1818) und ab 1780 bei Charles, comte d'Artois, dem späteren König Karl X. (1757–1836). Er starb in Paris am 22. 1. 1795.
Sein Vater Gaspard Corrette (um 1670, Delft, bis um 1730, Rouen) war Organist in Rouen.

WERKE
Die 3 »Orgelbücher« schrieb Michel Corrette für den liturgischen Gebrauch - Versetten, reichverzierte Préludes, Fugen über gregorianische Themen usw. Außerdem verfaßte der vielseitige Komponist »Weihnachtsmusik« für Cembalo oder Orgel, zahlreiche Stücke für Cembalo, Programmstücke für Cembalo und zwei Flöten, Sonaten, Duette, Divertissements für zwei Hörner, Triosonaten, Konzerte für vier oder mehrere Instrumente, Stücke für Drehleier und Musette, 22 Konzerte mit charakterisierenden Titeln für verschiedene Instrumente, Sinfonien, eine große Anzahl Lieder, Arien, Arietten und Vaudevilles, Messen, Motetten, Te Deum, Leçons de ténèbres und weitere sakrale Werke, dazu Schulwerke für Violine, Cello, Cembalo, Gitarre, Mandoline, Harfe, Bratsche, Drehleier, Querflöte, Blockflöte und eine Gesangschule.
Von Gaspard Corrette sind eine Orgelmesse und eine Reihe von Stücken für Musette erhalten.

LITERATUR
F. Raugel, Les organistes, Paris 1923.

Christoph Schaffrath (1709–63)

ZEIT UND UMWELT
Der preußische Kronprinz hatte sich auf dem neuerbauten Schloß Rheinsberg mit einer Elite aus Künstlern und Gelehrten umgeben. Musiker, Pastoren jeder Richtung, Schriftsteller, Maler wurden eingeladen, und emigrierte Franzosen brachten die gesamte aufgeklärte Geistigkeit jener Zeit ein. Es wurde gedichtet, gelesen, diskutiert und viel musiziert. Nach seinem Regierungsantritt nahm Friedrich II. die Musiker mit nach Berlin.

LEBEN
Christoph Schaffrath wurde 1709 in Hohenstein an der Elbe geboren. Der spätere König Friedrich II. lud ihn 1736 ein, seiner Kapelle in Rheinsberg beizutreten, und nahm ihn 1740 nach Berlin mit. Schaffrath starb am 17. 2. 1763 in Berlin.

WERKE
Für die Kapelle Friedrichs II. verfaßte Christoph Schaffrath Ouvertüren, Sinfonien für zwei Violinen, Bratsche und Baß, Klavierkonzerte, Streichquartette, Triosonaten für zwei Violinen oder Flöten mit Generalbaß, 6 Violinsonaten mit obligatem Klavier und 6 Klaviersonaten.

Joseph Riepel (1709–82)

ZEIT UND UMWELT
Die Fürsten von Thurn und Taxis wurden im 15. Jahrhundert mit der Beförderung der kaiserlichen Kurierpost im Reich, Burgund und den Niederlanden betraut und 1615 zu Reichserbgeneralpostmeistern ernannt. Dieses Postrecht wurde ihnen erst im 19. Jahrhundert abgelöst. Bis dahin beschäftigten sie in Regensburg in ihrer Hofhaltung eine Kammermusikkapelle von beachtlicher Qualität.

LEBEN
Joseph Riepel wurde am 22. 1. 1709 in Hörsching, Oberösterreich, geboren. Er studierte von 1740 bis 1745 bei Jan Dismas Zelenka in Dresden, sodann lebte er ab 1751 bis zu seinem Tod am 23. 10. 1782 als Kammermusiker des Fürstenhauses Thurn und Taxis in Regensburg.

WERKE
Das Hauptverdienst von Joseph Riepel lag vorwiegend auf dem Gebiet der Musikwissenschaft. Seine Kompositionen, 3 Violinkonzerte, Sinfonien, Klavierkonzerte und verschiedene Kirchenmusik, waren etwas blutleer, gehörten aber eindeutig dem empfindsamen Stil an.

LITERATUR
J. Merkl, Joseph Riepel als Komponist, Kallmünz 1937.

Charles Avison (1709–70)

ZEIT UND UMWELT
Francesco Geminiani übte als Violinlehrer in London einen nachhaltigen Einfluß auf die englische Musikentwicklung aus. Auch seine Forderung nach einer expressiven Dynamik wurde immer häufiger befolgt, weil man begann, die gleichbleibende Spielstärke eines ganzen Satzes als unbefriedigend zu empfinden. Das Publikum gewöhnte sich an die Vielfalt der Ausdrucksmittel, die das 18. Jahrhundert brachte.

LEBEN
Charles Avison wurde am 16. 2. 1709 in Newcastle-upon-Tyne getauft. Er war Schüler von Francesco Geminiani und wurde nach seiner Ausbildung 1736 Organist in seiner Vaterstadt, in der er am 10. 5. 1770 starb.

WERKE
Neben einer Abhandlung über den »Musikalischen Ausdruck«, die heftige Kontroversen hervorrief, brachte Charles Avison 26 siebenstimmige Konzerte, 12 Klavierkonzerte mit Streichquartett und 18 Klavierquartette, weiters 3 Bücher mit Sonaten für Cembalo und zwei Violinen und etliche Lieder heraus. Die Besetzung mit Cembalo und zwei Violinen war für England verhältnismäßig neu.

Francesco Araja (1709 bis um 1770)

Zeit und Umwelt

Nach dem Tod der Zarin Elisabeth Petrowna kam der Sohn ihrer Schwester Anna (1708 bis 1728) als Peter III. (1728–62) zur Regierung, wurde aber noch im selben Jahr auf Veranlassung seiner Gemahlin Sophie von Anhalt-Zerbst (1729–96), die ihm als Zarin Katharina II. auf den Thron folgte, ermordet.

Leben

Francesco Araja wurde am 25. 6. 1709 in Neapel geboren. Nachdem er in seiner Vaterstadt und in Florenz je eine Oper herausgebracht hatte, ging er 1735 mit einer Operntruppe an den Hof der Zarin Elisabeth in St. Petersburg. Er kehrte 1759 nach Italien zurück, unternahm 1761 eine zweite Rußlandreise, verließ jedoch, durch den Mord an Zar Peter III. erschreckt, St. Petersburg im folgenden Jahr. Er kehrte nach Italien zurück und starb um 1770 in Bologna.

Werke

Neben seinen 22 Opern verfaßte Francesco Araja ein Weihnachtsoratorium, Lieder und Klavierstücke. Er brachte 1755 mit »Zefal i Prokris« (Kephalos und Prokris) die erste auf russischen Text komponierte Oper heraus und setzte damit der Entwicklung der russischen Oper ihren Anfang.

Egidio Romualdo Duni (1709–75)

Zeit und Umwelt

Das Pariser »Théâtre-Italien« oder »Théâtre des Italiens« mit ständigen italienischen Aufführungen existierte bereits unter König Karl IX. (1550–74). Ab da gab es immer italienische Sprech- und Musiktheater unter irgendeinem Titel. Im 18. Jahrhundert wurde von italienischen Operntruppen vor allem die Buffooper gepflegt.

Leben

Egidio Romualdo Duni (Duny) wurde am 9. 2. 1709 in Matera, Neapel, geboren. Er war Schüler von Francesco Durante (1684–1755). Er wirkte zunächst als Kapellmeister in Bari, sodann, nachdem er sich einige Zeit in London und Leiden aufgehalten hatte, in gleicher Eigenschaft am Hof des Herzogs Philipp von Parma (1720–65), dessen Gemahlin Louise Elisabeth (1727–59), Tochter Ludwigs XV., ihn anregte, nach französischem Geschmack zu komponieren. 1757 ließ er sich in Paris nieder und wurde 1761 Leiter der Comédie Italienne. Er starb am 11. 6. 1775 in Paris.

Sein Bruder Antonio Duni (um 1700, Matera, bis um 1766, Schwerin) übte seine Musik in ganz Europa aus: in Trier, Madrid und Norddeutschland, bis er Gesanglehrer an der Universität von Moskau wurde. Zuletzt wirkte er am herzoglichen Hof in Schwerin.

Werke

Außer 12 Opern für Italien und 20 für Paris verfaßte Egidio Romualdo Duni 6 Triosonaten, eine Anzahl Menuette, Oratorien, Messen, Litaneien, Psalmen und einige profane Lieder.

Von Antonio Duni sind Duette, Ouvertüren, 6 Sinfonien, Arien, 6 Kammerkantaten, eine fünfstimmige Messe, 6 Motetten und ein Intermezzo erhalten.

Antonín Jelínek (1709–79)

Zeit und Umwelt

Mönche als reisende Konzertvirtuosen waren auch im 18. Jahrhundert nicht selten. Musik und musikalisches Wirken standen bei der Allgemeinheit in hohem Ansehen, so daß man zwischen der Würde eines Klerikers und der öffentlichen Musikausübung keine Unvereinbarkeit erblickte.

Leben

Herman Antonín Jelínek (Hermann Anton Gelinek, Cervetti) wurde am 8. 8. 1709 in Hořiněves bei Smiřice geboren. Er studierte in Wien, trat dem Praemonstratenserorden bei und wirkte im Ordensstift in Seelau (Želiv) als Violinist, Organist und Chordirigent. Ab 1760 befand er sich auf Konzertrei-

sen als Violinvirtuose in Paris und Italien und starb am 5. 12. 1779 in Mailand.
Sein Bruder Jan Jelínek - Ivan, Johann Gelinek - (um 1710, Hořiněves, bis um 1780, Prag) war an verschiedenen Prager Kirchen als Organist tätig.

WERKE
Die im Stift Seelau aufbewahrten Violinkonzerte, Sonaten und Orgelstücke sowie die zahlreichen Kirchenkompositionen von Antonín Jelínek sind verlorengegangen, wie auch die Werke, die sein Freund, der Violinist Václav Pichl, von ihm geerbt hatte.
Von Jan Jelínek ist ein Band vorzüglicher Lautenmusik erhalten. Seine sakralen Kompositionen sind nicht überliefert.

LITERATUR
J. Racek, Česká hudba, Prag 1958.

František Benda (1709-86)

ZEIT UND UMWELT
Wenn ein tschechischer Musiker in der ersten Hälfte des 18. Jahrhunderts nicht Kleriker wurde oder sich nicht nur auf katholische Kirchenmusik beschränkte, mußte er auswandern, um Entfaltungsmöglichkeiten zu finden. Zwangsläufig war damit eine gewisse Assimilierung an die neue Umwelt verbunden: Umgangssprache und Vornamen wurden angepaßt und in der zweiten Generation oft schon jede Verbindung zur alten Heimat abgebrochen.

LEBEN
František (Franz) Benda wurde am 22. 11. 1709 in Neu-Benatek (Nové Benatky) getauft. Er war der älteste Sohn des Webers und Spielmannes Jan Jiří Benda (1686–1757). Seine Ausbildung zum Violinisten erhielt er von seinem Vater, zum Musiker als Chorknabe in Prag und in Dresden. Hernach hielt er sich in Wien, in Breslau (Wrocław) und in Warschau auf und wurde 1732 Mitglied der Königlichen Kapelle in Dresden. 1733 trat er in die Dienste des preußischen Erbprinzen Friedrich in Neuruppin, der ihn nach seiner

František Benda, Radierung von F. W. Sherl, 1783

Thronbesteigung zum »Primarius« und 1771 zum Konzertmeister der Königlichen Kapelle ernannte. Neben seiner Tätigkeit im Dienst des Königs wirkte er als gesuchter Violinlehrer. Er starb am 7. 3. 1786 in Neuendorf bei Potsdam.

WERKE
Wie Johann Joachim Quantz und die Brüder Graun gehörte František Benda der empfindsamen Berliner Schule an, die er jedoch durch kantable Melodien und dramatische Akzentuierung bereicherte. Er verfaßte 15 Violinsonaten, etwa 100 Violin- und Triosonaten, 22 Duos für Violinen, 127 Capricen für Solovioline und zahlreiche Lieder (Oden). Bei den späteren Violinsonaten überwiegt das melodische Element das virtuose, so daß eine Annäherung an klassische Konzeptionen unverkennbar wird.

Flötenkonzert in e-Moll, 3 Sätze, entstanden um 1762

Der 1. Satz exponiert im einleitenden Tutti drei thematische Gedanken mit weiten Intervallsprüngen und energischen Passagen. Dann trägt die Flöte ein ruhiges, besänftigendes Motiv vor, doch das Orchester bringt neue Spannung, so daß es zur Auseinandersetzung zwischen Soloinstrument und dem Tutti kommt und sich das Konzept dem Sonatensatzschema der Klassik nähert. Im langsamen 2. Satz erklingen böhmische Volksweisen mit Sextenketten. Das Finale ist ein Rondo im Sinn von Antonio Vivaldi. Der dramatische Dialog zwischen Flöte und Tutti des 1. Satzes wird in immer rascherem Wechsel erneuert.

Literatur

F. Lorenz, Franz Benda und seine Nachkommen, Berlin 1967.

Franz Xaver Richter (1709–89)

Zeit und Umwelt

Pfalzgraf Karl Theodor (1724–99), Kurfürst von der Pfalz und von Bayern, folgte in der Pfalz seinem Vetter Karl Philipp (1661–1742) und erbte 1777 Bayern. Der pracht- und kunstliebende Fürst war ein großer Förderer der Baukunst, des Theaters und vor allem der Musik. Seine Hofkapelle in Mannheim erlangte Weltruf; ihre Leistungen bildeten eine der wichtigsten Etappen zur Wiener Klassik.

Leben

Franz Xaver Richter wurde am 1. 12. 1709 in Holleschau (Holešov), Mähren, geboren. Über sein Leben bis zum Jahr 1740, in dem er Vizekapellmeister in Kempten wurde, ist nichts bekannt. Auch sein Geburtsort ist nicht völlig gesichert; es wird auch Chrast in der heutigen Slowakei (früher Ungarn) angenommen. Ab 1747 wirkte er als Sänger, Violinist und Komponist an der Hofkapelle in Mannheim. 1769 wurde er Kapellmeister am Münster in Straßburg, wo er am 12. 9. 1789 starb.

Werke

Man teilt die Werke von Franz Xaver Richter in die während seiner Mannheimer Zeit verfaßten Instrumentalwerke und in die in Straßburg geschriebenen Vokalkompositionen ein. Die erstgenannten bestehen aus 69 Sinfonien, 6 Klavierkonzerten mit Streichern, 6 Streichquartetten, 8 Trios für Klavier, Flöte und Cello, 6 Solosonaten für Flöte, Triosonaten und einer Anzahl Instrumentalkonzerte. An Vokalmusik sind 30 Messen, 3 Requiem, 18 Psalmen, 43 Kantaten

Franz Xaver Richter auf dem Chor des Straßburger Münsters

und Motetten, 2 Te Deum und ein Lamentationenzyklus erhalten.

Franz Xaver Richter war einer der Hauptvertreter der Mannheimer Schule. Seine Diktion weist teilweise bereits das Gepräge des Mozart-Stils auf und zielt unmittelbar auf die kommende Klassik hin.

Kammersonate in D-Dur für Cembalo, Flöte und Cello, 3 Sätze

Hier betont die Bezeichnung Kammersonate nicht einen Unterschied von der Kirchensonate, sondern ist im modernen Sinn zu verstehen; es handelt sich also um eine Komposition für ein Solistenensemble. Das Cembalo ist dabei ein konzertierender Partner, der nur fallweise kurz als bezifferter Baß auftritt. Der Abschied von der Generalbaßtechnik ist nahezu endgültig vollzogen. Im einleitenden Allegretto trägt die Flöte das Thema vor, dem das Cembalo mit einer Spielfigur begegnet wie ein zweites Motiv. Dann kommt es zu einer regelrechten Durchführung, so daß für einen formgerechten klassischen Satz nur die Reprise fehlt. Das folgende Larghetto und der 3. Satz sind mehr der barocken Tradition verhaftet und folgen mehr klanglichen Aspekten als thematischen.

Streichquartett Nr. 1 in C-Dur, 3 Sätze

Hiermit trat das Streichquartett als musikalische Gattung zum ersten Mal in einer geschlossenen Werkgruppe auf.

Es liegt eine Kammersonate vor, bei der der Generalbaß endgültig ausgeschaltet ist und alle vier Partner zur Teilnahme am klanglichen und thematischen Geschehen herangezogen werden. Die erste Violine nimmt keine dominierende Stellung ein, alle Instrumente treten gleicherweise führend hervor. Der 1. Satz weist die klassische Allegroform auf. Das Andante ist polyphon, aber doch sehr sanglich. Das rasche Finale vollendet den klassischen Zuschnitt der neuen Form.

Konzert in D-Dur für Trompete, Streicher und Generalbaß, 3 Sätze

Es liegt das einzige Trompetenkonzert des Komponisten vor. Es ist noch der Musiksprache des Hochbarock verpflichtet. Vom Solisten wird höchstentwickelte Spieltechnik gefordert. Die Stimmen der begleitenden Streicher sind selbständig behandelt. Ein interessantes, wertvolles Werk des ausgehenden Barock.

Literatur

R. Schwarz, František Xaver Richter, jeho život a působení, Holleschau 1969.

Jean-Noël Hamal (1709–78)

Zeit und Umwelt

Nach dem Vorbild der venezianischen und neapolitanischen Buffooper, die häufig auf Libretti im Regionaldialekt geschrieben war, wurde auch im wallonischen Raum die Volkssprache für Operntexte verwendet, weil dialektische Wendungen sehr häufig zusätzliche komische Effekte erzeugen.

Leben

Jean-Noël (Jihan-Noé) Hamal wurde am 23. 12. 1709 in Lüttich geboren. Er wurde von seinem Vater ausgebildet, studierte von 1728 bis 1731 in Rom und erhielt darauf die Chormeisterstelle an St-Lambert in Lüttich, wo er am 26. 11. 1778 starb.

Sein Vater Henri Guillaume Hamal (1685, Lüttich, bis 3. 12. 1752, Lüttich) war Kapellmeister an St-Lambert.

Werke

Berühmt wurde Jean-Noël Hamal durch seine 3 komischen Opern im wallonischen Dialekt. Außerdem verfaßte er bei 50 Messen, 200 Motetten, Kantaten, Oratorien (Jonas, David und Jonathan, Judith), Sinfonien und Ouvertüren. Sein Stil grenzte zuweilen sehr nahe an den der Mannheimer.

Henri Guillaume Hamal schrieb Kantaten und Motetten. Er dürfte auch Urheber mancher Musik gewesen sein, die seinem Sohn zugeschrieben wird.

Literatur

A. Auda, La Musique et les musiciens de l'ancien pays de Liège, Brüssel 1930.

Giuseppe Demachi
(um 1710 bis nach 1771)

Zeit und Umwelt

Turin wurde 1720 die Hauptstadt des Königreichs Sardinien. Herzog Karl Emanuel III. von Savoyen (1701–73) wurde 1730 als Nachfolger von Victor Amadeus II. von Savoyen König von Sardinien. Er bemühte sich wie sein Vorgänger, die sozialen und wirtschaftlichen Zustände seines Herrschaftsbereiches und die kulturelle Bedeutung der Hauptstadt zu heben.

Leben

Giuseppe Demachi wurde um 1710 in Alessandria della Paglia, Piemont, geboren. Er war ab 1740 als Violinist Mitglied des Hoforchesters in Turin. Im Jahr 1771 ließ er sich als Violinist und Violinlehrer in Genf nieder, wo er in einem der folgenden Jahre gestorben sein dürfte.

Werke

Von Giuseppe Demachi sind 6 Orchesterquartette, 6 Violinsonaten, 6 Triosonaten und eine Reihe konzertanter Sinfonien erschienen. Handschriftlich sind Konzerte für drei Violinen und Cello und weitere Sonaten für zwei Violinen und Baß, außerdem zahlreiche Violinsoli und andere Instrumentalstücke erhalten. Ein Trio für drei Flöten in G-Dur ist sehr bekannt geworden. Sein Stil lehnt sich an den zeitgenössischen französischen an.

Johann Nikolaus Hemmerlein
(um 1710 bis nach 1763)

ZEIT UND UMWELT
Der doppelchörige Dom zu Bamberg aus dem 13. Jahrhundert war immer schon eine Pflegestätte der Kirchenmusik. Auch bei Adel und Großbürgertum der reichen Stadt war die Förderung der bildenden Kunst und der Musik von alters her traditionell.

LEBEN
Johann Nikolaus Hemmerlein wurde um 1710 in Wiesentheid geboren, wo er bis 1741 als Organist und Lehrer wirkte. Sodann war er bis 1763 Kammermusikus und Musiklehrer in Bamberg und dürfte dort in den folgenden Jahren gestorben sein.
Sein Neffe Anton Hemmerlein (1730, Bamberg, bis 11. 9. 1811, Bamberg) wirkte als Cellist und ab 1780 als Hofpaukist an der Hofkapelle in Bamberg.

WERKE
Von Johann Nikolaus Hemmerlein sind eine vierstimmige Messe in C-Dur mit Instrumenten und ein Cellokonzert erhalten. Beide Kompositionen weisen ihn als Gefolgsmann der Mannheimer Schule aus.
Von Anton Hemmerlein sind Sonaten von beachtlicher Qualität erhalten.

John Atfield (um 1710 bis nach 1750)

ZEIT UND UMWELT
Das Lied, eine der ursprünglichsten Musikausübungen, bei der der Mensch Interpret und Musikinstrument, in vielen Fällen auch Publikum zugleich ist, blieb wie der Tanz durch alle Epochen der Musikgeschichte die Grundschichte des Musiklebens – ob es sich um Volksliedgut oder um Kunstlieder handelte.

LEBEN
John Atfield wurde um 1710 vermutlich in London geboren. Welche musikalische Tätigkeit er neben seiner Liedkomposition ausübte, ist nicht feststellbar. Seine letzte Publikation ist mit 1750 datiert, so daß man annehmen kann, daß er in einem der folgenden Jahre – wahrscheinlich in London – gestorben ist.

WERKE
Von den vielen Liedern, die John Atfield zwischen 1735 und 1750 in London veröffentlichte, trafen einige den Volkston so gut, daß sie lange als Volkslieder weiterlebten. Auch seine Geselligkeitslieder waren lange sehr populär.

Carlo Ferrari (um 1710–90)

ZEIT UND UMWELT
Nachdem das Cello seine endgültige Mensur erhalten und immer mehr solistisch eingesetzt worden war, entstand sofort das Bedürfnis nach einem Spiel in höheren Lagen, um weitere Räume für die melodische Entfaltung zu gewinnen und den schönen Klang des Instruments bei hohen Griffen ausnützen zu können. Das Lagenspiel wurde durch Aufsetzen eines griffbrettverkürzenden Capodasto erzielt, was jedoch den reinen Klang unbefriedigend beeinträchtigte. Durch Verwendung des Daumens der Griffhand wurde es erst möglich, den Klang zu erhalten und die Sperre je nach Bedarf in beliebiger Höhe anzubringen.

LEBEN
Carlo Ferrari wurde um 1710 in Piacenza geboren und vermutlich dort zum Cellisten ausgebildet. Er lebte und wirkte ab ungefähr 1750 als Cellist in Paris und war ab 1765 Mitglied der Hofkapelle in Parma, wo er am 2. 4. 1790 starb.
Sein Bruder Domenico Ferrari (1722, Piacenza, bis 1780, Paris) war Schüler von Giuseppe Tartini, machte als Violinvirtuose äußerst erfolgreiche Konzertreisen, wirkte eine Zeitlang als Konzertmeister in Stuttgart und ließ sich gegen 1760 als Violinist und Violinlehrer in Paris nieder, wo er 1780 starb.

WERKE
Der Cellist Carlo Ferrari war einer der

ersten, die in Italien den Daumenaufsatz einführten. Von ihm ist eine Anzahl vorzüglicher Cellosonaten im galanten Stil erhalten.
Der Violinist Domenico Ferrari schuf 36 Violinsonaten und 6 Triosonaten, die virtuoses Spiel erfordern, außerdem ein schönes Violinkonzert in B-Dur.

Domenico Alberti
(um 1710 bis um 1740)

ZEIT UND UMWELT
Die Harfenbässe oder Albertibässe, die in ihrer Primitivität den Murkybässen sehr nahekommen, wenn auch anstelle des eintönigen Oktavengeklingels gebrochene Akkorde als Begleitung einfacher Melodien auf dem Cembalo oder Pianoforte verwendet werden, wirken, wenn sie nicht nur kurz und fallweise vorkommen, ebenso monoton und einfallslos.

LEBEN
Domenico Alberti wurde um 1710 in Venedig geboren. Er war Schüler von Antonio Lotti und machte sich als Cembalist und Sänger einen berühmten Namen. Welche musikalischen Stellungen er innehatte, ist nicht bekannt. Er starb um 1740 in Rom.

WERKE
Mit seinen 8 Klaviersonaten ist Domenico Alberti zu den Mitbegründern des vereinfachten homophonen Klavierstils, der seinen Namen trägt, zu rechnen. Daß er den Stil erfunden habe, war eine irrige Annahme. Außerdem schrieb er eine Anzahl Opern, Kantaten und Motetten. Handschriftlich sind noch 21 Sonaten überliefert.

Joseph Garnier
(um 1710–79)

ZEIT UND UMWELT
Die Grenzlage von Straßburg und die neutrale Haltung der Stadt in allen Konflikten brachten neben manchen anderen den Vorteil, daß Musiker von allen Seiten zuströmten, und die Kapelle des Münsters unter vielen guten die besten Kräfte wählen durfte.

LEBEN
Joseph Garnier wurde um 1710 im Elsaß geboren und fand als Chorknabe am Münster von Straßburg Aufnahme. Er verblieb dort als Sänger, bis man ihm 1760 die Stelle des Kapellmeisters übertrug. Ab 1769 bis zu seinem Tod am 1. 11. 1779 wirkte er als Musiklehrer in Beaune, Côte-d'Or.

WERKE
Von Joseph Garnier sind mehrere Messen, a cappella und mit Orchester, sowie Motetten bekannt. Sein Stil gehörte dem Spätbarock an.

Bernardo Aliprandi
(um 1710 bis um 1792)

ZEIT UND UMWELT
Die Münchner Hofkapelle erfuhr unter Kaiser Karl VII. und dessen Nachfolger, Kurfürst Maximilian III. Joseph, eine beträchtliche Ausweitung durch eine Reihe von Musikern ersten Ranges aus Italien.

LEBEN
Bernardo Aliprandi wurde um 1710 in Mailand geboren. Er trat 1732 der Münchner Hofkapelle als Cellist bei und wurde dort 1737 Kammerkomponist und 1750 Konzertmeister. Im Jahr 1780 wurde er pensioniert und begab sich nach Frankfurt am Main, wo er um 1792 starb.
Sein Sohn Bernhard Aliprandi (5. 2. 1747, München, bis 19. 2. 1801, München) war ab 1762 Cellist des Münchner Hoforchesters.

WERKE
Neben einigen Opern verfaßte Bernardo Aliprandi ein sehr bemerkenswertes Stabat mater mit Instrumenten, das sehr oft aufgeführt wurde. Über weitere Kompositionen ist nichts bekannt.
Bernhard Aliprandi trat mit einigen Cellostücken hervor.

Johann Albert Gronemann
(um 1710 bis nach 1760)

ZEIT UND UMWELT
Auch im 18. Jahrhundert erschienen noch viele Stücke für Violinen, die die Ausführung mit Flöten ausdrücklich zulassen. Abgesehen davon, daß diese alternative Besetzung dem Violinsatz oft enge Grenzen zog, beweist sie, wie wenig Beachtung man noch der Klangfarbe der einzelnen Instrumente schenkte. Die erweiterte Aufführungsmöglichkeit sollte selbstverständlich den Interessentenkreis vergrößern. Das wäre aber nicht erreicht worden, wenn das Publikum schon damals unsere Einstellung zur spezifischen Klangfarbe gehabt hätte.

LEBEN
Johann Albert Gronemann (Groenemann) wurde um 1710 in Köln geboren. Er ließ sich in Leiden als Violinist nieder. Im Jahr 1750 wurde er Organist in Den Haag, verlor aber 1760 diese Stelle wegen einer Erkrankung, an der er in den folgenden Jahren starb.

WERKE
Von Johann Albert Gronemann sind mehrere Bücher mit Sonaten und Duetten für Violine oder Flöte erschienen. Der Violinsatz wurde so gehalten, daß er mit Flöten ausführbar war.

Antheaume dit l'Aîné
(um 1710 bis nach 1762)

ZEIT UND UMWELT
Die Ste-Chapelle bildete nach wie vor einen bedeutenden Klangkörper innerhalb der dem französischen Hof unterstellten Instrumental- und Vokalensembles, deren Schwerpunkt in der Residenz von Versailles verankert war. Ihr hohes künstlerisches Niveau wurde einerseits durch die traditionellen rigorosen Aufnahmebedingungen, andererseits durch sorgfältige Auswahl der leitenden Persönlichkeiten gewahrt.

LEBEN
Antheaume dit l'Aîné – Vorname ist keiner überliefert – wurde um 1710 in Paris als Sohn des Sängers der Ste-Chapelle, Éloi Augustin Antheaume (um 1670, Paris, bis nach 1710, Paris), geboren. Er war ab 1748 Kapellmeister an der Kathedrale in Senlis und wurde 1762 Mitglied der Académie Royale de Musique. Es ist nicht feststellbar, in welchem der folgenden Jahre er gestorben ist.

WERKE
Das kompositorische Werk von Antheaume dit l'Aîné umfaßt 6 Konzerte für Cello, Violine und Baß, 45 Motetten für eine bis drei Stimmen und Orgel, 9 Leçons de Ténèbres, 8 Duette für Sopran und Baß, eine Kantate für Tenor und Orchester, 6 Airs für eine und zwei Stimmen ohne Baß und eine Anzahl Arietten.

LITERATUR
M. Brenet, Musiciens de la Ste-Chapelle du Palais, Paris 1900.

Comte de Saint-Germain
(um 1710–84)

ZEIT UND UMWELT
Virtuosen, so extravagant sie auch waren, fanden in London stets ein bereitwilliges Publikum. Die privaten Konzertveranstaltungen waren überfüllt. Man kann also nicht behaupten, daß kein Interesse für Musik vorhanden gewesen sei. Es fehlte nur die Förderung eigener Kräfte und wohl auch an genügend Musikerpersönlichkeiten, die sich den Ausländern hätten an die Seite stellen können.

LEBEN
Comte de Saint-Germain – ein Vorname ist nicht überliefert – wurde um 1710 vermutlich in Österreich geboren. Er kam 1744 als Violinist nach London und veröffentlichte einige Kompositionen. Auch während seines zweiten Aufenthalts in London brachte er Violinkompositionen heraus. Auf einer seiner zahlreichen Konzertreisen kam er nach

Schleswig-Holstein, wo er am 27. 2. 1784 in Eckernförde starb. Für die Behauptung, er sei mit Giovannini ident gewesen, fehlt jeder Beleg. Näher liegt die Vermutung, daß er ein Sohn des Prinzen Franz Leopold Rákoczy (1676–1735) war.

WERKE
Von Saint-Germain sind mehrere Arien, englische Lieder, einige Triosonaten und 7 Violinsoli erhalten. Sein Stil könnte dem galanten zugerechnet werden.

LITERATUR
J. Franco, The Count of St. Germain, in: The Musical Quarterly XXXVI, 1950.

Salvatore Lanzetti
(um 1710 bis um 1780)

ZEIT UND UMWELT
Bis über die Mitte des 18. Jahrhunderts hinaus wurde der bezifferte Baß noch häufig angewendet. Besonders Virtuosen, die für ihre eigenen Konzerte schrieben, legten wenig Wert darauf, die Begleitstimmen durchzuarbeiten. Die Klangkulisse, die der Continuospieler erzeugte, lenkte von der vorgetragenen Melodie weit weniger ab.

LEBEN
Salvatore Lanzetti wurde um 1710 in Neapel geboren und im Conservatorio Santa Maria di Loreto seiner Vaterstadt ausgebildet. Er war einige Zeit im Dienst des Königs von Sardinien, Victor Amadeus II. von Savoyen, begab sich 1730 nach London, wo er bis 1750 als Cellovirtuose wirkte, und wurde sodann Mitglied der Königlichen Kapelle in Turin, wo er um 1780 starb.

WERKE
Außer einer Schule des Cellospiels sind von Salvatore Lanzetti lediglich 12 Sonaten für Cellosolo und bezifferten Baß überliefert. Über weitere Kompositionen ist nichts bekannt.

Antoine Mahault
(um 1710 bis nach 1760)

ZEIT UND UMWELT
Blechblasinstrumente, die bisher vorwiegend von Stadtpfeifereien und Militärkapellen verwendet wurden, fanden im 18. Jahrhundert, wenn auch vorläufig zögernd, in die Komposition Eingang. Vor allem war es die Oper, die nach dem stärkeren Ausdrucksmittel griff, dann verfaßten Virtuosen auf den Instrumenten Stücke, mit denen sie ihr Können zeigen konnten, oder bestellten sie bei Komponisten.

LEBEN
Antoine (Antonio) Mahault wurde um 1710 im französisch-niederländischen Raum geboren. Er lebte von 1737 bis 1760 in Amsterdam und in anderen niederländischen Städten. Dann zog er sich in ein französisches Kloster zurück, wo er in einem der folgenden Jahre starb. Welche musikalischen Tätigkeiten er neben der Komposition ausübte, läßt sich nicht feststellen.

WERKE
Von Antoine Mahault sind zahlreiche Kompositionen für Flöte überliefert, darunter 6 Sonaten für Querflöte und Generalbaß, 6 Duette für Querflöten oder Violinen, 6 Kammersonaten für zwei Violinen oder Querflöten und Cello, 6 Sonaten für Flöte, Oboe oder Violine. Überdies verfaßte er Stücke für verschiedene Instrumente, wie 6 Sinfonien für Violine, Bratsche, Horn und Generalbaß und 6 weitere mit verschiedener Besetzung. Seine Schule zum »Erlernen des Flötenspiels in kurzer Zeit« wurde viel benützt.

Nicolas Vibert (um 1710–72)

ZEIT UND UMWELT
Das Horn als chromatisches Instrument konnte erst nachdem seine Ventile entwickelt worden waren, eingesetzt werden. Bis zur Mitte des 19. Jahrhunderts waren darauf nur die Naturtöne spielbar, was seine

Verwendbarkeit stark einschränkte; obschon es immer wieder Virtuosen gab, die an Intonisierung und Tonanzahl Erstaunliches leisteten.

LEBEN
Nicolas Vibert wurde um 1710 vermutlich in Paris geboren. Er trat 1751 im Concert spirituel als Violinist und Hornist mit viel Erfolg auf und wurde 1752 zu den »24 violons du roy« aufgenommen. Er spielte auch in den Orchestern der Opéra und der Opéra-Comique. Im Jahr 1760 ernannte man ihn zum ersten Violinisten des Concert spirituel. Er starb am 16. 8. 1772 in Paris.

WERKE
Von Nicolas Vibert sind Sonaten für zwei Violinen ohne Generalbaß, 6 Triosonaten und 3 Suiten mit Trios erschienen. Die Trios waren wegen ihrer graziösen Melodien sehr beliebt. Sein Stil erinnert an Pietro Antonio Locatelli, gehört aber unbestreitbar dem französischen Rokoko an. Es ist nicht bekannt, ob er auch für das Horn, das er virtuos beherrschte, komponiert hat.

Juan Bautista Pla
(um 1710 bis nach 1770)

ZEIT UND UMWELT
Karl Eugen, Herzog von Württemberg (1728 bis 1793), belastete sich wegen seiner prachtliebenden Hofhaltung mit hohen Schulden. Er gestaltete seine Hofkapelle durch Aufnahme bedeutender Musiker aus allen Ländern zu einer der bedeutendsten des deutschen Sprachraumes aus.

LEBEN
Juan Bautista Pla (Plats) wurde um 1710 in Katalonien geboren. Er war als Oboist am Hof in Lissabon, sodann von 1755 bis 1766 an der Hofkapelle in Stuttgart und schließlich in London tätig. Seine letzten Publikationen erschienen 1770. Er dürfte in einem der folgenden Jahre gestorben sein, der Ort seines Todes ist nicht bekannt.
Sein Bruder Manuel Pla (um 1715, Katalonien, bis 13. 9. 1766, Madrid) lebte als Oboist und Komponist in Madrid.

WERKE
Von Juan Bautista Pla sind eine Anzahl Instrumentalmusiken, besonders für Oboen, Triosonaten und Duette, in denen der Oboe eine stimmführende Stellung eingeräumt wurde, erhalten.
Von Manuel Pla sind außer einer Zarzuela Autos sacramentales und Tonadillas überliefert.

LITERATUR
J. R. Carreras, Els germans Pla, oboistes de la XVIII centuria, Revista musical catalana VII, 1910.

Filippo Finazzi (um 1710–76)

ZEIT UND UMWELT
Der deutsche Rokokodichter Friedrich von Hagedorn (1708–54) verarbeitete antike, französische und englische Vorbilder und machte sich durch seine »Fabeln und Erzählungen« und anakreontische »Oden und Lieder« bekannt.

LEBEN
Filippo Finazzi wurde um 1710 in Bergamo geboren. Er war männlicher Sopran, der in Breslau (Wrocław), Prag und Modena sang. Er ließ sich schließlich in Hamburg nieder, wo er in enge freundschaftliche Beziehungen zu Friedrich von Hagedorn trat und am 21. 4. 1776 starb.

WERKE
Der Kastratensänger Filippo Finazzi komponierte Streichquartette, Kantaten und Arien und vertonte eine Reihe von Liedern des Rokokodichters Friedrich von Hagedorn.

Thomas Chilcot (um 1710–66)

ZEIT UND UMWELT
Die Stadt Bath, Somerset, stand schon sehr früh im allgemeinen Interesse Englands als

Die Sopranistin Guari, genannt Bastardina, die Kastraten Giustino Ferdinando Tenducci und Caselli

Kurort, als kulturelles Zentrum und daher auch als Treffpunkt der obersten Gesellschaftsschicht. Daß der Musikpflege große Aufmerksamkeit zugewandt wurde, geht deutlich aus der Gründung des Pump Room Orchestra im Jahr 1705 durch Richard Nash (1674–1762) hervor.

LEBEN

Thomas Chilcot wurde um 1710 in Bath geboren und war von 1733 bis zu seinem Tod im November 1766 Organist der Abteikirche seiner Vaterstadt.

WERKE

Dem Niveau des Kulturlebens der Kurstadt Bath entsprechend, brachte der Organist Thomas Chilcot außer seinen kirchenmusikalischen Werken 12 Lieder auf Texte von William Shakespeare und anderen bedeutenden englischen Dichtern heraus. Er verfaßte auch 2 Serien von Cembalokonzerten, die in Bath selbst viel aufgeführt wurden. Es ist augenscheinlich, daß die Förderung seitens Stadt und Grafschaft den Schaffenswillen des Organisten anregte.

Manuel Ferreira (um 1710 bis nach 1750)

ZEIT UND UMWELT

Antonio de Zamora (um 1660–1728), Dramatiker und Hofdichter, verfaßte Schauspiele in der Art von Pedro Calderón de la Barca (1600–81) und Augustín Moreto y Cabaña (1618–69), unter anderem auch einen »Don Juan«.

LEBEN

Manuel Ferreira wurde um 1710 vermutlich in Madrid geboren. Er war Orchesterdirigent und Komponist einer Theatergruppe in

Madrid, für die er vorwiegend Tonadillas und Bühnenmusik schrieb. Er dürfte nach 1750 in Madrid gestorben sein.

WERKE

Von Manuel Ferreira stammen die ersten Tonadillas, die in der zweiten Hälfte des 18. Jahrhunderts in Spanien außerordentlich beliebt geworden sind. Seine Bühnenmusik verfaßte er vor allem für Schauspiele von Calderón, Moreto y Cabaña und Antonio de Zamora, bei dessen »Don Juan« er Blasinstrumente einsetzte, um das Erscheinen des »Steinernen Gastes« anzukündigen, wie es später auch Mozart tat.

André Joseph Exaudet (um 1710–62)

ZEIT UND UMWELT

Trotz der dominierenden Position, die Paris und Versailles im Musikleben Frankreichs einnahmen, entwickelte dennoch jede der Provinzstädte ihr eigenes Musikgeschehen, das sich allerdings nahezu in allen Fällen nach der Haupt- und Residenzstadt orientierte. Die Städte bauten Opernhäuser und Konzertsäle, gründeten Akademien sowie Musikschulen, und sie boten jungen Talenten reiche Entfaltungsmöglichkeiten. Aber die meisten davon nützten doch jede Gelegenheit, nach Paris zu kommen, um dort wirken zu können.

LEBEN

André Joseph Exaudet wurde um 1710 in Rouen geboren. Er trat 1744 in der Académie de Musique als Violinist zum ersten Mal auf, ging sodann nach Paris, wurde 1749 in das Orchester der Oper und 1751 in das des Concert spirituel aufgenommen. Im Jahr 1758 erhielt er die Ernennung zum Königlichen Kammermusiker und 1759 die Mitgliedschaft der »24 violons du roy«. Er starb 1762 in Paris.

WERKE

Von André Joseph Exaudet sind 2 Bücher mit Sonaten für Solovioline und Generalbaß, 6 Triosonaten für zwei Violinen und Baß und ein Konzert für Solovioline, zwei weitere Violinen, Bratsche und Generalbaß erschienen. Das Menuett aus der Triosonate Nr. 1 ist außerordentlich berühmt geworden.

Étienne Grégoire Damoreau
(um 1710 bis nach 1759)

ZEIT UND UMWELT

Da sich die französische Kirchenmusik bereits seit dem 17. Jahrhundert mehr oder weniger deutlich von der profanen Musik abgegrenzt und dies zum Teil durch intensive Traditionspflege erreicht hatte, fielen manche Kirchenmusiker, falls sie sich auf dem profanen Feld bewegten, durch archaische Wendungen auf.

LEBEN

Étienne Grégoire Damoreau (Damoreau l'Aîné) wurde um 1710 vermutlich in Paris geboren. Er war an verschiedenen Kirchen der Stadt als Organist tätig. 1759 trat er mit Kompositionen im Concert spirituel auf. Er dürfte in einem der folgenden Jahre in Paris gestorben sein.

Damoreau le Jeune – Vorname ist unbekannt – lebte ungefähr zwischen 1720 und 1760 als Cembalist und Komponist in Paris. Ob zwischen beiden eine verwandtschaftliche Beziehung bestand, ist nicht feststellbar.

WERKE

Von Étienne Grégoire Damoreau sind 1754 6 Sonaten für zwei Violinen oder Diskantviolen ohne Generalbaß erschienen, deren Faktur sehr archaisch wirkt.

Damoreau le Jeune veröffentlichte eine Reihe von Cembalostücken, die wenig Originalität aufweisen.

Rinaldo da Capua
(um 1710 bis nach 1770)

ZEIT UND UMWELT

Das Auftreten einer italienischen Operntruppe (Buffons genannt) mit zugkräftigen Intermezzi in Paris in den Jahren 1752 bis

1754 führte zu heftigen Auseinandersetzungen zwischen den Anhängern italienischer Musik (Buffonisten) und den Verfechtern traditioneller französischer Musik, den Anti-Buffonisten. Der Streit währte bis in die siebziger Jahre des 18. Jahrhunderts, trug aber viel zur Bildung der Opéra comique als eigenständige heitere französische Oper bei.

LEBEN
Rinaldo da Capua wurde um 1710 in Capua geboren. Er wirkte als Opernkomponist in Neapel und später in Rom, wo er nach 1770 starb.

WERKE
Die Bedeutung von Rinaldo da Capua liegt auf dem Feld der Opern, die in Paris, Florenz, Venedig und vor allem in Rom mit viel Erfolg aufgeführt wurden. In Paris wurden sie zum Gegenstand des Buffonistenstreites, wie die Werke von Giovanni Battista Pergolesi. Neben seinen Opern wurde seine »Cantata per la natività della Beata Vergine« (Kantate zur Geburt der seligen Jungfrau) mit Begeisterung aufgenommen.

Pinaire (um 1710 bis nach 1751)

ZEIT UND UMWELT
Der Mannheimer Kompositions- und Aufführungsstil fand sehr bald in Paris dadurch Eingang, daß Mannheimer Instrumentalisten nicht selten im Concert spirituel auftraten. Die »neue« Musik wurde von einem Teil des Publikums bereitwillig aufgenommen und von französischen Komponisten nachgeahmt. Ihre Gegensätzlichkeit zu dem in Versailles gepflegten Stil dürfte dabei einen der fördernden Gründe gebildet haben.

LEBEN
Pinaire – der Vorname ist unbekannt – wurde um 1710 in Frankreich geboren. Er hielt sich zwischen 1748 und 1752 in Paris auf. Über seine Lebensumstände ist nichts überliefert. Bekannt ist nur, daß eine seiner Sinfonien um 1751 im Concert spirituel aufgeführt wurde. Er dürfte in einem der folgenden Jahre gestorben sein, der Ort seines Todes ist nicht bekannt.

WERKE
Von Pinaire sind 1748 6 dreistimmige Sinfonien für zwei Violinen und Baß und 1751 6 vierstimmige Sinfonien für zwei obligate Violinen, Bratsche und Baß veröffentlicht worden. Beide Kompositionen stehen dem Mannheimer Stil sehr nahe.

Étienne Mangean
(um 1710 bis um 1756)

ZEIT UND UMWELT
Die Aufnahmefähigkeit von Paris für Musiker war nahezu grenzenlos. Die Opern und die Schauspielhäuser, die Konzertunternehmungen, der Hof, die Adels- und Bürgerhäuser wie die vielen Kirchen benötigten laufend gute Kräfte. Und wer sich dem Unterricht widmen wollte, fand in der Stadt, die sozusagen von Musik durchtränkt war, so viele Schüler, wie er aufnehmen wollte.

Itzhak Perlman, israelischer Violinvirtuose

LEBEN
Étienne Mangean wurde um 1710 in Lyon geboren. Er war in seiner Vaterstadt ab 1734 Musiklehrer und ab 1735 Mitglied der Académie de Musique von Dijon. Darauf übersiedelte er nach Paris, wo er im Concert spirituel von 1742 bis 1755 auftrat und gleichzeitig an der Opéra Comique als Violinist tätig war. Er starb um 1756 in Paris.

WERKE
Von Étienne Mangean sind 2 Bücher mit sinfonischen Konzerten, eines mit Sonaten für Violinen ohne Baß, ein weiteres mit Sonaten für Solovioline mit Generalbaß und eine Sinfonie erhalten. Die sinfonischen Konzerte sind Orchestersuiten mit französischer Ouvertüre und einer Reihe von Hoftänzen mit Reprisen. Der Stil gehört dem Rokoko an.

Lewis Christian Austin Granom
(um 1710 bis nach 1745)

ZEIT UND UMWELT
Da im 18. Jahrhundert in London feste Anstellungen für Musiker verhältnismäßig selten waren und diese in der Mehrzahl im Dienst von privaten Unternehmungen spielten, die sich auftaten, wieder verschwanden und durch neue ersetzt wurden, fehlen in vielen Fällen Aufzeichnungen über die Künstler. Geblieben sind zumeist nur ihre gedruckten Werke.

LEBEN
Lewis Christian Austin Granom wurde um 1710 vermutlich in London geboren. Über seine persönlichen Lebensumstände ist nichts bekannt. Seine letzte Publikation erschien 1745, was die Annahme nahelegt, daß er bald darauf gestorben ist. Der Ort seines Todes ist nicht feststellbar.

WERKE
Von Lewis Christian Austin Granom erschien als erstes Werk »12 Sonaten oder Soli für Querflöte mit Generalbaß für Cembalo oder Cello«. Sodann veröffentlichte er »6 Sonaten für zwei Querflöten und Baß«, eine Sammlung Flötenduette und Lieder mit Streicherbegleitung, die William Boyce gewidmet wurden.

Charles Henri de Blainville
(um 1710 bis nach 1771)

ZEIT UND UMWELT
Die Umgestaltung der Kirchentöne in die zwei neuzeitlichen Tongeschlechter bedeutete für nicht wenige Komponisten eine Beengung, der sie zu entrinnen suchten. Die Bestrebungen, die alten griechischen Tongeschlechter wieder aufleben zu lassen, blieben stets in der Theorie stecken. Auch die Versuche, die Skala in mehr als acht Töne aufzuteilen, scheiterten schließlich. Ein gewisser Erfolg war der Methode beschieden, der Dur-Moll-Tonalität ein drittes Tongeschlecht beizugeben, das auf der natürlichen Mollskala aufgebaut wurde und auf die Modifikation des harmonischen und des melodischen Moll verzichtete. Ein wirklicher Ausweg aber fand sich erst, als man die Dur-Moll-Tonalität aufgab.

LEBEN
Charles Henri de Blainville wurde um 1710 in Rouen geboren, lebte in Paris als Cellist, Musiklehrer, Musikwissenschafter und Komponist und starb dort nach 1771.

WERKE
Das umfangreiche kompositorische Werk von Charles Henri de Blainville besteht aus 6 Sonaten für zwei Celli, einem Buch Sonaten für Diskantviole und Generalbaß, 6 Triosonaten, 6 Sinfonien, 5 Chansons, einer Anzahl Kantaten, Romanzen und Arietten und mehreren Schuldramen, außerdem aus einer Sinfonie »dans le mode mixte« (im gemischten Tongeschlecht), womit er seine theoretischen Überlegungen über ein drittes Tongeschlecht, wofür er die natürliche Mollskala heranzog, in die Praxis umsetzte. Jean-Jacques Rousseau und die französische Akademie der Wissenschaften äußerten sich rückhaltlos zustimmend zu diesem Experi-

ment, der Schweizer Musikwissenschafter Jean Adam Serre (14. 11. 1704, Genf, bis 22. 3. 1788, Genf) wandte sich dagegen. Rückblickend kann man darin einen der ersten Versuche sehen, die Tyrannei der Dur-Moll-Tonalität, die allerdings nahezu zwei Jahrhunderte andauerte, zu durchbrechen.

LITERATUR

J. Peyrot, Une tentative pour créer un nouveau mode au XVIIIe siècle, in: Tribune de St-Gervais, 1911.

Giovanni Ferrandini (1710–91)

ZEIT UND UMWELT

Trotz des Versuches Kaiser Josephs II. (1741 bis 1790), nach dem Aussterben der altbayerischen Linie der Wittelsbacher das Kurfürstentum Bayern an sich zu bringen, fiel es Pfalzgraf Karl Theodor zu. Die neue bayerische Linie hielt das hohe Niveau der Kunst- und Musikstadt München bis in das 20. Jahrhundert.

LEBEN

Giovanni Ferrandini (Ferradini, Ferandini) wurde 1710 in Venedig geboren. Er kam 1722 als Oboist zur Münchner Hofkapelle, wurde dort Schüler von Giuseppe Antonio Bernabei (1649–1732) und Pietro Torri (um 1650–1737), sodann 1732 Kammerkomponist und 1737 Direktor der Kammermusik des bayerischen Hofes. Um 1755 kehrte er nach Italien zurück und lebte in Padua, wo er weiterhin für den kurbayerischen Hof als Komponist tätig war. 1790 ging er erneut nach München, wo er am 29. 9. 1791 starb.

WERKE

Von Giuseppe Ferrandini sind eine Reihe von Opern, ein geistliches Oratorium, geistliche und weltliche Kantaten, Arien und Kammermusik für Streicher und für Flöten überliefert. Sein Stil bewegt sich in die Richtung der Mannheimer, die vom bayerischen Kurfürsten stark gefördert wurden.

Samuel Howard (1710–82)

ZEIT UND UMWELT

Johann Christoph Pepusch, William Croft, Georg Friedrich Händel und Maurice Greene bildeten eine Musiklandschaft, zu der auch William Boyce und die Ausländer gehörten, die sich zeitweise in London als Interpreten und als Lehrer aufhielten. Sie hätten bei einiger Förderung ohne Zweifel ausgereicht, um einen neuen Aufstieg der englischen Musik einzuleiten, denn auch das Publikumsinteresse wäre vorhanden gewesen. Es kam aber nur zu einem schmalen und dünnen Fluß der Entwicklung durch das gesamte 18. Jahrhundert.

LEBEN

Samuel Howard wurde 1710 vermutlich in London geboren. Er war Chorknabe der Chapel Royal unter William Croft und Schüler von Johann Christoph Pepusch. Dann wurde er Organist an St. Clement Danes und St. Bride und wirkte in enger Zusammenarbeit mit William Boyce bis zu seinem Tod am 13. 7. 1782 in London.

WERKE

Von Samuel Howard sind eine Reihe von Sonaten und verschiedene Instrumentalstücke, einige Bühnenmusik, zahlreiche Kantaten und Lieder und Anthems mit Orchesterbegleitung erhalten. Einiges davon wurde erst posthum veröffentlicht, wie das berühmte Anthem »This is the day« (Das ist der Tag) mit Instrumentalbegleitung.

Johann Georg Röllig (1710–90)

ZEIT UND UMWELT

Fürst Johann August von Anhalt-Zerbst war der Letzte seines Stammes. Nach seinem Tod wurde die Zerbster Hofkapelle, die durch die Leitung von Johann Friedrich Fasch auf ein hohes Niveau gebracht worden war, aufgelöst.

LEBEN

Johann Georg Röllig wurde 1710 in Berg-

Potsdam, Schloß Sanssouci; J. D. Schleuden, um 1750

Flötenkonzert bei Friedrich dem Großen; A. Menzel, 1852

Leipzig; kolorierter Kupferstich, 1836

Abendmusik des Jenaer Collegium Musicum, 1744

Bürgerliche Musikkapelle

Hofmusikanten

Leipzig, Thomaskirche; J. G. Schreiber, 1735

Blick auf Dresden; B. Belotto, 1748

gießhübel, Sachsen, geboren. Er war Schüler der Kreuzschule in Dresden und wurde in Musik von Jan Dismas Zelenka und Theodor Christlieb Reinhold (1682–1755) ausgebildet. Er wurde darauf Hoforganist, Kammermusikus und 1758 Kapellmeister in Zerbst, wo er am 19. 9. 1790 starb.

WERKE

Von Johann Georg Röllig sind 14 Sinfonien, Konzertstücke für verschiedene Instrumente, Kammermusik und Kantaten teilweise überliefert. Sein Stil näherte sich der Vorklassik.

John Parry (1710–82)

ZEIT UND UMWELT

Die keltischen Völker der britischen Inseln – Gälen, Iren, Kymrer und Corner – hielten (und halten zum Teil heute noch) an ihren altüberlieferten Gesängen fest, die von ihren Barden von Ort zu Ort getragen wurden. Einzelne dieser Sänger lebten bei einem Adeligen als »Hausbarde« wie andere festangestellte Musiker.

LEBEN

John Parry wurde 1710 in Nevin, South Caernarvonshire, geboren. Er war blind, lebte als Hausbarde und starb am 7. 10. 1782 in Ruabon.

WERKE

Der kymrische Barde John Parry brachte unter dem Titel »Ancient British Music of the Cambro-Britons« die erste bekannte Sammlung ausschließlich walisischer Melodien heraus, weiters mit »A Collection of Welsh, English and Scotch Airs« und »Cambrian Harmony« eine Sammlung der traditionellen Reste der alten kymrischen Bardengesänge.

Karl Matthias Reinhardt (1710–67)

ZEIT UND UMWELT

Wenn auch die Hofkapelle von Kaiserin Maria Theresia auf ein Minimum reduziert wurde, waren für den Sakraldienst immer noch ausreichend Kräfte belassen worden. Die glänzenden Aufführungen zu Zeiten Kaiser Karls VI. und seiner Vorgänger gehörten allerdings der Vergangenheit an.

LEBEN

Karl Matthias Reinhardt wurde 1710 in Wien als Sohn des Konzertmeisters der Hofkapelle Kilian Reinhardt (1654, Wien, bis 25. 3. 1729, Wien) geboren. Er wirkte von 1739 bis zu seinem Tod am 31. 1. 1767 als Kammerorganist des Kaiserhofes.

WERKE

Von Karl Matthias Reinhardt sind handschriftlich Litaneien und ein vierstimmiges Requiem mit Instrumenten überliefert. Sein Stil ist sehr traditionsgebunden.

LITERATUR

L. von Köchel, Die kaiserliche Hofmusikkapelle in Wien von 1543 bis 1867, Wien 1869.

Johann Georg Clement (1710–94)

ZEIT UND UMWELT

In der Regel wurden Meister des Kontrapunkts auch zur Zeit der Vorklassik geschätzt und gerühmt, aber in einzelnen Fällen warf man ihnen auch Engstirnigkeit vor, die sich nur in einem »gebundenen Stil zurechtfindet«, und wertete ihre Werke als »Rechenexempel« ab. Auch das ist ein Beweis für die Vielfältigkeit des Musikgeschehens auch innerhalb einer bestimmten Entwicklungsperiode und für die Unmöglichkeit, Komponisten aus einem gleichen Zeitabschnitt gemeinsam zu betrachten und zu katalogisieren.

LEBEN

Johann Georg Clement (Clemens, Clementi) wurde 1710 in Breslau (Wrocław) geboren. Er war ab 1735 Kapellmeister am Dom von Breslau, ab 1737 auch an der Kreuzkirche und versah diese Stellungen bis zu seinem Tod am 23. 5. 1794.

WERKE

Das umfangreiche kompositorische Werk von Johann Georg Clement umfaßt 12 Messen, 27 Offertorien, 18 Graduale, mehrere Te Deum und ein zum Ableben Kaiser Karls VI. aufgeführtes Requiem. Er wurde als glänzender Kontrapunktiker vielseitig gerühmt, wegen seiner »Rückständigkeit« aber geschmäht.

LITERATUR

H. E. Guckel, Katholische Kirchenmusik in Schlesien, Leipzig 1912.

Giovanni Battista Pergolesi (1710–36)

ZEIT UND UMWELT

Im Zuge des Spanischen Erbfolgekriegs besetzte Österreich 1707 Neapel, das ihm sodann durch die Friedensverträge von Utrecht und Rastatt (1713 und 1714) vorläufig zufiel. Beim Ausbruch des Polnischen Erbfolgekriegs im Jahr 1733 stimmten Frankreich, Spanien und Sardinien-Savoyen zu, daß Don Carlos von Bourbon (nachmaliger spanischer König Karl III.) sich Neapels bemächtigte, falls er es eroberte. Er besiegte die Österreicher 1734 in der Schlacht bei Bitonto, trat im selben Jahr die Regierung des Königreiches an und erhielt hierzu im Frieden von Wien 1738 die Zustimmung der europäischen Mächte.

Giovanni Battista Pergolesi

LEBEN

Giovanni Battista Pergolesi (Pergolese) wurde am 4. 1. 1710 in Iesi, Ancona, geboren. Seine Familie hatte ursprünglich den Namen Draghi getragen und ihn in Pergolesi geändert. Er erhielt seine erste Ausbildung als Chorknabe am Dom von Iesi. Im Jahr 1723 kam er nach Neapel und wurde dort im Conservatorio dei Poveri di Gesù Cristo von Gaetano Greco und Francesco Durante unterrichtet; 1725 wirkte er dort bereits als Knabensopran und 1729 als erster Violinist und Hilfslehrkraft. Nach Beendigung seiner Ausbildung verließ er 1731 das Konservatorium und begann in Neapel als Kirchen- und Bühnenkomponist wie als Kapellmeister unter der Protektion mehrerer Klöster und Adelshäuser zu arbeiten. Er verließ 1734 die Stadt ein einziges Mal, um in Rom eine Oper in Szene zu setzen. Dann zog er sich wegen seiner schlechten Gesundheit in das Franziskanerkloster in Pozzuoli zurück, wo er am 17. 3. 1736 starb.

Die 26 Jahre, die sein Leben gedauert hatte, genügten, ihn unsterblich zu machen. Giovanni Paisiello behauptete zwar, daß Pergolesi nicht so geschätzt würde, wenn er nicht so früh gestorben wäre. Man kann das nicht nachprüfen, aber es scheint, daß die Faszination, die von ihm zu seinen Lebzeiten und nach seinem Tod ausging, zu einem guten Teil darin ihre Wurzel hatte, daß er die Kerze seines Lebens an beiden Enden anbrannte, als Mann und als Künstler. Alles wurde bei ihm auf knappsten Zeitraum zusammengedrängt, so daß er im Konservatorium in kürzester Zeit vom Schüler zum Interpreten und Lehrer wurde und seine ersten Kirchenkompositionen wie die erste Oper nicht nur Anfangserfolge eines aufstrebenden Talents waren, sondern sofort ihren Platz im Repertoire europäischer Musik besetzten und ihn unbestritten behielten. Zum größten Teil allerdings fußt seine Wertschätzung auf seinem hohen Künstlertum, das durch ein längeres Leben sicherlich nicht geschmälert worden wäre. Die vielen Legenden aber, die über sein Leben, sein Schaffen, seine Liebschaften und seinen frühen Tod erfunden und verbreitet wurden, sind nur ein Ausdruck dafür, daß sein Erdendasein wie ein Feuerwerk aufgeleuchtet hat und bald versprüht ist, aber eine unauslöschliche Erinnerung zurückgelassen hat.

Werke

Die allgemeine Wertschätzung, die Giovanni Battista Pergolesi entgegengebracht wurde, führte nicht nur zu phantastischen Ausschmückungen seiner Biographie, sondern auch zu vielen ihm unterschobenen Kompositionen, denn sein Name galt als untrügliches Gütezeichen. Mit einiger Sicherheit werden ihm 2 Oratorien, 5 Messen, zahlreiche andere sakrale Musiken, zahlreiche Kantaten, Psalmen, Arien mit verschiedener Besetzung, ein Konzert für Flöte und Streicher und zwei Hörner, ein Violinkonzert, eine Cellosonate, ungefähr 30 Triosonaten, verschiedene Konzertstücke und weit über 10 Opern und Intermezzi, außerdem das berühmte Stabat mater zugeschrieben. Von seinen Opern steht »La serva padrona« (Die Dienerin als Herrin) noch heute als eine der ältesten auf dem ständigen Repertoire der Opernhäuser der Welt. Ihr Einfluß auf die Operngestaltung war bis in das 19. Jahrhundert hinein wirksam.

Stabat mater für 2 Solisten, Streichquartett, Kontrabaß und Orgel, 13 Teile, entstanden 1736

Es handelt sich um das letzte vollendete Werk des Komponisten im Stil des Lamento. Nur die Arie in Nummer 4 und das Allegroduett in Nummer 11 fallen durch ihre liebenswürdige Heiterkeit und ihre volkstümlichen Melodien auf. Es hat auch die Kritik des strengen Padre Martini herausgefordert, der beide Nummern in den Rahmen einer Opera buffa verweisen wollte. Ungeachtet dessen jedoch werden gerade diese beiden Nummern als Schmuck des Werkes geschätzt, das den tiefen Schmerz der Mutter unter dem Kreuz mit ergreifender Einfachheit schildert.

Es fehlte nicht an späteren Bearbeitungen. Man hatte der Kantate einen Chor beigegeben. Der tote Komponist konnte sich gegen solche häufig anmaßende »Verbesserungen« nicht wehren.

Konzert in B-Dur für Mandoline, Streichorchester und Continuo, 3 Sätze

Die Zuschreibung dieses Werkes ist nicht gesichert, es dürfte aber von Giovanni Battista Pergolesi stammen. Gerade dem Neapolitaner lag die Mandoline sehr nahe. Es wäre ein Wunder, wenn er sich dieses anmutigen Volksinstrumentes nie angenommen hätte.

Der 1. Satz bringt einen Dialog zwischen Orchesterritornell und Solopart; seine flächige Terrassendynamik folgt den Fakturen von Antonio Vivaldi. Das Largo alla siciliana nimmt die Eingangsmelodie von Schuberts »Ständchen« – »Leise flehen meine Lieder« – vorweg. Im Finale treten energische Menuettschritte auf, die sich in spielerische Bewegungen auflösen. Der Solist erhält Gelegenheit zu virtuosem akkordischem Spiel.

Triosonate in G-Dur, 3 Sätze

Die Gliederung des 1. Satzes nähert sich dem vorklassischen Sonatensatz. Seine ausgewogene Grazie in der Melodieführung bringt eine völlig neue Musiksprache, die in der Wiener Klassik ihre Fortsetzung findet. Der Mittelsatz fällt durch seine Symmetrie der Form auf, die aber wie selbstverständlich dem melodischen Gedanken entspringt. Das Finale ist eine melodienreiche Fuge, die mit der barocken Fugenform wenig zu tun hat.

Triosonate in D-Dur, 3 Sätze

Der 1. Satz bringt ein Fugato, der 2. ein Largo voll Würde wie eine Kirchensonate. Seinem edlen Thema steht ein fröhliches Finale gegenüber, dessen Themen eine erhebende Helligkeit anstreben.

Triosonate in A-Dur, 3 Sätze

Im 1. Satz erklingt ein rasches Fugato voll Spannung, ein wahres Jagen der Melodien. Das anschließende Larghetto bringt ein sehr eingängiges Thema, das durch reiche Synkopierung einen besonderen Reiz gewinnt. Das Finale ist ein Capriccio voll Humor, der mit interessantem bizarrem Taktwechsel erzeugt wird.

Literatur

G. Radiciotti, Giovanni Battista Pergolesi, Vita, opere e influenza su l'arte, Mailand 1935.

Friedrich Wilhelm Riedt (1710–83)

ZEIT UND UMWELT
Um die Mitte des 18. Jahrhunderts wurden im gesamten deutschen Sprachgebiet Dilettantenorchester gegründet, die gleich Berufsmusikern mit regelmäßigen Konzerten in Erscheinung traten. Eine reinliche Scheidung dieser Amateure von den ausgebildeten Musikern erfolgte aber noch im selben Jahrhundert, als ihre Kräfte für die zu bewältigenden Kompositionen nicht mehr ausreichten. In Berlin gründete der Domorganist Johann Philipp Sack 1752 eine »Musikausübende Gesellschaft« und Anton Bachmann eine ähnliche Institution, die wöchentlich Konzerte veranstaltete. Fallweise wurden auch Berufsmusiker herangezogen.

LEBEN
Friedrich Wilhelm Riedt wurde am 5. 1. 1710 in Berlin geboren. Er war Schüler von Johann Gottlieb Graun und wurde 1741 als Flötist Mitglied der Hofkapelle König Friedrichs II. Im Jahr 1749 wurde er Leiter der von Johann Philipp Sack gegründeten »Musikausübenden Gesellschaft« und starb am 5. 1. 1783 in Berlin.

WERKE
Neben einigen musiktheoretischen Publikationen veröffentlichte Friedrich Wilhelm Riedt 6 Trios für zwei Flöten und Generalbaß und Sonaten für zwei Flöten und für Flöte und Cello. Sein Stil war der der Berliner Schule.

LITERATUR
C. von Ledebur, Tonkünstler-Lexikon Berlins, Berlin 1861.

Josef Antonín Sehling (1710–56)

ZEIT UND UMWELT
Die Kapelle des Veitsdomes in Prag war im 18. Jahrhundert zum Teil mit Tschechen, zum Teil mit Deutschen besetzt. Zur Bildung einer eigenständigen Tradition oder Schule kam es nie, weil von keiner Seite irgendwelche Anregungen hinzukamen.

LEBEN
Josef Antonín Sehling wurde am 7. 1. 1710 in Toužim, Böhmen, geboren. Er war ab 1737 Violinist am Veitsdom in Prag, 1740 Chorregent an der Malteserkirche und zeitweilig Stellvertretender Chorregent am Veitsdom. Er starb am 19. 9. 1756 in Prag.

WERKE
Das umfangreiche kompositorische Werk von Josef Antonín Sehling ist nur handschriftlich überliefert. Es besteht aus einer großen Sammlung von Arien, Motetten, Offertorien und Messen, einer Krönungsoper für Kaiserin Maria Theresia, Schulopern und einigen Instrumentalwerken. Stilistisch muß diese gesamte Musik dem Spätbarock zugereiht werden.

Giuseppe Antonio Paganelli
(1710 bis nach 1762)

ZEIT UND UMWELT
Der Übergang von der Generalbaßmusik zum freien Spiel der begleitenden Instrumente, die ihrerseits fallweise auch melodieführende Passagen zugeteilt erhalten, bis zur völligen Gleichberechtigung aller Orchestermitglieder und Ausnützung ihrer spezifischen Klangfarben und deren Mischungen zum intellektuellen und emotionalen Ausdruck erforderte nahezu ein Jahrhundert. Dieser relativ lange Zeitraum war nötig, weil eine grundlegende Umstellung nicht nur mit der Kompositionstechnik, sondern auch mit den Hörgewohnheiten des Publikums Hand in Hand gehen mußte.

LEBEN
Giuseppe Antonio Paganelli wurde am 6. 3. 1710 in Padua geboren. Er war Schüler von Giuseppe Tartini. Ab 1733 wirkte er, nachdem er ein Jahr zuvor am Teatro Sant'Angelo in seiner Geburtsstadt und in Venedig seine ersten Opern herausgebracht hatte, als Cembalist einer Operntruppe, die auch in

Deutschland gastierte. In den vierziger Jahren des 18. Jahrhunderts dürfte er nach Madrid übersiedelt sein, jedenfalls war er ab 1756 bis zu seinem Tod nach 1762 Kammermusikdirektor des spanischen Königshauses.

WERKE

Neben seinen Opern komponierte Giuseppe Antonio Paganelli in Kantatenform »Quinti Horatii Flacci odae sex« (Sechs Oden von Quintus Horatius Flaccus) - davon eine in Duettform -, »Premier recueil d'ariettes italiennes et françaises« (Erste Sammlung italienischer und französischer Arietten), »VI Sinfonie a quattro« (6 vierstimmige Sinfonien), Sonaten für Cembalo, für Flöte und zwei Flöten und eine Anzahl Trios mit verschiedener Besetzung, in denen sich deutlich der Übergang von der Continuotechnik zur komponierten Begleitung vollzieht. Der Komponist muß zu den wichtigsten Vertretern der italienischen Vorklassik gezählt werden.

Thomas Augustine Arne (1710–78)

ZEIT UND UMWELT

Die britische Hymne »Rule, Britannia, rule the waves!« (Beherrsche, Britannien, beherrsche die Wellen) wurde am 1. 8. 1740 im Cliefden House, Maidenhead, der damaligen Residenz des Prince of Wales Frederick Louis, zum Geburtstag seiner Frau, der Prinzessin Augusta von Sachsen-Gotha, zum ersten Mal gesungen.

LEBEN

Thomas Augustine Arne wurde am 12. 3. 1710 in London geboren. Er lebte in London als Komponist ohne feste Bindung und starb am 5. 3. 1778.

Sein Sohn Michael Arne (1741, London, bis 14. 1. 1786, London) lebte als Sänger und Komponist in London.

WERKE

Von Thomas Augustine Arne wurden in London ungefähr 30 Opern aufgeführt, darunter die Oper »Alfred«, für die er die Hymne »Rule, Britannia...« komponierte. Eine Reihe von Arien aus seinen Opern sind sehr populär geworden, wie einzelne Vertonungen für Schauspiele einen festen Platz auf den Bühnen erhielten (zum Beispiel einzelne Lieder in »Was ihr wollt« von William Shakespeare). Außerdem verfaßte er 2 Oratorien - Abel, Judith -, Kantaten, Lieder, Glees, Catches, Klaviersonaten, 8 Sinfonien, 7 Triosonaten und mehrere Orgelkonzerte. Seine Berühmtheit verdankte er seinem Opernschaffen. Er übersetzte italienische Libretti in das Englische, komponierte aber auch einige Opern im italienischen Original.

Michael Arne brachte mehrere Opern mit Erfolg heraus und verfaßte in späteren Jahren kleinere Stücke für Londoner Theater.

LITERATUR

W. H. Cummings, Dr. Arne and Rule Britannia, London 1912.

Joseph Dall'Abaco (1710–1805)

ZEIT UND UMWELT

Um die Mitte des 18. Jahrhunderts verschwand die Viola da gamba nahezu völlig aus dem Konzertleben des deutschen Sprachgebiets. Die bereits hochentwickelte Technik der Cellisten und der tragende Klang des Instruments vermochten mit dem Streichorchester, zu dem immer häufiger laut tönende Bläser traten, leichter in Wettstreit zu treten.

LEBEN

Joseph Maria Clemens Dall'Abaco wurde am 29. 3. 1710 in Brüssel als Sohn von Evaristo Felice Dall'Abaco (1675–1742) getauft. Er gehörte zu den großen Cellisten seiner Zeit, wurde als Virtuose und Komponist 1729 für die Kapelle des Kurfürsten von Köln in Bonn verpflichtet und 1738 zum Musikdirektor ernannt. Im Jahr 1765 kehrte er in den Heimatort seiner Familie, Arbizzano di Valpolicella, Verona, zurück, wo er am 31. 8. 1805 starb.

WERKE

Von Joseph Dall'Abaco sind 29 Cellosonaten

mit Generalbaß, eine dramatische Kantate und eine Reihe von Cellostücken, darunter ein Konzertstück für fünf Celli, überliefert. Sein Stil ist ausgesprochen italienisch.

Wilhelm Friedemann Bach (1710–84)

Zeit und Umwelt

Für alle Musiker aus der Familie Bach war es die Zeit der »Bache«, und für alle bestand die Umwelt aus der Familie, ihren Freunden und ihren Gegnern. Auf jedem lastete die durch den Namen Bach automatisch geschaffene Pflicht zur Höchstleistung. Dabei waren es nicht so sehr die Mitglieder und Gönner der Familie, die diesen Druck ausübten, sondern die kleineren und größeren Neider, die selbst Talentlosen und Erfolglosen, die Kritiker mangels eigener Leistung, die jede Blöße erspähten und jeden Fehlgriff vermerkten, hämisch hochspielten und genießend ausschmückten – denn jedes Genie ruft eine Rotte Geistloser auf den Plan, die mit erhobenem Finger auf jeden Fleck weisen und nicht selten durch ihre einmütige Masse ihr Opfer ersticken und nach seinem Tod noch viele Male zu vernichten suchen, weil sie es nicht ertragen, daß seine Genialität trotz ihrer Anstrengungen immer wieder aufleuchtet.

Leben

Wilhelm Friedemann Bach wurde am 22. 11. 1710 als ältester Sohn des Johann Sebastian Bach und dessen erster Frau, Maria Barbara Bach (1684–1720), in Weimar geboren. Er war Schüler seines Vaters, der für ihn das »Clavierbüchlein« mit eigenen Kompositionen und Werken von Georg Philipp Telemann und Gottfried Heinrich Stölzel verfaßte. In den Jahren 1726 und 1727 nahm er bei Johann Gottlieb Graun Violinunterricht, an der Universität Leipzig studierte er Rechtswissenschaft, Philosophie und Mathematik. Seine erste Stellung erhielt er 1733 als Organist an der Sophienkirche in Dresden, 1746 wurde er Organist an der Marktkirche und Director Musices in Halle, 1747 begleitete er seinen Vater nach Potsdam zu König Friedrich II., 1764 gab er seine Stellung wegen Mißhelligkeiten mit der Kirchenbehörde von Halle auf und lebte weiterhin »ohne engagements« als freier Komponist, Konzertmusiker und Musiklehrer in Leipzig, Berlin, Braunschweig und Göttingen. Ab 1770 wirkte er neuerlich in Braunschweig und schließlich ab 1774 in Berlin, wo er seine letzten Jahre in dürftigen Verhältnissen verbrachte und am 1. 7. 1784 starb.

Werke

Das Bewußtsein seiner Originalität gefährdete den Lebensweg von Wilhelm Friedemann Bach, verschaffte aber seinen Werken die Geltung, die sie heute noch haben. In seiner Instrumentalmusik wird der empfindsame Stil der »Sturm-und-Drang-Zeit« des Jahrhunderts deutlich, einzelnes kommt der Wiener Klassik sehr nahe oder stößt sogar bis zur Frühromantik vor. Die Genialität der Familie Bach ist überall sichtbar, wenn sie auch oft ungezügelt und wenig geregelt auftritt.
Sein kompositorisches Schaffen besteht aus 9 Klaviersonaten mit klassischen Zügen, 10 Klavierfantasien, 12 Klavierpolonaisen, 12 Fugen für Orgel oder Klavier, 7 Orgelchorälen, 9 Sinfonien, 5 Klavierkonzerten, einem Konzert für zwei Klaviere, 6 Sonaten für zwei Flöten, 3 Sonaten für drei Bratschen, 4 Triosonaten, einer großen Anzahl Kirchen-und Kammerkantaten, Messensätzen, Kanons und verschiedenen Klavierstücken. Seine Oper ist verlorengegangen.

Sonate in Es-Dur für zwei Flöten, 3 Sätze

Der 1. Satz, ein Allegro, verrät die Schule des Vaters Johann Sebastian Bach. Die beiden Flöten bringen ein frisches elegantes Spiel, dessen melodische Gestaltung erst im Zusammenklang beider Instrumente entsteht. Der ganze Satz ist polyphon angelegt und bleibt im Rahmen der Konvention. Der 2. Satz ist voll romantischer Lyrik. Die Melodie bringt harmonische Kühnheiten und effektvolle Kadenzen. Dennoch ist der Überschwang gebändigt, als hemmten verschiedene widersprechende Gefühle einander am Ausdruck. Das Finale gibt sich wiederum konventionell, wenn auch der Fluß der melodischen Linien durch Stauungen und Störungen beeinträchtigt wird. Am Ende löst sich alles in Wohlgefallen auf.

Sonate in f-Moll für zwei Flöten, 3 Sätze

Das un poco Allegro des 1. Satzes ist von Leidenschaft geradezu durchtobt und weist weit in die Klassik hinein. Mit einem Largo voll Ausdruck leitet der 2. Satz zum Finale, einem stürmischen Vivace mit vielen schmückenden Triolen, über.

Triosonate in B-Dur für Flöte, Violine und Continuo, 3 Sätze

Die Sonate beginnt mit einem Largo, dessen weitgespannte melodische Bogen überraschend dichte Steigerungen des Gefühlsausdrucks bringen. Ein erregtes Allegro schließt sich an und mündet in ein bizarres, sprunghaftes Vivace.

Sonate in H-Dur für Violine und Klavier, 3 Sätze

Hier ist das Cembalo als zweites Melodieinstrument »ausgeschrieben«. Das Trio ist thematisch vereinheitlicht durch Funktion der 3 Sätze als Spannung, Entspannung und Lösung. Das Allegro reißt die Spannung auf, ein lyrisches Adagio bringt die Beruhigung, und das Finale mit seinen rhythmisch energischen Motiven bringt gleichsam die Aufklärung des Konflikts.

Sextett in Es-Dur für Klarinette, zwei Waldhörner, Violine, Bratsche, Cello, 3 Sätze

Das Sextett gleicht einer Tanzsuite. Der 1. Satz bringt lebhafte Tanzrhythmen, der 2. ein tänzerisches Thema mit Variationen und der 3. ein Rondo. Die Hörner sind für die damaligen ventillosen Instrumente virtuos eingesetzt.

Sonate in D-Dur für Cembalo, 3 Sätze

Das Motiv des 1. Satzes beginnt liebenswürdig galant, aber voll kapriziöser Unregelmäßigkeit. Ein lyrisches Seitenthema erscheint, worauf das erste Thema vom Baß übernommen wird. Der folgende Mittelteil ist eine echte Durchführung, die dramatisch endet, worauf die Reprise einsetzt. Der 2. Satz besteht aus einem herben Adagio in h-Moll, und das Finale gleicht einer großartigen Gigue.

Sonate in Es-Dur für Cembalo, 3 Sätze

Schon die Themenbildung des 1. Satzes weist auf Haydn hin; er steht zwischen Vorklassik und Klassik. Das Largo des Mittelsatzes gleicht einem ernsten Orgeltrio. Es gilt als einer der schönsten Sätze des Komponisten. Das Finale bringt Effekte, die Domenico Scarlatti bevorzugte, wie Übergreifen der Hände und Ähnliches.

Literatur

M. Falck, Wilhelm Friedemann Bach, Leipzig 1913.

Andrea Adolfati (1711 bis nach 1753)

Zeit und Umwelt

Herzog Francesco III. d'Este erhielt im Frieden von Aachen 1748 das Herzogtum Modena zurück, das die österreichischen Truppen im Zug des Österreichischen Erbfolgekrieges besetzt hatten. Er versuchte, der kulturellen Tradition seines Hauses auch durch die Kriegswirren des 18. Jahrhunderts hindurch treu zu bleiben. Jedenfalls wurde die Hofkapelle von Modena unter seiner Regierung und der seines Sohnes, Ercole III. d'Este (1727–1803), noch immer mit vorzüglichen Kräften besetzt.

Leben

Andrea Adolfati wurde 1711 in Venedig geboren. Er war Schüler von Baldassare Galuppi und sodann bis 1750 Kapellmeister an Santa Maria della Salute in seiner Vaterstadt; darauf übte er die gleiche Tätigkeit an Annunziata in Genua aus. Um 1753 wurde er Kapellmeister am Hof in Modena, wo er in einem der folgenden Jahre starb.

Werke

Neben einer Reihe von Opern für Venedig, Genua, Rom und Wien verfaßte Andrea Adolfati eine Anzahl Psalmen und andere Kirchenmusik. Er soll für seine Oper »Arianna« eine Arie im fünfschlägigen Takt geschrieben haben.

Davide Pérez (1711–78)

Zeit und Umwelt

König von Portugal José (1714–77) überließ seinem Minister Sebastião José de Carvalho e Mello Marquês de Pombal praktisch die gesamte Regierungsgewalt, die dieser diktatorisch handhabte. Vom »aufgeklärten« Absolutismus, der unter König José angeblich in das Land Einkehr gehalten hat, war nichts zu bemerken. Es geschah aber viel für dessen wirtschaftlichen und kulturellen Aufstieg.

Leben

Davide Pérez wurde 1711 in Neapel geboren

und von 1723 bis 1733 am Conservatorio Santa Maria di Loreto ausgebildet, wo Francesco Mancini (1672–1737) sein Lehrer war. Dann wandte er sich der Opernkomposition zu, wirkte aber gleichzeitig 1740 als Kapellmeister der Königlichen Kapelle in Palermo. Nach Aufenthalten in Neapel und Wien wurde er 1753 vom portugiesischen König José nach Lissabon eingeladen, wo er als Hofkapellmeister, Hofmusiklehrer und Komponist bis zu seinem Tod am 30. 10. 1778 tätig war.

Werke

Der Neapolitaner Davide Pérez übte auf das Opern- und Konzertleben von Lissabon einen nachhaltigen Einfluß aus, trug aber nichts zur Bildung einer eigenständigen Musikentwicklung bei. Er schrieb eine Reihe erfolgreicher Opern, außerdem fünf- bis achtstimmige Messen, Lamentationen, Toten-Responsorien, Motetten und Psalmen; alles war sehr konservativ gehalten.

Literatur

U. Prota-Giurleo, Musicisti napoletani alla Corte di Portogallo nel '700, Neapel 1923.

John Keeble (1711–86)

Zeit und Umwelt

Wie der evangelische bot auch der anglikanische Sakraldienst der Orgel sehr viel Entfaltungsmöglichkeiten, die in vielen Fällen von den Organisten improvisatorisch ausgenützt wurden, aber der Bedarf an komponierten Prä-, Inter- und Postludien, an Voluntaries und auch an längeren Orgelstücken war dennoch groß.

Leben

John Keeble wurde 1711 in Chichester geboren. Er war an der Kathedrale seiner Vaterstadt unter Thomas Kelway Chorknabe, wurde sodann Schüler von Johann Christoph Pepusch und folgte Thomas Roseingrave 1737 als Organist an St. George's nach. Er starb am 24. 12. 1786 in London.

Werke

Von John Keeble erschienen 5 Bücher mit verschiedenen Orgelstücken, außerdem 40 Interludien, die zwischen den Psalmversen zu spielen sind.

Kane O'Hara (1711–82)

Zeit und Umwelt

Die Burletta war eine musikalische Bühnenstückform, die zwischen der Balladenoper und der komischen Oper lag. Sie gelangte über Frankreich aus Italien nach England, erhielt aber dort ihre spezielle Form und wurde vom Publikum begeistert aufgenommen. Sie bestand wie die Balladenoper aus Volksmelodien und zahlreichen konzertanten Teilen; die Rezitative wurden als rhythmisierte Couplets gesungen.

Leben

Kane O'Hara wurde im Februar 1711 in England geboren. Nach seinem Universitätsstudium wandte er sich der Komposition von musikalischen Bühnenstücken zu. Es ist unbekannt, ob er eine musikalische Stelle innehatte. Er starb in Dublin am 17. 6. 1782.

Werke

Die englische Form der Burletta wurde von Kane O'Hara ins Leben gerufen. Er errang mit dieser Form ungeheure Erfolge. Das englische Publikum war für diese volkstümlichen Bühnenstücke sehr empfänglich. Seine berühmteste Burletta trug den Titel »Midas«.

Gaetano Latilla (1711–88)

Zeit und Umwelt

Man kann sich vorstellen, daß in den Konservatorien von Neapel, obwohl die Schüler eine intensive kirchenmusikalische Ausbildung erhielten, die Oper, die Opernkomponisten und ihre Erfolge sowie die einzelnen Interpreten ein ständiges Gesprächsthema bildeten, weil die Knaben selbst sehr oft zu Aufführungen zugezogen wurden und die Triumphe der Komponisten und Sänger miterlebten. Es ist daher verständlich, daß viele Schüler sich nach ihrer Ausbildung der Opernkomposition zuwandten, um selbst den Beifall zu ernten, um den sie ihre Vorgänger beneidet hatten.

LEBEN
Gaetano Latilla wurde am 12. 1. 1711 in Bari geboren, wo er anfänglich als Domchorknabe wirkte. Darauf wurde er Schüler des Conservatorio Sant'Onofrio in Neapel, wo ihn Ignazio Prota und Francesco Feo unterrichteten. 1732 trat er mit seiner ersten Oper hervor und wurde bald berühmt. Von 1738 bis 1741 war er Vizekapellmeister an Santa Maria Maggiore in Rom, von 1751 bis 1772 lebte er in Venedig, wo er den Chor des Conservatorio della Pietà dirigierte und ab 1762 als Vizekapellmeister am Markusdom wirkte. Sodann kehrte er 1772 nach Neapel zurück und machte sich dort einen Namen als berühmter Musiklehrer. Er starb am 15. 1. 1788 in Neapel.

WERKE
Von Gaetano Latilla sind 6 Streichquartette, eine Sinfonia für zwei Violinen, Bratsche, zwei Oboen, zwei Hörner, Arien, Motetten, Kantaten und ein Oratorium zum Teil überliefert. Von seinen ungefähr 50 Bühnenwerken - Opern, Intermezzi, Pasticci - sind ungefähr 6 erhalten. Er galt als einer der bedeutendsten Opernkomponisten seiner Zeit.

Giuseppe Giovanni Battista Bonno (1711–88)

ZEIT UND UMWELT
Während die Wiener Klassik einsetzte und ihrem Zenit zustrebte, bewegte sich das musikalische Geschehen der Wiener Hofkapelle - mit wenig Mitgliedern und wenig Entfaltungsmöglichkeiten - vorwiegend auf dem sakralen Sektor auf einer sehr schütteren Entwicklungslinie weiter. Aber die Musik des österreichisch-süddeutschen Raumes war von der Förderung des Wiener Hofes nicht mehr abhängig: Die Häuser musischer Adeliger hatten Musik und Musiker in Obhut genommen, und an deren Stelle trat bald darauf das Bürgertum als zahlendes Publikum.

LEBEN
Giuseppe Giovanni Battista Bonno wurde am 19. 1. 1711 in Wien geboren. Auf Kosten Kaiser Karls VI. konnte er sich von 1726 bis 1736 in Neapel eine gründliche musikalische Ausbildung verschaffen. Nach seiner Rückkehr nach Wien wurde er 1739 zum Hofkomponisten ernannt. Von 1774 bis 1788 war er Hofkapellmeister. Er starb am 15. 5. 1788 in Wien.

WERKE
Das kompositorische Werk von Giuseppe Giovanni Battista Bonno war für die Bedürfnisse des Wiener Hofes geschrieben und umfaßte 30 Messen, 2 Requiem, Hymnen, Kantaten, 3 Oratorien, 20 Opern, Serenaden und Pastoralen.

LITERATUR
E. Wellesz, Giuseppe Bonno, in: Sammelbände der Internationalen Musikgesellschaft XI, 1909/10.

Johann Friedrich Gräfe (1711–87)

ZEIT UND UMWELT
Das Liedschaffen des anbrechenden galanten Musikzeitalters zeichnete sich vor allem durch Einfachheit aus. Sanglichkeit wurde hinter den Wortausdruck gestellt. Die Cembalobegleitung war in den meisten Fällen nicht mehr als ein Generalbaß, also eine Klangkulisse zur Stütze des Sängers. Das Hauptgewicht lag auf dem Wort und seinem Sinn; der Musik war nur eine deklarative Rolle zugewiesen.

LEBEN
Johann Friedrich Gräfe wurde am 7. 5. 1711 in Wustermark bei Nauen geboren. Er war herzoglicher Kammersekretär und Postrat in Braunschweig, wo er am 5. 2. 1787 starb. Als Komponist war er Autodidakt.

WERKE

Außer der allbekannten vierbändigen Sammlung von Oden, deren Texte vorwiegend von Johann Christoph Gottsched, Carl Heinrich Graun und Christiane Marianne von Ziegler (1695–1760) stammten und von namhaften Zeitgenossen, ihn selbst eingeschlossen, vertont waren, brachte Johann Friedrich Gräfe »Oden und Schäfergedichte«, »Fünfzig Psalmen«, »Sechs auserlesene geistliche Oden«, »Sechs Oden und Lieder des Herrn von Hagedorn« heraus. Er leitete damit den Aufschwung des deutschen Liedes im 18. Jahrhundert ein.

LITERATUR

M. Friedländer, Das deutsche Lied im 18. Jahrhundert, Berlin 1902.

William Boyce (1711–79)

ZEIT UND UMWELT

Das Three-Choirs-Festival (Drei-Chöre-Festspiel), gegründet 1724 aufgrund einer Anregung der »Sons of the Clergy« (Söhne des Klerus), die selbst seit 1655 jährlich Festspiele abhielten, sind gemeinsame Konzerte der Chöre von Gloucester, Worcester und Hereford in jeweils einer der Kathedralen der drei Städte. Sie bestehen aus sakralen und profanen Konzerten vorwiegend englischer Komponisten und Georg Friedrich Händels, später kamen auch Haydn und Mozart zu Gehör. Die Leitung wurde stets Dirigenten ersten Ranges übertragen.

LEBEN

William Boyce wurde am 11. 9. 1711 in London geboren. Er war Chorknabe an St. Paul's und Schüler von Maurice Greene und Johann Christoph Pepusch. Er wirkte anfangs als Organist der Oxfordkapelle, dann an der Michaeliskirche in London. 1736 wurde er Komponist und 1758 Organist der Königlichen Kapelle, nachdem er 1749 auch Organist an All Hallows geworden war. Im Jahr 1737 hatte er die Leitung des Three choirs festivals für mehrere Jahre übernommen. Er starb am 7. 2. 1779 in London.

WERKE

Man hat William Boyce den bedeutendsten englischen Komponisten des 18. Jahrhunderts genannt. Sein kompositorisches Werk entspricht dieser Auszeichnung. Er schrieb ungefähr 50 Oden, zahlreiche Services, mehr als 60 Anthems, von denen mehrere heute noch gesungen werden, 10 Präludien für Orgel oder Cembalo, 12 Triosonaten, 12 Ouvertüren, 8 Sinfonien, ein Te Deum und Jubilate, ein Maskenspiel, eine Serenata und Musik zu mehreren Dramen. Er brachte die »Lyra Britannica«, eine Sammlung von Liedern, Duetten und Kantaten, und die von Maurice Greene geplante dreibändige »Cathedral Music« mit einem beträchtlichen Teil des kirchenmusikalischen Repertoires des 16., 17. und 18. Jahrhunderts heraus.

Die 8 Sinfonien

Die Sinfonien 1 bis 8 in B-Dur, A-Dur, C-Dur, F-Dur, D-Dur, F-Dur, B-Dur und d-Moll gehören dem Spätbarock an und weisen keinerlei Anzeichen der beginnenden Vorklassik auf. Im England des 18. Jahrhunderts verlief die Entwicklung im Vergleich zum Kontinent sehr retardiert, die Vorbilder Händel, Pepusch und Greene wirkten zu überzeugend, um über sie hinauszuschreiten. Neu an ihnen ist aber die Instrumentierung. Den Blasinstrumenten – Trompete, Horn – werden oft gesonderte melodische Linien zugeteilt, was eine im Barock ungewöhnliche Dichte des Klangbildes erzeugt. Formal handelt es sich um Ouvertüren, von denen die ersten fünf die italienische Faktur, »rasch – langsam – rasch«, die folgenden drei die französische, »feierlicher Beginn – lebhaftes Ende«, übernehmen. Die meisten verwendeten Themen sind Tanzrhythmen – darunter auch die des heimischen Jigg; Choraldiktionen sind nicht selten, sie bilden auch bei fugierten Passagen den Unterbau. Diese Besonderheiten und eine Anzahl überraschender, der Volksmusik entnommener Phrasierungen formen eine typisch englische Musik.

Sonate Nr. 7 in d-Moll für zwei Violinen und Generalbaß, 4 Sätze

Trotz der Viersätzigkeit entfernte sich diese Sonate um einiges von der Barockform, kann aber dennoch nicht als Rokokomusik angesprochen werden. Ihre Fuge besteht nur aus der dreimaligen Wiederholung eines rhythmischen, nach oben strebenden Themas, das in eine prachtvolle Kadenz mündet. Sie gibt den beiden Violinen die Gelegenheit, fröhlich zu duettieren. Der Baß wird an diesem Spiel nicht beteiligt; nach Barockmanier ist er auf seine begleitende Funktion beschränkt.

LITERATUR

Ch. Cudworth, Boyce and Arne: The Generation of 1770, in: Music & Letters XLI, 1960.

Ignaz Holzbauer (1711–83)

ZEIT UND UMWELT

Das von Kaiser Karl VI., dem letzten musischen Herrscher aus dem Haus Habsburg, kräftig geförderte Musikleben in Wien, das lebhafte Interesse der Adelsfamilien an Musik und Musikern und dazu im einzelnen noch die überragende Musikerpersönlichkeit eines Johann Joseph Fux zogen derart viele Talente an, daß die Kaiserstadt den Namen einer Musikstadt damals voll verdiente. Zeit und Umwelt für einen aufstrebenden Musiker in Wien bestanden aus der Musik dieser Stadt.

LEBEN

Ignaz Jakob Holzbauer wurde am 17. 9. 1711 in Wien geboren. Er studierte dort Rechtswissenschaft und Theologie, interessierte sich aber, angeregt durch Johann Joseph Fux, mehr für Musik. Zur Erweiterung seiner Ausbildung und der damaligen Meinung folgend, daß man Musik nur in Italien erlernen könne, ging er nach Venedig, wo er vermutlich mit Baldassare Galuppi zusammentraf. Nach seiner Rückkehr nach Österreich erhielt er die Stellung eines gräflichen Kapellmeisters in Holleschau (Holešov), Mähren, und 1742 am Burgtheater in Wien. Von 1742 bis 1747 hielt er sich erneut in Italien auf, kam 1751 als Oberkapellmeister an den württembergischen in Stuttgart und 1753 an den kurpfälzischen Hof in Mannheim. Er unternahm von dort aus noch drei große Reisen und war vermutlich mehrmals in Paris. Er blieb in Mannheim, als der kurpfälzische Hof 1778 nach München übersiedelte, weil Karl Theodor von der Pfalz sein bayerisches Erbe angetreten hatte. Er starb am 7. 4. 1783 in Mannheim.

WERKE

Von Ignaz Holzbauer sind 5 Streichtrios, 24 Streichquartette, 3 Divertimenti für fünf Streicher, 5 Quintette für Flöte, Violine, Bratsche, Cello und Cembalo, 3 Sextette für Flöte, Oboe, Violine, Bratsche, Cello und Baß bekannt, 29 von seinen 65 Sinfonien, Konzerte für verschiedene Instrumente und Sonaten sind erhalten, außerdem etwa 40 Messen, Motetten und andere sakrale Werke sowie eines seiner 4 Oratorien. Er schrieb eine Reihe von Opern auf italienischen Text und eine auf deutschen. Stilistisch ging er von dem aus, was er von Fux gelernt hatte, und arbeitete sich durch alle Stilgattungen bis zur Mannheimer Faktur durch. Von seinen Zeitgenossen wurden vor allem seine Messen sehr gerühmt.

Stich aus der Erstausgabe »Gradus ad Parnassum« von Johann Joseph Fux

Grigori Teplow (1711–79)

ZEIT UND UMWELT
Während in Rußland Instrumentalmusik noch nahezu ausschließlich von Ausländern gepflegt wurde und ganze Orchester aus Italienern oder aus Deutschen gegründet wurden, bemühten sich einzelne Russen um die Vokalmusik, deren Themen sie dem Volksgut entnahmen. Nach Texten mußten sie sich nicht lang umsehen, denn die russische Dichtkunst hatte im 18. Jahrhundert bereits ein hohes Niveau erreicht.

LEBEN
Grigori Nikolajewitsch Teplow wurde am 20. 11. 1711 in Pskow (Pleskau) geboren. Er stand in St. Petersburg im Staatsdienst und bemühte sich um kulturelle Probleme. Er starb am 30. 3. 1779.

WERKE
Von Grigori Teplow erschien 1759 eine Sammlung verschiedener dreistimmiger Lieder, die mehrere Auflagen erlebte.

LITERATUR
T. Liwanowa, Ruskaja musikalnaja kultura XVIII wjeka, Moskau 1952.

Jean Cupis de Camargo (1711–88)

ZEIT UND UMWELT
Die Anziehungskraft der Musikstadt Paris wirkte weit über Frankreichs Grenzen hinaus. Unter den Statthaltern in Brüssel wurde die Pflege der Musik keineswegs vernachlässigt, dennoch boten die Niederlande zu wenig Entfaltungsmöglichkeiten für Musiker, die nicht im Dienst einer Kathedrale standen. Sie wanderten nach Paris ab und nahmen am reichen Musikleben der Stadt teil.

LEBEN
Jean Cupis de Camargo (Jean-Baptiste) wurde am 23. 11. 1711 in Brüssel getauft. Er war vorerst Schüler seines Vaters, des Musik- und Tanzlehrers Ferdinand Joseph Cupis de Camargo (getauft 29. 2. 1684, Brüssel, bis 19. 3. 1757, Paris), der sich später in Paris niederließ und ab 1750 am Opernorchester als Violinist mitwirkte. Bereits 1738 trat er zugleich mit Michel Blavet und Jean-Pierre Guignon mit großem Erfolg im Concert spirituel auf und erreichte als Virtuose, Komponist und Lehrer bald große Berühmtheit. Er starb am 30. 4. 1788 in Montreuil.
Seine Schwester Marie-Anne Cupis de Camargo (getauft 15. 4. 1710, Brüssel, bis 28. 4. 1770, Paris) war eine gefeierte Tänzerin der Opernhäuser in Brüssel, Rouen und Paris. Sie war für die Geschichte des Bühnentanzes dadurch bemerkenswert, daß sie als erste vorher nur Tänzern vorbehaltene Ballettsprünge ausführte und anstelle langer Tanzkleidung das Tutu trug.

WERKE
Von Jean Cupis de Camargo sind 2 Bücher Violinsonaten mit Continuo, weitere Sonaten für sein Instrument mit verschiedener Begleitung und 6 viersätzige Sinfonien erschienen. Die Sinfonien bestehen nur aus schnellen Sätzen, die eine gut ausgebildete Spieltechnik der Interpreten erfordern.

Jean Joseph Cassanéa de Mondonville (1711–72)

ZEIT UND UMWELT
Die Musikentwicklung der französischen Provinzstädte litt unter dem Mangel erstklassiger Kräfte, weil Paris und der Hof in Versailles sozusagen alle aufsog, deren Leistung ihrer Musikwelt eingefügt werden konnte. Die anderen Orte mußten sich nicht selten mit ihren eigenen Anfängern begnügen oder mit solchen, die in der Hauptstadt das für sie geeignete Betätigungsfeld nicht fanden. Eröffnete sich sodann eine günstige, aufstiegverheißende Stelle, waren die ausgebildeten Anfänger und die, die einen Interimsposten gesucht hatten, sofort auf dem Weg nach Paris oder Versailles.

LEBEN
Jean Joseph Cassanéa de Mondonville wurde

am 25. 12. 1711 in Narbonne getauft, wo er seine Ausbildung zum Musiker und Violinisten erhielt. Um 1731 verließ er seine Vaterstadt, um in Paris seine ersten Kompositionen zu veröffentlichen. Etwa 1734 erhielt er eine Stelle als erster Violinist in Lille, trat aber bald darauf in Paris mit Erfolg im Concert spirituel auf; 1739 wurde er Mitglied der Hofmusik und ein Jahr darauf Vizekapellmeister. Von 1755 bis 1762 leitete er das Concert spirituel, sodann widmete er sich nur mehr dem Unterricht und der Komposition, bis er am 8. 10. 1772 in Belleville bei Paris starb.
Sein Bruder Jean Cassanéa de Mondonville (15. 4. 1716, Narbonne, bis nach 1769, Paris) war Violinist, Mitglied der Königlichen Kapelle in Versailles und Komponist. Sein Todesjahr ist nicht genau feststellbar.

Werke
Die 6 Cembalostücke mit Violinbegleitung von Jean Joseph Cassanéa de Mondonville behandeln das Cembalo als der Violine gleichwertiges Soloinstrument, und zwar vermutlich schon vor Johann Sebastian Bach. Die Violinsonaten, Triosonaten und die Cembalosonaten mit einer Violinstimme zeigen ebenso eine sehr fortgeschrittene Faktur. Das Flageolettspiel wird stark verwendet. An weiteren Werken hinterließ der Komponist mehrere Oratorien, Motetten und Kantaten und eine Anzahl Opern. Mehrere Violinkonzerte, ein Konzert für drei Chöre, ein Violinkonzert mit Gesang, ein Violinkonzert mit Singstimmen, Orchester und Chor sind verlorengegangen.
Von Jean Cassanéa de Mondonville sind 6 Sonaten für Solovioline und Generalbaß überliefert.

Literatur
Fr. Hellouin, Mondonville, sa vie et son œuvre, Paris 1903.

Antonín Jiránek (um 1712–61)

Zeit und Umwelt
Musiker aus dem böhmischen Raum wurden zumeist zur Königlich polnischen Kapelle in Warschau gesandt und erst später von dort für die polnische oder die deutsche Hofkapelle in Dresden übernommen. Dadurch wurde ein gewisser Gleichschritt in der Entwicklung der drei Hofkapellen erreicht, von denen allerdings die deutsche stets die besten Kräfte zugeteilt erhielt.

Leben
Antonín Jiránek (Anton Giranek) wurde um 1712 in Böhmen geboren und in Prag ausgebildet. Er wirkte sodann an der Königlich polnischen Kapelle in Warschau und wurde später von der polnischen Hofkapelle in Dresden übernommen, wo er am 16. 1. 1761 starb.

Werke
Von Antonín Jiránek sind Sinfonien, Konzerte, Triosonaten und einige Vokalmusik handschriftlich erhalten. Seine Musik ist dem empfindsamen Stil zuzurechnen.

John Christopher Smith (1712–95)

Zeit und Umwelt
Georg III. (1738–1820) folgte 1760 seinem Großvater Georg II. (1683–1760) auf dem britischen Thron nach, weil sein Vater Frederick Louis bereits 1751 verstorben war. Er setzte die Kulturpolitik seines Vorgängers fort. Obwohl er persönlich an Musik wenig Interesse fand, pflegte er die Hofkapelle als notwendige Institution im bisherigen Rahmen.

Leben
John Christopher Smith (Smyth) wurde 1712 in Ansbach als Sohn des nachmaligen Freundes und Verlegers Georg Friedrich Händels, Johann Christoph Schmidt (17. 3. 1683, Kitzingen, bis Januar 1763, London), geboren. Er kam 1719 mit seinem Vater nach London. Seine Lehrer waren Georg Friedrich Händel, Daniel Roseingrave und Johann Christoph Pepusch. Er brachte 1732 seine erste Oper heraus. Im Jahr 1746 ging er nach Holland, Frankreich und Italien, um seine Ausbildung

zu vervollständigen. 1750 rief ihn Händel zurück und beschäftigte ihn als Hilfskraft. Ab 1754 wirkte er als Organist der Foundling Hospital Chapel, trat 1760 in den Dienst des Hofes und wurde 1762 Kapellmeister der Witwe des verstorbenen Prince of Wales, Augusta von Sachsen-Gotha. Er zog sich 1774 nach Bath zurück und starb dort am 3. 10. 1795.

WERKE

Die Opern standen im Mittelpunkt des kompositorischen Schaffens von John Christopher Smith. Unter seinen 5 Oratorien ist »Paradise Lost« (Das verlorene Paradies) nach John Milton das bemerkenswerteste. Er verfaßte außerdem eine Reihe von Divertimenti, Cembalosuiten und einige Vokalmusik.

Friedrich der Große (1712–86)

ZEIT UND UMWELT

Die Umwelt waren das zur Großmacht aufsteigende Preußen, Verbündete und Gegner seiner europäischen Politik und die Repräsentanten der Aufklärung, der musische Kreis von Rheinsberg, Potsdam und Sanssouci. Die Zeit ist der Vorabend zur großen Revolution, deren Herannahen von niemandem bemerkt wurde, obwohl die Anzeichen hiezu nicht deutlicher hätten sein können.

LEBEN

Friedrich II. der Große wurde am 24. 1. 1712 in Berlin geboren. Er nahm als Kronprinz Flötenunterricht bei Johann Joachim Quantz. Die Kapelle, die er für sich in Rheinsberg gründete, wurde von Carl Heinrich Graun als Kapellmeister und von Johann Gottlieb Graun und František Benda als Konzertmeister geleitet. Nach seiner Thronbesteigung übersiedelte die Kapelle nach Berlin und sodann nach Potsdam, wo der König am 17. 8. 1786 starb.

WERKE

Als echt zugeschrieben gelten folgende Werke Friedrichs des Großen: 121 Flötensonaten, 4 Flötenkonzerte, eine Sinfonie in G-Dur, eine Ouvertüre zu einer Serenata,

Flötenkonzert in Sanssouci, Holzschnitt nach einem Gemälde von A. Menzel, 1852

einige Opernarien und 3 Kantaten, die verlorengegangen sind. Eine große Anzahl von Zuschreibungen sind ungesichert; auch die der Armeemärsche – Hohenfriedberg- und Torgauermarsch – werden angezweifelt. Sein Stil ist der empfindsame der Berliner Schule.

LITERATUR

J. Bourque, Frederick the Great as Music Lover and Musician, Music & Letters XXVIII, 1947.

Isfrid Kayser (1712–71)

ZEIT UND UMWELT

Im 18. Jahrhundert zeichneten sich die »Schwäbischen Klöster« – Benediktiner und Praemonstratenser – durch besonders intensive Musikpflege aus, die für die Musikentwicklung Mitteleuropas äußerst wichtig wurde.

LEBEN

Isfrid Kayser wurde am 13. 3. 1712 in Türkheim bei Augsburg geboren. Er wurde im Praemonstratenserkloster Marchtal ausgebildet und trat dem Orden bei. Im Jahr 1741 wurde er Musikdirektor des Klosters, in dem er als Subprior am 1. 3. 1771 starb.

WERKE

Von Isfrid Kayser sind 6 Messen, vierstimmig mit Instrumenten, 24 Oratorien, 6 Tantum ergo, Psalmen, 3 Vespern mit Antiphonen und 3 Suiten für Cembalo erhalten. Seine Chorbegleitung ist nicht kontrapunktisch, Soli und Chöre werden alternativ eingesetzt.

Jean-Jacques Rousseau (1712–78)

ZEIT UND UMWELT

Rückblickend erscheint uns das 18. Jahrhundert in Frankreich als Agonie seiner Gesellschaftsform. Alles wies auf ihr explosives Ende hin: die zerrütteten Staatsfinanzen; die despotische Regierungsform, unter der besonders Kleinbürgertum und Bauern zu leiden hatten; die Verelendung des ganzen Landes; der Übermut des Klerus und des Adels; die korrupte Verwaltung und Justiz; die Publikationen der Literaten und Philosophen, die als Pornographien oder als wissenschaftliche Abhandlungen die an sich strenge, aber von ungebildeten Zensoren gehandhabte Zensur passieren konnten; das Beispiel des Freiheitskampfes und die Ansätze zur Demokratie in Nordamerika; die Erkenntnisse der englischen Gelehrten; das gesamteuropäische Klima der einsetzenden Aufklärung und noch viele weitere Symptome. Doch die herrschende Klasse war zu jeder Zeit und in jedem Land voll überzeugt, daß ihr Boden für alle Ewigkeit gefestigt sei, auch wenn er bereits eierschalendünn geworden war. Und die Kassandrarufe einzelner verhallen immer ungehört.

LEBEN

Jean-Jacques Rousseau wurde am 28. 6. 1712 in Genf geboren. Seine musikalische Grundausbildung erhielt er als Chorknabe an der Kathedrale in Annency; alles Weitere eignete er sich autodidaktisch an. »Er lernte lehrend.« Er führte, ständig publizierend, ein unstetes Leben; sein Ruf und Ruhm als Philosoph verbreitete sich sehr rasch, so daß er bald in die Reihe der Persönlichkeiten einrückte, die dem 18. Jahrhundert ihr geistiges Gepräge verliehen. Er starb am 2. 7. 1778 in Ermenoville bei Paris.

WERKE

Die Leistung und die Bedeutung des Philosophen und Schriftstellers Jean-Jacques Rousseau für sein Jahrhundert und die folgende Zeit sind bekannt und müssen hier nicht näher beleuchtet werden. Im Rahmen der Musikgeschichte trat er vor allem als Theoretiker hervor. Von seinem umfangreichen Ideengut auf dem Gebiet der Musik sollen hier nur sein Eintreten für eine Zahlennotenschrift, die die von Pierre Davantès (1526, Rabastens, bis 31. 8. 1561, Genf) vorgeschlagene Notierung der Psalmenvertonung und die von Jean-Jacques Souhaitty (um 1630, Paris, bis nach 1679, Paris) erfundene Ziffernschrift wiederaufleben ließen, und die seiner Ansicht, daß sich die französische Spra-

Jean-Jacques Rousseau

che nicht für den Kunstgesang eigne, folgende Propagierung des Melodrams, das im 18. und 19. Jahrhundert sehr beliebt wurde, angeführt werden.
Seine Kompositionen betrafen vorwiegend Bühnenmusik. Er verfaßte eine Ballettoper, ein Intermedium, das großen Erfolg hatte und bis 1828 oft aufgeführt wurde, ein Melodram, »Pygmalion«, mit teilweiser Benützung von Musik von Horace Coignet, 6 Arien und einen Band Romanzen. Im Streit der Opernkomponisten stand er auf italienischer Seite.

LITERATUR
H. V. Somerset, Jean-Jacques Rousseau as a Musician, Music & Letters XVII, 1936.

Bernhard Christian Weber (1712–58)

ZEIT UND UMWELT
»Das wohltemperierte Clavier« von Johann Sebastian Bach war eines der am meisten revolutionierenden Werke des späten Barock, weil damit die Dur-Moll-Tonalität ihre uneingeschränkte Herrschaft antreten konnte, die ungefähr durch 200 Jahre in Geltung blieb. Die schrankenlose Enharmonik, die dadurch statuiert wurde, erlaubte jede Modulation durch alle Dur- und Moll-Tonarten und erweiterte das Feld der Musik um ein Vielfaches.

LEBEN
Bernhard Christian Weber wurde am 1. 12. 1712 in Wolferschwenda, Thüringen, geboren. Er wirkte von 1732 bis zu seinem Tod am 5. 2. 1758 als Stadtorganist in Tennstedt bei Erfurt.

WERKE
»Das wohltemperierte Clavier oder Praeludia und Fugen durch alle Tone und Semitonia« von Bernhard Christian Weber war ein Versuch, das Werk von Bach für die Orgel zu übertragen und zu erweitern, der wohl das allgemeine Interesse für die Leistung des Thomaskantors beweist, aber als nicht sehr gelungen bezeichnet werden kann.

Paolo Scalabrini (um 1713–1806)

ZEIT UND UMWELT
Die Brüder Angelo Mingotti (um 1700, Venedig, bis um 1764, Dresden) und Pietro Mingotti (1702, Venedig, bis 28. 4. 1759, Kopenhagen) waren Impresari einer italienischen Operntruppe, die mit ungefähr 5 Sängerinnen und 3 Sängern zwischen 1732 und 1764 in Graz, Brünn, Prag, Kopenhagen und Dresden vorwiegend italienische lyrische Opern aufführte. Sie konnte für ihr Orchester zumeist sehr befähigte Dirigenten gewinnen.

LEBEN
Paolo Scalabrini wurde um 1713 in Lucca geboren. Er war ab 1742 als Dirigent Mitglied der Operngesellschaft der Brüder Angelo und Pietro Mingotti in Graz, mit der er durch Österreich und Deutschland nach Kopenhagen reiste, wo er 1748 Johann Adolph Scheibe als Königlichen Kapellmei-

ster ablöste. Im Jahr 1753 mußte der die Stelle an Giuseppe Sarti abtreten und verließ Dänemark, kehrte jedoch wieder zurück und erhielt die Stelle 1775 erneut, weil Sarti aus politischen Gründen entlassen wurde. 1781 wieder in Italien, starb er am 28. 2. 1806 in Lucca.

WERKE
Neben Opern auf italienischen Texten verwendete Paolo Scalabrini als einer der ersten dänische Libretti und muß zu den Begründern der dänischen Oper gezählt werden. Außerdem verfaßte er ein Oratorium, einige Sinfonien und eine Anzahl Arien. Seine Musik gehörte dem empfindsamen Stil an.

Nicolò Pasquali (um 1713–57)

ZEIT UND UMWELT
Dublin und Edinburgh waren für nach London zugereiste Musiker, die dort kein zusagendes Betätigungsfeld fanden, Ausweichstellen, von wo sie zuweilen mehrmals nach London zurückkamen, um erneut zu versuchen, dort Fuß zu fassen – und sich dann doch mit dem Wirkungskreis, den sie in Schottland oder Irland gefunden hatten, zufriedengaben.

LEBEN
Nicolò Pasquali wurde um 1713 in Italien geboren. Über seine Tätigkeit, ehe er 1740 nach Edinburgh und 1743 nach London kam, ist nichts bekannt. Er ließ sich in der englischen Hauptstadt als Violinist nieder und erhielt 1745 die Leitung des Opernorchesters. Im Jahr 1748 ging er nach Dublin, kehrte aber 1750 nach London zurück und versuchte es zwei Jahre darauf erneut mit Dublin, erhielt dann bald darauf die Stelle eines ersten Violinisten an der Musical Society in Edinburgh, wo er auch Konzerte arrangierte und als Violinlehrer bis zu seinem Tod am 13. 10. 1757 wirkte.

WERKE
Außer einem Pasticcio und einigen Arien verfaßte Nicolò Pasquali ein »Solemn Dirge on Romeo and Juliet« (Feierlicher Trauergesang für Romeo und Julia), 6 Sonaten für Violine und Generalbaß, 6 Sonaten für zwei Violinen, Bratsche und Generalbaß, 12 Ouvertüren für Streicher, Bläser und Pauken. Er veröffentlichte eine Generalbaßlehre und eine Fingersatzschule für Cembalo. Seine Musik bewegt sich noch im Spätbarock.

Johann Thielemann Cramer
(1713 bis nach 1784)

ZEIT UND UMWELT
Die musikalische Ära nach Johann Sebastian Bach, die bereits viele Jahre vor dessen Tod eingesetzt hatte, war erfüllt mit leicht faßlicher, gut eingängiger und gefälliger Musik. Die Empfindsamkeit trat an die Stelle echter Gefühle, oberflächliche Klänge vermittelten Unterhaltung ohne Anstrengung. Die Ballung der Gedanken der bald darauf einsetzenden Klassik zeigte sich nur in einzelnen Fällen an.

LEBEN
Johann Thielemann Cramer (Johann Tobias) wurde 1713 in Mitteldeutschland geboren. Er war Schüler von Gottfried Heinrich Stölzel und Kapellknabe der Hofkapelle in Gotha. Im Jahr 1736 wurde er Diskantist der Kapelle und 1749 Musiklehrer des Hauses Sachsen-Gotha. Er wirkte nachweislich in dieser Stellung bis 1784 und dürfte in einem der folgenden Jahre gestorben sein.

WERKE
Von Johann Thielemann Cramer ist wenig überliefert. Kleinere Orgelstücke und 6 Gesänge wurden in »Musikalisches Vielerlay« von Carl Philipp Emanuel Bach aufgenommen. Sie sind in dem damaligen empfindsamen Stil gehalten.

Giovanni Battista Locatelli (1713–85)

ZEIT UND UMWELT
Für private Theater- und Konzertunternehmungen war Rußland wohl ein sehr lukrati-

ver, aber auch sehr gefährlicher Boden. Es war für Ausländer oft sehr schwer, sich zu behaupten. Glücksritter aus allen Ländern bevölkerten die russischen Städte, machten sich an die Unternehmungen heran und verschwanden, wenn ihre Taschen gefüllt waren. Dem Unternehmer blieb in manchen Fällen auch nur die Flucht übrig.

LEBEN

Giovanni Battista Locatelli wurde am 7. 1. 1713 in Venedig geboren. Er reiste mit der Operntruppe Mingotti als Librettist durch Europa und kam 1756 nach St. Petersburg, wo er die Leitung eines Theaters übernahm, mit dem er Schiffbruch erlitt. Ab 1761 leitete er ein Theater in Moskau, das er nach 2 Jahren wegen Schwierigkeiten mit seinen Kompagnons aufgeben mußte. Er ging nach St. Petersburg zurück und brachte sich dort als Ballettmeister durch. Er starb in St. Petersburg am 14. 3. 1785.

WERKE

Von dem wenig erfolgreichen Theaterunternehmer Giovanni Battista Locatelli sind in St. Petersburg einige von ihm selbst komponierte Ballette aufgeführt worden. Sein Hauptverdienst bestand aber aus der Einführung von Opern von Baldassare Galuppi und Christoph Willibald Gluck in Rußland.

Charles John Stanley (1713–86)

ZEIT UND UMWELT

Der Gewinn, den die englische Musikentwicklung aus dem Wirken Georg Friedrich Händels gezogen hatte, betraf vor allem die sakrale Musik. Seine Oratorien waren und blieben Standardwerke, an denen sich viele spätere ausrichteten, allerdings ohne je daran heranzureichen. Die Pflege seines Werkes allein bewirkte, daß neben dem ständig von italienischen Kräften aufrechterhaltenen Opernbetrieb sich die sakrale Musik weiterentwickelte und, wenn auch viel später, zur Grundlage eines Aufschwungs des gesamten Musikgeschehens wurde. Die profane Musik, die der breiten Masse von verschiedenen privaten Konzertunternehmungen geboten wurde, hätte trotz allgemeinen Interesses mangels einer wirklich bedeutenden Persönlichkeit allein nicht ausgereicht, eine bemerkenswerte Entwicklung einzuleiten.

LEBEN

Charles John Stanley wurde am 17. 1. 1713 in London geboren. Er verlor im Alter von drei Jahren durch einen Unfall das Augenlicht, im Alter von sieben Jahren begann sein Musikunterricht, den ihm anfänglich John Reading (1677–1764) und dann Maurice Greene erteilten. Im Jahr 1724 war er bereits Organist an All Hallows, 1726 an St. Andrew's und 1734 an Temple Church in London. Er tat sich mit John Christopher Smith zusammen, um Oratorien von Georg Friedrich Händel und anderen, darunter eigene Kompositionen, aufzuführen; 1774 zog er anstelle von Smith Thomas Linley hiefür heran, 1779 folgte er William Boyce in die Leitung der King's Band of Musick nach; 1782 wurde er noch Organist der Chapel Royal. Er starb am 19. 5. 1786 in London.

WERKE

Von John Stanley sind 12 Konzerte, 8 Flötensonaten, 6 Flötensoli und 4 Sammlungen Solokantaten im Druck erschienen. Er schrieb außerdem 3 Oratorien, mehrere Bühnenmusiken und eine dramatische Pastorale zur Hochzeit des Königs Georg III. mit Charlotte von Mecklenburg-Strelitz (1744 bis 1818) im Jahr 1761. Sein Stil gehört noch dem Spätbarock an.

LITERATUR

G. Finzi, John Stanley, in: Proceeding of the Royal Musical Association LXXVII, 1950/51.

Domingo Terradellas (1713–51)

ZEIT UND UMWELT

Man könnte den Opernbetrieb des 17. und noch mehr des 18. Jahrhunderts mit der Hochblüte unseres Filmwesens vergleichen. Die Oper stand, wie der Film vor etwa 50

Jahren, im Mittelpunkt der Vergnügungsindustrie, Komponisten und Interpreten wurden verehrt wie Filmstars. Legenden wanden sich um ihr Leben und Sterben. Daß ein Opernkomponist wegen des Mißerfolges eines seiner Werke Selbstmord beging oder wegen seiner Erfolge von den Anhängern eines Konkurrenten ermordet wurde, erschien dem Publikum völlig glaubwürdig.

LEBEN

Domingo Miguel Bernabé Terradellas (Domenico Terradeglias) wurde am 13. 2. 1713 in Barcelona getauft. Seine erste Ausbildung erhielt er an der Maîtrise der Kathedrale von Barcelona und weiteren Unterricht am Conservatorio Sant'Onofrio a Capuana in Neapel. Von 1743 bis 1745 war er Kapellmeister an San Giacomo degli Spagnuoli in Rom, von 1746 bis 1748 hielt er sich in London auf, sodann bis 1749 in den Niederlanden und in Frankreich, dann kehrte er nach Italien zurück. Er starb am 20. 5. 1751 in Rom. Nach der Legende beging er wegen des Mißerfolges seiner letzten Oper Selbstmord, nach einer anderen wurde er von fanatischen Anhängern seines Konkurrenten Niccolò Jommelli ermordet.

WERKE

Neben einer beträchtlichen Anzahl von Opern, die zum größten Teil sehr erfolgreich waren, schrieb Domingo Terradellas mehrere Oratorien, 3 Messen, 4 Motetten, Kantaten, ein Te Deum, Duette, Arien und eine Ouvertüre. Alle aufgezählte Musik entlehnte ihre Faktur der Oper.

LITERATUR

J. R. Carreras y Bulbena, Domingo Terradellas, Barcelona 1908.

Christian Friedrich Schale
(1713–1800)

ZEIT UND UMWELT

Markgraf Heinrich von Brandenburg (1726 bis 1802) hielt sich seine eigene Kapelle, die eine Reihe ausgezeichneter Musiker beschäftigte und am Musikleben von Berlin lebhaften Anteil nahm. Ein Kräfteaustausch zwischen der Kapelle und der Hofkapelle König Friedrichs II. war nicht selten.

LEBEN

Christian Friedrich Schale (Schaale) wurde am 10. 7. 1713 in Brandenburg geboren. Er studierte in Halle Rechtswissenschaft. Im Jahr 1735 wurde er von der Kapelle des Markgrafen von Brandenburg aufgenommen und 1741 an die Hofkapelle nach Berlin berufen. Ab 1763 wirkte er auch als Organist am Berliner Dom. Er war einer der Begründer der ersten Liebhaber-Konzertvereinigung in Berlin, der »Musikausübenden Gesellschaft«. Er starb am 2. 3. 1800 in Berlin.

WERKE

Von Christian Friedrich Schale sind Orgel- und Klavierstücke, einige Oden, Sinfonien, Klavier- und Flötenkonzerte überliefert. Seine Musik gehört der Berliner Schule an.

Jean-Baptiste Canavas (1713–84)

ZEIT UND UMWELT

Die engen Beziehungen der Hofkapelle von Turin zu Versailles drückten sich unter anderem auch darin aus, daß ständig Musiker aus dem Piemont Stellungen in Paris und am französischen Hof anstrebten.

LEBEN

Jean-Baptiste Canavas (Canevaz, Cannavasso) wurde am 25. 3. 1713 in Turin geboren. Nach seiner Ausbildung zum Cellisten kam er 1732 nach Paris, wo er 1745 Hofkammermusiker und ab 1746 Mitglied der »24 violons du roy« wurde. Er starb in Paris am 7. 6. 1784.

WERKE

Von Jean-Baptiste Canavas sind im Jahr 1773 Sonaten für Cello und Generalbaß erschienen, nachdem bereits 10 Jahre vorher eine Sammlung von 6 Cellosonaten bekannt geworden war. Die Stücke erfordern ein hohes technisches Können.

Nicola Sala (1713–1801)

ZEIT UND UMWELT

Der intensive Lehrbetrieb der vier außerordentlich leistungsfähigen Konservatorien in Neapel, an denen die bedeutendsten Komponisten und Musikwissenschafter, die zumeist selbst aus den Lehranstalten hervorgegangen waren, wirkten, bildete die Kraftquelle für die Musikentwicklung der Stadt, nahezu in keiner anderen Metropole waren Unterricht und Musikleben so eng miteinander verflochten.

LEBEN

Nicola Sala wurde am 7. 4. 1713 in Tocco-Caudio bei Benevento geboren. Er war ab 1732 am Conservatorio della Pietà de'Turchini Schüler von Nicola Fago und Leonardo Leo. Nach seiner Ausbildung wirkte er selbst an diesem Konservatorium als Lehrer, wurde 1787 »Primo maestro« (Erster Lehrer) und starb am 31. 8. 1801 in Neapel.

WERKE

Neben einer Anzahl Opern verfaßte Nicola Sala Kantaten für Hoffeste, vokale Kanons, verschiedene Kirchenmusik – darunter eine berühmte Messe – und ein Oratorium.

LITERATUR

S. di Giacomo, I quattro antichi conservatori musicali di Napoli, Palermo 1924–28.

Jan Jiří Benda (1713–52)

ZEIT UND UMWELT

Man stößt immer wieder auf entrüstete Äußerungen über die Großzügigkeit, mit der bis in das 19. Jahrhundert Komponisten fremde Musik adoptierten. Da dies allseitig geübt wurde und die »Plagiatoren« in vielen Fällen selbst auch zum Opfer solcher Zugriffe wurden, ist das gesamte Problem als Zeiterscheinung zu werten und darf nicht unseren Maßstäben unterworfen werden. Anders verhält es sich beim Verlegerplagiat, das man schlicht als geistigen Diebstahl und Betrug bezeichnen muß. Sobald ein Komponist im Ansehen des Publikums gestiegen war, mehrten sich die Stücke, die unter seinem Namen in den Handel gebracht wurden. Gesetze, die diesem kriminellen Vorgehen Schranken gesetzt hätten, gab es in ausreichendem Maß noch nicht.

LEBEN

Jan Jiří Benda (Johann Georg) wurde am 30. 8. 1713 in Neu-Benatek (Nové Benatky) getauft. Er ging mit seinem Bruder František Benda 1733 als Violinist nach Dresden und nach Berlin, wo er als Kammermusiker am preußischen Hof bis zu seinem Tod im Jahr 1752 wirkte.

WERKE

Von Jan Jiří Benda sind 11 Flötensonaten, 10 Capricen für Violine, eine Triosonate und ein Violinkonzert in G-Dur, dessen Echtheit nicht feststeht, überliefert. Außerdem sind unter seinem Namen eine Anzahl Unterschiebungen in Umlauf gesetzt worden.

LITERATUR

W. Lebermann, Apokryph, Plagiat, Korruptel oder Falsifikat? Die Musikforschung XX, 1967.

Antoine d'Auvergne (1713–97)

ZEIT UND UMWELT

König Ludwig XVI. (1754–93) trat 1774 nach dem Tod seines Großvaters Ludwig XV. die Regierung Frankreichs an. Er versuchte der ständig anwachsenden Unzufriedenheit breiter Volksschichten dadurch zu begegnen, daß er den reaktionären Kräften – Hochadel und Klerus – freie Hand ließ und sich jedem Kompromiß entgegenstellte. Die Hofgesellschaft führte ihr Dasein unbekümmert um die politische Entwicklung weiter, ihre Musikkapellen erfüllten ihre Funktion bis zum Ausbruch der Revolution.

LEBEN

Antoine d'Auvergne (Dauvergne) wurde am 3. 10. 1713 in Moulins geboren. Er war als Violinist ab 1741 Mitglied der Königlichen

Kammermusik und ab 1744 des Opernorchesters. Im Jahr 1762 wurde er Mitdirektor des Concert spirituel und sein künstlerischer Leiter. In der Zeit von 1769 bis 1789 war er dreimal Leiter der Oper und ihr ständiger Komponist. Die Revolution und die folgenden Jahre bis zu seinem Tod am 23. 2. 1797 verbrachte er in Lyon.

WERKE
Von Antoine d'Auvergne sind dreistimmige Divertimenti, 12 Sonaten für Violine und Generalbaß, sinfonische Konzerte, Airs, Oden, Kantaten und Motetten erhalten. Sein Hauptfeld war die Oper. Er war Anhänger des italienischen Stils, den er allerdings nur bei den instrumentalen Teilen seiner Bühnenwerke anwandte; Arien und Ballette sind im französischen Stil verfaßt. Mit dieser Synthese trug er viel zur Entwicklung der französischen komischen Oper bei.

LITERATUR
Du Roure de Paulin, La vie et les œuvres d'Antoine d'Auvergne, Paris 1911.

Johann Ludwig Krebs (1713–80)

ZEIT UND UMWELT
Abgesehen von den Söhnen und anderen Verwandten, deren Lehrer Johann Sebastian Bach war, hat eine beträchtliche Anzahl namhafter Musiker seinen Unterricht genossen und seine Lehren und seinen Namen weitergereicht. Daher ist es sachwidrig, zu behaupten, daß Name und Werk des großen Thomaskantors nach dessen Tod in Vergessenheit geraten seien. Richtig ist lediglich, daß der Geschmackswandel des 18. Jahrhunderts das Publikumsinteresse an seinen Kompositionen vorläufig sehr geschmälert hat.

LEBEN
Johann Ludwig Krebs wurde am 12. 10. 1713 in Buttelstedt bei Weimar getauft. Er war von 1726 bis 1735 einer der besten Schüler von Johann Sebastian Bach. Anschließend studierte er an der Leipziger Universität und wirkte von 1737 bis 1743 als Organist an der

Aus der Musikerfamilie Krebs, Johann Gottfried, nach einem Schattenriß von H. S. Möckel, 1793

Marienkirche in Zwickau, sodann bis 1756 in Zeitz und schließlich in Altenburg, wo er am 1. 1. 1780 starb.
Sein Vater, Johann Tobias Krebs (7. 7. 1690, Heichelheim, Weimar, bis 11. 2. 1762, Buttstädt), war von 1710 bis 1712 Organist und Kantor in Buttelstedt und nahm gleichzeitig bei Johann Gottfried Walther und Johann Sebastian Bach Unterricht im Cembalospiel. Im Jahr 1721 wurde er Organist der Michaeliskirche in Buttstädt.

WERKE
Von Johann Ludwig Krebs sind Klavierstücke, Cembalosuiten, Klavierübungen, 6 Triosonaten und 6 Sonaten für Cembalo und Flöte oder Violine überliefert. Man schreibt ihm die unter dem Namen Johann Sebastian Bachs erhaltenen »Acht kleinen Praeludien und Fugen« für Orgel zu. Eine Reihe weiterer Cembalo- und Orgelkompositionen sind Manuskript geblieben.
Von Johann Tobias Krebs sind ein Präludium und Fuge C-Dur, ein Trio c-Moll und 5 Choräle für Orgel erhalten. Die »Acht klei-

nen Praeludien und Fugen« werden von manchen ihm und nicht seinem Sohn zugeschrieben.

Präludium und Doppelfuge in f-Moll

Die melodische Linie des Präludiums liegt am Beginn in der rechten Hand, wechselt sodann zur linken und endet etwas abgewandelt im Pedal. Darauf folgt ein Fugato mit einem ähnlichen Thema. Dann wiederholen sich beide Themen auf der Dominante und kehren am Ende zu f-Moll zurück. Die Fuge führt beide Themen gesondert durch. Zu ihrer Synthese kommt es erst in den letzten Takten.

LITERATUR

R. Sietz, Die Orgelkompositionen des Schülerkreises um J. S. Bach, in: Bach-Jahrbuch XXXII, 1935.

Giuseppe Canavasso (um 1714–76)

ZEIT UND UMWELT

Der für die Fürsten von Carignano von Guarino Guarini (1624–83) in Turin errichtete Palast, ein Meisterwerk piemontesischen Barock, bot einer beachtlichen Privatkapelle Raum. Italienische wie französische Musiker begannen in diesem Rahmen ihre Karriere, die sie entweder an der Hofkapelle von Turin, in Italien oder noch häufiger in Paris fortsetzten.

LEBEN

Giuseppe Canavasso (Joseph Canavas, Canevaz), Bruder von Jean-Baptiste Canavas, wurde um 1714 in Turin geboren. Er war zunächst Musiklehrer und Musiker im Haus der Fürsten von Carignano in Turin, dann kam er nach Paris und trat ab 1741 im Concert spirituel mehrmals als Violinist auf. Darauf wurde er Soloviolinist im Orchester von La Pouplinière und ab 1765 am Opernorchester. Gleichzeitig wurde er vom Hof als Violinist beschäftigt. Er starb in Paris am 25. 9. 1776.

WERKE

Von Giuseppe Canavasso sind eine seiner Sinfonien für drei Violinen und 6 Violinsonaten mit Generalbaß, einige Sonaten für Solovioline und Cello und eine mit Bratsche oder Cembalo bekannt geworden. Die Sonaten nähern sich sehr der klassischen Konzeption. Alles andere ist verschollen.

Pedro António de Avondano
(1714–82)

ZEIT UND UMWELT

Die Irmandade de Santa Cecília wurde als Musikervereinigung um 1688 in Lissabon gegründet. Der Strömung der Zeit in Portugal entsprechend, waren nahezu alle Mitglieder Kirchenmusiker, von denen einige fallweise profane Musik schrieben, der Rest waren Komponisten von Opern – eingewanderte Italiener oder Portugiesen, die italienische Opern komponierten – oder von Zarzuelas nach spanischem Muster. Die Vereinigung bildete aber trotz aller Einseitigkeit eine Plattform für eine eigenständige portugiesische Musikentwicklung.

LEBEN

Pedro António de Avondano wurde 1714 in Lissabon von genuesischen Eltern geboren. Er war als Violinist Mitglied der Königlichen Kapelle. Nach dem Erdbeben des Jahres 1755, bei dem ein Großteil der in der Stadt archivierten Musik verlorenging, bemühte er sich sehr um den Wiederaufbau der Musikarchive und gleichzeitig um die Reorganisation der Irmandade de Santa Cecília. Er starb 1782 in Lissabon.

WERKE

Von Pedro António de Avondano sind mehrere Opern, 2 geistliche Dramen, eine Sinfonie für zwei Violinen, Bratsche und Cello und einige kirchenmusikalische Stücke erhalten. Seine Bühnenmusik ist italienisch.

Giacomo Giuseppe Saratelli
(1714–62)

ZEIT UND UMWELT

Die Kapellen des Domes und der Basilika von

Padua waren von jeher bedeutende Pflegestätten der Musik. Sie standen mit den Kirchenkapellen Venedigs in engem Kontakt, blieben jedoch dadurch, daß im Schatten des Sant'Antonio die Oper keine so entscheidende Rolle spielte wie in Venedig, gegen Überfremdung der Kirchenmusik durch opernhafte Fakturen gefeit. Dies wirkte sich auch teilweise auf die venezianische Kirchenmusik günstig aus, die trotz des intensiven Opernbetriebes in Venedig die sakralen Fakturen nie völlig aufgab.

LEBEN

Giacomo Giuseppe Saratelli wurde 1714 in Padua geboren. Er war Schüler von Antonio Lotti und wurde 1732 Organist an Sant'Antonio in Padua, sodann 1741 Zweiter und 1747 Erster Kapellmeister an San Marco in Venedig, wo er 1762 starb.
Sein Vater Giacomo Giuseppe Saratelli (um 1680, Ferrara, bis um 1730, Padua) wirkte als Vizekapellmeister der Accademia della Compagnia dello Spirito Santo in Ferrara und ab ungefähr 1710 in nicht näher bekannter Stellung in Padua.

WERKE

Von Giacomo Giuseppe Saratelli sind zahlreiche kirchliche Kompositionen handschriftlich und ein Oratorium, »Magdalenae conversio« (Magdalenens Bekehrung), das dem Typus des Oratorio latino angehört, erhalten. Seine Musik ist in keiner Weise von der Oper »infiziert«.
Giacomo Giuseppe, der Vater, der auch Bühnenwerke verfaßte, schrieb einige sakrale Werke, deren Faktur weniger streng kirchlich war als die des Sohnes.

Gottfried August Homilius
(1714–85)

ZEIT UND UMWELT

Im 18. Jahrhundert war die Freimaurerei bereits zum Sammelbecken der Aufklärungsphilosophie geworden und hatte sich über große Teile des Kontinents verbreitet. Sie diente zwar den Idealen des aufstrebenden Bürgertums, fand aber bald in die höchsten Kreise Eingang und gewann dadurch einen starken gesellschaftlichen Rückhalt. Die verfolgten Ideale drückten sich auch in ihren Liedern aus, die von einer Reihe von Komponisten für die Zusammenkünfte der Logen vertont wurden.

LEBEN

Gottfried August Homilius wurde am 2. 2. 1714 in Rosenthal, Sachsen, geboren. Er studierte in Leipzig und war dort Schüler von Johann Sebastian Bach. Ab 1742 wirkte er als Organist an der Frauenkirche, ab 1755 als Kantor an der Kreuzschule und als Musikdirektor an den drei Hauptkirchen in Dresden, wo er am 5. 6. 1785 starb.

WERKE

Von Gottfried August Homilius sind eine Passion, ein Weihnachtsoratorium, »Sechs deutsche Arien«, 5 Motetten, eine Chorarie und 7 »Gesänge für Maurer« erschienen. Handschriftlich sind eine Markus-Passion, ein Jahrgang Kirchenkantaten, eine Anzahl Motetten, Kantaten, Choräle, 3 Choralbücher, Präludien und Choralvorspiele für Orgel erschienen. Er verfaßte außerdem eine Generalbaßschule. Seine Kompositionen wirken älter als die seines berühmten Lehrers.

LITERATUR

K. Held, Das Kreuzkantorat zu Dresden, in: Vierteljahresschrift für Musikwissenschaft X, 1894.

Carl Philipp Emanuel Bach (1714–88)

ZEIT UND UMWELT

Als Friedrich II. den für seine Zeit sensationellen Satz niederschrieb, daß er sich als den ersten Diener des Staates betrachte, lag der Ton auf dem Wort »ersten«, denn es hing von ihm ab, wie er dem preußischen Ordnungsstaat dienen wollte. Die idealen Ziele der Aufklärung blieben trotz mancher rührender Beispiele einer gewissen Rechtsstaatlichkeit ein interessantes Diskussionsthema. Entscheidende Wirkung hatte durchwegs immer das Wort des »ersten« Dieners. Daher war die Spanne vom angeblichen Ausspruch Ludwigs XIV., »L'état, c'est moi« (Der Staat, das bin ich), in der Praxis nicht so gewaltig, wie es scheinen mag. Das absolute oder, wenn man so will, »aufgeklärt« absolute Führungsprinzip wurde bei jeder Gelegenheit deutlich und somit auch bei der »Hausmusik« des Königs, der sich als »Primus inter pares« (Erster unter Gleichen) gab, aber jederzeit Primus blieb. Der Stil richtete sich nach seinem empfindsamen, liebenswürdigen Geschmack, und die gespielten Stücke durften seine technischen Möglichkeiten nicht überschreiten, so daß eine gewisse Sterilität der preußischen Hofmusik in Berlin und Potsdam unvermeidlich war und zum Kennzeichen der sogenannten Berliner Schule wurde. Der Schritt zur Hochklassik wurde auch nicht von dort aus gemacht, sondern von Mannheim aus und von den Persönlichkeiten, die die Enge Berlins verließen.

Leben

Carl Philipp Emanuel Bach, zweiter Sohn des Johann Sebastian Bach, genannt der Berliner oder der Hamburger Bach, wurde am 8. 3. 1714 in Weimar geboren, an der Leipziger Thomasschule erzogen und von seinem Vater im Spiel der Tasteninstrumente (andere kamen wegen seiner Linkshändigkeit nicht in Betracht) und Komposition unterrichtet. Im Jahr 1731 begann er an der Leipziger Universität das Studium der Jurisprudenz und setzte es 1734 an der Universität in Frankfurt an der Oder fort, wo er reichliche Gelegenheit fand, sich als Cembalist und Cembalolehrer zu betätigen. Nach abgeschlossenem Studium begleitete er 1738 Reichsgraf Hermann Carl von Keyserling (1696–1764) als Hofmeister auf Studienreisen in das Ausland, sodann berief ihn der preußische Kronprinz Friedrich an seine Kapelle; nach dessen Thronbesteigung wurde er Kammercembalist des Königs. Daneben hatte er Cembalounterricht zu geben; einer seiner Schüler war der Herzog von Württemberg, Karl Eugen, der am preußischen Hof erzogen wurde. Neben den Mitgliedern der Hofkapelle, mit denen er enge Kontakte pflegte und befreundet war, verkehrte er auch im musikalischen Kreis um Anna Amalia von Preußen (1723–87), der Schwester Friedrichs des Großen, und deren Musiklehrer Johann Philipp Kirnberger und den Berliner literarischen Zirkeln um Karl Wilhelm Ramler (1725–98), Johann Wilhelm Ludwig Gleim (1719–1803) und Gotthold Ephraim Lessing (1729–81).

Da der Hofdienst aber nicht erfüllte, was er sich erhofft hatte, bewarb er sich 1750 um die Nachfolge seines Vaters als Thomaskantor in Leipzig, wurde aber abgewiesen. Auch andere Versuche, dem preußischen Königshof zu entkommen, scheiterten. Dazu trat, daß ihn der König als sächsischen Untertanen zwar nicht zurückhalten konnte, wohl aber dessen Frau, die Preußin war. Wenn auch Carl Friedrich Fasch, der ab 1756 als zweiter Cembalist an den Hof kam, vom König oft vorgezogen wurde, weil dieser nachgiebiger war, so war Friedrich II. doch ein zu guter Fachmann, um nicht die Bedeutung Bachs zu erkennen, obwohl er sich oft über dessen Unduldsamkeit in Fragen der Wiedergabe von Komponisten ärgerte. Als jedoch Georg Philipp Telemann 1767 starb, setzte er es im Weg der Prinzessin Maria Amalia doch durch, daß ihn der König ziehen und die Po-

Friedrich Gottlieb Klopstock, Stich von I. G. Facius

sitionen des Verstorbenen als Musikdirektor an den fünf Hauptkirchen und als Kantor am Gymnasium Johanneum in Hamburg übernehmen ließ. Er gab in Hamburg am 28. 4. 1768 sein erstes öffentliches Konzert, dem zahlreiche in dem neuen Konzertsaal, »Auf dem Kamp«, einem der ersten Konzerträume Deutschlands, folgten. Zu seinem neuen Freundeskreis in Hamburg zählten wiederum die Dichter Gotthold Ephraim Lessing, Friedrich Gottlieb Klopstock, Heinrich Wilhelm von Gerstenberg (1737–1823), Matthias Claudius (1740–1815) und Johann Heinrich Voß (1751–1826). Bach starb in Hamburg am 14. 12. 1788 als allgemein bekannte Erscheinung des Hamburger kulturellen Lebens und berühmter, als es sein Vater jemals war. Klopstock rühmte ihm nach: »Carl Philipp Emanuel Bach, der tiefsinnige Harmonist, vereinte die Neuheit mit der Schönheit, war groß in der vom Wort geleiteten, noch größer in der kühnen sprachlosen Musik.«

Carl Philipp Emanuel Bach

WERKE

Johann Sebastian Bach war der einzige Musiklehrer von Carl Philipp Emanuel Bach, der von seinem Vater zwar stets mit Ausdrücken größter Bewunderung sprach, dessen Musikstruktur er jedoch völlig den Rücken kehrte. Beim Sohn folgte die Musik nicht mehr irgendwelchen festen Regeln, sondern floß monodisch den Vorstellungen und Gefühlen, von Akkorden begleitet und unterstützt, entlang. Ungehemmt entwickeln konnte er seine künstlerischen Vorstellungen erst in Hamburg, wo er für seine Musikauffassung als »singende Poesie« und nicht als »gesungene« echtes Verständnis fand.

Er hat 19 Sinfonien geschrieben, darunter 6 für Streicher mit beziffertem Baß, die der österreichische Gesandte Baron Bernhard Gottfried van Swieten (1733–1803) bestellt hatte. Im Mittelpunkt seines kompositorischen Schaffens aber stehen seine Werke für Cembalo, dessen letzter großer Meister und bedeutender Theoretiker er war. Er machte es zum Mittelpunkt von über 50 Konzerten, in denen er, wie in allen seinen Kompositionen, die Musik zur Sprache der Empfindung oder zum Ausdruck einer poetischen Idee formte, so daß sie ohne das Mittel der gesprochenen Sprache von sich aus »die Leidenschaften erregen und wieder stillen konnte und so stark von der Vorstellung und dem Fluß der wechselnden Gedanken und Gefühle inspiriert wurde, daß sich Dichter einzelnen dieser Werke nachträglich Texte zu unterlegen gedrängt fühlten«. Er verfaßte für das Instrument ungefähr 200 Sonaten, Sonatinen, Rondos, Fantasien, dazu 12 Cembalovariationen, 2 Konzerte für zwei Cembali, 9 Konzerte für Orchsterinstrumente, bei 60 instrumentale Duos, 30 Triosonaten, einige Quartette, mehrere Orgelsonaten, 30 Motetten, Psalmen, Chöre, Kantaten, ein Magnificat, 20 Passionsmusiken und 2 Oratorien: »Die letzten Leiden des Erlösers« und »Auferstehung und Himmelfahrt Jesu«, überaus viele geistliche und weltliche Lieder, Oden, Gesänge und Arien, darunter »Gellerts geistliche Oden«.

Sein theoretisches Werk »Versuch über die wahre Art, das Clavier zu spielen« nennt deutlich das Ziel eines guten Spiels: »... musikalische Gedanken nach ihrem wahren Inhalte und Affect singend oder spielend dem Gehör empfindlich zu machen.« Er erblickte als Endzweck seiner gesamten Kunst »das Herz zu rühren und den Verstand zu beschäftigen, um so die Kenner und Liebhaber der Musik zu vergnügen«.

Sinfonie Nr. 2 für Streichorchester mit beziffertem Baß, 3 Sätze
Der 1. und der letzte Satz bringen grandiose Unisonopassagen, die kurz imitiert werden; ein feines Seitenthema tritt kontrastierend auf. Im 2. Satz wird von den ersten Violinen eine ariose Melodie vorgetragen, die ganz filigran ohne Cembalo begleitet ist.

Sinfonie Nr. 3 für Streichorchester mit beziffertem Baß, 3 Sätze
Im Allegro assai sind die Violinen unisono oder in Terzabständen den tiefen Streichern entgegengestellt, was eine stimmungsvolle Wirkung erzeugt. Das Adagio bringt klangvolle Akkorde, während im Baß das B-A-C-H-Thema eindrucksvoll erklingt. Der letzte Satz ist ähnlich dem 1. ausgebaut, außer daß der Streicherklang noch stärker intensiviert ist.

Sinfonie Nr. 1 in D-Dur für zwölf Stimmen, 3 Sätze
Diese Sinfonie und die drei folgenden wurden dem Prinzen Friedrich Wilhelm von Preußen (1744–97), dem Neffen und Nachfolger Friedrichs II., gewidmet. Ihr Wechsel zwischen kleineren Instrumentengruppen und dem vollen Orchester erinnert an die barocke Concerto-grosso-Technik. Das Thema des 1. Satzes wird von den Streichern energisch vorgetragen, während die Bläser eine betont lyrische Linie einhalten. Mit tiefen Streichern und den Flöten setzt das Largo eindrucksvoll ein, und das Finale führt zügig zu einem strahlenden Schluß.

Sinfonie Nr. 2 in Es-Dur für zwölf Stimmen, 3 Sätze
Nach einer nahezu tänzerischen Abwärtsbewegung steigt die Melodie des 1. Satzes in langen Trillerketten an. Das Larghetto des 2. Satzes fällt durch seinen leidenschaftlichen Ausdruck auf. Das Finale bringt herbe Figuren und eine außerordentlich dichte Führung der Stimmen.

Sinfonie Nr. 3 in F-Dur für zwölf Stimmen, 3 Sätze
Prägnant stellt sich das energische Hauptthema vor. Es entwickeln sich schnelle, drängende Figuren. Auch die kurzen Solostellen sind rasch gehalten. Im anschließenden Larghetto stimmen die Bratschen das Thema an, das nahezu »sprechend« wirkt und weit ausholt. Ein kompaktes Presto schließt das Werk ab.

Sinfonie Nr. 4 in G-Dur für zwölf Stimmen, 3 Sätze
Vollgriffige Akkorde der Violinen eröffnen das Allegro des 1. Satzes. Der Concerto-grosso-Stil kommt darin sehr zur Geltung. Das Andante beginnt mit einem Trillermotiv; sein satter Streicher- und Bläserklang erhebt es zum Hauptsatz der Sinfonie. Das Presto gleicht einer Gigue von Johann Sebastian Bach.

Klavierkonzert d-Moll, 3 Sätze
Motivik und Charakter des 1. Satzes, in dem der Wechsel von Solo und Tutti sehr streng gehandhabt wird, erinnern an die französischen Ouvertüren von Johann Sebastian Bach. Auch der 2. Satz hat dasselbe Vorbild, obwohl er strukturell bereits auf die Klassik hinweist wie der dritte, dessen melodische Entwicklung künftige Zeiten vorausnimmt.

Doppelkonzert in Es-Dur für Cembalo, Fortepiano und Orchester, 3 Sätze
In diesem Konzert schreibt der Komponist ausdrücklich die Verwendung eines Hammerklaviers vor. Er gewinnt aus der Klangverschiedenheit der beiden Tasteninstrumente ein so reizendes Klangbild, daß man sich fragt, warum weder er noch andere Komponisten auf diese kammermusikalische Besetzung je zurückgegriffen haben. Schon dem 1. Satz verleihen die imitatorischen Responsorien der beiden Solisten eine aparte Wirkung. Nach dem Cembalosolo im langsamen Mittelsatz, in dem das Instrument seine gesamten Klangmöglichkeiten ausbreitet, kommt es zu einem stürmischen Finale, in dem Cembalo und Pianoforte in rasantem Lauf und glänzender Auszierung miteinander wetteifern. Ein Konzertstück im wahren Sinne des Wortes.

Oboenkonzert B-Dur, 3 Sätze
Der 1. Satz dieses für Solisten dankbare Werk bringt bereits an seinem Beginn eine pastorale Stimmung, die Quinten lösen sich in Seufzervorhalte auf, die Melodie erstreckt sich in elegantem Bogen über den gesamten Oktavenraum. Der Mittelsatz klingt elegisch verhalten, das Thema bewegt sich in kleinen Intervallen schlicht und ohne Pathos. Das Finale hingegen zeigt sich schwungvoll und sehr bewegt.

Triosonate in h-Moll für Flöte, Violine und Generalbaß, 3 Sätze
Schon in diesem Frühwerk machte sich der

Komponist von den Regeln seines Vaters frei und tendierte offensichtlich zu Telemann. Nach einem sehr traditionellen Allegro bricht sich im Adagio die schwermütige Lyrik des »empfindsamen« Sohnes Bahn, als hätte er damit in der Melodik eben erst das zentrale Ausdrucksmittel der Musik entdeckt. Das Finale - ein Presto - huldigt ebenso der Konvention wie der 1. Satz, die musikantische Ader des jungen Meisters ist aber deutlich erkennbar.

Triosonate in G-Dur für zwei Violinen und Generalbaß, 3 Sätze

Dieses in Potsdam entstandene Werk hat sich von der Tradition schon weit entfernt und beschreitet die Wege, auf denen die Mannheimer bereits der Zukunft entgegengingen. Der 1. Satz - Allegretto - beginnt mit einem schwungvollen Thema, das besinnlich fortfährt, lyrisch wird und mit einer deutlichen Frage endet. Ein zweites Thema tritt hinzu und erzeugt viel Belebung. Das Thema des Mittelsatzes ist äußerst wandlungsfähig und wird zu einer langen homophonen Phrase ausgebaut. Das Finale bringt zahlreiche Vorhalte, die seinen Schwung etwas hemmen und damit eine interessante Wirkung erzeugen.

Triosonate in F-Dur für zwei Violinen und Generalbaß, 3 Sätze

Der 1. Satz, ein Allegro moderato, bringt ein arioses einfaches Thema und ist ein schönes Beispiel der »singenden Musik« des Komponisten. Das Andante in melancholischem a-Moll wird zu einer Elegie, wie sie sonst nur die Romantik kennt. Das Finale ist energisch und großräumig.

Triosonate in E-Dur für zwei Flöten oder Flöte und Violine und Generalbaß, 3 Sätze

Ein zartes Flötenthema bildet den 1. Satz. Der Mittelsatz bringt mit äußerst kühner Harmonik eine tiefempfundene Kantilene. Und im Finale erzeugen die Flötenpassagen einen seltenen Liebreiz.

Triosonate in B-Dur für zwei Violinen und Generalbaß, 3 Sätze

Es liegt hier eine der ältesten Kompositionen mit gedämpften Violinen vor, die dem Mittelsatz nach einem eleganten tänzerischen Allegro eine dunkle, verschleierte Klangfarbe verleihen. Das Finale ist im Stil der Mannheimer gehalten.

Triosonate in d-Moll für zwei Violinen und Generalbaß, 3 Sätze

Der 1. Satz - Allegro quasi Andante - ist durchwegs lyrisch verhalten. Dem schließt sich eine Pastorale in Dur an, die idyllische Vorstellungen weckt. Ein Menuett, wieder in Moll, beendet das Werk mit Glanz.

Triosonate in C-Dur für Cembalo, Violine und Cello, 3 Sätze

Dem Cembalo fällt die führende Rolle zu, während die Streicher begleiten. Der 1. Satz weist bereits das Sonatenschema der Klassik auf - Exposition mit zwei Themen, Durchführung und Reprise. Der Mittelsatz, ein Larghetto, wirkt frisch und bewegt, während das Finale das Werk ohne Überraschungen abschließt.

Quartett in C-Dur für Cembalo, Flöte, Bratsche und Cello, 3 Sätze

Das Thema des 1. Satzes beginnt in der Paralleltonart a-Moll, läuft aber durch verschiedene Tonarten. Daraus spalten sich weitere Themen ab, die dagegengeführt werden und »klassische« dramatische Spannungen erzeugen. Der Mittelsatz nimmt das C-Dur auf und bringt abrupte dynamische Kontraste. Das Finale greift erneut zum a-Moll zurück, weicht in der Durchführung zu e-Moll aus und schließt energisch, zu a-Moll zurückkehrend, das Werk ab.

Quartett in D-Dur für Cembalo, Flöte, Bratsche und Cello, 3 Sätze

Dem Charakter des gesamten Werks entsprechend setzt der 1. Satz mit einem heiteren Motiv ein, dem drei weitere folgen. Dieses Material baut einen spannungsvollen Satz auf, der zum Adagio führt, das in G-Dur gehalten ist und einem schwerfälligen Menuett gleicht. Fröhlich musizierend beendet das Finale im klassischen Sonatensatzschema das Stück.

Quartett in G-Dur für Cembalo, Violine, Bratsche und Cello, 3 Sätze

Das Allegro des 1. Satzes ist voll mit Trillern und Läufen der hohen Streicher. Das Adagio setzt mit einer kantablen Elegie der Violine und der Bratsche ein, die am Ende zart verklingt; das Finale weist echte Sonatenform auf, die in eine strahlende Coda mündet.

Württembergische Sonate für Cembalo Nr. 6 in h-Moll, 3 Sätze

Wild und kapriziös setzt der 1. Satz ein, die Motive sind eng aneinandergereiht und brechen von Fall zu Fall zu überraschenden Abschweifungen aus. Das Adagio in H-Dur ist stark lyrisch, wird aber von leidenschaftlichen Passagen begleitet. Das Finale ist zweistimmig und geistvoll kontrapunktiert.

Sonate in g-Moll für Orgel, 3 Sätze

Der erste Satz - Allegro moderato - ist homophon, wenn auch fallweise mehrstimmige Episoden eingestreut sind. Die klassische Sonatenform ist dabei nicht angewendet. Das Adagio bringt kantable Solostimmen über einer einfachen Begleitung. Das Finale beginnt zwar zweistimmig, wird aber bald einstimmig und bringt neben Tonleiterläufen und Arpeggien kurz eingeschobene neue Motive.

LITERATUR

O. Vriesländer, Carl Philipp Emanuel Bach, München 1923.

Christoph Willibald Gluck (1714–87)

ZEIT UND UMWELT

Ranieri Simone Francesco Maria de Calzabigi (23. 12. 1714, Livorno, bis Juli 1795, Neapel), Literat und Librettist, trat für die Rückkehr zur Tragödienform der Antike ein und verwarf die herrschende italienische Faktur der Oper. Er wurde durch seine Libretti zum Begründer der »antimetastasianischen« Oper mit wahren, starken Affekten. Musik und Musiker sollten nach seiner Ansicht in den Dienst der dramatischen Idee treten, Rezitative wie Arien hatten dem Charakter der auftretenden Personen zu entsprechen und den Fortschritt der Handlung nicht zu hemmen.

Christoph Willibald Ritter von Gluck

LEBEN

Christoph Willibald Ritter von Gluck wurde am 2. 7. 1714 in Erasbach bei Berching, Oberpfalz, geboren. Sein Vater war Förster im Dienst verschiedener Adelshäuser und hielt sich um das Jahr 1731, als ihn der Sohn verließ, um seinem Zwang zu entkommen und nach Prag zu gehen, in Eisenberg (Rudavice) bei Komotau (Komotov) auf. Gluck studierte in Prag und brachte sich als Musiker durch. Ab 1736 hielt er sich in Wien auf und sodann in Mailand, wo er durch 4 Jahre bei Giovanni Battista Sammartini Unterricht nahm, um das in der Jesuitenschule in Komotau Erlernte zu ergänzen. Nachdem er einige Opern mit Erfolg herausgebracht hatte, begab er sich nach London, wo er zwei weitere Opern ohne nennenswerten Widerhall aufführte, dafür aber mit einer Reihe auf eine Tonleiter abgestimmte klingende Gläser, auf denen er zu Orchesterbegleitung Melodien spielte, viel Publikum gewann. Sodann kehrte er auf den Kontinent zurück und trat der Operntruppe Mingotti bei, die in Pillnitz bei Dresden auftrat; 1748 wurde er ihr Orchesterdirigent, reiste mir ihr nach Hamburg und Kopenhagen; 1749 wechselte er zur Truppe von Giovanni Battista Locatelli über und wurde 1751 ihr Dirigent. Nach einem Aufenthalt in Neapel ließ er sich 1752 endgültig in Wien nieder, wo er 1754 Intendant der »Theatral- und Akademiemusik« des Burgtheaters wurde. Er geriet mit Ranieri de Calzabigi in Verbindung; mit dem Librettisten und Ballettmeister Gasparo Angiolini (9. 2. 1731, Florenz, bis 6. 2. 1803, Mailand) verfaßte er drei »Tanzdramen« für Wien, pantomimische Ballette, die für Oper und Ballett richtunggebend wurden: »Le festin de pierre« (Don Juan), »Semiramis« und »L'Orfano della China« (Das Waisenkind aus China), und drei Opern: »Orpheus und Euridike«, »Alkeste« und »Paris und Helena«, die den neuen von ihm festgelegten Opernstil begründeten. Seine weiteren Opern brachte er in Paris heraus, wo wegen ihrer neuen Faktur die heftigen Auseinandersetzungen zwischen den Anhängern der italienischen Oper, nach deren Hauptvertreter zu jener Zeit Niccolò Piccinni »Piccinnisten« genannt, und den

»Gluckisten« entbrannte. Königin Marie Antoinette (1755–93), die in Wien seine Schülerin war, verschaffte ihm eine beträchtliche Rente und den Titel eines kaiserlich-königlichen Hofcompositeurs. Er kehrte 1780 endgültig nach Wien zurück und starb dort am 15. 11. 1787.

WERKE

Von den 107 Opern, mit denen Christoph Willibald Gluck eine neue Epoche der Operngeschichte eröffnete, sind 47 erhalten, von denen mehrere noch heute auf den Spielplänen der Opernhäuser figurieren. Sein übriges kompositorisches Werk fällt dagegen wenig ins Gewicht. Von seinen 17 Sinfonien (oder Ouvertüren) werden 3 angezweifelt, seine 7 Triosonaten halten an der barocken Tradition fest, weisen aber doch motivische Arbeit auf. An Vokalmusik liegen Lieder und Oden auf Texte von Klopstock vor, außerdem ein De profundis.

Triosonate Nr. 2 in g-Moll für zwei Violinen und Generalbaß, 3 Sätze

Der 1. Satz fällt durch innere Geschlossenheit und Symmetrie auf. Die erste Violine führt, die zweite begleitet kontrapunktisch, ordnet sich aber unter. Zu einer echten Homophonie kommt es dennoch nicht. Der 2. Satz ist stürmisch und weist das den Mannheimern entlehnte häufige Vibrato auf, und der letzte ist ein gravitätisches Menuett. Die Dynamik der Sätze, langsam – schnell – langsam, entspricht der französischen Ouvertüre.

LITERATUR

A. Einstein, Gluck, Zürich 1954.

Niccolò Jommelli (1714–74)

Niccolò Jommelli

ZEIT UND UMWELT

Crescendo und Decrescendo als wesentliche Elemente der musikalischen Dynamik und des musikalischen Vortrages wurden zwar bereits in den Gesangschulen um 1600 geübt, ihre exakte Durchführung von Instrumentalensembles und großen Orchestern aber erst in der Mitte des 18. Jahrhunderts erreicht, und wohl vorwiegend von den Mannheimern, die zwar nicht, wie zuweilen behauptet wird, die Erfinder dieser Dynamik waren, diese jedoch bis zur vorbildlichen Vollendung entwickelten. So sehr auch die Technik dieses Musterorchesters bewundert und nachgeahmt wurde, ihre Übertragung auf sämtliche Musikgattungen stieß dennoch in manchen Musikzentren, wo es eine starke Tradition der Hörgewohnheiten gab, vorerst auf ablehnenden Widerstand.

LEBEN

Niccolò Jommelli (Jomelli) wurde in Aversa bei Neapel am 10. 9. 1714 geboren und erhielt an der Domkapelle der Stadt seine erste Ausbildung, die er ab 1725 am Conservatorio Sant'Onofrio in Neapel bei Francesco Feo und Ignazio Prota und ab 1728 am Conservatorio della Pietà de'Turchini bei Nicola Fago vervollständigte. Er war entgegen fallweisen Behauptungen kein Schüler von Leonardo Leo, aber doch von dessen Musik sehr beeinflußt. Im Jahr 1736 setzte seine kompositorische Tätigkeit für die Opernbühne ein; nach seinem ersten Erfolg am Teatro Nuovo in Neapel schrieb er weitere Opern für Rom und Bologna, wo er 1741 bei Padre Martini Kontrapunkt-Unterricht nahm; er wurde Mitglied der Accademia Filarmonica in Venedig, wo er von 1743 bis 1747 das Conservatorio degl'Incurabili leitete. Von 1749 bis 1750 arbeitete er in Wien mit dem Librettisten Metastasio zusammen. Darauf wurde er zum beigeordneten Kapellmeister an San Pietro in Rom ernannt; von 1753 bis 1769 wirkte er als Hofkapellmeister und Theaterdirektor in Stuttgart. Dann zog er sich nach Neapel zurück, wo er mit seinen letzten Opern ohne Erfolg blieb. Einen Ruf als Hofkomponist nach Lissabon lehnte er ab; der portugiesische König José bezahlte ihm dennoch eine hohe Pension für abgelieferte Manuskripte. Er starb am 25. 8. 1774 in Neapel.

WERKE

Von den 82 Opern – einschließlich Umarbeitungen und Divertissements – sind bei 53 erhalten. Sie waren zum größeren Teil sehr erfolgreich, nur die letzten, für Neapel verfaßten, wurden abgelehnt, weil dem Publikum seine dem Mannheimer Stil angeglichene Kompositionstechnik nicht gefiel. Er schrieb außerdem eine Reihe Oratorien, eine Passion, mehrere Kantaten, Messen, Psalmen, Gradualien, Responsorien und eine Anzahl anderer Kirchenwerke, von denen ein achtstimmiges Dixit, ein achtstimmiges Miserere, ein Laudate für vier Solosoprane mit Doppelchor, ein Magnificat mit Echo, ein Hymne für Doppelchor und sein berühmtes Miserere für zwei Soprane mit Orchester sehr bekannt geworden sind. An Instrumentalmusik schrieb er 6 Sonaten für zwei Flöten und Generalbaß, Trios, Divertimenti für zwei Violinen, Bratsche und Baß, Sinfonien, Ouvertüren und ein zehnstimmiges Konzert für obligates Cembalo und Orchester. Er war ein eifriger Verfechter des Crescendo und Decrescendo, wie es in Mannheim gepflegt wurde. Sein Versuch, diese Technik auch bei der Opernkomposition anzuwenden, fand allerdings nicht den Beifall der Neapolitaner.

Pierre Février (um 1715 bis um 1779)

ZEIT UND UMWELT

Der Ton des Hammerklaviers, wie es Johann Sebastian Bach 1747 in Potsdam kennenlernte, war noch schwach und wenig modulationsfähig. Man zog daher noch durch einige Zeit das Clavichord vor, wenn man nicht auf das Cembalo zurückgriff. Erst im Verlauf der zweiten Hälfte des 18. Jahrhunderts konnte sich das Pianoforte durch seine verbesserte Mechanik einbürgern. In Frankreich, wo bereits früh Instrumente mit Hammermechanik, unabhängig von der Entwicklung des Instruments in Deutschland, konstruiert worden waren – Jean Marius (um 1670, Paris, bis um 1730, Paris) baute ein »Clavecin à maillets« (Hammercembalo) –, wurde der Klavierbau noch etwas später als in Deutschland aufgenommen und das Cembalospiel noch weit über die Mitte des 18. Jahrhunderts gepflegt.

LEBEN

Pierre Février wurde um 1715 in oder um Abbeville geboren. Er wirkte in Paris als Organist und starb dort um 1779.

WERKE

Von Pierre Février sind ein Buch mit Cembalostücken und 3 Kantaten veröffentlicht worden. Sein Stil gehört dem Rokoko an.

Carl Barbant (um 1715 bis nach 1766)

ZEIT UND UMWELT

Die Ablöse des höfischen und adeligen Mäzenatentums durch ein zahlendes Publikum hatte eine gewisse Kommerzialisierung des Musiklebens zur Folge. Um das Kostenrisiko einer Konzertaufführung zu verringern oder zu vermeiden, wurden nicht selten Subskriptionen ganzer Serien aufgelegt, die einerseits ihren wirtschaftlichen Erfolg absicherten und auf der anderen Seite den Besuch der einzelnen Konzerte verbilligten. Diese Subskriptionen wurden entweder vom Konzertunternehmer oder vom Komponisten der aufgeführten Musik selbst veranstaltet.

LEBEN
Carl Barbant wurde um 1715 vermutlich in Deutschland geboren. Über sein Leben, bis er sich ungefähr 1750 in London niederließ, ist nichts bekannt. Er trat als Klarinetten- und Oboenvirtuose auf, wirkte ab 1764 als Organist an der Kapelle des bayrischen Gesandten, nachdem er durch 10 Jahre auf dem Haymarket öffentliche Konzerte gegen Subskription gegeben hatte. Seine letzte Publikation erschien im Jahr 1766. Er dürfte in den folgenden Jahren gestorben sein.

WERKE
Um 1755 veröffentlichte Carl Barbant 6 Sonaten für je zwei Violinen, Querflöten und Oboen. Bei seinen Subskriptionskonzerten wurden 2 Oratorien von ihm aufgeführt. Außerdem schrieb er eine Anzahl Sonaten, Duette und Trios für verschiedene Instrumente, sakrale Hymnen, Antiphonen und 4 beliebte italienische Lieder. Sein Stil war dem zeitgenössischen deutschen angenähert.

Giovanni Battista Casali (um 1715–92)

ZEIT UND UMWELT
Wenn auch der polyphone Stil der römischen Schule im 18. Jahrhundert und noch weit länger gepflegt wurde wie ehedem, so ist darin doch eine merkliche Wandlung eingetreten, weil der allgemeine Drang zur harmonischen Struktur auch hiebei seine Wirkung ausübte. Die kontrapunktische Führung machte viele Konzessionen, um harmonische Klänge zu erzielen. Die Meister, die strenge Kontrapunktik mit Wohlklang zu vereinen verstanden, waren eben selten.

LEBEN
Giovanni Battista Casali wurde in Rom um 1715 geboren. Er war von 1759 bis zu seinem Tod am 6. 7. 1792 Kapellmeister an San Giovanni in Laterano und von 1761 bis 1773 auch an Santa Maria della Vallicella.

WERKE
Die Messen, Motetten, Psalmen, Litaneien und anderen sakralen Gesänge von Giovanni Battista Casali sind im Stil der alten römischen Polyphonie gehalten, aber dennoch harmonisch gesetzt. Seine 4 Opern und 5 Oratorien hingegen sind zeitgenössisch neapolitanisch.

Václav Vodička (um 1715–74)

ZEIT UND UMWELT
Für die Münchner Hofkapelle war es wie früher eine Empfehlung, wenn ein Mitglied aus Paris kam. Die Tendenz dieser Kapelle zur französischen Musik lief mit der politischen Neigung der bayrischen Kurfürsten parallel.

LEBEN
Václav Vodička (Wenzeslaus Wodiczka) wurde um 1715 in Böhmen geboren und vermutlich dort zum Violinisten ausgebildet. Er hielt sich mehrere Jahre in Paris als Violinist, Violinlehrer und Musikdrucker auf und wurde 1745 Konzertmeister der Hofkapelle in München, wo er 1774 starb.

WERKE
Von Václav Vodička sind 2 bemerkenswerte Violinsonaten in Druck erschienen, die wohl dem italienischen Schema folgen, aber eine sehr subjektive Note aufweisen. Im Manuskript sind 35 Sinfonien und 2 Flötenkonzerte von beachtlichem Wert erhalten. Er brachte auch eine Violinschule heraus. Der Stil der Sinfonien ist vorklassisch.

Gioacchino Cocchi (um 1715–1804)

ZEIT UND UMWELT
Die berühmte Opernsängerin Theresa Cornelys (1723, Venedig, bis 19. 8. 1797, London) veranstaltete zwischen 1760 und 1777 im Carlisle House, London, regelmäßig Konzerte, die unter der Patronage der königlichen Familie und des Hofes standen. Sie erfreuten sich allgemeiner Beliebtheit bei der Londoner Gesellschaft. Bei den Veranstaltungen wirkten die ersten Musiker der Stadt mit.

LEBEN
Gioacchino Cocchi wurde um 1715 in Padua

geboren. Er war 1735 in Neapel als Kirchenmusiker tätig und brachte 1743 in Rom seine erste Oper heraus, denen weitere für Neapel und Venedig folgten. Er wurde Kapellmeister am Ospedale degl'Incurabili. Von 1757 bis 1773 lebte er in London, wo er bis 1762 als Komponist des King's Theatre wirkte; durch 2 Jahre dirigierte er die Abonnementkonzerte im Carlisle House. Nach seiner Rückkehr nach Venedig nahm er seine Kapellmeisterstelle wieder auf und betreute sie bis zu seinem Tod im Jahr 1804.

WERKE

Neben 42 Opern verfaßte Gioacchino Cocci 2 Oratorien, bei denen er ebenfalls die Opernfaktur anwendete. Einzelne Arien daraus wurden gesondert veröffentlicht.

Richard Charke (um 1715 bis um 1750)

ZEIT UND UMWELT

»Medley Ouvertures« (Gemischte Ouvertüren) nannte man in England im 18. Jahrhundert dem Potpourri ähnliche Unterhaltungsstücke, die sich aus Melodien anderer Kompositionen und populärer Lieder zusammensetzten. Sie erfreuten sich allgemeiner Beliebtheit.

LEBEN

Richard Charcke wurde um 1715 in London geboren. Er war 1740 erster Violinist am Drury Lane Theatre. Bald darauf wanderte er nach Jamaika aus, wo er um 1750 starb.

WERKE

Die beliebten »Medley Ouvertures« von Richard Charke sind nicht erhalten. Überliefert ist lediglich seine »Charcke's Hornpipe«, die zur Volksmusik wurde.

Pierre Ozi (1715 bis nach 1773)

ZEIT UND UMWELT

Die südfranzösischen Städte hatten im 18. Jahrhundert ein bereits beachtliches Konzert- und Opernleben entwickelt. Sie litten wie die gesamten französischen Provinzen unter der starken Anziehung der Hauptstadt, in die der Großteil ihrer Kräfte früher oder später übersiedelte, so daß stets nur die jüngeren und schwächeren zurückblieben. Es konnte daher nie zur Bildung von Zentren kommen, die neben Paris eine gesonderte Entwicklungslinie verfolgten. Der Zentralismus der staatlichen Struktur wirkte sich auch hier nachteilig aus.

LEBEN

Pierre Ozi (Ozy) wurde 1715 in Nîmes geboren. Er wirkte als Violinist in seiner Vaterstadt, sodann in Montpellier und schließlich in Paris, wo seine Kompositionen im Concert spirituel und in der Hofkapelle von Versailles aufgeführt wurden. Im Jahr 1759 gab die Pariser Oper ein Ballett von ihm. Er dürfte bis zu seinem Tod in den Jahren nach 1773 als Violinist und Violinlehrer in Paris gewirkt haben.

WERKE

Außer den zwei Balletten »Phaétuse« und »Zémide«, einigen Kantaten und einer

Clemens XIV.

Motette ist vom kompositorischen Werk von Pierre Ozi nichts erhalten geblieben. Über seine zahlreiche Violinmusik, die er geschrieben haben soll, ist nichts bekannt. Er ist den Rokokomusikern zuzuzählen.

William Felton (1715–69)

ZEIT UND UMWELT
Sobald englische Kirchenmusiker der ersten Hälfte des 18. Jahrhunderts den sakralen Bereich verließen, begaben sie sich zumeist in den Schatten des großen Meisters Georg Friedrich Händel. Ihn nachzuahmen, garantierte auf jeden Fall einen zumindest bescheidenen Erfolg.

LEBEN
William Felton wurde 1715 in Drayton, Shropshire, geboren und in Manchester und am St. John's College in Cambridge ausgebildet. Er war ab 1741 Vicar-choral an der Kathedrale in Hereford und Succentor und dirigierte in den Jahren 1744 und 1745 die Veranstaltungen der »Three Choirs« in Hereford und Gloucester. Ab 1769 leitete er ein College für Vicars-choral. Er starb am 6. 12. 1769 in Hereford.

WERKE
Obwohl William Felton Kleriker und Kirchenmusiker war, sind keine sakralen Werke von ihm erhalten. Er veröffentlichte 32 Konzerte für Orgel oder Cembalo, mit denen er Händel sehr nachahmte, und 16 Cembalosuiten. Es wird berichtet, daß seine Konzerte erst dann einen befriedigenden Absatz erhielten, als Händel selbst als Subskribent auftrat. Seine einzige überlieferte Vokalkomposition, »Fill the Glass« (Fülle das Glas), für drei Stimmen wurde unter dem Titel »Farewell Manchester« (Lebe wohl, Manchester) sehr berühmt.

Jonathan Martin (1715–37)

ZEIT UND UMWELT
Nachdem die Seuchen früherer Jahrhunderte, die ganze Landstriche ausrotteten, teilweise überwunden waren, trat die Tuberkulose als Volkskrankheit immer mehr in den Vordergrund. Besonders die Wohnverhältnisse in den größeren Städten, mangelnde Hygiene und oft auch dürftige Ernährung, dazu das Unvermögen der Medizin, förderten diese tückische Krankheit, die gerade unter jungen Menschen zahlreiche Opfer forderte.

LEBEN
Jonathan Martin wurde 1715 in London geboren. Er war Chorknabe an der Chapel Royal unter William Croft. Hernach wurde er von Thomas Roseingrave im Orgelspiel ausgebildet und konnte bald seinem Lehrer und dem Organisten der Chapel Royal, John Weldon (1676–1736), als Hilfskraft beigeordnet werden. Er löste Weldon nach dessen Tod an der Orgel der Chapel Royal ab, starb aber bereits am 4. 4. 1737 an Tuberkulose.

WERKE
Sein kurzes Leben ließ Jonathan Martin nur wenig Zeit, sein Talent zu entfalten. Sein Versprechen, Anthems und Services für die Königliche Kapelle zu schreiben, konnte er nicht halten. Aber auch die wenigen Gesänge, die er hinterließ, machen deutlich, daß hier ein früher Tod einen genialen Musiker aus dem Leben gerissen hat.

John Randall (1715–99)

ZEIT UND UMWELT
Am 23. 2. 1732 wurde von den Chorknaben der Chapel Royal das Oratorium »Esther« von Georg Friedrich Händel im Haus von Bernard Gates (1685–1773) aufgeführt und einige Tage darauf im Haymarket Theatre wiederholt. Dieses künstlerische Erlebnis war für die gesamte Musikerlaufbahn mancher Chormitglieder bestimmend.

LEBEN
John Randall wurde 1715 in London geboren. Er war Chorknabe der Chapel Royal unter Bernard Gates, ab 1743 Organist am

King's College Chapel in Cambridge

King's College in Cambridge und ab 1755 Musikprofessor. Im Jahr 1777 wurde er dazu Organist am Trinity College in Cambridge, wo er am 18. 3. 1799 starb.

WERKE
Die überlieferten Werke von John Randall zeigen eine deutliche Abhängigkeit von Händels Diktion. Das meiste davon ist allerdings verlorengegangen. Erhalten sind eine Ode und mehrere Hymnen.

György Maróthi (1715–44)

ZEIT UND UMWELT
Trotz aller gegenreformatorischen Maßnahmen seitens der Wiener Regierung gelang es doch, in Debrecen eine reformierte Schule zu halten. Im Jahr 1739 konnte sogar ein Collegium musicum zur Pflege des calvinischen Kirchengesangs gegründet werden.

LEBEN
György Maróthi wurde 1715 in Ungarn geboren. Er studierte in der Schweiz und in den Niederlanden Mathematik und Philosophie und wurde Lehrer. In Debrecen organisierte und leitete er einen Schulchor. Er dürfte 1744 in Debrecen gestorben sein.

WERKE
Der ungarische Schulmann György Maróthi veröffentlichte einen Psalter, für vier Stimmen gesetzt, außerdem mehrere theoretische Werke über das Psalmensingen als älteste musikalische Traktate in ungarischer Sprache.

Johann Christoph Ritter (1715–67)

ZEIT UND UMWELT
Das kulturelle Leben der »Königlich Grossbritannischen und Churfürstlichen Braunschweigisch-Lüneburgischen freien Bergstadt« Clausthal im Oberharz konnte der geringen Einwohnerzahl entsprechend nur im bescheidenen Rahmen ablaufen. Es hielt sich dennoch auf einer beachtlichen Höhe, besonders was die Pflege der Kirchenmusik und das Konzertleben anlangte.

LEBEN
Johann Christoph Ritter wurde 1715 in Clausthal, Harz, geboren. Er war Schüler von Johann Sebastian Bach und von 1744 bis zu seinem Tod im Jahr 1767 Organist der Marktkirche, der größten Holzkirche Deutschlands aus 1642.

WERKE
Das Hauptverdienst des Bach-Schülers Johann Christoph Ritter beruht auf seiner vollständigen Abschrift der Clavier-Übung – BWV 825–30, 971 und 831 –, die er 1740 anfertigte. Von seinen Cembalosonaten sind 3 veröffentlicht worden. Sie stehen völlig unter dem Einfluß seines großen Lehrers.

Jacques Du Phly (1715–89)

ZEIT UND UMWELT
Jacques Boyvin (um 1653–1706) und dessen Schüler François d'Agincour (1684–1758) bewiesen, daß auch in Rouen die Begründung eines eigenständigen, von der Hauptstadt losgelösten Musiklebens möglich gewesen wäre. Aber auch diese Meister gingen, wie ihre

Schüler, nach Paris, um sich dort zu bewähren.

Leben

Jacques Du Phly (Duphly, Duflitz) wurde am 12. 1. 1715 in Rouen geboren und von François d'Agincour zum Komponisten und Cembalisten ausgebildet. Um 1730 erhielt er die Ernennung zum Organisten an der Kathedrale von Évreux, 1734 an St-Éloi in Rouen und 1740 an Notre-Dame-da-Ronde. Er trat in verschiedenen Salons von Paris als Virtuose auf und verließ 1742 Rouen endgültig, um sich in der Hauptstadt als Cembalist und Cembalolehrer niederzulassen. Er starb am 15. 7. 1789 in Paris.

Werke

In den 4 Büchern mit Cembalostücken ist jedes mit Namen oder Titeln von Freunden, Bekannten, Schülern und auch mehrerer fremder Persönlichkeiten betitelt, die nach dem Muster von François Couperin pianistisch beschrieben werden.

Literatur

A. Pirro, Les clavecinistes, Paris 1924.

Georg Christoph Wagenseil

(1715–77)

Zeit und Umwelt

Die Kaiserin-Witwe nach Karl VI., Elisabeth Christine, unterhielt über den Tod ihres Mannes hinaus bis zu ihrem Ableben im Jahr 1750 eine eigene Hofkapelle; unbekümmert um die Restriktionen, die ihre Tochter Maria Theresia ihrer eigenen Kapelle auferlegte. Die von ihr verliehenen Positionen konnten aber nach ihrem Tod nur zum Teil behoben werden.

Leben

Georg Christoph Wagenseil wurde am 29. 1. 1715 in Wien geboren und ab 1736 als Chorknabe der Wiener Hofkapelle von Matteo Palotta (1680–1758) und Johann Joseph Fux ausgebildet. Er war ab 1739 kaiserlicher Hofkomponist und von 1741 bis 1750 Organist der Kapelle der Kaiserin-Witwe Elisabeth Christine von Braunschweig-Wolfenbüttel. Er starb in Wien am 1. 3. 1777.

Werke

Die meisten Werke des Wiener Vorklassikers Georg Christoph Wagenseil, von denen die Linie unmittelbar zur Wiener Klassik führte, sind Manuskript geblieben. Er schrieb ungefähr 100 Stücke für Tasteninstrumente, sehr zahlreiche Kammermusikwerke, darunter 6 Triosonaten für zwei Violinen und Baß, 12 Sonaten für zwei Violinen, Cello oder Cembalo, 24 Cembalosonaten mit Violinbegleitung, 6 Divertissements für Cembalo mit Violinbegleitung ad libitum, 6 sinfonische Trios, 3 konzertante Quartette für Cembalo oder Pianoforte mit Streichern, bei 100 Sinfonien, über 100 Cembalokonzerte, Arien, Kantaten, 17 Messen, ein Requiem, 3 Oratorien, sakrale Gesänge und 15 Opern, Pasticcios und Serenaden.
Die Sinfonien bestehen zumeist aus 3, aber auch aus 4 Sätzen und folgen dem Mannheimer Muster. Die Sonaten sind nahezu durchwegs dreiteilig, ein 2. Thema scheint aber nur selten auf. Seine Konzerte zeigen seine genaue Kenntnis des Orchesterklanges. Die Harmonisierung ist ziemlich einfach und unterscheidet sich von der seiner Zeitgenossen wenig. Dafür nehmen seine melodischen Linien, besonders bei den Konzerten, die Klassik bereits voraus. In seinen Opern bricht er mit der neapolitanischen Tradition und bereitet bereits die Reformen von Gluck vor.

Literatur

Georg Christoph Wagenseil, ein Vorläufer Chr. W. Glucks, in: Zeitschrift für Musikwissenschaft VIII, 1925/26.

Charles-Joseph van Helmont

(1715–90)

Zeit und Umwelt

Die von den Burgundern an das Haus Habsburg übergegangene Tradition einer intensiven Musikpflege wurde, solange dieses

Herrscherhaus die Niederlande regierte, fortgesetzt. Musiker aus dem flämischen Raum wurden nach Möglichkeit gefördert und zumeist in die Hofkapelle aufgenommen, soweit sie nicht an einer der Kathedralen eine Stelle erhielten.

LEBEN

Charles-Joseph van Helmont wurde am 19. 3. 1715 in Brüssel geboren. Er war ab 1733 Organist an Ste-Gundule in Brüssel, sodann ab 1737 Kantor an Notre-Dame du Sablon und zugleich an der Hofkapelle und schließlich neuerlich von 1741 bis 1777 an Ste-Gundule. Er starb am 8. 6. 1790 in Brüssel.

WERKE

Die Pièces de clavecin von Charles-Joseph van Helmont sind stark von Jean-Philippe Rameau beeinflußt. Von seinen sakralen Kompositionen – Messen, Motetten, andere Gesänge – stechen »Les neuf leçons de la Semaine Sainte« (Die neun Lektionen der Karwoche) für Sopran und Generalbaß hervor. Sie wurden sehr viel gesungen. Er schrieb das Oratorium Judith und für die Bühne ein szenisches Divertissement.

LITERATUR

S. Clercx, Les clavecinistes belges et leurs emprunts à l'art de Couperin et J. Ph. Rameau, in: La Revue Musicale XX, 1939.

John Alcock (1715–1806)

ZEIT UND UMWELT

Popularität konnte ein englischer Komponist auf jeden Fall erreichen, wenn er dem Publikum eingängige Glees lieferte. Er wurde für diese zur Not am Rand der Kunst anzusiedelnden Erzeugnisse mit Preisen ausgezeichnet, während sein übriges seriöses Werk wohl in den Kirchen gesungen und in Konzerten gespielt, aber wenig beachtet wurde.

LEBEN

John Alcock wurde am 11. 4. 1715 in London geboren und im Alter von 7 Jahren als Chorknabe an St. Paul's aufgenommen; mit 14 Jahren war er Schüler des blinden Organisten Charles John Stanley und darauf ab 1737 Organist an St. Andrew's in Plymouth, ab 1742 an St. Lawrence's in Reading, von 1750 bis 1760 Organist und Chorleiter an der Kathedrale von Lichfield, 1761 bis 1766 in Sutton (Groß-London) und von 1766 bis 1790 an St. Editha's in Tamworth. Anschließend wirkte er bis zu seinem Tod am 23. 2. 1806 als Layvicar in Lichfield.
Sein Sohn John Alcock (um 1740, Plymouth, bis 30. 3. 1791, Walsall, Staffordshire) war von 1758 bis 1768 Organist an St. Mary Magdalen's in Newark-on-Trent und von 1773 bis zu seinem Tod an der Pfarrkirche in Walsall.

WERKE

An Kirchenmusik verfaßte John Alcock ein Morgen- und Abendservice in e-Moll, ein Beerdigungsservice, zahlreiche Anthems, Hymnen und Psalmen, an weiterer Vokalmusik eine Anzahl Glees, für die er vom Catch Club mehrmals mit Preisen ausgezeichnet wurde. Bemerkenswerter sind jedoch seine 6 Cembalosuiten, seine 6 Konzerte und seine Lieder.
Von seinem Sohn sind einige Sammlungen mit Anthems, Kantaten, Liedern und vielen Glees überliefert.

James Nares (1715–83)

ZEIT UND UMWELT

Von englischen und ausländischen Interpreten wurde viel französische Cembalomusik in die Konzertsäle Londons gebracht und regte selbstverständlich zur Nachahmung an. In erster Linie bemühten sich Organisten darum, die mit der Komposition für Tasteninstrumente vertraut waren. Es kam daher im 18. Jahrhundert immer wieder zu vielversprechenden Ansätzen zu einer eigenständigen Entwicklung; es fehlten aber sowohl die hiefür nötigen milieubildenden Kräfte in genügender Anzahl als auch die großen Meister, die auf diesem Boden gedeihen können.

LEBEN
James Nares wurde am 19. 4. 1715 in Stanwell, Middlesex, getauft. Er war Chorknabe der Chapel Royal unter Bernard Gates, William Croft und Johann Christoph Pepusch. Dann wirkte er ab 1734 als Organist an der Kathedrale in York; 1756 folgte er Maurice Green als Organist und Komponist der Chapel Royal nach, wo er ein Jahr darauf Leiter des Knabenchores wurde. Im Jahr 1780 zog er sich von seinen Verpflichtungen zurück und starb am 10. 2. 1783 in London.

WERKE
Vom kompositorischen Werk von James Nares ist die Cembalomusik am meisten bemerkenswert. Er veröffentlichte 3 Sammlungen mit 16 Lehrstücken für Cembalo, eine Cembaloschule mit Übungsbeispielen von beachtlichem künstlerischem Wert, 6 Orgelfugen, englische Duette, 20 Anthems, eine dramatische Ode, ein Morgen- und Abendservice mit weiteren 6 Anthems, ein weiteres Service in F-Dur mit einer Anzahl Anthems, außerdem Kanons, Rounds, Catches und Glees, für die er preisgekrönt wurde.

Johann Friedrich Doles (1715–97)

ZEIT UND UMWELT
Die Gewandhauskonzerte wurden seit 1781 im Leipziger Gewandhaus, regelmäßig bis in unsere Tage, unter der Leitung erster Dirigenten veranstaltet, so daß sie bald internationalen Ruf erlangten. Ihr erster Dirigent war Johann Adam Hiller.

LEBEN
Johann Friedrich Doles wurde am 23. 4. 1715 in Steinbach-Hallenberg, Thüringer Wald, geboren. Er gründete als Gymnasiast in Schleusingen mit Mitschülern ein »Wöchentliches Concert«, für das er auch selbst Kompositionen schrieb. Im Jahr 1739 begann er in Leipzig das Studium der Theologie und wurde Schüler von Johann Sebastian Bach. Von 1743 bis 1744 dirigierte er in Leipzig das »Große Konzert«, den Vorläufer der »Gewandhauskonzerte«; sodann wirkte er von 1744 bis 1755 als Kantor in Freiberg, darauf bis 1789 als Thomaskantor in Leipzig. Er starb in Leipzig am 8. 2. 1797.

WERKE
Die kompositorische Diktion von Johann Friedrich Doles war leicht verständlich und eingängig. Von der Ausbildung bei Bach ist dabei nichts zu bemerken. Er setzte sich für die Verbannung der Fuge aus der Kirchenmusik ein. Gedruckt wurden von ihm die Kantate zum Stiftungstag des »Großen Konzertes«, »Das Lob der Musik«, eine weitere über den Text von Christian Fürchtegott Gellert und Melodien zu seinen »Geistlichen Oden und Liedern«, die Kantate »Der Sechs und vierzigste Psalm«, »40 Singbare und leichte Choralvorspiele« und ein »Vierstimmiges Choralbuch«. Handschriftlich überliefert sind 32 Motetten, 158 Kantaten, 3 Matthäus-, eine Markus-, eine Lukas- und 2 Johannes-Passionen, 4 Passionsmusiken, 8 Kurzmessen und ein Sanctus. Seine gesamte Musik gehört dem empfindsamen Stil an und ist durchwegs sehr primitiv gehalten.

Christian Fürchtegott Gellert

LITERATUR

H. Banning, Johann Friedrich Doles, Leipzig 1939.

Franz Sparry (1715–67)

ZEIT UND UMWELT

Die großen Stifte Österreichs und Süddeutschlands verfügten zumeist selbst über genügend Talente, die sie ausbilden lassen und für die eigene Kirchenmusik einsetzen konnten, ohne andere Kräfte zu beanspruchen. Die Kapellen dieser Stifte standen in engem Kontakt mit der Musikentwicklung der jeweiligen Länder, so daß sie jede Stiländerung, wenn auch zuweilen mit einigen Verzögerungen, mitmachten.

LEBEN

Franz Sparry (Spary, Taufname: Josef) wurde am 28. 4. 1715 in Graz geboren. Er studierte in Admont und Salzburg und trat 1736 in das Benediktinerstift Kremsmünster ein. Zur musikalischen Ausbildung nahm er in den Jahren 1740 bis 1742 in Neapel bei Leonardo Leo und in Rom bei Girolamo Chiti (1679 bis 1759) Unterricht. Er wirkte darauf von 1747 bis zu seinem Tod am 5. 4. 1767 als Stiftskapellmeister in Kremsmünster.

WERKE

Die Kirchenmusik von Franz Sparry – Messen, Offertorien usw. – wurde in strengem und konzertantem Stil gehalten. Auch seine Oratorien, seine Musik zu Dramen und Lustspielen sind sehr konservativ, aber wohlklingend. Unter seinen geistlichen und weltlichen Arien figurieren einige mit mundartlichen Texten, die sehr populär geworden sind.

Ignazio Fiorillo (1715–87)

ZEIT UND UMWELT

Das Schicksal eines Niccolò Jommelli, der nach langem Aufenthalt im Bereich der Mannheimer Vorklassik Stil und Technik seiner Opern weiterentwickeln wollte, nach Neapel heimkehrte und keinen Anklang beim Publikum mehr fand, hielt mehrere Musiker aus Italien davor zurück, sich nach einem erfolgreichen Leben im Alter einer solchen Enttäuschung auszusetzen. Sie blieben in ihrem Gastland, wo sie sich einen Namen machen konnten.

LEBEN

Ignazio Fiorillo wurde am 11. 5. 1715 in Neapel geboren und am Conservatorio Santa Maria di Loreto von Leonardo Leo und Francesco Durante ausgebildet. Er wirkte sodann als Kapellmeister in Oberitalien, ab 1748 in Prag, ab 1750 in Braunschweig und ab 1762 in Kassel. Im Jahr 1780 wurde er pensioniert, zog sich nach Fritzlar zurück und starb dort im Juni 1787.

WERKE

Von den ungefähr 20 auf Texte von Metastasio komponierten Opern von Ignazio Fiorillo sind einige erhalten. Er schrieb außerdem ein Oratorium, das verlorengegangen ist, ein Requiem, 3 Te Deum, Instrumentalwerke, die sich dem Mannheimer Stil näherten, und 6 Sonaten für Cembalo.

Herman-François Delange (1715–81)

ZEIT UND UMWELT

Außer der Hofkapelle in Brüssel gab es in den Niederlanden keine Kapellen von Rang, so daß auch die profane Musik sehr oft den Kirchenkapellen anvertraut werden mußte. Auch die Bühnenorchester brachten außer theatralischer Musik auch andere zu Gehör, so daß das nicht stark entwickelte Musikbedürfnis des Publikums befriedigt werden konnte.

LEBEN

Herman-François Delange wurde am 2. 6. 1715 in Lüttich getauft. Er bildete sich in Rom bei Giovanni Battista Costanzi zum Violinisten aus und kehrte 1760 nach Lüttich zurück, wo er an St-Martin und ab 1762 an St-Paul als Violinist wirkte. Er starb in Lüttich am 27. 10. 1781.

WERKE

Neben Messen, Motetten und einem Magnificat verfaßte Herman-François Delange 6 Sinfonien, 6 Triosonaten, mehrere Violinsonaten, Ouvertüren, Liedersammlungen und 2 lyrische Bühnenwerke. Sein Stil war italienisch.

Girolamo Abos (1715–60)

ZEIT UND UMWELT

Der Ausstoß an Opern in Neapel übertraf in der Mitte des 18. Jahrhunderts nahezu den Venedigs. Komponisten gingen aus den vier Konservatorien in ausreichender Menge hervor, und das Publikum strömte gerne in die Opernhäuser, wenn man ihm nur immer neue Stücke bot und seinen Geschmack beachtete.

LEBEN

Girolamo Abos (Avos) wurde am 16. 11. 1715 in Valetta, Malta, geboren. Er war am Conservatorio Sant'Onofrio in Neapel Schüler von Ignazio Prota und Francesco Feo und 1742/43 dort selbst Lehrer, während er gleichzeitig am Conservatorio dei Poveri di Gesù Cristo unterrichtete. Von 1754 bis 1759 wirkte er als Vizekapellmeister am Conservatorio della Pietà de'Turchini und als Kapellmeister am Dom von Neapel, wo er im Mai 1760 starb.

WERKE

Von Girolamo Abos sind nur 13 Opern bekannt, von denen eine überliefert ist. Er hat vermutlich Kirchenmusik geschrieben, überliefert ist davon nichts.

Georg Gottfried Petri (1715–95)

ZEIT UND UMWELT

Außer der Berliner Liederschule waren in Deutschland besonders in der zweiten Hälfte des 18. Jahrhunderts zahlreiche Meister mit der Komposition von Liedern beschäftigt, denn das Publikum, angeregt durch die lyrische Dichtung des Sturm und Drangs, verlangte danach.

LEBEN

Georg Gottfried Petri wurde am 9. 12. 1715 in Sorau geboren. Er studierte in Halle Jurisprudenz und war ab 1748 Musikdirektor in Guben. Im Jahr 1764 wurde er Kantor an St. Petri und Pauli und am Gymnasium in Görlitz, wo er am 6. 7. 1795 starb.

WERKE

Von den 3 liturgischen Kantatenzyklen von Georg Gottfried Petri, seinen vertonten Schuldramen und Schulreden und den verschiedenen Gelegenheitskompositionen sind nur geringe Teile erhalten. Überliefert ist lediglich ein Band seiner »Musicalischen Gemüths-Belustigungen«, die aus Liedern und aus Stücken für Violine und für Pianoforte bestehen. Er hat zur Entwicklung der deutschen Liedform Entscheidendes beigetragen.

LITERATUR

M. Friedlaender, Das deutsche Lied im 18. Jahrhundert, Berlin 1902.

Gennaro Manna (1715–79)

ZEIT UND UMWELT

Der Kirchenmusikstil, den die 4 Konservatorien in Neapel pflegten und von Lehrern an Schüler, die zumeist wieder als Lehrer wirkten, weitergaben, erlitt im 18. Jahrhundert dadurch, daß viele darin Ausgebildete sich der Opernkomposition widmeten, starke Modifikationen. Der Opernstil drang immer breiter in die Musik der Kirchen ein, und die Kirchenbesucher, die die Opernmusik im Ohr hatten und die Opernarien auf der Straße sangen, nahmen diese Wandlung bereitwillig auf.

LEBEN

Gennaro Manna wurde am 12. 12. 1715 in Neapel geboren. Er war ab 1744 Kapellmeister der kurz davor gegründeten Stadtkapelle seines Geburtsortes. Im Jahr 1755 wurde er

Kapellmeister des Conservatorio Santa Maria di Loreto und übte daneben die gleiche Funktion an verschiedenen neapolitanischen Kirchen aus. Er starb in Neapel am 28. 12. 1779.
Sein Cousin Cristoforo Manna (1704, Neapel, bis um 1760, Neapel) wurde am Conservatorio Santa Maria di Loreto ausgebildet, wirkte darauf als Komponist und Kapellmeister.
Gaetano Manna (12. 5. 1751, Neapel, bis 1804, Neapel), Sohn des Giacinto Manna (13. 9. 1706, Neapel, bis 11. 3. 1768, Neapel), Cousin des Cristoforo Manna, Cembalist in verschiedenen neapolitanischen Theatern, folgte dem Onkel in dessen Kapellmeisterstellen, darunter am Dom, als einer der letzten Vertreter der kirchenmusikalischen Schule Neapels nach.

Werke

Außer ungefähr 15 Opern verfaßte Gennaro Manna eine Anzahl Oratorien, Psalmen, Motetten und Messen im damals noch geübten neapolitanischen Kirchenstil.
Von den Werken von Cristoforo Manna ist nur eine Oper bekannt.
Das kompositorische Werk von Gaetano Manna ist verlorengegangen.

François Granier (1716–79)

Zeit und Umwelt

Jean Georges Noverre (29. 4. 1727, Paris, bis 19. 10. 1810, St. Germain-en-Laye) war einer der bedeutendsten Tänzer und Choreographen des 18. Jahrhunderts. Seine Reformideen über die pantomimische Darstellung dramatischer Ballettinhalte und seine Forderung nach inhaltlichem Zusammenhang der Oper und des darin getanzten Balletts waren für das zukünftige Ballett und die Oper mit Ballett richtunggebend.

Leben

François Granier wurde 1716 in Frankreich geboren. Er war von 1751 bis 1760 und ab 1766 bis zu seinem Tod am 18. 4. 1779 in Lyon als Violinist, Cellist, Kontrabassist und Musiklehrer tätig. Von 1760 bis 1766 war er Orchestermitglied der Comédie Italienne in Paris.

Werke

Die Ballette von François Granier, die er für Jean Georges Noverre verfaßte, fanden viel Anerkennung. Er brachte außerdem eine siebenbändige Sammlung beliebter Airs – zum Teil aus beliebten Opern –, die er für zwei Flöten oder Violinen und Generalbaß bearbeitete. Ein Menuett wurde sehr bekannt.

Literatur

L. Vallas, Un siècle de musique de théâtre à Lyon, Paris 1932.

Pasquale Cafaro (1716–87)

Zeit und Umwelt

Um die Wende zum 19. Jahrhundert kam es zu einer Konzentration der 4 Konservatorien Neapels. Im Jahr 1797 ging Sant'Onofrio in Santa Maria di Loreto auf, das sodann 1806 mit Della Pietà de'Turchini vereinigt wurde; 1808 wurde auch dieses geschlossen und der gesamte Musikunterricht Neapels bald dar-

Jean Georges Noverre, Erneuerer des Balletts

auf im Real Conservatorio di Musica konzentriert. Das Conservatorio dei Poveri di Gesù Cristo war bereits 1744 geschlossen worden.

LEBEN
Pasquale Cafaro (Caffaro) wurde am 8. 2. 1716 in San Pietro in Galatina, Lecce, geboren. Er war ab 1735 Kompositionsschüler von Leonardo Leo am Conservatorio della Pietà de'Turchini, das er selbst ab 1759 leitete. Im Jahr 1771 wurde der Kapellmeister der Königlichen Kapelle. Er starb am 25. 10. 1787 in Neapel.

WERKE
Von Pasquale Cafaro wurde in Neapel und anderen italienischen Städten eine Anzahl von Opern aufgeführt. Seine Kirchenmusik, Oratorien, Kantaten, Solfeggien und Generalbaßübungen zeichneten sich durch besonders zierliche Melodieführungen aus. Hervorgehoben werden muß sein Stabat mater, das im Druck erschienen ist.

Kaspar Friz (1716–83)

ZEIT UND UMWELT
Genf, das Calvin 1541 nach der Vertreibung des Bischofs zum »protestantischen Rom« machte, erhielt eine republikanische Verfassung, die sich in der Folge zu einer aristokratischen Geschlechterherrschaft wandelte. Versuche der mittleren Klassen, die Macht der Patrizier zu brechen, deren Puritanismus auch jede kulturelle Entwicklung hemmte, scheiterten. Es gelang auch nur wenigen Musikern, in der Stadt festen Fuß zu fassen.

LEBEN
Kaspar Friz (Fritz) wurde am 18. 2. 1716 in Genf geboren. Er war Schüler von Giovanni Battista Somis in Turin, lebte sodann als Musiklehrer und Violinist bis zu seinem Tod am 23. 3. 1783 in Genf. Im Jahr 1756 trat er mit Erfolg im Concert spirituel in Paris auf.

WERKE
Die Kompositionen von Kaspar Friz, 6 vierstimmige Sonaten, 6 Sonaten für Violine oder Querflöte und Generalbaß, 6 Sonaten für Violine und Generalbaß, 12 Sonaten zum Teil für zwei Violinen und Generalbaß und 6 Sinfonien, sind mehrmals bis in unser Jahrhundert aufgelegt worden. Es handelt sich um reine Rokokomusik, die wegen ihrer schönen melodischen Führung bis heute nichts an Beliebtheit verloren hat.

Josef Seger (1716–82)

ZEIT UND UMWELT
Die Schule von Bohuslav Černohorský hatte eine Organistentradition Böhmens geschaffen, die sich bis in das 19. Jahrhundert und weit über die Landesgrenzen hinaus bemerkbar machte. Jedenfalls war man in ganz Mitteleuropa bereit, vakante Organistenstellen mit Schülern des Prager Altmeisters oder dessen Enkelschülern zu besetzen.

LEBEN
Josef Ferdinand Norbert Seger (Seeger, Seegr, Segert) wurde am 21. 3. 1716 in Řepín, Mělník, geboren. Er studierte in Prag und war Schüler von Bohuslav Černohorský. Anschließend wirkte er als Sänger an der Jakobskirche und dann als zweiter Violinist an der Martinskirche. Im Jahr 1741 wurde er Organist an der Teynkirche und 1745 an der Kreuzherrenkirche. Er bewarb sich 1781 um die Stelle des Hoforganisten in Wien und spielte vor Kaiser Joseph II. Das Anstellungsdekret erreichte ihn aber nicht mehr; er starb am 22. 4. 1782.

WERKE
Die zahlreichen Werke von Josef Seger, mehrere 100 Präludien, Toccaten und Fugen für Orgel, Messen, Motetten, Psalmen, Litaneien wurden zu seinen Lebzeiten nicht gedruckt, dafür jedoch ein großer Teil davon im 19. und 20. Jahrhundert. Er war über die Grenzen seines Landes hinaus als Lehrer und bedeutender Vertreter der Altböhmischen Schule berühmt.

LITERATUR
Vl. Němec, Pražské varhany, Prag 1944.

Felice de Giardini (1716–96)

ZEIT UND UMWELT

Das Pantheon in London wurde 1771 mit großen Kosten für Maskeraden, Konzerte, Bälle und Theateraufführungen errichtet. Ab 1772 fanden darin regelmäßig große Konzerte statt. Im Jahr 1788 wurde es zu einem Theater für italienische Opern umgestaltet. In den folgenden Zeiten diente es abwechselnd als Theater und Konzertsaal, später auch als Blumen- und Vogelmarkt, Bazar und Weinhalle.

LEBEN

Felice de Giardini wurde am 12. 4. 1716 in Turin geboren. Seine Ausbildung als Violinist erhielt er in Mailand und Turin. Er unternahm eine Konzertreise nach Deutschland und Paris, dann hielt er sich 40 Jahre in London auf, wo er als Lehrer für Violine, Gesang und Cembalo und als Dirigent einen großen Ruf erlangte. Gemeinsam mit der berühmten Sängerin Regina Mingotti (16. 2. 1722, Neapel, bis 1. 10. 1808, Neuburg a. d. Donau) führte er zweimal mit wenig Erfolg die italienische Oper, von 1774 bis 1780 wirkte er als erster Violinist bei den Konzerten im Pantheon. Er war außerdem Musiklehrer des Prince of Wales Wilhelm (1765 bis 1837), des späteren Königs Wilhelm IV., und des Duke of Cumberland Ernst August (1771 bis 1851), des späteren Königs von Hannover, und dirigierte mehrmals die »Three-Choirs-Festivals« von Worcester, Gloucester und Hereford und das Musikfest von Leicester. Im Jahr 1784 verließ er England, um nach Italien zu gehen, aber 1790 trieb ihn sein Betätigungsdrang wieder zurück. Er gründete in Haymarket eine Komische Oper, hatte aber damit ebensowenig Glück wie ehedem, versuchte es mit der Gesellschaft in St. Petersburg, wo der Erfolg gleichfalls ausblieb, und schließlich in Moskau, wo er am 28. 6. 1796 starb.

Felice de Giardini

WERKE

Als Impresario vermochte sich Felice de Giardini trotz aller Anstrengungen nicht durchzusetzen. Um so erfolgreicher war er als Komponist. Seine Werke wurden mehrmals aufgelegt und wurden auch in unserem Jahrhundert teilweise herausgebracht. Er war ein typischer Vertreter des galanten Stils und veröffentlichte 31 Bände mit Instrumentalmusik: Sonaten für Violine und Generalbaß, für Cembalo mit Violine und Flöte, Duos für zwei Violinen und für Violine und Cello, Trios, darunter 6 für Gitarre, Violine und Pianoforte, Quartette, Quintette und Violinkonzerte und verfaßte außerdem ein Oratorium, mehrere Pasticcios und 4 Opern.

LITERATUR

R. Elkin, The Old Concert Rooms of London, London 1955.

Barthélemy De Caix (1716 bis um 1760)

ZEIT UND UMWELT

In Frankreich, wo sich neben einer hochentwickelten Violinmusik ein starkes Interesse für die Violen noch lange hielt und in der ersten Hälfte des 18. Jahrhunderts in Versailles immer noch Gambenvirtuosen tätig waren, konnten Komponisten für diese Instrumente mit bereitwilliger Aufnahme ihrer Werke mit Sicherheit rechnen.

LEBEN
Barthélemy De Caix wurde am 20. 4. 1716 in Lyon geboren. Er wirkte als Violist um 1730 am Hof zu Versailles, kehrte jedoch in seine Vaterstadt zurück und ließ sich dort als Virtuose und Lehrer nieder. Er dürfte um 1760 gestorben sein.

WERKE
Von Barthélemy De Caix sind 6 Sonaten für zwei Gamben zu 5 Saiten gedruckt und viel gespielt worden. Über weitere Kompositionen ist nichts bekannt.

Johann Heinrich Rolle (1716–85)

ZEIT UND UMWELT
Im Bereich des Königreiches Preußen war eine Zugehörigkeit zur Berliner Hofkapelle die beste Empfehlung für eine musikalische Anstellung. Besonders Magdeburg, die Waffenkammer Friedrichs II., erfreute sich der Aufmerksamkeit des Königs, der die Stellen der Stadt mit Vorliebe mit Persönlichkeiten aus seiner nächsten Umgebung besetzte.

LEBEN
Johann Heinrich Rolle wurde am 23. 12. 1716 in Quedlinburg als Sohn des Christian Friedrich Rolle (1681–1751) geboren und von seinem Vater ausgebildet. Er studierte zunächst Philosophie und Jurisprudenz in Leipzig und wurde 1734 Organist an St. Peter in Magdeburg. Ab 1740 wirkte er als Violinist und später als Bratschist in der Kapelle Friedrichs II. Im Jahr 1746 erhielt er die Organistenstelle an der Johanniskirche in Magdeburg und wurde 1752 als Nachfolger seines Vaters Musikdirektor und Kantor. Er starb am 29. 12. 1785 in Magdeburg.

WERKE
Unter dem Einfluß von Friedrich Gottlieb Klopstock komponierte Johann Heinrich Rolle 21 »Musikalische Dramen«, weiters schrieb er Passionen, Kantaten, Motetten, Oden, eine »Sammlung geistlicher Lieder für Liebhaber eines ungekünstelten Gesanges«, Kammermusik, Sinfonien und Konzerte. Sein Liedschaffen gehörte der norddeutschen Schule an.

LITERATUR
Johann Heinrich Rolle, in: Jahrbuch für Sachsen-Anhalt V, 1933.

Pietro Chiarini (um 1717 bis nach 1765)

ZEIT UND UMWELT
Da das italienische Opernpublikum stets neue Stücke sehen wollte, war der Bedarf der Bühnen sehr groß. Daher arbeiteten nicht selten mehrere Komponisten gemeinsam an einem Stück, um es so rasch wie möglich fertigzustellen. Daraus ergaben sich für die Musikhistoriker später erhebliche Schwierigkeiten, die richtige Zuschreibung festzustellen. In nicht wenigen Fällen war das nur auf dem Weg gründlicher Stilanalyse möglich, die auch oft nur Annäherungswerte ergab.

LEBEN
Pietro Chiarini (genannt Il Brescianino) wurde um 1717 in Brescia geboren. Er dürfte sich vorerst in seiner Vaterstadt, dann in Venedig und zuletzt in Cremona als Kapellmeister aufgehalten haben und dort nach 1765 gestorben sein.

WERKE
Außer einem für Venedig geschriebenen Oratorium sind von Pietro Chiarini nur 4 Opern bekannt geworden. Die Bühnenwerke verfaßte er zum Teil in Zusammenarbeit mit Giovanni Battista Pergolesi. Sein Intermezzo »Il Geloso Schernito« (Der verhöhnte Eifersüchtige) wurde lange für eine Komposition von Pergolesi gehalten.

Paul César Gibert (1717–87)

ZEIT UND UMWELT
Domenico Gizzi, hervorragender Sänger und

Gesanglehrer, eröffnete über Weisung seines Lehrers Alessandro Scarlatti am neapolitanischen Conservatorio Sant'Onofrio a Capuana eine gesonderte Gesangschule, aus der zahlreiche berühmte Sänger und Gesanglehrer hervorgegangen sind.

LEBEN
Paul César Gibert wurde 1717 in Versailles geboren. Er wurde in Neapel an der von Domenico Gizzi geleiteten Gesangschule ausgebildet und lebte hernach bis zu seinem Tod im Jahr 1787 in Paris als gesuchter Gesanglehrer.

WERKE
Außer etlichen komischen Opern verfaßte Paul César Gibert 2 Sammlungen mit Liedern, einige Motetten und Solfeggien. Seine Kompositionen gehören dem galanten Stil an.

Henrik Filip Johnsen (1717–79)

ZEIT UND UMWELT
Obwohl gegen die Mitte des 18. Jahrhunderts das schwedische Musikleben bereits von Einheimischen geführt wurde, fanden Kräfte aus dem Ausland noch genügend Betätigungsfelder. Bevorzugt wurden Musiklehrer, um den Ausbildungsstand der heimischen Musiker zu heben.

LEBEN
Henrik Filip Johnsen (Henry Philip Johnson) wurde 1717 in England geboren. Er war Kammerorganist bei Adolf Friedrich von Holstein-Gottorp, der ihn 1743 als schwedischer Kronprinz nach Stockholm mitnahm. Er wurde dort Organist an Sancta Clara und wirkte in dieser Stelle und als gesuchter Kompositionslehrer bis zu seinem Tod am 12. 2. 1779.

WERKE
Von Henrik Filip Johnsen sind zahlreiche Orgel- und Cembalostücke erhalten. Er folgte damit dem norddeutschen Stil, wie mit seinen Sinfonien und Liedern. Er verfaßte auch die Musik für mehrere Bühnenwerke und eine Reihe von Gelegenheitskompositionen.

LITERATUR
H. Eppstein, Till fragan om H. Ph. Johnsen's härkomst, in: Svensk Tidskrift för Musikforskning XXXII, 1950.

Antonio Maria Mazzoni (1717–85)

ZEIT UND UMWELT
Die Reisetätigkeit der Musiker nahm im 18. Jahrhundert stark zu. Es waren vor allem Italiener, die als Virtuosen, Kapellmeister allein oder im Rahmen eines Ensembles von Land zu Land und Stadt zu Stadt zogen. Die Entfernungsradien wurden länger, Portugal, England, Schweden und Rußland bildeten die äußersten Zielpunkte. In erster Linie war es die Oper, mit der die lukrativsten Erfolge erreicht wurden – wenn auch manche Unternehmungen scheiterten.

LEBEN
Antonio Maria Mazzoni wurde am 4. 1. 1717 in Bologna geboren. Er war Schüler von Luca Antonio Predieri. Im Jahr 1736 wurde er Mitglied der Accademia Filarmonica von Bologna, in der er später mehrmals zum »Principe« gewählt wurde. Um 1750 unternahm er eine Reise nach Spanien und Portugal, 1751 kehrte er zurück und erhielt die Kapellmeisterstelle an San Giovanni in Monte und ab 1759 am Dom. Weitere Gastspielreisen zur Aufführung seiner Werke führten ihn nach Dänemark, Schweden und Rußland; er nahm aber 1761 die Kapellmeisterstelle am Dom seiner Heimatstadt wieder auf und betreute sie bis zu seinem Tod am 8. 12. 1785.

WERKE
Wie bei den meisten italienischen Komponisten des 18. Jahrhunderts stand auch bei Antonio Maria Mazzoni die Oper im Mittelpunkt seines Schaffens und des Publikumsinteresses. Erst in zweiter Linie fanden seine Oratorien und Kirchenkantaten Beachtung.

Viel gesungen wurden seine Karfreitagslesungen für Singstimmen und Orchester. Er verfaßte außerdem eine vierstimmige Messe mit Instrumenten, 2 Requiem, ein Te Deum und 2 Bände Solfeggien für mittlere Stimme.

Pierre Lagarde
(1717 bis nach 1792)

ZEIT UND UMWELT
Comte d'Artois Charles (1757–1836), Enkel König Ludwigs XV., erhielt sehr früh eine eigene Kapelle. Er verließ zwei Tage nach dem Fall der Bastille (1789) Frankreich und begab sich in die österreichischen Niederlande. Nach der Restauration und dem Tod seines Bruders Ludwig XVIII. (1755–1824) wurde er als Karl X. König von Frankreich.

LEBEN
Pierre Lagarde (de la Garde) wurde bei Crécy, Aisne, am 10. 2. 1717 geboren. Er debütierte als Baßbariton an der Pariser Oper und war sodann durch 10 Jahre Mitglied der Kapelle der Königin. Im Jahr 1750 wurde er Dirigent des Opernorchesters, 1756 Komponist des Königs, 1757 Musiklehrer der königlichen Prinzen und 1764 Leiter der Kapelle des Comte d'Artois. Er verblieb nach der Flucht seines Dienstherrn in Paris und bezog noch bis 1792 eine Pension des königlichen Hauses. In einem der folgenden Jahre dürfte er in Paris gestorben sein.

WERKE
Außer seinen Bühnenwerken, einer Pastorale, einem Ballett und einem Opernballett verfaßte Pierre Lagarde nur Vokalmusik, und zwar mehrere Bücher Airs mit Generalbaß, 6 Sammlungen mit Brunetten zur Gitarre, Cembalo oder Harfe und – bei einigen – Violine, 2 Suiten von Gesangstücken mit verschiedenen Instrumenten, mehrere Sammlungen mit Duos und zahlreiche Kantaten für eine Stimme mit verschiedenen Begleitungen. Sein Werk war für die Entwicklung der französischen Gesangskunst im 18. und im folgenden Jahrhundert sehr fördernd.

Bernhard Hupfeld (1717–96)

ZEIT UND UMWELT
Die Musikerkarriere über einen mehrjährigen Dienst als Mitglied einer Militärkapelle war auch im 18. Jahrhundert nicht selten. Meistens gewährte dieser Dienst ausreichend freie Zeit zur Weiterbildung, und die häufige Ortsveränderung der Heere erweiterte den künstlerischen Horizont. Die Militärmusiker erhielten Gelegenheit, sich vor Feldherrn auszuzeichnen, die sie nach Beendigung eines Feldzuges bei sich aufnahmen oder zumindest förderten.

LEBEN
Bernhard Hupfeld (Houpfeld, Houbfeldt, Huppfeld) wurde am 24. 2. 1717 in Kassel geboren. Er war ab 1729 Kapellknabe der Hofkapelle in Kassel und wurde dort von Johan Agrell als Violinist ausgebildet. Er ging darauf nach Wien und Ungarn und wurde 1740 Militärkapellmeister. Um 1750 verließ er das Heer und begab sich nach Italien, um sich weiter auszubilden. 1775 erhielt er die Stelle eines Konzertmeisters der Universität Marburg, die er bis zu seinem Tod am 22. 1. 1796 betreute.

WERKE
Von Bernhard Hupfeld sind 7 Sinfonien, 6 Streichtrios, 2 Sonaten für Pianoforte, eine Kantate und eine Anzahl Lieder erhalten. Der Stil dieser Musik steht der Vorklassik nahe.

LITERATUR
H. Engel, Die Musikpflege der Philipps-Universität zu Marburg seit 1527, Marburg 1957.

Matthias Monn (1717–50)

ZEIT UND UMWELT
Der über alle Musikländer verbreitete neapolitanische Stil bildete im 18. Jahrhundert die Grundlage zur Weiterentwicklung der Instrumentalmusik in Italien, Österreich, Deutschland, Frankreich und England bis zum Durchdringen der Sonatenform und

ihrer Ausbildung. Alle Pflegestätten der Barockmusik haben diesen Stilwandel mitgemacht.

LEBEN

Matthias Georg Monn (eigentlich Johann) wurde am 9. 4. 1717 in Niederösterreich geboren. Er war vermutlich Sängerknabe in Klosterneuburg und erlernte dort das Violin- und Orgelspiel. Anschließend wirkte er bis zu seinem Tod am 3. 10. 1750 als Organist in Wien.

WERKE

Das kompositorische Werk von Matthias Monn steht zwischen der Diktion von Antonio Caldara und der hochklassischen Sonatenkunst. In diesem Stil verfaßte er 16 Sinfonien, 6 Quartette, 10 Orchesterpartiten, 7 Konzerte und ein Divertimento für Cembalo und Orchester, ein Violin- und ein Cellokonzert, 14 Sonaten, 6 Präludien und Fugen sowie 3 weitere Stücke für Cembalo, je 2 Präludien und 6 Versetten in den 8 Kirchentönen für Orgel, 4 Violinsonaten und 3 Messen. Er muß zu den Hauptmeistern der Vorklassik gestellt werden.

Cellokonzert in g-Moll, 3 Sätze

Der 1. Satz beginnt mit einem Tuttiritornell, das an die neapolitanische Sinfonia erinnert. Dann setzt das Solo mit reicher Verzierung ein. Im ganzen bringt der Satz sechs Ritornelle und fünf Soli, von denen das dritte neue Gedanken heranträgt. Darauf werden die ersten zwei Soli wiederholt, wodurch eine Reprise wie in einem Sonatensatz entsteht. Der 2. Satz ist ein Siciliano mit schöner Melodie. Das Finale ist wie der 1. Satz aufgebaut: fünf Ritornelle und vier Soli. Es kommt zu einem lebhaften Dialog zwischen Cello und dem Orchester, aber zu keinem dramatischen Wettstreit. Das reizende, interessante Werk wurde 1940 neu herausgebracht.

LITERATUR

W. Fischer, Zur Entwicklungsgeschichte des Wiener klassischen Stils, in: Studien zur Musikwissenschaft III, 1915.

Guillaume Gommaire Kennis

(1717–89)

ZEIT UND UMWELT

Die kleine Stadt Lier stand wirtschaftlich und kulturell stets im Schatten des nahen Antwerpen. Daher verlief auch die Musikpflege beider Städte parallel, wobei allerdings die kleinere durch ihre tüchtige Kapelle an der spätgotischen Gommaruskirche nicht wenig beitragen konnte.

LEBEN

Guillaume Gommaire Kennis wurde am 30. 4. 1717 in Lier geboren. Er war Chorknabe an der Gommaruskirche der Vaterstadt, ab 1728 zweiter Violinist und ab 1731 Chorregent der Kirchenkapelle. Ab 1750 versah er die gleiche Funktion an der Peterskirche in Löwen bis zu seinem Tod am 10. 5. 1789.

WERKE

Das kompositorische Werk von Guillaume Gommaire Kennis umfaßte Sonaten für Violine und Generalbaß und für zwei Violinen, Trios und Quartette für Streicher. Sein Stil entsprach dem gleichzeitigen französischen.

Jan Václav Stamic (1717–57)

ZEIT UND UMWELT

Das Orchester der kurpfälzischen Residenz Mannheim war in seinem endgültigen Umfang aus der Vereinigung der Hofkapelle des Kurfürsten Karl Philipp in Innsbruck und der Hofkapelle dessen Bruders Johann Wilhelm in Düsseldorf entstanden. Es trat Mitte Januar 1741 auf dem Schloß in Mannheim anläßlich der Hochzeit des nachmaligen Kurfürsten von der Pfalz und von Bayern Karl Theodor in Anwesenheit des späteren Kaisers Karl VII. in Erscheinung.

LEBEN

Jan Václav Antonín Stamic (Johann Wenzel Anton Stamitz, Staimiz, Steiniz, Steinmetz) wurde am 19. 6. 1717 in Deutschbrod (Havlíčkův Brod) als Sohn des Organisten

Antonín Ignác Stamic (um 1690, Deutschbrod, bis 1756, Deutschbrod) geboren. Nach einer ersten Ausbildung durch den Vater wurde er von 1728 bis 1734 am Jesuitenkolleg in Iglau (Jihlava) zum Musiker erzogen. In Brünn erhielt er von Carlo Tessarini gründlichen Unterricht im Violinspiel. Im Jahr 1741 trat er in die Dienste des späteren Kurfürsten von der Pfalz Karl Theodor und fiel bei dessen Hochzeitsfeierlichkeiten in Mannheim und ein Jahr darauf bei den Krönungsfestlichkeiten für Kaiser Karl VII. in Frankfurt am Main als Violinvirtuose und Komponist auf. Er wurde Hofviolinist mit verhältnismäßig hoher Besoldung. 1748 wurde er zum Leiter der Hofkapelle in Stuttgart berufen. Er lehnte ab, weil seiner Forderung, weder mit Theatermusik noch mit Kirchenmusik befaßt zu werden, nicht entsprochen werden konnte. 1750 wurde er zum »Instrumental-Music-Director« in Mannheim bestellt, 1751 trat er zum ersten Mal im Concert spirituel in Paris auf, zum zweiten Mal hielt er sich in den Jahren 1754 und 1755 in Paris auf, wo er vor einem begeisterten Publikum das vorzügliche Orchester des Kunstmäzens Alexandre Jean Joseph Le Riche de La Pouplinière (1693–1762) dirigierte. Er starb in Mannheim auf der Höhe seines Ruhms am 27. 3. 1757.

Er hatte die kurpfälzische Kapelle zu einem sinfonischen Orchester im modernen Sinn entwickelt, das bald europäische Geltung erlangte und mit seinem Aufführungsstil für alle Orchester Europas richtunggebend wurde. Durch intensive Schulung der Musiker erreichte er eine bisher unbekannte Ensembleleistung, die Streicher spielten zum ersten Mal mit streng einheitlichem Klang, Crescendo und Decrescendo wurden von allen Instrumenten mit gleicher Dynamik vorgetragen, rhythmische Differenzen wurden peinlich genau akzentuiert, mit einem Wort, seine Aufführungen kamen wie aus einem Guß.

In der Kompositionstechnik verzichtete er völlig auf den Generalbaß. Selbständige Bläserchöre mit eindringlicher Harmonik ersetzten die Füllstimmen. Seine Melodik war unkompliziert und kantabel und lehnte sich an Tanz und Lied an. Er darf ohne Einschränkung als eigentlicher Begründer des Mannheimer Stils der Komposition und der Aufführungspraxis angesprochen werden.

Karl Theodor, Kurfürst von der Pfalz, Stich von J. A. Zimmermann

Werke

Unter den bekannten 175 Werken von Jan Václav Stamic befinden sich 74 Sinfonien, Konzerte für Cembalo, Violine, Flöte, Oboe, Orgel, zahlreiche Sonaten für Soloinstrumente und Trios, eine Messe, Motetten, Offertorien und Litaneien. Nur ein Teil ist davon erhalten, der aber ausreicht, ihn zu den ersten Meistern der Vorklassik einzuordnen.

Sinfonie in D-Dur op. 5 Nr. 2, 4 Sätze

Diese Sinfonie ist nahezu am meisten bekannt geblieben. Sie steht mit ihrer rhythmischen Prägnanz, ihrer breiten, abwechslungsreichen Instrumentierung und der Themenbehandlung der klassischen Sinfonie bereits sehr nahe. Der 1. Satz, ein Presto, beginnt mit einer Unisonoeinleitung und setzt darauf mit überraschend starker Motorik ein. Das motivische Material des ersten Teiles wird vorgeführt und im zweiten wiederholt und ergänzt. Die Melodik ist kleingliedrig, gewinnt aber durch ihre orchestrale Anlage eine gewisse Großflächigkeit; breite Tremolopassagen, Unisonostellen und ausdrucksvolle Bläserchöre verleihen dem Satz viel Glanz. Der 2. Satz stellt sich in zweiteiliger Liedform dar, von der der zweite Teil eine Variante des ersten darstellt. Warm und anmutig klingt der Satz aus. Im 3. Satz erklingt anstelle des üblichen höfischen Menuetts ein Volkstanz voll Derbheit und Ausgelassenheit. Der 4. Satz - Prestissimo - rauscht mit kaum gehemmter Gewalt vorüber. Seine Holzbläsersoli sind mit ihren Marschrhythmen besonders schön.

Trio in C-Dur Nr. 1, 4 Sätze

Es liegt bereits die klassische Form der Sinfonie vor. Das Thema des 1. Satzes intonieren die Instrumente unisono; es bleibt über Modulationen und Sequenzen beim Baß, die Violinen begleiten es und halten die Spannung aufrecht, die erst in der Coda abklingt. Den gleichen Aufbau der Form bringt der 2. Satz, dessen eigenwillige Melodie einen seltenen Reiz vermittelt. Das Menuett des 3. Satzes besteht aus einer volkstümlichen Melodie; sein Trio gleicht nahezu einer Elegie. Der 4. Satz ist mit seinem Schwung ein echter Vertreter des »Sturm und Drang« der Zeit.

LITERATUR

A. Pospíšil, Kolem Jana Václava Stamice, Havlíčkův Brod 1947.

Christoph Nichelmann (1717–62)

ZEIT UND UMWELT

Die Hof- und die Domkapelle in Potsdam und Berlin waren dem Zug der Zeit entsprechend und nach dem Willen des Königs der Empfindsamkeit verbunden. Diese Art leicht faßlicher und eingängiger Musik war zum norddeutschen Stil geworden und hatte, von Meisterhand gehandhabt, eine Reihe von bedeutenden Werken hervorgebracht.

LEBEN

Christoph Nichelmann wurde am 13. 8. 1717 in Treuenbrietzen, Brandenburg, geboren. Er war von 1730 bis 1733 Thomasschüler in Leipzig, wo ihn Johann Sebastian und Wilhelm Friedemann Bach unterrichteten. In Hamburg, seinem nächsten Aufenthaltsort, pflegte er enge Beziehungen zu Georg Philipp Telemann und zu Johann Mattheson. In Berlin nahm er Kontrapunktikunterricht bei Johann Joachim Quantz. Im Jahr 1744 wurde er zweiter Cembalist in der Königlichen Kapelle neben Carl Philipp Emanuel Bach und gab diese Stelle 1756 auf, um sich dem Musikunterricht zu widmen. Er starb am 20. 7. 1762 in Berlin.

WERKE

Neben seinen theoretischen Schriften und der Mitarbeit an 2 Opern, gemeinsam mit Johann Joachim Quantz, Carl Heinrich Graun und Friedrich II., verfaßte Christoph Nichelmann eine Reihe von Cembalokonzerten, mehr als 12 Cembalosonaten, viele Lieder und einzelne Cembalostücke, die in Sammelwerke der Zeit aufgenommen wurden. Seine Cembalosonate in Es-Dur und sein Konzert für Cembalo und Streicher werden heute noch geschätzt.

LITERATUR

D. A. Lee, Christoph Nichelmann and the Early Clavier Concerto in Berlin, The Musical Quarterly LVII, 1971.

Domenico Vannucci (um 1718–75)

ZEIT UND UMWELT

Die aristokratische Republik Lucca unterhielt im 18. Jahrhundert eine in ganz Italien bekannte Domschule, an der nicht nur Kirchenmusiker, sondern vor allem Instrumentalvirtuosen herangezogen wurden. Besonders gepflegt wurde das Cellospiel.

LEBEN

Domenico Francesco Vannucci wurde um 1718 in Lucca geboren. Er lebte als Cellist, Cellolehrer, Komponist und als Leiter der Domschule in seiner Vaterstadt, in der er am 7. 8. 1775 starb. Er dürfte zugleich als Kirchenmusiker tätig gewesen sein.

WERKE

Von Domenico Vannucci sind 6 Oratorien, vier- und achtstimmige Messen, Responsorien, Psalmen und Litaneien bekannt. Cellomusik, die er sicherlich geschrieben hat, ist keine überliefert.

Georges Wenick (1718–60)

Zeit und Umwelt
Das Collège Liégeois in Rom stand vor allem wallonischen Klerikern zur Verfügung, die zu ihrer Ausbildung nach Italien gekommen waren. Es pflegte enge Beziehung zur Abtei in Montecassino.

Leben
Georges Wenick wurde 1718 in Visé, Lüttich, geboren. Er war Chorknabe an St-Denis in Lüttich, sodann Organist in Aachen. Nachdem er mehrere Jahre als Chorregent an St-Denis in Lüttich gewirkt hatte, begab er sich 1751 nach Rom, wo er sich am Collège Liégeois aufhielt, bis er die Organistenstelle an der Abtei Montecassino erhielt, die er bis zu seinem Tod im Jahr 1760 betreute.

Werke
Vom kompositorischen Werk von Georges Wenick sind eine Motette und zwei kleine Messen für vier Stimmen, zwei Violinen und Generalbaß in B-Dur und D-Dur erhalten. Ihr Stil gehört dem Spätbarock an.

Giuseppe Scarlatti (1718–77)

Zeit und Umwelt
Opernkomponisten, Kirchenkomponisten, Instrumentalisten, Sänger und Sängerinnen, Opernunternehmer, Kapellmeister an Kirchen und Höfen bildeten die Umwelt eines Mitglieds der Familie Scarlatti, und die Zeit war der intensive Opernbetrieb in Neapel und den übrigen italienischen Städten, der eine unbeschränkte Aufnahmefähigkeit immer neuer Bühnenstücke hatte.

Leben
Giuseppe Scarlatti wurde 1718 in Neapel als Neffe von Tommaso Scarlatti (um 1671 bis 1760) geboren. Er trat bereits 1739 in Rom als Opernkomponist hervor, wirkte sodann in Lucca und ließ sich 1757 in Wien nieder, wo er am 17. 8. 1777 starb.

Werke
Außer seinen 31 Opern für Rom, Florenz, Pisa, Lucca, Turin, Venedig, Padua, Mailand und Wien sind von Giuseppe Scarlatti das Componimento sacro »La Santissima Vergine Annunziata« (Heiligste Mariae Verkündigung), Oratorien, Kantaten und einige Kirchenmusik – Messen, Offertorien, Litaneien – bekannt geworden. Diese Kompositionen sind deutlich von seiner Opernkomposition beeinflußt.

Emanuele Barbella (1718–77)

Zeit und Umwelt
Der Stilwandel, der in Deutschland vor sich ging und auch auf Frankreich übergriff, blieb in der Mitte des 18. Jahrhunderts in Italien noch nahezu unbeachtet. Niccolò Jommelli, der aus Deutschland nach Neapel heimkehrte und Mannheimer Stilelemente in seine Opern aufnahm, erlebte einen Mißerfolg. Die Neapolitaner wünschten ihre gewohnte Musik zu hören.

Leben
Emanuele Barbella wurde am 14. 4. 1718 in Neapel geboren. Er war Schüler von Leonardo Leo und später von Padre Martini. Es ist unbekannt, welche musikalische Tätigkeit er außer der Komposition und dem Violinspiel ausgeübt hat. Er ist am 1. 1. 1777 in Neapel gestorben.

Werke
Von Emanuele Barbella sind 9 Trios für zwei Violinen und Cello, 6 Duette für Violine und Cello, einige Bücher mit Duetten für zwei Violinen, 6 Violinsonaten und 6 Duos für Violine und Baß bekannt. Sein Stil lehnte sich stark an Giuseppe Tartini an. Er war auch an der Komposition einer Oper beteiligt.

LITERATUR

A. Moser, Geschichte des Violinspiels, Berlin 1923.

Placidus von Camerloher (1718–82)

ZEIT UND UMWELT

Neben den Hofkapellen regierender Fürsten waren es im katholischen Raum Deutschlands und Österreichs die Kapellen der geistlichen Würdenträger, die zwar eine sorgfältige Traditionspflege hochhielten, aber mit gleichem Eifer die Entwicklung der Musik förderten. Es war für diese Kapellen bezeichnend, daß sie sich nie auf sakrale Musik allein beschränkten.

LEBEN

Placidus von Camerloher wurde am 9. 8. 1718 in Murnau geboren. Er wurde nach seiner Erziehung an der Ritterakademie in Ettal 1744 Priester und zugleich Hofkapellmeister und Geistlicher Rat der Fürstbischöfe von Freising und später auch Kammermusikdirektor in Lüttich. Er starb in Freising am 21. 7. 1782.

Sein Bruder Josef Anton von Camerloher (4. 7. 1710, Murnau, bis 18. 7. 1743, München) war ab 1739 Kammerkomponist in München.

Placidus von Camerloher

WERKE

Von den 46 vierstimmigen Sinfonie da camera von Placidus von Camerloher sind 18 überliefert. Seine Triosonaten sind nur handschriftlich erhalten, wie seine Singspiele, Oratorien und zahlreichen Kirchenmusikwerke. Sein sinfonischer Stil näherte sich dem der Mannheimer.

Josef Anton von Camerloher verfaßte Opern für München und Meditationen für die Jesuiten.

Johann Jakob Rowaldt (1718–75)

ZEIT UND UMWELT

Marienburg (Malbork) im ehemaligen Westpreußen, die seinerzeitige (1309–1457) Residenz des Hochmeisters des Deutschritterordens, gehörte ab 1525 zum Herzogtum Preußen, in dessen Hauptstadt Königsberg (Kaliningrad) ein intensives Musikleben gepflegt wurde. Auch in den folgenden Zeiten, in denen Königsberg nur mehr (ab 1701) Krönungsstadt der preußischen Könige war, machte sich die Ausstrahlung der ehemaligen Residenz bemerkbar.

LEBEN

Johann Jakob Rowaldt wurde am 25. 8. 1718 in Marienburg geboren. Er war Organist an St. Georg, seiner Geburtsstadt, bis zu seinem Tod am 14. 10. 1775.

WERKE

Von Johann Jakob Rowaldt sind Kirchenkantaten für ein vollständiges Kirchenjahr handschriftlich in Marienburg aufbewahrt gewesen. Ihr Stil kommunizierte mit der Berliner Liederschule.

John Riddell (1718–95)

ZEIT UND UMWELT
Schottische wie irische Lied- und Tanzweisen waren (und sind) in England außerordentlich beliebt und bildeten ein unerschöpfliches Reservoir an Melodien für die Kunstmusik. Viele kontinentale Komponisten holten sich an dieser Quelle Themen und Rhythmen für ihre Werke. Schöpfer originaler Volksmusik standen in hohem Ansehen.

LEBEN
John Riddell (Riddle) wurde am 2. 9. 1718 in Ayr geboren. Er war seit seiner Kindheit blind, lebte als Sänger und Komponist schottischer Lieder und Tänze in seiner Geburtsstadt, in der er am 5. 4. 1795 starb.

WERKE
Von dem schottischen Volksmusiker John Riddell sind zahlreiche Lieder und Tänze bekannt geworden. Berühmt war das Lied »Jenny's Bawbee« (Jennys Halbpenny). Im Jahr 1766 veröffentlichte er eine Sammlung schottischer »Reels« (ein Volkstanz) und andere Tänze und Menuette. Seine Melodien fanden wie andere aus Schottland besonders in der Musik der Romantik ihren Niederschlag.

Nicolò Conforto (1718 bis nach 1788)

ZEIT UND UMWELT
Die Musikpflege am spanischen Hof wurde unter König Ferdinand VI. vor allem von dessen Gemahlin gefördert, die ihre musischen Anlagen von ihrem Vater, dem portugiesischen König João V., geerbt hatte. Ihr Hauptinteresse und das des Hofadels von Madrid galt in erster Linie der italienischen Oper.

LEBEN
Nicolò Conforto wurde am 25. 9. 1718 in Neapel geboren, am Conservatorio Santa Maria di Loreto von Francesco Mancini ausgebildet. Im Jahr 1755 wurde er von König Ferdinand VI. an den spanischen Hof gerufen und wirkte unter ihm und unter dessen Nachfolger, Karl III., als Hofkomponist für Feste und Schauspiele des spanischen Adels. Er starb in Madrid nach 1788.

WERKE
Als Hofkomponist vertrat Nicolò Conforto die italienische Oper in Madrid und verfaßte für das Königliche Theater eine beträchtliche Anzahl musikalischer Bühnenstücke. Ferner schrieb er mehrere Kantaten, eine Serenata, eine Sinfonie in D-Dur, zahlreiche Arien, Duette und Terzette, außerdem 9 Lamentationen. Seine Musik verblieb im Rahmen des neapolitanischen Stils.

LITERATUR
A. Subirá, El teatro del Real Palacio, Madrid 1950.

Joseph Aloys Schmittbauer (1718–1809)

ZEIT UND UMWELT
Um die Mitte des 18. Jahrhunderts griff die Musik der Mannheimer Schule in Süd- und Westdeutschland so stark um sich, daß sich jeder Komponist des Raumes damit auseinandersetzen mußte. Man kann nicht alle Nachahmungsversuche der Zeit als gelungen bezeichnen, sie verstärkten aber dennoch den epochemachenden Einfluß der Schule und bereiteten den Boden für eine weitere Entwicklung der Musik vor.

LEBEN
Joseph Aloys Schmittbauer (Alois Schmittbaur) wurde am 8. 11. 1718 in Bamberg geboren. Er war Schüler von Niccolò Jommelli und wirkte ab 1762 als Konzertmeister, bald darauf bis 1771 als Kapellmeister am Hof von Rastatt und ab 1772 als Konzertmeister in Karlsruhe; von 1775 bis 1777 war er Domkapellmeister in Köln und anschließend bis zu seinem Tod am 24. 10. 1809 Kapellmeister in Karlsruhe.

WERKE
Von Joseph Aloys Schmittbauer, der ein hervorragender Virtuose auf der Glasharmonika

war, sind zahlreiche Kirchenkompositionen erhalten, die sehr geschätzt und bis in das 19. Jahrhundert hinein in den deutschen Kirchen und Domen viel aufgeführt wurden. Seine Sinfonien, Konzerte und Kammermusikwerke lehnen sich an die jüngere Mannheimer Schule an, müssen aber als ziemlich seicht bezeichnet werden. Das gleiche gilt für seine Kompositionen für Cembalo und seine Singspiele.

LITERATUR

Kl. W. Niemöller, Das Schaffen J. A. Schmittbauers und seine Würdigung im 18. Jahrhundert, in: Festschrift, Regensburg 1962.

Anton Laube (1718–84)

ZEIT UND UMWELT

Die Anlehnung der Kirchenmusik an böhmische Volksweisen nahm im Verlauf des 18. Jahrhunderts stark zu. Sowohl Messen wie Proprien brachten Stellen, die der Volksmusik unmittelbar entnommen waren. Manche Kirchenlieder übernahmen die Melodien böhmischer Wallfahrergesänge, so daß es in manchen Fällen zu echten Kontrafakturen kam.

LEBEN

Anton (Antonín) Laube wurde am 10. 11. 1718 in Brüx (Most), Böhmen, geboren. Er war Sängerknabe, dann Organist in Prag. Von 1769 bis 1771 wirkte er als Chorregent an St. Gallus, sodann bis zu seinem Tod am 24. 2. 1784 als Domkapellmeister an St. Veit.

WERKE

Von Anton Laube sind 9 Messen, 5 Te Deum, 12 Vespern, Litaneien, Proprien erhalten, deren Faktur sehr volkstümlich ist. Außerdem schrieb er eine Sinfonie, 9 Partiten für Bläser und ein Konzert für Englischhorn.

Friedrich Wilhelm Marpurg
(1718–95)

ZEIT UND UMWELT

Charles Batteux (7. 5. 1713, Allend'huy, Reims, bis 14. 7. 1780, Paris) verfocht in seinen Abhandlungen über Rhetorik und Ästhetik der Literatur den Grundsatz des engen Zusammenhanges von Natur und Kunst und forderte von der Musik im Sinn der Aufklärung Wahrhaftigkeit und Klarheit sowie getreue Nachahmung des Tatsächlichen.

LEBEN

Friedrich Wilhelm Marpurg wurde am 21. 11. 1718 in Seehausen, Brandenburg, geboren. Nach seinem Studium, ausgedehnten Reisen und einem Aufenthalt in Paris ließ er sich in Berlin nieder und wurde 1763 Direktor der königlichen Lotterie. Er nahm am Berliner Musikleben eifrigen Anteil und leistete durch seine Publikationen wertvolle Beiträge. Er starb am 22. 5. 1795 in Berlin.

WERKE

Von dem Musiktheoretiker Friedrich Wilhelm Marpurg erschien eine große Anzahl kritischer Untersuchungen und Lehrwerke auf vielen Gebieten der Musik, die alle, dem Geist der Aufklärung entsprechend, einen ästhetischen Rationalismus vertraten. Mit seinen vielen Ausgaben von Werken verschiedener Meister der Lied- und der Pianofortekomposition bot er einen Querschnitt der kompositorischen Tätigkeit seiner Epoche. In seinen Schriften und Ausgaben sind auch zahlreiche eigene Kompositionen eingestreut. Friedrich Wilhelm Marpurg drängte nachdrücklich auf die Pflege der Werke von Johann Sebastian Bach und setzte sich damit auch theoretisch auseinander.

An eigenen Kompositionen liegen vor: Sonaten für Cembalo, verschiedene Stücke für Cembalo, Fugen und Capricci für Cembalo oder Orgel, zahlreiche Choralvorspiele für Orgel und einzelne Lieder mit Pianofortebegleitung.

Jean Baur (um 1719 bis nach 1773)

ZEIT UND UMWELT

Der Instrumentenbauer Georg Hochbrucker (um 1670, Augsburg, bis 1763, Donauwörth) war Erfinder der Pedalharfe, die das Transponieren in die gebräuchlichsten Tonarten ermöglichte. Die von ihm um 1720 gebaute Harfe hatte allerdings noch einen beschränkten Tonumfang. Sie verbreitete sich besonders rasch in Frankreich und wurde von Jacques Georges Cousineau verbessert. Johann Baptiste Krumpholtz entwickelte das Instrument weiter, und Sébastien Érard (5. 4. 1752, Straßburg, bis 5. 8. 1831, La Muette, Passy) schuf 1810 die heute gültige Form der Doppelpedalharfe.

LEBEN

Jean Baur wurde um 1719 in Bouzonville, Metz, geboren. Außer seiner Tätigkeit als Harfenist und Komponist für Harfe ist über seine Lebensumstände und seinen Aufenthaltsort nichts bekannt. Seine letzte Publikation erschien 1773. Er dürfte in den folgenden Jahren gestorben sein, der Ort seines Todes ist nicht überliefert.

WERKE

Von Jean Baur sind 2 Sammlungen von Sonaten für Cello und Generalbaß, ein Quartett für Flöte, Violine, Baß und Harfe, 6 Sonaten für Harfe mit Cembalobegleitung, 6 Sonaten für Violine und Harfe und etliche Sammlungen von für die Harfe arrangierten Liedern erschienen. Er zählte zu den ältesten Komponisten von Kammermusik für Harfe.

Lorenzo Gibelli (1719–1812)

ZEIT UND UMWELT

Um die Wende vom 18. zum 19. Jahrhundert kam es zu einem Abstieg des Musiklebens, dessen Blüte Bologna ausgezeichnet hatte. Die politischen Ereignisse, die zu jener Zeit ganz Europa erschütterten, wirkten sich auch auf die Stadt aus, die durch Jahrhunderte abseits des politischen Getriebes sich der kulturellen Entwicklung widmen konnte. Einen neuen Aufschwung brachte die Gründung des Liceo Filarmonico im Jahr 1804, dessen Kompositionsklasse Stanislao Mattei anvertraut wurde.

LEBEN

Lorenzo Gibelli (Gibellone) wurde 1719 in Bologna geboren. Er war dort Schüler von Padre Martini und wurde 1744 Kapellmeister an San Salvatore und 1762 an der Kirche Dei Filippini. Im Jahr 1749 wurde er Mitglied der Accademia Filarmonica, deren Leiterstelle er fünfmal innehatte. Er war ein angesehener Musiklehrer; noch 1804 wurde ihm ein Lehrstuhl am neugeschaffenen Liceo Filarmonico (Conservatorio »Giovanni Battista Martini«) anvertraut. Er starb in Bologna am 5. 11. 1812.

WERKE

Von Lorenzo Gibelli sind mehrere Oratorien erhalten, außerdem eine Anzahl sakrale Musik. Sein Stil gehört dem Spätbarock an. Seine Fugen wurden sehr geschätzt; sie trugen ihm den Beinamen »Il Gibellone delle belle fughe« (Gibellone der schönen Fugen) ein. Er schrieb außerdem einige Bühnenmusik.

Luiz Alvares Pinto (1719 bis um 1780)

ZEIT UND UMWELT

Recife im brasilianischen Staat Pernambuco war bis 1709 Hafen von Olinda und wurde sodann im 18. Jahrhundert zur wichtigsten Hafenstadt Brasiliens. Der Reichtum der Stadt drückte sich auch in den prächtigen Sakralbauten aus.

LEBEN

Luiz Alvares Pinto wurde 1719 in Recife, Pernambuco, geboren. Er studierte in Lissabon, wurde nach seiner Rückkehr nach Brasilien Kapellmeister an São Pedro dos Clérigos in Recife und gründete nach portugiesischem Vorbild eine Caecilienbruderschaft zur Pflege der Kirchenmusik, die er leitete. Er dürfte seine Stellungen bis zu seinem Tod um 1780 betreut haben.

WERKE
Von Luiz Alvares Pinto, einem der ältesten in Brasilien geborenen Komponisten, sind ein Te Deum, ein Salve regina und ein Mandatum überliefert. Sein Schaffen gehört dem portugiesischen Spätbarock an.

LITERATUR
Fr. C. Lange, A organização musical durante o periodo colonial brasileiro, Coimbra 1966.

Vincenzo Legrenzio Ciampi
(1719–62)

ZEIT UND UMWELT
Man kann feststellen, daß die Schüler von Francesco Durante und Leonardo Leo in Neapel durchwegs gute Erfolge mit ihren Opern erreichten und in der Regel auch sonst überall, wo diese aufgeführt wurden. Die Komponisten wurden für das feste Schema der neapolitanischen Oper geschult, sie kannten den Geschmack ihres Publikums und kamen ihm auf dem ganzen Feld entgegen. In den übrigen italienischen Städten wie im Ausland war die neapolitanische nahezu zum Prototyp der italienischen Oper geworden. Daß darin eine gewisse Erstarrung zwangsläufig eintrat, war unvermeidbar, und daß dieser Erstarrung ein Stilwandel folgte, lag in der Gesetzmäßigkeit jeder Stilentwicklung. Aber dafür mußte noch geraume Zeit verfließen.

LEBEN
Vincenzo Legrenzio Ciampi wurde 1719 in Piacenza geboren. Er war Schüler von Leonardo Leo und Francesco Durante und brachte 1740 und 1742 seine ersten Opern in Neapel mit Erfolg heraus. Er hielt sich darauf einige Zeit in Palermo und sodann in Paris auf, wo er als Cembalist auftrat. Von 1748 bis 1760 wirkte er in London und sodann bis zu seinem Tod am 2. 4. 1762 in Venedig als Kapellmeister am Ospedale degl'Incurabili.

WERKE
Neben 22 Opern, von denen einige in Paris und London mit großem Erfolg über die Bühne gingen, verfaßte Vincenzo Legrenzio Ciampi 4 Oratorien und eine Anzahl Kirchenmusik, weiters 6 Cembalosonaten, 2 Bücher mit je 6 Sonaten für zwei Violinen und Baß, 6 Sonaten für Violine, Baß und Cembalo, 6 Orgelkonzerte und 6 Konzerte für drei Violinen, Baß, Cembalo und Cello.

LITERATUR
C. Anguissola, Vincenzo Legrenzio Ciampi, musicista piacentino del Settecento, Monza 1936.

François Cupis de Camargo
(1719 bis um 1764)

ZEIT UND UMWELT
Sowohl Hof wie Kirchen boten eine gewisse Aufnahmemöglichkeit für einheimische Musiker; auch an den Bühnen gab es Wirkungsfelder, aber zu einer echten Karriere konnte in Brüssel niemand kommen. Die verhießen nur Paris und der Hof in Versailles. Daher wanderten alle Kräfte dahin ab.

LEBEN
François Cupis de Camargo wurde am 10. 3. 1719 in Brüssel geboren. Er kam mit seinem Vater Ferdinand Joseph Cupis de Camargo nach Paris, wurde 1741 Violinist der Opéra und dürfte diese Stelle bis zu seinem Tod um 1764 innegehabt haben.

WERKE
Von François Cupis de Camargo sind noch in Brüssel 3 Bücher mit Violinsonaten und Generalbaß erschienen. Sie wurden viel gespielt, weil sie mit ihrer zierlichen Melodieführung dem Zeitgeschmack des Rokoko gut entgegenkamen. Über weitere Kompositionen, die er verfaßt haben soll, ist nichts bekannt.

Christian Gottfried Krause (1719–70)

ZEIT UND UMWELT
Der Schweizer Ästhetiker und Kunstphilosoph Johann Georg Sulzer (1720–79) übte

durch seine Publikationen auf die Musikästhetik seiner Zeit wirkungsvollen Einfluß aus. Da er den Gesang über die Instrumentalmusik stellte, wurden seine Thesen in erster Linie von den Liederkomponisten der Berliner Schule übernommen.

LEBEN

Christian Gottfried Krause wurde am 7. 4. 1719 in Winzig (Wińsko), Schlesien, geboren. Er studierte in Frankfurt an der Oder Jurisprudenz, wurde Advokat und später Justizrat in Berlin; dort umgab er sich mit einem Freundeskreis, dem unter anderen die Dichter Ewald Christian von Kleist (1715–59), Johann Wilhelm Ludwig Gleim (1719–1803) und Karl Wilhelm Ramler (1725–98) sowie der Kunstphilosoph Johann Georg Sulzer angehörten. Er starb in Berlin am 4. 5. 1770.

WERKE

Der Musikschriftsteller und Komponist Christian Gottfried Krause gilt als die eigentliche Seele der Berliner Liederschule, denn seine Kompositionen und seine theoretischen Publikationen zum Thema »Lied« waren für die anderen Mitglieder der Schule richtunggebend. Er schrieb zahlreiche Kantaten und Lieder, darunter die Vertonung von Gleims »Preußischen Kriegsliedern«; auch seine Veröffentlichungen »Oden mit Melodien« und »Lieder der Deutschen mit Melodien« enthalten einige Lieder von ihm. Außerdem verfaßte er Sinfonien, Triosonaten und Klaviersonaten, die der Berliner Schule angehörten.

LITERATUR

G. Frotscher, Die Ästhetik des Berliner Liedes, in: Zeitschrift für Musikwissenschaft VI, 1923/24.

Ferdinand Zellbell (1719–80)

ZEIT UND UMWELT

König Adolf Friedrich von Schweden (1710 bis 1771) war neben dem mächtigen Riksdag eine reine Repräsentationsgestalt, der weder innen-noch außenpolitisch irgendwelche Entscheidungsgewalt eingeräumt wurde.

Christian Gottfried Krause

Mehr Möglichkeiten standen seiner Frau, Louise Ulrike (1720–82), der Schwester Friedrichs des Großen, zu, die zumindest auf kulturellem Gebiet entscheidend wirkte und damit den Aufschwung der geistigen Leistungen des Landes unter dem Nachfolger König Gustaf III. (1746–92) einleitete.

LEBEN

Ferdinand Zellbell wurde am 3. 9. 1719 in Stockholm getauft. Er war Schüler seines Vaters und von Johan Helmich Roman in seiner Geburtsstadt und in Hamburg von Georg Philipp Telemann. Ab 1743 wirkte er als Organist an St. Jacobskyrkan in Stockholm, 1750 als Hofkapellmeister und ab 1753 auch als Organist an Storkyrkan. Er war Mitbegründer der Königlichen Musikakademie Schwedens, die er von 1772 bis 1774 leitete. Er starb am 21. 4. 1780 in Stockholm.
Sein Vater Ferdinand Zellbell (14. 4. 1689, Uppsala, bis 6. 7. 1765, Stockholm) war von 1715 bis 1751 Hofkapellmeister und von 1717 bis 1753 Organist an Storkyrkan in Stockholm.

WERKE
Von Ferdinand Zellbell sind 4 Sinfonien, Konzerte für Violine, Flöte und Fagott mit Orchester, Kantaten und 12 Klaviersonaten, außerdem eine Oper und ein Opernballett erhalten. Sein Stil ist von Georg Friedrich Telemann abhängig.
Von Ferdinand Zellbell dem Älteren sind Choralbücher erschienen.

Aegydius Schenk (1719–80)

ZEIT UND UMWELT
Daß Werke von Kirchenmusikern, die einem Orden angehörten, in vielen Fällen nicht den Weg in die Öffentlichkeit fanden, ist keineswegs ein Qualitätskriterium. Sie schrieben ihre Kompositionen sehr oft nur für die Kirchen, an der sie tätig waren, und begnügten sich damit, sie »ihren« Kirchenbesuchern so gut wie möglich zu Gehör zu bringen. Nicht selten bemühten sich die Meister um keine Drucklegung, weil sie ihre Leistungen unterschätzten.

LEBEN
Aegydius Schenk (eigentlich Franz Joseph) wurde am 2. 11. 1719 in Burgau, Steiermark, getauft. Er studierte in Graz Rhetorik und wurde dort Minorite und Priester. Sodann wirkte er als Organist an der Minoritenkirche Mariahilf in Graz mit einigen Unterbrechungen bis zu seinem Tod am 10. 1. 1780.

WERKE
Von Aegydius Schenk sind 160 Kompositionen handschriftlich überliefert, von denen 107 mit Sicherheit ihm zugeschrieben werden können. Es handelt sich um Messen, Vespern, Marien-Antiphonen, Litaneien, Tantum ergo, Psalmen, Offertorien, Te Deum, Arien, Arietten, Duette, Motetten, Sequenzen und auch um Triosonaten. Vieles davon wäre einer Drucklegung wert.

Leopold Mozart (1719–87)

ZEIT UND UMWELT
Gaukler, Taschenspieler, Akrobaten, Entfesselungskünstler, Wahrsager, Affen- und Hundedresseure, Konstrukteure mechanischer Tiere und Menschen sowie Eltern mit Wunderkindern suchten einen Fürstenhof nach dem anderen auf, um für die gebotene Unterhaltung entlohnt zu werden. Unter den Wunderkindern gab es Rechenphänomene, Gedächtniskünstler, Deklamatoren, frühreife Virtuosen und Komponisten. Die Entlohnung richtete sich in der Regel nach dem Erstaunen, die die vorgeführten Kinder erregten. Sie mußten ihre Kunst zeigen, zuweilen wurde sogar bezahlt, wenn man sie nur besichtigte. Der Unterschied zwischen diesen Kindern und den auf Marktplätzen gegen Geld gezeigten Zwergen, Riesen, Albinos oder absonderlichen Krüppeln war schwer zu ziehen. In keinem Fall wurden die Schauobjekte geschont, sie gingen nicht selten bald zugrunde oder mußten ihr weiteres Leben mit physischen und psychischen Schäden verbringen. Sie waren Opfer der Geldgier und des Ehrgeizes der Persönlichkeiten, in deren Gewalt sie sich befanden.

LEBEN
Johann Georg Leopold Mozart wurde am 14. 11. 1719 in Augsburg als ältester Sohn des Buchbindermeisters Johann Georg Mozart (1679–1736) geboren. Er besuchte das Salvatorgymnasium seiner Geburtsstadt und sang in den Kirchenchören von St. Ulrich und des Klosters zum Heiligen Kreuz. Im Jahr 1737 ging er nach Salzburg, um an der Universität zu studieren, mußte aber seine Absicht aus wirtschaftlichen Gründen nach zwei Jahren aufgeben und trat als Kammerdiener und als Violinist in gräfliche Dienste. Sein Dienstgeber brachte ihn 1743 an der Fürsterzbischöflichen Hofkapelle zunächst als vierten, sodann als zweiten Violinisten unter; er stieg 1757 zum Hof- und Kammerkomponisten und 1763 zum Vizekapellmeister auf. Allen Anstrengungen entgegen, erreichte er den hochbegehrten Posten eines Ersten Kapellmeisters nie.

Von 1760 an, nachdem er die geniale Veranlagung seines Sohnes Wolfgang Amadeus erkannt hatte, widmete er sich ganz dessen Ausbildung und Erziehung. Ab 1762 folgte eine Reise nach der anderen, um den Sohn mit der Tochter und später den Sohn allein als Wunderkinder der Welt vorzustellen. Der frühe Tod des Sohnes ist auf den rücksichtslosen Fanatismus des Vaters, ihn und damit sich selbst berühmt und wohlhabend zu machen, zurückzuführen. Seine Frau, Anna Maria Mozart, geborene Pertl (25. 12. 1720, St. Gilgen, bis 3. 7. 1778, Paris), die er 1747 geheiratet hatte, mußte trotz ihrer geschwächten Gesundheit den Sohn nach Paris begleiten und in der Fremde als Opfer seiner Sucht, sich als Vater eines weltberühmten Musikers zu sehen, sterben. Er vermochte nicht zu begreifen, daß sein Sohn nicht als »Wundertier« durch die Welt geführt werden konnte und sich dessen Größe auf einer höheren, für ihn selbst unerreichbaren Ebene offenbarte.

Leopold Anton Freiherr von Firmian, Fürsterzbischof von Salzburg

Es hat den Anschein, daß Leopold Mozart erst 2 Jahre vor seinem Tod am 28. 5. 1787 in Salzburg zumindest zu ahnen begann, welches Format der Sohn hatte, den er zu seinem Geschöpf machen wollte.

Werke

Vom kompositorischen Werk Leopold Mozarts kann man sein gründliches Musikstudium ablesen. Viele Stilgattungen – Barock und Frühklassik, Wiener, Mannheimer, süddeutscher, norddeutscher und italienischer Stil – mischen sich darin. Er hatte einen starken Hang zur illustrativen Musik, er setzte seltene Musikinstrumente wie Dudelsack, Radleier, Kuhhörner und Geräuscherzeuger wie Hackbrett, Schellen, Peitschen, Pistolen ein und erzeugte gerne nach Barockmanier außermusikalische Effekte in seinen zahlreichen Sinfonien, Divertimenti und Serenaden für verschiedene Instrumente. Von seinen 28 erhaltenen Sinfonien sind am meisten bekannt: die Bauernhochzeit, Musikalische Schlittenfahrt, Sinfonia burlesca, Sinfonia da caccia und Kindersinfonie, deren Zuschreibung in letzter Zeit angefochten wird, obschon sie gerade Leopold Mozart am meisten zuzutrauen wäre. Er verfaßte außerdem Tänze und Märsche und Konzerte für Flöte, Oboe, Fagott, Trompeten und zwei Hörner. Bemerkenswert sind seine 6 Stücke für das Hornwerk auf Hohensalzburg. Seine 12 Violinduette und 6 Triosonaten sind zum Großteil konventionell, die 3 Klaviersonaten sind von Domenico Scarlatti abhängig. Die Messen, Litaneien, Vespern, kleineren sakralen Gesänge, Kantaten, Schuldramen und Oratorien liegen nur handschriftlich vor. Epochemachend war sein »Versuch einer gründlichen Violinschule«, die oftmals aufgelegt und in viele Sprachen übersetzt wurde. Sie verfolgte das Ziel, nicht nur gute Violinisten, sondern auch gute Musiker heranzuziehen und sie den »guten Geschmack« zu lehren. Selbst beweist er in seinen Kompositionen den guten Geschmack seiner Zeit. Er wurde und wird auch heute noch als Kirchen- und als Instrumentalkomponist geschätzt, wenn er auch nicht über die zeitgenössische Komposition hinausragte.

Leopold Mozart, Bleistiftzeichnung von F. Lactanz Graf Firmian (?), um 1762

Die Bauernhochzeit, burleske Sinfonie, entstanden 1755

Witzig und zugleich derb wird das Alltagsleben des Volkes geschildert. Pistolenschüsse, Jauchzen und Pfeifen wirken sehr realistisch, Dudelsack und Radleier betonen die Volkstümlichkeit. Die Melodien grenzen an primitive Gassenhauer. Stampfende Tanzrhythmen, hüpfende Tonfolgen, kecke Wendungen kennzeichnen und vermitteln ländliche Fröhlichkeit.

Musikalische Schlittenfahrt, entstanden 1755

Der Komponist gab selbst das Programm dieses beliebten Stücks: »Den Anfang macht eine Intrada von einem artigen Andante und Allegro. Nach diesem folget alsogleich eine Intrada mit Trompeten und Pauken. Auf dieses kommt die Schlittenfahrt mit dem Schlittengeläut und allen anderen Instrumenten.« Am Ende der Fahrt »hört man, wie sich die Pferde schütteln. Dann geht die Fahrt weiter bis zu einem Tanzsaal. Der Ball beginnt mit einem Menuett und einem Trio. Durch deutsche Tänze erwärmt sich die Gesellschaft, dann besteigt alles erneut die Schlitten und fährt nach Hause.« Trotz der Penetranz der Programmatik liegt dennoch ein schönes Stück Musik vor.

Trompetenkonzert in D-Dur, 2 Sätze, entstanden 1762

Als Solotrompete wird ein ventilloses Instrument, das nur Naturtöne hervorbringt, verwendet. Das Hauptthema des 1. Satzes ist locker und graziös, läuft eine Oktave aufwärts, fällt sodann zum Ausgangston zurück und wiederholt sich bis zur Hälfte. Dann setzt nach einer Sequenz die Trompete mit dem ganzen Orchester ein. An der Durchführung bleibt das Soloinstrument nahezu ununterbrochen beteiligt. Dem Thema des 2. Satzes liegt ein Dreiklang in D-Dur zugrunde; es kommt daher den Möglichkeiten der Naturtrompete sehr entgegen. Hörner begleiten es, und Cembalo und Streicher zieren die Dreiklänge der Bläser aus. Nach einem abwechslungsreichen Musizieren schließt das elegante Stück mit triumphierenden Rufen der Solotrompete.

Divertimento in G-Dur für zwei Violinen und Cello, 3 Sätze, entstanden um 1760

Im Allegro des 1. Satzes erklingt der Kuckucksruf, der vortrefflich nachgeahmt ist. Das Andante des 2. Satzes ist schlicht und sehr sanglich, und das anschließende Menuett bringt ein klagendes Trio in Moll.

Divertimento in C-Dur für zwei Violinen und Cello, 3 Sätze, entstanden um 1760

Im Allegro des 1. Satzes kommt es zu einem virtuosen Einsatz der ersten Violine. Das Andante ist ernst und voll dunkler Klänge. Das Presto des 3. Satzes bringt die lebhafte Fröhlichkeit des 1. wieder und schließt das Werk in heiterer Stimmung ab.

Divertimento in D-Dur für zwei Violinen und Cello, 3 Sätze, entstanden um 1760

Der Beginn ist auch hier ein spritziges Allegro. Das folgende Andante bringt ein elegisches Thema in Moll. Aber der 3. Satz feuert die Stimmung wieder energisch an.

LITERATUR

J. Kay, Mein Sohn Wolfgang Amadeus, Glück und Tragik des Vaters Leopold Mozart, Wien 1965.

Michelangelo Valentini

(um 1720 bis nach 1768)

ZEIT UND UMWELT

Wie in Venedig war auch in Neapel die Komposition von Opern zur Routine geworden. Das Rüstzeug erhielten die Komponisten an einem der Konservatorien, wo ihnen vorzügliche Lehrer die Rezepte vermittelten, nach denen sie publikumswirksame Bühnenstücke bauen konnten. Sie reisten mit ihren Werken von Stadt zu Stadt, und wo das Repertoire eine Lücke aufwies, wurde im Einvernehmen mit den Impresari an das Stück die letzte Hand gelegt und für die Sänger Arien geschrieben, die sie gerne sangen. Daß diese Opern einander oft sehr ähnlich waren, konnte bei der Art ihrer Erzeugung nicht vermieden werden, aber da das Publikum ohnehin nur wegen einzelner Arien, einzelner burlesker Szenen oder witziger Wortspiele gekommen war, hinderte das den Erfolgnicht. Nur neue Diktionen mußten vermieden werden, denn Experimente führten unweigerlich zum Mißerfolg.

LEBEN
Michelangelo Valentini wurde um 1720 in Neapel geboren. Er war Schüler von Leonardo Leo. Dann schrieb er eine Oper nach der anderen, die er entweder in seiner Heimatstadt oder anderen Städten Italiens mit wechselnden Erfolgen auf die Bühnen brachte. Er starb in Neapel nach 1768. Über eine andere musikalische Tätigkeit des Komponisten ist nichts bekannt.

WERKE
Von Michelangelo Valentini wurde in Neapel und anderen Städten Italiens eine Anzahl wirkungsvoller Opern aufgeführt. Andere Kompositionen von ihm sind nicht überliefert. Er gehörte zu den vielen Meistern, die mit unfehlbarer Technik und vielen melodiösen Einfällen den europäischen Ruf der neapolitanischen Oper aufrechterhielten.

Matthias Hawdon (um 1720–87)

ZEIT UND UMWELT
Das englische Publikum, das seine Freude an einfach gesetzten Glees und Catches hatte, schätzte auch an der Instrumentalmusik vor allem anspruchslose kompositorische Techniken, also Musik, »die man nachsingen konnte«. Man liebte »kunstlose« Musik.

LEBEN
Matthias Hawdon wurde um 1720 in England geboren. Er war zunächst Organist am Münster von Beverley, sodann ab 1776 an St. Nicholas in Newcastle bis zu seinem Tod im Jahr 1787. Er wurde am 22. März begraben.

WERKE
Von dem populären Komponisten Matthias Hawdon sind eine »Ode auf den König von Preußen«, einige Lieder, 2 Orgelkonzerte in B-Dur und F-Dur, eine Sammlung Voluntaries, 6 »Geistliche Sonaten« für Cembalo, Orgel oder Pianoforte und 6 Sonaten für Cembalo oder Pianoforte mit zwei Violinen und Cello erhalten. Seine Musik wurde von den Zeitgenossen allseitig geschätzt.

William Bates (um 1720–90)

ZEIT UND UMWELT
In der zweiten Hälfte des 18. Jahrhunderts machten mehrere englische Komponisten den Versuch, englische Opern auf die Bühne zu bringen. Es wurden aber nur mehr oder minder genau kopierte italienische auf englischen Text daraus, die sich von den Originalen aus Italien dadurch unterschieden, daß ihnen Schwung, Witz, Melodiösität, also alles, was die italienische Oper überall beliebt machte, abgingen.

LEBEN
William Bates wurde um 1720 vermutlich in London geboren, wo er als Komponist lebte. Er war wahrscheinlich an einem der Musiktheater als Instrumentalist tätig. Nähere Informationen darüber gibt es aber nicht. Er starb in London im Jahr 1790.

WERKE
Die meisten Opern von William Bates waren schwache Nachahmungen der italienischen. Eine Ausnahme bildete die Balladenoper »Flora«, bei der der Liederkomponist englische Musik schrieb. Er verfaßte außerdem eine Serie beliebter Lieder, Glees, Catches und Kanons.

Pedro Furio (um 1720 bis nach 1780)

ZEIT UND UMWELT
Nachdem die spanische Kirchenmusik um ungefähr ein halbes Jahrhundert später als im übrigen Europa die Polyphonie der Renaissance aufgegeben hatte, verschob sich auch das Ende des Barock um mindestens die gleiche Zeitspanne. Der dunkle Klang eng geführter Baßlinien und der breite Prunk der Vielstimmigkeit waren, wenn auch anders geordnet, erhalten geblieben und überdauerten auch die kommenden Stilwandlungen.

LEBEN
Pedro Furio wurde um 1720 in Alicante geboren. Er war Tenorist und Bratschist in Santiago de Compostela, sodann Kapellmeister an den Kathedralen von Guadix, León und Oviedo, wo er in den Jahren nach 1780 starb.

WERKE
Von Pedro Furio ist eine Anzahl Messen, Vespern, Miserere, Motetten, Hymnen, Lamentationen und Villancicos handschriftlich überliefert. Er verfaßte außerdem 2 geistliche Oratorien, die viel aufgeführt wurden. Von dem in Europa im 18. Jahrhundert erfolgten Stilwandel ist an dieser Musik nichts zu bemerken, aber es handelt sich durchwegs um ausgezeichnete, auf Klang gearbeitete Stücke.

Ferdinando Pellegrini
(um 1720 bis nach 1786)

ZEIT UND UMWELT
Im 18. Jahrhundert ist man bei aus Neapel stammenden Kirchenmusikern nahezu erstaunt, wenn sie keine Opern verfaßt haben, denn auch sie verschmähten selten diese lukrative Musikgattung. Die Abstinenz dieser Meister erklärte sich zumeist dadurch, daß sie Neapel und Italien früh verließen und sich in Ländern aufhielten, in denen die Scheidewand zwischen sakraler und profaner Musik noch markanter war als in der Heimat.

LEBEN
Ferdinando Pellegrini (Pellegrino) wurde um 1720 in Neapel geboren. Er war Instrumentalist an verschiedenen Kirchen in Rom, darauf in Paris und schließlich in London, wo er auch als Cembalist aufgetreten sein soll. Seine letzte Publikation erschien 1786 in London, wo er in einem der folgenden Jahre gestorben sein dürfte.

WERKE
Das kompositorische Werk von Ferdinando Pellegrini, in dessen Mittelpunkt die Cembalomusik steht, umfaßte Sonaten, Präludien, Übungsstücke für Cembalo, 4 große Konzerte für Cembalo oder Orgel mit Orchester, Trios für zwei Violinen und Baß. Alles ist der Vorklassik stark angenähert.

LITERATUR
W. S. Newman, The Sonata in the Classic Era, Chapel Hill 1963.

Manuel Blasco de Nebra
(um 1720 bis nach 1784)

ZEIT UND UMWELT
Die Auswirkung der Kompositionen von Domenico Scarlatti machte sich in Spanien nur langsam bemerkbar. Die Meister der Iberischen Halbinsel mußten sich erst durch eine lange Strecke eigener Tradition durcharbeiten, ehe sie für die neue Faktur des italienischen Cembalomeisters empfänglich wurden. Waren sie aber einmal auf die neue Linie eingeschwenkt, wirkten sie auch fruchtbar an ihrer Weiterentwicklung mit.

LEBEN
Manuel Blasco de Nebra wurde um 1720 in Andalusien geboren. Er war von 1750 bis 1784 Organist an der Kathedrale von Sevilla und dürfte dort in den folgenden Jahren gestorben sein.

WERKE
Mit seinen »Seis sonatas para clave, y fuerte piano« (6 Sonaten für Cembalo und Pianoforte) aus 1780 dokumentierte sich Manuel

Blasco de Nebra eindeutig als Nachfolger von Domenico Scarlatti, der dessen Faktur mit kühnem Klangsinn weiterentwickelte und dadurch einen eigenen Beitrag zur Ausbildung der Sonatenform leistete. Weitere Kompositionen des Meisters sind nicht bekannt.

William Savage (um 1720–89)

ZEIT UND UMWELT

Trotz der Belebung der Cembalomusik in England, die von eingewanderten Kräften gefördert wurde, trotz des intensiven Opern- und Konzertbetriebes, stand bei vielen Kirchenmusikern die Anthemkomposition im Mittelpunkt ihres Schaffens. Das führte aber zu fast keiner Weiterentwicklung; die Kompositionen blieben sich, wenn auch die einzelnen oft sehr schön klangen, durch Jahrzehnte ständig gleich.

LEBEN

William Savage wurde um 1720 in London geboren. Er war Schüler von Johann Christoph Pepusch und von Francesco Saverio Geminiani. Er wurde um 1740 Organist in Finchley, Middlesex, und um 1744 Gentleman der Chapel Royal. Ab 1747 leitete er den Chor an St. Paul's in London. Er war als Sänger und Musiklehrer sehr bekannt. Er starb am 27. 7. 1789 in London.

WERKE

Von William Savage sind zahlreiche Vokalwerke überliefert: Anthems in großer Menge, Psalmen und andere sakrale Gesänge. Sie wurden im kirchlichen Bereich sehr geschätzt.

LITERATUR

H. G. Farmer, A Forgotten Composer of Anthems, in Music & Letters XVII/3, 1936.

Johann C. Standfuß (um 1720 bis um 1759)

ZEIT UND UMWELT

Das deutsche Singspiel in der Form des 18. Jahrhunderts leitete sich von der englischen Balladenoper ab, die in Großbritannien außerordentlich beliebt war. Durch die Bearbeitungen englischer Texte und deren Nachahmung kam es bald zu eigenständigen deutschen Stücken, die im Lauf der Entwicklung zu ernsten Rivalen der italienischen Oper wurden.

LEBEN

Johann C. Standfuß wurde um 1720 vermutlich in Hamburg geboren. Er war ab 1750 Ballettgeiger und Korrepetitor einer Theatergruppe in Leipzig, wo er seine ersten deutschen Singspiele herausbrachte. Nach 1756 wirkte er in Weimar und dürfte dort wahrscheinlich um 1759 gestorben sein.

WERKE

Die ersten deutschen Singspiele stammten von Johann C. Standfuß. Einige davon wurden von Johann Adam Hiller neu bearbeitet. An weiteren Kompositionen sind nur einige Motetten erhalten.

LITERATUR

G. Calmus, Die ersten deutschen Singspiele von Standfuß und Hiller, Wiesbaden 1973.

Antoine Bailleux (um 1720–91)

ZEIT UND UMWELT

Es war gerade bei den französischen Verlegern von Kompositionen und musiktheoretischen Werken keine seltene Erscheinung, daß sie selbst entweder musikwissenschaftlich oder kompositorisch tätig waren. Eine musikalische Ausbildung benötigten sie auf alle Fälle. Damit wurden eben bei manchen die musikalischen Veranlagungen geweckt. Wenn es sich zuweilen nur um reine Nachahmungen verlegter Werke handelte, so befanden sich doch einige Talente darunter.

LEBEN

Antoine Bailleux wurde um 1720 in Frankreich geboren. Er ließ sich in Paris als Musikverleger nieder und brachte eine große Anzahl französischer, italienischer und österreichischer Komponisten seiner Zeit oder der jüngsten Vergangenheit heraus, außerdem mehrere wichtige musiktheoretische Publikationen. Er starb 1791 in Paris.

Werke

Die kompositorische Tätigkeit von Antoine Bailleux umfaßte 12 Sinfonien, von denen 6 überliefert sind, 6 kleine Kantaten in italienischem Geschmack und ein- bis dreistimmige Airs mit Instrumentalbegleitung. Sein Stil folgte italienischen Vorbildern. Er verfaßte außerdem etliche wichtige Lehrwerke.

Johann Georg Schürer (um 1720–86)

Zeit und Umwelt

Neben den Kirchen- und Stadtkapellen kleinerer Städte waren im Raum Böhmen und Mähren nur die Klangkörper von Prag, Olmütz (Olomouc) und Brünn für die Fülle an Musikern, die das Land hervorbrachte, aufnahmefähig. Die meisten mußten auswandern. Hauptziel war im 18. Jahrhundert die Kapelle von Mannheim sowohl für gute Bläser wie Streicher. Auch Wien konnte eine Anzahl unterbringen. Viele jedoch wählten Dresden, wo zwei Hofkapellen und ein intensiver Opernbetrieb bereits ein Jahrhundert zuvor ein weites Betätigungsfeld boten.

Leben

Johann Georg Schürer wurde um 1720 in Raudnitz (Roudnice nad Labem) geboren. Er ging nach seiner Ausbildung nach Dresden, wo er einige Opern herausbrachte und 1748 als Kirchenkomponist in den Dienst des Hofes trat. Nach einer umfangreichen kompositorischen Tätigkeit starb er am 16. 2. 1786 in Dresden.

Werke

Das kompositorische Werk von Johann Georg Schürer umfaßt 40 Messen, 3 Requiem, 140 Psalmen und mehrere Oratorien. Er verfaßte auch einige italienische Opern. Sein Stil ist sehr konservativ. Die Opern hatten keinen nennenswerten Erfolg.

Leben

R. Haas, Johann Georg Schürer, in: Neues Archiv für sächsische Geschichte XXXVI, 1915.

Rougeon (um 1720 bis nach 1778)

Zeit und Umwelt

Auch die Violine wurde bald zum Hausinstrument. Man spielte sie aber zumeist mit Begleitung, weil für ein Solospiel Amateure zuwenig ausgebildet waren, um eine Befriedigung zu finden. Beliebt waren Violinenduos, bei denen die Stimmführung abwechselte und damit die Gleichwertigkeit der Spieler betont wurde.

Leben

Rougeon, l'Aîné genannt – der Vorname ist unbekannt –, wurde um 1720 vermutlich in Paris geboren. Über sein Leben und seine Tätigkeit ist nur bekannt, daß er Violinist und Violinlehrer war. Seine letzte Publikation erschien 1778. Er dürfte in den Jahren darauf in Paris gestorben sein.

Werke

Von Rougeon ist eine Sammlung von Stücken verschiedener Komponisten, die er erweiterte und mit einer Begleitstimme versah, 1750 herausgekommen. Er schrieb außerdem als eigene Kompositionen 6 Violinenduos. Seine weiteren Kompositionen sind verlorengegangen.

Pasqualino Bini (um 1720 bis nach 1754)

Zeit und Umwelt

Es gab kaum eine berühmte Persönlichkeit der Geschichte, um die sich keine der vielen sonderbaren, zumeist aller Wahrscheinlichkeit widersprechenden Legenden gebildet hätten. Der Komponist des Teufelstrillers, Giuseppe Tartini, wurde damit sehr reichlich bedacht. Er hat allerdings durch eigene Erfindungen erheblich dazu beigetragen. Daß auch seine Schüler zum Objekt legendärer Erzählungen wurden, ergab sich daraus von selbst.

LEBEN
Pasqualino Bini wurde um 1720 in Pesaro geboren. Er war Schüler von Giuseppe Tartini und trat bereits mit 15 Jahren in Rom als Violinist mit großem Erfolg auf. Daß der erste Violinist des Petersdomes, Francesco Montanari (um 1680–1730), an gebrochenem Herzen gestorben sei, weil ihm Bini den Rang abgelaufen hatte, ist ein offensichtliches Märchen. Außerdem dürfte der Fünfzehnjährige damals kaum der beste Violinist in Rom gewesen sein, sonst hätte er es nicht für nötig befunden, Jahre darauf bei Tartini in Padua neuerlichen Unterricht zu nehmen. 1754 wurde Bini zum Leiter der Hofkapelle in Stuttgart bestellt, wo er in der Folgezeit gestorben sein dürfte.

WERKE
Vom angeblich umfangreichen kompositorischen Werk von Pasqualino Bini sind nur eine Violinsonate und ein Violinkonzert erhalten, die ihn als großen Meister der Violine kennzeichnen.

George Rush (um 1720 bis nach 1780)

ZEIT UND UMWELT
Im Verlauf des 18. Jahrhunderts hatte es sich in England immer mehr eingebürgert, die italienischen Opern mit in das Englische übersetzten Texten zu versehen, weil gerade für den Engländer das Schauspielerische auch bei der Oper eine große Rolle spielte; er sah auch in der durchkomponierten Oper ein Schauspiel mit Musik. Es lag daher für englische Komponisten nahe, englische Opern zu verfassen. Hiebei zeigte es sich, daß der italienischen Diktion nichts Gleichwertiges an die Seite gestellt werden konnte und auch, wenn man die italienische Form beibehielt, man Italiener sein mußte, um sie zu beherrschen. Die Versuche, eine englische Operntradition zu begründen, waren unzureichend.

LEBEN
George Rush wurde um 1720 in England geboren und wirkte in London in verschiedenen musikalischen Stellungen, zuletzt von 1760 bis 1780 als Kapellmeister. Er dürfte bald darauf in London gestorben sein.

WERKE
Die Opern von George Rush wurden zwar in London aufgeführt, konnten aber keinen durchschlagenden Erfolg erreichen. Erfolgreicher waren seine Sonaten für Cembalo, für Gitarren, für Violine, seine 3 Streichquartette und seine 5 Cembalokonzerte. Seine Musik stand stark unter dem Einfluß zeitgenössischer französischer Meister.

Charles François Clément
(um 1720 bis nach 1782)

ZEIT UND UMWELT
Wie das Pianoforte ab dem 19., war im 17. und 18. Jahrhundert das Cembalo zum Hausinstrument geworden. Die Dilettanten verlangten nach leicht spielbarer Musik für ihr Instrument und griffen gerne nach Übertragungen von populären Opernarien, um sie sich und ihrem Publikum vorzuspielen. Deshalb fanden Parodien solcher Arien wie die Klavierparaphrasen des 19. Jahrhunderts großen Absatz. Für den Konzertgebrauch wurden sie natürlich für die Hand eines Virtuosen gesetzt.

LEBEN
Charles François Clément wurde um 1720 in

Titelblatt des »Journale de Clavecin« von Clément, 1763

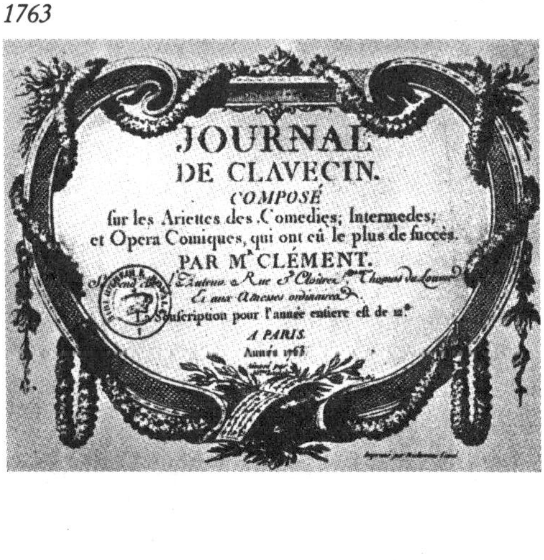

der Provence geboren. Er betätigte sich in Paris als Cembalist, Cembalolehrer und Komponist. Welche weitere musikalische Tätigkeit er ausübte, ist nicht bekannt. Er starb nach 1782 in Paris.

WERKE
Die beiden Bühnenwerke von Charles François Clément für das Théâtre Italien sind aus Melodien anderer Komponisten zusammengesetzt. Er veröffentlichte zahlreiche für Cembalo bearbeitete beliebte Opernmelodien. Auch seine Cembalostücke mit Violine bringen zum Großteil bekannte Bühnenarien.

John Valentine (um 1720–91)

ZEIT UND UMWELT
In Dublin oder London oder in anderen großen britischen und irischen Städten fristeten Musiker ihr Leben, indem sie für die Hofmusik, für ein Theater oder für eine Kirche tätig waren. Einzelnen gelang es, sich als freie Komponisten durchzubringen, wobei sie sich allerdings sehr oft auf eine Lehrtätigkeit stützten. In kleineren Städten bildete noch im 18. Jahrhundert der Kirchendienst, abgesehen von den wenigen Fällen, in denen ein Adelshaus den Komponisten eine Stellung bot, die einzige Möglichkeit, den Lebensunterhalt zu bestreiten. Freie Komponisten profaner Musik waren zu jener Zeit an solchen Orten eine Seltenheit.

LEBEN
John Valentine wurde um 1720 wahrscheinlich in Leicestershire geboren. Über seine Lebensumstände ist nichts bekannt, außer daß er sich um die Mitte des Jahrhunderts in Leicester niederließ und in der aufstrebenden Industriestadt als Komponist lebte. Ob er eine weitere Tätigkeit ausübte, kann nicht festgestellt werden. Im Dienst einer Kirche stand er nicht. Er dürfte in Leicester 1791 gestorben sein.

WERKE
Von John Valentine sind einige Lieder, eine Geburtstagsode, eine Vertonung von 30 Psalmen, eine Sammlung von 24 Märschen, Menuetten und Airs, eine weitere mit 8 Sinfonien für zwei Violinen und zwei Oboen und eine mit 16 Märschen und Menuetten bekannt, außerdem mehrere weitere Bücher mit ähnlichen leichten, sehr volkstümlichen Stücken. Seine eingängige Musik kam dem Verständnis der breiten Masse sehr entgegen.

Torlez (um 1720 bis nach 1788)

ZEIT UND UMWELT
Mit dem Jahr 1789, in dem die Französische Revolution ausbrach, endigen die biographischen Informationen über manche Musiker, weil sie irgendwie zugrunde gegangen oder geflohen und an ihrem Fluchtziel ungekannt gestorben sind.

LEBEN
Torlez – der Vorname ist nicht überliefert – wurde um 1720 in Frankreich geboren. Er hielt sich ab 1742 in Clermont-Ferrand auf. Es ist unbekannt, welche Stellung er dort einnahm. Im Jahr 1769 wurde er Musiklehrer an der Kathedrale in Tours; in den siebziger Jahren unterrichtete er an den Musikakademien von Grenoble und Moulins. Von 1783 bis 1788 wirkte er als Violinist im Orchester der Comédie Italienne in Paris. Dann verliert sich seine Spur. Es ist nicht feststellbar, wann und wo er nach 1788 gestorben ist.

WERKE
Von Torlez sind 6 Duos für Flöte und Violine, ein Konzert für Flöte und Orchester, 5 Motetten für eine Singstimme, Kantaten, Romanzen und Airs bekannt geworden. Er brachte auch ein musiktheoretisches Werk heraus. Sein Stil gehört dem Rokoko an.

Thomas Vincent (um 1720–83)

ZEIT UND UMWELT
Der italienische Komponist und Oboenvirtuose Giuseppe Sammartini fand eine Methode, die Oboe so anzublasen, daß ihre

rauhe Intonation vermieden wird und der Ton klar und weich aus dem Instrument fließt. Damit erhöhte sich die Verwendungsmöglichkeit der Oboe als Soloinstrument und als führendes Orchesterinstrument um ein Vielfaches.

Leben

Thomas Vincent wurde um 1720 vermutlich in London geboren. Er war Schüler von Giovanni Sammartini, von dem er die Technik erlernte, die Oboe rein und klar klingend anzublasen. Er wirkte von 1735 bis zu seinem Tod am 10. 5. 1783 als Oboist der King's Band.

Werke

Von Thomas Vincent sind 6 Soli für Oboe und Generalbaß, 6 Soli für Oboe und Cembalo und Cembalo-Übungsstücke erhalten. Sein Stil ist von seinem Lehrer abhängig.

Nicola Sabatino (um 1720–96)

Zeit und Umwelt

Bei dem mehrmaligen Wechsel der Regierungen in Neapel, das in der ersten Hälfte des 18. Jahrhunderts von den spanischen Vizekönigen, sodann von Habsburg, darauf von Savoyen und schließlich von den Bourbonen beherrscht wurde, gab es auch jedesmal Ablösen der Hofbediensteten. Es waren nicht immer sachliche Gründe ausschlaggebend, wenn eine Stelle verliehen oder verweigert wurde.

Leben

Nicola Sabatino wurde um 1720 in Neapel geboren und am Conservatorio Sant'Onofrio ausgebildet. Er bewarb sich 1742 um die Stelle eines Violinisten in der Königlichen Kapelle, die sein Vater Giovanni Sabatino (um 1680, Neapel, bis 1742, Neapel) innegehabt hatte, wurde aber abgewiesen. Auch seine Versuche, als Opernkomponist hochzukommen, scheiterten. Er wandte sich der Kirchenmusik zu und wurde 1758 Kapellmeister an San Giacomo degli Spagnuoli und ab 1763 an La casa dei Filippini. 1788 zog er sich von seinen Pflichten zurück und starb am 4. 4. 1796 in Neapel.

Werke

Neben seinen erfolglosen Opern verfaßte Nicola Sabatino zahlreiche Kirchenmusik, von der ein Miserere, ein De profundis und das Oratorium »L'Aurora foriera della pace fra Giacobbe ed Esaù« (Die Morgenröte verkündet den Frieden zwischen Jakob und Esau) sehr bekannt geworden sind.

J. Papavoine (um 1720 bis nach 1789)

Zeit und Umwelt

Die Revolution von 1789 setzte auch mehreren Theatergründungen ein Ende. Die Baulichkeiten wurden anderen Zwecken zugeführt, Leitung und Personal zerstreuten sich in alle Winde, so daß in vielen Fällen über ihre Lebensumstände nichts mehr in Erfahrung gebracht werden kann.

Leben

J. Papavoine – der Vorname ist nicht gesichert – wurde um 1720 in der Normandie geboren. Er war zunächst erster Violinist in Rouen und kam sodann 1760 in Paris zum Orchester der Comédie Italienne. Um 1767 beteiligte er sich an der Gründung des Théâtre de l'Ambigue Comique, dem er bis zum Ausbruch der Revolution im Jahr 1789 angehörte. Wann und wo er in den folgenden Jahren verstorben ist, kann nicht festgestellt werden.

Werke

Von J. Papavoine wurden ab 1752 im Concert spirituel 6 Sinfonien für zwei Violinen, Bratsche und Baß, Klaviertrios, 6 viersätzige Sinfonien mit obligatem Fagott, eine Sinfonie mit Oboen, Flöten und Jagdhörnern und eine Soloviolinsonate aufgeführt. Die Werke sind, soweit sie überliefert wurden, noch heute wegen ihrer fortschrittlichen Faktur interessant.

Die italienische Komödie, Gemälde von A. Watteau, um 1716

Hébert Philippe Adrien Leemans
(um 1720–71)

ZEIT UND UMWELT
Die prächtigen mittelalterlichen Kirchen von Brügge boten wohl Organisten und Kantoren ausreichende Betätigungsmöglichkeiten, der Rahmen für profane Musik aber war schmal, so daß die ausgebildeten Musiker abwanderten. Ziel dieser Emigration war im 18. Jahrhundert in erster Linie Paris.

LEBEN
Hébert (Aybert) Philippe Adrien Leemans wurde um 1720 in Brügge als Sohn des Organisten an St-Donatien, Adrien Leemans (um 1680, Brügge, bis um 1740, Brügge), geboren und von ihm ausgebildet. Er kam um 1750 nach Paris, wo er als Cellist, Cellolehrer und Gesanglehrer bis zu seinem Tod am 6. 10. 1771 tätig war.

WERKE
An Instrumentalmusik von Hébert Philippe Adrien Leemans liegen ein Trio für zwei Violinen und Generalbaß, 12 Quartette, 14 Sinfonien, zum Teil für großes Orchester, vor. Seine Vokalmusik zeigt noch mehr wie die erwähnte sein ausgesprochen lyrisches Talent, das ihm einen hohen Beliebtheitsgrad einbrachte. Erhalten davon sind 8 Arietten, eine Romanze für Solostimme und Orchester, 5 zweistimmige Airs und einige für eine Stimme mit Harfenbegleitung.

LITERATUR
B. S. Brook, Leemans of Bruges and Paris, in: Revue Belge de Musicologie XV, 1961.

Francesco Montali
(um 1720 bis nach 1759)

ZEIT UND UMWELT
Obwohl Toledo in der Neuzeit seine politische und kulturelle Bedeutung an Madrid abtreten hatte müssen, blieb die Kathedrale eine wichtige Pflegestätte der Musik des Landes. Die Kapelle stand ständig in engem Kontakt

mit dem nahen Hof in Madrid und seinem Musikleben.

LEBEN
Francesco Montali wurde um 1720 in Italien geboren und kam nach seiner Ausbildung als erster Violinist an die Kathedrale in Toledo, wo er vermutlich bis zu seinem Tod nach 1759 gewirkt hat.

WERKE
Von Francesco Montali sind 12 Triosonaten, 12 Violinsonaten, 6 Sonaten für Violine und Cello und ein Konzert für Flöte, zwei Violinen und Generalbaß erhalten. Er verfaßte gemeinsam mit Manuel Pla eine Oper für Madrid. Sein Stil gehört dem Spätbarock an.

Pierre Just d'Avesnes
(um 1720 bis nach 1784)

ZEIT UND UMWELT
Das Cello hatte in der französischen Musik in der zweiten Hälfte des 18. Jahrhunderts den gleichen Platz im Orchester erobert wie in der übrigen musikalischen Welt. Die Gambe wurde verabschiedet, weil das Cello zum Soloinstrument geworden war. Mit der Aufgabe des Generalbasses fiel dem Cello die Baßstimme im Streichertrio zu, was das Feld seiner Verwendung noch erweiterte.

LEBEN
Pierre Just d'Avesnes (Davesnes) wurde um 1720 vermutlich in Paris geboren. Er war von 1750 bis 1766 Cellist der Oper und gab eine Reihe von Konzerten im Concert spirituel. Darauf war er bis zu seinem Tod nach 1784 als Cellist und Cellolehrer in Paris tätig.

WERKE
Im Concert spirituel brachte Pierre Just d'Avesnes 3 Motetten, 2 Sinfonien und das Oratorium »La conquête de Jéricho« (Die Einnahme von Jericho) heraus. Außerdem veröffentlichte er 6 Ouvertüren, 2 Tanzsuiten für Violinen und Baß und ein Buch mit für Orchester arrangierten italienischen Arietten.

Thomas Davis (um 1720 bis nach 1751)

ZEIT UND UMWELT
Englische Komponisten des 18. Jahrhunderts hatten keine großen Schwierigkeiten, ihre Werke in Druck zu bringen. Die lebhafte Konzerttätigkeit in London und anderen Städten hatte großen Bedarf an neuer Musik, um ihre Veranstaltungen anziehend zu gestalten; man griff auch nach englischen, wenn auch das Publikumsintersse vorwiegend der ausländischen galt. Sie mußte allerdings leicht und volkstümlich sein.

LEBEN
Thomas Davis wurde um 1720 vermutlich in Exeter geboren. Über seine Lebensumstände, seine musikalische Tätigkeit (außer der Komposition) ist ebensowenig bekannt wie über den Ort seines Todes nach 1751, dem Jahr seiner letzten Publikation.

WERKE
Von Thomas Davis sind 6 Soli für Querflöte oder Violine und Generalbaß im Cembalo, »Zwanzig englische und schottische Lieder« und eine Sammlung Tanzmelodien erschienen. Seine Musik war sehr volkstümlich.

Luc Marchand (um 1720 bis nach 1750)

ZEIT UND UMWELT
Jean Marchand (1636, Versailles, bis 1691, Versailles) war Sänger in der Königlichen Kapelle von Versailles. Dessen Sohn Jean Noël Marchand (1666, Versailles, bis 1710, Versailles) war Organist an Notre-Dame in Versailles. Dessen ältester Sohn Jean Noël Guillaume Marchand (um 1690, Versailles, bis nach 1733, Versailles) war ebenfalls Organist an Notre-Dame, der zweite, Claude Marchand (um 1692, Versailles, bis nach 1730, Versailles), war Mitglied der Parademusik des Königs und Oboist in der Kapelle der Königin, der jüngste, Jean Noël Marchand (um 1695, Versailles, bis um 1740, Paris), war Mitglied des Pariser Opernorchesters. Der jüngste Bruder von Jean Noël Marchand (1666–1710), Pierre Nicolas Marchand

(um 1670, Versailles, bis um 1720, Versailles), war ebenfalls Organist; der mittlere, Jean-Baptiste Marchand (um 1668, Versailles, bis um 1730, Versailles), war Musiker des Königs. Das war die Umwelt seines Sohnes Luc Marchand in Versailles und zur Zeit König Ludwigs XV.

LEBEN
Luc Marchand wurde um 1720 in Versailles geboren und von seinem Vater und den Verwandten zum Musiker des Königshauses ausgebildet. Er war Kammerlautenist des Königs und Organist der Königlichen Kapelle bis zu seinem Tod in den Jahren nach 1750.

WERKE
Von Luc Marchand sind ein Buch mit Orgelmusik und eine Anzahl Stücke für Cembalo mit Violine, Oboe, Cello oder Gambe überliefert. Es sind außerdem mehrere Kompositionen erhalten, bei denen es ungewiß ist, welchem Marchand sie zugeschrieben werden können. Der Stil der Musik gehört dem Rokoko an.

LITERATUR
M. Bemoit, Une Dynastie de musiciens versaillais: les Marchand, in: Recherches I–II, 1960–62.

Ignacio Parreiras Neves (um 1720–94)

ZEIT UND UMWELT
Der heutige brasilianische Staat Minas Gerais wurde 1720 unmittelbar nach der Entdeckung seiner Goldvorkommen ein selbständiger Distrikt, der erst 1824 zur Provinz des Kaiserreiches und 1889 zum Bundesstaat der Republik Brasilien wurde. Er war bereits im 18. Jahrhundert stark von Negern und Mulatten bevölkert.

LEBEN
Ignacio Parreiras Neves wurde um 1720 vermutlich in Villa Rica, Minas Gerais, geboren. Er war als Sänger, Dirigent und Komponist Mitglied der Irmandade de São José dos Homens Pardos, die ausschließlich aus Mulatten bestand. Er starb in Villa Rica im Jahr 1794.

WERKE
Von dem bodenständigen Musiker Ignacio Parreiras Neves sind ein Credo, der Teil einer Messe (Credo bis Agnus), eine Oratorio do Menino Jesús (Oratorium vom Kinde Jesus) und eine Ladainha (Litanei) erhalten. Er verfaßte zum Tod Königs Dom Pedro III. von Portugal (1717–86) eine Trauermusik für sechzehn Vokalsolisten, vier Kontrabässe, zwei Fagotte und zwei Cembali.

LITERATUR
Fr. C. Lange, Die Musik von Minas Gerais, in: Musica XI, 1957.

Luis Misón (um 1720–76)

ZEIT UND UMWELT
Die Tonadilla besteht aus einem Dialog mit volkstümlichen Themen; ihre Sprache und ihre Musik sind ebenfalls volksverbunden. Sie wurde wie die italienischen Intermedien als Zwischenaktunterhaltung während des Bühnenumbaus aufgeführt. Ihr Umfang wurde bald auf mehrere Personen ausgebaut, aus den ursprünglich reinen Gesprächen wurden gespielte Handlungen.

LEBEN
Luis Misón (Misson) wurde um 1720 in Barcelona geboren. Er trat 1748 als Flötist in die Königliche Kapelle ein und wirkte später auch in gleicher Eigenschaft am Teatro del Buen Retiro, wo er 1756 Dirigent wurde. Er starb am 13. 2. 1776 in Madrid.

WERKE
Der Flötenvirtuose Luis Misón gilt als Erfinder der Tonadilla escenica (gespielter Zwischendialog). Die erste brachte er 1757 auf die Bühne und ließ mehr als 80 Stück folgen. Er schrieb außerdem mehrere Opern auf spanische und italienische Texte, Zarzuelas und Sainetes. An Instrumentalmusik hinterließ er 12 Sonaten für Flöte, Bratsche und General-

baß. Seine Musik gehörte dem spanischen Spätbarock an.

Giuseppe Scolari (1720–69)

Zeit und Umwelt
Der Dichter Carlo Goldoni verfaßte insgesamt 200 Bühnenstücke, worunter sich 69 Buffolibretti befinden. Viele zeitgenössische Komponisten vertonten die Komödien dieses Rokokodichters zu Erfolgsopern.

Leben
Giuseppe Scolari wurde 1720 in Vicenza geboren. Er war reiner Opernkomponist und vertonte vorzugsweise Libretti von Carlo Goldoni. Zur Aufführung seiner Werke unternahm er mehrere Auslandsreisen, unter anderem auch nach Spanien und Portugal. Er starb in Venedig, wo er sich sehr oft aufhielt, am 30. 7. 1769.

Werke
Von den zahlreichen Opern, die Giuseppe Scolari für die italienischen, spanischen und portugiesischen Theater verfaßt hat, ist ein größerer Teil auf Libretti von Carlo Goldoni komponiert. Es handelt sich durchwegs um »Drammi giocosi« (Lustspiele), denen vom Dichter aus der alten Comedia dell'arte entwickelte Rokokokomödien zugrunde liegen. Über andere Kompositionen ist nichts bekannt.

Gregorio Ballabene (1720 bis um 1803)

Zeit und Umwelt
Der von der katholischen Kirche zeitweise für den sakralen Gebrauch sehr geförderte A-cappella-Stil bildete ab dem 17. Jahrhundert einen Sonderfall in der allgemeinen Musikentwicklung. Melodische Sangbarkeit und Selbständigkeit aller Stimmen, Vermeidung von Dissonanzen, ebenmäßiger Rhythmus, häufige Imitationen und Verzicht auf Instrumentalbegleitung oder deren Einsatz lediglich zur Stimmverstärkung waren seine Hauptmerkmale, ob es sich um reine Palestrina-Kopien handelte oder um dem Zeitstil angepaßte Diktionen. Die Stimmen wurden oft chorisch besetzt und streng kontrapunktisch geführt.

Leben
Gregorio Ballabene wurde 1720 in Rom geboren. Er lebte vollkommen zurückgezogen und seinen Studien ergeben, so daß bis zu seinem 50. Lebensjahr nur seine engsten Freunde wußten, daß er einer der größten Kontrapunktiker und der einfallsreichsten Vokalkomponisten des 18. Jahrhunderts war. Als er sich bei mehreren Domen um eine Kapellmeisterstelle bewarb, wurde er abgewiesen. Er wurde wohl Mitglied der Accademia dei Filarmonici in Bologna und Mitglied der Prüfungskommission der Congregazione dei Musici in Rom, blieb aber sonst völlig unbeachtet. Er starb um 1803 in Rom.

Werke
Von dem Meister des A-cappella-Stils Gregorio Ballabene sind eine Messe für achtundvierzig Stimmen, in zwölf Chören aufgeteilt, je ein Dixit für sechzehn und für acht Stimmen, fünfstimmige Messen und Motetten, vierstimmige Sequenzen und Amen, ein Magnificat für vier Chöre und ein vierstimmiges Compieta mit Orgel bekannt geworden.

Johann Christoph Altnikol (1720–59)

Zeit und Umwelt
Johann Sebastian Bach erblickte in seinem Schaffen weniger eine persönliche Leistung als das Ergebnis geduldigen Fleißes, Lernens und Einübens. Gefragt, wie es ihm gelungen sei, zu einer solchen Höhe seiner Kunst zu gelangen, antwortete er gewöhnlich, daß er eben fleißig sein habe müssen, und jeder, der ebensofleißig sei, es ebensoweit bringen könne. Diese Lehre gab der Meister, der seine angeborenen Fähigkeiten nicht erkannte, seinen Söhnen und Schülern mit auf den Weg.

Leben
Johann Christoph Altnikol wurde am 1. 1.

Als die
von
E. Hoch-Edlen
und
Hoch-Weisen Rath
der Stadt Leipzig
neugebauete und eingerichtete
Schule zu S. Thomä
den 5. Jun. durch etliche Reden eingeweyhet wurde
ward folgende
CANTATA
dabey verfertiget und aufgeführet
von
Joh. Sebastian Bach,
Fürstl. Sächs. Weißfels. Capellmeister, und besagter Schulen Cantore,
und
M. Johann Heinrich Winckler,
Collega IV.

Leipzig,
gedruckt bey Bernhard Christoph Breitkopf.

Titelblatt der Kantate, die Johann Sebastian Bach zur Einweihung der Thomasschule in Leipzig, 1733, verfaßte

1720 in Berna, Schlesien, geboren. Er war Sänger an St. Maria Magdalena in Breslau (Wrocław), studierte ab 1744 in Leipzig und war zugleich Bassist an St. Thomas und St. Nikolaus bis 1747 und sodann Schüler von Johann Sebastian Bach, dessen Tocher, Elisabeth Juliane Friederike (1726–81), er heiratete (20. 1. 1749). Er wirkte kurze Zeit als Organist in Niederwies, Greifenberg, und sodann von 1748 bis zu seinem Tod im Jahr 1759 in Naumburg und wurde dort am 25. 7. begraben.

WERKE

Von Johann Christoph Altnikol erschien nichts im Druck. Handschriftlich erhalten sind 2 Cembalosonaten, eine Kirchenkantate, eine fünfstimmige Motette, ein vierstimmiges Ricercar, ein Magnificat und Meßteile. Er befolgte den Rat des Schwiegervaters, fleißig zu sein, sicherlich getreu, erreichte aber dennoch nie dessen Höhe.

LITERATUR

H. Löffler, Die Schüler J. S. Bachs, Bachjahrbuch XL, 1953.

Michael Johann Friedrich Wiedeburg (1720–1800)

ZEIT UND UMWELT

Instrumentallehrer waren teuer und an kleineren Orten oft überhaupt nicht verfügbar, daher stieg der Bedarf nach Lehrwerken zum Selbstunterricht ständig an. Ein großer Teil davon war allerdings didaktisch verfehlt, weil der erklärende Text oft zwar sachlich richtig, aber derart unverständlich gehalten wurde, daß man bereits unterrichtet sein mußte, um ihn zu begreifen.

LEBEN

Michael Johann Friedrich Wiedeburg (Wideburg) wurde am 3. 10. 1720 in Hamburg geboren. Er war an der lutherischen Kirche in Norden, Ostfriesland, als Organist bis zu seinem Tod am 14. 1. 1800 tätig.

WERKE

Die Klavierschule zum Selbstunterricht »Der sich selbst informirende Clavierspieler« in 3 Teilen von Michael Johann Friedrich Wiedeburg zählte im 18. Jahrhundert zu den wichtigsten und beliebtesten ihrer Art und erlebte mehrere Auflagen. Sein »Practischer Beytrag zum sich selbst informirenden Clavier-Spieler« und sein »Musicalisches Chartenspiel« enthielten Übungsmaterial, das aus durchwegs schönen, interessanten Stücken im Zeitgeschmack bestand.

Johann Friedrich Agricola (1720–74)

ZEIT UND UMWELT

Ähnlich seinen Söhnen, ergaben sich mehrere der Schüler Johann Sebastian Bachs nach ihrer Ausbildung dem herrschenden Zeitgeschmack. Sie folgten damit einem allgemeinen Zug, der schon lange vor dem Tod des Meisters eingesetzt hatte, und der Notwendigkeit, die Gunst eines breiten Publikums zu gewinnen und zu erhalten.

LEBEN
Johann Friedrich Agricola wurde am 4. 1. 1720 in Dobitschen, Altenburg, geboren. Er studierte von 1738 bis 1741 an der Universität Leipzig und nahm bei Johann Sebastian Bach regelmäßigen Musikunterricht. Darauf wurde er in Berlin Schüler von Johann Joachim Quantz und 1759 als Nachfolger von Carl Heinrich Graun Dirigent der Königlichen Kapelle in Berlin. Den Titel eines Hofkapellmeisters verlieh ihm Friedrich der Große nicht, weil er dessen Ehe mit der berühmten Sängerin an der Berliner Italienischen Oper, Benedetta Emilia Molteni (1722, Modena, bis 1780, Berlin), mißbilligte. Er wirkte außerdem als angesehener Organist, Sänger und Gesanglehrer in Berlin bis zu seinem Tod am 2. 12. 1774.

WERKE
Von den Kompositionen des Johann Friedrich Agricola ist außer 2 Psalmen und einigen Chorälen nichts gedruckt worden. Bekannt wurde seine Kantate auf den Sieg Friedrichs des Großen über die Russen bei Zorndorf (1758). Handschriftlich sind viele kirchenmusikalische Werke und Lieder erhalten, die als wertvoller Beitrag zur Berliner Liederschule gewertet werden müssen.

LITERATUR
H. Wucherpfennig, Johann Friedrich Agricola, Altenburger Heimatblätter, 1932/33.

Louis Aubert (1720 bis um 1800)

ZEIT UND UMWELT
Mit der Einführung des Violinkonzerts nach italienischem Muster eröffnete Jacques Aubert für Frankreich eine Musikgattung, die in wenigen Jahren aufblühte. Es wurde rasch zu einer der beliebtesten Nummern auf den Konzertprogrammen und mußte, wie auch in allen anderen Musikländern, diese Vorzugsstellung nie mehr abgeben.

LEBEN
Louis Aubert wurde am 15. 5. 1720 in Paris als Sohn des Violinisten Jacques Aubert geboren und vom Vater ausgebildet. Im Alter von 11 Jahren trat er dem Opernorchester bei, in dem er im Verlauf der Zeit als erster Violinist und schließlich von 1755 bis 1771 als Konzertmeister wirkte. Er starb um 1800 in Paris.

WERKE
Von Louis Aubert sind 5 Bücher mit Sonaten für Solovioline und Generalbaß, 6 Trios für zwei Violinen mit obligatem Cello, womit die endgültige Form des Streichtrios erreicht war, und 5 vierstimmige Sinfonien erhalten. Seine Sinfonie in F-Dur hat sich am längsten auf den Programmen erhalten.

LITERATUR
A. Moser, Geschichte des Violinspiels, Berlin 1923.

Franz Joseph Leonti Meyer von Schauensee (1720–89)

ZEIT UND UMWELT
In der Schweiz waren die Vorschriften der reformierten Kirche, die weite Gebiete davon einnahm, für eine Musikentwicklung sehr hemmend, weil sie mit Ausnahme von Zürich und Genf zu wenig Publikum aufwies, das sich den Musikgenuß nicht verbieten ließ. Nur in den katholischen Kirchen wurde Musik ernstlich gepflegt, aber auch sie litten unter beträchtlichem Mangel an Kräften.

LEBEN
Franz Joseph Leonti Meyer von Schauensee wurde am 10. 8. 1720 in Luzern geboren und in Mailand zum Violinisten und Organisten ausgebildet. Er diente von 1742 bis 1744 als Offizier in der piemontesischen Armee, ließ sich sodann in seiner Geburtsstadt nieder und wurde Mitglied des Stiftes St. Leodegar, wo er den Organistendienst und die Leitung des gesamten Musiklebens übernahm und bis zu seinem Tod am 2. 1. 1789 führte. Sein

Wirken übte auf einen weiten Umkreis starken Einfluß aus.

Werke

Von den Vokalwerken des Franz Joseph Leonti Meyer von Schauensee sind eine Sammlung von 16 Offertorien, eine weitere von 7 Messen und 40 Liedern für eine Solostimme und Orchester erschienen. Er verfaßte außerdem 2 Singspiele, ein Quodlibet und Stücke für vier Singstimmen und Orchester. Sein Stil war italienisch.

Literatur

E. Koller, Franz Joseph Leonti Meyer von Schauensee, Sein Leben und seine Werke, Leipzig 1922.

Bernard Bury (1720–85)

Zeit und Umwelt

Die von François Collin de Blamont geschaffene Form des Ballet héroïque mit Intrigenhandlung, heldischen Personen und Szenen, alles in einer sehr leichten Manier gesungen, entsprach voll und ganz dem Geschmack des Hofes von Versailles in der ersten Hälfte des 18. Jahrhunderts. Sie stand im diametralen Gegensatz zu allen italienischen Formen des Musiktheaters. Sie verschwand von den französischen Bühnen mit dem Ausbruch des Buffonistenstreites, obwohl sie der Rokokogesinnung entgegenkam wie kaum eine andere Diktion.

Leben

Bernard de Bury wurde am 20. 8. 1720 in Versailles als Sohn eines königlichen Hofmusikers geboren. Er war Schüler und getreuer Nachahmer seines Onkels François Colin de Blamont, wurde 1739 Cembalobegleiter der Könglichen Kammermusik in Versailles und löste seinen Onkel 1744 als Kapellmeister ab. In den folgenden Jahren nahm ihn das Opernorchester auf, 1751 stieg er zum Leiter der Königlichen Kammermusik auf. Einige Monate vor seinem Tod am 19. 11. 1785 wurde er in den Adelsstand erhoben.

Werke

Die Kompositionen von Bernard Bury waren am Hof zu Versailles außerordentlich beliebt. Als echter Hofmusiker wußte er den Geschmack seines Publikums zu treffen. Es waren vor allem seine Ballettopern, die seinen Ruf festigten, aber auch die übrigen Werke, von denen ein Buch mit Cembalostücken, Motetten, großangelegten Kantaten und einige Chansons erhalten sind. Er brachte unverfälschte Rokokomusik.

Adolf Carl Kunzen (1720–81)

Zeit und Umwelt

Die von Franz Tunder (1614–67) um 1648 in der Marienkirche von Lübeck eingerichteten regelmäßigen Abendmusiken wurden von seinem Schwiegersohn Dietrich Buxtehude (1637–1707) auf eine beachtliche Höhe gebracht. Sie wurden von den an der Kirche nachfolgenden Kantoren auf gleichem Niveau bis in das 19. Jahrhundert beibehalten und bildeten einen vielbewunderten Anziehungspunkt der Stadt.

Leben

Adolf Carl Kunzen (Kuntzen) wurde am 22. 9. 1720 in Wittenberg als Sohn des Organisten und Komponisten Johann Paul Kunzen geboren. Er war Schüler von Jacob Wilhelm Lustig in Hamburg. Ab seinem 7. Lebensjahr spielte er in Konzerten Violine und begleitete seinen Vater auf Konzertreisen nach den Niederlanden und England. Im Jahr 1749 wurde er Konzertmeister am Hof zu Schwerin, dann 1752 Kapellmeister. Nachdem er die Jahre 1754 bis 1757 in London verbracht und als Cembalist gewirkt hatte, folgte er seinem Vater in die Organistenstelle an der Marienkirche in Lübeck nach, wo er die berühmten Abendmusiken leitete und diese mit zahlreichen eigenen Kompositionen ausstattete. Er starb 1781 in Lübeck und wurde dort am 11. 7. begraben.

Werke

Außer den »Liedern zum Unschuldigen Zeitvertreib«, die drei Auflagen erlebten, und einigen Stücken für Pianoforte ist von Adolf Carl Kunzen nichts gedruckt worden. Seine Oratorien, Sinfonien, Klavierkonzerte, Violinsonaten, Cembalosonaten und Chöre für die »Abendmusiken« sind Manuskript geblieben. Sein Stil zeigt eine gewisse Abhängigkeit sowohl von Georg Friedrich Händel wie auch von Johann Sebastian Bach.

Maria Teresa d'Agnesi Pinottini
(1720–95)

ZEIT UND UMWELT
Das 18. Jahrhundert weist bereits mehr Komponistinnen auf als die vorhergehenden. Es handelte sich zumeist um Angehörige des Adels, denen man eine musikalische Ausbildung angedeihen ließ, oder von Musikerdynastien, in denen die Musikerziehung für alle selbstverständlich war.

LEBEN
Maria Teresa d'Agnesi Pinottini wurde am 17. 10. 1720 in Mailand geboren. Sie war eine gefeierte Pianistin ihrer Zeit, die auch in Deutschland konzertierte. Ihr Hauptwirkungskreis war aber Oberitalien. Sie starb am 19. 1. 1795 in Mailand.

WERKE
Von Maria Teresa d'Agnesi Pinottini sind zahlreiche Werke für Cembalo oder Pianoforte – Konzerte und Sonaten – bekannt geworden. Sie schrieb auch einige Kantaten und 5 Opern.

Carlo Antonio Campioni (1720–88)

ZEIT UND UMWELT
Nachdem Großherzog der Toskana Gian Gastone 1737 kinderlos verstorben war, ging das Land an Franz von Lothringen, den späteren Kaiser Franz I., über. Ihm folgte als Großherzog sein Sohn Leopold (1747–92), der als Leopold II. 1790 Kaiser wurde. Er versuchte, die politischen und wirtschaftlichen Zustände des Großherzogtums im Sinne der Aufklärung zu reformieren, was jedoch nur teilweise gelang.

LEBEN
Carlo Antonio Campioni wurde am 16. 11. 1720 in Lubéville, Meurthe-et-Moselle, geboren. Er war Schüler von Giuseppe Tartini und von 1764 bis 1780 großherzoglicher Kammermusikdirektor und Kapellmeister in Florenz, wo er am 12. 4. 1788 starb.

WERKE
Als Kirchenkomponist genoß Carlo Antonio Campioni bei seinen Zeitgenossen einen sehr guten Ruf; seine Messen, Requiem, Offertorien und Responsorien wurden viel gesungen. Von seinen zahlreichen profanen Kompositionen sind 6 Cembalosonaten, 2 Violinsoli, Duos für zwei Violinen und für Violine und Cello und Triosonaten erhalten. Sein Stil hatte sich bereits von jeder barocken Faktur entfernt. Er veröffentlichte auch ein musiktheoretisches Werk.

LITERATUR
C. Floros, Carlo Antonio Campioni, in: Rivista di Livorno Nr. 3, 1955.

Pascual Fuentes (um 1721–68)

ZEIT UND UMWELT
Das Barock war in Spanien auch im 18. Jahrhundert führender Stil. Die vielstimmigen Werke weisen sogar häufig eine gewisse Kontrapunktik auf, deren Linien allerdings nur streckenweise exakt gearbeitet sind, weil sie dem harmonischen Klang Konzessionen machen und Dissonanzen soviel wie möglich vermieden werden, um den imposanten Vollklang nicht zu stören. Auch die Verwendung von Blechblasinstrumenten ist keine Stilneuerung, weil in Spanien – gewisse Zeitspannen ausgenommen – immer alles an Instrumenten eingesetzt wurde, was vorhanden war.

LEBEN
Pascual Fuentes wurde in Aldaya, Valencia, um 1721 geboren. Er war Chorknabe an der

Kathedrale von Valencia, trat 1737 der Kapelle an der Kathedrale von Albarracín bei und wurde schließlich Kapellmeister an San Andrés und sodann an der Kathedrale in Valencia, wo er am 26. 4. 1768 starb.

Werke
Von Pascual Fuentes sind eine Anzahl Messen und Hymnen, 13 Miserere, 8 Magnificat, ein Te Deum und mehr als 100 Villancicos handschriftlich erhalten. Sein Beatus vir für zehn Stimmen und sein Villancico »a Santa Catalina« für sechs Stimmen mit Trompeten, Violine, Orgel und Generalbaß werden noch heute aufgeführt und haben nichts von ihren mächtigen Klängen verloren.

Literatur
V. Ripollés, El Villancico i la cantata del segle XVIII a Valencia, Barcelona 1935.

Michele Stratico (um 1721 bis um 1782)

Zeit und Umwelt
König Władysław von Neapel (1377–1414), ungarischer König ab 1403, trat Dalmatien an Venedig ab. Das Land wurde, mit zeitweisen durch das Eindringen der Türken bedingten Unterbrechungen, bis 1797 von der Republik regiert. Die dalmatinischen Städte nahmen an der kulturellen Entwicklung Venedigs teil; auch ihre Musiker wurden dort ausgebildet und fanden in der Republik ihren Wirkungsraum.

Leben
Michele Stratico wurde um 1721 in Zadar (Zara) geboren. Er studierte an der Universität Padua Rechtswissenschaft und war zugleich Schüler von Giuseppe Tartini. Wo und in welcher Eigenschaft er als Musiker tätig war, ist unbekannt. Vermutlich gehörte er zu einer Kapelle in Padua und betätigte sich als Violinlehrer. Er starb, vermutlich in Padua, um das Jahr 1782.

Werke
Von den zahlreichen Instrumentalwerken, die Michele Stratico verfaßte, sind 6 Sonaten für Violine und Cello oder Cembalo im Druck erschienen. Seine Sinfonien, Konzerte und Sonaten sind handschriftlich überliefert. Sein Stil war von Giuseppe Tartini abhängig.

Literatur
M. T. Roeder, Sonatas, Concertos and Symphonies of Michele Stratico, Santa Barbara 1971.

André Noël Pagin (1721 bis nach 1785)

Zeit und Umwelt
Zu Giuseppe Tartini, der bekanntlich alle Einladungen nach dem Ausland ablehnte, kamen Schüler aus aller Herren Länder nach Padua, die, nach ihrer Ausbildung in ihre Heimatländer zurückgekehrt, Ruhm und Werk ihres Lehrers verbreiteten und zugleich auch Namen und Musik anderer großer italienischer Violinisten bekannt machten.

Leben
André Noël Pagin wurde 1721 in Paris geboren. Er war bis 1750 Schüler von Giuseppe Tartini in Padua. Nach seiner Rückkehr nach Paris trat er als Violinist im Concert spirituel auf. Daneben betätigte er sich als Violinist in den Häusern musikliebender Adeliger und Bürger und als Violinlehrer. Er starb in Paris nach 1785.

Werke
Von André Noël Pagin sind 6 Sonaten für Solovioline und Generalbaß, von denen einige später mit Cembalobegleitung erschienen sind, überliefert. Sie bewegen sich im Schatten des großen Lehrers und stehen barocken Fakturen nahe.

Quirino Gasparini (1721–78)

Zeit und Umwelt
Die Aufnahmebedingungen der Hofkapelle von Turin waren sehr streng, aber eine Ausbildung bei Padre Martini in Bologna reichte als Empfehlung hin wie überall.

LEBEN
Quirino Gasparini wurde 1721 in Gandino bei Bergamo geboren. Er war Schüler von Padre Martini in Bologna und wurde darauf in die Hofkapelle von Turin aufgenommen, wo er 1749 Kapellmeister wurde. Im Jahr 1776 erhielt er die Stelle eines Domkapellmeisters in Turin und versah dieses Amt bis zu seinem Tod am 23. 9. 1778.

WERKE
Außer einigen Opern schrieb Quirino Gasparini Kammermusik, Vokalwerke und Kirchenmusik, darunter sein berühmtes vielgesungenes Stabat mater und ein vierstimmiges Adoramus te, das lange Wolfgang Amadeus Mozart zugeschrieben worden ist (KV 327).

LITERATUR
F. Raugel, Quirino Gasparini, in: Revue de Musicologie XIII, 1911.

Pieter Hellendaal (1721–99)

ZEIT UND UMWELT
Die hochentwickelte Technik, die außerordentliche Musikalität und der fortgeschrittene Stil des Virtuosen Giuseppe Tartini befruchteten die Violinistik der europäischen Musikländer über seine Schüler, die seine Kunst überallhin trugen und dort zur weiteren Entwicklung des eigenen Musiklebens anregten.

LEBEN
Pieter (Peter) Hellendaal wurde am 1. 4. 1721 in Rotterdam getauft. Er wirkte zunächst an St. Nikolaus in Utrecht ab 1735, war sodann von 1738 bis 1740 Schüler bei Giuseppe Tartini. Von 1749 bis 1751 studierte er in Leiden, dann lebte er in London und darauf in King's Lynn als Organist und schließlich in Cambridge, wo er als Organist an Pembroke College bis 1777 und an Peterhouse bis zu seinem Tod am 19. 4. 1799 tätig war.

WERKE
An Instrumentalwerken veröffentlichte Pieter Hellendaal 6 Violinsolosonaten mit Baß, 6 Violinsolosonaten ohne Baß, 6 große Konzerte, 6 Violinsoli mit Generalbaß, 6 Cellosoli, 3 große Übungsstücke für Cembalo oder Pianoforte mit Violine und Cello. Seine Vokalmusik besteht aus einer Sammlung Psalmen, einer Kantate, Glees, Catches, Anthems und Hymnen. Seinen Stil brachte er aus Padua mit, entwickelte ihn aber unter dem Einfluß der Musik von Georg Friedrich Händel, was besonders bei seinem Konzert Nr. 3 zum Ausdruck kommt.

LITERATUR
J. A. Parkinson, Pieter Hellendaal, in: Monthly Music Record LXXXII, 1952.

Matthias van den Gheyn (1721–85)

ZEIT UND UMWELT
Glockenspiele waren im niederländisch-nordfranzösischen Raum seit je als Zeichen der reichen Städte verbreitet. Schon 1510 gab es in Audenarde ein mittels einer Klaviatur von innen spielbares Glockenspiel. Man erweiterte bald die Anzahl der Glocken, kleinere Glockenspiele wurden in Orgeln eingebaut und von Organisten bedient. Ab dem 17. Jahrhundert entstanden spezielle Kompositionen für Glockenspiele.

LEBEN
Matthias van den Gheyn wurde am 7. 4. 1721 in Tirlemont, Brabant, geboren. Er stammte aus einer Glockengießerfamilie. Ab 1741 wirkte er als Organist und ab 1745 als Carillonneur an St. Peter in Löwen bis zu seinem Tod am 22. 6. 1785.

WERKE
Von den vielen Werken des berühmten Orgel- und Glockenspielers Matthias van den Gheyn sind nur 4 Divertissements für Cembalo und im Rahmen einer Generalbaßlehre 2 Übungsstücke und 12 Sonaten gedruckt worden. Alles andere ist Manuskript geblieben. Davon sind seine Präludien für Glockenspiel besonders interessant.

Salzburger Glockenspiel

LITERATUR
X. van Elewyck, Matthias van den Gheyn, Utrecht 1972.

Johann Philipp Kirnberger (1721–83)

ZEIT UND UMWELT
Prinzessin Anna Amalia, Schwester Friedrichs des Großen, war selbst Musikerin und daher musikalisch stark interessiert; sie legte eine umfangreiche Sammlung zeitgenössischer Kompositionen an, die die Grundlage zur Bach-Renaissance des 19. Jahrhunderts bildete.

LEBEN
Johann Philipp Kirnberger (Kernberg) wurde am 24. 4. 1721 in Saalfeld, Thüringen, getauft. Er war Schüler von Johann Peter Kellner, Heinrich Nikolaus Gerber und Johann Sebastian Bach und wirkte von 1741 bis 1750 als Musiklehrer und Kapellmeister in polnischen Adelshäusern und am Nonnenkloster in Lemberg (Lwiw). Ab 1751 wurde er nach einem Studienaufenthalt in Dresden Violinist an der Berliner Hofkapelle. Im Jahr 1754 ernannte ihn Prinzessin Anna Amalia zu ihrem Kapellmeister und beauftragte ihn mit der Betreuung ihrer Musiksammlung. Er starb in Berlin am 27. 7. 1783.

WERKE
Ruf und Ansehen von Johann Philipp Kirnberger beruhten vor allem auf seinen zahlreichen musiktheoretischen Werken, die nur teilweise die Zustimmung der Zeitgenossen erhielten. Dennoch war sein Einfluß auf die Berliner Schule beträchtlich. Seine Kompositionen, Übungsstücke, Sonaten, Fugen, Klavier- und Orgelstücke, Triosonaten, Orchestermenuette, Orchestersuiten, Sinfonien, Motetten, Lieder, ein Allegro und eine Kantate wurden bereits zu seiner Zeit wegen ihrer »Gelehrsamkeit« und »Künstlichkeit« nicht sehr geschätzt.

LITERATUR
S. Borris, Kirnbergers Leben und Werke, Kassel 1933.

Francis Ireland (1721–80)

ZEIT UND UMWELT
Autodidakte Dilettanten weist jede Epoche der Musikgeschichte auf. Sie waren oft der Musikentwicklung sehr förderlich, weil sie, von Stilregeln und von den Hörgewohnheiten unabhängiger als Berufsmusiker, ihrem Hobby nachgingen und dadurch zuweilen ungehemmt in Neuland vorstießen.

LEBEN
Francis Ireland (Pseudonym für Francis Hutcheson) wurde am 13. 8. 1721 in Dublin geboren. Er war Mediziner und zuletzt ab 1775 Konsiliararzt am Rotunda-Hospital. Seine kompositorische Tätigkeit übte er unter seinem Pseudonym aus.

WERKE
Das Madrigal »Return, return« (Kehre zurück) machte Francis Ireland zum berühmten Vokalkomponisten. Für seine Glees und Catches, die bald sehr bekannt wurden, erhielt er mehrere Preise. Ein Teil davon kam im Druck heraus.

Pierre Talon (1721–85)

ZEIT UND UMWELT
Der galante Stil, der in Frankreich das Spätbarock ablöste, schlich sich in Versailles sozusagen verstohlen ein, denn in der Residenz herrschte bis Ludwig XVI. die Strenge des französischen Barock, die nur unmerklich, von Musik und Oper in Paris ausgehend, gelockert wurde. Der Generalbaß wurde noch bis zum letzten Drittel des 18. Jahrhunderts angewendet.

LEBEN
Pierre Talon wurde am 25. 10. 1721 in Reims geboren. Er gehörte von 1753 bis 1782 als Cellist der Königlichen Hofkapelle und der Königlichen Kammermusik an und starb in Paris am 26. 6. 1785.

WERKE
Von Pierre Talon erschienen 6 viersätzige

7

Tabelle der Würfe zu Polonoisen.

Zum ersten Theile.

mit einem Würfel	1	2	3	4	5	6					
mit zwey Würfeln	2	3	4	5	6	7	8	9	10	11	12
1 Wurf	70	10	42	62	44	72	114	123	131	138	144
2 „ „	34	24	6	8	56	30	112	116	147	151	153
3 „ „	68	50	60	36	40	4	126	137	143	118	146
4 „ „	18	46	2	12	79	28	87	110	113	124	128
5 „ „	32	14	52	16	48	22	89	91	101	141	150
6 „ „	58	26	66	38	54	64	88	98	115	127	154

Polonoise.

Aus einem Werk des Musiktheoretikers Johann Philipp Kirnberger

Sinfonien, 6 Quartette für Violine, Oboe, obligates Cello und Generalbaß und 6 Trios für Violine, Cello und Generalbaß. Die ersten Sätze der Sinfonien sind konservativ gehalten, während die übrigen dem galanten Stil angehören.

John Garth (um 1722–1810)

ZEIT UND UMWELT

Die Übertragung lateinischer sakraler Gesänge in das Englische, damit sie im anglikanischen Gottesdienst gebraucht werden konnten, fand im 18. Jahrhundert in England mehr Anklang als die Übernahme von calvinisch-französischen oder protestantisch-deutschen Fassungen, weil die lateinischen zumeist von italienischen Komponisten stammten. Das betraf vorwiegend die Psalmenkompositionen und Psalmenparaphrasen, deren Texte allerdings oft italienisch waren.

LEBEN

John Garth wurde um 1722 in Durham geboren. Er dürfte an einer Londoner Kirche als Musiker tätig gewesen sein. Bekannt wurde er vor allem durch die englische Ausgabe von 50 Psalmenparaphrasen von Benedetto Marcello, die er gemeinsam mit Charles Avison herausgab. Er starb 1810 in London.

WERKE

Von John Garth sind 6 Cellokonzerte mit vier Violinen, Bratsche und Baß, 6 Cembalosonaten mit zwei Violinen und Cello und 6 Voluntaries für Orgel und einige sakrale Vokalmusik erhalten. Sein Stil ist italienisch beeinflußt.

Johann Philipp Sack (1722–63)

ZEIT UND UMWELT

Als kompositorischer Grundsatz wurden peinlich genaue Wortbetonung und Wortverständlichkeit wie bei der französischen Ariette, Einfachheit der Melodie und ihr unbedingter Vorrang vor der Begleitung von den Liederkomponisten des friderizianischen Berlin festgelegt. Dieser Vorrang wurde bald auch dadurch betont, daß für die Singstimmen eigene Notenzeilen oberhalb der Begleitung verwendet wurden.

LEBEN

Johann Philipp Sack wurde 1722 in Harzgerode geboren. Im Jahr 1747 wurde er Hilfsorganist und 1755 Organist am Dom in Berlin. Er war Mitbegründer der »Musikübenden Gesellschaft« und nahm am Musikleben Berlins bis zu seinem Tod im Jahr 1763 lebhaften Anteil.

WERKE

Die Lieder und Klavierstücke von Johann Philipp Sack sind in Sammelwerken der Berliner Liederschule erschienen. Die Anforderungen, die diese an die Liedkomponisten stellte, wurden von seinen Werken voll erfüllt. Er war auch einer der ersten, die bei der Notierung für die Singstimme ein besonderes System anlegten, das über den zwei Zeilen der Begleitung verlief.

LITERATUR

M. Friedlaender, Das deutsche Lied im 18. Jahrhundert, Berlin 1902.

Friedrich Gottlob Fleischer
(1722–1806)

ZEIT UND UMWELT

Der Grundsatz der Wortbetonung und Wortverständlichkeit, den die Berliner Liederschule festlegte, und die gleichzeitig geforderte Einfachheit führten bei nicht wenigen Komponisten zu einer deklamatorisch trockenen oder primitiv-naiven melodischen Anlage. Einzelne versuchten dieser hausbackenen Diktion dadurch zu entkommen, daß sie den Melodien reichlich Verzierungen aufsetzten. Der Effekt war aber wenig befriedigend.

LEBEN

Friedrich Gottlob Fleischer wurde am 14. 1. 1722 in Köthen geboren. Er wurde 1746 Organist an der Martinskirche und Mitglied des Hoforchesters in Braunschweig und versah beide Stellen bis zu seinem Tod am 4. 4. 1806.

WERKE
Neben einem Singspiel, einigen Cembalosonaten und Cembaloübungen brachte Friedrich Gottlob Fleischer »Oden und Lieder«, 2 Teile, »Cantaten zum Scherz und Vergnügen« und eine »Sammlung größerer und kleinerer Singstücke« heraus. Die Liedmelodien sind reich verziert, was aber über ihre Primitivität nicht hinwegtäuschen kann. Er wählte als einer der ersten anstelle des bezifferten Basses eine akkordische Begleitung und rückte damit der klassischen Liedform näher.

LITERATUR
M. Friedlaender, Das deutsche Lied im 18. Jahrhundert, Berlin 1902.

Johann Ernst Bach (1722–77)

ZEIT UND UMWELT
»Eine Musik zu schreiben, damit einmal das Schreiende, das Lärmende, das Brausende aus den Tempeln verdrängt werden möge«, lautete die Forderung in der Vorrede zum Eisenacher Kirchengesangbuch von 1776. Galanter oder empfindsamer Stil ohne Tiefgang, ohne Ernst, ohne Konflikte wurde verlangt und von der Generation nach Johann Sebastian Bach geboten. Die ererbte Genialität ließ sich nicht völlig drosseln; sie suchte und fand die Auswege zu neuer Entfaltung.

LEBEN
Johann Ernst Bach wurde am 28. 1. 1722 in Eisenach als Sohn des Kantors und Organisten Johann Bernhard Bach (1676–1749) geboren. Nach dem Besuch der Lateinschule in Eisenach und der Thomasschule in Leipzig studierte er Rechtswissenschaft und fand beim Patenonkel Johann Sebastian Bach »manches Jahr liebevolle Aufnahme«. Ab 1742 wirkte er in Eisenach als Amtsadvokat, dann als Organist in Vertretung des Vaters und nach dessen Tod als sein Nachfolger in der Georgskirche in Eisenach, wo von 1685 bis 1797 Angehörige der Familie Bach die Orgel spielten. Im Jahr 1756 wurde er Hofkapellmeister des Herzogs Ernst August von Sachsen-Weimar, mit dessen Tod die Kapelle allerdings ihre Tätigkeit einstellte. Johann Ernst Bach starb am 1. 9. 1777 in Eisenach.

WERKE
Das Passionsoratorium »O Seele, deren Sehnen« von Johann Ernst Bach, das noch heute oft gespielt wird, stellt eines der ersten klassischen Oratorien dar. Der Klassik sehr nahe standen seine Klavierfantasien und Klaviersonaten wie auch seine Sonaten für Klavier und Violine. Die Orgelstücke und Kirchenkantaten erfüllen die Forderung nach leichter, zierlicher, eingängiger Musik. Seine »Sammlung auserlesener Fabeln« (nach Christian Fürchtegott Gellert) können als Vorstufe zur Ballade des 19. Jahrhunderts angesehen werden.

LITERATUR
H. Kuhn, Vier Organisten Eisenachs aus Bachischem Geschlecht, in: Bach in Thüringen, Berlin 1950.

Charles Antoine Branche
(1722 bis nach 1779)

ZEIT UND UMWELT
Leichtfaßlich und ausdrucksvoll, reich ausgeziert und unbeschwert bot sich die Musik Frankreichs um die Mitte des 18. Jahrhunderts dar. Eine heile Welt, in der man sein Leben spielend und verspielt vertändeln kann, ließ man sich nur zu gerne vorgaukeln, denn die Anzeichen kommender Katastrophen waren nicht immer zu übersehen.

LEBEN
Charles Antoine Branche wurde am 31. 3. 1722 in Vernon, Eure, geboren. Er war ab 1749 erster Violinist an der Comédie Française und von 1753 bis 1764 künstlerischer und technischer Leiter des Theaterorchesters. Außerdem betätigte er sich als Violinlehrer. Er starb nach 1779 in Paris.

WERKE
Von den vielen Werken von Charles Antoine Branche – Sonaten, Duette, Trios, Konzerte – sind nur ein Buch mit Sonaten für Soloviolinė mit Generalbaß und ein Konzert mit obligater Violine erhalten. Er war ein typischer Barockmusiker.

Jakob Friedrich Kleinknecht
(1722–94)

ZEIT UND UMWELT
Das Pianoforte setzte sich ab der Mitte des 18. Jahrhunderts in steigendem Maß durch. Abgesehen davon, daß darauf immer häufiger Cembalomusik gespielt wurde, erschienen immer mehr Kompositionen, die das neue Instrument speziell vorschrieben, wobei es zumeist noch offenblieb, auch das Cembalo zu benützen und auf den Effekt der wechselnden Dynamik zu verzichten.

LEBEN
Jakob Friedrich Kleinknecht wurde am 8. 4. 1722 in Ulm als Sohn des Zweiten Organisten des Ulmer Domes, Johann Kleinknecht (getauft 7. 12. 1676, Ulm, begraben 4. 6. 1751, Ulm), geboren. Er trat 1743 der Markgräflichen Kapelle in Bayreuth bei, wurde darin 1747 Violinist, 1749 Zweiter Konzertmeister und 1761 Hofkomponist und Kapellmeister. Im Jahr 1769 übersiedelte er mit der Kapelle nach Ansbach, wo er am 11. 8. 1794 starb.

WERKE
Bezeichnend für das kompositorische Werk von Jakob Friedrich Kleinknecht sind seine gehaltvollen langsamen Sätze und das nahezu ausschließlich vorgeschriebene Pianoforte, dem er effektvolle dynamische Kontraste zuteilte. Erhalten sind davon Sonaten für Violine, für Cello und für Flöte, Flötentrios, ein Flötendoppelkonzert und Sonaten für Pianoforte.

Pietro Nardini (1722–93)

ZEIT UND UMWELT
Der Einfluß des Virtuosen Giuseppe Tartini,

Pietro Nardini, Stich von H. E. v. Winter, 1816

den er auf seine Schüler und über sie auf das Violinspiel des 18. Jahrhunderts ausübte, kann nicht hoch genug eingeschätzt werden. Das betraf in vielen Fällen nicht so sehr die Spieltechnik selbst, die auch die treuesten Schüler selbständig weiterentwickelten, sondern den Kompositionsstil, der ungeachtet des Zeitfortschritts unverändert übernommen wurde. Die Virtuosen bemühten sich, mit ihrem Instrument über ihren Lehrer hinauszuwachsen, das begleitende Orchester war für sie immer nur eine Klangkulisse, deren Gestaltung man nicht antastete.

LEBEN
Pietro Nardini wurde am 12. 4. 1722 in Livorno geboren. Er wurde im Alter von 12 Jahren Schüler von Giuseppe Tartini. Von 1740 bis 1760 lebte er in seiner Vaterstadt als geschätzter Violinist und Violinlehrer. Sodann wurde er zur Vermählung des nachmaligen Kaisers Joseph II. mit Isabella von Parma (1741–63) nach Wien gerufen. Von dort begab er sich über Dresden nach Italien zurück und wurde von Karl Eugen von Württemberg 1762 nach Stuttgart an die von

Niccolò Jommelli geleitete Hofkapelle als Kammervirtuose und Konzertmeister verpflichtet. Im Jahr 1765 war er erneut in Livorno, das er nur mehr für einige Konzertreisen nach Rom und Neapel verließ; 1769 erhielt er den Ruf nach Florenz als Leiter der Großherzoglichen Kapelle, dem er erst Folge leistete, nachdem sein alter Lehrer Giuseppe Tartini, den er in Padua aufgesucht hatte, gestorben war (1770). Er starb am 7. 5. 1793 in Florenz.

Werke

»Sein Spiel füllt die Augen der kaltherzigen Höflinge mit Tränen, während seine eigenen Tränen über seine Geige fließen«, urteilte Daniel Schubart über Pietro Nardini. Leopold Mozart rühmte die »Schönheit, Reinigkeit und Gleichheit seines Tones«, Charles Burney hielt ihn für den vollendetsten Violinisten seiner Zeit. Jedenfalls wird er als bedeutendster Repräsentant der Tradition Giuseppe Tartinis angesehen, der bei der Komposition seiner dreisätzigen Sonaten mit Generalbaß der Faktur des Lehrers treu blieb, mit Schmelz und Schönheit der Melodien aber bereits die Klassik vorausahnen ließ.

Von seinen Werken erschienen im Druck: 6 Konzerte für fünf Instrumente mit Soloviolinie, 6 Streichquartette, 6 Triosonaten, 14 Menuette für zwei Violinen und Generalbaß, eine große Anzahl Violinsonaten mit Generalbaß und 6 Tenorduette. Handschriftlich liegen vor: 4 Violinkonzerte, 2 Sinfonien, 19 Violinsonaten, 2 Cembalosonaten. Die Zuschreibung der unter seinem Namen überlieferten 110 Capricci für Violine ist zumindest für einen Teil davon sehr zweifelhaft.

Literatur

C. Pfäfflein, Pietro Nardini, Seine Werke und sein Leben, Stuttgart 1935.

Wilhelm Gottfried Enderle (1722–90)

Zeit und Umwelt

In unserer Zeit, in der es kaum eine Wissenschaft oder Kunstgattung gibt, über die nicht eine Fülle Fachliteratur beschaffbar wäre, ist jede Ausbildung im Selbstunterricht möglich. Noch im 18. Jahrhundert hieß die Behauptung, ein Meister sei Autodidakt gewesen, zumeist nichts anderes, als daß seine Lehrer unbekannt sind. Obwohl bereits mehrere Harmonie- und Kompositionslehren vorlagen, ist es schwer vorstellbar, daß mit diesen Hilfsmitteln allein jemand zum Virtuosen und Komponisten werden konnte. Die Möglichkeit einer seltenen Ausnahme blieb dabei selbstverständlich immer offen.

Leben

Wilhelm Gottfried Enderle (Enderlein) wurde am 21. 5. 1722 in Bayreuth geboren. Er war angeblich Autodidakt und wurde 1748 Kammermusikus in Würzburg, 1753 Konzertmeister in Darmstadt und 1762 Nachfolger des Kapellmeisters und Komponisten Johann Samuel Endler, unter dem er durch 9 Jahre als Konzertmeister gewirkt hatte. Man darf annehmen, daß er zumindest während dieser Zeit von seinem Vorgänger einiges erlernt hatte. Er starb in Darmstadt am 18. 2. 1790.

Werke

Von Wilhelm Gottfried Enderle sind 7 Sinfonien, ein Cembalokonzert, 2 Violinkonzerte, 20 Trios und mehrere Gelegenheitskompositionen erhalten. Sein Stil ist sehr konservativ.

Literatur

W. Nagel, Zur Geschichte der Musik am Hofe von Darmstadt, Monatshefte für Musikgeschichte XXXII, 1900.

Johannes Schmidlin (1722–72)

Zeit und Umwelt

Das Collegium musicum »auf dem Music-Saal beim Fraumünster« in Zürich beschäftigte sich nahezu ausschließlich mit religiösem Gesang. Einem wirklichen Musikleben stand die Strenge des Calvinismus entgegen. Auch die wenigen Komponisten schrieben vorwiegend Vokalmusik, die sich von sakralen Themen nicht weit entfernte.

LEBEN
Johannes Schmidlin wurde am 22. 5. 1722 in Zürich geboren. Er war Schüler von Johann Caspar Bachofen und Mitglied des Collegium musicum in Zürich. Während seiner Tätigkeit als Pastor gründete er 1755 den ersten ländlichen »Gesangverein« in Wetzikon-Seegräben und nach Züricher Beispiel ein Collegium musicum und entfaltete eine intensive Tätigkeit zur Hebung der Schweizer Liedkunst. Er starb am 5. 11. 1772 in Wetzikon, Kanton Zürich.

WERKE
Das Hauptwerk von Johannes Schmidlin stellt eine Sammlung religiöser Lieder nach dem Muster des »Halleluja« von Johann Caspar Bachofen unter dem Titel »Singendes und spielendes Vergnügen reiner Andacht« dar. Seine »Schweitzerlieder mit Melodien« auf Texte von Johann Kaspar Lavater (1741 bis 1801) waren ein wichtiger Beitrag zur Verbreitung des monodischen Gesangs mit Begleitung. Er schuf damit im Verein mit seinen Schülern eine Schule des Schweizer Liedes ähnlich der Berliner Liederschule.

Georg Anton Benda (1722–95)

ZEIT UND UMWELT
Ein englischer Musikhistoriker wies darauf hin, daß gerade im 18. Jahrhundert mehrere Familien tschechischer Musiker von Deutschland aufgesogen wurden. Die Gründe für diese Auswanderung von Musikern aus dem böhmisch-mährischen Raum sind schon mehrmals dargelegt worden. Die neue Umwelt zwang sie zur Assimilierung, die zumeist spätestens in der zweiten Generation vor sich ging. Manche vertauschten bald nach ihrer Ankunft im deutschen Sprachgebiet ihre Vornamen gegen die entsprechenden deutschen.

LEBEN
Georg Anton (Jiří Antonín) Benda wurde am

Georg Anton Benda, Stich von C. G. Geyser

30. 6. 1722 in Neubenatek (Nové Benatky) getauft. Nach einer Ausbildung im Jesuitenkolleg in Jičin wurde er 1742 königlicher Kammermusikus in Berlin, 1750 Hofkapellmeister in Gotha, wo er mit einer sechsmonatigen Unterbrechung wegen einer Studienreise nach Italien 1778 blieb. Sodann legte er seine Kapellmeisterstelle nieder und übersiedelte nach Hamburg. Nach einer Reise nach Wien und Paris, um Bühnenstücke aufzuführen, zog er sich nach Georgenthal bei Gotha, dann nach Ohrdruf und schließlich nach Köstritz in Thüringen zurück, wo er am 6. 11. 1795 starb.

WERKE
Internationales Aufsehen erregte Georg Anton Benda mit seinen nach Anweisungen von Jean-Jacques Rousseau gearbeiteten Melodramen, mit ihren tonmalerischen Schilderungen und raschen Affektwechseln. Außer den Melodramen verfaßte er eine Reihe von Singspielen und mehrere Kantaten. Im Druck erschienen noch 6 Hefte Cembalo- und Gesangstücke, Cembalosonaten und 3 Cembalokonzerte. Zahlreiche Kompo-

sitionen sind handschriftlich erhalten, wie 8 Sinfonien, weitere Cembalokonzerte, Violinkonzerte, Cembalosonaten, Trios und verschiedene Cembalostücke. Seine Musik stand sozusagen an der Schwelle der Klassik. Der Generalbaß wurde nur mehr fragmentarisch verwendet. Einige Werke wie eine Sinfonie in B-Dur und mehrere Cembalokonzerte stehen noch heute auf den Konzertprogrammen.

Cembalokonzert in g-Moll, 3 Sätze

Der 1. Satz ist am meisten traditionsverbunden. Nach einer langen Orchestereinleitung wird das Themenmaterial exponiert. Zwei kontrastierende Perioden bestreiten den Kern des Satzes, der dunkel und energisch wirkt und sich voll melodischer Kontraste darbietet. Der 2. Satz ist heiter und lyrisch. Die Streicher spielen sordiniert. Die melodische Linie ist sehr weit gespannt und stark differenziert. Das Presto des Finalsatzes ist sonatenähnlich angelegt. Die Solopartie ist zwar virtuos ausgestaltet, der gesamte Ausdruck bleibt jedoch ernst.

LITERATUR

R. Hodermann, Georg Benda, Coburg 1895.

Gregorio Sciroli (1722 bis nach 1777)

ZEIT UND UMWELT

Die vielseitige Ausbildung, die die Schüler der Konservatorien in Neapel genossen, wirkte sich für viele sehr vorteilhaft aus, denn nahezu jeder war später imstande, sein Fach zu wechseln, falls in einem die Erfolge ausblieben. Die Leichtigkeit, mit der einzelne von der Opernkomposition zur Kirchenmusik übergingen, aus Kapellmeistern Organisten wurden und in verschiedenen Fächern unterrichten konnten, war auf das breite Lehrprogramm der Konservatorien zurückzuführen.

LEBEN

Gregorio Sciroli wurde am 5. 10. 1722 in Neapel geboren und am Conservatorio della Pietà de'Turchini von Nicola Fago und Leonardo Leo ausgebildet. Im Jahr 1747 führte er seine erste Oper auf und ließ ungefähr 20 für Neapel, Rom, Mailand und Venedig folgen. Ab 1752 wirkte er neben der Komposition als Dirigent einer Privatkapelle, zugleich einige Zeit als Cembalist an San Carlo in Neapel. Dann begab er sich um 1777 nach Mailand, um neben einem Kirchendienst Gesangunterricht zu geben, und ist dort vermutlich in einem der folgenden Jahre gestorben.

WERKE

Von Gregorio Sciroli sind außer seinen Opern 6 Terzette für zwei Violinen und Baß bekannt geworden. Alle seine weiteren Werke, insbesonders seine Kirchenmusik, die er angeblich verfaßt hat, sind verlorengegangen.

Francesco Antonio Uttini (1723-95)

ZEIT UND UMWELT

König Gustaf III. von Schweden, der seine Regierung 1771 antrat, machte große Anstrengungen zur Hebung des kulturellen Niveaus seines Landes. Er gründete das nach ihm benannte Opernhaus, das 1777 mit der Aufführung einer der ältesten Opern in schwedischer Sprache eröffnet wurde.

LEBEN

Francesco Antonio Baldassare Uttini wurde 1723 in Bologna geboren. Er war Schüler von Pier Giuseppe Sandoni (um 1680–1748), Giacomo Antonio Perti und Padre Martini in seiner Vaterstadt. Mit 20 Jahren wurde er in die Accademia Filarmonica aufgenommen. Als Leiter der Theatertruppe Mingotti kam er 1755 nach Stockholm und brachte im selben Jahr in Drottningholm 2 Opern heraus. Weitere Opern schrieb er für seine Truppe und für ein französisches Ensemble. Er wurde Hofkapellmeister. Zur Eröffnung der schwedischen Oper führte er seine »Thetis och Pelée« auf. Im Jahr 1788 zog er sich von seinen Verpflichtungen zurück und starb am 25. 10. 1795 in Stockholm.

WERKE

Neben je 5 Opern in italienischer, französischer und 3 in schwedischer Sprache verfaßte Francesco Antonio Uttini Theatermusiken für französische Schauspiele, 3 Sinfonien, Sonaten, Violintrios, Festmusiken, Chöre zu 2 Schauspielen und das Oratorium »Giuditta«.

Stefano Galeotti (1723 bis nach 1785)

ZEIT UND UMWELT

An den Konservatorien von Neapel wurden nicht nur vorzügliche Komponisten und Kapellmeister, sondern auch Virtuosen auf allen gebräuchlichen Instrumenten ausgebildet. Es handelte sich jedoch nie um eine reine Anleitung zur technischen Höchstleistung, der Schüler erhielt zugleich umfangreichen Musikunterricht, der ihn befähigte, nicht nur seelenlose Virtuosenmusik, sondern auch Stücke zu verfassen, die neben hohen technischen Anforderungen auch künstlerischen Gehalt boten. Das läßt sich bei den meisten der aus neapolitanischen Musikschulen kommenden Instrumentalisten verfolgen.

LEBEN

Stefano Galeotti wurde 1723 in Livorno geboren und in Neapel zum Cellisten ausgebildet. Er dürfte in Italien und mehrmals in London, Amsterdam und Paris als Virtuose aufgetreten sein. Seine letzte Publikation erschien 1785. Es ist unbekannt, wann und wo er in den folgenden Jahren gestorben ist.

WERKE

Von Stefano Galeotti sind zwischen 1760 und 1785 erschienen: Sonaten und Soli für ein und zwei Celli mit Generalbaß, 6 Sonaten für zwei Violinen und Generalbaß und 20 Menuette für zwei Violinen und Generalbaß. Die Stücke zeichnen sich durch schöne Kantilenen aus. Einzelne Werke sind vielleicht Salvatore Galeotti zuzuschreiben.

Francesco Chabran (1723 bis nach 1790)

ZEIT UND UMWELT

Die Hofkapelle in Turin bildete für viele piemontesische Musiker ein günstiges Sprungbrett für eine Anstellung oder zumindest ein Auftreten in Paris. Durch die berühmt gewordenen Schüler von Giovanni Battista Somis war dort jeder aus Turin Kommende von vornherein bestens empfohlen.

LEBEN

Carlo Francesco Chabran (Chiabrano) wurde 1723 in Turin geboren. Er war Neffe und Schüler von Giovanni Battista Somis, wurde 1747 als Violinist Mitglied der Königlichen Kapelle in Turin und trat 1751 in Paris und später in London auf. Er dürfte sich in den folgenden Jahren bis zu seinem Tod nach 1790 in London im Dienst von Verlegern aufgehalten haben.

WERKE

Von Francesco Chabran sind 3 Bücher Violinsonaten und ein Buch Konzerte, außerdem 4 Hefte mit beliebten Operntänzen erschienen. Über die Cellomusik, die er geschrieben haben soll, ist nichts bekannt. Sein Stil war französisch.

Johann Baumgartner (1723–82)

ZEIT UND UMWELT

Das Cello war im 18. Jahrhundert ein der Violine gleichwertiges Virtuoseninstrument geworden. Cellokonzerte waren sehr beliebt. Wenn auch der Ton des Cello nicht so sanft und warm werden konnte wie auf der Gambe, sein fester, klarer Klang in der Tenorlage und der sonore in der Baßlage machten es zu einem der am meisten ausdrucksvollen Instrumente.

LEBEN

Johann Baptist Baumgartner wurde 1723 in Augsburg geboren, wo er bis 1768 als Cellist in der Fürstbischöflichen Kapelle wirkte. Konzertreisen nach England, Holland, Schweden und Dänemark folgten. Dann ließ er sich in Amsterdam nieder, bis er schließlich als Kammervirtuose an die Fürstbischöfliche Kapelle in Eichstätt berufen wurde. Er starb am 18. 5. 1782 in Eichstätt.

WERKE
Im Druck erschien von Johann Baumgartner nur seine Celloschule. Seine Cellokonzerte blieben Manuskript. Weitere Cellowerke, die er angeblich verfaßt hat, sind nicht bekannt geworden.

Giovanni Maria Placido Rutini
(1723–97)

ZEIT UND UMWELT
Francesco III. d'Este, der im Verlauf des Österreichischen Erbfolgekrieges Modena verloren hatte, erhielt das Herzogtum im Vertrag von Aachen 1748 wieder zurück und wurde 1754 zum Gouverneur der Lombardei ernannt. Zu einer Hofhaltung in Modena wie vorher kam es aber nur zum Teil, eine Hofkapelle wurde nur fragmentarisch gehalten, der Titel des Kapellmeisters hatte nur symbolischen Charakter. Dem Nachfolger, Ercole III. d'Este, letztes männliches Mitglied des Hauses, entglitt die Regierungsgewalt immer mehr, bis er das Herzogtum 1797 endgültig verlor.

LEBEN
Giovanni Maria Placido Rutini (Giovanni Marco Placido) wurde am 25. 4. 1723 in Florenz geboren. Er trat 1739 in das Conservatorio della Pietà de'Turchini in Neapel ein, wo er von Leonardo Leo und Nicola Fago unterrichtet wurde. Nach dem Abschluß seiner Ausbildung begab er sich 1748 nach Prag, wo er 1753 seine erste Oper herausbrachte. Nach einem Aufenthalt um 1756 in Berlin wurde er in Prag Kapellmeister eines Adelshauses und ging 1758 als Cembalolehrer und Kapellmeister nach St. Petersburg. Nach Italien 1762 zurückgekehrt, wurde er in Bologna Schüler von Padre Martini und Mitglied der Accademia Filarmonica, wirkte sodann 1764 in Genua und 1765 in Florenz, wo er am 22. 12. 1797 starb. Im Jahr 1770 wurde er zum Titularkapellmeister des Erbprinzen Ercole in Modena ernannt, ohne jemals die Stelle wirklich antreten zu können.

WERKE
Mit seinen 12 Divertimenti für Cembalo vierhändig (oder für Cembalo und Harfe) stellte sich Giovanni Maria Placido Rutini wegen ihrer verfeinerten Eleganz zu den besten Cembalokomponisten seiner Zeit. Als seine bedeutendsten Kompositionen müssen jedoch seine Hefte mit je 6 Klaviersonaten angesehen werden. Er schrieb außerdem 3 Bücher mit Sonaten für Cembalo und Violine, Arien, Kantaten und ungefähr 15 Bühnenwerke. Sein Stil näherte sich romantischen Fakturen.

LITERATUR
F. Torrefranca, Le origini italiane del Romanticismo musicale, Turin 1930.

Johann Baptist Wendling (1723–97)

ZEIT UND UMWELT
»Jedes Orchestermitglied ist Virtuose, Kapellmeister oder Komponist oder alles zusammen«, lautete ein zeitgenössisches Urteil über die Hofkapelle in Mannheim im 18. Jahrhundert, und das war wenig übertrieben, denn nicht selten gingen einzelne Instrumentalisten auf Konzertreisen, um als Virtuosen ihres Instruments aufzutreten. »Mitglied der Mannheimer Hofkapelle« war Empfehlung genug, um ein Konzertpublikum anzulocken, denn man wußte, daß man ein technisch und musikalisch vollendetes Konzert hören wird.

LEBEN
Johann Baptist Wendling wurde am 17. 6. 1723 in Ribeauvillé, Haut-Rhin, geboren. Er wirkte als Flötist zunächst an der Hofkapelle in Zweibrücken, sodann von 1754 bis zu seinem Tod am 27. 11. 1797 an der Kurpfälzischen Hofkapelle in Mannheim und nach deren Übersiedlung in München. Während dieser Tätigkeit unternahm er mehrere Konzertreisen durch Europa und trat mehrere Male im Concert spirituel in Paris auf.

WERKE
Von Johann Baptist Wendling wurden zahlreiche Duette, Trios und Quartette für Flöte und Streicher und Flötenkonzerte verfaßt,

die stilistisch zur Mannheimer Vorklassik zu stellen sind.

Christian Ernst Graf (1723–1804)

ZEIT UND UMWELT
Die Generalstaaten (Staten-Generaal) waren in der Republik der Vereinigten Niederlande 1588 bis 1795 die Versammlung der zur Leitung des Staates von den 7 Provinzen gewählten Abgeordneten. Ihr Sitz war in Den Haag, wo auch die anderen höchsten Behörden der Republik amtierten.

LEBEN
Christian Ernst Graf wurde am 30. 6. 1723 in Rudolstadt geboren. Er wurde von seinem Vater ausgebildet und folgte diesem als Hofkapellmeister in Rudolstadt nach. Im Jahr 1762 wurde er zum Kapellmeister in Den Haag ernannt, wo er am 17. 7. 1804 starb.
Sein Vater Johann Graf (getauft 26. 3. 1684, Nürnberg, bis 2. 2. 1750, Rudolstadt) war zunächst »Hoboistenmeister« in einem Regiment in Ungarn, dann nach einer Musikausbildung in Wien Hofmusiker in Mainz und in Bamberg. Im Jahr 1739 wurde er Hofkapellmeister in Rudolstadt.

WERKE
Von Christian Ernst Graf sind 2 vierhändige Klaviersonaten, zahlreiche Violinsonaten, 12 Triosonaten, Streichquartette, 6 Quintette für Flöte und Streichquartett, mehrere Sinfonien und 25 Fabeln für Singstimme und Klavier erschienen. Sein Stil lehnt sich an den französischen der Zeit an.
Johann Graf hat 12 Violinsonaten mit Generalbaß verfaßt.

Ignaz Vitzthumb (1723–1816)

ZEIT UND UMWELT
Das »Théâtre de la Monnaie« in Brüssel wurde 1700 gegründet und erhielt seinen Namen von der Münze, die im 17. Jahrhundert an seinem Platz gestanden war. Es war ursprünglich allen Theatergattungen gewidmet und erst später wie heute für Oper und Ballett reserviert. Das Repertoire bestand – bis in unsere Gegenwart – vorwiegend aus italienischen und französischen Werken.

LEBEN
Ignaz Vitzthumb (Witzthumb) wurde am 20. 7. 1723 in Baden bei Wien geboren. Er besuchte die Schule des Wiener Schottenstifts, diente sodann im Siebenjährigen Krieg (1756 bis 1763) als Trommler in einem Regiment Karls von Lothringen und wurde von diesem in dessen Hofkapelle in Brüssel übernommen. Im Jahr 1771 beteiligte er sich an der Leitung des Théâtre de la Monnaie in Brüssel; 1777 wurde er Kapellmeister am Theater in Gent und um 1786 an der Brüsseler Oper. Der Ausbruch der Französischen Revolution brachte ihn um Stellung und Einkommen. Er war eine Zeitlang am Theater in Amsterdam tätig, kehrte aber bald wieder nach Brüssel zurück, wo er am 23. 3. 1816 starb.

WERKE
Von Ignaz Vitzthumb sind eine Anzahl Messen, Motetten und andere Kirchenmusik, weiters mehrere Sinfonien erhalten. Sein Stil ist vom französischen beeinflußt. Die komischen Opern, die er für Brüssel schrieb, waren zum Teil sehr erfolgreich.

Christlieb Sigmund Binder (1723–89)

ZEIT UND UMWELT
Die norddeutsche Schule, die den empfindsamen Stil pflegte, hatte eine ebensostarke Anhängerschaft wie die fortschrittlicheren Mannheimer. Die überragende Gestalt eines Carl Philipp Emanuel Bach regte manchen zu fleißigem Komponieren an. Die Quantität der von dem Vorbild geschaffenen Werke konnte zwar erreicht werden, zur Qualität reichte der Fleiß allein jedoch nicht aus, wenn auch Johann Sebastian Bach diese Meinung vertrat, weil er seine eigene Genialität nicht einzuschätzen in der Lage war.

LEBEN
Christlieb Sigmund Binder wurde am 28. 7.

1723 in Dresden geboren. Er war Schüler von Pantaleon Hebenstreit (1667-1750). Er wurde 1751 in die sächsische Hofkapelle aufgenommen und 1764 zum Organisten der Dresdner Hofkirche bestellt. Er versah beide Funktionen bis zu seinem Tod am 1. 1. 1789.

WERKE
Als einer der fruchtbarsten Klavierkomponisten um 1750 verfaßte Christlieb Sigmund Binder zahlreiche Cembalosonaten, Trios für Flöte oder Violine, Cello und Cembalo, also in der Form des klassischen Trios, Quartette für zwei Violinen, Cello oder Cembalo, Cembalo- und Orgelstücke und Orchesterstücke. Sein Stil lehnte sich an Carl Philipp Emanuel Bach an.

Anna Amalia von Preußen (1723-87)

ZEIT UND UMWELT
Den Soldatenkönig Friedrich Wilhelm I. als Vater, den General Prinz August Wilhelm von Preußen (1722-58), den Diplomaten Prinz Heinrich von Preußen (1726-1802), den König Friedrich den Großen als Brüder, Wissenschafter, Literaten und Künstler, vor allem Musiker aus der Umgebung des königlichen Bruders, Hofkapelle, Oper und Domchor in Berlin, die militärischen und politischen Erfolge des großen Bruders, dazu die eigene Hofhaltung und schließlich die Stille der Reichsabtei in Quedlinburg: Das war die Zeit und Umwelt der preußischen Prinzessin.

LEBEN
Anna Amalia, Prinzessin von Preußen, wurde am 9. 11. 1723 in Berlin geboren. Sie war Schülerin von Johann Philipp Kirnberger. Sie starb als Äbtissin von Quedlinburg am 30. 9. 1787 in Berlin.

WERKE
Von Anna Amalia von Preußen wurde noch vor Carl Heinrich Graun eine Musik zum Oratorientext »Der Tod Jesu« von Karl Wilhelm Ramler verfaßt, die zu ihrer Zeit nicht nur wegen der Persönlichkeit der Komponistin sehr gefiel. Außerdem schrieb sie einige Choräle, etwas Kammermusik und Märsche. Daß ihre Werke stilistisch der Berliner Schule folgten, ist selbstverständlich.

LITERATUR
C. Sachs, Prinzessin Anna von Preußen als Musikerin, in: Hohenzollernjahrbuch 1910.

Gottfried Joseph Beck (1723-87)

ZEIT UND UMWELT
Parallel zur von Bohuslav Černohorský begründeten Altböhmischen Schule der Kirchenmusik entwickelte sich im Rahmen verschiedener Orden ein gesonderter Stil, der jedoch davon nur wenig differierte, weil die Impulse hiezu in den meisten Fällen aus gleichen italienischen Quellen stammten.

LEBEN
Gottfried Joseph Beck wurde am 15. 11. 1723 in Podiebrad (Poděbrady), Böhmen, geboren. Er war Organist an der Kirche des Augustinerordens, dem er selbst angehörte. Nach einem mehrjährigen Aufenthalt in Bologna und ab 1752 in Rom wurde er Professor der Philosophie und Provinzial seines Ordens in Prag, wo er am 8. 4. 1787 starb.

WERKE
Von Gottfried Joseph Beck sind eine Anzahl kirchenmusikalischer Werke und eine Sinfonie erhalten. Er gehörte nicht der Altböhmischen Schule an, sondern stand unter unmittelbarem Einfluß der zeitgenössischen Kirchenmusik in Italien.

Carl Friedrich Abel (1723-87)

ZEIT UND UMWELT
Als Soloinstrument fand die Viola da gamba auch in der zweiten Hälfte des 18. Jahrhunderts ihre Virtuosen. Für das Ensemblespiel war ihr Ton bereits zu schwach, um sich gegen die Instrumente der Violinenfamilie und die Bläser durchzusetzen.

Leben
Carl Friedrich Abel wurde am 22. 12. 1723 in Köthen geboren. Er war Schüler seines Vaters und vermutlich Johann Sebastian Bachs an der Thomasschule in Leipzig. Ab dem Jahr 1746 bis 1758 wirkte er als Gambist an der Hofkapelle in Dresden, ging 1759 nach London, wo er Kammermusikus der Königin Charlotte von Mecklenburg-Strelitz wurde und gemeinsam mit Johann Christian Bach 1765 die Abonnementskonzerte (Bach-Abel-Konzerte) leitete. Nachdem Johann Christian Bach (geboren 1735) gestorben war (1782), reiste er einige Jahre als Virtuose durch Europa und ließ sich darauf neuerlich in London nieder, wo er am 20. 6. 1787 starb.

Sein Bruder Leopold August Abel (24. 3. 1718, Köthen, bis 25. 8. 1794, Ludwigslust) war Schüler von František Benda. Er wirkte als Konzertmeister in Braunschweig, Berlin und Schwerin.

Beider Vater, Christian Abel (um 1680, Köthen, bis nach 1737, Köthen), war ab ungefähr 1715 Gambist und Cellist am Hof in Köthen.

Werke
Von Carl Friedrich Abel sind zahlreiche Sinfonien, eine zwölfstimmige Sinfonia concertante, Cembalosonaten, Streichquartette, Triosonaten, Violinkonzerte mit obligatem Cembalo und viele Gambenstücke bekannt. Sein Stil schloß sich eng an die Mannheimer Schule an, seine Werke klingen aber kräftiger und voller.

Von Leopold August Abel sind 24 kleine Etüden für Violine und eine achtstimmige Sinfonie erhalten.

Von Christian Abel sind keine Werke überliefert.

Johann Georg Lang (um 1724–98)

Zeit und Umwelt
Erzbischof Balduin von Luxemburg (1308 bis 1354) rief das Kurfürstentum Trier, das bereits seit dem 3. Jahrhundert Bistum und seit dem 9. Jahrhundert Erzbistum war, ins

Carl Friedrich Abel, aus einem Ölgemälde von T. Gainsborough

Leben. Es wurde 1794 von Frankreich einverleibt und kam 1815 zu Preußen. Die Domkapelle Trier hatte schon früh den Ruf einer bedeutenden Pflegestätte guter Kirchenmusik.

Leben
Johann Georg Lang wurde um 1724 in Mies (Stříbro), Böhmen, geboren. Er wirkte ab 1746 in Augsburg in fürstbischöflichen Diensten, ging 1760 für 3 Jahre zu einem Studienaufenthalt nach Italien und wurde darauf kurfürstlicher Konzertmeister in Trier. Im Jahr 1769 übersiedelte er mit einem Teil seiner Kapelle nach Ehrenbreitstein, Koblenz, wo er am 17. 7. 1798 starb.

Werke
Die Klavierkonzerte von Johann Georg Lang waren ein wertvoller Beitrag zur Entwicklung dieser Musikgattung. Er schrieb außerdem Klaviersonaten, eine Orgelfuge, Sinfonien und Kammermusik. Das Streichquartett in D-Dur wurde im 20. Jahrhundert neu aufgelegt.

LITERATUR

H. Engel, Die Entwicklung des deutschen Klavierkonzertes von Mozart bis Liszt, Leipzig 1927.

Antonio Rodriguez de Hita
(1724–87)

ZEIT UND UMWELT

Der spanische Schriftsteller Ramón de la Cruz Cano y Olmedilla (1731–94) pflegte vor allem die Sainete – traditionelle Form des Bühnenschwanks – und die Zarzuela und lieferte den zeitgenössischen Komponisten unzählige Libretti seines Genre.

LEBEN

Antonio Rodriguez de Hita wurde 1724 in Kastilien geboren. Er war zunächst Kapellmeister an der Kathedrale in Palencia und ab 1757 bis zu seinem Tod am 21. 2. 1787 am Königlichen Kloster de la Encarnación in Madrid.

WERKE

Von Antonio Rodriguez de Hita stammt eine große Anzahl Kirchenmusik, die stilistisch dem Spätbarock angehört. Seine Bedeutung gewann er jedoch durch seine Zarzuelas, die er zum größten Teil in Zusammenarbeit mit dem Schriftsteller Ramón de la Cruz herausbrachte.

LITERATUR

E. Cotarelo y Mori, Historia de la Zarzuela, Madrid 1934.

Marian Müller (1724 bis nach 1775)

ZEIT UND UMWELT

Doppelte Orchesterensembles, doppelte Chöre und konzertantes Spiel auf zwei Orgeln waren im 16. Jahrhundert die weltberühmte Besonderheit des Markusdomes in Venedig. Von da ausgehend, wurde das Konzertieren mit zwei oder mehreren Orgeln überall gepflegt, wo die nötigen Instrumente vorhanden waren. Im 18. Jahrhundert waren zwei Orgeln besonders in Oberitalien nicht mehr selten.

LEBEN

Marian Müller wurde 1724 vermutlich in der Schweiz geboren. Er trat in das Benediktinerkloster in Einsiedeln ein und wurde zur Ausbildung als Organist nach Mailand gesandt. Er wirkte einige Zeit als Organist in Bellinzona und sodann in Einsiedeln, wo er als Abt nach 1775 starb.

WERKE

Das konzertante Spiel mit mehreren Orgeln dürfte Marian Müller in Mailand gelernt haben. Er verfaßte mehrere einsätzige Sonaten für vier Orgeln für bestimmte Festtage, wie die »Weihnachtssonate« in C-Dur, eine Oster- und eine Pfingstsonate. Der Kompositionsstil gehörte dem Barock an.

John Worgan (1724–90)

ZEIT UND UMWELT

Cambridge und Oxford fuhren auch im 18. Jahrhundert mit der intensiven Pflege der englischen Kirchenmusik fort. Es war in erster Linie eine Traditionspflege, die nicht viele Entwicklungssymptome aufwies, aber eine gründliche Grundausbildung vermittelte, auf die einzelne, nach Vorbildern wie Georg Friedrich Händel oder Johann Christoph Pepusch, aufbauen konnten.

LEBEN

John Worgan wurde 1724 in London geboren. Er war Schüler seines Bruders James Worgan (um 1700, London, bis 1753, London), Organist an St. Botolph, Aldgate, St. Dunstan in the East und an Vauxhall Gardens und von Thomas Roseingrave. Er studierte sodann in Cambridge. Er wurde 1749 Organist in London, übernahm 1751 die Stellungen seines Bruders, die er bis 1761 und noch einmal von 1770 bis 1774 betreute, und starb in London am 24. 8. 1790.

WERKE

Das Orgelspiel von John Worgan wurde von

den Zeitgenossen dem von Georg Friedrich Händel gleichgehalten. Er schrieb Cembalosonaten, Übungsstücke für das Cembalospiel, ein Cembalokonzert, zahlreiche Orgelstücke, mehrere Oratorien, Psalmen, Oden und mehrere Bücher mit Liedern für Vauxhall. Sein Stil war von der gleichzeitigen Entwicklung auf dem Kontinent unberührt.

John Hill (1724–97)

Zeit und Umwelt

Eines der Hauptargumente der englischen Musikkritik im 18. Jahrhundert, falls sie einen Musiker ehren wollte, war die Bemerkung, daß ihn Georg Friedrich Händel sehr geschätzt habe. Händel, seine Musik und seine Äußerungen über Musik bildeten einen Maßstab für Höchstleistung und wohl auch ein Ziel; dem nahezukommen, von den meisten angestrebt wurde.

Leben

John Hill wurde 1724 in Rugby, Warwickshire, geboren. Er war Kirchenmusiker und Komponist von Kirchenmusik. Näheres über sein Leben und Wirken ist nicht bekannt. Er starb am 19. 1. 1797 in Timberland, Lincolnshire.

Werke

Von John Hill kam eine Anzahl sakraler Musik – Services, Anthems, Hymnen – heraus, die von Georg Friedrich Händel mehrmals sehr gelobt wurde. Sie waren in den anglikanischen Kirchen bis in das 19. Jahrhundert in Gebrauch.

Franz Xaver Kürzinger (1724–97)

Zeit und Umwelt

Stadtpfeifer und Türmer figurieren nicht selten in der Musikgeschichte als Begründer ganzer Musikdynastien. Sie schufen mit ihrem Beruf das für jeden Musiker erforderliche »musikalische Kindheitsmilieu«, zu dem sodann die ererbte Neigung und Veranlagung kamen, damit der Nachkomme aus dem Kreis reiner Gebrauchsmusik treten und sich entfalten konnte.

Leben

Ignaz Franz Xaver Kürzinger wurde am 30. 1. 1724 in Rosenheim als Sohn eines Türmermeisters geboren. Er wurde 1740 Feldtrompeter in Ungarn, kam 1742 als Kriegsgefangener nach Berlin und erhielt dort von Carl Heinrich Graun Musikunterricht. Darauf nahm ihn die Berliner Hofmusik als Violinisten auf. Im Jahr 1751 war er Kapellmeister in Mergentheim und ab 1763 Violinist und Musikdirektor am Juliusspital in Würzburg, wo er am 12. 8. 1797 starb.

Werke

Neben einer Gesang- und Violinschule verfaßte Franz Xaver Kürzinger 7 »feierliche Sinfonien«, das Oratorium »Der sterbende Heiland«, Schuldramen, mehrere Messen, sakrale und profane Vokalwerke und Übungsstücke für Violine. Sein Stil folgte der Berliner Schule.

Literatur

O. Kaul, Geschichte der Würzburger Hofmusik im 18. Jahrhundert, Würzburg 1924.

Pierre Louis Pollio (1724–96)

Zeit und Umwelt

Noch in der zweiten Hälfte des 18. Jahrhunderts wurde in französischen Kirchen der improvisatorische Gesang in der Form gepflegt, daß sich der Sänger eine »Basse fondamentale« (Grundbaß) vorstellte und seine Stimme improvisatorisch danach richtete. Dieser Grundbaß war nicht mit dem Generalbaß ident, sondern leitete sich vom jeweiligen akkordischen Gebäude unmittelbar ab und wurde nicht gesungen oder gespielt. Im Volksgesang ist dieses »Zusammensingen« mehrerer Stimmen »nach dem Gehör« heute noch üblich. Allerdings begleiten dabei die Sänger einander oft in Terzen oder Sexten, während beim Singen auf gedachtem Grundbaß, falls es nicht nur einstimmig abläuft, nur versucht wird, Dissonanzen zu vermeiden.

LEBEN
Pierre Louis Pollio wurde am 15. 6. 1724 in Dijon geboren und dort ausgebildet. Er wirkte als Kirchenkapellmeister in Péronne, Dijon, Beauvais und ab 1768 bis zu seinem Tod am 7. 12. 1796 an St-Vincent in Soignies, wo er 1784 auch Kanonikus geworden war.

WERKE
Die große Zahl an Kirchenkompositionen von Pierre Louis Pollio wird in 18 Bänden in Soignies aufbewahrt. Er verfaßte außerdem die »Principes de chant sur le livre suivant les anciens« (Grundlagen zum Stegreifsingen nach alter Art), womit er den improvisatorischen Choralgesang empfahl und lehrte.

LITERATUR
R. Wangermée, Le traité du chant sur le livre de Pierre Louis Pollio, Antwerpen 1945.

Maria Antonia Walpurgis von Sachsen (1724–80)

ZEIT UND UMWELT
Die Höfe in München und in Dresden dürfen ohne Einschränkung als Hochburgen der Musik seit langem und bis in das 20. Jahrhundert bezeichnet werden, in dem ihre Funktionen von den modernen Formen der Musikpflege abgelöst wurden.

LEBEN
Maria Antonia Walpurgis, Kurfürstin von Sachsen, wurde am 18. 7. 1724 in München als Tochter des nachmaligen Kaisers Karl VII. geboren. Sie war Dichterin und Malerin und wurde in München von Giovanni Ferrandini und Giovanni Porta zur Musikerin ausgebildet. Im Jahr 1747 heiratete sie Friedrich Christian von Sachsen. An ihrem neuen Aufenthaltsort Dresden setzte sie ihre musikalischen Studien bei Nicola Porpora und Johann Adolf Hasse fort und nahm auf das Musikleben des Hofes starken Einfluß. Sie starb am 23. 4. 1780 in Dresden.

WERKE
Neben 2 Opern, zu denen Maria Antonia Walpurgis Libretti und Musik verfaßte, schrieb sie einige schöne Kantaten. Sie verfaßte das Libretto zu einem Oratorium und Texte für italienische Kantaten.

LITERATUR
H. Drewes, Maria Antonia Walpurgis als Komponistin, Leipzig 1934.

Giovanni Battista Cirri (1724–1808)

ZEIT UND UMWELT
Da König Karl beider Sizilien 1759 den spanischen Thron erbte und laut internationaler Verträge beide Königreiche nicht in eine Hand kommen durften, dankte er zugunsten seines Sohnes Ferdinand (1751–1825) ab, der 1767 nach erreichter Volljährigkeit die Regierung in Neapel antrat. Er führte im Sinn der Aufklärung eine Reihe Reformen in sein Königreich ein und wurde darin von seiner Gemahlin, Erzherzogin Maria Carolina von Österreich (1752–1814), kräftig unterstützt.

Sviatoslav Richter

Leben
Giovanni Battista Cirri wurde am 1. 10. 1724 in Forlì geboren. Er war zunächst Schüler seines Bruders und dann von Padre Martini in Bologna, wo er Cellist an San Petronio und Mitglied der Accademia Filarmonica wurde. Ab 1764 war er in London Kammermusiker des Herzogs von York Edward August (1739–67) und ab 1768 Musiklehrer des Herzogs von Gloucester William Henry (1743–1805). Im Jahr 1780 kehrte er nach Italien zurück und wurde erster Cellist des Teatro dei Fiorentini in Neapel und Komponist des Königs von Neapel, Ferdinand I. Er löste 1787 seinen Bruder als Kapellmeister am Dom in Forlì ab und starb dort am 11. 6. 1808.
Sein Bruder Ignazio Cirri (getauft 20. 9. 1722, Forlì, bis 13. 7. 1787, Forlì) war ab 1759 Kapellmeister am Dom in Forlì.

Werke
Das kompositorische Werk von Giovanni Battista Cirri umfaßt Cellosonaten mit Generalbaß, Duos für zwei Celli, Triosonaten, Streichtrios, Quartette für verschiedene Besetzungen. Er nahm den Stil des großen Cellisten Luigi Boccherini voraus.
Von Ignazio Cirri sind 12 Orgelsonaten überliefert.

Literatur
L. Malusi, Il violoncellista Giovanni Battista Cirri, in: Arti XI, 1959.

Dismaš Hataš (1724–77)

Zeit und Umwelt
So häufig wie in Böhmen traten nirgends ganze Familien mit starker musikalischer Begabung auf. Da bis in das 19. Jahrhundert ein größerer Teil böhmischer Musiker in ihrer Heimat kein Betätigungsfeld fand und gezwungen war auszuwandern, fanden Angehörige dieser Familien leichter eine Stellung, weil in vielen Fällen ein Verwandter, der vor ihnen ausgewandert war, dabei behilflich sein konnte.

Leben
Dismaš Hataš (Hatasch, Hattasch) wurde am 1. 12. 1724 in Hohenmaut (Vysolé Mýto), Böhmen, geboren. Durch Vermittlung seines Schwagers Georg Anton Benda kam er 1751 als Violinist zur Hofkapelle in Gotha, wo er bis zu seinem Tod am 13. 10. 1777 tätig war.
Sein Bruder Jan Václav Hataš (3. 9. 1727, Hohenmaut, bis nach 1752, Rožmitál) war Kantor in Rožmitál. Das Verwandtschaftsverhältnis ist nicht gesichert.
Sein zweiter Bruder, Jindřich Křištof Hataš (1739, Hohenmaut, bis nach 1808, Hamburg), war Theaterkapellmeister in Brünn und veröffentlichte in Hamburg einige Kompositionen.
Ein weiterer Verwandter, Jan Hataš (um 1751, Rožmitál, bis 15. 11. 1784, Mníšek bei Dobříš, Böhmen), war Kantor in Mníšek.

Werke
Von Dismaš Hataš sind 2 Violinsonaten und 2 Lieder bekannt geworden. Sie stehen stilistisch Georg Anton Benda sehr nahe. Alle weiteren Werke – Sinfonien, Sonaten – sind verschollen.
Von Jan Václav Hataš sind einzelne kammer- und kirchenmusikalische Werke handschriftlich erhalten.
Von Jindřich Křištof Hataš sind mehrere Singspiele in Hamburg gedruckt worden.
Von Jan Hataš sind einzelne kammermusikalische Werke überliefert.

Franz Joseph Oehlschlägel (1724–88)

Zeit und Umwelt
Die von Bohuslav Černohorský auf ein hohes Niveau gebrachte altböhmische Orgeltradition wurde von Tschechen wie Deutschen weiterentwickelt, so daß sie bis in das 19. Jahrhundert hinein auch über die Landesgrenzen hinaus rege Beachtung genoß.

Leben
Franz Joseph Oehlschlägel (Oelschlägel, sein Ordensname war Johann Lohelius) wurde am 31. 12. 1724 bei Brüx (Most) geboren. Er

war 1741 Organist an der Marienkirche in Prag, trat 1747 in den Praemonstratenserorden ein und wurde nach seiner Ausbildung bei Franz Habermann 1756 Musikdirektor im Stift Strahov. Er versah diese Stelle bis zu seinem Tod am 22. 2. 1788.

WERKE
Viele Werke von Franz Joseph Oehlschlägel, von denen zu seinen Lebzeiten keines gedruckt wurde, liegen heute in modernen Partituren vor. Von seinen vielen Messen, Oratorien und anderen sakralen Gesängen ist ein beträchtlicher Teil in moderne Sammlungen aufgenommen worden und wird heute wieder gespielt.

LITERATUR
P. R. Perlik, Johann Lohelius Oelschlägel, Prag 1927.

Salvatore Galeotti
(um 1725 bis nach 1770)

ZEIT UND UMWELT
Die Kompositionsform der Triosonate mit zwei Instrumenten in Sopranlage - Violinen, Flöten, Oboen - und Baß wurde in London noch im letzten Drittel des 18. Jahrhunderts gepflegt - aber nur von dort wirkenden italienischen Meistern. Englische Komponisten übernahmen diese Form vorderhand nicht.

LEBEN
Salvatore Galeotti wurde um 1725 vermutlich in Italien geboren. Es läßt sich nicht feststellen, wann er nach London kam, wo er zwischen 1760 und 1770 als Violinist und Komponist hervorgetreten ist. Über sein sonstiges Leben und Wirken ist nichts bekannt. Er dürfte nach 1770 in London gestorben sein.

WERKE
Von Salvatore Galeotti sind um 1768 6 Triosonaten für zwei Violinen und Baß gedruckt worden. Sie folgen dem von anderen italienischen Komponisten in London eingeführten Stil. Er schrieb außerdem eine Reihe von Violinkonzerten.

Charles Gauzargues (um 1725–99)

ZEIT UND UMWELT
Die theoretischen und didaktischen Schriften wie das persönliche Wirken von Jean-Philippe Rameau waren für die Cembalomusik Frankreichs und wohl eines größeren Teiles des musikalischen Europa bestimmend und wirkten ebenso auf die sinfonische und vokale Komposition des 18. Jahrhunderts. In Frankreich selbst gab es nicht wenige Komponisten, die ihr Werk eindeutig in die Linie des großen Meisters stellten.

LEBEN
Charles Gauzargues wurde um 1725 in Tarascon geboren. Er wirkte zunächst als Kapellmeister an der Kathedrale in Nîmes, ging sodann nach Paris und nahm bei Jean-Philippe Rameau Kompositionsunterricht. Von 1758 bis 1775 war er einer der 4 Vizekapellmeister und ab 1761 bis zu seinem Tod in Paris im Jahr 1799 einer der 4 Kapellmeister der Königlichen Kapelle in Versailles.

WERKE
Von Charles Gauzargues ist eine Reihe schöner Motetten erhalten. Er verfaßte außerdem eine Kompositionslehre mit zahlreichen fünfstimmigen Sätzen, die an sich vollendete Kompositionen waren. Sein Stil ist von den Lehren von Jean-Philippe Rameau abhängig.

Filippo Ruge (um 1725 bis nach 1767)

ZEIT UND UMWELT
Der italienische Stil in Oper und Konzert war auch im 18. Jahrhundert in Paris mit starken Kräften vertreten. Das Concert spirituel, in dem nahezu jeder zugereiste Musiker selbst auftreten oder seine Kompositionen zu Gehör bringen durfte, nahm hiebei zugunsten der Vielfalt des Pariser Konzertlebens eine neutrale Stellung ein. Es hing vom Publikumserfolg ab, ob dem einzelnen Mei-

ster Gelegenheit gegeben wurde, sich öfters vorzustellen. Jedenfalls war ein erfolgreiches Auftreten für den Komponisten oder Interpreten eine der wirkungsvollsten Empfehlungen.

LEBEN

Filippo Ruge (Rugge, Rugi, Ruggi, Ruege Romano) wurde um 1725 in Rom geboren. Nach seiner Ausbildung zum Flötisten und einem kurzen Aufenthalt in London ließ er sich in Paris nieder, wo er von 1753 bis 1755 bei Alexandre Le Riche de La Pouplinière Hauskonzerte veranstaltete. Später präsentierte er mit großem Erfolg im Concert spirituel eine seiner Sinfonien, was sich auf seine weitere Konzerttätigkeit und die Publikation seiner Kompositionen sehr günstig auswirkte. Er starb in Paris als bekannter Virtuose, Komponist und Verleger eigener Werke nach 1767.

WERKE

Obwohl die Sinfonien von Filippo Ruge im italienischen Stil geschrieben sind, neigen sie doch stark zu französischer deskriptiver Faktur, was bereits aus einigen Titeln – Sturm, Neuer Sturm usw. – hervorgeht. Er brachte 6 Sinfonien mit vier Hörnern und eine Reihe weiterer mit großem Erfolg heraus, außerdem ein sehr beliebtes »Minuetto Amoroso« (Verliebtes Menuett). Auffällig sind dabei die stark lyrischen Andantesätze. Nicht weniger lyrisch ist auch seine Kammermusik, in der die Flöte bezeichnenderweise selten virtuos, sondern immer sehr sanglich eingesetzt wird. Er schrieb für Flöte: 6 Soli, 6 Sonaten, 6 Konzerte für sechs Stimmen, 6 Duette, 6 Sonaten für zwei Flöten und Baß, Duette für Querflöten, Flötensoli mit Baß, ungefähr 30 Sonaten für Soloflöte mit Baß, Duos, Trios und Menuette. An Vokalmusik liegen Duette, 6 Canzonetten für eine Stimme, 2 Kanzonen, 5 italienische Arien und eine Arietta vor. Der Komponist setzte sich in Paris durch seine verlegerische Tätigkeit sehr für die Verbreitung italienischer Musik ein.

LITERATUR

M. Brenet, La librairie musicale en France, in: Sammelbände der Internationalen Musikgesellschaft VIII, 1906/07.

Pasquale Pisari (um 1725–78)

ZEIT UND UMWELT

Der Ehrentitel eines »Palestrina« wurde im Lauf der Musikgeschichte öfters verliehen, und zuweilen nicht immer mit voller Berechtigung. Aber wenn der Meister von Bologna, Padre Martini, ihn aussprach, gebührte er dem Geehrten mit vollem Recht.

LEBEN

Pasquale Pisari (Pizari, Piseri) wurde um 1725 in Rom geboren. Er war ein bemerkenswerter Bassist und wurde 1752 in die päpstliche Kapelle als überzähliges (unbezahltes) Mitglied aufgenommen, weshalb er in außerordentlicher Dürftigkeit lebte und arbeitete, so daß er sich angeblich sogar die Tinte für seine Kompositionen selbst herstellen mußte. Gegen Ende seines Lebens erhielt er vom portugiesischen Hof für eine Komposition ein umfangreiches Honorar, das jedoch erst nach seinem Tod am 27. 3. 1778 in Rom eintraf.

WERKE

Padre Martini nannte Pasquale Pisari den »Palestrina des 18. Jahrhunderts«. Seine Werke, ein vierchöriges »Dixit« für sechzehn Stimmen, ein vollständiger Jahrgang vierstimmiger Motetten, ein Kyrie und ein Gloria für achtundvierzig Stimmen, 2 achtstimmige und ein vierstimmiges Te Deum, achtstimmige Messen, Psalmen und ein neunstimmiges Miserere, weisen ihn als bedeutenden Meister des polyphonen Stils aus.

LITERATUR

K. G. Fellerer, Der Palestrinastil, Augsburg 1929.

Jean-Baptiste Miroglio
(um 1725 bis um 1785)

ZEIT UND UMWELT

Obwohl gerade in Paris mehrere Musikdrukkereien voll beschäftigt waren, herrschte doch auch im 18. Jahrhundert bei Schülern und Interpreten ein empfindlicher Mangel an Notenmaterial. Man behalf sich wohl mit Abschriften, aber in vielen Fällen waren die Originale schwer beschaffbar, denn die Erzeugnisse der Verlagsfirmen waren nicht für jedermann erschwinglich. Eine Leihanstalt für Musiknoten war daher trotz der Proteste der Verleger, die um ihren Umsatz fürchteten, eine vorzügliche Einrichtung, diesem Übelstand einigermaßen abzuhelfen.

Leben

Jean-Baptiste Miroglio wurde um 1725 in Piemont geboren. Er war Schüler seines älteren Bruders und von Jean-Pierre Guignon, also Enkelschüler von Giovanni Battista Somis. Anschließend wirkte er als Lehrer für Violine und Viole. Im Jahr 1765 gründete er eine Musiknotenleihanstalt als erste dieser Art in Paris. Sie florierte trotz vieler Widerstände und trug viel zur Entwicklung des Musiklebens in Paris bei. Er starb um 1785 in Paris.

Sein Bruder Pierre Miroglio (um 1715, Piemont, bis um 1763, Paris) war Schüler von Giovanni Battista Somis in Turin. Um 1738 kam er nach Paris und wurde in die Dienste des Generalpächters Alexandre Jean Joseph Le Riche de La Pouplinière als Violinist aufgenommen.

Werke

Von Jean-Baptiste Miroglio sind 10 Suiten für zwei Violinen oder Mandolinen, 6 Divertissements für Harfe, Piano oder Cembalo, 12 Duos für zwei Celli, 6 Sonaten für Solovioline und Generalbaß, 6 Sonaten für zwei Violinen ohne Generalbaß, eine Suite aus Menuetten für zwei Violinen oder Violen und Generalbaß, 6 vierteilige Ouvertüren und 6 Sinfonien für großes Orchester zum Großteil erhalten. Es handelte sich um typische Musik der Turiner Schule, die in Paris durch Giovanni Battista Somis bereits heimisch und beliebt war.

Pierre Miroglio verfaßte 6 in einem brillanten italienischen Stil gehaltene Violinsonaten.

William Walond (1725–70)

Zeit und Umwelt

Die Ode »Zum Caecilientag« vom englischen Klassiker und Dichter des Epos »Der Lockenraub«, Alexander Pope (1688–1744), wurde wegen ihrer eleganten Stanzen von mehreren englischen Komponisten vertont; darunter waren Maurice Greene und William Walond.

Leben

William Walond wurde 1725 in England geboren und war ab 1757 Organist an verschiedenen Kirchen in Oxford, wo er 1770 starb.

Sein Sohn William Walond (um 1750, Oxford, bis 9. 2. 1836, Chichester) war ab 1775 Stellvertretender und ab 1794 Erster Organist an der Kathedrale in Chichester. Im Jahr 1801 zog er sich von seinen Verpflichtungen zurück.

Werke

Von William Walond ist 1758 eine ausgezeichnete Vertonung der Ode »Zum Caecilientag« von Alexander Pope erschienen, und zwar die erste des vollen Originaltextes. (Die Vertonung von Maurice Greene benützte eine vom Dichter selbst besorgte Kürzung.)

Er schrieb weiters drei Serien Voluntaries für Orgel oder Cembalo.

Sein Sohn William Walond hinterließ einige Kirchenkompositionen von geringerer Bedeutung.

Domenico Fischietti (1725–1810)

Zeit und Umwelt

Opernkomponisten des 18. Jahrhunderts hatten, je nachdem, welchen Genres sie sich zuwenden wollten, die Wahl zwischen Libretti von Carlo Goldoni für die Opera buffa und Pietro Metastasio für die Opera seria. In beiden Fällen gewährleistete bereits die Persönlichkeit des Librettisten einen großen Teil des Erfolges.

Leben

Domenico Fischietti (Fischetti) wurde 1725

Francesco Feo

in Neapel geboren, wo er am Conservatorio Sant'Onofrio unter Francesco Durante und Francesco Feo seine Ausbildung zum Komponisten erhielt. Er schwankte zwischen der Opera buffa und der Opera seria und begann schließlich mit 2 Libretti von Goldoni, wechselte sodann zum ernsten Fach. Nach einem Aufenthalt in Prag folgte er Johann Adolf Hasse 1766 als Hofkapellmeister in Dresden nach. Von 1783 bis zu seinem Tod im Jahr 1810 wirkte er als Leiter der Domsängerknaben in Salzburg.

WERKE

Nach seinen Opern verfaßte Domenico Fischietti während seines Wirkens in Salzburg eine Reihe von Oratorien, Messen und Psalmen, die der Vorklassik zuzurechnen sind.

Johann Friedrich Klöffler (1725–90)

ZEIT UND UMWELT

Die Bezeichnung »Programmusik« für deskriptive musikalische Darstellung von Vorgängen oder Tatbeständen entstand erst um 1800. Es kam auch erst im 19. Jahrhundert zur endgültigen Ausformung dieser Kompositionsgattung. Vorläufer gab es bereits in der Barockepoche und noch mehr im 18. Jahrhundert, in dem Naturereignisse, Tages- und Jahreszeiten, Festlichkeiten, traurige Anlässe, Idyllen, Jagd- und vor allem Schlachtenszenen als Sujet genommen wurden.

LEBEN

Johann Friedrich Klöffler wurde am 20. 4. 1725 in Kassel geboren. Er war im Verwaltungsdienst in Kassel und ab 1750 in Burgsteinfurt tätig, wo er auch als Director Musices bis zu seinem Tod am 21. 2. 1790 wirkte. Ab 1781 hatte er zahlreiche Konzertreisen zu nahezu allen Musikzentren Europas unternommen.

WERKE

Von Johann Friedrich Klöffler sind 18 Sinfonien erschienen, von denen Nummer 9, »Ba-

Titelblatt der »Six Sonates« von Johann Friedrich Klöffler

taille«, für zwei Orchester als programmatische Schilderung einer Schlacht mit allem Lärm weltweiten Erfolg hatte; Sinfonie Nummer 3 wurde längere Zeit Joseph Haydn zugeschrieben. Er schrieb außerdem zahlreiche Instrumentalkonzerte, Kammermusik- und Klavierwerke. Seine Musik steht der frühen Klassik schon sehr nahe.

Joseph Anton Bauer (1725–1808)

ZEIT UND UMWELT

Die klassische Standardbesetzung des Klavierquartetts bestand aus Klavier, Violine, Viola und Cello. Die ersten Quartette (oder Quatuors, wie man damals noch sagte) entstanden in der zweiten Hälfte des 18. Jahrhunderts und entwickelten sich erst, als das Pianoforte dafür verwendet wurde, denn weder das Cembalo noch das Clavichord vermochte mit der Klangfülle der drei Streichinstrumente Schritt zu halten.

LEBEN

Joseph Anton Bauer wurde am 17. 6. 1725 in Elbogen (Loket), Böhmen, geboren. Er war von 1764 bis zu seinem Tod am 30. 8. 1808 Hofkapellmeister in Würzburg und wirkte gleichzeitig als beliebter Klavierlehrer.

WERKE

Von Joseph Anton Bauer erschienen 5 Serien mit Klavierquartetten, mit denen er sich zu den Begründern dieser in der Folgezeit sehr beliebten Kompositionsart einreihte.

LITERATUR

J. Saam, Zur Geschichte des Klavierquartetts bis in die Romantik, Straßburg 1933.

Georg Simon Löhlein (1725–81)

ZEIT UND UMWELT

Die Zeiten der Friderizianischen Kriege waren auch für den Unbeteiligten nicht die sichersten. Wenn ein Mann über das Gardemaß verfügte und das Unglück hatte, den Werbern Friedrichs des Großen in die Hände zu fallen, mußte er durch viele Jahre als preußischer Gardist dienen, ob es ihm gefiel oder nicht. Denn auch unter dem »aufgeklärten« König stand ein solcher Menschenraub auf der Tagesordnung.

LEBEN

Georg Simon Löhlein wurde am 16. 7. 1725 in Neustadt an der Heide, Coburg, getauft. Im Jahr 1743 wurde er auf einer Reise von preußischen Werbern in die Garde Friedrichs des Großen gepreßt und mußte bis zu seiner Verwundung bei Collin 1757 dienen. Darauf ging er nach Jena, um sich zum Musiker auszubilden, und brachte es bald zum Leiter des »Academischen Concerts«; 1763 konnte er bereits in Leipzig als Violinist und Klaviersolist in das »Große Konzert« eintreten und eine große Lehrtätigkeit entfalten, bis er 1780 als Ratskapellmeister nach Danzig (Gdańsk) berufen wurde. Er starb in Danzig am 16. 12. 1781.

WERKE

Als Lehrer und Verfasser didaktischer Werke – Clavierschule, Violinschule – war Georg Simon Löhlein sehr bedeutend. Diese Werke wurden bis in das 19. Jahrhundert vielmals aufgelegt. Seine Kompositionen, Klaviersonaten, Klavierpartiten, Violinduette, Trios, Quartette, Konzerte, eine Kantate und ein Singspiel, erhoben sich nicht über einen guten Durchschnitt. Das Didaktische überwog dabei die Musikalität. Sein Klavierkonzert in F-Dur und die Sonate in G-Dur für Flöte und Cembalo verdienen dennoch hervorgehoben zu werden.

LITERATUR

Fr. v. Glasenapp, Georg Simon Löhlein, Halle 1937.

Ferdinando Bertoni (1725–1813)

ZEIT UND UMWELT

Venedig war auch im 18. Jahrhundert eine wichtige Pflegestätte der Kirchenmusik geblieben, und unter den vielen Kirchenchören nahm der von San Marco immer noch den ersten Platz ein. Daher war die Stelle eines Domkapellmeisters zumindest so hochgeschätzt wie die am Mailänder Dom oder an San Pietro in Rom.

LEBEN

Ferdinando Gasparo Bertoni wurde am 15. 8. 1725 in Salò geboren. Er war Schüler von Padre Martini in Bologna und sodann 1752 Erster Organist an San Marco in Venedig, ab 1757 zugleich Leiter des Conservatorio dei Mendicanti und von 1785 bis 1810 Erster Kapellmeister des Domes. Dann lebte er in Desenzano, wo er am 1. 12. 1813 starb.

WERKE

Außer 48 Opern verfaßte Ferdinando Bertoni 15 Oratorien, zahlreiche Kantaten auf lateinischen und italienischen Text, viele Kirchenmusikwerke, 6 Sonaten für Pianoforte und 6 Streichquartette. Seine kompositorische Technik läßt die Schule bei Padre Martini deutlich erkennen.

LITERATUR

E. Arditi, Ferdinando Bertoni, in: Musica d'oggi IX, 1927.

Johann Balthasar Kehl (1725–78)

ZEIT UND UMWELT

Just Friedrich Wilhelm Zachariae war als Schriftsteller ein Nachahmer des englischen Klassikers Alexander Pope und bemühte sich wie sein Vorbild um eine gehobene, gut ausgewogene Sprache. Seine bedeutendste Leistung war vielleicht die Übersetzung des »Verlorenen Paradieses« von John Milton.

LEBEN

Johann Balthasar Kehl wurde am 24. 8. 1725 in Coburg geboren. Er war ab 1742 Kompositionsschüler von Johann Pfeiffer und Cellist in Bayreuth, kam 1762 als Hoforganist nach Erlangen und 1774 als Stadtkantor nach Bayreuth, wo er am 7. 4. 1778 starb.

WERKE

Durch seine Choralbearbeitungen »Erste, Zweyte, Dritte, Vierte Sammlung einiger variierter Choräle« wurde Johann Balthasar Kehl am meisten bekannt. Von seinen beiden Oratorien, »Die Pilgrime auf Golgatha« – auf einen schönen Text von Just Friedrich Wilhelm Zachariae – und »Die Hirten bei der Krippe zu Bethlehem« – Text von Karl Friedrich Ramler –, wurde das erstere viel aufgeführt. Er schrieb weiters Sonaten und Konzerte für verschiedene Instrumente und einen Jahrgang Kirchenkantaten. Er stand dem empfindsamen Stil noch sehr nahe.

Johann Georg Tromlitz (1725–1805)

ZEIT UND UMWELT

Bei Holzblasinstrumenten sind Klappen bereits im 16. Jahrhundert angebracht worden. Es handelte sich um Deckklappen, die schwer erreichbare Grifflöcher schlossen. Geschlossene Klappen, die zur Erzeugung bestimmter Töne Grifflöcher öffnen, sind erst im 17. Jahrhundert aufgekommen. Im Verlauf des 18. Jahrhunderts wurde im Klappensystem eine Reihe von Verbesserungen angebracht, bis im nächsten die Löcher akustisch richtig postiert und vermehrt und das Klappensystem in die heutige Form gebracht wurde.

LEBEN

Johann Georg Tromlitz wurde am 8. 11. 1725 in Reinsdorf über Artern geboren. Er lebte als Komponist, Flötist und Flötenbauer in Leipzig, wo er am 4. 2. 1805 starb.

WERKE

Von Johann Georg Tromlitz sind 2 Flötensonaten, 3 Konzerte für Flöten und Streichquartett, verschiedene Flötenstücke und Lieder erhalten. Er verfaßte einige theoretische Werke über das Flötenspiel und beschäftigte sich mit dem Klappensystem für Flöten in seinem Werk »Über die Flöten mit mehreren Klappen«.

Esteban Salas y Castro (1725–1803)

Zeit und Umwelt

Die von Christoph Kolumbus (1446–1506) im Jahr 1492 entdeckte Insel Kuba wurde für Spanien erobert und bildete wegen ihrer strategischen Lage ein ständiges Streitobjekt der Kolonialmächte. Das wirkte sich auf die wirtschaftliche und kulturelle Entwicklung der Kolonie sehr ungünstig aus. Erst im 18. Jahrhundert kam es zu einem Aufschwung auf allen Gebieten. Das 1514 am Südostende der Insel gegründete Santiago de Cuba war ursprünglich Hauptstadt der Kolonie, mußte aber 1689 den Rang an La Habana abtreten. Das kulturelle Leben in den Städten der Insel war vorwiegend von Mexiko abhängig.

Leben

Esteban Salas y Castro wurde am 25. 12. 1725 in La Habana geboren. Er studierte in seiner Vaterstadt Orgel, Komposition, gregorianischen Gesang, Philosophie, Theologie und kanonisches Recht und wurde Kleriker. Im Jahr 1763 wurde er als Kapellmeister an die Kathedrale von Santiago de Cuba berufen und wirkte dort als Reorganisator des gesamten Musikwesens bis zu seinem Tod am 14. 7. 1803.

Werke

Von Esteban Salas y Castro ist eine Reihe von Autos sacramentales und Tonadillas erhalten. Seine sakrale Musik bestand aus 8 Messen, 12 Responsorien, 5 Psalmen, 3 Proprien, 2 Litaneien, 8 Lectiones, 5 Hymnen, 7 Sequenzen, 2 Motetten, 3 Passionen, 29 Versetten und 52 Villancicos. Sein Stil erinnert an die neapolitanische Schule; bei größeren Werken zog er zu Streichern und Generalbaß Flöten und Oboen heran. Kontrapunktische Passagen sind nicht selten.

Literatur

A. Carpentier, La Música en Cuba, Mexiko 1946.

Aus der Klaviersonate in A-Dur, Autograph von Johann Christian Mann

Johann Mann (1726–82)

ZEIT UND UMWELT
In Wien prägten sich die Stilformen der galanten und der empfindsamen Musikepoche nicht so dezidiert aus wie anderswo. Unter dem Einfluß der vielen italienischen Musiker, die in der Stadt seit je das Musikleben beherrschten, ragte das Spätbarock weit in das 18. Jahrhundert, also bis in eine Zeit hinein, in der bereits Lebens- und Weltanschauung der Weimarer Klassik zur Richtschnur der Kunst wurde, sich die Wiener Vorklassik, parallel und in intensiver Kommunikation untereinander mit der Mannheimer, ausformte und den Boden für die Epoche bereitete, die als »Wiener Klassik« einen Höhepunkt der Musikgeschichte erreichte.

LEBEN
Johann Christian Mann (Monn) wurde 1726 in Niederösterreich geboren. Er war Bruder von Matthias Monn (Mann), wirkte ab 1750 als Musiklehrer in Prag und von 1766 bis zu seinem Tod am 24. 6. 1782 in Wien.

WERKE
Von Johann Mann sind 11 Divertimenti für Streicher, 8 Sonaten und 21 Menuette für Cembalo erhalten. Wenn auch nicht so deutlich wie beim Werk seines Bruders zeichnen sich auch bei ihm die Formen der kommenden klassischen Epoche ab. Sein Divertimento für 3 Streicher in D-Dur wird heute noch gespielt.

Pierre-Marie Gougelet (1726–90)

ZEIT UND UMWELT
Der obligate Besuch des Gottesdienstes in der Königlichen Kapelle von Versailles war zu einem großen Teil eine gesellschaftliche Veranstaltung, die vorgetragene Musik hatte Konzertcharakter. Es wurden sehr oft Neuaufführungen gebracht, für die die eingereichten Stücke sorgfältig vorgeprüft wurden. Es galt mit Recht als großer Erfolg eines Komponisten, wenn man ein Werk von ihm zur Aufführung brachte, weil man darin ein untrügliches Gütezeichen sehen durfte.

Josef Starzer

LEBEN
Pierre-Marie Gougelet wurde 1726 in Châlons-sur-Marne geboren. Er war Organist an St-Martin-des-Champs in Paris. Im Jahr 1744 wurden Motetten von ihm in Versailles aufgeführt. Er starb am 27. 1. 1790 in Paris.

WERKE
Von Pierre-Marie Gougelet erschienen mehrere Motetten, die in Versailles gesungen wurden. Er brachte außerdem 2 Sammlungen ausgewählter Lieder mit Gitarrenbegleitung heraus, die sehr beliebt geworden sind.

Josef Starzer (1726–87)

ZEIT UND UMWELT
Der Tänzer, Ballettmeister und Choreograph Franz Anton Christoph Hilverding (getauft 17. 11. 1710, Wien, bis 29. 5. 1768, Wien) war Hoftanzmeister am Wiener Hoftheater und

übernahm 1758 dazu die Leitung der kaiserlich-russischen Ballette in St. Petersburg und in Moskau. Seine Choreographien zeichneten sich durch packende Dramatik aus.

LEBEN
Josef Starzer wurde 1726 in Wien geboren. Er war vermutlich Schüler von Giuseppe Bonno. Ab 1752 war er Violinist im Orchester des Französischen Theaters in Wien und bald darauf Konzertmeister. Im Jahr 1758 ging er mit dem Choreographen Franz Anton Hilverding als Hofkomponist und Konzertmeister nach Rußland, von wo er 1768 zurückkehrte, um als Ballettkomponist mit Jean George Noverre und auch mit Domenico Angiolini zusammenzuarbeiten. Er nahm bis zu seinem Tod am 22. 4. 1787 im Wiener Konzertleben eine maßgebende Position ein.

WERKE
Mit seinen Balletten erreichte Josef Starzer in Wien und in Rußland große Erfolge, was allerdings neben seiner Musik auch den glänzenden Choreographien zuzuschreiben war. Er komponierte außerdem das Oratorium »La passione di Gesù Cristo« (Das Leiden Jesu Christi), mehrere Sinfonien und Divertimenti, Kammermusik, ein Violinkonzert und Violinstücke. Seine Musik näherte sich der Klassik.

Josef Antonín Štěpán (1726–97)

ZEIT UND UMWELT
Wie in Leipzig stand in Wien das Lied unter dem Einfluß der Opernarie. Die Texte wurden zumeist dem Schaffen der bedeutendsten deutschen Dichter entnommen. Italienische Dichtungen wurden im Gegensatz zu früheren Zeiten nur selten verwendet, weil sich zu Zeiten der Klassik das Lied an eine um vieles breitere Masse wandte als die Instrumentalmusik.

LEBEN
Josef Antonín Štěpán (Joseph Anton Steffan, Stephan, Giuseppe Antonio Steffani) wurde am 14. 3. 1726 in Kopidlno, Böhmen, geboren. Er war Schüler von Georg Christoph Wagenseil, sodann ab 1766 Hofklaviermeister und Lehrer der Erzherzoginnen Marie Antoinette, Elisabeth (1743–1808) und Maria Carolina in Wien. Im Jahr 1755 trat er in den Ruhestand und starb am 12. 4. 1797 in Wien.

WERKE
Für das deutsche Lied in Wien bildete die »Sammlung Deutscher Lieder für das Klavier« von Josef Antonín Štěpán sozusagen den Auftakt. Die Texte für die umfangreiche Sammlung stammen vorwiegend von namhaften deutschen Dichtern. Besondere Beachtung wurde auch seinen Klaviersonaten geschenkt, deren Faktur die Tore zur Klassik öffnete. Seine späteren Sonaten, die Präludien auf verschiedene Töne, die Kadenzen und Variationen für Cembalo sind hingegen mehr traditionsgebunden. Von Bedeutung sind auch seine handschriftlich hinterlassenen Klavierkonzerte und Concertini. Er schrieb außerdem ein Singspiel und ein viel gesungenes Stabat mater.

Charles Burney (1726–1814)

ZEIT UND UMWELT
Die ungeheuer wertvollen musiktheoretischen und musikgeschichtlichen Publikationen im England des 18. Jahrhunderts sind zugleich ein Symptom der geringen musikalischen Leistung. Historismus ist für sterile Zeitläufte der Ersatz für Neuschöpfungen und gleichzeitig eine Bestandsaufnahme des früher Geleisteten. Nicht selten entstand daraus ein neuer Aufschwung, als hätten Talente daraus Mut und Ansporn gewonnen. In England war es allerdings noch nicht soweit.

LEBEN
Charles Burney (eigentlich Macburney) wurde am 7. 4. 1726 in Shrewsbury geboren und zunächst an der Kathedrale von Chester, sodann in Shrewsbury und schließlich in London von Thomas Arne zum Organisten ausgebildet. Im Jahr 1749 wurde er zum Organisten an St. Dionis-Backchurch in Lon-

don und 1751 an St. Margaret's in King's Lynn ernannt. Er kam 1760 nach London zurück, führte einige Klavierkonzerte seiner Komposition mit Erfolg auf und begann mit der Sammlung des Materials für eine Geschichte der Musik. Um die zeitgenössische Musik kennenzulernen, unternahm er ab 1760 zwei große Europareisen, bei denen er alles, was auf dem Gebiet der Musik und Literatur Rang und Namen hatte, aufsuchte. Er starb am 12. 4. 1814 in London.

WERKE
Die Bedeutung von Charles Burney liegt vor allem auf dem Feld der Musikwissenschaft. Seine Reisetagebücher, seine musikhistorischen Essays, seine »Allgemeine Musikgeschichte«, seine Monographien sind unschätzbare Quellen für die Kenntnis und das Verständnis der Musik des 18. Jahrhunderts und früherer Zeiten. Dagegen treten seine kompositorischen Leistungen trotz ihres nicht geringen Wertes weit zurück. Er schrieb 8 Cembalosonaten vierhändig, Triosonaten, Cembalo- und Orgelstücke, Duette für zwei Violinen oder Flöten, Klavierkonzerte und einige Anthems. Sein Stil war etwas konservativ und nicht sehr einfallsreich.

LITERATUR
P. A. Scholes, The Great Dr. Burney, London 1948.

Charles Burney, Stich von F. Bartolozzi

Just Friedrich Wilhelm Zachariae
(1726–77)

ZEIT UND UMWELT
Künstlerische Mehrfachbegabungen bestätigen die Theorie von der Unteilbarkeit der Kunst, die sich nur in den verschiedenen Gattungen durch spezifische Ausdrucksformen manifestiert. Ein wahrer Könner könnte sich nach dieser Ansicht in jeder Kunstart bewähren, falls er ihre Technik erlernte und beherrschte, und war nur durch eine mangelnde technische Eignung außerstande, eine andere Richtung auszuüben. Das dürfte wohl etwas zu summarisch gedacht sein, aber die Geschichte zeigt, daß es eine beträchtliche Zahl von Persönlichkeiten gab, die in mehreren Kunstgattungen Hervorragendes zu leisten imstande war.

LEBEN
Just Friedrich Wilhelm Zachariae (Zachariä) wurde am 1. 5. 1726 in Frankenhausen, Thüringen, geboren. Er war Schriftsteller und Komponist, wobei seine Leistungen auf dem Gebiet der Wortkunst um vieles höher zu stellen sind als seine Musik. Er studierte in Leipzig und Göttingen und wurde Professor der schönen Künste in Braunschweig, wo er am 30. 1. 1777 starb.

WERKE
Neben seinen beachtlichen dichterischen Leistungen verfaßte Just Friedrich Wilhelm Zachariae mehrere Sinfonien, eine Anzahl Arien und Duette. Seine Vokalmusik scheint in Liedersammlungen der Zeit auf, die Instru-

mentalwerke sind Manuskript geblieben. Die Komposition des musikalischen Dramas »Die Pilgrime auf Golgatha« wurde lange fälschlich ihm zugeschrieben, es stammt aber nur der Text von ihm.

LITERATUR

O. Bessenrodt, Friedrich Wilhelm Zachariae, Flarchheim 1926.

Giuseppe Paolucci (1726–76)

ZEIT UND UMWELT

Die fortschreitende Profanierung der Kirchenmusik, die im 18. Jahrhundert einerseits von der Opernkomposition, andererseits vom Bestreben der Meister, die konzertante Diktion vergangener Zeitläufte zu echten Konzertaufführungen zu erweitern und dazu sogar die Grenzen der liturgischen Form zu überschreiten, verursacht wurde, erzeugte naturgemäß auch starke Reaktionen. Kirchenkapellmeister setzten ihr besonders in den Klosterkirchen glänzend gearbeitete klangreiche Kompositionen im alten Stil entgegen und bemühten sich mit umfangreichen Lehrwerken, die Kunst des Kontrapunkts davor zu bewahren, vergessen zu werden.

LEBEN

Giuseppe Paolucci wurde am 25. 5. 1726 in Siena geboren. Er studierte bei Padre Martini in Bologna, trat dem Franziskanerorden bei und wirkte als Chorregent in Venedig, in Sinigaglia und ab 1771 in Assisi, wo er am 26. 4. 1776 starb.

WERKE

Neben seinem dreibändigen Werk über Kontrapunktik mit Beispielen aus dem 16. bis 18. Jahrhundert veröffentlichte Giuseppe Paolucci eine Sammlung »Preces piae« (Fromme Gebete) für achtstimmigen Doppelchor.

William Jones (1726–1800)

ZEIT UND UMWELT

Die aus den Colleges in Oxford oder Cambridge hervorgegangenen Kirchenmusiker entfalteten an den Kathedralen ihrer Dienstorte zumeist eine sehr intensive Tätigkeit, die allerdings zumeist auf die Bedürfnisse ihrer Kapelle abgestimmt war. Das eine oder andere Anthem oder Service jedoch wurde in den Nachbargrafschaften populär und drang sogar bis London vor. Alle diese Kompositionen waren vorzüglich gearbeitet und gekonnt gemacht. Daß sie sich oft an volkstümliche Weisen anlehnten, erhöhte ihre Popularität. In ihrer Gesamtheit bildeten sie im 18. Jahrhundert den Boden, auf dem die englische Musik des kommenden Jahrhunderts entstehen konnte.

LEBEN

William Jones wurde am 30. 7. 1726 in Lowick, Northamptonshire, geboren. Er studierte in Oxford Theologie und Musik, wurde Vikar in Bethersden, Kent, sodann Rektor in Pluckley und darauf in Paston, Northamptonshire. Im Jahr 1776 stieg er zum Kurat von Nayland auf, wo er am 6. 1. 1800 starb.

WERKE

Obwohl William Jones persönlich nur fallweise ausübender Musiker war, beschäftigte er sich zeitlebens mit musikalischen Problemen und veröffentlichte ein noch im 19. Jahrhundert nachgedrucktes »Treatise on the Art of Music« (Abhandlung über die Kunst der Musik). Von seinen Kompositionen sind die »Zehn Orgelstücke mit vier Anthems« bekannt und berühmt geworden, darunter die in ganz England gesungene Hymne »St. Stephen«.

Tommaso Prota (um 1727 bis nach 1764)

ZEIT UND UMWELT

Die Theater und Konzertunternehmen in London hatten im 18. Jahrhundert ständig einen großen Bedarf an Musikern aus dem Ausland, weil zu wenig heimische Kräfte zur Verfügung standen und das Publikum außerdem aus Gewohnheit Ausländer, besonders Italiener, vorzog. Man war in London auch bestrebt, immer neue Musiker dem Publikum vorzustellen, das sowohl im Programm wie in der Darstellung starke Abwechslung forderte.

LEBEN

Tommaso Prota wurde um 1727 in Neapel geboren und am Conservatorio Santa Maria di Loreto ausgebildet. Er dürfte sich kurz darauf nach London begeben haben, wo er am Opernleben in nicht näher bekannter Eigenschaft bis zu seinem Tod in den Jahren nach 1764 mitwirkte.

Sein Vater Ignazio Prota (15. 9. 1690, Neapel, bis Januar 1748, Neapel) wirkte in Neapel als Opernkomponist und von 1722 bis zu seinem Tod als Lehrer am Conservatorio Sant' Onofrio.

Dessen Enkel Gabriele Prota (19. 5. 1755, Neapel, bis 22. 6. 1843, Neapel) war ab 1780 Kapellmeister an Sant'Annunziata und später an Santa Chiara.

WERKE

Neben einer Oper und einem Intermedium sind von Tommaso Prota 6 Kammersonaten für zwei Flöten oder Violinen und Generalbaß und verschiedene kleinere Kompositionen überliefert.

Ignazio Prota verfaßte Buffoopern und Arien für Neapel.

Gabriele Prota hat 3 Buffoopern und einige Kammermusik hinterlassen.

LITERATUR

U. Prota-Giurleo, La famiglia neapolitana dei Prota nella storia della musica, Mailand 1957.

Joseph Touchemoulin
(um 1727–1801)

ZEIT UND UMWELT

Die Hofkapelle der Kurfürsten von Köln in Bonn erfreute sich unter Clemens August großzügiger Förderung. Ab dem Jahr 1761, in dem ihm Max Friedrich nachfolgte, wurde die Dotierung der Kapelle stark eingeschränkt, so daß sie von einer Reihe von Musikern verlassen wurde.

LEBEN

Joseph Touchemoulin (Touchemolin, Touchesmoulin, Dousmolin) wurde um 1727 in Châlons-sur-Marne oder in Chalon-sur-Saône geboren. Über sein Leben in Frankreich ist nichts bekannt, er hielt sich ab 1753 nahezu ununterbrochen in Deutschland auf, kam zur Hofkapelle in Bonn und wurde auf Kosten des Kurfürsten Clemens August zur Ausbildung nach Padua zu Giuseppe Tartini gesandt. Im Jahr 1760 erhielt er die Ernennung zum Hofkapellmeister, trat jedoch von der Stelle ein Jahr darauf zurück, weil sein Gehalt um vieles reduziert wurde, und wirkte bis zu seinem Tod am 25. 10. 1801 als Violinist in der Kapelle der Fürsten Thurn und Taxis in Regensburg.

WERKE

Von Joseph Touchemoulin erschienen 6 viersätzige Sinfonien und 2 Violinkonzerte. Handschriftlich sind weitere Sinfonien, 4 Sonaten für Violine mit Generalbaß, eine Messe und ein Tantum ergo erhalten. Seine Opern sind verlorengegangen.

Joseph Baildon (um 1727–74)

ZEIT UND UMWELT

Wie sich italienische Kleriker ungehindert der Komposition von Opern widmen durften, deren Texte nicht immer erbauend und erhaben waren, so fand man in England nichts daran, wenn Kirchendiener Catches und Glees veröffentlichten, die vorwiegend in Männerrunden gesungen wurden.

LEBEN

Joseph Baildon wurde um 1727 vermutlich in London geboren. Er war Chorleiter an Westminster Abbey und ab 1762 Organist an St. Luke und All Saints. Später dürfte er an St. Paul's gewirkt haben, weil dort seine Beerdigung mit 2. 5. 1774 registriert wurde.

WERKE

Die zweibändige Liedersammlung von Joseph Baildon wurde viel benützt. Für seine Glees und Catches erhielt er mehrere Preise.

Sie wurden in verschiedene Sammelwerke aufgenommen.

François Martin (1727–57)

Zeit und Umwelt

In der Mitte des 18. Jahrhunderts erschienen auch in Paris sinfonische Sätze mit zwei Themen, Entwicklung und Reprise und kündigten den Einzug des klassischen Stils an. Gleichzeitig wurden Trios häufiger, bei denen auf das Cembalo verzichtet und dafür den drei Streichern gleichwertige Funktionen zugebilligt wurden.

Leben

François Martin wurde 1727 vermutlich in Paris geboren. Er dürfte zu den Schülern von Berteau gezählt haben. Ab 1747 war er Mitglied des Opernorchesters von Paris, wo er 1757 als berühmter Cellist und Cellolehrer starb.

Werke

Die Vokalmusik von François Martin, 7 im Concert spirituel aufgeführte Motetten und 3 Kantaten, war konservativ gehalten. Dafür brachte seine Instrumentalmusik Fakturen der Vorklassik nach Mannheimer und Wiener Vorbild nach Frankreich. Er schrieb eine Kammersonate für Cello und Generalbaß, 6 Sonaten für Cello, 6 Trios, 6 Sinfonien, davon eine mit Jagdhörnern.

Franz Sebastian Haindl (1727–1812)

Zeit und Umwelt

Bei den durchaus bescheidenen Lebensansprüchen, mit denen sich ein Musiker auch noch im 18. Jahrhundert begnügen mußte, konnten es sich auch kleine Höfe und schwach dotierte Kirchen leisten, bedeutende Kräfte zu beschäftigen, und da diese nicht selten auch zu anderen Dienstleistungen zur Verfügung stehen mußten, kamen sie noch billiger. Darin hatte sich, trotz der Aufklärung, der überall gehuldigt wurde, im Vergleich zu früheren Zeiten nichts geändert. Der Musiker war der Lakai geblieben, der er immer gewesen war.

Leben

Franz Sebastian Haindl wurde am 11. 1. 1727 in Altötting geboren. Er war zunächst dort Kapellknabe, dann Violinist in München, ab 1748 in Innsbruck und ab 1752 neuerlich in München. Von 1769 bis 1784 wirkte er in Innsbruck als Konzertmeister und ab 1785 in Passau als erster Violinist und Kammerdiener des Bischofs in Passau, wo er am 23. 4. 1812 starb.

Werke

Das Oratorium »David auf dem Ölberg« und sein Singspiel »Der Kaufmann von Smyrna« wurden häufig aufgeführt. Er verfaßte außerdem Messen und Motetten, Sinfonien, Partiten und ein Flötenkonzert, alles in einem sehr konservativen Stil.

Claude Balbastre (1727–99)

Zeit und Umwelt

Der Ausbruch der Französischen Revolution im Jahre 1789 brachte viele Musiker, die im Hof- oder Adelsdienst standen, um Arbeitsplatz und Brot. Auch vielen Kirchenmusikern erging es ähnlich. Einem Teil von ihnen und von Musikern in anderen Positionen gelang es, sich in die neuen Umstände hinüberzuretten, indem sie sich anpaßten und dem Zug der Zeit entsprechend sich umstellten.

Leben

Claude-Bénigne Balbastre (Balbâtre) wurde am 22. 1. 1727 in Dijon geboren. Er war Schüler von Claude Rameau (1690–1761) und sodann Organist an St-Étienne in seiner Geburtsstadt. 1750 ließ er sich in Paris nieder und wurde 1756 Organist an St-Roch, sodann an der Abtei von Panthémont und schließlich 1760 an Notre-Dame. Ab 1766 war er Organist des Bruders des Königs, des späteren Königs Ludwig XVIII., Cembalist der Königin Marie Antoinette und Organist der Königlichen Kapelle. Nach Beendigung des Königtums komponierte er Gelegenheitsstücke für revolutionäre Festlichkeiten. Er starb am 9. 5. 1799 in Paris.

Werke
Von Claude Balbastre sind Cembalostücke, für Cembalo arrangierte Opernarien, für Pianoforte eingerichtete Weihnachtslieder, 4 Sonaten für Pianoforte, zwei Violinen, Baß und zwei Hörner, 14 Orgelkonzerte, die verlorengingen, für Klavier arrangierte Revolutionslieder und eine Ariensammlung erschienen. Sein Stil paßte sich dem jeweiligen Geschmack an.

Literatur
Ch. Poisot, Essai sur les musiciens bourguignons, Dijon 1854.

Armand Louis Couperin (1727–89)

Zeit und Umwelt
Der Platz an der Orgel in der aus dem 6. Jahrhundert stammenden, während des 16. im spätgotischen Stil mit Renaissancezutaten völlig umgebauten Pariser Kirche St-Gervais war seit Mitte des 17. Jahrhunderts, als Louis Couperin (um 1626–61) dort Organist wurde, durch nahezu 2 Jahrhunderte von Angehörigen seiner Familie besetzt und bildete Zentral- und Ausgangspunkt ihrer sonstigen Tätigkeit als Komponisten und Interpreten.

Leben
Armand Louis Couperin wurde am 27. 2. 1727 in Paris als Sohn des Organisten an St-Gervais, Nicolas Couperin (1680, Paris, bis 25. 7. 1748, Paris), als Enkel von François Couperin (1630, Chaumes-en-Brie, bis nach 1708, Paris) und als Urenkel von Charles Couperin (um 1590, Chaumes-en-Brie, bis April 1662, Chaumes-en-Brie) geboren. Er folgte seinem Vater als Organist an St-Gervais nach und versorgte gleichzeitig die Orgeln an Ste-Marghérite, St-Barthélemy, St-Jean-en-Grève und an der Ste-Chapelle. Im Jahr 1770 trat er in die Königliche Kapelle ein und wurde einer der 4 Organisten an Notre-Dame. Er starb in Paris am 2. 2. 1789.
Seine Frau Elisabeth Couperin geborene Blanchet (1729, Paris, bis 1815, Paris), Tochter des berühmten Cembalobauers François-Étienne Blanchet (um 1700, Paris, bis 28. 11. 1761, Paris), folgte ihrem Mann als Organistin nach.
Sein Sohn Pierre Louis Couperin (14. 3. 1755, Paris, bis 10. 10. 1789, Paris) übernahm für die kurze Zeit, um die er den Vater überlebte, dessen Funktionen.
Sein zweiter Sohn, Gervais François Couperin (22. 5. 1759, Paris, bis 11. 3. 1826, Paris), folgte seinem Bruder in dessen Funktionen an der Ste-Chapelle, an Notre-Dame und St-Gervais nach.

Werke
Von Armand Louis Couperin sind Cembalosonaten mit Violine, Triosonaten, Motetten und die Kantate »L'Amour médecin« (Heilkräftige Liebe) erhalten.
Elisabeth Couperin soll Orgelstücke verfaßt haben. Überliefert ist davon nichts.
Von Pierre Louis Couperin sind einige Romanzen bekannt geworden.
Gervais François Couperin verfaßte eine Sinfonie, Cembalosonaten mit Violine oder Cello, Stücke für Pianoforte, Transkriptionen für Tasteninstrumente und 6 Romanzen für Sopran.

Gottlieb Goldberg (1727–56)

Zeit und Umwelt
Wilhelm Friedemann Bach und Johann Sebastian Bach als Lehrer sowie Freunde und deren musikalische Kreise waren die Umwelt für einen jungen Musikfanatiker, und einige Vertreter des im 18. Jahrhundert versiegenden Mäzenatentums kennzeichneten die Zeit, in der er lebte, lernte und schuf.

Leben
Johann Gottlieb (Theophilus) Goldberg wurde am 14. 3. 1727 in Danzig (Gdańsk) geboren. Über Vermittlung seines Gönners Reichsgraf Hermann Carl von Keyserling (1696 bis 1764) wurde er in Dresden Schüler von Wilhelm Friedemann Bach und in Leip-

zig von Johann Sebastian Bach, der ihn für »seinen stärksten Schüler auf dem Klavier und der Orgel« erklärte und für ihn im Auftrag des Grafen die »Aria mit verschiedenen Veränderungen« (Goldberg-Variationen) schrieb. Ab 1751 gehörte er der Kapelle des Grafen Heinrich von Brühl in Dresden an, wo er am 13. 4. 1756 starb.

WERKE
Von Gottlieb Goldberg sind 24 Polonaisen, Präludien und Fugen für Pianoforte, 6 Triosonaten, 2 Cembalokonzerte, 2 Kantaten, eine Motette und mehrere Choralvorspiele handschriftlich erhalten. Sein Stil ist vor allem Wilhelm Friedemann Bach verpflichtet.

Tommaso Traetta (1727–79)

ZEIT UND UMWELT
Das Conservatorio dell'Ospedaletto Santo Giovanni e Paolo war 1527 in Venedig als Armen- und Waisenhaus gegründet worden. Seine bald darauf eröffnete Musikschule rangierte lang als letztes der vier venezianischen Konservatorien. Erst im 18. Jahrhundert holte das Institut kräftig auf, so daß Charles Burney in seinem »Tagebuch einer musikalischen Reise durch Frankreich und Italien« sich darüber außerordentlich lobend äußern konnte.

LEBEN
Tommaso Michele Francesco Saverio Traetta wurde am 30. 3. 1727 in Bitonto bei Bari geboren. Er war von 1738 bis 1748 Schüler des Conservatorio Santa Maria di Loreto in Neapel. Sein erster Versuch, eine Oper zu schreiben, war ein durchschlagender Erfolg, so daß er mit Opernaufträgen überhäuft wurde. Im Jahr 1758 wurde er Hofkapellmeister und Musiklehrer bei Herzog Philipp von Parma, nach dessen Tod er die Leitung des Conservatorio dell'Ospedaletto in Venedig übernahm. 1768 folgte er dem Ruf der Zarin Katharina II. als Hofkapellmeister nach St. Petersburg, kehrte 1774 nach Italien zurück und starb in Venedig am 6. 4. 1779.

WERKE
Die Publikumswirksamkeit seiner ungefähr 40 Opern erreichte Tommaso Traetta mit einer kräftigen Harmonik und einer textgerechten Melodik. Er schrieb 3 Sinfonien, das Divertimento für vier Orchester »Die vier Jahreszeiten und die zwölf Monate des Jahres«, das verschollen ist, eine Messe, ein Stabat mater, Motetten, Oratorien – darunter »König Salomon« für Soli und Frauenchor –, eine Johannes-Passion für vier Stimmen und Orgel. Auf dem Gebiet der Oper gilt Tommaso Traetta als Vorläufer von Christoph Willibald Gluck.

Henri Hardouin (1727–1808)

ZEIT UND UMWELT
Es hat den Anschein, daß in Frankreich nur außermusikalische Bindungen einen Musiker abhalten konnten, nach Paris zu übersiedeln, sondern sein Wirken der Stätte zur Verfügung zu stellen, an der er selbst ausgebildet wurde. Ordensleute durften nicht nach eigenem Gutdünken ihren Aufenthaltsort wählen.

LEBEN
Henri Hardouin wurde am 7. 4. 1727 in Grandpré, Ardennes, geboren. Er war Mitglied der Maîtrise der Notre-Dame in Reims und wurde dort 1749 Musiklehrer und 1751 Ordensgeistlicher. Zwischen 1752 und 1770 leitete er die Konzerte der Académie de Musique in Reims. Er starb am 13. 8. 1808 in Grandpré.

WERKE
Von Henri Hardouin sind 46 Messen, Hymnen, Motetten und Psalmen handschriftlich erhalten. Ihr Stil ist sehr konservativ und zum Teil auch polyphon.

Pasquale Anfossi (1727–97)

ZEIT UND UMWELT
Da ein Großteil der in Italien im 18. Jahrhundert komponierten Musik für die Opern-

bühne bestimmt war und auch die Oratorien in der Regel der Opernfaktur folgten, da weiters die Kirchenmusik, wenn sie nicht die gleiche Richtung einschlug, äußerst konservativ gehalten wurde, ist eine parallele Stilentwicklung zu der in Deutschland, Wien und Paris nur fragmentarisch feststellbar. In einzelnen ernsten Opern findet man dennoch Ansätze einer Weiterentwicklung.

LEBEN
Pasquale Anfossi wurde am 25. 4. 1727 in Taggia bei Neapel geboren. Er war von 1737 bis 1747 Schüler des Conservatorio Santa Maria di Loreto, wo er von Francesco Durante in Violinspiel und Komposition ausgebildet und einige Zeit als Hilfslehrer beschäftigt wurde. Im Jahr 1763 brachte er in Rom mit großem Erfolg seine erste Oper heraus und widmete sich in den folgenden Jahren nahezu ausschließlich der Opernkomposition und der Leitung der Aufführung. Er wurde sodann vom Conservatorio dell'Ospedaletto in Venedig als Lehrer bestellt, unterbrach aber diese Tätigkeit häufig durch Reisen nach Paris, London, Prag, Berlin, Florenz und Rom; 1792 übernahm er die Kapellmeisterstelle an San Giovanni in Laterano in Rom, wo er im Februar 1797 starb.

WERKE
Ehe sich Pasquale Anfossi in Rom völlig der Kirchenmusik widmete, verfaßte er 76 Opern, von denen die meisten erfolgreich waren. Als Kirchenkapellmeister schrieb er 12 Oratorien, 2 Kantaten, Messen, Psalmen und kleinere Gesänge. Er muß ein guter Kenner der Musik seiner Zeit gewesen sein, denn er verwendete sowohl in den Opern wie in der Kirchenmusik eine Reihe von »unitalienischen« Wendungen, die als Ansätze für eine Weiterentwicklung der italienischen Musik gewertet werden dürfen. Es ist bezeichnend, daß sich Wolfgang Amadeus Mozart sehr für das kompositorische Werk von Pasquale Anfossi interessierte.

Joseph Bernabé L'Abbé (1727–1803)

ZEIT UND UMWELT
Mit Doppelgriffpassagen, komplizierten Staccati und allen Möglichkeiten des künstlichen Flageoletts bis zu Flageolett-Doppelgriffen und Flageolett-Trillern erreichte die violinistische Technik noch im 18. Jahrhundert einen kaum mehr zu überbietenden Höchststand der Virtuosität. Das hohe musikalische Niveau der Violinmusik wurde allerdings von Meistern erreicht, die solche Techniken nur vorschrieben und anwandten, falls es der musikalische Ausdruck erforderte.

LEBEN
Joseph Bernabé L'Abbé (eigentlich Saint-Sevin) wurde am 11. 5. 1727 in Agen, Lot-et-Garonne, geboren und von seinem Vater Pierre Philippe L'Abbé (um 1700, Agen, bis 15. 5. 1768, Paris), Solocellist am Pariser Opernorchester, ausgebildet. Er war ab 1739 Violinist an der Opéra Comique in Paris und von 1742 bis 1762 an der Opéra, außerdem von 1741 bis 1755 am Concert spirituel. Ab 1740 nahm er bei Jean-Marie Leclair Unterricht, um seine Technik zu vervollkommnen, und widmete sich ab 1762 selbst dem Unterricht im Spiel seines Instruments. Er starb in Paris am 25. 7. 1803.

WERKE
Vom Violinvirtuosen Joseph Bernabé L'Abbé sind erschienen: 6 Sonaten für Solovioline und weitere 6 mit Generalbaß, 6 Sonaten für Solovioline und Generalbaß, 7 Sinfonien für drei Violinen und Generalbaß, 3 Sammlungen von französischen und italienischen Arien mit Variationen für zwei Violinen oder zwei Violen oder Flöte und Violine und mehrere Sammlungen von Duetten der Opéra Comique, außerdem eine Violinschule, die die französische mit der italienischen Technik vereinte.

Friedrich Hartmann Graf (1727–95)

ZEIT UND UMWELT
Im Verlauf des 18. Jahrhunderts entstanden

Henry Harington

auf dem europäischen Kontinent nach dem Muster des Pariser Concert spirituel in vielen größeren Städten bürgerliche Konzertgesellschaften, deren Aufführungen gegen Eintrittsgeld öffentlich zugänglich waren. In England setzte unabhängig davon diese Entwicklung bereits in der zweiten Hälfte des 17. Jahrhunderts ein, so daß es dort um einiges eher als auf dem Kontinent sehr rührige Konzertunternehmen gab. Die »Professional Concerts« wurden allerdings auch erst 1785 gegründet; sie nahmen bald eine dominierende Position im Londoner Konzertleben ein. Bezeichnend für die damalige musikalische Situation der Stadt ist, daß auch dieses Unternehmen seine Konzerte vorwiegend mit ausländischen Musikern und Dirigenten ausstattete.

LEBEN
Friedrich Hartmann Graf wurde am 23. 8. 1727 in Rudolstadt als Sohn des Johann Graf geboren. Er wurde wie sein Bruder Christian Ernst Graf von seinem Vater ausgebildet und diente darauf als Heerpauker. Von 1759 bis 1764 war er Flötist und Dirigent in Hamburg, sodann von 1769 bis 1772 in Den Haag. Darauf wirkte er als Kantor und Präzeptor an der Schule St. Anna in Augsburg und als Musikdirektor aller evangelischen Kirchen der Stadt, in der er 1779 eine ständige bürgerliche Konzertgesellschaft gründete. Um 1785 wirkte er in London als Dirigent der neugegründeten Professional Concerts. Er starb am 19. 8. 1795 in Augsburg.

WERKE
Das kompositorische Werk von Friedrich Hartmann Graf wurde zu seiner Zeit hochgeschätzt. Gedruckt überliefert sind Quartette und Quintette für Blas- und Streichinstrumente, Streichquartette, Trios, Duos für Violine und Viola, Flötenkonzerte und ein Cellokonzert.

LITERATUR
B. Engelke, Die Rudolstädter Hofkapelle, Archiv für Musikwissenschaft, 1918/19.

Henry Harington (1727–1816)

ZEIT UND UMWELT
»Harmonic Societies« (Musikalische Gesellschaften) wurden in der zweiten Hälfte des 18. Jahrhunderts in vielen englischen Städten von musikbegeisterten Dilettanten gegründet. Sie zogen zumeist zur Ausbildung der Gesellschafter Berufsmusiker zu, so daß die Qualität dieser Vereinigungen oft sehr hoch anzuschlagen war. Amateurkomponisten fanden so Gesinnungsfreunde, die ihre Werke aufführten. In manchen Fällen übernahm die Gesellschaft auch Druckkosten.

LEBEN
Henry Harington (Harrington) wurde am 29. 9. 1727 in Kelston, Somerset, geboren. Er wollte zuerst in Oxford Kleriker werden, wandte sich jedoch der Literatur und der Musik zu und wurde schließlich Arzt in Bath, wo er der Harmonic Society beitrat und am 15. 1. 1816 starb.

WERKE
Von Henry Harington sind mehrere Bücher

mit beliebten Glees, Catches und Liedern erschienen. Am meisten bekannt wurde aber sein »Klagegesang« für die Karwoche. Seine melodischen Einfälle und die Zartheit seiner Harmonisierung wurden von Zeitgenossen sehr gerühmt.

Johann Wilhelm Hertel (1727–89)

ZEIT UND UMWELT
Die Ausstrahlung der Berliner Liederschule auf dem Gebiet der Sinfonik und dem des Liedes wirkte sich im gesamten norddeutschen Raum nicht nur stilformend, sondern auch entwicklungshemmend aus. Die von Friedrich dem Großen und seinen Musikern gepflegte Empfindsamkeit, die Einfachheit der Liedfaktur und der vom Barock geerbte Generalbaß wurden weiter beibehalten, gleichsam als Garant für Publikumswirksamkeit, und erst spät zugunsten der in Mannheim und in Wien gefundenen neuen Formen aufgegeben.

LEBEN
Johann Wilhelm Hertel wurde am 9. 10. 1727 in Eisenach als Sohn des Johann Christian

Jean Paul

Hertel geboren. Er wurde von seinem Vater ausgebildet und wirkte ab 1744 als Hofkapellmeister in Strelitz und später bis zu seinem Tod am 14. 6. 1789 in gleicher Eigenschaft in Schwerin.

WERKE
Das kompositorische Werk von Johann Wilhelm Hertel war zu seiner Zeit im norddeutschen Raum hochgeschätzt, geriet aber nach seinem Tod bald in Vergessenheit. Er schrieb eine große Anzahl Sinfonien, Konzerte für verschiedene Instrumente, Cembalosonaten, Kantaten, Oden, Lieder und 3 Oratorien. Alles hat Generalbaß, gehört dem empfindsamen Stil an und ist melodisch und strukturell leicht faßlich. Seine Sinfonien in D-Dur und G-Dur, sein Fagottkonzert in a-Moll und seine Cembalosonate in d-Moll wurden besonders viel gespielt.

Johann Christian Christoph Richter (1727–79)

ZEIT UND UMWELT
Die Hofkapelle der Fürsten Thurn und Taxis nahm in steigendem Ausmaß erstklassige Kräfte auf, so daß sie im 18. Jahrhundert zu einer beachtenswerten Pflegestätte der Orchestermusik wurde und außerdem jungen Mitgliedern eine gründliche Ausbildung bieten konnte.

LEBEN
Johann Christian Christoph Richter – Vater des Dichters Jean Paul Friedrich Richter (1763–1825) – wurde am 16. 12. 1727 in Neustadt am Kulm geboren. Er war Alumnus am Gymnasium poeticum in Regensburg, wo er an der Kapelle der Fürsten Thurn und Taxis mitwirkte, studierte in Erlangen und Jena und wurde Lehrer und Organist in Wunsiedel. Später wurde er Pastor in Joditz bei Hof und in Schwarzenbach, wo er am 25. 4. 1779 starb.

WERKE
Von Johann Christian Christoph Richter sind nur handschriftliche Kompositionen er-

halten. Es handelt sich durchwegs um Kirchenmusik – Choralvorspiele, Hymnen, Motetten –, die zu seiner Zeit sehr beliebt war. Sie folgten der Berliner Schule.

Franz Aspelmayr (um 1728–86)

ZEIT UND UMWELT

Der Stil der Wiener Vorklassik bis zu seiner Ausprägung in der Hochklassik profilierte sich vor allem in der neuen Sonatenform und in der Struktur der Kammermusik. Eine stattliche Anzahl Musiker schwenkte mit ihrem Werk mehr oder minder deutlich in diesen Entwicklungsstrom ein, gleichsam als Wegbereiter für die großen Vertreter der Klassik oder als flankierende Begleiter ihrer Entwicklung.

LEBEN

Franz Aspelmayr (Asplmayr, Appelmeyer) wurde um 1728 in Linz geboren. Er brachte als Hofmusiker und Ballettkomponist für die italienische Oper in Wien einige Singspiele und Ballett-Divertissements heraus und wirkte als Dirigent und Musiklehrer in Wien bis zu seinem Tod am 29. 7. 1786.

WERKE

Neben seiner Bühnenmusik verfaßte Franz Aspelmayr 6 Serenaden, 6 konzertante Quartette für zwei Violinen, Viola und Cello, 6 weitere Quartette mit gleicher Besetzung und 6 Streichtrios. Mit diesen Kompositionen reihte er sich zu den ersten Wiener Musikern ein, die Orchester- und Kammermusik im neuen Wiener Stil komponierten.

John Jones (1728–96)

ZEIT UND UMWELT

Volksliedartige populäre Lieder, ernst oder witzig, feierlich oder lustig, balladesk oder lyrisch, fanden in England unbeschränkte Aufnahme. Ihre einfachen Texte, die leicht zu merkenden Melodien und die auf jedem Instrument – Cembalo, Laute, Clavichord, Harfe – spielbare Begleitung gewannen ein breites Publikum auch in Kreisen, die für rüde Catches und anzügliche Glees keine Vorliebe aufbringen konnten.

LEBEN

John Jones wurde 1728 in London geboren. Er war ab 1749 Organist an Middle Temple, ab 1753 an Charterhouse und ab 1755 an St. Paul's. Er betreute alle drei Stellen bis zu seinem Tod am 17. 2. 1796.

WERKE

Von John Jones sind mehrere Reihen Cembaloübungen erschienen. Er veröffentlichte außerdem »60 Lieder für eine und zwei Stimmen«, die sich größter Beliebtheit erfreuten und für die Liedkomposition seiner Zeit typisch waren.

Carl Gottlieb Richter (1728–1809)

ZEIT UND UMWELT

Die Kontakte zwischen Berlin und der alten preußischen Hauptstadt Königsberg (Kaliningrad), die Krönungsstadt geblieben war, wurden noch bis in unsere Gegenwart aufrechterhalten und drückten sich besonders in einem lebhaften Kräfteaustausch zwischen der ehemaligen und späteren Residenz aus.

LEBEN

Carl Gottlieb Richter wurde 1728 in Berlin geboren. Er war Schüler von Carl Philipp Emanuel Bach und von Christoph Schaffrath. Im Jahr 1761 übersiedelte er nach Königsberg und wirkte dort nacheinander als Organist der Schloßkirche, der Altstädtischen Kirche und am Dom. Er starb im Jahr 1809 in Königsberg.

WERKE

Von seinen Klavierkonzerten, die Carl Gottlieb Richter bei Liebhaberkonzerten der Stadt Königsberg selbst vortrug, sind 5 veröffentlicht worden. Er schrieb außerdem 10 Menuettsammlungen für Orchester und Lieder im Stil der Berliner Liederschule.

François Krafft (1728–95)

Zeit und Umwelt

Die flämischen Kathedralen waren auch im 18. Jahrhundert mit ausgezeichneten Organisten und Kapellmeistern besetzt, die zum Großteil auch komponierten. Gedruckt wurde davon sehr wenig, obwohl es ihre Qualität in vielen Fällen wert gewesen wäre. Daher ging das meiste verloren oder befindet sich unbearbeitet in privaten Händen.

Leben

François Krafft wurde 1728 in Gent geboren. Er war Chorknabe an der Kathedrale seiner Geburtsstadt, sodann Kapellmeister in Brüssel. Ab 1770 wirkte er in gleicher Eigenschaft an der Kathedrale in Gent, wo er am 13. 1. 1795 starb.
Ein jüngerer Verwandter, François Krafft (3. 10. 1733, Brüssel, bis nach 1783, Brüssel), wirkte ab 1760 als Musiklehrer und von 1770 bis 1783 als Hofkomponist in Brüssel.
Ein älterer Verwandter, François-Joseph Krafft (22. 7. 1720, Brüssel, bis nach 1783, Brüssel), war vermutlich Organist oder Kapellmeister in Brüssel.

Werke

Von François Krafft (1728) sind ungefähr 60 Kompositionen verschiedener Art – zumeist für den kirchlichen Gebrauch – handschriftlich erhalten.
François Krafft (1733) schrieb eine Anzahl Messen und Kirchenlieder.
François-Joseph Krafft hinterließ eine Reihe Sonaten, 12 Menuette und 13 »Echostücke« für Cembalo.
Die Zuschreibungen der einzelnen Werke sind nicht gesichert.

Charles Joseph Balthasar Sohier (1728–59)

Zeit und Umwelt

Die ehemalige flandrische Hauptstadt Lille hatte sich, obschon sie im Verlauf der Geschichte Frankreichs an den Rand des Kulturgeschehens geraten war, dennoch ein

Niccolò Piccinni, Stich von L. J. Cathelin

Gutteil ihrer ehemaligen Kulturgesinnung bewahrt. Ein Beweis dafür ist die frühe Gründung eines Konzertunternehmens.

Leben

Charles Joseph Balthasar Sohier (Soyé, Soyer, Soyez) wurde am 6. 1. 1728 in Lille getauft. Er war erster Violinist am »Concert« seiner Geburtsstadt. Nach kurzem Wirken in Tournai wurde er Organist an St-Pierre in Lille, wo er am 29. 6. 1759 starb.

Werke

Von Charles Joseph Balthasar Sohier sind Sonaten für Solovioline und Generalbaß und eine Anzahl Sinfonien erschienen. Sein Stil war sehr konservativ.

Niccolò Piccinni (1728–1800)

Zeit und Umwelt

Der Dichter, Librettist und Kritiker Jean François Marmontel (1723–99) und der Schauspieler und Komponist Jean-Baptiste Quinault (1685–1744) führten einen erbitterten Feldzug gegen die Opern von Christoph

Willibald Gluck, der das musikalische Paris in zwei Lager spaltete, ähnlich den Auseinandersetzungen der Lullisten und der Ramisten. Die beiden Proponenten der italienischen Oper einerseits und der Erneuerung der Musikbühne auf der anderen Seite wurden gegen ihren Willen in den Streit in den literarischen und gesellschaftlichen Zirkeln, an dem sich sogar Königin Marie Antoinette beteiligte, hineingezogen. Sie selbst waren miteinander nie verfeindet, sondern brachten im Gegenteil einander über das Gezeter der Parteigänger auf beiden Seiten hinweg große Achtung entgegen. Von keinem der beiden ist auch nur eine negative Äußerung über den anderen überliefert.

LEBEN

Niccolò Vito Piccinni (Nicola Vincenzo Piccini) wurde am 16. 1. 1728 in Bari geboren. Er war Neffe des Opernkomponisten Gaetano Latilla und Schüler von Leonardo Leo und von Francesco Durante am Conservatorio Sant'Onofrio in Neapel. Im Jahr 1754 brachte er seine erste Oper in Neapel heraus. Nach großen Erfolgen in Rom übersiedelte er nach Paris, wo er im künstlerischen Wettstreit mit Christoph Willibald Gluck, abgesehen von einigen Rückschlägen, sehr erfolgreich blieb. Er wurde zum Leiter einer neuengagierten Operntruppe und zum Professor an der École Royale de Chant et de Déclamation ernannt. Beim Ausbruch der Revolution floh er nach Neapel, wo er sich mühsam durchbrachte. 1798 kehrte er nach Paris zurück, wurde dort freundlich aufgenommen und für seine Verluste durch die revolutionären Ereignisse teilweise entschädigt. Noch kurz vor seinem Tod am 7. 5. 1800 in Passy bei Paris wurde für ihn eine 6. Inspektorenstelle am Pariser Conservatoire geschaffen.

Sein Sohn Luigi Piccinni (1766, Neapel, bis 31. 7. 1827, Passy bei Paris) kam 1795 als Hofkapellmeister nach Stockholm, kehrte aber 1801 nach Paris zurück.

WERKE

Neben weit über 100 Opern, mit denen er zur Entwicklung der Oper neue entscheidende Impulse beitrug, schrieb Niccolò Piccinni 2 Sinfonien, 4 Sonaten und eine Toccata für Cembalo oder Pianoforte, weiters 2 Andantino für Pianoforte, Vokalisen und 6 Duette mit Pianofortebegleitung, Kantaten, Arietten, Romanzen, Lieder, eine Messe, mehrere Oratorien und Psalmen.

Luigi Piccinni hat für Paris eine Reihe von Opern geschrieben, die die Qualität und den Erfolg der Werke seines Vaters nicht erreichten.

LITERATUR

N. Pascazio, L'uomo Piccinni e la »Querelle célèbre«, Bari 1951.

Johann Gottfried Müthel

(1728–88)

ZEIT UND UMWELT

Noch im Jahr 1750 wurden junge Schüler nach Leipzig zu Johann Sebastian Bach geschickt, »um sich in seinem Metier daselbst zu perfectioniren«, und erst als dieser nicht mehr am Leben war, wandte man sich fallweise an Johann Christoph Altnikol, in dem man als Schüler und Schwiegersohn des Thomaskantors einen Kenner und Bewahrer der Kunst vermutete, die man erlernen wollte. Die zuweilen geäußerte Behauptung, daß der Name Bachs bereits zu dessen Lebzeiten vergessen und verklungen gewesen sei, wird auch dadurch widerlegt.

LEBEN

Johann Gottfried Müthel wurde am 17. 1. 1728 in Mölln, Lauenburg, geboren. Er wurde von Johann Paul Kunzen in Lübeck ausgebildet und trat 1747 in den Dienst des Herzogs Christian Ludwig II. von Mecklenburg-Schwerin, der ihn 1750 zu weiteren Studien zu Johann Sebastian Bach nach Leipzig schickte. Im Jahr 1753, nach seiner Entlassung aus den Diensten des Herzogs, übernahm er die Leitung einer adeligen Hauskapelle in Riga und wurde dort zusätzlich Organist an der Petrikirche. Den Rest seines Lebens verbrachte er in dieser Stadt als »starker Klavierspieler und Componist für sein

Instrument«. Am 14. 7. 1788 starb er in Bienenhof bei Riga.

WERKE

Als einer der letzten Schüler von Johann Sebastian Bach bemühte sich Johann Gottfried Müthel, das Erbe seines großen Lehrers zu bewahren und nachzuahmen. Das wirkte sich besonders in seinen Orgelwerken aus, die der barocken Tradition, vermengt mit vorklassischen Stilelementen, verpflichtet blieben. Er schrieb auch viele Bach-Werke ab. Er verfaßte für Orgel 3 Choräle, ein Präludium, eine Fuge und »Technische Übungen«. Seine Hauptstärke lag auf dem Gebiet der Cembalomusik, wenn auch hier der Umfang seines kompositorischen Werks nicht groß ist. Er schrieb 7 Cembalokonzerte, ein Konzert für Cembalo solo, 2 Duette für zwei Cembali, 9 Cembalosonaten, von denen 3 gedruckt wurden, 2 Ariosi mit 12 Variationen, 41 Menuette, 2 Märsche, ein Allegro und ein Prestissimo; außerdem verfaßte er ein Konzert für zwei Fagotte und Streicher, eine Sonate für Flöte und Baß, 3 Polonaisen für 3 Instrumente, 2 Menuette für Instrumente, eine Kantate, ein vierstimmiges Trinklied und 45 Lieder und Oden. Charles Burney schrieb über die Kompositionen: »Sie sind so voller Neuheit, Geschmack, Anmut und Erfindung, daß ich keinerlei Bedenken trage, sie unter die bedeutendsten Schöpfungen des gegenwärtigen Zeitalters einzureihen. Obwohl Genie und Werk dieses Musikers außergewöhnlich sind, ist er in Deutschland nur wenig bekannt.«

Cembalosonate Nr. 1 in F-Dur, 3 Sätze

Alle Sonaten des Komponisten machen einen rhapsodischen Eindruck, weil sie sich keinem Schema einfügen. Das Prinzip der Gegensätzlichkeit ist nicht formbestimmend. Das Hauptthema wechselt mit einem Gegenthema ab oder ist in ein unthematisches Figurenwerk gebettet.

Diese Sonate beginnt mit einem kraftvollen Allegro, seine Entwicklung ist fantasieartig und stützt sich auf zwei gegensätzliche Themen. Auch der 2. Satz in f-Moll wird von zwei Themen bestritten. Eines davon – Largo e staccato – stellt sich als Oktaven-Unisono in punktierten Rhythmen vor, das zweite bringt lyrische Gedanken; beide begegnen einander teils dramatisch, teils rezitativisch. Das Finale ist eine konventionelle Gigue.

Cembalosonate Nr. 2 in G-Dur, 3 Sätze

Der 1. Satz ist ein Vivace, das stilistisch Bach verpflichtet ist. Auch das Adagio in g-Moll hält sich an ältere Vorbilder; es ähnelt einem Orgeltrio, in dem zwei kanonisch geführte Oberstimmen über einen stützenden Baß gelegt sind. Mit dem Finale bekennt sich der Komponist zur Vorklassik.

Cembalosonate Nr. 3 in C-Dur, 3 Sätze

Der 1. Satz ist lyrisch-heiter und außerordentlich flüssig. Der Mittelsatz in a-Moll kontrastiert spannungsreich zwei verschiedene Zeitmaße. Dies und die nebeneinandergestellten akkordischen Klangschichten und Unisono-Passagen erzeugen ein phantastisches Bild. Das Finale ist feinlinig, aber problemfrei.

LITERATUR

E. Kemmler, Zur Biographie Johann Gottfried Müthels, in: Musik des Ostens II, Kassel 1963.

Franz Josef Aumann (1728–97)

ZEIT UND UMWELT

Das Augustiner-Chorherrenstift in St. Florian, Oberösterreich, aus dem 17. Jahrhundert mit seiner berühmten Galerie mit Werken der Donauschule gestaltete sich im 18. Jahrhundert zu einer bedeutenden Pflegestätte österreichischer Kirchenmusik.

LEBEN

Franz Josef Aumann (Aumonn, Aumon, Auman, auch Franz Seraph, Johann, Leopold) wurde am 24. 2. 1728 in Traismauer, Niederösterreich, geboren. Er war Singknabe am Jesuitenkonvikt in Wien, wurde Augustiner und studierte in Wien. Von 1755 bis zu seinem Tod am 30. 3. 1797 wirkte er als Regens chori in St. Florian, Oberösterreich.

WERKE

Das umfangreiche kompositorische Werk von Franz Josef Aumann wurde handschriftlich weit über Österreich, Süddeutschland, Böhmen, Mähren bis nach Ungarn und dem

Gebiet des heutigen Jugoslawien verbreitet, war selbst von der venezianischen und neapolitanischen Schule wie vom Wiener und Salzburger Lokalstil beeinflußt und geprägt und wirkte auf die Kirchenmusik dieses Raumes maßgebend ein. Er schrieb 40 lateinische Orchestermessen, eine deutsche Messe, zahlreiche Exemplare der Missa brevis, 12 Requiem, 22 Offertorien, ein Graduale, 7 Sequenzen, 7 Veni sancte spiritus, 2 Regnum mundi, Christnachtresponsorien, von denen eines noch heute in St. Florian gesungen wird, Responsorien zur Osternacht und zur Karwoche, Exequien, 7 Vespern, 29 Psalmen, 25 Magnificat, 10 Litaneien, ein Exaudi, 4 Te Deum, 8 Hymnen, 4 lateinische Duettarien, eine Baßarie, 4 deutsche Passionen, 6 Arien und 2 Lieder mit Orchester, eine »Spottmesse um Stottern, schlechtes Singen und das mühselige Amt des Schulmeisters« (Faschingsmesse) nachzuahmen, 2 Singspiele, 5 Couplets, einen Kanon für Männerstimmen, »Bäurische Lieder«, musikalische Scherzrätsel, 9 Divertimenti, 9 Kassationen, 7 Partiten, eine Serenade und 3 Sinfonien. Das meiste davon ist erhalten.

LITERATUR

O. Wessely, Musik in Oberösterreich, Linz 1951.

Pierre Gaviniès, Stich von Lambert

Giacomo Insanguine (1728–95)

ZEIT UND UMWELT

Da der Bedarf an Opern in den italienischen Städten auch in der zweiten Hälfte des 18. Jahrhunderts unvermindert anhielt und die Werke neapolitanischer Meister offensichtlich allen andern vorgezogen wurden, widmete sich jeder in dieser Stadt ausgebildete Komponist, sofern er sich dazu imstande fühlte, dieser Kompositionsart.

LEBEN

Giacomo Antonio Francesco Paolo Michele Insanguine (genannt Monopoli) wurde am 22. 3. 1728 in Monopoli bei Bari geboren. Er war Schüler des Conservatorio Sant'Onofrio in Neapel und nach seiner Ausbildung für kurze Zeit auch Lehrer der Anstalt. Dann widmete er sich der Opernkomposition. Von 1781 bis zu seinem Tod am 1. 2. 1795 war er Kapellmeister an Tesoro di San Gennaro in Neapel.

WERKE

Neben 21 Opern schrieb Giacomo Insanguine eine Passion und mehrere Kirchenkompositionen – Messen, Proprien –, außerdem eine Reihe von Orgel- und Cembalostücken, die bald vergessen wurden.

LITERATUR

A. Mondolfi, Destino e stile di Giacomo Insanguine detto Monopoli, Gazzetta musicale di Napoli IV, 1958.

Pierre Gaviniès (1728–1800)

ZEIT UND UMWELT

Das 1725 von Anne Philidor gegründete Concert spirituel, dessen Privileg von der Académie Royale de Musique unter der Bedingung vergeben wurde, daß darin keine mit französischem Text unterlegte Musik und keine Opernfragmente aufgeführt wurden, kostete eine Jahrespacht von 1000 Livres. Dieses Unternehmen, das unter wechselnder Leitung bis zum Ausbruch der Revolution florierte, wurde für viele europäische Konzertunternehmen zum Modell.

LEBEN
Pierre Gaviniès (Gavinié, Gaviniez) wurde am 11. 5. 1728 in Bordeaux geboren. Im Alter von 14 Jahren trat er als Violinist im Concert spirituel in Paris auf. Von 1742 bis 1748 wirkte er im Dienst des Herzogs Louis von Orléans, schlug aber die Aufnahme in die Königliche Kapelle aus, weil er seine Unabhängigkeit nicht aufgeben wollte. Er wurde zu einem der ständigen Solisten des Concert spirituel, das er 1773 pachtete und gemeinsam mit Simon Leduc und François Joseph Gossec bis 1777 leitete. Die Revolutionsjahre verbrachte er als Violinlehrer am Institut National de Musique. Er starb in Paris am 8. 9. 1800.

WERKE
Das Violinspiel von Pierre Gaviniès wurde wegen seiner großen Melodik, der exakten Rhythmik und der präzisen Dynamik gerühmt. Jedenfalls nahm es in Anlage und Ausdruck romantische Fakturen bereits voraus. Er verfaßte 12 Sonaten für Solovioline und Baß, eine dreiteilige Melodiensammlung für zwei Violinen, Bratsche oder Cello als Baß, 6 Sonaten für Solovioline, Konzerte für zwei Oboen, zwei Hörner, Bratsche und Baß, »Les 24 Matinées« (Violinübungen), 3 Sonaten für Violine und Cello, eine Romanze, 2 Violinkonzerte, Sonaten und eine Konzertetüde. Seine Sinfonien sind verschollen. Die Violinübungen wurden viele Male aufgelegt und gehörten lange zum täglichen Brot eines jeden Violinschülers.

LITERATUR
La Laurencie, Gaviniès et son temps, in: Revue Musicale III, 1922.

Henri Moreau (1728–1803)

ZEIT UND UMWELT
In der zweiten Hälfte des 18. Jahrhunderts wurde die musikalische Tätigkeit im ehemaligen flämischen Raum lebhafter. Zur Bildung eines eigenständigen Stils kam es aber nicht. Es wurden die Stilformen der Nachbarländer und von Italien übernommen.

LEBEN
Henri Moreau wurde am 16. 7. 1728 in Lüttich getauft. Er studierte von 1752 bis 1756 am Lütticher Kollegium in Rom und wirkte sodann als Kapellmeister an St-Paul und als Kompositionslehrer in Lüttich bis zu seinem Tod am 3. 11. 1803.

WERKE
Von Henri Moreau sind 6 Triosonaten, Kantaten, Te Deum und ein Tantum ergo für Alt und Orchester erhalten, das sehr berühmt geworden ist. Er war auch als Musikschriftsteller tätig.

Pietro Alessandro Guglielmi
(1728–1804)

ZEIT UND UMWELT
Es ist für uns nahezu unvorstellbar, wie Komponisten des 17. und 18. Jahrhunderts neben einer sonstigen intensiven kompositorischen Tätigkeit über 100 Opern verfassen konnten. Man versteht es aber, wenn man die einzelnen Erzeugnisse dieser Massenproduktion näher betrachtet. Wenn die Melodien für die Arien gefunden waren – sie lagen nicht selten in früher verfaßten Werken bereit –, mußte nur noch der Baß beziffert werden, was oft Hilfskräften überlassen wurde, weil es sich um eine Routine handelte. Der Rest der Musik wurde vom Cembalisten zumeist improvisatorisch geliefert, die Auszierung der Melodien besorgten die Sänger selbständig. Damit reduzierte sich der Arbeitsaufwand für eine einzelne Oper oft auf wenige Tage.

LEBEN
Pietro Alessandro Guglielmi wurde am 9. 12. 1728 in Massa als Sohn des Kapellmeisters und Theaterdirektors in Massa, Jacopo Guglielmi (um 1690, Massa, bis um 1741, Massa), geboren. Er war zunächst Schüler seines Vaters, sodann von Francesco Durante in

Neapel. Im Jahr 1757 brachte er seine erste Oper heraus, 1762 war er Hofkapellmeister in Dresden, dann hielt er sich in Braunschweig und London auf, bis er 1772 nach Neapel zurückkehrte; er blieb dort bis 1793, in welchem Jahr er zum Domkapellmeister an San Pietro in Rom ernannt wurde. Er starb am 18. 11. 1804 in Rom.

WERKE

Von Pietro Alessandro Guglielmi sind 103 Opern namentlich bekannt; geschrieben hat er vermutlich noch ein Dutzend mehr. Er verfaßte außerdem 9 Oratorien, die den Opern sehr nahestehen, ein vierstimmiges Requiem mit Orchester, eine fünfstimmige Orchestermesse, einen achtstimmigen Psalm, ein fünfstimmiges Miserere, Motetten, eine Anzahl Sinfonien, Quartette für zwei Violinen, Cello und Cembalo, Divertimenti für Violine, Cembalo und Cello, Sonaten und Stücke für Cembalo und für Pianoforte. Von diesen Kompositionen ist die Kirchenmusik zum Teil im polyphonen Stil gehalten, während die Instrumentalmusik an vorklassische Fakturen grenzt.

LITERATUR

G. Bustico, Un musicista poco noto del settecento, Pietro Alessandro Guglielmi, in: Rivista Teatrale Italiana I, 1901.

František Xaver Pokorný (1728–94)

ZEIT UND UMWELT

Die Hofkapelle der Fürsten Thurn und Taxis in Regensburg bildete im 18. Jahrhundert eine wichtige Ausbildungsstätte für junge Musiker; besonders seit der Komponist und Musiktheoretiker Joseph Riepel dort als Kammermusikus wirkte.

LEBEN

František Xaver Pokorný (Pokorny, Pockorny, František Jiři, auch Frantz, nannte sich ab 1755 Franz Thomas) wurde am 20. 12. 1728 in Königstadtl (Městec Královė) geboren. Er wurde in Mannheim von Ignaz Holzbauer, Jan Stamic und Franz Xaver Richter, in Regensburg von Joseph Riepel ausgebildet. Von 1753 bis 1766 war er als Violinist Mitglied der Hofkapelle von Oettingen-Wallerstein und sodann bis zu seinem Tod am 2. 7. 1794 der Hofkapelle der Fürsten Thurn und Taxis in Regensburg.

Von František Xaver Pokorný sind über 100 Sinfonien und über 50 Konzerte überliefert, deren Zuschreibung nicht in allen Fällen gesichert ist, außerdem an Kammermusik ein Streichquartett, ein Streichtrio und eine Sonate für Cembalo. Sein Stil ist von Mannheim stark beeinflußt.

Hermann Raupach (1728–78)

ZEIT UND UMWELT

Der Zustrom von Musikern aus Mittel-, West- und Südeuropa nach Rußland wurde im 18. Jahrhundert immer dichter. Ein aufgeschlossenes Publikum und gute Verdienstmöglichkeit wirkten ebenso verlockend wie noch ein Jahrhundert zuvor die Kapellen in Krakau und Warschau.

LEBEN

Hermann Friedrich Raupach wurde am 21. 12. 1728 in Stralsund als Sohn von Christoph Raupach geboren. Er wurde 1758 Kapellmeister der Hofoper in St. Petersburg. Im Jahr 1762 hielt er sich in Hamburg und 1766 in Paris auf, kehrte aber 1768 wieder nach St. Petersburg zu seiner Stelle zurück. Er starb in St. Petersburg im Dezember 1778.

WERKE

Von Hermann Raupach sind 2 Opern, 15 Ballettmusiken als Operneinlagen und Sonaten für Klavier und Violine erhalten.

LITERATUR

R.-A. Mooser, Annales de la musique en Russie au XVIIIe siècle, Genf 1948–51.

Johann Adam Hiller (1728–1804)

ZEIT UND UMWELT

Vorläufer des Gewandhausorchesters in

Leipzig war das 1743 gegründete »Große Concert«, eine private Konzertgesellschaft, die aus Stadtpfeifern und Studenten des Collegium musicum bestand. Johann Friedrich Doles war sein Musikdirektor. Im Jahr 1778 löste es sich auf, die »Musikübende Gesellschaft« (gegründet 1775) übernahm die Musiker; 1781 erhielt das Orchester im ehemaligen Lager- und Messehaus der Tuchmacherzunft, dem Gewandhaus, einen geeigneten Konzertsaal. Die Aktivitäten des Gewandhausorchesters umfaßten auch das Theater und die Kirchenmusik. Der Gewandhauskapellmeister dirigierte aber nur die Orchesterkonzerte, im Theater und in der Kirche wurde das Orchester vom Theaterkapellmeister oder vom Thomaskantor geleitet.

Johann Adam Hiller, Stich von A. Weger

LEBEN

Johann Adam Hiller (Hüller) wurde am 25. 12. 1728 in Wendisch-Ossig bei Görlitz geboren. Er wurde 1746 Alumnus der Kreuzschule in Dresden und sodann Präfekt des Kreuzchors unter Gottfried August Homilius, dessen Schüler er im Klavierspiel und Generalbaß war. Sein Universitätsstudium begann er 1751. Er gab gleichzeitig Musikunterricht, wirkte als Flötist oder als Sänger im »Großen Koncert« und wurde 1754 Hauslehrer bei Graf Heinrich von Brühl. 1758 begleitete er seinen Schüler nach Leipzig, ließ sich dort nieder und setzte das durch den Siebenjährigen Krieg eingestellte »Große Concert« 1763 erneut in Funktion, bis die Gewandhauskonzerte gegründet wurden, als deren Dirigent er bis 1785 wirkte. Im Jahr 1789 wurde er Thomaskantor, trat 1801 in den Ruhestand und starb am 16. 6. 1804.

WERKE

Seine besondere Bedeutung gewann Johann Adam Hiller durch seine Singspiele, aus denen sich die deutsche Spieloper entwickelte. Die Lieder seiner Singspiele bildeten den Ausgangspunkt der Hochblüte des deutschen Liedes. Sie waren wegen ihrer sanglichen, einfachen Weisen und ihres melodischen Charmes den meisten Erzeugnissen der Berliner Liederschule überlegen. Er veröffentlichte »50 Lieder mit Melodien«, »Lieder für Kinder«, »50 geistliche Lieder für Kinder«, »Lieder und Arien aus (dem Singspiel) Sophiens Reise«, »Sammlung der Lieder aus dem Kinderfreunde«, »Letztes Opfer in Liedermelodien der comischen Muse«, ferner »Choralmelodien zu Gellerts geistlichen Oden und Liedern«, »25 neue Choral-Melodien zu Liedern von Gellert«, »Allgemeines Choral-Melodien-Buch«, »Vierstimmige Chor-Arien« und verschiedene Kantaten. Die Vertonung des 100. Psalms, eine Passionskantate, eine Trauermusik, eine Sinfonie und mehrere Partiten blieben Manuskript. Er gab eine Reihe Klavierauszüge zeitgenössischer Sinfonien sowie zahlreiche Arrangements von Werken seiner Zeit heraus. Er schrieb ferner eine Reihe musiktheoretischer und didaktischer Werke und gründete die älteste wirkliche Musikzeitschrift unter dem Titel: »Wöchentliche Nachrichten und Anmerkungen, die Musik betreffend«.

LITERATUR

A. Schering, Das Zeitalter Johann Adam Hillers 1750–1800, in: Musikgeschichte Leipzigs III, Leipzig 1974.

Albaneze (um 1729 bis um 1800)

Zeit und Umwelt

Eviraten, die im Concert spirituel in Paris anfänglich als Sänger nicht zugelassen waren, obwohl sie in den Opern ungehindert auftreten durften, nahm man in der zweiten Hälfte des 18. Jahrhunderts sogar als fest engagierte Solisten auf.

Leben

Albaneze (Albanese) – Vorname ist keiner überliefert – wurde um 1729 in Albano, Apulien, geboren. Er dürfte in Neapel ausgebildet worden und als Sopran aufgetreten sein. Von 1752 bis 1763 wirkte er als Solist der Aufführungen des Concert spirituel in Paris. Dann dürfte er als Gesangslehrer bis zu seinem Tod um 1800 in Paris tätig gewesen sein.

Werke

Neben den vielen Sammlungen von Liedern, die Albaneze zum eigenen Gebrauch und für das sangeslustige Pariser Publikum veröffentlichte, verfaßte er auch eigene Kompositionen, die ein starkes kompositorisches Talent verrieten.

Pietro Pompeo Sales (um 1729–97)

Zeit und Umwelt

Die Hofkapelle des Kurfürsten von Trier, die ursprünglich in Ehrenbreitstein und später in Koblenz wirkte, zählte im 18. Jahrhundert zu den bedeutendsten des deutschen Sprachraumes. Sie hielt sehr engen Kontakt mit dem Mannheimer Orchester und übernahm einige dort ausgebildete Musiker, so daß sie die exakte Interpretation, die neue Dynamik und die scharf ausgeprägte Rhythmik, die die Mannheimer auszeichneten, nachahmen konnte.

Leben

Pietro Pompeo Sales wurde um 1729 in Brescia geboren. Er studierte in Innsbruck und dirigierte darauf eine italienische Operntruppe. Im Jahr 1756 wurde er Fürstbischöflicher Hofkapellmeister in Augsburg, 1758 Mitglied der Accademia Filarmonica in Bologna, wo er bei Padre Martini einigen Unterricht nahm. Er konnte seinen Namen als Gambenvirtuose durch Konzertreisen in Italien bekannt machen. 1770 kehrte er nach Augsburg zurück und wurde zugleich Kurfürstlicher Hofkapellmeister des Fürsterzbischofs von Trier in Ehrenbreitstein und später in Koblenz. 1776 war er in London als Gambist aufgetreten. Der französische Einmarsch 1797 vertrieb ihn aus Koblenz. Er floh nach Hanau, wo er noch im selben Jahr am 21. 11. starb.

Werke

Von Pietro Pompeo Sales sind Cembalosonaten, Sinfonien, Instrumentalkonzerte, Oratorien, verschiedene Kirchenmusik und Opern überliefert. Die Kompositionen sind im italienischen Stil der Zeit geschrieben. Von den neuen Fakturen der Vorklassik hat er nichts übernommen, mit Ausnahme bei seiner Cembalomusik, die fortschrittlich war. Gambenmusik ist keine überliefert.

Richard Langdon (1729–1803)

Zeit und Umwelt

In nicht wenigen Fällen scheint für englische Kirchenmusiker die Beschäftigung mit profaner Musik eine Art Nebenbeschäftigung gewesen zu sein. Diese Nebenprodukte ihrer Berufstätigkeit waren aber oft vorzügliche Kompositionen, die bedauern lassen, daß der Meister nicht mehr davon geschrieben hat.

Leben

Richard Langdon wurde um 1729 in Exeter geboren. Er studierte in Oxford und betreute in der Folge den Organistendienst an der Kathedrale von Exeter, von Ely, von Bristol und von 1782 bis 1794 an der Kathedrale von Armagh. Dann zog er sich nach Exeter zurück, wo er am 8. 9. 1803 starb.

WERKE
Außer einer Sammlung von Anthems und Psalmen, die Richard Langdon unter dem Titel »Divine Harmony« (Göttliche Harmonie) herausbrachte, schrieb er 12 Glees, 3 Bücher mit Liedern, einige Kantaten und vorzügliche Cembalomusik.

Filippo Manfredi (1729–77)

ZEIT UND UMWELT
»Man hört vier vernünftige Leute sich untereinander unterhalten, glaubt ihren Diskursen etwas abzugewinnen und die Eigentümlichkeiten der Instrumente kennenzulernen«, schrieb Goethe an Carl Friedrich Zelter und charakterisierte damit treffend das Streichquartett, das ab der zweiten Hälfte des 18. Jahrhunderts zu einer der wichtigsten Kompositionsgattungen des Musikgeschehens wurde, so daß sich bald spezielle Ensembles bildeten, die sich ausschließlich seiner Pflege widmeten.

LEBEN
Filippo (Filippino) Manfredi wurde 1729 in Lucca geboren und erhielt dort seine Grundausbildung als Violinist. Ab 1746 war er in Livorno Schüler von Pietro Nardini und Giuseppe Tartini. 1767 begannen seine Konzertreisen mit dem Cellisten Luigi Boccherini durch Italien, nach Wien, durch Frankreich und Spanien, wo er als erster Violinist in das Orchester des Infanten Don Luis Antonio (1727–85) eintrat, aber 1772 nach Lucca zurückkehrte. Er wurde dort 1758 erster Violinist der Cappella Palatina. Im Jahr 1765 bildete er mit Luigi Boccherini, Pietro Nardini und Giuseppe Maria Cambini eines der ersten Streichquartett-Ensembles, wirkte noch im selben Jahr als Violinist am Teatro San Benedetto in Venedig und im folgenden als Violinlehrer in Genua. Er starb am 12. 7. 1777 in Lucca.

WERKE
Von Filippo Manfredi sind im Druck nur einige Sonaten für Solovioline und Generalbaß erschienen. Sie sind stark von Pietro Nardini beeinflußt. Seine handschriftlichen Kompositionen scheinen verloren zu sein.

LITERATUR
A. Bonaccorsi, Filippo Manfredi, il compagno di Boccherini, Atti dell'Accademia Nazionale dei Lincei IX, 1954.

Michel Paul Guy de Chabanon (1729–92)

ZEIT UND UMWELT
Der Musikästhetik von Charles Batteux und Jean-Baptiste Dubos (1670–1742), die die »Imitation de la belle nature« (Nachahmung der schönen Natur) und »rührende Stoffe« als Grundlagen der Kunst forderten, setzten Jean-Philippe Rameau und Christoph Willibald Gluck ihre autonome Musikästhetik entgegen, die für die Epoche der Klassik maßgebend wurde. Die Musik wurde sowohl vom Malerischen wie vom Literarischen abgedrängt.

LEBEN
Michel Paul Guy de Chabanon wurde 1729 in Santo Domingo geboren. Er war vor allem Schriftsteller und wurde 1780 in die Académie Française aufgenommen. Komposition und Violinspiel betrieb er als Amateur. Er starb am 10. 7. 1792 in Paris.

WERKE
Die Stücke für Cembalo, Harfe oder Pianoforte mit Violine und 2 Sonaten für Cembalo mit Violine von Michel Paul Guy de Chabanon sind verschollen wie seine nie aufgeführte Oper und sein Divertissement lyrique, das in den Tuilerien gespielt worden ist. Dafür sind viele seiner musiktheoretischen Werke, die sich hauptsächlich mit musikästhetischen Fragen im Sinn der Theorien von Jean-Philippe Rameau befassen, überliefert und zum Teil auch übersetzt worden.

LITERATUR
H. Goldschmidt, Die Musikästhetik des 18. Jahrhunderts, Leipzig 1915.

Giuseppe Luigi Tibaldi
(1729 bis nach 1790)

ZEIT UND UMWELT
In der zweiten Hälfte des 18. Jahrhunderts wurden Nachfrage und Angebot von Kastratensängern bei den Opernhäusern seltener. Die Opernkomponisten schrieben immer mehr für normale Stimmen. Da Frauen auf allen Bühnen auftreten durften, bestand keine Notwendigkeit mehr, sie durch Kastraten zu ersetzen. Die Zeit der Hosenrollen ging dem Ende zu, gute Tenöre waren mit einem Mal gesucht.

LEBEN
Giuseppe Luigi Tibaldi wurde am 22. 1. 1729 in Bologna geboren. Er studierte bei Padre Martini und wurde Kapellmeister an San Giovanni, wandte sich sodann dem Operngesang zu und trat zum ersten Mal als Tenor in Pavia auf. Im Jahr 1767 sang er bei der Premiere der »Alceste« von Christoph Willibald Gluck in Wien. Er starb vermutlich in Bologna nach 1790.

Choral-Aufführung im 18. Jahrhundert, Stich von J. R. Holzhalb

WERKE
Von Giuseppe Luigi Tibaldi sind einige kirchenmusikalische Werke – Motetten und eine Missa brevis –, außerdem unter dem Titel »Duetti notturni« (Nächtliche Duette) 16 Duette für zwei Singstimmen und Generalbaß, deren Bezeichnung zum ersten Mal den Gattungsbegriff der »Nocturne« einführte, und 2 Canzonetten für Solostimme erhalten. Sein Stil ist sehr konservativ.

Johann Philipp Breidenstein
(1729–85)

ZEIT UND UMWELT
Die »Preußischen Kriegslieder von einem Grenadier« vom anakreontischen Dichter Johann Wilhelm Ludwig Gleim regten eine Anzahl zeitgenössischer wie späterer Komponisten zur Vertonung an. Es war in der Mehrzahl der Fälle weniger die friderizianische Gesinnung der Gedichte als die Schönheit der Verse, die den Musiker einluden, ihren Klang noch mehr zu vertiefen.

LEBEN
Johann Philipp Breidenstein wurde am 9. 4. 1729 in Niederdorffelden bei Hanau geboren. Er war ab 1746 Organist und Musikdirektor des Magdalenenstifts in Hanau, trat in den Verwaltungsdienst über und wurde 1777 Universitätsprofessor in Gießen, wo er am 18. 1. 1785 starb.

WERKE
Von den zahlreichen Kompositionen von Johann Philipp Breidenstein wurden gedruckt: eine Kantate, 7 Klaviersonaten, 2 Sonaten für Violine und Klavier und 24 Lieder auf Texte von Johann Wilhelm Ludwig Gleim. Die Lieder folgen der Berliner Liederschule. Die Klaviersonaten schreiben das Pianoforte nicht ausdrücklich vor, verlangen aber die Dynamik dieses Instruments.

Florian Johann Deller (1729–73)

ZEIT UND UMWELT

Ballette nach Choreographien des großen Reformators des Balletts, Jean Georges Noverre, waren immer erfolgreich, ob sie nun in Wien oder in München auf die Bühne gebracht wurden. In der bayrischen Hauptstadt kam noch dazu, daß alles aus Paris oder zumindest von Franzosen Kommende mit starker Sympathie aufgenommen wurde.

LEBEN

Florian Johann Deller wurde am 2. 5. 1729 in Drosendorf, Niederösterreich, getauft. Er war ab 1751 Mitglied des Hoforchesters in Stuttgart, wo er bei Niccolò Jommelli Unterricht nahm und 1769 Konzertmeister und Hofkomponist wurde. Im Jahr 1771 ging er nach Wien, wo er mit Jean Georges Noverre am Burgtheater und Kärntnertortheater mehrere Ballette herausbrachte. Ein Jahr darauf wirkte er als Ballett- und Singspielkomponist in München, wo er am 19. 9. 1773 starb.

WERKE

Außer einer Reihe auf Choreographien von Jean Georges Noverre komponierter Ballette und einer Anzahl Singspiele und komischer Opern schrieb Florian Johann Deller einige Sinfonien und 6 Triosonaten im vorklassischen Stil.

Florian Gaßmann (1729–74)

ZEIT UND UMWELT

Die 1771 gegründete »Musikalische Sozietät der Witwen und Waisen« (Tonkünstlersozietät) veranstaltete am 29. 3. 1772 das erste öffentliche Konzert in Wien und leitete damit das rege Musikleben der Wiener Bürgerschaft ein, das sich ab nun unabhängig von höfischer Förderung zu seiner Hochblüte entwickelte.

LEBEN

Florian Leopold Gaßmann wurde am 3. 5. 1729 in Brüx (Most), Böhmen, geboren.

Florian Gaßmann

Nach einer Ausbildung im Violin- und Harfenspiel in seinem Geburtsort ging er nach Italien, wo er vermutlich bei Padre Martini in Bologna Musikunterricht nahm; er dürfte einige Zeit bis 1757 Chorleiter am Ospedale degl'Incurabili in Venedig gewesen sein. Dann setzte seine Tätigkeit als Opernkomponist ein; er verfaßte bis 1762 jedes Jahr eine Oper für die venezianische Karnevalssaison. 1763 übersiedelte er nach Wien, um dort als Ballettkomponist zu arbeiten, wurde 1764 Kammerkomponist und 1772 nach mehreren Reisen nach Italien Hofkapellmeister. Er regte die Gründung der Wiener »Tonkünstlersozietät« an. Nach nicht sehr erfolgreichen Bemühungen, die stark reduzierte Hofkapelle zu reorganisieren, starb er am 20. 1. 1774.

WERKE

Neben 25 Opern und 3 Kantaten verfaßte Florian Gaßmann über 50 Kirchenwerke verschiedener Art, 27 Sinfonien, Triosonaten,

Quintette, Quartette und Divertimenti. Seine Kompositionen waren sehr konservativ gehalten und wurden bald vergessen. In seinen Opern jedoch vereinigte er die venezianische Faktur mit Elementen der deutschen Musik und wurde dadurch zu einem der Vorläufer der Wiener Klassik.

Georg Wilhelm Gruber (1729–96)

ZEIT UND UMWELT

Auch in Nürnberg, der seinerzeitigen Hochburg des pietistischen Gesanges, hielt in der zweiten Hälfte des 18. Jahrhunderts die im Norden entstandene deutsche Liedform Eingang. Sie wurde etwas weniger streng den Regeln gemäß gehandhabt, weil man südlich des Mains nie völlig auf Melodieverzierungen und Affektausdruck verzichten wollte.

LEBEN

Georg Wilhelm Gruber wurde am 22. 9. 1729 in Nürnberg geboren. Er wirkte in seiner Geburtsstadt als Violinist, Kapellmeister und Musikverleger bis zu seinem Tod am 22. 9. 1796.

WERKE

Von Georg Wilhelm Gruber ist eine Reihe von Kammermusikwerken und Liedern, die rasch beliebt wurden, im Druck erschienen. Seine Kirchenmusik liegt nur handschriftlich überliefert vor und ist nicht sehr bedeutend.

Anton Cajetan Adlgasser (1729–77)

ZEIT UND UMWELT

In der zweiten Hälfte des 18. Jahrhunderts hatte sich bereits dank dem Wirken von Leopold Mozart, Johann Ernst Eberlin und einer Reihe von weiteren Domkapellmeistern, dem ständigen Einfluß italienischer Stilgattungen und dem Kontakt mit der Mannheimer Schule in Salzburg ein spezifischer Stil entwickelt, der im Rahmen der österreichischen Vorklassik einen breiten Raum und eine maßgebende Stellung einnahm.

LEBEN

Anton Cajetan Adlgasser (Adelgasser) wurde am 1. 10. 1729 in Inzell bei Traunstein, Bayern, geboren. Er war Schüler (und später Schwiegersohn) von Johann Ernst Eberlin. Ab 1750 bis zu seinem Tod am 22. 12. 1777 war er Erster Domorganist in Salzburg, unterbrochen durch eine Italienreise in den Jahren 1764/65.

WERKE

Der zehnjährige Wolfgang Amadeus Mozart, Michael Haydn und Anton Cajetan Adlgasser komponierten 1767 je einen Akt des Schuldramas »Die Schuldigkeit des ersten Gebots«. Adlgasser verfaßte überdies eine Reihe Schuldramen und Oratorien. Seine kirchenmusikalischen Werke standen deutlich unter dem Einfluß seines Lehrers. Auch seine Sinfonien und Klaviersonaten sind sehr konservativ gehalten. Einzig sein Klavierkonzert schlägt modernere Töne an.

Pierre van Maldere (1729–68)

ZEIT UND UMWELT

Die Hofkapelle in Brüssel erreichte unter dem Gouverneur der Niederlande, Herzog Karl von Lothringen, ein beachtlich hohes Niveau, wie auch die Oper ein großes Ansehen unter den bedeutendsten Häusern Europas genoß.

LEBEN

Pierre van Maldere wurde am 16. 10. 1729 in Brüssel geboren. Er wurde als Violinist 1746 Mitglied der Hofkapelle in Brüssel, wirkte 1752 und 1753 als Violinist und Kapellmeister in Dublin, dirigierte ein Jahr darauf am Concert spirituel in Paris, reiste sodann im Gefolge des Gouverneurs der Niederlande 1757 für ein Jahr nach Wien. Von 1763 bis 1766 wirkte er als Dirigent und Mitdirektor der Oper in Brüssel. Er starb am 1. 11. 1768 in Brüssel.

WERKE

Die Kompositionen von Pierre van Maldere werden zu den bedeutendsten der Epoche vor Joseph Haydn gerechnet. Mit seinen 12 Sinfonien, den 6 Triosonaten und 3 Klaviertrios nahm er den Stil von Jan Stamic auf und führte ihn an die Klassik heran. Zahlreiche weitere Sonaten, Ouvertüren, Sinfonien, Instrumentalkonzerte und Quartette sind nur als Manuskript erhalten. Seine 7 komischen Opern waren große Erfolge. Wie seine in unserem Jahrhundert neuaufgelegte Sinfonie in h-Moll deutlich zeigt, führte er als einer der ersten im 1. Satz die Doppelthematik ein.

LITERATUR

S. Clercx, Pierre van Maldere, Brüssel 1948.

Pierre Alexandre Monsigny (1729–1817)

ZEIT UND UMWELT

Der französische Dichter und Librettist Michel Jean Sedaine (1719–97) arbeitete mit einer Reihe namhafter Opernkomponisten seiner Zeit zusammen. An seinen Libretti rühmte man die feine Stimmungsmalerei und die dramatische Kraft nach, die Denis Diderot (1713–84) sogar als »Erbe Shakespeares« bezeichnete.

LEBEN

Pierre Alexandre Monsigny wurde am 17. 10. 1729 in Fauquembergues, Pas-de-Calais, geboren. Seine Grundausbildung als Violinist erhielt er am Jesuitenkolleg in St-Omer. Dann erhielt er in Paris eine Beamtenstelle, die ihm die Fortsetzung des Musikstudiums bei Pietro Giannotti erlaubte. Nach kurzer Zeit hatte er die Technik der Opernkomposition erlernt und brachte eine Reihe Bühnenstücke – ab 1761 nur mehr auf Texte des berühmten Librettisten Michel Jean Sedaine – heraus. Im Jahr 1777 stellte er nach einem großen Erfolg die kompositorische Tätigkeit ein, weil er ein Absinken seiner Erfolgsserie befürchtete. Er war inzwischen Haushofmeister und Domänenverwalter des Herzogs von Orléans geworden. Durch die Revolution verlor er diese Stellung, erhielt aber ab 1798 eine Pension der Opéra Comique. 1800 wurde er zum Studieninspektor des Pariser Konservatoriums ernannt, legte jedoch die Stelle, der er sich nicht gewachsen fühlte, nach 2 Jahren nieder; 1813 wurde er Mitglied der Académie des Beaux-Arts und starb am 14. 1. 1817 in Paris.

WERKE

Außer einem Prolog hat Pierre Alexandre Monsigny nur etwa 15 Opern verfaßt, die zum größten Teil sehr erfolgreich waren. Man muß ihn zu den Mitschöpfern der französischen komischen Oper zählen, wozu ihn seine außerordentliche Begabung für Melodie und sein dramatischer Instinkt befähigten.

Giuseppe Sarti (1729–1802)

ZEIT UND UMWELT

Das Erwachen des kulturellen Eigenbewußtseins, das zum Beispiel auf dem Feld der Literatur schon weit fortgeschritten war, ergriff in der zweiten Hälfte des 18. Jahrhunderts in den Randstaaten des musikalischen Europa auch das Reich der Oper, das bisher nur von Importen beherrscht war. Der erste Schritt hiezu war die Übersetzung der Libretti eingeführter Werke in die Landessprache, der zweite die Komposition eigener Libretti durch eingewanderte Musiker oder deren einheimische Schüler, die ihren Stil vorläufig übernahmen. Zum dritten Schritt, zu einer eigenständigen Opernentwicklung, mußte es sodann zwangsläufig früher oder später kommen. In Dänemark bemühte sich der Dramatiker Nils Kråg Bredal (1732–78) um eine Oper in dänischer Sprache und verfaßte das Libretto zu »Gam og Signe« (Freude und Segen).

LEBEN

Giuseppe Sarti wurde am 1. 12. 1729 in Faenza getauft. Er war Schüler von Padre Martini und wirkte von 1748 bis 1750 als Organist am Dom in Faenza, wechselte zum Theater über, brachte am Stadttheater seine erste Oper heraus, leitete das Theater einige Zeit und wurde 1753 als Kapellmeister von der Operntruppe Mingotti nach Kopenhagen geholt, wo er von 1755 bis 1775 als Hofkapellmeister, unterbrochen von einem Italienaufenthalt von 1765 bis 1768, wirkte. Er verlor diese Stelle im Zug politischer Intrigen, kehrte nach Italien zurück und übernahm die Kapellmeisterstelle am Ospedaletto in Venedig; 1779 übertrug man ihm das Amt des Domkapellmeisters in Mailand, das er bis 1784 betreute. Sodann folgte er dem Ruf der Zarin Katharina II., die Hofkapellmeisterstelle und die Leitung der Oper in St. Petersburg zu übernehmen. Auf der Reise dorthin hielt er sich einige Zeit in Wien auf, wo er von Kaiser Joseph II. empfangen wurde und Wolfgang Amadeus Mozart kennenlernte. Wegen einer Verstimmung mit der Zarin begab er sich in den Dienst des Fürsten Grigori Aleksandrowitsch Potemkin (1739–91) in der Ukraine, wo er eine Gesangschule gründete und leitete; 1793 berief ihn die Zarin zurück nach St. Petersburg und beauftragte ihn mit der Planung eines Konservatoriums nach italienischem Muster. Ihr Tod (1796) verzögerte diese Pläne. Als ihr Sohn und Nachfolger, Zar Pawel I. Petrowitsch (1754–1801), ermordet wurde, verließ Sarti Rußland, um nach Venedig zurückzukehren, starb jedoch auf der Reise am 28. 7. 1802 in Berlin.

WERKE

Von den ungefähr 70 Bühnenwerken des Giuseppe Sarti sind 20 erhalten. Bemerkenswert davon sind eine Oper auf dänischen Text und eine auf russischen, den Zarin Katharina II. verfaßte, weil er damit einen erheblichen Beitrag zur Gründung eigenständiger Operntraditionen in Ländern leistete, die bisher von italienischen Werken abhingen. Er verfaßte außerdem: 24 Klaviersonaten, Sonaten für Violine oder Flöte mit Generalbaß, Sonaten für Violine und Klavier, Sinfonien, Terzette für Bläser, 2 Kantaten, Messen, Psalmen, Motetten, ein Te Deum für Doppelchor, Orchester mit Fanfaren und Kanonenschlägen, ein Requiem für Ludwig XVI., 2 Oratorien auf russischen Text. Seine Kompositionen entsprachen dem Zeitgeschmack und waren wegen der vielen melodischen Einfälle und der bestechenden Einfachheit der Harmonisierung sehr beliebt. Ein Teil der Kirchenmusik blieb bis in

Katharina II., ihr gegenüber Friedrich der Große und Joseph II. Karikatur auf die Teilung Polens 1772

das 19. Jahrhundert hinein auf dem Repertoire des Mailänder Domchores.

Antonio Soler (1729–83)

Zeit und Umwelt

König Philipp II. von Spanien (1527–98) ließ von den Baumeistern Juan Bautista de Toledo (gestorben 1567) und Juan de Herrera (um 1530–97) am Südhang der Sierra de Guadarrama das Monasterio de San Lorenzo del Escorial, ein Klosterschloß als Regierungssitz und Begräbnisstätte, in 1030 Meter Seehöhe errichten. Diese architektonische und geistige Synthese von Kirche, Kloster und Residenz wurde von Hieronymiten verwaltet, die mit vorzüglich ausgebildeten Kräften Gottesdienst und Kirchenmusik betreuten.

Leben

Antonio Soler wurde am 3. 12. 1729 in Olot, Katalonien, geboren. Er war Schüler der Escolanía der Abtei Montserrat und darauf bis 1752 Kapellmeister der Kathedrale in Lérida. Er trat in den Hieronymitenorden des Escorial ein und wirkte dort bis zu seinem Tod am 20. 12. 1783 als Chormeister und Organist.

Werke

Die Kompositionen von Antonio Soler sind zum größten Teil Manuskript geblieben. An Instrumentalmusik verfaßte er mehr als 100 Sonaten für Tasteninstrumente, 6 Konzerte für zwei Orgeln, 6 Quintette für Streicher und Orgel, eine Anzahl verschiedener Orgelstücke, ungefähr 300 Kirchenkompositionen – Messen, Motetten, Psalmen, Hymnen, Magnificat, Litaneien, Lamentationen, Responsorien, Sequenzen, Antiphonen, Benedicamus, Introitus, Lektionen, Weihnachtskantaten, Villancicos – für acht bis vierzehn Stimmen, Orgel und fallweise Instrumente und Bühnenmusiken verschiedener Art. Einzelnes ist erst in unserem Jahrhundert im Druck herausgebracht worden. Sein Stil war von Domenico Scarlatti, dessen Schüler er vielleicht war, beeinflußt.

Konzert für zwei Orgeln Nr. 2 in a-Moll, 2 Sätze

Der 1. Satz, ein Andante, beginnt mit einem elegischen Thema, dem sich ein rauschendes Allegro anschließt. Der 2. Satz – Tempo di Minué – ist ausgesprochen graziös und weist eine Reihe hübscher Variationen in A-Dur auf.

Konzert für zwei Orgeln Nr. 4 in F-Dur, 2 Sätze

Der 1. Satz ist ein Afectuoso non Largo mit einem ruhigen, sehr ansprechenden Thema, das die Orgeln einander zuspielen. Das Minué ist gravitätisch und weckt Erinnerungen an das Barock. Durch seine einfachen Linien kommt es jedoch der Klassik sehr nahe.

Literatur

S. Rubio, El padre Fray Antonio Soler: vida y obra, in: Monasterio de S. Lorenzo el Real, 1964.

Gaetano Agazzi (um 1730 bis nach 1780)

Zeit und Umwelt

Das in allen größeren Städten des musikalischen Europa aufblühende bürgerliche Konzertwesen, wozu noch die Musikveranstaltungen bei privaten Gesellschaften kamen, ermöglichte es den Virtuosen, Erfolg und Lebensunterhalt durch Konzertreisen zu gewinnen und auf feste Anstellungen zu verzichten.

Leben

Gaetano Agazzi wurde um 1730 vermutlich in Mailand geboren und zum Cellisten ausgebildet. Er dürfte als reisender Virtuose gewirkt haben und in Amsterdam nach 1780 gestorben sein. Weitere Informationen über sein Leben und Wirken sind nicht eruierbar.

Werke

Von Gaetano Agazzi sind 10 Cellosonaten im Konservatorium in Mailand handschriftlich aufbewahrt. Im Druck sind 6 Sonaten für Cello und Baß um 1780 in Amsterdam erschienen. Beide Werke weisen auf ein hohes technisches Können und auf eine beachtliche kompositorische Fähigkeit des Virtuosen hin. Sein Stil kam dem Zeitgeschmack sehr entgegen, reichte aber über die übliche Virtuosität weit hinaus.

Emmanuelle Bayon
(um 1730 bis nach 1776)

ZEIT UND UMWELT
Musikerinnen wandten sich im 18. Jahrhundert dem Gesang oder dem Cembalospiel zu; die Violine war vorläufig noch eine Domäne der Männer. In den Salons von Paris, in denen begabte Frauen eine wichtige Rolle spielten, waren Cembalistinnen sehr willkommen, und es gab keine Schwierigkeiten, auch Kompositionen jeder Art von ihnen in Konzerten oder auf Bühnen aufzuführen.

LEBEN
Emmanuelle Bayon (Baion) wurde um 1730 vermutlich in Paris geboren. Sie war eine geschätzte Cembalistin und Cembalolehrerin, der sogar Denis Diderot seine Tochter als Schülerin anvertraute. Sie starb nach 1776 in Paris.

WERKE
Von Emmanuelle Bayon sind 6 Cembalosonaten – 3 davon mit Violinbegleitung – und eine Sammlung Arietten bekannt geworden; außerdem eine komische Oper, die 1776 über die Bühne ging.

Jean Oliver Astorga
(um 1730 bis nach 1769)

ZEIT UND UMWELT
Spanische Musiker traten im Ausland wenig in Erscheinung, weil die wenigen, die im 18. Jahrhundert ausgebildet wurden, ihr Betätigungsfeld in der Heimat fanden und außer Kirchenmusik und Zarzuelas nahezu nichts schrieben. Es gab auch keine Virtuosen, die einer internationalen Konkurrenz standhalten hätten können. Spanier, die in England wirkten, waren entweder bereits dort geboren oder außerhalb Spaniens ausgebildet worden.

LEBEN
Jean Oliver Astorga wurde um 1730 vermutlich in London in einer aus Spanien eingewanderten Familie geboren. Über sein Leben und Wirken außer der Komposition ist nur bekannt, daß er in Diensten des vierten Earl of Abington (1740–99) stand und wahrscheinlich nach 1769 in London gestorben ist.

WERKE
Von Jean Oliver Astorga sind 6 Triosonaten für zwei Violinen mit Generalbaß, 12 italienische Lieder und Duette mit Klavier, 2 Sonaten für zwei Querflöten und Generalbaß und 3 Kantaten handschriftlich erhalten. Sein Stil näherte sich der vorklassischen Faktur.

Capel Bond (um 1730–90)

ZEIT UND UMWELT
Die Birmingham Musical Festivals wurden 1768 zum ersten Mal in St. Philip's Church und im King's Street Theatre abgehalten, zuerst in unregelmäßigen Intervallen und sodann alle drei Jahre wiederholt. Der ursprüngliche Musikerstand von 25 Instrumentalisten und 40 Sängern erweiterte sich bis zum 20. Jahrhundert auf 140 Instrumentalisten und 350 Choristen. In den ersten Konzerten wurde nur Musik von Georg Friedrich Händel gegeben, später wurde das Programm reichhaltiger; englische Musik überwog aber zu allen Zeiten.

LEBEN
Capel Bond wurde um 1730 vermutlich im Raum von Birmingham geboren. Er war Organist und Dirigent des ersten Konzerts der Musical Festivals in Birmingham. Er dürfte Organist und Kapellmeister an einer der Kirchen von Birmingham gewesen sein, wo er 1790 starb.

WERKE
Von Capel Bond sind 6 Anthems erschienen, von denen ein für den Weihnachtstag geschriebenes mindestens 6 Auflagen erlebte. Außerdem schrieb er 6 Konzerte. Er erwarb sich große Verdienste durch seine Tätigkeit für das Konzertleben in Birmingham.

Empfang Augusts des Starken von Sachsen durch Friedrich Wilhelm I. und seine Gemahlin; A. Pesne

Friedrich der Große; D. Chodowiecki

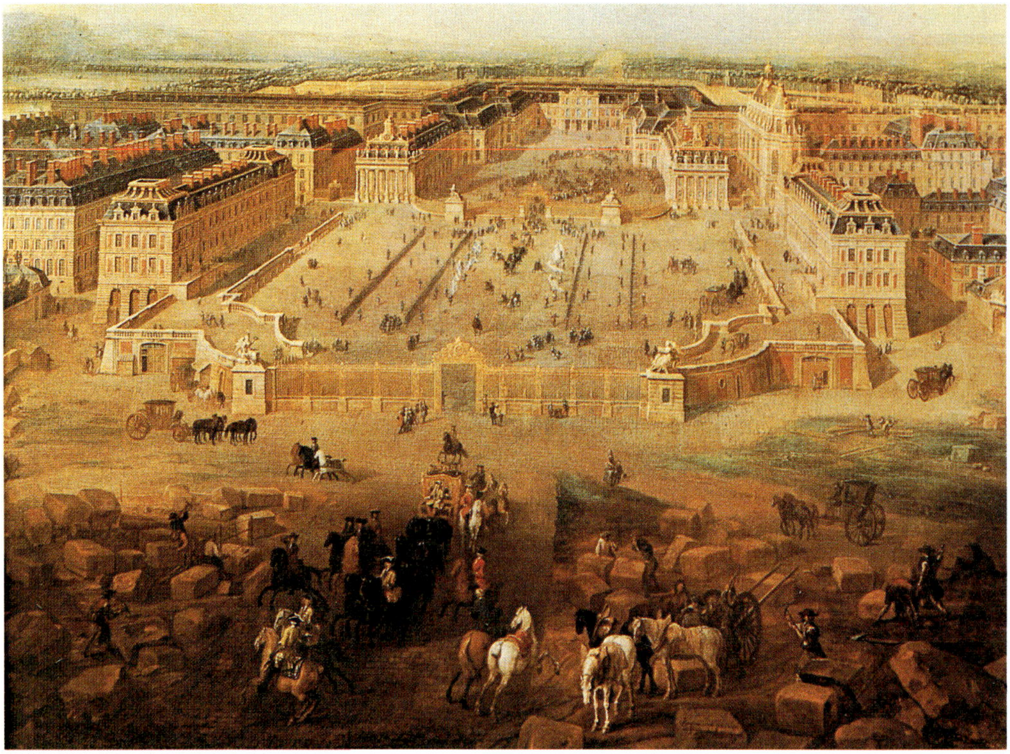

Schloß Versailles; P.-D. Martin, um 1722

Einen der glänzendsten Salons in Paris führte Madame Geoffrin

Ludwig XV.; Quentin de la Tour

Maria Theresia mit ihrer Familie; M. v. Meytens, 1754

Das Ballett; E. Degas, um 1880

Clavichordspielerin; Gemälde aus dem 18. Jh.

Gaetano Chabran
(um 1730 bis nach 1784)

ZEIT UND UMWELT
Die Mitgliedschaft zur Hofkapelle von Turin galt bei den Orchestern in Paris für Instrumentalisten als vorzügliche Empfehlung. Ihr ausgezeichneter Ausbildungsstand war allgemein bekannt und bereits durch eine Reihe von Vorläufern bewiesen.

LEBEN
Gaetano Chabran (Capperan) wurde um 1730 vermutlich im Piemont geboren. Er war wahrscheinlich ein Verwandter von Carlo Francesco Chabran. Von 1752 bis 1755 wirkte er als Cellist in der Hofkapelle von Turin, darauf im Opernorchester und am Concert spirituel in Paris; 1784 trat er in London in mehreren Konzerten auf. Er dürfte nach 1784 in London gestorben sein.
Ein weiteres Mitglied der Familie, Francesco Chabran (um 1740, Piemont, bis nach 1795, vermutlich London), war Gitarrist und Gitarrenlehrer in London.

WERKE
Von Gaetano Chabran sind 6 Cellosoli mit Generalbaß und mehrere Cellosonaten erschienen.
Von Francesco Chabran sind eine Gitarrenschule und ein Buch mit Tänzen aus Opern für Pianoforte und Violine oder Flöte erschienen.
Beider Stil traf den Zeitgeschmack.

Hugh Bond (um 1730–92)

ZEIT UND UMWELT
St. Peter's, die prächtige Kathedrale von Exeter, aus dem 14. Jahrhundert, war seit je ein bedeutender Faktor im religiösen Leben Englands und zugleich Pflegestätte der Tradition des Kirchengesangs.

LEBEN
Hugh Bond wurde um 1730 vermutlich in Exeter geboren. Er wirkte von 1762 bis zu seinem Tod im Jahr 1792 als Chorleiter und Organist an der Kathedrale von Exeter.

WERKE
Von Hugh Bond sind 12 Hymnen und 4 Anthems für vier Stimmen überliefert, die alle traditionellen Merkmale anglikanischer Kirchenmusik des 18. Jahrhunderts – schöner Chorklang, einfache Harmonisierung, gute Sanglichkeit und genauer Wortausdruck – aufweisen.

Giuseppe Colla (um 1730–1806)

ZEIT UND UMWELT
Von einer Reihe Opernkomponisten des 17. und 18. Jahrhunderts sind außer ihren Bühnenwerken keine anderen Kompositionen überliefert. Man kann schwerlich annehmen, daß sie sonst nichts geschrieben haben, aber das allgemeine Interesse in Italien war nahezu ausschließlich der Oper zugewendet, so daß viele andere Werke nicht gedruckt wurden, und es blieb dem Zufall überlassen, ob sie die kommenden Zeiten überdauerten.

LEBEN
Giuseppe Colla wurde um 1730 in Parma geboren, war herzoglicher Hofkapellmeister und blieb in dieser Stellung, von einigen Auslandsreisen unterbrochen, bis zu seinem Tod am 16. 5. 1806.

WERKE
Die 6 überlieferten Opern, die in Mailand und Turin auf die Bühne gebracht wurden, stellen die einzige Hinterlassenschaft des kompositorischen Wirkens von Giuseppe Colla dar.

François Joseph Giraud
(um 1730 bis nach 1763)

ZEIT UND UMWELT
Der Generalbaß war auch in der zweiten Hälfte des 18. Jahrhunderts in der französischen Musik nur bei wenigen Meistern eliminiert. Auf die Bequemlichkeit, die Begleit-

stimmen dem Interpreten zu überlassen, wollte man nicht gern verzichten, und das Publikum empfand damals noch nicht die Mangelhaftigkeit einer solchen Faktur.

LEBEN

François Joseph Giraud wurde um 1730 in Laon geboren. Er war dort bis ungefähr 1750 Musiklehrer und wurde sodann vom Concert spirituel als Cellist nach Paris engagiert. Um 1754 wurde er Mitglied der Königlichen Hofmusik und bald darauf des Opernorchesters. Er dürfte nach 1763 in Paris gestorben sein.

WERKE

Von François Joseph Giraud sind 6 Sonaten für Cello und Generalbaß, 6 Sonaten für Violine, Cello und Generalbaß, außerdem zahlreiche Motetten, die im Concert spirituel gesungen wurden, einige Opern und mehrere Ballette überliefert. Der Stil seiner Sonaten vereinigt Elemente der französischen Suite und der italienischen Sonate, ist aber sehr konservativ gehalten.

Juan Bautista Bruguera y Moreras
(um 1730 bis nach 1765)

ZEIT UND UMWELT

»The Noblemen and Gentlemen's Catch Club« wurde 1761 in London gegründet, um die Komposition von Kanons, Catches und Glees im In- und Ausland zu fördern, und teilte 1763 die ersten Preise zu. Mitglieder waren eine große Anzahl Angehöriger des Adels und auch des Königshauses, viele einflußreiche Großbürger, zahlreiche Musiker und andere Persönlichkeiten des kulturellen Lebens der Stadt.

LEBEN

Juan Bautista Bruguera y Moreras wurde um 1730 in Katalonien geboren und an der Escolanía von Montserrat ausgebildet. Er wurde Kapellmeister an der Kirche in Figueras und versah diesen Dienst bis zu seinem Tod nach 1765.

WERKE

Von Juan Bautista Bruguera y Moreras, der als Kontrapunktist einen großen Ruf hatte, wurde der Kanon »Beatus vir« für drei Stimmen 1765 vom Londoner Catch Club wegen seiner Kunstfertigkeit und Melodik mit einem Preis ausgezeichnet. Weitere Werke des Meisters sind nicht überliefert.

Dard (um 1730 bis nach 1780)

ZEIT UND UMWELT

Das bereits im 15. Jahrhundert in einer primitiven Form gebaute Fagott wurde um 1620 als Generalbaßinstrument eingesetzt (Heinrich Schütz) und bald darauf auch solistisch verwendet (Antonio Vivaldi). Ab der zweiten Hälfte des 18. Jahrhunderts wurde ihm parallel mit seiner fortschreitenden technischen Entwicklung eine immer bedeutendere Stellung im Orchester und als Soloinstrument zuerkannt.

LEBEN

Dard – der Vorname ist nicht überliefert – wurde um 1730 in Frankreich geboren. Er wirkte in den sechziger und siebziger Jahren als Fagottist in der Königlichen Kapelle und im Opernorchester und dürfte nach 1780 in Paris gestorben sein.

WERKE

Von dem Fagottisten Dard sind Flötensonaten, Fagottsonaten und eine Sammlung Arietten erschienen, außerdem eine musiktheoretische Abhandlung. Seine Fagottsonaten gehörten zu den ersten ihrer Art.

Tommaso Giordani
(um 1730–1806)

ZEIT UND UMWELT

Das Musikleben in Dublin erstreckte sich im 18. Jahrhundert vor allem auf die Musik in den katholischen Kirchen und auf Konzerte. Opernaufführungen wurden von reisenden Truppen bestritten. Das Interesse des breiten Publikums, das vorläufig Sprechstücke und

Oratorien vorzog, war noch zu klein, so daß eine ständige Oper nicht florieren konnte.

LEBEN
Tommaso Giordani (Giordano) wurde um 1730 in Neapel geboren und ausgebildet. Er kam 1753 mit seiner ganzen Familie nach London und brachte nach 3 Jahren an Covent Garden seine ersten komischen Opern heraus; 1762 trat er am Haymarket Theatre als Sänger auf und wirkte anschließend in London und in Dublin als Opernsänger und Musiklehrer. Im Jahr 1783 gründete er in Dublin ein Opernunternehmen, das erfolglos war. Er blieb, von einigen Aufenthalten in London unterbrochen, als Komponist, Sänger, Dirigent und Lehrer weiterhin bis zu seinem Tod am 23. 2. 1806 in Dublin.
Sein Vater Carmine Giordani (Giordano, um 1695, Neapel, bis nach 1762, vermutlich London) war Organist und Komponist in Neapel und wanderte 1753 mit der gesamten Familie nach London aus.

WERKE
Neben mehr als 20 Opern für London und Dublin schrieb Tommaso Giordani zahlreiche Stücke für Pianoforte, Sonaten für Violine oder Flöte und Pianoforte, Trios für Violine, Flöte und Generalbaß, Streichquartette, 3 Cembaloquintette, Pianofortekonzerte, Flötenkonzerte, Übungsstücke für Pianoforte, eine Hohe Messe, ein Te Deum, ein Oratorium und Gesänge. Sein Stil setzte den von Johann Christian Bach fort.
Carmine Giordani verfaßte noch in Neapel eine erfolgreiche Oper, eine Anzahl Orgelversetten und eine Kantate für Sopran.

LITERATUR
W. J. Lawrence, Tommaso Giordani, in: The Musical Antiquary II, 1910/11.

Antonio Lolli (um 1730–1802)

ZEIT UND UMWELT
Die Virtuosität der Violinisten des 18. Jahrhunderts steigerte sich von Jahrzehnt zu Jahrzehnt, die Technik vervollkommnete sich bis zur Akrobatik, auf der Strecke blieb dabei aber die Musik, die weder die Virtuosen noch ihre Bewunderer interessierte. Das eminente Interesse an allem Technischen, an jeder Methode, die Materie zu beherrschen, lag auf der Linie der Aufklärung, die an die Stelle der früher bestaunten Wunder der Magie die von Menschen erzeugten Wunder der Technik setzte. Das ging so weit, daß auch wirkliche Musiker und Musikkenner

London

sich von reiner Virtuosität faszinieren ließen und die Mißhandlung der Musik in Kauf nahmen.

LEBEN

Antonio Lolli wurde um 1730 in Bergamo geboren. Es wurde behauptet, daß er als Violinist wenig Unterricht genossen und sich autodidaktisch ausgebildet habe. Niccolò Jommelli verschaffte ihm 1758 die Stelle eines Violinsolisten an der Hofkapelle in Stuttgart. Während eines Urlaubs unternahm er Konzertreisen nach Wien, Paris, Deutschland, Holland und Italien. Als sein Vertrag in Stuttgart 1774 erfüllt war, wurde er von der russischen Zarin Katharina II. als Violinvirtuose nach St. Petersburg engagiert. Von dort setzte er seine Reisetätigkeit fort und spielte in Warschau, Skandinavien und Deutschland. Nach Beendigung des Rußlandaufenthaltes reiste er weiterhin durch alle europäischen Länder, bis er 1794 Erster Konzertmeister in Neapel wurde und sich bald darauf nach Palermo zurückzog, wo er am 10. 8. 1802 starb. Seine eminente Technik reihte ihn zu den ersten Violinvirtuosen seiner Zeit ein, der überall mit Begeisterung empfangen wurde; es fehlte aber auch nicht an kritischen Stimmen, die seinem Spiel jede Musikalität absprachen.

WERKE

Für seine Kompositionen soll Antonio Lolli wegen der eigenen mangelhaften musikalischen Ausbildung Helfer herangezogen haben. Er veröffentlichte 8 Violinkonzerte, 3 Hefte Violinsonaten mit Generalbaß und 6 Duette für zwei Violinen. Der musikalische Wert dieser Stücke kann tatsächlich nicht hoch angeschlagen werden. Sie sind aber symptomatisch für das Virtuosentum seiner Zeit.

Petros Lampadarios (um 1730–77)

ZEIT UND UMWELT

Wenn auch nach dem Untergang des Byzantinischen Reiches (1453) der byzantinische Kirchengesang stark herunterkam, sein Wesen ist lebendig geblieben, so daß auch in den folgenden Zeiten bis zu unserer Gegenwart die Komposition neuer Hymnen kein Ende fand. Die Notationen erfuhren im Verlauf der Jahrhunderte grundlegende Veränderungen. Die aus den alten ekphonetischen Zeichen entwickelten Neumen reichten bis zum 13. Jahrhundert. Aus der hagiopolitanischen Notation der mittelbyzantinischen Zeit bis zum 15. Jahrhundert entstand die spätbyzantinische, die zur heute gültigen griechischen liturgischen führte. Parallel hiezu war der byzantinische Kirchengesang starken arabischen und türkischen Einflüssen ausgesetzt.

LEBEN

Petros Lampadarios (Peloponnesios) wurde um 1730 in Tripolis auf Morea geboren. Er wirkte in Konstantinopel (Istanbul) zuletzt (ab 1776) als Musiklehrer einer Musikschule des Patriarchats und starb dort im Jahr 1777.

WERKE

Von dem Komponisten der griechischen Kirche Petros Lampadarios sind Bearbeitungen von Werken des Hymnographen Manuel Chrysaphes (um 1458) überliefert, denen er viele orientalische Elemente zuführte. Er verwendete bei diesem für den Metropoliten von Bosnien bestimmten Werk anstelle des griechischen einen altkirchenslawischen Text, den er auch seinen Hymnen zugrunde legte. Er leitete auch die Einführung einer modernen Notation ein.

LITERATUR

M. M. Velimirović, Grčki muzičar P. Lampadarije i bosanski Metropolit Serafime, in: Zvuk 1965, Nr. 65.

Johann Friedrich Daube (um 1730–97)

ZEIT UND UMWELT

Generalbaßtheoretiker und Theorbisten wirken im Licht der Musikentwicklung des 18. Jahrhunderts bereits wie Relikte verflossener Zeiten. Daß es sie aber gab, beweist, wie stark die Barockepoche nachwirkte und ihre

Formen und Fakturen bis zum Ende des Jahrhunderts lebendig blieben.

LEBEN
Johann Friedrich Daube wurde um 1730 im Raum Hersfeld-Marburg geboren. Er war bis 1744 am Hof in Berlin tätig und wurde sodann von der Stuttgarter Hofkapelle als Theorbist übernommen, wo er 1750 zur Flöte überging, weil keine Theorben mehr verwendet wurden. Im Jahr 1765 wurde er Sekretär der Augsburger Akademie der freien Künste und Wissenschaften und übersiedelte 1769 als deren Korrespondent nach Wien, wo er am 19. 9. 1797 starb.

WERKE
Der Musiktheoretiker Johann Friedrich Daube veröffentlichte eine Generalbaßlehre und eine Wochenschrift »Der musikalische Dilettant«, deren Nummern jeweils Lieder und Instrumentalkompositionen beigeschlossen waren. Handschriftlich sind von ihm 2 Sinfonien und ein Trio für Laute, Flöte und Generalbaß überliefert. Seine Kompositionen sind als »späte« Barockmusik sehr interessant.

José Herrando (um 1730 bis um 1790)

ZEIT UND UMWELT
Auch im 18. Jahrhundert wurden in Spanien Virtuosen nahezu ausschließlich aus dem Ausland, vor allem aus Italien, gerufen. Es fehlte für Spanier bei den meisten Instrumenten noch die Ausbildungsmöglichkeit. So wurde die älteste Violinschule in spanischer Sprache erst 1756 in Paris veröffentlicht.

LEBEN
José Herrando wurde um 1730 in Spanien geboren. Über sein Leben ist nur bekannt, daß er ungefähr um 1756 erster Violinist der Königlichen Kapelle in Madrid und vermutlich um 1790 gestorben ist. Der Ort seines Todes ist nicht feststellbar.

WERKE
Von José Herrando sind neben seiner Violinschule 18 »Spanische Menuette« erschienen und 12 Violinsonaten handschriftlich erhalten. Über weitere Kompositionen ist nichts bekannt.

Abraham Adams
(um 1730 bis nach 1790)

ZEIT UND UMWELT
Bücher mit Psalmodien fanden in England zu jeder Zeit guten Absatz, so viele auch geschrieben wurden. Wenn sie dem Zeitgeschmack des Publikums entsprachen, kam es zu vielen Auflagen. Heute ist es unmöglich festzustellen, warum gerade einzelne Psalmmelodien vor allen anderen ankamen.

LEBEN
Abraham Adams wurde um 1730 in England geboren. Er war Organist an der Pfarrkirche von St. Marylebone. Um das Jahr 1760 wirkte er in Shoreham, Kent, und dürfte dort nach 1790 gestorben sein.

WERKE
Von Abraham Adams sind 41 Psalmodien, 21 Anthems und ein Begräbnisgesang erschienen, die in der Sammlung »The Psalmodist's New Companion« (Der neue Freund des Psalmodisten) 12 Auflagen erlebten.

Jean-Marie Rousseau
(um 1730 bis um 1781)

ZEIT UND UMWELT
Die alte Musiklandschaft von Flandern brachte immer wieder fähige Musiker hervor. Selten war nur, daß sie im Land blieben und wirkten und nicht nach Paris zogen. Es waren aber ihrer zu wenige, um eine eigene Musikentwicklung zu begründen.

LEBEN
Jean-Marie Rousseau wurde um 1730 in Dijon geboren. Er war zunächst Chorist an der Kathedrale seiner Geburtsstadt, dann Kapellmeister an der Kathedrale von Arras und

schließlich in gleicher Eigenschaft in Dijon, wo er um 1781 starb.

WERKE
Von Jean-Marie Rousseau sind zahlreiche Messen, ein Requiem und 3 Kantaten erhalten. Sein Stil gleicht dem der französischen Kirchenmusik der Zeit.

Theodore Aylward (1730–1801)

ZEIT UND UMWELT
Lieder und Liederkomponisten erfreuten sich in England im 18. Jahrhundert steigender Beliebtheit. Die Gründung des Catch Clubs und die lange Liste seiner prominenten Mitglieder bezeugen, welch weitgehendes Interesse dieser Kompositionsgattung entgegengebracht wurde. Dabei handelte es sich zum Großteil um sehr leichte, nicht selten um triviale Ware, die gefördert und ernsteren Kompositionen vorgezogen wurde.

LEBEN
Theodore Aylward wurde 1730 in London geboren. Er war ungefähr ab 1760 Organist an Oxford Chapel in London, ab 1762 an St. Lawrence, Jewry, und ab 1768 an St. Michael's in Cornhill. Im Jahr 1769 erhielt er vom Catch Club einen Preis für ein Glee. Nachdem er ab 1771 als Musiklehrer am Gresham College gewirkt hatte, wurde er 1788 an St. George's Chapel in Windsor Organist und Chorleiter und betreute diese Stelle bis zu seinem Tod am 27. 2. 1801.

WERKE
Außer seinen 6 Orgelübungen brachte Theodore Aylward nur Vokalmusik heraus: Glees, Elegien, Canzonetten, Lieder und Catches. Sie waren durchwegs textlich seriös und entsprachen mit ihrer Schlichtheit und leichten Faßlichkeit dem Geschmack und dem Musikbedürfnis der großen Masse der »Catch-Freunde« Englands.

John Burton (1730–85)

ZEIT UND UMWELT
John Keeble war einer jener englischen Meister, die ihr von Johann Christoph Pepusch und Thomas Roseingrave empfangenes künstlerisches Erbe an ihre Schüler weiterreichten, damit der an sich schmale Entwicklungsstrom der englischen Musik bis zu seiner fernen Entfaltung nicht abriß.

LEBEN
John Burton wurde 1730 in Yorkshire geboren. Er war Schüler von John Keeble und wurde zu einem der bedeutendsten Cembalisten und Organisten seiner Zeit, der 1754 auch in Deutschland mit großem Erfolg auftrat. Es ist nicht feststellbar, ob er eine feste Stellung als Organist innehatte. Er dürfte in London bis zu seinem Tod im Jahr 1785 gewirkt haben.

WERKE
Von John Burton sind 3 Konzerte für Cembalo, eines für Orgel oder Cembalo, 10 Sonaten für ein beliebiges Tasteninstrument und 6 weitere mit Violinbegleitung, außerdem 12 italienische Canzonetten erschienen. Die Stücke wurden mit betonter Klangpracht ausgestattet, aber sehr konservativ gehalten.

Johann Joachim Christoph Bode (1730–93)

ZEIT UND UMWELT
Der Bedarf an Liedern war in Deutschland zumindest ebensogroß wie in England. Auch hier wurden nach der Forderung der Berliner Liederschule Einfachheit der Faktur, Prävalenz des Textes und Sangbarkeit verlangt. Die deutschen Lieder waren aber doch um etliche Grade künstlerisch wertvoller als die englischen Rundgesänge für Männergesellschaften.

LEBEN
Johann Joachim Christoph Bode wurde am 12. 1. 1730 in Barum, Braunschweig, geboren. Er wirkte ab 1752 als Oboist in Celle

und darauf von 1757 bis 1778 als Musiklehrer, Redakteur und Verleger in Hamburg. Anschließend schlug er seinen Wohnsitz in Weimar auf, wo er nur mehr von dem kompositorischen Schaffen lebte und am 13. 12. 1793 starb.

WERKE
Die zweibändige Sammlung »Zärtliche und scherzhafte Lieder mit ihren Melodien« hat Johann Joachim Christoph Bode am meisten bekannt gemacht. Seine übrigen Kompositionen - zahlreiche Sinfonien, Violin-, Cello- und Fagottkonzerte und Soli für Viola d'amore - wurden bald vergessen, obwohl ihr kompositorischer Wert nicht unterschätzt werden darf.

Antonín Kammel
(1730 bis vor 1788)

ZEIT UND UMWELT
Man hat noch im 18. und im 19. Jahrhundert die hochentwickelte Technik der Virtuosen wie das perfekte handwerkliche Können der Komponisten bestaunt. Sie feierten mit ihren Konzerten Triumphe und waren bei den Zeitgenossen berühmt. Daß die Nachwelt den Virtuosen keine Kränze flicht, liegt in der Natur der Sache; neue Meister verdunkeln den Ruhm der Verstorbenen. Aber auch die gefeierten Komponisten, deren Werke erhalten blieben, verfielen oft der Vergessenheit, weil ihr Können von späteren überholt wurde und außer der Perfektion der Faktur von ihren Werken nichts geboten wurde, weil nichts Bleibendes darin verborgen war, mit einem Wort, weil die Kunst darin fehlte; sie waren eben von Könnern und nicht von Künstlern geschaffen worden.

LEBEN
Antonín Kammel wurde am 21. 4. 1730 in Běleč bei Křivoklát geboren. Er war in Padua Schüler von Giuseppe Tartini und kam um 1770 nach London, wo er in die Chapel Royal als Violinist aufgenommen wurde. Er starb vor 1788 in London.

WERKE
Das kompositorische Werk von Antonín Kammel zeichnete sich durch große Kunstfertigkeit aus und war sehr verbreitet. Er schrieb zahlreiche Sinfonien, Konzerte und Kammermusikwerke, die allerdings nach seinem Tod bald völlig vergessen wurden, vermutlich weil im Licht zeitgenössischer Werke die Leere seiner Komposition zu deutlich zutage trat.

Fedele Fenaroli (1730–1818)

ZEIT UND UMWELT
Im Jahr 1806 wurden die zwei neapolitanischen Konservatorien, die noch existierten – Conservatorio della Pietà de'Turchini und Santa Maria di Loreto –, zusammengelegt und zwei Jahre darauf geschlossen. Die Nachfolge trat das Real Conservatorio di Musica an, das ursprünglich Conservatorio di San Sebastiano und kurze Zeit darauf Conservatorio di San Pietro a Maiella benannt wurde.

LEBEN
Fedele Fenaroli wurde am 25. 4. 1730 in Lanciano, Abruzzen, geboren. Er war am Conservatorio Santa Maria di Loreto Schüler von Leonardo Leo und Francesco Durante und wurde 1763 Kapellmeister des Instituts. Nach der Gründung des Conservatorio di San Pietro a Maiella wurde ihm gemeinsam mit Giovanni Paisiello und Giacomo Tritto die Aufgabe der Reorganisation des gesamten Lehrbetriebs übertragen. Er starb in Neapel am 1. 1. 1818.

WERKE
Der Ruhm von Fedele Fenaroli beruhte vor allem auf seinen didaktischen Fähigkeiten. Seine Kompositionen zeichneten sich nicht durch besondere Originalität aus. Er verfaßte zahlreiche Messen, Motetten und Hymnen, Oratorien, Kantaten, Stücke für Cembalo und eine Oper.

LITERATUR
G. De Napoli, Fedele Fenaroli, in: Musica d'oggi XII, 1930.

William Jackson (1730–1803)

Zeit und Umwelt

Das Rezept für die echte englische Oper scheint gegen Ende des 18. Jahrhunderts von einigen englischen Komponisten gefunden worden zu sein: eine dramatische Handlung, so daß das Libretto allein als Schauspiel ohne Musik gespielt werden könnte; liedhafte, womöglich balladeske Arien; keine dichte Sinfonik, die von den Vorgängen auf der Bühne ablenkt; Einfachheit der Gesamtkonzeption. Daß vor allem Liederkomponisten geeignet waren, diese Forderungen zu erfüllen, geht daraus hervor; sie waren daran gewöhnt, ihr Publikum nicht zu überfordern. Die Zeiten eines Henry Purcell waren eben schon längst vorbei.

Leben

William Jackson (Jackson of Exeter) wurde am 29. 5. 1730 in Exeter geboren und an der Kathedrale der Stadt ausgebildet. Ab 1748 war er Schüler von John Travers in London. Hernach ließ er sich in Exeter als Musiklehrer nieder und wurde 1777 Chormeister und Organist an der Kathedrale der Stadt, in der er am 5. 7. 1803 starb.

Werke

Von William Jackson sind mehr als 60 Lieder, zahlreiche Vokalduette und Vokalquartette, Madrigale, Oden, Canzonetten, Hymnen, Pastoralen, Epigramme, Services, Te Deum bekannt geworden. Seine Cembalosonaten sind ebensoglatt, sanglich und galant wie die Vokalstücke. Und seine Opern fanden viel Anklang, obwohl sie weder italienisch noch Nachahmungen italienischer Bühnenwerke waren. Einige davon haben sich lang auf englischen Bühnen gehalten, weil sie dem Publikum das gleiche boten wie die Lieder: Einfachheit, Sanglichkeit, Dramatik, Lyrik; mit einem Wort: leichte Kost.

Georg von Pasterwitz (1730–1803)

Zeit und Umwelt

Gegen Ende des 18. Jahrhunderts nahmen die hohen Werkanzahlen der Komponisten merklich ab. Einzelne spätere Meister, die vorwiegend Lieder und kurze Instrumentalstücke komponierten, brachten es noch auf mehrere hundert Opusziffern, große Werke wie Oratorien oder Sinfonien erforderten zu viel Arbeitszeit, um eine größere Anzahl davon in einem Menschenleben zu bewältigen. Der Wegfall des Generalbasses vervielfältigte bei jedem Werk die Mühe und Zeit, die aufgewendet werden mußten.

Leben

Georg von Pasterwitz (Pasterwiz, eigentlicher Taufname: Robert) wurde am 7. 6. 1730 in Bierhütten bei Passau geboren. Er war Schüler der Stiftsschulen Niederaltaich und Kremsmünster, wo er in den Benediktinerorden eintrat. Anschließend studierte er in Salzburg Theologie, Jurisprudenz und bei Johann Ernst Eberlin Musik. Von 1767 bis 1783 wirkte er in Kremsmünster als Lehrer und Regens chori, anschließend nach kurzem Pfarrdienst als Vertreter des Stiftes beim Hof in Wien bis 1795 und sodann bis zu seinem Tod am 26. 1. 1803 als Dekan der Stiftsschulen in Kremsmünster.

Werke

Mit seinen mehr als 300 Werken war Georg von Pasterwitz einer der fruchtbarsten Komponisten der zweiten Hälfte des 18. Jahrhunderts. Gedruckt wurden von ihm 8 Fugen für Orgel oder Cembalo und »Dreyhundert Themata und Versetten« für Orgel. Handschriftlich liegen 10 Messen, ein Requiem, eine große Anzahl kirchlicher Gesänge, viele Orgelstücke, 22 Menuette für Orchester und zahlreiche Bühnenstücke vor. Daß ihn sein Aufenthalt in Wien der Klassik nahebrachte, ist vielen seiner Werke anzusehen. Grundsätzlich ging er bei seiner Kirchenmusik von der Gregorianik und der neapolitanischen Gesangskunst aus.

Antonio Sacchini (1730–86)

Zeit und Umwelt

Erfolg und Mißerfolg der herausgebrachten

Herbert von Karajan

Opern, mit allen Mitteln der Intrige ausgetragene Rivalitäten, Gnade und Ungnade der Fürstlichkeiten verschiedener Länder, Streit und Freundschaft mit Dirigenten, Sängern, Musikern und Impresari, Reisen von Stadt zu Stadt zu den Uraufführungen, hohe Einnahmen und Verluste, Geld im Überfluß und unerschwingliche Schulden – das war die Welt vieler Opernkomponisten, die oft von kleinsten Verhältnissen zu Berühmtheit und Reichtum aufstiegen und nicht selten in bitterste Armut zurückfielen. Diesem Los waren nicht nur die Mittelmäßigen und Zweitrangigen ausgesetzt, es traf auch oft die Arrivierten und Etablierten, denn die Gunst des Publikums war immer wetterwendischer als das Wetter selbst.

LEBEN

Antonio Maria Gaspare Gioacchino Sacchini wurde am 14. 6. 1730 in Florenz geboren und in Neapel am Conservatorio Santa Maria di Loreto von Francesco Durante ausgebildet. Er wirkte dort ab 1756 als Hilfslehrkraft und ab 1761 als Zweiter Kapellmeister. Bald darauf setzte sein Aufstieg als Opernkomponist ein, seine Werke wurde an allen Höfen Europas gespielt. Er hielt sich 6 Jahre in Rom auf und wurde in das Intrigenspiel der dort wirkenden Komponisten hineingezogen. In Venedig wich er den Streitigkeiten aus, indem er die Leitung der Musikschule des Ospedaletto übernahm. Darauf ging er nach Deutschland und 1772 für 10 Jahre nach London, wo er viel Erfolg, aber zugleich viele Widersacher hatte und Verleumdungen erntete und so sehr in Schulden geriet, daß er nach Paris flüchten mußte. Dort wurden er und seine Opern günstig aufgenommen. Er geriet zwar in Rivalitätsstreitigkeiten mit Niccolò Piccinni, genoß jedoch die Gunst der Königin Marie Antoinette, bis ihn auch diese aufgrund irgendwelcher Intrigen fallenließ. Er starb bald darauf am 6. 10. 1786.

WERKE

Neben seinen zahlreichen Opern verfaßte Antonio Sacchini 12 Sonaten für Cembalo, 12 für Cembalo und Violine, 6 Trios für Violinen und Generalbaß, 6 Streichquartette und 2 Sinfonien, außerdem Messen, Motetten, Psalmen und mehrere Oratorien. Seine Musik ist von der Opernfaktur stark beeinflußt, die allerdings auf dem Niveau der Zeit stand.

LITERATUR

A. Julien, La cour et l'opéra sous Louis XVI, Paris 1878.

Nonnosus Madlseder (1730–97)

ZEIT UND UMWELT

In der katholischen Kirchenmusik Italiens und des mitteleuropäischen Raumes lassen sich zwei Tendenzen feststellen. Mit den der profanen Musik und der Oper immer stärker angenäherten Fakturen und mit der Aufnahme von Virtuosen in die Kirchenkapellen wurden die Kompositionen für Kirchen zum Konzert, das sich vom sakralen Zweck mehr oder minder entfernte. Auf der anderen Seite suchte man diese »Überfremdung« durch Rückgriffe auf vorbarocke Formen – Polyphonie und Gregorianik – abzuwehren. Besonders an den Kirchenkapellen der Klöster gab es nicht wenige begabte Musiker, die hier Beachtliches leisteten.

Leben

Nonnosus Madlseder (Taufname: Johannes Baptist) wurde am 20. 6. 1730 in Meran geboren. Er war Singknabe am Damenstift in Hall in Tirol, studierte in Polling, Oberbayern, und Freising und wurde Benediktiner im Kloster Andechs am Ammersee, Bayern. Er wirkte im Kloster als Musikdirektor und Organist bis zu seinem Tod am 3. 4. 1797.

Werke

Im Druck sind von Nonnosus Madlseder 14 Offertorien, 5 Miserere, ein Stabat mater und 5 Vespern erschienen. Handschriftlich sind mehrere Messen, Karwochenoratorien, Kantaten und Sinfonien erhalten. Seine Musik ist konservativ, aber einfallsreich gestaltet.

Jean Baptiste Cardonne
(1730 bis um 1792)

Zeit und Umwelt

Es ist schon mißlich, wenn ein Künstler an Stil und Formen, die er einmal erarbeitet hat, festhält und sich nicht weiterentwickelt. Er überlebt sich. Schlimmer ist noch, wenn er mit Fakturen durchdringen will, die er von seinem Lehrer und aus zweiter Hand von dessen Lehrer übernommen hat. Er ist schon veraltet, ehe er beginnt. Denn einmal Bewährtes bleibt nicht bewährt. An dem, der stehenbleibt oder sogar zurückgeht, zieht der Strom der Entwicklung unbarmherzig vorbei.

Leben

Jean Baptiste Cardonne (Philibert genannt) wurde am 26. 6. 1730 in Versailles geboren. Er war Schüler von François Colin de Blamont, der seinerzeit wieder Schüler von Michel-Richard Delalande gewesen war. Mit 13 Jahren dirigierte er bereits seine erste Motette mit großem Chor. Bald darauf rückte er zum Cembalo- und Lautenlehrer der Pagen auf (1755). Im Jahr 1777 wurde er Lehrer der Kammermusik und im Verlauf der folgenden Jahre ihr Leiter. Er starb um 1792 in Paris.

Werke

Die Opern von Jean Baptiste Cardonne wurden von den Zeitgenossen als antiquiert kritisiert; auch seine 5 Motetten und seine Arietten verdienten diesen Vorwurf. Lebendiger und zeitnaher waren seine 6 Triosonaten für zwei Violinen und Generalbaß, seine 6 Sonaten für Cembalo und Violine, die Sinfonie und das Konzert wiesen aber deutliche Züge des Barock auf.

Jean Joseph Rodolphe (1730–1812)

Zeit und Umwelt

Musiker im Dienst der französischen Krone oder staatlicher Institutionen verloren bei Ausbruch der Revolution 1789 nahezu in den meisten Fällen ihre Stellungen. Im Direktorium (1795–99) oder spätestens während des Konsulats erhielten viele davon ihre Stellungen oder eine ähnliche zurück, nachdem die durch die Wirren der ersten Jahre eingestellte Tätigkeit vieler Institute wieder aufgenommen worden war. Es ist bezeichnend für die Mentalität des Franzosen, daß kein Künstler wegen seiner künstlerischen Tätigkeit, in welchen Diensten immer, behelligt wurde.

Leben

Jean Joseph Rodolphe (Rudolphe) wurde am 14. 10. 1730 in Straßburg geboren. Er war mit 15 Jahren Violinschüler von Jean-Marie Leclair in Paris und wirkte darauf als Orchestermusiker in Bordeaux, in Montpellier und Parma, wo er zum Horn überging und unter Tommaso Traetta Komposition studierte. Im Jahr 1760 wurde er Mitglied der Hofkapelle in Stuttgart und konnte dort unter Niccolò Jommelli seine Ausbildung vollenden. Er trat 1764 im Concert spirituel in Paris als Hornvirtuose auf und wurde einige Jahre darauf in die Königliche Kapelle aufgenommen; 1784 wurde er Kompositionslehrer an der École Royale du Chant et de Déclamation, verlor diese Stelle durch die Revolution, konnte jedoch von 1798 bis 1802 am inzwischen gegründeten Conservatoire de Musique als Gesangprofessor arbeiten und wirkte hernach bis zu seinem Tod am 18. 8. 1812 als Privatmusiklehrer in Paris.

WERKE

Neben einer Reihe Opern und Ballette veröffentlichte Jean Joseph Rodolphe Violinetüden, Violinduette, 24 Fanfaren für drei Hörner und 2 Hornkonzerte, die die Mannheimer Schule verraten. Er war auch als Musikschriftsteller tätig.

Pierre Vachon (1731–1803)

ZEIT UND UMWELT

Konzertvirtuosen, denen es gelang, im Concert spirituel von Paris mit Erfolg aufzutreten, mußten für ihre weitere Karriere nicht fürchten, weil sie beinahe nirgends eine bessere Empfehlung mitbringen konnten. Leitung, Publikum und Kritik dieses Konzertunternehmens stellten so hohe Anforderungen, daß die künstlerische und technische Qualität des Musikers außer Zweifel gestellt werden konnte.

Friedrich II. von Preußen als Kronprinz (1736), Gemälde von A. Pesne

LEBEN

Pierre Vachon wurde 1731 in Arles geboren. Er war in Paris Schüler von Carlo Francesco Chabran und trat 1756 zum ersten Mal im Concert spirituel auf; 1761 nahm ihn Louis François de Bourbon prince de Conti (1717 bis 1776) als ersten Violinisten in seine Dienste. In den Jahren 1772 und 1774 konzertierte er in London, 1784 am pfälzischen Hof, 1786 wurde er Konzertmeister bei Friedrich II. in Berlin, wo er am 7. 10. 1803 starb.

WERKE

Von Pierre Vachon sind 6 Violinsonaten mit Generalbaß, 6 Sinfonien, 6 Trios für zwei Violinen und Cello, 24 Streichquartette, 6 Triosonaten und 6 Violinduette erhalten. Weitere Stücke sind in zeitgenössische Sammlungen aufgenommen worden.

Aaron Williams (1731–76)

ZEIT UND UMWELT

Die Christmas Anthems der englischen Kirchen des 18. Jahrhunderts waren zumeist vollstimmig gesetzt und hoben sich durch ihre hymnische Faktur deutlich von den volkstümlichen Carols ab.

LEBEN

Aaron Williams wurde 1731 in London geboren. Er war Musiklehrer, Notenstecher und außerdem an der Schottischen Kirche Londons bis zu seinem Tod im Jahr 1776 bedienstet.

WERKE

Von Aaron Williams ist »A New Christmas Anthem for 1, 2, 3 and 4 voices« (Ein neues Weihnachtsanthem für 1, 2, 3 und 4 Stimmen) sehr bekannt und beliebt geworden. Er veröffentlichte außerdem einige Sammlungen von Psalmen, Anthems und Hymnen.

Francisco Javier García Fajer
(1731–1809)

ZEIT UND UMWELT
Die Beziehungen zwischen Spanien und Neapel, die während der einer Kolonialregierung sehr ähnlichen Administration der spanischen Vizekönige meistens sehr gespannt waren, hatten sich unter den Bourbonen, die die Throne beider Reiche besetzten, gründlich geändert. Neapel war seit langem wieder ein souveräner Staat geworden wie Spanien, die Angehörigen beider Reiche begegneten einander als Gleichberechtigte, was den Kulturaustausch außerordentlich förderte.

LEBEN
Francisco Javier García Fajer (Francesco Saverio Garcia, »Il Spagnoletto«) wurde 1731 in Nalda bei Logroño geboren. Er hielt sich zu seiner Ausbildung mehrere Jahre in Neapel auf und brachte dort ein Oratorium und mehrere Opern heraus. Im Jahr 1756 kehrte er nach Spanien zurück und wirkte an der Kathedrale von Zaragoza bis zu seinem Tod am 26. 2. 1809 als Kapellmeister.

WERKE
Außer seinem Oratorium »Il Tobia« (Tobias) und mehreren Opern auf italienischen Texten verfaßte Francisco Javier García Fajer eine Anzahl Kirchenmusik – Messen, Gesänge – im neapolitanischen Kirchenmusikstil. Berühmt wurden wegen ihres schönen Klanges seine 2 mehrstimmigen Lamentationen mit Orchester.

Edward Miller (1731–1807)

ZEIT UND UMWELT
Doncaster, unweit von Leeds mitten im mittelenglischen Industrie- und Minengebiet, verfügte über eine reiche Bürgerschaft, die für die Kapelle an St. George's, ihrer Pfarreikirche, fähige Musiker engagieren konnte. Ein Doktor der Musik aus Cambridge an der Orgel war nicht gerade der billigste.

LEBEN
Edward Miller wurde 1731 in Norwich geboren. Er wurde 1756 als Organist an die Pfarrkirche in Doncaster bestellt und versah diesen Dienst bis zu seinem Tod am 12. 9. 1807.

WERKE
Von Edward Miller sind Elegien, Lieder, Cembalosonaten, Flötensoli, Psalmvertonungen, Services, Anthems und Hymnen erschienen. Seine Kompositionen eigneten sich besonders für kleinere Kirchenkapellen; sie waren so gesetzt, daß sie auch mit kleiner Besetzung einen schönen Klang erzielten.

Gasparo Angiolini (1731–1803)

ZEIT UND UMWELT
Das pantomimische Ballett d'action »Don Juan« von Christoph Willibald Gluck (1761) bildete einen Wendepunkt in der Entwicklung des Balletts, der auf eine klassizistische Renaissance der choristischen Präsentation tragischer Stoffe zielte und somit eine Ballett-handlung bot.

LEBEN
Domenico Maria Gasparo Angiolini wurde am 9. 2. 1731 in Florenz geboren. Er war von 1747 bis 1750 Tänzer in Venedig und ab 1754 in Wien. Dann wandte er sich der Choreographie zu und trat damit 1757 in Turin zum ersten Mal vor ein Publikum. Ein Jahr darauf war er erneut in Wien, wo er Balletteinlagen für Opern entwarf. In Zusammenarbeit mit Christoph Willibald Gluck brachte er das richtungweisende Ballett »Don Juan« heraus und entwarf die Choreographie der Tänze für mehrere Opern des Komponisten. Von 1782 bis 1786 wirkte er in St. Petersburg als Choreograph und Ballettkomponist, ging darauf nach Venedig und Mailand, wo er am 5. 2. 1803 starb.

WERKE
Das Hauptverdienst von Gasparo Angiolini lag im Bereich der Choreographie. Seine Ballettkompositionen stellten keine besonders

wertvollen Leistungen dar, sie reichten aber aus, die choristisch dargestellte Handlung zu illustrieren. Sein russisches »Weihnachtsfestballett« erreichte durch die Verwendung russischer Volkslieder einen hohen Beliebtheitsgrad und nahm die Faktur der großen Ballettkompositionen Rußlands des 19. Jahrhunderts voraus.

Jean-Louis Larouette (1731–92)

ZEIT UND UMWELT
Die französische Opéra comique, ein Operntyp, der die Bühnen des 19. Jahrhunderts beherrschte, bildete sich in der zweiten Hälfte des 18. Jahrhunderts zu ihrer endgültigen Form heraus, indem unter anderem die Vaudevilles durch Arietten ersetzt und gesprochene Passagen eingebaut wurden. Dadurch hob sich die künstlerische Qualität dieser Bühnenstückgattung von der Pose zur musikalischen Komödie, die wiederum auch benachbarte Musikgattungen beeinflußte.

LEBEN
Jean-Louis Larouette wurde am 7. 3. 1731 in Paris geboren. Er war Sänger und Schauspieler am Théâtre de la Foire (1752–62) und darauf bis 1779 an der Comédie Italienne. Dann widmete er sich nur mehr der Komposition. Er starb am 10. 1. 1792.

WERKE
Die ungefähr 10 komischen Opern von Jean-Louis Larouette sind wegen des von ihm geforderten »leichten« Gesangstils, der sich streckenweise dem Sprechgesang näherte, bemerkenswert, weil dieser stark auf die zeitgenössische Liedkomposition und den Liedvortrag abfärbte. Es wurde damit eine nahezu melodramatische Wirkung erzeugt.

Louis François Barthélemy Piffet (1731–79)

ZEIT UND UMWELT
Die Mitgliedschaft zum Opernorchester in Paris galt bereits an und für sich als Auszeichnung und als Beweis für einen hohen Ausbildungsstand, so daß einzelne Instrumentalisten, die gerade nicht unterkommen konnten, gerne als Überzählige und Unbesoldete mitspielten. Sie kamen trotzdem auf ihre Rechnung, weil sie Engagements für die verschiedenen privaten Salons, für Auftritte bei Konzerten und als Lehrer genug erhielten, vor allem, wenn sie sich Mitglieder des Orchesters nennen durften.

LEBEN
Louis François Barthélemy Piffet wurde am 22. 4. 1731 in Amiens geboren und zum Violinisten ausgebildet. Er war ab 1751 überzähliger Violinist am Pariser Opernorchester und erhielt ein Jahr darauf die Erlaubnis, sich als Mitglied des Orchesters zu bezeichnen. Er spielte in den Salons des Adels und reicher Bürgerhäuser der Stadt und betätigte sich bis zu seinem Tod im Jahr 1779 als Violinlehrer. Er wurde am 19. 8. in Port-au-Prince beerdigt.

WERKE
Von Louis François Barthélemy Piffet sind 3 oft aufgeführte Kantaten erhalten; 6 Sonaten für Solovioline und Generalbaß und mehrere Sonaten für Violine und Musette oder Drehleier werden ihm mit großer Wahrscheinlichkeit zugeschrieben.

Giuseppe Aprile (1731–1813)

ZEIT UND UMWELT
Die Anzahl der Eviraten nahm gegen das Ende des 18. Jahrhunderts stark ab, besonders die der Soprane. Die Bühnen stellten Sängerinnen ein, denen sich das Publikumsinteresse mehr zuneigte als den Verschnittenen. Altisten waren noch immer willkommen, weil dieses Fach von den Sängerinnen wegen seiner doch immer zweitrangigen Stellung auf der Bühne seltener ergriffen wurde und die Zeit der Kontratenöre endgültig vorbei war.

LEBEN
Giuseppe Aprile wurde am 28. 10. 1731 in

Martina Franca, Apulien, geboren. Er war ein berühmter Altist und sang mit großem Erfolg auf vielen Bühnen. Später ließ er sich als gesuchter Gesanglehrer in Venedig nieder. Er starb in seinem Geburtsort am 11. 1. 1813.

WERKE
Von Giuseppe Aprile ist eine Gesangschule mit 36 Solfeggien herausgekommen, die wegen ihres didaktischen Wertes und ihres musikalischen Gehaltes noch im 19. Jahrhundert viel verwendet wurden.

Théodore Jean Tarade (1731–88)

ZEIT UND UMWELT
Violinisten, die sowohl am Opernorchester wie am Orchester des Concert spirituel mit festem Engagement mitwirkten, genossen in Paris hohes Ansehen und gehörten zu den am meisten gesuchten Violinlehrern.

LEBEN
Théodore Jean Tarade wurde am 1. 11. 1731 in Paris geboren. Er wirkte von 1754 bis 1769 am Opernorchester und zugleich von 1752 bis 1776 am Orchester des Concert spirituel als Violinist und war ein angesehener Violinlehrer. Er starb am 14. 9. 1788 in La Flèche.

WERKE
Von Théodore Jean Tarade sind 6 Duos für zwei Violinen im Druck erschienen. Er veröffentlichte die »Schönsten Melodien und die Romanze« von Pierre Gaviniès für eine oder zwei Violinen und schrieb eine Oper. Von seinen weiteren Kompositionen, die er angeblich verfaßt haben soll, ist nichts überliefert.

Carlo Giuseppe Toeschi (1731–88)

ZEIT UND UMWELT
Die Partiturenarbeit war auch bei den wenigen Komponisten der zweiten Hälfte des 18. Jahrhunderts, die nach Barockmanier eine große Anzahl Werke verfaßten, sehr vereinfacht. Vieles davon macht einen schematischen Eindruck, vieles wiederholt sich, wie es eben bei Massenproduktionen kaum anders sein kann. Das Technische ist zum Teil gut gekonnte Routine und muß den musikalischen Einfall in nicht seltenen Fällen ersetzen.

LEBEN
Carlo Giuseppe Toeschi (eigentlich Toesca della Castella-Monte) wurde am 11. 11. 1731 in Ludwigsburg getauft. Er war Sohn des Violinisten Alessandro Toeschi (um 1690, Romagna, begraben 15. 10. 1758, Mannheim), der von ungefähr 1742 bis zu seinem Tod als Mitglied des Mannheimer Hoforchesters wirkte, und Schüler von Jan Václav Stamic. Im Jahr 1752 wurde er als Violinist in das Mannheimer Hoforchester aufgenommen, erhielt 1774 den Titel eines Kammermusikdirektors und übersiedelte 1778 mit dem Orchester nach München, wo er am 12. 4. 1788 starb. Er war bis 1783 mit seinen Werken viele Male im Concert spirituel in Paris aufgetreten.
Sein Bruder Giovanni Battista Toeschi (getauft am 1. 10. 1735, Ludwigsburg, gestorben 3. 3. 1800, München) war Schüler von Jan Václav Stamic und von Christian Cannabich und nach seiner Ausbildung als Violinist Mitglied des Mannheimer Hoforchesters und ab 1758 Ballettdirektor. Er ging 1778 ebenfalls mit dem Orchester nach München, wo er 1793 zum Hofmusikdirektor ernannt wurde.
Dessen Sohn Carlo Teodoro (7. 4. 1768, Mannheim, bis 10. 10. 1843, München) war von 1780 bis 1799 als Violinist Mitglied des Hoforchesters in München und wurde 1801 zum Hofkomponisten ernannt.

WERKE
Carlo Giuseppe Toeschi hat eine riesige Anzahl Kompositionen verfaßt: nahezu 70 Sinfonien, zahlreiche Sextette, Quintette, Quartette – zum Teil mit Flöte –, Trios und Violinsonaten sowie mehrere Ballette. Alles wurde im Mannheimer Stil und mit großer Routine gearbeitet.
Giovanni Battista Toeschi hat 6 Triosonaten für zwei Violinen und Generalbaß und Sona-

ten für Viola d'amore und Generalbaß geschrieben.
Carlo Teodoro Toeschi verfaßte Tänze für die Hofbälle und ein Ballett.

LITERATUR

R. Münster, Mannheimer Musiker, in: Musica XV, 1961.

Gaetano Pugnani (1731–98)

ZEIT UND UMWELT

Die von Giovanni Battista Somis in Turin gegründete piemontesische Violinistenschule bereicherte Italien und Frankreich bis in das 19. Jahrhundert hinein mit hervorragenden Musikern, die mit ihrem satten, breiten Klang das Publikum begeisterten. Der Begründer der Schule wie alle seine Schüler suchten ihre Erfolge nicht mit gekünstelter Virtuosität zu erreichen; sie waren ohne Ausnahme Musiker im wahrsten Sinn des Wortes.

LEBEN

Giulio Gaetano Girolamo Pugnani wurde am 27. 11. 1731 in Turin geboren. Ab seinem 10. Lebensjahr spielte er als Violinist am Teatro Reggio in Turin unter Giovanni Battista Somis und trat 1748 in die Dienste des Königs von Sardinien, Carlo Emmanuele III., der ihn mit einem Stipendium nach Rom sandte. Dort studierte er bei Vincenzo Legrenzio Ciampi Kontrapunktik. Im Jahr 1754 spielte er im Concert spirituel in Paris, darauf in Holland, London und Deutschland; 1764 wurde er Führer der zweiten Violinen des Turiner Hoforchesters. Von 1767 bis 1770 wirkte er als Dirigent am King's Theatre in London und brachte dort seine erste Oper heraus, weitere führte er in Turin, Neapel, Paris, Wien und London mit großem Erfolg auf, was ihm 1770 die Stellung eines ersten Violinisten und Dirigenten der Hofkapelle in Turin und 1776 den eines Kammerkomponisten und Generaldirektors der Instrumentalmusik eintrug. Er starb am 15. 7. 1798 in Turin.

WERKE

Die interessanteste Seite des kompositorischen Werks von Gaetano Pugnani ist seine Instrumentalmusik, deren Faktur und Stil sich stark der Klassik näherten, obwohl gewisse Relikte des Barock beibehalten sind, wie der Generalbaß und die Satzfolge. Er schrieb 18 Sonaten für Violine und Generalbaß, 6 Duette für zwei Violinen, 36 Triosonaten und 12 Menuette für drei Stimmen, 6 Quartette, 8 Quintette und 12 Orchesterouvertüren. Außer diesen im Druck erschienenen sind 3 Sonaten für Violine und Generalbaß, 12 Duette, 7 Triosonaten, 7 Orchestersinfonien, eine Suite »Werther« (Goethe), Militärmärsche und ein Violinkonzert handschriftlich überliefert. Außerdem sind Arien, 2 Kantaten und ein Oratorium und 6 seiner Opern erhalten.

LITERATUR

E. M. Zschinsky-Troxler, Gaetano Pugnani, Berlin 1939.

František Xaver Dušek (1731–99)

ZEIT UND UMWELT

Josepha Hambacher (7. 3. 1753, Prag, bis 8. 1. 1824, Prag), Schülerin und Frau von František Xaver Dušek, der sie zur berühmten Sängerin und Pianistin ausbildete, und die Freundschaft mit Wolfgang Amadeus Mozart, dessen wahre Bedeutung und Genialität er als einer der wenigen Zeitgenossen fühlte und erkannte, bildeten Zeit und Umwelt des böhmischen Meisters.

LEBEN

František Xaver Dušek wurde am 8. 12. 1731 in Chotěborky geboren. Sein Gutsherr wollte ihn in Königgrätz (Hradec Králové) zum Kleriker ausbilden lassen, bestimmte ihn aber, weil er durch einen Sturz zum Krüppel wurde, zum Musiker und sandte ihn nach Wien zu Georg Christoph Wagenseil, der ihm Cembalounterricht gab. Er ließ sich sodann in Prag als Klavierlehrer nieder und wurde bald sehr gesucht. In seiner Villa Bertramka in Košiře bei Prag vollendete Wolf-

Josepha Dušek, Stich von A. Clar, 1796

gang Amadeus Mozart, als sein Gast, die Partitur zu »Don Giovanni«. Dušek starb am 12. 2. 1799 in Prag.

WERKE
Die Zeitgenossen zählten František Xaver Dušek zu den bedeutendsten Cembalisten und Pianisten. In seinen Kompositionen für beide Instrumente schuf er einen Übergang zwischen ihnen. Er schrieb zahlreiche Sonaten, Variationen und Konzerte für beide Instrumente.

LITERATUR
V. J. Sýkora, František Xaver Dušek, Život a dílo, Prag 1958.

Christian Cannabich (1731–98)

ZEIT UND UMWELT
Vielschreiberei führt, wie die Musikgeschichte beweist, nur dann zu keiner Verflachung, falls die Überfülle künstlerischer Inventionen einen genialen Meister zum ständigen Ausdruck drängt. Solch begnadete Persönlichkeiten weist aber die Geschichte der Musik wie die der anderen Künste in so beschränkter Anzahl auf, daß zwei Hände ausreichen, um sie zu zählen. Bei diesen empfinden wir ihre umfangreiche Leistung nicht als »viel«, weil unser Wunsch auf »noch mehr« gerichtet ist. Bei allen anderen steigt sofort der Gedanke auf, daß »weniger« mehr gewesen wäre.

LEBEN
Johann Christian Innozenz Cannabich wurde am 28. 12. 1731 in Mannheim getauft. Er war Schüler im Violinspiel und der Komposition von Jan Václav Stamic und trat in jungen Jahren in die Hofkapelle ein. Im Jahr 1753 begleitete er Niccolò Jommelli nach Italien und genoß dabei seinen Unterricht. Nach einem Aufenthalt bis 1759 in Mailand erhielt er, nachdem Jan Václav Stamic gestorben war, dessen Konzertmeisterstelle in Mannheim, wurde 1774 Direktor der Instrumentalmusik und ging mit dem Orchester 1778 an den bayrischen Hof in München. Er starb am 20. 1. 1798 in Frankfurt am Main.
Sein Vater Matthias Franz (auch Matthias Friedrich und Martin Friedrich) Cannabich (um 1700, vermutlich Mannheim, bis vor 1757, Mannheim) war Mitglied des Mannheimer Hoforchesters.

WERKE
Das kompositorische Werk von Christian Cannabich war sehr umfangreich. Er verfaßte ungefähr 90 Sinfonien, von denen nur wenige gedruckt wurden, zahlreiche Violinkonzerte, Orchestertrios, Quartette, Quintette, Konzerte, ungefähr 40 Ballette und 2 Opern. Seine Musik wurde begeistert aufgenommen, aber sehr bald vergessen. Die Sinfonien zeichnen sich durch eine sorgfältige Verteilung des thematischen Materials auf sämtliche Instrumentalgruppen aus. Er hat als einer der ersten die Klarinette in das Orchester aufgenommen. Sein Konzert in D-Dur für Flöte und Orchester und sein Quartett für Klarinette, Violine, Viola und Fagott verdienen hervorgehoben zu werden. Seine Virtuosität als Violinist und seine Fähigkeit als Dirigent, der die Dynamik der

Christian Cannabich

Instrumente noch besser präzisierte als sein Vorgänger, wurden allgemein gerühmt. Matthias Franz Cannabich hat angeblich für die Flöte komponiert. Es ist nichts davon überliefert.

Sinfonia in B-Dur, 3 Sätze
Der 1. Satz beginnt mit einem schlichten Motiv, das bald durch rasch wechselnde Harmonik leidenschaftliche Züge gewinnt. Das davon abgeleitete 2. Thema bildet mit seiner Moll-Färbung dazu einen ausdrucksvollen Kontrast. Der 2. Satz bringt eine graziöse Kantilene. Der 3. Satz hat deutlichen böhmischen Einschlag, besonders in den Passagen der Bläser.

Daniel Dow (1732–83)

ZEIT UND UMWELT
Sammlungen schottischer Musik erschienen zum ersten Mal in der ersten Hälfte des 17. Jahrhunderts. Dann allerdings gab es in rascher Abfolge nacheinander mehrere Sammelwerke von Liedern und Tanzmelodien, die allgemeines Interesse erweckten. Die elegische Melodik der schottischen Skala schien dem Londoner und Südengländer die prächtige Landschaft mit ihrer seltsamen Idylle und Ursprünglichkeit näherzubringen, so daß bald schottische Musik – original oder nachempfunden – eine allgemeine, weit über die Grenzen Englands hinausreichende Beliebtheit erlangte.

LEBEN
Daniel Dow wurde 1732 in Pertshire geboren. Er lebte als Lehrer in Edinburgh und betätigte sich dort als eifriger Sammler und Nachahmer schottischer »Ports« (schottische Instrumentalkomposition, in der Regel für Harfe), Songs, Strathspeys und Reels (schottische Tänze) und »Pibrochs« (Dudelsackmusik) bis zu seinem Tod am 20. 1. 1783.

WERKE
Von Daniel Dow sind 2 sehr interessante Sammlungen von alten schottischen Liedern und Tänzen und einige Sammlungen neuer Musik, die zum größten Teil vom Herausgeber selbst komponiert wurde, erhalten. Er hat den schottischen Volkston ausgezeichnet getroffen und mit seinen Sammlungen einen wichtigen Beitrag zur Erschließung schottischer Musik geleistet.

František Brixi (1732–71)

ZEIT UND UMWELT
Die von Bohuslav Černohorský ausgebaute und damit eigentlich begründete Altböhmische Schule wurde von Jan Zach weiterentwickelt, von dessen Nachfolger Josef Seger vertieft und durch die Verbreitung seiner Werke über Böhmens Grenzen hinaus und über eine Anzahl Schüler sozusagen internationalisiert, aber dennoch in ihrer Grundsubstanz, durch die sie eine echte unangekränkelte Kirchenmusik war und blieb, unverändert gehalten.

LEBEN
František Xaver Brixi wurde am 2. 1. 1732 in Prag geboren. Er war während seines Universitätsstudiums Schüler von Josef Seger. Seine

erste Organistenstelle erhielt er an der Pfarrkirche St. Gallus in Prag, darauf wurde er 1750 Organist und 1759 Kapellmeister am St.-Veits-Dom in Prag, wo er am 14. 10. 1771 starb.

WERKE

Von František Brixi sind ungefähr 450 Kirchenmusikwerke - größtenteils handschriftlich - erhalten, darunter 105 Messen, eingeschlossen 52 große Festmessen. Außerdem schrieb er 2 Sinfonien, 4 Orgelkonzerte, eine Cembalosuite, 2 programmatische Stücke für Cembalo und 16 »Präludium und Fuge« für Orgel, schließlich etliche Oratorien und Schuldramen. Sein Stil entsprach bei der Kirchenmusik der Linie der Altböhmischen Schule, seine profane Musik näherte sich der Vorklassik.

Konzert in F-Dur für Orgel und Orchester, 3 Sätze

Das Thema des 1. Satzes wird zuerst vom Orchester präsentiert und sodann von der Orgel wiederholt. Figuren und Laufwerk schließen sich an. Hübsche Abwechslungen von Soloinstrument und dem Orchester verbreiten eine heitere Stimmung. Das Adagio bringt eine kantable, einfache Melodie in B-Dur, die melodisch und rhythmisch schön ausgeschmückt ist. Auch der Mittelteil in F-Dur ist liedhaft. Das Allegro assai des 3. Satzes ist tänzerisch und lustig, aber völlig unkompliziert, und gerade deshalb äußerst reizvoll.

LITERATUR

O. Kamper, František Xaver Brixi, Prag 1926.

Jean Guillain Cardon (1732-88)

ZEIT UND UMWELT

Louis, comte de Provence, Bruder König Ludwigs XVI., wurde nach der Restauration als Ludwig XVIII. König von Frankreich. Er hatte Frankreich 1791 verlassen und proklamierte sich nach dem Tod des Bruders und des Dauphins als Regent von Frankreich. Im Jahr 1814 konnte er nach dem Sturz Napoleons die Regierung des Landes tatsächlich antreten.

Jean-Baptiste Cardon, Sohn Jean Guillains, Komponist für die Harfe, Stich von S. C. Miger, 1782

LEBEN

Jean Guillain Cardon wurde am 18. 1. 1732 in Mons geboren. Er kam 1761 nach Paris und wurde 1764 als Violinist in die Königliche Kapelle aufgenommen. Von 1772 bis 1774 war er Violinlehrer des comte de Provence Louis. Er erblindete 1780 und erhielt bis zu seinem Tod am 18. 10. 1788 in Versailles eine staatliche Rente.

WERKE

Vom kompositorischen Werk von Jean Guillain Cardon sind 6 Duos für zwei Violinen, 6 Trios mit großem Orchester und eine Sammlung Arietten mit Violine, Flöte, Fagott und Baß bemerkenswert. Seine übrigen Kompositionen für Violine sind reine Virtuosenmusik.

Gottfried Gruner (1732-92)

ZEIT UND UMWELT

Gera, die Residenz der jüngeren Linie der Fürsten Reuß, entwickelte besonders in Schloß Osterstein ein intensives, wenn auch auf schmalem Rahmen beschränktes Musikleben.

LEBEN
Nathanael Gottfried Gruner wurde am 5. 2. 1732 in Zwickau getauft. Er war ab 1764 Kantor und Musikdirektor der Stadt und Residenz Gera und betreute diese Stelle bis zu seinem Tod am 2. 8. 1792.

WERKE
Die Klaviersonaten und Klavierkonzerte von Gottfried Gruner wurden von den Zeitgenossen überaus geschätzt. Auch seine kirchlichen Vokalwerke waren sehr bekannt. Sein Stil kam der Vorklassik nahe.

Johann Christian Kittel (1732–1809)

ZEIT UND UMWELT
Ein Teil der vielen Schüler von Johann Sebastian Bach wandte sich vom »antiquierten« Bach-Stil ab und huldigte dem Zeitgeschmack, andere bewahrten sein Erbe getreulich und nahmen den Vorwurf der »Rückständigkeit« auf sich. Allen gemeinsam war aber, daß sie sich immer rühmten, den Unterricht des großen Meisters genossen zu haben, und dessen Andenken pflegten. Das galt auch für seine letzten Schüler, deren Leben die Wende zum 19. Jahrhundert überdauerte, so daß davon, daß der Thomaskantor je in Vergessenheit geraten sei, nie die Rede sein konnte.

LEBEN
Johann Christian Kittel wurde am 18. 2. 1732 in Erfurt getauft. Er war Schüler von Jakob Adelung und von 1748 bis 1750 von Johann Sebastian Bach. Ab 1751 war er Organist und Lehrer in Langensalza und von 1756 bis zu seinem Tod am 17. 4. 1809 Organist an der Barfüßerkirche und an der Predigerkirche in Erfurt.

WERKE
Von Johann Christian Kittel, der einen außerordentlichen Ruf als Organist, Theoretiker und Lehrer genoß, ist nur ein kleiner Teil seiner Werke gedruckt worden: »VI Veränderungen über das Teutsche Geistliche Volkslied: Nicht so traurig« für Cembalo, »Der angehende praktische Organist«, 3 Teile, mehrmals aufgelegt, »4stimmige Choräle mit Vorspielen«, »24 Choräle mit acht verschiedenen Bässen«, »Variationen über 2 Choräle«, »16 Große Präludien für die Orgel«, 2 Hefte. Außerdem verfaßte er zahlreiche Orgelwerke und sakrale Gesänge. Sein Stil hat sich nicht weit von dem seines berühmten Lehrers entfernt.

Robert Hudson (1732–1815)

ZEIT UND UMWELT
Mit dem Ausdruck Chant bezeichnet die englische Musikwissenschaft das Singen eines bestimmten Textes im durch kirchliche Vorschriften oder Gewohnheiten vorgeschriebenen Stil. Als Vorbild galt die Gregorianik mit ihren Abarten. In der nachreformatorischen Zeit verstand man darunter jedes Psalmodieren, ein- oder mehrstimmig.

LEBEN
Robert Hudson wurde am 25. 2. 1732 in London geboren. Er war als junger Mann Tenorist an Ranelagh und Marylebone Gardens, wurde 1755 Hilfsorganist an St. Mildred in London, 1756 Vorsänger an St. Paul's, 1758

Titelblatt zu Johann Christian Kittels »Große Präludien für die Orgel«

Gentleman der Chapel Royal und 1773 Dirigent des Knabenchors an St. Paul's, zugleich Leiter der Musik am Christ's Hospital. Im Jahr 1793 legte er seine Ämter nieder und übersiedelte nach Eton, wo er am 19. 12. 1815 starb.
Seine Tochter Mary Hudson (um 1760, London, bis 28. 3. 1801, London) war von 1790 bis zu ihrem Tod Organistin an verschiedenen Londoner Kirchen.

WERKE
Von Robert Hudson sind unter dem Titel »The Myrtle« (Die Myrte) 3 Bände mit Liedern erschienen, außerdem ein Service, mehrere Chants und viele Psalmmelodien. Er komponierte auch mehrere fünfstimmige Gesänge.
Von Mary Hudson sind mehrere Hymnen und ein fünfstimmiger Chor erhalten.

Gian Francesco De Majo (1732–70)

ZEIT UND UMWELT
Neben der besonders in Italien beliebten Opera buffa gewann in der zweiten Hälfte des 18. Jahrhunderts die Opera seria immer mehr Raum, damit auch einen profilierten dramatischen Ausdruck der Musik und in zwangsläufiger Folge eine sorgfältigere Bearbeitung der Partituren und Vertiefung des musikalischen Gehaltes der Opernmusik. Die klassische Oper Mozarts kündigte sich bereits an. Dieser Entwicklungsgang ist zu einem großen Teil der Lehrtätigkeit Padre Martinis in Bologna zu verdanken.

LEBEN
Gian Francesco De (Di) Majo (Ciccio) wurde am 27. 3. 1732 in Neapel geboren. Er war Schüler des Conservatorio Sant'Onofrio in Neapel und Padre Martinis in Bologna. Im Jahr 1747 wurde er als Organist Mitglied der Königlichen Kapelle in Neapel und versah diesen Dienst bis zu seinem Tod am 17. 11. 1770.
Sein Vater Giuseppe De Majo (5. 12. 1697, Neapel, bis 18. 11. 1771, Neapel) war von 1706 bis 1718 Schüler von Nicola Fago am Conservatorio della Pietà de'Turchini und ab 1744 Dirigent der Königlichen Kapelle.

WERKE
Außer ungefähr 20 Opern verfaßte Gian Francesco De Majo 8 Oratorien, 5 Messen, Kantaten und verschiedene sakrale Gesänge. Sein Stil war neapolitanisch.
Giuseppe De Majo schrieb ein Konzert für zwei Violinen und Cello, 6 Opern und verschiedene sakrale Werke von geringerer Bedeutung.

Joseph Haydn (1732–1809)

ZEIT UND UMWELT
»Heute Endesangesetzten Tag, und Jahr ist der in Österreich zu Rohrau gebürtige Joseph Heyden bey Ihro Durchlaucht Herrn Paul Anton des Heyl. Röm. Reichs Fürsten zu Eszterházy, und Galantha etc. etc. als Vice-Capel-Meister in die Dienste an- und aufgenommen worden, dergestalt das weilen
1mo. Zu Eysenstadt ein Capel-Meister nahmens Gregorius Werner schon lange Jahr hindurch dem hochfürstl. Hause, Treu, emsige Dienste geleistet, nunmehro aber seines hohen Alters, und daraus öfters entstehenden unpäßlichkeit halber, seiner Dienst-schuldigkeit nachzukommen nicht allerdings im stande ist, so wird er Gregorius Werner, dennoch in Ansehung seiner langjährigen Diensten ferners, als Ober-Capel-Meister verbleiben, er Joseph Heyden hingegen, als Vice-Capel-Meister zu Eysenstadt in der Chor-Musique Ihme Gregorio Werner, qua Ober-Capel-Meistern subordiniert seyn, und von ihme dependiren. In allendern Begebenheiten aber, wo eine Musique immer gemacht werden solle, wird alles, was zur Musique gehörig ist, in genere und Specie an ihn Vice-Capel-Meister sofort angewiesen.
2do. Wird er Joseph Heyden als ein Haus-Officier angesehen, und gehalten werden. Darum hegen Sr. Hochfürstl. Durchlaucht zu ihme das gnädige vertrauen, das er sich also, wie es einem Ehrliebenden Haus-Officier bei einer fürstlichen Hoff-stadt wohl an-

stehet, nüchtern, und mit denen nachgesetzten Musicis nicht Brutal, sondern mit glimpf und arth bescheiden, ruhig ehrlich, aufzuführen wissen wird, haupt-sächlich, wann vor der Hohen Herrschaft eine Musique gemacht wird, solle er Vice-Capel-Meister samt denen subordinirten allezeit in Uniform und nicht nur er Joseph Heyden selbst sauber erscheinen, sondern auch alle andere von ihme dependirende dahin anhalten, daß sie der ihnen hinausgegebenen Instruction zufolge, in weißen Strümpfen, weißer Wäsche, eingepudert, und entweder in Zopf, oder Har-Beutel, Jedoch durchaus gleich sich sehen lassen. Derohalben

3^tio^. Sind an ihne Vice-Capel-Meister die anderm Musici angewiesen worden, folglich wird er sich um so viel exemplarischer Conduitiziren, damit die Subordinirten von seinen guten eigenschafften sich ein beyspiel nehmen können, mit hin wird er Joseph Heyden all besondere Familiarität, gemeinschafft in essen, drinken, und andern umgang vermeiden, um den ihme gebührenden Respect nicht zu vergeben, sondern aufrecht zu erhalten, auch die Subordinirten zu schuldiger parition desto leichter zu vermögen, je unangenehmer die daraus entstehen könnende Folgerungen, müßverständnis und uneinigkeiten der Herrschaft seyn dörfften.

4to. Auf allmaligen Befehl Sr. Hochfürstl. Durchlaucht solle er Vice-Capel-Meister verbunden seyn, solche Musicalien zu componiren, was vor eine Hochdieselbe verlangen werden, sothanne neue Composition mit niemanden zu comuniciren, viel weniger abschreiben zu lassen, sondern für Ihro Durchlaucht eintzig, und allein vorzubehalten, vorzüglich ohne vorwissen, und gnädiger erlaubnuß für niemand andern nicht zu componiren.

5to. Wird er Joseph Heyden alltäglich – es seye demnach dahier zu Wienn, oder auf denen Herrschaften – vor und nach-Mittag in der Antichambre erscheinen, und sich melden lassen, allda die Hochfürstl. Ordre ob eine Musique seyn solle? Abwarthen, alsdann aber nach erhaltenem Befehl, solchen denen Andern Musicis zu wissen machen, und nicht nur selbst zu bestimmter sich accurate einfinden, sondern auch die andern dahin ernstlich anhalten, die aber zur Musique entweder späth kommen, oder gar ausbleiben, specifice annotiren. Wann dennoch

Joseph Haydn, nach einem Gemälde von L. Guttenbrunn, 1791

6to. Zwischen ihnen Musicis wider alles besseren verhoffen, uneinigkeiten, disput, oder einige Beschwerden wider den andern sich äußerten, wird er Vice-Capel-Meister trachten, nach gestalt der umständen dieselbigen auszumachen, damit der hohen Herrschaft mit Jeder Kleinigkeit und Bagatelle-sache, keine ungelegenheit verursachet werde, sollte aber etwas wichtigeres vorfallen, welches er Joseph Heyden von sich selbsten ausgleichen, oder vermitteln nicht könnte, sothannes muß Ihro Hochfürstl. Durchlaucht gehorsamst einberichtet werden.

7mo. Solle er Vice-Capel-Meister auf alle Musicalien, und Musicalische Instrumenten all-möglichen Fleiß, und genaue Absicht tragen, damit diese aus unachtsamkeit, oder nachläßigkeit nicht vertorben und unbrauchbar werden, auch für solche repondiren.

8vo. Wird er Joseph Heyden gehalten seyn, die Sängerinnen zu instruiren, damit sie das Jenige, was sie in Wienn mit vieller mühe und spesen von vornehmen Meistern erlernet haben, auf dem Land nicht abermal vergessen, und weillen er Vice-Capel-Meister in unterschiedlichen Instrumenten erfahren ist, so wird er auch in all-jenen, deren er kundig ist, sich brauchen lassen.

9no. Wird ihme Vice-Capel-Meister hiermit eine Abschrift von der Convention und verhaltungs-Norma deren ihme Subordinirten Musiquanten hin ausgeben, das er dieselben nach dieser Vorschrift zu ihrer Dienst-Leistung auszuhalten wissen möge, übrigens

10mo. Wie man all-seine Dienste zu Papier zu setzen um so weniger nöthig erachtet, als die durchlauchtigste Herrschaft ohne deme gnädigst hoffet, daß er Joseph Heyden in allen vorfallenheiten, aus eigenem Trieb nicht nur oberwehnte Dienste, sondern auch all-andere Befehle, die er von Hoher Herrschaft, nach bewandtnus der sachen künfftig bekommen sollte, auf das Genaueste beobachten, auch die Musique auf solchen Fuß setzen, und in so gutter Ordnung erhalten wird, daß er sich eine Ehre, und andurch der ferneren fürstlichen Gnaden würdig mache, also lasset man auch jene seiner geschücklichkeit, und Eyfer über. In solcher Zuversicht

11mo. Werden ihme Vice-Capel-Meister alle Jahr 400 Fl. Rhein. von der Hohen Herrschaft hiemit accordirt, und beym Ober-Einnehmer-Amt angewiesen Quartal-weise zu empfangen, über dies

12mo. Auf denen Herrschaften solle er Joseph Heyden den Officier-Tisch, oder Ein halben Gulden des Tags kost-geld haben. Endlich

13mo. Ist diese Convention mit ihme Vice-Capel-Meister von 1. May 1761 an, wenigstens auf drey Jahre lang beschlossen worden, solchergestalten, das wann er Joseph Heyden nach vollgestreckter Frist, dreyen Jahren, sein Glück weiters machen wollte, seine diesfällige Intention ein halbes Jahr voraus, das ist anfangs des dritten halben Jahrs, der Herrschaft kundt zu machen schuldig sey. Ingleichen

14mo. Verspricht die Herrschaft ihne Joseph Heyden nicht nur so lang in Diensten zu behalten, sondern, wann er eine vollkommene Satisfaction leisten wird, solle er auch die expectanz auf die Ober-Capel-Meisterstelle haben, widrigenfalls aber ist Hochderselben allezeit frey, ihne auch unter dieser zeit des Dienstes zu entlassen.«

Wortlaut und Diktion dieses Anstellungsdekrets, mit dem das Dienstverhältnis Joseph Haydns mit dem Fürstenhaus Esterházy begründet wurde, rechtfertigte Richard Wagners Urteil: »Haydn war und blieb ein fürstlicher Bedienter, der für Unterhaltung seines glanzliebenden Herrn als Musiker zu sorgen hatte.« Allerdings: Wenn behauptet wurde, daß einen derart beschämenden Vertrag kein anderes Genie unterzeichnet hätte, so war das eine krasse Verkennung der sozialen Tatbestände des 18. Jahrhunderts, in dem der Musiker noch immer der gleiche Lakai war wie in den vergangenen Zeiten. Johann Sebastian Bach wurde sogar von seinem adeligen Dienstgeber wegen Unbotmäßigkeit in Haft genommen. Der Dienstvertrag war nichts Außerordentliches, sondern wies dem Musiker deutlich die Stellung zu, die ihm die Sitte

Franz Graf Esterházy, Schabstich von J. G. Haid, 1769

Geburtshaus Haydns in Rohrau, Niederösterreich, Federzeichnung von Berndt

der Zeit zuerkannte. Ein Künstler, ein Musiker, der ein Dienstverhältnis einging, wurde zum Bedienten und hatte seine Kunst nach dem Willen des Dienstherrn auszuüben. Es kam nun nur auf diesen an, ob er dem Künstler und der Kunst ein gewisses Maß von Achtung entgegenbrachte und sich dementsprechend verhielt. Es lag an ihm, wie stark er seinem Musikbedienten dessen Inferiorität fühlen ließ.

In der Zeit nach Ludwig van Beethoven wählte eine Anzahl von Musikern den Weg der »freien« Kunstausübung, den einsamen Kampf um Brot und Geltung. Durch den unabwendbaren Zwang, den Lebensunterhalt zu bestreiten, wurde diese Freiheit für den »freischaffenden« Meister oft sehr problematisch. Er sah sich von Verlegern und Impresari ausgebeutet und hintergangen und war gezwungen, einem außerkünstlerischen Nebenerwerb nachzugehen. Und falls es ihm gelang, mit der Musik allein sein Auslangen zu finden, war er dem tyrannischen Publikumsgeschmack ausgeliefert, so daß er anstelle eines Herrn viele bekam. Denn auch der Konzert- und Opernbesucher ließ ihn fühlen, daß er mit dem Betrag, den er an der Kasse entrichtete, zum Arbeitgeber des Künstlers geworden war. Irgendwie werden ideelle Leistungen immer zur Ware, die mit materiellen Werten in Wettbewerb tritt und daher von vorneherein schon dadurch benachteiligt ist, daß am leichtesten darauf verzichtet wird.

Man hat darauf hingewiesen, daß Joseph Haydn seine großartigen Leistungen nie hätte vollbringen können, wenn er nicht durch eine lange Strecke seines Lebens durch den »entwürdigenden« Dienstvertrag aller Lebenssorgen enthoben gewesen wäre. Man kann dem nur zustimmen, wenn man den Lebenskampf späterer Komponisten kennt, der diesen sehr wenig echte Freiheit, aber häufig eine Kette von Demütigungen schlimmster Art beschert hat. Die Würde des Künstlers wurde im 18. Jahrhundert wie in den vorangegangenen sehr oft auf das gröblichste verletzt. Das steht außer Zweifel, aber wesentlich besser war es damit in den folgenden Zeiten auch nicht bestellt.

Leben

»Ich wurde geboren Anno 1732 den letzten Mertz in dem Marktfleck Rohrau in Unterösterreich bei Prugg an der Leythä. Mein Sel. Vatter ware seiner Profession ein Wagner und Unterthan des Grafen Harrachs, ein von Natur aus großer Liebhaber der Musik. Er spielte ohne eine Note zu kennen die Harpfe, und ich als Knabe von 5 Jahren sang ihm alle seine simple kurze Stücke ordentlich nach, dieses verleitet meinen Vatter mich nach Haimburg zu dem Schul Rector meinen Anverwandten zu geben, um allda die musikalischen Anfangs Gründe sammt anderen jugentlichen Notwendigkeiten zu erlehrnen. In dem 7. Jahre meines Alters hörte der Sel. Herr Kapell Meister von Reutter in einer Durchreise durch Haimburg von ungefähr meine schwache doch angenehme Stimme. Er nahm mich also gleich zu sich in das Capell Haus, allwo ich neben dem Studiren die Singkunst, das Clavir und die Violin von sehr guten Meistern erlehrnte, ich sang allda sowohl bei St. Stephan als bei Hof mit großem Beifall bis in das 18. Jahr meines Alters den Sopran. Da ich endlich meine Stimme verlohr, mußte ich mich in Unterrichtung der Jugend ganzer acht Jahr kummerhaft herumschleppen«, berichtet Franz Joseph Haydn selbst über seine Jugend. Er wurde am 1. 4. 1732 in Rohrau, Niederösterreich, getauft und vermutlich am 31. 3. 1732 geboren. Sein Vater Mathias Haydn (1699 bis 1763) war Wagnermeister und Marktrichter, seine Mutter Anna Maria Koller (1707–54) Köchin im gräflichen Haus Harrach.

Der kroatische Volksliedforscher Franjo Žaver Kuhač (20. 11. 1834, Osijek, bis 18. 6. 1911, Zagreb) suchte und fand im kompositorischen Werk Joseph Haydns ungefähr 100 musikalische Phrasen, die dem kroatischen oder zumindest slawischen Volksliedgut entstammten, und schloß daraus, daß der Komponist kroatischer Abstammung gewesen sei. Er unterstützte diese Ansicht mit der Tatsache, daß die Gegend zwischen Neusiedler See und Preßburg im 16. und 17. Jahrhundert stark mit Kroaten besiedelt wurde, der Name Haydn in seiner ursprünglichen Form »Hayden« bei Kroaten zu finden sei und der Muttername Koller eine germanisierte Form von Kolar (Wagner) darstelle. Abgesehen davon, daß es an der Persönlichkeit Joseph Haydns ebensowenig ändern würde wie an der des Kroaten Kuhač, daß dessen Vorfahren Koch geheißen haben, wenn er ganz oder teilweise slawischer Abstammung gewesen wäre, müssen die dafür vorgebrachten Beweise als unbedingt unzureichend bezeichnet werden. Es ist richtig, daß die engere Heimat Haydns zu einem Teil von Kroaten bewohnt war; in Rohrau selbst dürften sich viele niedergelassen haben, was schon daraus hervorgeht, daß der Ort auch den kroatischen Namen Trstnik trug, und sehr wahrscheinlich, daß Haydn in seiner Kindheit viel kroatisches Liedgut aus seiner Umgebung in sich aufnahm; ebenso richtig ist aber, daß zur selben Zeit viele Zuwanderer aus Schwaben in die Gegend kamen, die ebenfalls ihr Liedgut mitbrachten. Außerdem muß beachtet werden, daß väterlicher- wie mütterlicherseits die Vorfahren des Komponisten zum Teil beachtliche Stellungen einnahmen – Handwerksmeister, Gerichtsgeschworener, Marktrichter –, die man damals keinem Kroaten zubilligte. Die auf slawische Vorbilder zurückführbaren Phrasen und Wendungen im kompositorischen Schaffen Haydns sind ohne Mühe aus den Umwelteindrücken der

Fürst Anton Esterházy

Fürst Nikolaus Esterházy, Stich von G. F. Schmidt, 1759

Kindheit erklärbar. Dem naiven Versuch, daraus einen Beweis für die kroatische Abstammung abzuleiten, muß schließlich entgegengehalten werden, daß es in den Kompositionen Haydns unvergleichlich mehr Diktionen gibt, die offensichtlich nicht slawisch sind, auch wenn noch weitere 100 Parallelismen mit kroatischen Volksliedern entdeckt werden, wobei überdies noch untersucht werden müßte, ob jenes angebliche kroatische Liedgut in Wahrheit kroatisch ist und nicht ebenso entlehnt wurde.

Der Vater des Komponisten erkannte früh dessen musikalische Anlagen und sandte ihn zum Schuldirektor und Chorregenten Johannes Matthias Franck, mit dem er nahe verwandt war, nach Hainburg. Dort erhielt er Unterricht in den Anfangsgründen der Musik und sang im Kirchenchor; als noch nicht Sechsjähriger schlug er bei einer Fronleichnamsprozession die große Trommel. Hofkapellmeister Georg Reutter entdeckte den schönen Sopran des jungen Musikers und nahm ihn mit Einwilligung des Vaters als Chorknabe und Schüler an St. Stephan in Wien auf. Seine Knabenstimme blieb Haydn bis in sein 18. Lebensjahr erhalten, und Georg Reutter wollte sie konservieren, indem er den Sänger der Hofkapelle überantwortete, die damals noch ständig Kastraten beschäftigte. Der Vater verhinderte die Verstümmelung seines Sohnes, dessen dünn gewordene Stimme auch der Kaiserin Maria Theresia auffiel. »Er kräht wie ein Fasan«, bemerkte sie zum Hofkapellmeister. Dieses Urteil beendete die Sängerlaufbahn Haydns. Georg Reutter verabschiedete ihn im November 1749.

Nach einigen kümmerlichen Versuchen, sich als Aushilfssänger bei Kirchenchören, als Gelegenheitsmusiker und als Klavierlehrer durchzuschlagen, erhielt Joseph Haydn über Pietro Metastasio Fühlung mit Nicola Porpora, der ihn zur Begleitung für seinen Gesangunterricht und als persönlichen Diener aufnahm, aber auch in Komposition unterrichtete und mit einigen bedeutenden Musikern wie Karl Ditters von Dittersdorf, Joseph Bonno, Georg Christoph Wagenseil und Christoph Willibald Gluck bekannt machte. In jene Zeit fielen auch schon seine ersten ernstlichen Kompositionen – seine früheren Versuche wurden zumeist von Georg Reutter unterdrückt. Er verfaßte einige Kirchenkompositionen, seine ersten Streichquartette und eine (verschollene) Oper. Er spielte weiterhin in verschiedenen Kirchen als Violinist und Organist, sogar am Stephansdom, und wurde von verschiedenen Adelshäusern eingeladen. Im Jahr 1759 erhielt er seine erste feste Anstellung als Dirigent der Privatkapelle des Grafen Karl Joseph Franz Morzin (1717–83) auf Schloß Lukawitz (Lukaveč) bei Pilsen (Plzeň), die für die Wintermonate in Wien untergebracht wurde. Ein Jahr darauf heiratete er Maria Anna Keller (1728–1800), die Tochter eines Perückenmachers, die zeit ihres Lebens nicht einen Funken Verständnis für die Leistungen und die Bedeutung ihres Mannes aufgebracht hatte; im Jahr darauf verlor er die Stelle bei Graf Morzin, weil dieser aus wirtschaftlichen Gründen gezwungen war, seine Kapelle aufzulösen, wurde aber 1761 von Fürst Paul Anton Esterházy (regierte 1734–62) als Zweiter Kapellmeister nach Eisenstadt engagiert und rückte 1766 nach dem Tod seines Vorgängers Gregorius Joseph Werner zum Ersten Kapellmeister auf. Inzwischen hatte der Bruder und Nachfolger des Fürsten Paul Anton, Fürst Nikolaus Joseph (1714–90), südlich des Neusiedler Sees Schloß Eszterhaza nach dem Vorbild von Versailles in aller Pracht errichtet und dort seinen Regierungssitz aufgeschlagen, so daß seine Kapelle 1769 dorthin übersiedelte und bis zu ihrer Auflösung im Jahr 1790 blieb.

In jener Zeit hatte Joseph Haydn den Großteil seiner Werke geschaffen und sich sein Ruf über die ganze musikalische Welt verbreitet, so daß schon 1787 versucht wurde, ihn nach London zu bringen. Der berühmte Violinist Wilhelm Cramer wollte ihn um jeden Preis für das Londoner Konzertleben gewinnen, von mehreren Seiten wurde Joseph Haydn bedrängt und gebeten, nach England zu kommen, er ließ sich aber erst nach der Auflösung der Kapelle in Eszterhaza bereden, die Einladung anzunehmen. König Ferdinand IV. (1751–1825) von Neapel und Sizilien, der den Meister schon vor Jahren zu sich gebeten hatte, mußte zurückstehen. Dieser empfing noch einen Besuch von Wolfgang Amadeus Mozart, der beabsichtigte, 1791 nach London zu gehen, aber dieses Vorhaben nicht mehr ausführen konnte. Am 15. 12. 1790 brach Haydn zur Reise über München, Bonn, Brüssel, Calais und Dover auf. Seine Betreuung, die Vorbereitungen für seinen Empfang und das Arrangement der ersten Konzerte besorgte Johann Peter Salomon. Der Gast wurde in London enthusiastisch empfangen und von der ersten Gesellschaft eingeladen; seine Konzerte waren überfüllt. Er führte 6 neue Sinfonien mit größtem Erfolg auf; am 8. 7. 1791 verlieh ihm die Universität Oxford das Ehrendoktorat der Musik. Er beherrschte in dieser Saison das Musikleben Londons. Um ein Konkurrenzunternehmen aufzuziehen, brachte ein Impresario den ehemaligen Schüler Haydns, Ignaz Pleyel, nach London, es kam aber zu keinem Konflikt zwischen Meister und Schüler. Ende Juni 1792 trat er die Heimreise über Bonn an, wo er den jungen Ludwig van Beethoven kennenlernte. Einer zweiten Einladung nach London folgte er am 18. Juni 1794, diesmal begleitet von seinem Kopisten Johannes Elßler (3. 5. 1769 bis 12. 1. 1843). Er wurde neuerlich zum Mittelpunkt des Musiklebens der Stadt, führte weitere 6 neue Sinfonien auf und befaßte sich eingehend mit den Oratorien von Georg Friedrich Händel, er konzertierte mit dem Violinisten Johann Baptist Cramer, Sohn des Wilhelm Cramer, und schloß enge Freundschaft mit dem berühmten Kontrabassisten Domenico Dragonetti. Er wurde von der Hofgesellschaft viel eingeladen und hoch geehrt, mußte aber nach zwei sehr einträglichen Konzertsaisonen (»Man kann nur in England solche Summen verdienen«, bemerkte er gelegentlich) nach Wien zurück, weil dort die Kapelle der Fürsten Esterházy erneut aufgestellt wurde und er verpflichtet war, deren Leitung zu übernehmen. Fürst Nikolaus Esterházy (1765 bis 1833) residierte nicht in Eszterhaza, sondern in Eisenstadt und Wien. Er war unmusikalisch und verlangte von seinem Kapellmeister nur die Komposition einer jährlichen Messe, so daß dieser ausreichend Zeit hatte, an seinen beiden großen Oratorien »Die Schöpfung« und »Die Jahreszeiten« zu arbeiten, die vor allem anderen den Weltruhm Joseph Haydns begründeten.

Um 1800 nahm die Schaffenskraft des Komponisten ab. Er empfing in Wien weiterhin seine Freunde und Bewunderer, er wurde fortgesetzt mit Ehrungen und Auszeichnungen aus dem In- und Ausland überhäuft. Seine Frau, von der er schon längst getrennt lebte, starb im Jahr 1800. Er heiratete aber seine langjährige Geliebte, die neapolitanische Sängerin Luigia Polzelli (1760–1842), trotzdem nicht, sondern entschädigte sie finanziell. 1805 starb sein jüngster Bruder Johann Evangelist (geboren 1743) in Eisenstadt als fürstlicher Kapellsänger und 1806 sein Bruder Johann Michael. Am 27. 3. 1808 nahm er noch an einer Aufführung seiner »Schöpfung« (in italienischer Sprache unter Antonio Salieri) teil, mußte aber nach dem ersten Teil nach Hause gebracht werden. Im folgenden Jahr wurde Wien von der französischen Armee beschossen, ein Projektil schlug nahe bei Haydns Wohnhaus ein, dann marschierten Napoleons Truppen in die Stadt ein. Am 31. 5. 1809 um Mittag starb Joseph Haydn als der bekannteste und beliebteste Komponist seiner Zeit, Mitglied zahlreicher gelehrter und künstlerischer Gesellschaften in ganz Europa und Träger vieler hoher Ehrenzeichen. Nach 17 Uhr des folgenden Tages wurde er auf dem Kirchhof vor der Hundsturmer Linie beigesetzt. Nur wenige folgten dem Sarg. Sogar seine nächsten Freunde erfuhren erst nach der Beerdigung von Haydns Tod. Die kriegerischen Ereignisse hatten das Leben Wiens gelähmt. Der Trauergottesdienst fand am 15. 6. in der Schottenkirche statt. Josef Leopold Eybler dirigierte das Requiem von Wolfgang Amadeus Mozart, die Kirche war von den kunstliebenden Kreisen der Stadt, von hohen französischen Würdenträgern und vielen Offizieren überfüllt. Im Jahr 1820 wurde der Tote exhumiert und in die Bergkirche von Eisenstadt gebracht, allerdings ohne Kopf, der vor der Beisetzung abgetrennt und gestohlen wurde und erst 1954 dem Leichnam beigefügt werden konnte.

WERKE

»Haydn ist der Liebling unserer Nation, dessen sanfter Charakter sich jedem seiner Stücke aindrücket. Sein Satz hat Schönheit, Ordnung, Reinheit, eine feine und edle Einfalt, die schon eher empfunden wird, als die Zuhörer noch dazu vorbereitet sind. Es ist in seinen Cassationen, Quattro, Trio ein reines und helles Wasser, welches ein südlicher Hauch zuweilen kräuselt, zuweilen hebt, in Wellen wirft, ohne daß es seinen Boden und Abschluß verläßt. Die monotonische Art der Stimmen und gleichlautenden Oktaven hat ihn zum Urheber, und man kann ihr das Ge-

Joseph Haydns »Musikalische Visitkarte«

fällige nicht absprechen. In Synphonien ist er ebenso männlich stark als empfindsam, in Kantaten reizend, einnehmend und natürlich« (De Luca). Damit ist wohl wenig wissenschaftlich, aber doch treffend Haydns Musik und ihr Eindruck auf den naiven Hörer charakterisiert. Die ungeheure Breitenwirkung verdankt seine Musik ihrer frohen Lebensbejahung, ihrer unbeirrbaren Geradlinigkeit und ihrer innigen Klangfülle. Sie ist nirgends grüblerisch und anklagend, nicht devot frömmelnd und noch weniger revoltierend. Sie weist den Menschen auf unserer Welt als die schönste aller Welten hin und läßt sie von unserer Ohren zum Klang werden. Und jedem bringt sie, was er in ihr sucht: dem verspäteten Barockmenschen die Klangmalerei und die Ausdeutung von Wort und Vorstellung, dem Empfindsamen monodische Liedhaftigkeit, dem Verehrer klassischer reiner Architektonik Ausgewogenheit, Symmetrie und Allgemeingültigkeit und dem Romantiker Volkston und Träumerei. Sie steht über ihrer Zeit, breit über Grenzen hinweg für alle wirkend und weit in die Zukunft weisend, so daß jedes Land und jede Epoche »ihren Haydn« erhält und ihr Vorstellen und Fühlen in sie senken darf, ohne sie zu verändern, denn »Haydns Werke sind eine ideale Sprache der Wahrheit. Sie sind vielleicht zu überbieten, aber nicht zu übertreffen« (Goethe). Haydn fußt auf den Werken der Wiener Vorklassiker, der Mannheimer Schule und der Italiener. Unter dem Einfluß der Musik von Carl Philipp Emanuel Bach wandelte er sich vom Spätbarock zum empfindsamen Rokoko, entwickelte aber bald alles zur wohlabgewogenen klassischen Vollendung. Sein Können steigerte sich steil aufstrebend zu Kunstwerken einer Größenordnung, die den größten Teil der zeitgenössischen Werke weit überragten und über sie hinweg unmittelbar zu Beethoven führten.

Das Orchesterwerk des Komponisten ist sehr umfangreich. 104 Sinfonien können ihm mit Sicherheit zugeschrieben werden, bei weiteren 30 ist seine Urheberschaft zweifelhaft und jedenfalls ungeklärt. Der weltweit berühmte Name Haydn hat mehrere Verleger verleitet, ihn für Erzeugnisse anderer Komponisten zu mißbrauchen. Die erste bis 1770 entstandene Gruppe von Hob. I:1–I:44 weist teilweise den Charakter eines Divertimento mit Soloinstrumenten auf, andere Werke verraten die Mannheimer Schule, aber in einigen kündigt sich bereits die spätere Technik des Komponisten an. Zu den letzteren könnte man den dreiteiligen Zyklus »Die Tageszeiten« (Hob. I:6, I:7, I:8) rechnen, deren programmatischer Charakter Wesenszüge der Romantik vorwegnimmt; Hob. I:22 »Der Philosoph«, D-Dur, fällt durch eine außergewöhnliche Satzfolge auf; ebenso an die Programmusik angenähert ist Hob. I:31 »Auf dem Anstand«, D-Dur, deren Partitur vier Hörner vorschreibt. Die zweite Gruppe umfaßt Hob. I:45–I:81. Am bekanntesten davon ist Hob. I:45 »Abschiedsinfonie«, die wie Hob. I:73 »Die Jagd« heute noch sehr gerne gespielt wird. Diese Gruppe zeigt bereits eine verfeinerte thematische Arbeit, was sich in der dritten, den »Pariser Sinfonien«, Hob. I:82–I:86, noch deutlicher ausprägt, weil die einzelnen Sätze ein noch mehr verstärktes Eigengewicht und Volumen erhalten. Seine volle Reife erreichte der Meister in der letzten Gruppe, Hob. I:87–I:104, zu denen die »12 Londoner Sinfonien« gehören. Die motivisch-thematische Verarbeitung erfährt in diesen Werken eine letzte Verdichtung und Verfeinerung. Ihre sangbaren Themen und die zeitweilige Verwendung von Klarinetten lassen den Einfluß Mozarts fühlen. Die Sinfonie concertante Hob. I:105 wird zuweilen als 105. Sinfonie hinzugerechnet. Von den 51 Konzerten (9 für Violine, 6 für Cello, eines für Kontrabaß, 5 für Lira da braccio, 3 für Baryton, 2 für Flöte, 3 für Horn, eines für zwei Hörner, eines für Clarino, 20 für Cembalo) überragen nur einzelne den Durchschnitt. Es handelt sich um Gelegenheitsarbeiten, die die Bedeutung der Sinfonien nie erreichen.

An die Spitze der Kammermusikwerke sind die 83 Streichquartette zu stellen, an denen sich die künstlerische Entwicklung des Komponisten ebenso deutlich ablesen läßt wie bei den Sinfonien. Die ersten 12 sind Serenaden, drei- bis fünfsätzig (langsamer Satz in der

Mitte, von zwei Menuetten umrahmt, Außensätze schnell), bei den folgenden 6 ist das Motiv bereits wichtiger als die Melodie, wenn auch die erste Violine noch immer dominiert und den anderen Instrumenten nur begleitende Rollen zufallen. Die Viersätzigkeit (Allegro, Menuett, Adagio, Allegro) setzte sich erst bei den für Luigi Tomasini verfaßten, stark empfindsamen 6 Quartetten durch. Die Form des Divertimento wird dabei verlassen; ab nun sind die Quartette Konzertstücke und keine Hintergrundmusik mehr für Gesellschaften und Tafeleien. Die 6 Sonnenquartette sind häufig fugiert, so daß den einzelnen Instrumenten mehr Selbständigkeit zukommt, besonders dem Cello. Der Durchbruch erfolgt jedoch mit den 6 »Russischen Quartetten«, die nach Haydns Worten »auf eine neue, ganz besondere Art« komponiert sind. Die Durchführungstechnik verschiebt sich dabei von den Themen auf die Motive, die eng ineinandergreifen. In den 6 »Preußischen Quartetten« stehen Melodie und Klang unter dem Einfluß Mozarts, der Stoff wird verdichtet, die Form vergrößert und das Einzelmotiv vertieft. Kaum mehr merklich bevorzugt ist die erste Violine in den für den Großkaufmann Johann Tost verfaßten Quartetten; die vier Instrumente beschäftigen sich gleichwertig mit einem Thema. Damit war die klassische Struktur des Quartetts erreicht. Die »Apponyi-Quartette« bieten bereits sinfonische Klangwirkung, ihre Formen sind aufgelockert und vielfältig, die Zeitmaße gleitend, die Modulation äußerst kühn. Die beiden letzten Quartette bilden durch die Verwendung der Unterterztonart als Gegensatz eine Überleitung zur Romantik.

In der Reihe der übrigen Kammermusik wird bei den 41 Klaviertrios erst in den späteren den Streichinstrumenten eine dem Tasteninstrument ebenbürtige Stellung zugewiesen. Die 21 Streichtrios für zwei Violinen und Cello haben Suitencharakter. Die für Baryton, Bratsche und Cello geschriebenen 126 Trios wurden von Fürst Nikolaus Esterházy, der das schon damals bereits seltene Instrument begeistert spielte, bestellt. Sie sind als gesellschaftliche Unterhaltungsmusik einfach gefaßt, bieten aber viele klangliche Kostbarkeiten. Zur Kammermusik sind auch die für verschiedene Instrumente verfaßten 60 Divertimenti zu zählen (davon 12 für zwei Barytone und Cello), außerdem 8 Notturni, 6 Scherzandi, 6 Sonaten für Violine und Bratsche, 6 Feldpartien für Bläser und 9 Flötentrios. Von den 52 Cembalosonaten haben die vor 1770 entstandenen Suitenform; erst unter dem Einfluß Carl Philipp Emanuel Bachs kommen Spannung und Lyrik in die Durchführung. Mozarts Einfluß ist auch hier spürbar. Die 3 der Fürstin Maria Josepha Hermenegild Esterházy (1768–1845) gewidmeten Sonaten sind kontrapunktisch aufgebaut, jene aus den neunziger Jahren verraten starke romantische, auf Franz Schubert hinweisende Züge neben Beethovenscher Verwandtschaft. Das gleiche gilt für die dramatische C-Dur-Fantasie und das G-Dur-Capriccio.

Außerdem liegen noch vor: 16 Ouvertüren, 6 Märsche, über 150 Menuette, 35 Deutsche Tänze, 11 kleinere Klavierwerke, 89 verschiedene Tänze und 32 Stücke für Flötenuhren.

Im Vokalwerk stehen 2 der bedeutendsten Werke der Oratoriengeschichte: »Die Schöpfung« und »Die Jahreszeiten«, und als drittes Oratorium »Die Heimkehr des Tobias«. »Die sieben Worte des Erlösers am Kreuz« wurden ursprünglich im Auftrag der Stadt Cádiz als 7 Orchesterstücke, jedes von einem Baßrezitativ eingeleitet, komponiert, später für Streicher und schließlich für Soli, Chor und Orchester umgearbeitet.

Von seinen 14 Messen sind 12 erhalten. Wie Mozart hat sich Haydn damit dem Vorwurf einer zu starken »Weltlichkeit« ausgesetzt. »Seine Andacht war nicht von der düsteren, immer büßenden Art, sondern heiter, ausgesöhnt, vertrauend, und in diesem Charakter ist auch seine Kirchenmusik geschrieben«, verteidigte ein Zeitgenosse den Meister, dessen Beziehung zur sakralen Musik durchwegs echt und aufrichtig war. Allerdings war dabei die Rolle des Chores zugunsten des Orchesters deutlich zurückgedrängt; die »Instrumentalmesse« der Klassik und der Romantik nahm bei Haydn ihren Anfang. Die erste Messe, »Missa brevis« in F-Dur, entstand

1750 und 1766 die »Große Orgelmesse«. Dann reihten sich 1772 die »Nicolai-Messe«, zwischen 1769 und 1773 die lange »Caecilien-Messe« und zwischen 1775 und 1778 die knappe »Kleine Orgelmesse« an. Die festliche »Mariazeller Messe« wurde 1782 verfaßt. Die späteren, nach den Londoner Reisen komponierten Messen zählen zu den Meisterleistungen der österreichischen Kirchenmusik. Diese »6 Hochämter«: »Paukenmesse«, »Heilig-Messe«, »Nelson-Messe«, »Theresien-Messe«, »Schöpfungsmesse« und »Harmonie-Messe« bilden bis in die Gegenwart einen festen Bestandteil der katholischen Kirchenmusik der Welt. Ein Stabat mater, 2 Te Deum, 4 Salve regina, 3 Offertorien, 2 Ave Regina, 5 Hymnen, 3 Motetten und etliche weitere Gesänge leisten einen weiteren Beitrag zur sakralen Musik.

Von geringerer Bedeutung ist sein Liedschaffen. Seine ungefähr 47 Lieder mit Cembalobegleitung, mehrere Arien, Duette, Terzette, Kanons, Chöre und Kantaten sind nahezu vergessen wie die Bearbeitungen 445 schottischer und walisischer Volkslieder. Geblieben ist jedoch das »Gott erhalte Franz den Kaiser« als österreichische Nationalhymne bis 1920.

Von den 24 (zumeist italienischen) Opern werden heute noch einige fallweise aufgeführt. Zu Haydns Zeiten waren sie nur Kammeropern und wurden nie in einem der Opernhäuser auf die Bühne gebracht.

Zu diesem an Umfang, an Tiefe und Gehalt, an Bedeutung und Wirkung gewaltigen kompositorischen Werk, mit dem Joseph Haydn die »Wiener Klassik« eröffnete, ist noch eine beträchtliche Anzahl verschollener Werke zu zählen. Man kann nur hoffen, daß noch einiges davon entdeckt wird, denn jede Zeile davon wäre ein Geschenk für die Musikwelt. An der Position seiner Persönlichkeit in der Geschichte der abendländischen Musik und der Menschheitskultur überhaupt könnten jedoch solche Glücksfälle nichts mehr verändern, weil die vorliegende gigantische Leistung selbst von der Hand des Meisters nicht mehr zu überbieten wäre.

Titelblatt zu Haydns »Schöpfung« in Englisch und Deutsch

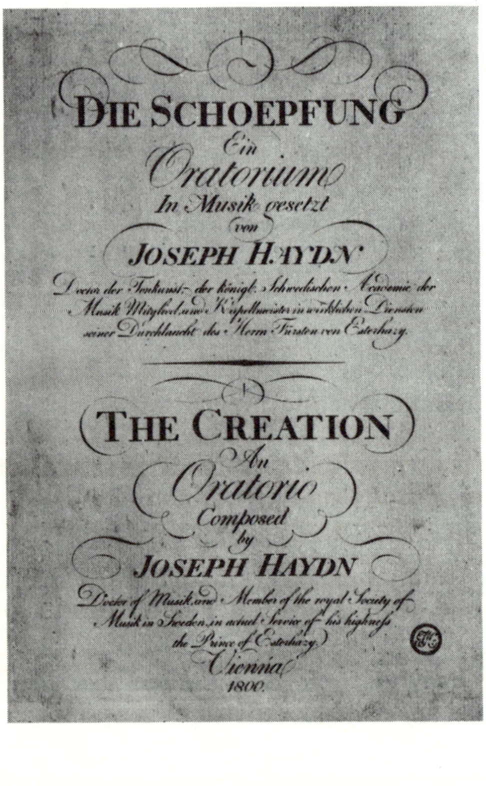

Die Schöpfung, Oratorium für Sopran, Tenor und Baß, Chor und Orchester, 3 Teile, geschrieben 1795–98, uraufgeführt in Wien im Palais des Fürsten Schwarzenberg am 29. und 30. 4. 1798; erste öffentliche Aufführung am 19. 3. 1799

Das Libretto wurde von einem englischen Autor, Lidley, nach John Miltons Epos »Das verlorene Paradies« ursprünglich für Georg Friedrich Händel verfaßt, der es nicht verwendete. Man bot es Haydn an, der es nach Wien brachte. Gottfried van Swieten übersetzte es, und Haydn schuf in dreijähriger Arbeit ein Meisterwerk, das zu den bedeutendsten der gesamten Musikgeschichte gehört. Es hatte von der ersten Aufführung an durchschlagenden Erfolg. Am 9. 3. 1800 wurde es in Ofen (Budapest) unter Haydns Leitung aufgeführt; als die Partitur im Druck erschienen war, wurden in verschiedenen Städten eigene Chorvereinigungen zur Wiedergabe des Oratoriums gegründet, das an Beliebtheit nur von Händels Messias erreicht wird. Am 28. 3. 1800 kam es bereits in London zur Aufführung und bald nachher in verschiedenen Städten Englands. Es gehört seitdem zum festen Repertoire der abendländischen Musikwelt.

Der Inhalt bietet einen Bericht der Erzengel Gabriel (Sopran), Uriel (Tenor) und Raphael (Baß) und der himmlischen Heerscharen (Chor) von der Erschaffung der Welt. Der 1. Teil umfaßt die ersten vier Schöpfungstage, der 2. den fünften und sechsten Tag und der 3. den Triumph des siebenten Tages. Das Werk beginnt mit einem Instrumentalsatz, der mit verwirrend ineinandergeschobenen unaufgelösten Dissonanzen das Chaos schildert, dann kündigt Raphael den Beginn der Schöpfung an. Der C-Dur-Schlag, mit dem die Erschaffung des Lichts verkündet wird, gehört zu den bedeutendsten und eindrucksvollsten Klangeffekten der Klassik. Uriel schildert den Sieg des Lichts und die Vertreibung der dunklen Geister. Die Welt entsteht. Raphael berichtet ihr allmähliches Werden, Gabriel besingt das Pflanzenkleid der neuen Erde, Uriel begrüßt Sonne, Mond und Sterne, Soli und Chor rühmen den Schöpfer für sein Werk. Im 2. Teil werden die Tiere erschaffen, jeder Gattung der lebenden Kreatur ist neben dem gesungenen Wort eine fein ausgearbeitete Tonmalerei zugeordnet; nur die Erschaffung des Menschen wird nahezu trocken rezitativisch mitgeteilt; die anschließende Arie Uriels ist undramatisch lyrisch, aber der Schlußgesang dafür reich und breit und preist das vollendete Werk. Der 3. Teil hat das paradiesische Dasein der ersten Menschen zum Gegenstand. Adam und Eva ergreifen selbst das Wort mit einem Duett, mit dem sie ihrem Schöpfer Lob und Dank für ihre Erschaffung darbringen; ihr Gesang erhebt sich nahezu zur Opernarie und mündet in den fugierten Schlußchor voll Klangpracht und Glanz: »Des Herrn Ruhm, er bleibt in Ewigkeit!«

Die Jahreszeiten, Oratorium für Sopran, Tenor und Baß, Chor und Orchester, 4 Teile, verfaßt in den Jahren 1799–1800, uraufgeführt in Wien im Palais des Fürsten Schwarzenberg am 24. 4. 1801, wiederholt am 27. 4. und 1. 5. desselben Jahres, erste öffentliche Aufführung am 29. 5. im Großen Redoutensaal Wiens

Im Ausland setzte sich dieses Oratorium langsamer durch, doch dann wurde es völlig ebenbürtig der »Schöpfung« an die Seite gestellt und nahezu ebensooft gegeben.

Das Oratorium hat keine fortschreitende Handlung, sondern schildert dem Titel entsprechend den Ablauf der vier Jahreszeiten. Der von Gottfried van Swieten verfaßte Text beruht auf einem Gedicht gleichen Namens des englischen Dichters James Thomson (1700–48). Das Thema wird aus der Sicht des Landmannes dargestellt; Aussaat und Ernte, Weinlese und Jagd formen die

Titelblatt zu Haydns »Die Jahreszeiten«, Stich von A. W. Böhm

dargestellten Bilder, die Spinnstube des Winters schließt die Folge von überwiegend lyrischen Schilderungen ab. Das Werk besteht aus 4 in sich geschlossenen Kantaten, ähnlich dem Weihnachtsoratorium von Johann Sebastian Bach, und fällt damit aus der Form des Oratorium heraus. Seine Bindung zu einer Einheit beruht auf der Komposition, die dem Ganzen eine lückenlose Sinneinheitlichkeit auf einer weit über dem Text liegenden Ebene verleiht, so daß die Bezeichnung Oratorium nicht nur wegen des äußeren Umrisses berechtigt ist.

Das Orchestervorspiel des 1. Teiles stellt den Übergang vom Winter zur fröhlichen Frühjahrszeit dar. Kälte und Stürme weichen, die Zeit der Aussaat und der Erntehoffnung zieht ein, das Landvolk jubelt. Auch Simon, der Pächter (Baß), seine Tochter Hanne (Sopran) und der junge Bauer Lucas (Tenor) geben ihrer Freude Ausdruck. Das Feld wird bestellt, ein Bittgesang um den Segen des Himmels weitet sich zu sakralen Dimensionen. Dann kommt die Jugend zu ihrem Recht. Hanne und Lucas führen den Chor der jungen Landleute an, bis ein fugiertes Allegro den Teil klangreich abschließt. Im 2. Teil wird der Sommertag vom Morgen bis zum Abend dargestellt. Die Morgendämmerung, der Schrei des Hahnes, das Blasen der Hirten und der Auszug der Herden machen den Anfang. Die Morgenröte wird von Hanne angekündigt, gewaltig steigt das Tagesgestirn am Firmament empor, begrüßt von einem Sonnenhymnus. Mittagshitze, Sehnsucht nach kühlendem Schatten, ein mit allem Aufwand des Orchesters beschriebenes Unwetter und ein darauf folgender friedlicher Abend ergänzen das vielfarbige Tongemälde, das Klänge zu Bildern und diese zum persönlichen Erleben steigert. Im 3. Teil zeigt der Herbst Ernte, Jagd und Weinlese in Genrebildern mit drastischen Farben. Die »Ernte« beginnt mit einem Lob des Fleißes. Der Chor verherrlicht den Segen der Arbeit in einer mächtigen Fuge, deren Coda in ein Duett der Liebenden mündet. Die »Jagd« wird in allen Einzelheiten klangmalerisch geschildert, und die »Weinlese« bringt Freude und Übermut, wirbelnde Tänze der Flöten und Geigen, brummende Dudelsackbässe, ausgelassenen Gesang und endet in ekstatischer Lust. Im 4. Teil naht der Winter mit Nebel und Dunkelheit. Lucas berichtet von einem Wanderer, der sich im tiefen Schnee verirrt hat und endlich, von einem Lichtschein geleitet, zu einem Haus findet. In einer warmen Stube wird nun gesungen und mit surrenden Streichern gesponnen. Zwei scherzhafte Lieder erklingen, dann trägt Simon den Schluß des Naturgedichtes vor, in dem die Jahreszeiten als Phasen des menschlichen Lebens und seine Vergänglichkeit erklärt werden: »Schon naht der bleiche Winter sich und zeiget dir das offene Grab.« Doch die Jenseitshoffnung besiegt die Vergänglichkeit, der große Morgen jenseits des Grabes bricht mit Trompetenschall an. Ein Bild jenseitiger Freuden wird gezeichnet. Mit liturgischer Feierlichkeit schließt eine große Chorfuge das Werk ab, das sich mit diesem Finale zur Weltfeier erhebt und in sich den Rang der Höchstleistungen der abendländischen Musiktradition einreiht.

Il ritorno di Tobia (Die Heimkehr des Tobias), Oratorium für Soli, Chor und Orchester, Text in italienischer Sprache von Giovanni Gastone Boccherini, entstanden 1775, uraufgeführt am 2. 4. und wiederholt am 4. 4. desselben Jahres von der »Tonkünstlersozietät« Wien im Kärntnertortheater, 2 Teile

Das Werk behandelt die Erzählung von der Heilung des blinden Tobit durch seinen aus der Fremde zurückkehrenden Sohn Tobias mit Hilfe des Erzengels Raphael. Die Handlung wickelt sich zügig ohne viel Reflexionen ab, auch die Chöre am Beginn und am Ende der Teile sind handlungsfördernd. Der Stil ist neapolitanisch mit vielen Koloraturen, aber die Solostücke weisen nicht mehr die Form der Da-capo-Arie auf, sondern dreiteilige Sonatenform. Die motivische Verarbeitung ist stark vereinheitlicht, die Instrumentation abwechslungsreich und vielfältig.

Die sieben Worte des Erlösers am Kreuze für Orchester, entstanden 1785, Chorfassung 1796, verfaßt über Auftrag aus Cádiz, dort uraufgeführt in der Kirche Santa Cueva in der Karwoche 1786

Man pflegte damals alle Jahre während der Fastenzeit in der Hauptkirche zu Cádiz ein Oratorium in der Form aufzuführen, daß der Bischof auf der Kanzel eines der »sieben Worte« rezitierte, Betrachtungen anstellte und darauf vor dem Altar auf die Knie fiel, während ein Orchesterstück ertönte. Haydn schuf 7 Adagios mit einer Introduktion des ersten und ein »Terremoto« (Erdbeben) als Abschluß des letzten. Sie sind ohne jede reichere Motivbearbeitung und ohne Kontrapunktik ganz einfach gehalten, und gerade deshalb durchströmt eine tiefe Innigkeit die gesamte Komposition.

Haydn verarbeitete die Sätze später für Streichquartett. Sodann wurden die Orchesterstücke textiert und orchestral etwas ausgestaltet, so daß ein vollwertiges Oratorium daraus wurde.

Messe in F-Dur – Missa brevis –, für fünf Singstimmen, zwei Violinen, Baß und Orgel, entstanden um 1750

Diese erste Messe des Komponisten ist mit seinen zwei Solosopranen ein echtes Kind des ausgehenden Wiener Barock, doch ihre genau geordnete Form gehört bereits der Klassik an. Die Polyphonie ist nur mehr angedeutet, fröhliche Terzen- und Sextengänge erzeugen die fromme Fröhlichkeit, die mehr oder minder alle Haydn-Messen auszeichnet.

Große Orgelmesse in Es-Dur – Missa in honorem Beatissimae Virginis Mariae –, entstanden 1766

Diese vierte Messe des Komponisten (2 in d-Moll und G-Dur sind verlorengegangen) gehört mit ihrer reichen Instrumentation und der konzertierenden Orgel bereits zu seinen »Großen« Messen. Ihre Melodik ist neapolitanisch, einzelne Passagen, wie das chromatische »Crucifixus«, das »Gratias« und das »Dona«, sind von außerordentlicher Innigkeit, die Orgelsoli drücken sakralen Ernst aus wie der an sich sehr bewegte Schlußsatz trotz seiner strahlenden Läufe.

Nicolai-Messe in C-Dur, entstanden 1772 – auch Josephs-Messe genannt, weil sie zum Namenstag des Fürsten Nikolaus Joseph Esterházy komponiert wurde

Diese Messe ist außerordentlich innig und liedhaft angelegt; feine Violinenfiguren verleihen ihr festlichen Glanz. Der pastorale Charakter wird während des gesamten Werkes beibehalten.

Caecilien-Messe in C-Dur, entstanden zwischen 1769 und 1773

Diese längste Messe des Komponisten wurde für einen Gottesdienst der Wiener Caecilienbruderschaft geschrieben. Ihr Stil ist gewollt feierlich und »gekonnt«. Es handelt sich um eine sogenannte »Kantatenmesse«, bei der der Text in viele, oft stark kontrastierende Teile zerlegt ist. Das Gloria besteht aus 7 Teilen – Chor, Sopransolo, A-cappella-Chor, Soli mit abschließendem Soloterzett, Chor, Sopransolo, Fuge – mit ständig verändertem Rhythmus. Die Fugen sind virtuos angelegt. Haydn wollte seinen Kollegen offenbar zeigen, »was er konnte«.

Kleine Orgelmesse in B-Dur, entstanden zwischen 1775 und 1778, verfaßt mit dem Titel »Missa brevis St. Joannis de Deo« für den Orden der Barmherzigen Brüder in Eisenstadt

Diese »Missa brevis« (Messe mit verkürztem Text) schachtelt Gloria und Credo ineinander. Sie wird zu den schönsten Werken des Komponisten überhaupt gezählt. Ihre bescheidene Besetzung besteht aus zwei Violinen, Cello, Kontrabaß, Orgel und vierstimmigem Chor, erreicht aber eine erstaunliche Klangfülle. Besonders bemerkenswert ist das Benedictus mit Orgelsolo und seinem selten schönen Sopransolo.

Mariazeller Messe in C-Dur – Missa Cellensis – für Soli, Chor, Orchester und Orgel, entstanden 1782

Obwohl auch diese Messe dem Zeitstil entsprechend Opernarien übernimmt und streckenweise dem Opernstil folgt, steht sie doch im Gegensatz zu einem großen Teil der zeitgenössischen, ziemlich verwilderten Kirchenmusik, die sich von einer sakralen Diktion schon sehr weit entfernt hatte. Auch sie hat ein festliches und fröhliches Kyrie, aber es vermittelt schon durch das einleitende Adagio eine Atmosphäre der Weihe und des Ernstes. Das »Gratias« hat Arienform, doch der Chorsatz des »Qui tollis« reiht sich besinnlich ernst an. Durch den ständigen Wechsel älterer und moderner Diktion entsteht ein neuer Stil, der einer aus tiefer Frömmigkeit quellenden Freude Ausdruck verleiht.

Paukenmesse in C-Dur – Missa in tempore belli (Messe zu Kriegszeiten) – für Soli, Chor, Orgel und Orchester, entstanden 1796

Diese Messe ist das erste der »Hochämter«, mit denen der Komponist eine nahezu singuläre innere und äußere Vollendung auf dem Gebiet der Kirchenmusik erreichte. Nach dem schönen Largo im Kyrie, dem fröhlichen Gloria, der grandiosen Fuge und dem schönen Cellosolo des Credo, dem klangvollen freudigen Sanctus und Benedictus tritt im Agnus die wirkliche Aussage des Werkes zutage. In die Anbetung des Gotteslammes dringt der grollende Rhythmus ferner Paukenschläge wie das angstvolle Herzpochen der Völker vor Krieg und Not als Ankündigung der herannahenden Kriegsfurie, und nach der dritten Bitte um Frieden überschüttet Kriegsmusik das fromme Gebet.

Heilig-Messe in B-Dur – Missa Sancti Bernardi de Offida – für Soli, Chor, Orgel und Orchester, entstanden 1796

Ihren Namen trägt die Messe wegen des im Sanctus verwendeten volkstümlichen Segenliedes »Heilig, heilig«. Thema und Kontrapunkt, Melodie und Begleitstimmen werden mit vollendeter Meisterschaft aneinander vorbeigeführt, besonders in der Doppelfuge des Gloria. Im Credo fällt der jähe Stimmungswechsel von dem durch drei hohe Stimmen liedhaft-lyrisch vorgetragenen »Homo factus est« zum »Crucifixus« der Männerstimmen besonders auf.

Haydns Wohnhaus in Eisenstadt

Nelson-Messe in d-Moll – Missa in angustiis (Messe in Bedrängnis) – für Soli, Chor, Orgel und Orchester, entstanden 1798

In dieser Messe ist nichts von der bei Haydns Kompositionen häufigen Fröhlichkeit zu bemerken. Sie ist tiefernst, in vielen Stellen sogar flehentlich bittend. Schon das Kyrie mit seinen dissonierend einander übersteigenden Rufen legt die Grundstimmung des Werkes fest. Auch das kräftige »Laudamus« bringt nicht den sonst üblichen Jubel. Im »Qui tollis« respondiert der Chor wie bei einer Litanei und erhöht den Gebetscharakter der Stelle. Der Solosopran des »Suspice« gleicht einem bittenden Engel. Im Benedictus steigert sich der Gesang, von hämmernden Triolen der Trompeten und Pauken begleitet, zu einem überdimensionalen Klangbild der Herrlichkeit Gottes. Tröstend und versöhnend folgt melodienreich das Agnus, das in ein freundlich bewegtes »Dona« mündet. Krieg und Sieg des Admirals Nelson werden dem Ringen des Menschen um Gottes Gnade gleichgesetzt.

Theresien-Messe in B-Dur für Soli, Chor, Orgel und Orchester, entstanden 1799

Der Name leitet sich davon ab, daß die Messe wahrscheinlich für Maria Theresia (Gemahlin Kaiser Franz' I.) bestimmt war. In ihr sind Freude und Ernst in vollendeter Weise verschmolzen. Die musikalische Ausdeutung des Wortsinnes des liturgischen Textes ist mustergültig. Das Kyrie beginnt im ernsten gläubigen Grundton, der bis zum letzten Takt beibehalten ist. Die freudigen Stellen werden seltener von ausbrechendem Jubel als von innigen und verinnerlichten Klängen ausgedrückt. Überraschend ist die Wucht des Agnus, die die Last, die das »Lamm« zu tragen hatte, symbolisiert. Das sanfte »Dona« scheint die Friedensbitte für bereits erfüllt zu sehen.

Schöpfungsmesse in B-Dur für Soli, Chor, Orgel und Orchester, entstanden 1801

Bei diesem Werk fallen die durchgehend ruhige Haltung und das fast gänzliche Fehlen jedweder dramatischer Akzente auf. Die Messe ist ausgeglichen und neigt zu liebenswürdiger Freundlichkeit, als wollte der Komponist, schon über alle Dinge der Welt stehend, sich mit allen und allem versöhnen. Zum Tenorsolo des »Incarnatur« erklingt ein zartes Orgelsolo; auch das »Crucifixus« ist von keinen tragischen Tönen begleitet. Es bleibt der Jubel beim Sanctus aus, so daß die übliche Lieblichkeit des Benedictus zur übrigen Messe keinen Kontrast bildet. Die Messe klingt streckenweise an die »Schöpfung« an, aber nicht an die dramatischen Szenen, sondern an das darin geschilderte paradiesische Glück mit seiner Heiterkeit.

Harmonie-Messe in B-Dur für Soli, Chor, Orgel und Orchester, entstanden 1802

Diese letzte Messe des Komponisten erhielt ihren Namen wegen ihrer überaus reichen Instrumentierung. Sie faßt alle Stimmungen der vorangehenden zusammen, ohne Reminiszenzen zu bieten. Im Kyrie erscheinen die Oktavensprünge der Nelson-Messe, das »Gratias« beginnt mit der Innigkeit der Mariazeller Messe, die Chromatik im Soloterzett des Osanna im Benedictus deckt sich mit dem Schluß der Credofuge der Theresien-Messe, das Thema der Credofuge gleicht dem der Gloriafuge in der Schöpfungsmesse, und die Fugierung des »In gloria Dei Patris« ist gestaltet wie beim Gloria in der Heiligmesse und der Nelson-Messe. Aber es ist dennoch nichts kopiert, sondern zu einer höheren Ordnung gefaßt, um zum letzten Mal prunkvoll ausgebreitet zu werden, wie das Agnus der Messe mit jubelnden Akkorden gleichsam als Dank für die verliehene Schaffenskraft abschließt.

Sinfonie Nr. 1 in D-Dur, 3 Sätze, entstanden 1759

Mit diesem Werk schließt der Komponist an die Bauregeln der Wiener Vorklassik an; er präsentiert aber zugleich als Neuigkeit für den Wiener Boden das Mannheimer Crescendo. Es prägen sich jedoch auch bereits typische Merkmale der Sinfonik Haydns aus, wie der plötzliche Wechsel der Dynamik, die häufigen Schritte von Dur zu Moll und die Ablöse lauter Unisonopassagen von harmonisierten Pianostellen. Der 1. Satz – Presto alla breve – eröffnet mit einer Vielfalt von Themen und wirkt dadurch etwas chaotisch, der 2. ist mehr gebändigt und huldig der volkstümlichen Kantilene, das Finale bringt sprühende Tanzrhythmen.

Sinfonie Nr. 2 in C-Dur, 3 Sätze, entstanden um 1759

Der 1. Satz beginnt sanft, konzertant, stark verziert und vor allem thematisch einheitlich. Die Verarbeitung der aufsteigenden Skala zeigt bereits eine Geschlossenheit, die über die Vorklassik hinausragt. Die übrigen Sätze weisen hingegen noch vorklassischen Charakter auf.

Sinfonie Nr. 3 in G-Dur, 3 Sätze, entstanden 1762

Der 1. Satz – Allegro – bringt erstmalig ein selbständiges Seitenthema als Kontrast zum Hauptthema. Der Mittelsatz in g-Moll – Andante moderato – ist kontrapunktisch fein gearbeitet, während beim letzten – Presto – in erster Linie auf Klangwirkung gezielt wird. Die gesamte Faktur enthält bereits alles, was für den späteren Stil des Komponisten typisch wurde.

Sinfonie Nr. 4 in D-Dur, 3 Sätze, entstanden um 1759

Im 1. Satz ist ein serbischer Kolo verarbeitet, Form und orchestrale Struktur sind auffällig vereinheitlicht. Auch die übrigen 2 Sätze sind kompakter und straffer. Die Bläser sind häufiger eingesetzt, aber nie solistisch. Die Sinfonie hat das Kleid der Vorklassik noch nicht abgestreift.

Sinfonie Nr. 6 in D-Dur, »Le Matin« (Der Morgen), 4 Sätze, entstanden 1761

Diese Sinfonie ist die erste des Zyklus »Die Tageszeiten« und schildert in den ersten 3 Sätzen den Beginn des Tages mit Sonnenaufgang und Lerchenjubel. Das Singen und Jubilieren wird erst im 4. Satz von der Darstellung des an sein Tagewerk schreitenden Menschen abgelöst.

Sinfonie Nr. 7 in C-Dur, »Le Midi« (Der Mittag), 4 Sätze, entstanden 1761

Zweite Sinfonie des Zyklus »Die Tageszeiten«, die den Menschen im Zenit seines Lebens zeichnet: ernst, überlegend, aber dennoch zuversichtlich und vertrauend. Die barocke programmatische Lautmalerei ist völlig aufgegeben, alles Bildhafte vergeistigt. Das Orchesterrezitativ und das Adagio des 2. Satzes legen Sinn und Absicht des Werkes eindeutig fest.

Sinfonie Nr. 8 in G-Dur, »Le Soir« (Der Abend), 4 Sätze, entstanden 1761

Diese letzte Sinfonie des Zyklus »Die Tageszeiten« neigt wieder mehr zum nur Musikalischen. Programmatisch ist jedenfalls die Gewitterschilderung, nach der das Werk auch die Bezeichnung »La Tempesta« trägt. Darin zeigt sich Haydn als Meister der orchestralen Farbgebung, ohne je banal zu werden. In diesem Zyklus sind zwar die Formen noch klein und die Durchführungen in bescheidenem Rahmen gehalten, Ausdruck und Melodie aber ungewöhnlich stark.

Sinfonie Nr. 15 in D-Dur, 4 Sätze, entstanden 1761

Der 1. Satz ist der Französischen Ouvertüre (langsam – rasch – langsam) getreu nachgebildet. Die Instrumentation gemahnt an das Divertimento, das Menuett hat Barockfaktur, das Andante ist sehr schlicht und das Finale sehr konservativ.

Sinfonie Nr. 16 in B-Dur, 3 Sätze, entstanden 1766

Die 3 Sätze machen einen routinierten Eindruck, obwohl es darin harmonische Schönheiten in Fülle gibt. Bemerkenswert ist dabei die erstmalige Verwendung der typisch empfindsamen »Seufzer«-Figuren, und zwar sogar im Baß.

Sinfonie Nr. 22 in Es-Dur, »Der Philosoph«, 3 Sätze, entstanden 1764

Derber Humor, Heiterkeit und Fröhlichkeit sind die Grundhaltung des gesamten Werkes. Überraschungseffekte harmonischer und rhythmischer Natur werden in Fülle geboten, und die nachdenklichen Passagen, die dem Werk den Namen verliehen, mahnen daran, daß Joseph Haydn die Tiefe seiner Ideenwelt zumeist nur ahnen läßt, zuweilen aber auch aufdeckt.

Sinfonie Nr. 26 in F-Dur, »Lamentatione«, 3 Sätze, entstanden um 1768

Diese Sinfonie wurde auch »Weihnachtssymphonie« genannt, obwohl dem 1. und 2. Satz eine Melodie des Gregorianischen Chorals zugrunde gelegt wurde, auf der die Lamentationen der Karwoche gesungen werden. Der 3. Satz bringt ein Menuett mit Trio, dessen tänzerischer Rhythmus wenig fröhlich wirkt. Pastorale Klänge kommen überhaupt nicht vor, so daß es schwerfällt, eine Verbindung zum Weihnachtsfest herzustellen.

Sinfonie Nr. 28 in A-Dur, 3 Sätze, entstanden 1765

Dieses Werk zeigt deutlich, welchen Grad an Konzentration und Vereinfachung der Komponist bereits erreicht hat. Benötigte er früher mehrere Themen als melodisches Material, so begnügt er sich hier mit einem kleinen Motiv für den ganzen 1. Satz – Allegro di molto – in dessen Klangfülle. Auch der langsame Mittelsatz bringt nur ein einziges Thema in schöner Kantilene, und das Finale bestreitet das sprühende Presto mit wenigen Tönen.

Sinfonie Nr. 31 in D-Dur, »Mit dem Hornsignal«, 4 Sätze, entstanden 1765

Die Benennung wurde wie auch die zweite, »Auf dem Anstand«, erst im 19. Jahrhundert beigefügt, hat aber ihre Berechtigung. Vier Hörner, eine Flöte und zwei Oboen malen die Stimmung der Jagd, die Spannung, ehe das Tier vor den Schuß kommt. Im Adagio erklingt ein schönes Violinsolo. Das ganze Werk steht strukturell dem Divertimento sehr nahe.

Sinfonie Nr. 34 in d-Moll, 4 Sätze, entstanden um 1765

Der 1. Satz – Adagio – beginnt mit einer leidenschaftlich gespannten Melodie. Das folgende Presto könnte als trotziges Aufbegehren gewertet werden. Die düstere meditative Stimmung wird in den beiden folgenden Sätzen – Menuett und Trio, Presto assai – gemildert.

Sinfonie Nr. 44 in e-Moll, »Trauersinfonie«, 4 Sätze, entstanden um 1771

Bemerkenswert ist bei dieser etwas pathetisch gehaltenen Sinfonie die Kontrapunktik im Menuett, die dem Werk einen nahezu archaischen Aspekt verleiht. Es ist nicht nur die Moll-Tonart allein, die die Trauerstimmung erzeugt, schon der Aufstieg der Melodie über die Quint zur

Oktave, mit dem der 1. Satz beginnt, gleicht einem wehmütigen Ausruf, der im folgenden Halbtonschritt mit einem Seufzer endet. Die Bläsereinsätze gemahnen an ländliche Beerdigungsmusik.

Sinfonie Nr. 45, fis-Moll, »Abschiedssinfonie«, 4 Sätze, entstanden 1772

Ihren Namen verdankt diese Sinfonie der Überlieferung, nach der Fürst Nikolaus Joseph Esterházy den Mitgliedern seines Orchesters nicht erlaubte, ihre Familien im Schloß Eszterhaza unterzubringen, und ebensowenig, sie in Eisenstadt zu besuchen, solange er selbst blieb. Da er im Jahr 1772 ungewöhnlich lang mit der Abreise zögerte, wandten sich die Musiker an ihren Kapellmeister um Hilfe, der für das nächste Hofkonzert die Sinfonie verfaßte und für das Finale vorschrieb, daß ein Instrumentalist nach dem anderen sein Licht verlosch, das Instrument nahm und fortging, bis nur mehr zwei Violinen für die Beendigung des Satzes übrigblieben. Der Fürst verstand die feine Anspielung und beurlaubte seine Musiker. Er dürfte bereits durch die flehende Themendurchführung des 1. Satzes aufmerksam geworden sein und durch das unruhige Menuett, in dem keine Fröhlichkeit aufkam. Das Finale schien in einen Taumel von Lebensfreude und Heiterkeit auszubrechen, fiel sodann in ein wehmütiges Adagio ab, in dem der Exodus der Musiker den Satz versiegen ließ.

Sinfonie Nr. 47 in G-Dur, 4 Sätze, entstanden 1772

Der doppelte Kontrapunkt der Oktave im 2. Satz ist das Auffälligste dieser Sinfonie. Volkstümliche ungarische Elemente scheinen in diesem Werk häufig auf und verleihen ihm ein sehr lebhaftes Kolorit.

Sinfonie Nr. 48 in C-Dur, »Maria Theresia«, 4 Sätze, entstanden 1772

Diese Sinfonie wurde anläßlich des Besuches der Kaiserin Maria Theresia in Eszterhaza im Jahr 1773 aufgeführt. Der 1. Satz, ein Allegro, ist von außerordentlicher Brillanz und dabei trotzdem sehr melodiös. Im folgenden Adagio sind mehrere schöne Bläsersoli eingeblendet, die ihm eine besondere Intimität verleihen. Der 3. Satz bringt mit seinen ständigen Dissonanzen eine gewisse Unruhe, die sich im grandiosen Finale sofort ausgleichen. Das ganze Werk hat den Charakter einer Festmusik.

Sinfonie Nr. 49 in f-Moll, »La passione«, 4 Sätze, entstanden 1768

Dunkel und nahezu drohend schreitet das Thema des 1. Satzes dahin, als müsse es eine entflammte Leidenschaft gewaltsam zurückhalten. Diese Pathetik bleibt auch in den folgenden Sätzen erhalten, trotz aller Verschiedenheit der Tempi. Der 2. Satz bringt weite melodische Sprünge, das Adagio ist wohl fließend, aber dennoch stark verhalten, und das Finale weit ausladend, doch weniger verströmend, als maßvoll gebändigt.

Sinfonie Nr. 51 in B-Dur, 4 Sätze, entstanden um 1772

Bei den zwischen 1770 und 1775 verfaßten Sinfonien trat die melodische Erfindung vor die Verarbeitung. Wenn auch die Instrumentation sehr einfach blieb, so wurden die einzelnen Instrumente doch voll ausgenützt und ihre Klangfarben als musikalisches Ausdrucksmittel verwendet. Im Adagio dieses Werks werden den Hörnern neue tiefe Töne abgewonnen, wodurch eine starke Verinnerlichung des Gesamtklanges erreicht wird. Das Menuett bringt gewagte harmonische Passagen, die deutlich ankündigen, daß der Komponist in eine neue Epoche seines Instrumentalstils eingetreten ist.

Sinfonie Nr. 52 in c-Moll, 4 Sätze, entstanden um 1772

Auch in dieser Sinfonie galt das Hauptinteresse des Komponisten dem Melos. Melodiengänge werden nicht selten oktavisch verstärkt, um sie markanter zu konturieren und zu verdichten. Durchführung und Harmonisierung spielen eine zweitrangige Rolle, sind aber dennoch so gehalten, daß sie einen farbensatten Klangteppich bilden, vor dem die melodischen Linien wie ein Hochrelief verlaufen.

Sinfonie Nr. 53 in D-Dur, »L'Impériale«, 4 Sätze, entstanden um 1775

Die »Kaiserliche« bietet im 1. Satz eine imposante Konzentration der Themen. Die ersten beiden einleitenden Phrasen beherrschen den ganzen Satz, obwohl ihnen ein kontrastierendes 2. Thema entgegengeführt wird. Die Bläser werfen romantische Schatten auf die dramatische Auseinandersetzung des thematischen Materials. Das Menuett bietet eine ähnliche interessante Struktur. Nach einem Trugschluß, führt über einenOrgelpunkt eine faszinierende Chromatik dem wirklichen Schluß zu.

Sinfonie Nr. 55 in Es-Dur, »Der Schulmeister«, 4 Sätze, entstanden 1774

In wenigen Takten hat der Komponist in dieser Sinfonie die Erinnerung an »seinen« Schulmeister, den kleinstädtischen, skurrilen, pedantischen und tyrannischen Magister Johann Matthias Frankh, festgehalten. Schon der erste Takt des 1. Satzes klingt, als würde ein Lehrer mit dem Stock auf den Tisch klopfen und Ruhe gebieten. Diesem Thema ist ein unruhiges gegen-

Joseph Haydn

übergestellt, das vielleicht die Schulkinder symbolisieren sollte. Im folgenden Adagio gibt es keine Konflikte mehr. Das Menuett ist sehr fröhlich, und das Prestofinale klingt turbulent wie der Lärm nach dem Unterricht nach Hause stürmender Kinder.

Sinfonie Nr. 59 in A-Dur, »Feuersymphonie«, 4 Sätze, entstanden um 1767

Die Bezeichnung erhielt das Werk erst im späten 18. Jahrhundert – vermutlich wegen des erregten Allegro assai im 4. Satz. Man kann auch aus den Oktaven des ersten Themas, mit denen der 1. Satz anfängt, ein Brandsignal hören. Die beiden Mittelsätze sind etwas konventionell gehalten.

Sinfonie Nr. 60 in C-Dur, »Il Distratto« (Der Zerstreute), 6 Sätze, entstanden um 1775

Es handelt sich um Zwischenaktmusik einer fünfaktigen Komödie, »Le Distrait« (Der Zerstreute), von Jean François Regnard (1655–1709), die strukturell den frühen Sinfonien des Komponisten gleicht. Die Melodik ist vorwiegend slawischer und ungarischer Volksmusik, zum Teil aber auch eigenen älteren Kompositionen entnommen. Manche unlogische Wendungen sind im Zusammenhang mit dem Schauspiel verständlich. Die Violinmelodie im Adagio ist ein altes französisches Lied.

Sinfonie Nr. 63 in C-Dur, »La Roxelane«, 4 Sätze, entstanden 1777

Die Sinfonie wurde als Bühnenmusik für »Les Trois Sultanes« (Die drei Sultaninnen) von Charles Simon Favart (1710–92) verfaßt und vom Komponisten für den Konzertgebrauch umgearbeitet. Der 1. Satz bringt die Ouvertüre zum Schauspiel, der 2. die Bühnenmusik selbst, der 3. ein Menuett, das Finale faßt einige Gedanken der vorangehenden Teile konzertant zusammen.

Sinfonie Nr. 69 in C-Dur, »Laudon«, 4 Sätze, entstanden um 1778

Die Sinfonie wurde dem österreichischen Feldherrn Gideon Ernst von Laudon (1717–90), der 1778 zum Feldmarschall ernannt wurde, gewidmet. Zusammenhänge der Musik mit den militärischen Leistungen des Feldherrn bestehen nicht. Alle Konstruktionsversuche scheiterten. Man könnte höchstens den fanfarenähnlichen Anfang des 1. Satzes als Charakterisierung des Widmungsträgers ansehen. Der 2. Satz beinhaltet nichts Heroisches, sondern eine schöne Kantilene. Das Menuett entfernt sich schon weit vom Menuett der Suite und nahm Scherzocharakter an. Das Finale ist außerordentlich dicht gearbeitet, so daß man es beim 1783 veröffentlichten Klavierauszug als zu schwierig wegließ.

Sinfonie Nr. 70 in D-Dur, 4 Sätze, entstanden 1779

Mit diesem Werk trat der Komponist endgültig in das Reich der Wiener Klassik ein und sagte sich von allen vorklassischen Fakturen los.

Der 1. Satz enthüllt das überraschend Neue der Anlage noch nicht, aber die bei der Durchführung des ersten Themas angewendete kanonische Imitation läßt den Weg, den diese Musik gehen will, bereits vorausahnen. Im 2. Satz jedoch treten die neuen kontrapunktischen Praktiken in Kraft. Er geht in d-Moll, nur das Hauptthema des doppelt variierten Mittelteiles bleibt beim D-Dur, was dem Satz ungeheuer viel Würde und Charakter verleiht. Das Menuett – wieder in Dur – bringt eine ungewöhnliche Form: Menuett – Trio – Menuettreprise – Coda. Die Krönung des Werkes kommt mit dem Finale in d-Moll, das eine grandios gearbeitete Triplefuge bringt. Die Aufnahme des Werks war enthusiastisch.

Sinfonie Nr. 73 in D-Dur, »La Chasse« (Die Jagd), entstanden 1781

Die Sätze 1 bis 3 sind 1781 verfaßt worden, der 4. bereits ein Jahr früher – als Vorspiel zum 3. Akt seiner Oper »La Fedeltà Premiata« (Die belohnte Treue), der wegen seines Jagdmotivs dem ganzen Werk den Namen verlieh. Die liebenswürdige Einleitung des 1. Satzes mündet in ein pastorales Allegro. Das Gegenthema ist zwar etwas elegisch, es kommt aber zu keiner echten Auseinandersetzung, der Satz klingt in ruhigen, an Orgelklängen von weit her gemahnenden Streicherakkorden aus. Auch das Andante bringt keine Kontraste. Das Menuett klingt ein wenig verschattet, doch das Trio bringt ein gemütliches Musizieren von Oboe und Fagott, die von Streichern zart begleitet werden. Der letzte Satz stellt mit schmetternden Hörnern und Trompeten die Jagd im Stil jener Zeit dar und erinnert an frühere Jagdmusiken, ist aber dennoch neu und originell.

Sinfonie Nr. 76 in Es-Dur, 4 Sätze, entstanden um 1782

Der Stil dieser Sinfonie (und der beiden folgenden) wurde als intellektuell bezeichnet. Jedenfalls besteht er aus der Kombination mehrerer struktureller und emotionaler Tatbestände. Hinreißende Melodien mit geschickt eingesetzten harmonischen und kontrapunktischen Passagen ergeben zwar keinen Ausdruck tiefer Gefühle, aber ein elegant gezimmertes Werk. Der Erfolg gab dem Meister recht.

Sinfonie Nr. 77 in B-Dur, 4 Sätze, entstanden um 1782

Wie die vorhergehende ist diese Sinfonie meisterhaft gekonnt gemacht. Interessant ist das Finale in Form eines Sonatenrondo, einer geschickten Verquickung des altbekannten Rondo mit der für sich allein zu wenig eingängigen Sonatenform. Ungeheuer ansprechend ist die kontrapunktische Behandlung des Hauptthemas im 1. Satz, die dieses Werk zum besten des Zyklus aus den Nummern 76 bis 78 macht.

Sinfonie Nr. 78 in c-Moll, 4 Sätze, entstanden um 1782

Die Molltonart wird in dieser Sinfonie wenig angewendet, ein großer Teil geht in Es-Dur oder C-Dur. Damit bleiben auch die Konflikte aus, weil, abgesehen vom 1. Satz, wo ein ernstes Moll tatsächlich seinen Schatten über den Melodienfluß wirft, die Moll-Passagen nur dekorativen Charakter annehmen. In allen drei Sinfonien ist wenig von echter Gefühlstiefe zu bemerken, und man ist auch dort, wo sich der Komponist selbst in seine Musik versenkt, skeptisch. Dafür wird man mit meisterhaften Klängen beschenkt.

Sinfonie Nr. 79 in F-Dur, 4 Sätze, entstanden um 1784

Man könnte diese Sinfonie beinahe als Routinearbeit bezeichnen. Die Themen sind kantabel, die Figurationen geschickt angebracht, alles bestens gemacht. Was zu fehlen scheint, sind die Persönlichkeit des Meisters selbst und seine Inspiration.

Sinfonie Nr. 80 in D-Moll, 4 Sätze, entstanden um 1783

Überraschend ist das Tremolo, mit dem der 1. Satz beginnt und sein ernster Charakter betont wird, doch bereits das 2. Thema des Satzes hellt die Stimmung auf, und es kommt zu keiner Rückkehr zum ersten Thema. Der schöne 2. Satz in B-Dur kommt auf ältere Fakturen des Meisters zurück wie auch das Menuett des 3. Das Finale in D-Dur steht in keinem Zusammenhang mit dem Beginn des Werkes, sondern ist ein reizendes Rokokostück für sich.

Sinfonie Nr. 81 in G-Dur, 4 Sätze, entstanden um 1783

Das Tremolo, mit dem diese Sinfonie anfängt, ist noch um vieles eindrucksvoller als bei der vorangehenden. Hier ist es das Cello, das durch 10 Takte auf der Tonika auf die ungarischen Rhythmen vorbereitet, die am Ende des Satzes auf slawische Art in der Molltonart enden. Auch die übrigen Sätze bringen viele Anklänge an Volksmusik.

Sinfonie Nr. 82 in C-Dur, »Der Bär«, 4 Sätze, entstanden 1786

Sie gehört zu den von der Pariser Vereinigung »Les Concerts de la Loge Olympique« 1785 bestellten »Pariser Sinfonien«.

Der 1. Satz steigert sich rasch zu heftiger Leidenschaftlichkeit, die nach einigen Sforzati von einem Piano abgelöst wird. Das Nebenthema kann nicht aufkommen, sondern wird von einem dem Hauptthema verwandten Motiv am Ende verdrängt, so daß es zu keiner Auseinandersetzung kommt. Der 2. Satz ist ein liedhaftes, reizendes Allegretto, in dem das zweite aus dem Hauptthema gewonnene Mollthema bald der Fröhlichkeit Platz macht, nachdem einige Kontraste aufgelöst sind. Das Menuett ist breit und behäbig, als kündige sich schon der Bär an, der im Finale mit den Celli und Kontrabässen als Orgelpunkt brummt, während die Violinen mit einem lebhaften Dudelsackthema zum Bärentanz aufspielen. Die Bläser stimmen eine Polkamelodie an, die jedoch von den Oktavenpassagen des übrigen Orchesters begraben wird. Auch die Violinen stimmen in den allgemeinen Trubel ein, so daß alles in Ausgelassenheit endet.

Sinfonie Nr. 83 in g-Moll, »Das Huhn«, 4 Sätze, entstanden 1785

Ihre Benennung erhielt diese Sinfonie wegen des »gackernden« Oboenthemas im 1. Satz, dem ein dramatisches, scharf rhythmisiertes Hauptthema gegenübersteht und sich sogar im Fortissimo entgegenstellt, bis es erdrückt wird und einem beruhigenden Ausklang Raum gibt. Das Andante ist ruhig und liedhaft, nur die Begleitung bringt eine gewisse Erregung in den melodischen Fluß, der aber gegen das Ende ungestört ausklingt. Das Menuett erinnert an den 1. Satz und ist stark von Unruhe beherrscht. Nur das Trio gleicht mit seinem Flötensolo neben den ersten Violinen einer süßen Idylle. Sanfte Töne verleihen auch dem schnellen Schlußsatz pastorale Farben, so daß die Sinfonie in behaglicher Ruhe, wie nach einem arbeitsreichen Tag, endet.

Sinfonie Nr. 84 in Es-Dur, 4 Sätze, entstanden 1786

Die Largoeinleitung klingt so feierlich, daß man ein erregendes Ereignis erwartet, aber die Spannung löst sich in ein frisches Allegro auf, das ernstere Nebenstimmen bald beiseiteschiebt. Das Andante ist lieblich, vielleicht sogar überschwenglich gefühlvoll. Die zweite Variation ist durch Moll-Akkorde und dumpfe Baßtöne unterbrochen, dann fließt in der Coda das erste Thema ungetrübt dem Ende zu. Das Menuett ist ländlerähnlich und sein Trio zart, während das anschließende Vivace ein kraftvolles Volksliedthema bringt, in das ein Seitenthema aufwühlende Unruhe trägt; es kommt erst kurz vor dem Ende zum versöhnenden Ausklang.

Joseph Haydn, Graphik von W. Daniell

Sinfonie Nr. 85 in B-Dur, »Die Königin«, 4 Sätze, entstanden 1786

Der Titel stammt keinesfalls vom Komponisten und wurde angeblich wegen der Vorliebe der französischen Königin Marie Antoinette für das Werk erfunden. Das einleitende Largo ist pompös-festlich; das folgende Vivace unterstreicht noch diesen Eindruck. Anstelle eines 2. Themas wird eine transponierte Variante des Hauptthemas verwendet und somit auf den in der Klassik üblichen Dualismus verzichtet, was durch eine verstärkte Verdichtung der Linien aufgewogen wird. Der 2. Satz bringt eine Variationenfolge über das französische Volkslied »La gentille et jeune Lisette« (Die hübsche und junge Lisette), in der keine neuen Melodien verwendet, sondern nur Instrumentation und Begleitung jeweils verändert werden. Das Menuett ist knapp und energisch, dafür bietet das Finale unbeschwerte Fröhlichkeit an, die weder durch die ernsten Klänge des Mittelteiles noch durch die eigenwillige Harmonik und Rhythmik beeinträchtigt werden kann.

Sinfonie Nr. 86 in D-Dur, 4 Sätze, entstanden 1786

Diese Sinfonie wird nur selten gespielt, obgleich gerade sie durch ihre kühne Harmonik weit über ihre Zeit hinausweist. Nach einem kantablen Adagio folgt ein anfänglich ruhiges Allegro, das sich zu gesteigerter Heiterkeit erhebt, aber plötzlich mit einem Sforzato abbricht. Das 2. Thema trägt einen zarten Gesang vor, der aber bald der Gewalt des Hauptthemas erliegt. Der 2. Satz ist mit »Capriccio« betitelt und trägt die widersprüchliche Tempobezeichnung »Largo«, was jedoch durch den eigenartig verhangenen Melodiekern, der trotz tänzerischer Rhythmen düster bleibt, verständlich wird. Die Variationen sind durch Transpositionen, Trugschlüsse, Erweiterungen und Auslassungen sehr vielfältig gestaltet, dramatische Überleitungen binden sie aneinander, und das Ende markiert ein unmittelbarer Fortissimoschlag. Das Menuett ist schwerblütig, nur im Trio setzt sich der Tanzrhythmus durch. Das Finale in Sonatenform wischt alle trüben Gedanken bald fort und strahlt Freude und Heiterkeit aus.

Sinfonie Nr. 87 in A-Dur, 4 Sätze, entstanden 1785

Im rauschenden Vivace beginnt der 1. Satz mit einem breit angelegten Thema, bei dem das zweite, knapp gehaltene, sozusagen nebenherläuft. Die Durchführung bringt keine Konflikte, aber neue Farben und Nuancen. Der 2. Satz ist eine Variationenfolge über ein einfaches Thema, dem in beschaulicher Stimmung interessante melodische Varianten abgewonnen werden. Das Menuett ist gravitätisch und sogar etwas mürrisch, nur das Trio mit seinem Oboensolo lieblich und pastoral. Der Schlußsatz hält zwischen Rondo und Sonate die Waage. Eine eigentliche Durchführung des melodischen Materials und ein echter Seitensatz fehlen. Beschwingt und leicht klingt alles aus.

Sinfonie Nr. 88 in G-Dur, 4 Sätze, entstanden 1787

Dieses Werk stellt den ersten Höhepunkt des sinfonischen Schaffens Haydns dar. Dem feierlichen Adagio folgt ein lebhaftes Allegro mit einem volksliedhaften Hauptthema, das den ganzen Satz beherrscht und in der Durchführung deutlich den Einfluß ungarischer Folklore erkennen läßt. Das Largo ist nahezu andachtsvoll, sein Thema kehrt siebenmal fast unverändert, nur mit verschiedener Instrumentation, wieder. Das Menuett ist geschlossen motivisch gearbeitet und gewinnt mit seinen Pianissimoschlüssen und den leisen, wie aus weiten Fernen klingenden Paukenschlägen einen besonderen Reiz. Das Trio bringt eine behäbige Ländlerweise, die nach damaliger Manier von leeren Quinten begleitet ist. Ein heiteres Rondo dient als Finale mit einem volkstümlichen Tanzthema und einem lustigen Kanon der Violinen und Bässe.

Sinfonie Nr. 89 in F-Dur, 4 Sätze, entstanden 1787

Für dieses Werk übernahm der Komponist 2

Sätze seines fünften Konzertes für zwei Liren und kleines Orchester. Im übrigen war er zur kühlen Perfektion zurückgekehrt und zu einer gewissen Oberflächlichkeit, die alle Stilmittel und Effekte genau am richtigen Ort anwendet, um eine gute Gesamtwirkung zu erzielen. Innerlichkeit und Tiefe werden dabei nicht angestrebt. Sogar der langsame Satz ist kalt und unpersönlich.

Sinfonie Nr. 90 in C-Dur, 4 Sätze, entstanden 1788
Der 1. Satz beginnt mit einer langen Fermate, dann setzt nach wenigen Überleitungstakten das Allegro assai ein, in dem die Gegeneinanderführung und Durchführung wohl ernsten Konflikten ausweichen, aber eine schillernde Farbgebung erreichen. Das Menuett ist liebenswürdig und fein und offenbar für französisches Publikum und nicht für den Hof in Eszterhaza bestimmt. Das Finale steht in engem Zusammenhang mit dem 1. Satz und führt das Werk zu einem strahlenden Ausklang.

Sinfonie Nr. 91 in Es-Dur, 4 Sätze, entstanden 1788
Auch diese Sinfonie beginnt mit einem vorbereitenden Largo. Dann setzt mit dem Allegro assai das 1. Thema des Satzes ein, das interessant entwickelt wird und das 2. Thema kaum zu Wort kommen läßt. Das Andante in B-Dur bleibt in der heiteren Stimmung des 1. Satzes. Das Menuett ist wie bei der vorangehenden Sinfonie für ein an französische Musik gewöhntes Publikum zugeschnitten, und das Finale bringt einen fröhlichen Abschluß.

Sinfonie Nr. 92 in G-Dur, »Oxford«, 4 Sätze, entstanden 1788
Diese Sinfonie wurde wie die zwei vorangehenden für Paris geschrieben, konnte aber dort wegen der 1789 ausgebrochenen Revolution nicht mehr aufgeführt werden. Sie erklang zum ersten Mal in Oxford anläßlich der Verleihung des Ehrendoktorats an den Komponisten und wird daher, obschon sie in Wien geschrieben wurde, den 12 »Londoner Sinfonien« an die Seite gereiht. Schon hier hatte der Komponist darauf verzichtet, die Themen mit leichter Hand auf das Papier zu werfen. Die Grundhaltung des Werks ist elegisch und läßt an einen Abschied vom heiteren, leichten Musizieren denken. Vielleicht fließen auch persönliche trübe Gedanken mit, die sich aber nirgends profilieren, weil die Klassik kein Überschreiten der Grenze zwischen Allgemeingültigkeit und Subjektivismus zuläßt. Ein schmerzlicher, müder Zug spinnt sich durch den ganzen 1. Satz, er kann durch ein friedliches Nebenthema nie ganz verdrängt werden. Erst das Adagio bringt Trost; wenn auch sein Mittelteil das Bild verdunkelt, so klingt es doch friedlich aus. Das Menuett läßt keine Fröhlichkeit aufkommen; auch sein Trio klingt unentschlossen und resigniert. Erst das Finale verscheucht die Schatten; mit meisterhafter Kontrapunktik kehrt die bei Haydn gewohnte Lebensfreude und Ausgeglichenheit endlich ungetrübt ein.

Sinfonie Nr. 93 in D-Dur, 4 Sätze, entstanden 1791
Es handelt sich um die erste der 12 »Londoner Sinfonien«, die Haydns sinfonisches Werk abschließen und krönen. Der 1. Satz wird von zwei Themen bestritten, die nicht in Widerstreit kommen, sondern einander ablösen. Das Largo wird von einem schlichten Thema beherrscht, das in fünf stark veränderten Variationen erklingt. Das Menuett tritt selbstbewußt und fest auf wie das krafterfüllte Rondofinale, in dessen Coda ein Zitat aus der Oper »Don Giovanni« (Es lebe die Freiheit) als Reverenz für Wolfgang Amadeus Mozart aufklingt.

Sinfonie Nr. 94 in G-Dur, »Mit dem Paukenschlag«, 4 Sätze, entstanden 1791
Diese außerordentlich bekannte Sinfonie trägt auch den Titel »Surprise« (Überraschung). Ein Adagio cantabile leitet den 1. Satz ein, dessen Abgeklärtheit und Chromatik an Haydns Oratorien denken läßt. Das folgende Vivace ist leicht und zart, eine tändelnde Weise bildet das 2. Thema, das unmittelbar zum Schluß überleitet. Die Durchführung ist konfliktreich und knapp. Das Andante gibt sich schlicht und gelassen, seine Ruhe wird jedoch durch einen überraschenden Paukenschlag zerrissen. Vier farbenprächtige Variationen folgen. Das Menuett stellt einen echten Volkstanz dar. Das Finale steht zwischen Sonate und Rondo, in dem ein scherzhaftes Hauptthema mit einem empfindsamen Nebengedanken wirkungsvoll kontrastiert und schließlich übermütig dem Ende zueilt.

Sinfonie Nr. 95 in c-Moll, 4 Sätze, entstanden 1791
Die in einer für Haydn ungewöhnlichen Tonart komponierte und mit einem Solocello ausgestattete Sinfonie setzt mit einem kontrastreichen Allegro moderato ein, dessen Hauptthema die Exposition völlig beherrscht. Das volkstümliche Tanzthema als zweiter musikalischer Gedanke kann sich kaum durchsetzen und kommt erst in der Reprise zur Geltung. Das Andante ist eine vierfache Variation, von denen eine in es-Moll gehalten ist und damit den wehmütigen Charakter des Satzes bestimmt. Das Menuett bleibt bei der Moll-Tonart und reicht nahezu an ein Scherzo heran; Anklänge an »Figaros Hochzeit« von Wolfgang Amadeus Mozart sind dabei unverkennbar. Im Trio trägt das Solocello eine Länd-

lermelodie vor, wodurch der düstere Charakter des Menuetts noch stärker unterstrichen wird. Das Finale klärt sich zum C-Dur auf. Es ist kontrapunktisch vorzüglich durchgeführt und klingt mit verhaltener Fröhlichkeit aus.

Sinfonie Nr. 96 in D-Dur, »The Miracle« (Das Wunder), 4 Sätze, entstanden 1791

Die später hinzugefügte Benennung rührt von einer Legende her, nach der bei der Premiere der Sinfonie ein Kronleuchter in den Publikumsraum gefallen sei, aber niemanden verletzt habe, weil alle Anwesenden ihre Sitze verlassen und sich zum Podium gedrängt hätten, um den Meister aus nächster Nähe zu betrachten. Die Sinfonie beginnt mit einem lichten, melodiösen Adagio, das sich jedoch immer mehr verdüstert und mit einem wehmütigen Oboenruf endet. Das folgende Allegro klingt festlich, aber etwas kühl. Das Andante bringt eine Variationenfolge mit groß ausgebauten Zwischensätzen; in seiner Coda erklingen zwei Soloviolinen, die dem Ganzen einen konzertanten Charakter verleihen. Das Menuett muß als matt und kraftlos bezeichnet werden, doch das Trio fällt durch zarte Pastellfarben auf. Im anschließenden Rondo setzt sich die leichte Faktur des Beginns trotz düsterer Molltöne sieghaft durch.

Sinfonie Nr. 97 in C-Dur, 4 Sätze, entstanden 1792

Das Werk beginnt mit einem bewegten Adagio, in das ein donnerndes Vivace einbricht. Das 2. Thema des 1. Satzes bringt eine elegante Tanzmelodie, doch in Durchführung und Schluß dominiert das erste. Das Adagio ist ein wenig elegisch, seine Variationen bringen interessante Modulationen. Das Menuett bringt häufige Kontraste zwischen festlichen Passagen und Staccatoteilen, das Trio einen derben Ländler. Das Rondofinale besteht aus einem beschwingten Thema, dem immer neue, überraschende Wirkungen abgewonnen werden.

Sinfonie Nr. 98 in B-Dur, 4 Sätze, entstanden 1792

Den 1. Satz leitet ein dunkles Thema in d-Moll mit schweren Unisonopassagen der Streicher ein. Dieses Thema wird jedoch von einem in Dur gewandelten Allegro abgelöst, zu dem ein etwas müdes Seitenthema tritt. Erst der Schluß des Satzes ringt sich zu optimistischen Gedanken durch. Das Adagio ist feierlich und steigert sich in breitem Bogen zu grandioser Prachtentfaltung; es ähnelt durch seinen Charakter dem Largo der Sinfonie Nr. 88, mit der auch das Menuett eine gewisse Verwandtschaft aufweist. Das Finale ist tänzerisch beschwingt und zart und bestimmt auch den Charakter des anfänglich lyrischen Seitenthemas. Im Mittelteil konzertiert eine Solovioline.

Sinfonie Nr. 99 in Es-Dur, 4 Sätze, entstanden 1793

Die glanzvolle Tonart bestimmt den Charakter des 1. Satzes, dessen harmonische Bildung neue Aspekte in die Technik des Komponisten bringt und mit ihren scharfen Kontrasten deutlich auf Ludwig van Beethoven weist. Das Adagio hat Sonatenform mit einem kantablen Thema, das jedoch vom bewegt drängenden Nebenthema beherrscht wird. Das Menuett geht weit über das Durchschnittliche hinaus und kommt einem Scherzo noch näher als der gleiche Satz in der Sinfonie Nr. 95. Das Rondofinale übt durch starke Kontraste, abrupte Wendungen und prächtige Instrumentierung einen nachhaltigen Reiz aus. Die erstmalige Verwendung von Klarinetten geht auf den Einfluß Mozarts zurück.

Sinfonie Nr. 100 in G-Dur, »Militärsymphonie«, 4 Sätze, entstanden 1794

Die Benennung dieser beliebten Sinfonie ist durch den marschähnlichen Charakter der ersten beiden Sätze und die Verwendung von »Janitschareninstrumenten« – Große Trommel, Becken, Triangel – bedingt. Die pompöse Einleitung des 1. Satzes hat noch keinen »militärischen« Charakter, dafür das 2. Thema, das mehrmals in spätere Militärmärsche aufgenommen worden ist. Das Allegretto des 2. Satzes ist ein echter Militärmarsch der Zeit, auch im nach Moll transponierten Teil, der nach einem Trompetensignal sich im klaren Dur auf die Coda zu bewegt. Das Menuett nimmt die kriegerische Stimmung nicht wieder auf, es ist tänzelnd, zum Teil auch plump-gravitätisch; das Trio wirkt gemütsvoll und lustig. Im Finale klingen energische Gesten und erregte Passagen auf, doch am Ende herrschen doch Fröhlichkeit und Zuversicht.

Sinfonie Nr. 101 in D-Dur, »Die Uhr«, 4 Sätze, entstanden 1794

Der 1. Satz wird von einem Adagio in d-Moll eröffnet und die Exposition von zwei parallel gehaltenen Themen bestritten. Das Andante ist von gleichmäßig hin und her pendelnden Achteln begleitet, was zur Benennung der Sinfonie führte. Das Menuett ist breit ausgesponnen, im Trio erzeugen die Soli der Holzbläser eine liebliche pastorale Stimmung. Das Rondofinale strahlt viel Geist und Heiterkeit aus, seine Form und Aussage ist von ganz besonderer Geschlossenheit.

Sinfonie Nr. 102 in B-Dur, 4 Sätze, entstanden 1794

Schon der 1. Satz enthält eine so starke dramatische Spannung und eine derart großzügige Entwicklung des Themenmaterials, daß sein Format alles Bisherige aller Sinfonien übertrifft. Hart prallen die Gegensätze aufeinander, nicht einmal die Reprise bringt eine Klärung; diese tritt erst in der Coda mit dem Sieg des Themas ein. Im Adagio des 2. Satzes wird die Elegik der Melodie durch den Klang hoch geführter Fagotte und gedämpfter Blechinstrumente zur Melancholie. Der Volkstanz des Menuetts kann in seiner Urwüchsigkeit auch von dem stampfenden Unisonomotiv nicht gestört werden, sein Trio nimmt mit träumerischer Stimmung Walzerseligkeit voraus. Das Rondo entnimmt sein Thema dem Bereich des Volkslieds.

Sinfonie Nr. 103 in Es-Dur, »Mit dem Paukenwirbel«, 4 Sätze, entstanden 1795

Die im 19. Jahrhundert hinzugefügte Benennung bezieht sich auf das Paukensolo am Beginn des getragenen Adagio des 1. Satzes, der die Stimmung einer Totenfeier aufkommen läßt. Im folgenden Allegro stimmen Celli, Kontrabässe und Fagotte einen Trauergesang an, dessen Wehmut auch in der Reprise erhalten bleibt. Die Variationen des 2. Satzes über ein Thema in c-Moll kommen einem Trauermarsch nahe, der erst am Ende zu neuer Lebensfreude findet. Auch das Menuett weist einen nachdenklichen Mittelteil auf, nur das Trio bringt helle, sorglose Farbtöne. Das Finale hingegen ist ein heiteres Rondo, das alle trüben Gedanken vertreibt.

Sinfonie Nr. 104 in D-Dur, »Salomon«, 4 Sätze, entstanden 1795

Diese letzte, Johann Peter Salomon gewidmete Sinfonie beginnt mit einem marschmäßig fröhlichen Allegro; das 2. Thema des 1. Satzes kommt kaum zur Entwicklung und tritt erst in der Reprise wieder auf. Der 2. Satz bringt eine einfache Melodie, die an Herbst und Vergänglichkeit mahnt. Das Menuett wirkt durch eigenwillige Betonung der schwachen Taktteile sehr humorvoll. Das Hauptthema des Schlußsatzes ist an eine kroatische Volksweise angelehnt und spannt sich über einen Bordunbaß.

Sinfonie concertante in B-Dur, 3 Sätze, entstanden 1792

Diese zwischen dem Konzert und der Fantasie anzusiedelnde Sinfonie concertante (die auch als Sinfonie Nr. 105 bezeichnet wird) für Oboe, Fagott, Violine und Cello als Soloinstrumente und Orchester stellt im 1. Satz die Solisten bereits heraus, ehe das Orchester die Exposition

Joseph Haydn bei einer Orchesterprobe, Gemälde von J. Schmid

beendet hat. Das von den ersten Violinen und der Flöte vorgetragene Thema beherrscht den ganzen Satz, ein echtes 2. Thema tritt nicht in Erscheinung. Der 2. Satz ist eine freie Variation eines vom Beginn an stark figurierten Themas. Im 3. Satz kommt überraschenderweise das Hauptthema zuerst in variierter Form zum Vortrag, ehe es in Originalgestalt auftritt. Virtuosität, problemloses Musizieren und schöne Klänge beherrschen das ganze, bis heute gern gespielte Werk.

Cembalokonzert in D-Dur, 3 Sätze, entstanden um 1782

Es handelt sich um kein Virtuosenstück, sondern um gehobene Unterhaltungsmusik. Der 1. Satz beginnt mit einem tänzerischen Thema, das, vom Soloinstrument aufgegriffen, in immer neuen Wendungen erklingt. Auch der 2. Satz ist liedhaft und wird vom Cembalo reich ausgeziert. Der 3. Satz – »Rondo all'Ongharese« – intoniert ungarische Zigeunermusik in gehobener Form.

Cembalokonzert in F-Dur, 3 Sätze, entstanden um 1770

Der lebhafte 1. Satz ist zierlich und galant, eine vornehme Unterhaltungsmusik. Der langsame Satz wird vom Cembalo nahezu allein bestritten, die begleitenden Streicher bilden nur eine sehr zurückhaltende Hintergrundmusik. Das Finale weist einen Mittelteil in Moll auf, was aber auf die allgemeine Fröhlichkeit nicht störend wirkt.

Violinkonzert in G-Dur, 3 Sätze, entstanden 1765

Im schwungvollen 1. Satz dieses wegen seiner Kantabilität und Virtuosität beliebten Violinkonzerts wird das Eröffnungsthema solistisch stark verziert. Im 2. wird eine ausdrucksreiche Melodie exponiert und von den Violinen in hohen Lagen übernommen. Das Finale wirkt mit seinem ungarischen Rhythmus und Akzent außerordentlich plastisch.

Cellokonzert in D-Dur, 3 Sätze, entstanden 1783

Der 1. Satz bringt in ausgesprochen empfindsamem Stil eine ausdrucksreiche Melodie, die das Soloinstrument sofort übernimmt und virtuos figuriert. Das Orchester verläßt sehr oft seine begleitende Rolle und tritt selbst charakteristisch hervor. Das Adagio greift Elemente des 1. Satzes wieder auf und formt daraus einen balladesken Gesang. Das Finale in Rondoform bringt ein tänzerisches Thema, das mit schwierigen Passagen zu einem prachtvollen Ausklang hindrängt.

Trompetenkonzert in Es-Dur, 3 Sätze, entstanden 1796

Es handelt sich um das letzte Solokonzert des Komponisten. Es wurde 1796 für den kaiserlichen Hoftrompeter Anton Weidinger, den Erfinder der Klappentrompete (Übergangsform von der alten Naturtrompete zur modernen Ventiltrompete), verfaßt. Da mit diesem Instrument auch chromatische Tonfolgen geblasen werden konnten, finden sich neben den bislang üblichen Signalmotiven weitgespannte Melodiebogen, die eng auf das begleitende Orchester bezogen sind, so daß man dieses Stück als frühestes Trompetenkonzert in unserem Sinn ansprechen darf.

Das Hauptthema des vom Orchester eröffneten 1. Satzes wird später vom Soloinstrument übernommen und weiterentwickelt; im Seitenthema tritt die neue Chromatik auf. Der 2. Satz bringt ein weiches Siciliano, an dem Violinen und Trompeten gleichberechtigt beteiligt sind. Das Rondo als Finale ist volkstümlich einfach, steigert sich gegen das Ende zum dramatischen Fortissimo, das mit der Kadenz gelöst abschließt.

Konzert für Orgel und Orchester in C-Dur, 3 Sätze, entstanden 1756

Die breite Orchestereinleitung des 1. Satzes umfaßt seine beiden Themen, die darauf variationsartig verändert und vom Orgelsatz stark figuriert begleitet werden. Der 2. Satz bringt ein schlichtes liedhaftes Thema der ersten Violinen, das von der Orgel weitergeführt wird. Vor dem Ende ist ein Platz für die Kadenz ausgespart. Dem Hauptthema des Finales ist ein aus gebrochenen Triolenfiguren bestehendes Seitenthema beigegeben. Das Wechselspiel zwischen diesen und den Sechzehnteln des Hauptthemas verleiht dem Satz einen besonderen Reiz.

Konzert für Orgel und Orchester in C-Dur, 3 Sätze, entstanden 1766

Das Thema des 1. Satzes wird von den Streichern intoniert, von der Orgel weitergesponnen und sehr färbig durchgeführt. Die Themenfigur des Adagio besteht aus gebrochenen Dreiklängen, und das Finale bringt ein sprühendes konzertantes Wechselspiel von Violinen und Orgel.

Streichquartett in B-Dur, Opus 1/1, 5 Sätze, entstanden 1755

Es handelt sich eigentlich um ein Divertimento, dessen »Ständchen« als Adagio in der Mitte steht, von 2 Menuetten flankiert und 2 Presto eingerahmt wird. Das Eingangspresto beginnt mit einem Fanfarenmotiv, setzt in der ersten Violine fort und verklingt leise mit der zweiten. Darauf ergehen sich die Instrumente in raschen Sechzehnteln, bis eine mit Trillern verzierte Kadenz den Teil beendet. Nach einigem Tändeln wiederholt der 2. Teil den 1. Das Menuett ist zärtlich und lockend, das Ständchen selbst bringt ein gefühlvolles Solo der ersten Violine. Darauf folgen ein fröhliches 2. Menuett und ein wirbelndes Prestofinale.

Streichquartett in C-Dur, Opus 1/6, 5 Sätze, entstanden vor 1760

Der Ständchencharakter ist auch hier durch die Fünfsätzigkeit gewahrt. Das Solo der ersten Violine im Adagio wird von den anderen Instrumenten pizzicato begleitet. Das 2. Menuett beginnt mit zu je einem Paar in Oktaven gekoppelten Stimmen. Das abschließende Presto stellt einen echten Quartettsatz dar, wie ihn der frühe Haydn schrieb.

Streichquartett in Es-Dur, Opus 2/3, 5 Sätze, entstanden um 1760

Dieses Quartett war ursprünglich als Divertimento für zwei Hörner entworfen, was noch an den Einleitungstakten zum Thema des 1. Satzes merkbar ist. Hornmotive sind auch im 2. Menuett zu finden. Im Adagio erklingt ein romantisches Violinsolo, das mit Dämpfern begleitet wird.

Streichquartett in F-Dur, Opus 2/4, 5 Sätze, entstanden um 1760

Hier tritt zum ersten Mal ein Adagio in Moll auf, in dem das Thema durch Synkopen verwischt und die Wehmut vertieft wird. Das Menuett ist auf liebenswürdige Art verspielt wie das kleine Schlußpresto.

Streichquartett in B-Dur, Opus 2/6, 5 Sätze, entstanden um 1760

Die fünfsätzige Serenadenform ist auch hier beibehalten. Das Eingangsadagio bringt vier Variationen. Darauf folgt ein launisches Presto mit einem einprägsamen volkstümlichen Thema und ein kleiner reizender Satz in As-Dur. Das 2. Menuett hat wieder gekoppelte Stimmen, und das

Presto schließt das Werk in sprühender Laune ab.

Streichquartett in E-Dur, Opus 3/1, 4 Sätze, entstanden nach 1761

Mit den 6 Quartetten für den Fürsten Esterházy gibt der Komponist die Divertimentofaktur und die Fünfsätzigkeit auf. Sie wurden wegen ihres hochromantischen Gehalts auch »Eichendorff-Quartette« benannt. Der 1. Satz ist ein Allegro molto voll Stimmung. Das Menuett ist gravitätisch und hat ein reizendes Trio mit farbigen Pizzicati. Das folgende Andantino grazioso bringt eine Serenade der gedämpften Violinen, von Bratsche und Cello, nach Gitarrenart gezupft, begleitet. Ein verhaltenes Schlußpresto steigert sich schwungvoll von pianissimo bis forte und fällt erneut zum Pianissimo ab.

Streichquartett in C-Dur, Opus 3/2, 3 Sätze, entstanden nach 1767

Im einleitenden Andante wird eine sangbare Melodie fünfmal variiert. Das Trio des folgenden Menuetts bringt eine Ländlerweise der ersten Violine. Ein ungewöhnlich langes Presto im Marschrhythmus schließt das Werk ab.

Streichquartett in G-Dur, Opus 3/3, 4 Sätze, entstanden nach 1767

Das Presto des 1. Satzes voll Fröhlichkeit wird von einem empfindsamen Largo abgelöst. Das Menuett als 3. Satz begleitet die Melodie mit Musettetönen. Das Finale bildet einen Abschluß voll Humor und Freude.

Streichquartett in B-Dur, Opus 3/4, 2 Sätze, entstanden nach 1761

Das Allegro moderato bringt die Melodie auf weiten Strecken zweistimmig. Dem 2. Satz, einem Presto, ist ein kurzes Adagio vorangestellt; dann gewinnt die tänzerische Faktur die Oberhand.

Streichquartett in F-Dur, Opus 3/5, 4 Sätze, entstanden nach 1761

Dieses Werk ist als »Serenadenquartett« bekannt geworden. Ein Presto voll Phantasie leitet es ein, in dem die erste Violine bald die Führung übernimmt. Im Andante cantabile klingt die berühmte »Serenade«, von der ersten Violine vorgetragen und pizzicato begleitet, auf. Das Menuett ist ausgesprochen urwüchsig, und das Scherzando beendet das Quartett in fröhlicher Stimmung.

Streichquartett in A-Dur, Opus 3/6, 4 Sätze, entstanden nach 1761

Im 1. Satz erscheinen zwei Themen, die einer Durchführung unterzogen werden. Das Adagio ist reich ausgeschmückt. Die Themen des Menuetts und des 4. Satzes sind dem Volksmusikgut entnommen, außerordentlich eingängig und meisterhaft mit interessanten Figurationen und Echowirkungen verarbeitet.

Streichquartett in C-Dur, Opus 9/1, 4 Sätze, entstanden 1769

Die Werke des Opus 9 bezeichnete der Komponist als seine »Ersten Streichquartette«. Er hatte sich von der Divertimento- und der Serenadenform gelöst.

Das vorliegende Quartett beginnt mit einem tänzerischen Thema voll Helligkeit und Frische und wird sofort durchgeführt. Nach einer Fermate tritt das Gegenthema ein. Alle Instrumente sind an der Entwicklung maßgebend beteiligt. Das Menuett ist sehr heiter, sein Trio bringt ernste Gedanken in der Moll-Tonart. Das Adagio fällt durch besondere Sanglichkeit auf. Das abschließende Presto nimmt mehrere Wendungen der vorangehenden Sätze auf und führt sie gemeinsam mit einem neuen chromatischen Seitenthema reich figuriert durch.

Streichquartett in Es-Dur, Opus 9/2, 4 Sätze, entstanden 1769

Im 1. Satz fällt der ersten Violine ein virtuoser Part zu, aber auch die anderen Instrumente haben schwierige Aufgaben zu lösen, um den Konflikt der beiden Themen zu bewältigen. Das Menuett ist kurz und mit einer interessanten absteigenden Baßfigur ausgestattet; sein Trio bringt einen kleinen Kanon. Der 3. Satz wird von einem grandiosen Adagio angekündigt, dann übernimmt die erste Violine einen rhapsodischen innigen Gesang. Das Finale ist großräumig angelegt und nimmt Formen der Romantik voraus.

Streichquartett in G-Dur, Opus 9/3, 4 Sätze, entstanden 1769

Heiterkeit ist die Grundstimmung des gesamten Werkes. Im 1. und im 3. Satz tritt die Violine konzertant auf. Das zweistimmige Thema des Menuetts bringt wiegende Tanzweisen; sein Trio ist voll Sforzati und Synkopen, und das Presto beendet humorvoll das Stück.

Streichquartett in d-Moll, Opus 9/4, 4 Sätze, entstanden 1769

Dieses erste Mollquartett des Komponisten stellt eine höchst persönliche Ausdrucksmusik dar. Das melancholische Thema des 1. Satzes wird von der ersten Violine vorgetragen. Das Menuett ist empfindungsreich und weit von der seinerzeitigen »höfischen« Form entfernt; erst das farbige Trio heitert die Stimmung etwas auf. Im Adagio spielt die erste Violine eine Romanze. Das Presto bereitet dem Stück einen kraftvollen Schluß.

Streichquartett in B-Dur, Opus 9/5, 4 Sätze, entstanden 1769

Der Einleitungssatz bringt ein zweiteiliges arioses Thema mit vier Variationen. Das Menuett hat reine Rokokoform, das Largo cantabile stellt die erste Violine in Szene. Das Presto ist unbeschwert und fröhlich, endet aber im Pianissimo.

Streichquartett in A-Dur, Opus 9/6, 4 Sätze, entstanden 1769

Der 1. Satz entfaltet sich fanfarenartig. Das zarte Menuett hat ein schönes Trio in Moll. Nach einem schönen 3. Satz blüht das Finale zu einem prächtigen Klangphänomen von überraschend kurzer Dauer auf.

Streichquartett in d-Moll, Opus 42, 4 Sätze, entstanden vermutlich vor 1769

Dieses Quartett soll bereits vor Opus 9 entstanden sein. Es wird von einem schlichten Andante ed innocentemente, dessen Thema sich sequenzartig entfaltet, eingeleitet. Das Menuett in D-Dur ist ausgesprochen lustig, nur das Trio in Moll dämpft die Fröhlichkeit etwas. Der 3. Satz, ein Adagio e cantabile, in B-Dur ist friedvoll und voll Melodie. Der Schlußsatz besteht aus einem geistreichen und eleganten Presto.

Streichquartett in E-Dur, Opus 17/1, 4 Sätze, erschienen 1771

Das einleitende Moderato gibt sich hochgestimmt und spielfreudig. Das anschließende Menuett umrahmt ein elegisches Trio in cis-Moll, an dem alle Instrumente beteiligt sind. Das folgende Adagio in e-Moll überläßt die Melodieführung der ersten Violine, die begleitenden Harmonien sind stark verziert. Im Finale tragen die Violinen das Thema in Terzen vor, ein sanglicher Seitengedanke tritt hinzu und beteiligt sich am fröhlichen Abschluß.

Streichquartett in F-Dur, Opus 17/2, 4 Sätze, erschienen 1771

Der 1. Satz beginnt, als läge ein Violinkonzert vor, aber die anderen Instrumente fallen bald ein und beteiligen sich gleichberechtigt an der weiträumigen Durchführung. Das folgende Menuett wirkt gravitätisch, sein Trio in d-Moll bringt folkloristische Stimmung. Das stark lyrische Adagio prunkt mit einer großen Aria der ersten Violine, und im konzertanten Finale wirken das häufig synkopierte Hauptthema und das daraus entnommene Seitenthema zu einem energischen Abschluß zusammen.

Streichquartett in Es-Dur, Opus 17/3, 4 Sätze, erschienen 1771

Von den vier Variationen, mit denen der 1. Satz beginnt, werden drei von der ersten Violine geführt, der die anderen Instrumente nur kleine Motive entgegenstellen, in der vierten dominiert das Cello. Das Thema des behaglichen Menuetts ist mit dem des 1. Satzes verwandt; sein Trio ist sehr apart. Das Adagio in As-Dur ist von Carl Philipp Emanuel Bach beeinflußt, kommt aber durch viele Abweichungen im tonalen Bereich einem Capriccio nahe. Das Finale ist thematisch äußerst reizvoll und stattet alle Instrumente mit virtuosen Wendungen aus.

Streichquartett in c-Moll, Opus 17/4, 4 Sätze, erschienen 1771

Im 1. Satz sind alle Stimmen vorzüglich durchgearbeitet und erzielen eine nahezu weihevolle Schönheit. Der Diminuendoschluß des Satzes mündet überraschend in C-Dur. Das Menuett bleibt bei dieser Tonart und umschließt tändelnd ein c-Moll-Trio. Der Satz gleicht einem Scherzo. Das Adagio cantabile ist voll Ornamentik, die anderen Instrumente begleiten die erste Violine akkordisch oder mit Sechzehntelpassagen. Zwei Themen beherrschen das energische Finale; das 1. steigt sequenzartig an, stürzt jäh nieder und steigt erneut, um wieder abzusinken und wiederum aufzustreben, das 2. wird von der ersten Violine mit Doppelgriffen virtuos vorgetragen und nimmt opernhafte Gestik an.

Streichquartett in G-Dur, Opus 17/5, 4 Sätze, erschienen 1771

Die Durchführung des thematischen Materials im 1. Satz ist groß angelegt und mit vielen Synkopen durchsetzt. Das schöne Menuett ist einfach und pastoral, sein g-Moll-Trio bricht in einem großen Crescendo in schwermütige Klage aus und verklingt sodann piano. Im Adagio wird die Arie der ersten Violine zweimal durch Rezitative unterbrochen. Im lebhaften Finale beendet die virtuose Schlußsteigerung das Kernmotiv mit mehreren Pianissimotakten.

Streichquartett in D-Dur, Opus 17/6, 4 Sätze, erschienen 1771

Das Presto des 1. Satzes bringt ein eingängiges Thema mit zündender Faktur. Das Menuett ist arios, das Trio spielt mit wiegenden Triolen. Das Largo gibt der ersten Violine Gelegenheit zum reizvollen Vortrag von Trillerketten, ausdrucksreichen Fermaten, von einer Menge Doppelgriffen und zwei Solokadenzen. Das Finale ist wie das Presto eines Divertimento angelegt.

Streichquartett in Es-Dur, Opus 20/1, 4 Sätze, entstanden 1772

Dieses 1. der 6 Sonnenquartette (benannt nach einer alten Titelvignette) unterscheidet sich von den vorhergehenden nicht sehr. Die Ecksätze sind heiter, das Finale ist witzig pointiert. Das

Menuett findet im Trio keinen Gegensatz, sondern eine Fortsetzung, das Affettuoso schwelgt in Sanglichkeit.

Streichquartett in C-Dur, Opus 20/2, 4 Sätze, entstanden 1772

Bei diesem Sonnenquartett steht der langsame Satz an zweiter Stelle und das Menuett an dritter. Diese Umstellung war erforderlich, weil der 1. Satz die Exposition bringt und der 2. diese durchführt. Der 3. Satz führt die Entspannung herbei, während der 4. neue Schwerpunkte setzt und einen langen Durchführungsteil anschließt, der in einer Fuge mit 4 Themen endet.

Streichquartett in g-Moll, Opus 20/3, 4 Sätze, entstanden 1772

Bei diesem 3. Sonnenquartett ist wieder die alte Satzanordnung in Geltung. Der 1. Satz ist voll Melancholie, dem ein Menuett in ähnlicher Stimmung folgt; erst das zweiteilige Trio heitert das Werk vorübergehend auf. Das Poco adagio in G-Dur führt freundlichere Vorstellungen herbei, die in freier Kantilene ihren Ausdruck finden, obwohl die Begleitstimmen noch sehr unruhig sind. Erst im feingegliederten Finale kommt es zu einem hinreißenden Musizieren.

Streichquartett in D-Dur, Opus 20/4, 4 Sätze, entstanden 1772

Dieses 4. Sonnenquartett kehrt zur Satzanordnung des 2. zurück. Das Werk beginnt mit einem äußerst lebhaften Allegro di molto. Das schöne Mollthema des folgenden Adagio wird von der zweiten Violine und der Bratsche und dann vom Cello variiert. In der dritten Variation umspielt die erste Violine das Thema, und die vierte wird von allen Instrumenten bestritten. Das Menuett »alla zingarese« bringt rhythmische Schwerpunktverlagerungen und Sforzati und das Finale ein überschäumendes Presto scherzando.

Steichquartett in f-Moll, Opus 20/5, 4 Sätze, entstanden 1772

Das 5. Sonnenquartett ist von Schwermut überschattet. Der 1. Satz ist tief melancholisch, seine Stimmung wird nirgends aufgehellt, und auch das Menuett, das als 2. Satz folgt, ist von dieser Stimmung beherrscht; nicht einmal das Trio kann trotz der Dur-Tonart etwas daran ändern. Erst das sangliche Adagio bringt etwas Helligkeit. Das Finale beendet das Werk mit einer großen Doppelfuge.

Streichquartett in A-Dur, Opus 20/6, 4 Sätze, entstanden 1772

Dieses 6. Sonnenquartett beginnt mit einem federnden Allegro di molto e scherzando, seine heitere Stimmung bleibt im Adagio cantabile, dem 2. Satz, aufrecht und wird durch witzige Pointen verstärkt. Das reizende Menuett hat ein Trio, in dem die zweite Violine schweigt und die restlichen Instrumente »auf der tiefen Saite« musizieren. Das Finale bringt eine Fuge mit 3 Themen.

Sterbehaus Haydns in Wien

Streichquartett in h-Moll, Opus 33/1, 4 Sätze, entstanden 1781

Die 6 Russischen Quartette (Opus 33 und 42) widmete der Komponist dem Großfürsten Paul von Rußland, dem nachmaligen russischen Kaiser Paul I. Sie werden auch »Scherzi« genannt, weil darin zum ersten Mal der bisherige Menuettsatz mit »Scherzo« bezeichnet ist. Die auch gebrauchte Bezeichnung »Jungfern-Quartette« leitete sich von der Titelvignette eines alten Druckes ab.

Joseph Haydn behauptete, daß diese Quartette »auf eine ganz neue, besondere Art« gemacht seien. Tatsächlich tat er darin seinen letzten Schritt zum »klassischen« Streichquartett, der in der Hauptsache darin bestand, daß er die Motivspiele auf ganze Sätze ausdehnte und die Bindung der Themen an einzelne Instrumente aufhob.

In diesem 1. Russischen Quartett sind die neuen Prinzipien augenfällig durchgeführt. Das ist sowohl im 1. Satz wie im 2., »Scherzando«, belegbar. Die Themen entfalten sich sequenzartig aus einem oder zwei Motiven. Der langsame Satz ist verhalten elegisch, das Schlußpresto sorgfältig von jeder persönlichen Emotion freigehalten.

Streichquartett in Es-Dur, Opus 33/2, 4 Sätze, entstanden 1781

Humorvoll und frisch beginnt der 1. Satz, sein kurzer Moll-Einwurf ist nicht ernst zu nehmen. Das Scherzo ist ein echtes Menuett. Das folgende Largo sostenuto bietet schöne Lyrismen, und das Finale ist ein wahres musikantisches Stück.

Streichquartett in C-Dur, Opus 33/3, »Vogelquartett«, 4 Sätze, entstanden 1781

In den Themen des Allegro moderato sind Vogelstimmen angedeutet. Im Trio des ernsthaften Scherzando, dessen Themen auf tiefen Saiten zu spielen sind, zwitschern die Vögel erneut. Im Schlußpresto ruft ein Kuckuck, während das 2. Thema ungarische Töne anschlägt.

Streichquartett in B-Dur, Opus 33/4, 4 Sätze, entstanden 1781

Im Allegro molto kommt es zu einer äußerst komischen Durchführung. Das Scherzo bringt hüpfende Menuettrhythmen und ein Trio mit elegischer Moll-Stimmung. Das Largo schlägt ariose Töne an, das Presto schließt mit zehn Takten Pizzicato.

Streichquartett in G-Dur, Opus 33/5, 4 Sätze, entstanden 1781

Einem spritzigen Vivace assai folgt ein Largo cantabile mit viel Pathos, in dem die erste Violine den Ton angibt. Ein echtes Scherzo vertritt das Menuett, lustig und unterhaltsam. Das Finale bringt ein schönes Siciliano, das mit einem kurzen energischen Presto abschließt.

Streichquartett in D-Dur, Opus 33/6, 4 Sätze, entstanden 1781

Nach einem beschwingt tänzelnden 1. Satz folgt ein Andante in d-Moll voll Poesie. Derb und bäurisch gibt sich das Scherzo, dessen Trio das Thema von einem Instrument zum anderen wirft, bis es zu einem Unisonoende kommt. Im Finale entstehen lebhafte Auseinandersetzungen der Instrumente in einem reizenden Rondo.

Streichquartett in B-Dur, Opus 50/1, 4 Sätze

Die folgenden 6 Werke sind König Friedrich Wilhelm II. von Preußen gewidmet und heißen daher »Preußische Quartette«. Trotz eines gewissen Einflusses von Carl Philipp Emanuel Bach haben sie wenig »Preußisches« an sich, sondern gehören vollgültig der Wiener Musik an. Viel stärker war nämlich der Einfluß von Wolfgang Amadeus Mozart. Sie entstanden in der Zeit zwischen 1784 und 1787.

Das vorliegende Werk beginnt mit einem pastoralen Allegro voll Spannung, die sich in der Durchführung noch verdichtet und erst in der Coda löst. Das folgende Adagio non lento stellt sich mit drei Variationen über ein kantables Thema vor. Der 3. Satz ist ein echtes Menuett mit einem aufsteigenden Dreiklangmotiv, das sich im Trio umkehrt. Mit stürmischem Schwung beendet, vor der Coda durch eine Generalpause unterbrochen, das Finale das ansprechende Stück.

Streichquartett in C-Dur, Opus 50/2, 4 Sätze

Haupt- und Seitenthema nehmen im 1. Satz von vornherein an der Entwicklung teil und verdichten sich in der Durchführung zu polyphoner Klangwirkung. Das Adagio cantabile ist voll chromatischer Wendungen. Das Menuett schließt ein ansprechendes Trio ein, das sich mit einem Violinenduett zur echten Quartettmusik erhebt. Das Vivace assai des Finales ist fein und humorvoll.

Streichquartett in Es-Dur, Opus 50/3, 4 Sätze

Der 1. Satz bringt ein energisches, nahezu sinfonisch wirkendes Allegro con brio. Das Andante bringt einen Variationensatz, den das Cello anstimmt. Nach einer Abwandlung in b-Moll wird das Thema wiederholt und sodann von Triolen umspielt. Das Menuett fügt sich klangvoll der Stimmung des Werkes ein, und das Presto bietet viel Schwung und Farbigkeit.

Streichquartett in fis-Moll, Opus 50/4, 4 Sätze

Im 1. Satz wird die Entwicklung von einem rhythmischen Motiv bestritten. Im folgenden Andante wird ein kantables Motiv viermal, abwechselnd in Dur und Moll, variiert. Das Menuett in Fis-Dur ist überaus farbig; sein Trio in Moll weich und stimmungsvoll. Das Finale ergeht sich in einer großen freien Fuge.

Streichquartett in F-Dur, Opus 50/5, 4 Sätze
Das großräumige Allegro moderato des 1. Satzes bringt die romantische Grundstimmung dieses Werkes. Verträumt setzt das Poco Adagio die wirklichkeitsabgewandte Haltung fort. Fröhlichkeit kommt erst im Menuett und in seinem Trio in Moll auf, und sprühende Ausgelassenheit strahlt nur das Finale aus.

Streichquartett in D-Dur, Opus 50/6, 4 Sätze
Das Werk trägt den Namen »Froschquartett«, wegen der Häufung von Bariolagen im Finale (rasche Aufeinanderfolge desselben Tones auf abwechselnd zwei Saiten eines Instruments), die an Froschquaken erinnern. Der 1. Satz bringt ein lebhaftes Allegro. Das Adagio ist sehr ernst und hellt sich erst gegen Ende des Satzes auf. Das Menuett ist energisch und klangreich.

Streichquartett in G-Dur, Opus 54/1, 4 Sätze
Es handelt sich um das erste Werk der 12 »Tostschen Quartette«, die dem Wiener Großkaufmann Johann Tost gewidmet wurden und 1789 bis 1790 entstanden.
Im 1. Satz hat die erste Violine virtuose Aufgaben zu bewältigen. Der 2. bringt ein hübsches Allegretto mit sanften Harmonien. Das Menuett gibt sich sehr eigenwillig; in seinem Trio konzertiert das Cello mit einer österreichischen bäurischen Tanzmelodie. Das Finale weist sinfonische Faktur mit überraschenden Modulationen auf.

Streichquartett in C-Dur, Opus 54/2, 4 Sätze
Das gesamte Werk hat pastoralen Charakter. Der 1. Satz moduliert durch mehrere Tonarten in Dur und Moll und erzeugt ein prächtiges Klangbild. Das Adagio beginnt in c-Moll, die Melodie trägt die erste Violine vor, die sodann von der zweiten abgelöst wird; in aufgehellter Stimmung endet der Satz in G-Dur. Das Menuett schließt unmittelbar an und sendet die Violine bis zum viergestrichenen C empor; sein Trio bringt dunkle Mollharmonik. Das Finale beginnt mit einem Adagio. Nach seiner Abwandlung in Moll prescht ein Presto vehement hervor, bis nach einer Fermate das Adagio gekürzt wiederkehrt und leise verklingt.

Streichquartett in E-Dur, Opus 54/3, 4 Sätze
Paarweise Koppelungen der Instrumente ziehen sich durch das ganze Quartett. Im 1. Satz sind es die zweite Violine und die Bratsche, die in Terzgängen das Vivacethema der ersten Violine flankieren. Diese Methode setzt sich im düsteren Largo cantabile fort, in dem die Ober- und die Unterstimmen paarweise musizieren; nur im Mittelteil in a-Moll fällt die Führung der ersten Violine zu. Im Menuett spielen die Stimmpaare in Oktaven gegeneinander, um sich im Trio zum Unisono zu vereinen. Im abschließenden Presto geben die Mittelstimmen den Ton an.

Streichquartett in A-Dur, Opus 55/1, 4 Sätze
Das Thema des einleitenden Allegro fließt aus dem A-Dur-Dreiklang. Die Durchführung ist voll Leben, wendet sich zum C-Dur, kehrt in der Reprise zurück und schließt den Satz mit einer energischen Coda ab. Die Kantilene des 2. Satzes wird von der zweiten Violine gebracht, bis es zu einem ausdrucksvollen Spiel aller Instrumente kommt. Das Menuett ist melodisch aufgelockert, im Trio muß sich die erste Violine virtuos bewähren. Das Finale ist straff, aber doch sehr elegant.

Streichquartett in f-Moll, Opus 55/2, 4 Sätze
Dieses Quartett fängt mit einem Andante piutosto Allegretto an, das einen Variationssatz auf einem einfachen Thema fünfmal – Dur und Moll abwechselnd – bringt; darauf folgt das Allegro, in dem starke Emotionen spannungsreich dargestellt werden. Der Satz mündet nach mehrfachen Modulationen in eine Coda in F-Dur. Das Menuett ist kanonisch und kontrapunktisch. Das Finale bringt ein heiteres Presto.

Streichquartett in B-Dur, Opus 55/3, 4 Sätze
Das Eröffnungsthema des 1. Satzes bleibt bis zum Ende dominierend. Im 2. Satz wird ein liedförmiges Thema zweimal variiert, wobei die zweite Violine stellenweise die Führung innehat. Das Menuett weist eine chromatische Linienführung auf. Das Finale schnurrt wie ein Perpetuum mobile ab und läuft pianissimo aus. Das Ende bildet aber ein kräftiger Schlußtakt.

Streichquartett in C-Dur, Opus 64/1, 4 Sätze
Die Grundhaltung dieses Werkes ist heiter. Eintrübungen haben nur die Funktion eines Farbkontrastes. Die Thematik der ersten 3 Sätze ist einem Dreiklang entnommen. Im Scherzando gibt es drei reizende Variationen, bei denen alle Instrumente abwechselnd führen. Das Finale entwickelt ein eigenes Thema, dessen Ausführung jedoch keine Stimmungsänderung bringt.

Streichquartett in h-Moll, Opus 64/2, 4 Sätze
Der 1. Satz bringt außerordentlich farbige Klangkombinationen. Das motivische Material aus Haupt- und Seitenthema wird spannend entwickelt. Das Adagio ma non troppo in H-Dur teilt die Kantilene der ersten Violine zu. Das Menuett lehnt sich an ungarische Folklore an, sein Trio in Dur nimmt die Stimmung des Ada-

gio wieder auf. Das Finale wirkt trotz der Moll-Tonart hell.

Streichquartett in B-Dur, Opus 64/3, 4 Sätze
Heitere Stimmungsbilder kennzeichnen dieses Stück, dessen Thematik voll chromatischer Wendungen ist. Dem Hauptthema des 1. Satzes ist ein zwischen Dur und Moll wechselndes Seitenthema gegenübergestellt. Das Adagio bringt ein schönes Duett der Violinen und einen melancholischen Mittelteil in es-Moll. Das Menuett ist humorvoll derb wie sein Trio. Ein fröhliches Allegro con spirito schließt das Stück ab.

Streichquartett in G-Dur, Opus 64/4, 4 Sätze
Im Allegro con brio des 1. Satzes offenbart sich die helle Atmosphäre des Werkes. Das Menuett ist in Wahrheit ein Bauernländler mit humorvoll derben Wendungen; im Trio bringt die erste Violine eine eindrucksvolle Melodie, die von den anderen Instrumenten gezupft begleitet wird. Im Adagio führt ebenfalls die erste Violine mit einer zarten Weise, die von einem Mittelteil in c-Moll unterbrochen ist. Das Finale ist von besonders schönem Schwung.

Streichquartett in D-Dur, Opus 64/5, »Lerchenquartett«, 4 Sätze
Seinen Namen erhielt das Stück wegen der hohen Violinmelodie im Kopfsatz, die eine pastorale Stimmung erzeugt. Auch im Adagio cantabile und im Menuett erhebt sich die Violine zu hohen Lagen, erst im Trio senkt sich die Melodie in elegantem Bogen zur Mittellage. Das Vivace rollt mit ununterbrochenem Schwung ab.

Streichquartett in Es-Dur, Opus 64/6, 4 Sätze
Ein reizendes Allegretto leitet das Werk ein. Der Satz ist ein Musterbeispiel knapper, sparsamer Entwicklung auf engstem Raum, mit der eine außerordentliche Spannung der melodischen Linie erreicht wird. Das Andante ist schwärmerisch, alle Instrumente sind am musikalischen Geschehen beteiligt; nur im Mittelteil führt die erste Violine. Das Menuett und sein Trio sind von tänzerischem Schwung getragen. Das Finale beendet das beliebte Quartett mit humoristischen Wendungen.

Streichquartett in B-Dur, Opus 71/1, 4 Sätze
Die nächsten 6 Quartette sind dem ungarischen Grafen Antal Apponyi gewidmet und tragen die Bezeichnung »Apponyi-Quartette«. Sie sind in den Jahren bis 1793 entstanden. Allen ist eine kurze Einleitung vorangestellt.
Im vorliegenden Stück legen zwei Takte mittels einer Kadenz die Tonart fest. Dann setzt das Allegro ein, wird energisch entwickelt und mit einem daraus gewonnenen Seitenthema weiträumig durchgeführt. Die folgenden Sätze sind mustergültig gearbeitet, bieten aber keine Besonderheiten.

Streichquartett in D-Dur, Opus 71/2, 4 Sätze
Nach einem viertaktigen Einleitungs-Adagio setzt das Allegro ein, dessen Thema sogleich stürmisch entwickelt wird. Eine schlichte Melodie stellt sich im Andante cantabile vor, und ein eigenwillig rhythmisiertes Menuett schließt sich an. Das Rondofinale im Allegretto mündet in eine Allegro-Stretta mit volkstümlicher Melodie.

Streichquartett in Es-Dur, Opus 71/3, 4 Sätze
Die Einleitung zum 1. Satz besteht aus einem einzigen Akkord in Es-Dur. Trotzdem biegt das Thema sofort nach B-Dur aus, wird aber bald zurückgeholt und muß einem lyrischen Seitenthema die Führung überlassen. Im Andante con moto lösen interessante Variationen einander ab. Das Menuett gleicht einem derben Ländler. Das Finale beendet das Stück mit weit ausholendem Schwung.

Streichquartett in C-Dur, Opus 74/1, 4 Sätze
Die Einleitung besteht aus zwei Akkorden – Dominante und Tonika –, die die Aufmerksamkeit erregen. Dann steigt das Thema über einem Orgelpunkt chromatisch an. Das Andantino grazioso ist ein freier Sonatensatz. Das Menuett umschließt ein kantables Trio in A-Dur. Das Finale beginnt ganz schlicht, weitet sich sodann polyphon aus und mündet in ein Fugato.

Streichquartett in F-Dur, Opus 74/2, 4 Sätze
Acht Unisonotakte bilden die obligate Einleitung; aus ihnen entwickelt sich das Thema des ersten Aktes, dessen Durchführung lebhaft und von Moll-Passagen durchsetzt ist. Das Andante grazioso bringt drei Variationen über ein heiteres Thema. Im Menuett tobt sich die Spielfreudigkeit harmonisch und rhythmisch aus; dazu kontrastierend ist das Trio voll Lyrismen. Das Finale nimmt die Stimmung des 1. Satzes erneut auf.

Streichquartett in g-Moll, Opus 74/3, »Reiterquartett«, 4 Sätze
Die Benennung erhielt dieses Quartett wegen des Rhythmus der beiden Ecksätze. Sein Adagio wird zu den schönsten der gesamten Klassik gezählt. Das Menuett klingt wie ein Ländler; auch sein Trio behält diese Faktur bei. Im Finale setzt der Reiterrhythmus des 1. Satzes wieder ein. Das ganze Werk hat eine stark sinfonische Klangwirkung, bleibt aber im Rahmen der Kammermusik.

Streichquartett in G-Dur, Opus 76/1, 4 Sätze
Die folgenden 6 Quartette wurden Graf Joszef

Erdödy gewidmet. Sie sind in den Jahren 1796 bis 1798 entstanden.

Auch hier wird dem 1. Satz eine Kadenz vorangestellt, dann stimmt das Cello das Thema an, das von den Violinen übernommen und darauf von allen Stimmen in einem technisch sehr schwierigen Spiel durchgeführt wird. Das Adagio weist deutliche romantische Züge auf. Das Menuett wirkt frisch und lustig. Das Finale ist in freier Sonatenform gehalten.

Streichquartett in d-Moll, Opus 76/2, »Quintenquartett«, 4 Sätze

Seinen Namen verdankt dieses Quartett den beiden Quintenschritten, mit denen sich das Thema des 1. Satzes einführt. Die Entwicklung ist polyphon mit neuen interessanten Kontrapunkten. Das Andante bringt ein schwärmerisches D-Dur-Thema. Das Menuett in d-Moll, »Hexenmenuett« genannt, ist mit Oktavenpaarungen kanonisch geführt und bringt eine eigenartig gespenstische Stimmung, die sein derbes ländliches Trio kontrastierend noch unterstreicht. Das Finale ergeht sich in slawischen Weisen und endet in einer Dur-Coda.

Streichquartett in C-Dur, Opus 76/3, »Kaiserquartett«, 4 Sätze

Der 1. Satz bietet ein vollendetes Bild polyphonen Reichtums. Im Adagio wird die Melodie des »Kaiserliedes« des Komponisten zuerst als vierstimmiger Satz vorgetragen und darauf unverändert von der zweiten Violine, dem Cello, der Bratsche und der ersten Violine wiederholt; die Variation liegt nur in den jeweiligen Begleitstimmen. Das Menuett ist energisch, sein schroffes Drängen wird jedoch vom Trio in a-Moll gemildert. Das Finale ist dem 1. Satz sehr verwandt.

Streichquartett in B-Dur, Opus 76/4, 4 Sätze

Der 1. Satz dieses Quartetts wurde als »Sonnenaufgang« bezeichnet, weil sich sein Thema aus verhülltem Dämmern durch ständige Steigerung der Entwicklung allmählich zu farbenprächtiger Helligkeit aufklart. Das Adagio mit seiner Gefühlstiefe erhebt sich zu hymnischem Gepränge. Das Menuett mit seinem Trio ist freudig beschwingt und das Rondofinale unbeschwert heiter.

Streichquartett in D-Dur, Opus 76/5, 4 Sätze

Am Eingangsallegretto wird ein volksliedartiges Sicilano mehrmals prächtig variiert. Das Largo cantabile e mesto in Fis-Dur ist seinem Titel entsprechend ein trauriges Lied. Das Menuett gewinnt sein Thema aus dem Dreiklang in gleicher Tonart. Das Finale ist eine tänzerische Spielmusik.

Alfred Brendel

Streichquartett in Es-Dur, Opus 76/6, 4 Sätze

Das Thema des 1. Satzes wird viermal variiert. Das Adagio trägt die Bezeichnung »Fantasia«. Rhapsodisch durchwandert die kantable Melodie, von H-Dur ausgehend, weite Klangräume, bis sie zurückmoduliert. Das Menuett ist durch weite melodische Sprünge gekennzeichnet, sein Trio ist ein fröhliches Fugato. Das Finale ist von einer scharf akzentuierten Motorik beherrscht.

Streichquartett in G-Dur, Opus 77/1, 4 Sätze

Dieses und das folgende Quartett wurden Fürst Franz Joseph Lobkowitz gewidmet. Sie sind 1799 entstanden.

Mit einem marschähnlichen Thema beginnt der 1. Satz des vorliegenden Quartetts. Das Seitenthema stellt eine entspannende Kraft zum Hauptthema dar. Im weiträumigen Adagio wechseln Erregung und Stille ab, bis ein Pianissimo einen ruhigen Abschluß herbeiführt. Das Menuett ist ein rasantes Presto, sein Trio hat pastoralen Charakter und bringt einen dreimaligen Kuckucksruf. Den Abschluß des Werkes bildet ein brillantes Presto.

Streichquartett in F-Dur, Opus 77/2, 4 Sätze

Dieses Werk wird allgemein als Haydns »schönstes Quartett« angesehen. Ein heiteres Allegro macht den Anfang, dessen Thema eine herrliche Entwicklung durchläuft. Als 2. Satz schließt sich ein überraschend fröhliches Menuett an, dessen Trio in Des-Dur sehr elegisch klingt. Im Andante trägt die erste Violine ein kantables Thema vor, das mit heiteren Wendungen variiert wird. Das Finale ist eine schwungvolle stilisierte Polonaise. Mit diesem Stück ist der Komponist bereits vor den Toren der Romantik angelangt.

Quartett für Flöte, Violine, Bratsche und Cello, »Mann und Weib« oder »Der Geburtstag«, entstanden 1770

Das Stück fängt mit einem fröhlichen Presto an. Im folgenden Andante moderato wird die Melodie durchwegs in Oktaven geführt, womit die Harmonie zwischen Mann und Weib symbolisiert werden soll. Nach einem hübschen Menuett erklingt die »Fantasia«, als 4. Satz mit sechs Variationen, bei denen fünfmal einem Cellothema jeweils ein Instrument gegenübergestellt wird. In der sechsten konzertieren nur mehr Flöte, Bratsche und Cello.

Trio Nr. 42 in D-Dur für Baryton, Bratsche und Cello, 3 Sätze, entstanden 1767

Dieses Trio kann die Bordunsaiten in D-Stimmung auch als Zupfbegleitung verwenden. Der 1. Satz – Cantabile – bringt eine reizende Melodie, neben der das sonore Baryton schön zur Geltung kommt. Das Allegro kann nicht sehr rasch sein, weil die gezupften Bordunsaiten lange nachklingen. Trotz der Engführung ergeben die drei tiefen Instrumente eine schöne Klangwirkung. Das abschließende Menuett wirkt gravitätisch mit feinem Humor.

Trio Nr. 48 in A-Dur für Baryton, Bratsche und Cello, 3 Sätze, entstanden 1767

Bei diesem Trio kann nur ein Teil der auf D gestimmten Bordunsaiten des Barytons verwendet werden, falls man keine Umstimmung vornimmt. Der 1. Satz, ein Moderato, bewegt sich in sehr engem melodischem und rhythmischem Rahmen, erreicht aber doch den Rang eines vorzüglichen Musikstücks. Das Menuett stampft ein wenig, wie es bei den drei tiefen Instrumenten nicht anders sein kann, wirkt aber dennoch sehr graziös, und das Finale beschleunigt das Tempo erheblich zu einem eleganten Duktus.

Trio Nr. 82 in C-Dur für Baryton, Bratsche und Cello, 3 Sätze, entstanden um 1770

Bei diesem Trio muß auf Zupfeffekte verzichtet werden, wenn man die Bordunsaiten nicht auf C umstimmt. Das gemächliche Adagio des 1. Satzes bringt schöne akkordische Klangwirkungen. Das Allegro ist tatsächlich bewegt und fällt durch interessante Kontrapunkte auf. Das abschließende Menuett ist zum Teil in hohen Lagen gegriffen und klingt auffällig hell.

Trio Nr. 106 in D-Dur für Baryton, Bratsche und Cello, 3 Sätze, entstanden 1772

Der 1. Satz ist ein Moderato mit drei Variationen, bei denen die Möglichkeiten des Barytons voll ausgenützt werden. Das Menuett erhält durch die gezupfte Begleitung den Charakter einer Serenade, und das Finale ist in Wahrheit ein schneller Satz, der dem etwas schwerfälligen Baryton viel abverlangt.

Klaviertrio in G-Dur, Opus 75/1, 3 Sätze

Dieses äußerst beliebte Trio beginnt mit einem gemütvollen Andante, das sich einer dreiteiligen Liedform nähert und überraschende Modulationen aufweist. Das Poco Adagio ist voll romantischer Stimmung; im Mittelteil tritt die Violine solistisch auf. Aber alles wird im Finale vom »Rondo all'Ongarese« übertroffen.

Klaviersonate Nr. 20 in c-Moll, 3 Sätze, entstanden 1771

Der 1. Satz beginnt mit einem Terzenthema, dem nach einem lang ausklingenden Nonakkord rauschende Arpeggien und eine improvisatorisch wirkende Reprise folgen. Der Mittelsatz, ein Andante con moto in As-Dur, ist von linearer Zweistimmigkeit von Melodie und Baß gekennzeichnet, wozu teilweise auch Terzenparallelen kommen. Das Finale wirkt etwas trocken.

Klaviersonate Nr. 23 in F-Dur, 3 Sätze, entstanden 1773

Diese heitere Sonate voll Poesie ist ein Muster klassischer Form. Hauptthema und Seitenthema kontrastieren einander und laufen in Passagenwerk aus. Das Adagio in f-Moll ist eine zauberhafte Elegie. Das Finale ist ein lustiger Prestosatz, der dem Wechsel zwischen Dur und Moll viel Humor abgewinnt.

Klaviersonate Nr. 27 in G-Dur, 3 Sätze, entstanden 1776

Der heitere, temperamentvolle 1. Satz durchmißt einen weiten Tonartenkreis. Der Mittelsatz, ein Menuett, gibt sich zeremoniell, sein Trio in Moll verkündet leise Wehmut. Im Schlußpresto erklingen fünf Variationen über ein fröhliches Thema im Zweivierteltakt.

Klaviersonate Nr. 28 in Es-Dur, 3 Sätze, entstanden 1776

Der 1. Satz ist ein stürmisches Allegro mit feiner Linienführung. Dem folgt ein zierliches, stark ausgeschmücktes Menuett mit einem lyrischen Trio in es-Moll. Die Thematik des letzten Satzes ist auf beide Hände verteilt und drängt zu einem fröhlichen Ausklang.

Klaviersonate Nr. 29 in F-Dur, 3 Sätze, entstanden 1776

Das Thema des 1. Satzes setzt marschartig ein.

Skurrile Episoden und klavieristische Ausschmückungen kennzeichnen die Durchführung, die über c-Moll und As-Dur modulierend bei d-Moll endet. Ein pathetisches Adagio in B-Dur bildet den Mittelsatz. Das Menuett beginnt mit gemessenen Tanzschritten und steigert sich in Tempo und Ausdruck bis zum Ende.

Klaviersonate Nr. 30 in A-Dur, 3 Sätze, entstanden 1776

Der 1. Satz bringt ein spielerisches Thema, in das militärische Hornmotive eingesetzt sind. Er endet auf dem Dominantseptakkord und leitet unmittelbar auf das Adagio über, das durch besondere Klangpoesie auffällt. Der letzte Satz bringt ein Menuett mit sechs Variationen. Die ganze Sonate hat den Charakter gehobener Gesellschaftsmusik.

Klaviersonate Nr. 31 in E-Dur, 3 Sätze, entstanden 1776

Haupt- und Seitenthema des 1. Satzes sind kantabel; es kann daher zu keinen dramatischen Kontrasten kommen. Der Lyrik dieses Satzes entgegen, bringt der 2. ein herbes e-Moll-Allegretto im strengen dreistimmigen Satz. Das Finale ist eine Burleske bester Gattung.

Klaviersonate Nr. 33 in e-Moll, 3 Sätze, entstanden 1778

Romantische Unrast ist das Kennzeichen des 1. Satzes. Das Adagio in G-Dur, dessen Melodie sich in Figurationen auflöst, endet auf einem H-Dur-Dreiklang als Dominante von e-Moll. Der 3. Satz schließt unmittelbar an, um den Kontrast zwischen Ernst und Fröhlichkeit deutlich zu betonen.

Klaviersonate Nr. 35 in C-Dur, 3 Sätze, entstanden 1780

Klassische Klarheit und Heiterkeit, Maß und Harmonie der Form sind besonders im 1. Satz ausgeprägt. Das Adagio ist ruhig, schön und frei jeden Überschwanges. Der Moll-Kontrast im Finale ist auf kleinen Raum beschränkt, so daß der Heiterkeit kein Abbruch geschieht.

Klaviersonate Nr. 36 in cis-Moll, 3 Sätze, entstanden 1780

Das Unisono des 1. Satzes wirkt mächtig und orchestral. Das Seitenthema mit seiner eigenwilligen Formulierung gibt dem Satz ein interessantes Gepräge. Der 2. Satz ist ein als Scherzando bezeichnetes Allegro, fröhlich und verspielt. Ein Menuett, dessen Trio in Cis-Dur ungeheuer zart wirkt, bildet den Abschluß.

Klaviersonate Nr. 37 in D-Dur, 3 Sätze, entstanden 1780

Der 1. Satz ist reich figuriert. Das anschließende Largo in d-Moll bringt eine Feierlichkeit, die an das Barock erinnert. Das Finale läßt Dur und Moll ständig kontrastieren, bis das heitere Temperament den Sieg davonträgt.

Klaviersonate Nr. 38 in Es-Dur, 3 Sätze, entstanden 1780

Der 1. Satz wird durch die Wiederholung des Hauptthemas in der Dominantentonart, dem dann doch ein Seitenthema folgt, um einiges erweitert, denn damit vergrößert sich auch die Durchführung. Das Adagio in c-Moll ist sehr poetisch und etwas sentimental. Das Finale hat Menuettfaktur; es umschließt einen weichen Trioteil in As-Dur, der zu seiner Kraft plastisch kontrastiert.

Klaviersonate Nr. 40 in G-Dur, 2 Sätze, entstanden 1784

Der 1. Satz stellt sich als pastorale Idylle vor. Das bukolische Thema und dessen Anhang in Moll werden einmal zur Gänze variiert, die zweite Variation betrifft nur mehr den Durteil. Das Schäferspiel endet mit viel Humor. Das Presto ist voll lärmender Fröhlichkeit und bildet eine wirkungsvolle Ergänzung zu den empfindsamen Szenen des 1. Satzes.

Klaviersonate Nr. 41 in B-Dur, 2 Sätze, entstanden 1784

Der 1. Satz ist ein echtes Sonatenallegro. Dem leichten tändelnden Hauptthema steht ein kraftvolles Seitenthema mit Moll-Akkorden gegenüber. Die Durchführung ist schlackenlose klassische Diktion. Der 2. Satz, ein zwei- bis dreistimmiges Allegro, wechselt zwischen B-Dur und b-Moll ab, bis die Sonate ernst ausklingt.

Klaviersonate Nr. 42 in D-Dur, 2 Sätze, entstanden 1784

Im 1. Satz – Andante con espressione – tritt ein gefühlstiefes Thema auf, das dreimal variiert wird. Die zweite Variation verwendet die d-Moll-Tonart, und die dritte ist eine Doppelvariation. Der 2. Satz stellt ein leichtes, rasantes Nachspiel dar, das den Ernst des 1. noch unterstreicht.

Klaviersonate Nr. 48 in C-Dur, 2 Sätze, entstanden 1789

Der Anfangssatz besteht aus einem Thema mit Variationen, von denen eine die düstere c-Moll-Tonart verwendet. Der ganze Satz ist sehr ernst und gedankentief. Der 2. Satz ist ein Rondo in C-Dur, Wendungen in c-Moll treten scharf kontrastierend auf, bis es zu einem friedlichen Ausgleich kommt.

Klaviersonate Nr. 49 in Es-Dur, 3 Sätze, entstanden 1789

Der 1. Satz ist groß und reich angelegt, aber die vielen Themen und Motive werden mit ordnender Hand gebändigt und verschmolzen. Persönliche Gefühlsausbrüche sind vermieden, alles ist auf Allgemeingültigkeit abgestellt. Ebenso schön und formgerecht ist das Adagio cantabile. Ein anmutiges Menuett verleiht dem Meisterwerk einen würdigen Abschluß.

Klaviersonate Nr. 50 in C-Dur, 3 Sätze, entstanden 1794

Den Anfang macht ein leichtes Staccatothema, dem zwar zahlreiche Verwandlungen abgewonnen werden, aber kein Seitenthema entgegengestellt ist. Das F-Dur-Adagio ist dreiteilig und bringt pathetische Oktavenpassagen. Das Finale ist ein echtes Scherzo.

Klaviersonate Nr. 51 in D-Dur, 2 Sätze, entstanden 1794

Der 1. Satz, der mit einem der Romantik nahestehenden Liedthema beginnt, ist in freier Sonatenform gehalten. Auch die Durchführung läßt das nahe 19. Jahrhundert ahnen. Das Finale wirkt mit seinen Terzen und Sexten sowie oft scharfen Dissonanzen, als wäre das Zeitalter der Romantik bereits voll angebrochen.

Klaviersonate Nr. 52 in Es-Dur, 3 Sätze, entstanden 1798

Der 1. Satz wird von einer mächtigen Akkordfülle heroisch eröffnet. Von da spinnt sich ein zartes Motiv weiter, dem sich ein leichtes spielerisches Seitenthema zugesellt. Nach einem strahlenden Abschluß des ersten Teiles kommt es zu einer äußerst dichten und interessant modulierten Durchführung in G-Dur, von wo bis zur Reprise über mehrere Tonarten chromatisch gleitend die Haupttonart erreicht wird. Das Adagio in E-Dur ist sehr pathetisch; es wendet sich überraschend nach C-Dur und kehrt nach einem kapriziösen Mittelteil in e-Moll zum E-Dur zurück. Das Prestofinale nimmt erneut die ursprüngliche Tonart auf und führt den Satz temperamentvoll zu Ende.

Fantasie in C-Dur für Klavier, 1 Satz, entstanden 1789

Dieses rondoartige Stück besteht aus 2 Themen und bietet eine Fülle von überraschenden Wendungen. Modulationen werden einmal durch ein chromatisch anderthalb Oktaven

Autograph des Liedes »Gott erhalte« von Joseph Haydn

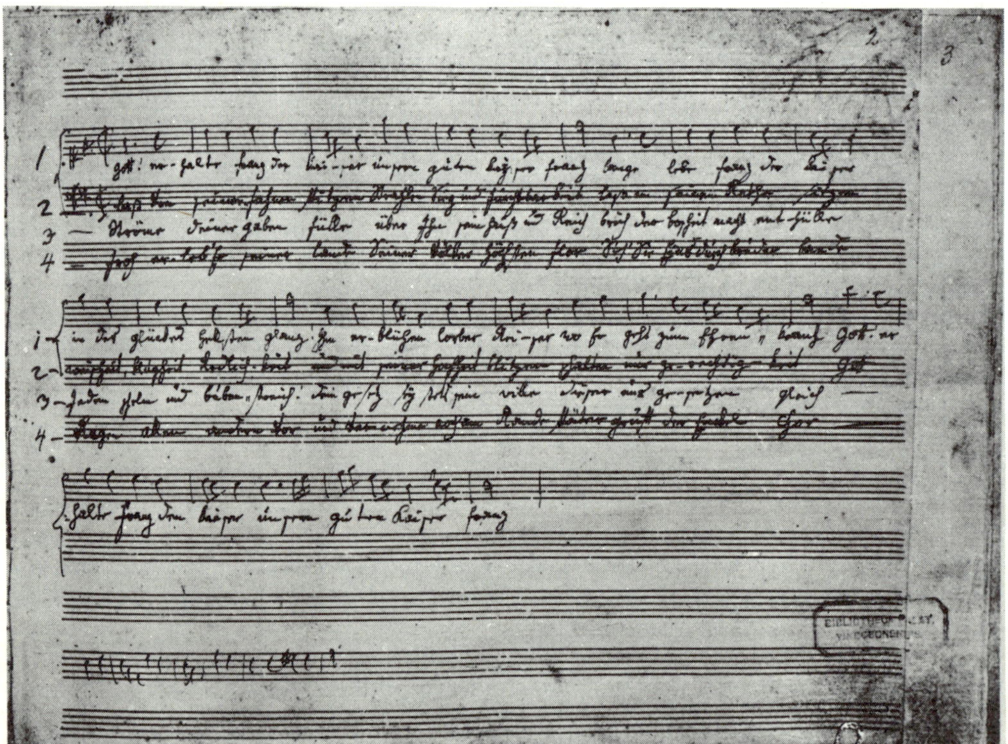

durchgleitendes Oktavenunisono durchgeführt, ein anderes Mal, indem die Tonart nach einer Fermate einfach um einen Halbton höher rückt. Polyphone Passagen wechseln mit monodischen ab, mittels häufigem Übergreifen der Hände wird der Klaviersatz stark belebt, die Spannung wird mit allen klavieristischen Mitteln bis zum effektvollen Schluß lebendig erhalten.

Variationen in f-Moll für Klavier, entstanden 1793
Das Thema besteht aus zwei heterogenen Teilen: einem f-Moll-Satz in punktierten Rhythmen und einem lyrischen mit Arpeggiofiguren verzierten F-Dur-Satz. Die erste Variation des Themas, das schon an und für sich ein vollständiges Klavierstück wäre, chromatisiert den Mollteil, während der Durteil reich ausgeschmückt wird; die zweite übergießt beide Teile mit einer Fülle von Figurationen. Das lange Finale beschäftigt sich ausschließlich mit dem Mollteil, erhebt sich zu ungewöhnlicher Dramatik und schließt alles mit einem F-Dur-Akkord ab.

»Gott erhalte«, Österreichische Kaiserhymne für Singstimmen, entstanden 1797, Text von Lorenz Leopold Haschka
Die schlichte volksliedhafte, leicht einprägsame Weise stimmt mit der ersten, einmal wiederholten Phrase mit den ersten drei Takten des kroatischen Volksliedes »V jutro rano se ja stanem malo pred Zorom« (Frühmorgens stehe ich kurz vor der Morgenröte auf) überein. Teile der Melodie finden sich auch bei Georg Friedrich Telemann, Johann Friedrich Agricola, Wolfgang Amadeus Mozart und bei Joseph Haydn (in der Mariazeller Messe) selbst, außerdem in der gregorianischen Paternosterweise. Sie wurde, und nicht nur wegen des patriotischen Textes, sofort begeistert aufgenommen und blieb, mit kleinen Textabänderungen, bis 1920 »Österreichische Nationalhymne«. Mit einer Textierung von August Heinrich Hoffmann von Fallersleben aus 1841 (»Deutschland, Deutschland über alles«) war sie von 1922 bis 1945 deutsche Nationalhymne (die 3. Strophe ist seit 1952 Nationalhymne der Bundesrepublik Deutschland).

LITERATUR

H. E. Jacob, Joseph Haydn, Seine Kunst, seine Zeit, sein Leben, Hamburg 1952.
L. Nowak, Joseph Haydn, Leben, Bedeutung und Werk, Wien 1957.

Pasquale Ricci (1732–1817)

ZEIT UND UMWELT

Im letzten Drittel des 18. Jahrhunderts waren in Europa bereits Pianofortevirtuosen unterwegs, die das Spiel auf dem neuen Instrument populär machten und in manchen Fällen durch schriftliche oder mündliche Unterweisung lehrten. Das Instrument erfuhr inzwischen grundlegende Verbesserungen, so daß man darauf tatsächlich piano und forte spielen und der vom Publikum gestellten und von Orchester-, Kammer- und Chormusik bereits erfüllten Forderung nach dynamischer Differenzierung entsprechen konnte.

LEBEN

Francesco Pasquale Ricci wurde am 17. 5. 1732 in Como geboren. Er war Schüler von Giuseppe Vignati in Mailand und absolvierte als Dirigent und Pianist Konzertreisen durch die Niederlande, England und Frankreich. Schließlich wurde er Kirchenkapellmeister in Como und starb am 7. 11. 1817 in Lovenio di Menaggio bei Como.

WERKE

Von Pasquale Ricci ist an sakralen Werken nur ein vierstimmiges »Dies irae con Sinfonia« herausgekommen. Dafür veröffentlichte er eine große Anzahl Instrumentalwerke wie Sinfonien, ein Cello- und ein Flötenkonzert, Quintette, Quartette und Trios für Streicher, Triosonaten, Duette, Violin- und Pianosonaten. Außerdem schrieb er eine Elementarschule für das Spiel des Pianoforte.

Johann Christoph Friedrich Bach (1732–95)

ZEIT UND UMWELT

Johann Gottfried von Herder (1744–1803), deutscher Dichter und Philosoph, war von 1771 bis 1776 Hofprediger der Grafen von Schaumburg-Lippe in Bückeburg. Er verfaßte neben seinen dichterischen und philosophischen Werken eine Reihe Kantaten-, Oratorien- und Operntexte. Sein Einfluß auf das Geistes- und Kunstleben Deutschlands wirkte weit über das 19. Jahrhundert hinaus.

LEBEN
Johann Christoph Friedrich Bach wurde am 21. 6. 1732 als zweitjüngster Sohn des Johann Sebastian Bach in Leipzig geboren. Er besuchte die Thomasschule seiner Geburtsstadt, war Musikschüler seines Vaters und studierte an der Universität Jurisprudenz. Nach dem Tod des Vaters wurde er zunächst als Kammermusiker in die Bückeburger Hofkapelle aufgenommen, ab 1758 wirkte er dort, von mehreren Reisen unterbrochen, darunter zu seinen Brüdern in Hamburg und London, bis zu seinem Tod am 26. 1. 1795 als Konzert- und Kapellmeister. Er kam in den Jahren 1771 bis 1776 mit Johann Gottfried von Herder in enge persönliche Beziehungen, der für ihn einige Texte schrieb.

WERKE
An Instrumentalmusik von Johann Christoph Friedrich Bach liegen 7 Klaviersonaten, 9 Klaviersonatinen, verschiedene andere Klavierstücke (Fantasien, Variationen), eine Triosonate, mehrere Sonaten für Violine und für Cello mit Klavierbegleitung, 7 Trio, 6 Quartette für Flöte und Streicher, ein Septett, ein Sextett, 14 Sinfonien und 8 Klavierkonzerte vor. Die Vokalmusik ist durch 9 geistliche Lieder, 16 profane Lieder, 2 Motetten, 5 Kirchenkantaten, mehrere profane Kantaten zum Teil auf Texte von Johann Gottfried von Herder vertreten, sodann durch zwei erhaltene Oratorien auf Herder-Texte: »Die Kindheit Jesu« und »Die Auferstehung des Lazarus«; weitere Oratorien auf Texte von Herder und von Karl Wilhelm Ramler sind verlorengegangen. Auch seine Opern – davon zwei mit Libretti von Herder – sind ebenfalls verschollen. Alle diese Werke blieben etwas hinter den Leistungen seiner Brüder zurück, wurden aber von den Zeitgenossen sehr geschätzt.

LITERATUR
G. Schünemann, Johann Christoph Friedrich Bach, in: Bach-Jahrbuch XI, 1914.

Thomas Alexander Erskine Kellie

Thomas Alexander Erskine Kellie
(1732–81)

ZEIT UND UMWELT
Charles Burney, James Oswald, der Amateurkomponist John Reed (3. 12. 1721, Edinburgh, bis 6. 2. 1807, London), dessen Werke nicht erhalten sind, und weitere Musikenthusiasten aus gehobenen Ständen bildeten eine »Society of the Temple of Apollo«, die Kompositionen von Amateuren zumeist anonym veröffentlichten. Als Herausgeber fungierte James Oswald. Es sind sehr wenige Werke dieser Art erhalten. Ihr Wert war sehr verschieden.

LEBEN
Thomas Alexander Erskine Earl of Kellie (Kelly) wurde am 1. 9. 1732 auf Schloß Kellie geboren. Er studierte Musik bei Jiří Stamic in Mannheim, lebte darauf in England und war häufig auf Reisen. Er starb am 9. 10. 1781 in Brüssel.

WERKE
Von Thomas Alexander Erskine Kellie sind Sinfonien, Ouvertüren, Menuette und eine Reihe weiterer Stücke, die sich an die Mannheimer Vorklassik anlehnen, bekannt geworden. Seine Ouvertüre »The Maid of the Mill« (Das Müllermädchen) genoß lange eine große Popularität. Einige seiner Werke, von denen viele von der »Society of the Temple of Apollo« anonym herausgebracht wurden, sind noch im 19. Jahrhundert nachgedruckt worden. Besonders beliebt waren seine Triosonaten.

Luigi Antonio Sabbatini (1732–1809)

ZEIT UND UMWELT
Cantus firmus, Parodie, Polyphonie, Monodie, alle Formen der Vergangenheit und der Gegenwart konnte ein Franziskanermusiker für seinen musikalischen Ausdruck verwenden, wenn er den sakralen Zweck seiner Kunst nicht verfehlte und zugleich die Tendenz der Franziskanermusik, »dem Höchsten in dankbarer Freude über die Herrlichkeit der Schöpfung zu huldigen«, einhielt. Diese von Publikumsgeschmack und Auftraggeber unabhängige freie Formwahl, deren Grenzen außerhalb des Musikbereichs lagen, wirkte sich in vielen Fällen sehr befruchtend aus.

LEBEN
Luigi Antonio Sabbatini wurde am 24. 10. 1732 in Albano Laziale bei Rom geboren. Er trat dem Franziskanerorden bei und war Schüler von Padre Martini in Bologna und von Francesco Antonio Vallotti in Padua. Nach einer Tätigkeit als Kapellmeister an der Apostelkirche in Rom wirkte er ab 1786 in gleicher Eigenschaft bis zu seinem Tod am 29. 1. 1809 an Sant'Antonio in Padua.

WERKE
Das Bemerkenswerteste am kompositorischen Werk von Luigi Antonio Sabbatini ist seine Stilverschiedenheit. Unter den vielen in Padua aufbewahrten Kompositionen befinden sich Psalmen, 4 Messen, eine Vesper, ein Komplet für vier Stimmen und weitere Kirchenmusik für Singstimmen und Orchester, in denen der Komponist neue Wege suchte, indem er den Cantus firmus dem Sopran oder dem Baß zuteilte; Gesänge für zwei und fünf Stimmen mit Orchester, 3 Kyrie, 2 Gloria, 2 Credo für vier Stimmen mit Orchester, 21 vierstimmige Gesänge und einige zweistimmige mit Generalbaß liegen in Bologna, eine vierstimmige Messe mit Orgel in Wien. Er hinterließ ein umfangreiches musiktheoretisches Schrifttum.

François Cupis de Camargo (1732–1808)

ZEIT UND UMWELT
Die vielen Orchester von Paris und Versailles waren durch den Aufschwung des Virtuosentums im dritten Drittel des 18. Jahrhunderts gezwungen, immer neue Violinisten und Cellisten aufzunehmen, weil viele davon nach etlichen Jahren Orchesterspiel dieses zugunsten einer Virtuosenlaufbahn aufgaben. Einzelengagements des Concert spirituel, des Hofes und der Adelshäuser und die Möglichkeit, Konzertreisen durch ganz Europa zu unternehmen, ließen sich mit dem ständigen Dienst in einem Orchester nicht vereinbaren, der auch wenig Gelegenheiten bot, sich einen Namen zu machen.

LEBEN
François Cupis de Camargo wurde am 10. 11. 1732 als jüngster Sohn von Ferdinand Joseph Cupis de Camargo in Paris geboren. Er erhielt seine Ausbildung zum Cellisten von Martin Berteau und trat sodann in das Orchester der Großen Oper von Paris ein. Im Jahr 1770 verließ er diese Stelle, um als Cellovirtuose auf Konzertreisen zu gehen und sich dem Unterricht zu widmen. Er starb am 13. 10. 1808 in Paris.

WERKE
Von François Cupis de Camargo sind 2 Bücher Cellosonaten und eine Anzahl Solostücke für Cello erschienen, die die virtuose Technik und die starke Musikalität des Kom-

ponisten verraten. Er veröffentlichte überdies eine Bratschen- und eine Celloschule. Sein Stil weist deutliche Rokokoelemente auf.

Jean-Claude Trial (1732–71)

ZEIT UND UMWELT

Pierre Montan Berton, Direktor der Pariser Oper, hat mit dem Einsatz seines ganzen Einflusses viel zur Versöhnung der Gluckisten und Piccinnisten und deren Koexistenz im Opernleben beigetragen. Der Streit zwischen den beiden Parteien war gerade unter seiner Opernleitung am heftigsten entbrannt. Ihm unterstanden auch die Opernaufführungen im Schloß Fontainebleau.

LEBEN

Jean-Claude Trial wurde am 13. 12. 1732 in Avignon geboren. Er war zunächst Kapellmeister an der Kathedrale von Vaison, Vaucluse, dann Violinist am Theater von Montpellier. Darauf ging er nach Paris, wo er sich mit Jean-Philippe Rameau anfreundete, sein Schüler wurde und in das Orchester der Opéra Comique sowie in die Kapelle des Prince de Conti Louis François Joseph de Bourbon (1734–1814) als Violinist eintrat. Im Jahr 1767 wurde er neben Pierre Montan Berton Operndirektor und zugleich Kapellmeister des Prince de Conti. Er starb am 23. 6. 1771 in Paris.

WERKE

Neben den Opern, die Jean-Claude Trial gemeinsam mit Pierre-Montan Berton verfaßte und in Fontainebleau herausbrachte, verfaßte er eine Anzahl Divertissements für Orchester, mehrere Kantaten und Arietten. Seine Kompositionen folgten dem noch in Paris herrschenden empfindsamen Stil.

Giovanni Antonio Matielli (um 1733–1805)

ZEIT UND UMWELT

Georg Christoph Wagenseil wird zu den Vätern der Wiener klassischen Pianistik gerechnet. An ihn knüpfte bekanntlich Joseph Haydn an. Andere sind zwar nicht mit solchen Riesenschritten wie jener Klassiker weitergeschritten, haben aber im Rahmen ihrer Möglichkeiten das Bett zubereiten geholfen, in dem der Strom der Entwicklung zur Höhe der Wiener Klassik führte.

LEBEN

Giovanni Antonio Matielli wurde um 1733 in Italien oder in Wien geboren. Er war Schüler von Georg Christian Wagenseil in Wien, wo er als Cembalist, Pianist und Klavierlehrer lebte. Welche andere Tätigkeit er ausübte, ist nicht bekannt. Er starb am 18. 7. 1805 in Wien.

WERKE

Das wichtigste Werk von Giovanni Antonio Matielli sind seine »Sei Sonate par il Cembalo« (6 Sonaten für Cembalo), die einen bedeutenden Beitrag zur Geschichte der Wiener Pianistik darstellen. Außerdem brachte er mehrere Konzerte und Divertimenti für Pianoforte heraus.

Aloisio Lodovico Fracassini (1733–98)

ZEIT UND UMWELT

Unter den bischöflichen Kapellen nahmen die von Würzburg und Bamberg bis in unsere Zeit einen der ersten Ränge ein. Die daran tätigen Musiker stammten überwiegend aus Italien, die immer wieder ausgebildete Landsleute anwarben, so daß das Niveau der Kapelle erhalten blieb.

LEBEN

Aloisio Lodovico Fracassini wurde 1733 in Orvieto geboren. Er war Schüler von Giuseppe Tartini und Giovanni Ferrandini und fand 1757 als Violinist an der Hofkapelle des Fürstbischofs von Würzburg und Bamberg, wo er bald zum Konzertmeister aufstieg, sein Betätigungsfeld. Nach 1779 hielt er sich ausschließlich in Bamberg auf und widmete sich der Ausgestaltung der dortigen Kapelle, die er zu hohem Ruf brachte. Er starb am 9. 10. 1798 in Bamberg.

WERKE
Neben einer Oper verfaßte Aloisio Lodovico Fracassini ein Oratorium, mehrere Sinfonien, eine Serenata und eine Anzahl Arien. Die Sinfonien und besonders die Serenata zeigen deutlich, daß sie von einem Meister der Violine verfaßt wurden. Das Oratorium steht der Oper nahe.

Johann Christian Fischer (1733–1800)

ZEIT UND UMWELT
Thomas Gainsborough (1727–88) war einer der bedeutendsten Vertreter der englischen Malerei, die um einiges später eingesetzt hat als auf dem Kontinent; mit seinen vornehmen und kühlen Porträts der höchsten Gesellschaftsschicht und den von jedem subjektiven Ausdruck weit entfernten Landschaften muß ihm das Prädikat eines Klassikers zuerkannt werden. Auf die zeitgenössische Komposition färbte diese Haltung nur in einzelnen Fällen ab.

LEBEN
Johann Christian Fischer wurde 1733 in Freiburg im Breisgau geboren. Er war von 1760 bis 1764 als Oboist Mitglied der Dresdener Hofkapelle. Nach ausgedehnten Studien- und Konzertreisen in Italien trat er in London auf und begab sich darauf erneut auf Reisen durch ganz Europa, wodurch er sich den Ruf eines der ersten Oboisten seiner Zeit verschaffte. Nachdem er sich erneut in London niedergelassen hatte, wurde er 1780 gleichzeitig mit Johann Christian Bach und Carl Friedrich Abel Kammermusiker der Königin Charlotte von Mecklenburg-Strelitz und 1786 Leiter der King's Band. Er heiratete 1780 die Tocher des damals schon sehr geschätzten Malers Thomas Gainsborough. Er starb am 29. 4. 1800 in London.

WERKE
Die Divertimenti für zwei Flöten von Johann Christian Fischer, seine Sonaten für Flöte und Cembalo, die 10 Konzerte für Oboe oder Flöte oder Violine, die Quartette für Flöte und Streicher, die Variationen und Einzelwerke sind formal einwandfrei, virtuos und kühl distanziert. Einzelnes ist sehr berühmt geworden und wurde öfters aufgelegt, wie ein Menuett für Oboe und Cello, die Oboenkonzerte in C-Dur und Es-Dur und einzelne Divertimenti.

Samuel Porter (1733–1810)

ZEIT UND UMWELT
Canterbury, der Sitz des Erzbischofs und Primas der anglikanischen Kirche, war und ist heute noch eine der bedeutendsten Pflegestätten der englischen Kirchenmusik-Tradition. Daß die Kapelle zu allen Zeiten mit hervorragenden Kräften besetzt wurde, ergab sich daraus mit Notwendigkeit.

LEBEN
Samuel Porter wurde 1733 in Norwich geboren. Er war Chorist an St. Paul's in London und zugleich Schüler von Maurice Greene. Im Jahr 1757 wurde er Organist an der Kathedrale von Canterbury und zog sich 1803 von dieser Pflicht zurück. Er starb am 11. 12. 1810 in Canterbury.

WERKE
Von Samuel Porter ist ein Band »Kathedralenmusik« erschienen, der 2 Services, 5 Anthems, ein Sanctus, ein Kyrie und 9 Chants enthält, die im Fahrwasser seines Lehrers segeln.

Thomas Linley (1733–95)

ZEIT UND UMWELT
Richard Brindley Butler Sheridan (1751 bis 1816) hatte 1775 im Londoner Covent Garden Theatre mit seinem Schauspiel »Die Duenna« einen durchschlagenden Erfolg, so daß er zu einem der berühmtesten Dramatiker seiner Zeit wurde und der bekannte Schauspieler David Garrick (1717–79), In-

haber des Drury Lane Theatre, ihm eine Teilhaberschaft an seinem Theater anbot.

LEBEN
Thomas Linley wurde am 17. 1. 1733 in Badminton geboren. Er war Schüler des Organisten von Bath, Thomas Chilcot, und von Pietro Domenico Paradies in London. Er betätigte sich als Gesanglehrer und Konzertunternehmer in Bath. Im Jahr 1776 wurde er musikalischer Leiter und Mitinhaber des Drury Lane Theatre neben seinem Schwiegersohn Richard Brindley Butler Sheridan, für dessen erfolgreiches Schauspiel »Die Duenna« er die Musik verfaßte. Ein Jahr darauf wurde er Mitglied der Royal Society of Musicians (Königliche Musikergesellschaft). Er starb am 19. 11. 1795 in London.
Sein Sohn Thomas Linley (5. 5. 1756, Bath, bis 7. 8. 1778, Grimsthorpe, Lincolnshire), Schüler seines Vaters, von William Boyce und von Pietro Nardini in Florenz, wirkte als Violinsolist in Bath und später in London am Drury Lane Theatre.

WERKE
Außer seiner erfolgreichen Musik für das Schauspiel »Die Duenna« verfaßte Thomas Linley der Ältere für das Drury Lane Theatre eine große Anzahl Bühnenmusiken, außerdem 6 Elegien für drei Singstimmen, 12 Balladen und eine Reihe von Liedern, Kantaten, Madrigalen und Elegien, die gemeinsam mit Werken seines Sohnes veröffentlicht wurden.
Abgesehen von den Werken, die Thomas Linley der Jüngere gemeinsam mit denen des Vaters veröffentlichte, schrieb er eine Musik zu Shakespeares »Sturm« und vertonte weitere Shakespeare-Texte, außerdem verfaßte er ein Orchester-Anthem, das eines der ersten seiner Art war, ein Oratorium, verschiedene Werke für eine und zwei Violinen sowie eine Oper.

LITERATUR
C. Black, The Linleys of Bath, London 1926.

Giacomo Tritto (1733–1824)

ZEIT UND UMWELT
San Carlo, das größte und schönste Theater in Neapel, das nahezu so groß wie die Scala in Mailand ist, wurde 1737 erbaut und im Verlauf des 18. Jahrhunderts mehrmals umgebaut und verbessert. Es wurde vom Beginn an vorwiegend für Opernaufführungen verwendet. Im Jahr 1816 brannte es völlig nieder und wurde neu errichtet. Zahlreiche Erstaufführungen berühmter italienischer Opern fanden darin statt.

LEBEN
Giacomo Tritto wurde am 2. 4. 1733 in Altamura bei Bari geboren. Er war ab 1752 Schüler des Conservatorio della Pietà de'Turchini in Neapel, wo er 1785 außerordentlicher Zweiter Lehrer, 1793 Zweiter Lehrer, 1799 Erster Lehrer und 1807 gemeinsam mit Giovanni Paisiello und Fedele Fenaroli Direktor des zum Collegio Reale di Musica umgewandelten Conservatorio wurde. Auch nachdem Nicola Antonio Zingarelli die Leitung des Collegio übernahm, blieb Tritto dort Kompositionslehrer. Im Jahr 1816 wurde er Hofkapellmeister. Er starb am 16. 9. 1824 in Neapel.

WERKE
Außer den 51 Opern im neapolitanischen Stil, die Giacomo Tritto nahezu ausschließlich für San Carlo in Neapel schrieb, verfaßte er zahlreiche Kirchenmusik, wie eine Messe für Doppelchor mit zwei Orchestern, 7 weitere Messen, 2 Passionen mit Orchester, ein Requiem, Messenteile, Psalmen, ein fünfstimmiges Te Deum, Motetten und Kantaten.

LITERATUR
G. de Napoli, Giacomo Tritto, in: La Lettura, 1924.

Gabriel Louis Besson (1733–85)

ZEIT UND UMWELT
Das Décachorde war eine um 1780 entwickelte Gitarre mit 6 Melodie- und 4 Bor-

dunsaiten. Der Resonanzkörper ähnelte dem der Laute. Saiten endeten in zwei übereinander angeordneten Wirbelkasten. Mittels eines Metallhebels konnten die Bordunsaiten höher oder tiefer gestimmt werden. Das Instrument wurde häufig für volkstümliche Musik und zur Liedbegleitung verwendet.

LEBEN

Gabriel Louis Besson wurde am 10. 4. 1733 in Versailles geboren. Er folgte 1746 seinem Vater als Musette- und Flötenspieler in der Königlichen Kapelle nach und löste ihn nach dessen Tod auch als »violon du roy« ab. Als Décachordespieler war er sehr bekannt. Er starb am 23. 8. 1785 in Versailles.
Sein Vater Michel Gabriel Besson (um 1689, vermutlich Paris, bis 22. 8. 1765, Versailles) war ab 1722 Mitglied der Königlichen Kapelle und ab 1728 Mitglied der 24 violons du roy.

WERKE

Von Gabriel Louis Besson erschienen 2 Bücher mit Airs, die für Décachorde arrangiert sind. Es handelt sich um gehobene höfische Unterhaltungsmusik.
Michel Gabriel Besson schrieb 6 Sonaten für Solovioline und Generalbaß, deren melodische Linien zerklüftet und kapriziös sind.

Johann Heinrich Zang (1733–1811)

ZEIT UND UMWELT

Über die Klassik hinaus wirkten Beispiel und Lehre Johann Sebastian Bachs bis in das 19. Jahrhundert durch seine vielen Schüler, die neben ihrer eigenen Musik und der ihrer Zeitgenossen auch die ihres großen Lehrers spielten und bekannt machten, wodurch das Andenken an den Thomaskantor wach blieb, bis die Bach-Renaissance mit allen ihren Wirkungen einsetzte.

LEBEN

Johann Heinrich Zang wurde am 16. 4. 1733 in Zella, Thüringen, geboren. Er war 2 Jahre Schüler von Johann Sebastian Bach in Leipzig. Ab 1751 wirkte er als Kantor in Walsdorf bei Bamberg und ab 1752 in Mainstockheim. Er starb am 18. 8. 1811 in Würzburg.

WERKE

Von Johann Heinrich Zang sind 2 vollständige Jahrgänge Kirchenkantaten, 12 Orgeltrios und 6 Cembalosonaten erschienen. Die Kompositionen ließen den Lehrmeister Bach deutlich erkennen, obwohl sie teilweise dem Stil der Zeit große Konzessionen machten.

Christian Hochbrucker

(1733 bis um 1805)

ZEIT UND UMWELT

In den ersten Jahren der 1789 ausgebrochenen Französischen Revolution schienen Existenz und Leben der Musiker, die irgendwie im Dienst des Hofes oder eines Adelshauses standen, gefährdet zu sein. Viele verließen das Land, um sich in relativer Sicherheit einen neuen Wirkungskreis zu suchen. Das gelang den meisten nicht, so daß sie nach Frankreich zurückkehrten, wo sich die Zustände wieder so weit konsolidiert hatten, daß sich neue Betätigungsmöglichkeiten ergaben.

LEBEN

Christian Hochbrucker (Hochbrugger) wurde am 17. 5. 1733 in Tagmersheim, Bayern, geboren. Er war Neffe des Instrumentenbauers Georg Hochbrucker (um 1670, Augsburg, bis 1763, Donauwörth), der das Pedalsystem für die Harfe erfand, und Cousin des Harfenisten Simon Hochbrucker (1699, Donauwörth, bis nach 1750, vermutlich Donauwörth). Er trat 1770 im Concert spirituel in Paris auf und wurde als einer der ersten Harfenisten Europas gefeiert. Kardinal Louis René Édouard de Rohan (1734–1803) und Königin Marie Antoinette engagierten ihn als Hofharfenisten (1781). Vor der Französischen Revolution floh er nach England, wo er einige Kompositionen veröffentlichte, aber nicht Fuß fassen konnte. 1800 kehrte er nach Paris zurück, wo er um 1805 starb.
Sein Bruder Célestin Hochbrucker (1727, Tagmersheim, bis 1809, Freising) war Orga-

nist des Benediktinerklosters Weihenstephan bei Freising, in das er 1747 eingetreten war.

Werke

Von Christian Hochbrucker sind 6 Sonaten für Harfe, 6 Sonaten für Harfe und Violine, Divertissements für Harfe oder Cembalo, 3 Sammlungen Arietten für Singstimme mit Harfenbegleitung erschienen. Er schrieb als einer der ersten Komponisten musikalisch und technisch typische Musik für Harfe, die sich bisher von der Cembalomusik nicht grundsätzlich unterschieden hatte.
Célestin Hochbrucker verfaßte ein Oratorium und Kirchenmusik.

David Traugott Nicolai (1733–99)

Zeit und Umwelt

Enkel- und Urenkelschüler übernahmen Stil und Lehre von Johann Sebastian Bach und gaben sie ihren Schülern weiter. Die unmittelbaren Schüler hatte ihre Stellen als Organisten und Kantoren sehr oft der Empfehlung des Thomaskantors zu verdanken. Für deren Schüler genügte es in der Regel, daß sie Bachs Musikerziehung aus zweiter oder dritter Hand genossen hatten.

Leben

David Traugott Nicolai wurde am 24. 8. 1733 in Görlitz als Sohn des Organisten und Schülers von Johann Sebastian Bach (der ihn für die Stelle empfohlen hatte) David Nicolai (22. 2. 1702, Görlitz, bis 20. 2. 1764, Görlitz) geboren. Er folgte seinem Vater als Organist der Peter-Paul-Kirche in Görlitz nach und betreute diese Stelle bis zu seinem Tod am 20. 12. 1799.

Werke

Von David Traugott Nicolai wurden mehrere Kantaten und kleinere Cembalostücke in die von Johann Adam Hiller herausgegebenen Sammlungen aufgenommen. Sie beweisen, daß der Komponist die vom Vater übernommenen Lehren des großen Thomaskantors getreu befolgte.

Anton Filtz (1733–60)

Zeit und Umwelt

Die Hofkapelle in Mannheim wirkte wie ein Magnet auf alle musikalischen Talente Mitteleuropas. Der Ruf der Kapelle und die vorzügliche Ausbildung, die dort jedem zuteil wurde, der die hiezu nötigen Voraussetzungen mitbrachte, garantierten nahezu eine glänzende musikalische Laufbahn.

Leben

Johann Anton Filtz (Fils, Fiels, Filz) wurde am 22. 9. 1733 in Eichstätt, Bayern, geboren. Er war Schüler von Jan Stamic und wurde 1754 Cellist des Orchesters in Mannheim. Seine Entwicklung als Instrumentalist und als Komponist unterbrach sein früher Tod im Jahr 1760. Er wurde am 14. 3. in Mannheim begraben.

Anton Filtz, »Six Symphonies choisies«, Titelblatt

WERKE

Trotz seines kurzen Lebens hat Anton Filtz ein umfangreiches kompositorisches Werk hinterlassen. Seine Musik ist in erster Linie auf melodische Basis gestellt; formale Probleme spielen dabei eine untergeordnete Rolle. Es sind von ihm 41 Sinfonien, 24 Triosonaten, Sonaten für Violine oder Cello, 6 Quartette, 3 Flötenkonzerte im Druck erschienen. Außerdem liegen noch weitere Sinfonien, Flöten- und Cellokonzerte, Violinsonaten und 2 Messen handschriftlich vor. Von seinen Werken ist eine beträchtliche Anzahl in unserem Jahrhundert neu erschienen und nicht selten gespielt worden.

Ignaz von Beecke (1733–1803)

ZEIT UND UMWELT

Die zahlreichen kleinen deutschen Fürstentümer haben wegen ihrer politischen Bedeutungslosigkeit nicht selten den Spott herausgefordert. Ihre kulturelle Funktion aber war in nicht wenigen Fällen beachtlich. In vielen Schlössern dieser Duodezstaaten finden sich oft wertvolle Bibliotheken und Sammlungen, die von einzelnen Fürsten, deren politische Geschäfte wenig zeitraubend waren, angelegt wurden; in anderen wurden Kapellen gehalten, die einen Wettbewerb mit denen der großen Hauptstädte leicht bestanden hätten, weil der Fürst musikliebend war und durch sein Mäzenatentum seinen Namen der Nachwelt erhalten wollte.

LEBEN

Notker Ignaz Franz von Beecke (Becké) wurde am 28. 10. 1733 in Wimpfen im Tal, Neckar, geboren. Er ergriff die Offizierslaufbahn und nahm 1792 seinen Abschied. Als Pianist und Komponist erhielt er seine Ausbildung von Niccolò Jommelli. Er hielt sich oft in Paris und Wien auf, um sich Anregungen für sein Schaffen zu holen. Mit Christoph Willibald Gluck, mit Wolfgang Amadeus Mozart und Joseph Haydn pflegte er ständige Verbindung. Ab 1773 wirkte er als Musikintendant des Fürsten Ernst Kraft von Oettingen-Wallerstein (1748–1802), dessen militärischer Adjutant er war. Er starb in Wallerstein am 2. 1. 1803.

WERKE

Die Bedeutung des kompositorischen Werkes von Ignaz von Beecke beruht vor allem auf seinen 6 Sinfonien für großes Orchester, die Haydn sehr nahekommen. Auch seine 6 Quartette für Flöte, Violine, Bratsche und Cello, seine 4 Duos für Cembalo und Violine und die 6 Cembalosonaten müssen der Klassik zugerechnet werden wie zumindest annähernd auch seine 10 Cembalostücke; mit seiner »Arie mit 10 Variationen« für Pianoforte leistete er zur Bildung des klassischen Klavierstils einen wertvollen Beitrag – er selbst genoß als Pianist einen geradezu legendären Ruf. An Vokalwerken liegen das Oratorium »Die Auferstehung«, mehrere klangvolle Kantaten, 4 Sammlungen von Liedern verschiedener Dichter und »Six airs françois« für Singstimme und Klavier vor. Seine Singspiele, darunter eine Vertonung von Goethes »Claudine von Villa Bella«, sind nicht erhalten.

LITERATUR

E. F. Schmid, Ignaz von Beecke, in: Lebensbilder aus dem Bayrischen Schwaben, München 1951.

Thomas Sanders Dupuis (1733–96)

ZEIT UND UMWELT

Um 1760 wanderten ungefähr ein Dutzend deutscher Klavierbauer in England ein und entwickelten die Erfindung von Bartolommeo Cristofori weiter, bis um 1780 das Pianoforte bereits zum wichtigsten Tasteninstrument wurde. Dementsprechend wandte sich – zuerst zögernd und vereinzelt – die Komposition dem neuen Instrument zu. Hand in Hand mit den technischen Verbesserungen bildete sich der Pianofortestil heraus, der für die Zukunft maßgebend wurde.

LEBEN

Thomas Sanders Dupuis wurde am 5. 11.

1733 in London geboren. Er erhielt seine erste Musikausbildung als Chorknabe an der Chapel Royal unter Bernard Gates, wurde sodann Schüler von John Travers und schließlich einer der Organisten der Kapelle. Um 1773 wurde er Organist an der Charlotte Street Chapel und folgte 1779 William Boyce als Organist der Chapel Royal nach. Er starb am 24. 7. 1796 in London.

WERKE

Am meisten bemerkenswert an den Kompositionen von Thomas Sanders Dupuis sind seine speziell für Pianoforte geschriebenen Sonaten und Konzerte. Damit trat die Literatur für Pianoforte in den Bereich der Komposition ein, um dort bald den breitesten Raum einzunehmen. Dupuis schrieb außerdem einige Orgelstücke, Chants, Anthems, 2 Celloduos. Ein Teil seiner sakralen Werke erschien nach seinem Tod unter dem Titel »Kathedralenmusik«.

Pablo Esteve y Grimau (um 1734–94)

ZEIT UND UMWELT

Die Quantität der italienischen Opernkomposition wird von der spanischen weit übertroffen. Wenn 100 und mehr Opern aus der Hand eines Komponisten unser Staunen erregen, so kann man vor einer Massenproduktion von über 400 nur mehr erschrecken. Es grenzt schon an ein Wunder, daß jemand solche Mengen niederschreiben kann.

LEBEN

Pablo Esteve y Grimau wurde um 1734 in Barcelona geboren. Er kam 1760 nach Madrid und machte sich mit seiner ersten Tonadilla einen Namen. Von 1778 bis 1790 wirkte er als Komponist einer Theatergruppe, für die er jährlich 62 Stücke zu schreiben hatte. Am 4. 6. 1794 starb er in Madrid als einer der berühmtesten Bühnenkomponisten seiner Zeit.

WERKE

Außer über 400 Tonadillas verfaßte Pablo Esteve y Grimau viele Zarzuelas, Comedias, Loas, Sainetes. Er bearbeitete auch eine Reihe italienischer Opern für die spanischen Bühnen. Es fällt schwer, solchen Massenerzeugnissen eine Wertschätzung entgegenbringen zu können.

LITERATUR

J. Subirá, La tonadilla escénica. Sus obras y sus autores, Barcelona 1933.

Chevalier d'Herbain (1734–69)

ZEIT UND UMWELT

Innerhalb des Offizierskorps der französischen Regimenter, das zum großen Teil aus Adeligen bestand, die bereits als Kinder im Rahmen ihrer Erziehung auch Musikunterricht erhalten hatten, fanden sich genügend Möglichkeiten zur musikalischen Weiterbildung gemeinsam mit Gleichgesinnten. Die Verlegung der Garnisonen von Stadt zu Stadt bot außerdem die Gelegenheit, viel und vielerlei Musik zu hören.

LEBEN

Chevalier d'Herbain – es ist kein Vorname überliefert – wurde 1734 in Paris geboren. Er trat mit 15 Jahren in die Armee ein und brachte es zum Capitaine. Dann wandte er sich der Musik zu und brachte in Rom mit Erfolg ein Divertimento heraus, dem er mehrere Bühnenstücke folgen ließ. Im Jahr 1756 trat er im Concert spirituel in Paris mit einer Sinfonie auf und verbrachte den Rest seines Lebens bis 1769 als angesehener Komponist in seiner Geburtsstadt.

WERKE

Außer seinen durchwegs erfolgreichen Bühnenstücken und Balletten verfaßte Chevalier d'Herbain 6 Triosonaten für zwei Violinen und Baß, 6 Cembalosonaten mit Violine oder Flöte und eine Sinfonie sowie an Vokalmusik mehrere Kantaten für eine Stimme. Er war stark von italienischen Stilformen beeinflußt, zeigte aber eine Vorliebe für das Groteske und Deskriptive im Sinn von Jean-Philippe Rameau.

Benjamin Cooke (1734–93)

Zeit und Umwelt

In keiner Kunstgattung gibt es so viele Frühbegabungen wie auf dem Gebiet der Musik. Es gilt nachgerade als Regel, daß Musiker nur dann eine gewisse Bedeutung erhalten, wenn ihre Ausbildung bereits in der Kindheit eingesetzt hat. Das hat nichts mit den »Wunderkindern« zu tun, deren bestaunte Leistungen nicht selten bald verflachen und versanden, weil es sich zumeist um Entwicklungsanomalien handelt, die sich rückbilden und sich in die Allgemeinentwicklung des Kindes einordnen. Im echten frühbegabten Kind bilden sich musikalisches Vorstellungsvermögen und Aufnahmefähigkeit zwar in kurzen Zeiträumen, aber systematisch fortschreitend und nie explosiv. Wenn nun zu dieser Begabung das erforderliche Milieu und ein fachgemäßer Unterricht treten, wächst, falls nicht andere Hindernisse auftreten, eine Musikerpersönlichkeit heran.

Leben

Benjamin Cooke wurde 1734 in London geboren. Er war ab seinem 9. Lebensjahr Schüler von Johann Christoph Pepusch und bereits nach 3 Jahren imstande, den Organisten John Robinson (1682, London, bis 30. 4. 1762, London) an der Orgel der Westminster Abbey zu vertreten. Im Jahr 1752 folgte er Pepusch als Dirigent der »Academy of Ancient Music« (Akademie für Alte Musik) nach, 1757 löste er Bernard Gates als Knabenchorleiter an der Westminster Abbey ab. Er erhielt in Oxford und in Cambridge den Doktorgrad aus Musik und wurde zum Organisten an St. Martin-in-the-Field gewählt. Er starb am 14. 9. 1793 in London.

Sein Sohn Robert Cooke (1768, London, bis 13. 8. 1814, London) folgte dem Vater in dessen Stellungen als Organist und Chorleiter.

Werke

Von Benjamin Cooke sind an Instrumentalwerken Duette für Violinen oder Flöten, außerdem Fugen und andere Stücke für Orgel und ein Kanon gedruckt worden. Seine sakrale Musik besteht aus mehreren Services, von denen das in G-Dur hervorsticht, einer großen Anzahl Anthems, zum Teil mit Orchesterbegleitung, Psalmen und Hymnen. Seine Berühmtheit verdankt er aber seinem Liedschaffen: Glees, Catches und Kanons, Oden und eine Vertonung des Morgenhymnus aus »Das verlorene Paradies« von John Milton. Für seine Glees erhielt er mehrere Preise. Weiters liegen Orchesterkonzerte, Märsche und Übungsstücke für Cembalo vor.

Robert Cooke schrieb ein Abend-Service in C-Dur, eine »Ode an die Freundschaft«, mehrere Gesänge und Glees.

Literatur

H. Cooke, Some account of Dr. Cooke, London 1937.

Luka Sorkočević (1734–89)

Zeit und Umwelt

Die Republik Ragusa (heute Dubrovnik) stand im 18. Jahrhundert noch unter türkischer Oberhoheit, bewahrte sich aber durch geschicktes Lavieren zwischen den Großmächten ein großes Maß Selbständigkeit. Wirtschaftlich und kulturell hatte sie bereits seit Jahrhunderten einen hohen Entwicklungsstand erreicht. Der ragusanische Barockdichter Ivan Gundulić (1589–1638) war der erste Dichter in kroatischer Sprache. Auch das Musikleben der Stadt stand auf hohem Niveau.

Leben

Luka (Lukša) Sorkočević (Sorgo, Sorgoevich, Sijerkowinsky) wurde am 31. 1. 1734 in Ragusa (Dubrovnik) geboren. Er erhielt seine musikalische Ausbildung bei Rinaldo da Capua in Rom. Darauf betätigte er sich bis zu seinem Tod am 11. 9. 1789 als Diplomat für seine Heimat. Er hatte sein Haus mittels ständiger musikalischer und literarischer Soireen zu einem kulturellen Mittelpunkt der Stadt gemacht.

Werke

Von Luka Sorkočević, der mit Christoph

François Joseph Gossec, Schabstich von E. Quenedey, 1813

Willibald Gluck, Joseph Haydn und Pietro Metastasio befreundet war, sind 8 Sinfonien, 4 Ouvertüren, eine Anzahl Arien, ein Tantum ergo für A-cappella-Chor überliefert. Die Sinfonien – die ersten von einem kroatischen Komponisten – sind dreisätzig, sehr klar und ausdrucksvoll. Sie gehören der italienischen Vorklassik an.

François Joseph Gossec (1734–1829)

Zeit und Umwelt

Beim Ausbruch der Revolution im Jahr 1789 flüchteten viele Gelehrte und Künstler aus Frankreich, kehrten aber bald wieder zurück, weil sie erkannten, daß ihre Furcht, man würde sie wegen ihrer Stellungen bei Hof oder anderen Adelshäusern so behandeln wie ihre Dienstgeber, übertrieben war. Tatsächlich trat hier wie bei allen folgenden politischen Umstürzen deutlich zutage, daß der Franzose eine tief verwurzelte Achtung vor geistiger und künstlerischer Leistung in sich trägt. Wenn ein Musiker vor ein Revolutionstribunal gestellt wurde, geschah das nicht wegen seiner Tätigkeit für die politisch Unterlegenen, sondern aus Gründen, die außerhalb seiner künstlerischen Tätigkeit lagen. Daß man zum Beispiel einen Musiker, der Steuerpächter war, verurteilte, hatte mit seiner Musik nichts zu tun. Viele verloren ihre Stellungen, weil es diese nicht mehr gab. Dafür wurden neue geschaffen, die sie bekamen – denn nach Musik wurde und wird immer verlangt.

Leben

François Joseph Gossec (eigentlich Gossé) wurde am 17. 1. 1734 in Vergnies, Hennegau, geboren. Seine erste musikalische Erziehung erhielt er als Chorknabe an der Kathedrale in Antwerpen. Er kam 1751 nach Paris und wurde über Vermittlung von Jean-Philippe Rameau in die Privatkapelle des Generalpächters Alexandre Jean Joseph Le Riche de La Pouplinière aufgenommen. Nach dessen Tod (1762) und der Auflösung seiner Kapelle trat Gossec in die Kapelle des Prince de Conti Louis François de Bourbon ein, übernahm aber 1766 die Stelle des Musikintendanten im Dienst des Prince de Condé Louis Joseph de Bourbon (1736–1818) in Chantilly. Im Jahr 1760 gründete er das »Concert des amateurs«, in dem die zeitgenössische Komposition mehr zu Wort kam als im Concert spirituel, erhielt aber dann 1773 zugleich mit Pierre Gaviniès und Simon Leduc die Leitung des Concert spirituel; 1778 wurde er Chordirigent und 1780 Zweiter Direktor der Académie de Musique und der 1784 gegründeten École de chant; 1795, als diese Gesangschule mit dem Institut Nationale de Musique zum Conservatoire de Musique vereinigt wurde, übertrug man ihm zugleich mit André Ernest Modeste Grétry, Luigi Cherubini, Étienne Nicolas Méhul und Jean-François Lesueur die Inspektion des Instituts und fallweise die Prüfung der bei der Opéra eingereichten Werke. 1815 zog er sich von seinen Verpflichtungen nach Passy bei Paris zurück, wo er am 16. 2. 1829 starb.

Werke

Die ungefähr 60 Sinfonien von François

Joseph Gossec waren bereits sehr früh von der Mannheimer Schule beeinflußt. Sie fallen vor allem durch ihren kompakten Bläserklang auf; ihre letzten Sätze haben sehr oft Rondoform, sind aber in einzelnen als »Chasse« (Jagd) gestaltet. Gossec war offizieller Komponist der Republik und verfaßte viel für die Festlichkeiten der Revolutionszeit - Märsche, Chöre, Hymnen und ein Te Deum. Dabei setzte er große Chöre und Bläsergruppen mit Schlagzeug ein. Davon haben sein »Marche lugubre« (Trauermarsch) für Honoré Gabriel de Riqueti de Mirabeau (1749–91), »Triomphe de la République« und vor allem seine »Messe de morts« (Totenmesse) für über 200 Musiker die größten Erfolge errungen. Außerdem schrieb er ein Weihnachtsoratorium, »Nativité«, mit einem nicht sichtbaren Engelchor aus der Domkuppel. Seine Opern - darunter eine Revolutionsoper - und Ballette weisen ihn als Parteigänger von Christoph Willibald Gluck aus.

Sinfonie in C-Dur, Opus 12/3, 3 Sätze, entstanden 1768

Der 1. Satz ist dem Stil der Mannheimer Schule deutlich verpflichtet. Auch die kräftigen Akkordschläge des Tutti und die dynamische Entwicklung nähern sich den großen Klassikern. Manches erinnert an Christoph Willibald Gluck, das Seitenthema läßt an Wolfgang Amadeus Mozart denken. Im 2. Satz treten zu den Oboen und Hörnern eine Klarinette und zwei Posaunen, womit ein mächtiges Klangprofil gewonnen wird. Nach einigen Sforzati entwickelt sich eine schöne Kantilene der Klarinette. Das Finale - Presto ballabile - wird von einem frischen Thema der ersten Violine angeführt und klingt triumphierend aus.

LITERATUR

G. Prod'homme, François Joseph Gossec, la vie, l'œuvre, l'homme et l'artiste, Paris 1947.

Julien Amable Mathieu (1734–1811)

ZEIT UND UMWELT

Die Revolution, die 1789 in Frankreich ausbrach, setzte den verschiedenen Kapellen des Hofes naturgemäß ein Ende. Die Musiker verloren ihre Stellungen, sonst geschah ihnen in der Regel nichts. Ungehindert konnten sie, wenn sie sich nicht den in der Revolutionszeit gebildeten neuen Klangkörpern zur Verfügung stellen wollten, bei den verschiedenen Kirchen als Organisten, Instrumentalisten, Sänger oder Kapellmeister neue Wirkungskreise suchen.

LEBEN

Julien Amable Mathieu wurde am 31. 1. 1734 als Sohn des Violinisten der Königlichen Kapelle und der Oper sowie Kapellmeisters an St-Louis Michel Mathieu (28. 10. 1689, Paris, bis 7. 4. 1768, Versailles) in Versailles geboren. Er wurde mit 14 Jahren Mitglied der 24 Violons du roy und 1759 Violinist der Kapelle der Königin. Im Jahr 1765 fiel ihm die Leitung der Königlichen Kapelle (als letztem neben François Giroust) zu. Nach 1789 wirkte er als Organist an St-Louis bis zu seinem Tod am 6. 9. 1811 in Paris.

WERKE

Die 12 Violinsonaten mit Generalbaß von Julien Amable Mathieu stellen vor allem reine virtuose Übungen dar. Mehr Musikalität brachten seine 6 Trios für zwei Violinen und Baß und seine 6 Sonaten für zwei Violinen. Er verfaßte auch eine Reihe schöner Motetten und anderer Gesänge.

Franz Beck (1734–1809)

ZEIT UND UMWELT

Die Justiz war im 18. Jahrhundert noch immer sehr streng und teilte harte Strafen zu. Erheblich gemildert war aber die Situation durch die Möglichkeit, sich einer Verfolgung durch Flucht in ein anderes Land zu entziehen. Eine Auslieferung gab es noch nicht, so daß jemand auch nach einem Blutverbrechen im Nachbarland unbehelligt seinen Beruf weiter ausüben und darin zu hohen Ehren aufsteigen konnte.

LEBEN

Franz Beck wurde am 10. 1. 1734 in Mannheim getauft. Er war nach 1741 Schüler von Jan Stamic und soll bereits mit 9 Jahren die ersten Sinfonien komponiert haben. Wegen eines Duells mußte er fliehen und begab sich nach Venedig, wo er mit Baldassare Galuppi zusammenarbeitete. Dann trat er um 1760 in Paris im Concert spirituel auf. Schließlich wirkte er als Dirigent in Marseille und am Theater in Bordeaux, wo er am 31. 12. 1809 starb.

WERKE
Vom kompositorischen Werk von Franz Beck, das an Qualität an das von Jan Stamic heranreicht, sind gegen 30 Sinfonien, 2 Divertimenti, 12 Klaviersonaten, verschiedene Klavierstücke, außerdem ein Gloria, ein Credo und 2 Hymnen erhalten, außerdem ein Stabat mater, ein Melodram und 2 Opern.

Joseph Schmitt (1734–91)

ZEIT UND UMWELT
Die Institution »Felix meritis« wurde 1777 in Amsterdam »zur Hebung von Vernunft und Tugend, zur Belebung des Handels, der Schiffahrt, der Landwirtschaft und der Fischerei, aber vor allem zur Förderung der schönen Künste und der Wissenschaft« gegründet. In ihrem Gebäude gab es ein Observatorium, eine Bücherei und einen Konzertsaal, in dem im Winter regelmäßig Orchesterkonzerte stattfanden.

LEBEN
Joseph Schmitt wurde am 18. 3. 1734 in Gernsheim am Rhein getauft. Er war vermutlich Schüler von Jan Zach. Von 1753 bis 1772 war er Chorregent im Kloster Eberbach im Rheingau, dann ließ er sich in Amsterdam als Musikalienhändler und Verleger nieder. Er war der erste Dirigent der Felix-meritis-Konzerte, die er durch einige Jahre leitete. Er starb am 28. 5. 1791 in Amsterdam.

WERKE
Von Joseph Schmitt sind eine Anzahl Kirchenmusik – darunter seine sehr bekannte Messe in D-Dur –, Sinfonien, Flötenduos und Flötenquartette, außerdem ein Konzert für zwei Flöten und Orchester, das im 20. Jahrhundert neu herausgebracht wurde, erhalten. Sein Stil lehnte sich an den der Mannheimer Schule an.

LITERATUR
A. Dunning, Joseph Schmitt, Amsterdam 1960.

Carlos d'Ordoñez (1734–86)

ZEIT UND UMWELT
Solange es keine gesetzliche Regelung der Urheberrechte gab, waren erfolgreiche Komponisten Plagiatoren ausgeliefert, die sich ihre Kompositionen ganz oder teilweise aneigneten. Nahezu noch häufiger war der Mißbrauch berühmter Namen seitens einzelner Verleger, die Erzeugnisse irgendwelcher Zeitgenossen mit einem zugkräftigen Autor aufbesserten und den echten Namensträger und die Käufer betrogen. Diese Malversation war umso leichter durchführbar, je stärker die Stilähnlichkeit des unterschobenen Werkes und der Kompositionen des Meisters war, dessen Name mißbraucht wurde.

LEBEN
Carlos d'Ordoñez (Ordonitz) wurde am 19. 4. 1734 in Wien geboren. Er war Justizbeamter und zugleich als Violinist von 1771 bis 1784 Mitglied der »Wiener Tonkünstlersozietät«. Er starb am 6. 9. 1786 in Wien.

WERKE
Viele der Werke von Carlos d'Ordoñez wurden unter dem Namen Joseph Haydns verbreitet. Das Schaffen dieses Wiener Vorklassikers stand dem des Meisters Haydn so nahe, daß solche Fälschungen sehr glaubhaft wirkten. Ihnen verdankten sie ihre weite Verbreitung in Mitteleuropa, Italien, Schweden und besonders in Frankreich, wo die meisten Kompositionen erschienen sind. Er verfaßte 62 Sinfonien, 12 Menuette für Orchester, mehrere Konzerte, 32 Streichquartette, ungefähr 25 Streichtrios, ein Streichquintett, eine Marionettenoper und

ein Singspiel. Man muß Carlos d'Ordoñez zu den namhaften Vertretern der Vorklassik in Wien einreihen.

Christoph Sonnleithner (1734–86)

ZEIT UND UMWELT
Wie ein Teil des Adels nahm in Wien im 18. Jahrhundert auch schon das Großbürgertum am literarischen und musikalischen Leben als Förderer, als zahlendes Publikum in Konzerten und Schauspielhäusern, als ausübende Dilettanten und zuweilen auch als echte Künstler teil.

LEBEN
Christoph von Sonnleithner wurde am 28. 5. 1734 in Szeged geboren. Er war österreichischer Jurist und nahm am Kulturleben der Stadt lebhaften Anteil, besonders als Komponist. Er starb am 25. 12. 1786 in Wien.

WERKE
Von Christoph Sonnleithner sind 4 Streichquartette im Druck erschienen. Handschriftlich sind einige Sinfonien, Kammermusikwerke und Kirchenmusik erhalten. Seine Musik zeigt leichte Barockzüge, gehört aber dennoch der Wiener Vorklassik an.

Christoph Sonnleithners Sohn Josef, Schriftsteller, Sekretär des Hoftheaters und Mitbegründer der »Gesellschaft der Musikfreunde« in Wien

Johann Ernst Altenburg (1734–1801)

ZEIT UND UMWELT
Durch zahlreiche Erfindungen wurde ab der Mitte des 18. Jahrhunders der Tonvorrat der Trompete chromatisch erweitert. Setzstücke, Klappen, Züge und zuletzt die Ventile ermöglichten das Hervorbringen jedes Tones der chromatischen Skala. Damit war dem Clarinblasen und der »heroisch-musikalischen Trompeter- und Pauker-Kunst« ein Ende gesetzt. Das Privileg der angesehenen Trompeterzunft erlosch.

LEBEN
Johann Ernst Altenburg wurde am 15. 6. 1734 in Weißenfels, Thüringen, als Sohn des Hoftrompeters Kaspar Altenburg (1688, Weißenfels, bis 1761, Weißenfels) geboren. Er war Schüler von Johann Theodor Römhild (1684–1756) in Merseburg und von Johann Christoph Altnikol in Naumburg. Er wirkte als Organist ab 1767 in Landsberg bei Halle und ab 1769 in Bitterfeld, wo er am 14. 5. 1801 starb.

WERKE
Johann Ernst Altenburg, der Enkelschüler Johann Sebastian Bachs, veröffentlichte eine Reihe von Stücken für Orgel und für Cembalo, bei denen das didaktische Wirken des Thomaskantors deutlich spürbar war.

LITERATUR
A. Werner, Die Thüringer Musikerfamilie Altenburg, in: Sammelbände der internationalen Musikgesellschaft VII, 1905/06.

Jean-Jacques Beauvarlet-Charpentier (1734–94)

ZEIT UND UMWELT
Die französische Orgeltradition beschränkte

sich keineswegs nur auf Paris. In allen größeren Städten des Landes standen vorzügliche Instrumente, die von gut ausgebildeten Organisten bedient wurden. Der Zug zur Hauptstadt grassierte aber auch bei ihnen. Wenn sich eine Möglichkeit ergab, bei einer der vielen Kirchen in Paris unterzukommen, wurde sie ergriffen.

LEBEN
Jean-Jacques Beauvarlet-Charpentier wurde am 28. 6. 1734 in Abbeville geboren. Er war zunächst Organist an St-Paul in Lyon, sodann ab 1771 an St-Victor und ab 1772 an St-Paul in Paris, wo er auch an St-Éloi-des-Orfèvres und an Notre-Dame als einer der 4 Organisten wirkte. Er starb am 6. 5. 1794 in Paris.

WERKE
An Orgelstücken schrieb Jean-Jacques Beauvarlet-Charpentier mehrere Fugen, 12 »Noëls variés pour l'orgue«, 3 Magnificat und 12 Hefte Orgelstücke zum Gebrauch für Pfarreien und religiöse Vereinigungen. Außerdem verfaßte er mehrere Sammlungen Cembalosonaten und 2 Sammlungen mit für Cembalo, Violine und zwei Hörner arrangierten Opernarietten. Eine Orgelfuge in g-Moll und seine Sonate Nr. 1/6 wurden im 20. Jahrhundert herausgebracht.

Ernst Christoph Dreßler (1734–79)

ZEIT UND UMWELT
Da die deutsche Oper – summarisch betrachtet – dem Lied entstammte, wie das italienische Lied jener Zeit von der Oper kam, ist es nicht auffällig, daß die am meisten wirkungsvollen theoretischen Betrachtungen über die Oper von Liederkomponisten beigetragen wurden.

LEBEN
Ernst Christoph Dreßler wurde am 16. 8. 1734 in Greußen, Thüringen, geboren. Er studierte in Halle und Jena Theologie und Rechtswissenschaft und Poetik in Leipzig, nahm sodann Gesangstunden in Bayreuth, wo er Kammermusikus geworden war. Im Jahr 1763 wirkte er in gleicher Eigenschaft in Gotha und ab 1767 als Kapelldirektor in Wetzlar. Von 1771 bis 1774 war er Opernsänger in Wien und hierauf in Kassel bis zu seinem Tod am 6. 4. 1779.

WERKE
Das Liedschaffen von Ernst Christoph Dreßler – Sammlungen: »Meine Lieder«, »Melodische Lieder für das schöne Geschlecht« und »Freundschaft und Liebe« – tritt an Bedeutung weit hinter seine theoretischen Schriften über das Musiktheater zurück, mit denen er wertvolle Beiträge zum Entstehen einer deutschen Oper leistete.

Jean Benjamin de Laborde
(1734–94)

ZEIT UND UMWELT
In der Französischen Revolution machte die Volkswut den Generalpächter für die schlechte wirtschaftliche Lage und die hohen Abgaben verantwortlich. Er wurde daher – zu Recht oder zu Unrecht – verurteilt, wenngleich er Musiker war.

LEBEN
Jean Benjamin de Laborde wurde am 5. 9. 1734 in Paris geboren. Seine musikalische Ausbildung erhielt er von Antoine d'Auvergne und Jean-Philippe Rameau. Er war Kammerherr König Ludwigs XV., Gouverneur des Louvre und unter König Ludwig XVI. Generalpächter und wurde am 22. 7. 1794 guillotiniert.

WERKE
Neben zahlreichen Bühnenwerken – lyrische Tragödien, Komödien, Buffoopern, Pastorale und ein Ballett – verfaßte Jean Benjamin de Laborde einige Sammlungen von Liedern für eine Singstimme mit verschiedener Begleitung und Trios für zwei Violinen und Baß. Bedeutender als seine Kompositionen sind seine theoretischen Schriften, die einen wichtigen Beitrag zur französischen Musikgeschichte darstellen.

Maciej Kamieński (1734–1821)

Zeit und Umwelt

Da die Oper im 18. Jahrhundert immer breiteren Kreisen zugänglich wurde, verstärkte sich das Verlangen des Publikums nach Operntexten, die es verstand. Bislang wurden Opern in der Regel vor Angehörigen höherer Gesellschaftsschichten aufgeführt, in denen man ohne Schwierigkeit einem italienischen oder französischen Libretto zu folgen imstande war, falls man sich überhaupt für das Schicksal der Götter, Halbgötter und Heroen interessierte. Für das bürgerliche Publikum war die Oper ein Schauspiel, das man verfolgen wollte. Daher kam es überall zu nationalsprachigen Opern, wenn auch vorerst die musikalische Diktion noch italienisch oder französisch blieb.

Leben

Maciej (Matthias) Kamieński wurde am 13. 10. 1734 in Sopron, Ungarn, geboren. Seine musikalische Ausbildung erhielt er in Wien. Er kam um 1760 nach Polen, wo er sich in Warschau niederließ, vorwiegend als Opernkomponist tätig war und am 25. 1. 1821 starb.

Werke

Die erste polnische Oper, uraufgeführt 1778 in Warschau, schrieb Maciej Kamieński. Außer weiteren 5 Opern in polnischer Sprache und 2 nicht aufgeführten deutschen verfaßte er mehrere Kirchenwerke von geringerer Bedeutung und eine Kantate zur Enthüllung eines Denkmals für König Jan Sobieski.

Edmund Ayrton (1734–1808)

Zeit und Umwelt

Beim Rückverfolgen der »musikalischen Abstammung« bedeutender englischer Kirchenmusiker des 18. Jahrhunderts stößt man

Illustration für die Chansons von Laborde, Kupferstiche von J.-M. Moreau le Jeune, 1773

nahezu immer auf die gleiche Genealogie; man landet bei Maurice Greene, Bernard Gates, William Croft oder Johann Christoph Pepusch oder einem der wenigen anderen Größen. Die Traditionslinien waren jedenfalls zu dünn und zu schwach, um eine breitere Entwicklung zu erzeugen. Das Erbe konnte immer nur an wenige weitergegeben werden, so daß die Tradition zwar nie erlosch, sich aber auch nur spärlich entfaltete.

LEBEN
Edmund Ayrton wurde am 19. 11. 1734 in Ripon getauft. Er war Schüler von William Nares in York, sodann Organist und Chordirigent der Kollegialkirche in Southwell, wo er bis zu seiner Ernennung zum Gentleman der Chapel Royal 1764 blieb. Im Jahr 1767 wurde er Chorleiter an St. Paul's in London und 1780 Mitglied der Kapelle, an Westminster und Leiter des Knabenchors der Chapel Royal. Er starb am 22. 5. 1808 in London.

WERKE
Der kompositorische Beitrag von Edmund Ayrton zur englischen Kirchenmusik bestand aus 2 vollständigen Morgen- und Abendservices und einer Anzahl sehr beliebter Anthems. Stilistische Neuigkeiten sind dabei nicht feststellbar.

Jean-Baptiste Rey (1734–1810)

ZEIT UND UMWELT
Auch hohe Stellungen im Musikbetrieb des Königshofes und Auszeichnungen aus der Hand des Königs bildeten in den Wirren der Französischen Revolution keine Gefahr. Sobald die Musikbühnen wieder zu spielen begannen und die Konzertunternehmen erneut in Funktion traten, wurden die Musiker herangeholt und in ihre alten oder in neu geschaffene Stellungen eingesetzt.

LEBEN
Jean-Baptiste Rey wurde am 18. 12. 1734 in Lauzerte, Tarn-et-Garonne, geboren. Er wurde in jungen Jahren in Toulouse zum Musiker ausgebildet, wo er später Dirigent des Opernorchesters war. Bis zu seinem 40. Lebensjahr wirkte er in ähnlicher Eigenschaft in Montpellier, Marseille, Bordeaux und Nantes. Im Jahr 1776 wurde er an die Oper in Paris berufen und 3 Jahre darauf zum Leiter der Privatkapelle des Königs ernannt. Gleichzeitig erhielt er den Michaelsorden und die Stelle des Oberaufsehers der Königlichen Kapelle, 1781 wurde er Dirigent der Großen Oper. Zwischen 1782 und 1786 dirigierte er die Aufführungen des Concert spirituel. Nach den ersten Revolutionsjahren wurde er Mitglied des Institut National de Musique und später Kompositionslehrer am Konservatorium. Als er diese Stelle wegen seines Konservativismus 1802 verlor, ernannte ihn Napoleon zum Kapellmeister. Er starb am 15. 7. 1810.
Sein Bruder Louis Charles Joseph Rey (26. 10. 1738, Lauzerte, bis 12. 5. 1811, Paris) war Chorknabe an der Abtei St-Sernin in Toulouse. Im Jahr 1755 ging er nach Paris, um bei dem berühmten Cellolehrer Martin Berteau Unterricht zu nehmen. Zwei Jahre darauf wurde er Cellist am ersten Theater von Bordeaux, 1766 Mitglied des Pariser Opernorchesters und 1772 des Orchesters der Königlichen Kapelle. Mit einiger Unterbrechung während der ersten Revolutionsjahre wirkte er im Opernorchester bis 1806.

WERKE
Außer seiner Ballettmusik verfaßte Jean-Baptiste Rey eine Anzahl vorzüglicher Motetten mit Orchester, mehrere Solfeggien und 2 Opern. Sein Hauptverdienst bestand in der Dirigententätigkeit für zeitgenössische Opern.
Von Louis Charles Joseph Rey sind einige Trios für zwei Violinen und Cello und Duos für Violine und Cello erhalten.
Beide näherten sich dem Stil der Vorklassik.

João Cordeiro da Silva
(um 1735 bis nach 1789)

ZEIT UND UMWELT
Auch in der zweiten Hälfte des 18. Jahrhunderts fand in Portugal an profaner Musik

neben der spanischen Zarzuela nur die Oper Interesse, und zwar ausschließlich die italienische. Eine Konzertmusik existierte nahezu nicht, und es gab auch keinen Komponisten, diese zu schreiben.

LEBEN
João Cordeiro da Silva wurde um 1735 vermutlich in Lissabon geboren. Er trat in den Orden der Santa Cecília ein und wurde 1763 Organist und Komponist der Capela Real von Ajuda. Später wirkte er als Kapellmeister und Musiklehrer der königlichen Prinzen. Seine Ausbildung zum Opernkomponisten dürfte er in Neapel erhalten haben. Er starb in Lissabon nach 1789.

WERKE
Außer einer Reihe italienischer Opern für Lissabon verfaßte João Cordeiro da Silva das Oratorium »Salome Madre de Sette Martiri Maccabei« (Salome, die Mutter von sieben makkabäischen Märtyrern), das sich stark an die Opernfaktur anlehnte, mehrere Messen und Psalmen im älteren Stil.

Charles Thomas Carter
(um 1735–1804)

ZEIT UND UMWELT
Die ehemaligen Spring Gardens in Lambeth, London, wurden in der ersten Hälfte des 18. Jahrhunderts unter dem Titel Vauxhall Gardens in ein Vergnügungs- und Unterhaltungszentrum mit einem beachtlichen Konzertbetrieb umgewandelt. Bis in das nächste Jahrhundert hinein traten dort bedeutende Künstler auf, vor allem, neben Instrumentalvirtuosen, Sänger. Liederkomponisten ließen dort nicht selten erstmals ihre Werke vortragen.

LEBEN
Charles Thomas Carter wurde um 1735 in Dublin geboren. Er studierte in Italien Musik, nachdem er schon im Alter von 16 Jahren in seiner Heimat an St. Werburgh als Organist gewirkt und eine Reihe von Liedern veröffentlicht hatte. Nach Großbritannien zurückgekehrt, brachte er am Drury Lane Theatre in London 6 Opern heraus und wurde im Jahr 1787 zum musikalischen Leiter des neugegründeten Royality Theatre ernannt. Er starb in London am 12. 10. 1804.

WERKE
Neben mehreren Opern und Bühnenmusiken für Schauspiele schrieb Charles Thomas Carter einige schöne Klavierkonzerte, Klavierübungen und eine Anzahl Lieder, die über die Konzerte in den Vauxhall Gardens den Weg zum breiten Publikum fanden und sehr beliebt wurden. Er verwendete dabei viel Volksmusikgut aus seiner irischen Heimat.

Leontzi Honauer
(um 1735 bis nach 1785)

ZEIT UND UMWELT
Das Bistum Straßburg war im 18. Jahrhundert nahezu ausschließlich in Händen der Fürsten von Rohan. Armand Gaston Maximilian de Rohan (1674–1749) wurde 1714, sein Großneffe Armand de Rohan (1717–56) im Jahr 1749 Bischof von Straßburg, Louis Constantin de Rohan (1697–1779) folgte Armand de Rohan in die Würde nach, und Louis René Édouard de Rohan war der nächste. Für einen Musiker aus Straßburg war es daher nicht schwer, im Palais der Fürsten von Rohan in Paris eine entsprechende Position zu erhalten.

LEBEN
Leontzi Honauer wurde um 1735 in Straßburg geboren. Er kam um 1760 nach Paris, wo er bis 1785 als Musiker in Diensten der Fürsten von Rohan stand und in einem der folgenden Jahre starb.

WERKE
Von Leontzi Honauer sind 18 begleitete und unbegleitete Cembalokonzerte und 4 Cembaloquartette bekannt. Für ihre Qualität spricht, daß Wolfgang Amadeus Mozart einzelne Sätze aus den Sonaten für seine Pastic-

Zweimanualiges Cembalo

cio-Klavierkonzerte (KV 37, 40, 41) übernahm.

Carlo Monza (um 1735–1801)

ZEIT UND UMWELT

Die Bravourarie war nachgerade ein essentieller Bestandteil der Oper und verschaffte ihr zusätzlichen Glanz, falls das Werk nicht damit überladen wurde, so daß die übrige Musik den Charakter von Zwischenspielen der Arienketten erhielt. Ein zumindest innerer Zusammenhang der gesamten Musik mit den Arien gab ihnen ihre Existenzberechtigung, auf die allerdings nicht selten verzichtet wurde.

LEBEN

Carlo Monza wurde um 1735 in Mailand geboren. Er war Schüler von Giovanni Andrea Fioroni und ab 1768 Organist der herzoglichen Kapelle unter Gian Battista Sammartini, den er 1775 als Kapellmeister ablöste. Daneben wirkte er als Kapellmeister an San Giovanni in Conca, an Santa Maria Segreta und an der Chiesa della Rosa. Im Jahr 1787 wurde er Kapellmeister am Mailänder Dom, 1771 ernannte ihn die Accademia Filarmonica in Bologna zu ihrem Mitglied. Er starb in Mailand am 19. 12. 1801.

WERKE

Neben einer Reihe Opern, in denen eine Fülle rein schematisch angelegter Bravourarien vorherrschten, verfaßte Carlo Monza eine große Anzahl Kirchenmusik – Messen, Proprien, Psalmen, Litaneien, Responsorien – und 6 Trios für zwei Violinen und Cello, 6 Streichquartette und 6 Sonaten für Cembalo und Violine.

Valentin Roeser (um 1735 bis nach 1782)

ZEIT UND UMWELT

Die sechziger Jahre des 18. Jahrhunderts brachten einen starken Zustrom ausländischer Musiker nach Paris. Das Ende des Mäzenatentums in Italien und der Krieg in Mitteleuropa hatten viele Künstler vertrieben. Frankreich war zwar ebenfalls am Krieg beteiligt, aber er wurde weitab von Paris geführt, und der Niedergang der wirtschaftlichen Verhältnisse trat nicht störend auf, denn für Musik war in Paris immer Geld vorhanden.

LEBEN

Valentin Roeser wurde um 1735 in Deutschland geboren. Über sein Leben ist wenig bekannt. Er dürfte um 1762 nach Paris gekommen, im Dienst verschiedener Fürstenhäuser gestanden und nach 1782 dort gestorben sein.

WERKE

Von Valentin Roeser erschienen 12 Sonaten für zwei Violinen, 12 Klarinettenduette, 12 Sonaten für Cembalo oder Pianoforte, 12 Sonaten für Fortepiano mit Violine, 6 Sonaten für zwei Violinen und Baß, 6 Quartette für Klarinette, Oboe, Violine, Bratsche und Baß, 6 Triosonaten, 14 Sinfonien, zahlreiche Werke für Blasinstrumente und Arrangements für verschiedene Instrumente, außerdem eine Romanze für Singstimmen. Er verfaßte eine Instrumentationsanweisung für Blasinstrumente und mehrere andere Schulwerke.

Ignazio Raimondi (um 1735–1813)

ZEIT UND UMWELT

Das Konzertleben von Amsterdam wurde in der zweiten Hälfte des 18. Jahrhunderts nahezu ausschließlich von zugereisten Musikern bestritten. Italiener, Deutsche, Franzosen traten als Dirigenten, Instrumentalisten oder Sänger auf. Bodenständige Kräfte waren nur in geringer Anzahl verfügbar, und von diesen wenigen verblieben nur einzelne in der Heimat; sie verließen sie bei jeder sich bietenden Gelegenheit, um in den europäischen Musikzentren einen Wirkungskreis zu finden.

LEBEN

Ignazio Raimondi wurde um 1735 in Neapel geboren. Er war Schüler von Emanuele Barbella und von 1759 bis 1762 Violinist am Teatro San Carlo. Um 1760 kam er als Orchesterdirigent nach Amsterdam, um 1780 begab er sich nach London, wo er als bekannter Violinist, Dirigent, Komponist und Konzertveranstalter bis zu seinem Tod am 14. 1. 1813 wirkte.

WERKE

Neben seiner in Paris uraufgeführten Oper verfaßte Ignazio Raimondi zwei Programmsinfonien: »Les Aventures de Télémaque« (Die Abenteuer des Telemach) und »The Battle« (Die Schlacht), die wegen ihrer plastischen Tonmalerei große Beliebtheit errangen, außerdem 3 konzertante Sinfonien, Streichquartette, Streichtrios und Sonaten für zwei Violinen, für Violine und Bratsche und für Violine und Cello. Seine Kavatine »Risplende o sol beato« (Leuchte du selige Sonne) für Sopran und vier Instrumente wurde äußerst berühmt.

Rafael Anglés (um 1735–1816)

ZEIT UND UMWELT

Daß Stil und Faktur Haydns gerade in Spanien Anklang und Nachahmung gefunden haben, ist auf den ersten Blick erstaunlich. Aber es lebten auch zu jenen Zeiten neben dem breiten Publikum, das sich mit Zarzuelas, Villancicos und Tanzrhythmen zufriedengab, Kenner, die Formstrenge, Klarheit der Diktion und Ehrlichkeit des Ausdrucks des französischen Barock in der Klassik Joseph Haydns wiederfanden und hochschätzten. Und für die schrieben die spanischen »Klassiker«.

LEBEN

Rafael Anglés wurde um 1735 in Rafales, Teruel, geboren. Über sein Leben ist nur bekannt, daß er von 1762 bis zu seinem Tod am 19. 2. 1816 Organist an der Kathedrale von Valencia war.

WERKE

Von Rafael Anglés sind zahlreiche Klaviersonaten im Stil Joseph Haydns überliefert. Außerdem schrieb er Sonaten für Orgel und Klavier, 2 Hefte mit Pasos und ein Villancico für acht Stimmen, Violine und Generalbaß. Trotz der Nähe Haydns war Anglés kein »Klassiker«, sondern muß der Vorklassik zugereiht werden.

LITERATUR

J. Climent, Organistas valencianos de los siglos XVII y XVIII, Anuario musical XVII, 1962.

Stephen Paxton (1735–87)

ZEIT UND UMWELT

Im England jener Zeit war das leichte, anspruchslose Lied die lukrativste Kompositionsgattung für Verleger, Musikalienhändler und Komponisten, die neben dem Honorar auch noch mit Preisen von verschiedenen Klubs bedacht wurden. Der künstlerische Wert dieser Erzeugnisse war zumeist nicht sehr hoch, wurde aber auch nicht beanspruchtt. Sie dienten der Unterhaltung, und das war es, was das damalige Publikum von der Musik erwartete.

LEBEN
Stephen Paxton wurde 1735 in London geboren und von William Savage ausgebildet. Er lebte als Komponist und Musiklehrer in London, wo er am 18. 8. 1787 starb.
Sein Bruder William Paxton (1737, London, bis 1781, London) war Cellist und Cellolehrer.

WERKE
Von Stephen Paxton wurde eine große Anzahl Glees und Catches herausgebracht, die begeisterte Aufnahme fanden. Er wurde dafür mit mehreren Preisen bedacht. Er verfaßte auch 2 Messen, die nur durchschnittliche Qualität aufwiesen. Seine Glees wurden wegen ihrer Liebenswürdigkeit und Eleganz sehr gerühmt.
William Paxton erhielt für zwei Kanons ebenso einen Preis des Catch Clubs. Sein Glee »Breathe soft, ye winds« (Blast sanft, ihr Winde) wurde noch lang nach seinem Tod gesungen. Er verfaßte auch Soli und Duos für Celli.

Mattia Vento (1735–76)

ZEIT UND UMWELT
Felice de Giardini, der mehr als 40 Jahre in London als erfolgreicher Violinist und Komponist verbrachte, rief eine Anzahl Musiker aus Italien in die britische Hauptstadt, verschaffte ihnen mit seinem Einfluß die Möglichkeit, aufzutreten und ihre Werke unterzubringen, und er begründete dadurch manche glückliche Karriere. Dabei hatte er leichtes Spiel, denn das Londoner Publikum war gerne bereit, an seinen Musikbühnen und Konzertunternehmungen Italiener aufzunehmen.

LEBEN
Mattia Vento wurde 1735 in Neapel geboren und im Conservatorio Santa Maria di Loreto ausgebildet. Er trat in Italien mit einigen Opern hervor, die Erfolg hatten, und ging 1763 nach London, wo er weitere Opern herausbrachte und als Musiklehrer tätig war. Er starb am 22. 11. 1776 in London.

WERKE
Außer seinen Opern verfaßte Mattia Vento eine große Anzahl Klaviertrios, Triosonaten, Klaviersonaten und Vokalwerke. Die Klaviermusik lehnte sich deutlich an die Klassik an.

Maddalena Laura Syrmen
(1735 bis um 1800)

ZEIT UND UMWELT
Daß eine Frau als Instrumentalistin auftrat, war auch in der zweiten Hälfte des 18. Jahrhunderts selten, während für die Opernbühne die Zeit der großen Sängerinnen bereits angebrochen war. Es gab einige Organistinnen und Cembalistinnen; Violinistinnen hingegen waren für das Publikum eine ungewohnte Erscheinung, und noch seltsamer schien es, wenn diese Frau eigene Kompositionen vollendet vortrug. Es handelte sich eben um Ausnahmefälle, deren Sensation die des Könnens der Künstlerin weit überwog.

LEBEN
Maddalena Laura Syrmen (Sirmen), deren Mädchenname Lombardini lautete, wurde 1735 in Venedig geboren. Sie wurde am Conservatorio dei Mendicanti ihrer Geburtsstadt und darauf von Giuseppe Tartini in Padua zur Violinistin ausgebildet. Sie unternahm mit ihrem Mann Lodovico Syrmen, Violinist und Kapellmeister, erfolgreiche Konzertreisen durch Italien, nach Paris und London, wo sie auch als Cembalistin und als Sängerin auftrat. Nach einem Mißerfolg in Paris wegen ihres »altväterischen Programms« im Jahr 1785 kehrte sie nach Venedig zurück, wo sie um 1800 starb.

WERKE
Von der Violinistin Maddalena Laura Syrmen erschienen 6 Triosonaten für zwei Violinen und Cello, 6 Streichquartette, 6 Violinenduos, 6 Violinkonzerte mit zwei Violi-

nen, Bratsche, Baß, Oboe und zwei Hörnern, 6 Sonaten für zwei Violinen. Ihr Stil ist deutlich von Giuseppe Tartini abhängig und muß gegen Ende des Jahrhunderts etwas »altväterisch« gewirkt haben.

James Lyon (1735–94)

ZEIT UND UMWELT
Schon in der vorrevolutionären Ära des 18. Jahrhunderts entwickelte sich in den nordamerikanischen Städten ein reges Musikleben. Es wurde aber zum größten Teil von Musikern bestritten, die als Gäste aus Europa kamen und zumeist wieder zurückreisten. Eingewanderte Künstler, die sich entschließen konnten, seßhaft zu werden, gab es verhältnismäßig wenige. Am seltensten waren naturgemäß noch die in Amerika geborenen.

LEBEN
James Lyon wurde 1735 in Newark geboren. Er lebte einige Zeit in Princeton, Michigan. Es ist nicht feststellbar, ob er einen musikalischen Beruf ausgeübt hat. Er starb 1794 in Machias, Maine.

WERKE
Die Bezeichnung »erster Komponist Nordamerikas« wird in der Regel Francis Hopkinson zuerkannt. James Lyon jedoch, der 1759 eine Ode komponierte und dem von ihm 1761 herausgebrachten Liederbuch einige eigene Kompositionen beigab, war um zwei Jahre älter.

Christian Samuel Barth (1735–1809)

ZEIT UND UMWELT
Die beiden nordischen Hauptstädte Stockholm und Kopenhagen mit ihrem erst vor Jahrzehnten erwachten Musikleben bildeten einen ständigen Anziehungspunkt für deutsche Musiker. Sie erhielten leicht Stellungen, weil in beiden Städten noch zu wenig ausgebildete Kräfte verfügbar waren; und falls einer sich als Schüler von Johann Sebastian Bach ausweisen konnte, mußte er nicht besorgt sein, abgewiesen zu werden.

LEBEN
Christian Samuel Barth wurde am 11. 1. 1735 in Glachau, Sachsen, geboren. Er war Schüler von Johann Sebastian Bach an der Thomasschule in Leipzig und wirkte an den Orchestern von Rudolstadt, Weimar, Hannover und Kassel als Oboist. Im Jahr 1785 ging er in gleicher Eigenschaft nach Kopenhagen, wo er am 8. 7. 1809 starb.

WERKE
Der Oboist Christian Samuel Barth verfaßte eine Anzahl Sonaten und Konzerte für Oboe, außerdem einige Sinfonien und Ouvertüren, die dem empfindsamen Stil nahestehen.

Johann Gottfried Eckard (1735–1809)

ZEIT UND UMWELT
Johann Andreas Stein (1728–92), Angehöriger einer Orgel- und Klavierbauerfamilie des 18. und 19. Jahrhunderts in Österreich und Deutschland, wandte sich vor allem der Konstruktion des Pianoforte zu. Er war der Erfinder der sogenannten »deutschen Mechanik«, die später mit »Wiener Mechanik« bezeichnet wurde.

LEBEN
Johann Gottfried Eckard wurde am 21. 1. 1735 in Augsburg getauft. Da er glänzende pianistische Anlagen zeigte, nahm ihn der Augsburger Klavierbauer Johann Andreas Stein nach Paris mit. Es gelang ihm bald, die Aufmerksamkeit der Öffentlichkeit auf sein pianistisches Können zu ziehen. Er wurde von Zeitgenossen für den ersten Pianisten der Stadt gehalten und war auch als Lehrer sehr gesucht. Er starb am 24. 7. 1809.

WERKE
Der Pianist Johann Gottfried Eckard war in Frankreich einer der ersten Komponisten, die Cembalo- oder Pianofortesonaten ohne Violinbegleitung, die in den meisten Fällen

nur die oberste Stimme des Tasteninstruments mitspielte, herausbrachte. Er verfaßte 6 Sonaten für Cembalo und 2 Sonaten für Cembalo oder Pianoforte, außerdem ein Menuett mit Variationen für Cembalo.

Ernst Wilhelm Wolf (1735–92)

ZEIT UND UMWELT

Anna Amalia, Herzogin von Sachsen-Weimar, war nicht nur Schülerin von Ernst Wilhelm Wolf, sondern auch seine tatkräftige Förderin, obwohl Johann Wolfgang von Goethe ihn wenig schätzte. Die Gunst der Herzogin reichte aber aus, um ihm die Kapellmeisterstelle zu sichern.

LEBEN

Ernst Wilhelm Wolf wurde am 25. 2. 1735 in Großenbehringen bei Gotha getauft. Er war Chorpräfekt in Gotha, studierte in Jena Musik und leitete dort das Collegium musicum, hielt sich sodann in Leipzig und Naumburg auf und wurde 1761 Konzertmeister der Hofkapelle und zugleich Musiklehrer und Organist der Herzogin Anna Amalia in Weimar. Im Jahr 1768 ernannte man ihn zum Hofkapellmeister. Goethe bemühte sich, Wolf von seiner Stelle zu entfernen, jedoch vergebens. Er starb 1792 und wurde am 1. 12. in Weimar begraben.

WERKE

Neben seinen ungefähr 20 Werken für die Musikbühne verfaßte Ernst Wilhelm Wolf Cembalostücke, Kammermusik, eine Anzahl Sinfonien, ungefähr 20 Konzerte für Cembalo oder Pianoforte, einige Kirchenmusik, Kantaten und Oratorien, darunter »Die letzten Stunden des leidenden Erlösers am Kreuz«, »Der Sieg des Erlösers«, »Jesus in Gethsemane«, außerdem »Wiegenliederchen für deutsche Ammen mit Melodien« und »51 Lieder der besten deutschen Dichter mit Melodien«. Seine Musik folgt dem empfindsamen Stil.

LITERATUR

E. W. Böhme, Ernst Wilhelm Wolf, der weimarische Hof-Kapellmeister der Goethezeit, in: Zeitschrift für Musikwissenschaft XV, 1932–33.

Valentin Herbing (1735–66)

ZEIT UND UMWELT

Angeregt von den Vertretern der Berliner Liederschule und der offensichtlich starken Nachfrage nach Liedkompositionen um die Mitte des 18. Jahrhunderts brachten die Musikverleger eine Fülle von Liedern und Liedersammlungen heraus, deren Singstimmen und Begleitung so gehalten waren, daß sie von Unausgebildeten bewältigt werden konnten. Aber auch die für den Konzertgebrauch bestimmten Kompositionen sind zum Großteil sehr einfach, um dem Publikumswunsch nach leichter Verständlichkeit und Eingängigkeit entgegenzukommen.

LEBEN

August Bernhard Valentin Herbing wurde am 9. 3. 1735 in Halberstadt geboren. Er wurde um 1758 Hilfsorganist und 1764 Organist am Dom in Magdeburg und versah diesen Dienst bis zu seinem Tod am 26. 2. 1766.

WERKE

Von dem früh verstorbenen Organisten Valentin Herbing sind die Liedsammlungen »Musicalische Belustigungen«, deren 2. Teil erst posthum erschien, und »Musikalischer Versuch in Fabeln und Erzählungen des Herrn Prof. Gellert« herausgekommen. Beide Werke sind offenbar für Dilettanten bestimmt, weil jede Schwierigkeit vermieden wurde. Musikalischer Wert kann ihnen trotzdem nicht abgesprochen werden.

Karl Joseph Rodewald (1735–1809)

ZEIT UND UMWELT

Kassel, die Residenz der Landgrafen von Hessen-Kassel, die 1785 unter Kurfürst Wilhelm I. (1743–1821) die Kurfürstenwürde erhielten, blühte im 18. Jahrhundert zur prächtigen Residenzstadt auf, in der unter anderen

Prunkbauten die berühmte Gemäldegalerie und das Schloß Wilhelmshöhe entstanden. Die Hofkapelle, die bereits im 17. Jahrhundert einen großen Ruf genoß, nahm an vorzüglichen Kräften auf, was sie bekommen konnte.

LEBEN

Karl Joseph Rodewald wurde am 11. 3. 1735 in Seitsch (Siciny), Schlesien, geboren. Er erhielt in Berlin seine Ausbildung von František Benda als Violinist und von Johann Philipp Kirnberger in Komposition und wurde 1762 Mitglied der Landgräflich-Hessischen Hofkapelle. Nach ihrer Auflösung (1785) betätigte er sich als Musiklehrer bis zu seinem Tod am 11. 7. 1809 in Hanau.

WERKE

Von dem angeblich umfangreichen kompositorischen Werk von Karl Joseph Rodewald ist nur ein Stabat mater für zwei Singstimmen und Orchester im Druck erschienen. Handschriftlich überliefert sind außerdem eine Oper und mehrere Instrumentalwerke.

Christian Gotthilf Tag

(1735–1811)

ZEIT UND UMWELT

Im Ablauf der Musikgeschichte ist viel komponiert worden, das nie veröffentlicht und schon von vornherein nicht zur Veröffentlichung bestimmt, sondern höchstens im eigenen Wirkungskreis aufgeführt wurde. Diese Erzeugnisse absichtsloser künstlerischer Schaffenslust waren nicht immer die schlechtesten, weil die absolute Unabhängigkeit vom herrschenden Publikumsgeschmack die Freiheit gewährt, nur selbst gezogene Grenzen beachten zu müssen.

LEBEN

Christian Gotthilf Tag wurde am 2. 4. 1735 in Beierfeld, Sachsen, geboren. Er war Schüler der Kreuzschule in Dresden und von 1755 bis 1808 Kantor in Hohenstein, wonach er sich nach Niederzwönitz zurückzog, wo er am 19. 7. 1811 starb.

WERKE

Von Christian Gotthilf Tag ist eine große Anzahl Kompositionen überliefert, aber nur wenige davon sind publiziert worden. Nach dem Zeugnis seiner Zeitgenossen lag das in der Absicht des Komponisten, der seine Befriedigung im Schaffen allein suchte und sich um keine Veröffentlichung bemühen wollte. Von seinen über 100 Kantaten, 7 Messen, Motetten, Hymnen, Choralpräludien und Cembalostücken sind lediglich »Sechs Choralvorspiele nebst einem Trio u. Allabreve für die Orgel«, »Siebenzig Veränderungen über ein Andantino fürs Clavier«, »Der Glaube mit einer neuen Melodie für die Orgel«, »12 kurze und leichte Orgel-Vorspiele nebst einer Orgel-Sinfonie« und »Lieder zur Beruhigung« erschienen. Sein Werk ist für die Kenntnis der Kantate nach Johann Sebastian Bach sehr wertvoll.

Franz Vollrath Buttstedt

(1735–1814)

ZEIT UND UMWELT

Besonders in der Kirchenmusik war das Spätbarock bis in das 19. Jahrhundert hinein lebendig. Stilepochen lösen sich eben nie exakt ab; Verzahnungen gibt es an jedem Wendepunkt. Stilistische Spätlinge kamen bei einem Teil ihrer Zeitgenossen immer gut an, weil diesen das schmerzliche Aufgeben gewohnter Formen erspart wurde.

LEBEN

Franz Vollrath Buttstedt wurde am 2. 4. 1735 in Erfurt geboren. Er war vermutlich ein jüngerer Verwandter von Johann Heinrich Buttstedt (Buttstett) (1666–1727). Ab 1756 wirkte er als Organist in Weikersheim, sodann ab 1772 als Hilfsorganist in Rothenburg ob der Tauber, wo er 1776 Musikdirektor und Organist an St. Jakobi wurde und diesen Dienst bis zu seinem Tod am 7. 5. 1814 versah.

WERKE

Die profiliert im spätbarocken Stil verfaßten Kompositionen von Franz Vollrath Buttstedt erfreuten sich bei den Zeitgenossen großer Beliebtheit. Davon sind seine Kantaten zu allen Festtagen und ein Teil seiner Instrumentalmusik handschriftlich erhalten. Seine seinerzeit oft aufgeführte Passion ist verlorengegangen. Gedruckt wurden nur 3 Klaviersonaten in Sammelwerken.

LITERATUR

H. Kern, Franz Vollrath Buttstedt, eine Studie zur Musik des Spätbarock, Würzburg 1939.

Pierre Nicolas La Houssaye
(1735–1818)

ZEIT UND UMWELT

Bereits ein Jahr nach dem Ausbruch der Französischen Revolution eröffnete in Paris das Théâtre de Monsieur (später Théâtre Feydeau genannt) seine Pforten, und Musiker, die bislang nur im Dienst und Auftrag des Adels wirkten, wurden eingeladen, ihre Kunst nunmehr den Institutionen der Republik zur Verfügung zu stellen. Es ist den Franzosen nie eingefallen, einen Künstler mit seinem Auftraggeber zu identifizieren.

LEBEN

Pierre Nicolas La Houssaye wurde am 11. 4. 1735 in Paris geboren. Er war Schüler von Joseph Antoine Piffet und von André Noël Pagin; anschließend nahm er bei Giuseppe Tartini Violinunterricht und bei Tommaso Traetta Kompositionsunterricht. Ab 1772 dirigierte er an der Italienischen Oper in London, ab 1777 am Concert spirituel in Paris, wirkte ab 1781 als Violinist an der Comédie Italienne und dirigierte ab 1790 das Orchester des Théâtre de Monsieur gemeinsam mit Giuseppe Puppo. Von 1795 bis 1802 war er als Violinlehrer am Conservatoire tätig. Er starb im Jahr 1818 in Paris.

WERKE

Von Pierre Nicolas La Houssaye sind »Sei Sonate a violino solo e Basso« (6 Sonaten für Solovioline und Baß) überliefert. Man kann daraus den Grad seiner Virtuosität, die der von Tartini gleichkam, ersehen.

Ildephons Haas (1735–91)

ZEIT UND UMWELT

In manchen Klosterkirchen des österreichisch-süddeutschen Raumes wurde das späte Barock auch in der zweiten Hälfte des 18. Jahrhunderts intensiv gepflegt, um den Gegensatz »echter« sakraler Musik zur verweltlichten der Vorklassik und Klassik zu betonen. Der Kampf gegen die Profanierung der Kirchenmusik wurde mit aller Kraft geführt. Es ging bekanntlich zeitweise so weit, daß man die Messen von Joseph Haydn verbieten wollte. Man hatte vergessen, daß auch den Barockmessen blasphemische Verweltlichung vorgeworfen worden war und man ihr die Polyphonie der Anhänger und Nachahmer von Palestrina entgegengehalten hatte.

LEBEN

Ildephons (eigentlich Johann Georg) Haas wurde am 23. 4. 1735 in Offenburg geboren. Er trat 1751 in das Benediktinerkloster Ettenheimmünster, Baden, ein, wo er sich im Violinspiel ausbildete und Chorregent wurde. Zum Komponisten wurde er im Selbstunterricht durch das Studium der Werke von Johann Joseph Fux, Johann Mattheson und Friedrich Wilhelm Marpurg. Er starb als Prior seines Klosters am 30. 5. 1791.

WERKE

Von den Werken des spätbarocken Kirchenmusikers Ildephons Haas sind »XXXII Hymni Vespertini« für zwei Singstimmen, zwei Violinen, zwei Bratschen und doppelten Generalbaß, »XV Offertoria« und »Geistliche Arien« erhalten. Viele melodische und harmonische Wendungen zeigen, daß auch an diesem Barockmeister die neuere Musik nicht spurlos vorübergegangen ist.

Horace Coignet (1735–1821)

ZEIT UND UMWELT

Die Haltung des revolutionären Bürgertums in den Städten der französischen Provinzen war von der der Pariser nicht verschieden. Um schon in den ersten Jahren des politischen Umbruchs eine leitende Stellung im Musikleben zu erhalten, mußte ein Musiker selbst kein Revolutionär sein. Er konnte auch später ohne Schwierigkeit wieder als Musiklehrer in Adelskreisen auftreten, ohne einen Vorwurf fürchten zu müssen. Politik und Kunst waren eben für den Franzosen zwei Gebiete, die sie nicht vermengten.

LEBEN

Horace Coignet wurde am 13. 5. 1735 in Lyon geboren. Über seine Ausbildung und Tätigkeit bis zum Ausbruch der Revolution ist nichts bekannt. Im dritten Jahr des Aufstands wurde er zum Leiter der Musik der Stadt Lyon ernannt. Nach der Restauration betätigte er sich als Musiklehrer in den höchsten Adelskreisen von Paris. Es ist nicht feststellbar, wann er nach Lyon zurückgekehrt ist, wo er am 29. 8. 1821 starb.

WERKE

Seine Berühmtheit verdankt Horace Coignet seiner Komposition zu »Pygmalion« von Jean-Jacques Rousseau, die er 1770 in Lyon herausbrachte. Außerdem schrieb er eine Anzahl kleinerer Werke: Cembalostücke, Romanzen und kleine Stücke für die Bühne, denen wenig Bedeutung zukommt.

Anton Schweitzer (1735–87)

ZEIT UND UMWELT

Christoph Martin Wieland (1733–1813), Repräsentant des Rokoko wie der Aufklärung in der deutschen Dichtung, verfaßte einige Libretti zur Begründung einer deutschen Opera seria. Diese gelang zu jener Zeit noch nicht, obwohl die überragende Dichterpersönlichkeit die geeignete Grundlage hiezu geschaffen hatte. Es fehlte vorläufig an geeigneten Komponisten und an der Aufnahmebereitschaft des Publikums, das von der Meinung, daß die Oper eine Domäne der Italiener sei, noch nicht abgebracht werden konnte, und deutschen Meistern nur die Fähigkeit, Singspiele auf die Bühne zu bringen, zubilligte.

Anton Schweitzer, Stich von G. A. Liebe

LEBEN

Anton Schweitzer wurde am 6. 6. 1735 in Coburg getauft. Er war Chorknabe, sodann Bratschist und Cellist an der Hofkapelle in Hildburghausen. Zur weiteren Ausbildung begab er sich zu Jakob Friedrich Kleinknecht nach Bayreuth und 1764 für 2 Jahre nach Italien. Zurückgekehrt, wurde er Hofkapellmeister in Hildburghausen und Dirigent einer Operntruppe, mit der er sich 1772 in Weimar niederließ, um in Zusammenarbeit mit dem Dichter Christoph Martin Wieland einige Opern aufzuführen. Nach dem Brand der Oper übersiedelte die Truppe nach Gotha, wo Schweitzer 1780 Kapellmeister wurde und diese Funktion bis zu seinem Tod am 23. 11. 1787 ausübte.

WERKE

Als Singspielkomponist ist Anton Schweitzer in die erste Reihe zu stellen. Sein Versuch, mit Hilfe des Dichters Christoph Martin Wieland auch ernste Opern mit deutschen Texten einzubürgern, mißlang trotz einiger Anfangserfolge. Ihm fällt auch das Verdienst zu, mit einer Vertonung des »Pygmalion« von Jean-Jacques Rousseau das erste deutsche Melodram verfaßt zu haben.

Er schrieb außerdem ein Monodram, Kantaten, Sinfonien und 46 Ballette, die verlorengegangen sind.

Literatur

J. G. Maurer, Anton Schweitzer als dramatischer Komponist, in: Publikationen der Internationalen Musikgesellschaft, Beihefte II/11, Leipzig 1912.

Garrett Colley Wellesley Mornington (1735–81)

Zeit und Umwelt

Die Menge der musiktheoretischen Literatur, insbesondere der Lehrwerke, war im 18. Jahrhundert bereits derart angestiegen, daß es für jeden Begabten möglich war, sich im Selbstunterricht auszubilden. Den Hauptteil der Leistung muß doch auch jeder, der bei einem Meister Unterricht nimmt, selbst erbringen, denn zum »Musiker« kann der beste Musikpädagoge niemanden machen, der es nicht schon ist und sich nicht bereit sieht, hart an sich zu arbeiten. Künstlertum kann in seiner letzten Vollendung nicht gelehrt werden.

Leben

Garrett Colley Viscount Wellesley und Earl of Mornington wurde am 19. 7. 1735 in Dangan, Irland, geboren. Der irische Adelige bildete sich vorwiegend im Selbstunterricht zum Komponisten, Violinisten und Organisten aus; Unterricht nahm er zeitweise bei Thomas Roseingrave und Francesco Geminiani. Die Universität von Dublin promovierte ihn zum Doktor der Musik und ernannte ihn zum Professor für Musikwissenschaft. Er gründete 1757 in Dublin eine Academy of Music für Amateure, bei der zum erstenmal Frauen Chormitglieder werden konnten. Er starb am 22. 5. 1781 in London.

Werke

Das kompositorische Werk von Garrett Colley Wellesley Mornington bestand hauptsächlich aus Vokalwerken: Madrigalen, Glees und Catches, wofür er mehrere Preise erhielt, sakralen Gesängen und einigen Messen für die St. Patrick's Cathedral in Dublin, außerdem aus mehreren Oden. Sein Stil war sehr konservativ, nur die Catches und Glees kamen dem Zeitgeschmack entgegen.

Johann Christian Bach (1735–82)

Zeit und Umwelt

»Inter nos (Unter uns)«, bemerkt die Chronik der Familie Bach, »er machte es anders als der ehrliche Veit.« Damit wurde der Übertritt Johann Christian Bachs zum Katholizismus glossiert und zugleich auf den Ahnherrn Veit Bach (gestorben 1619) hingewiesen, der wegen seines evangelischen Bekenntnisses unter dem Druck der Gegenreformation unter Kaiser Rudolf II. (1552–1612) Ungarn verließ und sich in Wechmar niederließ. Die streng evangelische Familie Bach hatte die Konversion aus praktischen Gründen nicht verstanden, weil doch ein Großteil ihres musikalischen Wirkens mit ihrer Konfession eng verknüpft war.

Leben

Johann Christian Bach wurde am 5. 9. 1735 als jüngster Sohn des Johann Sebastian Bach in Leipzig geboren. Unter der Obhut seines Vaters erhielt er von dessen Schülern Johann Schneider und Johann Christoph Altnikol die erste musikalische Ausbildung, die nach dem Tod des Vaters von den Brüdern Wilhelm Friedemann Bach und Carl Philipp Emanuel Bach in Berlin fortgesetzt wurde. Durch die Brüder kam er mit Johann Gottlieb und Carl Heinrich Graun, mit František Benda, Johann Joachim Quantz, Johann Friedrich Agricola und Johann Philipp Kirnberger in Verbindung, außerdem mit dem Komponisten italienischer Opern Johann Adolf Hasse, der in ihm das Interesse für die Opernwelt Italiens weckte. Er ging 1756 selbst nach Italien und vervollständigte seine Ausbildung bei Padre Martini. Um die ihm angebotene Stelle eines Organisten am Mailänder Dom übernehmen zu können, konvertierte er zum Katholizismus. In jene Zeit fielen seine ersten Opernerfolge, die ihm den Ruf nach London eintrugen. Dort wurde er ständiger Komponist am King's Theatre und an anderen Bühnen der Stadt. Im Jahr 1764 gründete er gemeinsam mit Carl Friedrich Abel die »Bach-Abel-Concerts«, eine der ersten Abonnement-Konzertreihen, die bis 1781 regelmäßig veranstaltet wurden. Er verfaßte auch Opern für Mannheim und Paris und reiste zu den Erstaufführungen. Trotz seiner großen Erfolge starb er am 1. 1. 1782 in Armut in London.

Johann Christian Bach

WERKE

Neben 12 Opern und mehreren Stücken für italienische und englische Pasticcios, zahlreichen Kantaten, Arien, Canzonetten und 2 Oratorien verfaßte Johann Christian Bach ungefähr 90 Sinfonien und Ouvertüren, 35 Klavierkonzerte, ein Flötenkonzert, 2 Oboenkonzerte, 2 Bratschenkonzerte, bei 20 Konzerte für Pianoforte, außerdem ungefähr 50 Sonaten für Cembalo oder Pianoforte, mehrere Duos für Klavier und Violine, ungefähr 30 Trios, 20 Quartette, 9 Quintette, ein Sextett für Pianoforte, Oboe, Violine, Cello und zwei Hörner. Handschriftlich erhalten sind seine kirchenmusikalischen Werke: Messe, Requiem, Te Deum, Magnificat, Salve regina, Dies irae, Antiphonen, Motetten, von denen das Requiem in c-Moll, ein Gloria in G-Dur und ein Confiteor in Es-Dur besonders bekannt geworden sind.

Die Bedeutung dieses Bach-Sohnes als Vorgänger und Vorbild Mozarts und als Mitschöpfer eines neuen, empfindsamen Stils der Instrumentalmusik wurde erst spät erkannt.

Sinfonie in Es-Dur, Opus 9/2, 3 Sätze, entstanden 1765/70

Der Einfluß der Mannheimer Schule wird bereits am Beginn des 1. Satzes durch das großangelegte Crescendo deutlich. Die Violinen tragen das kantable 2. Thema vor, in dessen Durchführung das Tutti wie bei einem Concerto grosso ständig einfällt. Das Andante ist dreiteilig. Im Mittelteil wird die c-Moll-Kantilene der Violinen serenadenhaft pizzicato begleitet. Das Finale mit seiner derben Ländlerfaktur erinnert an Joseph Haydn.

Sinfonia concertante Es-Dur, 3 Sätze, entstanden 1770

In der im 18. Jahrhundert aus dem Solokonzert entwickelten Form der Sinfonia concertante wurde die Form des Concerto grosso in das Sinfonische übertragen, indem zwei oder mehrere Soloinstrumente dem Orchester gegenübergestellt werden. Der 1. Satz ist dreiteilig und beginnt mit einem Tutti, in das Hörner und Flöten solistisch einfallen. Hernach fällt die Solistenrolle den Violinen zu, die ein kantables Thema bringen; aus dem Orchesterritornell entwickelt sich darauf ein einfallsreiches Spiel. Im 2. Satz ist die Oboe neben den Violinen Solistin in einem melodischen schwärmerischen Spiel. Das Finale weitet sich durch die zweimalige Wiederkehr des ersten Solo der Violinen zu einem großartigen Rondo aus.

Klavierkonzert in D-Dur, Opus 13/2, 3 Sätze, entstanden 1777

Ein prächtig einsetzendes Thema eröffnet den 1. Satz, dann folgt ein Gesangsthema mit polyphoner Begleitung. Die Durchführung weicht nach H-Dur und e-Moll aus. Die Reprise verwendet den Kopf des Hauptthemas in Engführung. Das Andante bringt ein balladeskes Hauptthema, das variiert und von einem unbegleiteten kantablen Klaviersatz unterbrochen wird. Dann klingt das Hauptthema wieder auf und schließt den Satz mit neuen Variationen ab. Das Finale ist ein flüssiges melodisches Stück gesellig angeregten Konzertierens, das eine liebenswürdige d-Moll-Episode einschließt.

Literatur

Ch. S. Terry, Johann Christian Bach, London 1929.

Salvatore Rispoli (um 1736–1812)

Zeit und Umwelt

Das neapolitanische Opernschaffen hielt auch im 18. Jahrhundert mit unverminderter Intensität an. An den Konservatorien wurde die Opernkomposition exakt von ausgezeichneten Lehrkräften gelehrt, so daß ständig gute Komponisten hervorgingen, und der Bedarf der Opernhäuser in Italien und den Nachbarländern ließ nicht nach.

Leben

Salvatore Rispoli wurde um 1736 in Neapel geboren und am Conservatorio Sant'Onofrio ausgebildet. Dann wandte er sich der Komposition von Opern zu, die in Neapel und anderen italienischen Städten herauskamen. Im Jahr 1782 ernannte man ihn zum Hilfslehrer und 1793 zum Lehrer am Konservatorium, an dem er seine Ausbildung genossen hatte. Er dürfte auch an einer Kirche beschäftigt gewesen sein. 1812 starb er in Neapel.

Werke

Außer seinen 5 Opern verfaßte Salvatore Rispoli gut gearbeitete Toccaten für Cembalo, mehrere Arien und Kirchenmusik, darunter eine Totenmesse, ein Salve regina, 2 Kantaten und das Oratorium »Il trionfo di Davide« (Der Triumph Davids).

Antonio Tozzi (um 1736 bis nach 1812)

Zeit und Umwelt

Von den politischen und geistigen Umwälzungen der Französischen Revolution und der Napoleonischen Kriege nahezu unberührt liefen Opernkomposition und Opernpräsentation weiter. Außer bei den in Frankreich entstehenden »Revolutions-Opern« ist weder in den Libretti noch an der Musik ein Niederschlag der Zeitereignisse bemerkbar. Sie wurden anscheinend nur von denen zur Kenntnis genommen, die unmittelbar davon betroffen waren, die anderen verdrängten sie und stellten sich, wie wenn nichts geschehen wäre.

Leben

Antonio Tozzi wurde um 1736 in Bologna geboren, studierte bei Padre Martini und wurde 1761 in die Accademia Filarmonica aufgenommen. Ab 1764 wirkte er als Komponist am Opernhaus in Braunschweig, ab 1774 als Hofkapellmeister in München, das er ein Jahr darauf verließ; 1776 war er Kapellmeister der Compañía de los Sitios Reales in Madrid und von 1783 bis 1805 Dirigent am Teatro Santa Cruz in Barcelona. Sodann kehrte er in seine Heimatstadt zurück, deren Bindung mit dem Kirchenstaat gelöst war, was aber das Musikleben in Bologna nicht störte. Er starb in Bologna nach 1812.

Werke

Von Antonio Tozzi ist eine Anzahl Opern in Italien, Deutschland und Spanien aufgeführt worden. Er schrieb außerdem 2 Oratorien sowie mehrere Kantaten und Motetten. Seine gesamte Musik stand unter dem Einfluß der Oper.

Giusto Ferdinando Tenducci (um 1736–90)

Zeit und Umwelt

Die Epoche der großen Kastratensänger hörte mit dem Ende des 18. Jahrhunderts auf. Das Publikum begann unter dem Einfluß der Aufklärung das Menschenunwürdige dieser »Erzeugung« schöner Stimmen einzusehen. Es gab allerdings auch im 19. Jahrhundert noch viele Kastraten, diese traten aber sehr selten als Solisten in Erscheinung, sondern wirkten vorwiegend in Kirchenchören mit.

Leben

Giusto Ferdinando Tenducci wurde um 1736 in Siena geboren; er nannte sich, wie Francesco Bernardi, »Il Senesino«. Als berühmter Kastratensopran trat er 1757 in Neapel auf, ging nach England, wo er durch mehrere Jahrzehnte triumphale Erfolge errang, kehrte schließlich nach Italien zurück und starb am 25. 1. 1790 in Genua.

Werke

Das kompositorische Werk des Eviraten Giusto Ferdinando Tenducci ist nicht umfangreich: eine Oper, eine Ouvertüre und Gesangsübungsstücke, außerdem 2 Sammlungen mit Übungsstücken für das Cembalo und mehrere mit englischen, französischen und italienischen Gesängen.

Pieter Joseph van den Bosch
(um 1736–1803)

Zeit und Umwelt

Außerhalb des Kirchendienstes gab es im Raum der Niederlande nahezu keine Existenzmöglichkeit für einen Musiker, der im Land bleiben wollte. Von einer Konzerttätigkeit allein zu leben, war ausgeschlossen, weil das Publikumsinteresse zu schwach war. Nicht einmal die Oper konnte es für eine längere Spielzeit wachhalten. Deshalb findet man in der Regel auch Komponisten von Profanmusik als Organisten oder als Leiter einer Kirchenkapelle.

Leben

Pieter Joseph van den Bosch wurde um 1736 in Hoboken geboren. Er war ungefähr ab 1764 Organist an der Kathedrale in Antwerpen und ab 1772 an Ste-Gundule in Brüssel. Er kehrte um die Wende zum 19. Jahrhundert an seine alte Stelle in Antwerpen zurück, wo er am 19. 2. 1803 starb.

Werke

Von Pieter Joseph van den Bosch sind 6 Divertissements für Cembalo, zwei Violinen und Baß, 4 Konzerte für Cembalo und Orgel mit Orchester, 6 Suiten für Cembalo mit Violine, 4 Cembalosonaten mit Violine und Baß und 6 Sonaten für Pianoforte »dans le goût de symphonies« (im sinfonischen Geschmack) erschienen. Sein Stil ist dem der Vorklassik stark angenähert.

Karl August Friedrich Westenholz
(1736–89)

Zeit und Umwelt

Die Belebung der deutschen Musikentwicklung durch die Berliner Schule und die in Mannheim regte die kompositorische Tätigkeit im gesamten mitteleuropäischen Raum an. Wenn auch die Komponisten noch immer vorwiegend im Dienst von Hof- oder Kirchenkapellen arbeiteten, so kamen ihre Werke nun viel häufiger als früher zu Ohren eines breiten Publikums, weil sie auch in allgemein zugänglichen Konzerten aufgeführt wurden, die wenige Jahrzehnte später zum Forum der Musik überhaupt wurden.

Leben

Karl August Friedrich Westenholz wurde 1736 in Lauenburg geboren. Er war ungefähr ab 1756 Tenorist an der Hofkapelle in Schwerin, deren Kapellmeister er 1768 wurde und bis zu seinem Tod am 24. 1. 1789 blieb.

Werke

Von Karl August Friedrich Westenholz sind Konzerte, Sonaten und andere Stücke für Cembalo, Kantaten, Psalmen, Choräle, Serenaden, Lieder und Gelegenheitskompositionen zum Großteil handschriftlich erhalten. Sie wurden zum Teil im empfindsamen, zum Teil im vorklassischen Stil gehalten und waren sehr publikumswirksam.

Félix Rault (1736 bis nach 1800)

Zeit und Umwelt

Solange die Klarinette nicht bei allen Orchestern eingeführt war, stellte die Flöte neben der Violine das wichtigste Melodieinstrument dar. Besonders beliebt waren der warme Ton der Querflöte und ihre durch ein großes Klappenwerk ermöglichte Beweglichkeit und Ansprechbarkeit. Auch die Veränderlichkeit der Tonfarbe je nach der Tonhöhe wurde immer mehr geschätzt, weil man den verschiedenen Farbmischungen des Ensembleklanges zunehmende Aufmerksamkeit schenkte.

LEBEN

Félix Rault wurde 1736 in Bordeaux geboren. Er kam 1753 nach Paris, war als Flötist Mitglied des Opernorchesters und 1768 des Königlichen Orchesters. Wo und wie er die Revolutionsjahre überdauerte, ist nicht bekannt. Jedenfalls publizierte er 1797 in Offenbach eine Komposition; muß aber nach Paris zurückgekehrt sein, weil er dort nach 1800 gestorben ist.

WERKE

Der Flötist Félix Rault brachte zahlreiche Werke für sein Instrument heraus: Sonaten, Arien, Duos und Trios, die vor allem durch ihr Figurenwerk seine Virtuosität beweisen. Musikalisch wertvoller waren seine 2 Konzerte für Flöte und Orchester, bei denen allerdings dem Orchester die Rolle einer Hintergrundmusik zugewiesen wurde.

Johann Georg Albrechtsberger, Stich von J. J. Neidl

Johann Georg Albrechtsberger
(1736–1809)

ZEIT UND UMWELT

Daraus, daß die Kenntnis des Kontrapunktes bei einzelnen Komponisten besonders hervorgehoben wurde, läßt sich schließen, wie selten diese Kunst im 18. Jahrhundert geworden war, während sie doch in früheren Stilepochen eine Selbstverständlichkeit darstellte, ohne die ein kompositorisches Schaffen unmöglich gewesen wäre. Die Kontrapunktik war zwar auch im 18. und in späteren Jahrhunderten ein unerläßlicher Gegenstand des Musikunterrichts, aber echte Kontrapunktiker gingen dennoch nur wenige hervor.

LEBEN

Johann Georg Albrechtsberger wurde am 3. 2. 1736 in Klosterneuburg, Niederösterreich, geboren und vermutlich auch dort zum Organisten ausgebildet. Darauf versah er ab 1755 den Organistendienst in Györ, Ungarn, in Maria Taferl, Niederösterreich, und in Melk, Niederösterreich, bis er 1766 die Stelle des Regens chori am Karmeliterkloster in Wien erhielt. Im Jahr 1772 wurde er Hoforganist und 1792 Kapellmeister am Stephansdom in Wien. Er starb in Wien am 7. 3. 1809.

WERKE

Das Hauptverdienst Johann Georg Albrechtsbergers beruhte auf dem Feld der Musiktheorie. Er war ein geschätzter Lehrer des Kontrapunkts und des Generalbasses; seine Schulwerke wurden mehrfach aufgelegt und übersetzt. Von seinem kompositorischen Werk kamen seine Zwischenaktmusik zu »Heinrich IV.« (Shakespeare), eine Anzahl

Orgelpräludien und Orgelfugen, Klavierfugen, ein Streichquintett, 6 Quartettfugen, 18 Streichquartette, 3 Doppelquartette, ein Klavierquartett und 6 Streichtrios im Druck heraus. Als Manuskript sind überliefert: 26 Messen, 6 Oratorien, 4 große Sinfonien, 42 Streichquartette, 38 Quintette, 28 Streichtrios, zahlreiche Hymnen, Offertorien, Gradualien und andere sakrale Gesänge, außerdem Orgelkonzerte und andere Instrumentalkonzerte. Hervorzuheben aus diesem umfangreichen Werk, das neben denen der Zeitgenossen Joseph Haydn und Wolfgang Amadeus Mozart nicht bestehen konnte, sind sein Orgelkonzert in B-Dur und das Harfenkonzert in C-Dur.

LITERATUR

R. Oppel, Albrechtsberger als Bindeglied zwischen Bach und Beethoven, in: Neue Zeitschrift für Musik LXXVIII, 1911.

Ignaz Fränzl (1736–1811)

ZEIT UND UMWELT

Mit dem Tod des Kurfürsten Maximilian III. Joseph (1777) kam Bayern in die Hand des Kurfürsten Karl Theodor von der Pfalz. Die Ansprüche, die von Kaiser Joseph II. gestellt wurden und zum Bayerischen Erbfolgekrieg führten, wurden im Frieden von Teschen (1779) mit der Abtretung des Innviertels an Österreich abgegolten. Karl Theodor verlegte 1778 die Hofkapelle von Mannheim an seine neue Residenz München. Das Mannheimer Hoftheater jedoch blieb weiterhin bestehen.

LEBEN

Ignaz Franz Joseph Fränzl wurde am 24. 5. 1736 in Mannheim getauft und dort zum Violinisten ausgebildet. Er trat 1747 dem Hoforchester in Mannheim bei und wurde 1774 Konzertmeister. Als der Hof mit der Kapelle 1778 nach München übersiedelte, verblieb Fränzl als Musikdirektor des Hoftheaters in Mannheim, nachdem er eine größere Konzertreise absolviert hatte, und versah diese Stelle bis 1803. Er starb am 3. 9. 1811 in Mannheim.

WERKE

Das kompositorische Werk von Ignaz Fränzl besteht aus 5 Sinfonien, 7 Violinkonzerten, 4 Quartetten, 6 Streichtrios und einer Messe. Alle seine weiteren Werke sind verschollen. Der Stil seiner Kompositionen ist der von Mannheim.

Karl Friberth (1736–1816)

ZEIT UND UMWELT

Die Mitglieder der Kapelle des Fürsten Esterházy erhielten durch ihren Kapellmeister Joseph Haydn nicht nur eine wertvolle Ausbildung, sondern auch, je nach Möglichkeit, Gelegenheiten zu zusätzlich honorierten Tätigkeiten. Haydn nahm sich nach Kräften um jedes seiner Orchestermitglieder an. Das mag ihm den später oft mißbräuchlich verwendeten Namen »Papa Haydn« eingetragen haben, der nur seine Menschenfreundlichkeit und Fürsorge kennzeichnen sollte.

LEBEN

Karl Friberth (Frieberth) wurde am 7. 6. 1736 in Wullersdorf, Niederösterreich, geboren. Er war Schüler von Giuseppe Bonno und Florian Gaßmann. Im Jahr 1759 wurde er als Tenorist in die Kapelle des Fürsten Esterházy in Eisenstadt eingestellt, wo ihm Joseph Haydn die Gelegenheit gab, für ihn als Librettist zu arbeiten; 1776 wurde er Kapellmeister der Jesuiten und der Minoriten in Wien. Auf seiner Italienreise im Jahr 1796 wurde er von Papst Pius VI. (Giannangelo Braschi, 1717–99) zum Ritter des Goldenen Sporns geschlagen, eine Ehrung, die auch Christoph Willibald Gluck und Wolfgang Amadeus Mozart zuteil geworden war. Er war ein sehr eifriges Mitglied der »Wiener Tonkünstlersozietät« und starb am 6. 8. 1816 in Wien.

WERKE

Von Karl Friberth sind Messen, Offertorien und Gradualien erhalten, die er offenbar zum eigenen Gebrauch während seiner Tätigkeit als Kirchenkapellmeister geschrieben hat, außerdem einige Lieder. Sein Stil klingt an den Joseph Haydns an.

Johann Christoph Kellner
(1736–1803)

ZEIT UND UMWELT
Nicht nur die Schüler von Johann Sebastian Bach, sondern auch seine Freunde übernahmen, soweit sie selbst Musiker waren, von ihm Stilelemente, insbesonders auf dem Gebiet der Orgelmusik. Diese reichten sie an ihre Schüler weiter, so daß sich auf diesem Weg der Traditionsstrom, der bis in unsere Zeit unvermindert in Wirkung ist, noch mehr verbreiterte.

LEBEN
Johann Christoph Kellner wurde am 15. 8. 1736 in Gräfenroda geboren. Er war Sohn und Schüler von Johann Peter Kellner, der mit Johann Sebastian Bach befreundet war, und hatte außerdem von Georg Benda in Gotha Unterricht erhalten. Nach Konzertreisen in Deutschland und den Niederlanden wurde er Hoforganist in Kassel, wo er 1803 starb.

WERKE
Von Johann Christoph Kellner sind 7 Cembalokonzerte, Trios, Cembalosonaten, Orgelstücke und Fugen erschienen, die das Wirken des geistigen Ahnherrn Johann Sebastian Bach durchblicken lassen. Er verfaßte außerdem ein Singspiel und eine mehrmals aufgelegte Generalbaßlehre.

Bernardo Ottani (1736–1827)

ZEIT UND UMWELT
Padre Giambattista Martini, der große Lehrmeister von Bologna, versah eine gesamte Komponistengeneration mit einem breiten Grundwissen, das sie befähigte, jede Kompositionsgattung zu meistern. Kirchenkomponisten wie Verfasser von Opern konnten gleicherweise darauf aufbauen und erfolgreiche Werke schaffen.

LEBEN
Bernardo (Bernardino) Ottani wurde am 8. 9. 1736 in Bologna geboren. Er war Schüler von Padre Martini und wirkte an verschiedenen Kirchen seiner Geburtsstadt. Im Jahr 1765 wurde er Mitglied der Accademia Filarmonica von Bologna und war 1774 ihr Oberhaupt. Nachdem er 2 Opern in Dresden herausgebracht hatte, wandte er sich immer mehr dem Musiktheater zu und übernahm 1779 in Turin die Leitung des Opernorchesters, kehrte aber zur Kirchenmusik zurück und wirkte für den Rest seines Lebens bis zum 26. 4. 1827 dort als Domkapellmeister.

WERKE
Außer 15 Opern schrieb Bernardo Ottani eine große Anzahl sakraler Musik – 2 Oratorien, 46 Messen, viele Gesänge jeder Art – in sehr konservativem Stil, außerdem einige Instrumentalmusik.

Carl Friedrich Fasch (1736–1800)

ZEIT UND UMWELT
Die Gründung der Berliner Singakademie erfolgte 1756. Ihre Tätigkeit wurde durch den Siebenjährigen Krieg unterbrochen und erst 1791 mit dem gleichen Zweck – Aufführung sakraler Werke für gemischten Chor – mit 27 Mitgliedern (7 Soprane, 5 Altistinnen, 7 Tenöre, 8 Bässe) wiederaufgenommen. Sie nahm einen raschen Aufschwung und zählte 1802 bereits 200 Mitglieder. Ein Ausfluß der Akademie war die Gründung der ersten Liedertafel im Jahr 1809.

LEBEN
Carl Friedrich (eigentlich Christian Friedrich Carl) Fasch wurde am 18. 11. 1736 in Zerbst geboren. Er war Sohn und Schüler von Johann Friedrich Fasch, der ihn zur weiteren Ausbildung zu Johann Christian Hertel nach Strelitz sandte. František Benda, den er 1751 aushilfsweise am Cembalo begleitet hatte, empfahl ihn 1756 König Friedrich dem

Großen, der ihn neben Carl Philipp Emanuel Bach als Zweiten Cembalisten einstellte. Von 1774 bis 1776 wirkte er als Kapellmeister der Berliner Oper. Dann war Fasch auf den Privatunterricht angewiesen, weil der König nur mehr mit Schuldverschreibungen bezahlen konnte, die nur einen Bruchteil des Nominales wert waren. Als der König das Flötenspiel wegen des Zustandes seines Gebisses überhaupt aufgab, widmete sich Fasch der Kirchenmusik und der Neubelebung der von ihm 1756 gegründeten Berliner Singakademie. Er starb am 3. 8. 1800 in Berlin.

WERKE

Von Carl Friedrich Fasch sind nur wenige Kompositionen überliefert, weil er kurz vor seinem Tod einen Großteil seiner Manuskripte verbrennen ließ. Erhalten sind eine sechzehnstimmige Messe, ein Requiem, eine Kantate, einige Motetten, Lieder, Cembalosonaten, verschiedene Cembalostücke und eine Sinfonia. Von seinem Oratorium »Giuseppe riconosciuto« (Der wiedererkannte Josef) ist nur ein Terzett erhalten.

LITERATUR

G. Schünemann, Die Singakademie zu Berlin 1741–1941, Regensburg 1941.

Carl Friedrich Fasch

Philippe-Jacques Meyer (1737–1819)

ZEIT UND UMWELT

Die technischen Verbesserungen, die die Harfenbauer- und Harfenistenfamilie Hochbrucker an der Harfe angebracht hatten, bewogen viele Musiker, diesem alten Instrument erhöhte Aufmerksamkeit zu schenken. Die Spielmöglichkeiten vervielfältigten sich, die neue chromatische Harfe erlaubte ein polyphones modulatorisch bewegliches Spiel, so daß nahezu jede Cembalomusik damit wiedergegeben werden konnte. Zugleich bildete sich aber eine spezifische Diktion dafür aus, die die Klangschönheiten der Harfe in Szene setzte.

LEBEN

Philippe-Jacques Meyer wurde 1737 in Straßburg geboren. Er war in Paris Harfenschüler von Christian Hochbrucker und trat in den Jahren 1761 bis 1764 im Concert spirituel mit eigenen Kompositionen auf. Nach einem Auftritt in London ließ er sich dort als Harfenist, Harfenlehrer und Harfenkomponist nieder. Er starb 1819 in London.

WERKE

Vom Harfenisten Philippe-Jacques Meyer sind außer theoretischen Werken für Harfenisten 6 Divertimenti für Harfe und Violine, 12 Sonaten für Soloharfe, 8 Divertissements für Harfe mit Violine und Baß, 6 Sonaten für Harfe mit Violine und 2 Duos für zwei Harfen erschienen; außerdem Romanzen und Arietten mit Harfenbegleitung und mehrere Transkriptionen für Harfe.

Brizio Petrucci (1737–1828)

ZEIT UND UMWELT

Ferrara, das seit 1598 dem Kirchenstaat einverleibt war, mußte während der Napoleonischen Zeit alle Veränderungen über sich ergehen lassen, denen das übrige Ober- und Mittelitalien unterworfen war, bis im Wiener Kongreß (1815) der Kirchenstaat neu errichtet wurde. Die Tätigkeit der Domkapelle wurde von diesen Wechselfällen kaum berührt. Die Musikliebe der Stadt, aus der die Familie d'Este einst ein Kulturzentrum geschaffen hatte, war unverändert geblieben. Dilettanten gründeten für sich sogar eine eigene Akademie.

LEBEN

Brizio Petrucci wurde am 12. 1. 1737 in Massalombarda bei Ravenna geboren. Er studierte in Ferrara Rechtswissenschaft und gleichzeitig Musik. Im Jahr 1762 gründete er mit Musikliebhabern der Stadt die Accademia dei Dilettanti di Musica, 1784 wurde er Leiter der Musikkapelle am Dom in Ferrara und betreute diese Stelle über alle politischen Wechselfälle hinweg bis zu seinem Tod am 15. 6. 1828.

Josef Mysliveček, Stich von A. Widerhofer

WERKE

Von Brizio Petrucci ist in Oberitalien eine Reihe von Opern aufgeführt worden. Außerdem verfaßte er ein Oratorium, eine Totenmesse, eine »Messa solenne«, Motetten, Hymnen, Psalmen, Offertorien und weitere sakrale Gesänge in einem etwas antiquierten Stil.

Josef Mysliveček (1737–81)

ZEIT UND UMWELT

Die böhmischen Komponisten Josef Seger und Franz Habermann übermittelten beide ihren Schülern Orgelkunst und Kontrapunkt, wie sie es von Bohuslav Černohorský mittelbar oder unmittelbar gelernt hatten, zugleich aber auch die Sehnsucht nach der italienischen Landschaft, dem Leben in Italien, den lachenden Menschen, der Melodienseligkeit italienischer Musik und nach dem Glanz der italienischen Opernhäuser, so daß sich nicht wenige aufmachten, um alles das selbst zu sehen, zu erleben und als Musiker daran mitzuwirken.

LEBEN

Josef Mysliveček (Mysliweczek) wurde am 9. 3. 1737 in Šárka bei Prag geboren. Er studierte in Prag bei Josef Seger und Franz Habermann und veröffentlichte 1760 6 Sinfonien. Um die Opernkomposition zu erlernen, ging er 1763 zu Giovanni Battista Pescetti nach Venedig, verfaßte schon ein Jahr darauf eine Oper, die in Parma Erfolg hatte und ihm einen weiteren Auftrag aus Neapel eintrug. Ab nun lebte er in Italien als gefeierter Opernkomponist unter dem Namen »Il Boemo« oder auch »Venatorini« (kleiner Jäger = Mysliveček). Er starb in Rom am 4. 2. 1781.

WERKE

Außer seinen mehr als 30 Opern verfaßte Josef Mysliveček 9 Oratorien, von denen »Abramo e Isacco« lange Mozart oder Haydn zugeschrieben wurde, Ouvertüren, Violinkonzerte, Klavierkonzerte, ein Cellokonzert, Flötenkonzerte, 12 Triosonaten, Streichquintette, 12 Streichquartette, 6 Divertimenti, 6 Sonaten für Violine und Klavier, Klavierstücke, Klaviersonaten, Messen, ein Requiem und mehrere Kantaten. Wolfgang Amadeus Mozart brachte seinem Werk große Wertschätzung entgegen. Er war ein typischer Vertreter der tschechischen Vorklassik.

Ouvertüre zur Oper »Enzio«, 3 Sätze, uraufgeführt 1775

Es handelt sich um eine frühklassische Sinfonie, die als solche gedruckt und oft aufgeführt wurde.

Der 1. Satz weist voll ausgearbeitete Sonatenform auf, die Durchführung verarbeitet aber das Hauptthema nicht, sondern moduliert es nur zur Reprise hin. Der Satz weist eine ungeheure thematische Vielfalt auf. Der 2. Satz ist pastoral. Die wiegenden Violin- und Holzbläserpassagen werden von Bratschen, Celli und Kontrabässen diskret begleitet. Das Finale ist ein einfacher Tanzsatz. Die Violinen eröffnen ihn mit feinen Linien, das ganze Orchester kontrastiert mit kräftigen Einwürfen. Alles ist sehr unbeschwert und fröhlich gehalten.

LITERATUR

R. Stolz, Joseph Mysliveček, in: Auftakt XVII, 1937.

Francesco Zannetti (1737–88)

ZEIT UND UMWELT

»Stadt voll Vergangenheit« ist das umbrische Perugia genannt worden. Kirchen, Paläste, Tore, Türme, Brücken, Bilder und Statuen aus allen Epochen der Vergangenheit ließen die Bewohner Sinn und Blick stets rückwärts wenden, so daß auch ihre Musiker traditionsverhaftet blieben und sich dem Strom der Gegenwart nur zögernd einordneten.

LEBEN

Francesco Zannetti (Zanetti) wurde am 28. 3. 1737 in Volterra geboren und in Pisa von Giovanni Carlo Maria Clari ausgebildet. Anschließend wirkte er von 1754 bis 1760 als Kapellmeister am Dom von Volterra und darauf bis zu seinem Tod am 31. 1. 1788 am Dom von Perugia. Er war auch Sänger und Violinist und unternahm mehrere Konzertreisen durch Italien und bis nach England. Die Akademien von Bologna, Rimini und Perugia ernannten ihn zu ihrem Mitglied.

WERKE

Die 6 Opern von Francesco Zannetti sind wie seine 2 Oratorien, seine Kirchenkantaten, die 2 Passionen und seine übrige Kirchenmusik Manuskript geblieben. Die Wertschätzung seiner Zeitgenossen zog seine profane Instrumentalmusik vor: 6 Soli für Querflöte und Generalbaß, 6 Cembalosonaten mit Violine, 6 Trios für zwei Violinen und Generalbaß, 6 Sonaten für zwei Violinen und Generalbaß, 6 Trios für zwei Querflöten und Generalbaß, 6 Quartette, 6 Quintette für drei Violinen, Cello und Generalbaß und verschiedene Cembalomusik. Sein Stil weist noch viele Barockelemente auf.

Michael Nikolaus Esser

(1737 bis um 1795)

ZEIT UND UMWELT

Von der Violenfamilie hielten sich, trotz der dominierenden Position, die von den Violinen erobert wurde, die Viola da gamba und die Viola d'amore in ständiger Verwendung. Besonders der silbrige Klang der Letztgenannten bewog bis in unsere Gegenwart viele Komponisten, ihr im Orchester eine Stimme zuzuweisen, und immer wieder interessierten sich Virtuosen dafür, um ihrem Publikum einen stimmungsvollen Genuß zu bereiten.

LEBEN

Michael Nikolaus (Karl Michael) Ritter von Esser wurde am 3. 4. 1737 in Aachen getauft. Er war ab 1763 zuerst Mitglied und dann Konzertmeister der Hofkapelle in Kassel, reiste darauf als berühmter Violinist und Viola-d'amore-Spieler durch Europa, erntete in Paris und London große Triumphe und wurde vom Papst zum Ritter geschlagen. Er starb um 1795. Der Ort seines Todes ist nicht bekannt.

Werke
Von Michael Nikolaus Esser sind 12 Sinfonien, eine Anzahl Triosonaten und 6 Violinsonaten erhalten. Weitere 6 Violinsonaten, ein Konzert für Viola d'amore und ein Duett für Viola d'amore und Viola da gamba sind verlorengegangen. Seine Sinfonien folgen dem Mannheimer Stil, die Violinmusik stellt vor allem seine Virtuosität heraus.

Friedrich Schwindel (1737–86)

Zeit und Umwelt
Während in Norddeutschland der empfindsame Berliner Stil sich noch lange hielt, wurde im Süden die Mannheimer Vorklassik nahezu zur allgemeingültigen Richtlinie. Der Einfluß der Wiener Vorklassik und der aufsteigenden »Wiener Klassik« dürfte hiebei eine wichtige Rolle gespielt haben.

Leben
Friedrich Schwindel (Schwindl) wurde am 3. 5. 1737 in Amsterdam geboren. Er reiste als Violinist, Flötist und Cembalist nach Paris und London, konzertierte in Den Haag und in Genf, wo er eine Musikschule eröffnete, und wurde schließlich in Karlsruhe markgräflich badischer Konzertmeister. Er starb am 7. 8. 1786 in Karlsruhe.

Werke
Neben seinen Opern brachte Friedrich Schwindel Sinfonien, Quartette, Klaviertrios und zahlreiche Duette für zwei Singstimmen heraus, außerdem eine Messe in e-Moll für vier Stimmen und Orchester. Sein Stil folgt dem Mannheimer seiner Zeit.

Gottlob Wilhelm Burmann (1737–1805)

Zeit und Umwelt
Durch die Berliner Liederschule wurde das Lied wieder zu einer wesentlichen Musikgattung. Es kam zu einem gewaltigen Aufschwung der Liederkomposition und der Publikation, »weil die Lieder von jedermann ohne besondere Ausbildung gesungen werden konnten« und – was sehr wichtig war – auch begleitet werden konnten, denn der Cembalosatz war stets so einfach wie möglich gehalten. Der primitivste Generalbaß kehrte auf diese Weise wieder. Das Anschlagen der Akkorde der Tonika, Dominante und Subdominante einiger Tonarten reichte zumeist aus.

Leben
Gottlob Wilhelm Burmann wurde am 18. 5. 1737 in Lauban, Oberlausitz, geboren. Er lebte als Privatlehrer und Liederkomponist in Berlin, wo er am 5. 1. 1805 starb.

Werke
Von Gottlob Wilhelm Burmann sind neben einigen Cembalosonaten und Cembalobagatellen erschienen: »Verschiedene neue Lieder«, »Kleine Lieder für kleine Mädchen«, »Kleine Lieder für kleine Jünglinge«. Einiges davon war sehr sangbar und klangwirksam.

Michael Haydn (1737–1806)

Zeit und Umwelt
Der Fürsterzbischof von Salzburg, Hieronymus Graf von Colloredo (1732–1812), bemühte sich, im Sinne der Aufklärung den Gottesdienst volksnaher zu gestalten. Diesem Ziel entsprechend ließ er anstelle der Instrumentalmusik zwischen Gloria und Credo beim Hochamt Vokalmusik aufführen, der Texte aus dem römischen Missale zugrunde gelegt wurden. Auf der gleichen Linie lag der von ihm erstmals zugelassene deutsche Messetext bei »Stillen Messen«. Da der Kirchenfürst einen hiefür außerordentlich befähigten Komponisten betrauen konnte, der es verstand, mit Melodik und Harmonik die frommen Texte glaubwürdig auszudeuten, so daß ein zeitlos gültiges Werk entstand, wurde damit eine neue Tradition des katholischen Kirchengesanges begründet.

Leben
Johann Michael Haydn wurde am 14. 9. 1737 in Rohrau, Niederösterreich, als jüngerer

Bruder des Joseph Haydn geboren. Er wurde 1745 Chorknabe bei St. Stephan in Wien, wo er alle Funktionen seines Bruders, der wegen Stimmbruchs ausschied, übernahm. Wegen seiner auffälligen Fortschritte im Orgelspiel konnte er bald als stellvertretender Organist im Stephansdom verwendet werden. Systematischen Kompositionsunterricht erhielt er ebensowenig wie sein Bruder, er war ebenso auf das Studium der Kompositionslehre von Johann Joseph Fux angewiesen, die er vollständig abschrieb. Um 1753 kam er als Organist in die damals ungarischen Städte Temesvár (Timişoara, Rumänien), Varasdin (Varaždin, Jugoslawien) als Organist, wo er bereits Kompositionen schrieb und als Kapellmeister zum Bischof von Nagyvárad (Oradea, Rumänien) kam, der ihn 1763 als »Hofmusicus und Concertmeister« nach Salzburg in den Dienst des Fürsterzbischofs Siegmund Christoph Graf von Schrattenbach (1698–1771) vermittelte. Ende 1777 wurde ihm der Organistendienst bei St. Peter und der Dreifaltigkeitskirche übertragen, 1781 erhielt er die Stelle des Hof- und Domorganisten. Sein Ruf als Kirchenkomponist hatte sich inzwischen weit verbreitet, er wurde mit Kompositionsaufträgen überhäuft. 1798 reiste er nach Wien, um seinen Bruder zu besuchen; dessen Freundeskreis versuchte ihn zu überreden, in Wien zu bleiben. Er lehnte ab, weil er Salzburg nicht verlassen und vermutlich nicht in Wien im Schatten seines berühmten Bruders leben wollte. Er schlug auch das Angebot aus, als Vizekapellmeister des Fürstenhauses Esterházy nach Eisenstadt zu gehen, nachdem er durch den Einmarsch der Franzosen in Salzburg 1800 seine gesamte Habe eingebüßt hatte, weil er damit rechnete, bald wieder in Salzburg arbeiten zu können. Als feststand, daß er diese Hoffnung fallenlassen mußte, war die Stelle bereits anderweitig vergeben. Seine Ernennung zum auswärtigen Mitglied der Königlich-schwedischen Musikakademie im Jahr 1804 war zwar sehr ehrend, aber wenig einträglich. Er kehrte nach Salzburg zurück, wo man ihm nur die Stelle des Hoforganisten belassen hatte, und starb dort am 10. 8. 1806. – Das Requiem, das Kaiserin Maria Theresia bei ihm bestellt hatte, war noch nicht vollendet; man spielte es bei seiner Totenfeier dennoch, mit Teilen aus früheren Werken ergänzt.

Hieronymus Graf von Colloredo, aus einem Gemälde von F. X. König (?)

Werke

Das Streben Michael Haydns war vom Beginn seines kompositorischen Schaffens auf Originalität gerichtet. Er bildete bereits unter seinen Mitschülern für seine ersten Kompositionsversuche eine Art Kommission mit der Aufgabe, seine »Werke« nach Plagiaten und Nachahmungen zu untersuchen; er lebte in der Angst, daß ihm Themen, Wendungen und Harmonisierungen eines anderen Komponisten unterliefen, wobei dieser andere nur sein Bruder Joseph sein konnte. Aus seinem Ausspruch: »Gebt mir den gleichen Gönner, wie ihn mein Bruder hat, und ich müßte nicht hinter ihm zurückstehen«, ersieht man, daß er sich für gleichwertig hielt und darunter litt, daß Joseph ihn weit hinter sich ließ. Daher wollte er sich zumindest vor dem Vorwurf schützen, daß er den Bruder nachahme, daher ging er ihm soviel wie möglich – persönlich und künstlerisch – aus dem

Michael Haydn

Weg. Er lernte nichts von ihm, er machte dessen Weg in die Klassik nicht mit, sondern blieb konservativ und war zuweilen offenbar absichtlich etwas rückschrittlich. Zeit seines Lebens war er bemüht, sich von Stil und Technik des Bruders abzuheben und sich selbst deutlich zu profilieren. Das gelang ihm auch. Aber er war damit nicht zufrieden. Er war und blieb – zumindest in den eigenen Augen – nur der Bruder des weltberühmten Joseph Haydn, der eben auch komponierte. Dabei ließ ihn der Bruder seine Überlegenheit nie fühlen, sondern strich ihn, wo es ging, heraus. Doch Michael nahm das vermutlich nur als Ausdruck der Bruderliebe und Gutmütigkeit. Es mutet wie ein letzter Versuch an, sich selbst zu bestätigen, daß er auf dem Totenbett sein schönes »Lauda Sion« singen ließ und dann die Augen schloß.

Er hinterließ ein umfangreiches kompositorisches Werk, in dem 32 lateinische und 8 deutsche Messen stehen, von denen das »Hier liegt vor deiner Majestät« am weitesten verbreitet ist. Joseph Haydn stellte sie wegen ihrer Strenge, Ernsthaftigkeit und gleichbleibenden Kraft über seine eigenen. Leopold Mozart, der sich selbst für einen feinen Mann hielt und Michael Haydn wegen seiner rustikalen Manieren nicht mochte, schrieb dennoch an den Sohn: »Herr Haydn ist ein Mann, dessen Verdienste man anerkennen muß.« Damit rannte er offene Türen ein, denn der Sohn hatte die »Verdienste« des Salzburger Kirchenmusikers schon längst erkannt und gewürdigt. Außer den Messen, von denen die Missa solemnis, die Chiemsee-Messe, die Missa Aloysii, die Missa Leopoldi und die Missa Cruxis vielleicht die bedeutendsten sind, schrieb er 2 Requiem (das zweite blieb unvollendet), 6 Te Deum, 117 Gradualien, 45 Offertorien, ein deutsches Magnificat, 27 Responsorien für die Karwoche, mehrere Oratorien und zahlreiche andere sakrale Gesänge, Lieder, Kantaten, Kanons und als erster Quartette für Männerchor, die eine neue Musikgattung begründeten, weiters eine Oper und mehrere Singspiele sowie Schulopern. An Instrumentalmusik liegen vor: 46 Sinfonien, 5 Konzerte, Märsche, Menuette, 4 Serenaden, 17 Divertimenti, Tänze, Kassationen, 7 Quintette, 9 Streichquartette, 2 Quartette für Bläser und Streicher, 4 Duos für Violine und Viola, Variationen und ein Divertimento für Cembalo sowie 50 kleine Orgelpräludien, außerdem noch Skizzen für das Salzburger Glockenspiel und eine Anzahl Generalbaßübungen.

Seine Kirchenmusik wird heute noch viel aufgeführt, während man alles andere nur

Salzburg, Anfang des 19. Jahrhunderts, nach einem Gemälde von H. Sattler

noch selten zu hören bekommt, obgleich es einer stärkeren Beachtung wert wäre.

Konzert für Trompete, Streicher, zwei Hörner und Generalbaß in D-Dur, 2 Sätze

Es handelt sich um den konzertierenden Teil einer siebensätzigen Serenade, bei dem der Trompeter seine Kunst zeigt. Die Konzeption der Seufzermelodik im 1. Satz – Adagio – hat klassisches Format. Das Soloinstrument steigt bis zum dreigestrichenen »a« hoch, wo der Bläser bereits chromatische Passagen hervorbringen kann (die Naturtrompete ohne Klappen und Ventile konnte sich nur in der Obertonreihe bewegen). Der 2. Satz bringt ungehemmte Musizierfreudigkeit, die allerdings dem Solisten virtuoses Spiel abfordert. Das Konzert ist typische Rokokomusik.

LITERATUR

H. Jancik, Michael Haydn, Wien 1952.

Francis Hopkinson (1737–91)

ZEIT UND UMWELT

Die ersten Musiker, die Nordamerika aufsuchten, um sich vorübergehend aufzuhalten oder für immer zu bleiben, kamen naturgemäß aus England. Sie brachten auch die ersten Musikinstrumente in das Land: das erste Spinett wurde 1744 eingeführt, die erste Orgel 1746. Im Jahr 1754 kamen die ersten Posaunen in die damalige Kolonie. Auch die Geschmacksrichtung des Publikums war englisch: Hymnen, Anthems, Instrumentalkonzerte, Balladenopern und Lieder. Sehr bald wurden in den großen Siedlungen Konzerte mit zeitgenössischen europäischen Kompositionen veranstaltet, und in die gleiche Zeit fielen auch die ersten Versuche einzelner Kolonisten, selbst Musikstücke zu gestalten.

LEBEN

Francis Hopkinson wurde am 21. 9. 1737 in Philadelphia geboren. Er studierte an der Universität von Pennsylvania Jurisprudenz, wurde Rechtsanwalt, beschäftigte sich sodann intensiv mit Politik, gehörte dem Kreis der Männer an, die 1776 die Unabhängigkeitserklärung unterschrieben und 1787 an der Verfassung der Vereinigten Staaten arbeiteten. Darauf bekleidete er mehrere hohe Richterämter des neuen Staates. Er betätigte sich nebenher als Schriftsteller, Dichter, Komponist und Musiklehrer. Seine Erfindung einer neuen Anschlagtechnik des Cembalo erregte auch die Aufmerksamkeit europäischer Instrumentenbauer. Er starb am 9. 5. 1791 in Philadelphia.

WERKE

Der Musikwissenschafter Oscar Sonneck nannte Francis Hopkinson den ersten bodenständigen nordamerikanischen Komponisten. Das deckt sich nicht mit den historischen Tatsachen, James Lyon war um 2 Jahre älter, und Benjamin Franklin kann die Bodenständigkeit ebensowenig abgesprochen werden. Richtig ist aber, daß seine kompositorische Tätigkeit beispielgebend wirkte und zum Ausgangspunkt der nordamerikanischen Musikgeschichte wurde. Er trat bereits 1759 als Cembalist, Organist und Komponist auf, betätigte sich früh als Singlehrer für Kinder. Er brachte eine Liedersammlung heraus, und sein berühmtes »Meine Tage sind so wunderbar frei geworden« stellte ohne Zweifel die erste profane in Nordamerika entstandene Komposition dar. Im Jahr 1788 veröffentlichte er »Sieben Lieder für Cembalo oder Pianoforte«, deren Texte er selbst dichtete. Eine Reihe seiner Kompositionen ist verlorengegangen.

Vincenzo Manfredini (1737–99)

ZEIT UND UMWELT

Wie auch in der zweiten Hälfte des 18. Jahrhunderts das Barock noch nicht völlig erloschen war, so wurde von einigen Komponisten neben Vorklassik und Klassik auch der galante Stil gepflegt. Die Ablöse einer Stilepoche durch die nächste vollzog sich im Verlauf der Geschichte der Künste immer allmählich; Vorgriffe und Rückgriffe liefen lang nebeneinander her und übersprangen sogar vorausgehende oder nachfolgende Stilgattungen. Nicht selten wurden Fakturen hervorgeholt, die längst vergangenen Zeiten angehörten. Aus der Tatsache, daß jeder Meister eine isolierte, in sich selbst beruhende Persönlichkeit darstellt, ergab und ergibt sich auch heute diese Vielgestaltigkeit, die jedem Versuch exakter Einordnung trotzt.

LEBEN

Vincenzo Manfredini wurde am 20. 10. 1737 in Pistoia geboren. Er war Schüler seines Vaters Francesco Manfredini (um 1680 bis 1748) und setzte seine Ausbildung bei Giacomo Antonio Perti in Bologna und Gian Andrea Fioroni in Mailand fort. Im Jahr 1758 ging er mit seinem Bruder Giuseppe Manfredini nach Moskau und trat in die Dienste des Großfürsten Peter, der ihn nach seiner Thronbesteigung 1762 zum Hofkapellmeister in St. Petersburg ernannte. Er behielt diese Stelle unter der Nachfolgerin auf den russischen Thron Katharina II. bis 1769, kehrte dann nach Italien zurück, wo er sich in Bologna niederließ. Im Jahr 1798 wurde er von seinem ehemaligen Schüler, Zar Pawel I., nach St. Petersburg zurückberufen, wo er am 5. 8. 1799 starb.

Sein Bruder Giuseppe Manfredini (um 1725, vermutlich München, bis nach 1766, Pistoia) war Kastratensänger in verschiedenen italienischen Städten und wirkte von 1758 bis 1766 als Sänger und Gesanglehrer in Moskau. Darauf zog er sich nach Pistoia zurück.

WERKE

Neben seinen Bühnenwerken verfaßte Vincenzo Manfredini 6 Sonaten für Cembalo, 6 Quartette und ein Cembalokonzert. Von seinen Vokalwerken sind eine Totenmesse für vier Stimmen und Instrumente, Kantaten, Arien und eine Sammlung Opernarien erhalten. Er folgte mit allen seinen Werken deutlich dem galanten Stil. Seine theoretischen Werke überragen seine Kompositionen an Bedeutung.

Von Giuseppe Manfredini sind 6 Arien mit Instrumentalbegleitung erschienen.

Cembalokonzert in B-Dur, 3 Sätze, entstanden um 1770

Der 1. Satz ist klangvoll und liebenswürdig und bringt einige technische Probleme, die aber auch ein Dilettant bewältigen kann. Der 2. Satz schwelgt in opernhaften Melodien, die reich ausgeschmückt sind. Das Finale ist ein Rondo mit Passagen, die romantische Vorstellung vorausnehmen, aber zu oft wiederholt werden, um noch überraschend zu wirken. Alles in allem, eine gehobene Unterhaltungsmusik im galanten Stil.

Carlo Besozzi (um 1738–91)

ZEIT UND UMWELT

Als Folge des Erlöschens der italienischen Fürstenhäuser trat eine starke Abwertung der einzelnen Hofkapellen ein, die zwar in den meisten Fällen beibehalten wurden, aber nur reine Repräsentationsaufgaben erhielten. Dabei war die Qualität der einzelnen Musiker und Kapellmeister weniger wichtig. Die neuen Herren waren auch außerstande, Qualität von Mittelmäßigkeit zu unterscheiden, und daran auch nicht interessiert. Neben dem Hof in Versailles, dessen Kapellen ihr altes Niveau nahezu bis zum ersten Tag der Revolution hielten, hatten sich bereits lange Zeit vorher neue Zentren gebildet, die die Führung der europäischen Musik übernahmen: Dresden, Mannheim, München und vor allem Wien.

LEBEN

Carlo Besozzi wurde um 1738 in Dresden als Sohn des Oboisten Antonio Besozzi geboren. Er trat als Oboist 1755 in die Dresdener Hofkapelle ein und wirkte dort bis zu seinem Tod am 22. 3. 1791.

WERKE

Von Carlo Besozzi sind mehrere Konzerte für Oboe und Orchester und 24 Sonaten für zwei Oboen, zwei Hörner und Fagott überliefert. Ihr Stil gehörte noch dem Rokoko an, trug aber Züge der Vorklassik.

Joseph Vernon (um 1738–82)

ZEIT UND UMWELT

Ruhm und Reichtum, den manche italienische Sänger an den Londoner Opern ernteten, bewogen eine Anzahl Engländer, sich für das gleiche Fach zu entscheiden. Es waren anfangs nicht viele, denen bemerkenswerte Erfolge beschieden waren. Es fällt aber auf, daß die meisten, die sich auf der Musikbühne behaupten konnten, dies zu einem Großteil ihrer schauspielerischen Leistung verdankten. Das englische Publikum ist im Grunde nie davon abgekommen, in der Oper in erster Linie ein Schauspiel zu sehen, bei dem die Musik nur illustrativen Charakter hat.

Leben
Joseph Vernon wurde um 1738 in Coventry geboren. Er war Chorknabe an St. Paul's unter William Savage und sodann Sopranist am Drury Lane Theatre. Seine Stimme wurde von der zeitgenössischen Kritik als mittelmäßig bezeichnet, seine Schauspielkunst dafür aber sehr gerühmt, als er als Tenorist in verschiedenen Opern sang. Seinen Beruf als Opernsänger konnte er daher bis zum Jahr 1781 mit großen Erfolgen in London ausüben, wo er am 19. 3. 1782 starb.

Werke
Vom Opernsänger Joseph Vernon erschienen ein Band mit »Neuen Liedern für die Pantomime Die Hexen«, ein »Epilog zur Komödie Die zwölfte Nacht«, ein »Lied für die beiden Edlen von Verona« und 2 Balladen, die Vauxhall-Konzerte. Die Qualität dieser Kompositionen war nicht bedeutend, aber für die Einstellung des englischen Publikums zur Musikbühne symptomatisch, denn die Texte gaben den Ausschlag.

Antonio Boroni (1738–92)

Zeit und Umwelt
Kapellmeister und Organisten bedeutender Dome großer Städte als prominente Opernkomponisten, die zur Aufführung ihrer Werke herumreisten, waren in Italien nichts Auffälliges. Das Opernpublikum war mit den Kirchenbesuchern ident und schätzte Musik in jeder Form und in jedem Rahmen. Auffällig allerdings ist bei vielen solchen Musikerpersönlichkeiten, daß die Informationen über ihre kirchenmusikalischen Werke oft sehr dürftig sind. Sie legten anscheinend wenig Wert darauf, sie zu veröffentlichen, so daß es dem Zufall überlassen blieb, ob die Manuskripte erhalten blieben.

Leben
Antonio Boroni (Buroni) wurde 1738 in Rom geboren. Er war Schüler von Padre Martini in Bologna und von Lorenzo Fago und Girolamo Abos am Conservatorio della Pietà de'Turchini in Neapel. Darauf ging er nach Rom zurück und brachte dort seine ersten Opern heraus. Zur Aufführung seiner weiteren Opern reiste er nach Prag und einige Male nach Venedig. Von 1771 bis 1777 wirkte er als Hofkapellmeister in Stuttgart. Ab 1778 bis zu seinem Tod am 21. 12. 1792 war er Kapellmeister an San Pietro und am Collegium Germanicum in Rom.

Werke
Von den ungefähr 15 Opern von Antonio Boroni sind die meisten handschriftlich erhalten. Seine Kirchenmusik - Messen, Proprien, Motetten - folgte dem neapolitanischen Stil; gedruckt wurde davon nichts.

William Selby (1738–98)

Zeit und Umwelt
Die ursprünglich vorwiegend von Puritanern aus England gegründete Stadt Boston gewann bald eine große wirtschaftliche Bedeutung. In der Mitte des 18. Jahrhunderts zählte sie bereits 15.000 Einwohner. Es gab 17 Kirchen, von denen die Mehrzahl den Kongregationalisten, der Rest den Episkopalisten, Anabaptisten, Hugenotten und Quäkern gehörte. Trotz der schweren Auseinandersetzungen mit den Regierungsvertretern, die schließlich zur Unabhängigkeit des Landes führten, wurden intensive Anstrengungen gemacht, um die kulturelle Situation zu heben.

Leben
William Selby wurde 1738 in England geboren, wo er als Organist gewirkt hatte. Er

kam 1771 nach Boston, wurde 1777 Organist an King's Chapel und betreute diese Stelle neben seiner Tätigkeit als Kaufmann bis zu seinem Tod im Jahr 1798.

WERKE
Von William Selby, der sich als Organist, Cembalist, Musiklehrer, Dirigent und Konzertunternehmer betätigte, sind Lieder, Anthems und Instrumentalstücke – darunter Voluntaries und Fugen für Orgel oder Cembalo, ein Konzert für Cembalo oder Orgel mit Instrumenten und eine Sonate für zwei Violinen und zwei Celli – überliefert. Das Musikleben der Stadt Boston in den letzten drei Jahrzehnten des 18. Jahrhunderts stand unter der Leitung Selbys. Sein Stil entsprach dem englischen in der ersten Jahrhunderthälfte.

Jean-François Tapray (1738–1819)

ZEIT UND UMWELT
Das Pianoforte hielt in der zweiten Hälfte des 18. Jahrhunderts auch in Frankreich Eingang. Es fanden sich auch bald Komponisten, die für dieses Instrument spezifische Musik schrieben und seine dynamischen Möglichkeiten ausnützten. Daß diese ersten Kompositionen noch das Kleid der Cembalomusik trugen, war eine selbstverständliche Entwicklungserscheinung.

LEBEN
Jean-François Tapray wurde 1738 in Gray, Haute-Saône, geboren. Er erhielt 1754 seine erste Organistenstelle an Notre-Dame in Dole, Jura, seine nächste 1763 an St-Jean in Besançon. Im Jahr 1767 wurde er zum Organisten der Militärschule in Paris ernannt, und ab 1786 wirkte er in gleicher Eigenschaft bis zu seinem Tod im Jahr 1819 an St-Louis in Fontainebleau.

WERKE
Jean-François Tapray, der als einer der ersten französischen Komponisten spezifische Musik für das Pianoforte schrieb, die allerdings sich noch wenig von der Cembalotechnik entfernte, brachte eine Reihe von Sammlungen instrumentaler Musik heraus, wie 6 Konzerte für Cembalo oder Orgel mit drei Violinen und einem Cello, ein Cembalokonzert mit zwei Violinen, Bratsche und Baß, 4 konzertante Sinfonien für Cembalo, Pianoforte und Orchester, 3 Sinfonien für Cembalo und Orchester, 2 Quartette für Cembalo oder Pianoforte, Klarinette oder Violine, Bratsche und Baß oder Cello, ein konzertantes Quartett für Cembalo oder Pianoforte, Flöte oder Violine, Bratsche und Fagott oder Cello, Trio- und Solosonaten für Pianoforte, Orgelwerke und 1770 ein speziell für Pianoforte verfaßtes Musikstück. Sein Stil näherte sich der Vorklassik.

Filippo Maria Gherardeschi
(1738–1808)

ZEIT UND UMWELT
Auch in Italien setzte im letzten Drittel des 18. Jahrhunderts die Komposition für das Pianoforte ein. Vorläufig wurde dem Interpreten zwar die Wahl zwischen dem neuen Instrument und dem Cembalo belassen, aber die Faktur war bereits so erstellt, daß beim alten Instrument auf die Effekte der wechselnden Dynamik verzichtet werden mußte und die Intentionen des Komponisten nur teilweise wiedergegeben werden konnten. Dadurch schränkte sich der Gebrauch des Cembalos immer mehr auf den Fall ein, daß kein Pianoforte verfügbar war.

LEBEN
Filippo Maria Gherardeschi wurde 1738 in Pistoia geboren. Er studierte von 1756 bis 1761 Musik bei Padre Martini in Bologna, wo er als Mitglied zur Accademia Filarmonica aufgenommen wurde. Im Jahr 1763 erhielt er die Kapellmeisterstelle am Dom in Volterra, wurde aber kurz darauf als Organist an den Dom in Pisa berufen und dort in gleicher Eigenschaft 1766 an der Ordenskirche der St.-Stephans-Ritter eingesetzt. Ab den achtziger Jahren leitete er die Kapelle der Großherzoge von Toskana, Leopold II. und Ferdinand III. (1769–1824), und des Königs

Leopold II., Stich von L. Marek

von Etrurien, Louis (1773–1803), ab 1801. Er starb im Jahr 1808 in Pisa.
Sein Sohn Giuseppe Gherardeschi (1759, Pistoia, bis 1824, Pistoia) war Domkapellmeister in Pistoia.

WERKE

Von Filippo Maria Gherardeschi sind »Tre sonate per Cembalo o Forte-Piano« (Drei Sonaten für Cembalo oder Fortepiano) erschienen, mit denen der berühmte Cembalist die Ära der modernen Klaviermusik in Italien einleitete. Weitere Werke dieser Art sind verlorengegangen. Handschriftlich sind zahlreiche Messen, Psalmen und Hymnen und sein bekanntes Te Deum erhalten, außerdem das Requiem, das er zum Ableben des Königs Louis von Etrurien verfaßte und man allgemein als sein bestes Werk ansah. Er schrieb auch einige Opern für verschiedene italienische Städte.
Von Giuseppe Gherardeschi sind 6 Sonaten für Cembalo oder Pianoforte mit obligater Violine überliefert.

Thomas Ebdon (1738–1816)

ZEIT UND UMWELT

Festivals wurden im Verlauf des 18. Jahrhunderts in Großbritannien immer häufiger. Es handelte sich in vielen Fällen um gemeinsame Unternehmungen mehrerer benachbarter Städte, deren Chorvereinigungen und Orchester mit ihren Dirigenten in Wettstreit traten. Bezeichnend dafür ist, daß es sehr selten zu Uraufführungen zeitgenössischer Werke kam; man zog bewährte Musik vor. Favoriten waren überall Georg Friedrich Händel und Johann Christoph Pepusch.

LEBEN

Thomas Ebdon wurde 1738 in Durham geboren und an der Kathedrale der Stadt zum Choristen und Organisten ausgebildet. Ab 1763 wirkte er als Organist der Kathedrale bis zu seinem Tod am 23. 9. 1816. Er war durch mehrere Jahre hindurch Dirigent der Newcastle-Festivals mit Charles Acison und Matthias Hawdon.

WERKE

Von Thomas Ebdon wurden 2 Cembalosonaten, 6 Glees, eine Anzahl Anthems und Services sowie ein Marsch veröffentlicht, außerdem gab er 2 Bände Kathedralenmusik heraus.

Jonathan Battishill (1738–1801)

ZEIT UND UMWELT

John Immyns (um 1700, London, bis 15.4. 1764, Cold Bath Fields), Sänger und Instrumentalist, Lautenist der Chapel Royal, gründete 1741 in London die Madrigal Society als älteste musikalische Vereinigung von Berufsmusikern und Dilettanten, die sich als Sänger bewährten. Der ursprüngliche Zweck der Pflege des englischen und italienischen Madrigals wurde bald auf sämtliche Liedgattungen erweitert. Von Zeit zu Zeit wurden Preise für Vokalkompositionen ausgesetzt und die Leitung der Vereinigung Berufsmusikern anvertraut. Ihr gesellschaftlicher Charakter wurde jedoch neben intensiver künstlerischer Betätigung nie aufgegeben.

LEBEN

Jonathan Battishill wurde im Mai 1738 in London geboren. Er war Chorknabe an St. Paul's unter William Savage, sodann stellvertretender Organist an der Chapel Royal bei William Boyce und zugleich Cembalist am Covent Garden Theatre, an dem er gemeinsam mit Michael Arne als Komponist wirkte. Im Jahr 1758 wurde er Mitglied der Madrigal Society und der Royal Society of Musicians. Er starb am 10. 12. 1801 in Islington.

WERKE

Von Jonathan Battishill sind 2 Hefte mit Liedern erschienen, die sehr geschätzt worden sind, außerdem eine Anzahl Anthems und Hymnen, deren Harmonisierung einen gewissen Stilfortschritt darstellt. Weitere Glees, Anthems und Cembalofugen fanden in Sammelwerken Aufnahme.

François Giroust (1738–99)

ZEIT UND UMWELT

Für den französischen Hofmusiker des letzten Drittels des 18. Jahrhunderts bestand die Zeit aus zwei völlig divergierenden Epochen, die durch die Zäsur vom 14. 7. 1789, dem Tag des Sturmes auf die Pariser Bastille, getrennt wurden. Dasselbe Datum veränderte mit der Ablöse des Ancien régime durch die bürgerliche Gesellschaft die Umweltbedingungen grundlegend.

LEBEN

François Giroust wurde am 9. 4. 1738 in Paris geboren und an der Maîtrise der Notre-Dame ausgebildet. Aufgrund eines Wettbewerbes erhielt er 1756 die Kapellmeisterstelle an der Kathedrale Ste-Croix in Orléans, 1768 wurde er vom Concert spirituel von Paris für eine Motette ausgezeichnet, mit der Kapellmeisterstelle an Sts-Innocents betraut und 1775 von König Ludwig XVI. in gleicher Eigenschaft in die Chapelle Royale übernommen. Im Jahr 1782 wurde ihm das gesamte Hofmusikwesen unterstellt. Nach dem Ende des französischen Königtums komponierte er Revolutionsmusik. Er starb am 28. 4. 1799 in Versailles.

WERKE

Neben seiner bekannten Motette »Super flumina Babylonis« (An den Flüssen Babylons) verfaßte François Giroust ungefähr 90 weitere Motetten, 8 Messen, ein Requiem, 4 Oratorien und eine Oper. Mehrere seiner Revolutionslieder wie »Chant pour la fondation de la République« (Gesang auf die Gründung der Republik) sind sehr bekannt geworden.

LITERATUR

J. Brosset, François Giroust, Blois 1911.

Oxford

Philipp Hayes (1738–97)

ZEIT UND UMWELT

Die Universitäten von Cambridge und Oxford bildeten in ihren Colleges eine mit den Professoren, Studenten und Hilfskräften abgeschlossene Welt für sich. Diese Isolierung war für den wissenschaftlichen Betrieb ohne Zweifel äußerst förderlich, denn je mehr sich die Wissenschaft von der Umwelt absondert, umso störungsfreier kann sie sich entwickeln. Ob das gleiche für die Kunst gilt, muß bezweifelt werden, weil sie ohne Impulse des gesamten Geschehens um sie herum Gefahr läuft zu erstarren.

LEBEN

Philipp Hayes wurde am 17. April 1738 in Oxford getauft und von seinem Vater William Hayes ausgebildet. Nach seinem Studium erhielt er 1767 die Ernennung zum Gentleman der Chapel Royal und wurde 1776 Organist am New College und 1790 am St. John's College von Oxford. Er starb am 19. 3. 1797 in London.

WERKE

Von Philipp Hayes sind mehrere Anthems, Psalmen, ein Oratorium, eine Caecilienode und ein Maskenspiel erschienen. Der Stil dieser Musik war sehr doktrinär. Er veröffentlichte eine Sammlung von Kirchenmusik, die in London bei den Zusammenkünften der Wykehamisten (Angehörige der von Bischof und Kanzler William of Wykeham, 1324 bis 1404, gegründeten Colleges in Oxford) gesungen wurde.

Josef Kohout (1738 bis um 1793)

ZEIT UND UMWELT

Eine Desertion war während der Kriege in Mitteleuropa des 18. Jahrhunderts nicht schwierig, denn es gab kaum eine Fahndung nach Fahnenflüchtigen, und falls eine eingeleitet wurde, endete sie bald an einer Landesgrenze. Ein Musiker mußte sein Fortkommen selbstverständlich außerhalb des Kriegsgebietes suchen, denn Waffenlärm und Musik vertrugen sich nie gut.

LEBEN

Wenzel Josef Thomas Kohout (Kohaut, Kohault) wurde am 4. 5. 1738 in Saaz (Žatec) geboren. Er war Feldtrompeter der österreichischen Armee und desertierte nach Frankreich, wo er Mitglied der Kapelle des Prince de Conti Louis François Joseph de Bourbon wurde. Er verfaßte für die Comédie Italienne eine Reihe komischer Opern und eine für Fontainebleau. Über eine weitere musikalische Tätigkeit ist nichts bekannt. Er starb um 1793 in Paris.

Sein älterer Bruder Karel Kohout (vor 1738, Saaz, Sterbejahr und Sterbeort unbekannt) lebte einige Zeit als Kirchenmusiker, Lautenist und Komponist in Paris.

WERKE

Außer seinen Opern verfaßte Josef Kohout 6 Sinfonien, die verschollen sind, Triosonaten und Sonaten für Cembalo, Laute oder Harfe.

Von Karel Kohout sind Sinfonien, Lautenwerke und Kirchenmusik – Messen, Gesänge – erhalten.

Der Stil beider Brüder gehört noch eindeutig dem Rokoko an.

Bonaventura Furlanetto (1738–1817)

ZEIT UND UMWELT

Tüchtige Lehrer der Kontrapunktik und der Fuge waren in allen Musikländern berühmt und gesucht, denn diese Techniken wurden und werden zum Teil noch heute als Grundlagen einer kompositorischen Tätigkeit angesehen, auch wenn man sie in der Praxis oft nur wenig oder überhaupt nicht anwendet.

LEBEN

Bonaventura Furlanetto (Musin genannt) wurde am 27. 5. 1738 in Venedig geboren. Er war zunächst Gesanglehrer, sodann ab 1768 Dirigent des Ospedale della Pièta seiner Geburtsstadt; er wurde 1782 Aushilfsorganist, 1794 interimistischer, 1797 wirklicher Zweiter Kapellmeister und 1810 Erster Kapellmeister an San Marco. Von 1811 bis zu seinem Tod am 6. 4. 1817 wirkte er auch als Lehrer für Fuge und Kontrapunkt am Istituto Filarmonico in Venedig.

WERKE
Das streng kontrapunktisch gehaltene kompositorische Werk von Bonaventura Furlanetto besteht allein aus Kirchenmusik: Messen, Psalmen, Motetten, Lamentationen und ein sehr beliebtes Magnificat, außerdem aus Oratorien und Kantaten. Er verfaßte auch ein Lehrwerk des Kontrapunkts; gedruckt wurde davon nichts.

LITERATUR
F. Caffi, Della vita e del comporre di Bonaventura Furlanetto detto Musin, Venedig 1820.

Leopold Hofmann (1738–93)

ZEIT UND UMWELT
Man kann bei jedem Zeitabschnitt der Geschichte einzelner Kunstgattungen die Feststellung machen, daß Persönlichkeiten, die im Mittelpunkt des Publikumsinteresses standen, später stark oder ganz in den Hintergrund geschoben wurden, während andere, die sich einen bleibenden Platz in der Geschichte erwarben, nur wenig oder erst spät Beachtung fanden.

LEBEN
Leopold Hofmann wurde am 14. 8. 1738 in Wien geboren. Er war Chorknabe der Wiener Hofkapelle, sodann Violinist an der Michaelskirche und ab 1766 Kapellmeister an der Peterskirche. Im Jahr 1769 wurde er Klavierlehrer am kaiserlichen Hof und 1772 Domkapellmeister an St. Stephan. Er starb am 17. 3. 1793 in Wien.

WERKE
Mit seinen zahlreichen Kirchenkompositionen – 12 Messen, ein Requiem, viele Gradualien, Offertorien und andere Gesänge – erreichte Leopold Hofmann wie mit seinen Instrumentalwerken einen hohen Beliebtheitsgrad bei seinen Zeitgenossen. Seine Sinfonien, die Konzerte für Cembalo, für Violine und für Cello und die Trios waren wegen ihrer flüssigen Melodik sehr geschätzt und wurden den Werken von Joseph Haydn häufig vorgezogen. Im Druck ist sehr wenig davon erschienen. Sie fielen auch bald der Vergessenheit anheim.

Giovanni Battista Borghi (1738–96)

ZEIT UND UMWELT
Überblickt man auch nur die Titel der zahlreichen Opern, die besonders in Italien im 18. Jahrhundert geschrieben wurden, so fällt auf, daß römisch-griechische Mythologie und legendäre Episoden der Antike die überwiegenden Stoffquellen für die Libretti darstellten. Nur die Buffooper entnahm ihre humorvollen Stoffe der Literatur der Gegenwart oder der jüngsten Vergangenheit. Man darf annehmen, daß das Publikum die ewig gleichen Götter- und Heroengeschichten kaum beachtete und sein Interesse auf die Musik und die Interpretation konzentrierte, so daß die Opera seria den Charakter eines illustrierten Konzerts erhielt. So betrachtet, wird es auch verständlich, daß seriöse Komponisten die Form der Oper wählten; sie wären mit reiner Konzerthausmusik an das Publikum nicht herangekommen.

LEBEN
Giovanni Battista Borghi wurde am 25. 8. 1738 in Camerino bei Maarata geboren. Er wurde am Conservatorio della Pietà de'Turchini ausgebildet und wirkte darauf von 1759 bis 1777 als Kapellmeister am Dom in Orvieto und anschließend bis zu seinem Tod am 26. 2. 1796 an Santa Casa di Loreto in gleicher Eigenschaft.

WERKE
Neben Messen, Motetten, Psalmen, Offertorien, Kantaten und einigen Oratorien verfaßte Giovanni Battista Borghi ungefähr 25 Opern für verschiedene italienische Opernhäuser im neapolitanischen Stil.

Giovanni Callisto Andrea Zanotti
(1738–1817)

ZEIT UND UMWELT
Bologna war vom 16. bis in das 19. Jahrhundert eines der bedeutendsten Musikzentren Italiens. Die Tradition der Kirchen und der Akademien gewährleistete ein gleichbleibend hohes Niveau der Komposition und Interpretation. Diese Tradition war jedoch kein starres Festhalten an bewährten Formen, sondern eine strenge Auslese der Erscheinungen jeder Stilepoche und jeder Entwicklungsphase.

LEBEN
Giovanni Callisto Andrea Zanotti wurde am 14. 10. 1738 in Bologna geboren. Er war Schüler von Padre Martini und wurde 1758 in die Accademia Filarmonica aufgenommen. Im Jahr 1761 erhielt er den Kapellmeisterposten an San Petronio in Bologna und wirkte von 1804 bis zu seinem Tod am 1. 11. 1817 als Lehrer am Liceo Filarmonico der Stadt.

WERKE
Von der großen Anzahl Kirchenmusik von Giovanni Callisto Andrea Zanotti – Messen, Psalmen, Litaneien, Hymnen – ist nichts im Druck erschienen. Es handelte sich um exakt und gut gekonnte Kompositionen für die eigene Kapelle. Er schrieb auch eine Oper für Modena, die einem Oratorium gleichkam und daher wenig Erfolg hatte.

Johann Samuel Petri (1738–1808)

ZEIT UND UMWELT
Das echte Schuldrama war ein von Schülern aufgeführtes Schauspiel, in das Lieder, Chöre, Tänze und pantomimische Szenen eingelegt waren. Die Handlung wurde gesprochen, der Text der Lieder war nur illustrierend, die Tendenz erzieherisch im Sinn der Zeit. Es kam zuweilen zu Ensembleaktschlüssen, womit sich das Schuldrama schon stark der Schuloper näherte.

LEBEN
Johann Samuel Petri wurde am 1. 11. 1738 als Sohn des Musikdirektors und Pastors Baltasar Abraham Petri (3. 12. 1704, Sorau, bis 8. 7. 1793, Behnau) in Sorau geboren. Er war Schüler von Wilhelm Friedemann Bach in Halle und wurde darauf Kantor in Lauban. Von 1770 bis zu seinem Tod am 12. 4. 1808 wirkte er als Kantor an St. Petri in Bautzen.
Sein Bruder Christoph Petri (1758, Sorau, bis nach 1786, Sorau) studierte in Leipzig und wurde 1782 Kantor in Sorau.

WERKE
Von Johann Samuel Petri sind Messen, Kantaten und Musik zu Schuldramen erhalten. Er verfaßte eine vielbeachtete »Anleitung zur praktischen Musik«.
Von Christoph Petri sind 1786 »Sechs kleine Klaviersonaten« erschienen.

Friedrich Wilhelm Herschel
(1738–1822)

ZEIT UND UMWELT
In der Barockzeit war es für einen Gelehrten noch möglich, alles Wissen in sich aufzunehmen. Im 18. Jahrhundert sprengten die vorliegenden Forschungsergebnisse bereits den Rahmen dessen, was das befähigteste Gehirn zu bewältigen imstande war. Dennoch war der Wissensstoff besonders in den naturwissenschaftlichen Disziplinen noch so klein, daß mehrere Fächer zugleich erschöpfend erlernt oder im Verlauf eines Menschenalters nach einiger Anstrengung ausgetauscht werden konnten.

LEBEN
Friedrich Wilhelm Herschel (Sir William Herschel) wurde am 15. 11. 1738 in Hannover geboren. Er kam als Cellist mit der hannoveranischen Garde 1757 nach Durham, wurde Organist der Pfarreikirche in Halifax und wirkte schließlich in gleicher Eigenschaft 1766 an der Octagon Chapel in Bath. Dort begann er, sich mit Mathematik und Astronomie zu beschäftigen, baute Spiegelteleskope, entdeckte den Planeten Uranus und begründete damit die moderne Stellar-

astronomie. Er gab die Musik auf, wurde zum Königlichen Privatastronomen ernannt und übersiedelte nach Datchet und darauf nach Slough, wo ihn 1792 Joseph Haydn besuchte. Er starb als Ehrendoktor von Oxford und Ritter des Hannoveranischen Welfenordens am 23. 8. 1822 in Slough bei Windsor.
Sein Bruder Jakob Herschel (um 1734, Hannover, bis 1792, Hannover) war Violinist und Dirigent der King's Band in Hannover.

WERKE
Von dem Musiker und namhaften Astronomen Friedrich Wilhelm Herschel sind 24 Sinfonien, mehrere Konzerte für verschiedene Instrumente, 2 Militärkonzerte, 6 Sonaten für Cembalo mit Violine und Cello und mehrere Sonaten für Orgel, für Violine und für Harfe überliefert.
Jakob Herschel schrieb mehrere Sinfonien, einige Quartette für Cembalo, zwei Violinen und Cello und 6 Triosonaten für zwei Violinen und Generalbaß.
Beider Musik hat noch Barockelemente in sich.

LITERATUR
C. A. Lobbock, The Herschel Chronicle, Cambridge 1933.

Jan Koželuh (1738–1814)

ZEIT UND UMWELT
Grundausbildung in Prag, Fortsetzung und Vollendung der Ausbildung in Dresden, in Mannheim und vor allem in Wien, das im letzten Drittel des 18. Jahrhunderts seine Führungsrolle in mitteleuropäischen Musikgeschehen antrat – das war für einen tschechischen Musiker der übliche Weg, der sodann in einer Position an den genannten oder ähnlichen Orten mündete oder nach Prag zurückführte. Das letztere allerdings setzte eine gründliche kirchenmusikalische Ausbildung voraus, denn das Konzertwesen war in der böhmischen Hauptstadt noch nicht so ausgeprägt, daß es einen gesicherten Lebensunterhalt gewährleistete.

LEBEN
Jan Evangelista Antonín Tomáš Koželuh (Johann Evangelista Anton Thomas Kotzeluch, Kozeluch) wurde am 14. 12. 1738 in Welwarn (Velvary), Böhmen, getauft. Er wurde ursprünglich im Jesuitenkolleg in Brenitz (Březnice) und darauf von Josef Seger in Prag ausgebildet. Während er in Wien als Musikdirektor einer Kirche tätig war, studierte er bei Christoph Willibald Gluck und Florian Gaßmann, dann ging er nach Prag, wo er zuerst als Kapellmeister an der Kreuzherrnkirche und zuletzt ab 1784 an St. Veit tätig war. Er starb am 3. 2. 1814 in Prag.

WERKE
Von Jan Koželuh sind 4 Sinfonien, ein Oboen- und ein Fagottkonzert, 16 Messen und ein Requiem für fünf Stimmen, Orchester und Orgel, ein Oratorium und 2 Opern erhalten. Sein Stil gehört unzweifelhaft der Wiener Vorklassik an, obwohl in den sakralen Werken die Faktur der Altböhmischen Schule erkennbar ist.

Eligio Celestino (um 1739–1812)

ZEIT UND UMWELT
Es gab kaum einen Virtuosen, der nicht für den eigenen Konzertgebrauch komponierte, weil er sich damit die Möglichkeit schuf, sein technisches Können besonders deutlich in Szene zu setzen, und es sich ersparte, sich mit Passagen abzumühen, die ihm nicht lagen. Einzelne konnten diese Absicht sogar mit ansprechend guter Musik vereinen, die in der Regel jedoch vor der Technik weit zurückstehen mußte. In vielen Fällen waren solche Stücke wenig originell, weil sie aus Teilen von Werken bestanden, die zum Konzertprogramm des Komponisten gehörten.

LEBEN
Eligio Celestino wurde um 1739 in Rom geboren und dort zu einem ausgezeichneten Violinisten ausgebildet. Er begab sich 1772 auf Konzertreisen und trat mit Erfolg in London auf, dann wurde er Mitglied der Hofkapelle in Stuttgart und schließlich Konzert-

meister am Hof in Ludwigslust, Mecklenburg, wo er am 14. 1. 1812 starb.

WERKE
Vom Violinvirtuosen Eligio Celestino sind 6 Sonaten für Violine und Baß und 3 Duos für Violine und Cello erschienen. Es handelte sich dabei um reine Virtuosenmusik. Er hat angeblich außerdem eine Reihe von Violinsoli und Trios mit Orchesterbegleitung verfaßt.

Joseph Boulogne Saint-Georges
(1739–99)

ZEIT UND UMWELT
Aus den verschiedenen Kolonien kamen fallweise künstlerisch Begabte in das Mutterland Frankreich, die nie gehindert wurden, ihre Talente auszubilden und zu entfalten, ob sie nun ganz oder nur zur Hälfte von Eingeborenen abstammten, weil dem Franzosen eine Rassenfeindschaft fremd ist.

LEBEN
Joseph Boulogne, Chevalier de Saint-Georges, wurde 1739 in Guadeloupe als natürlicher Sohn des Gouverneurs Comte de Boulogne geboren und kam als Dreizehnjähriger nach Paris. Er wandte sich der Musik zu und wurde von François Joseph Gossec in Komposition und vermutlich auch von Jean-Marie Leclair im Violinspiel unterrichtet. Als Gossec 1769 sein Concert des Amateurs gegründet hatte, wurde Saint-Georges dabei einer der ersten Violinisten und 1773 Orchesterleiter. Er spielte im Musikleben von Paris als Violinist, Komponist und Dirigent lange Zeit eine maßgebende Rolle. Er verhandelte zum Beispiel mit Joseph Haydn wegen dessen »6 Pariser Sinfonien«. Ab 1777 stand er in engem Kontakt mit Louis Philippe, duc d'Orléans (1725–85). Er reiste mehrmals nach England und erlebte dort den Ausbruch der Französischen Revolution. Im Jahr 1791 stellte er sich der Republik als Capitaine der Garde Nationale zur Verfügung, kehrte 1797 in das zivile Leben zurück und verbrachte seine letzten Jahre bis zu seinem Tod am 10. 6. 1799 als Komponist und Virtuose in Paris.

WERKE
Das kompositorische Schaffen von Joseph Boulogne Saint-Georges, dessen abenteuerliches Leben und Wirken nahezu legendär geworden ist, setzte erst mit seinem vierunddreißigsten Lebensjahr ein, war aber dennoch sehr umfangreich. Er schrieb ungefähr 10 Sinfonien, 18 Streichquartette, 6 Violinsonaten mit Begleitung einer zweiten Violine, 12 Violinkonzerte, ein Fagottkonzert, eine Sonate für Flöte und Harfe, Klavierstücke, Romanzen und Arietten und eine Anzahl handschriftlich überlieferter, nicht sehr erfolgreicher Opern. Sein Beitrag zur Entwicklung der französischen Violinistik war beachtlich.

Giuseppe Millico (1739–1802)

ZEIT UND UMWELT
Sopranisten wurden im letzten Drittel des 18. Jahrhunderts bereits selten. Um noch Anklang beim Publikum zu finden, genügte es aber nicht mehr, allein mit schöner Stimme und allen Kunstgriffen der Gesangskunst auf der Bühne zu stehen, das Publikum forderte auch ein gewisses Maß an Musikalität von den Sängern, die über ihre Funktion als schön klingendes Instrument zu Interpreten werden mußten.

LEBEN
Giuseppe Vito Millico wurde am 19. 1. 1739 in Terlizzi bei Bari geboren und vermutlich in Neapel zum Sopranisten ausgebildet. Er trat in Italien, Wien, Berlin und London mit größtem Erfolg auf, ließ sich 1780 in Neapel endgültig nieder, wo er 1802 starb.

WERKE
Von dem Eviraten Giuseppe Millico sind zahlreiche Canzonetten, Arien, eine vierstimmige Kantate und mehrere Opern bekannt geworden. Er bewies damit ein bedeutendes kompositorisches Können.

Joseph Pouteau (1739–1823)

ZEIT UND UMWELT
Auch die Nonnenklöster von Paris überstanden die Revolutionszeit ohne Beeinträchtigung. Ihr Leben und Wirken, ihre sakralen Aufgaben und ihr Musikbetrieb erfuhren keine Störung, zumal auch ihre Musiker in keiner Weise behindert wurden.

LEBEN
Joseph Pouteau wurde am 7. 2. 1739 in Chaumes-en-Brie, Seine-et-Marne, geboren und in Paris zum Komponisten und Organisten ausgebildet. Nach verschiedenen Hilfsorganistendiensten erhielt er 1756 die Organistenstelle an St-Jacques-de-la-Boucherie und am Kloster der Filles-Dieu. Nach der Revolution wirkte er als Klavierlehrer am Ursulinenkloster und als Organist an St-Merry. Er starb am 3. 12. 1823 in Paris.

WERKE
Von Joseph Pouteau sind Sonaten für Cembalo und Violine, Kantaten und Arietten für eine Stimme mit Orchesterbegleitung, zahlreiche Lieder für eine Stimme und Generalbaß sowie Transkriptionen von Opernarien für Pianoforte erschienen. Sein Stil war stark dem Rokoko verhaftet.

Daniel Schubart (1739–91)

ZEIT UND UMWELT
Karl Eugen, Herzog von Württemberg, regierte mit schrankenlosem Absolutismus und unterdrückte jede freie Meinungsäußerung; der Staatsrechtslehrer Johann Jakob Moser (1701–85) wurde wegen kritischer Bemerkungen 5 Jahre gefangengehalten. Die gewaltigen Schulden, die der Herzog durch seine prunkvolle Hofhaltung und durch große Rüstungsausgaben anhäufte, zwangen ihn, dem Verlangen der Landstände nach Milderung des Absolutismus 1770 nachzugeben; es war auch dem Einfluß seiner Frau, Gräfin Franziska von Hohenheim (1748–1811), zu verdanken, daß er sich zu liberaleren Maßnahmen verstand. Sehr radikal dürfte aber diese von der Geschichtsschreibung gerühmte Bekehrung nicht gewesen sein, denn er ließ Daniel Schubart wegen seiner Polemiken noch 1777 in den Kerker gehen.

LEBEN
Christian Friedrich Daniel Schubart wurde am 24. 3. 1739 in Obersontheim, Schwaben, geboren. Er war deutscher Dichter und Schriftsteller und als Musiker weitgehend autodidakt. Von 1763 bis 1769 wirkte er als Musiklehrer und Organist in Geislingen und sodann als Organist der Stadtkirche und als Violinist am Opernorchester in Ludwigsburg. Wegen seines Freidenkertums wurde er vom württembergischen Herzog für 10 Jahre eingekerkert. Nach seiner Freilassung wurde er in Stuttgart zum Direktor des Schauspiels und der deutschen Oper sowie zum Hofdichter ernannt. Er starb am 10. 10. 1791 in Stuttgart.

WERKE
Seine liberalen Ideen propagierte Daniel Schubart in seiner »Deutschen Chronik«, die ihm eine zehnjährige Kerkerhaft eintrug, während der er seine »Ideen zu einer Ästhetik der Tonkunst« verfaßte. Darin verfocht er den Grundsatz des Sturm und Drang, daß die Musik das subjektive Innere ausdrücke, und nahm damit das Bekenntnis der Romantik voraus. Seine Klaviersonaten und kleinere Stücke sind wenig bedeutend. Dafür fand er in seinen ungefähr 80 Liedern – 47 davon auf eigene Texte – echten Volkston.

LITERATUR
K. Gaiser, Daniel Christian Schubart, in: Schwäbische Lebensbilder, Stuttgart 1940.

Jan Křitel Vaňhal (1739–1813)

ZEIT UND UMWELT
Wie eine Epidemie ergriff im 18. Jahrhundert die Freiheitsidee den europäischen Menschen, und vielfältig waren die Versuche, sie zu verwirklichen. Auch Musiker wagten es, sich als »privatisierende Tonkünstler«, also freischaffend, vom Erlös ihrer Kompositio-

nen, den jeweiligen Engagements als Sänger oder Instrumentalisten oder einer Unterrichtstätigkeit zu leben. Die neue Funktion weiter bürgerlicher Kreise als bezahlendes Publikum erleichterte zwar diese Absicht, aber mancher Künstler mußte bald einsehen, daß seine Freiheit auch nur eine Scheinfreiheit war, denn das neue, anonyme Publikum war in vielen Fällen launischer und weniger berechenbar als jeder eigenwillige Mäzen.

LEBEN

Jan Křitel Vaňhal (Johann Baptist Vanhall, Wanhal, Van Hal) wurde am 12. 5. 1739 in Nechanitz (Nechanice), Böhmen, geboren. Er war ab 1757 Organist in Opočno und kam 1760 nach Wien, wo er bei Karl Ditters von Dittersdorf arbeitete. Nachdem er bis 1769 vom Ertrag seiner Werke gelebt hatte, erhielt er die Möglichkeit, sich für ein zweijähriges Studium nach Italien zu begeben; er kam in Venedig mit Christoph Willibald Gluck in Verbindung und in Rom mit Florian Leopold Gaßmann, mit dem er, nachdem er in Florenz 2 Opern herausgebracht hatte, nach Wien zurückkehrte. Bis 1780 lebte er aus gesundheitlichen Gründen in Ungarn, dann wirkte er in Wien als freischaffender Musiker und Komponist bis zu seinem Tod am 26. 8. 1813.

WERKE

Da zu seiner Zeit mangels eines wirksamen Urheberschutzes der Ertrag der einzelnen Kompositionen sehr gering war, mußte Jan Křitel Vaňhal äußerst fleißig sein, um leben zu können. Die tatsächliche Anzahl seiner Werke ist wegen der überaus vielen Plagiate, die unter seinem Namen gedruckt und verkauft wurden, schwer festzustellen, weil er selbst stilistisch sehr schwankend arbeitete und dadurch Stilanalysen äußerst erschwert sind. Man schreibt ihm mehr als 100 Sinfonien zu, 80 Quartette, 30 Instrumentalkonzerte, zahlreiche Klaviersonaten, Variationen und Tänze für das Klavier, zum Teil vierhändig gesetzt, Violinsonaten, Flötenquartette, Fugen und Präludien für Orgel, 2 Offertorien, 2 Messen mit Orchester, Kirchenlieder und 8 sehr beliebte Kinderlieder. Es ist bei

Jan Křitel Vaňhal, Stich von Riedel, 1815

dieser Fülle verständlich, daß die Qualität der einzelnen Werke sehr schwankend war. Eines steht aber fest: Sein Beitrag zum Entstehen der Wiener Klassik war von größter Wichtigkeit, wenn er auch mit einem leichten Zug zur Melancholie bereits in das kommende Jahrhundert der Romantik weist. Einzelne Sinfonien und Konzerte werden auch in unserer Zeit aufgeführt.

LITERATUR

V. J. Sýkora, 140-výroči smrti Jana Vaňhala, in: Hudební rozhledy VI, 1953.

Jean François Boëly (1739–1814)

ZEIT UND UMWELT

Die Auseinandersetzungen zwischen den Kunstwissenschaftern, die haargenau wissen, wie ein Kunstwerk geschaffen werden muß, aber trotzdem keines zustande bringen, weil ihnen das Wichtigste dafür, nämlich das Künstlertum, fehlt, und den echten Künstlern, die zwar alles falsch machen, aber Kunstwerke schaffen, werden nie enden. Im

Wortstreit bleiben die Wissenschafter zumeist Sieger, weil Künstler ihr Künstlertum nie überzeugend zu artikulieren fähig sind, aber im Konzertsaal bleibt ihnen die Oberhand.

LEBEN
Jean François Boëly wurde am 3. 6. 1739 in St-Léger-de-Crossy bei Amiens geboren. Er war Harfenist und Kontratenor der Ste-Chapelle in Paris und wurde Harfenist am Hof in Versailles. Bei Ausbruch der Revolution zog er sich nach Chaillot zurück, wo er am 24. 1. 1814 starb. In den letzten 20 Jahren seines Lebens führte er einen heftigen literarischen Kampf gegen die doktrinären Lehrer des Pariser Konservatoriums, denen er die künstlerischen Grundsätze eines Jean-Philippe Rameau entgegenhielt.

WERKE
Von dem Sänger und vorzüglichen Harfenisten Jean François Boëly sind nur einige Motetten erhalten, die seine kompositorischen Fähigkeiten unter Beweis stellen. Berühmt geworden ist davon das »Beatus vir«, das er im Concert spirituel mit großem Erfolg aufführte.

Friedrich Wilhelm Rust (1739–96)

ZEIT UND UMWELT
Der empfindsame Stil des 18. Jahrhunderts wurde von vielen Liedkomponisten adoptiert. Vertieft wurde er nicht selten durch die Verwendung von älteren Instrumenten wie der Laute oder der Viola da gamba. Dieser neben Vorklassik und Klassik gepflegte Stil mündete unmittelbar in die Romantik des nächsten Jahrhunderts.

LEBEN
Friedrich Wilhelm Rust wurde am 6. 7. 1739 in Wörlitz bei Dessau geboren. Er studierte Rechtswissenschaft in Halle, Musik bei Karl Hoeckh in Zerbst und bei František Benda sowie Carl Philipp Emanuel Bach in Berlin. In Italien ergänzte er seine Ausbildung bei Giuseppe Tartini und Gaetano Pugnani. Im Jahr 1775 wurde er Hofmusikdirektor und Leiter des Theaters in Dessau, wo er am 28. 2. 1796 starb.

WERKE
Die Vokalkompositionen von Friedrich Wilhelm Rust folgen eindeutig dem empfindsamen Stil. Seine Duo- und Monodramen, Schäferspiele, Kantaten, Oden und Lieder leiten unmittelbar zur Liedkomposition der Romantik; Sentimentalität, Rührseligkeit und Wehleidigkeit machten sich neben echter Lyrik breit. Dafür gehören seine 6 Klaviersonaten ohne Zweifel der Welt der Klassik an, zu der auch seine Variationen und anderen Klavierstücke zu zählen sind.

Anna Amalia von Sachsen-Weimar
(1739–1807)

ZEIT UND UMWELT
Christoph Martin Wieland, Johann Gottfried von Herder, Friedrich von Schiller (1759–1805) und vor allem Johann Wolfgang von Goethe, der gesamte geistige Kreis der Weimarer Residenz, bildeten für die weltaufgeschlossene hochbegabte Herzogin die Umwelt in der Zeit der Aufklärung, der Gründung der Republiken Frankreich und USA, der Napoleonischen Kriege und des Befreiungskampfes. Ihr Sohn, Großherzog Karl August (1757–1828), setzte ihre der Zeit vorauseilenden Ideen in die Tat um, indem er der Universität Jena Lehr- und Lernfreiheit und seinem Land die Pressefreiheit schenkte.

LEBEN
Anna Amalia, Herzogin von Sachsen-Weimar, wurde am 24. 10. 1739 in Wolfenbüttel als Tochter des Herzogs von Braunschweig Karl I. (1713–80) und Nichte Friedrichs des Großen geboren. Sie heiratete Ernst August II. Konstantin von Sachsen-Weimar (1737–58) und führte für ihren minderjährigen Sohn Karl August von 1758 bis 1775 die Regentschaft. Ihre musikalische Ausbildung erhielt sie in ihrer frühesten Jugend von Friedrich Gottlob Fleischer und in Weimar von Ernst Wilhelm Wolf. Sie trug zur

Hebung des Musiklebens ihres Hofes durch persönliche Beteiligung viel bei. Sie starb am 10. 4. 1807 in Weimar.

WERKE
Von Anna Amalia von Sachsen-Weimar sind ein Divertimento für Cembalo, Klarinette, Bratsche und Cello, 2 Sonatinen für Cembalo, zwei Hörner, zwei Flöten, ein Fagott, zwei Violinen, Bratsche und Baß überliefert. Sie verfaßte außerdem die »Musik zu Goethes Erwin und Elmire« und »Komposition zu Goethes Jahrmarktsfest von Plunderweilern«. Ihre musiktheoretischen Schriften sind verlorengegangen. Ihr Stil war von ihrem Lehrer Ernst Wilhelm Wolf geprägt und daher empfindsam im Sinn der Berliner Schule.

LITERATUR
O. Heuschele, Herzogin Anna Amalia, München 1947.

Karl Ditters von Dittersdorf
(1739–99)

ZEIT UND UMWELT
Nicht alle Künstler fühlten sich als »Fürstendiener« deklassiert, sondern sonnten sich gern im Glanz ihrer Brotherren; manche hofften nur sehnlich, in ihren gehobenen Stand aufzurücken und es ihnen gleichtun zu dürfen. Es gelang nur wenigen, an dieses Ziel zu kommen.

LEBEN
Karl Ditters von Dittersdorf wurde am 2. 11. 1739 in Wien geboren und frühzeitig zum Violinisten ausgebildet. Er wirkte als Knabe im Orchester der Wiener Benediktinerkirche und fiel durch sein Spiel dem Prinzen Josef von Hildburghausen auf, der ihn als Page einstellte, durch Joseph Bonno ausbilden ließ und ihm sodann eine Stelle im Opernorchester verschaffte. Dort kam er mit Christoph Willibald Gluck in Verbindung, der ihn 1763 mit nach Italien nahm. Dort trat er mit viel Erfolg als Violinvirtuose auf. Im Jahr 1765 wurde er als Nachfolger Michael Haydns Kapellmeister des Bischofs von Oradea, für den er ein kleines Privattheater gründete. Als der Kirchenfürst das Theater über Befehl der sittenstrengen Kaiserin Maria Theresia 1769 auflösen mußte, stellte ihn Graf Philipp Gotthard Schafgotsch, Fürstbischof von Breslau, als Leiter seiner kleinen Hausmusikkapelle und als Forstmeister des Fürstentums Neiße ein; 1773 wurde er zum Amtshauptmann in Freiwaldau ernannt, nachdem er bereits den päpstlichen Orden vom goldenen Sporn erhalten hatte, und wurde durch Vermittlung eines Agenten in den Adelsstand erhoben, was er selbst in seiner Autobiographie als das wichtigste Ereignis seines Lebens bezeichnete. Nach dem Tod des Fürstbischofs (1796) nahm ihn Graf Ignaz von Stillfried in sein Schloß Rothlhotta bei Neuhof (Nový Dvůr), Böhmen, auf, wo er am 24. 10. 1799 starb.

WERKE
Von den rund 130 Sinfonien von Karl Ditters von Dittersdorf wurden 30 gedruckt – 12 davon folgen den Metamorphosen von Publius Ovidius Naso (43 v. Chr. bis 18 n. Chr.). Weiters verfaßte er ungefähr 34

Karl Ditters von Dittersdorf

Solokonzerte für Cembalo, Violine, Bratsche, Kontrabaß, Oboe und Harfe, zahlreiche Serenaden und 34 Divertimenti, 12 Streichquintette, 8 Quartette, davon 2 mit Orchester, Trios, eine Anzahl Duos und 17 Sonaten für Cembalo und andere Instrumente, 136 Klavierstücke, 4 Oratorien, 6 Messen, Offertorien, Kantaten und Lieder. Von seinen 32 Opern ist das Singspiel »Doktor und Apotheker« noch heute auf den Spielplänen. Stilistisch ging er von Georg Christoph Wagenseil und der Wiener Tradition aus. Daß bei der Überfülle an Kompositionen manche flüchtig und flach ausfiel, ist selbstverständlich. Er war jedoch bei seinen Zeitgenossen wegen der Eingängigkeit und des Melodienreichtums seiner Musik äußerst beliebt, geriet aber bald, durch die Wiener Klassik und die folgenden Romantiker überschattet, in Vergessenheit.

Sinfonie in C-Dur, 4 Sätze, erschienen 1788

Der 1. Satz ist eigentlich eine italienische Opernsinfonia, wie bereits der am Beginn mehrfach einsetzende kräftige Akkord zeigt. Der 2. Teil des Fortesatzes bringt eine liedhafte Melodie. Darauf erklingt das 2. Thema mit ungewöhnlichem Ernst. Die anschließende Durchführung ermattet bald, bis überraschend die Reprise plötzlich den Satz kraftvoll zu Ende führt. Im 2. Satz bietet sich eine sehr empfindsame dreiteilige Melodie an, die mit der Coda auf der Dominante endet und unmittelbar in das Menuett des 3. Satzes mündet. Im Finale vereinigen sich 3 Themen zu einer spritzigen Tripelfuge. Dieses heute wieder gespielte Werk zeigt den Beitrag, den der Komponist zur Klassik geleistet hat, sehr deutlich auf.

Literatur

K. von Dittersdorf, Lebensbeschreibung, wiederveröffentlicht Leipzig 1940.

Hugh Montgomery (1739–1819)

Zeit und Umwelt

Der schottische Musikant Niel Gow (22. 3. 1727, Inver bei Dunkeld, bis 1.5.1807, Inver) begründete eine Familie von Komponisten und Interpreten schottischer Volksmusik, die sich gegen Ende des 18. Jahrhunderts auch dem Notendruck und dem Musikalienhandel zuwandten.

Leben

Hugh Montgomery, Earl of Eglintoun, wurde am 29. 11. 1739 in Ayrshire geboren. Er widmete sich als Amateur der Komposition und war zu seiner Zeit eine prominente Persönlichkeit des Musiklebens in Edinburgh. Seine tatkräftige Protektion ließ er dem schottischen Musiker Niel Gow und seinen Söhnen angedeihen. Er starb am 15. 12. 1819 vermutlich in Edinburgh.

Werke

Als hoher Adeliger und Oberst konnte Hugh Montgomery nach der Sitte seiner Zeit nicht als Komponist von Volksmusik aufscheinen, daher ließ er seine Kompositionen von der Familie Gow anonym veröffentlichen: »New Strathspey Reels, composed by a gentleman«. Darin befand sich »Ayrshire Lasses«, seine beste Tanzweise. Ein Band mit Volksliedern und Märschen wurde erst in der Mitte des 19. Jahrhunderts herausgebracht. Ein großer Teil der Kompositionen von Hugh Montgomery scheint verloren zu sein. Er wird zu den »Klassikern« schottischer Volksmusik gerechnet.

António Abreu (um 1740 bis vor 1799)

Zeit und Umwelt

Auf der Iberischen Halbinsel entwickelte sich die Gitarrenmusik als einzige Instrumentalmusik, außer der Zarzuela und der italienischen Oper, gegen das Ende des 18. Jahrhunderts zur Blüte der großen Meister des kommenden, von der ausgehend auch die übrigen Musikgattungen ihre Höhepunkte von heute erreichten.

Leben

António Abreu (»El Portugués« genannt) wurde um 1740 vermutlich in Portugal geboren. Er lebte als Gitarrist in Madrid, genoß als Virtuose und Lehrer einen großen Ruf und dürfte dort vor 1799 gestorben sein.

WERKE
Von António Abreu sind ab 1780 zahlreiche ausgezeichnete Gitarrenstücke erschienen, die sein virtuoses Können bezeugen. Im Jahr 1799 erschien seine ausgezeichnete Gitarrenschule vermutlich posthum.

LITERATUR
Sousa Viterbo, Subsidios para a Historia da Música em Portugal, Coimbra 1932.

Joseph Hemmerlein (um 1740–99)

ZEIT UND UMWELT
Die nach beiden Seiten erweiterte Klaviatur des Pianoforte gab für das Vierhändigspiel ausreichenden Raum. Es wurde vorwiegend in der Hausmusik gepflegt. Sehr viele Klavierauszüge von Opern und sinfonischen Werken wurden vierhändig gesetzt, weil damit der Orchesterklang zumindest im Umfang verbreitert werden konnte. Originalkompositionen für Klavier zu vier Händen zum Konzertgebrauch wurden wenige geschrieben, weil viele Pianisten die Beschränkung auf eine Klaviaturhälfte ablehnten.

LEBEN
Joseph Hemmerlein wurde um 1740 in Bamberg geboren. Über sein Leben und Wirken ist wenig bekannt. Er dürfte um 1780 in Frankfurt am Main und in Koblenz, später in Mainz als Pianist gewirkt haben und sodann nach Paris übersiedelt sein, wo er 1799 starb. Eine verwandtschaftliche Beziehung zu Johann Nikolaus Hemmerlein (geboren um 1710) ist nicht feststellbar.

WERKE
Von Joseph Hemmerlein sind Klaviertrios, Violinsonaten, Tänze für Klavier, Klaviersonaten und 3 Sonaten für Pianoforte zu vier Händen erhalten. Sein Stil gehört der Mannheimer Vorklassik an.

José Antonio Caro de Boesi
(um 1740 bis um 1800)

ZEIT UND UMWELT
Venezuela, das Christoph Kolumbus auf seiner dritten Reise im Jahr 1498 entdeckte, unterstand zwar bis zu seiner Selbständigkeit (1811) der spanischen Krone, war aber bis zum 18. Jahrhundert Seeräubern, Schmugglern und landfremden Händlern ausgesetzt. Die obersten Stellen in Verwaltung und Klerus lagen zwar in Händen der Spanier, der Boden und die lokalen Ämter wurden jedoch von weißen Amerikanern und Kreolen kontrolliert. Mestizen, Indianer und Neger bildeten die untersten Bevölkerungsschichten. Soziale Unruhen und Freiheitsbestrebungen verzögerten alle Ansätze zu einem kulturellen Leben der Kolonie; Musik wurde vorwiegend auf volkstümlicher Basis und in den Kirchen gepflegt.

LEBEN
José Antonio Caro de Boesi wurde um 1740 in Chacao bei Caracas geboren. Er war ein bekannter Sänger und Gitarrist der venezolanischen Kolonialzeit. Er dürfte im Dienst einer Kirche in Caracas gestanden und dort um 1800 gestorben sein.

WERKE
Von José Antonio Caro de Boesi sind nur wenige kompositorische Werke erhalten. Eine vierstimmige Messe mit Orchester und ein Gründonnerstagsgraduale können ihm mit Sicherheit zugeschrieben werden. Sie standen deutlich unter dem Einfluß der europäischen Vorklassik. Von seiner Gitarrenmusik ist nichts überliefert.

Benaut (um 1740 bis um 1800)

ZEIT UND UMWELT
Die Cembalo- und Orgelmeister des letzten Drittels des 18. Jahrhunderts stellten sich nacheinander auf das neue Pianoforte um, weil sie die erweiterten Ausdrucksmöglichkeiten des Instruments ebensowenig entbehren wollten wie ihr Publikum. Es war zwar

noch nicht die vielgestaltige Färbung der Musik, die angestrebt wurde, aber die erzielbaren Kontraste von Hell und Dunkel und alle Zwischenstadien profilierten jeden musikalischen Gedanken wie nie zuvor.

LEBEN
Benaut (Benault) - der Vorname ist nicht überliefert - wurde um 1740 vermutlich in Paris geboren. Er war Cembalolehrer an der Abtei des Montmartre, dürfte dort auch als Organist tätig gewesen sein und diesen Dienst, von den politischen Wirren unbehelligt, bis zu seinem Tod um 1800 versehen haben.
Seine früh verstorbene Tochter Mademoiselle Benaut - ihr Name ist nicht bekannt - (um 1776, Paris, bis nach 1800, Paris) trat bereits mit neun Jahren als Pianistin und mit Kompositionen an die Öffentlichkeit.

WERKE
Von dem Organisten und Cembalisten Benaut sind zahlreiche Klaviermusiksammlungen (für Cembalo und Pianoforte) mit ariosen Stücken und Tänzen, 9 Bücher mit Orgelstücken, außerdem ein Cembalokonzert, mehreren Messen, Motetten und Hymnen erschienen. Er richtete zahlreiche Opernouvertüren und Vaudevilles für das Spiel auf dem Pianoforte ein. Durch seine Kompositionen, Transkriptionen und Arrangements wurde er zu einem der Wegbereiter der Pianofortemusik.
Mademoiselle Benaut brachte um 1785 vier Sammlungen von Arien mit Variationen für Cembalo oder Pianoforte und in der Folge 3 Sonaten, ein Konzert und ein Buch mit Stücken für Cembalo oder Pianoforte heraus. Weitere Kompositionen der talentierten Pianistin sind verlorengegangen.

Nicolas Capron (um 1740–84)

ZEIT UND UMWELT
Die klassische Sonatenform - 2 Themen, die durchgeführt werden, Dreisätzigkeit: Allegro, Adagio oder Andante, Pastorale oder Menuett oder noch ein italienisches Presto - fand nach der Mitte des 18. Jahrhunderts auch in die französische Violinmusik Eingang.

LEBEN
Nicolas Capron wurde um 1740 in Paris geboren. Er war einer der fähigsten Schüler von Pierre Gaviniès und trat bereits mit 15 Jahren als Violinist in das Orchester der Opéra Comique ein. Im Jahr 1761 konzertierte er zum ersten Mal im Concert spirituel, an dem er von 1765 bis zu seinem Tod am 14. 9. 1784 als Konzertmeister wirkte.

WERKE
Trotz der »Klassiknähe« gehören die Werke von Nicolas Capron dem galanten Stil an. Er verfaßte ein Buch Violinsonaten mit Generalbaß, eine Romanze mit zwei Violinen und zwei Jagdhörnern, 12 Streichquartette, 2 Violinkonzerte, 6 Violinduos.

Karl Friedrich Baumgarten
(um 1740–1824)

ZEIT UND UMWELT
Das erwachende englische Opernleben wandte sich zusehends von den Stoffen der Italiener ab und verwendete immer häufiger englische Themen. Das wirkte sich zweifellos vorteilhaft aus. Ein englischer Opernstil wurde damit aber nicht gefunden, denn zwischen der Balladenoper und dem Schauspiel mit Musikeinlagen gab es keinen Entwicklungsraum. Es fehlte der Meister eines englischen Musikstils, der das Publikum angezogen und ihm bewiesen hätte, daß es außer eingängigen Liedern und volkstümlichen Tänzen noch den weiten Raum der Sinfonik gab, der eine Bühnenhandlung profilieren und vertiefen konnte.

LEBEN
Karl Friedrich Baumgarten wurde um 1740 in Lübeck geboren. Er war dort Schüler von Johann Paul Kunzen. Um das Jahr 1758 kam er nach London und wurde dort Organist an Savoy Chapel und 1780 Konzertmeister am Covent Garden Theatre und zugleich an der

Parkkapelle des Herzogs von Cumberland Henry Frederick (1745–90). In den neunziger Jahren zog er sich von diesen Verpflichtungen zurück und widmete sich bis zu seinem Tod im Jahr 1824 nur mehr seinen zahlreichen Schülern.

WERKE

Neben einer Anzahl Opern und Pantomimen verfaßte Karl Friedrich Baumgarten Orchesterstücke, Quartette, Klavierstücke, Violinsonaten und Fugen im Stil der norddeutschen Schule. Seinen Bühnenstücken fehlte die zündende Kraft.

Nicolas Dezède (um 1740–92)

ZEIT UND UMWELT

Opéra Comique, Comédie Italienne und noch mehrere Pariser Bühnen hatten einen großen Bedarf an komischen Opern und Singspielen. Zu einer Massenproduktion einzelner Komponisten wie in Italien kam es jedoch nie, denn die musikalischen Ansprüche waren in Paris höher und erforderten mehr Arbeit. Außerdem vernachlässigten nur wenige Komponisten ihr sonstiges Werk, denn auch dafür bot die Stadt eine weitreichende Aufnahmefähigkeit.

Georg III., Schabstich von R. Houston

LEBEN

Nicolas (Alexandre) Dezède wurde um 1740 vermutlich im Raum des heutigen Kroatien geboren. Er lieferte um 1772 der Comédie Italienne in Paris ungefähr 20 komische Opern, die zum Teil sehr erfolgreich waren. Über seine sonstigen Lebensumstände gibt es keine Informationen. Er starb am 11. 8. 1792 in Paris.

WERKE

Außer seinen Bühnenwerken verfaßte Nicolas Dezède eine Anzahl Lieder, Romanzen und 6 Harfensonaten, die sehr gefällig und klangvoll sind und dem Rokoko angehören.

Charles Clagget (um 1740 bis um 1795)

ZEIT UND UMWELT

Technisch begabte Musiker bemühten sich zu allen Zeiten, Instrumente in ihrer Handhabung zu verbessern, ihre Intonierungsmängel zu beheben und ihre Stimmung zu verfeinern. Dazu kam, daß sich die Temperierung zwar schon seit vielen Jahrzehnten durchgesetzt hatte, ihre Unreinheit aber noch von vielen abgelehnt wurde. Es kam zu absonderlichen Konstruktionen, die aber gerade in England großes Interesse erweckten, und zwar weniger wegen des angestrebten musikalischen Effekts, sondern wegen der ungewöhnlichen Technik selbst. Auch Christoph Willibald Gluck hatte mit seinen klingenden Gläsern mehr Zulauf als mit seiner Musik.

LEBEN

Charles Clagget wurde um 1740 in Waterford geboren. Er war ab 1762 Violinist in Dublin, von 1771 bis 1773 in Liverpool, anschließend bis 1775 in Manchester und ab 1776 in London, wo er sich sehr mit technischen und klanglichen Verbesserungen von

Musikinstrumenten beschäftigte und um 1795 starb.
Sein Bruder Walter Clagget (um 1741, Waterford, bis 1798, vermutlich Dublin) lebte als Komponist in Dublin und dürfte auch als Dirigent gewirkt haben.

WERKE
Neben verschiedenen Patentschriften über seine Erfindungen und musiktheoretischen Abhandlungen verfaßte Charles Clagget 6 Duos für zwei Celli, 6 Duette für Violine und Cello, ein Violinduo und eine Anzahl Lieder. Seine Melodik entstammt dem irischen Volksmusikgut.
Walter Clagget schrieb einige Opern und Pantomimen, schottische Lieder und Arrangements von Opernarien und Melodien von Joseph Haydn für zwei Flöten.

Antoine Bulant (um 1740–1821)

ZEIT UND UMWELT
Unter dem Einfluß der bereitwillig aufgenommenen Italiener, Deutschen und Franzosen entwickelte sich das Musikleben in Rußland sehr rasch nach westeuropäischem Muster. Maßgebend war die Hofgesellschaft, die Künstler jeder Art und Wissenschafter nach St. Petersburg zog. Der übrige Adel folgte dem Beispiel; westliche Lebensart und Sprache wurden auf allen Gebieten adoptiert – und das Großbürgertum ahmte wie überall den Adel nach, forderte aber einen häufigeren Gebrauch der russischen Sprache, so daß russische Libretti – Originale oder Übersetzungen – im Opernbetrieb immer häufiger wurden.

LEBEN
Antoine (irrtümlich auch Jean) Bulant wurde um 1740 vermutlich in Paris geboren. Über seine Tätigkeit in Frankreich ist nur bekannt, daß er bis ungefähr 1780 als Musiklehrer und als Fagottvirtuose in Adelshäusern wirkte und einige Kompositionen herausbrachte, sodann dem Kaiserlichen Theater in St. Petersburg als Fagottist angehörte. Er beteiligte sich ab 1802 an der Gründung und Leitung der Russischen Philharmonischen Gesellschaft, trat 1821 in den Ruhestand und starb im selben Jahr am 15. 6. in St. Petersburg.

WERKE
In Paris brachte Antoine Bullant 6 konzertante Quartette, mehrere Trios, Klarinettenduos und 4 Sinfonien für großes Orchester heraus. In Rußland verfaßte er zahlreiche Bühnenwerke, zum Großteil auf russische Texte, und ein sehr berühmtes Ballett mit Chor, »Das glückliche Rußland«, zur Feier der fünfundzwanzigjährigen Regierung von Zarin Katharina II.

Léopold-Bastien Desormery
(um 1740 bis um 1810)

ZEIT UND UMWELT
Die intensive Pflege, die das Concert spirituel gerade der Chormusik angedeihen ließ, bewog viele französische Komponisten, die Kunst der Motette intensiv zu pflegen. Ernstzunehmende Nachfrage hat immer auf bestimmte Kunstgattungen befruchtend gewirkt, und eine rege Konzerttätigkeit verhinderte eine einseitige Bevorzugung der Opernkomposition, wie sie zur gleichen Zeit in Italien herrschte.

LEBEN
Léopold-Bastien Desormery wurde um 1740 in Bayon, Meurthe-et-Moselle, geboren und in Nancy ausgebildet. Er kam um 1765 nach Paris, wo das Concert spirituel seine Motetten aufführte und seine Bühnenstücke gegeben wurden. Er starb um 1810 in Paris.

WERKE
Von Léopold-Bastien Desormery sind eine große Anzahl sehr guter Motetten erhalten und außerdem mehrere Stücke für die Musikbühne – Ballette, Opern –, die ziemlich erfolgreich waren. Seine Musik gehört dem Rokoko an.

Marcello Bernardini
(um 1740 bis nach 1804)

ZEIT UND UMWELT
Während die in Frankreich wirkenden Opernkomponisten nahezu immer auch Konzertmusik komponierten, weil diese auch aufgeführt wurde, beschäftigten sich die Komponisten für die italienischen Opern nur mit Kirchenmusik, die sie zumeist in ihrer Eigenschaft als Organisten oder Kapellmeister an einer Kirche verfaßten, denn es gab auch im 18. Jahrhundert in Italien fast kein Konzertleben. Neben den Kirchen befriedigten die Opernhäuser das Musikbedürfnis des italienischen Publikums vollkommen.

LEBEN
Marcello Bernardini (Marcello di Capua) wurde um 1740 vermutlich in Capua geboren. Er hielt sich vorwiegend in Rom als Kirchenmusiker, Opernkomponist und Librettist auf und starb dort nach 1804.

WERKE
Außer seinen zahlreichen Opern, für die er zumeist auch selbst die Texte verfaßte, schrieb Marcello Bernardini sakrale Musik – Messen, Offertorien –, ein Oratorium und mehrere Kantaten. Sein Stil ist in allen seinen Werken arios und gut rhythmisiert.

Ivan Mane Jarnović (um 1740–1804)

ZEIT UND UMWELT
Das nahezu in allen europäischen Städten einsetzende öffentliche Konzertleben bot reisenden Virtuosen, die früher nur in Fürstenhöfen und Adelspalästen auftreten konnten, eine weit größere Entfaltungsmöglichkeit. Ihr Publikum vervielfältigte sich und in den meisten Fällen auch ihr Einkommen.

LEBEN
Ivan Mane Jarnović (Giovanni Mane Jarnowick, Giornovichi, Jarnovichi) wurde um 1740 vermutlich in Ragusa (Dubrovnik) geboren. Er war Schüler von Antonio Lolli (um 1730–1802). Im Jahr 1773 trat er zum ersten Mal im Concert spirituel in Paris auf, wirkte dort einige Jahre als Konzertmeister, dann bereiste er Berlin, Wien, Warschau, St. Petersburg, Stockholm und London, lebte einige Jahre in Hamburg und ging erneut nach St. Petersburg, wo er am 11. 11. 1804 starb.

WERKE
Von Ivan Mane Jarnović sind 16 Violinkonzerte, 6 Streichquartette, zahlreiche Violinduette und ein Heft Violinsonaten herausgekommen. Einiges davon wurde in unserem Jahrhundert neu aufgelegt. Seine Kompositionen sind virtuos angelegt, entbehren aber keineswegs der Musikalität. Seine Kantilenen sind außerordentlich schön.

»Konzertantes« Quartett in F-Dur, 3 Sätze
Der 1. Satz – Allegro con spirito – gehört voll dem Rokoko an, doch der 2., langsame Satz mit seiner warmen, zarten Kantilene kommt Wolfgang Amadeus Mozart sehr nahe. Das Finale kehrt wieder zum Rokoko zurück und bringt ungetrübte musikantische Fröhlichkeit. Das Quartett ist ein interessantes Beispiel des Übergangsstils der Zeit.

LITERATUR
M. Graf, Der Geiger und Komponist Ivan Mane Jarnović, in: Das Orchester XV, 1967.

Cristiano Giuseppe Lidarti
(um 1740 bis um 1800)

ZEIT UND UMWELT
Einzelne Virtuosen schrieben als Komponisten für alle erdenklichen Instrumente und Ensemblegattungen, nur für das eigene Instrument nicht. Diese Abstinenz mag bei jedem andere Gründe haben, sie ist jedenfalls ein Zeugnis für die Vielschichtigkeit der Künstlerpersönlichkeiten, die weder analysierend noch nachfühlend ausgeschöpft werden können und auch der sorgfältigsten Untersuchung mit nicht wenig unlösbaren Rätseln trotzen.

LEBEN
Cristiano Giuseppe Lidarti wurde um 1740

in Pisa geboren und ausgebildet. Er dürfte in seinem Geburtsort als Cellist gewirkt haben, bis er als Virtuose in Wien auftrat und um 1770 nach London ging, wo er bis ungefähr 1780 blieb. Darauf kehrte er nach Pisa zurück, wo er um 1800 starb.

WERKE
Der erfolgreiche Cellovirtuose Cristiano Giuseppe Lidarti verfaßte kein einziges Werk für sein Instrument, dafür zahlreiche Sonaten für die Violine und die Flöte, Duos, Trios, Quartette, eine Sonate für Viola pomposa, ein Orchesterlied, einige Catches und Glees sowie ein musikalisches Bühnenstück.

Joubert (um 1740 bis nach 1776)

ZEIT UND UMWELT
Die Abtei St-Aubin in Angers, Maine-et-Loire, mit Turm und Bauteilen aus dem 12. Jahrhundert, pflegte vor allem die kirchenmusikalische Tradition, war jedoch für den Entwicklungsgang der französischen Musik weit aufgeschlossen. In ihrem Probenraum für die Kirchenkapelle stand neben dem obligaten Cembalo schon sehr früh ein Pianoforte.

LEBEN
Joubert – der Vorname ist nicht überliefert – wurde um 1740 in Frankreich geboren und war Organist an der Abtei St-Aubin in Angers. Darüber hinaus ist nichts über seine Lebensumstände feststellbar. Er dürfte in Angers nach 1776 gestorben sein.

WERKE
Von dem Kirchenmusiker Joubert sind Arietten für eine Singstimme mit Orchester, 2 Sonaten für Cembalo oder Pianoforte mit Violine und Cello und ein Oratorium, »Die zerfallenen Mauern von Jerusalem«, das im Pariser Concert spirituel 1776 aufgeführt wurde, überliefert. Von der sakralen Musik, die er verfaßt haben soll, ist nichts erhalten. Sein Pianofortestil entfernte sich nicht weit von der bisher gebräuchlichen Faktur für das Cembalo.

José Palomino (um 1740–1810)

ZEIT UND UMWELT
Manuel de Godoy y Alvarez de Faria (1767 bis 1851) schloß 1807 mit Frankreich einen Geheimvertrag über die Aufteilung Portugals. Noch im selben Jahr marschierten französische Truppen gegen das Land. Das portugiesische Königshaus floh nach Rio de Janeiro. Auch ein Teil der Königlichen Kapelle verließ das Land.

LEBEN
José Palomino wurde um 1740 in Madrid geboren. Er war Schüler von Rodriguez de Hita und wurde nach seiner Ausbildung als Violinist in die Königliche Kapelle in Madrid aufgenommen. Um 1785 trat er in die Königliche Kapelle in Lissabon ein, flüchtete aber nach dem Einmarsch der Franzosen 1808 nach Las Palmas auf Gran Canaria, wo er Kapellmeister der Kathedrale wurde. Er starb am 9. 4. 1810 in Las Palmas.

WERKE
Von José Palomino kamen in Madrid und in Lissabon mehrere Tonadillas und Opern heraus, die dem italienischen Stil folgten. Für Las Palmas verfaßte er mehrere Kirchenwerke, von denen die »Responsorios de Navidad« (Weihnachtsresponsorien) bis zum Ende des 19. Jahrhunderts gesungen wurden.

František Kočvara (um 1740–91)

ZEIT UND UMWELT
Wie sich das breite Publikum an der Literatur nicht für die Erzählung, sondern für das Erzählte, bei Plastik und Malerei für das Dargestellte und weniger für die Darstellung interessiert, so zieht es auch in der Musik das Bildhafte, handgreiflich Verständliche vor. Geräusch- und Klangnachahmungen sind in jeder Stilepoche zu finden wie auch außermusikalische Effekte. Das Verlangen nach Verdeutlichung wird dort am stärksten, wo das erklärende Wort gänzlich fehlt, obwohl eine unmißverständliche Unterstreichung des Wortsinnes bei vokaler Musik oder

Melodram ebenso sehr beliebt ist. Die Programmmusik kommt dieser Vorliebe am weitesten entgegen, und je drastischer und schärfer konturiert die Schilderung ausfällt, umso bereitwilliger wird sie entgegengenommen.

LEBEN
František Kočvara (Koczwara, Kotzwara) wurde um 1740 in Prag geboren. Er lebte in London und Dublin als Cembalist, Violinist, Dirigent, Musiklehrer und geschätzter Komponist. Er starb am 2. 9. 1791 in London.

WERKE
Von František Kočvara sind Sinfonien, Sonaten für Cembalo oder Pianoforte und für Violine erschienen. Sein bekanntestes Werk war »The Battle of Prague« (Die Schlacht um Prag) für Pianoforte oder Cembalo, Violine, Cello und Tambour. Diese programmatische »Schlachtenmusik« erlebte mindestens 30 Ausgaben und wurde noch 1884 aufgelegt.

Francesco Zappa (um 1740 bis um 1800)

ZEIT UND UMWELT
Das Cello, das im letzten Drittel des 18. Jahrhunderts die Viola da gamba völlig verdrängt hatte, eroberte sich bald neben der Violine und dem Klavier die dritte Stelle als Soloinstrument. Der weite Tonumfang und die breite Tonfarbenpalette boten eine Fülle von Ausdrucksmöglichkeiten, die viele Liebhaber fand.

LEBEN
Francesco Zappa wurde um 1740 in Mailand geboren, kam als Cellovirtuose nach London, wo er in den Dienst des Herzogs von York Edward August trat und anschließend als freier Virtuose und Cellolehrer lebte. Er starb um 1800 in London.

WERKE
Von Francesco Zappa sind Sinfonien, Quartette, Trios, Sonaten und Duos für Celli erschienen, außerdem etliche Romanzen für Singstimmen. Seine Cellokompositionen waren für die zukünftige Celloliteratur richtunggebend.

Antoni Milwid (um 1740 bis um 1800)

ZEIT UND UMWELT
Mit der dritten Teilung Polens im Jahr 1795 war der letzte Rest der Selbständigkeit seines Volkes vorläufig aufgehoben. Seine kulturellen Leistungen jedoch setzten sich auch unter den politisch widrigsten Zuständen fort, vor allem auf dem Gebiet der Musik.

LEBEN
Antoni Milwid wurde um 1740 vermutlich im schlesischen Raum geboren. Er soll an der Kirchenkapelle in Rothenburg (Czerwieńsk), Oder, als Instrumentalist bis zu seinem Tod um 1800 gewirkt haben.

WERKE
Von Antoni Milwid sind Sinfonien, Messen, Offertorien, Litaneien und ein Zyklus aus 12 Kantaten für Sopran, Baß, zwei Violinen, Flöten, Klarinetten und Orgel bekannt geworden. Er wird als der erste polnische Sinfoniker angesehen. Sein Stil stand der Wiener Klassik sehr nahe.

Konzertante Sinfonie für Oboe und Orchester,
4 Sätze

Der Einfluß Joseph Haydns ist bereits in der langen langsamen Einleitung spürbar, in der die Oboe das von Cello und Baß angestimmte Thema aufnimmt. Dann setzt das Allegro des 1. Satzes ein, das nur aus einem Thema besteht. Im Gegensatz dazu bringt das Andantino einen Dialog zwischen Oboe und Orchester. Das anschließende Menuetto wird im Hauptteil vom Orchester bestritten; der Solist kommt erst im Mittelteil zu Wort. Das Finale ist ein Rondo, das die Oboe mit einer Kadenz abschließt.

Andreas Lidl (um 1740 bis vor 1789)

ZEIT UND UMWELT
Leopold Mozart beschreibt in seiner Violinschule das Baryton wie folgt: »Der Hals ist sehr breit und dessen hinterer Teil hohl und

offen, wo 9 oder 10 messingene oder auch stählerne Seyten hinuntergehen, die mit dem Daumen berührt und geknippet werden; also zwar, daß zu gleicher Zeit, als man mit dem Geigebogen auf den oben gespannten Darmseyten die Hauptstimme abgeiget, der Daumen durch das Anschlagen der unter dem Hals hinabgezogenen Seyten den Baß dazu spiele und eben deswegen müssen die Stücke besonders dazu gesetzet seyn. Es ist übrigens eines der anmuthigsten Instrumente.«

LEBEN
Andreas Lidl (Liedel) wurde um 1740 in Wien geboren. Er war einer der größten Barytonvirtuosen, der bei seinem Instrument die hinteren Leersaiten auf 27 vermehrte, um in den meisten Tonarten spielen zu können. Er bereiste mit seinem Instrument die großen kontinentalen Städte, trat sodann 1778 mit großem Erfolg in London auf, wo er bis zu seinem Tod vor 1789 verblieb.

WERKE
Von Andreas Lidl ist eine beträchtliche Anzahl Quintette, Quartette, Trios, Duos und ein Lied erhalten. Sein Stil gehört der Wiener Vorklassik an. Seine Barytonkompositionen sind nur handschriftlich überliefert. Sie sind um einiges schwieriger zu spielen als die von Joseph Haydn, aber der Komponist hatte nicht die bescheidenen technischen Fähigkeiten eines fürstlichen Brotgebers zu beachten.

Denis Pierlot
(um 1740 bis um 1800)

ZEIT UND UMWELT
Die Sinfonik in Frankreich näherte sich gegen das Ende des 18. Jahrhunderts immer mehr der Wiener Klassik, blieb aber dennoch in den meisten Fällen bei vorklassischen Fakturen stehen, an die sodann im folgenden Jahrhundert die Romantiker anknüpften. Das Ideal des unbedingten reinen Klassizismus, dem die geistigen Führer der Revolution huldigten, kam in der Musik nie zur Auswirkung.

LEBEN
Denis Pierlot wurde um 1740 vermutlich in Paris geboren. Er gehörte als Violinist dem Concert spirituel an und dürfte um 1800 in Paris gestorben sein.

WERKE
Die 3 im Concert spirituel aufgeführten Sinfonien mitsamt den Auszügen für Cembalo von Denis Pierlot sind verlorengegangen. Erhalten sind nur 2 konzertante Sinfonien, die interessante klassische Züge aufweisen.

LITERATUR
B. Brook, La symphonie française dans la 2de moitié du XVIIIe siècle, Paris 1962.

Antonio Rosales (um 1740–1801)

ZEIT UND UMWELT
Die burlesken Sainetes und die volkstümlichen Zarzuelas stellten neben den Tonadillas die vom spanischen Publikum auch im 18. Jahrhundert am meisten geschätzte Musik dar. Für profane Musik mit etwas mehr Gehalt interessierten sich nur wenige kleine Kreise.

LEBEN
Antonio Rosales wurde um 1740 in Madrid geboren. Er war Kapellmeister am Kloster de la Encarnación in Madrid und ab 1789 Musiker an den Theaterorchestern der Stadt. Er starb 1801 in Madrid.

WERKE
Von Antonio Rosales sind zahlreiche Zarzuelas, ungefähr 150 Tonadillas, eine Sainete und 3 Comedias erhalten. Er zählte zu den fruchtbarsten und beliebtesten Theaterkomponisten seiner Zeit. Es ist nicht bekannt, ob er noch andere Werke komponiert hat.

LITERATUR
E. Cotarelo y Mori, Historia de la zarzuela, Madrid 1934.

Wasili Fjedorowitsch Trutowski
(um 1740 bis um 1811)

ZEIT UND UMWELT

Im alten Rußland bezeichnete man unter »Gusli« eine Brettzither ähnlich der finnischen Kantele. Im 18. Jahrhundert verstand man darunter eine Art Clavichord.

LEBEN

Wasili Fjedorowitsch Trutowski wurde um 1740 in Iwanowskaja Sloboda, Gouvernement Belgorod, geboren. Er war ein berühmter Sänger und Guslivirtuose und wirkte ab 1761 am Hof in St. Petersburg, wo er um 1811 starb.

WERKE

Das Verdienst des Virtuosen Wasili Fjedorowitsch Trutowski beruht auf seinen Sammlungen und Bearbeitungen russischer und ukrainischer Lieder. Er veröffentlichte: »Sammlung einfacher russischer Lieder«, 4 Hefte, »Verschiedene russische Lieder« für Cembalo oder Pianoforte und »Das kleinrussische Lied« für vierstimmigen Chor und Orchester. Einzelne Lieder davon sind eigene Kompositionen.

Johann Schobert (um 1740–67)

ZEIT UND UMWELT

Die Pariser Salons waren Treffpunkte der geistigen Elite der Stadt. Philosophen, Politiker, Schriftsteller, Dichter, Maler, Schauspieler und Musiker tauschten ihre Gedanken aus, trugen Gedichte vor und zeigten ihre Virtuosität. In ihrem eleganten gesellschaftlichen Rahmen wurden die Ideen der Aufklärung verbreitet. Viele Vertreter des Hochadels verkehrten dort, und es scheint kaum einer erkannt zu haben, daß mit dem geschliffenen Wortwechsel über Begriffe und Werte, mit elegant geformten Definitionen und Postulaten ihr Untergang systematisch vorbereitet wurde. Als sie begriffen, was sich zusammenbraute, während sie formvollendete Musik hörten, sich über den Wortklang von neuen Versen erfreuten und die Eleganz geistvoll formulierter Debatten bewunderten, war es bereits zu spät.

LEBEN

Johann (Jean) Schobert wurde um 1740 wahrscheinlich in Schlesien geboren. Ehe er 1760 Kammercembalist bei Louis François de Bourbon prince de Conti in Paris wurde, war er vermutlich Musiklehrer in Straßburg. Er war einer der in allen Pariser Salons am meisten gefeierten Cembalisten und Pianisten der Zeit. Sein Tod am 18. 8. 1767 setzte einer glänzenden künstlerischen Karriere ein frühes Ende.

WERKE

Die Konzerte und Sonaten von Johann Schobert haben die Kompositionen seiner Zeit sehr stark beeinflußt. Er selbst war der Mannheimer und der Wiener Vorklassik verpflichtet und bildete deren Stil in Richtung zur Wiener Klassik weiter. Seine Musik voll Leben und Poesie wurde von Wolfgang Amadeus Mozart wie von Ludwig van Beethoven bewundert. Er verfaßte 10 Sonatensammlungen für Klavier mit Violinbegleitung, 6 Triosonaten für Klavier, Violine und Baß, 3 Sonaten für Klavier, zwei Violinen und Baß, 6 Sinfonien für Klavier, Violinen und Hörner, 5 Konzerte für Klavier und Orchester und eine wenig erfolgreiche komische Oper.

Trio in Es-Dur, Opus 16/4 für Klavier, Violine und Cello, 4 Sätze

Das Klavier wird selbständig geführt und dominiert, die Streicher haben illustrative Aufgaben. Der 1. Satz, ein Andante, hat einen Moll- und einen Dur-Teil und verläuft in träumerischer Stimmung. Eine spritzige Polonaise schließt sich an, gefolgt von einem eleganten Menuett, dessen Trio ein elegisches Thema bringt. Ein flinkes schwungvolles Finale beendet das reizende Werk.

Quartett in f-Moll, Opus 7/2 für Klavier, zwei Violinen und Cello, 3 Sätze

Es dürfte sich um den ältesten Vorläufer des klassischen Klavierquartetts handeln. Die Streicher sind entthront; sie sind so gesetzt, daß sie nötigenfalls vom Klavier mitgespielt und ersetzt werden können. Mit einem schwermütigen Thema beginnt das Andante, ein Sonatensatz mit feiner motivischer Arbeit. Im Menuett kommen endlich die Violinen zur Geltung; sein Trio überrascht durch seine Heftigkeit. Das Finale ist konzertant und fröhlich bewegt.

LITERATUR

G. de St. Foix, Jean Schobert, in: La Revue Musicale III, 1922.

Saverio Valente (um 1740 bis nach 1807)

ZEIT UND UMWELT

Napoleon I. Bonaparte setzte 1806 seinen Bruder Joseph (1768–1844) anstelle des vertriebenen Ferdinand als König von Neapel ein. Er führte innerhalb seiner zwei Regierungsjahre eine Vielzahl von Reformen durch. Unter anderem legte er die noch bestehenden Konservatorien im Conservatorio della Pietà de'Turchini zusammen, woraus nach einigen Jahren das Real Conservatorio di Musica entstand.

Napoleon I. Bonaparte, Gemälde von Philippotaux

LEBEN

Saverio Valente wurde um 1740 vermutlich in Neapel geboren und am Conservatorio Santa Maria di Loreto ausgebildet. Er wurde selbst Lehrer an dieser Musikschule und nach ihrer Schließung am Real Conservatorio di Musica, wo er bis zu seinem Tod nach 1807 wirkte.

WERKE

Von Saverio Valente sind einige Lehrwerke, eine Sammlung Solfeggien für den Gesangsunterricht, weiters mehrere Messen, Hymnen, Motetten, ein Oratorium und ein Divertimento für Orgel und Instrumente verfaßt worden. Gedruckt wurde davon nichts.

Louis Granier (1740–1800)

ZEIT UND UMWELT

Umgearbeitete Erfolgsopern früherer Zeiten wurden von der Pariser Oper gern angenommen, falls es jemand verstand, diese dem Zeitgeschmack anzupassen und mit aktuellen Ergänzungen zu versehen. Man brachte damit einen berühmten Namen auf den Spielplan und mußte dennoch nicht fürchten, ein bereits verstaubtes Stück auf die Bühne zu stellen. Jedenfalls bildeten sie eine willkommene Abwechslung.

LEBEN

Louis Granier (Garnier, Grenier) wurde 1740 in Toulouse geboren. Er wirkte bis 1765 als Opernkapellmeister in Bordeaux und von 1770 bis 1773 als Musikdirektor am Theater von Toulouse. Hierauf war er bis 1786 als Violinist an der Königlichen Kapelle, an der Oper und am Concert spirituel tätig. Er starb 1800 in Toulouse.

WERKE

Außer seinen Opernumarbeitungen und mehreren eigenen Opern verfaßte Louis Granier 3 Ballette. Über weitere Kompositionen ist nichts bekannt.

Bazyli Bohdanowicz (1740–1817)

ZEIT UND UMWELT

Daß polnische Musiker nach Wien auswanderten, um dort ihre Kunst auszuüben, war im 18. Jahrhundert eine noch seltene Erscheinung. Ihr traditionelles Emigrationsziel war Dresden, eventuell Leipzig oder Berlin. Sie verließen übrigens weit weniger häufig ihre Heimat als zum Beispiel die Tschechen, weil sie wegen ihrer Volkszugehörigkeit keinen Schwierigkeiten unterworfen waren und ihnen nicht nur in den Kirchen, sondern auch in den polnischen Adelshäusern Betätigungsmöglichkeiten zur Verfügung standen.

Leben

Bazyli Bohdanowicz wurde 1740 in Małopolska geboren. Er kam als Violinist nach Wien und wurde in das Orchester des Leopoldstädter Theaters aufgenommen. Er hatte eine große Familie, mit der er vielstimmige, zumeist komische, Vokalisen sang. Er starb am 23. 2. 1817 in Wien.

Werke

Das Hauptwerk von Bazyli Bohdanowicz ist eine Sinfonie in D-Dur, deren erster Satz eine Polonaise bringt. Es handelt sich dabei um einen der ersten Versuche, polnische Volksmusik sinfonisch zu verwerten. Er schrieb außerdem eine siebenundzwanzigstimmige Sinfonie aus Vokalisen, 12 Polonaisen, 2 Violinduos, instrumentale Tänze, Kammermusik und ein vierhändiges Pianostück.

Samuel Webbe (1740–1816)

Zeit und Umwelt

Catches und Glees wie die Anzahl der dafür erworbenen Auszeichnungen bestimmten den Beliebtheitsgrad eines englischen Komponisten der zweiten Hälfte des 18. Jahrhunderts. Sie wurden in Massen erzeugt, gedruckt und verkauft, gesungen und in den privaten Konzerten vorgetragen. Ihre einfachen, eingängigen Melodien waren anspruchslos; Sänger und Zuhörer unterhielten sich dabei ausgezeichnet – und mehr wurde zu jener Zeit von der breiten Masse nicht verlangt.

Leben

Samuel Webbe wurde 1740 in London geboren. Er betätigte sich ursprünglich als Kopist bei einem Musikverlag, erhielt sodann 1776 die Organistenstelle an der Kapelle der portugiesischen Gesandtschaft, wurde 1787 Bibliothekar des Glee Club und wirkte von 1794 bis 1812 als Sekretär des Catch Club. Er starb am 25. 5. 1816 in London.

Werke

Berühmt und allgemein beliebt wurde Samuel Webbe nur durch seine 9 Bände mit »Catches, Canons and Glees«, mit dem »Ladies Catch-Book« und »A Selection of Glees«. Daneben fielen bei seinen Zeitgenossen seine Motetten, Antiphonen und Messen, sein interessantes Cembalokonzert und seine Divertissements nicht in das Gewicht.

Literatur

J. M. Knapp, Samuel Webbe and the Glee, in: Music & Letters XXXIII, 1952.

Christoph Schetky (1740–1824)

Zeit und Umwelt

Die 1728 in Edinburgh gegründete Musical Society übte durch ihre Konzerte in Cecilia's Hall im 18. Jahrhundert auf das Musikleben der Stadt und ganz Schottlands einen starken Einfluß aus. Die Mitglieder waren zum großen Teil aristokratische Amateure, die von einigen Berufsmusikern geführt wurden. Die Konzertprogramme hatten ein hohes Niveau; in der ersten Zeit waren Georg Friedrich Händel und Arcangelo Corelli bevorzugt. Namhafte Instrumentalisten und Sänger vom Kontinent wurden oft eingeladen.

Leben

Johann Georg Christoph Schetky wurde 1740 in Darmstadt geboren. Er war Schüler von Anton Filtz in Mannheim und trat nach seiner Ausbildung als Cellist in das Hoforchester von Darmstadt ein. Im Jahr 1768 wirkte er in Hamburg und 1770 in London; ab 1772 war er erster Cellist der Cecilia's-Hall-Konzerte in Edinburgh bis zur Auflösung der Musical Society (1801). Er verblieb in Edinburgh als Cellolehrer und Komponist bis zu seinem Tod am 29. 11. 1824.

WERKE
Von Christoph Schetky sind 6 Streichtrios, 2 Duos für Cello und Violine, 6 Duos für zwei Celli, 6 Cellosonaten mit Generalbaß, 6 Sonaten für Violine und Cello, 6 Streichquartette und 6 Flötenduos erschienen. Sein Oratorium, seine Sinfonien und Cellokonzerte sind nur handschriftlich überliefert.

Richard Eastcott (1740–1828)

ZEIT UND UMWELT
Die Beschäftigung mit alten Liedern der britischen Inseln, mit den Gesängen der Barden und fahrenden Sänger, war in England jederzeit beliebt. Es verlieh den Briten die Gewißheit, daß sie – als Kelten oder Angelsachsen – schon durch viele Jahrhunderte auf den Inseln seßhaft waren, und die Sicherheit, nie vertrieben werden zu können.

LEBEN
Richard Eastcott wurde 1740 in Exeter geboren. Er war Geistlicher und beschäftigte sich mit dem Sammeln alter englischer, schottischer und irischer Musik. Er starb 1828 in Livery Dale, Devonshire.

WERKE
Die Abhandlung von Richard Eastcott über Barden und Minstrels, die 1793 in Bath erschien, erfuhr eine weite Verbreitung. Außerdem schrieb er auch eigene Lieder in »The Harmony of the Muses« (Musenmusik) und 6 Cembalosonaten im französischen Stil der Zeit.

Guillaume Lasceux (1740–1831)

ZEIT UND UMWELT
Neben der intensiven Musikpflege im profanen Raum wurde in Frankreichs Städten seit je viel und gut Orgel gespielt. Die kleinsten Kirchen versahen sich mit fähigen Organisten, und zwar zumeist mit jungen Anfängern, die sich stark bemühten, um bald einen Platz an einem bedeutenderen Orgeltisch zu erhalten. Daß die meisten Organisten in der Umgebung von Paris der Dienst in einer der vielen Kirchen der Hauptstadt als Ziel vorschwebte, ist selbstverständlich.

LEBEN
Guillaume Lasceux wurde am 3. 2. 1740 in Poissy, Yvelines, geboren. Er war zunächst Organist an der Pfarrkirche von Chevreuse, wirkte sodann in Paris als Hilfsorganist, bis er 1769 die Stelle an St-Étienne-du-Mont erhielt, von der er sich im Jahr 1819 zurückzog. Er starb in Paris im Jahr 1831.

WERKE
Der Organist Guillaume Lasceux veröffentlichte mehrere Hefte mit Orgelstücken, 2 Bücher mit Sonaten für das Pianoforte, ein Klavierquartett, 2 Motetten für zwei gleiche Stimmen, einige Romanzen und 2 musikalische Bühnenstücke. Interessant ist, daß er für das Klavierquartett ausdrücklich ein Pianoforte vorschrieb.

Ernst Eichner (1740–77)

ZEIT UND UMWELT
Der König von Preußen Friedrich Wilhelm II. war zwar kein ausübender Musiker wie sein Onkel Friedrich der Große, aber sehr musikliebend. Er hielt seine Kapelle stets auf dem hohen Niveau, mit dem er sie von seinem Vorgänger übernommen hatte. Gute Instrumentalisten wurden jederzeit bereitwillig in Potsdam aufgenommen.

LEBEN
Ernst Dietrich Adolph Eichner wurde am 15. 2. 1740 in Arolsen als Sohn des Fagottisten Johann Andreas Eichner (8. 3. 1694, Treuenbrietzen, bis 10. 12. 1768, Arolsen) getauft. Er war von 1762 bis 1772 Mitglied der Hofkapelle in Zweibrücken – zuletzt als Konzertmeister –, begab sich darauf nach Paris und London und anschließend nach Potsdam, wo er der Königlichen Kapelle beitrat. Er starb in Potsdam im Jahr 1777.

WERKE

Von Ernst Eichner sind 31 Sinfonien, eine Anzahl Konzerte für Violine, Cello, Flöte, Oboe, Klarinette, Fagott und Harfe, Flötenquartette, Celloquartette, Klaviertrios, Sonaten für Klavier und Violine, Klaviersonaten, 2 Quintette für Flöte, Violine, Violetta, Cello und Kontrabaß, 2 Bläserdivertimenti, Arrangements von Opernarien und eine Vokalkomposition mit Klavier erhalten. Sein Stil ist vom Mannheimer geprägt. Die Sinfonie in D-Dur, Opus 7/5, wird heute noch geschätzt.

Giovanni Paisiello (1740–1816)

ZEIT UND UMWELT

Nachdem die erste Revolution in Neapel von 1799 noch im selben Jahr zusammengebrochen war, so daß der nach Sizilien geflohene König Ferdinand erneut seinen Thron einnehmen konnte, mußte er 1806 erneut flüchten, weil Joseph Bonaparte einmarschierte und von Napoleon Bonaparte als König von Neapel eingesetzt wurde. Nachdem dieser zwei Jahre darauf von seinem Bruder mit der spanischen Krone betraut wurde, folgte ihm sein Schwager Joachim Murat (1767–1815) als König Joachim I. Napoleon nach und regierte, bis ihn der Wiener Kongreß 1815 absetzte und Ferdinand die Herrschaft erneut antrat.

LEBEN

Giovanni Paisiello (Paesiello) wurde am 9. 5. 1740 in Tarento geboren. Nach dem Besuch der Jesuitenschule in seinem Geburtsort wurde er 1754 Schüler von Francesco Durante und Girolamo Abos am Conservatorio Sant'Onofrio a Capuana in Neapel. Schon ein 1763 im Conservatorio aufgeführtes Intermezzo zeigte seine Begabung für die Opera buffa. Durch eine Serie von weiteren Opern stieg er rasch zu einem der bedeutendsten Opernkomponisten des Landes auf. Im Jahr 1776 wurde er von Katharina II. als Kapellmeister und Direktor der italienischen Oper nach St. Petersburg gerufen. Nach seiner Rückkehr ernannte ihn der König von Neapel zum Hofkapellmeister. Er behielt die Kapellmeisterstelle als Leiter der Nationalmusik auch nach der ersten Flucht des Königs, fiel aber dafür bei ihm für 2 Jahre in Ungnade; sodann wurde er in seine Stellungen neu eingesetzt, die er auch unter den Königen Joseph und Joachim beibehielt und erst 1815 verlor, als König Ferdinand zum zweiten Male zurückkehrte. Er hielt sich auch einige Zeit in Paris und in Wien auf und starb am 5. 6. 1816 in Neapel.

Giovanni Paisiello, Stich von V. Alloja

WERKE

Ruhm und Bedeutung von Giovanni Paisiello lagen auf dem Gebiet der Opera buffa, von denen noch heute einige sich auf den Bühnen halten, wie »Die Dienerin als Herrin« und der »Barbier von Sevilla«. Er verfaßte außerdem 12 Kaiser Joseph II. gewidmete Sinfonien, 6 Cembalokonzerte, 12 Cembaloquartette, 6 Streichquartette, eine Anzahl Cembalo- und Harfenstücke, einige weltliche Oratorien und Kantaten, Messen, Offertorien und Psalmen, 2 Requiem, ein Te

Deum für zwei Chöre, ein fünfstimmiges Miserere und 3 geistliche Oratorien. Einzelnes wurde mehrmals bis in unsere Zeit aufgelegt. Sein Stil könnte als italienische Vorklassik bezeichnet werden.

Cembalokonzert in F-Dur, 3 Sätze

Es handelt sich um eines der 6 Cembalokonzerte, die der Komponist für Kaiserin Katharina II. schrieb. Der Solopart ist sehr leicht gehalten, damit die Widmungsträgerin ihn bewältigen konnte. Der 1. Satz bringt reizende Dialoge zwischen Solo und Orchester, das in der Regel von den Flöten geführt ist. Im 2. Satz kommt die Operndiktion des Komponisten zu Wort. Das Orchester breitet alle Farben aus, mit denen er seine Opern ausstattete, während das Cembalo den »Gesangspart« übernimmt. Das Finale ist ein klangvolles Rondo, das dem Cembalo einige technische Probleme bringt, die aber nicht unlösbar sind.

Louis Joseph Claude Saint-Amans (1740–1820)

ZEIT UND UMWELT

Für den nach Paris zureisenden Musiker bildete das Concert spirituel im 18. Jahrhundert die Stelle der ersten Bewährungsprobe. Hatte er dort mit einer Komposition oder einer Interpretation als Virtuose Erfolg, durfte er es wagen zu bleiben, denn es wurde ihm bald ein Wirkungskreis angeboten, wenn er es nicht vorzog, als Opernkomponist oder Musiklehrer zu wirken.

LEBEN

Louis Joseph Claude Saint-Amans wurde am 26. 6. 1740 in Marseille geboren. Über seine Tätigkeit, ehe er 1769 nach Paris kam, ist nichts bekannt. Er errang mit einer Motette im Concert spirituel und ein Jahr darauf mit einer Oper bei Hof Erfolg, blieb daher in der französischen Hauptstadt und widmete sich der Komposition von Opern und Balletten. Von 1778 bis 1784 wirkte er als Theaterdirektor in Brüssel, dann wurde er Musik- und Gesanglehrer in Paris, verlor aber 1800 diese Stelle wegen administrativer Umstellungen in der Schule. Er hielt sich darauf einige Zeit in Brest auf, kehrte aber nach Paris zurück, wo er im Jahr 1820 starb.

WERKE

Außer ungefähr 30 Opern und Balletten verfaßte Louis Joseph Claude Saint-Amans einige Instrumentalwerke, Kantaten, Motetten und Solfeggien zum Unterrichtsgebrauch. Alle seine Werke wirken stark konservativ.

Samuel Arnold (1740–1802)

ZEIT UND UMWELT

Die Marylebone Gardens wurden in der Mitte des 17. Jahrhunderts neben einer Taverne als Ausflugs- und Vergnügungsort für das Londoner Publikum errichtet, dem fallweise neben anderen Belustigungen, wie Feuerwerke, Auftritte von Kuriositäten geboten wurden, bald jedoch auch Konzerte von Virtuosen und Sängern. Im 18. Jahrhundert wurden die musikalischen Darbietungen häufiger, bis sich ein regelmäßiger Konzertbetrieb mit fest angestellten Musikern herausbildete und die Marylebone Gardens in die Hände von Konzertunternehmern kamen.

LEBEN

Samuel Arnold wurde am 10. 8. 1740 in London geboren und an der Chapel Royal unter Bernard Gates und James Nares ausgebildet. Der berühmte Tenor und Inhaber des Covent Garden Theatre, John Beard (um 1717, London, bis 5. 2. 1791, London), engagierte ihn als Komponisten. Dort brachte er auch seine erste Oper, »The Maid of the Mill« (Das Müllermädchen), heraus, die seit Henry Purcell zum ersten Male musikalische Stellen handlungsfördernd einsetzte. Im Jahr 1769 pachtete er die Marylebone Gardens und gestaltete ihren Konzertbetrieb mit der Aufführung von Burlettas, dem Auftritt bedeutender Kräfte und von seriösen Konzerten aus. Er mußte das Unternehmen nach etlichen Jahren mit Verlust aufgeben, weil er dem Geschmack des Publikums nicht entgegengekommen war. Er brachte in Oxford ein

Oratorium heraus und wurde 1783 Organist und Komponist der Chapel Royal. Nach der Gründung einer Musikgesellschaft und des Glee Club wurde er Dirigent der Academy of Ancient Music (Akademie für Alte Musik) und übernahm die Aufführung von Oratorien am Drury Lane Theatre, wovon er bald zurücktrat, weil er der Forderung der Direktion, nur »leichte« Musik aufzuführen, nicht nachkommen wollte. 1793 wurde er noch Organist an Westminster Abbey. Er starb am 22. 10. 1802 in London.

WERKE

Von Samuel Arnold sind 43 Opern, Unterhaltungsstücke und Pantomimen aufgeführt worden. Er verfaßte einige sehr geschätzte Oratorien, mehrere Services und Anthems, Kantaten und Oden. Er setzte die von William Boyce herausgegebene »Cathedral Music« in 4 Bänden fort und brachte eine, allerdings unvollständige, Ausgabe der Werke von Georg Friedrich Händel heraus.

Luigi Gatti (1740–1817)

ZEIT UND UMWELT

Das 798 aus dem 739 gegründeten Bistum hervorgegangene Erzbistum Salzburg war von ungefähr 1300 bis 1803 geistliches Reichsfürstentum und kam sodann als weltliches Kurfürstentum an Großherzog Ferdinand von Toskana, der es 1805 an Österreich abtrat. Von 1810 bis 1815 war es bayrisch und sodann ohne weitere Unterbrechung österreichisch. Die traditionsreiche Domkapelle hatte bereits lange Zeit davor enge Kontakte mit den österreichischen Hof- und Kirchenkapellen gepflegt.

LEBEN

Luigi Gatti wurde am 7. 10. 1740 in Lazise, Gardasee, geboren. Er wirkte ab 1768 als Tenorist, ab 1779 als Vizekapellmeister an der Hofkirche in Mantua und zugleich ab 1769 als Zweiter Kapellmeister und Komponist an der Königlichen Akademie. Im Jahr 1782 kam er nach Salzburg und wurde dort ein Jahr darauf (letzter) Hofkapellmeister. Er starb am 1. 3. 1817 in Salzburg.

WERKE

Für den Salzburger Dom schrieb Luigi Gatti über 100 kirchenmusikalische Werke, die handschriftlich überliefert sind, außerdem Oratorien, Kantaten und eine Reihe Orchesterwerke, darunter 2 Sinfonien im vorklassischen Stil. Seine ungefähr 10 Opern und 2 Ballette wurden in Mantua, Mailand und Salzburg aufgeführt.

Franz Schnitzer (1740–85)

ZEIT UND UMWELT

Der deutsche Orgelbauer Karl Riepp (1710 bis 1775) erbaute in den Jahren 1757 bis 1766 in der spätbarocken Stiftskirche zu Ottobeuren die Dreifaltigkeitsorgel mit 48 Stimmen und die Heilig-Geist-Orgel mit 27 Stimmen, die als Meisterwerke ihrer Zeit angesehen wurden.

LEBEN

Franz Xaver Schnitzer wurde am 13. 12. 1740 in Wurzach, Württemberg, geboren. Er trat 1760 in das Benediktinerstift Ottobeuren ein, wo er Organist und ab 1769 Chorregent wurde. Er weihte beide neuerrichteten Orgeln der Stiftskirche ein. Er starb am 9. 5. 1785 in Ottobeuren.

WERKE

Von Franz Schnitzer sind 6 Sonaten für Cembalo oder Orgel, ein Fest- und Prozessionsgesang für das Kloster, mehrere Messen, Requiem, 8 Magnificat, Hymnen und Schuldramen erhalten. Sein Stil trägt noch Barockzüge.

Joseph Corfe (1740–1820)

ZEIT UND UMWELT

Die Musik an der Kathedrale von Salisbury nahm bereits im Mittelalter durch ihre singuläre Mehrstimmigkeit (Sarum use) eine besondere Stellung ein. Auch ihre Orgeltradition wurde durch eine lange Reihe vorzüglicher Meister dieses Instruments auf unverändert hohem Niveau bis in die Gegenwart gehalten. Im 18. Jahrhundert war es der berühmte Organist John Stephens (um 1720, vermutlich Gloucester, bis 15. 12. 1780, Salisbury), der sein Können an seine Schüler weiterreichte.

LEBEN

Joseph Corfe wurde am 25. 12. 1740 in Salisbury geboren. Er war Chorist an der Kathedrale von Salisbury unter dem Organisten und Chorleiter John Stephens, von 1783 bis 1792 Mitglied der Chapel Royal und anschließend bis 1804 Organist und Chorleiter in Salisbury, wo er am 29. 7. 1820 starb.

WERKE

Von Joseph Corfe sind 11 Anthems, ein Service, ein Te Deum und 36 Glees erhalten. Weitere angeblich von ihm verfaßte Kompositionen sind verschollen.

Johann Gottfried Schwanenberg
(1740–1804)

ZEIT UND UMWELT

Da auch vom Publikum der deutschen Opernhäuser die italienische Opernform als einzig gültige angesehen wurde, mußten entweder Erzeugnisse italienischer oder zumindest in Italien ausgebildeter Komponisten aufgeführt werden. Wenn Deutsche auf die Bühnen kommen wollten, mußten sie sich die Ausbildung in Italien selbst oder bei eingewanderten Italienern holen. Es konnte natürlich geschehen, daß der Lehrer in Italien, zu dem die Deutschen pilgerten, ihr Landsmann war.

LEBEN

Johann Gottfried Schwanenberg (Schwanenberger, Schwanberg) wurde am 28. 12. 1740 in Wolfenbüttel geboren. Er wurde bei Johann Adolf Hasse in Italien zum Opernkomponisten ausgebildet und erhielt 1762 die Hofkapellmeisterstelle in Braunschweig, wo er am 29. 3. 1804 starb.

Johann Gottfried Schwanenberg

WERKE

Von Johann Gottfried Schwanenberg wurden ungefähr ein Dutzend Opere serie im Stil von Johann Adolf Hasse für das Hoftheater von Braunschweig verfaßt. Außerdem schrieb er Sinfonien, Violinkonzerte, Cembalokonzerte und Kantaten im norddeutschen Stil.

Anton Zimmermann (um 1741–81)

ZEIT UND UMWELT

Es mutet anekdotisch an, daß manche Kompositionen der Nachwelt nicht überliefert worden wären, wenn man sie nicht einem anderen, um vieles berühmteren Meister irrtümlich zugeschrieben hätte, so daß sie unter falscher Flagge segeln konnten. Diese Zuschreibung ist in den seltensten Fällen dem Komponisten selbst anzulasten, sie wurde zumeist von Verlegern verschuldet, zuweilen aber auch von Sachverständigen, die unsignierte Werke, von Ähnlichkeiten der Faktur bewogen, falsch einordneten. Das Werk selbst, das ohne diesen Irrtum vielleicht schon längst vergessen und verschollen wäre, hat dadurch eine gewisse Unsterblichkeit gewonnen, denn die falsche Zuschreibung wird jedenfalls als Gütezeichen genommen.

LEBEN

Anton Zimmermann wurde um 1741 in oder im Umkreis von Preßburg geboren. Er war fürstbischöflicher Kapellmeister und Domorganist in Preßburg und versah diesen Dienst bis zu seinem Tod am 16. 10. 1781.

WERKE

Außer einem Singspiel und einem Melodram verfaßte Anton Zimmermann ein Programmstück für Pianoforte und Violine, »Die Belagerung von Valenciennes«, 9 Sonaten für Cembalo und Violine, Konzerte, Streichquartette, 6 Tänze für Solovioline und zwei Violinen und Cello sowie Sinfonien, von denen die Sinfonie in C-Dur lange Joseph Haydn zugeschrieben und in unserem Jahrhundert neu herausgebracht wurde.

Franz Xaver Hammer (1741–1817)

ZEIT UND UMWELT

Die private Fürsorge Joseph Haydns für die einzelnen Mitglieder seiner Kapelle wurde nahezu sprichwörtlich. Er nützte seine persönlichen Verbindungen aus, um das Fortkommen seiner Musiker zu fördern; er schrieb ihnen sogar Konzerte auf den Leib, falls sie ihr Glück als Virtuosen versuchen wollten, und geizte nicht mit Empfehlungen, die manche Karriere begründeten.

LEBEN

Franz Xaver Hammer (Marteau) wurde 1741 in Oettingen im Ries, Bayern, geboren. Er war Cellist und Gambist in der Kapelle Joseph Haydns in Eszterhaza. Ab 1782 war er Cellist in Preßburg und ab 1785 bis zu seinem Tod am 11. 10. 1817 Kammermusikus in Ludwigslust. Seine Konzertreisen führten ihn an einige deutsche Höfe, unter anderem auch nach Berlin. Seine Cellokonzerte hat Joseph Haydn vermutlich für ihn verfaßt.

WERKE

Von Franz Xaver Hammer sind eine Sonate für Cello und Baß, weiters eine in A-Dur für Viola da gamba, Cello und Baß sowie 3 Sonaten in D-Dur für Viola da gamba erhalten. Alle anderen Kompositionen, die er angeblich verfaßt hat, sind verschollen.

Giuseppe Jannaconi (1741–1816)

ZEIT UND UMWELT

Mit dem ausgehenden 18. Jahrhundert fand auch die römische Schule der Bewunderer, Nachfolger und Nachahmer Palestrinas ihr vorläufiges Ende. Ein typisches Zeichen dafür war, daß nun die historische Forschung über Leben und Werk des großen Renaissancemeisters einsetzte und die Sammlung und Herausgabe seiner Kompositionen begann. Inventarisierung und Registrierung mußten eigene schöpferische Leistung ersetzen. Glücklicherweise kam es in manchen Fällen nach der Phase des theoretischen und historischen Interesses wie nach einem Atemholen zu einem neuen Aufschwung künstlerischen Schaffens.

LEBEN

Giuseppe Jannaconi (Janacconi) wurde 1741 in Rom geboren. Er war Schüler von Pasquale Pisari und wirkte als einer der letzten Vertreter der Tradition der römischen Schule ab 1811 bis zu seinem Tod am 18. 3. 1816 als Kapellmeister an der Peterskirche in Rom.

WERKE

Wie sein Lehrer bemühte sich Giuseppe Jannaconi, durch möglichst kunstvolle Kontrapunktik dem Palestrina-Stil nahezukommen. Seine vielstimmigen Messen, Te Deum, Magnificat weisen teilweise Instrumentalbegleitung auf, die aber weggelassen werden konnte. Seine Psalmen, Motetten, Offertorien und Antiphonen sind a cappella gesetzt, einzelne Kanons für viele Stimmen (bis zu vierundsechzig) gearbeitet. Er erzielte mit seiner Faktur eine beträchtliche Klangschönheit.

Honoré Langlé (1741–1807)

ZEIT UND UMWELT

Die Revolution brachte für die französische Musik einen plötzlichen Stilumbruch. Das Rokoko, das trotz den Annäherungen mancher Komponisten an die Vorklassik vermutlich noch einige Jahrzehnte vorgehalten hätte, verschwand mit der Herrschaft der Adelsgesellschaft über Nacht und machte einem Klassizismus Platz, der zwar wenig mit der Klassik zu tun hatte, sich aber abrupt von dem Alten abwandte. Für die Komponisten war die Umstellung zuweilen härter als das Einfinden in die neue politische Lage.

LEBEN

Honoré François Marie Langlé wurde 1741 in Monaco geboren. Er war Schüler von Pasquale Cafaro am Conservatorio della Pietà de'Turchini in Neapel, wirkte darauf als Musikdirektor in Genua und ging 1768 nach Paris, wo er sich als Gesanglehrer niederließ und ab 1774 im Concert spirituel als Violinist auftrat. Von 1784 bis 1791 war er Lehrer für Gesang und Deklamation an der Königlichen Musikschule und anschließend Bibliothekar und Harmonielehrer am Konservatorium. Er starb am 20. 9. 1807 in Villiers-le-Bel, Val-d'Oise.

WERKE

Die Opern, die Honoré Langlé vor der Revolution geschrieben hatte, gehörten thematisch und musikalisch dem Rokoko an, dann behandelten sie Gegenwartsthemen im neuen Stil. Auch sein Liedschaffen machte die gleiche Wandlung mit. Zierliche Motetten wurden durch patriotische Hymnen abgelöst. Er schrieb außerdem 6 Sinfonien für zwei Klarinetten, zwei Hörner und zwei Fagotte und veröffentlichte eine Reihe von geschätzten musiktheoretischen Werken.

Carlo Canobbio (1741–1822)

ZEIT UND UMWELT

Das durch kräftige Förderung aufblühende Musikleben in St. Petersburg und in den übrigen großen Städten Rußlands nahm ständig bereitwillig fähige Kräfte aus Westeuropa und besonders aus Italien auf, die, abgesehen von den großzügigen Honoraren, schon dadurch angezogen wurden, daß sie zu einem immer größer werdenden Kreis von Landsleuten stießen, die einander einen wertvollen Rückhalt boten.

LEBEN

Carlo Canobbio (Cannobbio) wurde 1741 in Venedig geboren. Nach seiner Ausbildung wirkte er an der Königlichen Oper in Madrid als erster Violinist. In den Jahren 1774 und 1775 war er in Venedig Mitarbeiter des von Luigi Marescalchi geführten Musikverlages, von 1773 bis 1775 Konzertmeister am Theater San Samuele in seiner Geburtsstadt; 1779 ging er nach St. Petersburg, wo er bis zu seinem Tod am 23. 2. 1822, von einem zweijährigen Italienaufenthalt unterbrochen, als erster Violinist und Stellvertreter des Leiters Giovanni Paisiello an der Italienischen Oper tätig war.

WERKE

Neben mehreren Balletten und einer Opernouvertüre schrieb Carlo Canobbio 6 Sonaten für Gitarre und Violine, mehrere Duos für Flöte und Violine, 2 Sinfonien und einige Arien. Sein Stil ist dem der venezianischen Oper angepaßt. Die Sonaten für Gitarre erinnerten an Luigi Boccherini.

Giacomo Rust (1741–86)

ZEIT UND UMWELT

Das ursprüngliche Ziel aller neapolitanischen Konservatorien war die Ausbildung zu Kirchenmusikern und Kirchenkomponisten. Da jedoch die Lehrer größtenteils auch Opernkomponisten waren und die Schüler gegen Bezahlung für Opernaufführungen »ausgeliehen« wurden wie für kirchliche Aufführungen, wurde der Unterricht sehr bald auf die Oper ausgedehnt und ebenso gründlich betrieben wie die Kirchenmusik. Das brachte für die Schüler den Vorteil, daß sie in beiden Fächern ausgebildet wurden und befähigt waren, auf beiden Gebieten ihren Unterhalt zu finden.

Leben
Giacomo Rust wurde 1741 in Rom geboren und in Neapel am Conservatorio della Pietà de'Turchini und später bei Rinaldo da Capua ausgebildet. Er wirkte von 1763 bis 1776 in Venedig, war ab 1776 zwei Jahre Kapellmeister in Salzburg und wurde nach einem weiteren Aufenthalt in Venedig 1783 Kapellmeister an der Kathedrale in Barcelona, wo er 1786 starb.

Werke
Neben einer Reihe Kirchenmusik, die verlorengegangen ist, und einigen unbedeutenden Instrumentalwerken verfaßte Giacomo Rust eine Anzahl sehr erfolgreicher Opern, die eindeutig dem neapolitanischen Stil folgen.

Gotthilf von Baumgarten (1741–1813)

Zeit und Umwelt
Unter Melodrama verstand man ursprünglich ein gesprochenes Bühnenstück mit Musikbegleitung, während man Sprechen oder Deklamieren zu Musik mit Melodram bezeichnete. Beide Benennungen wurden sehr bald verwechselt; seit dem ausgehenden 18. Jahrhundert heißt jedes Zusammenwirken von gesprochenem Wort und Musikbegleitung Melodram, ob es sich nun um ganze Stücke oder einzelne Szenen oder um Deklamationen handelt.

Leben
Gotthilf von Baumgarten wurde am 12. 1. 1741 in Berlin geboren. Er war in Breslau (Wrocław) Offizier, sodann Landrat in Großstrehlitz (Strzelce Opolskie), wo er am 1. 10. 1813 starb.

Werke
Von Gotthilf von Baumgarten sind drei Opern auf deutschen Text mit Erfolg aufgeführt worden. Ihre Musik lehnte sich allerdings sehr stark an italienische Vorbilder an. Sein Melodram Andromeda, eines der wenigen voll durchkomponierten Stücke seiner Zeit, folgte stilistisch der Berliner Schule. Die übrigen Kompositionen dieses befähigten Amateurs waren unbedeutend.

Alessandro Fridzeri (1741–1825)

Zeit und Umwelt
Revolutionäre Hymnen und Oden wurden im Jahrzehnt der Revolution in Frankreich in Massen verlangt und auch geschaffen. In den meisten Fällen waren es nur die Texte, die den neuen politischen Zuständen entsprachen, sie hatten im allgemeinen wenig Revolutionäres an sich, außer daß sie alle Auszierungen und Verzärtelungen vermieden und textgerecht, möglichst homophon und homorhythmisch breit klingende Akkordblöcke aneinanderreihten, die echte oder vorgegebene Begeisterung ausdrücken sollten.

Leben
Alessandro Maria Antonio Fridzeri (Frizer, Frixer) wurde am 15. 1. 1741 in Verona geboren. Er war seit frühester Kindheit blind. Nach einigen Jahren Organistendienst in Vicenza ging er 1765 nach Paris und trat im Concert spirituel als Violinist auf. Darauf begab er sich auf Konzertreisen nach Nordfrankreich und Belgien, hielt sich einige Zeit in Straßburg auf und kehrte 1771 nach Paris zurück, wo er eine Musikdruckerei eröffnete, aber seinen Wohnsitz bald in die Bretagne verlegte. Die Revolutionsjahre verbrachte er wiederum in Paris. Um die Wende des Jahrhunderts verzog er nach Antwerpen und beschäftigte sich mit Musikalien- und Instrumentenhandel sowie mit Musikunterricht. Er starb am 16. 10. 1825 in Antwerpen.

Werke
Außer 2 komischen Opern sind von Alessandro Fridzeri 6 Sonaten für Mandoline, 2 Duos für zwei Violinen, 3 Streichquartette, 4 Kammerquartette, eine konzertante Sinfonie, 2 Violinkonzerte, 2 Liedersammlungen mit Harfenbegleitung und eine mit Pianofortebegleitung, 12 sehr beliebte Revolutions-

André Modeste Grétry, Gemälde von C. van Cuylenburg

gesänge, außerdem eine Messe und verschiedene Kirchenmusik bekanntgeworden.

Pascal Boyer (1741–94)

ZEIT UND UMWELT

Die Kathedrale St-Castor in Nîmes bemühte sich ständig, gute Kräfte für ihre Kapelle heranzuziehen, um ihr Niveau zu halten. Sie litt unter den gleichen Schwierigkeiten, denen alle Kapellen der französischen Provinzen ausgesetzt waren, weil die Anziehungskraft der Hauptstadt immer wieder die besten Kräfte bewog, nach Paris abzuwandern, und es nicht immer leicht war, die dadurch entstandenen Lücken ständig neu zu füllen.

LEBEN

Pascal Boyer wurde am 30. 1. 1741 in Tarascon geboren. Er war von 1759 bis 1765 Kapellmeister der Kathedrale in Nîmes. Dann übersiedelte er nach Paris und widmete sich dort der Opernkomposition. Ob er dort eine feste musikalische Stelle einnahm, ist nicht bekannt. Er starb am 7. 7. 1794 in Paris.

WERKE

Vom kompositorischen Werk von Pascal Boyer sind 3 Triosonaten bekannt geworden. Von seinen Opern ist nichts erhalten, außer einigen Arien aus einem Opernballett. Von großer Bedeutung sind seine theoretischen Abhandlungen.

André Modeste Grétry (1741–1813)

ZEIT UND UMWELT

Der Schriftsteller und Librettist Jean François Marmontel, Chefredakteur des »Mercure de France«, Sekretär des Königlichen Bauamtes und erfolgreicher Dramatiker, verfaßte etwa 30 Opernlibretti für zeitgenössische Komponisten und trug zur Hebung der literarischen Seite der französischen Oper viel bei.

LEBEN

André Ernest Modeste Grétry wurde am 11. 2. 1741 in Lüttich geboren. Den ersten Musikunterricht erhielt er von Kapellmeister Georges Wenick. Durch das Gastspiel einer Operntruppe aus Italien wurde er mit der italienischen Oper bekannt. Henri Moreau erteilte ihm die ersten Anleitungen zur Komposition, so daß er eine Messe schreiben konnte, die ihm ein Stipendium für eine Reise nach Rom eintrug. Dort setzte er seine Ausbildung bei Giovanni Battista Casali fort, die er in Bologna an der Accademia dei Filarmonici bei Padre Martini abschloß. Für den Karneval 1765 in Rom schrieb er ein Intermezzo; im darauffolgenden Jahr komponierte er eine Schauspielmusik in Genf und begab sich 1767 nach Paris, wo er mit weiteren Opern eine Serie durchschlagender Erfolge errang. Er verstand es, sich gesellschaftlich beliebt zu machen, gewann viele Freunde und wurde mit Ehren überhäuft. Kein politischer Umschwung beirrte seine Stellung. Obwohl er selbst die Revolution begrüßt hatte, erhielt er eine Pension als Gutmachung der Schäden, die er durch die Revo-

lution erlitten hatte. Er starb am 23. 9. 1813 in Montmorency bei Paris.
Seine Tochter Lucile Grétry (1773, Paris, bis 1793, Paris) trat mit 13 Jahren in einer Oper des Vaters auf. Wegen seines frühen Todes konnte sich das vielversprechende junge Talent nicht entwickeln.

Werke

Die Kirchen- und Instrumentalwerke von André Modeste Grétry sind ebenso schütter harmonisiert wie seine Opern, bestechen aber gleicherweise durch ihr Melos. Sie sind problemlos schön und haben sehr gefallen. Heute sind sie nahezu vergessen, obwohl Ansätze zu einer Renaissance bemerkbar werden. Es war sicherlich unrichtig, seine Musik »keine Musik« zu nennen, weil zwischen Baß und Singstimme ein vierspänniger Wagen durchfahren könnte. Dieser leere Raum war jedoch kein Zeichen künstlerischen Unvermögens, sondern entsprach dem französischen Stil in der zweiten Hälfte des 18. Jahrhunderts; das damalige Publikum verstand und billigte ihn. An Vokalmusik verfaßte er 6 Quartette, 6 Sonaten für Cembalo, 6 Streichquartette und eine Sinfonie für Streicher und zwei Hörner. Seine Vokalmusik war durch etliche Romanzen, Revolutionshymnen und eine Napoleon-Ode, weiters durch ein Confiteor und ein Dixit Dominus, beides für vier Singstimmen mit Orchester, vertreten. Das Hauptgewicht seines kompositorischen Schaffens lag auf dem Gebiet der Oper jeder Gattung.

Literatur

J. Sauvernier, André Grétry, Brüssel 1934.

Henri Joseph Rigel (1741–99)

Zeit und Umwelt

Der Sieg des Pianoforte über das Cembalo in der zweiten Hälfte des 18. Jahrhunderts dokumentierte sich durch die immer häufigeren Kompositionen speziell für das neue Tasteninstrument und das Abnehmen der Werke für »Cembalo oder Pianoforte«. Endgültig besiegelt wurde er jedoch durch die Einrichtung einer Professur für Pianoforte in dem nach der Revolution gegründeten Pariser Conservatoire Nationale.

Leben

Henri Joseph Rigel (Riegel) wurde am 9. 2. 1741 in Wertheim, Franken, geboren, in Stuttgart von Niccolò Jommelli und in Mannheim von Franz Xaver Richter ausgebildet. Er ließ sich 1767 in Paris nieder, wo François Joseph Gossec seine Sinfonien im Concert spirituel aufführte. Ab 1783 gehörte er dem Concert spirituel als Komponist an. Im Jahr 1784 wurde er Lehrer an der Königlichen Gesangschule und 1795 Pianofortelehrer am neu gegründeten Konservatorium. Er starb am 2. 5. 1799 in Paris.
Sein Bruder Anton (Antoine) Rigel (um 1745, Wertheim, bis nach 1807, vermutlich Mannheim) kam 1776 nach Paris, wo er als Lehrer für Pianoforte und Flöte tätig war. Kurz nach 1787 verließ er Paris und lebte als Klavierlehrer in Heilbronn und Mannheim.
Sein Sohn Louis Rigel (1769, Paris, bis 25. 2. 1811, Le Havre) lebte als Klavierlehrer in Paris. Er war ab 1784 Bratschist am Concert spirituel und ab 1790 Violinist am Opernorchester.
Sein zweiter Sohn, Henri Jean Rigel (11. 5. 1772, Paris, bis 16. 12. 1852, Abbeville), war bereits mit 13 Jahren Hilfslehrer an der Königlichen Gesangschule. Er war ab ungefähr 1787 Pianist und Komponist am Concert spirituel und von 1795 bis 1797 Lehrer am Konservatorium, begleitete Napoleon 1798 nach Ägypten und wurde Leiter des neuen französischen Theaters in Kairo. Im Jahr 1800 kehrte er nach Paris zurück und genoß bald den Ruf als einer der besten Klavierlehrer seiner Zeit. Von 1816 bis 1825 war er Präsident der »Societé Académique des Enfants d'Apollon« (Akademische Gesellschaft der Kinder Apollos).

Werke

Von Henri Joseph Rigel, einem der bedeutendsten Komponisten des letzten Drittels des 18. Jahrhunderts, sind außer 14 Opern, 4 Oratorien, 2 Motetten und 2 revolutionä-

ren Hymnen zahlreiche Sonaten, Suiten, Konzerte für Cembalo oder Pianoforte oder speziell für Pianoforte, Quartette und Duos mit Pianoforte, Streichquintette und über 20 Sinfonien für Orchester bekannt geworden. Er war einer der ersten, der das Pianoforte kammermusikalisch einsetzte.
Anton Rigel schrieb eine große Anzahl Sonaten für Cembalo oder Pianoforte mit Violinbegleitung, Klaviertrios und Klavierquartette und 2 Sinfonien.
Louis Rigel arrangierte die Pariser Sinfonien von Joseph Haydn für Pianoforte und verfaßte außerdem eine Reihe von Romanzen und andere Stücke für Cembalo oder Pianoforte.
Von Henri Jean Rigel sind Opern, ein Oratorium, Klavierkonzerte, Klaviersonaten, Klavierstücke, ein großes Klavierquintett und eine Anzahl Orchesterwerke erhalten, die bereits der vorromantischen Periode angehören.

LITERATUR

G. de Saint-Foix, Les premiers pianistes parisiens, in: Revue Musicale V/8, 1924.

Franz Adam Veichtner (1741–1822)

ZEIT UND UMWELT

Seit dem Nordischen Krieg (1700–21) stand Kurland unter russischem Einfluß. Anna Iwanowna, Herzogin von Kurland, setzte, nachdem sie russische Zarin geworden war, die Wahl ihres Günstlings Ernst Johann Biron als Herzog von Kurland durch. Im Jahr 1795 wurde das Land über Beschluß des kurländischen Landtags Rußland einverleibt. Es behielt eigenständig seine selbständige Verfassung; der deutsch-baltische Adel beherrschte weiterhin das wirtschaftliche und kulturelle Leben des Landes.

LEBEN

Franz Adam Veichtner wurde am 10. 2. 1741 in Regensburg geboren. Er wurde von František Benda im Violinspiel und von Joseph Riepel in der Kompositionstechnik unterrichtet. Nach einem Aufenthalt in Königsberg (Kaliningrad) wurde er 1769 Hofkapellmeister der Herzoge von Kurland in Jelgava (Mitau). Nach der Einverleibung des Herzogtums durch Rußland ging er auf Konzertreisen nach Italien und übernahm sodann 1798 die Hofkapellmeisterstelle in St. Petersburg. Er starb am 3. 3. 1822 in Kurland.

WERKE

Außer einigen kirchlichen Kompositionen verfaßte Franz Adam Veichtner 24 Fantasien für Violine und Baß über russische Lieder, 24 Sonaten für Violine und Baß, 5 Sonaten für Violine und Cello, 3 Streichquartette, ungefähr 60 Sinfonien, eine russische Sinfonie, ein Cellokonzert und 3 Opern. Sein Stil gehört der Vorklassik an.

LITERATUR

E. Gercken, Franz Adam Veichtner und das Musikleben am kurländischen Hof, in: Baltische Hefte XI, 1965.

Johann André (1741–99)

ZEIT UND UMWELT

Johann Adam Hiller schuf den aus der italienischen Opera buffa und der französischen Opéra comique entwickelten Typus des deutschen Singspiels, das man damals auch Operette nannte. Es bildete mit seinen Gesangseinlagen und Instrumentalintermezzi die Grundlage, von der aus sich einerseits die deutsche romantische Oper, andererseits die leichte Operette formte. Die Gesänge waren zu jener Zeit selten handlungsfördernd, sondern unterbrachen den Fortgang des Schauspieles, waren dafür aber stark stimmungsmalend.

LEBEN

Johann André wurde am 28. 3. 1741 in Offenbach geboren. Über seine Ausbildung ist nichts bekannt. Er machte sich mit seinen Singspielen bald einen Namen und wirkte von 1777 bis 1784 als Kapellmeister einer Theatergruppe in Berlin. Darauf eröffnete er in Offenbach eine Notenstecherei, die bald zu einem großen Verlag anwuchs. Er starb am 18. 6. 1799 in Offenbach.

WERKE

Neben seinen zahlreichen Singspielen und Schauspielmusiken, die beispielgebend wirkten, veröffentlichte Johann André mehrere Liedersammlungen, die eine große Verbreitung erfuhren. Er vertonte unter anderem auch die Ballade »Leonore« von Gottfried August Bürger (1747–94). Sowohl die Bühnenmusik wie auch die Lieder müssen als vorromantisch eingereiht werden.

Johann Gottlieb Naumann
(1741–1801)

ZEIT UND UMWELT

Der literarische Kreis um Elisa von der Recke (1756–1833) und Christian Gottfried Körner (1756–1831) in Dresden pflegte die Empfindsamkeit im Sinn der Frühromantik und beeinflußte eine Reihe von Komponisten, die Entwicklung der süddeutschen und Wiener Vorklassik zur Klassik unbeachtet zu lassen und romantische Elemente vorwegzunehmen. Gefördert wurde diese Entwicklung durch die aufstrebende nordische Geisteskultur, die mit ihrer romantischen Zielrichtung stark auf den Norden Deutschlands abfärbte.

LEBEN

Johann Gottlieb Naumann wurde am 17. 4. 1741 in Blasewitz bei Dresden geboren. Er war Schüler der Kreuzschule in Dresden, 1757 von Giuseppe Tartini in Padua, 1762 von Padre Martini in Bologna und von Johann Adolf Hasse in Venedig, wo er 1763 als erstes musikalisches Bühnenstück ein Intermezzo herausbrachte. Über Empfehlung von Giovanni Ferrandini und Johann Adolf Hasse wurde er ein Jahr darauf als Zweiter Kirchenkomponist an den Dresdener Hof verpflichtet, wo er 1765 zum Kammerkomponisten aufstieg. In der Folgezeit

Oper in Dresden

Johann Gottlieb Naumann, Stich von G. W. Hüllmann

reiste er zweimal nach Italien und brachte dort eine Reihe Opern mit Erfolg heraus; nach seiner Rückkehr erhielt er die Ernennung zum Kurfürstlichen Kapellmeister. Im Jahr 1777 wurde er zur Reform der Hofkapelle und als Mitarbeiter an den Opernplänen König Gustafs III. nach Stockholm berufen, wo er 3 Opern auf schwedische Texte komponierte und aufführte. Nach einer kurzen Tätigkeit als Operndirigent in Kopenhagen kehrte er 1786 als Musikdirektor und Kapellmeister nach Dresden zurück und wirkte dort, unterbrochen von einer Einladung König Friedrich Wilhelms nach Berlin, bis zu seinem Tod am 23. 10. 1801.

Werke

Man bezeichnete Johann Gottlieb Naumann als den letzten Vertreter der neapolitanischen Schule in Deutschland. Er entfernte sich jedoch sehr bald davon, gesellte sich zu den Neo-Neapolitanern, näherte sich der französischen Oper und der von Christoph Willibald Gluck und geriet immer mehr in den Bereich der Empfindsamkeit, die romantische Elemente vorausnahm. Außer 21 Opern verfaßte er eine Reihe von Pianofortesonaten, 6 Sonaten für Glasharmonika, 6 Quartette für Pianoforte mit Flöte, Violine und Baß und ein Konzert für Cembalo oder Pianoforte. An Vokalmusik liegen 40 Freimaurerlieder vor, außerdem eine Sammlung deutscher, französischer und italienischer Lieder »beym Clavier zu singen«, 24 neue Lieder verschiedenen Inhalts, Kantaten, zahlreiche sakrale Musik – Messen, Psalmen, Offertorien, Vespern, Magnificat, Te Deum, ein Hymnus –, 11 italienische, 3 deutsche Oratorien und ein französisches. In dieser Kirchenmusik weisen sowohl Hamonisierung wie Instrumentation bereits deutlich durch eine sorgfältige Nuancierung des Gefühlsausdrucks auf das Zeitalter der Romantik hin.

Literatur

R. Engländer, Zur Vorgeschichte der musikalischen Romantik in Dresden, in: Zeitschrift für Musik XLIII, 1926.

Luigi Tomasini (1741–1808)

Zeit und Umwelt

Joseph Haydn bemühte sich, für seine Kapelle tüchtige Kräfte zu gewinnen. Da er für seine Musiker eine gute Bezahlung durchsetzte und jeden einzelnen für sein weiteres Fortkommen nach Kräften förderte und weiterempfahl, konnte er eine Reihe vorzüglicher Instrumentalisten und Vokalisten um sich versammeln. Als er die Kapelle übernahm, fand er auch schon eine Anzahl guter Musiker in Eisenstadt vor, die er weiter ausbilden und auf ein hohes künstlerisches Niveau bringen konnte.

Leben

Luigi (Aloys) Tomasini wurde am 22. 6. 1741 in Pesaro geboren und dort vermutlich auch ausgebildet. Er kam 1757 zur Kapelle der Fürsten Esterházy in Eisenstadt und wurde nach einer weiteren Ausbildung in Venedig 1762 unter der Leitung von Joseph Haydn erster Violinist und sodann Konzertmeister. Ab 1802 dirigierte er die Kammermusik im

Schloß Esterházy. Er starb am 25. 4. 1808 in Eisenstadt.

WERKE
Von Luigi Tomasini sind Violinkonzerte, Quartette, Duos für Violinen herausgekommen. Er schrieb auch für Fürst Anton Esterházy 24 Divertissements für Baryton, Violine und Cello. Sein Stil lehnte sich an Joseph Haydn an.

Andrea Lucchesi (1741–1801)

ZEIT UND UMWELT
Johann van Beethoven, Ludwig van Beethovens Vater, war Tenorist an der Hofkapelle in Bonn. Dessen Vater Ludwig van Beethoven war ab 1733 Bassist an derselben Kapelle und ab 1761 ihr Hofkapellmeister bis zu seinem Tod im Jahr 1773. Der Sohn Ludwig van Beethoven wirkte 1782 als stellvertretender Organist und wurde ein Jahr darauf als Akkompagnist in die Hofkapelle aufgenommen.

LEBEN
Andrea Lucchesi wurde am 23. 5. 1741 in Motta di Livenza bei Treviso geboren und am Conservatorio degl'Incurabili in Venedig ausgebildet. Im Jahr 1771 kam er an der Spitze einer italienischen Operntruppe nach Bonn und erhielt 1774 die durch den Tod des Hofkapellmeisters Ludwig van Beethoven vakant gewordene Stelle, die er bis 1794 betreute. Er war als Organist, Cembalist und Dirigent sehr geschätzt und wirkte bis zu seinem Tod am 21. 3. 1801 in Bonn als Cembalolehrer.

WERKE
Außer seinen in Venedig und Bonn aufgeführten Opern verfaßte Andrea Lucchesi ein Oratorium, Sinfonien, Konzerte, viele Messen, Kantaten und andere sakrale Gesänge sowie Quartette, Trios und Sonaten. Sein Stil war der vorklassische Venedigs.

LITERATUR
A. Handeler, Andrea Lucchesi, in: Bonner Geschichtsblätter I, 1937.

François Hippolyte Barthélemon
(1741–1808)

ZEIT UND UMWELT
Die in London verlegte Violinmusik stammte auch im letzten Drittel des 18. Jahrhunderts nahezu ausschließlich von ausländischen Virtuosen, die in England auftraten. Das erweckt den Eindruck, daß die Verleger des sicheren Absatzes wegen englische Kompositionen dem Publikum nicht zur Kenntnis brachten und dies wiederum auf englische Komponisten entmutigend wirkte. Diese einseitige »geschmackbildende« Haltung der Verleger war vielleicht auch eine Ursache dafür, daß es noch immer zu keinem Aufschwung der eigenständigen Musik kommen konnte.

LEBEN
François Hippolyte Barthélemon wurde am 27. 7. 1741 in Bordeaux geboren. Als junger Mann ging er nach Irland und wollte eine militärische Laufbahn einschlagen. Er kam mit dem Komponisten Thomas Alexander Erskine Earl of Kellie in Verbindung, der ihn ermutigte, Musiker zu werden. Schon 1764 konnte er in London die Leitung des Opernorchesters übernehmen, 1766 brachte er am King's Theatre seine erste Oper heraus; 1767 trat er in Paris als Violinist im Concert spirituel auf. Nachdem er auch dort eine Oper aufgeführt hatte, kehrte er nach London zurück und wurde erster Violinist und 1770 Dirigent an Marylebone Gardens. Von 1771 bis 1773 wirkte er in Dublin, sodann unternahm er bis 1777 eine Konzertreise durch Deutschland, Frankreich und Italien. Nach seiner Rückkehr nach London nahm er als Komponist und Violinist am Musikleben der Stadt bis zu seinem Tod am 23. 7. 1808 lebhaften Anteil.

WERKE
Von François Hippolyte Barthélemon sind 6 Sonaten für zwei Violinen und Generalbaß, 6 Sonaten für Solovioline und Generalbaß, 6 Konzerte für drei Violinen, 6 Ouvertüren für zwei Violinen, zwei Oboen, zwei Hörner und 6 Streichquartette erhalten. Von seiner

Vokalmusik sind außer seinen Opern, Schauspielmusiken und Balletten das in Rom verfaßte Oratorium »Jefte in Masfa« und der Hymnus »Awake my soul« (Erwache, meine Seele) sehr bekannt geworden. Sein Stil muß als konservativ angesprochen werden.

Thomas Norris (1741–90)

ZEIT UND UMWELT

Unter der Stabführung des angesehenen Dirigenten Joah Bates (getauft 8. 3. 1741, Halifax, bis 8. 6. 1799, London) fand am 29. 5. 1784 als drittes Konzert der Feiern zum 100. Geburtstag Georg Friedrich Händels eine Aufführung des »Messias« mit 525 Mitwirkenden in der Westminster Abbey statt.

LEBEN

Thomas Norris wurde am 15. 8. 1741 in Mere bei Salisbury geboren. Er war Chorist an der Kathedrale von Salisbury und nahm als Sopranist am Worcester Festival (1761) und dem Hereford Festival (1762) teil. Im Jahr 1765 wurde er Organist an Christ Church Cathedral in Oxford, 1766 trat er als Tenorist beim Gloucester Festival auf und bis 1788 regelmäßig bei den Three Choirs. Er wurde 1771 in das Magdalen College von Oxford aufgenommen und wirkte 1784 an den Gedächtnisfeiern für Händel mit. In der Folge zog man ihn zu mehreren Oratorienaufführungen heran, zum letzten Mal in Birmingham, zehn Tage vor seinem Tod am 3. 9. 1790 in Himley Hall bei Stourbridge.

WERKE

Von Thomas Norris sind 6 Sinfonien für Streicher, zwei Oboen und zwei Hörner, eine Anzahl Anthems, einige Glees, ein Catch und eine Ouvertüre zu »Tempest« von Henri Purcell überliefert. Sein Stil war flüssig und klangreich, aber wenig fortschrittlich.

Jean Paul Martini (1741–1816)

ZEIT UND UMWELT

Die unruhigen Zeiten von 1789 bis 1814, vom Ausbruch der Revolution bis zu Restauration über Republik und Kaiserreich, zu überstehen, erforderte von manchem Franzosen ein hohes Maß an Wendigkeit. Musiker, die nur ihrer Kunst lebten und sie für jeden ausübten, der es wünschte und honorierte, begegneten in keiner Phase der bewegten Zeitspanne ernsten Gefahren. Es war für sie nicht einmal schwierig, sich von den Wellen des ständigen Wechsels emportragen zu lassen.

LEBEN

Jean Paul Egide Martini (Martini il Tedesco, eigentlich Johann Paul Aegidius Martin mit dem Decknamen Schwarzendorf) wurde am 31. 8. 1741 in Freystadt, Oberpfalz, getauft. Er ließ sich 1760 in Nancy als Musiklehrer nieder, wo er ein Jahr darauf in die Dienste des entthronten polnischen Königs Stanisław Leszczyński trat. Im Jahr 1764 ging er nach Paris, machte sich mit einem Militärmarsch und einer Oper bekannt und wurde Kapellmeister des Prince de Condé Louis Henri Joseph de Bourbon und des Grafen von Artois Charles, des späteren Königs von Frankreich Karl X. Seine Bemühungen, Intendant der königlichen Musik zu werden, scheiterten durch den Ausbruch der Revolution. Er hielt sich von 1792 bis 1794 in Lyon auf und wirkte von 1795 bis 1802 als einer der Inspektoren des Konservatoriums. Die Intendantenstelle erhielt er sodann nach der Restauration im Jahr 1814. Er starb am 10. 2. 1816 in Paris.

WERKE

Außer 11 Opern schrieb Jean Paul Martini 2 Festmessen, ein Requiem, 6 zweistimmige Psalmen mit Orgel und andere sakrale Werke, 12 Streichtrios, 6 Streichquartette für Flöte und Streichtrio, Divertissements, Militärmusik (Märsche) und viele Romanzen, darunter »Plaisir d'amour«, die von Hector Louis Berlioz (1803–69) instrumentiert und in mehreren Fassungen bis in unsere Zeit immer wieder aufgelegt wurde.

LITERATUR

A. Pougin, Martini, Paris 1864.

Václav Pichl (1741–1805)

ZEIT UND UMWELT

Nach dem Aussterben der Medici (1737) wurde Franz Stephan von Lothringen Herzog der Toskana; nach dessen Tod fiel das Großherzogtum an Leopold, und, als dieser als Leopold II. Kaiser wurde, an dessen Sohn Ferdinand III. Dieser trat zwar der Koalition gegen Frankreich bei, schloß aber 1795 Frieden mit der Republik und hielt in der Folge strikte Neutralität ein, so daß er bis 1799 von einem Einmarsch der republikanischen Armee verschont blieb. Dann wurde er gezwungen abzudanken, erhielt den Thron kurz darauf wieder, verlor ihn aber zum zweiten Mal 1801 durch den Frieden von Lunéville und zog sich mit seinem Hofstaat nach Wien zurück.

LEBEN

Václav Pichl (Wenzel, Wenceslav Pichel) wurde am 23. 9. 1741 in Bechin bei Tabor (Bechyně), Böhmen, geboren. Er studierte in Prag Theologie und Philosophie und wurde von František Jiři Pokorný im Violinspiel und von Josef Seger in der Komposition ausgebildet. Von 1763 bis 1769 wirkte er als erster Violinist in der bischöflichen Kapelle in Oradea unter Karl Ditters von Dittersdorf. Darauf war er 2 Jahre Musikdirektor in Prag, dann Mitglied des Wiener Opernorchesters und kam 1775 über Empfehlung der Kaiserin Maria Theresia nach Mailand zu ihrem Enkel Erzherzog Ferdinand, dem nachmaligen Großherzog von Toskana. Er blieb im Dienst des Großherzogs bis zu dessen Rückkehr nach Wien und dort bis zu seinem Tod am 23. 1. 1805.

WERKE

Bei den über 700 Werken von Václav Pichl ist in vielen Fällen die Zuschreibung nicht gesichert. Er komponierte 89 Sinfonien, von denen 66 gedruckt wurden, 172 Quartette, von denen 163 im Druck erschienen sind, 21 Quintette, 6 Sextette, 7 Septette, 7 Oktette, 148 Stücke für Baryton (verfaßt für den Fürsten Anton Esterházy), ungefähr 30 Instrumentalkonzerte, 13 Serenaden, 6 überaus bemerkenswerte Fugen für Violine, Partiten für Blasinstrumente, einige italienische Arien, über 20 Messen und andere sakrale Stücke. Seine Musik hält stilistisch zwischen italienischer und deutscher die Waage, sie ist melodisch und kontrapunktisch vorzüglich ausgearbeitet. Daß bei dieser Fülle manches Routineerzeugnis unterlief, ist selbstverständlich.

Jean-Pierre Duport (1741–1818)

ZEIT UND UMWELT

Mit seinem ersten Auftritt als Cellist im Concert spirituel hatte der Gambist Martin Berteau im Jahr 1739 die Ablöse der Viola da gamba durch das Cello beschleunigt. Schüler, die die Möglichkeiten des neuen Instruments erkannten und auszunützen erlernen wollten, stellten sich bald ein, so daß, von jenem ersten Auftreten angefangen, eine Cellistengeneration heranwuchs, die die heute noch mit geringen Korrekturen gültige Spieltechnik festlegte.

LEBEN

Jean-Pierre Duport wurde am 27. 11. 1741 in Paris geboren. Er war Schüler des Cellisten Martin Berteau und wurde 1761 ständiger Cellist am Concert spirituel. Gleichzeitig spielte er bis 1769 in der Kapelle des prince de Conti Louis François Joseph de Bourbon. Nach einer Konzertreise durch England, Italien und Spanien wirkte er an der Königlichen Preußischen Kapelle in Berlin bis zu seinem Tod am 31. 12. 1818.

WERKE

Von Jean-Pierre Duport sind ein Doppelkonzert in D-Dur für Violine und Cello, zahlreiche Sonaten für Cello und Generalbaß sowie Duos für zwei Celli erhalten. Sein Stil gehört noch zum Teil dem Rokoko an.

Pedro Aranaz y Vides (um 1742–1821)

ZEIT UND UMWELT

Barocke Vielstimmigkeit war in der spanischen Kirchenmusik der zweiten Hälfte des 18. Jahrhunderts noch immer vorherrschend. Man wollte auf die breite Klangwirkung ebensowenig verzichten wie auf die Plastik einer gut ausgearbeiteten Kontrapunktik, die durch Häufung tiefer Stimmen die typische düstere Musik spanischer Kirchen erzeugte.

LEBEN

Pedro Aranaz y Vides wurde um 1742 in Tudela, Navarra, geboren. Er war ab 1763 Kapellmeister an Santo Domingo de la Calzada in Zamora, Léon, und von 1769 bis zu seinem Tod am 23. 9. 1821 an der Kathedrale von Cuenca.

WERKE

Von Pedro Aranaz y Vides sind achtstimmige Messen, Offertorien, Psalmen, Antiphonen und Motetten sowie Tonadillas überliefert. Ihr Stil gehört dem Barock an. Er war auch als Musikschriftsteller tätig.

LITERATUR

F. Pedrell, Los músicos españoles en sus libros, Barcelona 1888.

Wassili Paschkjewitsch (um 1742–97)

ZEIT UND UMWELT

Zarin Katharina II. zog nicht nur viele ausländische Musiker an ihren Hof, sie ermutigte auch einheimische Talente, an der Bildung einer russischen Musik mitzuwirken. Sie förderte die Komposition von Opern auf russische Texte und verfaßte selbst etliche Libretti. Italienische Stilformen waren allerdings auch zu ihrer Zeit vorherrschend; große Chorstellen und Anklänge an die Volksmusik legten aber bereits den Grundstein für die Blüte der russischen Musik im kommenden Jahrhundert.

LEBEN

Wassili Aleksejewitsch Paschkjewitsch wurde um 1742 in St. Petersburg geboren. Er war ab 1763 Violinist am Hoforchester in St. Petersburg und ab 1789 Konzertmeister, Mitglied der Hofsängergesellschaft und Hofballdirektor und starb am 9. 3. 1797 in St. Petersburg.

WERKE

Außer einer Messe a cappella und einer Reihe von Liedern hat Wassili Paschkjewitsch eine Anzahl Singspiele auf russische Texte, die musikalisch der Tradition der Opera buffa folgten, verfaßt. Auch die Michail Matinski (1750, Pokrowskoje, bis um 1825, St. Petersburg), der nur Schriftsteller und kein Komponist war, zugeschriebene Oper »Der St. Petersburger Kaufhof« stammt von ihm. Er räumte in den Singspielen, den Chören einen breiten Platz ein.

Jean-Baptiste Janson
(um 1742–1803)

ZEIT UND UMWELT

Das Pariser Conservatoire de Musique wurde 1795 vom Nationalkonvent ins Leben gerufen. Die 1784 gegründete École Royale de Chant et de Déclamation (Königliche Gesang- und Deklamationsschule) samt ihren Erweiterungen ging darin auf. Sie verfügte bereits 1797 über 125 Lehrkräfte und 600 weibliche und männliche Schüler. Das Institut besteht mit mehreren Modifikationen noch heute.

LEBEN

Jean-Baptiste Aimé Joseph Janson wurde um 1742 in Valenciennes geboren. Er war Schüler von Martin Berteau und trat 1755 zum ersten Mal mit großem Erfolg im Concert spirituel als Cellist auf. Anschließend wurde er Mitglied der Kapelle des prince de Conti Louis François Joseph de Bourbon. Nach Konzertreisen durch ganz Europa wurde er 1788 Musikdirektor beim nachmaligen König Ludwig XVIII. Im Jahr 1795 erhielt er eine Lehrstelle am neugeschaffenen Conservatoire de Musique, die er bis zu seinem Tod am 2. 9. 1803 betreute.

WERKE

Von Jean-Baptiste Janson sind 3 Sinfonien, 13 Cellokonzerte, 6 Streichquartette, mehrere Trios und 6 Cellosonaten erschienen. Sein Stil näherte sich der Klassik.

Johann Philipp Schoenfeld (1742–90)

ZEIT UND UMWELT

Obschon Straßburg bereits seit 1681 dem französischen Staatsverband angehörte, hat sich die Stadt dennoch ein wirtschaftliches und kulturelles Eigenleben bewahrt. Ihre politische und nationale Grenzlage ermöglichte die Aufnahme der besten Kräfte von beiden Seiten, so daß die Leistungen der Konzertorchester und der Kirchenkapellen, vor allem im Münster, stets auf hohem Niveau blieben.

LEBEN

Johann Philipp Schoenfeld wurde 1742 in Straßburg geboren. Er war zunächst Hauslehrer in Braunschweig, wo er mit Carl Philipp Emanuel Bach in Kontakt kam, dann wurde er stellvertretender Kapellmeister an Temple Neuf in Straßburg. Im Jahr 1779 erhielt er zur weiteren Ausbildung ein Stipendium für eine Italienreise. Nach seiner Rückkehr (1781) wurde ihm die Leitung des Konzertwesens der Stadt anvertraut. Er starb am 5. 1. 1790 in Straßburg.

Ludwig XVI., Ölgemälde von J.-S. Duplessis, 1777

WERKE

Durch Kombination des hochentwickelten Barockstils mit der Dynamik der Mannheimer Schule und dem Melos italienischer Opern erreichte Johann Philipp Schoenfeld ein melodisches und harmonisches Bild, das über die Klassik hinaus in die Romantik des folgenden Jahrhunderts weist. Er veröffentlichte »Sammlungen einiger Gesangsstücke mit Cembalobegleitung«, »Neue Lieder auf das Klavier in Musik gesetzt«, »Freimaurerlieder mit Cembalo«, »Lieder mit Begleitung einer Violine zum Singen beim Klavier« und noch eine Reihe von Gesangsstücken, die alle sehr klangschön und eindrucksvoll sind, außerdem Kantaten und ein Singspiel.

Marc-Antoine Desaugiers (1742–93)

ZEIT UND UMWELT

In allen größeren französischen Städten bildeten sich im Verlauf des 18. Jahrhunderts Konzertvereinigungen, die bald dominierende Stellungen im Musikleben einnahmen. Sie suchten durch eine selektive Aufnahmepraxis ihr Niveau zu halten, so daß für die, die früher oder später ihr Tätigkeitsfeld nach Paris verlegten, die Zugehörigkeit zu den provinzialen Konzertinstituten eine gewichtige Empfehlung bildete.

LEBEN

Marc-Antoine Desaugiers wurde 1742 in Fréjus geboren. Nach einer Tätigkeit als Kapellmeister in Fréjus und als Leiter des Grand Concert in Marseille begab er sich 1764 nach Paris, wo er als Opernkomponist wirkte und am 10. 9. 1793 starb.

WERKE

Neben seinen zahlreichen Opern, die durch ihre Natürlichkeit sehr ansprachen, verfaßte Marc-Antoine Desaugiers einige Kantaten, ein Requiem zum Tod seines Freundes Antonio Maria Gasparo Sacchini (1786) und ein »Hiérodrame«, eine Kantate in lateinischer Sprache mit dem Titel »La prise de la Bastille« (Die Erstürmung der Bastille), die 1790 in der Notre-Dame mit 600 Mitwirkenden aufgeführt wurde.

Eugène Godecharles (1742–1814)

ZEIT UND UMWELT

Bis 1780 waren die politischen und kulturellen Verhältnisse im Raum des späteren Belgien zufriedenstellend. Die Reformen, die Kaiser Joseph gegen den Willen seiner Schwester Maria Christina von Sachsen-Teschen (1742–98), Statthalterin in Brüssel, durchsetzte, führten zur Erhebung des Jahres 1789 und zur Gründung der belgischen Republik. Kaiser Leopold II. brachte 1790 das Land wieder unter Habsburgs Herrschaft. Im Jahr 1792 besetzten die Franzosen Belgien, aber die Truppen des inzwischen zur Regierung gelangten Kaisers Franz II. (1768–1835) konnten 1793 noch einmal die Oberhand gewinnen, aber nur für kurze Zeit, 1794 eroberten die Franzosen die gesamten Niederlande, die bis 1814 französisch blieben, sodann zur selbständigen Republik und ein Jahr darauf unter Wilhelm I. (1772–1843), der abwechselnd in Den Haag und in Brüssel residierte, zum Königreich wurden.

LEBEN

Eugène Charles Jean Godecharles (Codecharle, Goddeschal, Godecharle, Godechart, Godischal, Godischial) wurde am 15. 1. 1742 als Sohn des Bassisten an der Brüsseler Hofkapelle und Kapellmeisters an St-Nicolas, Jacques Antoine Godecharles (14. 10. 1713, Brüssel, bis 11. 12. 1782, Brüssel), geboren und von seinem Vater ausgebildet. Im Jahr 1770 wurde er überzähliger Violinist, 1773 Bratschist und 1794 Konzertmeister der Hofkapelle bis zum Ende ihres Bestehens. Er wirkte außerdem als Kapellmeister an Saint-Géry bis zu seinem Tod im Jahr 1814.
Sein Bruder Lambert François Godecharles (getauft 12. 2. 1753, Brüssel, bis 20. 12. 1819, Brüssel) war zunächst von 1778 bis 1794 Baßsänger in der Königlichen Kapelle, dann wurde er Kapellmeister an St-Nicolas.

WERKE

Von Eugène Godecharles sind Violinsonaten, Klaviersonaten mit Violine, 6 Streichquartette, 6 Sinfonien, Sonaten für Harfe und Violine und verschiedene Kirchenmusik – Messen, Proprien – erhalten.
Lambert François Godecharles schrieb Kirchenmusik, die Manuskript geblieben ist.

LITERATUR

S. Clercx, Les Godecharles, in: Mélanges E. Clossen, Brüssel 1948.

Johann Heinrich Egli (1742–1810)

ZEIT UND UMWELT

Das Musikleben in der Schweiz bestand auch im 18. Jahrhundert lediglich aus fallweisen Konzerten von Ausländern. Eine eigenständige Musikentwicklung hatte sich noch nicht anbahnen können, nur die Liedkomposition zeigte einige Ansätze. Es ist aber für sie bezeichnend, daß sie sich vorwiegend an die Berliner Liederschule anlehnte, die forderte, daß jedes Lied von unausgebildeten Sängern zu bewältigen sein müsse.

LEBEN

Johann Heinrich Egli wurde am 4. 3. 1742 in Seegräben bei Wetzikon, Zürich, geboren. Er lebte in Zürich ab 1760 als Violinist und gesuchter Gesang- und Cembalolehrer. Seine Ausbildung zum Liederkomponisten eignete er sich im Selbstunterricht durch das Studium der Kompositionen und theoretischen Schriften der Berliner Liederschule an. Er starb am 19. 12. 1810 in Zürich.

WERKE

Von Johann Heinrich Egli sind erschienen: »Sammlung geistlicher Lieder«, »Geistliche Gesänge«, »Schweizerlieder«, »Lieder der Weisheit und Tugend«, »Zwölf Kinderlieder«, »Gellerts geistliche Oden«, »Gesänge über Leben, Tod und Unsterblichkeit«. Weitere Lieder sind einzeln oder in Sammlungen herausgebracht worden. 1816 wurden 40 Lieder aus dem Nachlaß des Komponisten gedruckt; sie sind zum Teil ein-, zum Teil mehrstimmig. Die Cembalobegleitung ist nicht obligat.

Roman Hoffstetter (1742–1815)

ZEIT UND UMWELT
Die Bratsche, die sich sehr spät einen selbständigen Platz im Orchester erobern konnte, wurde und wird heute noch sehr selten als Soloinstrument eingesetzt. Da sie weder den strahlenden Glanz der Violine noch den Ton- und Klangfarbenumfang des Cello aufweisen kann, nahmen sich nur wenige Komponisten ihrer an, so daß sich nicht viele Virtuosen für dieses sonore Instrument ausbildeten. Daher wurde und wird dem breiten Publikum der schöne Klang der Bratsche viel zu sehr vorenthalten.

LEBEN
Roman Hoffstetter (Hofstetter) wurde am 24. 4. 1742 in Laudenbach, Württemberg, geboren. Er war ab 1763 Benediktiner des Klosters Amorbach und lebte nach dessen Aufhebung als Bratschenvirtuose in Miltenberg, wo er am 21. 5. 1815 starb. Er dürfte die Musik des Klosters geleitet haben.

WERKE
Von Roman Hoffstetter sind 3 schöne Bratschenkonzerte erhalten, deren spielerische Grazie bewundernswert ist. Er veröffentlichte außerdem 6 Streichquartette. Seine weiteren Kompositionen sind verlorengegangen. Der geäußerten Ansicht, daß die 6 Streichquartette Opus 3 (Hob. III: 13–18) von Joseph Haydn, also die Quartette, mit denen der Komponist seine Faktur und die der gesamten Klassik formte, nicht von ihm, sondern von Roman Hoffstetter seien, dürfte wenig Wahrscheinlichkeit zuzubilligen sein.

LITERATUR
L. Somfai, Zur Echtheitsfrage des Haydnschen »Opus 3«, Haydn-Jahrbuch III, 1965.

Johann Baptist Krumpholtz
(1742–90)

ZEIT UND UMWELT
Der Harfenist und Komponist Jean Henry Nadermann (um 1750 bis um 1802), der Jean-Baptiste Erard auf die Idee gebracht hatte, eine Doppelpedalharfe zu bauen, verbesserte die Harfe durch ein Fortepedal und ein Dämpferpedal, was die Ausdrucksfähigkeit des Instruments um ein Vielfaches erweiterte.

LEBEN
Johann Baptist Krumpholtz wurde am 8. 5. 1742 in Budenitz (Budenice) bei Zlonitz (Zlonice) geboren. Er wuchs in Paris auf und wurde dort zum Harfenisten ausgebildet. Im Jahr 1772 konzertierte er in Wien, war von 1773 bis 1776 Mitglied der Kapelle in Schloß Esterházy in Eisenstadt und wurde von Joseph Haydn in Komposition unterrichtet. Nach einer großen Konzertreise ließ er sich in Paris als Harfenvirtuose und Harfenlehrer nieder. Er starb am 19. 2. 1790 in Paris.
Sein Bruder Wenzel Krumpholtz (um 1750, Budenitz, bis 2. 5. 1817, Wien) war ab 1796 Violinist des Wiener Opernorchesters.

WERKE
Von Johann Baptist Krumpholtz sind 6 Harfenkonzerte, 32 Sonaten für Harfe mit Violine, Variationen für Harfe, Quartette für Harfe, Violine, Bratsche und Cello, Harfenduos und Sinfonien für Harfe, zwei Violinen, Flöte, zwei Hörner und Cello erhalten. Der musikalische Wert dieser Werke ist hoch anzuschlagen, ihr Stil enthält viele Rokokoelemente. Einzelnes davon ist in unserem Jahrhundert herausgebracht worden.
Wenzel Krumpholtz verfaßte Kompositionen für Violine, die mehr das Technische als das Musikalische betonten.

Jean-Baptiste Davaux (1742–1822)

ZEIT UND UMWELT
Es war im 18. Jahrhundert noch nicht üblich, daß ganze Orchester Gastspielreisen unter-

nahmen. Manche Klangkörper, wie das Hoforchester von Mannheim, bestanden zum großen Teil aus Musikern, die selbständig als Virtuosen Konzertreisen unternahmen und damit den Stil ihres Orchesters verbreiteten. Paris war ein beliebtes Ziel dieser Meister, so daß der Mannheimer Stil dort sehr früh Eingang und Anhänger fand.

Leben

Jean-Baptiste Davaux (D'Avaux) wurde am 19. 7. 1742 in La Côte-St-André, Isère, geboren. Er gehörte zu den französischen Komponisten, die den Mannheimer Stil sofort aufgriffen und dem eigenen Werk zugrunde legten. Nach seiner Ausbildung zum Violinisten und Komponisten hatte er bereits mit seinen ersten Sinfonien einen durchschlagenden Erfolg. Sie wurden ab 1773 regelmäßig im Concert spirituel aufgeführt und begeistert aufgenommen. Nach der Revolution schlug er eine Beamtenlaufbahn ein, widmete aber seine freie Zeit der Musik. Er starb am 2. 2. 1822 in Paris.

Werke

Die Form der konzertanten Sinfonie wurde von Jean-Baptiste Davaux als erstem französischem Komponisten angewendet. Er verfaßte davon 14 Stück, weiters 3 Sinfonien für großes Orchester, 18 Streichquartette, 6 konzertante Trios für zwei Violinen und Bratsche, 6 Duos für Violinen und 4 Violinkonzerte, außerdem eine »Sammlung patriotischer Gesänge« für Violine. Seine Vokalmusik ist durch 2 Arietten und 2 Opern vertreten.

Félix Máximo López (1742–1821)

Zeit und Umwelt

Zu den innenpolitischen Schwierigkeiten, mit denen sich der spanische König Karl IV. (1748–1819) auseinanderzusetzen hatte, traten 1789 die Französische Revolution und in der Folge die Kriege der französischen Republik, in die er hineingezogen wurde. Die anschließenden Kriege Napoleons verschärften die Lage noch mehr, bis er 1808 zugunsten Napoleon Bonapartes abdankte, der seinen Bruder Joseph Bonaparte auf den spanischen Thron setzte. Die darauf einsetzenden Befreiungskämpfe der Spanier dauerten, bis Ferdinand III. (1769–1824) den Thron einnahm.

Leben

Félix Máximo López wurde am 23. 11. 1742 in Madrid getauft. Er war Erster Organist der Real Capilla in Madrid bis zu seinem Tod am 9. 4. 1821. Inwieweit er seinen Dienst während des unruhigen Verlaufes der Ereignisse zwischen 1789 und 1814 auszuüben in der Lage war, ist nicht feststellbar. Größere Unterbrechungen hat es sicherlich gegeben.

Werke

Von Félix Máximo López ist eine große Anzahl von Orgelwerken und sakralen Kompositionen erhalten. Er schrieb auch etliche Villancicos, Stücke für Cembalo und Gitarre, Lieder und Tonadillas. Die Kirchen- und Orgelmusik ist sehr konservativ, während die profanen Werke dem Geschmack der Zeit folgen. Man darf vermuten, daß die unglücklichen Zeitverhältnisse ihn hinderten, den Bekanntschaftsgrad zu erreichen, den er verdient hätte.

Georg Anton Kreusser

(1743 bis vor 1811)

Zeit und Umwelt

Wenn auch die Hofkapellen der rheinischen Kurfürsten für die Betreuung der Dome verwendet wurden, so erforderte die politische Stellung der Kirchenfürsten ein repräsentatives Musikleben ihrer Höfe. Die Stellung der Kapellen war ähnlich der Klangkörper an den Fürstenhöfen Italiens bis zum Beginn des 18. Jahrhunderts, die als Musikzentren und Ausbildungsstätten unersetzliche Funktionen ausübten.

Leben

Georg Anton Kreusser wurde 1743 in Heidingsfeld geboren. Er wurde in Amsterdam zum Violinisten ausgebildet und in Italien zum Komponisten. Um das Jahr 1779 wurde er Konzertmeister der Kurfürstlichen Kapelle in Mainz, von wo aus er in Frankfurt am Main mit der Kapelle eigene Kompositionen aufführte. Er war auch als Kapellmeister des Theaters von Frankfurt tätig, wo er vor 1811 starb.

WERKE

Am meisten bekannt wurde von Georg Anton Kreusser die Passion »Der Tod Jesu« auf den Text von Karl Wilhelm Ramler. Er schrieb außerdem mehrere Sinfonien, kammermusikalische Werke und Lieder, die im Zeitstil gehalten wurden.

Luigi Boccherini

Luigi Boccherini (1743–1805)

ZEIT UND UMWELT

Es kann beinahe als Regel gelten, daß nur früh begabte Musiker auf eine beachtliche Leistungshöhe gelangen und nahezu ihr ganzes Dasein der Musik widmen müssen, denn die Formung zum Komponisten oder Interpreten bedarf langwieriger, zeitraubender Arbeit, zu deren Gunsten die meisten anderen Interessen fallengelassen werden müssen. Zeit, Zeitumstände, Lebenskreis und Umwelt werden von solchen Künstlerpersönlichkeiten von Kindheit an kaum zur Kenntnis genommen, und was sie wahrnehmen, wird ausschließlich durch das Spektrum der Musik betrachtet und gewertet. Sie leben nur insoweit in ihrer Zeit, wie sie mit der Musik dieser Zeit Fühlung halten, und ihre Umwelt besteht aus Musik und Musikern. Bei einzelnen kann man nicht einmal das Heranreifen zur Meisterschaft parallel zur Zeitentwicklung feststellen, man findet kaum Vorbilder, denen sie nachstrebten. Der Gestaltungsprozeß zur Vollendung wickelt sich rasch und ohne Beziehung zur Außenwelt ab, so daß ihr erstes Werk schon den Stempel einer Meisterschaft trägt, die Zeitgenossen und Nachwelt vor ein unlösbares Rätsel stellt.

LEBEN

Luigi Boccherini wurde am 19. 2. 1743 in Lucca geboren. Er war Schüler von Domenico Vannucci und trat bereits mit 13 Jahren als Cellist im Theater und bei Konzerten auf. Ein Jahr darauf begab er sich nach Rom zur weiteren Ausbildung. Nach seiner Rückkehr nach Lucca wirkte er ab 1761 erneut als Cellist, unterbrochen von Konzertreisen gemeinsam mit Pietro Nardini, Giuseppe Maria Cambini und Filippo Manfredi oder mit diesem allein nach Österreich und Frankreich. Er konzertierte 1768 mit Manfredi in Paris im Concert spirituel, worauf beide an den spanischen Hof in Madrid engagiert wurden; Manfredi kehrte 1772 nach Lucca zurück, Boccherini, der 1770 Kammercellist und Kammerkomponist des Infanten Don Luis Antonio geworden war, ließ sich für immer in der spanischen Residenz nieder. Nach dem Tod des Infanten bezahlte ihm König Karl III. (1716–88) das Salär weiter. Mit dem Tod des Königs versiegte diese Quelle, aber der preußische König Friedrich Wilhelm II. hatte Boccherini 1787 zum Kammerkomponisten ernannt, der wohl einige Konzertreisen nach Mitteleuropa unternahm, aber seine Residenz in Madrid nicht aufgeben mußte; es genügte, daß er regel-

mäßig Kompositionen nach Berlin sandte. Als auch dieser Gönner starb, nahm der französische Gesandte in Madrid, Lucien Bonaparte (1775–1840), den Meister in seine Dienste.
Die unruhigen politischen Zustände in Spanien wirkten sich ungünstig auf dieses Dienstverhältnis aus, so daß Boccherini seine letzten Jahre in sehr bedrängten Verhältnissen verbringen mußte. Er starb am 18. 5. 1805 in Madrid.

WERKE

Die Bedeutung Luigi Boccherinis liegt auf dem Gebiet der Kammermusik. Er kam bereits mit den ersten Streichquartetten der Klassik sehr nahe. Seine Melodik ist empfindsam und weich, aber nicht weichlich, zärtlich, aber nicht verzärtelt. Als Sinfoniker lehnte er sich deutlich an die Mannheimer Schule und an Joseph Haydn an. Klassisch ist bei ihm auch die Bevorzugung der Rondoform im Schlußsatz seiner Sinfonien. Als Cellovirtuose schrieb er viel Cellomusik und nützte den warmen Ton dieses Instruments aus. Luigi Boccherini ist mit einem Brunnen verglichen worden, weil aus ihm jederzeit Musik strömte wie aus einem offenen Brunnenrohr. Tatsächlich ist sein kompositorisches Werk sehr umfangreich: 6 Sonaten für Cembalo und Violine, 13 Sonaten für zwei Violinen, 30 Sonaten für Cello und Baß, eine Sonate für zwei Celli, 42 Streichtrios, 6 Pianofortetrios, 91 Streichquartette, 113 Streichquintette mit zwei Celli, 24 Streichquintette mit zwei Bratschen, 12 Quintette mit Pianoforte, 18 Quintette mit Flöte oder Oboe, 12 Quintette mit Gitarre, 19 Sextette und Oktette für Streicher und Bläser, 30 Sinfonien, 10 Menuette, ein Violinkonzert, 11 Cellokonzerte, ein Cembalokonzert, ein Konzert für mehrere Instrumente, ein »Ballett espagnol« und eine Serenade, Weihnachtsvillancicos für vier Stimmen und Streicher, 16 Arien für eine Singstimme und ein Duett mit Orchester, 2 Oratorien, eine Kantate, ein Stabat mater, eine Messe und weitere sakrale Werke, außerdem eine Zarzuela. Am bekanntesten von allen diesen Kompositionen ist das Menuett aus dem Streichquintett Opus 13/5 (»das« Boccherini-Menuett) geblieben.

Konzert für Cello und Orchester in B-Dur, 3 Sätze

»Ich weiß sehr gut, daß die Musik zum Herzen des Menschen sprechen muß, und das ist es, was ich erstrebe. Musik, die keine Gefühle und keine Leidenschaften ausdrückt, ist leer«, bekannte der Komponist und erfüllte mit diesem Konzert seinen Vorsatz voll und ganz. Der 1. Satz bringt 2 Themen, eines energisch und nahezu gehetzt, das zweite melodisch und zierlich. Der Mittelteil des Satzes in Moll ist ausdrucksreich. Der 2. Satz ist voll lyrischer Episoden, und das Finale stellt ein elegantes Menuett vor.

Quintett Nr. 1 in D-Dur für zwei Violinen, Bratsche, Cello und Gitarre, 3 Sätze

Nicht nur durch die hinzugezogene Gitarre, sondern durch die ganze Anlage bringt dieses Quintett typische spanische Musik bester Faktur, ein Stück im galanten Stil, angemessen der höfischen Kultur seines Jahrhunderts: zarte Gefühlsausdrücke, liebliche Klangbilder des Pastorales und am Ende ein feuriger Fandango mit erregenden Rhythmen.

Quartett in c-Moll Opus 1/1, 3 Sätze, entstanden 1761

Das Werk stellt einen Übergang vom Spätbarock zum galanten Stil dar. Das Allegro des 1. Satzes ist zweiteilig, der 2. Teil ist ein Spiegelbild des ersten. Alle Instrumente sind beteiligt, auch das Cello ist nicht bevorzugt. Die Anlage neigt zur Polyphonie. Im Mittelsatz kommt das Cello zu Wort, dessen Soli von der Bratsche abgelöst oder reizend kontrastiert werden. Ein Unisonothema leitet das Finale ein. Sanft fallen die Violinen ein. Nach einer kurzen polyphonen Entwicklung kommt es zu einer Durchführung, die das Stück abschließt.

Quartett in D-Dur, 3 Sätze, entstanden 1778

Hier hatte der Komponist seinen endgültigen Quartettstil bereits gefunden, der sich an den Mannheimer und noch mehr an den Wiener Stil anlehnt. Das Moderato des 1. Satzes bringt trotz des raschen Themas nur feine Stimmungsbilder. Ein 2. Thema kontrastiert nicht, sondern läuft liebenswürdig nebenher. Das Grave ist voll Ausdruck und Gefühlstiefe. Das Allegro des Finales schließt fröhlich und problemlos den Satz und das Stück ab.

LITERATUR

G. de Rothschild, Luigi Boccherini, Paris 1962.

Benedikt Friedrich Zinck (1743–1801)

ZEIT UND UMWELT
Ludwigslust in Schwerin war von 1764 bis 1837 Residenz der Herzoge bzw. ab 1815 der Großherzoge von Mecklenburg-Schwerin. Seine Hofkapelle stand im ständigen Kontakt mit den Kapellen in Norddeutschland und Dänemark und bezog von beiden Seiten ihre Kräfte.

LEBEN
Benedikt Friedrich Zinck wurde am 23. 5. 1743 in Husum, Holstein (damals dänisch), geboren. Er war zuerst Organist in Schleswig und ab 1783 Mitglied der Hofkapelle in Ludwigslust, wo er am 23. 6. 1801 starb.

WERKE
Von Benedikt Friedrich Zinck ist eine beträchtliche Anzahl Sinfonien – zumeist für großes Orchester – bekannt geworden. Er verfaßte außerdem eine Vertonung des 103. Psalms für Singstimmen und Orchester, Cembalosonaten und Duos für verschiedene Instrumente.

Jeronymo Francisco de Lima
(1743–1822)

ZEIT UND UMWELT
Maria I. (1734–1816) bestieg 1777 den portugiesischen Thron. Bis zum Ausbruch ihrer geistigen Erkrankung (1792) förderte sie nach Kräften die Begründung des eigenständigen portugiesischen Musiklebens, das sich über Opern heimischer Komponisten, wenn diese auch noch den italienischen völlig nachgebildet waren, über Kantaten und Oratorien anzubahnen begann. Unter ihrem Sohn João VI. (1776–1826), der für sie die Regentschaft führte, kam wegen der Kriege, die der Französischen Revolution folgten, und der schließlichen Flucht des Königshauses nach Brasilien (1807) das gesamte kulturelle Leben Lissabons zum Stillstand, so daß sich die Musik in die Kirchen zurückziehen mußte.

LEBEN
Jeronymo Francisco de Lima wurde am 30. 9. 1743 in Lissabon geboren. Er hielt sich einige Zeit zum Studium in Italien auf. Zurückgekehrt, brachte er Opern für die Königliche Oper in Lissabon heraus und dirigierte ihr Orchester. Während der folgenden politischen Wirren betätigte er sich als Kirchenmusiker. Er starb am 19. 2. 1822 in Lissabon.
Sein Bruder Bras Francisco de Lima (um 1750, Lissabon, bis 1813, Lissabon) war Kirchenmusiker in der portugiesischen Hauptstadt.

WERKE
Von Jeronymo Francisco de Lima sind 6 Opern auf italienische Libretti aufgeführt worden. Er schrieb außerdem Kirchenmusik und mehrere Kantaten, die durch die Aufnahme volkstümlicher Melodien eine gewisse Eigenständigkeit aufwiesen.
Von Bras Francisco de Lima sind einige klangvolle Oratorien bekannt geworden, die interessante Eigentümlichkeiten zeigen.

Christian Ehregott Weinlig
(1743–1813)

ZEIT UND UMWELT
Beim Regierungsantritt des Kurfürsten Friedrich August III. (1750–1827) im Jahr 1763 (ab 1806 erster König von Sachsen) hatten sich das Land und die Hauptstadt von den Folgen des Siebenjährigen Krieges erholt, so daß das kulturelle Leben wieder aufblühen konnte wie zuvor. Der Beitritt des Kurfürsten zum Fürstenbund (1785) und der Wechsel zum Rheinbund (1806) verschonte Sachsen und Dresden vor schlimmeren Auswirkungen der Kriege der französischen Republik und Napoleons bis zur Völkerschlacht bei Leipzig (1813).

LEBEN
Christian Ehregott Weinlig wurde am 30. 9. 1743 in Dresden geboren. Er war Schüler der Kreuzschule und von Gottfried August Homilius; ab 1765 studierte er an der Universität Leipzig und wirkte von 1767 bis 1773 als Organist an der reformierten Kirche der

Stadt. Im Jahr 1780 wurde er Akkompagnist an der Italienischen Oper, Organist der Frauenkirche in Dresden und 1785 Kantor an der Kreuzschule und Kreuzkirche. Er starb am 14. 3. 1813 in Dresden.

WERKE
Im Druck erschienen von Christian Ehregott Weinlig die Klavierauszüge seines Oratoriums »Der Christ am Grabe Jesu« und der Kantate »Augusta«, Lieder mit Klavierbegleitung, Klavierstücke und Klaviersonaten mit Flöte und Violine. Als Manuskript sind einige Opern, mehrere Passionsmusiken, Oratorien, Kantaten und weitere kirchliche Gesänge überliefert. Sein Stil ist empfindsam.

Giuseppe Gazzaniga (1743–1818)

ZEIT UND UMWELT
Trotz der häufigen Wiederholungen der Sujets muß man sich doch darüber wundern, daß für die Massen der im 17. und 18. Jahrhundert erzeugten Opern doch immer Libretti zur Verfügung standen. Inhaltlich ist eine gewisse Wandlung feststellbar. Man kam allmählich von den Götter- und Heroengeschichten ab und bemühte sich um bürgerliche Stoffe, die allerdings nicht selten der untersten Trivialliteratur entnommen wurden. Eine Beziehung der Texte zum parallel ablaufenden Zeitgeschehen ist in den seltensten Fällen wahrnehmbar; die Handlungen sind sehr oft zeitlos und wirken dadurch unwirklich und mühselig konstruiert.

LEBEN
Giuseppe Gazzaniga wurde am 5. 10. 1743 in Verona geboren. Er war in Neapel von 1761 bis 1770 Schüler des Conservatorio Sant'Onofrio bei Carlo Cotumacci. Dann begann seine Karriere als Opernkomponist durch ganz Europa, bis er 1791 Kapellmeister am Dom in Crema wurde und in dieser Stellung bis zu seinem Tod am 1. 2. 1818 blieb.

WERKE
Außer seinen 44 wegen ihres leichten Gehalts sehr beliebten Opern verfaßte Giuseppe Gazzaniga eine Sinfonie für zwei Hörner, zwei Oboen, zwei Violinen, Bratsche und Baß, einige Ouvertüren und 3 Pianofortekonzerte, außerdem eine vierstimmige Totenmesse, Messen, Kantaten, Hymnen und Psalmen. Er hielt seine sakrale Musik frei von jeder opernhaften Faktur und orientierte sich an barocken Vorbildern.

Giuseppe Giordani (1743–98)

ZEIT UND UMWELT
Es sind aus den Konservatorien von Neapel wenige Kirchenmusiker hervorgegangen, die nicht auch Opern geschrieben haben. Diese Schüler wuchsen sozusagen damit auf, weil sie als Chorknaben und auch schon als Solisten an vielen Opernaufführungen mitwirkten und der größere Teil ihrer Lehrer als Opernkomponisten Triumphe feierten und damit zum Vorbild wurden. Denn die Zeit, in der man in Italien mit sakraler Musik berühmt wurde, war schon längst vorbei.

LEBEN
Giuseppe Giordani (Giordano, genannt Giordanello) wurde am 9. 12. 1743 als Bruder von Tommaso Giordani in Neapel geboren. Er war Schüler des Conservatorio Santa Maria di Loreto und sodann ab 1755 stellvertretender Kapellmeister an Tesoro di San Gennaro in Neapel. Im Jahr 1772 begab er sich zu seinem Bruder nach London und brachte dort eine Oper heraus. Dann folgte er seinem Bruder nach Dublin, wo er als Komponist und Dirigent bis 1782 wirkte. Anschließend kehrte er nach Italien zurück und widmete sich seinem Opernschaffen, bis er 1791 Kapellmeister am Dom in Fermo wurde, wo er am 4. 1. 1798 starb.

WERKE
Neben 35 Opern schuf Giuseppe Giordani 4 Oratorien, Messen, Proprien, Lieder für eine und zwei Stimmen, Canzonetten, Ouvertüren, Konzerte und Quartette. Sein Stil steht der Oper nahe.

Alexandre Robineau
(um 1744 bis nach 1790)

ZEIT UND UMWELT
Für Kleriker in der Umgebung des Hofes waren die ersten Jahre der Französischen Revolution nicht ohne Gefahr. Die Privilegien, die der Klerus in der vorrevolutionären Zeit genoß, stempelten seine Angehörigen in Bausch und Bogen zu Reaktionären ab, gleichgültig, welche Haltung der einzelne eingenommen hatte. Daher verbargen sich viele in den Provinzen oder gingen in das Ausland.

LEBEN
Alexandre Robineau wurde um 1744 in Paris geboren. Er war Chorknabe der Ste-Chapelle und wurde sodann von Pierre Gaviniès zum Violinisten ausgebildet. Im Jahr 1767 trat er zum ersten Mal im Concert spirituel mit einer Komposition auf. Als Abbé fühlte er sich durch die ausgebrochene Revolution bedroht und floh nach Deutschland, wo er in den Jahren nach 1790 gestorben sein dürfte.

WERKE
Von Alexandre Robineau sind 6 Sonaten für Solovioline mit Baß und einige Violinkonzerte mit großem Orchester bekannt geworden. Sein Stil hing stark von Pierre Gaviniès ab.

Gaetano Brunetti (1744–98)

ZEIT UND UMWELT
Die Königliche Kapelle in Madrid war in der zweiten Hälfte des 18. Jahrhunderts wie die Kapellen manch anderer Höfe lediglich ein Repräsentationsinstrument. Ernstlich interessierte sich niemand dafür; das Musikbedürfnis war durch Zarzuelas und italienische Opern gestillt. Die Aufnahme von Kräften erfolgte nicht nach ihren Leistungswerten, sondern aufgrund von Beziehungen. Weder Luigi Boccherini noch Filippo Manfredi gelang es, in die Kapelle aufgenommen zu werden.

LEBEN
Gaetano Brunetti wurde 1744 in Fano geboren. Er war Schüler von Pietro Nardini und kam noch vor 1762 nach Madrid, wo er 1767 Mitglied der Königlichen Kapelle und 1795 Leiter des Königlichen Kammerorchesters wurde. Er starb am 16. 12. 1798 in Madrid.

WERKE
Von Gaetano Brunetti sind Violinsonaten mit Baß, Duos und Divertissements für zwei Violinen, Trios, Quartette, Quintette, Sextette, Serenaden und 33 Sinfonien, außerdem eine Oper bekannt geworden. Er gilt als einer der letzten Vertreter der italienischen Schule der Sinfonik. Seine Originalität wurde mit Recht sehr geschätzt.

Richard Woodward (1744–77)

ZEIT UND UMWELT
Die irische Hauptstadt Dublin hatte bereits früh neben London ein eigenes Musikzentrum herausgebildet. Der 1679 gegründete Hibernian Catch Club ist vermutlich die älteste noch heute bestehende musikalische Vereinigung Europas.

LEBEN
Richard Woodward wurde 1744 in Dublin geboren. Er war zunächst Chorknabe und dann ab 1765 Organist an Christ Church Cathedral. Im Jahr 1772 wurde er Chorleiter an St. Patrick's. Er starb am 22. 11. 1777 in Dublin.

WERKE
Von Richard Woodward ist 1771 eine Sammlung Kirchenmusik erschienen, bestehend aus einem vollständigen Service, 7 Anthems, einigen Chants und einem Veni Creator für eine bis sechs Stimmen. Eine Sammlung Lieder, Catches und Kanons folgte. Für einen Kanon erhielt er vom Hibernian Catch Club die Goldmedaille. Der Stil seiner Kompositionen ist konservativ.

Francesco Petrini (1744–1819)

Zeit und Umwelt

Seit die Harfe durch das Doppelpedal das Spiel in allen Tonarten und chromatische Gänge erlaubte, wandten sich immer mehr Musiker ihr zu. Es entstand ein eigener Kompositionsstil für dieses Instrument, es wurde solistisch und häufig auch kammermusikalisch eingesetzt. Die Aufnahme der Harfe als vollwertiges Instrument in das große Orchester folgte sodann im Verlauf des 19. Jahrhunderts.

Leben

Francesco Petrini wurde 1744 in Berlin geboren. Er wurde 1765 Hofmusikus in Schwerin und ließ sich 1770 in Paris als Harfenlehrer und Harfenvirtuose nieder. Er starb 1819 in Paris.

Werke

Von Francesco Petrini sind 4 Harfenkonzerte, 8 Harfensonaten, Harfenduette und Variationenwerke erschienen, außerdem eine Harfenschule und eine Harmonielehre. Seine Kompositionen sind im Rahmen der Entwicklung der Kammermusik für Harfe bedeutend.

Abraham Fisher (1744–1806)

Zeit und Umwelt

Die reine Pantomime ohne Tanz wurde im 18. Jahrhundert zu einer beliebten Bühnenstückgattung in England. Es handelte sich um keine durch Gestik illustrierte Musik, denn das Theatralische stand im Vordergrund, während die Musik nur als Untermalung diente. Die Voraussetzung zum Verständnis der Handlung dieser stummen Schauspiele dürfte gewesen sein, daß sie das Publikum ohnehin kannte.

Leben

John Abraham Fisher wurde 1744 in Dunstable geboren. Er wurde von dem bedeutenden Violinisten Thomas Pinto (1714, England, bis 1783, London) ausgebildet und trat 1765 zum ersten Mal im King's Theatre in London auf. Durch Heirat wurde er Teilhaber des Covent Garden Theatre, für das er eine Reihe Pantomimen verfaßte. Auf einer Konzertreise durch Rußland und Deutschland kam er auch nach Wien (1784); dann ging er nach Irland, wo er bis 1798 als Violinist und Dirigent wirkte. Er starb im Mai 1806 vermutlich in London.

Werke

Neben sehr wirksamen Pantomimen verfaßte Abraham Fisher ein mehrfach aufgeführtes Oratorium, ein Präludium, einige Sinfonien und mehrere Violinkonzerte im Stil der Zeit.

Josef Bárta (1744–87)

Zeit und Umwelt

Abgesehen von den zahlreichen Schuldramen entstanden außerhalb Italiens zuweilen auch Opern und Singspiele von Klerikern. Am ehesten war das in Wien möglich, wo der Musikbetrieb seine italienischen Strukturen auch in der zweiten Hälfte des 18. Jahrhunderts nicht abgelegt hatte.

Leben

Josef Bárta (Bartha) wurde 1744 in Prag geboren und lebte dort bis 1770 als Priester und Organist der Salvatorkirche. Dann ließ er sich in Wien nieder, wo er am 13. 6. 1787 starb. Ob er in Wien eine kirchenmusikalische Stellung betreute, ist nicht bekannt.

Werke

Von Josef Bárta sind 6 Klaviersonaten und 6 Streichquartette erschienen. Er schrieb außerdem 2 Opern und ein Singspiel für Wiener Bühnen. Seine weiteren Werke, die er angeblich geschrieben hat, sind verlorengegangen.

Marie-Alexandre Guénin (1744–1835)

Zeit und Umwelt

König Karl IV. von Spanien sah sich 1808

von Napoleon und von den Parteigängern seines Sohnes Ferdinand (Fernandisten) bedroht und versuchte nach Südamerika zu entfliehen. Er kam nur bis Aranjuez, dann wurde er gezwungen, zugunsten seines Sohnes abzudanken. Bonaparte lockte ihn, nachdem er Ferdinand genötigt hatte abzudanken, nach Bayonne; er mußte nun ein zweites Mal zugunsten des Kaisers abdanken. Er verließ Spanien, ging nach Marseille und nach dem Zusammenbruch der Napoleonischen Herrschaft nach Rom.

LEBEN
Marie-Alexandre Guénin wurde am 20. 2. 1744 in Maubeuge geboren. Er wurde Schüler von Nicolas Capron und Pierre Gaviniès im Violinspiel und von François Joseph Gossec in der Kompositionstechnik ausgebildet. Im Jahr 1777 wurde er Musikintendant des prince de Condé Louis Henri Joseph de Bourbon (1756–1830), ab 1778 wirkte er in der Königlichen Musikkapelle als Violinist und dirigierte auch im Trianon, 1780 wurde er erster Violinist an der Oper, 1784 berief man ihn als Violinlehrer an die École Royale de Chant, aus der das Conservatoire hervorging, 1800 ging er nach Marseille zum exilierten spanischen König Karl IV., und 1816 berief ihn König Ludwig XVIII. wieder nach Paris in seine Kapelle. Er starb am 22. 1. 1835 in Étampes.

WERKE
Die Instrumentalwerke von Marie-Alexandre Guénin folgten dem neuen Mannheimer Stil. Er schrieb 6 Trios, 6 Violinduos, 6 Sinfonien für großes Orchester, ein Duo für Harfe und Fortepiano, 3 Streichquartette und Violinsonaten, ein Bratschenkonzert und 3 Celloduos.

Marianne de Martines (1744–1812)

ZEIT UND UMWELT
Das Schicksal der Kompositionen von Frauen, die es in jeder Stilepoche gab, war immer das gleiche. Sie wurden gelobt und zuweilen sogar gerühmt, aber nur dann aufgeführt, wenn die Komponistin in einem Adelshaus mit eigener Kapelle lebte oder als Sängerin, Organistin oder Violinistin ihr Werk selbst vortrug. Sobald diese Voraussetzungen durch das Ableben der Komponistin wegfielen, wurde ihr Schaffen sofort für immer vergessen.

LEBEN
Marianne de Martines (Martinez, eigentlich Anna Catharina) wurde am 4. 5. 1744 in Wien geboren. Unter Aufsicht von Pietro Metastasio erzogen, erhielt sie von Nicola Porpora Gesangunterricht, von Johann Adolf Hasse und Giuseppe Bonno Kompositionsunterricht und von Joseph Haydn Cembalostunden. Über ihre musikalische Tätigkeit außer der Komposition ist nichts bekannt. Sie starb am 13. 12. 1812 in Wien.

WERKE
Von Marianne de Martines wurde bereits 1761 eine Messe aufgeführt. Sie schrieb 1782 das Oratorium »Isacco« (Isaak) nach einem Text von Pietro Metastasio. Weiters verfaßte sie Psalmen, Motetten, Kantaten, Sinfonien und einige Cembalokonzerte. Ihr Stil steht der Wiener Klassik sehr nahe.

Josef Beer (1744–1812)

ZEIT UND UMWELT
Während die Klarinetten in der ersten Hälfte des 18. Jahrhunderts als Nebeninstrumente zu Oboen und Flöten geblasen wurden, setzte man sie ab 1750 immer häufiger als Hauptinstrumente ein. Durch die Vermehrung der Klappen von 4 auf 6 und der Ausnutzung des nicht überblasenen Chalumeauregisters erhielt das Instrument den ihm eigenen Klang, der dem der menschlichen Stimme nahekommt. Obschon sie in der Klassik viel verwendet wurde, erlebte die Klarinette als »romantisches« Instrument ihre Hochblüte erst im folgenden Jahrhundert.

LEBEN
Jan Josef Beer wurde am 18. 5. 1744 in Böh-

men geboren. Er war Trompeter in österreichischen, später in französischen Diensten, erlernte in Paris das Klarinettenspiel und machte als Virtuose Konzertreisen durch ganz Europa. Nachdem er von 1780 bis 1792 in St. Petersburg gewirkt hatte, wurde er königlicher Hofkapellmeister in Potsdam und betreute diese Stelle bis 1808. Er starb am 28. 10. 1812 in Berlin.

WERKE

Von Josef Beer ist eine Anzahl Klarinettenkonzerte erhalten, die die Reihe dieser Musikgattung eröffneten.

Domenico Corri (1744–1825)

ZEIT UND UMWELT

Edinburgh, neben Dublin das zweite Musikzentrum der britischen Inseln außerhalb der Hauptstadt, konnte mit den Konzerten der Musical Society im 18. Jahrhundert nicht sein Auslangen finden. Wie in London und anderen Städten führte dieses gesteigerte Musikbedürfnis zur Gründung privater Unternehmen, die in Ausflugsgärten, die auch andere Vergnügungen boten, Konzerte gaben. Während die Musical Society zumeist ältere Musik brachte, kamen in diesen Gärten auch zeitgenössische Komponisten zu Wort, vor allem der Gründer des Unternehmens selbst, falls er komponierte.

LEBEN

Domenico Corri wurde am 4. 10. 1744 in Rom geboren. Er wurde von Nicola Porpora von 1763 bis 1767 ausgebildet. Im Jahr 1771 erhielt er die Einladung, die Konzerte der Musical Society in Edinburgh zu dirigieren, und ließ sich in der Stadt als Gesanglehrer nieder. Durch seine ersten Kompositionen wurde er so bekannt, daß er es wagte, einen Musikverlag zu eröffnen und einen Vergnügungsgarten mit Musikdarbietungen aufzumachen, in dem er eigene Kompositionen spielen ließ. Die Unternehmen gingen in Konkurs, so daß er nach London übersiedelte, wo er einige Opern mit Erfolg herausbrachte. Der Musikverlag wurde später von seinem Sohn Montague Corri (1784, Edinburgh, bis 1849, London), dessen Bruder Natale Corri (1765–1822) und seinem Schwiegersohn Jan Ladislav Dusík in Edinburgh und London weitergeführt. Er starb am 22. 5. 1825 in Hampstead.

WERKE

Von Domenico Corri ist eine große Anzahl Lieder, Rondos, Arien und Sonaten erhalten. Er schrieb außerdem einige Opern im italienischen Stil und veröffentlichte mehrere Lehrwerke. Seine Kompositionen sind im zeitgenössischen kontinentalen Stil gehalten.

Montague Corri schrieb Bühnenmusiken.

Natale Corri verfaßte Instrumental-, Kammer- und Vokalstücke, denen keine große Bedeutung zukam.

Karl Siegmund von Seckendorff (1744–85)

ZEIT UND UMWELT

Der Weimarer Hof, Johann Wolfgang von Goethe und Johann Gottfried von Herder waren eine Umgebung, in der Poesie und Musik gedeihen konnten – und Singspiele, deren Texte Goethe persönlich verfaßte, hatten alle Voraussetzungen, zu Meisterwerken zu werden. Allerdings, wie die Poesie konnte auch die Musik aus der Umwelt allein nicht fließen.

LEBEN

Karl Siegmund Freiherr von Seckendorff wurde am 26. 11. 1744 in Erlangen geboren. Er war Offizier in österreichischen und dann in sardinischen Diensten, ab 1776 Kammerherr und Geheimsekretär am Weimarer Hof und schließlich preußischer Gesandter in Ansbach, wo er am 26. 4. 1785 starb.

WERKE

Neben seinen schriftstellerischen Arbeiten dilettierte Karl Siegmund von Seckendorff als Komponist von Liedern, mit denen er den Volkston gut traf. Seine 3 Sammlungen »Volks- und andere Lieder mit Begleitung des

Fortepiano« sind mehrmals im Druck erschienen und erreichten eine beachtliche Beliebtheit. Er verfaßte außerdem Singspiele auf Texte von Johann Wolfgang von Goethe – »Lila«, »Jery und Bätely«, »Proserpina« –, die vorwiegend wegen der Texte eine Zeitlang lebendig blieben. Von seiner Instrumentalmusik sind 12 Streichquartette, 8 Divertissements für Cembalo, 3 Trios und einige Klaviersonaten für drei Hände überliefert.

LITERATUR

Th. Stettner, Karl Siegmund von Seckendorff, in: Fränkische Heimat XVI, 1937.

Pierre Joseph Candeille (1744–1827)

ZEIT UND UMWELT

Wiederaufführungen älterer Erfolgsopern gingen um die Wende zum 19. Jahrhundert nicht selten über die französischen Bühnen, obwohl sonst die Tendenz, nur Gegenwartsmusik aufzuführen, auch in Frankreich vorherrschte. In jenen Bühnenstücken wurden, um die Aufführung zu rechtfertigen, einige Nummern durch neue ersetzt. Opernkomponisten, die mit eigenen Werken schlecht ankamen, fanden auf diesem Weg eine Möglichkeit, ihren Namen auf das Programm zu bringen.

Johann Wolfgang von Goethe, Radierung von A. Steininger

LEBEN

Pierre Joseph Candeille wurde am 8. 12. 1744 in Estaires, Nord, geboren. Er war zunächst Sänger an St-Pierre in Lille, sodann ab 1767 Baßbariton an der Pariser Oper. Im Jahr 1777 führte er einige Divertissements und Motetten im Concert spirituel mit Erfolg auf. Seine Bemühungen, eigene Werke auf die Bühne zu stellen, schlugen fehl. Günstige Aufnahme fand nur die »Modernisierung« einer Oper von Jean-Philippe Rameau. Er starb am 24. 4. 1827.

WERKE

Der größte Teil der mehr als 20 Opern von Pierre Joseph Candeille wurde nie aufgeführt. Mehr Anklang fanden seine vorzüglichen Motetten, das Magnificat und seine 4 Sinfonien; seine Messe ist verlorengegangen. Sein Stil gehörte dem Rokoko an.

Pablo del Moral (um 1745 bis nach 1805)

ZEIT UND UMWELT

Auch die Wende zum 19. Jahrhundert brachte keine wesentliche Änderung der spanischen Musikszene. Die Kriege, die politische und wirtschaftliche Unsicherheit und der mehrmalige Thronwechsel ließen eine namhafte kulturelle Betätigung kaum zu. Die Musik beschränkte sich auf die Kirchen und das Theater. Es ist ohnehin erstaunlich, daß eine Sinfonie entstehen konnte.

LEBEN

Pablo del Moral wurde um 1745 vermutlich in Madrid geboren. Er war Violinist an der Kirche San Cayetano in Madrid und ab 1778 auch an verschiedenen Musiktheatern, für die er als dramatischer Komponist wirkte. Im Jahr 1805 zog er sich aus gesundheitlichen

Gründen von allen Pflichten zurück und dürfte bald darauf in Madrid gestorben sein.

WERKE

Von Pablo del Moral sind ungefähr 150 Tonadillas, 24 Comedias, zahlreiche Sainetes, 3 Loas und eine Oper auf spanischen Text erhalten. Er verfaßte überdies eine Sinfonie, einige Seguidillas und Boleros für Pianoforte und eine Anzahl Messen, Komplets und ein sehr bekannt gewordenes Salve regina. Seine Musik bildete die ersten Ansätze zum Aufschwung der spanischen Musik des 19. Jahrhunderts.

Luigi Borghi (um 1745 bis um 1806)

ZEIT UND UMWELT

Der Konzertmeister der Londoner Professional Concerts, Wilhelm Cramer, gründete im Rahmen dieser Institution eine ständige Streichquartettvereinigung als eines der ältesten Ensembles dieser Art. Es geschah in der zweiten Hälfte des 18. Jahrhunderts überhaupt in Großbritannien sehr viel auf dem Gebiet der musikalischen Interpretation, die allerdings noch immer zum größten Teil in den Händen von Ausländern lag.

LEBEN

Luigi Borghi wurde um 1745 vermutlich in Bologna geboren. Er war Schüler von Gaetano Pugnani. Im Jahr 1774 trat er zum ersten Mal in London als Violinist auf, 1777 als Bratschist und ließ sich um 1780 endgültig in der Stadt nieder. Wilhelm Cramer stellte ihn bei seinem Streichquartettensemble als zweiten Violinisten ein. Ab 1790 wirkte er als Manager der italienischen Oper im Pantheon. Er starb um 1806 vermutlich in London.

WERKE

Von Luigi Borghi sind Violinsoli, Duette für zwei Violinen, für Violine und Bratsche, Violine und Cello, Violinkonzerte, Orchestersinfonien und eine Sammlung italienischer Canzonetten, außerdem Marienlitaneien für vier Stimmen erschienen. Seine außerordentlich ansprechende Musik gehörte der Vorklassik an.

Le Bugle (um 1745 bis um 1790)

ZEIT UND UMWELT

Die Biographie mancher Komponisten Frankreichs endet mit dem Revolutionsjahr 1789. Das besagt nicht in jedem Fall, daß sie unter die Räder geraten waren, sie konnten sich versteckt oder die Flucht in das Ausland ergriffen haben und an ihrem neuen Aufenthaltsort unbekannt und unerkannt irgendwann später gestorben sein.

LEBEN

Le Bugle – der Vorname ist nicht bekannt – wurde um 1745 in Mantes, Yvelines, geboren. Er war ab 1755 Chorknabe an der Maîtrise von Rouen, bis er 1763 Organist an St-Herblanc in Rouen wurde, erhielt 1764 die Weihen und verließ 1766 die Stadt, um sich in Paris niederzulassen, wo er seine Kompositionen veröffentlichte. Über seine sonstige Tätigkeit in Paris gibt es keine Informationen. Er dürfte im Verlauf der Revolution verschwunden sein.

WERKE

Von Le Bugle sind 10 Cembalosonaten, eine beachtenswerte Liedersammlung, mehrere Rondos mit Variationen und ein Cembalokonzert erschienen, außerdem ein Quintett für Pianoforte oder Cembalo und Streicher als eines der ersten französischen Klavierquintette. Seine Musik näherte sich der Klassik.

Carl Leopold Röllig (um 1745–1804)

ZEIT UND UMWELT

Zu allen Zeiten haben Instrumentenbauer versucht, neue Instrumente mit neuen Techniken und Klängen zu konstruieren. Es kam dabei häufig nur zu Kuriositäten, mit denen ein neugieriges Publikum unterhalten wurde. Aus diesen zahlreichen Experimenten sind aber immer wieder tatsächlich brauchbare

Instrumente entstanden, mit denen das Klangbild der Ensembles mit neuen Farben bereichert werden konnte.

LEBEN

Carl Leopold Röllig wurde um 1745 in Wien geboren. Er war Instrumentenbauer und Musikdirektor einer Theatergruppe, die in Hamburg und Hannover gastierte. Im Jahr 1780 trat er in Dresden als Glasharmonikavirtuose auf. Er konstruierte ein tragbares Hammerklavier (Orphika) und einen Bogenflügel (Xänorphika) und führte sie in Konzerten vor. Er starb am 4. 3. 1804 in Wien.

WERKE

Von Carl Leopold Röllig wurde ein Singspiel (Clarisse) in Hannover aufgeführt. Er komponierte außerdem eine Reihe von Liedern, die im Volkston gehalten waren, und Stücke für seine Instrumente, die er selbst in Konzerten vortrug. Ihr musikalischer Wert war gering. Er betätigte sich auch als Musikschriftsteller.

Gennaro Astaritta
(um 1745 bis nach 1803)

ZEIT UND UMWELT

Die italienischen Opernkomponisten pflegten sich jeweils dort aufzuhalten, wo ihre Opern zum ersten Mal über die Bühne gingen. Das war in vielen Fällen nötig, weil bis zur Aufführung zahlreiche Änderungen vorgenommen werden mußten, die von den Sängern gewünscht wurden, damit diese sich besser in Szene setzen konnten. Nicht selten wurden auch nach der Erstaufführung noch Korrekturen angebracht, falls einzelne Szenen oder Arien nicht den Beifall des Publikums fanden.

LEBEN

Gennaro Astaritta (Astarita, Asterita) wurde um 1745 in Neapel geboren und dort ausgebildet. Er widmete sich ausschließlich der komischen Oper. Er starb nach 1803; der Sterbeort ist nicht feststellbar.

WERKE

Von den 36 Opern von Gennaro Astaritta wurden 18 für Venedig geschrieben, der Rest für Neapel, Turin, Rom, Livorno, Reggio, Ferrara, Preßburg und St. Petersburg. Daß er auch Kirchenmusik verfaßte, ist für einen Schüler eines neapolitanischen Konservatoriums nahezu selbstverständlich. Überliefert ist davon nichts.

Paolo Orgitano (um 1745 bis um 1807)

ZEIT UND UMWELT

In Italien hielt sich das Cembalo während des gesamten 18. Jahrhunderts und darüber hinaus im allgemeinen Gebrauch; das Pianoforte eroberte seinen Platz nur langsam, weil es zum Hauptverwendungszweck des Cembalo, zum Generalbaßspiel und zur Begleitung der Rezitative in Oper und Oratorium, unverwendbar war.

LEBEN

Paolo Orgitano wurde um 1745 in Neapel geboren. Er wirkte bis 1770 als Cembalist und Organist in seiner Geburtsstadt und ging 1771 nach London, wo er am King's Theatre als Cembalist tätig war. Im Jahr 1779 wurde er Hoforganist in Neapel und betreute diese Stelle bis zu seinem Tod um 1807.
Sein Bruder Vincenzo Orgitano (um 1740, Neapel, bis um 1790, Neapel) lebte als Cembalist und Organist in Neapel.

WERKE

Von Paolo Orgitano sind eine Anzahl Sinfonien und mehrere Cembalosonaten erhalten.
Von Vincenzo Orgitano sind 2 Opern, Kirchenmusik, Cembalosonaten und eine Cembaloschule überliefert.
Beider Musik wurde sehr konservativ gehalten.

Guillaume Navoigille (um 1745–1811)

ZEIT UND UMWELT

Louis Bonaparte (1778–1846) wurde 1806

von seinem Bruder Napoleon Bonaparte als König von Holland eingesetzt. Seine Herrschaft von Gnaden des Bruders dauerte bis 1810, als Napoleon Holland besetzte und Frankreich einverleibte. Damit war seiner Hofhaltung in Holland, das er verließ, ein Ende gesetzt.

LEBEN

Guillaume Navoigille wurde um 1745 in Givet geboren. Er stand im Dienst des Herzogs von Orléans Louis Philippe (1747–93), betätigte sich während der Revolution als Violinist und Dirigent in Paris und trat 1806 in den Dienst des Königs von Holland, Louis Bonaparte. Nach der Einverleibung Hollands durch Napoleon kehrte er nach Paris zurück, wo er im November 1811 starb.
Sein Bruder Julien Navoigille (um 1749, Givet, bis nach 1811, Paris) war Führer der zweiten Violinen, sodann Dirigent des Orchesters am Théâtre de Monsieur bis 1792. Dann dirigierte er bis 1798 das Orchester des Théâtre de la Cité. Im Jahr 1806 trat er mit seinem Bruder in die Dienste des Königs von Holland und kehrte mit ihm 1810 nach Paris zurück, wo er nach 1811 starb.
Beider Neffe, Joseph Navoigille (um 1760, Givet, bis um 1820, Paris) lebte in Paris als Violinist und Komponist.

WERKE

Von Guillaume Navoigille sind 6 Duos für zwei Violinen, 12 Sonaten für zwei Violinen und Baß, 6 Sinfonien für großes Orchester und 9 Trios für verschiedene Instrumente sowie eine Reihe von Bühnenwerken, bei denen es unsicher ist, ob sie ihm oder seinem Bruder zuzuschreiben sind, überliefert.
Von Julien Navoigille sind Bühnenstücke, sofern sie ihm zugeschrieben werden dürfen, 6 Trios für zwei Violinen und Baß, 6 konzertante Quartette sowie Stücke für Violine und Harfe und außerdem Cembalostücke erhalten.
Von Joseph Navoigille erschienen 6 Trios für zwei Violinen oder Querflöten und Baß und 6 Suiten für zwei Violinen oder Querflöten und Baß.
Alle diese Kompositionen näherten sich zwar der Vorklassik, zielten aber bereits auf das Zeitalter der Romantik hin.

Gioachino Traversa
(um 1745 bis nach 1780)

ZEIT UND UMWELT

Die von Giovanni Battista Somis in Turin begründete Tradition wurde über dessen Schüler an Enkelschüler weitergereicht, die sie wie ihre Vorgänger zumeist nach Paris, wohin sie ihre Laufbahn führte, brachten und auf die Entwicklung der französischen Musik einen nachhaltigen Einfluß ausübten.

LEBEN

Gioachino Traversa wurde um 1745 in Bra, Piemont, geboren. Er war Schüler von Gaetano Pugnani. Gegen 1770 übersiedelte er nach Paris, wo er mit Erfolg im Concert spirituel als Violinsolist auftrat. Es ist unbekannt, ob er eine feste Stellung innehatte. Seine letzten Kompositionen sind 1780 erschienen. Er dürfte in einem der folgenden Jahre in Paris verstorben sein.

WERKE

Von Gioachino Traversa sind 6 Sonaten für Solovioline und Baß, 18 Streichquartette und ein Violinkonzert erschienen. Sein Stil läßt die Schule von Turin erkennen.

Simon Leduc (um 1745–77)

ZEIT UND UMWELT

Das Orchester des Concert spirituel von Paris hatte sich in der zweiten Hälfte des 18. Jahrhunderts zu einem der bedeutendsten Klangkörper der gesamten Musikwelt entwickelt. Es hatte auch alle modernen Aufführungstechniken der Mannheimer Schule übernommen, mit denen ein reger Austausch von Kompositionen gepflegt wurde. Es waren ausnahmslos immer die besten Kräfte, die im Pariser Orchester mitwirkten oder es leiteten; die Programmauswahl war sehr streng. Für Solisten galt ein Auftritt im »Concert« als Prüfstein.

LEBEN
Simon Leduc (Le Duc) wurde um 1745 in Paris geboren. Er war Violinschüler von Pierre Gaviniès. Im Jahr 1759 wurde er zweiter Violinist im Orchester des Concert spirituel und nach 4 Jahren erster. Trotz dieser Erfolge wandte er sich dem Verlagsgewerbe zu und wirkte zugleich als Musiklehrer und Komponist. Ab 1773 leitete er gemeinsam mit Pierre Gaviniès und François Joseph Gossec das Concert spirituel. Er starb 1777 und wurde am 22. 1. in Paris begraben.

WERKE
Trotz seiner kurzen Schaffenszeit bewältigte Simon Leduc ein beachtliches kompositorisches Werk. Gedruckt wurden 2 Bücher Violinsonaten mit Generalbaß oder Cembalobegleitung, 2 Bücher Sonaten für zwei Violinen ohne Generalbaß, 12 Trios für zwei Violinen mit Generalbaß, 3 Violinkonzerte und 5 Sinfonien, außerdem 5 Divertissements. Der Einfluß der Mannheimer Schule wird bei allen Werken deutlich. Sie fielen durch häufige Verwendung von Moll-Tonarten, durch kühnen Chromatismus und ganz besondere Tiefe auf. Obwohl die Virtuosität des Komponisten klar zutage tritt, wird sie nirgends zum Selbstzweck.

Louis Henri Paisible (1745–82)

ZEIT UND UMWELT
Maria Fortunata d'Este (1731–1803) war, als sie 1759 Gemahlin des prince de Conti Louis François de Bourbon wurde, der kulturellen Tradition ihrer Familie treu geblieben. Sie gründete eine eigene Musikkapelle, zu der sie namhafte Kräfte verpflichtete.

LEBEN
Louis Henri Paisible wurde 1745 in Paris geboren. Er war Violinschüler von Pierre Gaviniès, den er angeblich »schon nach einem Jahr übertraf«. Darauf wurde er in die Dienste der Gemahlin des prince de Conti genommen und trat zum wiederholten Male mit großem Erfolg im Concert spirituel auf. Im Jahr 1776 verließ er Frankreich und ging auf eine ausgedehnte Konzertreise durch die Niederlande und Deutschland, die in Rußland endete, wo er am 30. 3. 1782 starb.

WERKE
Von Louis Henri Paisible sind 2 Violinkonzerte erhalten. Er veröffentlichte außerdem 12 Streichquartette. Seine weiteren Werke sind verschollen. Sein Stil ist von der Mannheimer Vorklassik sehr beeinflußt, trägt aber schon deutliche romantische Züge.

Nicolas Jean Lefroid de Méreaux
(1745–97)

ZEIT UND UMWELT
Mythologie und legendäre antike Geschichte bildeten auch in der zweiten Hälfte des 18. Jahrhunderts das tägliche Brot des Opernrepertoires. Das Publikum wurde der bereits Hunderte Male durchgewalkten Stoffe nicht müde. Den Hauptanziehungspunkt dürfte aber die Musik gebildet haben, die doch immer etwas Neues brachte, weil sie in Frankreich nie so stereotyp geworden war wie etwa im Bereich der gleichzeitigen italienischen Opern.

LEBEN
Nicolas Jean Lefroid de Méreaux wurde 1745 in Paris geboren. Er war ab 1767 Organist an St-Sauveur und zugleich an der Chapelle Royale. Das Concert spirituel führte seine zwei Oratorien auf. Er starb 1797 in Paris.
Sein Sohn Jean Nicolas Lefroid de Méreaux (22. 6. 1767, Paris, bis 6. 2. 1838, Paris) war Organist an St-Louis-du-Louvre und ab 1811 an Eglise de l'Oratoire.

WERKE
Von Nicolas Jean Lefroid de Méreaux sind 9 Opern und Singspiele, 2 Oratorien – »Samson«, »Esther« –, Kantaten und Oden erschienen.
Jean Nicolas Lefroid de Méreaux verfaßte Sonaten und Fantasien für Pianoforte solo und mit anderen Instrumenten.

Robert Macintosh (1745–1807)

ZEIT UND UMWELT

Die zum Teil einer pentatonischen Skala folgende schottische Volksmusik mit ihrer eigentümlich ansprechenden Melodik hat viele britische und kontinentale Musiker zur Nachahmung bewogen, doch in ihrer ursprünglichen unverfälschten Form kann sie nur in Schottland selbst gefunden werden. Daher waren und sind heute noch Sammlungen schottischen Musikgutes allgemein geschätzt.

LEBEN

Robert Macintosh (genannt Red Bob) wurde 1745 in Tullymet, Perthshire, geboren. Er wirkte als Violinist und Dirigent ab 1773 in Edinburgh und ab 1785 in Aberdeen, bis er 1803 nach London übersiedelte, wo er im Februar 1807 starb.

WERKE

Von Robert Macintosh sind volkstümliche schottische »Airs, Minuets, Gavottes and Reels« für zwei Violinen und Generalbaß, 3 Bücher »New Reels« für Violine und Cembalo, »New Strathspey Reels« und 5 einzelne Stücke, alles unverfälschte schottische Musik, erschienen. Nicht wenig davon hat seinen Niederschlag in der Komposition der Romantik gefunden.

John Parke (1745–1829)

ZEIT UND UMWELT

Daß nicht wenige Kompositionen von Virtuosen nie im Druck erschienen und daher verlorengegangen sind, hat nicht selten seinen Grund in der Absicht des Komponisten, sein Werk nur selbst zu spielen. Man weiß, daß manche Virtuosen ihre Kompositionen dem Begleitorchester erst knapp vor der Aufführung ausfolgten und hernach die Noten sofort wieder einsammelten, damit sie kein Konkurrent zu Gesicht bekam.

LEBEN

John Parke wurde 1745 in London geboren. Er war ab 1768 erster Oboist der Londoner Oper, löste 1771 Johann Christian Fischer als Konzertoboisten an Vauxhall ab und wurde erster Oboist am Drury Lane Theatre. Nach mehreren hervorragenden Stellungen zog er sich 1815 zurück. Er starb am 2. 8. 1829 in London.

Sein Bruder William Thomas Parke (1762, London, bis 26. 8. 1847, London) war ab 1776 Bratschist, ab 1779 Oboist an Vauxhall und wurde 1783 erster Oboist an Covent Garden. Er erweiterte den Tonumfang seines Instruments um eine Terz.

WERKE

Von der beträchtlichen Anzahl Oboenkonzerte von John Parke, die nie gedruckt wurden, ist nichts erhalten.

Von William Thomas Parke sind mehrere Oboenkonzerte, 2 Ouvertüren und zahlreiche Lieder und Glees zumindest handschriftlich überliefert.

Beider Kompositionen wurden von den Zeitgenossen sehr geschätzt.

George K. Jackson (1745–1822)

ZEIT UND UMWELT

Die Psalmodie der Einwanderer in Nordamerika verwendete bis ungefähr 1750 lediglich Melodien kontinentalen Ursprungs. Der 1612 in Amsterdam von Henry Ainsworth (um 1550, vermutlich England, bis 1622, Amsterdam) veröffentlichte und in Amerika nachgedruckte Psalter enthielt eine stattliche Anzahl guter Melodien. Die Praxis des Singens depravierte jedoch im 18. Jahrhundert, so daß das Verlangen nach neuen Gesangbüchern laut wurde. Das führte zum Entstehen der »Tune-books« (Melodienbücher), in die auch Anthems, Oden und patriotische Lieder aufgenommen wurden. Die ersten amerikanischen Komponisten nahmen sich dieser neuen »Gesangbücher« lebhaft an.

LEBEN

George K. Jackson wurde 1745 in Oxford geboren. Er war Chorknabe der Chapel Royal und ging 1796 nach den USA, wo er in Norfolk, dann in Alexandria, Baltimore, Philadelphia und New York als Organist und Gesanglehrer tätig war. Schließlich ließ er sich in Boston nieder und wirkte dort als Organist an verschiedenen Kirchen und als Veranstalter von Chorkonzerten. Er starb am 18. 11. 1822 in Boston.

WERKE

Von George K. Jackson sind zahlreiche kirchenmusikalische Werke in den Tune-Books »Choice Collection of Chants« (Auswahlsammlung von Chants) und »Choral Companion« (Chorfreund) erhalten. Er veröffentlichte auch eine Abhandlung über den Generalbaß.

Nicolas Roze (1745–1819)

ZEIT UND UMWELT

Besonders in den Kirchen der Provinzen wurden alte und älteste musikalische Formen im bewußten Gegensatz zur zeitgenössischen profanen Musik gepflegt, gleichsam, um eine Annäherung der sakralen Musik an weltliche Klänge hintanzuhalten. Der tatsächliche Gewinn dieser Haltung bestand aus den immer neuen Facetten, die älteren Formen abgewonnen wurden, und aus der Vertiefung des Verständnisses dafür.

LEBEN

Nicolas Roze wurde am 17. 1. 1745 in Bourgneuf, Saône-et-Loire, geboren. Er studierte in Beaune und Autun, wo er zur selben Zeit Chorknabe, dann Sänger und schließlich 1768 Kapellmeister an Notre-Dame in Beaune war. Im Jahr 1769 ging er nach Paris und wirkte dort ab 1775 als Kapellmeister an der Église des Innocents; ab 1779 widmete er sich nur mehr dem Unterricht in Harmonielehre und Generalbaß, 1807 wurde er Bibliotheksleiter am Conservatoire in Paris. Er starb am 30. 9. 1819 in St-Mandé bei Paris.

WERKE

Von Nicolas Roze sind mehrere kirchliche Werke in älteren Stilformen erhalten. Er veröffentlichte außerdem eine Reihe musikwissenschaftlicher Abhandlungen, darunter eine über Gregorianik.

Johann Peter Salomon (1745–1815)

ZEIT UND UMWELT

Prinz Heinrich von Preußen, Bruder Friedrichs des Großen, versammelte in Rheinsberg einen geistigen Kreis um sich, der aufklärerisches und frankophiles Ideengut vertrat, außerdem eine Kapelle aus fähigen Musikern.

LEBEN

Johann Peter Salomon wurde am 20. 2. 1745 in Bonn getauft. Er war von 1758 bis 1764 als Violinist Mitglied des Kurfürstlichen Orchesters in Bonn, dann nach einer Konzertreise Konzertmeister des Prinzen Heinrich von Preußen in Rheinsberg. Im Jahr 1781 ging er nach London, wo er als Violinist, Konzertmeister und später als Konzertunternehmer tätig war. Er suchte Joseph Haydn 1790 in

Johann Peter Salomon, Stich von G. S. Facius

Wien auf und hatte maßgeblichen Anteil an dessen Reisen nach London. Er starb am 25. 11. 1815 in London.

WERKE
Von Johann Peter Salomon sind ein Oratorium, 6 Sonaten für Violine und Cello, 6 Soli für Violine und Cello und mehrere Gesangsstücke erhalten. Er arrangierte 24 Sinfonien von Joseph Haydn für Streichquintett. Als Konzertunternehmer war er der Besteller der letzten 12 Sinfonien und der letzten Streichquartette von Joseph Haydn.

František Antonín Ernst (1745–1805)

ZEIT UND UMWELT
Um etwa 1800 wurden Mensur und Spannungsdruck der Violine geändert, um sie zum vollendeten Konzertinstrument zu gestalten; die Saiten wurden stärker gespannt und die Stimmung angehoben, obwohl man längere Saiten aufzog und Griffbrett sowie Hals verlängerte, um das Spiel in höheren Lagen zu erleichtern. Die Wölbung des Steges wurde verstärkt und erhöht, der Hals wurde nach hinten geneigt, damit das Griffbrett wieder in die gleiche Richtung mit den Saiten kam. Auch das Griffbrett erhielt eine stärkere Wölbung und wurde gegen den Steg verbreitert. Das erzeugte einen stärkeren Druck auf die Decke, was einen kräftigeren Baßbalken erforderte. Die Folge war der glanzreiche Ton des Instruments, an den wir gewöhnt sind.

LEBEN
František Antonín Ernst wurde am 3. 12. 1745 in Georgenthal (Jurki) geboren. Er kam als Violinist an die Hofkapelle in Gotha, wo er 1778 zum Konzertmeister aufrückte. Er versah diese Stelle bis zu seinem Tod am 13. 1. 1805.

WERKE
Von dem angeblich umfangreichen kompositorischen Werk František Antonín Ernsts für Violine ist nur ein vorzügliches Violinkonzert in Es-Dur bekannt geworden. Er war auch als Musikschriftsteller tätig.

João de Sousa Carvalho (1745–98)

ZEIT UND UMWELT
Das Seminário patriarcal in Lissabon pflegte vor allem Kirchenmusik, dann aber auch die Opernkomposition im italienischen Stil, ähnlich den Konservatorien von Neapel. Damit war dem Musikbedürfnis der Portugiesen in der zweiten Hälfte des 18. Jahrhunderts Genüge getan. Nach Sinfonien oder Kammermusik wurde noch weniger gefragt als im benachbarten Spanien. Als einzige Instrumentalmusik wurden außerdem Cembalostücke für den Hausgebrauch verlangt.

LEBEN
João de Sousa Carvalho wurde am 22. 2. 1745 in Estremoz geboren. Nach seiner Ausbildung in Italien wurde er Musiklehrer am Seminário patriarcal in Lissabon. Er starb im Jahr 1798 in Borba.

WERKE
Neben mehr als 15 Opern mit italienischen Libretti und im italienischen Stil verfaßte João de Sousa Carvalho eine große Anzahl Kirchenmusik und Kantaten, außerdem einen Band Cembalosonaten. Er zählte zu den bedeutendsten Komponisten Portugals seiner Zeit.

Charles Dibdin (1745–1814)

ZEIT UND UMWELT
Akrobatische Virtuosität, witzige oder rührselige Lieder im Volkston, Scheintragik oder burleske Fröhlichkeit, Bühneneffekte, technische Spielereien, seichte Unterhaltung, Pantomimen, Puppenspiele, Feuerwerke und weitere Belustigungen fanden jederzeit den dankbaren Beifall des britischen Publikums. Vielseitige Musiker, Dichter, Schauspieler, Sänger, Theaterunternehmer blieben Lieblinge der Öffentlichkeit, auch wenn sie zahlreiche Mißerfolge hinter sich hatten.

LEBEN
Charles Dibdin wurde am 4. 3. 1745 in Southampton getauft. Er begann seine Karriere als Chorknabe an der Kathedrale in Winchester, wirkte als Sänger in Richmond, kam bald darauf an das Covent Garden Theatre und wurde 1778 an das Drury Lane Theatre engagiert. Nach einem zweijährigen Frankreichaufenthalt wurde er Komponist an Covent Garden und 1782 Mitdirektor des Royal Circus, für den er zahlreiche kleine Stücke verfaßte. Im Jahr 1789 begann er mit der Veranstaltung gemischter Unterhaltungen, deren Textdichter, Komponist, Sänger und Sprecher er selbst war. Im Alter eröffnete er eine Musikschule und eine Musikalienhandlung, ging aber damit wie mit manchen früheren Unternehmungen in Konkurs. Sein Publikum ließ ihn nicht fallen. Eine öffentliche Sammlung sicherte ihm eine Pension bis zu seinem Tod am 25. 7. 1814 in London.

WERKE
Von den zahlreichen Werken von Charles Dibdin sind über 120 Singspiele – davon 45 mit eigenen Texten –, sehr viele Lieder, von denen eine Reihe bei der britischen Marine populär geworden ist, Cembalostücke und über 30 table entertainments (Mischung von Rezitationen, Erzählungen, Liedern, gesungenen und gesprochenen Dialogen vor einem um einen Tisch versammelten Publikum) hervorzuheben.

Cornelius von Königslöw (1745–1833)

ZEIT UND UMWELT
Auch die Nachfolger von Franz Tunder und Dietrich Buxtehude setzten die berühmten Abendmusiken auf gleich hohem Niveau bis in das 19. Jahrhundert fort, so daß sie noch immer, ungeachtet aller politischen und gesellschaftlichen Veränderungen, einen starken Anziehungspunkt bildeten.

LEBEN
Johann Wilhelm Cornelius von Königslöw wurde am 16. 3. 1745 in Hamburg geboren.

Cornelius von Königslöw

Er war ab 1773 Organist an der Marienkirche in Lübeck und später auch Dirigent der Liebhaberkonzerte der Stadt, in der er am 14. 5. 1833 starb.

WERKE
Die von Cornelius von Königslöw veranstalteten und selbst komponierten »Abendmusiken« setzten ihre Tradition geradlinig fort, so daß sie über den von Berlin ausgehenden norddeutschen Stil hinweg unmittelbar in der Romantik mündete.

Nicolas Étienne Framery (1745–1810)

ZEIT UND UMWELT
Comte d'Artois, der nachmalige König Karl X. von Frankreich, unterhielt schon sehr früh eine eigene Kapelle, die aus Hofmusikern bestand und einem Oberintendanten unterstellt war.

LEBEN
Nicolas Étienne Framery wurde am 25. 3.

1745 in Rouen geboren. Er wirkte mehr als Librettist und Literat als auf dem Gebiet der Musik. Sein erstes Schauspiel wurde von Chevalier d'Herbain vertont. Im Jahr 1768 wurde er Oberintendant der Musik des comte d'Artois, 1783 brachte er eine Oper heraus. Er starb als angesehener Kritiker und Musikschaffender am 26. 11. 1810 in Paris.

WERKE
Außer einigen Opern sind von Nicolas Étienne Framery keine Kompositionen bekannt geworden. Seine musikwissenschaftlichen Leistungen sind für das Verständnis der Musik seiner Zeit sehr wichtig.

LITERATUR
J. Carlez, Framery littérateur musicien, Caen 1893.

Carl Stamitz (1745–1801)

ZEIT UND UMWELT
Musiker aus dem italienischen Sprachraum behielten ihre Namen in der Regel bei, auch wenn sie zeitlebens im Ausland tätig waren. Sie galten bei vielen als Gütezeichen und konnten auch überall leicht ausgesprochen werden. Deutsch- oder anderssprachige Künstler legten sich in Italien häufig italienische Namen bei oder duldeten zumindest die Umbenennungen durch das Publikum, ohne ihre Abkunft zu verleugnen. Die vielen Meister aus dem böhmischen oder polnischen Bereich an den verschiedenen Höfen paßten bald ihre Namen klanglich und orthographisch der neuen Umgebung an, ihre Kinder erhielten italienische, deutsche oder französische Vornamen und integrierten sich vollständig. Sie nachträglich so zu benennen, wie sie geheißen hätten, wenn sie in ihrer ursprünglichen Heimat geboren worden wären, stellt eine Verfälschung historischer Tatbestände dar.

Autograph von Carl Stamitz

LEBEN
Carl Philipp Stamitz (Karel Filip Stamic) wurde am 7. 5. 1745 als ältester Sohn des Jan Václav Antonín Stamic (Johann Wenzel Anton Stamitz) in Mannheim geboren. Er war Schüler seines Vaters und von Christian Cannabich, Ignaz Holzbauer und Franz Xaver Richter, trat 1762 in das Mannheimer Hoforchester ein und wurde 1770 in Paris Hofkapellmeister des duc de Noailles Louis (1713–93). Er unternahm von Paris aus zahlreiche Konzertreisen als Virtuose – Violine und Viola d'amore –, verließ 1785 Frankreich, lebte in Prag, Nürnberg, Kassel und St. Petersburg, bis er sich 1795 in Jena als Musiklehrer und Leiter der Akademischen Konzerte niederließ. Er starb am 9. 11. 1801 in Jena.

WERKE
Ein großer Teil des kompositorischen Werks von Carl Stamitz ist verlorengegangen. Von seinen 80 Sinfonien – darunter 26 konzertante – sind nur 47 erhalten. Weiters sind überliefert: 10 Violinkonzerte, Bratschenkonzerte, Konzerte für Viola d'amore, 4 Cellokonzerte, 3 Flötenkonzerte, ein Pianofortekonzert, Fagottkonzerte, Cembalokonzerte, Streichquartette, Klavierquintette, Trios, Duos, Bläsermusik, Vokalmusik und eine in Frankfurt am Main aufgeführte Oper. Er gilt als Initiator der konzertanten Sinfonie.

Christoph Willibald Gluck;
J. S. Duplessis, 1775

Schloß Schönbrunn bei Wien; B. Belotto, 1759

Wolfgang Amadeus Mozart in festlicher Kleidung; anonymes Ölgemälde, 1763

Familie Mozart; J. N. della Croce, 1780/81

Leopold Mozart; anonymes Ölgemälde, um 1765

Mozarts Geburtshaus

Wien im 18. Jh.

Prag zur Zeit Mozarts

Trio in G-Dur, Opus 14/1 für Flöte, Violine und Generalbaß, 3 Sätze

Im 1. Satz führen die Solisten alternierend, die Generalbaßinstrumente beteiligen sich konzertant wie Soloinstrumente. Der Mittelteil, ein Andante moderato, gleicht rhythmisch und strukturell einem Menuett, in dem ein Dur-Teil einen Moll-Teil wie ein Trio umschließt. Das Rondofinale ist ähnlich aufgebaut. Sein reizendes Thema wird sehr gefällig variiert.

Triosonate in G-Dur für zwei Flöten und Cello, 3 Sätze

Das einleitende Allegro moderato fällt durch seine Verspieltheit auf. Ein elegisches Andante in e-Moll voll Empfindsamkeit schließt sich an und erzeugt echte romantische Stimmung. Das Rondofinale mit seinem herrlichen Refrainthema klingt, als wäre es von Franz Schubert.

Quartett in Es-Dur für drei Violinen und Cello, 3 Sätze

Ein drängendes Allegro mit feinen Linien eröffnet das Stück. Der Mittelteil ist eine lyrische Romanze, deren Moll-Teil eine Elegie voll Trauer und Entsagung darstellt. Auch das abschließende »Rondeau allemande« grenzt an romantische Vorstellungen.

Friedrich Benda (1745–1814)

ZEIT UND UMWELT

Die von den Musikern Friedrichs des Großen ausgestaltete Königliche Kapelle behielt nach dessen Tod unter den Königen Friedrich Wilhelm II. und Friedrich Wilhelm III. (1770–1840), von beiden Herrschern kräftig und großzügig gefördert, ihr hohes Niveau bei, wie das Berliner Musikleben überhaupt seit der Wende zum 19. Jahrhundert einen ungeheuren Aufschwung nahm.

LEBEN

Friedrich Wilhelm Heinrich Benda wurde am 15. 7. 1745 als ältester Sohn des František Benda in Potsdam geboren. Er war von 1765 bis 1810 als Violinist Königlicher Kammermusikus in Potsdam. Darauf betätigte er sich als Musiklehrer bis zu seinem Tod am 19. 6. 1814 in Potsdam.

WERKE

Von Friedrich Benda sind 6 Trios für zwei Violinen und Generalbaß, 2 Violinkonzerte, 3 Sonaten für Cembalo und Flöte, 3 Flötenkonzerte und eine Sonate für Cembalo vierhändig gedruckt worden; außerdem schrieb er 2 Oratorien, mehrere Kantaten und 3 Opern. Sein Stil bildet einen Übergang von der Empfindsamkeit zur Romantik.

Václav Praupner (1745–1807)

ZEIT UND UMWELT

Zu einem profanen Konzertleben kam es in Prag auch im letzten Drittel des 18. Jahrhunderts nicht. Für einzelne Aufführungen anläßlich irgendwelcher Festlichkeiten wurden Werke und zum Teil auch Interpreten von auswärts engagiert. Auch die Opernaufführungen wurden von Landfremden bestritten. Böhmische Musik konnte sich nur in den Kirchen entfalten.

LEBEN

Václav Josef Bartoloměj Praupner wurde am 18. 8. 1745 in Leitmeritz (Litoměřice) geboren. Er wurde in Prag am Venceslaus-Seminarium zum Organisten und Violinisten ausgebildet. Dann war er Hauslehrer und Kapellmeister in Adelshäusern und anschließend Chorregent an verschiedenen Prager Kirchen, zuletzt bis zu seinem Tod am 1. 4. 1807 an der Kreuzherrenkirche.

WERKE

Die Sinfonien und Konzerte von Václav Praupner sind verschollen. Er schrieb außerdem zahlreiche Kirchenmusik, auch a cappella. Sehr bekannt geworden ist sein Melodram »Circe«; die instrumentalen Zwischenspiele und Ballettmusiken des Stückes zählen zu den besten Werken seiner Zeit.

Franz Friedrich Böcklin (1745–1813)

ZEIT UND UMWELT

Lieder, also Gedichte, deren Vorstellungs- und Gefühlsausdruck durch Musik verstärkt, verdeutlicht und vertieft wird, fanden besonders im deutschsprachigen Raum in jeder

Epoche ein bereitwilliges Publikum. Die Beliebtheit des Liedes stieg im 18. Jahrhundert, im Zeitalter der Empfindsamkeit, ständig an, bis die Liederseligkeit der Romantik anbrach.

LEBEN
Franz Friedrich Siegmund August Reichsfreiherr Böcklin zu Böcklinsau wurde am 28. 9. 1745 in Straßburg geboren. Er war Ratsherr in seinem Geburtsort und nahm daneben bei Johann Schobert und Franz Xaver Richter Musikunterricht, den er, als er Kammerherr in Stuttgart wurde, bei Niccolò Jommelli fortsetzte. Er starb am 2. 6. 1813 in Ettenheim, Baden.

WERKE
Von Franz Friedrich Böcklin sind 2 zu seiner Zeit sehr beliebte Liedersammlungen verlorengegangen. Erhalten sind »24 Lieder für Junggesellen«, die sich den englischen Catches nähern, außerdem einige Sinfonien von mäßigem Wert. Seine Bedeutung lag auf dem Gebiet des Liedschaffens.

Maxim Beresowski (1745–77)

ZEIT UND UMWELT
Die Unberechenbarkeit der Auftraggeber und des Publikums haben sowohl Musiker aus West- und Südeuropa wie aus Rußland selbst zu spüren bekommen. Sie waren voll Hoffnung auf ein reiches Betätigungsfeld nach St. Petersburg gekommen und standen vor verschlossenen Türen, obwohl sie nicht weniger konnten als die anderen, die ihr Glück machten; sie hatten die Aufführung einer Oper durchgesetzt und mußten einen Mißerfolg hinnehmen, wenngleich dasselbe Publikum eine weit schlechtere bejubelte. Es spielten dabei viele undurchschaubare Intrigen eine gefährliche Rolle.

LEBEN
Maxim Sosonowitsch Beresowski wurde am 16. 10. 1745 in Glochowo, Ukraine, geboren. Er erhielt seine Ausbildung in Kiew und vollendete sie in Bologna bei Padre Martini in den Jahren 1765 bis 1773. Dann kehrte er nach Rußland zurück, konnte aber dort kein Betätigungsfeld erhalten, so daß er am 22. 3. 1777 in St. Petersburg Hand an sich legte.

WERKE
Von den Chorkompositionen von Maxim Beresowski, die später sehr geschätzt wurden, sind nur wenige erhalten. Auch von seinen Instrumentalwerken ist wenig bekannt geworden. Er scheint seiner Zeit stilistisch vorausgeeilt zu sein und daher zuwenig Beachtung gefunden zu haben. Sein Chor »Verlaß mich nicht in meinem Alter« wird heute viel gesungen. Als Opernkomponist hatte er mit einem Bühnenstück in Livorno großen Erfolg.

Konzert in g-Moll für vier Instrumente und Cembalo, 4 Sätze

Es handelt sich um ein ursprünglich für Singstimmen gearbeitetes Werk, das von Bläsern oder Streichern gespielt werden kann. Die ersten 3 Sätze verraten die italienische Schule sehr deutlich, obwohl der akkordische Vollklang russischen Ursprungs ist. Die Anlage der Fuge im 4. Satz nimmt jedoch das Ideengut der russischen Romantik voraus. Das Fugenthema scheint ukrainischer Volksmusik entnommen zu sein.

Johann David Holland
(um 1746 bis vor 1800)

ZEIT UND UMWELT
Der von Carl Philipp Emanuel Bach in Berlin und Hamburg vertretene Stil, der einerseits die Wiener Klassik vorbereitete, auf der anderen Seite darüber hinaus das kommende Zeitalter der Romantik bereits ahnen ließ, war für die Komponisten Norddeutschlands in der zweiten Hälfte des 18. Jahrhunderts Vorbild und Richtschnur.

LEBEN
Johann David Holland wurde um 1746 in Herzberg, Hannover, geboren. Er war Musikdirektor der Katharinenkirche und ab 1777 »Musikdirektor am Domkapitel in Hamburg«. Er dürfte gegen Ende des Jahrhunderts in Hamburg gestorben sein.

Werke
Außer seinem Oratorium von 1774 verfaßte Johann David Holland Lieder, Lehrstücke und instrumentale Schlittenfahrtmusiken. Sein Stil entsprach dem norddeutschen der Zeit.

Joaquín Lázaro (1746–86)

Zeit und Umwelt
Die spanische Kirchenmusik außerhalb der Hauptstadt war von der Musik der Hofkapelle wenig beeinflußt und dementsprechend konservativ. Da dort der Schritt von der Polyphonie zu barocken Formen mit starker Verspätung unternommen wurde, blieb die Entwicklung bis zum Ende des 18. Jahrhunderts und länger dabei stehen.

Leben
Joaquín Lázaro wurde 1746 in Aliaga, Teruel, geboren. Er war von 1771 bis 1777 Kapellmeister an Nuestra Señora del Pilar in Zaragoza, dann bis 1780 an der Kathedrale von Montoñedo und schließlich bis zu seinem Tod im Jahr 1786 an der Kathedrale von Oviedo.

Werke
Von Joaquín Lázaro sind nur kirchenmusikalische Werke – Motetten, Psalmen, Hymnen, Miserere und Lamentationen – bekannt geworden. Sie gehörten dem spanischen Spätbarock an.

Ignaz Umlauff (1746–96)

Zeit und Umwelt
In Verfolgung seines politischen Zieles eines zentralistisch regierten Reiches mit deutscher Staatssprache förderte Kaiser Joseph II. die Gründung deutscher Bühnen nach Kräften. Über sein Betreiben wurde 1778 das Wiener Nationalsingspiel eröffnet und damit das deutsche Singspiel in Wien heimisch gemacht. Es wies noch ein Konglomerat verschiedener Stilrichtungen auf: Buffonummern, Koloraturarien und volkstümliche Lieder, die erst Wolfgang Amadeus Mozart zu einer Stileinheit formte.

Leben
Ignaz Umlauff (Umlauf) wurde 1746 in Wien geboren. Er war ab 1772 Bratschist der Wiener Hofoper, ab 1778 Dirigent des Wiener Nationalsingspiels und ab 1789 auch Vertreter von Antonio Salieri an der Kaiserlichen Hofmusikkapelle. Er starb am 8. 6. 1796 in Wien.

Werke
Mit seinem Singspiel »Die Bergknappen« eröffnete Ignaz Umlauff die Wiener Nationalsingspiele, denen eine Reihe außerordentlich beliebter Singspiele folgte. Lieder aus diesen Bühnenstücken wurden viel gesungen, besonders die Romanze »Zu Steffen sprach im Traume« aus »Das Irrlicht«. Damit öffnete er der deutschen Sprache das Tor zur Musikbühne, die bisher vom Italienischen beherrscht worden war.

František Adam Mič̌a (1746–1811)

Zeit und Umwelt
Nach den Erwerbungen durch den Spanischen Erbfolgekrieg und den Teilungen Polens wurde die österreichische Völkergemeinschaft stark erweitert, so daß die Volkszugehörigkeit des einzelnen Untertanen immer mehr an Bedeutung verlor. Das galt im erhöhten Maß für Beamte des Staates, die sehr oft fernab von ihrer eigentlichen Heimat ihren Dienst versehen mußten, so daß für sie das gesamte Reich zur Heimat wurde.

Leben
František Adam Mič̌a (eigentlich Jan Adam František de Paula Ritter von Mič̌a, auch Mitscha, Micza, Mischa) wurde am 11. 1. 1746 in Jarmeritz (Jaroměřice), Mähren, geboren. Er studierte Jura, wurde österreichischer Staatsbeamter, 1803 Hofrat und 1807 Landespräsident. Im Jahr 1810 wurde er in den Ritterstand erhoben. Er starb am 19. 3. 1811 in Lemberg (heute Lwiw, Ukraine).

Sein Onkel František Václav Miča (5. 9. 1694, Trebitsch [Třebič], Mähren, bis 15. 2. 1744, Jarmeritz) wurde 1722 Kapellmeister in Jarmeritz.

WERKE

Neben Opern und Singspielen verfaßte František Adam Miča mehrere Sinfonien, Orchestertänze, Violinkonzerte, ein konzertierendes Divertissement, 6 Streichquartette, 4 Harfensonaten, einige Konzertarien, eine »Studenten Cassation« für zwei Tenöre, Baß, Chor und Bläseroktett und ein Oratorium (Davids fünfzigster Psalm), außerdem ein berühmt gewordenes Concertino notturno in Es-Dur für Violine und Orchester sowie ein Oboenquartett in C-Dur. Einiges davon wurde in unseren Zeiten neu herausgebracht.
František Václav Mica schrieb das Sepolcro »Abgesungene Betrachtungen über Etwelche Geheimnüsse des büttern Leyden und Sterbens Jesu Khristij«, Kantaten und 5 Opern, zum Teil auf tschechische Libretti.

LITERATUR

O. Veselý, Rod Míčů, in: Hudební věda V, 1968.

Maurus Haberhauer (1746–99)

ZEIT UND UMWELT

Fast alle für die Musikgeschichte des Mittelalters bedeutenden Persönlichkeiten waren Benediktinermönche, aber auch in der Neuzeit wirkten zahlreiche Angehörige dieses Ordens als Theoretiker und Praktiker an der Entwicklung der Musik mit. Es ist selbstverständlich, daß es sich dabei vorwiegend um Kirchenmusik handelte.

LEBEN

Maurus Haberhauer wurde am 13. 1. 1746 in Zwittau (Svitavy), Mähren, geboren. Er war Benediktinermönch und Regens chori im Stift Raigern bei Brünn, wo er am 18. 2. 1799 starb.

WERKE

Von Maurus Haberhauer sind handschriftlich über 50 Messen, 2 Requiem, zahlreiche Vespern, Motetten, Lamentationen und weitere sakrale Gesänge erhalten. Sie gehören teilweise noch dem Spätbarock an, weisen aber auch romantische Züge auf.

Giuseppe Maria Cambini (1746–1825)

ZEIT UND UMWELT

Die konzertante Sinfonie und das konzertante Quartett zählten im letzten Drittel des 18. Jahrhunderts in Paris zu den beliebtesten Formen der Instrumentalmusik. Der ständige Abtausch von Solisten und Tutti, der Wechsel der Dynamik und der Klangfarben wurden genossen wie eine Folge anregender Bilder und ersetzten Handlung und Gestik der von den Franzosen überaus geliebten Oper. Das Publikum konnte, während die ständig überraschend neuen Klangbilder sein Ohr erreichten, selbst Vorstellungen und Gefühle erträumen und das Vergnügen der Programmusik des kommenden Jahrhunderts bereits vorausnehmen.

LEBEN

Giuseppe Maria Cambini wurde am 13. 2. 1746 in Livorno geboren. Er war wahrscheinlich Schüler von Pietro Nardini und Filippo Manfredi und studierte die Quartette von Joseph Haydn und Luigi Boccherini. Im Jahr 1770 kam er nach Paris, trat häufig mit Erfolg im Concert spirituel als Violinist auf und spielte auch am Concert des amateurs und im Opernorchester. Von 1788 bis 1794 war er als Theaterleiter tätig, dann bis zu seinem Tod am 29. 12. 1825 Mitarbeiter verschiedener Musikzeitungen von Paris.

WERKE

Die größten Erfolge errang Giuseppe Maria Cambini mit seinen über 80 zum Großteil konzertanten Sinfonien und ebenfalls 174 konzertanten Quartetten (149 für zwei Violinen, Bratsche und Cello, 6 für Violine, 2 für Bratschen und Cello, 18 für Flöte und Streicher), den 5 Cembaloquartetten, 39 weiteren Quartetten, 114 Streichquintetten und 3 Bläserquintetten. Er schrieb außerdem Violinsonaten, Cembalosonaten, Gitarren-, Flöten- und Klarinettenstücke, mehr als 150 Duos für verschiedene Instrumente und ungefähr 100 Trios für verschiedene Besetzung, 14 Instrumentalkonzerte und zahlreiche Bearbeitungen »bekannter Arien«; weiters: Lieder, eine Kantate, mehrere Motetten, einen Psalm, 5 Messen, 4 Oratorien, 17 musikalische Bühnenstücke - Opern, Ballette - und Revolutionsmusik. Diese Fülle zeigte die leichte Hand des Routiniers, der wohl oft an Tiefe wenig bot, dafür aber durch überraschende Instrumentation sowie durch melodische und harmonische Originalität sein Publikum ausgezeichnet unterhielt. Er führte auch als einer der ersten die Posaune in das Orchester ein. Seine ganze Musik weist deutlich auf das Zeitalter der Romantik hin. Eine Anzahl seiner Kompositionen wurde in neuerer Zeit wieder herausgebracht.

Francesco Fortunati
(1746 bis nach 1810)

Zeit und Umwelt
Erzherzogin Maria Amalia (1746–1804), Tochter der Kaiserin Maria Theresia, war Gemahlin des Bourbonen Ferdinand (1751 bis 1802), Herzog von Parma. Sie hielt sich in Parma eine eigene Kapelle aus vorwiegend italienischen Musikern.

Leben
Francesco Fortunati wurde am 24. 2. 1746 in Parma geboren. Er war in Bologna Schüler von Padre Martini und kehrte um 1769 nach Parma zurück, wo er Hofkapellmeister und Musiklehrer der Erzherzogin Maria Amalia von Österreich wurde und, von einer Reise nach Berlin und Dresden unterbrochen, diesen Dienst bis 1802 versah. Im Jahr 1810 wurde er Mitglied der in Parma neu gegründeten Accademia und dürfte in einem der folgenden Jahre in Parma gestorben sein.

Werke
Neben einigen Opern verfaßte Francesco Fortunati einige Sinfonien, Quartette und Kirchenmusik. Sein Stil war sehr konservativ.

Nicolas Séjan (1746–1819)

Zeit und Umwelt
Im letzten Viertel des 18. Jahrhunderts erschienen in Frankreich die ersten Vertreter der Vorromantik. Die Zeit der Revolution und die folgenden politischen Veränderungen bildeten keinen Boden für gefühlsabstrakte, nur allgemeingültige Klassik; die durch die völlige soziale und politische Umgestaltung des Daseins und die Befreiung der Geisteswelt von traditionalen Zwängen in jedem einzelnen erweckten Vorstellungen und Gefühle drängten zum persönlichen Ausdruck.

Leben
Jean Nicolas Séjan wurde am 11. 5. 1746 in Paris geboren. Er war Neffe und Schüler von Nicolas Gilles Forqueray und wurde 1760 Organist an St-André-des-Arcs und 1772 an Notre-Dame; 1790 folgte er Armand Louis Couperin als Königlicher Kapellorganist und als Lehrer an der École Royale de Chant et de Déclamation nach. Im Jahr 1795 wurde er Orgellehrer am Conservatoire, 1806 Organist an St-Louis-des-Invalides und 1814 erneut Kapellorganist. Er starb am 16. 3. 1819 in Paris.

Werke
Von Nicolas Séjan sind 6 Sonaten für Pianoforte mit Violine, eine Sammlung von Pianofortestücken solo, 3 Sonaten für Pianoforte mit Violine und Cello, verschiedene Arrangements für Pianoforte, ein dreistimmiger unbegleiteter Chor und einige Fugen für Tasteninstrumente erhalten. In seinen Sonatenallegros ist der Einfluß von Christoph Willibald Gluck sehr deutlich. Seine nicht zahlreichen Pianokompositionen räumten ihm einen hohen Rang unter den Meistern der Vorromantik ein.

Literatur
G. Favre, Nicolas Séjan, in: Revue Musicale XVII, 1936.

Johann Nepomuk Gayer (1746–1811)

ZEIT UND UMWELT

Ludwig X. (1753–1830), Landgraf von Hessen-Darmstadt und Hessen-Homburg, trat 1806 dem Rheinbund bei und wurde dafür zum Großherzog Ludwig I. ernannt. Die Landgrafschaft Hessen-Homburg fiel 1866 an Preußen.

LEBEN

Johann Nepomuk Andreas Josef Jakob Gayer wurde am 18. 5. 1746 bei Karlsbad (Karlovy Vary) geboren. Er war in Prag Schüler von Václav Pichl im Violinspiel. Dann begab er sich auf Konzertreisen in Deutschland und wurde Konzertmeister beim Landgrafen von Hessen-Homburg in Homburg von der Höhe, wo er im Jahr 1811 starb.

Sein älterer Verwandter, Adalbert Gayer (um 1700, Prag, bis um 1758, Prag), war Cellist am Veitsdom in Prag.

Dessen Vater Christoph Karl Gayer (vor 1670, bei Karlsbad, bis 16. 11. 1734, Prag) war ab 1701 Regens chori an der Loretokirche in Prag und ab 1705 Kapellmeister am Veitsdom.

WERKE

Von Johann Nepomuk Gayer sind 40 Violinkonzerte, weitere Konzerte für verschiedene Instrumente, 30 Sinfonien, Sonaten für verschiedene Instrumente und Kirchenmusik überliefert. Sein Stil ist stark von Pichl beeinflußt.

Von Adalbert Gayer ist nur eine Motette im altböhmischen Stil erhalten.

Christoph Karl Gayer hinterließ verschiedene sakrale Musik im Manuskript, die zeigen, daß er die barocke Faktur völlig hinter sich gelassen hatte und dem italienischen Stil seiner Zeit folgte.

Johann Friedrich Peter (1746–1813)

ZEIT UND UMWELT

Teile der aus Böhmen und Mähren vertriebenen Brüdergemeinden wanderten nach Nordamerika aus und ließen sich vorwiegend in North Carolina und Pennsylvania nieder, wo sie ihr religiöses Leben weiterführten. Sie pflegten mit den englischen Glaubensgemeinschaften wenig Verkehr, so daß auch ihre Musik eine von der im übrigen Nordamerika gepflegten verschiedene Entwicklung nahm.

LEBEN

Johann Friedrich (John Frederik) Peter wurde am 19. 5. 1746 in Heerendijk geboren. Er wanderte 1770 nach Nordamerika aus und wurde Organist Böhmischer Brüdergemeinden in North Carolina und Pennsylvania, zuletzt in Bethlehem, wo er am 13. 7. 1813 starb.

WERKE

Die 6 Steichquintette von Johann Friedrich Peter zählen zur ältesten nordamerikanischen Kammermusik. Er verfaßte außerdem über 80 Anthems für Chor mit Streichern oder Holzbläsern und Orgel.

LITERATUR

A. G. Rau, Johann Friedrich Peter, The Musical Quarterly XXIII, 1937.

Wilhelm Cramer (1746–99)

ZEIT UND UMWELT

Der Ausspruch, daß jedes Mitglied der Mannheimer Kapelle ein vollendeter Virtuose und zugleich ein ausgebildeter Dirigent sei, der selbst ein Orchester zu leiten imstand wäre, war vielleicht etwas übertrieben; richtig ist jedenfalls, daß in allen Musikländern »Mannheimer« erschienen, die als Solisten, als Kapellmeister oder als erste Violinisten oder Cellisten berühmt wurden. Die Kapelle bildete ohne Zweifel eine musikalische Kraftquelle für die Musikentwicklung des 18. Jahrhunderts.

LEBEN

Wilhelm Cramer wurde am 2. 6. 1746 in Mannheim getauft und von Jan Stamic und Christian Cannabich ausgebildet. Er war von

1757 bis 1772 als Violinist Mitglied des Mannheimer Hoforchesters. 1773 ging er nach London, wo er zum ersten Mal als Violinist auftrat. Er wurde Königlicher Kapellmeister und zugleich Konzertmeister an der Oper, am Pantheon, an den Ancient Concerts und den Professional Concerts. Er starb dort am 5. 10. 1799 als angesehener Violinsolist und Orchesterleiter.

WERKE
Von den Violinkonzerten von Wilhelm Cramer sind 8 im Druck erschienen, 2 weitere Manuskript geblieben. Er verfaßte weiters 6 Violinsonaten mit Generalbaß, 6 Soli für Violine und Cello, 12 Trios für zwei Violinen und Generalbaß sowie 6 Streichquartette. Er brachte den Mannheimer Stil nach England. Unmittelbare Nachahmer fanden sich dort aber nicht.

James Hook (1746–1827)

ZEIT UND UMWELT
Der englische Musikverleger Thomas Warren (um 1720, London, bis um 1794, London), Sekretär des Catch Club, brachte eine Sammlung von 652 »Catches, Canons and Glees« heraus. Daneben erschienen von anderer Seite »The Feast of Anacreon« (Anakreontisches Fest), »Hours of Love« (Stunden der Liebe) und andere Kollektionen von Vokalkompositionen, die bei den sangesfreudigen Engländern guten Absatz fanden. Daß es sich dabei um Unterhaltungsmusik handelte, ist selbstverständlich, aber es befanden sich nicht wenige wertvolle Stücke darunter.

LEBEN
James Hook wurde am 3. 6. 1746 in Norwich geboren und an der Kathedrale der Stadt ausgebildet. Er war eine Frühbegabung, die im Alter von 6 Jahren Cembalokonzerte gab und mit 8 Jahren bereits eine Balladenoper komponierte. Er siedelte nach London über, wo er 1769 Organist und Komponist an Marylebone Gardens wurde und ab 1774 an Vauxhall Gardens in gleicher Eigenschaft durch ungefähr 50 Jahre und zugleich lange Jahre als Organist an St. John's wirkte. Er starb 1827 in Boulogne.

WERKE
Von James Hook sind ungefähr 2000 Gesänge in verschiedenen Sammlungen und auch einzeln erschienen. Er erhielt dafür eine Reihe Preise. Außerdem schrieb er etwa 30 Opern und Singspiele, einige Schauspielmusiken, einige Orgelkonzerte, Cembalosonaten und ein Oratorium. Seine Beliebtheit als Liederkomponist war außerordentlich groß.

Jean-Baptiste Rochefort (1746–1819)

ZEIT UND UMWELT
Im letzten Jahrzehnt des 18. Jahrhunderts wurde in Paris ein Theater nach dem anderen eröffnet. Ihre Lebensdauer war zumeist nur kurz, weil sie einer weiteren Neugründung Platz machen mußten. Diese Gründungen waren für die Opernkomponisten sehr belebend, weil sie die Kompositionsaufträge und Aufführungen vermehrten. Außerdem wurde durch niedrige Eintrittspreise, die allerdings in manchen Fällen das Unternehmen ruinierten, ein breites Publikum gewonnen.

LEBEN
Jean-Baptiste Rochefort wurde am 24. 6. 1746 in Paris geboren. Er war Chorknabe an der Maîtrise der Notre-Dame in Paris und ab 1775 Kontrabassist der Oper. Nach einem fünfjährigen Aufenthalt ab 1780 in Kassel als Direktor der Französischen Oper kehrte er an die Pariser Oper zurück, wo er Stellvertretender Orchesterleiter wurde. Im Jahr 1797 wurde ihm die musikalische Leitung des Théâtre des Arts übertragen. Er starb 1819 in Paris.

WERKE
Außer einer großen Anzahl Ballette, Ballettkomödien, Pantomimen und komische Opern verfaßte Jean-Baptiste Rochefort eine Kantate, 3 Motetten, einige Romanzen, die im Concert spirituel aufgeführt wurden, und

6 Streichquartette, die den Einfluß von Mannheim verraten.

Harnack Otto Conrad Zinck
(1746–1832)

ZEIT UND UMWELT

Im Jahr 1784 riß der dänische Kronprinz Friedrich (1768–1839, ab 1808 als Friedrich VI. König von Dänemark) die Regierungsgewalt an sich, führte die Bauernbefreiung durch, reformierte die Agrarwirtschaft und das Handelswesen. Der Wohlstand des Landes stieg rasch an, was einen Aufschwung des kulturellen Lebens zur Folge hatte. Die folgenden Napoleonischen Kriege brachten allerdings schwere Rückschläge.

LEBEN

Harnack (Hardenack, Hartnack) Otto Conrad Zinck, Bruder des Benedikt Friedrich Zinck, wurde am 2. 7. 1746 in Husum geboren. Er wirkte ab 1768 als Sänger in Hamburg und ab 1777 als Flötist in der Hofkapelle in Ludwigslust. Im Jahr 1787 ging er als Akkompagnist an das Hoftheater in Kopenhagen, wo er von 1789 bis 1801 auch als Organist an Vor Frelser Kirke und von 1791 bis 1811 als Seminarmusiklehrer tätig war. Er starb am 15. 2. 1832 in Kopenhagen.

WERKE

Neben seiner Oper »Selim og Mirza« (Selim und Mirza) veröffentlichte Harnack Otto Conrad Zinck »Sechs Claviersonaten benebst der Ode Kain am Ufer des Meeres« und 4 Hefte »Compositionen für den Gesang und das Clavier« und gab außerdem ein dänisches Choralbuch heraus. Sein Stil folgte dem norddeutschen.

Giovanni Battista Grazioli
(1746 bis um 1820)

ZEIT UND UMWELT

In Ermangelung jüngerer Meister waren um die Wende zum 19. Jahrhundert Domenico Scarlatti und Baldassare Galuppi noch immer die bedeutendsten Vorbilder der Komposition für Tasteninstrumente. Dabei stand das Cembalo im Mittelpunkt des Interesses, denn Orgelmusik wurde seit Girolamo Frescobaldi (1683–1743) nahezu keine mehr geschrieben und von den Italienern auch nicht verlangt.

LEBEN

Giovanni Battista Grazioli wurde am 6. 7. 1746 in Bogliaco bei Salò geboren. Er war Schüler seines engeren Landsmannes Giuseppe Ferdinando Bertoni in Venedig. Ab 1782 war er Zweiter und von 1785 bis 1789 Erster Organist an San Marco in Venedig, wo er um 1820 starb.
Sein Sohn Alessandro Grazioli (um 1770, Venedig, bis nach 1820, Venedig) wirkte in Venedig als Organist.

WERKE

Von Giovanni Battista Grazioli sind 12 Sonaten für Cembalo und 6 Sonaten für Cembalo und Violine erschienen, die Domenico Scarlatti und Baldassare Galuppi als Vorbilder erkennen lassen.
Alessandro Grazioli schrieb 3 Sonaten und 20 Sonatinen für Orgel, die auf viel ältere Vorbilder zurückweisen.

Ludovit Václav Lachnith (1746–1820)

ZEIT UND UMWELT

Pasticcios, zumeist parodistischer Natur, fanden in Paris stets ein dankbares Publikum, und je höher das parodierte Original geschätzt wurde, um so beliebter war seine Verspottung. Dafür, daß damit »heilige« Gefühle der Ehrfurcht verletzt würden, hatte der Franzose kein Verständnis.

LEBEN

Ludovit Václav Lachnith wurde am 7. 7. 1746 in Prag geboren. Er war zunächst Mitglied des Hoforchesters in Zweibrücken. Dann ging er nach Paris, wo er bei Jean Joseph Rodolphe sein Hornspiel vervollkommnete, bei François-André Philidor (1726–95) Kompositionsunterricht nahm und mit Erfolg im Concert spirituel als Hornist auftrat. Er starb am 3. 10. 1820 in Paris.

WERKE
Von Ludovit Václav Lachnith sind zahlreiche Instrumentalkompositionen erschienen. Seine Erfolge errang er aber in erster Linie mit seinen Pasticcios, besonders mit dem parodistischen »Les Mystères d'Isis« (Die Geheimnisse der Isis), womit die »Zauberflöte« von Wolfgang Amadeus Mozart verballhornt wurde.

Christian Benjamin Uber (1746–1812)

ZEIT UND UMWELT
Liebhaberkonzerte kamen im 18. Jahrhundert immer mehr in Mode, weil sich der Kreis der an Musik Interessierten stets weiter ausdehnte, seit es öffentliche Konzerte, zu denen jeder Zutritt erhielt, gab. Musikstudium und Musikausübung wurden in bürgerlichen Kreisen schon sehr gepflegt; es kam zur Bildung kleiner Ensembles, aus denen wiederum von Fall zu Fall eine bedeutende Musikerpersönlichkeit hervorging.

LEBEN
Christian Benjamin Uber wurde am 20. 9. 1746 in Breslau (Wrocław) geboren. Er studierte Rechtswissenschaft und war zuletzt Oberamts-Regierungsadvokat in seiner Geburtsstadt. Seine musikalische Ausbildung erhielt er während seines Studiums in Halle von Daniel Gottlob Türk. Als passionierter Musikliebhaber veranstaltete er in seinem Haus regelmäßige Musikabende, zu denen Literaten, Künstler und Musiker geladen wurden. Er starb im Jahr 1812 in Breslau.

WERKE
Der äußerst talentierte Amateur Christian Benjamin Uber verfaßte neben einem Singspiel eine Kantate und eine Ode, weiters 7 Divertimenti für Kammerorchester, 6 Cembalotrios und eine Anzahl Cembalosonaten zum Teil mit Begleitung von anderen Instrumenten. Sein Wirken war für die Musikentwicklung der Stadt Breslau sehr wichtig.

William Billings (1746–1800)

ZEIT UND UMWELT
Es sind ungefähr 500 Musiker aus der Zeit vor der nordamerikanischen Revolution und den zwei folgenden Dekaden bekannt. Der größte Teil davon waren lediglich Besucher aus Europa, die in den neuen Städten auftraten. Sie brachten ein großes Repertoire zu Gehör – darunter bei 200 Opern –, so daß die Siedler der Neuen Welt in ständigem Kontakt mit dem europäischen Musikgeschehen blieben. In Nordamerika geborene Komponisten aus der vorrevolutionären Zeit traten nur vereinzelt auf und wirkten nahezu ausschließlich auf dem Gebiet des Kirchengesangs.

LEBEN
William Billings wurde am 7. 10. 1746 in Boston geboren. Er erhielt nie eine musikalische Ausbildung, setzte sich aber mit großem Eifer für die Erneuerung des Kirchengesangs ein. Er starb am 26. 9. 1800 in Boston.

WERKE
Von William Billings erschienen »The New England Psalm Singer«, »The Singing Master's Assistant«, »The Psalm Singer's Amusement« (Der Psalmsänger in Neuengland – Hilfe für Gesanglehrer – Zum Vergnügen des Psalmsängers) und 3 weitere Sammlungen Kirchenlieder. Die Gesänge erfuhren bald eine weite Verbreitung.

LITERATUR
M. Barbour, The Church Music of William Billings, East Lansing, Michigan 1960.

Jan Václav Stich (1746–1803)

ZEIT UND UMWELT
Die Leibeigenschaft wurde in Österreich erst durch Kaiser Joseph II. 1781 abgeschafft. Falls sich vorher der Leibeigene aus dem Be-

Jan Václav Stich, Stich von S. C. Miger

reich seines Dienstherrn entfernen wollte, mußte er fliehen. Wenn es ihm gelang, die Grenzen seines Landes zu erreichen, war er sicher; eine Auslieferung gab es nicht. Ein österreichischer Leibeigener konnte nach 1781 unbehelligt auch in seine Heimat zurückkehren.

LEBEN
Jan Václav Stich (Giovanni Punto) wurde am 28. 10. 1746 in Sehuschitz (Žehušice) bei Caslau (Čáslav) geboren. Er war Leibeigener und floh aus Österreich nach Hechingen in Baden-Württemberg, wo er, vorwiegend als Autodidakt zum Hornisten ausgebildet, wie später in Mainz, Paris und Würzburg, auftrat. Im Jahr 1782 wurde er Mitglied der Kapelle des comte d'Artois (des späteren Königs Karl X.); 1788 ging er nach London; von 1796 bis 1798 leitete er das Théâtre des Variétés Amusantes in Paris, 1799 hielt er sich in Wien auf und lernte Ludwig van Beethoven kennen, der für ihn seine Sonate für Klavier und Horn in F-Dur, Opus 17, schrieb. Von 1801 bis zu seinem Tod am 16. 2. 1803 lebte er in Prag.

WERKE
Von den 14 Hornkonzerten von Jan Václav Stich scheinen einige Bearbeitungen fremder Kompositionen zu sein, daher muß die Zuschreibung mit Vorbehalt vorgenommen werden, die bei den Duos, Trios, Quartetten, Quintetten und Sextetten für Hörner gesichert ist. Er schrieb außerdem 6 Sonaten für Violine und Generalbaß, Flötentrios und Flötenquartette, ein Klarinettenkonzert und 2 Hymnen für Soli, Chor und Orchester. Er veröffentlichte auch eine Hornschule, in der der große Virtuose alle Möglichkeiten seines Instruments vorführte.

Venanzio Rauzzini (1746–1810)

ZEIT UND UMWELT
Bezeichnend für das Ende des Kastratenunwesens war die Tatsache, daß die letzten Vertreter dieser Klasse als Gesanglehrer nicht etwa andere Kastraten unterrichteten, sondern Sängerinnen ausbildeten, die später ihre Rollen übernahmen. Da auch in der Kunst die Nachfrage eine gewisse steuernde Rolle ausübt, gab es kaum mehr Kastraten auf den Bühnen. Sie hielten sich nur in bestimmten Kirchenkapellen noch bis in das nächste Jahrhundert hinein.

LEBEN
Venanzio Rauzzini wurde am 18. 12. 1746 in Camerino getauft. Er trat 1765 im Teatro della Valle in Rom als Kastratensopran auf, wurde 2 Jahre darauf an den Hof in München verpflichtet, sang in Venedig, Wien, Padua und Mailand und ließ sich 1774 in London nieder. Dort trat er in eigenen Opern auf, übernahm 1781 die Leitung der Konzerte in der New Assembly in Bath, wo er bis zu seinem Tod am 8. 4. 1810 als Gesanglehrer wirkte und eine Reihe berühmter Sängerinnen ausbildete.
Sein Bruder Matteo Rauzzini (1754, Camerino, bis 1791, Dublin) trat 1772 in München auf, sodann in London und ließ sich schließlich als Gesanglehrer in Dublin nieder.

WERKE
Von Venanzio Rauzzini sind neben einigen Opern ein Requiem, eine Sinfonie, Kantaten, Arien und Kanzonen, Streichquartette, Kla-

vier- und Violinsonaten und 12 Solfeggien erhalten.
Matteo Rauzzini schrieb 3 Opern.

Jan Stefani (um 1747–1829)

ZEIT UND UMWELT
Fürst Stanisław August Poniatowski (1732 bis 1798) wurde mit Unterstützung der russischen Zarin Katharina II. 1764 zum König von Polen gewählt. Er mußte 1795 abdanken und verbrachte den Rest seines Lebens in halber Gefangenschaft in St. Petersburg – das Jahr 1795 hatte das Ende des alten polnischen Königreiches gebracht.

LEBEN
Jan Stefani wurde um 1747 in Prag geboren. Er war Kapellmeister in Prag, sodann Violinist des Wiener Hoforchesters, ab 1771 Konzertmeister des letzten polnischen Königs bis zum Ende des Reiches (1795) und anschließend Kapellmeister der Warschauer Oper bis zu seinem Tod am 24. 2. 1829.

WERKE
Außer seinen 11 Opern, von denen die erste (»Die Krakowiter und die Bergbewohner«) wegen der darin aufgenommenen polnischen Tänze einen ungeheuren Erfolg errang (200 Aufführungen), schrieb Jan Stefani Oratorien, Messen, Partiten für Bläser und zahlreiche Polonaisen.

LITERATUR
K. Stromenger, Jan Stefani, in: Łódz Teatralna Nr. 3, 1946/47.

Félix Jean Prot (1747–1823)

ZEIT UND UMWELT
Wenn auch die Bratsche in der zweiten Hälfte des 18. Jahrhunderts zum selbständigen Orchesterinstrument aufgerückt und in der Kammermusik zum gleichwertigen Mitglied des Ensembles geworden war, so kamen die Bratschisten doch immer von der Violine; sie griffen nur zur Bratsche, weil gerade

Venanzio Rauzzini, Stich von J. Landseer, 1801

das Pult frei war, und blieben dabei, weil ihnen das Instrument lag. Sie waren es, die in manchen Fällen der Bratsche weitere Bewegungsräume verschafften, sei es durch Arrangements, sei es durch Kompositionen.

LEBEN
Félix Jean Prot wurde 1747 in Senlis geboren. Er war Kompositionsschüler von Pietro Giannotti und wurde zum Violinisten ausgebildet. Er wirkte von 1775 bis 1822 als Bratschist an der Comédie Française und starb 1823 in Paris.

WERKE
Außer seinen komischen Opern verfaßte Félix Jean Prot eine große Anzahl Duos für Bratsche und Violine, ein Trio und 4 Sinfonien. Bei diesen Werken sind der Bratsche durchwegs dominierende Melodieführungen anvertraut. Er schrieb auch etliche Vokalwerke.

Iwan Chandoschkin (1747–1804)

ZEIT UND UMWELT
Im 18. Jahrhundert erfolgte der Aufstieg

Rußlands zur europäischen Großmacht. Hand in Hand damit ging der stetig engere Anschluß des Reiches an die europäische Kulturentwicklung. Der ständig anwachsende Zustrom deutscher und italienischer Musiker und die großzügige Förderung seitens der Krone und des Hochadels ermöglichten die Begründung einer eigenen russischen Musikentwicklung, die von der europäischen zwar die äußeren Formen beibehielt, diese aber mit bodenständigen Vorstellungen und Gefühlswerten ausstattete.

Leben

Iwan Jewstafjewitsch Chandoschkin (Handoschkin) wurde 1747 vermutlich in St. Petersburg als Leibeigener geboren. Er war ab 1765 als Violinist Mitglied des Hoforchesters und wurde nach einigen Jahren Konzertmeister und Dirigent der Ballettaufführungen. Im Jahr 1785 wurde er freigelassen, weil er die Direktion einer in Jekaterinoslaw geplanten Musikakademie übernehmen sollte, die dann doch nicht gegründet wurde. Er starb am 17. 3. 1804 in St. Petersburg.

Werke

Von Iwan Chandoschkin sind 6 Sonaten für zwei Violinen, »Chansons russes variées« für Violine und Generalbaß, »Six chansons russes avec des variations« für Violine und Bratsche, »Six chansons russes avec Variations« für zwei Violinen, »Chansons Russes variées« für zwei Violinen und 3 Solosonaten für Violine im Druck erschienen. Die Zuschreibung eines handschriftlich überlieferten Bratschenkonzerts ist zweifelhaft.

Raynor Taylor (1747–1825)

Zeit und Umwelt

Nachdem die Vereinigten Staaten von Amerika gegründet waren, stieg die Zuwanderung aus Europa ungeheuer an. Das von den Einwanderern mitgebrachte Kulturgut wurde sofort zur Grundlage einer Eigenentwicklung. In Philadelphia zum Beispiel kam es zur Gründung eines musikalisch-literarischen Zirkels, der sich um die Aufführung von Konzerten, Schauspielen und Opern bemühte und jedes kulturelle Unternehmen unterstützte. Ihm gehörten auch die Komponisten Alexander Reinagle, George J. Schetky und Benjamin Carr an.

Leben

Raynor Taylor wurde 1747 in England geboren. Seine erste Ausbildung erhielt er als Chorknabe der Chapel Royal in London. Ab ungefähr 1765 wirkte er als Organist in Chelmsford, Essex, dann wurde er Dirigent an einem Londoner Theater. Im Jahr 1792 kam er nach Baltimore, wo er konzertierte, dann nach Annapolis, wo er an St. Anne's als Organist wirkte; schließlich ließ er sich in Philadelphia nieder, wo er sich als Organist an St. Peters betätigte, Mitglied des musikalisch-literarischen Zirkels und mehrerer kultureller Vereinigungen wurde und 1825 starb.

Werke

Von dem kompositorischen Werk des Organisten und Sängers Raynor Taylor, das aus einer beträchtlichen Anzahl Instrumental- und Vokalkompositionen besteht, sind nur wenige Lieder erhalten, die ihn als vorzüglichen Liedkomponisten ausweisen.

František Andrej Holý (1747–83)

Zeit und Umwelt

In Mitteleuropa übte man bei Ordensgeistlichen, die sich am Opernbetrieb beteiligten, um vieles weniger Großzügigkeit als zum Beispiel in Italien. Man hielt die beiden Lebenskreise für unvereinbar, so daß einer aufgegeben werden mußte.

Leben

František Andrej Holý (Franz Andreas Holly) wurde 1747 in Schönbach (Luby), Böhmen, geboren. Er wurde bei den Jesuiten in Prag erzogen und ausgebildet, trat in den Franziskanerorden ein, verließ ihn aber 1770 und wurde Kapellmeister zunächst in Prag, dann in Berlin und schließlich in Breslau (Wrocław), wo er am 4. 5. 1783 starb.

WERKE

Von František Andrej Holý ist eine Reihe von Singspielen und Schauspielmusiken für verschiedene Bühnen bekannt geworden; zwei davon sind im Klavierauszug erschienen. Sie waren sehr von Johann Adam Hiller abhängig. Ihre seinerzeitige Beliebtheit beweist das erwachte Bedürfnis des Publikums nach einer deutschen Musikbühne. Er verfaßte auch eine Anzahl kirchenmusikalischer Werke, denen keine große Bedeutung zukam.

Manuel Canales (1747–84)

ZEIT UND UMWELT

Das Streichquartett hatte in der zweiten Hälfte des 18. Jahrhunderts auch in Spanien Eingang gefunden. Die Vorbilder hiezu wurden von Luigi Boccherini geschaffen, über den auch mehrere andere Neuerungen der mitteleuropäischen Musik nach Spanien gekommen waren. Die ersten spanischen Quartette wiesen allerdings noch eine Form auf, in der die erste Violine melodieführend war und die anderen Instrumente vorwiegend Begleitung spielten.

LEBEN

Manuel Canales wurde am 22. 3. 1747 in Toledo geboren. Es ist unbekannt, welche musikalische Funktion er dort ausübte. Er starb im Jahr 1784 in Toledo.

WERKE

Von Manuel Canales sind 2 Sammlungen mit je 6 Streichquartetten überliefert. Über weitere Kompositionen gibt es keine Informationen.

Johann Wilhelm Häßler (1747–1822)

ZEIT UND UMWELT

In den letzten Jahrzehnten des 18. Jahrhunderts und in den ersten des folgenden war eine Reihe von Meistern tätig, die der Vorklassik angehörten, auch wenn sie teilweise zur Empfindsamkeit neigten, aber die letzten Schritte zur Hochklassik nicht unternahmen. Sie waren zu viel von der Notwendigkeit überzeugt, dem Publikum entgegenzukommen, und entwickelten sich sozusagen an der Klassik vorbei zur Vorromantik.

LEBEN

Johann Wilhelm Häßler (Häsler) wurde am 29. 3. 1747 in Erfurt geboren. Er wurde von seinem Onkel, dem Bach-Schüler Johann Christian Kittel, ausgebildet und setzte seine Studien bei Carl Philipp Emanuel Bach und Johann Adam Hiller fort. Er erhielt bereits mit 16 Jahren die Organistenstelle an der Barfüßerkirche seiner Geburtsstadt. Da er zugleich im Mützenmachergewerbe arbeitete, mußte er als Handwerksgeselle auf die Wanderschaft gehen und benützte sie zugleich als Konzertreise. Er begründete 1780 in Erfurt ein Konzertunternehmen und 1784 eine Musikalienhandlung, konzertierte von 1790 bis 1792 unter der Leitung von Joseph Haydn in London, war sodann Kaiserlicher Hofkapellmeister in St. Petersburg und übersiedelte 1794 nach Moskau, wo er bis zu seinem Tod am 29. 3. 1822 als angesehener Pianist und Pianolehrer wirkte.

Johann Wilhelm Häßler, Stich von C. Müller

WERKE

Von Johann Wilhelm Häßler sind zahlreiche Kompositionen für Pianoforte (anfänglich wahlweise auch für Cembalo) erschienen. Seine frühen Sonatensammlungen stehen stark unter dem Einfluß von Carl Philipp Emanuel Bach, die späteren nähern sich der Wiener Klassik, besonders Wolfgang Amadeus Mozart. Seine vielen Fantasien, Präludien und Charakterstücke weisen bereits gegen die Frühromantik. Sie kommen dem Publikumsgeschmack sehr entgegen, überraschen aber oft durch kühne Harmonik und durch rezitativisch-dramatische Passagen. Das gleiche gilt von seinen Klaviersonaten. Seine Orgelstücke und Lieder sind von geringerem Interesse.

LITERATUR

E. H. Müller, Johann Wilhelm Häßler, Neue Musikzeitschrift XLIII, 1922.

Johann Abraham Peter Schulz
(1747–1800)

ZEIT UND UMWELT

Der Hainbund wurde 1772 von Ludwig Christoph Heinrich Hölty (1748–1776), Johann Martin Miller (1750–1814), Johann Heinrich Voß und weiteren Studenten als Göttinger Dichterbund im Sinn Friedrich Gottlieb Klopstocks gegründet. Er trat gegen Aufklärung und Nachahmung der Franzosen und für Natur, Empfindung, Herz und Gefühl auf. Die Dichtungen wurden im Göttinger Musenalmanach veröffentlicht, dessen Mitarbeiter Gottfried August Bürger (1747 bis 1794), Matthias Claudius (1740–1815), Johann Gottfried von Herder, Johann Wolfgang von Goethe, Johann Wilhelm Ludwig Gleim und andere zeitgenössische Dichter waren. Seine Anregungen waren bis in das 19. Jahrhundert wirksam.

LEBEN

Johann Abraham Peter Schulz wurde am 31. 3. 1747 in Lüneburg geboren. Er war Schüler von Johann Philipp Kirnberger in Berlin, bereiste zunächst durch 5 Jahre Frankreich, Italien, Österreich und Polen als Klavierlehrer und Klavierbegleiter und ließ sich 1773 in Berlin als Musiklehrer nieder, wirkte von 1776 bis 1778 als Dirigent des Französischen Theaters der Stadt, darauf des Privattheaters der Kronprinzessin Friederike Luise (1714 bis 1784) und schließlich von 1780 bis 1787 als Hofkomponist und Hofkapellmeister des Prinzen von Preußen, Heinrich, in Rheinsberg. Im Jahr 1790 wurde er Hofkapellmeister in Kopenhagen, trat 1795 in den Ruhestand und hielt sich in Berlin, Rheinsberg, Stettin und Schwedt auf, wo er am 10. 6. 1800 starb.

WERKE

Die Bedeutung von Johann Abraham Peter Schulz liegt in seinen 130 Liedern, mit denen er die Zweite Berliner Liederschule begründete und das umfangreiche deutsche Liedschaffen im 19. Jahrhundert einleitete. Er entwickelte das Kunstlied, »das den Schein des Bekannten haben sollte«. Er legte die Dichtungen des Göttinger Hainbundes seinen Liedern »im Volkston« zugrunde, von denen heute noch einige gesungen werden, wie »Der Mond ist aufgegangen« von Matthias Claudius. Er veröffentlichte »Gesänge am Klavier«, »Lieder im Volkston«, 3 Bände, »Uzens lyrische Gedichte religiösen Inhalts« auf Gedichte des Rokokodichters Johann Peter Uz (1720–96), verschiedene kleinere Klavierstücke, 2 Oratorien (»Johannes und Maria«, »Des Erlösers letzte Stunde«), ein Te Deum und geistliche Chöre. Er war auch als Schriftsteller tätig. Seine 3 Opern (eine auf dänischen Text) wurden zu seiner Zeit sehr geschätzt.

LITERATUR

E. Schmitz, Unverwelkter Volksliedstil, Leipzig 1956.

Johann Melchior Dreyer (1747–1824)

ZEIT UND UMWELT

Einfachheit, schöne Harmonien, ansprechende Melodien, naive Wortausdeutung, volksliedhafte Faktur fanden gerade in vorromantischer Zeit viel Anklang. Die anspruchslose Musik lenkte von der Andacht der Kirchenbesucher ab.

LEBEN
Johann Melchior Dreyer wurde am 24. 6. 1746 in Röttingen, Franken, geboren. Er war ab 1779 Organist am Reichsstift Ellwangen, Württemberg, und ab 1790 auch Stiftskapellmeister. Nach der Säkularisation des Stifts im Jahr 1803 war er als Kapellmeister für die Stadt Ellwangen tätig, wo er am 22. 3. 1824 starb.

WERKE
Die von Johann Melchior Dreyer hinterlassene orchestral begleitete Kirchenmusik war sehr klangvoll. Er schrieb nach dem Vorbild Michael Haydns Messen auf deutschen Text und förderte damit den noch seltenen katholischen Kirchengesang in der Volkssprache.

Leopold Koželuh, Stich von W. Ridley, 1797

Leopold Koželuh (1747–1818)

ZEIT UND UMWELT
Mit leichter Hand geschriebene Kompositionen für Bühne und Konzertsaal, die an ein Publikum, das »Die Schlacht bei Vittoria« für die bedeutendste Komposition von Ludwig van Beethoven ansah, keine Ansprüche stellten, konnten neben den Werken der Wiener Klassik mühelos bestehen. Nur wenige vermochten es, die großen Differenzen zwischen den beiden Welten zu erkennen. Aber das Urteil der Zeitgenossen unterliegt im Rückblick zumeist starken Korrekturen.

LEBEN
Leopold Anton (Antonín) Koželuh (Kotzeluch, Kozeluch) wurde am 26. 6. 1747 in Welwarn (Velvary), Böhmen, geboren. Er war Vetter und Schüler von Antonín Koželuh, studierte in Prag Jura, wandte sich aber der Musik zu und hatte 1771 mit einem Ballett Erfolg. Im Jahr 1778 ging er nach Wien und wurde Musiklehrer der Erzherzogin Elisabeth, Tochter der Kaiserin Maria Theresia. Er starb am 7. 5. 1818 in Wien.

WERKE
Neben 6 Opern und 6 Balletten schrieb Leopold Koželuh 2 Oratorien, 10 Kantaten, einige sakrale Werke, außerdem 28 Sinfonien, 30 Pianokonzerte, 2 Fagottkonzerte, 2 Klarinettenkonzerte, 24 Sonaten für Pianoforte und Violine, über 80 Trios mit Pianoforte, 19 Divertissements und zahlreiche Orchestertänze. Seine Musik war, bei aller Klassiknähe, leicht, flüssig, gefällig, aber ohne großen Tiefgang.

Sinfonie in g-Moll, 3 Sätze, entstanden 1887
Der 1. Satz besteht aus drei Themen, von denen zwei scharf rhythmisiert sind, das dritte kantabel ist. Die Bewegung der Musik ist stark drängend, dramatisch ansteigend, bis vier Schlußakkorde des vollen Orchesters breitflächig alles beenden. Das Adagio ist ein lyrischer Ruhepunkt – liedhaft, elegisch, aber nicht traurig. Der 3. Satz ist wieder voll dramatischer Bewegung. Pochende Tonwiederholungen und Synkopen wirken als motorisches Element. Der ständige Wechsel der Tongeschlechter und die Vorhaltsdissonanzen bringen viel Farbe in das Tonbild, das großartig ausklingt.

LITERATUR

M. Poštolka, Leopold Koželuh, Život a dílo, Prag 1964.

Johann Wilhelm Stadler (1747–1819)

ZEIT UND UMWELT

Die Empfindsamkeit hielt sich gerade in der evangelischen Kirchenmusik bis in das 19. Jahrhundert und wurde sodann von der Romantik abgelöst. Sie entsprach der damals herrschenden subjektiven Einstellung der Gläubigen und ihrer Hingabe an den Gefühlsinhalt der Glaubenslehre.

LEBEN

Johann Wilhelm Stadler wurde am 8. 10. 1747 in Repperndorf bei Kitzingen geboren. Er war in Erlangen, wo er Theologie studierte, Kompositionsschüler von Johann Balthasar Kehl. 1778 wurde er Stadtkantor und Seminarlehrer in Bayreuth und 1805 Rektor. Er starb am 26. 6. 1819 in Eltersdorf bei Erlangen.

WERKE

Das Hauptwerk von Johann Wilhelm Stadler war sein Oratorium »Die Kreuzfahrer«, dessen Chöre sich stark dem Pietismus näherten. Er verfaßte außerdem klangvolle Kantaten, Trauerarien, Choralsätze, sakrale und profane Lieder, letztere mit Klavierbegleitung.

Narcís Casanoves (1747–99)

ZEIT UND UMWELT

Die Escolania von Montserrat war durch Jahrhunderte und ist heute noch ein unveränderlicher Hort der Traditionspflege auf höchstem Niveau. Das wurde durch ihre Aufgeschlossenheit gegenüber allen Entwicklungsphasen der Musik nie beeinträchtigt. Sie entnahm jeder Epoche das Beste und integrierte es harmonisch dem Überkommenen.

LEBEN

Narcís Casanoves (Casanovas) wurde am 17. 11. 1747 in Sabadell, Barcelona, geboren. Er wurde Benediktiner von Montserrat und wirkte im Rahmen des Klosters als Organist und Chorleiter. Er starb am 1. 4. 1799 im Kloster Montserrat.

WERKE

Von Narcís Casanoves sind Messen, Karwochenresponsorien, Psalmen, Antiphonen und Motetten überliefert, außerdem zahlreiche Orgelmusik im italienischen Stil – Pasos, Sonaten, Rondos.

Felice Alessandri (1747–98)

ZEIT UND UMWELT

Neben einer Persönlichkeit wie Johann Friedrich Reichardt als Zweiter Kapellmeister der Berliner Königlichen Oper zu bestehen, erforderte ein beträchtliches Maß von Fähigkeiten, auch wenn Reichardt wegen seiner offen bekundeten Sympathie für die Französische Revolution in seiner Stellung selbst gefährdet war, denn das Recht auf freie Meinungsäußerung gab es nur in den Schriften der Aufklärung, der angeblich alles huldigte.

LEBEN

Felice Alessandri wurde am 24. 11. 1747 in Rom geboren. Er war Schüler eines der Konservatorien in Neapel und wurde darauf Kapellmeister in Turin. Anschließend wirkte er in Paris, London, St. Petersburg und dann wieder in Italien als Opernkapellmeister. Von 1789 bis 1792 war er Zweiter Kapellmeister der Berliner Königlichen Oper unter Johann Friedrich Reichardt. Er starb am 15. 8. 1798 in Casinalbo.

WERKE

Außer 33 Opern, die sich nur kurz auf den Bühnen hielten, schrieb Felice Alessandri ein Ballett, ein Oratorium, 6 Sinfonien, 6 Cembalokonzerte, 6 Trios für zwei Violinen und Baß und zahlreiche Cembalosonaten.

Cristoforo Babbi (1748–1814)

ZEIT UND UMWELT
Das Teatro Comunale (Städtisches Theater) in Bologna wurde von Antonio Galli da Bibiena (1700–74) erbaut. Es ist bezeichnend, daß es 1763 mit der Oper von Christoph Willibald Gluck »Il Trionfo di Clelia« (Triumph der Clelia) eröffnet wurde, denn damit dokumentierte es seine Stellungnahme für die damals fortschrittlichste Faktur des Musikbühnenstückes.

LEBEN
Cristoforo Babbi wurde 1748 in Cesena geboren. Er war von 1775 bis 1778 Dirigent des Orchesters des Teatro Comunale in Bologna und von 1781 bis zu seinem Tod im Jahr 1814 Konzertmeister am Hof in Dresden.

WERKE
Von Cristoforo Babbi sind eine Reihe Violinkonzerte und Sinfonien bekannt geworden. Ihr Stil gehörte der italienischen Vorklassik an.

Theodor Schacht (1748–1823)

ZEIT UND UMWELT
Das Hoftheater der Fürsten Thurn und Taxis in Regensburg konnte auf hohem Stand gehalten werden, weil ausreichende Geldmittel verfügbar waren, um die Künstler hoch zu dotieren. Die Fürsten pflegten das traditionelle Mäzenatentum ihres Hauses viel länger als die meisten anderen regierenden Häuser Europas.

LEBEN
Theodor Baron von Schacht wurde 1748 in Straßburg geboren. Er war in Stuttgart Schüler von Niccolò Jommelli und wurde 1773 Musikintendant der Fürsten Thurn und Taxis in Regensburg sowie 1783 Direktor ihres Theaters. Im Jahr 1805 kam er nach Wien, wo ihn Napoleon Bonaparte beauftragte, 6 Messen zu verfassen. Nachdem er von 1813 bis 1818 in Scheer, Württemberg, auf einem Gut der Thurn und Taxis gelebt hatte, ließ er sich erneut in Regensburg nieder, wo er am 20. 6. 1823 starb.

WERKE
Von den über 200 Kompositionen von Theodor Schacht ist eine Sinfonie für ein Werk Joseph Haydns gehalten worden. Das zeigt, wie nahe Schacht der Wiener Klassik gekommen war. Auch seine übrigen Sinfonien sind stark von Joseph Haydn beeinflußt, wie auch die für Napoleon geschriebenen 6 Messen und die Konzerte für Klarinette, für Oboe, für Cembalo und für Harfe. Er schrieb 4 Ballette, mehrere deutsche und italienische Opern, Melodramen, zahlreiche Kammermusik, sakrale Werke, das Oratorium »Die sieben Worte Christi am Kreuz« und 84 Kanons.

Niccolò Mestrino (1748–90)

ZEIT UND UMWELT
Die Meinung, daß zu den angeborenen Fähigkeiten das günstige Milieu treten muß, damit sich eine künstlerische Persönlichkeit bilden und entfalten kann, trifft nicht immer zu. Es gab genügend Fälle, bei denen sich die Künstlerpersönlichkeit das Milieu selbst schuf und sich, allen Widrigkeiten der Umwelt zum Trotz, durchsetzte.

LEBEN
Niccolò Mestrino wurde 1748 in Mailand geboren und war zunächst Straßenmusikant. Er geriet irgendwie nach Wien und wurde in die Dienste der Fürsten Esterházy und später in die der Grafen Erdödy aufgenommen. Im Jahr 1786 ging er nach Paris, trat dort mit großem Erfolg im Concert spirituel auf und ließ sich als Musiklehrer nieder; 1789 übertrug man ihm die Orchesterleitung der Italienischen Oper. Er starb im September 1790 in Paris.

WERKE
Von Niccolò Mestrino sind 12 Konzerte für Violine und Orchester, eine Anzahl Duos für zwei Violinen, Violinsonaten mit Generalbaß und Lehrstücke für Solovioline erschie-

nen. Seine Musik entsprach dem italienischen Geschmack der Zeit.

Johann Konrad Schlick (1748–1818)

ZEIT UND UMWELT

Bei den Komponisten des letzten Drittels des 18. Jahrhunderts sind bereits die meisten Kompositionsformen des kommenden Jahrhunderts ausgeprägt. Auch Faktur und Stil der Vorromantik sind nahezu überall bemerkbar. Daneben wird nicht selten von denselben Komponisten noch immer der Generalbaß angewendet, besonders bei Sonaten; er wird in vielen Fällen aber vom Meister selbst festgelegt und nicht dem Generalbaßspieler überlassen.

LEBEN

Johann Konrad Schlick wurde 1748 im Raume Münster, Westfalen, geboren. Er war zunächst Cellist in der Fürstbischöflichen Kapelle in Münster, sodann in der Hofkapelle in Gotha, wo er am 18. 6. 1818 starb. Seine Tätigkeit als Orchestermusiker wurde durch zahlreiche Konzertreisen durch Europa unterbrochen, unter anderem nach Italien, Ungarn und Rußland, bei denen er ab 1785 gemeinsam mit seiner Frau, der Violinistin und Gitarristin Regina Strinasacchi (1759, Ostiglia, bis 11. 6. 1839, Dresden), auftrat.

WERKE

Von Johann Konrad Schlick sind ein Konzert für Violine, Cello und Orchester, ein Cellokonzert, 3 Quintette für Flöte, Violine, Cello, Bratsche und Kontrabaß, 6 Quartette, 3 Sonaten für Cembalo, Violine und Cello, 3 Sonaten für Cello und Generalbaß und eine Reihe Stücke für eine und zwei Gitarren erschienen. Der norddeutsche, empfindsame Stil war dabei sehr ausgeprägt. In manchen Fällen wurden romantische Fakturen vorausgenommen.

Robert Wainwright (1748–82)

ZEIT UND UMWELT

Die englischen Handelsstädte Manchester und Liverpool wiesen im letzten Drittel des 18. Jahrhunderts ein ebenso intensives Konzertleben auf wie die Hauptstadt. Es wurden wie dort vorwiegend ausländische Kräfte eingesetzt und sehr viel kontinentale Musik gespielt. In den Kirchen hingegen wurden nur einheimische Meister beschäftigt und deren Musik gegeben, die ihre traditionellen Formen nur sehr langsam veränderte.

LEBEN

Robert Wainwright wurde 1748 in Stockport, Cheshire, geboren. Er studierte in Oxford, folgte seinem Vater 1768 an der Kollegialkirche in Manchester als Organist nach und wirkte sodann ab 1775 bis zu seinem Tod am 15. 7. 1782 an St. Peter's in gleicher Eigenschaft.

Sein Vater John Wainwright (um 1720, Stockport, bis Januar 1768, Manchester) war Sänger und Organist an der Kollegialkirche in Manchester.

Sein Bruder Richard Wainwright (1758, Manchester, bis 20. 8. 1825, Liverpool) war zunächst Organist an St. Ann's in Manchester, sodann als Nachfolger seines Bruders an St. Peter's in Liverpool.

Eine jüngere Verwandte, Harriet Wainwright (um 1760, Stockport, bis um 1840, vermutlich Liverpool), war Komponistin und Musikschriftstellerin.

WERKE

Von Robert Wainwright sind Services und Anthems, außerdem ein in Liverpool aufgeführtes Oratorium »Der Untergang Ägyptens« überliefert.

John Wainwright verfaßte Anthems, Chants und Psalmmelodien, die er 1766 veröffentlichte.

Richard Wainwright komponierte Psalmmelodien, die sehr geschätzt wurden.

Harriet Wainwright komponierte Chöre, Glees, Lieder, Duette und Trios von beachtlichem Wert. Sie vertonte außerdem das dramatische Gedicht »Comala« aus dem Ossian.

Giovanni Furno (1748–1837)

Zeit und Umwelt

Das Real Conservatorio di Musica San Pietro a Maiella, das anstelle der vier alten neapolitanischen Konservatorien nach 1808 gegründet worden war, schuf 1817 eine »Vorbereitungsschule«, die jeder Schüler des Konservatoriums besuchen und bestehen mußte, ehe er aufgenommen wurde.

Leben

Giovanni Furno wurde am 1. 1. 1748 in Capua geboren. Er war Schüler des Conservatorio Sant'Onofrio in Neapel, an dem er ab 1775 bis zu seiner Schließung 1797 als Kompositionslehrer tätig war. Anschließend wirkte er in gleicher Eigenschaft bis 1808 am Conservatorio della Pietà de'Turchini und darauf bis zu seinem Tod am 20. 6. 1837 am Real Conservatorio di Musica.

Werke

Von Giovanni Furno sind 2 Opern, ein Miserere, eine Sinfonie und mehrere kleine Orchesterstücke erhalten. Seine Musik ist im konservativen neapolitanischen Stil gehalten.

Stefan Paluselli (1748–1805)

Zeit und Umwelt

Die von den Zisterziensern geübte strenge Askese drückte sich auch in ihrer Musik aus, bei der alle nichtliturgischen Zusätze, Sequenzen und Tropen, überflüssige Melismen, vermieden wurden. Instrumentalmusik wurde erst sehr spät zu besonderen Feierlichkeiten zugelassen. Eine darüber hinausgehende musikalische Betätigung wurde erst im 18. Jahrhundert möglich.

Leben

Stefan Paluselli (Johann Anton) wurde am 9. 1. 1748 in Kurtatsch, Südtirol, geboren. Er studierte in Innsbruck Philosophie und trat in das Zisterzienserstift Zams, Tirol, ein, wo er ab 1785 als Violinlehrer, von 1791 bis 1795 als Musikinstruktor und als Chorregent wirkte. Er starb am 27. 2. 1805 in Zams.

Werke

Außer seiner zahlreichen Kirchenmusik – Messen, Offertorien, Proprien, Lieder – verfaßte Stefan Paluselli mehrere Singspiele, Balletteinlagen zu Schauspielen, eine Sinfonie, 4 Partiten, Divertimenti, ein Streichquartett, ein Streichtrio, Kantaten, Lieder und Arien. Die Kompositionen sind zur Vorklassik zu stellen.

Emanuel Aloys Förster (1748–1823)

Zeit und Umwelt

Militärmusiker sind zwar nicht selten vorzügliche Meister ihres Instruments, ihr Repertoire war aber, zumindest im 18. Jahrhundert, sehr einseitig auf militärische Bedürfnisse abgestellt, so daß es durch Unterricht oder Selbststudium ergänzt werden mußte. Es sind aber in allen Epochen namhafte Komponisten auf diesem Weg aus der Militärmusik hervorgegangen.

Leben

Emanuel Aloys Förster (Emanuel Joseph Antonius Ignatius) wurde am 26. 1. 1748 bei Glatz (Kłodzko) geboren. Er war von 1766 bis 1768 Militärmusiker, lebte darauf in Prag und ab 1779 als Musiklehrer bis zu seinem Tod am 12. 11. 1823 in Wien.

Werke

Seine Ausbildung verschaffte sich Emanuel Aloys Förster vorwiegend durch das Studium der Werke von Johann Sebastian Bach, Carl Philipp Emanuel Bach, Muzio Clementi und Wolfgang Amadeus Mozart. Er verfaßte 48 Streichquartette, 4 Streichquintette, ein Divertimento für zwei Violinen und Cello, 6 Klavierquartette, 7 Divertimenti und 5 Sonaten für Klavier, zwei Violinen und Cello, Klaviertrios, Klavierkonzerte, Variationen für Klavier, Lieder und Gesänge, ferner Präludien und Fugen für Orgel. Seine Kammermusik stand der frühen von Ludwig van Beethoven sehr nahe.

Christian Gottlob Neefe, Stich von C. G. Liebe

Christian Gottfried Thomas
(1748–1806)

ZEIT UND UMWELT

Die privat veranstalteten Konzerte wurden im 18. Jahrhundert nicht von einem festen Ensemble bestritten, die Unternehmer engagierten die Musiker einzeln. Die Entlohnung erfolgte oft nach dem Eingang der Eintrittsgelder. Daß das Zusammenspiel der aus allen Ecken zusammengetrommelten Musiker nicht immer das beste sein konnte, liegt auf der Hand. Da die Proben in vielen Fällen unbezahlt waren, dürfte man nicht viele abgehalten haben.

LEBEN

Christian Gottfried Thomas (Thomasius) wurde am 2. 2. 1748 in Wehrsdorf bei Bautzen geboren. Er studierte ab 1770 in Leipzig Jura, ging aber bald zur Musik über, wurde darauf 1779 erster Waldhornist am Großen Konzert und später in den Gewandhauskonzerten. Ab 1789 veranstaltete er auf eigene Faust Chor-und Orchesterkonzerte in Leipzig und vielen anderen Städten. Er starb am 12. 9. 1806 in Leipzig.

WERKE

Vom kompositorischen Werk von Christian Gottfried Thomas sind seine zahlreichen Chorwerke bemerkenswert, darunter besonders ein dreichöriges Gloria, eine Kantate »Zur Feyer der Auferstehung des Erlösers« und eine weitere zu Ehren Kaiser Josephs II. Sie sind alle auf äußerste Wirksamkeit angelegt und sehr klangreich. Er war auch als Musikschriftsteller tätig.

Josef Fiala (1748–1816)

ZEIT UND UMWELT

Vorbild und Einfluß der Wiener Klassiker auf zeitgenössische Komponisten waren in nicht wenigen Fällen so stark, daß Fehlzuschreibungen, ohne daß sie von jemandem absichtlich verschuldet wurden, sich sehr häufig ergaben und erst spät, nach peinlich genauen analytischen Untersuchungen, entlarvt wurden.

LEBEN

Josef Fiala wurde am 3. 2. 1748 in Lochowitz (Lochovice) geboren. Er wurde in Prag zum Cellisten und Oboisten ausgebildet, wirkte ab 1774 in Oettingen und ab 1777 in der Münchner Hofkapelle als Oboist, ab 1778 an der Fürsterzbischöflichen Kapelle in Salzburg als Gambist. Im Jahr 1785 ging er auf Konzertreisen und trat 1792 in die Hofkapelle der Fürsten Fürstenberg in Donaueschingen ein, wo er am 31. 7. 1816 starb.

WERKE

Von Josef Fiala, dessen Kompositionen für Bläser von Wolfgang Amadeus Mozart lobend erwähnt wurden, sind mehrere Sinfonien, Solokonzerte, Divertimenti, 12 Streichquartette und Duos bekannt geworden.

Christian Gottlob Neefe (1748–98)

ZEIT UND UMWELT

Der Einmarsch der Franzosen in Bonn und die Aufhebung des Kurfürstentums Köln im Jahr 1794 brachten für Ludwig van Beethoven die Folge, daß die Unterstützungen, die ihm der Kurfürst zur Ausbildung in Wien gewährt hatte, wegfielen und ihm die Rückkehr in die Heimat verwehrt war, so daß er in Wien verblieb. Auch sein Lehrer Christian Gottlob Neefe verlor sein Betätigungsfeld in Bonn.

LEBEN

Christian Gottlob Neefe wurde am 5. 2. 1748 in Chemnitz (Karl-Marx-Stadt) geboren. Er studierte in Leipzig Jura und war dort Schüler von Johann Adam Hiller. Nach seiner Tätigkeit als Musikdirektor einer reisenden Theatergesellschaft erhielt er 1779 die gleiche Stellung am Bonner Kurfürstlichen Nationaltheater. Ab 1782 wirkte er als Hoforganist und unterrichtete Ludwig van Beethoven; gleichzeitig war er Cembalist bei den Hofkonzerten und beim Hoftheater. Im Jahr 1794 mußte er Bonn verlassen, 1796 erhielt er die Stelle eines Musikdirektors der Theatergesellschaft in Dessau, wo er am 16. 1. 1798 starb.

WERKE

Die Singspiele, Opern und Operetten von Christian Gottlob Neefe wurden in Norddeutschland mit Erfolg aufgeführt. Neben einem Monodram verfaßte er zahlreiche Klavierwerke, wie »Sechs Klavier-Sonaten mit willkürlicher Violin-Begleitung«, »Klavierkonzert in G-Dur«, »Fantasie per il Clavicembalo«, weiters an Vokalwerken »Klopstocks Oden mit Melodien«, »Vademecum für Liebhaber des Gesangs und Klaviers«, »Bilder und Träume«. Er übersetzte Operntexte, fertigte Klavierauszüge vorwiegend Mozartscher Opern an und schrieb Beiträge für Musikzeitschriften.

William Shield (1748–1829)

ZEIT UND UMWELT

Im letzten Drittel des 18. Jahrhunderts wurden in England immer mehr Opern auf englischen Text komponiert und aufgeführt. Es handelte sich entweder um Werke nach italienischem Muster oder um Balladenopern, deren Liedmelodien zum großen Teil dem Volksgut oder anderen Opern – englischen und fremden – entnommen wurden. Es ist richtig, daß dadurch viele schöne Melodien, die sonst unbekannt geblieben wären, erhalten blieben. Im ganzen genommen, handelte es sich aber doch nur um ein flaches Aneinanderreihen von bereits bekannten Arien und um keine eigentlichen Kompositionen.

LEBEN

William Shield wurde am 5. 3. 1748 in Swalwell, Durham, geboren. Er arbeitete in seiner Jugend als Bootbauer und erhielt gleichzeitig von Charles Avison Musikunterricht. Bald war er imstand, Konzerte in Newcastle zu leiten und in Scarborough das Theaterorchester zu dirigieren. Felice de Giardini, der sein Violinspiel hörte, nahm ihn 1772 als zweiten Violinisten in sein Opernorchester auf, wo er ein Jahr darauf zum ersten Bratschisten aufstieg. Ab 1778 wirkte er auch als Komponist für Covent Garden. 1807 löste er seine Bindung mit dem Theater, nahm aber 1817 die Stelle eines Leiters der King's Music an und betreute sie bis zu seinem Tod am 25. 1. 1829.

William Shield

WERKE
Von William Shield sind ungefähr 50 Musikbühnenwerke aufgeführt worden – Opern, musikalische Possen, Pantomimen –, für die er mit Vorliebe fremde Melodien verwendete. Außerdem verfaßte er 12 Violinduos, 6 Streichtrios, 6 Streichquartette und veröffentlichte mehrere Sammlungen mit Liedern und Arien. Seine Instrumentalmusik erhob sich hoch über die Kompositionen für die Bühne; die gründliche Ausbildung Shields kam dabei zur Geltung.

LITERATUR
W. Hauger, William Shield, in: Music & Letters XXXI, 1950.

Georg Michael Telemann (1748–1831)

ZEIT UND UMWELT
Die Kirchenmusik der ehemaligen Hansestadt Riga wurde lange ausschließlich von deutschen Meistern bestritten. In jeweiligen profanen Konzerten traten reisende Virtuosen auf. Es dauerte bis zum Ende des 19. Jahrhunderts, bis sich eine eigenständige lettische Musik bildete.

LEBEN
Georg Michael Telemann – Enkel von Georg Philipp Telemann – wurde am 20. 4. 1748 in Plön, Holstein, geboren. Sein Theologiestudium gab er zugunsten der Musik auf und wurde 1775 Kantor und Musikdirektor in Riga. Er starb am 4. 3. 1831 in Riga.

WERKE
Neben einer Reihe musiktheoretischer Werke brachte Georg Michael Telemann eine »Sammlung alter und neuer Kirchenmelodien« heraus und komponierte Triosonaten, 6 Violinsonaten, Orgel- und Chorwerke; alles im norddeutschen Stil.

Francesco Azopardi (1748–1809)

ZEIT UND UMWELT
Kaiser Karl V. (1500–58) verlieh Malta 1530 dem Johanniterorden als Lehen. Im Jahr 1814 wurde die Inselgruppe Großbritannien als Kolonie zugesprochen. Ihre Musikentwicklung war von der italienischen abhängig.

LEBEN
Francesco Azopardi (Azzopardi) wurde am 5. 5. 1748 in Notabile (Mdina), Malta, geboren. Er dürfte als Kirchenmusiker tätig gewesen sein und starb am 6. 2. 1809 in Rabat, Malta.

WERKE
Von Francesco Azopardi sind ein Oratorium »La passione di Cristo« (Das Leiden Christi) und einige kirchenmusikalische Werke – Messen, Oratorien – bekannt geworden. Ihr Stil leitete sich vom neapolitanischen ab.

LITERATUR
P. Pullicino, Notizia biografica di Francesco Azopardi, La Valetta 1876.

José Lidón (1748–1827)

ZEIT UND UMWELT
Die im Jahr 1808 in Madrid einmarschierenden französischen Truppen ließen die Kulturträger intakt in ihren Stellungen. Sie wurden wie überall, wohin die Napoleonischen Soldaten kamen, unter besonderen Schutz gestellt und gefördert.

LEBEN
José Lidón wurde am 2. 6. 1748 in Béjar geboren. Er trat 1758 als Chorknabe in die Königliche Kapelle in Madrid ein und war Schüler von José de Nebra und des bedeutenden Organisten Antonio Literes Montalvo (um 1700, Madrid, bis 2. 12. 1768, Madrid), Sohn des Antonio Literes Carrión (um 1675–1747). Im Jahr 1768 wurde er Organist an der Kathedrale in Orense, Galicien, dann 1768 an der Königlichen Kapelle in Madrid, 1805 Kapellmeister an der Königlichen Kapelle. Er betreute diese Stelle über alle politischen Veränderungen hinweg bis zu seinem Tod am 11. 2. 1827.

WERKE
Neben einigen Bühnenstücken verfaßte José Lidón interessante Orgelfugen und Orgelsonaten, die über das Spätbarock bereits hinausragten; auch seine Kirchenmusik – Messen, Oratorien, Psalmen, Lamentationen, Lieder – muß als fortschrittlich bezeichnet werden. Sein »Ave maris stella« (Sei gegrüßt, Stern des Meeres) wurde in vielen spanischen Kirchen gesungen.

William Leeves (1748–1828)

ZEIT UND UMWELT
Die Stagnation der englischen Kirchenmusik dürfte auch darin ihre Ursache gehabt haben, daß die Komponisten nahezu immer selbst als Sänger und Organisten Kirchenmusiker waren und andere Instrumente wenig pflegten. Das führte zu einer gewissen Enge. Falls ein Komponist die Flöte, die Violine oder das Cello zu seinem Instrument machte, ergaben sich daraus erweiterte melodische und harmonische Räume wie in der Barockepoche. Das brachte einen gewissen Auftrieb der kompositorischen Tätigkeit. Diese Fälle waren allerdings zu selten, um die Musikentwicklung entscheidend zu beeinflussen.

LEBEN
William Leeves wurde am 11. 6. 1748 in Kensington geboren. Nach mehreren Militärdienstjahren wurde er Kleriker und Rektor in Wrigton, Somerset, wo er als Kirchenmusiker und Cellist wirkte. Er starb am 28. 5. 1828 in Wrigton.

WERKE
Neben einer Reihe Kirchenmusik – Anthems, Services, Psalmen –, die sich durch originelle Fakturen von der zeitgenössischen stark abhob, verfaßte William Leeves »Six sacred Airs« (6 sakrale Arien), darunter das berühmt gewordene »Auld Robin Gray« (Alter Robin Gray). Seine Musik brachte der englischen Kirchenmusik neue Impulse.

Carl Ludwig Junker (1748–97)

ZEIT UND UMWELT
Der junge Ludwig van Beethoven in Bonn war bereits auffällig genug, daß er in einem Bericht über die Bonner Hofkapelle besonders erwähnt wurde. Es spricht für die Musikalität und das Musikverständnis des Berichterstatters, daß er die Genialität des nachmaligen Wiener Klassikers bereits damals erkannte.

LEBEN
Carl Ludwig Junker wurde am 12. 6. 1748 in Kirchberg, Jagst, geboren. Er war Pfarrer, Schriftsteller und Musiker in Ruppertshofen bei Ilshofen, wo er am 30. 5. 1797 starb.

WERKE
Neben seinen zahlreichen musik- und kunstwissenschaftlichen Schriften komponierte Carl Ludwig Junker 3 Klavierkonzerte, eine viel gesungene Kantate »Die Nacht«, ein Melodrama »Genoveva im Thurme« und eine Anzahl Lieder, alles im norddeutschen Stil. Von seinen verschiedenen Schriften ist sein Bericht über die Hofkapelle in Bonn und das Klavierspiel des jungen Ludwig van Beethoven in Heinrich Boßlers »Musicalische Correspondenz« des Jahres 1791 interessant.

Maximilian Stadler (1748–1833)

ZEIT UND UMWELT
Die Freundschaft mit den drei Wiener Klassikern wirkte sich nicht nur auf das Schaffen des Komponisten, sondern auch für die Musikgeschichte günstig aus, denn sie befähigte und autorisierte ihn, mit Erfolg für die Echtheit des Requiems von Wolfgang Amadeus Mozart einzutreten.

LEBEN
Maximilian Stadler (Taufnamen Johann Carl Dominic) wurde am 4. 8. 1748 in Melk, Niederösterreich, geboren. Er war Benediktiner in Melk, wurde 1786 Abt in Lilienfeld und 1789 in Kremsmünster, ließ sich um 1800 in Wien nieder, wo er am 8. 11. 1833 starb.

WERKE

Von Maximilian Stadler ist eine große Anzahl Kirchenmusik – Messen, Requiem, Psalmen, Oratorien – erhalten. Er schrieb außerdem eine vorzügliche Kantate »Die Frühlingsfeier« (nach Klopstock), ein Oratorium »Die Befreiung Jerusalems«, Orgelfugen, Klaviersonaten und mehrere Lieder. Seine »Vertheidigung der Echtheit des Mozartschen Requiems« aus 1825 beendete den Streit über das Problem.

Joseph Schuster (1748–1812)

ZEIT UND UMWELT

Obgleich die ersten entwicklungsfähigen Modelle des Hammerklaviers in Italien gebaut worden waren, führte sich dort das inzwischen in Deutschland, England und Frankreich um vieles verbesserte Instrument nur zögernd ein. Die Klänge des Cembalo und besonders des Clavichord wurden noch vielseitig vorgezogen. Es bedurfte deutscher Pianisten, das neue Klavier mit seinem größeren und grundtönigeren Klang zu propagieren.

Joseph Schuster, Stich von J. C. B. Gottschick, 1811

LEBEN

Joseph Schuster wurde am 11. 8. 1748 in Dresden geboren. Er war Schüler von Johann Georg Schürer. Im Jahr 1765 ging er mit Franz Seydelmann in Begleitung Johann Gottlieb Naumanns mit kurfürstlicher Unterstützung zur weiteren Ausbildung nach Italien. Er wurde gleichzeitig mit Franz Seydelmann 1772 als Kirchenkomponist in Dresden angestellt. Von 1774 bis 1776 war er erneut in Italien, arbeitete in Bologna mit Padre Martini, schrieb für Venedig und Neapel Opern und erhielt den Ehrentitel eines Kapellmeisters des Königs von Neapel. Opernaufträge führten zu einem dritten Italienaufenthalt von 1778 bis 1781, wobei er in Venedig mit Johann Adolf Hasse bekannt wurde. Sodann lebte er in Dresden und dirigierte abwechselnd mit Johann Gottlieb Naumann, Johann Georg Schürer und Franz Seydelmann in Kirche und Theater, 1787 wurde er gleichzeitig mit Franz Seydelmann Kurfürstlich sächsischer Kapellmeister; er leitete in jenen Jahren auch den Musikunterricht bei Hof, die Kurfürstliche Kammermusik und die Hofkonzerte. Er starb am 24. 7. 1812 in Dresden.

WERKE

Neben seiner vielseitigen Dirigententätigkeit verfaßte Joseph Schuster mehrere Opern und Singspiele, Violinsonaten, 6 Streichquartette, von denen 4 Wolfgang Amadeus Mozart zugeschrieben waren, Klavierwerke für vier und zwei Hände, Konzerte für ein und für zwei Klaviere mit Orchester, eine Sammlung von vierhändigen Klavierstücken für die Hausmusik, eine beliebte Kantate »Das Lob der Musik«, 4 Oratorien, Messen, Offertorien, Magnificat, Vespern, Litaneien, Psalmen, Versetten, Te Deum und andere sakrale Gesänge sowie Lieder. Sein Stil setzte den italienischen der Zeit fort.

Johann Paul Schulthesius (1748–1816)

ZEIT UND UMWELT

Die deutschen und holländischen lutherischen Gemeinden in Italien mußten sich ihre

Kantoren und Pfarrer aus dem protestantischen Norden holen. Es ist selbstverständlich, daß die deutschen und holländischen Musiker mit den italienischen Fühlung nahmen, weil die Musik immer alle Grenzen der Völker und Bekenntnisse übersprungen hat.

LEBEN
Johann Paul Schulthesius wurde am 14. 9. 1748 in Fechheim, Oberfranken, geboren. Er studierte in Erlangen, wurde von Johann Balthasar Kehl zum Musiker ausgebildet und ging als Pfarrer der lutherischen Gemeinden nach Pisa und Livorno, wo er als Pianist wirkte und Mitglied der Accademia di Scienze, Lettere ed Arti (Akademie der Wissenschaften, Dichtung und Kunst) wurde. Er starb am 18. 4. 1816 in Livorno.

WERKE
Die Kompositionen von Johann Paul Schulthesius tragen zumeist programmatische Überschriften und nehmen dadurch ein Element der Romantik voraus. Er veröffentlichte 3 Sonaten für Cembalo oder Klavier und Violine, 2 Klavierquartette, 3 Klaviersonaten, zahlreiche Variationen für Klavier und ein Klaviertrio. Er war auch als Musikschriftsteller tätig.

Étienne Bernard Joseph Barrière
(1748 bis nach 1810)

ZEIT UND UMWELT
Obschon die vorklassischen Fakturen des Mannheimer Orchesters von französischen Meistern bereitwillig übernommen wurden, blieben die meisten dabei stehen und bereiteten ein Ausbiegen der Entwicklung zur Romantik vor. Die »Klassik« der Revolution, die sich auf mehreren Gebieten des Lebens in rein äußerlicher Nachahmung der Antike erging, kann hiebei nicht in Betracht gezogen werden.

LEBEN
Étienne Bernard Joseph Barrière wurde am 7. 10. 1748 in Valenciennes geboren und in Paris von Nicolas Philidor und André Noël Pagin ausgebildet. Er trat um 1767 mit großem Erfolg im Concert spirituel als Violinist auf. Nach einer ständigen Tätigkeit im Rahmen der Loge Olympique und anderer Konzertvereinigungen starb er nach 1810 in Paris.

WERKE
Von Étienne Bernard Joseph Barrière sind 3 Bücher mit je 6 konzertanten Quartetten, 5 Sinfonien, ein Violinkonzert, 3 Duos für zwei Violinen und 3 Duos für Violine und Bratsche erschienen. Seine Musik nimmt viele vorromantische Wendungen voraus.

Franz Seydelmann (1748–1806)

ZEIT UND UMWELT
Die Dresdener Hofkapelle hielt ihre engen Beziehungen zu Italien sehr lange aufrecht. Sie nahm noch immer viele Italiener auf und sandte deutsche Musiker zur Ausbildung nach Italien. Auch die italienische Oper – von Italienern und in Italien ausgebildeten Deutschen verfaßt – wurde lange intensiv gepflegt.

LEBEN
Franz Seydelmann wurde am 8. 10. 1748 in Dresden geboren. Er trat sehr früh in die Dresdener Hofkapelle ein, ging auf Kosten des Hofes mit Joseph Schuster und Johann Gottlob Naumann nach Italien zur Ausbildung, wurde 1772 gemeinsam mit Joseph Schuster Kurfürstlicher Kirchenkomponist und alternierte mit ihm, Johann Gottlob Naumann und Johann Georg Schürer als Leiter der Hofkirchenmusik und als Cembalobegleiter an der Italienischen Oper. Er starb am 23. 10. 1806 in Dresden.

WERKE
Von Franz Seydelmann sind 6 italienische Opern und ein deutsches Singspiel erhalten. Er verfaßte außerdem 6 vierhändige und 3 zweihändige Klaviersonaten, 3 Flötensonaten, 3 Violinsonaten, eine Anzahl Kantaten, Duette und Lieder, außerdem zahlreiche Kir-

chenkompositionen - Messen, Offertorien, Psalmen, Litaneien. Sein Stil war italienisch.

Christoph Rheineck (1748–97)

ZEIT UND UMWELT

Heinrich Philipp Carl Boßler (22. 6. 1744, Darmstadt, bis 9. 12. 1812, Leipzig), Musikverleger und Musikdrucker, brachte eine Reihe von Werken süddeutscher Komponisten des 18. und 19. Jahrhunderts heraus, darunter auch »Blumenlese« und »Neue Blumenlese für Klavierliebhaber«. Er war auch Ludwig van Beethovens erster Verleger.

LEBEN

Christoph Rheineck wurde am 1. 11. 1748 in Memmingen geboren. Er war Kaufmann und zuletzt Gastwirt. Als Komponist dürfte er Autodidakt gewesen sein. Er starb am 29. 7. 1797 in Memmingen.

WERKE

Neben einer Oper und einem Singspiel komponierte Christoph Rheineck 6 Sammlungen volkstümlicher Lieder mit Klaviermelodien, von denen ein großer Teil in »Blumenlese« von Heinrich Philipp Carl Boßler erschienen ist. Die Lieder waren als Hausmusik sehr beliebt.

Étienne Joseph Floquet (1748–85)

ZEIT UND UMWELT

Der Streit der Buffonisten und Gluckisten hielt, wenn er auch zuweilen seltsame Blüten trieb, die Musiklandschaft von Paris in Bewegung, weil er die feindlichen Komponisten anfeuerte, einander zu übertrumpfen, und auf der anderen Seite die Anteilnahme des Publikums verstärkte, was auch Meistern zugute kam, die an den Auseinandersetzungen unbeteiligt waren.

LEBEN

Étienne Joseph Floquet wurde am 25. 11. 1748 in Aix-en-Provence geboren. Er wurde bereits im Alter von 6 Jahren in die Maîtrise an St-Sauveur d'Aix aufgenommen und zeigte früh ein beachtliches kompositorisches Talent. Das erste Ballett, das er der Pariser Oper vorlegte, wurde sechzigmal mit großem Erfolg aufgeführt. Da bei einer nächsten Komposition der Erfolg ausblieb, ging er nach Bologna zu Padre Martini und brachte es dort zum Mitglied der Accademia Filarmonica. Wieder in Paris, durfte er die Früchte seiner Mühe ernten. Seine nächsten Bühnenstücke gefielen. Sein früher Tod am 10. 5. 1785 setzte einer vielversprechenden künstlerischen Karriere ein Ende.

WERKE

Neben seinen Balletten und Opern komponierte Étienne Joseph Floquet mehrere Motetten, 2 Requiem, ein Te Deum, 9 Fugen für vier und fünf Violinen und eine Chaconne. Sein lebendiger und gefälliger Stil zeigt romantische Züge.

LITERATUR

M. Briquet, A propos de Étienne Joseph Floquet, in: Revue de Musicologie XXIII, 1939.

John Percy (1749–97)

ZEIT UND UMWELT

Die feste Form der mittelalterlichen Ballade als einstimmiges volkstümliches Tanzlied wurde von den Trobadors und Trouvères ausgebildet. Sie unterlag im Lauf der Entwicklung einschneidenden Veränderungen und verlor bereits im 15. Jahrhundert zugunsten anderer Liedformen an Beliebtheit. In manchen Teilen Europas jedoch blieb die Balladendichtung lebendig wie zum Beispiel in Schottland, wo sie unvermindert einen großen Raum innerhalb der Volksdichtung und Volksmusik einnahm.

LEBEN

John Percy wurde 1749 in Schottland geboren. Er machte sich als Sammler und Herausgeber alter schottischer Volksballaden verdient. Neben seiner Balladenkomposition wirkte er als Organist und Tenorist in Schottland, wo er am 24. 1. 1797 starb.

WERKE

Von den vielen von John Percy komponierten Balladen leben einzelne als Volkslieder weiter; das meiste davon ist vergessen. Außer seinen eigenen Kompositionen brachte er eine umfangreiche Sammlung, »Reliquies of ancient English Poetry« (Relikte alter englischer Dichtung), mit alten Volksballaden heraus, die besonders Johann Gottfried Herder zu seinen Bemühungen um das Volkslied anregten und die deutsche Balladendichtung des Sturm und Drang und der Romantik stark beeinflußten.

Pietro Urbani (1749–1816)

ZEIT UND UMWELT

The Musical Society wurde 1728 in Edinburgh von vorwiegend aristokratischen Amateuren gegründet und erhalten. Man führte in erster Linie Georg Friedrich Händel auf. Im Jahr 1801 allerdings löste sich die Gesellschaft wieder auf, weil das Publikumsinteresse stark nachgelassen hatte und es außerdem starke Widerstände seitens der Kirchen gegen profane musikalische Darbietungen gab. Der Puritanismus war noch immer mächtig genug, solche kulturelle Regungen zu unterdrücken. Der nächste Versuch, Oratorien von Händel in Edinburgh und Glasgow aufzuführen, endete mit einem Fiasko.

LEBEN

Pietro Urbani wurde 1749 in Mailand geboren. Er kam als Sänger nach London und ging 1780 nach Schottland, wo er im Rahmen der Musical Society in der St. Cecilia Hall schottische Lieder seines Arrangements sang. Er gründete einen Musikverlag und eine Musikalienhandlung, um seine Kompositionen und Arrangements zu vertreiben. Um 1810 versuchte er, das eingeschlafene Konzertleben Edinburghs neu zu beleben und erlitt finanziell Schiffbruch. Er zog sich verarmt nach Dublin zurück, wo er im Dezember 1816 starb.

WERKE

Neben 2 Opern für Dublin veröffentlichte Pietro Urbani 6 Bände mit Arrangements schottischer Volkslieder, die mit instrumentalen Einleitungen und Schlüssen sowie einer Begleitung von zwei Violinen, Bratsche und Pianoforte versehen wurden. Seine weiteren Kompositionen sind verlorengegangen.

Johann Nikolaus Forkel (1749–1818)

ZEIT UND UMWELT

Das an der Universität Göttingen gepflegte universalhistorische und philosophisch-kritische Denken öffnete auch der Musikwissenschaft neue Wege. Dieser Rationalismus stand allerdings mit dem neuen geschichtlichen Sinn der Frühromantik in einem Gegensatz, der vorläufig keine Kompromisse zuließ. Als Ausweg wurde, wie immer in solchen Krisensituationen, ein Historismus gewählt, der Idole der Vergangenheit in die Gegenwart projizierte.

Titelblatt zu Johann Nikolaus Forkels »Allgemeine Geschichte der Musik«

LEBEN
Johann Nikolaus Forkel wurde am 22. 2. 1749 in Meeder bei Coburg geboren. Er wurde vom Kantor seines Geburtsortes ausgebildet und mit 17 Jahren in den Schulchor des Johanneums in Lüneburg aufgenommen; 1767 wurde er Präfekt am Domchor in Schwerin, 1769 Organist der Universitätskirche in Göttingen und 1779 Universitätsmusikdirektor. Er starb am 20. 3. 1818 in Göttingen.

WERKE
Hinter das musikwissenschaftliche Wirken von Johann Nikolaus Forkel tritt sein kompositorisches Werk an Bedeutung weit zurück, ist aber wegen seiner Nähe zur Wiener Klassik bemerkenswert. Er verfaßte Klaviersonaten, »Herrn Gleims Neue Lieder mit Melodien fürs Clavier«, »24 Veränderungen fürs Clavier oder Fortepiano auf God save the King«, eine Sinfonie, 9 Klavierkonzerte, Fugen, Präludien, mehrere Kantaten und ein Oratorium.

Bernard Jumentier
(1749–1829)

ZEIT UND UMWELT
Die Kirchenchöre der französischen Provinzen unterlagen durch die Revolution in der Regel keiner Störung. Die Kapellmeister konnten ihren Dienst ungehindert weiterversehen. Wenn einige von ihnen »patriotische« Musik verfaßten, taten sie es zweifellos, ohne dazu gezwungen zu sein.

LEBEN
Bernard Jumentier wurde am 24. 3. 1749 in Chavannes bei Chartres geboren und an der Kathedrale von Chartres ausgebildet. Mit 18 Jahren war er Dirigent an der Kathedrale von Senlis, im Jahr 1768 kehrte er als Chorleiter nach Chartres zurück, dann wirkte er in gleicher Eigenschaft an der Kathedrale von Coutances, an der Kirche in St-Malo und von 1776 bis 1825 in St-Quentin, wo er am 17. 12. 1829 starb.

WERKE
Von Bernard Jumentier sind 5 vierstimmige und 5 fünfstimmige Messen, zahlreiche Motetten und Psalmen, 3 Te Deum, 2 Oratorien und 2 Sinfonien erschienen. Einige seiner Motetten wurden in der Königlichen Kapelle, im Concert spirituel und an Notre-Dame aufgeführt. Während der Revolutionszeit schrieb er eine historische Oper und patriotische Romanzen. Ein Teil seines Werks ist während des Zweiten Weltkriegs verlorengegangen. Sein De profundis ist sehr oft gesungen worden.

Johann Michael Malzat
(1749–87)

ZEIT UND UMWELT
Die Kirchenkapellen der süddeutschen und österreichischen Stifte nahmen zwar an der Musikentwicklung lebhaften Anteil, so daß sie darin einen wichtigen Faktor bildeten, versuchten jedoch – besonders durch die eigenen Komponisten – eine allzu starke Profanierung der Kirchenmusik zu verhindern, ohne übertrieben streng zu sein. Das gelang ihnen zumindest im eigenen Bereich so weit, daß auch die profanen Kompositionen ihrer Musiker sakralen Charakter annahmen.

LEBEN
Johann Michael Malzat wurde am 21. 4. 1749 in Wien geboren. Er studierte im Stift Kremsmünster, wirkte in den Stiften Lambach und Stams als Sänger und Musiklehrer, wurde Mitglied des Pfarrchores in Bozen und schließlich Chordirektor der Universitätskirche in Innsbruck, wo er am 13. 5. 1787 starb.
Sein Bruder Ignaz Malzat (4. 3. 1757, Wien, bis 20. 3. 1804, Passau) war ab 1774 als Oboist Hofmusiker in Salzburg, wo er bei Michael Haydn Unterricht nahm. Sodann bereiste er als Virtuose Frankreich, Italien und die Schweiz, wirkte von 1778 bis 1788 am Pfarrchor in Bozen und darauf als Kammerdiener und Kammermusikus des Fürstbischofs in Passau.

WERKE

Außer zahlreichen Messen, Requiem, Proprien und Motetten verfaßte Johann Michael Malzat das Oratorium »Bußseufzer bei dem Grabe des Herrn«, die Kantate »Der Maezenat der freyen Künste« und ein Singspiel, ferner Sinfonien und Kammermusik, deren Faktur seinen Kirchenkompositionen sehr nahekommt.
Ignaz Malzat schrieb Partiten für Blasinstrumente, Konzerte und Kammermusik.

Jean Frédéric Edelmann (1749–94)

ZEIT UND UMWELT

Wer sich während der Französischen Revolution und der folgenden Jahre politisch exponierte, konnte unter die Räder der widersprüchlichen Entwicklung der Machtverhältnisse kommen. Nach dem Sturz der Girondisten im Jahr 1793 folgte die Diktatur der Jakobiner unter Maximilian de Robespierre, der sodann im Juli des folgenden Jahres mit vielen Parteigängern guillotiniert wurde.

LEBEN

Jean Frédéric Edelmann (Johann Friedrich) wurde am 5. 5. 1749 in Straßburg geboren. Er studierte Jura und Musik, lebte als Cembalist und Pianist von 1774 bis 1789 in Paris. Dann erhielt er die Ernennung zum Administrator des Departements Bas-Rhin und wurde als Jakobiner am 14. 7. 1794 in Paris guillotiniert.

WERKE

Von Jean Frédéric Edelmann sind 2 Opern, ein Oratorium (Esther) und 15 Sammlungen Kammermusik für Cembalo mit verschiedenen Begleitinstrumenten erschienen. Durch seine Tätigkeit als Pianist und Pianolehrer hat er zur Verbreitung des Pianoforte in Paris viel beigetragen.

LITERATUR

R. Benton, Jean Frédéric Edelmann, A Musical Victim of the French Revolution, in: The Musical Quarterly I, 1964.

Giuseppe Puppo (1749–1827)

ZEIT UND UMWELT

Von der endgültigen Gründung der Comédie Italienne im Jahr 1660 an wurden in Paris bis 1800 etwa 22 Theater zur Aufführung musikalischer Bühnenwerke gegründet. Im 19. Jahrhundert kamen ungefähr 30 dazu. Manche davon bestehen heute noch, andere hatten nur eine kurze Dauer und wurden durch Neugründungen abgelöst. Jedenfalls war Paris stets eine der Städte mit den meisten Musiktheatern und ist es heute noch.

LEBEN

Giuseppe Puppo wurde am 12. 6. 1749 in Lucca geboren. Er war Schüler eines Konservatoriums in Neapel und war bereits, ehe er 1775 nach Paris ging, wegen seines virtuosen Violinspiels berühmt. Nach einigen Auftritten in Paris begab er sich nach Spanien, Portugal und England, kehrte sodann nach Paris zurück, wo er am Théâtre de Monsieur, am Théâtre Feydeau und schließlich am Théâtre Français als Dirigent wirkte. Er war als Begleiter sehr gesucht. Im Jahr 1811 verließ er plötzlich Paris und erhielt in Neapel die Leitung eines Theaterorchesters, blieb aber nicht lange, sondern ging nach Lucca, dann nach Florenz und endlich nach Pontremoli, wo er als Musiklehrer wirkte. Später kehrte er nach Florenz zurück, erkrankte und starb am 18. 4. 1827.

WERKE

Von Giuseppe Puppo sind 3 Violinkonzerte, 8 Lehrstücke für Violine, einige Duette für zwei Violinen und eine Reihe Stücke für Pianoforte erschienen. Sie sind von eminenter Musikalität und weisen den Komponisten als Virtuosen der Violine und des Pianoforte aus.

Georg Joseph Vogler (1749–1814)

ZEIT UND UMWELT

Musikalische Schlachten, Seesturm- und Gewittergemälde, »Spazierfahrt auf dem Rhein, von Donnerwetter unterbrochen«, so lauten

Georg Joseph Vogler, Stich von J. M. Schramm

Orgelimprovisationen um die Wende zum 19. Jahrhundert. Damit war der Programmmusik, dem Lieblingskind der Romantik, das Tor geöffnet. Es hatte Programmusik in der Renaissance und später gegeben, doch immer nur von Fall zu Fall. Die Battaglia, das Capriccio und die Pastorale, die Programmstücke der englischen Virginalisten und der französischen Cembalisten, die »Biblischen Historien« von Johann Kuhnau und die »Vier Jahreszeiten« von Antonio Vivaldi motivierten die musikalische Formung durch bestimmte Vorgänge oder Bilder; es handelte sich jedoch immer noch um »spielerische« Versuche, etwas Außerordentliches zu präsentieren. Die »erlebte« Tonmalerei mit einem mehr oder minder präzisen Vokabular, das die Komposition zur »Tondichtung« gestaltet, brachte erst das Zeitalter der Romantik, in dem das Publikum gelernt hatte, das musikalisch Dargestellte mitzuerleben und mitzuempfinden.

LEBEN

Georg Joseph Vogler (Abbé Vogler) wurde am 15. 6. 1749 in Würzburg geboren, studierte in seinem Geburtsort und in Bamberg Theologie und Jura und kam 1771 als Hofkaplan nach Mannheim. Von 1773 bis 1775 hielt er sich mit einem Stipendium des Kurfürsten Karl Theodor in Italien auf, wo er zuerst bei Padre Martini und darauf bei Francesco Antonio Vallotti in Padua Unterricht nahm. In Rom wurde er Abbé, apostolischer Pronotar, Kämmerer und Mitglied der Arkadischen Gesellschaft. In Mannheim wurde er 1776 Geistlicher Rat und errichtete eine Musikhochschule (Mannheimer Tonschule), 1777 Zweiter und 1784 Erster Kapellmeister der inzwischen nach München übersiedelten Hofkapelle. Nach ausgedehnten Konzertreisen als Klavier- und Orgelvirtuose kam er 1786 als Kapellmeister und Musiklehrer des Kronprinzen Gustaf Adolf (1778–1837), des nachmaligen Königs Gustaf IV., nach Stockholm, wo er, von Reisen nach Holland, Rußland, Athen, Karthago und Tanger unterbrochen, bis 1799 verblieb. Anschließend hielt er sich in Österreich und Deutschland auf und wurde 1807 als Hofkapellmeister und Geheimer Rat nach Darmstadt berufen. Auch dort unterhielt er eine »Tonschule« und unternahm Konzertreisen vor allem durch Süddeutschland. Er starb am 6. 5. 1814 in Darmstadt.

WERKE

Die Position des in musikalischen Kreisen allgemein als »Abbé Vogler« bekannten Komponisten ist dadurch gekennzeichnet, daß er in Bologna Padre Martini bald verließ, in Padua sein Musikstudium vollendete und später als Lehrer seinen Schülern zurief: »Wacht auf, ihr Nachbeter, ihr Spießbürger von Liliput, aus eurem lethargischen Schlummer! Hört! Seht! Fühlt! Und denkt!« Er war ein Mann des Fortschritts, der bei aller Klassiknähe die Musiklandschaft des 19. Jahrhunderts vorbereitete. Sein Opernschaffen (11 Opern, Singspiele und Operetten) war nicht bedeutend, seine Kirchenmusik wurde zu ihrer Zeit aber sehr hoch bewertet; sie bestand aus 50 Hymnen, Psalmen, Motetten, Messen, Requiem, Te Deum, Magnificat, Miserere, Salve regina und wurde bald wieder vergessen. Die Instrumentalmusik hingegen – zahlreiche Sonaten und Variationen für ein und zwei Pianoforte, 112 Kleine und 32 Große Präludien für Orgel oder Pianoforte, Sonaten für Violine und Pianoforte, 22 Stücke für Klavier und Streichtrio, die Musik »verschiedener Nationen darstellend«, 3 Sinfonien, 2 Ouvertüren, 3 Ballette, 9 Konzerte für Pianoforte und Orchester und eines für zwei Klaviere und Instrumente, ein Flötenkonzert - hatte nachhaltende Wirkung. Am interessantesten sind seine programmatischen Orgelstücke, die bereits zur Programmusik der Romantik gerechnet werden müssen. Von stärkstem Interesse waren seine verschiedenen musiktheoretischen Schriften und Lehrwerke, mit denen er der europäischen Musikentwicklung entscheidende Impulse verlieh. Großen Einfluß auf die zeitgenössischen Musiker übten seine Lehrtätigkeit sowie seine Musiker- und Gelehrtenpersönlichkeit selbst aus, so daß er bereits zu Lebzeiten, ähnlich dem Bologneser Padre Martini, zur legendären Gestalt wurde.

LITERATUR

K. E. von Schafhäutel, Abbé Georg Joseph Vogler, Augsburg 1888.

Johann Ernst Rembt (1749-98)

ZEIT UND UMWELT

Reisende Orgelvirtuosen waren um die Wende zum 19. Jahrhundert bei weitem häufiger als später. Sie führten in vielen Fällen ihr Instrument - zumeist ein Positiv - selbst mit sich; man stellte ihnen die Kirchenorgeln nicht immer zur Verfügung, weil ihr Repertoire in der Regel nicht auf sakrale Musik beschränkt war. Zuweilen war ihr Instrument eine Spezialanfertigung mit besonderen Klangeffekten.

LEBEN

Johann Ernst Rembt (Rempt) wurde am 27. 8. 1749 in Suhl, Thüringen, getauft. Er reiste als Orgelspieler durch Deutschland und spielte neben eigenen Kompositionen und Improvisationen Werke von Johann Sebastian Bach, der also auf keinen Fall zu den vergessenen Komponisten zählte. Ab 1773 wirkte er als Organist in Suhl, wo er am 26. 2. 1798 starb.

WERKE

Von dem Orgelvirtuosen Johann Ernst Rembt sind eine »Sammlung kleiner Clavier- und Singstücke«, Fugetten, Trios und mehrere Choralvorspiele für Orgel erhalten. Sein Stil weist den Organisten als späten Bach-Jünger aus. Bezeichnend ist, daß er damit ein zahlreiches Publikum gewinnen konnte.

Jean-Louis Duport (1749-1819)

ZEIT UND UMWELT

Der schon vorher übliche Daumenaufsatz beim Cello wurde im letzten Viertel des 18. Jahrhunderts zusammen mit dem gesamten Fingersatz systematisiert. Das Instrument wurde, vollständig von seiner Rolle als Baß befreit, zum kantablen Spiel eingesetzt und erhielt den großen Stil, den bisher nur die Violine innehatte.

LEBEN

Jean-Louis Duport wurde am 4. 10. 1749 als Bruder von Jean-Pierre Duport in Paris geboren. Er war anfänglich Tänzer, wandte sich aber bald dem Cello zu. Bis zur Revolution war er Cellist an der Oper und am Concert spirituel. Dann begab er sich zu seinem Bruder nach Berlin. Im Jahr 1806 kehrte er zurück und erhielt eine Anstellung beim exilierten König von Spanien, Karl IV., sodann in der Kapelle Napoleons I.; gleichzeitig wurde er Lehrer am Konservatorium. Nach der Restauration trat er in die Dienste König Ludwigs XVIII. und verblieb in dieser Stelle bis zu seinem Tod am 7. 9. 1819.

WERKE

Von Jean-Louis Duport sind Konzerte, Sonaten, Variationen und Duos für Cello erhalten, außerdem Etüden und 21 Celloübungen in allen Dur- und Moll-Tonarten. Seine Celloschule, in der er den neuen Fingersatz lehrte, leitete eine neue Epoche des Cellospiels ein.

Heinrich Christoph Koch (1749–1816)

ZEIT UND UMWELT

Die Aufklärung, die das Profil des gesamten wissenschaftlichen Schrifttums veränderte, indem es dem Postulat der logischen Deduktion unterworfen wurde, übte den gleichen Einfluß auch auf die Musikwissenschaft der Zeit aus, die begann, sich von Legenden zu reinigen und zur Lehre realer Tatbestände wurde.

LEBEN

Heinrich Christoph Koch wurde am 10. 10. 1749 in Rudolstadt geboren. Nach seiner Ausbildung in Rudolstadt und Weimar trat er 1768 als Violinist der Rudolstädter Kapelle bei und wurde 1777 Kammermusiker. Er starb am 18. 3. 1816 in Rudolstadt.

WERKE

Die Bedeutung von Heinrich Christoph Koch liegt auf dem Gebiet der Musikwissenschaft, die er um ein »Musikalisches Lexikon« und um zahlreiche Abhandlungen bereicherte. Seine kompositorische Tätigkeit beschränkte sich auf eine Anzahl Kantaten und ein Choralbuch für Harmoniemusik.

Joseph Quesnel (1749–1809)

ZEIT UND UMWELT

Nach häufigen und langen Auseinandersetzungen zwischen den französischen Siedlern in Kanada und der angloamerikanischen Kolonie trat Frankreich nach dem Sieg des englischen Generals James Wolfe auf den Abrahamsfeldern 1763 im Frieden zu Paris alle nordamerikanischen Festlandsbesitzungen an Großbritannien ab. Daran konnten in der Folge auch die Angriffe der amerikanischen Revolutionäre nichts ändern. Kanada blieb britisch.

LEBEN

Joseph Quesnel wurde am 15. 11. 1749 in St-Malo geboren. Er wanderte nach Kanada aus und wirkte in Montreal als Kirchenmusiker, Dichter und erster kanadischer Opernkomponist. Er starb am 3. 7. 1809 in Montreal.

WERKE

Von Joseph Quesnel sind 2 »Prosakomödien mit Arietten gemischt« teilweise erhalten. Seine Kirchen- und Instrumentalmusik ist verlorengegangen.

Domenico Cimarosa (1749–1801)

ZEIT UND UMWELT

Mit Claudio Monteverdi (1567–1643) beginnend, hat Italien bis zum Ende des 18. Jahrhunderts viele hundert Opern herausgebracht und aufgeführt. Unermüdlich strömten die Italiener in die Opernhäuser und provozierten durch ihr Verhalten eine unglaubliche Massenproduktion, die, nicht selten verflacht und mit rascher Routine erzeugt, das Publikumsverlangen erfüllte. Aber in dieser breiten Landschaft traten immer wieder geniale Librettisten und Komponisten auf den Plan, die bleibende Werke schufen. Auch die waren, oft vom Drängen der Opernbesucher und von Konkurrenten gehetzt, zu eiligem oberflächlichem Schaffen genötigt, stellten aber doch jedes Jahrzehnt mit leichter Hand Meisterwerke auf die Bühnen. Fast alle, die komponieren konnten, beteiligten sich an diesem Betrieb, Kirchenkomponisten, Musikwissenschafter, Interpreten, und aus der Fülle der Schaffenden ragten ständig Meister hervor. Und wenn auch die übrige musikalische Welt nach italienischen Opern griff, sie aufführte, nachahmte und die Komponisten einlud, den wirklichen Nährboden für das üppige Gedeihen der italienischen Opern bildeten die Italiener selbst, einen Nährboden, der auch am ausgehenden 18. Jahrhundert unausgeschöpft war und mit vielfältiger Fruchtbarkeit im kommenden Jahrhundert Größen der Opernkunst hervorbrachte, die alles Vorhergehende übertrafen und in den Schatten stellten.

LEBEN

Domenico Cimarosa (Cimmarosa) wurde am 17. 12. 1749 in Aversa, Neapel, geboren und von 1761 bis 1771 am Conservatorio Santa Maria di Loreto in Neapel von Gennaro Manna, Fedele Fenaroli und Antonio Maria Gasparo Sacchini ausgebildet. Im Jahr 1772 trat er mit seiner ersten komischen Oper im Teatro dei Fiorentini vor die Öffentlichkeit. Der Erfolg, den er damit erntete, ermutigte ihn, eine Reihe Opern in Neapel, Rom und Turin herauszubringen. Im Jahr 1787 lud ihn Kaiserin Katharina II. von Rußland nach St. Petersburg ein, wo er 4 Jahre als Kapellmeister blieb. Dann reiste er zurück und machte in Wien Aufenthalt, wo er seine berühmteste Oper, »Il matrimonio segreto« (Die heimliche Ehe), herausbrachte, die sich Kaiser Leopold II. zweimal nacheinander vorspielen ließ. In Neapel hatte er sich 1799 am Aufstand gegen das Königshaus mit einer Hymne »Gegen die Tyrannen« beteiligt, wurde dafür, als König Ferdinand IV. (1751 bis 1825) wieder auf seinem Thron saß, verurteilt, schließlich begnadigt und ausgewiesen. Er ging nach Venedig, starb bald darauf am 11. 1. 1801.

Domenico Cimarosa, Stich von L. Bridi

WERKE

Von Domenico Cimarosa sind 70 Opern auf die Bühne gekommen. An weiterer Vokalmusik schrieb er eine Anzahl Kantaten und Hymnen, 12 Canzonetten für Singstimme und Cembalo oder Piano, 8 Duos für zwei Soprane und Cembalo, einige Oratorien, Messen, Requiem, ein Te Deum, ein Magnificat und bei 20 weitere sakrale Werke. Seine Instrumentalmusik bestand aus einem Allegro für Cembalo, 87 Sonaten für Cembalo oder Piano, einem Konzert für zwei Flöten und Orchester, 8 Streichersinfonien und 6 Orchestersinfonien. Sein Kompositionsstil ist von seiner Opernfaktur stark beeinflußt.

LITERATUR

F. Polidoro, La vita e le opere di Domenico Cimarosa, Neapel 1902.

Johann Lukas Schubaur (1749–1815)

ZEIT UND UMWELT

Mit dem Singspiel hatten die deutschen Bühnen endlich einen zugkräftigen Ersatz für die italienische Oper, die doch immer nur einem beschränkten Kreis textlich verständlich war, gefunden. Die Nachfrage nach Singspielen wuchs rasch an, und da auf jedem Gebiet die Nachfrage das Anbot erhöht, wurden Singspiele von allen, die es konnten oder zu können glaubten, komponiert oder auch nur angefertigt. Daß vieles darunter nur von mittelmäßiger Qualität war, ist einleuchtend, aber darin stand die italienische Oper dem deutschen Bühnenmusikstück auf keinen Fall nach.

LEBEN

Johann Lukas Schubaur wurde am 23. 12. 1749 in Lechfeld, Schwaben, getauft. Er wurde im Kloster Zwiefalten zum Sänger und Musiker ausgebildet. Sein ursprünglich geplantes Theologiestudium mußte er wegen seiner schwachen Gesundheit aufgeben und studierte Medizin. Seinen Unterhalt bestritt er dabei als Musiklehrer. Er ließ sich 1775 in Neuburg an der Donau als Arzt nieder und komponierte nebenberuflich eine Reihe beliebter Singspiele. Er starb am 15. 11. 1815 in München.

WERKE
Neben seinen Singspielen, von denen 2 erhalten sind, verfaßte Johann Lukas Schubaur eine Reihe klangvoller Kantaten und eine Vertonung des 107. Psalmes in deutscher Übersetzung.

Anton Kraft (1749–1820)

ZEIT UND UMWELT
Aus der Hand Joseph Haydns kam eine große Anzahl Musiker – Komponisten und Interpreten –, für die bereits die Zugehörigkeit zum Orchester des großen Meisters eine wirkungsvolle Empfehlung bedeutete. Dazu trat in vielen Fällen, daß der Kapellmeister in Eisenstadt und Eszterhaza jedem einzelnen behilflich war, wie er nur konnte, falls dieser einen anderen Wirkungskreis suchte.

LEBEN
Anton Kraft wurde am 30. 12. 1749 in Rokitzan (Rokycany), Böhmen, geboren. Er wirkte von 1778 bis 1790 als erster Cellist in der Kapelle der Fürsten Esterházy, wo er von Joseph Haydn ausgebildet wurde, sodann bis 1790 im Dienst der Fürsten Grassalkowitsch (bis 1795) und darauf bis zu seinem Tod am 28. 8. 1820 der Fürsten Lobkowitz. Ehe er sich in Wien niederließ, absolvierte er einige Konzertreisen.

WERKE
Von Anton Kraft sind 6 Cellosonaten, 3 Duos für zwei Celli, 3 Duos für Violine und Cello, mehrere Divertimenti für Cello und Kontrabaß, ein Cellokonzert und einige Trios für zwei Barytons und Cello erhalten.
Joseph Haydn schrieb für ihn ein Cellokonzert (1781) und Ludwig van Beethoven den Cellopart in seinem Tripelkonzert.

LITERATUR
J. Jering, Anton Kraft, Cellist und Komponist, in: Sudetenland VI, 1964.

František Antonín Rösler
(um 1750–92)

ZEIT UND UMWELT
Die Hofkapelle der Herzoge von Mecklenburg-Schwerin in Ludwigslust zählte im 18. Jahrhundert zu den bedeutendsten Klangkörpern des deutschen Sprachraumes; es wurde dort vor allem der norddeutsche Stil gepflegt, der von der Berliner Hofkapelle begründet war. Sie wurde von einem Zeitgenossen als »eines der besten Orchester Deutschlands, reich an äußerst verdienstvollen Männern« bezeichnet.

LEBEN
František Antonín Rösler (Rößler, nannte sich Francesco Antonio Rosetti) wurde um 1750 im Raum von Leitmeritz (Litoměřice), Böhmen, geboren. Er war für den Klerikerstand bestimmt, schwenkte aber zur Musik ab, erhielt 1773 in der Kapelle des Fürsten Oettingen-Wallerstein die Stelle eines Kontrabassisten und stieg 1786 zum Kapellmeister und Chorregenten auf. Um 1782 hielt er sich in Paris auf und lernte die Kompositionen von Christoph Willibald Gluck, Niccolò Piccinni und Joseph Haydn kennen. Von 1789 bis zu seinem Tod am 30. 6. 1792 in Schwerin wirkte er als Kapellmeister am Hof der Herzoge von Mecklenburg-Schwerin in Ludwigslust.

WERKE
Neben einigen Opern verfaßte František Antonín Rösler 2 oft aufgeführte Oratorien – »Der sterbende Jesus«, »Jesus in Gethsemane« –, die sehr bekannte Kantate »Das Winzerfest der Hirten«, ein Halleluja, ein 1792 in Prag zum Tod Wolfgang Amadeus Mozarts aufgeführtes Requiem, 34 Sinfonien, zahlreiche Instrumentalkonzerte, Kammermusik, Quartette, Sonaten für Klavier mit Violine oder Cello und Klavierstücke, von denen viele in »Blumenlese für Klavierliebhaber«, die Heinrich Philipp Carl Boßler herausgab, enthalten waren. Sein Stil kombinierte den von Mannheim und von Wien. Harmonisch und melodisch sind seine Werke um vieles interessanter als die Kom-

positionen vieler seiner Zeitgenossen. Das trifft vor allem bei seinen Konzerten für Blasinstrumente und Orchester zu.

Sinfonie in g-Moll, 4 Sätze
Durch eine glückliche Synthese vorklassischer Fakturen mit spätbarocken Elementen erzielt diese Sinfonie wie viele andere des Komponisten eine starke Ähnlichkeit mit dem sinfonischen Werk Joseph Haydns. Die Reihenfolge der Sätze ist ungewöhnlich; zwei rasche Sätze - Vivace, Menuetto Fresco - gehen einem Andante voraus, das mit seinem lyrischen Duktus romantische Töne anschlägt. Das folgende Allegro scherzante gleicht einer Aufforderung, die wehmütige Klage nicht zu ernst zu nehmen.

Konzert für Flöte und Orchester in G-Dur, 3 Sätze
Das einleitende Allegro bringt ein frisches Spiel des Solisten, das sich trotz aller virtuosen Passagen dem Orchesterklang schön einfügt. Das Adagio con espressione reiht sich mit seiner schönen Kantilene der Romantik des kommenden Jahrhunderts zu. Das Rondo wiederum weckt Rokokostimmung.

Konzert für Horn und Orchester in d-Moll, 3 Sätze
Aus diesem Konzert strömen eine urwüchsige Kraft und naive Einfachheit, das Horn klingt einschmeichelnd und süß-tändelnd, mit einem Wort »schön«. Das Allegro schlägt zuweilen heroische Töne an, die aber sofort von übersprudelnder Munterkeit abgelöst werden. Die Romanze gehört der Empfindsamkeit an, und das Rondo drängt zum fröhlichen Abschluß.

LITERATUR

H. Fitzpatrick, Alias Antonio Rosetti - a Biographical Précis, in: Music & Letters XLIV, 1962.

Ferdinand Hauff (um 1750–1812)

ZEIT UND UMWELT

Wenn auch die klassische Formgebung bei weitem nicht von allen zeitgenössischen Komponisten übernommen wurde, so bemerkt man doch nahezu überall das Streben nach Einheitlichkeit der Sätze oder Abschnitte einer Komposition und gleichzeitig die Unterordnung unter ein Gesamtkonzept.

LEBEN

Ferdinand Hauff wurde um 1750 im Raum von Delft geboren. Er war von 1809 bis zu seinem Tod im Jahr 1812 Kapellmeister in Delft.

WERKE

Von Ferdinand Hauff sind ein Salve regina, ein Te Deum, weiters 7 Pianofortekonzerte, Quartette, Trios und Duette für verschiedene Instrumente, außerdem Orgelstücke bekannt geworden. Seine Festkantate zum Caecilientag wurde viel aufgeführt. Sein Stil stand der Klassik nahe.

Karl Hanke (um 1750–1803)

ZEIT UND UMWELT

Der Einfluß der Komponistenpersönlichkeit Christoph Willibald Gluck hatte in Österreich, Deutschland und Frankreich eine ungeheure Breitenwirkung. Er betraf das gesamte Musikbühnenwesen, aber auch die Instrumentalmusik in jeder Form.

LEBEN

Karl Hanke (Hancke) wurde um 1750 in Roßwald (Slezské Rudoltice), Ostslowakei, geboren. Er war ab 1774 Schüler von Christoph Willibald Gluck in Wien, von 1778 bis 1781 Theaterkapellmeister in Brünn, bis 1783 in Warschau und schließlich von 1791 bis zu seinem Tod am 10. 6. 1803 Stadtmusiker in Flensburg.

WERKE

Besonders die Opern, Singspiele und Ballette von Karl Hanke standen unter dem unmittelbaren Einfluß des Meisters Christoph Willibald Gluck. Seine Kirchenmusik, die weltlichen Gelegenheitskompositionen, die verschiedenen Orchesterwerke - Sinfonien, Konzerte -, die Kammermusik und Lieder folgen den Vorbildern der Wiener Vorklassik.

LITERATUR

A. Einstein, Ein Schüler Glucks, Acta Musicologica X, 1938.

Prosper Didier Deshayes
(um 1750 bis um 1815)

Zeit und Umwelt
Der Bedarf an Hymnen während der Revolutionsjahre in Frankreich war groß. Es handelte sich im Durchschnitt um keine musikalisch sehr wertvollen Erzeugnisse; ihr Hauptgewicht lag auf den Texten, die den Freiheitswillen der Revolutionäre ausdrückten. Die Musik war zumeist breitflächig und isorhythmisch und klang in Apotheosen aus.

Leben
Prosper Didier Deshayes wurde um 1750 vermutlich in Paris geboren. Er war ab 1764 Ballettmeister und Choreograph an der Comédie Française. Der Musik wandte er sich erst später zu und brachte im Concert spirituel mehrere Kompositionen heraus. In der Revolutionszeit lieferte er festliche Hymnen. Er starb um 1815 in Paris.

Werke
Den stärksten Erfolg hatte Prosper Didier Deshayes mit seinen 11 komischen Opern. Für seine 2 Oratorien und 2 Motetten erntete er Achtungserfolge. Von seinen revolutionären Hymnen ist nichts überliefert.

Johann August Just
(um 1750 bis um 1800)

Zeit und Umwelt
Wilhelm V., Prinz von Oranien (1748–1806), Statthalter der Republik der Vereinigten Niederlande, heiratete 1767 die preußische Prinzessin Wilhelmina (1751–1820), Schwester des nachmaligen Königs von Preußen Friedrich Wilhelm II. Er mußte bereits 1785 wegen des Patriotenaufstandes die Niederlande für 2 Jahre verlassen; 1795 wurde er von den französischen Truppen neuerlich vertrieben und emigrierte nach England.

Leben
Johann August Just wurde um 1750 in Groningen geboren. Er war Schüler von Johann Philipp Kirnberger und Friedrich Schwindel und trat hierauf in die Dienste der Prinzessin Wilhelmina in Den Haag. Die politischen Veränderungen zwangen ihn, 1795 die niederländische Hauptstadt zu verlassen. Er dürfte in den darauffolgenden Jahren gestorben sein. Der Sterbeort ist nicht feststellbar.

Werke
Von Johann August Just ist eine Reihe von Singspielen aufgeführt worden, er schrieb außerdem Konzerte, Ouvertüren und Sonaten mit verschiedenen Instrumenten. Er hatte sich die schematische Technik seines Lehrers Johann Philipp Kirnberger zum Vorbild genommen.

Honoré Compan
(um 1750 bis nach 1798)

Zeit und Umwelt
Es ist bezeichnend, daß zugleich mit dem Zurückweichen des Cembalo ein Vordringen der Harfe festzustellen ist, und zwar auch auf dem Gebiet der Hausmusik, wie die erhöhte Nachfrage nach Anleitungen zum Spiel dieses Instruments beweist. Neben dem doch immer etwas härteren Piano wollte man offenbar auf die sanften Klänge des Cembalo, die von der Harfe noch einschmeichelnder gebracht werden konnten, nicht verzichten. – Und für die anbrechende Romantik war gerade die Harfe das passendste Instrument.

Leben
Honoré Compan wurde um 1750 vermutlich in Paris geboren. Er wirkte als Violinist und Harfenlehrer in seiner Geburtsstadt. Über seine sonstige Tätigkeit ist nur bekannt, daß er noch 1798 am Théâtre de la Pantomime als Violinist beschäftigt war. Er dürfte in einem der folgenden Jahre vermutlich in Paris gestorben sein.

Werke
Außer seinen 40 Konzertstücken für die Harfe veröffentlichte Honoré Compan eine Harfenschule mit vielen Übungsstücken für das Solospiel und die Liedbegleitung, die

nicht allein didaktischen Wert hatten. Er schrieb auch eine allgemeine Musiklehre.

Guillermo Ferrer
(um 1750 bis nach 1790)

ZEIT UND UMWELT
Die Erzeugung musikalischer Bühnenstücke erreichte in der zweiten Hälfte des 18. Jahrhunderts in Spanien ein beträchtliches Ausmaß. Es handelte sich dabei durchwegs um leichte Unterhaltungsmusik für die Bühnen des Hofes und der Adelspaläste. Die Texte brachten burleske Komik oder naive Rührung, die musikalische Faktur lief nicht selten schematisch ab und lehnte sich stark an die Vokalmusik an. Die Komponisten waren in vielen Fällen Kirchenmusiker oder Mitwirkende an den Bühnen als Sänger oder Instrumentalisten. Ihre sonstigen Werke zeigen, daß man ihre Fähigkeiten nicht nach ihren Bühnenmusiken bewerten darf.

LEBEN
Guillermo Ferrer wurde um 1750 vermutlich in Madrid geboren. Über seine Lebensumstände ist außer seiner kompositorischen Tätigkeit nichts bekannt. Im Jahr 1790 erschien sein letztes Werk. Er dürfte in den darauffolgenden Jahren gestorben sein. Der Sterbeort ist nicht feststellbar.

WERKE
Von Guillermo Ferrer sind eine Anzahl Tonadillas, Sainetes und »Arias« beliebt geworden. Er verfaßte eine Sinfonie, die beachtliche kompositorische Fähigkeiten verriet. Sein Stil ist von der italienischen Oper beeinflußt.

Michele Mortellari (um 1750–1807)

ZEIT UND UMWELT
Neben Italien selbst, Wien und einigen deutschen Städten war London auch um die Wende zum 19. Jahrhundert nahezu unbeschränkt für italienische Opern aufnahmebereit, besonders wenn diese zuvor in Italien mit einigem Erfolg aufgeführt worden waren. Willkommen waren Opere serie und Opere buffe, auch wenn ihre Qualität den Durchschnitt nicht überragte.

LEBEN
Michele Mortellari wurde um 1750 in Palermo geboren und in Neapel von Nicolò Piccinni ausgebildet. Nach zahlreichen Opernerfolgen in Italien ging er nach London, erntete auch dort viel Beifall mit seinen Opern und wirkte zugleich als Trompeter im Orchester des King's Theatre. Gegen Ende des Jahrhunderts versuchte er sein Glück auch in St. Petersburg. Da er dort wenig Anklang fand, ließ er sich erneut in London nieder, wo er am 27. 3. 1807 starb.

WERKE
Neben mehr als 25 Opern im Stil von Niccolò Piccinni schrieb Michele Mortellari einige Kirchenmusik, Arien, Lieder und sehr gute Quartette, außerdem klangvolle Kantaten.

Bernardo Alvarez Acero
(um 1750–1821)

ZEIT UND UMWELT
Wie in Italien komponierten Kirchenmusiker in Spanien häufig für die Bühne, ließen jedoch weit seltener beide Stilbereiche ineinanderfließen. Die spanische Kirchenmusik blieb von den profanen Diktionen in der Regel völlig frei; eine Annäherung an die Bühnenmusik war schon wegen der großen Differenz der Entwicklungsstufen nicht leicht möglich.

LEBEN
Bernardo Alvarez Acero wurde um 1750 in Madrid geboren. Er war ab 1787 Kirchenkapellmeister in seiner Geburtsstadt und von 1793 bis 1801 gleichzeitig Dirigent bei Opernaufführungen. Den Kirchendienst versah er bis zu seinem Tod am 21. 1. 1821.

WERKE
Von Bernardo Alvarez Acero sind 7 sehr be-

kannte Tonadillas erhalten. Er komponierte außerdem Instrumentalmusik für den kirchlichen Gebrauch und für die Bühne.

Wincenty Ferdynand Lessel

(um 1750 bis nach 1825)

ZEIT UND UMWELT

Die politischen Wirren um den Bestand Polens, das 1795 endgültig zur Beute der benachbarten Großmächte wurde, wirkten sich auf das kulturelle Leben wenig günstig aus, es erlosch aber nicht. Die Tradition der polnischen Musik wurde in einzelnen Adelshäusern und in den Kirchen, wenn auch auf schmaler Ebene, weitergepflegt.

LEBEN

Wincenty Ferdynand Lessel wurde um 1750 in Eula, Sachsen, geboren. Er wurde in Dresden von Karl Ditters von Dittersdorf und Ferdinand Hiller ausgebildet und wirkte anschließend von 1766 bis 1780 als Violinist an der Königlichen Kapelle. Dann begab er sich nach Polen und betätigte sich dort bis 1811 als Musiklehrer, Cembalist und Kapellmeister in Adelshäusern, ging sodann als Orgellehrer nach Puławy, wo er nach 1825 starb.

WERKE

Die zahlreichen Werke von Wincenty Ferdynand Lessel für Cembalo und Piano zu zwei und vier Händen - Sonaten, Variationen, Polonaisen, Tänze - folgen dem vorklassischen Stil. Er schrieb außerdem Orgelpräludien, Orchesterpolonaisen sowie 10 Opern und Operetten mit Themen aus der polnischen Geschichte.

Luigi Marescalchi

(um 1750 bis nach 1806)

ZEIT UND UMWELT

Man kann die Lehrtätigkeit, die Padre Martini in Bologna ausübte, ohne Übertreibung epochemachend nennen. Komponisten, Interpreten jeder Art, Kapellmeister, Musikwissenschafter und auch Musikverleger so-

Friedrich Gulda

wie Musikdrucker scheinen unter seinen Schülern auf. Wenn auch die Entwicklung seine Zeit überholte, auf seine Grundsätze des Kontrapunkts mußten doch alle in irgendeiner Form zurückgreifen.

LEBEN

Luigi Marescalchi wurde um 1750 in Bologna geboren. Er war Schüler von Padre Martini. Im Jahr 1770 eröffnete er in Venedig einen Musikverlag, den er bis 1775 führte. Dann ging er nach Neapel, wo er einen neuen Verlag gründete. Im Jahr 1789 mußte er die Stadt aus politischen Gründen verlassen und ließ sich in Marseille nieder, wo er nach 1806 starb.

WERKE

Neben 5 Opern und einer Anzahl Ballette verfaßte Luigi Marescalchi Sinfonien und Tänze. Über weitere Werke ist nichts bekannt, aber es besteht die Möglichkeit, daß er einiges unter fremdem Namen veröffentlichte. Die Vermutung allerdings, daß die »Sei Conversazioni« für Streichtrio, die er als ein Werk von Luigi Boccherini herausbrachte, von ihm selbst seien, hat sich als irrig erwiesen.

Ferdinand d'Antoine

(um 1750 bis um 1800)

ZEIT UND UMWELT

Es ist bei den im 18. Jahrhundert doch noch mangelhaften Kommunikationsmitteln erstaunlich, mit welcher Geschwindigkeit sich Werk und Ruhm Joseph Haydns in der musikalischen Welt verbreiteten. Die Folge war, daß nahezu spontan überall Bewunderer des Wiener Klassikers auftauchten und sein Stil zum Vorbild vieler Komponisten wurde.

LEBEN

Ferdinand d'Antoine wurde um 1750 in Bonn geboren. Er diente bis 1770 in der Armee des Kurfürsten von Köln, dann studierte er bei Friedrich Wilhelm Marpurg, Joseph Riepel und Johann Philipp Kirnberger Komposition. Er wirkte gleichzeitig als Violinist in Bonn, wo er um 1800 starb.

WERKE

Die 5 Singspiele, die Ferdinand d'Antoine zwischen 1782 und 1794 herausbrachte, und seine Bühnenmusik lehnen sich stilistisch an František Benda an. Seine Sinfonien und Streichquartette sind aber im Stil Joseph Haydns geschrieben.

John Moorehead (um 1750–1804)

ZEIT UND UMWELT

Wenn ein Gelehrter oder Künstler das Unglück hat, geisteskrank zu werden, taucht immer der Gemeinplatz auf, daß »Genie« und »Irrsinn« nahe benachbart seien. Darin steckt der Neid der Unbegabten, denn der Prozentsatz von Geisteskranken unter Angehörigen anderer Kategorien ist gewiß nicht kleiner. Menschliche Schicksale können eben jeden Menschen treffen.

LEBEN

John Moorehead wurde um 1750 in Irland geboren und erhielt dort seine musikalische Grundausbildung. Darauf wirkte er an verschiedenen Orchestern Englands, war Violinist beim Worcester Festival des Jahres 1794 und wurde 1796 erster Bratschist am Sadler Wells Theatre; 1798 kam er als Instrumentalist und Komponist an das Covent Garden Theatre. Im Jahr 1802 wurde er geisteskrank und beging einige Gesetzesübertretungen, die ihn in das Gefängnis brachten. Nachdem er freigelassen wurde, trat er als einfacher Seemann der Marine bei und wurde sofort Kapellmeister; er endete im März 1804 bei Deal durch Selbstmord in geistiger Umnachtung.

WERKE

Von John Moorehead sind nur ungefähr 12 Opern überliefert, die er zum Teil gemeinsam mit anderen Komponisten (William Reeve, Thomas Attwood, John Braham, John Davy) verfaßte. Von seinen angeblich vorzüglichen Violinstücken ist nichts erhalten.

William Smethergell

(um 1750 bis nach 1795)

ZEIT UND UMWELT

Kompositionen für Cembalo erschienen in England bis zum Ende des 18. Jahrhunderts und später. Sie konnten selbstverständlich auch auf dem Piano gespielt werden, nützten jedoch das neue Instrument zu wenig aus und verzichteten dafür auf den vertrauten Klang des alten. Es waren aber noch genügend Cembali vorhanden, um den Kompositionen ihren Absatz zu sichern.

LEBEN

William Smethergell wurde um 1750 vermutlich in London geboren. Er wirkte als Cembalist und Violinist in London und später an verschiedenen Kirchen als Organist. Im Jahr 1795 ist seine letzte Publikation erschienen. Er dürfte in den folgenden Jahren gestorben sein. Sein Sterbeort kann nicht festgestellt werden.

WERKE

In seinem Lehrbuch des Generalbasses veröffentlichte William Smethergell 3 Sonaten für Cembalo und Violine. Er schrieb außerdem 6 Cembalokonzerte mit zwei Violinen und Cello, 6 Duos für zwei Violinen, 6 Stücke für Solovioline, 6 Übungsstücke für Cembalo, 12 Ouvertüren und Lieder. Sein Stil ist von Niccolò Jommelli abhängig.

Francisco Gomes da Rocha
(um 1750–1808)

ZEIT UND UMWELT

In der zweiten Hälfte des 18. Jahrhunderts setzte in mehreren Siedlungen Südamerikas ein intensives Musikleben ein, das vorläufig allerdings auf kirchliche Gottesdienste oder religiöse Festlichkeiten wie Prozessionen beschränkt war. In Minas Gerais waren es vorwiegend Mulatten, die die musikalischen Darbietungen bestritten. Es ist sicher, daß diese Musiker auch eine Volksmusik pflegten. Es ist uns aber davon nahezu nichts überliefert.

LEBEN

Francisco Gomes da Rocha wurde um 1750 in oder bei Villa Rica geboren. Er war ab 1768 Sänger und Dirigent der Irmãos músicos da Irmandade de São José dos Homens Pardos (Musikalische Mulattenbruderschaft des heiligen Joseph) bei ihren religiösen Festlichkeiten und auch bei den offiziellen Feierlichkeiten der Kolonialverwaltung. Er starb in Villa Rica am 9. 2. 1808.

WERKE

Von Francisco Gomes da Rocha sind eine »Novena de Nossa Senhora do Pilar« (Novene für unsere Jungfrau von der Säule) für gemischten Chor, Streicher und Hörner und ein »Invitatorium et Hymnus de Spiritu Domini« (Invitatorium und Hymne vom Geist Gottes) für Doppelchor, Oboen, Hörner und Streicher erhalten. Der Stil dieser Kompositionen nähert sich dem vorklassischen Deutschlands.

James B. Adams (um 1750 bis um 1810)

ZEIT UND UMWELT

Gegen das Ende des 18. Jahrhunderts wird auch in England Klaviermusik nicht mehr für Cembalo allein geschrieben. Wenn nicht überhaupt das Spiel auf einem Pianoforte verlangt wird, so werden jedenfalls beide Instrumente zur Wahl gestellt. Sehr häufig war die Spielanweisung für Flöte oder Violine, wobei die Flöte primär verlangt und die Violine, mit der ein Flötensatz ohne Schwierigkeit bewältigt werden kann, nur fakultativ vorgeschrieben wurde.

LEBEN

James B. Adams wurde um 1750 in England geboren. Über sein Leben und Wirken ist nur bekannt, daß er an mehreren Singspielen als Komponist mitgewirkt hat. Er dürfte selbst Sänger gewesen sein. Der Ort, wo er um 1810 starb, ist unbekannt.

WERKE

Von James B. Adams sind eine große Anzahl Lieder bekannt geworden. Er verfaßte außerdem 4 Sonaten für Pianoforte oder Cembalo und Flöte oder Violine.

Iwan Pratsch (um 1750–1818)

ZEIT UND UMWELT

Der russische Chordirigent und Volksliedforscher Fjodor Petrowitsch Lwow (1766 bis 1836) regte zeitgenössische Komponisten an, russisches Volksmusikgut zu sammeln und zu veröffentlichen, weil er, wie er selbst ausdrückte, darin die Hauptgrundlage zur Entwicklung einer »in Wahrheit russischen Musik« sah.

LEBEN

Iwan Pratsch (Jan Bogumir Prač, Johann Gottfried) wurde um 1750 in Böhmen geboren und kam um 1770 nach St. Petersburg, wo er am Smolni-Institut und an der Musikschule des Hoftheaters als Pianofortelehrer bis zu seinem Tod im Jahr 1818 wirkte.

Werke

Angeregt vom russischen Volksliedforscher Fjodor Petrowitsch Lwow veröffentlichte Iwan Pratsch eine Sammlung von 150 russischen Volksliedern, die er mit einer Pianofortebegleitung versah. Die wissenschaftliche Einleitung dazu verfaßte Lwow. Er schrieb außerdem zahlreiche Werke für Pianoforte, darunter eine »Große Sonate nach russischen Liedern«, einen Trauermarsch auf den Tod des Napoleonbesiegers General Michail Illarionowitsch Golenischtschew Kutusow, Fürst von Smolensk (1745–1813), einen Fandango für Piano mit Violine und eine Cellosonate. Er verfaßte außerdem eine Klavierschule und mehrere Opernklavierauszüge.

Malcolm M'Donald

(um 1750 bis nach 1797)

Zeit und Umwelt

Der Strathspey genannte schottische Tanz (nach dem Spey-Tal in Nordschottland) unterscheidet sich vom Reel durch kapriziöse Rhythmen – punktierte Noten, Vorschläge – und rasche Bewegungen. Hauptpropagator dieses Tanzes war die von Niel Gow begründete Musikerfamilie.

Leben

Malcolm M'Donald wurde um 1750 in Schottland geboren. Über das Leben des schottischen Komponisten von Tänzen ist nur bekannt, daß er in Inver, dem Geburtsort von Niel Gow, lebte und dort vermutlich nach 1797 starb.

Werke

Von Malcolm M'Donald sind vier Sammlungen von Strathspeys erschienen, der letzte Band 1797. Melodien aus diesen Tänzen wurden von englischen und kontinentalen Komponisten mehrfach übernommen.

Philip Cogan (1750–1834)

Zeit und Umwelt

Von den katholischen Kathedralen in Dublin erhielt das Musikleben Irlands ständig starke Impulse. Manche Kirchenchöre nahmen begabte junge Musiker als Stipendiaten auf, um sie auszubilden, und sicherten der Stadt damit das Niveau des Musikernachwuchses.

Leben

Philip Cogan wurde 1750 in Cork geboren und begann dort seine Musikerlaufbahn als Chorknabe und sodann als Chorist an St. Finbar's. Im Jahr 1772 übernahm ihn der Chor der Christ Church in Dublin als Stipendiaten; von 1780 bis 1806 wirkte er als Organist an St. Patrick's und darauf als Musiklehrer bis zu seinem Tod im Jahr 1834 in Dublin.

Werke

Von Philip Cogan sind ein Pianofortekonzert und einige Sonaten, die Mozart sehr nahestehen, erschienen. Von den Orgelkompositionen des Virtuosen, der wegen seiner Fugenimprovisationen berühmt war, ist nichts erhalten.

Johann Peter Milchmeyer (1750–1813)

Zeit und Umwelt

Auch das Pianoforte regte Instrumentenbauer zu skurrilen Erfindungen an. In Erinnerung an das Cembalo wurden Instrumente mit mehreren Manualen und Registerzügen gebaut, um verschiedene Klangqualitäten zu gewinnen. In der Regel blieben alle diese Versuche Einzelerscheinungen, die nicht weiterentwickelt wurden, aber aus ihrer Vielfalt entstanden doch Anregungen zu tatsächlich brauchbaren Verbesserungen.

Leben

Johann Peter Milchmeyer wurde 1750 in Frankfurt am Main geboren. Er wirkte zuerst als Pianist in Lyon, sodann durch 10 Jahre als »Clavier- und Harfenmeister« in Paris. Er konstruierte nach 1780 in Ockstadt bei Friedberg, Hessen, ein Pianoforte mit 3 Manualen und 11 Registern, die mehr als 250 Klangvariationen erzeugten; er erhielt dafür den Titel eines bayrischen Hofmechanikus. Nach längeren Konzertreisen hielt er sich ab 1797 in Dresden auf und ließ sich 1803 in Straßburg als Klavierlehrer nieder, wo er am 15. 3. 1813 starb.

WERKE
Neben theoretischen Werken über das Pianoforte und das Spiel des Instruments brachte Johann Peter Milchmeyer Stücke für Pianoforte in 17 Heften heraus, die in erster Linie als Lehrwerke gedacht waren, aber auch einen gewissen musikalischen Wert besaßen.

William Gawler (1750–1809)

ZEIT UND UMWELT
Viele der Hymnen und Psalmen der englischen Organisten gleichen einander stark, so daß es schwerfällt, das kompositorisch »Neue« dann festzustellen. Sie sind fachgerecht gemacht, klingen gut und sind leicht sanglich. Für die Musikgeschichte kommt ihnen oft nur archivalische Bedeutung zu.

LEBEN
William Gawler wurde 1750 in Lambeth, Groß-London, geboren. Er war ab 1785 Organist an einem Waisenasyl für Mädchen in Lambeth und wurde um 1798 Musikverleger. Er starb am 15. 3. 1809 in Lambeth.

WERKE
Das Hauptwerk von William Gawler nannte sich »Hymns and Psalms« (Hymnen und Psalmen). Weitere sakrale Kompositionen veröffentlichte er in Sammlungen eigener und fremder Stücke. Außerdem schrieb er »Voluntaries« für Orgel und Übungsstücke für Cembalo.

Charles Gabriel Foignet (1750–1823)

ZEIT UND UMWELT
Die Anzahl der Musikbühnen in Paris vermehrte sich ab 1790. Die früheren Schwierigkeiten, die überwunden werden mußten, um eine Lizenz für eine Bühnengründung zu erhalten, waren durch eine großzügige Zuteilung beseitigt – es durfte sozusagen jeder versuchen. Die im Konkurrenzkampf der Bühnen weit heruntergesetzten Eintrittspreise bewirkten zwar einen starken Zustrom des Publikums, aber auch den Ruin mancher Neugründungen, die schließen mußten, jedoch sofort zu weiteren führten. Das zwang auch die Komponisten zu einem für die durchschnittliche Qualität ihrer Werke günstigen Wettbewerb.

LEBEN
Charles Gabriel (nach anderen Jacques) Foignet wurde 1750 in Lyon geboren. Ab 1779 wirkte er als Lehrer für Gesang, Cembalo und Harfe in Paris; seine Laufbahn als erfolgreicher Opernkomponist setzte mit 1791 ein. Er starb 1823 in Paris.

WERKE
Die über 25 Werke für die Musikbühne von Charles Gabriel Foignet zeichneten sich auch durch prachtvolle Inszenierungen aus. Er veröffentlichte 2 Suiten für Cembalo oder Piano mit Violine, arrangierte Opernarien unter dem Titel »Les Plaisirs de la Société« (Geselliges Vergnügen). Seine weiteren Kompositionen und Lehrwerke sind verlorengegangen.

Pierre Verheyen (1750–1819)

ZEIT UND UMWELT
Kirchenmusiker, Theatermusiker, Kapellmeister in Adelshäusern, Organist in Kirchen der herrschenden Religion, dann im »Tempel der Vernunft«, Dirigent revolutionärer Kantaten und wieder Hofmusik und Kirchenmusik – das waren um die Wende vom 18. zum 19. Jahrhundert die Stationen, die ein Musiker, der seinen Beruf ausüben und davon auch leben wollte, zu durchlaufen hatte. Die Auftraggeber wechselten je nach den gesellschaftlichen und politischen Gegebenheiten. Seine Musik blieb dieselbe, ungeachtet der verschiedenen Persönlichkeiten, die sie hören und auch bezahlen wollten.

LEBEN
Pierre Verheyen wurde 1750 in Gent geboren. Er war ursprünglich Tenorist an der Kathedrale in Brügge, dann erhielt er über Vermittlung von Ignaz Vitzthumb, der ihn in die Kunst der Komposition einführte, ein Engagement am Theater in Brüssel. Anschließend wirkte er als Tenorsolist an der Kathedrale in Gent, wo er von François Krafft unterrichtet wurde. Nach einer Kapellmeistertätigkeit in Maastricht kehrte er nach Gent zurück und wirkte in gleicher Eigenschaft an Ste-Pharailde. Nach dem Einmarsch der französischen Revolutionsarmee wurde er Organist am »Tempel der Vernunft« (Tempel des höchsten Wesens). Nach der Wiederherstellung der alten Ordnung nahm er seinen Dienst in Gent wieder auf und versah ihn bis zu seinem Tod am 11. 1. 1819.

WERKE
Von Pierre Verheyen sind bereits während seiner Ausbildungszeit Messen und Psalmen erschienen. Seine intensive kompositorische Tätigkeit setzte aber erst nach 1790 ein. Er schrieb mehrere Opern, Kammermusik und eine Anzahl Romanzen für Singstimmen, 15 Messen mit vollem Orchester, 12 mit Orgel, ein Requiem (zum Tod Joseph Haydns), ein Te Deum, zahlreiche Psalmen und weitere Kirchenmusik, außerdem seine berühmte »Schlacht bei Waterloo«. Wie die programmatische Schlachtenmusik neigen auch alle anderen Kompositionen der frühen Romantik zu.

Pierre Jean Porro
(1750–1831)

ZEIT UND UMWELT
Im 18. Jahrhundert erhielt die Gitarre ihre endgültige Standardform mit 6 einchörigen Saiten. Nebenformen hatten nur mehr regionale Bedeutung. Das akkordische Solospiel wurde neben der Liedbegleitung, wenn auch nicht häufig, in allen Musikländern gepflegt und fand immer sein Publikum.

LEBEN
Pierre Jean Porro wurde 1750 in Béziers geboren und dort ausgebildet. Er kam 1783 nach Paris und wirkte dort als Gitarrist und Gitarrenlehrer bis zu seinem Tod am 31. 5. 1831 in Montmorency.

WERKE
Von Pierre Jean Porro erschienen von 1787 bis 1803 periodisch Sammlungen von Gitarrenkompositionen. Dann gründete er einen eigenen Musikverlag und veröffentlichte sakrale Musik verschiedener zeitgenössischer Komponisten und seine eigenen Kompositionen: Divertissements, Canzonetten, Sonaten und Serenaden für Gitarre, Duette für Gitarre und verschiedene andere Instrumente und einige Vokalstücke. Er brachte auch eine Gitarrenschule heraus.

LITERATUR
F. Donnadieu, Porro, Béziers 1897.

Jean Balthasar Tricklir (1750–1813)

ZEIT UND UMWELT
Von Stadt zu Stadt reisende Streichquartettensembles waren eine neue Erscheinung um die Wende zum 19. Jahrhundert in Deutschland, während in Italien schon um einige Jahrzehnte vorher zuweilen Streichergruppen auf Konzertreisen gingen. Zumeist war unter den Ensemblemitgliedern zumindestens eines, dessen Name allgemein bekannt war und als Empfehlung für die Gemeinschaft diente.

LEBEN
Jean Balthasar Tricklir wurde 1750 in Dijon geboren. Er bildete sich in seinem Geburtsort und in Mannheim zum Cellisten aus und ging sodann auf Konzertreisen. Im Jahr 1782 ließ er sich in Mainz als Kammervirtuose nieder und wurde gleichzeitig Mitglied des von Ernst Schick begründeten Streichquartetts, dem außerdem Carl Hermann Benda angehörte. Im Jahr 1783 wurde er Mitglied der Hofkapelle in Dresden, wo er am 19. 11. 1813 starb.

WERKE

Von Jean Balthasar Tricklir sind Cellokonzerte und Cellosonaten erhalten, die vom Mannheimer Stil beeinflußt sind. Er verfaßte auch mehrere musiktheoretische Werke.

Johann Jakob Walder (1750–1817)

ZEIT UND UMWELT

Obwohl in Zürich am Ende des 18. Jahrhunderts ein Orchester unterhalten wurde, gab es noch keinen Komponisten dafür. Auch die Mitglieder entstammten nur zum kleinen Teil der Stadt.

LEBEN

Johann Jakob Walder wurde am 11. 1. 1750 in Unterwetzikon bei Zürich geboren. Er war hauptberuflich Jurist und spielte als Cellist im Amateurorchester der Stadt. Sein Musiklehrer war sein Freund Johann Heinrich Egli, an dessen Liedersammlungen er mitarbeitete. Er starb am 18. 3. 1817 in Zürich.

WERKE

Neben seiner Mitarbeit an den Liedersammlungen von Johann Heinrich Egli verfaßte er selbst »Gesänge zum Clavier«, »Anleitung zur Singekunst«, »Sammlung christlicher Gesänge, meistens zu 4 Stimmen« und eine Kantate »Der letzte Mensch«. Auch seine Liedkomposition folgte den Regeln der Berliner Liederschule.

Johann Gottfried Vierling
(1750–1813)

ZEIT UND UMWELT

Während die Wiener Klassik ihre Hochblüte bereits erreicht hatte, wurde noch vielerorts der Generalbaß gepflegt. Zugleich wirkte das Beispiel von Carl Philipp Emanuel Bach weit über die Jahrhundertwende hinaus.

LEBEN

Johann Gottfried Vierling wurde am 25. 1. 1750 in Metzels bei Meiningen geboren. Er folgte 1768 seinem Lehrer Johann Nicolaus

Hofbibliothek und Redoutensäle in Wien, Stich von K. Schütz, 1780

Tischer in die Organistenstelle in Schmalkalden. Er vervollständigte seine Ausbildung bei Carl Philipp Emanuel Bach und Johann Philipp Kirnberger. Den Dienst in Schmalkalden betreute er bis zu seinem Tod am 22. 11. 1813.

WERKE

Von Johann Gottfried Vierling sind 2 Cembalotrios, ein Cembaloquartett, 6 Cembalosonaten, ein vierstimmiges Choralbuch und mehrere Sammlungen leichter Orgelstücke erschienen. Handschriftlich sind ferner sakrale Werke, darunter 2 Jahrgänge Kirchenkantaten, erhalten. Er schrieb auch eine Anleitung zum Generalbaß. Sein Stil folgt dem von Carl Philipp Emanuel Bach.

LITERATUR

K. Paulke, Johann Gottfried Vierling, in: Archiv für Musikwissenschaft IV, 1922.

Stanislao Mattei (1750–1825)

ZEIT UND UMWELT

Verursacht durch die politische Lage in ganz Italien, begann das Musikleben auch in Bologna an Niveau zu verlieren. Aber durch die Gründung des neuen Liceo Filarmonico, das bald in Liceo Musicale umbenannt wurde und später den Namen Conservatorio »Giovanni Battista Martini« erhielt, kamen neue Anregungen, so daß der Musikbetrieb der Stadt binnen kurzem zu seiner alten Höhe zurückkehrte.

LEBEN

Stanislao Mattei wurde am 10. 2. 1750 in Bologna geboren. Er war Schüler von Padre Martini, dem er 1770 als Kapellmeister des Franziskanerklosters nachfolgte. Im Jahr 1789 übernahm er die gleiche Stellung an San Petronio und wurde 1799 Mitglied der Accademia Filarmonica, deren Leitung ihm mehrmals zufiel. Er war einer der Gründer des Liceo Filarmonico, an dem er als Kompositionslehrer bis zu seinem Tod am 12. 5. 1825 wirkte.

WERKE

Außer seiner dreibändigen Generalbaßschule mit vielen Beispielen schrieb Stanislao Mattei eine Passion, 8 Messen, zahlreiche kleinere sakrale Werke und ein Intermezzo. Sein Stil bewegte sich in den Bahnen seines Lehrers.

František Kryštof Neubauer
(1750–95)

ZEIT UND UMWELT

Der Schweizer Dichter Albrecht von Haller (1708–77) schuf mit seinem Gedicht »Die Alpen«, das die Erhabenheit des heimatlichen Hochgebirges schildert, eines der ersten europäischen literarischen Werke, die die Natur selbst zum Stoff machten, denn bisher ging allen früheren Kunstwerken das Naturgefühl völlig ab. Diese Hinwendung eröffnete dem Künstler und dem Publikum neue Imaginations- und Emotionsräume, die sodann in der Romantik reich ausgestattet wurden.

LEBEN

František Kryštof (Franz Christoph) Neubauer (Neubaur, Neupaur) wurde am 21. 3. 1750 in Melnik (Mělník), Böhmen, geboren. Er kam, nachdem er in München 1784 eine Oper aufgeführt hatte, als Violinist nach Wien, wirkte sodann in Winterthur als Kapellmeister, ging nach Minden und darauf nach Bückeburg, wo er Johann Christoph Friedrich Bach als Hofkapellmeister ablöste und am 11. 12. 1795 starb.

WERKE

Neben einer Oper schrieb František Kryštof Neubauer mehrere Violinsonaten, zahlreiche Duos für zwei Violinen und für Violine und Bratsche oder Cello, Trios mit verschiedenen Besetzungen, Cello-, Flöten- und Klavierkonzerte, Streichquartette, Lieder, viele Sinfonien, Messen, Kantaten und eine »Hymne an die Natur«, deren Gedanken- und Stimmungsgehalt die Einstellung der Romantik zur Natur einleitete.

Johannes Matthias Sperger
(1750–1812)

ZEIT UND UMWELT
Konzerte, die den Kontrabaß solistisch einsetzen, wurden verhältnismäßig wenig geschrieben, weil auch die Nachfrage nach solchen Stücken, wie heute noch, schwach war. Es gibt eben nicht viele Kontrabassisten, die einen Solopart zu bewältigen imstand sind.

LEBEN
Johannes Matthias Sperger wurde am 23. 3. 1750 in Feldsberg, Niederösterreich (Valtice, ČSSR), geboren. Seine Ausbildung zum Kontrabassisten und Komponisten erhielt er in Wien, dann wurde er 1768 an den Fürstenhöfen von Oradea und Eisenstadt und 1789 nach Ludwigslust (Schwerin) verpflichtet, wo er am 13. 5. 1812 starb.

WERKE
Von Johannes Matthias Sperger sind 39 Sinfonien, eine Symphonie concertante für Flöte, Bratsche und Kontrabaß, ein Flötenkonzert, ein Fagottkonzert, 2 Trompetenkonzerte, 2 Hornkonzerte, ein Bratschenkonzert, ein Cellokonzert, 17 Kontrabaßkonzerte und 3 Streichquartette erschienen. Das Kontrabaßkonzert in A-Dur ist besonders bemerkenswert. Außerdem schrieb er Sonaten, Rondos, Duette und Tänze mit verschiedener Besetzung. An Vokalmusik liegen Kantaten, Chöre und Arien vor. Sein Stil ist der Wiener Klassik sehr angenähert.

LITERATUR
A. Meier, Konzertante Musik für Kontrabaß in der Wiener Klassik, in: Schriften zur Musik IV, Giebing 1973.

John Stafford Smith (1750–1836)

ZEIT UND UMWELT
Ruf und Ruhm konnte ein englischer Musiker auch um die Wende zum 19. Jahrhundert durch die Komposition leichter Musikbühnenstücke oder eingängiger Glees und Catches erwerben. Er wurde vom Catch Club mit Preisen bedacht, die Musikverleger brachten seine Erzeugnisse gern heraus, weil sie um Absatz nicht verlegen sein mußten. Seine sonstigen kompositorischen oder musikwissenschaftlichen Leistungen wurden nur von einem kleinen Kreis von Interessenten beachtet.

LEBEN
John Stafford Smith wurde am 30. 3. 1750 in Gloucester getauft. Er war Schüler seines Vaters Martin Smith (1743, Gloucester, bis 1782, Gloucester), Organist an der Kathedrale in Gloucester, und in London von William Boyce. Im Jahr 1784 wurde er zum Gentleman der Chapel Royal ernannt, 1802 zu ihrem Organisten und 1805 zum Leiter des Knabenchors bestellt. Er betreute diese Stellen bis 1817, dann widmete er sich bis zu seinem Tod am 21. 9. 1836 in London seinen musikwissenschaftlichen Arbeiten.

WERKE
Von John Stafford Smith sind 5 Sammlungen Glees und eine Sammlung verschiedener Gesänge erschienen. Er wurde hiefür mit mehreren Preisen vom Catch Club ausgezeichnet. Wertvoll ist sein Sammelwerk »Musica antiqua« mit Musik vom 12. bis zum 18. Jahrhundert.
Seine Glees waren äußerst populär. Die Melodie seines Gesanges »Anacreon in Heaven« (Anakreon im Himmel) wurde für die Armee und Marine Nordamerikas als »Star-spangled banner« (Sternenbanner) auf Worte von Francis Scott Key (1779–1843) übernommen.

Paul Kürzinger (1750–1800)

ZEIT UND UMWELT
Während sich in der zweiten Hälfte des 18. Jahrhunderts in den deutschen Städten wie München, Dresden, Berlin noch immer die Höfe im Musikgeschehen eine zentrale Stelle einnahmen, spielte sich in Wien die stürmische Aufwärtsentwicklung der Musik neben dem Hof und mit nur geringem Kontakt damit ab. Die Adelshäuser, das begüterte

Bürgertum und die Kirchen hatten die Pflege der Musik übernommen und den Ruf Wiens als Musikstadt gewahrt und gehoben.

LEBEN
Ignaz Paul Kürzinger (Kürtzinger, Kirzinger) wurde am 28. 4. 1750 in Mergentheim als Sohn des Franz Xaver Kürzinger geboren. Er war ab 1775 Hofmusiker in München, von 1777 in gleicher Stellung und als Operndirektor in Regensburg und von 1785 bis zu seinem Tod am 29. 7. 1800 Musikdirektor einer Erziehungsanstalt in Wien tätig.

WERKE
Außer einigen Singspielen, Balletten und Melodramen verfaßte Paul Kürzinger Kantaten, Duette, Lieder, 4 Sinfonien und Deutsche Tänze. Sein Stil gehörte der Vorklassik an.

Michel Woldemar (1750–1815)

ZEIT UND UMWELT
Der Violon alto, der um 1800 in Frankreich gebaut wurde, war eine fünfsaitige Violine, die die Tiefe der Bratsche erreichte und einen der vielen Versuche darstellte, den Tonumfang der Violine oder der Bratsche zu erweitern. Das Instrument war ein Gegenstück zur Viola pomposa der Violenfamilie und wurde von mehreren Virtuosen gespielt, geriet aber dennoch bald in Vergessenheit.

LEBEN
Michel Woldemar wurde am 17. 6. 1750 in Orléans geboren. Er war Schüler von Antonio Lolli, wirkte einige Zeit als Musikdirektor einer wandernden Schauspielertruppe und trat in verschiedenen französischen Städten als Violinist auf. Auf seine Initiative wurde der Violon alto gebaut, den er auf seinen Konzertreisen vorführte. Er starb am 19. 12. 1815 in Clermont-Ferrand.

WERKE
Außer einem für Violon alto komponierten Konzert schrieb Michel Woldemar 3 Violinkonzerte, Streichquartette, Duos für zwei Violinen und für Violine und Bratsche, 12 Violinsoli, Studienwerke für Violine, Bratsche und Klarinette und »Sonates fantomagiques« (im Stil großer Virtuosen, wie Antonio Lolli, Niccolò Mestrino, Gaetano Pugnani und Giuseppe Tartini, abgefaßte Sonaten). Er befaßte sich auch mit einer Art musikalischer Kurzschrift.

J. J. Kriegk (1750–1813)

ZEIT UND UMWELT
Im Verhältnis zur Anzahl der Violinisten der musikalischen Welt um die Wende zum 19. Jahrhundert waren die Cellisten in erheblicher Minderzahl. Ein Grund hiefür war die noch wenig entwickelte Unterrichtsmethode für dieses doch um einiges jüngere Instrument. Jedenfalls überstieg der Bedarf an guten Cellisten die verfügbare Anzahl, so daß sich einige Violinisten dazu entschlossen, zum Cello überzugehen.

LEBEN
J. J. Kriegk – Vornamen sind nicht überliefert – wurde am 25. 6. 1750 in Bibra, Merseburg, geboren. Er war bereits ab ungefähr 1762 Violinist am Hof in Meiningen und 1773 Leiter eines Opernorchesters in Amsterdam. Ein Jahr darauf kam Kriegk nach Paris, wo er auf den Rat von Jean-Louis Duport die Violine mit dem Cello vertauschte und bei dem französischen Virtuosen Unterricht nahm. Schon nach einem Jahr war er so weit, daß er während der folgenden vier Jahre als Orchestercellist tätig sein konnte und darauf am Hof von Meiningen Kammermusiker und ab 1798 Konzertmeister wurde. Er starb 1813 in Meiningen.

WERKE
Von J. J. Kriegk sind 4 Sonaten und 3 Konzerte für Cello mit Generalbaß erhalten, die zur guten Celloliteratur der Zeit gehören. Seine Kompositionen für Violine sind verlorengegangen. Sein Stil lehnte sich an Jean-Louis Duport an.

Alessio Prati (1750–88)

ZEIT UND UMWELT

Großfürst Pawel Petrowitsch, der nachmalige Zar Pawel I. von Rußland, erhielt 1781 von seiner Mutter, der Zarin Katharina II., die Erlaubnis zu einer Reise nach Westeuropa. Er nahm besonders in Paris mit verschiedenen Persönlichkeiten der Wissenschaft und Kunst Fühlung.

LEBEN

Alessio Prati wurde am 19. 7. 1750 in Ferrara geboren und von 1768 bis 1774 in Neapel am Conservatorio Santa Maria di Loreto von Fedele Fenaroli und Niccolò Piccinni ausgebildet. Darauf kam er über Rom und Marseille nach Paris, wo er sich als Cembalist und Musiklehrer niederließ. Im Jahr 1781 nahm ihn Großfürst Pawel Petrowitsch nach St. Petersburg mit, das er aber schon nach einem Jahr verließ, um über Warschau, Wien und München nach Italien zurückzukehren, wo er 1784 eintraf. Er starb am 17. 1. 1788 in Ferrara.

WERKE

Neben ungefähr 10 Opern verfaßte Alessio Prati »Sei romanze in lingua italiana e francese con accompagnamento di cembalo o arpa« (Sechs Romanzen in italienischer und französischer Sprache mit Cembalo- oder Harfenbegleitung) und eine weitere ähnliche Sammlung, 3 Sonaten für Cembalo oder Harfe mit Violine, 3 Harfensonaten mit Violine und 6 Cembalosonaten mit Violine. Die wahlweise Verwendung von Cembalo und Harfe zeigt, daß die kompositorischen Techniken beider Instrumente noch sehr ähnlich waren.

Daniel Gottlob Türk (1750–1813)

ZEIT UND UMWELT

Werk und Lehre von Johann Sebastian Bach waren eine der Grundlagen der Musikerziehung an der Kreuzschule in Dresden. Daß damit die Pflege eines gewissen Konservatorismus Hand in Hand ging, ergab sich von selbst. Er erstreckte sich sogar auf die Auswahl der Instrumente. Das Cembalo und besonders das Clavichord wurden dem Piano noch durch lange Zeit vorgezogen.

LEBEN

Daniel Gottlob Türk wurde am 10. 8. 1750 in Claußnitz bei Chemnitz (Karl-Marx-Stadt) geboren. Er wurde an der Kreuzschule in Dresden von Gottfried August Homilius und in Leipzig, wo er die Universität besuchte, von Johann Adam Hiller ausgebildet, der ihn bei seinen »Liebhaberkonzerten« als ersten Violinisten beschäftigte. Im Jahr 1774 wurde er in Halle Kantor an der Ulrichskirche und am Lutherischen Gymnasium, 1779 Universitätsmusikdirektor und 1787 Organist an der Liebfrauenkirche. In den achtziger Jahren richtete er mit dem Collegium musicum regelmäßig Konzerte ein, in denen neben Joseph Haydn und Wolfgang Amadeus Mozart die Oratorien von Georg Friedrich Händel und vor allem Werke von Johann Sebastian Bach aufgeführt wurden; 1808 wurde ihm auch die Leitung des Stadtsingchors von Halle übertragen. Er starb am 26. 8. 1813 in Halle.

WERKE

Die theoretischen und didaktischen Werke von Daniel Gottlob Türk überragen seine Kompositionen an Bedeutung, besonders seine »Clavierschule«, die eine umfassende allgemeine Musiklehre neben vielen praktischen Beispielen bietet. Ihre Einstellung ist allerdings nahezu nur rückblickend, denn das Pianoforte ist darin kaum behandelt, während dem Clavichord eine dominierende Rolle unter den »Clavier-Instrumenten« eingeräumt wird. Seine durchwegs im galanten Stil gehaltenen Kompositionen für das »Clavier« verfolgten ohne Ausnahme didaktische Ziele. Er veröffentlichte 8 Sammlungen von Klaviersonaten und 4 Sammlungen »Ton- und Handstücke«. Er schrieb außerdem eine Oper, ein Oratorium, 20 Kantaten, 46 Chorlieder, 8 vierstimmige Choräle, ein Choralbuch mit beziffertem Baß und eine Choralmelodiensammlung. Davon wurde nur ein kleiner Teil gedruckt.

Antonio Salieri (1750–1825)

ZEIT UND UMWELT

Bis zum Ende des 18. Jahrhunderts und darüber hinaus dominierte in Wien die italienische Oper, und zwar in ihrer leichten, unverbindlichen Form, die aus Venedig gekommen war; die vollblütige, von leidenschaftlichem Pathos durchglühte aus Neapel stellte bereits eine zu schwere Kost dar. Wer diese Unterhaltungsstücke auf die Bühne zu stellen imstand war, hatte das breite Publikum und die maßgebenden Kreise, für die »Oper« gleichbedeutend mit »italienischer Oper« war, für sich gewonnen.

LEBEN

Antonio Salieri wurde am 18. 8. 1750 in Legnago bei Verona geboren. Er wurde Alumnus des Markusdomes in Venedig und erhielt dort von Giovanni Battista Pescetti seine Ausbildung. Florian Leopold Gaßmann wurde 1766 auf ihn aufmerksam, brachte ihn nach Wien, vervollständigte seine Ausbildung und führte ihn bei Hof ein. Salieri hatte mit seiner ersten Oper Erfolg und wurde nach Gaßmanns Tod (1774) Kammerkompositeur und Kapellmeister der italienischen Oper. Nach seinem Aufenthalt in Italien und Paris, wo er mit Opern erfolgreich war, wurde er 1788 in Wien Kaiserlicher Hofkapellmeister, legte aber 1790 die Leitung der Oper nieder und wirkte nur noch als Dirigent der Hofsängerkapelle und als Opernkomponist. Er starb am 7. 5. 1825 in Wien.

WERKE

Der Name Antonio Salieri ist in der Musikgeschichte mit dem von Wolfgang Amadeus Mozart eng verknüpft. Ihm wird ein Großteil der Schuld an dessen wirtschaftlicher Erfolglosigkeit zur Last gelegt. Es dürfte richtig sein, daß er die Bedeutung des Konkurrenten erkannte und fürchtete und daher manche Intrige gesponnen hat. Das wäre in der Geschichte der Künste nichts Neues gewesen. Die Heftigkeit der Anschuldigungen, die sich bis zum Mordverdacht steigerten, läßt vermuten, daß die Kreise, die alles taten, Mozart das Leben schwer und nahezu unmöglich zu machen, einen Sündenbock benötigten. Er hat für Mozart nichts getan. Was aber haben die anderen getan? Er besaß großen Einfluß auf das Wiener Musikleben und hätte sich für Mozart verwenden können. Das steht außer Zweifel. Aber mußte man auf den Venezianer warten? Es hätte genügend Möglichkeiten gegeben, Mozart eine Anstellung zu verschaffen. Außerdem leitete er die Konzerte der Tonkünstlersozietät erst ab 1795 und wurde erst 1817 Oberleiter des Wiener Konservatoriums.

Das kompositorische Werk von Antonio Salieri bestand aus 39 Opern, mehreren Oratorien, Messen, einem Requiem, Kantaten, 4 Te Deum, 2 Heften mit Kanons und mehreren Instrumentalstücken. Seine gesamte Musik war leicht und flüssig im Sinn der italienischen Vorklassik, die auf die Vorromantik hinzielte.

Antonio Salieri, Stich von A. Ehrenreich

LITERATUR

G. Magnani, Antonio Salieri, Legnago 1934.

Pehr Frigel (1750–1842)

ZEIT UND UMWELT

Das Musikleben in Stockholm war um die Wende zum 19. Jahrhundert bereits in voller Blüte. Die Oper spielte immer mehr schwedische Stücke, Chor- und Orchestervereinigungen gaben regelmäßige Konzerte, die Musikalische Akademie (Kunglig Musikaliska Akademien) war bereits seit 1771 in Tätigkeit, und die ihr angeschlossene Unterrichtsanstalt konnte schon einen Großteil ihrer Lehrer aus Schweden selbst beziehen.

LEBEN

Pehr Frigel wurde am 2. 9. 1750 in Kalmar geboren. Nach seinem Studium in Uppsala bildete er sich bei Johann Gottlieb Naumann, Joseph Martin Kraus und Francesco Antonio Uttini zum Musiker aus. Er trat in den Staatsdienst, wurde 1796 Sekretär der Musikalischen Akademie, der er seit 1778 angehört hatte, wirkte von 1811 bis 1834 als Inspektor der Unterrichtsanstalt der Akademie und zugleich von 1814 bis 1830 als Lehrer für Musiktheorie. Er starb am 24. 11. 1842 in Stockholm.

WERKE

Von Pehr Frigel sind eine Oper, ein Singspiel, das Oratorium »Försonaren på Oljaberget« (Der Erlöser auf dem Ölberg), mehrere Kantaten, Lieder, Chor- und Orchesterwerke überliefert. Seine Musik folgt einem strengen, an Johann Sebastian Bach, Georg Friedrich Händel, Christoph Willibald Gluck und Joseph Haydn gebildeten klassischen Stil.

Tomás de Iriarte (1750–91)

ZEIT UND UMWELT

Die Verehrung, die Luigi Boccherini Joseph Haydn entgegenbrachte, regte auch spanische Musiker an, sich mit dem Wiener Klassiker zu befassen. Das hatte zur Folge, daß die weitere Entwicklung der spanischen sinfonischen Musik zu einem großen Teil auf Haydn fußte.

LEBEN

Tomás de Iriarte (Yriarte) wurde am 18. 9. 1750 in Puerto de la Cruz, Teneriffa, geboren. Er war Schüler von Antonio Rodriguez de Hita in Madrid, wurde Staatssekretär und trat mit Erfolg als Dichter hervor. Er starb am 17. 9. 1791 in Madrid.

WERKE

Von den Kompositionen von Tomás de Iriarte ist wenig überliefert. Er schrieb einige Sinfonien und Quartette im Stil Joseph Haydns, Tonadillas und ein Melodram »Guzman el Bueno« (Guzman, der Gute).

LITERATUR

J. Subirá, El compositor Iriarte, Barcelona 1949/50.

Antonín Stamic (1750 bis nach 1796)

ZEIT UND UMWELT

Die eigene Familie, die Künstler der Mannheimer Kapelle, die letzten Jahre des höfischen Lebens in Paris und die Revolution mit ihren Phasen – das waren Epoche und Kulisse für den Musiker, der nur für die Musik lebte.

LEBEN

Antonín Tadeáš Jan Nepomucký (Anton Thaddäus Johann Nepomuk) Stamic (Stamitz, Steimiz, Stainiz, Steinmetz) wurde am 27. 11. 1750 in Deutsch-Brod (Havlíčkův Brod) geboren. Er war Sohn des Jan Václav Antonín Stamic und wurde von diesem und von Christian Cannabich ausgebildet. Er begleitete seinen Bruder Karel Filip Stamic (Carl Philipp) 1770 nach Straßburg und Paris, wo beide 1772 im Concert spirituel auftraten. Er wurde Mitglied der Königlichen Kapelle in Versailles und blieb es bis zu ihrer Auflösung (1789). Über sein weiteres Leben in Paris ist nichts bekannt. Er dürfte bald nach 1796 gestorben sein.

WERKE

Von Antonín Stamic sind 12 Sinfonien, 6 Doppelkonzerte, 15 Violinkonzerte, einige

Konzerte für Bratsche, Piano, Flöte und Oboe, 54 Streichquartette, 18 Trios und 90 Duos überliefert. Ihr Stil leitete sich vom Mannheimer ab.

LITERATUR
M. Pincherle, Feuillets d'histoire du violon, Paris 1927.

Johann Franz Xaver Sterkel
(1750–1817)

ZEIT UND UMWELT
Die Kriege, die der Französischen Revolution folgten, hielten einen großen Teil Europas in Unruhe. Einzelne Fürsten wurden von ihren Thronen vertrieben und diese mit neuen Herren besetzt. Das zog die Umgestaltung oder Auflösung der einzelnen Höfe nach sich, was die Hofmusiker, die von den Ereignissen sonst nicht unmittelbar berührt wurden, zwang, neue Anstellungen zu suchen, deren Sicherheit in manchen Fällen bald ebenso bedroht wurde.

LEBEN
Johann Franz Xaver Sterkel wurde am 3. 12. 1750 in Würzburg geboren. Er studierte ab 1764 in seinem Geburtsort Theologie und wirkte als Stiftsorganist am Neumünster, wurde 1778 Hofkaplan und Organist in Mainz, reiste 1779 für 3 Jahre auf Kosten des Kurfürsten durch Italien, wurde darauf Mitglied und 1793 Kapellmeister der Mainzer Hofkapelle. Als 1797 die Franzosen in das Kurfürstentum einmarschierten, ging er zunächst nach Würzburg, dann 1802 nach Regensburg und schließlich 1810 nach Aschaffenburg als Hofmusikdirektor. Im Jahr 1815 kehrte er nach Würzburg zurück, wo er am 12. 10. 1817 starb.

WERKE
Von Johann Franz Xaver Sterkel sind über 100 kompositorische Werke erschienen, darunter 10 Sinfonien, 2 Ouvertüren, ein Streichquintett, zahlreiche Klaviertrios, Violinsonaten, Klavierkonzerte, Klaviersonaten zu 2 und 4 Händen, Rondos und Fantasien

Johann Franz Xaver Sterkel

für Klavier, über 20 Hefte mit Liedern, 3 Hefte mit italienischen Canzonetten, 2 Hefte mit italienischen Duos für zwei Soprane, Arien und Chöre. Er war bei den Zeitgenossen als Pianist und Komponist sehr geschätzt.

Peter Mortimer (1750–1828)

ZEIT UND UMWELT
Nikolaus Ludwig Graf von Zinzendorf (1700 bis 1760) sammelte ab 1722 auf seinem Gut Berthelsdorf in Herrnhut Emigranten aus Kreisen der Böhmischen Brüder, die von der Gegenreformation aus Böhmen und Mähren vertrieben wurden, zu einer christlichen Lebensgemeinschaft. Es entstanden bald in Europa und in Nordamerika, überall, wo es die politischen Zustände erlaubten, zahlreiche Tochtergemeinschaften.

LEBEN
Peter Mortimer wurde am 5. 12. 1750 in Puttingham, Surrey, geboren. Er wurde in einer

Herrnhuter Brüdergemeine in Niesky, Schlesien, erzogen, wirkte sodann dort als Lehrer und lebte schließlich in Herrnhut, Sachsen, wo er am 8. 1. 1828 starb.

WERKE
Von Peter Mortimer, der ein vorzügliches Werk, »Der Choralgesang zur Zeit der Reformation«, schrieb, sind zahlreiche Choräle in Kirchentonarten erhalten. Seine Texte stammten zum Großteil von dem Dichter Nikolaus Ludwig Graf von Zinzendorf.

John Beckwith (1750–1809)

ZEIT UND UMWELT
Neben der prächtigen Kathedrale in Norwich, die zum großen Teil aus dem 12. Jahrhundert stammt, war St. Peter's eine wichtige Pflegestätte der Orgelmusik. Es wurden darin um die Jahrhundertwende auch Orgelkonzerte veranstaltet. Heute ist das Gotteshaus ein kirchliches Museum.

LEBEN
John Christmas Beckwith wurde am 25. 12. 1750 in Norwich geboren. Er war ab 1794 Organist an St. Peter's und ab 1808 an der Kathedrale seines Geburtsortes, in dem er am 3. 6. 1809 starb.

WERKE
Von John Beckwith sind Cembalosonaten, Anthems, Glees und Lieder herausgekommen, außerdem ein Orgelkonzert, das mehrmals in St. Peter's gespielt wurde.

Franz Lamotte (um 1751–81)

ZEIT UND UMWELT
Eine Herkunft aus der Umgebung des Statthalters der Niederlande in Brüssel und manieriertes Virtuosentum bildeten in der zweiten Hälfte des 18. Jahrhunderts eine ausreichende Empfehlung, um in die Wiener Hofkapelle aufgenommen zu werden.

LEBEN
Franz Lamotte wurde um 1751 in Flandern geboren. Er war in London Schüler von Felice de Giardini, trat 1766 in Wien auf und wurde 1770 erster Violinist der Kaiserlichen Hofkapelle. Er starb 1781 in Den Haag.

WERKE
Von Franz Lamotte sind 3 Violinkonzerte, weiters Sonaten und Variationen für Violine und Generalbaß erschienen, die sich zum Teil der Klassik nähern, aber dennoch das Virtuosentum stark hervorkehren.

LITERATUR
O. Wessely, Artikel Franz Lamotte, in: Musik in Geschichte und Gegenwart VIII, 1960.

Julien Bertheaume (um 1751–1802)

ZEIT UND UMWELT
Der bizarre, rein auf Effekt abgestellte Stil von Antonio Lolli färbte auf viele Virtuosen seiner Zeit ab, denn das Publikum konnte durch Akrobatik mehr begeistert werden als durch echte Musik. Es bereitete sich bereits das »Jahrhundert der Virtuosen« vor, die Zeit der Romantik, in der neben musikalischen Höchstleistungen auch seelenlose Technik als Kunst gewertet wurde.

LEBEN
Julien Bertheaume (auch Isidore) wurde um 1751 in Paris geboren. Er war Schüler von Felice de Giardini und trat bereits mit neun Jahren im Concert spirituel mit großem Erfolg auf. Im Jahr 1767 wurde er Mitglied des Opernorchesters und 1789 Orchesterleiter des Concert spirituel, in dem er ständig konzertierte. Im selben Jahr ging er wegen der ausgebrochenen Revolution nach Deutschland und sodann nach St. Petersburg, wo er am 19. 3. 1802 starb.

WERKE
Von Julien Bertheaume sind 6 Solosonaten mit Generalbaß, 6 Duos für zwei Violinen, 2 Violinsonaten ohne Generalbaß, 2 Violin-

konzerte, 3 konzertante Sinfonien, 3 Sonaten für Cembalo und Violine erhalten, außerdem »Sonate pour le violon dans le style de Lolli«, mit der er den Stil des exzentrischen Virtuosen – zum Beispiel das Skordieren der G-Saite auf eine Quart tiefer – nachahmt. Sein Stil ist rein italienisch.

LITERATUR

L. de la Laurencie, L'école française de Violon, Paris 1923.

Karl David Stegmann (1751–1826)

ZEIT UND UMWELT

Die älteste deutsche Oper mit regelmäßigen Aufführungen wurde 1678 in Hamburg von Jan Adams Reinken (1623–1722) begründet und spielte bis 1738. Im Jahr 1740 wurde eine italienische Oper eingerichtet. Trotzdem rissen die Bemühungen um die deutsche Oper nie ab, die im Weg des Singspiels, das in den deutschen Theatern immer mehr Raum gewann, zum Erfolg führten.

LEBEN

Karl David Stegmann wurde 1751 in Dresden geboren. Er trat anfangs als Sänger in Breslau (Wrocław) und Königsberg (Kaliningrad) auf, wo er auch Konzertmeister wurde. Nach Aufenthalten in Danzig (Gdańsk) und Gotha wurde er 1778 Theaterkapellmeister und 1798 Mitdirektor der Oper in Hamburg. Er zog sich 1811 nach Bonn zurück, wo er am 27. 5. 1826 starb.

WERKE

Neben einer Anzahl Singspiele und Opern in deutscher Sprache, die deutlichen Singspielcharakter zeigten, verfaßte Karl David Stegmann mehrere Sinfonien, Konzerte, verschiedene Kompositionen für Cembalo und Gesänge. Er folgte dem norddeutschen Stil.

Karl Joseph Birnbach (1751–1805)

ZEIT UND UMWELT

Obwohl Warschau ab 1795 unter russischer Oberhoheit stand, gab es in der ehemaligen polnischen Hauptstadt genügend Publikum für ein deutsches Theater, an dem vorwiegend deutsche Singspiele aufgeführt wurden und deutsche Musiker beschäftigt waren.

LEBEN

Karl Joseph Birnbach wurde 1751 bei Neiße (Nyssa) geboren. Er wirkte als Violinist in Breslau (Wrocław) und Berlin und ab 1803 als Kapellmeister am Deutschen Theater in Warschau, wo er 1805 starb.

WERKE

Von Karl Joseph Birnbach sind 2 deutsche Opern erhalten. Er schrieb außerdem Klavierkonzerte, Violinsonaten und zahlreiche kleinere Stücke. Seine Musik gehörte dem norddeutschen Stil an.

Joseph Meunier d'Haudimont
(1751 bis nach 1789)

ZEIT UND UMWELT

Die Revolution des »Dritten Standes« (Bürgertum) in Frankreich richtete sich gegen die Krone und gegen den »Ersten« und den »Zweiten Stand« (Klerus und Adel) und ihre Privilegien, so daß jeder Kleriker als Volksfeind galt, obwohl nicht wenige davon ihre Funktionen gegen sehr geringes Entgelt versahen. Diese Konstellation konnte auch für einen Abbé, dessen Lebensinhalt nur die Musik war, gefährlich werden.

LEBEN

Joseph Meunier d'Haudimont wurde 1751 in Paris geboren. Er war Chorknabe an St-Eustache, sodann Seminarist in Soisson und anschließend Chorist an Notre-Dame in Paris. Im Jahr 1782 wurde er Kapellmeister an Sts-Innocents und gründete eine Kompositionsschule. Er war auch als Violinist tätig. In den Revolutionsjahren nach 1789 dürfte er in Paris sein Leben verloren haben.

WERKE

Von Joseph Meunier d'Haudimont sind Messen und Magnificat sowie einige Instrumentalmusik – Violinsonaten, Violinkonzerte – erhalten. Seine Musik weist noch Barockelemente auf.

Dmitri Bortnjanski (1751–1825)

ZEIT UND UMWELT

Zarin Katharina II. von Rußland setzte alle ihre Bemühungen daran, eine nationale russische Musikentwicklung und eine nationalrussische Oper zu begründen. Sie ging systematisch, nach in anderen Ländern vorgezeichnetem Muster vor, lud aus Mittel-, Süd- und Westeuropa Komponisten, Interpreten und Lehrer ein, so viele sie bekommen konnte. Sie ermunterte die Eingeladenen, sich für die russische Volksmusik zu interessieren, sie ließ Opernlibretti in das Russische übersetzen und schrieb sogar selbst russische Operntexte, förderte nach Kräften heimische Kräfte und sandte sie zur Ausbildung in das Ausland. Selbstverständlich wurden damit ausländische Stilrichtungen importiert und auch von den russischen Musikern nachgeahmt. Sie sah aber voraus, daß sich daraus zwangsläufig ein eigenständiger russischer Stil bilden würde, den sie selbst allerdings nicht mehr erleben konnte.

LEBEN

Dmitri Stepanowitsch Bortnjanski wurde 1751 in Gluchow, Gouvernement Tschernikow, Ukraine, geboren. Er war ab 1759 Chorknabe in St. Petersburg und wurde von Baldassare Galuppi unterrichtet. Als der Italiener 1768 Rußland verließ, sandte ihm Katharina II. Bortnjanski ein Jahr darauf nach Venedig nach, der dort und anschließend in Bologna, Rom und Neapel seine Ausbildung vollendete. Er brachte in Italien 2 Opern heraus. Nach seiner Rückkehr nach St. Petersburg brachte er dort 4 französische Opern auf die Bühne. Im Jahr 1796 wurde er Direktor der Hofsängerkapelle mit dem Auftrag, sämtliche zur Aufführung beim Gottesdienst vorgeschlagenen Werke zu kontrollieren. Er starb am 28. 9. 1825 in St. Petersburg.

WERKE

Neben einigen Opern sind von Dmitri Bortnjanski eine Sinfonie, Kammermusik und Cembalosonaten erhalten, außerdem eine Reihe Chöre von außerordentlicher Klangschönheit. Seine Vertonung der Dichtung des deutschen Dichters und Predigers Gerhard Tersteegen (1697–1769) »Ich bete an die Macht der Liebe« ist in Deutschland lange sehr beliebt gewesen. Interessant sind seine Versuche, die russische Kirchenmusik mit dem »Palestrina-Stil« des 18. Jahrhunderts zu kombinieren. Er hat damit einen wichtigen Beitrag zur Entwicklung der russischen Kirchenmusik geleistet.

LITERATUR

B. Dobrochotow, Dmitri Stepanowitsch Bortnjanski, Moskau 1950.

Johann Baptist Lasser (1751–1805)

ZEIT UND UMWELT

Im letzten Viertel des 18. Jahrhunderts boten in Österreich und Deutschland eine beträchtliche Anzahl herumziehender Theatergesellschaften und fest domizilierter Unternehmen vielen Sängern und Instrumentalisten eine Betätigungsmöglichkeit. Wenn auch manche Kräfte oft sehr mittelmäßig waren, so bildeten sie dennoch sozusagen den Nährboden für einzelne, die die künstlerische Substanz für einen Aufstieg in sich trugen, zu den großen Bühnen der Hauptstädte überzuwechseln und dann weiter über diese die Konzertsäle zu erobern.

LEBEN

Johann Baptist Lasser wurde am 9. 1. 1751 in Steinakirchen am Forst, Niederösterreich, geboren und als Jesuitenschüler in Linz ausgebildet. Er war 1781 Bassist und ein Jahr darauf Orchesterdirektor einer Theatergesellschaft in Brünn, von 1786 bis 1788 Direktor des Städtischen Theaters in Linz, wirkte neuerlich bei einer Theatergesellschaft in Graz und wurde schließlich als Hof- und Kammersänger nach München berufen, wo er am 21. 10. 1805 starb.

WERKE
2 Opern und 7 Singspiele schrieb Johann Baptist Lasser für die Bühne, für die Kirche eine Anzahl Messen, von denen 9 gedruckt erschienen. Außerdem verfaßte er mehrere Schulwerke und Solfeggien für zwei Stimmen.

LITERATUR
O. Wessely, Johann Baptist Lasser, in: Musik in Geschichte und Gegenwart VIII, 1960.

Corona Schröter (1751–1802)

ZEIT UND UMWELT
Am Weimarer Hof, wo die Dichterin und Musikerin Herzogin Anna Amalia wirkte und regierte, fand natürlich auch eine zweite Komponistin Anerkennung und Förderung, so daß sich der günstige Zufall ergab, daß auch eine Frau als Komponistin nicht nur Erfolge, sondern auch Nachruhm errang.

LEBEN
Corona Elisabeth Wilhelmine Schröter wurde am 14. 1. 1751 in Guben geboren. Sie trat bereits mit 14 Jahren im Gewandhaus in Leipzig als Sängerin auf und wurde 1776 von Johann Wolfgang von Goethe nach Weimar geholt, wo sie 1779 zum ersten Mal als Schauspielerin mit großem Erfolg auftrat. Die zeitgenössischen Gedichte, die sie vertonte, trug sie selbst vor. Sie starb am 23. 8. 1802 in Ilmenau.

WERKE
Von Corona Schröter erschien eine Sammlung mit 25 Gesängen und eine zweite mit 16; außerdem vertonte sie Goethes Singspiel »Die Fischerin«. Ihre Lieder sind melodiös und sangbar gesetzt, aber doch sehr einfach und schlicht. Es handelte sich durchwegs um Erstvertonungen hochwertiger klassischer Gedichte von Johann Wolfgang von Goethe, Friedrich von Schiller, Johann Gottfried von Herder, Friedrich Gottlieb Klopstock, Friedrich von Matthison (1761–1831) und anderen, so daß sie als eine der frühesten Komponistinnen an der deutschen Klassik teilnahm.

LITERATUR
H. Stümcke, Corona Schröter, Bielefeld 1904.

Ferdinand Kauer (1751–1831)

ZEIT UND UMWELT
Im ersten Drittel des 19. Jahrhunderts trat für Wien die Hochblüte des deutschen Singspiels erst ungehemmt ein. Mehrere Bühnen stellten sich nahezu ausschließlich auf diese neue Gattung Musikschauspiel ein, das die italienische Oper sehr rasch zurückdrängte.

LEBEN
Ferdinand Kauer wurde am 18. 1. 1751 in Klein-Tajax (Taiax) getauft. Er wirkte an mehreren Wiener Bühnen, in Graz als Theaterkapellmeister und im vorgerückten Alter als Bratschist am Leopoldstädter Theater in Wien, wo er am 13. 4. 1831 starb.

WERKE
Von den mehr als 100 Opern, Singspielen und Bühnenmusiken von Ferdinand Kauer hat sich das »Donauweibchen« lang auf kleineren Bühnen gehalten. Er verfaßte außerdem Sinfonien, Konzerte, Kammermusikwerke, über 20 Messen, mehrere Requiem und andere sakrale Gesänge, Oratorien, Kantaten und Lieder. Ein Großteil seines kompositorischen Werkes ging durch die Donauüberschwemmung im Jahr 1830 zugrunde. Sein Instrumentaltrio »Nelsons große Seeschlacht« ist bereits zur romantischen Programmusik zu stellen. Auch vieles andere aus seiner Hand gehört zur Vorromantik. Er verfaßte auch mehrere Schulwerke.

LITERATUR
Th. Haas, Ferdinand Kauer, in: Neue Musikzeitung, 1925.

Josephus Fodor (1751–1828)

ZEIT UND UMWELT
Die Schule von František Benda wirkte über seine Schüler bis weit in das 19. Jahrhundert,

so daß sich eine unmittelbare Entwicklungslinie von der empfindsamen Berliner Schule zur Romantik ergab, die von der Wiener Klassik nur gewisse Formelemente mitnahm und verarbeitete.

Leben
Josephus Fodor wurde am 21. 1. 1751 in Venlo geboren. Er war Schüler von František Benda in Berlin und ließ sich nach erfolgreichen Konzertreisen in Paris nieder. Im Jahr 1794 verlegte er seinen Wirkungskreis nach St. Petersburg, wo er am 3. 10. 1828 starb.

Werke
Von Josephus Fodor sind 9 Violinkonzerte, zahlreiche Violinsoli, Violinduos und Streichquartette bekannt geworden. Er setzte den empfindsamen Berliner Stil fort.

Blas de Laserna (1751–1816)

Zeit und Umwelt
Der Kampf vieler spanischer Bühnenkomponisten galt der italienischen Oper und dem Belcanto. Die volksnahen Zarzuelas und anderen spanischen Gattungen der Bühnenmusik konnten jederzeit ein breites Publikum gewinnen, aber die Oper aus Italien, die bereits seit einem Jahrhundert einen festen Platz auf den spanischen Programmen eingenommen hatte, drang unaufhörlich weiter vor und eroberte nach und nach die höheren Gesellschaftsschichten vollständig, so daß die spanischen Bühnenwerke immer mehr zur Unterhaltung der unteren Schichten wurden, deren Geschmack sie berücksichtigen mußten, und naturgemäß depravierten.

Leben
Blas de Laserna wurde am 4. 2. 1751 in Corella, Navarra, getauft. Ab 1776 wirkte er für eine Schauspielertruppe in Madrid, wo er am 8. 8. 1816 starb.

Werke
Mit mehr als 500 Tonadillas, 80 Sainetes, 150 Musiken zu »Comedias«, mehreren Opern und Zarzuelas und einem Monodram erwies sich Blas de Laserna als einer der fruchtbarsten Komponisten seiner Zeit. Er schrieb auch mehrere Instrumentalkonzerte, darunter eines für zwei Trompeten, das lange beliebt geblieben ist.

Karl Haack (1751–1819)

Zeit und Umwelt
Über die Schüler der Mitglieder der Königlichen Kapelle in Potsdam wurde der empfindsame Berliner Stil bis zur Mitte des 19. Jahrhunderts weitergereicht und bildete somit einen der Ausgangspunkte der deutschen Romantik, die verschiedene Entwicklungslinien in sich vereinigte und daraus ihren Stil prägte.

Leben
Karl Haack wurde am 18. 2. 1751 in Potsdam geboren. Er war Schüler von František Benda und wurde in die Kapelle des preußischen Kronprinzen Friedrich Wilhelm aufgenommen. Als dieser 1786 als Friedrich Wilhelm II. den preußischen Thron bestieg, ernannte er Karl Haack zum Konzertmeister der Königlichen Kapelle, der diese Stelle auch unter König Friedrich Wilhelm III. bis 1811 betreute. Er starb am 28. 9. 1819 in Potsdam.
Sein Bruder Friedrich Haack (um 1760, Potsdam, bis um 1800, Stettin) war ein violinistisches Wunderkind und wurde Mitglied der Privatkapelle des Kronprinzen. Im Jahr 1779 ging er als Organist nach Stargard, Pommern, und wurde 1793 Musikdirektor in Stettin (Szczecin).

Werke
Von Karl Haack sind Konzerte und Sonaten für Violine erhalten, die deutlich in die Stillandschaft des 19. Jahrhunderts weisen. Friedrich Haack hinterließ Sinfonien und Chorwerke, die romantische Züge vorausnehmen.

Jan Křtitel Kucharz (1751–1829)

Zeit und Umwelt

Bei den Enkelschülern von Bohuslav Černohorský in Prag wurde das kompositorische Schaffen von Wolfgang Amadeus Mozart, insbesondere seine Opern, um vieles höher eingeschätzt als in Wien. Die Nachkommen der Altböhmischen Schule nahmen eine gehobenere Einstellung zur Wiener Klassik ein als ihre Zeitgenossen in Wien selbst, die sich mit wenigen Ausnahmen von der italienischen Opern- und Virtuosenmusik noch nicht gelöst hatten.

Leben

Jan Křtitel Kucharz (Johann Baptist) wurde am 5. 3. 1751 in Choteč geboren. Er war Schüler von Josef Seger in Prag, sodann Organist an verschiedenen Kirchen der Stadt und schließlich Kapellmeister der Oper. Er starb am 18. 2. 1829 in Prag.

Werke

Neben Opern und Balletten schrieb Jan Křtitel Kucharz zahlreiche Kirchenmusik – Messen, Offertorien –, Orgelkonzerte und Orgelstücke und kleinere Instrumentalstücke. Er verfaßte auch Rezitative zur »Zauberflöte« von Wolfgang Amadeus Mozart und einen der ersten Klavierauszüge dieser Oper.

Jean Baptiste Lemoyne (1751–96)

Zeit und Umwelt

Eine Auswirkung der Auseinandersetzungen zwischen Piccinnisten und Gluckisten in Paris war auch, daß sich eine Reihe von Opernkomponisten auf die eine oder auf die andere Seite schlugen, indem sie einen der beiden Meister getreulich kopierten, um dessen Publikum an sich zu ziehen. Blieb der gewünschte Erfolg aus, wechselten sie die Front und versuchten es mit der Gegenseite.

Leben

Jean Baptiste Lemoyne (Moyne) wurde am 3. 4. 1751 in Eymet, Périgord, geboren. Er begann als Kapellmeister kleinerer Provinzbühnen, dann wurde er 1770 in Berlin Schüler von Carl Heinrich Graun, Johann Philipp Kirnberger und Johann Abraham Peter Schulz. Nach Paris zurückgekehrt, verfaßte er eine Oper nach dem Vorbild von Christoph Willibald Gluck, und als er damit erfolglos blieb, eine zweite im Stil von Niccolò Piccinni. In beiden Fällen handelte es sich um halbe Pasticcios fremder Melodien. Nach einem zweijährigen Aufenthalt in Italien ließ er sich 1788 endgültig in Paris als Opernkomponist nieder und starb dort am 30. 12. 1796.

Werke

Neben nahezu 20 Opern, mit denen er in den ersten Revolutionsjahren Erfolg hatte, schrieb Jean Baptiste Lemoyne »Revolutionsmusik«, die verlorenging. In seinen Opern nahm er deutlich Elemente der Romantik voraus.

Bartolommeo Campagnoli (1751–1827)

Zeit und Umwelt

Es fällt auf, daß gerade bei den Kompositionen italienischer Violinvirtuosen auf den Generalbaß noch lange nach dem Barock nicht verzichtet wurde. Daß diese Komponisten in erster Linie darauf sahen, eine elegante Violinmelodie auszubreiten, ist verständlich, aber sie verzichteten auf die Gelegenheit, ihre Soli durch eine profilierende Begleitung hervorzuheben, was durch die Continuobegleitung nie erreicht werden konnte; durch nahezu zwei Jahrhunderte geübte Kompositionstechniken ließen sich aber nur schwer ausrotten.

Leben

Bartolommeo Campagnoli wurde am 10. 9. 1751 in Cento bei Bologna geboren. Er war noch Schüler von Pietro Nardini in Florenz und machte sich durch Konzertreisen in Italien bald einen Namen. Anschließend wirkte er von 1776 bis 1779 als Konzertmeister in Freising, sodann in Dresden und von 1797 bis 1816 im Gewandhaus in Leipzig. Im Jahr 1826 kam er nach Neustrelitz, wo er am 7. 11. 1827 starb.

WERKE

Von Bartolommeo Campagnoli sind ein Flötenkonzert, ein Violinkonzert, Violinsonaten mit Generalbaß, Divertissements, Préludes, eine Sammlung kleinerer Violinstücke, Duos und Polonaisen für zwei Violinen, ein Duo für Viola d'amore und Bratsche und 41 Caprices für Viola alta erschienen. Eine Reihe nur handschriftlich hinterlassener Violinkompositionen ist verschollen. Sein Stil war italienisch und wenig fortschrittlich.

Christian Heinrich Schreyer
(1751–1823)

ZEIT UND UMWELT

Am Aufschwung der deutschen Liedkomposition, die von der Berliner Liederschule angeregt worden war, beteiligten sich zahlreiche evangelische Kantoren, Organisten, Pastoren und Prediger als Dichter und Tonsetzer. Sie waren bestrebt, das Gesangbuch durch Neuschöpfungen zu bereichern.

LEBEN

Christian Heinrich Schreyer wurde am 24. 12. 1751 in Dresden geboren. Er war Pastor in Dresden und starb am 24. 1. 1823 in Dresden.

WERKE

Von Christian Heinrich Schreyer sind einige Instrumentalmusik und viele sakrale und parasakrale Lieder bekannt geworden. Er schrieb auch einige musiktheoretische Werke.

Johann Samuel Schröter (um 1752–88)

ZEIT UND UMWELT

Königin Charlotte von Mecklenburg-Strelitz (1744–1818), Gemahlin des britischen Königs Georg III., hielt eine eigene Kapelle, die von Johann Christian Bach, der auch den Kronprinzen, den nachmaligen König Georg IV. (1762–1830), unterrichtete, geleitet wurde.

LEBEN

Johann Samuel Schröter wurde um 1752 in Guben geboren. Er war Bruder von Corona Schröter. Nach einigen Auftritten in Leipzig als Pianist kam er 1772 nach London, wo er Organist der deutschen Kirche wurde. Nachdem Johann Christian Bach 1782 gestorben war, erhielt er dessen Stellungen bei Königin Charlotte, zog sich aber bald von seinen Verpflichtungen zurück, weil er reich heiratete, und trat nur mehr selten vor einem ausgesuchten Publikum auf. Er starb am 2. 11. 1788 in London.

Sein Bruder Johann Heinrich Schröter (1762, Warschau, bis nach 1782, London) war reisender Violinvirtuose und hatte längere Zeit seinen Wohnsitz in London.

WERKE

Von Johann Samuel Schröter sind 6 Cembalosonaten, 3 Sammlungen zu je 6 Pianofortesonaten mit Violine, mit Violine oder Flöte und mit Violine und Cello, 3 Quintette mit Pianoforte und 12 Pianofortekonzerte erschienen.

Johann Heinrich Schröter schrieb 6 Duos für zwei Violinen und 6 Trios für Violine, Bratsche und Cello.

Beider Musik steht der Klassik sehr nahe.

André da Silva Gomes (1752–1844)

ZEIT UND UMWELT

São Paulo, das 1554 von den Jesuiten als Indianersiedlung gegründet wurde, erhielt 1711 den Status einer Stadt, blieb aber bis in das 19. Jahrhundert eine reine Agrarstadt. Der Aufschwung zur Weltstadt setzte erst am Ende des 19. Jahrhunderts ein. Die Musik in der Kathedrale wurde vorwiegend von Kräften aus dem portugiesischen Mutterland bestritten.

LEBEN

André da Silva Gomes wurde 1752 in Lissabon geboren. Er war von 1774 bis zu seinem

Tod am 17. 6. 1844 Kapellmeister an der Kathedrale von São Paulo.

WERKE
Von André da Silva Gomes sind zahlreiche Kirchenwerke erhalten, darunter eine achtstimmige Messe mit Instrumentalbegleitung, die in unserem Jahrhundert neu herausgebracht wurde. Sein Stil ist von der zeitgenössischen Kirchenmusik in Portugal abhängig.

LITERATUR
Cl. de Oliveira, André da Silva Gomes, o mestre de capela da Sé de São Paulo, São Paulo 1954.

Francesco Bianchi
(1752–1810)

ZEIT UND UMWELT
Die zuweilen befremdende Leichtigkeit, mit der italienische Musiker von der Oper zur Kirche und umgekehrt wechselten oder beide Musikbereiche gleichzeitig betreuten, hatte ihre Ursache nicht nur in der vielseitigen Ausbildung, die die italienischen Konservatorien ihren Schülern boten, sondern auch in der in Italien heute noch gültigen Einstellung zur Musik, die wenig danach fragt, wo und von wem die Musik gemacht wird, sondern nur, wie sie ist.

LEBEN
Francesco Bianchi wurde 1752 in Cremona geboren. Er war Schüler von Niccolò Jommelli in Neapel. Nachdem er in Florenz und in Pavia je eine Oper herausgebracht hatte, wirkte er von 1775 bis 1778 als Cembalist an der Comédie Italienne in Paris. Dann ging er nach Florenz zurück. Im Jahr 1783 wurde er Vizekapellmeister am Mailänder Dom, 1785 Zweiter Organist am Markusdom in Venedig, 1795 Kapellmeister am King's Theatre in London; er war ab 1798 als Dirigent in Dublin tätig und kehrte aber 1801 in seinen alten Wirkungskreis in London zurück, wo er am 27. 11. 1810 starb.

WERKE
Neben ungefähr 70 Opern schrieb Francesco Bianchi Sinfonien, 6 Triosonaten und ein vierstimmiges Domine ad adiuvandum. Er war auch als Musikschriftsteller tätig.

John Marsh (1752–1828)

ZEIT UND UMWELT
Es ist eine nicht seltene Erscheinung, daß in der Geschichte der Künste von seiten eines Amateurs stärkere Impulse kamen als von Meistern mit dem üblichen Ausbildungsgang der Berufskünstler. Die Freiheit vom Zwang, von seiner Kunst auch leben zu müssen, verleiht dem Dilettanten anscheinend mehr Mut, die üblichen Geleise zu verlassen, und dadurch eine erhöhte Leistungsfähigkeit.

LEBEN
John Marsh wurde 1752 in Dorking geboren. Er war Autodidakt und arbeitete als Jurist, wirkte aber trotzdem als Organist in Salisbury, Canterbury und Chichester, an welchen Orten er auch gleichzeitig Konzerte organisierte und sich vielseitig für eine Hebung des Musiklebens einsetzte. Er starb im Jahr 1828 in Chichester.

WERKE
Der außerordentlich fruchtbare Amateurmusiker John Marsh schrieb 28 Ouvertüren und Sinfonien, ein Konzert für Violine und Orgel, zahlreiche Kammermusikwerke, Services, Anthems, Hymnen, Chants, Psalmen, Glees und Lieder. Er veröffentlichte auch mehrere theoretische Werke.

Muzio Clementi (1752–1832)

ZEIT UND UMWELT
Mit dem anbrechenden 19. Jahrhundert hatte das Hammerklavier seine Position in der europäischen Musikszene endgültig erobert. Die Vervollkommnung der Anschlagmechanik des Instruments und die Erweiterung seines Tonumfangs gestalteten daraus den idealen Tonträger, und erstrangige Komponisten

Muzio Clementi

legten seine spezifische Diktion fest, so daß ab nun kein anderes Instrument häufiger gespielt und für kein anderes mehr Literatur geschrieben und verlegt wurde. Es wurde zum ersten Konzert- und zum am meisten verbreiteten Hausinstrument.

LEBEN

Muzio Clementi wurde am 23. 1. 1752 in Rom geboren. Seine erste Ausbildung verdankte er Antonio Boroni. Er verfaßte bereits im Alter von 12 Jahren eine Messe, die aufgeführt wurde. Im Jahr 1766 kam er nach England und trat 1775 zum ersten Mal in London vor die Öffentlichkeit, 1777 wurde er Cembalist der italienischen Oper am King's Theatre; 1780 ging er durch zwei Jahre auf Konzertreisen als Pianist durch Europa, dann lebte er in London als Virtuose, Lehrer und Komponist, bis er sich an einem Musikverlaghaus und an einer Klaviererzeugung beteiligte, ging aber 1802 neuerlich für acht Jahre auf Reisen durch Italien, durch Mitteleuropa und nach Rußland. Nach London zurückgekehrt, nahm er 1813 an der Gründung der Royal Philharmonic Society Anteil. Seine letzte Auslandsreise nach Italien und Wien machte er 1827. Er starb am 10. 3. 1832 als berühmter und hochgeschätzter Musiker und Komponist in Evesham, Worcestershire, und wurde von den Engländern als einer ihrer Künstler in der Westminster Abbey beigesetzt.

WERKE

Von Muzio Clementi sind mehr als 100 Pianosonaten, darunter ungefähr 40 mit Violine, Flöte oder Cello, erschienen, außerdem Präludien und Übungen in allen Tonarten, Oktavenübungen für Piano und als »Gradus ad Parnassum« sein berühmtes Lehrwerk, bestehend aus Sonatinen, Fugen, Canzonetten, Variationen, Tänzen. Seine sehr geschätzten 4 Sinfonien sind nur zum Teil erhalten.

Wenn auch das gesamte Klavierwerk in erster Linie didaktische Ziele verfolgte und zum Teil heute noch zu Unterrichts- und Übungszwecken verwendet wird, so verläßt es nie den Bereich der Musikalität, sondern stellt eine Reihe bedeutender Kunstwerke dar. Er prägte die klassische Sonate im virtuosen Stil aus. Besonders reizvoll sind seine Sonatinen. Ein großer Teil seines Werkes wurde vielfach aufgelegt.

Klaviersonate in B-Dur, 3 Sätze

Diese Sonate spielte der Komponist vor Kaiser Joseph II. in Gegenwart von Wolfgang Amadeus Mozart, der das Thema des 1. Satzes in die Ouvertüre seiner »Zauberflöte« aufnahm. Als Seitenthema dieses Satzes dient eine lyrische Variante des Hauptthemas. Die Coda gibt Gelegenheit zu einer Kadenz. Das Andante ist sehr graziös und heiter. Auch das Rondofinale klingt fröhlich und unbeschwert aus.

Klaviersonate in e-Moll, 3 Sätze

Den 1. Satz leitet ein Adagio chromatisch präludierend ein. Darauf folgt ein kräftiges Allegro. Sodann wird das weitere Material aus beiden Themen gewonnen und verarbeitet. Ein dreiteiliges Adagio bildet den Mittelsatz. Sein ruhiger pastoser C-Dur-Klang wird von einem balladesken romantischen c-Moll-Teil kontrastiert. Das Finale bringt interessante Kontraste von e-Moll zu E-Dur und wird von einer virtuosen Stretta beendet.

Klaviersonate in A-Dur, 3 Sätze

Der 1. Satz beginnt mit majestätischer Geste,

setzt sich graziös fort und mündet in kräftige Bewegungen. Die Durchführung bringt viele dramatische Steigerungen. Der Mittelteil des herben, dissonanzenreichen Adagio ist ein zweistimmiger Kanon. Das Finale rundet das Werk bravourös ab.

Klaviersonate in g-Moll »Didone abbandonata« (Verlassene Dido), 3 Sätze

Es handelt sich um eine hochdramatische opernhafte Arie, die in Sonatenform übertragen wurde. Das einleitende Largo gleicht einem Orchesterritornell. Die Klage der Heldin drückt sich durch ein lyrisches, von harten Akzenten unterbrochenes Allegro aus. Das Allegro agitato zeigt den Schmerz der Frau auf seinem Höhepunkt.

LITERATUR

G. C. Paribeni, Muzio Clementi nella vita e nell'arte, Mailand 1921.

Charles Broche (1752-1803)

ZEIT UND UMWELT

Einzelne Komponisten der zweiten Hälfte des 18. Jahrhunderts verzichteten vollständig auf den Generalbaß. In ihren Kompositionen für Klavier und Violine wurde dem Tasteninstrument in der Regel die führende Rolle zugeteilt, so daß für ein Continuospiel kein Raum geblieben wäre. Es handelte sich anfänglich zumeist um Meister, die von der Orgel kamen und gewohnt waren, ein mehrstimmiges Stück zu schreiben oder zumindest zu improvisieren.

LEBEN

Charles Broche wurde am 22. 2. 1752 in Rouen geboren. Er war an der Kathedrale von Rouen Schüler von Laurent Desmazures. Im Jahr 1771 wurde er Organist in Lyon, begab sich aber bald darauf nach Bologna, um bei Padre Martini Kontrapunkt und Fugentechnik zu studieren; 1777 folgte er seinem Lehrer an der Orgel der Kathedrale von Rouen nach und wirkte zugleich als Organist an St-Patrice und St-André. Er starb am 30. 9. 1803 in Rouen.

WERKE

Von Charles Broche sind zahlreiche Sonaten für Cembalo oder Pianoforte mit Violinbegleitung erhalten. Der Klaviersatz könnte auch auf einer Orgel gespielt werden.

LITERATUR

G. Faure, A propos de l'organiste rouennais Charles Broche, in: Revue de Musicologie XXIII, 1939.

Pierre François Levasseur

(1752-1816)

ZEIT UND UMWELT

Duos für zwei Celli ohne jede weitere Begleitung waren im Frankreich des 19. Jahrhunderts eine beliebte Kompositionsart. Brüder, die Cellisten waren, präsentierten sich mit Erfolg dem Publikum, wie zum Beispiel Jacques Offenbach (1819-80) und Jules Offenbach (1815-80).

LEBEN

Pierre François Levasseur wurde am 13. 3. 1752 in Abbeville geboren. Er war ab 1782 Celloschüler von Jean-Louis Duport und spielte ab 1785 als Cellist im Orchester der Opéra. Er war 1789 im Concert spirituel und 1795 im Concert Feydeau mit großem Erfolg, mit seinem Bruder duettierend, aufgetreten. Nachdem er sich 1815 von seinen Pflichten zurückgezogen hatte, starb er am 2. 12. 1816 vermutlich in Paris.

Sein Bruder Jean Henri Levasseur (29. 5. 1764, Beaumont-sur-Oise, bis 6. 5. 1826, Paris) war Celloschüler von Jean Louis Duport und von François Cupis und trat 1782 dem Opernorchester bei, an dem er von 1789 bis 1820 als erster Cellist wirkte. Von 1795 bis zu seinem Tod am 6. 5. 1826 war er Cellolehrer am Conservatoire. Er wirkte auch in der Kaiserlichen Kapelle Napoleons und in der Königlichen Kapelle König Ludwigs XVIII.

WERKE

Von Pierre François Levasseur sind 12 Duos für zwei Celli erhalten.

Jean Henri Levasseur schrieb Cellosonaten, Celloetüden und Duos für zwei Celli.

Beide trugen zur Entwicklung der Cellomusik viel bei.

José Mauricio (1752–1815)

Zeit und Umwelt

Die Revolution in Frankreich, die darauffolgenden Kriege, der Verlust der Unabhängigkeit, die Flucht des Hofes nach Brasilien, die Kämpfe zwischen den französischen und englischen Truppen auf portugiesischem Boden und schließlich das Ende dieser Wirren im Jahr 1814 sowie das Aufflammen der innenpolitischen Schwierigkeiten – all das berührte die Kirchenmusik und die Kirchenmusiker in den Kathedralen nur wenig. Die Orgeln klangen und die Chöre sangen unter allen Umständen und ließen der Welt ihren Streit.

Leben

José Mauricio wurde am 19. 3. 1752 in Coimbra geboren. Er war Kathedralenkapellmeister und Universitätsprofessor in seinem Geburtsort und wurde um 1810 Kapellmeister an Santa Cecília in Lissabon. Er starb am 12. 9. 1815 in Figueira.

Werke

Vom Kirchenmusiker und Musikwissenschafter José Mauricio sind Kirchenwerke – Messen, Offertorien und andere Proprien – und einige Instrumentalkompositionen bekannt geworden. Seine Musik hob sich von der zeitgenössischen profanen deutlich ab.

Georg Spangler (1752–1802)

Zeit und Umwelt

Es waren um die Wende zum 19. Jahrhundert mindestens 20 Kirchen in Wien, deren Kapellen von außerordentlich befähigten Musikern geleitet wurden. Der gegenseitige Kräfteaustausch, das Beispiel der Domkapelle und vorzügliche Organisten gewährleisteten ein ständiges hohes Niveau dieser Klangkörper, wenn sie auch zum Teil aus Amateuren bestanden. Dazu sind auf alle Fälle die Kapellen der Schottenkirche und der Michaelerkirche zu rechnen.

Leben

Johann Georg Joseph Spangler wurde am 22. 3. 1752 in Wien geboren. Sein Vater Johann Michael Spangler (um 1721, Wien, bis 4. 6. 1794, Wien) war Sänger und Chorregent in Wien. Er war zunächst Tenorist und ab 1795 Nachfolger seines Vaters als Chorregent an St. Michael; er gehörte von 1793 bis 1799 auch der Hofkapelle an, wo er ab 1798 den Titel eines Kapellmeister-Substituten trug. Er starb am 2. 11. 1802 in Wien.

Werke

Die Messen, Proprien, Motetten, Litaneien und Psalmen von Georg Spangler waren zu ihrer Zeit sehr beliebt und wurden viel auch in anderen Kirchen gesungen. Ihr Stil näherte sich den Messen von Joseph Haydn.

Nicola Zingarelli (1752–1837)

Zeit und Umwelt

Im Zug der neapolitanischen Revolution des Jahres 1820 wurde ein Teil des Gebäudes, in dem das Conservatorio San Sebastiano untergebracht war, für Regierungszwecke benötigt, der Rest den Jesuiten überantwortet. Das Konservatorium erhielt das ehemalige Kloster San Pietro a Maiella zugewiesen, so daß seine Tätigkeit keine Unterbrechung erlitt. Allerdings: Bedeutung und Ausbildungswert der alten Konservatorien waren bereits stark zurückgegangen, wenn auch im 19. Jahrhundert einige berühmte Namen daran wirkten. Aber auch bei anderen Musikzentren Italiens ist im 19. Jahrhundert ein auffälliger Rückgang festzustellen.

Leben

Nicola Zingarelli (Niccolò Antonio) wurde am 4. 4. 1752 in Neapel geboren. Er war am Conservatorio Santa Maria di Loreto seiner Geburtsstadt Schüler von Fedele Fenaroli. Bis er mit seinen Opern Erfolg hatte, gab er Violinunterricht, dann wurde er 1792 Domkapellmeister in Mailand, 1794 in Loreto und

1804 an San Pietro in Rom. Im Jahr 1813 übernahm er in Neapel die Leitung des Real Conservatorio di Musica und erhielt 1816 die Kapellmeisterstelle an San Tesoro. Er starb am 5. 5. 1837 in Torre del Greco bei Neapel.

WERKE
Für seine Kirchenmusik – Messen, zum Teil für Männerstimmen mit Orchester, zum Teil mit Orgelbegleitung, Requiem, Te Deum – wandte Nicola Zingarelli bereits jenen Neupalestrinastil an, der in der Romantik äußerst beliebt wurde. Überdies schrieb er als einer der letzten Vertreter des neapolitanischen Stils 37 Opern, mehrere Oratorien und einige Kammermusik.

LITERATUR
P. Dotto, Nicola Zingarelli, in: Musica d'oggi XXIII, 1941.

Johann Friedrich Kranz (1752–1810)

ZEIT UND UMWELT
Der Hof des Herzogs Karl August in Weimar versammelte geistige Potenzen in einem Maß wie kein anderer der Zeit. Ihre Hauptthemen waren aber Dichtkunst, Schrifttum und Philosophie im weitesten Sinn. Musik wurde selbstverständlich sehr gepflegt, blieb aber doch zu stark der Tradition und einem blassen Ästhetizismus verhaftet, um außerordentliche Leistungen zu vollbringen.

LEBEN
Johann Friedrich Kranz wurde am 6. 4. 1752 in Weimar geboren. Er begann seine Laufbahn als Violinist der Weimarer Hofkapelle, wurde sodann vom Herzog 1780 für 7 Jahre zur Ausbildung nach Italien geschickt, nahm auch einigen Unterricht bei Joseph Haydn in Wien und erhielt 1789 die Stelle des Konzertmeisters und 1792 die des Kapellmeisters der Weimarer Hofkapelle. Im Jahr 1803 wurde er zum Hofkapellmeister in Stuttgart ernannt, wo er am 20. 2. 1810 starb.

WERKE
Die Texte der Singspiele, die Johann Friedrich Kranz verfaßte, stammten zum Teil von Johann Wolfgang von Goethe. Von seinen weiteren Kompositionen sind nur Klavierstücke erhalten, die den Unterricht Joseph Haydns verraten.

Ludwig August Lebrun (1752–90)

ZEIT UND UMWELT
Im 18. und in den ersten Jahrzehnten des 19. Jahrhunderts hatte die Oboe sieben Grifflöcher und zwei Klappen. Sie wurde schon früh solistisch eingesetzt, eignete sich aber immer mehr für die Kantilene als zu virtuosem Spiel, so daß sich das Können der großen Oboisten vor allem in der Tonbildung zeigte und nicht so sehr in der Beweglichkeit.

LEBEN
Ludwig August Lebrun (eigentlich Ludwig Karl Maria) wurde am 2. 5. 1752 in Mannheim getauft. Er wirkte von 1764 bis 1778 als Oboist im Mannheimer Orchester und trat darauf 1779 im Concert spirituel in Paris und 1785 in Wien mit großem Erfolg als Solist auf. Er starb am 16. 12. 1790 in Berlin.
Seine Frau Franziska Lebrun geborene Danzi (getauft 24. 3. 1756, Mannheim, bis 14. 5. 1791, Berlin), Schwester von Franz Danzi, war eine der hervorragendsten Sopranistinnen ihrer Zeit und Komponistin mit beachtlichen Fähigkeiten.

WERKE
Von Ludwig August Lebrun sind Duos für zwei Flöten und für Violine und Bratsche, Triosonaten für zwei Violinen und Generalbaß, Konzerte für Oboe und für Flöte und 2 Ballette überliefert. Sein Stil folgt dem Mannheimer.
Franziska Lebrun schrieb 12 Sonaten für Pianoforte mit Violinbegleitung von beträchtlichem Wert.

Friedrich Ludwig Benda (1752–92)

ZEIT UND UMWELT
Die Enkelkinder des Jan Jiří Benda in Staré

Benatky, dessen Söhne als Musiker in Deutschland eingewandert waren, hatten sich bereits völlig assimiliert. Sie trugen nur mehr deutsche Vornamen und dürften überhaupt nicht mehr tschechisch gesprochen haben.

LEBEN
Friedrich Ludwig Benda wurde am 4. 9. 1752 in Gotha als Sohn des Georg Anton (Jiří Antonín) Benda geboren. Er war ab 1775 Violinist am Gothaer Hoftheater, ab 1780 Musikdirektor in Hamburg, ab 1782 Violinist und Hofkomponist in Ludwigslust und von 1789 bis zu seinem Tod am 20. 3. 1792 Konzertmeister in Königsberg (Kaliningrad).

WERKE
Außer einer komischen Oper, einigen Singspielen und Schauspielmusiken schrieb Friedrich Ludwig Benda 3 Oratorien und mehrere große Kantaten – darunter die bekannte Weihnachtskantate »Gott steig herab«. Seine Musik folgte dem norddeutschen Stil.

Johann Friedrich Christmann (1752–1817)

ZEIT UND UMWELT
Die Nachfrage nach Sammlungen von Kirchenliedern war in evangelischen Kreisen Deutschlands sehr stark. Besonders beliebt waren mehrstimmig gesetzte Lieder, die den Gottesdienst festlicher gestalteten und gerne bei parasakralen Versammlungen und beim Unterricht gesungen wurden.

LEBEN
Johann Friedrich Christmann wurde am 9. 9. 1752 in Ludwigsburg geboren. Er war evangelischer Geistlicher und starb am 21. 5. 1817 in Heutingsheim. Über seine näheren Lebensumstände ist nichts bekannt.

WERKE
Von Johann Friedrich Christmann sind eine Anzahl religiöse Lieder und mehrere Klavierstücke in der Sammlung von Heinrich Philipp Carl Boßler erschienen. Er brachte außerdem gemeinsam mit Justin Heinrich Knecht eine »Vollständige Sammlung vierstimmiger Choralmelodien« heraus.

Carl Stenborg (1752–1813)

ZEIT UND UMWELT
Das deutsche Singspiel fand bald seinen Weg über die Landesgrenzen, und zwar zunächst in nördliche Richtung nach Dänemark und Schweden, wo energisch daran gearbeitet wurde, die italienische Oper durch einheimische Stücke zu ersetzen.

LEBEN
Carl Stenborg wurde am 25. 9. 1752 in Stockholm geboren. Er trat zunächst als Beamter in den Staatsdienst, wirkte sodann von 1773 bis 1806 an der Königlichen Oper in Stockholm. Seine Bemühungen galten der Verdrängung der italienischen Oper durch die Einführung der französischen komischen Oper und des deutschen Singspiels in schwedischer Fassung. Er starb am 1. 8. 1813 in Djurgården.

WERKE
Im Zug seiner Anstrengungen, die französische komische Oper und das deutsche Singspiel in Schweden einzuführen, komponierte Carl Stenborg selbst einige Bühnenstücke und Schauspielmusiken, darunter 1784 das erste schwedische Singspiel »Gustaf Ericsson i Dalarne« (Gustaf Ericsson in Dalarne).

LITERATUR
S. Lindström, Vårt första nationella sångspel, in: Svensk Tidskrift för Musikforskning XXIV, 1942.

Justin Heinrich Knecht (1752–1817)

ZEIT UND UMWELT
Die darstellende Musik, die also bestimmte Vorgänge, Bilder oder Gefühlsregungen vermittelt, fand schon in der Vorromantik viele Anhänger. Ein Programm, dem entlang der Komponist seine Tondichtung führt, hält

auch am besten das Interesse des Publikums wach, das anhand einer Erklärung jede musikalische Wendung »versteht« und verfolgen kann. Diese »literarische« Musik erfüllt am besten den Wunsch des Publikums, das von jedem Bild und jeder Skulptur verlangt, daß sie »etwas darstellen«, und von der Musik fordert, daß sie sich verdeutlicht.

LEBEN

Justin Heinrich Knecht wurde am 30. 9. 1752 in Biberach, Württemberg, geboren. Er war von 1771 bis 1792 Organist und Dirigent in seinem Geburtsort, wurde 1806 zum Zweiten Kapellmeister der Hofkapelle in Stuttgart ernannt, gab aber diese Stelle 1808 wieder auf und kehrte nach Biberach zurück, wo er am 1. 12. 1817 starb. Er war als Organist sehr geschätzt.

WERKE

Von Justin Heinrich Knecht ist eine Sinfonie »Tongemälde der Natur« überliefert, die das Programm der Pastoralsymphonie von Ludwig van Beethoven zum Vorwurf hat, aber mit übertriebener Plastik ausgeprägt. Dasselbe Thema bearbeitete er mit einer Orgelsonate. Außerdem schrieb er ein Konzertduett »Mirjam und Deborah« aus dem Messias von Friedrich Gottlieb Klopstock, weiters Psalmen, ein Te Deum für zwei Chöre, viele Messen, Opern und Singspiele, ein Melodram »Das Lied von der Glocke« (Friedrich von Schiller), zahlreiche Orgelstücke, Klaviervariationen, Klaviersonatinen, Flötenduos, Arien, Hymnen und ein bayrisches und ein württembergisches Choralbuch. Seine Musik gehörte eindeutig der Vorromantik an. Er veröffentlichte außerdem zahlreiche musiktheoretische Schriften und Lehrwerke für das Orgel- und das Klavierspiel von unterschiedlicher Qualität.

LITERATUR

E. Kauffmann, Justin Heinrich Knecht, Tübingen 1892.

Ambrogio Minoia (1752–1825)

ZEIT UND UMWELT

Der »Maestro di cembalo« eines Opernorchesters hatte, soweit es sich um Opern mit Generalbaß handelte, die Füllstimmen zu spielen und weiters die Rezitative zu begleiten. Bei Orchestern, die ohne Dirigenten spielten, fiel dem Maestro die Aufgabe zu, die Musik vom Cembalo aus zu leiten.

LEBEN

Ambrogio Minoia wurde am 22. 10. 1752 in Ospitaletto bei Lodi geboren. Seine Grundausbildung erhielt er in Lodi, dann setzte er seine Studien in Neapel unter Nicola Sala fort. An der Scala in Mailand wirkte er von 1784 bis 1802 als »Maestro di cembalo«. Von 1814 bis 1824 lehrte er am Mailänder Konservatorium Komposition. Er starb am 3. 8. 1825 in Mailand.

WERKE

Von Ambrogio Minoia sind 6 Duos für Violinen, 6 Streichquartette, 8 Sinfonien, sakrale und profane Vokalwerke und Solfeggien bekannt geworden. Sein Stil bewegte sich bereits deutlich vom neapolitanischen weg.

Johann Friedrich Reichardt
(1752–1814)

ZEIT UND UMWELT

Die Jahrzehnte um die Wende vom 18. zum 19. Jahrhundert waren durch die Ablöse des Rokoko und des Sturm und Drang einerseits durch die Klassik, andererseits durch die bereits aufsteigende Romantik gekennzeichnet. Gerade im Liedschaffen, das durch Wort und Ton die Entwicklung zweier Kunstgattungen widerspiegelt, wird dieser Stilwandel besonders deutlich, denn auf dem Gebiet der Musik allein sind Stilabgrenzungen äußerst schwierig, wenn nicht unmöglich, während die Literatur, der die Stilbezeichnungen auch entnommen sind, die einzelnen Epochen klar voneinander abhebt. Daher weist das Werk von Komponisten, die vorwiegend Lieder verfaßten, wesentliche Stilverschiedenheiten

Johann Friedrich Reichardt

in den verschiedenen Phasen seines Schaffens auf, die offener zutage liegen als bei reinen Sinfonikern.

LEBEN

Johann Friedrich Reichardt wurde am 25. 11. 1752 in Königsberg (Kaliningrad) als Sohn des Stadtpfeifers, Lautenisten und Lautenlehrers Johann Reichardt (um 1720, Oppenheim am Rhein, bis 18. 5. 1780, Königsberg) geboren. Nach dem ersten Musikunterricht, den ihm sein Vater erteilte, war er Schüler von Franz Adam Veichtner und von Carl Gottlieb Richter. Anschließend studierte er in Leipzig Philosophie und nahm zugleich bei Johann Adam Hiller und darauf bei Gottfried August Homilius Unterricht. Ab 1771 unternahm er eine Konzertreise als Cembalist nach Berlin, Leipzig, Dresden, Prag, Hamburg, Lübeck und andere deutsche Städte und nahm dabei mit Johann Abraham Peter Schulz, Johann Philipp Kirnberger, František Benda, Johann Gottlieb Naumann, Carl Philipp Emanuel Bach und Friedrich Gottlieb Klopstock Fühlung auf; 1775 berief ihn König Friedrich der Große als Kapellmeister nach Potsdam. Er gründete 1783 in Berlin nach Pariser Vorbild ein Concert spirituel und erbat sich 1785 Urlaub, um nach London zu fahren, wo er Georg Friedrich Händels Musik kennenlernte, und nach Paris, wo er einige seiner Werke aufführte. Seine Stellung in Berlin wurde jedoch durch seine zu offen bekundete Sympathie mit der Französischen Revolution erschüttert, er wurde 1793 für 3 Jahre beurlaubt und suchte vergebens eine Stellung in London, Kopenhagen und Stockholm; daher übernahm er den Posten eines Salineninspektors in Halle. Im nahen Gibichenstein erwarb er einen Landsitz und gestaltete ihn zum Treffpunkt bedeutender Vertreter der literarischen und philosophischen Romantik, wie Johann Gottlieb Fichte (1762–1814), Friedrich Ernst Daniel Schleiermacher (1768 bis 1834), August Wilhelm und Friedrich von Schlegel (1767–1845 und 1772–1839), Novalis (1772–1801), Ludwig Tieck (1773–1834), Friedrich Wilhelm Joseph Schelling (1775 bis 1854), Clemens Brentano (1778–1842), Achim von Arnim (1781–1831) und Bettina von Arnim (1785–1859); auch Jean Paul Richter und Johann Wolfgang von Goethe nahmen fallweise daran teil. Nach der Niederlage der Preußen bei Jena und Auerstedt floh Reichardt nach Königsberg (1806); im Jahr 1808 zwang ihn der König von Westfalen, Jerôme Bonaparte (1784–1860), die Hofkapellmeisterstelle in Kassel zu übernehmen. Er entwich aber bald nach Wien, wo er Joseph Haydn und Ludwig van Beethoven kennenlernte. Dann kehrte er nach Gibichenstein zurück, wo er am 27. 6. 1814 starb.

Seine Frau Juliana Reichardt geborene Benda (1752, Potsdam, bis 9. 5. 1783, Berlin), Tochter von František Benda, war Komponistin.

WERKE

Außer zahlreichen Bühnenwerken – Opere buffe, Singspielen, Melodramen, Liederspielen – verfaßte Johann Friedrich Reichardt einige Kirchenmusik – Psalmen, Te Deum und eine Passion –, Kantaten, 7 Sinfonien, 14 Klavierkonzerte, 2 Klavierquartette, Klavierquintette mit zwei Flöten und zwei Hörnern, 6 Streichtrios, ein Violinkonzert,

11 Violinsonaten, eine Flötensonate, 12 Klaviersonaten. Am umfangreichsten und musikgeschichtlich bedeutendsten ist sein Liedschaffen; er veröffentlichte mehr als 1000 Lieder. Die wichtigsten Sammlungen sind: »Gesänge für das schöne Geschlecht«, »Oden und Lieder von Klopstock, Stolberg, Claudius, Hölty, Goethe, Bürger und Herder«, »Lieder für Kinder«, »Lieder von Gleim und Jakobi«, »Lieder geselliger Freunde«, »Gesänge der Klage und des Trostes«, »Wiegenlieder für gute deutsche Mütter«, »Lieder der Liebe und Einsamkeit«, »Lieder für die Jugend«, »Goethes Lieder, Oden, Balladen und Romanzen« (116 Dichtungen) und »Schillers lyrische Gedichte« (46 Dichtungen). Seine Lieder fußen auf den Postulaten der Berliner Liederschule, nahmen aber viele zeitgenössische Stilelemente bis zur Klassik auf und bereiteten das Liedgut der Romatik vor. Er veröffentlichte zahlreiche theoretische Werke. Juliana Reichardt schrieb Lieder und Pianofortesonaten, die zum Teil veröffentlicht wurden.

Literatur

W. Pauli, Johann Friedrich Reichardt, sein Leben und seine Stellung in der Geschichte des deutschen Liedes, Berlin 1903.

Georg Friedrich Fuchs (1752–1821)

Zeit und Umwelt

Die Militärkapellen des 18. Jahrhunderts waren nahezu durchwegs Harmonieensembles, also Blech- und Holzblasorchester mit Schlagzeug. Schon während des Ancien regime wurden Militärkapellen in Frankreich sehr gepflegt. Dies erfuhr noch eine große Verstärkung in den Revolutionszeiten, in denen Volksversammlungen und Aufmärsche der Massen zumeist von Blaskapellen begleitet waren. An dem 1795 ins Leben gerufenen Conservatoire wurden 12 Lehrer zur Ausbildung von Militärmusikern eingestellt.

Leben

Georg Friedrich Fuchs wurde am 3. 12. 1752 in Mainz geboren. Er war Schüler von Christian Cannabich in Mannheim, sodann Militärmusikmeister in Zweibrücken. Nachdem er 1784 nach Paris übersiedelt war, um dort Klarinettenunterricht zu geben, wurde er 1795 als Klarinettenlehrer am neugegründeten Conservatoire beschäftigt und betreute diese Stelle bis zu seinem Tod am 9. 10. 1821.

Werke

Von Georg Friedrich Fuchs sind zahlreiche Kammermusikwerke für Klarinetten allein oder mit anderen Instrumenten kombiniert – Quartette, Trios, Duos – und eine Reihe von Werken für Harmoniemusik überliefert. Sie lassen die Mannheimer Schule erkennen.

Johann Gallus Mederitsch
(1752–1835)

Zeit und Umwelt

Ab dem Jahr 1772, in dem durch die Teilung Polens Lemberg mit Galizien, dessen Hauptstadt es wurde, zu Österreich kam, erfuhr die Stadt einen starken Aufschwung. Die eingesetzten Beamten der Verwaltung und die Offiziere der Garnison bildeten eine gehobene Gesellschaftsschicht, die in engem Kontakt mit Wien stand und Musiker von dort zu sich einlud.

Leben

Johann Georg Anton Gallus Mederitsch (genannt Johann Gallus) wurde am 27. 12. 1752 in Wien getauft. Er war Schüler von Georg Christoph Wagenseil und wirkte als Theaterkapellmeister in den Jahren 1781 und 1782 in Olmütz (Olomouc), sodann in Wien und Ofen (Budapest). Im Jahr 1817 ging er nach Lemberg (Lwiw, Ukraine), wo er am 18. 12. 1835 starb.

Werke

Außer einer Bühnenmusik zu »Macbeth« und dem 1. Akt einer Oper schrieb Johann Gallus Mederitsch 7 Singspiele, ein Melodram, Klaviersonaten, Variationen und Rondos für Klavier, 9 Sonaten und 3 Capricci für Violine und Klavier, 3 Streichtrios, eine Anzahl Streichquartette, 2 Klavierquintette,

2 Sinfonien, 4 Klavierkonzerte, ein Flötenkonzert und 4 Messen. Sein Stil war stark dem von Wolfgang Amadeus Mozart angenähert, mit dessen Sohn er in Lemberg befreundet war.

Jean Joseph Benoît Pollet

(1753–1823)

Zeit und Umwelt

Da die Doppelpedalharfe ein verhältnismäßig teures Instrument war, begnügten sich viele mit einfacheren Harfen, so daß auch die Komponisten von Harfenstücken für die Hausmusik darauf Rücksicht nahmen und komplizierte Modulationen vermeiden mußten. Trotz dieser Beschränkung wurden aber fallweise sehr schöne, klangvolle Stücke geschrieben.

Leben

Jean Joseph Benoît Pollet wurde 1753 in Béthune, Pas-de-Calais, geboren. Er betätigte sich als Harfenist, Harfenlehrer und Komponist, ab 1800 auch als Musikalienhändler. Er starb am 16. 4. 1823 in Paris.
Sein Bruder Charles François Alexandre Pollet (1746, Béthune, bis um 1815, Évreux) war Gitarrist, Cisterspieler und auch Lehrer für beide Instrumente.

Werke

Von Jean Joseph Benoît Pollet sind Harfenkonzerte, Duos für Harfe und Cembalo oder für zwei Harfen und verschiedene Arien mit Harfenbegleitung erschienen. Seine Kompositionen waren auf einfachen Instrumenten ausführbar.
Charles François Alexandre Pollet verfaßte Sonaten, verschiedene Arien mit Cisterbegleitung und für Cister arrangierte Opernarien mit deutlich romantischen Zügen.

Friedrich August Baumbach

(1753–1813)

Zeit und Umwelt

In der Regel wurden Komponisten mit Kapellmeisterstellen betraut. Die Wende zum 19. Jahrhundert brachte aber den Berufskapellmeister, der auch komponierte. Daraus entstand die Kapellmeistermusik, die in vielen Fällen ein Konglomerat der gehörten und dirigierten fremden Musik war und an musikalischem Wert der Virtuosenmusik ungefähr die Waage hielt.

Leben

Friedrich August Baumbach wurde 1753 in Leipzig geboren. Er wirkte von 1778 bis 1789 als Kapellmeister der Oper in Hamburg, ging sodann in seine Geburtsstadt zurück, wo er als Lehrer und Komponist lebte und am 30. 11. 1813 starb.

Werke

Von Friedrich August Baumbach sind zahlreiche Vokalwerke erschienen. Er schrieb außerdem Stücke für Cembalo, Violine, Gitarre und Gesänge mit Klavierbegleitung. Seine Musik folgte stark konventionellen Bahnen.

Friedrich August Weber

(1753–1806)

Zeit und Umwelt

Dilettanten, die es sich leisten können, systematischen Musikunterricht zu nehmen, und sich von den Berufsmusikern nur dadurch unterscheiden, daß sie in der Musik keinen Lebensunterhalt suchen müssen, haben jederzeit auf die Musiklandschaft ihrer Heimat sehr belebend gewirkt. Die Möglichkeit, sich der Komposition nur dann zu widmen, wenn sie sich dazu gedrängt fühlen, und die Unabhängigkeit von irgendwelchen Auftraggebern ließ gründlich durchdachte Musikwerke voll Kühnheit entstehen, die richtunggebend wurden.

Leben

Friedrich August Weber wurde am 24. 1. 1753 in Heilbronn geboren. Er studierte in Jena Medizin und wurde 1785 in seinem Geburtsort Stadtarzt. Musikunterricht nahm er bei Daniel Schubart und anderen zeitgenössischen Meistern. Er starb am 21. 1. 1806 in Heilbronn.

WERKE

Von Friedrich August Weber sind sehr interessante Oratorien, Kantaten, Sinfonien, Konzerte und Kammermusik bekannt geworden, die wegen ihrer exzentrischen Faktur sehr beliebt waren. Alle seine Werke sind im Zug des Zweiten Weltkriegs verlorengegangen.

Paul Grua (1753–1833)

ZEIT UND UMWELT

Obgleich die Mannheimer Hofkapelle reichlich mit deutschen und böhmischen Meistern besetzt war, schien es dem Kurfürsten von der Pfalz Karl Theodor dennoch erforderlich, daß zumindest einzelne eine Ausbildung in Italien erhielten. Solange Padre Martini lebte, war es eine Selbstverständlichkeit, daß er für diese Ausbildung bemüht wurde.

LEBEN

Franz Paul Joseph Grua (eigentlich Francesco de Paula, Giuseppe) wurde am 1. 2. 1753 als Sohn des Carlo Luigi Pietro Grua (um 1695–1773) in Mannheim getauft. Er war Schüler von Padre Martini in Bologna und Tommaso Traetta in Parma, ging sodann, nach Mannheim zurückgekehrt, mit dem Hof 1778 nach München und wirkte dort von 1784 bis zu seinem Tod am 5. 7. 1833 als Hofkapellmeister.

Marie Antoinette

WERKE

Außer einer einzigen Oper schrieb Paul Grua ungefähr 30 Orchestermessen, 6 Vespern, 3 Stabat mater, 3 Te Deum, 6 Miserere, 29 Offertorien, 3 Requiem, Psalmen, Responsorien und mehrere Konzerte für Klavier und Klarinette oder Flöte. Trotz seiner Schulung in Italien folgt sein Stil dem Mannheimer.

Nicolas-Marie d'Alayrac (1753–1809)

ZEIT UND UMWELT

Das Spiel ging weiter. Die Phasen der Revolution und ihre Kriege, das Konsulat und das Kaiserreich hinderten nicht, daß in Paris in Theatern, Opern und Konzertsälen kaum eine Unterbrechung der Darbietungen eintrat, daß ein Konservatorium gegründet wurde, Bücher geschrieben und veröffentlicht wurden, kurz: Kunst und Wissenschaft blieben nahezu störungsfrei. Gelehrte und Künstler, die sich vorher der Gunst des Königshauses erfreuten, wurden von den Führern der Revolution gefördert und später vom Kaiser protegiert.

LEBEN

Nicolas-Marie d'Alayrac (Dalayrac) wurde am 13. 6. 1753 in Muret, Haute-Garonne, geboren und studierte in Paris Rechtswissenschaft und zugleich bei Honoré Langlé Musik. Er stand bei Königin Marie Antoinette in hoher Gunst. Eine ebensostarke Protektion gewährte ihm Napoleon Bonaparte, der ihn 1808 zum Chevalier der Ehrenlegion erhob. Eine feste musikalische Stellung dürfte er nicht innegehabt haben. Er starb am 27. 11. 1809 in Paris.

WERKE

Außer 54 Musikbühnenwerken, denen man eine allzugroße Leichtigkeit und Seichtigkeit vorwarf, aber wegen der Ausdruckskraft ihrer Ouvertüren und instrumentalen Passagen die Anerkennung nicht versagen darf, verfaßte Nicolas-Marie d'Alayrac 6 Duos für zwei Violinen, 6 Streichquartette, 6 Trios und in der Revolutionszeit zahlreiche patriotische Hymnen und Lieder.

Anton Stadler (1753–1812)

ZEIT UND UMWELT

Czakan oder Stockflöte nannte sich die in einen Spazierstock eingebohrte Blockflöte, die in Österreich und in Ungarn in den ersten Jahrzehnten des 19. Jahrhunderts so beliebt war, daß sogar Lehrwerke für dieses Instrument veröffentlicht wurden und seriöse Komponisten dafür Stücke verfaßten.

LEBEN

Anton Paul Stadler wurde am 28. 6. 1753 in Bruck an der Leitha, Niederösterreich, geboren. Er war Klarinetten- und Bassettvirtuose und stand zugleich mit seinem Bruder Johann Nepomuk Franz Stadler (6. 5. 1755, Bruck an der Leitha, bis 2. 5. 1804, Wien), der die gleichen Instrumente vorzüglich beherrschte, im Dienst des russischen Gesandten am Wiener Hof. Im Jahr 1783 wurden beide in die »Kaiserliche Harmonie« und 1787 in die Hofkapelle eingestellt. Anton Stadler verband eine enge Freundschaft mit Wolfgang Amadeus Mozart, der für ihn das Klarinettenquintett KV 581 und das Klarinettenkonzert KV 622 komponierte. Er wurde 1799 von der Hofkapelle pensioniert, wirkte aber weiterhin im Hofopernorchester bis zu seinem Tod am 15. 6. 1812 mit.

WERKE

Von Anton Stadler sind Terzette für Bassetthörner, Capricen für Klarinette, Duettinos für zwei Czakan oder Czakan und Violine, Capricen für Czakan oder Flöte und »Parthien« für 6 Blasinstrumente erschienen. Er brachte am Bassetthorn und an der Klarinette entscheidende Verbesserungen an.

Maximilian Stadler, Verteidiger der Echtheit von Mozarts »Requiem«, Stich von J. B. Pfister, 1818

Johan Fredrik Palm (1753–1821)

ZEIT UND UMWELT

Die im 18. Jahrhundert bereits hoch entwickelte Dichtkunst der Schweden regte die Komponisten des Landes, deren Anzahl sich langsam hob, zu Vertonungen an. Beispielgebend waren hiefür die Berliner Liederschule und das eigene Volksliedgut.

LEBEN

Johan Fredrik Palm wurde am 19. 8. 1753 in Stockholm geboren. Er wirkte ab 1772 in seiner Geburtsstadt als Klavierlehrer, von 1778 bis 1787 als Akkompagnist am Königlichen Theater und von 1818 bis zu seinem Tod am 15. 3. 1821 als Gesanglehrer am Konservatorium.

WERKE

Von Johan Fredrik Palm wurden 36 Lieder in die Sammlung von Olof Åhlström »Skaldestycker satte i musik« (In Musik gesetzte Skaldengedichte) aufgenommen.

Johann Braun (1753–1811)

ZEIT UND UMWELT

Das Konzertleben der preußischen Hauptstadt Berlin wurde gegen Ende des 18. Jahrhunderts durch Privatunternehmen bereichert. Eine Reihe Musiker in Hofdiensten begnügten sich mit ihrer Rolle nicht, sondern wollten ihre Kunst in öffentlich zugänglichen Konzerten zeigen. Es lockte auch der zusätzliche Verdienst zu dieser Mehrleistung.

LEBEN

Johann Braun wurde am 29. 8. 1753 in Kassel geboren, dort von seinem Vater, dann von Johann Gottfried Schwanenberg in Braunschweig ausgebildet. Von 1770 bis 1785 wirkte er als Violinist der Hofkapelle in Kassel, 1788 als Konzertmeister der preußischen Königin Elisabeth Christine von Braunschweig (1715 bis 1797). Er organisierte mit Friedrich Franz Hurka öffentliche Konzerte im Hotel »Stadt Paris«. Er starb am 1. 1. 1811 in Berlin.

Sein Vater Anton Braun (20. 1. 1729, Oberbeisheim, bis 26. 4. 1798, Kassel) war ab 1764 Violinist der Hofkapelle in Kassel.

Sein Bruder Johann Friedrich Braun (15. 9. 1758, Kassel, bis 15. 9. 1824, Ludwigslust), Schüler seines Vaters, war Oboist und Komponist für dieses Instrument.

WERKE

Von Johann Braun sind ungefähr 30 Konzerte für Violine, für Horn, für Cello, für Flöte und für Fagott, außerdem zahlreiche Kammermusikwerke erschienen.

Anton Braun schrieb Flötenkonzerte und Kammermusikwerke.

Johann Friedrich Braun schrieb eine große Anzahl Kompositionen für die Oboe.

Johann Gottfried Schicht (1753–1823)

ZEIT UND UMWELT

Choralbücher oder Choralbegleitbücher sind Sammlungen evangelischer Kirchenlieder in der Ordnung des Gesangbuchs (entweder gemäß dem Ablauf des Kirchenjahrs oder nach bestimmten Erbauungsschemata) in vierstimmiger Bearbeitung oder nur mit Melodien und bezifferten Bässen für den Gebrauch der Organisten zum Begleiten des Gemeindegesangs im Gottesdienst. Das älteste Choralbuch mit Melodien und beziffertem Baß veröffentlichte Daniel Speer (1636–1707) unter dem Titel »Choral-Gesang-Buch, Auff das Clavir oder Orgel« im Jahr 1692.

LEBEN

Johann Gottfried Schicht wurde am 29. 9. 1753 in Reichenau bei Zittau geboren. Er studierte ab 1776 in Leipzig Rechtswissenschaft, gab diese aber bald zugunsten der Musik auf und wirkte als Akkompagnist und Violinist an den von Johann Adam Hiller veranstalteten Konzerten und an den späteren Gewandhauskonzerten in Leipzig. Gleichzeitig war er Musikdirektor an der Neukirche. Er gründete 1802 die Singakademie von Leipzig; 1810 übertrug man ihm die Stelle des Thomaskantors, die er bis zu seinem Tod am 16. 2. 1823 betreute.

WERKE

Das wichtigste Werk von Johann Gottfried Schicht ist sein großes Choralbuch aus 1819 mit 1285 Melodien, von denen ungefähr 300 von ihm stammen. Er schrieb außerdem 3 Oratorien, mehrere Messen, eine Vertonung des 100. Psalms, 4 Te Deum, Motetten, Kantaten, ein Klavierkonzert, Sonaten und Capricen. Sein Stil ist von Johann Adam Hiller abhängig.

Anton Dimler (1753–1827)

ZEIT UND UMWELT

Wiener und Mannheimer Vorklassik waren die Wegbereiter zur Hochklassik, zu der der Wiener Stil aufstieg. In Mannheim stagnierte die Entwicklung jedoch, besonders seit die Kapelle nach München verlegt wurde. Dort formierten sich bereits die ersten Ansätze zur Vorromantik.

LEBEN
Franz Anton Dimler (Dimmler, Dümmler) wurde am 14. 10. 1753 in Mannheim geboren. Er war ab 1767 Hornist am Mannheimer Hoforchester und kam mit dem 1778 verlegten Orchester nach München, wo er aber als Kontrabassist wirkte. Er starb am 7. 2. 1827 in München.

WERKE
Von Anton Dimler sind Sinfonien, Konzerte, Quintette und Trios handschriftlich erhalten, die dem Mannheimer Stil folgen. Er schrieb überdies mehrere Operetten und ungefähr 185 Ballettmusiken.

Friedrich Christoph Gestewitz (1753–1805)

ZEIT UND UMWELT
Johann Adam Hiller, der mit seinen Konzerten, mit der Gründung der Konzerthausgesellschaft und seiner persönlichen kompositorischen Tätigkeit das Musikleben von Leipzig auf dem Niveau hielt, auf dem es zu Zeiten Johann Sebastian Bachs gestanden war, und noch steigerte, so daß die Stadt zu einem der ersten Musikzentren Mitteleuropas wurde, schuf für jeden aufstrebenden Musiker das Milieu, in dem er sich entwickeln konnte.

LEBEN
Friedrich Christoph Gestewitz wurde am 3. 11. 1753 in Prieschke, Sachsen, geboren. Er war Schüler und Schwiegersohn von Johann Adam Hiller. Nach seiner Ausbildung wurde er Kapellmeister der Opera buffa in Dresden, wo er am 1. 8. 1805 starb.

WERKE
Außer einigen im italienischen Stil verfaßten Opere buffe für Dresden schrieb Friedrich Christoph Gestewitz mehrere Messen, die ebenfalls von der Oper beeinflußt wurden.

Jean-Baptiste Bréval (1753–1823)

ZEIT UND UMWELT
Wie die Technik des Violinspiels gegen Ende des 18. Jahrhunderts einen Höhepunkt erreichte, der in der Zukunft nur mehr wenig übertroffen werden konnte, so gelangten die großen Cellisten jener Zeit zu einer Vollendung, die für das anbrechende 19. Jahrhundert richtunggebend blieb.

LEBEN
Jean-Baptiste Sébastian Bréval wurde am 6. 11. 1753 in Paris geboren. Er war vermutlich Schüler von François Cupis und wurde nach seiner Ausbildung als Cellist Mitglied des Orchesters des Concert spirituel und später des Opernorchesters. Er wirkte auch als Cellolehrer bis zu seinem Tod am 18. 3. 1823 in Colligis, Aisne.

WERKE
Man zählt Jean-Baptiste Bréval zu den bedeutendsten Cellisten seiner Zeit. Abgesehen von einer musikalischen Komödie waren seine Kompositionen nahezu ausschließlich dem Cello gewidmet. Er schrieb zahlreiche Sonaten, Airs, Variationen und Konzerte für Cello, weiters Duos, Trios, Streichquartette und Sinfonien, in denen der Cellopart besonders hervorgehoben ist.

Stanislas Champein (1753–1830)

ZEIT UND UMWELT
Der Respekt vor künstlerischer Begabung ist eine traditionelle Haltung des Franzosen. Zu allen Zeiten hatte man in Frankreich keine Bedenken, ganz junge Instrumentalisten in die Orchester aufzunehmen, und es gab auch keine bürokratischen Hindernisse, wenn man einem Dreizehnjährigen eine Kapellmeisterstelle anvertraute. Ausschlaggebend war nur seine Befähigung und sonst nichts.

LEBEN
Stanislas Champein wurde am 19. 11. 1753 in Marseille geboren. Im Alter von 13 Jahren war er bereits Kapellmeister in Pignon-en-

Provence. Im Jahr 1776 kam er nach Paris, wo seine ersten Kompositionen aufgeführt wurden. Dann wandte er sich dem Theater mit durchschnittlichen Erfolgen zu. Er starb am 19. 9. 1830 in Paris.

WERKE
Von den über 40 Opern und Singspielen, die Stanislas Champein für das Théâtre de Monsieur und die Opéra in Paris verfaßt hatte, sind mehr als die Hälfte aufgeführt worden. Seine Kirchenmusik - Messen, Psalmen, Magnificat - wurde zu seiner Zeit wegen ihrer Melodiosität sehr gerühmt.

LITERATUR
A. Pougin, Un musicien oublié, in: Le Ménestrel LXI, 1895.

Johann Schenk (1753–1836)

ZEIT UND UMWELT
Die »Napoleonzeit« brachte für Österreich militärische Niederlagen, schwere territoriale Einbußen, Prestigeverlust, wirtschaftlichen Niedergang. Parallel damit ging ein ungeheurer Kulturaufschwung, besonders auf dem Gebiet der Musik, vor sich. Das Wirken der Wiener Klassiker rückte diese Stadt in den Mittelpunkt der europäischen Musiklandschaft und weckte zahlreiche Talente, die nur deshalb als zweitrangig eingestuft wurden, weil die erste Reihe von Kräften besetzt war, neben denen niemand, weder in Wien noch anderswo, gleichzuziehen imstand war. Es gab und gibt Zeiten und Gebiete, in denen man sie unbedenklich an die erste Stelle gereiht hätte.

LEBEN
Johann Baptist Schenk wurde am 30. 11. 1753 in Wiener Neustadt geboren. Er war Schüler von Georg Christoph Wagenseil und lebte als Komponist und Musiklehrer in Wien. Ab 1794 leitete er die Privatkapelle der Fürsten Auersperg. In den Jahren 1792 und 1793 nahm Ludwig van Beethoven bei ihm, vor seinem Lehrer Joseph Haydn verheimlicht, Kontrapunktunterricht. Johann Schenk starb am 29. 12. 1836 in Wien.

WERKE
Beliebt und berühmt wurde Johann Schenk durch seine zahlreichen Singspiele, von denen einige sich sehr lange auf den Bühnen hielten. Er verfaßte außerdem Sinfonien, Harfenkonzerte, Kammer- und Kirchenmusik. Sehr bekannt geworden sind seine beiden Kantaten »Die Huldigung« und »Der Mai«. Sein Stil stand der Klassik sehr nahe. In seinen letzten Lebensjahrzehnten konnte er sich aber dem allgemeinen Zug zur Romantik nicht entziehen.

LITERATUR
F. Staub, Johann Schenk, Wiener Neustadt 1900.

Johan Wickmansson (1753–1800)

ZEIT UND UMWELT
Abbé Voglers Lehre und Musik wirkten weit über seine Heimat und seine Zeit hinaus. Schüler und Enkelschüler dieser Musikerpersönlichkeit, dem, ähnlich dem Meister von Bologna, Padre Martini, eine säkulare Bedeutung zukommt, bauten auf seinen Grundlagen ihre eigene Entwicklung zu Musikern auf.

LEBEN
Johan Wickmansson (Johannes Wikmanson) wurde am 28. 12. 1753 in Stockholm geboren. Er wurde früh im Klavierspiel unterrichtet, studierte jedoch zunächst Mathematik in Kopenhagen und nahm 1772 nach seiner Rückkehr nach Stockholm eine Beamtenstelle an, wirkte aber bald darauf als Organist an der Holländisch-Reformierten Kirche, nachdem er bei Abbé Vogler und bei dessen Schüler Joseph Martin Kraus Unterricht genommen hatte. Im Jahr 1781 wurde er Organist an der Storkyrka und sodann 1797 Direktor an der Schule der Königlichen Musikakademie und Lehrer für Harmonie und Kontrapunkt. Er starb am 10. 1. 1800 in Stockholm.

WERKE

Von den Kompositionen von Johan Wickmansson sind ein Menuetto allegro für Orchester, 5 Streichquartette, von denen 3 Joseph Haydn gewidmet sind, 2 Pianofortesonaten in h-Moll und c-Moll, 3 Sonatinen für Zither, 2 Cellosoli, einige Gesänge mit Pianobegleitung und die Bühnenmusik zu einem Schauspiel bemerkenswert.

Michel Yost (um 1754–86)

ZEIT UND UMWELT

Der böhmische Klarinettist Josef Beer hatte selbst erst in Paris das Klarinettenspiel erlernt, brachte es aber bald so weit, daß er Schüler aufnehmen konnte. Als er von Frankreich nach St. Petersburg übersiedelte, hinterließ er eine Reihe tüchtiger Klarinettisten, die gleich ihm im Concert spirituel als Solisten erfolgreich auftreten konnten.

LEBEN

Michel Yost (Jost) wurde um 1754 in Paris geboren. Er nahm bei Josef Beer Klarinettenunterricht, trat regelmäßig im Concert spirituel auf und betätigte sich selbst als Klarinettenlehrer bis zu seinem Tod am 5. 7. 1786.

WERKE

Von den Kompositionen für Klarinetten von Michel Yost – Konzerte, Trios, Duos, Soli – ist nur ein geringer Teil im Druck erschienen, obwohl es die meisten wert gewesen wären, denn sie sind zwar virtuos angelegt, aber von starker Musikalität.

Thomas Billington (um 1754–1832)

ZEIT UND UMWELT

Komponisten, deren Werke nicht hauptsächlich dem Sakraldienst oder der Erzeugung von Catches und Glees gewidmet waren, fanden sich auch in den ersten Jahrzehnten des 19. Jahrhunderts in England noch selten. Aber die einzelnen, die Cembalo- und Pianofortemusik zum Mittelpunkt ihres Schaffens machten, bildeten die Grundlage für den Aufschwung der englischen Musik am Ende des 19. Jahrhunderts.

LEBEN

Thomas Billington wurde um 1754 in Exeter geboren. Er war Harfenist und Pianist. Über sein Leben ist nichts bekannt. Er starb im Jahr 1832 in Tunis.
Seine Schwägerin Elizabeth Billington (um 1768, London, bis 25. 8. 1818, bei Venedig) war eine bedeutende Sängerin auf englischen und italienischen Opernbühnen und Pianistin.

WERKE

Von Thomas Billington ist ein Service für drei Stimmen überliefert. Er schrieb außerdem 24 Balladen, eine Reihe großer Kantaten, zahlreiche Lieder und Cembalosonaten.
Elizabeth Billington verfaßte, ehe sie ihre Laufbahn als gefeierte Sängerin einschlug, 2 Reihen Pianofortesonaten.

Johann Michael Bach
(1754 bis nach 1780)

ZEIT UND UMWELT

Familienforschung wurde im 18. Jahrhundert wenig betrieben, so daß man oft auch über nahe Verwandte bedeutender Persönlichkeiten kaum die wichtigsten Lebensdaten überliefert erhält; zudem sind Tauf- und Sterberegister, soweit sie überhaupt geführt wurden, häufig den Zeitereignissen zum Opfer gefallen.

LEBEN

Johann Michael Bach, Sohn des Johann Elias Bach, wurde 1754 vermutlich in Leipzig geboren. Über sein Leben ist wenig bekannt, außer daß er als Kantor tätig war, in Jena studierte, Reisen nach England und Holland unternahm und sich 1780 in Güstrow, Mecklenburg, niederließ. Ab diesem Jahr ist kein weiteres Datum aus seinem Leben eruierbar. Er dürfte in einem der folgenden Jahre in Güstrow gestorben sein.

WERKE
Von Johann Michael Bach sind 6 Cembalokonzerte, 6 Konzerte für zwei Cembali und 3 Kantaten erhalten. Nach eigenen Angaben schrieb er ein Melodrama »Cephalus und Procris«.

Luigi Marchesi (1754–1829)

ZEIT UND UMWELT
Reichtum und Ruhm verlockten bis in das 19. Jahrhundert hinein einzelne zur Laufbahn eines Eviraten, wenn sie auch immer weniger auf Bühnen und bei Kirchenchören aufschienen. Wie viele es allerdings versucht haben und dabei gescheitert sind, läßt sich nicht einmal annähernd schätzen. Da sich jedoch die Operationsmethoden verbessert hatten, muß man annehmen, daß die Fehlschläge nicht mehr so häufig vorkamen wie in vergangenen Zeiten, und da überdies die rückläufige Nachfrage die wirtschaftlichen Aussichten verringerte, dürften auch die unglücklich verlaufenden oder erfolglosen Versuche seltener geworden sein, bis die grausame Unsitte ganz aufhörte.

LEBEN
Luigi (Lodovico) Marchesi (Marchesini) wurde 1754 in Mailand geboren und dort zum Kastratensopran ausgebildet. Er debütierte 1774 mit großem Erfolg in Rom, sang sodann bis 1777 in München, in verschiedenen italienischen und deutschen Städten sowie in Wien. Im Jahr 1785 wurde er nach St. Petersburg engagiert und darauf nach London. Von 1794 bis 1806 trat er schließlich noch mehrmals in Mailand auf. Er starb am 16. 12. 1829 in Inzago.

WERKE
Von Luigi Marchesi sind mehrere Lieder und Arien im Druck erschienen, die er offensichtlich für sich selbst geschrieben hat. Sie erfordern virtuose Höchstleistungen, zeigen aber auch, daß der Sänger ein ausgebildeter, echter Musiker war.

Amadeo Rasetti (1754–99)

ZEIT UND UMWELT
Seit der 2. Hälfte des 18. Jahrhunderts wurde die Romanze als volkstümliches Strophenlied sehr populär. Sie hatte mit der spanischen »Romance« nicht mehr als den Namen gemeinsam, denn in Frankreich handelte es sich um einen leichten Air mit gefälliger Melodik sentimentalen oder balladesken Inhalts.

LEBEN
Amadeo Rasetti wurde 1754 in Turin geboren. Er war Schüler von Charles François Clément. Nach seiner Ausbildung lebte er in Paris als Pianist und Pianolehrer bis zu seinem Tod im Jahr 1799.

WERKE
Von Amadeo Rasetti erschienen ab 1780 Sonaten für Cembalo und für Pianoforte, Sonaten für Pianoforte und Violine, Trios, Quartette, ein »Neues arabisches Konzert für Pianoforte mit Begleitung eines großen Orchesters« und 2 Sammlungen Romanzen mit Pianofortebegleitung, die zu den ersten ihrer Art zählen.

Louis François Henri Lefébure (1754–1840)

ZEIT UND UMWELT
Seit Guido von Arezzo (um 1000 bis um 1050) sein Merkverfahren für die Töne und Intervalle der verschiedenen Skalen (Solmisation) erfunden hatte, sind viele Methoden erdacht worden, die außer der Erweiterung des Hexachords und des Oktachords wenig Neues gebracht haben. Es ist auch für einen einigermaßen musikalischen Menschen keine Schwierigkeit, sich die einzelnen Intervalle zu merken, ohne komplizierte Gedächtnisstützen zu verwenden, ob nun die einzelnen Töne auf einen Grundton oder auf den Rahmen einer beliebigen Tonart bezogen werden. In früheren Zeiten dürften diese Lehrmethoden, die auf uns den Eindruck einer

Spielerei mit Selbstverständlichkeiten machen, nötig gewesen sein.

Leben

Louis François Henri Lefébure wurde am 18. 2. 1754 in Paris geboren. Er war französischer Beamter, zuletzt Unterpräfekt von Verdun, und ließ sich als Pensionist 1814 in Paris nieder, wo er im November 1840 starb.

Werke

Vom Amateurmusiker Louis François Lefébure wurde um 1780 ein neues Solmisationsverfahren erfunden, das in der École Royale de Chant Anwendung fand. Er schrieb mehrere Oratorien und Kantaten, die keine großen Erfolge erreichten, obwohl sie vielen zeitgenössischen Kompositionen von Berufsmusikern an die Seite gestellt werden konnten. Er war auch als Musikschriftsteller tätig und entwickelte dabei recht skurrile, aber nicht uninteressante Ideen.

David August Apell (1754–1832)

Zeit und Umwelt

Wenn ein Komponist seinen Lebensunterhalt aus einer außermusikalischen Tätigkeit zieht, wird er gern als »Amateur« und »Dilettant« in die Ecke gestellt. Daß dieser in den meisten Fällen die gleiche Ausbildung genossen hat wie ein »Nur-Musiker«, wird nicht selten übersehen und sein Werk der strengsten Kritik unterworfen, die am Beifall des Publikums vorbeigeht.

Leben

David August von Apell wurde am 23. 2. 1754 in Kassel geboren. Er erhielt neben seinem Studium geregelten Musikunterricht, schlug aber eine Beamtenlaufbahn ein und wurde Kammerrat am kurhessischen Hof. Von 1792 bis 1821 – unterbrochen von der Regierungszeit des Königs Jerôme Bonaparte (1807–13) – leitete er das Schauspielhaus in Kassel, wo er am 23. 1. 1832 starb.

Werke

Von David August Apell ist eine große Anzahl oft aufgeführter lateinischer und deutscher Kirchenmusik – 2 Messen, 8 Psalmen, ein Oratorium, ein Magnificat, ein Salve regina und verschiedene Proprien und Gesänge – erhalten. Außerdem schrieb er Opern und Schauspielmusiken, Ballette, Arien, Kantaten, Canzonetten, Sinfonien, Kammermusikwerke für verschiedene Instrumente, Polonaisen und andere Tänze und Märsche. Seine dem Mannheimer Stil angenäherte Musik wurde von den Zeitgenossen sehr geschätzt.

Josef Karel Ambrož (1754–1822)

Zeit und Umwelt

Der deutsche Schauspieler und Sänger Joseph Michael Böheim (um 1748, Prag, bis 4. 7. 1811, Berlin) brachte eine Sammlung »Freymäurer Lieder« in drei Teilen heraus – später erschienen unter dem Titel »Auswahl von Maurer-Gesängen« –, die Kompositionen zahlreicher bedeutender Komponisten seiner Zeit beinhaltet, darunter auch vom Mitherausgeber der ersten zwei Teile, Josef Karel Ambrož.

Leben

Josef Karel Ambrož (Joseph Karl Ambrosch) wurde am 26. 2. 1754 in Krumau an der Moldau (Český Krumlov) geboren. Er war Schüler von Jan Koželuh und wirkte ab 1791 als Operntenor in Berlin, wo er am 8. 9. 1822 starb.

Werke

Von den zahlreichen, zu ihrer Zeit sehr beliebten Liedern von Josef Karel Ambrož, die dem Berliner Stil folgten, ist ein großer Teil in der Sammlung von Joseph Michael Böheim, an deren Herausgabe der Komponist maßgebend beteiligt war, erschienen.

Dieudonné Pascal Pieltain (1754–1833)

Zeit und Umwelt

Die Hofkapelle in Brüssel allein hatte für die

Musiker des späteren belgischen Raums eine zu kleine Aufnahmefähigkeit, und die Mitwirkung an Kirchenkapellen dürfte in vielen Fällen zu wenig lukrativ gewesen sein, so daß sich viele nach Paris wandten, von wo sie allerdings gegen Ende des 18. Jahrhunderts wegen der sich zuspitzenden politischen Verhältnisse nicht selten weiterwanderten.

LEBEN
Dieudonné Pascal Pieltain wurde am 4. 3. 1754 in Lüttich geboren. Nach seiner Ausbildung zum Violinisten trat er von 1778 bis 1783 im Concert spirituel mit Erfolg auf. Dann ging er nach London und wurde dort erster Violinist an den Professional concerts und 1791 Dirigent an Vauxhall Gardens. Ab 1793 unternahm er Konzertreisen durch Deutschland, nach Rußland und Polen und kehrte darauf nach Lüttich zurück, wo er als Lehrer bis zu seinem Tod am 10. 12. 1833 wirkte.

WERKE
Von Dieudonné Pascal Pieltain sind Violinkonzerte, Violinsonaten, Duette für zwei Violinen und Violinsoli bekannt geworden. Er verwendete bei den meisten Kompositionen Generalbaß. Sein Stil ist vom zeitgenössischen französischen abhängig.

Silvestro Palma (1754–1834)

ZEIT UND UMWELT
Nur wenige Schüler von Giovanni Paisiello erreichten seine Melodiosität und die außerordentliche Lebhaftigkeit seines Rhythmus. Sie wirkten durch ihr Bestreben dennoch mit, die musikalische Atmosphäre des ausgehenden 18. Jahrhunderts zu bilden, die der romantischen Epoche voranging.

LEBEN
Silvestro Palma (De Palma) wurde am 15. 3. 1754 in Barano d'Ischia geboren. Er war Schüler des Conservatorio Santa Maria di Loreto und darauf von Giovanni Paisiello in Neapel. Ob er außer seiner kompositorischen Tätigkeit noch eine Stelle betreute, ist nicht bekannt; wahrscheinlich war er auch Kirchenmusiker. Er starb am 8. 8. 1834 in Neapel.

WERKE
Von Silvestro Palma ist eine beträchtliche Anzahl Opern in verschiedenen Städten Italiens aufgeführt worden. Sie gehörten bereits der Vorromantik an. Auch einige nicht sehr bedeutende Kirchenmusiken von ihm sind handschriftlich erhalten.

Antonín František Bečvařovský
(1754–1823)

ZEIT UND UMWELT
Der patriotische Liederkranz »Leyer und Schwerdt« von Theodor Körner (1791 bis 1813), ein typisches Werk der literarischen Romantik, wurde mehrfach vertont. Die erste Vertonung wurde schon wegen der zeitgemäßen Dichtungen zum Freiheitskampf der Deutschen gegen Napoleon begeistert aufgenommen.

LEBEN
Antonín František Bečvařovský (Anton Franz Beczwarzowsky) wurde am 9. 4. 1754 in Jungbunzlau (Mladá Boleslav) geboren. Er war Schüler von Jan Křtitel Kuharz. Ab 1777 wirkte er als Organist an der Jakobikirche in Prag, ab 1779 an der Hauptkirche in Braunschweig, zog 1796 nach Bamberg und 1800 nach Berlin, wo er als Musiklehrer und in verschiedenen musikalischen Stellungen tätig war. Er starb am 15. 5. 1823 in Berlin.

WERKE
Von Antonín František Bečvařovský sind zahlreiche Lieder und Gesänge veröffentlicht worden, darunter seine erste Vertonung der Gedichtsammlung von Theodor Körners »Leyer und Schwerdt«. Außerdem schrieb er Konzerte und Sonaten für Klavier, die weniger beachtet wurden. Er stand voll im beginnenden romantischen Zeitalter. Einige von seinen Kompositionen wurden in unserer Zeit neu aufgelegt.

Literatur

O. Kadlec, Antonín František Bečvařovský, Prag 1969.

Vicente Martín y Soler (1754–1806)

Zeit und Umwelt

Lorenzo Da Ponte (10. 3. 1749, Céneda, Venezien, bis 17. 8. 1838, New York), der eigentlich Emanuele Conegliano hieß und seinen späteren Namen erst bei seiner Taufe im Jahr 1763 erhielt, war Kleriker, Lehrer für Rhetorik und Musik, schließlich Schriftsteller und Librettist zeitgenössischer Opernkomponisten. Er mußte aus politischen Gründen 1779 Venedig verlassen, kam 1781 über Dresden nach Wien, wo ihn Kaiser Joseph II. zum Theaterdichter ernannte. Im Jahr 1790 mußte er auch Wien verlassen, ging 1792 nach London und 1804 nach New York, wo er sich als Opernunternehmer versuchte; 1824 wurde er Professor für italienische Literatur am Columbia College.

Lorenzo Da Ponte, Librettist der Mozart-Opern »Die Hochzeit des Figaro«, »Don Giovanni« und »Così fan tutte«

Leben

Atanasio Martín Ignacio Vicente Tadeo Francisco Pelegrín Martín y Soler (Martino lo Spagnuolo, Martini) wurde am 2. 5. 1754 in Valencia geboren. Er war Chorknabe an der Iglesia mayor in Valencia, sodann Organist in Alicante, brachte 1776 in Madrid eine Zarzuela heraus und ging im selben Jahr über den Rat von Lorenzo Da Ponte nach Italien, wo er 1778 an der Mailänder Scala mit einem Ballett einen durchschlagenden Erfolg errang. Er ließ eine Reihe Opern für verschiedene italienische Städte folgen, deren Libretti zumeist von Da Ponte stammten; 1785 kam er über Vermittlung des Librettisten nach Wien und errang auch dort Opernerfolge; 1788 ging er nach St. Petersburg und wirkte dort, von einem zweijährigen Aufenthalt in London unterbrochen, bis 1796. Dann sank sein Stern, weil man in Rußland mit einemmal den französischen Opernstil vorzog, den nachzuahmen er nicht imstand war. Er blieb in St. Petersburg in sehr bedrängten Verhältnissen und starb dort am 30. 1. 1806.

Vicente Martín y Soler, Stich von J. Adam

Werke

Von den ungefähr 20 Opern von Vicente

Martín y Soler hat ihn keine überdauert. Ihnen mangelte jede Originalität. Sein großer Wiener Erfolg, »Una cosa rara ossia Bellezza ed onestà« (Eine Seltenheit oder Schönheit und Sittsamkeit), ist heute nur noch in Erinnerung, weil Wolfgang Amadeus Mozart ein Stückchen daraus in der Tafelmusik seines »Don Giovanni« zitierte. Er schrieb außerdem Ballette, Arien und Canzonetten mit Cembalo-, Harfen- oder Gitarrenbegleitung, Kantaten, Kanons, ein Salve regina und weitere sakrale Gesänge.

LITERATUR

R. A. Mooser, Un musicien espagnol, in: Rivista musicale italiana XL, 1936.

Franz Anton Hoffmeister
(1754–1812)

ZEIT UND UMWELT

Leicht und flüssig hingeschriebene Musik ohne Originalität und ohne Tiefe, eingängige Melodien, die man schon oft gehört hat, einfache Harmonisierungen und primitive Effekte finden überall ihr begeistertes Publikum und werden der sogenannten »schweren« Musik zu allen Zeiten vorgezogen. Das zu beklagen, wäre verfehlt. Denn die »Freiheit« der Kunst hat zwei Seiten: Sie gibt zwar dem Künstler das Recht, zu schaffen, was er für richtig hält, berechtigt aber auch das Publikum, nach seinem Gutdünken anzunehmen oder abzulehnen. Außerdem ist es noch immer besser, daß das Publikum irgendeine Musik hören will, als sie völlig zu negieren. Aus den Liebhabern »seichter« Musik spalten sich stets einzelne ab, die nach besserer Kost greifen und allmählich zum Publikum ernsthafter Kunst werden, die der Künstler zu seiner Entfaltung benötigt.

LEBEN

Franz Anton Hoffmeister wurde am 12. 5. 1754 in Rottenburg am Neckar geboren. Er betätigte sich ab 1783 als Musikalienhändler in Wien, beteiligte sich von 1800 bis 1805 an einem Musikverlag in Leipzig, kehrte sodann nach Wien zurück, wo er noch durch 2 Jahre als Musikverleger und Musikalienhändler tätig war. Dann widmete er sich nur mehr der Komposition. Er starb am 9. 2. 1812 in Wien.

WERKE

Neben 9 Opern komponierte Franz Anton Hoffmeister zahlreiche Konzerte, Duette, Trios, Quartette und Quintette für Flöte, je über 100 Streichquintette, Streichquartette und Streichtrios, 5 Klavierquartette, 11 Klaviertrios, 12 Klaviersonaten, Sinfonien, Serenaden, ein Vaterunser, weitere Instrumentalwerke für verschiedene Instrumente, Lieder und zahlreiche Bearbeitungen fremder Werke. Seine Musik ist leicht und sicherlich auch seicht, aber ansprechend. Seine verlegerische Tätigkeit war sehr fruchtbar.

Pierre Dutillieu (1754–98)

ZEIT UND UMWELT

Wenn auch nicht häufig, so treten doch auch in der Kunst Spätberufene auf, die erst im reifen Alter oder noch später das Publikum mit Meisterwerken überraschen. Diese sind meistens verborgen herangereift, aber zuweilen auch spontan entstanden, und sie beweisen, daß alle Theorien über das Werden eines Kunstwerks nur beiläufige Geltung für sich beanspruchen können. In Wahrheit gibt es dafür wie für alle anderen Phänomene der Kunst keine verläßlichen Regeln. Jeder Künstler ist eine Persönlichkeit für sich, die weder einem Muster folgt noch als Muster für andere angesehen werden darf, und jedes künstlerische Werk ist in seinem Werden und seiner Existenz einzeln dastehend und keine Wiederholung eines anderen, wie es selbst unwiederholbar ist.

LEBEN

Pierre Dutillieu wurde am 15. 5. 1754 in Lyon geboren und war dort bis ungefähr 1785 als Advokat tätig. Dann vertauschte er diesen Beruf mit dem eines Musikers, ging nach Italien und ließ sich 1787 in Neapel nieder, wo er mit einigen Balletten Erfolg hatte. Im Jahr 1791 erreichte ihn der Ruf, die Nachfolge von Domenico Cimarosa als Hofkomponist in Wien anzutreten. Er starb am 29. 6. 1798 während eines Aufenthalts in Venedig.

WERKE

Außer mehreren Balletten und 4 Opern verfaßte Pierre Dutillieu ein Violinkonzert und 6 Duos für zwei Violinen. Sein Stil neigte sich deutlich der Romantik zu.

Gaetano Marinelli (1754 bis nach 1820)

ZEIT UND UMWELT

Der Wiener Kongreß, der die alte Ordnung der vornapoleonischen Zeit wiederherzustellen versuchte, brachte manchen Staaten nicht das Ende der innenpolitischen Wirren. In Portugal, dessen König nach Brasilien geflohen war, regierte praktisch der britische General William Carr Beresford (1768–1854), der portugiesischer Marschall geworden war und 1817 einen Aufstand gegen seine diktatorischen Regierungspraktiken niederschlug. Während Beresford nach Brasilien reiste, um den König zur Rückkehr zu bewegen, kam es 1820 zu einer neuen Revolte in Pôrto, die sich über das ganze Land ausbreitete und eine demokratische Konstitution ausarbeitete. Beresford wurde nicht mehr in das Land gelassen, die Kämpfe um die Konstitution dauerten aber dennoch an.

LEBEN

Gaetano Marinelli wurde am 3. 6. 1754 in Neapel geboren. Er war Schüler von Gennaro Manna am Conservatorio Santa Maria di Loreto und darauf von Lorenzo Fago und Pasquale Cafaro am Conservatorio della Pietà de'Turchini in seinem Geburtsort. Von 1786 bis 1789 wirkte er als Gesangpädagoge in Madrid und von 1790 bis 1817 als Hofkomponist in München. Sodann ging er nach Lissabon und ließ sich 1820 als Gesanglehrer in Pôrto nieder, wo er in einem der folgenden Jahre vermutlich gestorben ist.

WERKE

Vor seiner Übersiedlung nach Portugal verfaßte Gaetano Marinelli eine Reihe Opere serie und Opere buffe sowie einige Intermezzi. Er soll zahlreiche Lieder mit Instrumentalbegleitung geschrieben haben; erhalten ist davon nichts.

Sixtus Bachmann (1754–1818)

ZEIT UND UMWELT

Auf ihrer Rückreise von Paris im Jahr 1766 suchten Leopold und Wolfgang Amadeus Mozart den Markt Biberach, Baden-Württemberg, auf, wo es zwischen dem jungen Mozart und dem »Wunderkind« Joseph Sigmund Eugen Bachmann (Sixtus war sein späterer Ordensname) zu einem Wettstreit im Orgelspiel kam. »Jeder tat sein Äußerstes, um dem andern den Vorzug streitig zu machen, und für beide fiel der angestellte Wettstreit sehr rühmlich aus.« Später allerdings wurde Bachmann von Mozart überholt, was er stets neidlos anerkannte. Dieses Kindheitserlebnis blieb für ihn eine wertvolle Erinnerung und ein ständiger Ansporn für sein Schaffen.

LEBEN

Sixtus Bachmann (Taufname: Joseph Sigmund Eugen) wurde am 18. 7. 1754 in Kettershausen geboren. Er war ein »Wunderkind«, das bereits mit 9 Jahren mehr als 200 Musikstücke auswendig kannte. Er erhielt seine Ausbildung in den Klöstern Elchingen und Obermarchtal an der Donau. Er lebte einige Zeit in Württemberg, arbeitete dann bei Franz Anton Hoffmeister in Wien, zog sich aber bald in das Praemonstratenserkloster Obermarchtal, dem er angehörte, zurück, wo er 1818 starb.

WERKE

Von Sixtus Bachmann ist eine große Anzahl Messen, Kantaten, Sinfonien, Quartette, Trios und Gesänge handschriftlich erhalten. Über seinen Wunsch wurde davon nichts veröffentlicht.

Peter Winter (1754–1825)

ZEIT UND UMWELT

Antonio Salieri beherrschte ohne Zweifel die Technik der italienischen Oper bis zur letzten Vollendung. Seine Meisterschaft zeigte sich besonders in der Führung der Singstimmen und im Einsatz der Chöre. Eine beträchtliche Anzahl österreichischer und deutscher Komponisten ließ sich von ihm unterrichten und wandte seine Methoden mit Erfolg an. Dabei handelte es sich selbstverständlich um Kompositionsformen seines Niveaus, die aber beim Publikum gut ankamen. Ein Wolfgang Amadeus Mozart hätte von ihm nichts lernen können.

LEBEN

Peter von Winter wurde am 28. 8. 1754 in Mannheim getauft und trat im Alter von 10 Jahren als Violinist in das Hoforchester seines Geburtsortes ein. Fallweise spielte er im Orchester auch Kontrabaß. Im Jahr 1778 siedelte er mit dem Mannheimer Hof nach München über, wo er 1787 Vizekapellmeister und 1798 Hofkapellmeister wurde. Von München aus unternahm er ausgedehnte Konzertreisen und kam dabei auch nach Wien, wo er bei Antonio Salieri intensiven Unterricht in der Opernkomposition nahm. In München gründete er 1811 die Musikalische Akademie. Er starb am 17. 10. 1825 in München.

WERKE

Neben ungefähr 40 Opern, Operetten und Singspielen schrieb Peter Winter eine Anzahl Ballette und Melodramen, Oratorien, Kantaten, Chormusik, Kammermusik und Sinfonien, von denen »Die Schlacht« eine typisch romantische Programmusik brachte, zahlreiche Kirchenmusik (Messen) und eine sehr viel verwendete vierteilige »Vollständige Singschule«. Sein Stil bewegte sich zwischen dem von Mannheim und dem italienischen der Zeit; Ludwig van Beethoven verwendete etliche von seinen Themen.

Luigi Caruso (1754–1822)

ZEIT UND UMWELT

Der Übergang zum Opernstil des 19. Jahrhunderts brachte auch für die Kirchenmusik eine weitere Profanierung. Wenn sie auch bisher zu einem beträchtlichen Teil von Opernkomponisten verfaßt war und daher stilistisch sich stark an den Opernstil anlehnte, so war doch mehr oder minder ein gewisser Abstand zwischen beiden Musikgattungen gewahrt worden. Im folgenden Jahrhundert entfernte sich die Kirchenmusik auffällig von ihrem Text und Zweck, sie wurde ohne Einschränkung zum Kirchenkonzert. Das Kyrie der Messen zum Beispiel war von der flehenden Bitte um Erlösung zur festlichen Ouvertüre geworden.

LEBEN

Luigi (Lodovico) Caruso wurde am 25. 9. 1754 in Neapel geboren. Er war Schüler von Nicola Sala und wirkte nach Aufenthalten in Paris und Deutschland ab 1790 bis zu seinem Tod im Jahr 1822 als Kapellmeister am Dom von Perugia.

WERKE

Neben ungefähr 60 Opern verfaßte Luigi Caruso 4 Oratorien, 4 Kantaten, Messen und Proprien in einem mehr opernhaft-konzertanten als kirchlichen Stil.

Étienne Ozi (1754–1813)

ZEIT UND UMWELT

Das Orchester der Garde Nationale nahm einen Großteil der Musiker auf, die durch die Revolution des Jahres 1789 ihre Stellung bei den verschiedenen Klangkörpern des Hofes und der Adelshäuser verloren hatten. Da dieses Orchester häufig bei Massenkundgebungen als Harmonieensemble ausrückte, wurden besonders Bläser gerne aufgenommen.

LEBEN

Étienne Ozi (Ozy) wurde am 9. 12. 1754 in Nîmes als Sohn des Pierre Ozi geboren. Er bildete sich zum Fagottisten aus und ging

1777 nach Paris, wo er zwei Jahre darauf als Virtuose seines Instruments und als Komponist im Concert spirituel auftrat. Im Jahr 1783 wurde er Mitglied der Königlichen Kapelle und zugleich Kammerfagottist des Königs, 1793 trat er dem Orchester der Garde Nationale bei. Im folgenden Jahr wurde er zum Fagottlehrer am Institut National de la Musique (dem späteren Konservatorium) ernannt und gründete eine Musikalienhandlung. Er starb am 5. 8. 1813 in Paris.

WERKE
Von Étienne Ozi, dem Begründer der französischen Fagottschule, sind Airs, Variationen, Soli, Capricen und Sonaten für Flöte, für Fagott und für Serpent, konzertante Duos und Sonaten für zwei Flöten, für zwei Fagotte, für zwei Serpents, für Violine und Cello oder zwei Celli, Stücke für zwei Klarinetten, zwei Hörner und zwei Fagotte, 8 Fagottkonzerte, 3 konzertante Sinfonien für Klarinette und Fagott und 2 Militärmärsche für Harmonieorchester erhalten, außerdem eine Kantate für drei Singstimmen und Chor. Er verfaßte eine Reihe theoretischer Schriften und Schulwerke. Einiges von diesen Kompositionen wurde in unserem Jahrhundert neu herausgebracht.

Mateo Albéniz (um 1755–1831)

ZEIT UND UMWELT
Die Klaviersonate, vorerst noch für das Cembalo geschrieben, aber auch auf dem Pianoforte ausführbar, wurde, wenn auch zögernd, mit Beginn des 19. Jahrhunderts auch in Spanien populär. Ihre Faktur wurde aus dem benachbarten Frankreich entlehnt. Es handelte sich dabei um die ersten Ansätze zur Entwicklung einer profanen Musik neben der Oper und der Zarzuela.

LEBEN
Mateo Antonio Pérez de Albéniz wurde um 1755 an der Biskaya geboren. Er war Kirchenkapellmeister in Logroño und darauf in San Sebastián, wo er am 23. 6. 1831 starb.

WERKE
Von Mateo Albéniz sind zahlreiche Messen, Vespern, Motetten und andere sakrale Gesänge handschriftlich erhalten. Er verfaßte außerdem interessante Klaviersonaten, die als Einleitung zur Entwicklung der spanischen Klaviermusik angesehen werden können, und eine »Anleitung zum Singen und Spielen alter Musik«.

José Ferrer (um 1755–1815)

ZEIT UND UMWELT
Ähnlich wie in England wurde in Spanien das Clavichord durch lange Zeit anderen Tasteninstrumenten vorgezogen. Man liebte den intimen Klang des Instruments und seine leichte Spielbarkeit. Es konnten allerdings nur Stücke darauf gespielt werden, die einen geringen Tonumfang erforderten. Kompositionen, die für Clavichord oder Pianoforte geschrieben wurden, nützten die Möglichkeiten des neuen Instruments kaum aus, außer wenn es sich um eine jener kleinen Typen handelte, die noch um die Wende zum 19. Jahrhundert erzeugt wurden.

LEBEN
José Ferrer wurde um 1755 in Nordspanien geboren. Er war Organist an den Kathedralen von Pamplona und Oviedo, wo er im Jahr 1815 starb.

WERKE
Von José Ferrer sind 5 Sonaten für Clavichord oder Pianoforte und 3 Sonaten für Cembalo oder Pianoforte mit Violinbegleitung erschienen. Über weitere Kompositionen ist nichts bekannt.

Jean-Pierre Solié (1755–1812)

ZEIT UND UMWELT
Die Pariser Opéra Comique erlitt in ihrem Spielbetrieb durch den Ausbruch der Revolution im Jahr 1789 nahezu keine Unterbrechung. Sie verlegte ihren Standort 1791 in die Rue Feydeau, wo sich bereits das Théâtre

Feydeau befand, was zu einem wilden Konkurrenzkampf der beiden Theater und zu ihrer Schließung führte. Sie wurden später zusammengelegt und als Opéra Comique bis in unsere Gegenwart weitergeführt.

LEBEN
Jean-Pierre Solié (Solier, Sollié, Soulier) wurde 1755 in Nîmes geboren. Er war Chorknabe der Kathedrale seines Geburtsorts, wirkte sodann als Cellist an verschiedenen Theatern und wurde sodann in Avignon Tenorsänger. Er kam 1787 als Sänger an die Comédie Italienne in Paris und nach deren Schließung 1790 an die Opéra Comique, wo er bis zu seinem Tod am 6. 8. 1812 blieb. Er galt als vollendeter Theatermann, der seine Bühne als Musiker, Sänger, Schauspieler und Komponist durch 20 Jahre beherrschte.

WERKE
Von Jean-Pierre Solié sind ungefähr 40 komische Opern über die Bühne gegangen. Über seine sonstigen Kompositionen ist nichts bekannt.

Joseph Notot (1755 bis um 1800)

ZEIT UND UMWELT
Das Partiturenspiel wurde bereits im 18. Jahrhundert fleißig geübt, und Organisten und Cembalisten, die in der Lage waren, das Wesentliche aus einer Partitur sofort improvisatorisch auf ein Tasteninstrument zu übertragen, wurden hoch geschätzt.

LEBEN
Joseph Notot wurde 1755 in Arras, Pas-de-Calais, geboren. Er zeigte sehr früh musikalische Anlagen, bildete sich bald zum vorzüglichen Organisten aus und wirkte in dieser Eigenschaft an der Kathedrale seiner Geburtsstadt bis zum Ausbruch der Revolution im Jahr 1789. Dann ging er nach England. Es ist nicht feststellbar, in welcher Funktion er dort beschäftigt war. Er dürfte um 1800 in England gestorben sein.

WERKE
Die 4 Sinfonien, die 3 Pianofortekonzerte und die Pianofortesonaten von Joseph Notot wurden von Johann Christian Bach sehr bewundert. Es besteht auch eine gewisse Stilähnlichkeit der Werke dieser beiden Meister. Notot war für seine Fähigkeit, spontan aus einer Orchesterpartitur zu begleiten, berühmt.

Thomas Busby (1755–1838)

ZEIT UND UMWELT
Die Vauxhall Gardens boten jungen, aufstrebenden Musikern günstige Ausbildungsmöglichkeiten, indem sie sie gegen Entgelt auftreten ließen und der Leitung eines älteren Kapellenmitglieds anvertrauten. Das bildete einen vollwertigen Ersatz für die übliche Ausbildung als Chorknabe einer Kirche und hatte den Vorteil einer größeren Vielseitigkeit, da ihr Programm weit über das der Kirchenkapellen hinausreichte.

LEBEN
Thomas Busby wurde im Dezember 1755 in London geboren. Im Jahr 1769 trat er an Vauxhall Gardens als Sänger auf und wurde als Organist ausgebildet, so daß er nach dem Stimmbruch als Assistent des Kirchenmusikers Jonathan Battishill tätig sein konnte. Er amtierte anschließend als Organist an verschiedenen Londoner Kirchen und starb dort am 28. 5. 1838.

WERKE
Neben einer umfangreichen musikschriftstellerischen Tätigkeit verfaßte Thomas Busby einige Bühnenmusiken, 2 Oratorien – darunter das beliebt gewordene »Britannia« – und kleinere Orgelstücke. Seine Musik war konservativ, kam aber dem Publikumsverlangen nach breiten Klängen entgegen.

Joseph-François Garnier (1755 bis um 1825)

ZEIT UND UMWELT
Seit dem Wirken des Oboenlehrers des Pariser Konservatoriums, Antoine Sallantin

(1754, Paris, bis nach 1813, Paris), der das Oboenspiel in Frankreich sehr gefördert hatte, nahm sich eine Reihe von Musikern dieses Instruments an. Konstruktionsverbesserungen und Verfeinerung der Anblastechnik gestalteten aus dem einst schrillen Oboenton den süßen, kantablen und pastoralen Klang, der für uns zur Selbstverständlichkeit geworden ist.

Leben
Joseph-François Garnier wurde am 18. 1. 1755 in Lauris, Vaucluse, geboren. Er war Oboenschüler von Antoine Sallantin und wurde 1778 zweiter und 1786 erster Oboist der Opéra von Paris. Er starb um 1825 in Lauris.

Werke
Von Joseph-François Garnier sind Oboenkonzerte, konzertante Stücke für zwei Oboen, für Flöte, Oboe und Fagott und Duette für Oboe und Violine erschienen. Er schrieb auch eine vorzügliche Oboenschule.

Antoine Frédéric Gresnich (1755–99)

Zeit und Umwelt
Nach dem Wegfall der vom Hof und vom Adel gehaltenen verschiedenen Kapellen war die Oper neben dem Concert spirituel zum Hauptbetätigungsfeld der Musiker geworden. Wenn auch reine Instrumentalkomponisten im Concert spirituel ihr Publikum fanden, geschätzt wurde um die Wende zum 19. Jahrhundert vor allem der Opernkomponist, so daß zugewanderte Meister zumeist in erster Linie auf dem Gebiet der Oper ihre Erfolge suchten.

Leben
Antoine Frédéric Gresnich (Gresnick) wurde am 2. 3. 1755 in Lüttich getauft. Nach seiner Ausbildung an der Kathedrale seiner Geburtsstadt ging er nach Rom und darauf nach Neapel, wo er Schüler von Nicola Sala wurde. In London wurde er 1785 Musikdirektor bei Prince of Wales George, dem nachmaligen König Georg IV., kehrte aber bald darauf nach Frankreich zurück und übernahm in Lyon die Dirigentenstelle am Grand Théâtre, ließ sich schließlich 1795 als Opernkomponist in Paris nieder, wo er am 16. 10. 1799 starb.

Werke
Von Antoine Frédéric Gresnich sind ungefähr 15 Opern in Paris aufgeführt worden. Er schrieb außerdem eine Sinfonie, ein Fagottkonzert, eine konzertante Sinfonie für Klarinette und Fagott und einige Romanzen. Seine Musik läßt bereits den Aufbruch des romantischen Zeitalters ahnen.

Philipp Christoph Kayser
(1755–1823)

Zeit und Umwelt
Auch die Freundschaft und Wertschätzung eines Johann Wolfgang von Goethe reichten nicht aus, einen Komponisten zu befähigen, Texte des Dichterfürsten zu vertonen. Künstlerische Kraft läßt sich nicht verschenken.

Leben
Philipp Christoph Kayser wurde am 10. 3. 1755 in Frankfurt am Main geboren. Auf Empfehlung Johann Wolfgang von Goethes, mit dem er befreundet war, ließ er sich in den siebziger Jahren in Zürich als Komponist und Klavierlehrer nieder, wo er am 24. 12. 1823 starb.

Werke
Von Philipp Christoph Kayser sind »Vermischte Lieder«, eine vierstimmige Motette, »Gesänge mit Begleitung des Claviers«, eine zweistimmige »Weyhnachts-Cantate«, ein Streichquartett, 2 Sonaten für Cembalo mit Violine und zwei Jagdhörnern, eine Cembalofuge, ein Ballett und eine Oper erschienen. Johann Wolfgang von Goethe schrieb für ihn 2 Singspiele (»Jery und Bätely«, »Scherz, List und Rache«); er wollte ihm auch die Bühnenmusik seines »Egmont« übertragen, was aber an der mangelnden kompositorischen Kraft Kaysers scheiterte. Auch die zahlreichen Vertonungen von Ge-

dichten Goethes wurden den Texten bei weitem nicht gerecht.

LITERATUR

H. Abert, Goethe und die Musik, Stuttgart 1922.

Vincenc Mašek (1755–1831)

ZEIT UND UMWELT

Die »böhmische Musikemigration« war im 18. und auch im 19. Jahrhundert zum musikgeschichtlichen Begriff geworden, weil wohl der Beitrag tschechischer Musiker zur europäischen Musik bedeutend war, aber nur wenige davon in ihrer Heimat bleiben konnten, sofern sie nicht als Kirchenmusiker wirkten. Ansätze zum Aufbau eines bodenständigen Musiklebens brachte zwar die Wende zum 19. Jahrhundert, aber es waren noch zu wenige Meister, die im Land bleiben wollten und konnten.

LEBEN

Vincenc Václav Mašek (Maschek, Machek) wurde am 5. 4. 1755 in Zwikowetz (Cvikov), Böhmen, geboren. Er war Schüler von Josef Seger und František Xaver Dušek. Er unternahm mehrere Konzertreisen als Pianist, wirkte eine Zeitlang als Opernkapellmeister und ab 1794 als Kirchenorganist in Prag. Ab 1802 betrieb er auch eine Musikalienhandlung. Er starb am 15. 11. 1831 in Prag.
Sein Bruder Pavel Lambert Mašek (15. 9. 1761, Zwikowetz, bis 22. 11. 1826, Wien) war ab 1794 Pianist und dann Musiklehrer in Wien.

WERKE

Die beiden tschechischen Opern von Vincenc Mašek waren ein wichtiger Beitrag zur Entwicklung eines tschechischen Musiklebens. Er schrieb außerdem Messen, Proprien, Kantaten, Lieder, Sinfonien, Klavierkonzerte, Kammermusik, Klaviersonaten und Stücke für Glasharmonika. Seine Musik war der Wiener Klassik sehr angenähert.
Pavel Mašek verfaßte zahlreiche Klavier- und Kammermusik.

Giovanni Battista Viotti

Giovanni Battista Viotti (1755–1824)

ZEIT UND UMWELT

Am Ende des 18. Jahrhunderts wurden für eine Reihe von Musikgattungen die Weichen für die Formen der kommenden Zeiten bis ungefähr 1910 gestellt. Das betraf unter anderem auch das Konzert für Violine und Orchester, das noch immer kammermusikalische Fakturen aufwies, aber ab nun zum Konzert mit einem Sinfonieorchester wurde. Die rein begleitende Funktion des Orchesters wurde durch eine komplizierte sinfonische Struktur ersetzt, in der jede Stimme gleichberechtigt mit den anderen geführt war.

LEBEN

Giovanni Battista Viotti wurde am 12. 5. 1755 in Fontanetto da Po, Piemont, geboren. Er begann schon als Kind Violine zu spielen. Ab 1775 war er bereits Mitglied der Hofkapelle in Turin unter Gaetano Pugnani, der ihn 1780 auf eine Konzertreise nach Genf und Bern mitnahm. Von dort setzte Viotti die Reise allein nach Dresden, Berlin, wo er vor Friedrich dem Großen spielte, Warschau und St. Petersburg fort. Im Jahr 1782 trat er in Paris im Concert spirituel auf, was ihm die Türen zu allen musikalischen Kreisen öffnete und ihm die Stelle als Akkompagnist der Königin Marie Antoinette eintrug. Er trat in der Folge sehr selten auf, widmete sich lieber dem Unterricht, der Komposition, der Organisation von Konzerten und ab 1788 der Teilnahme an der Leitung des Théâtre de Monsieur. Die Revolution setzte diesen Tätigkeiten ein Ende; er begab sich nach England, wo er seine Konzerttätigkeit wieder aufnahm und ab 1794 am King's Theatre zunächst als künstlerischer Leiter und dann als Kapellmeister wirkte. Vier Jahre darauf wurde er des Jakobinismus beschuldigt und aus England ausgewiesen, so daß er sich für 3 Jahre nach Schönfeld bei Hamburg zurückzog. Als sich 1801 seine Schuldlosigkeit herausgestellt hatte, kehrte er nach London zurück, trat aber nicht auf, sondern betätigte sich mit wenig Erfolg kommerziell, kam ein Jahr darauf nach Paris, wo er einige Konzerte gab, hielt sich aber, wie bei seinem nächsten Besuch im Jahr 1814, dort nur kurz auf. Erst 1819 ließ er sich erneut in Paris nieder und übernahm bis 1821 die Direktion der Opéra. Dann kehrte er nach London zurück, wo er in sehr bedrängten Verhältnissen am 3. 3. 1824 starb.

Werke

Während der letzten 20 Jahre des 18. Jahrhunderts galt Giovanni Battista Viotti als größter europäischer Violinist. Ein ähnlich hohes Ansehen genoß er weit über seine Zeit hinaus als Violinkomponist, der an der Tradition des italienischen Rokoko festhielt, aber der aufkommenden Romantik gegenüber aufgeschlossen war. Er schrieb 29 Violinkonzerte, 19 Cembalokonzerte, die vermutlich alle nur Bearbeitungen von Violinkonzerten waren, 2 konzertante Sinfonien für zwei Violinen und Orchester, 21 Streichquartette, 36 Streichtrios, mehr als 12 Violinduos, 18 Violinsonaten und weitere Violinstücke sowie 9 Cembalosonaten. Sein Orchesterlied »Polacca« wurde in die Oper »Die Dienerin als Herrin« von Giovanni Paisiello aufgenommen. Er verfaßte ferner 9 Sopranlieder und die Kantate »Auf dem Grund eines dunklen Tales« für Sopran und Pianoforte.

Violinkonzert Nr. 16 in e-Moll, 3 Sätze
Zu diesem Konzert fügte Wolfgang Amadeus Mozart zwei Trompeten und Pauken hinzu (KV 470a), wodurch es außerordentlich gewann. Machtvoll pathetisch deklamiert das Orchester die Einleitung. Das folgende Allegro rast darauf atemlos dahin und bringt drei Solopartien, von Orchestertutti umrahmt, deren drittes die dramatische Einleitung wiederholt. Das Adagio besteht aus einer schönen Kantilene in E-Dur. Das Finale ist ein pikantes französisches Rondo, technisch sehr anspruchsvoll, aber nicht verkünstelt. Pathos, Kantabilität, Pikanterie und Virtuosität sind in diesem Konzert meisterhaft verbunden.

Violinkonzert Nr. 22 in a-Moll, 3 Sätze
Dieses im romantischen Moll gehaltene Konzert wurde Luigi Cherubini gewidmet. Johannes Brahms urteilte darüber: »Das a-Moll-Konzert von Viotti ist meine ganz besondere Schwärmerei. Es ist ein Prachtstück von einer merkwürdigen Freiheit der Erfindung; als ob er phantasiere, klingt es, und ist alles meisterhaft gedacht.«
Der 1. Satz wird von einem ausgedehnten Orchestertutti eröffnet. Selbstbewußt setzt der Solist ein und bringt ein Thema voll sinnlicher Leuchtkraft. Der häufige Wechsel von Dur und Moll, von gesanglichen und brillierenden Passagen und strahlende Doppelgriffketten gestalten den Satz zum Erlebnis. Der 2. Satz bringt edel geprägte Melodik, und der 3. sprüht vor Brillanz und Eleganz. Die auskomponierte begleitete Solokadenz war eine der ersten ihrer Art.

Violinkonzert Nr. 24 in h-Moll, 3 Sätze
Das für das Londoner Publikum geschriebene Konzert ist weniger auf virtuosen Glanz als auf musikalische Tiefe bedacht. Das Orchester ist reich besetzt, die Instrumente werden individuell behandelt. Der 1. Satz ist voll Größe, Innigkeit und Grazie. Die Durchführungen der Themen, von denen manche der Wiener Klassik entstammen, fließen reizvoll ineinander. Auch der ausdrucksvolle Mittelsatz schließt sich dem Wiener Bereich an. Das Rondofinale hingegen ist in Paris zu Hause, elegant, pikant, voll überraschender musikalischer Finessen.

Literatur

R. Giazotto, Giovanni Battista Viotti, Mailand 1956.

Gaetano Andreozzi (1755–1826)

Zeit und Umwelt

Es ist heute nicht mehr feststellbar, warum einzelne Komponisten, die ihr Glück in Rußland suchten, erfolglos blieben. Es handelte sich um Italiener, Deutsche und Franzosen, deren Werke um nichts schlechter waren als die anderer. Auch die zeitgenössischen Berichte sagen darüber nichts aus. Es hat den Anschein, daß es in solchen Fällen mehr die Persönlichkeit des Komponisten war, die abgelehnt wurde, als seine Kompositionen. Es spielen eben beim künstlerischen Erfolg immer viele Faktoren und zum Teil auch Imponderabilien mit, die außerhalb der künstlerischen Sphäre liegen.

Leben

Gaetano Andreozzi (als Enkel von Niccolò Jommelli Jommellino genannt) wurde am 22. 5. 1755 in Aversa, Neapel, geboren. Er wurde in Neapel am Conservatorio Santa Maria di Loreto ausgebildet und stand vor einer glänzenden Karriere in Italien; aber er ging 1784 nach Rußland, wo er kein Glück hatte. Nach Italien zurückgekehrt, brachte er in Pisa, Neapel und Florenz Opern mit gutem Erfolg heraus und erhielt eine Stelle am Teatro San Carlo in Neapel, die er durch den Einmarsch der Franzosen verlor. Er versuchte es nun in Paris, aber vergebens, und mußte sich dort bis zu seinem Tod am 21. 12. 1826 als Musiklehrer durchbringen.

Werke

Mit seinen 50 Opern, die Gaetano Andreozzi für Italien, Madrid, St. Petersburg und Paris schrieb, hatte er wenig Glück. Er schrieb außerdem 6 Streichquartette im Stil von Joseph Haydn und 4 Oratorien, die das Schicksal seiner Opern erlebten.

Federico Fiorillo (1755–1823)

Zeit und Umwelt

Johann Peter Salomon gründete außer der Londoner Philharmonic Society ein Streichquartett, an dem er selbst als Violinist mitwirkte. Der Vorliebe des englischen Musikers entsprechend, gab das Quartett zahlreiche Quartette von Joseph Haydn und Wolfgang Amadeus Mozart wieder. Auch Georg Friedrich Händel wurde viel gespielt.

Leben

Federico Fiorillo wurde am 1. 6. 1755 in Braunschweig als Sohn des Ignazio Fiorillo geboren. Er reiste als Virtuose für Violine und Mandoline nach Rußland und nach Polen. Im Jahr 1782 wurde er Orchesterdirigent des Theaterorchesters in Riga, 1785 trat er im Concert spirituel in Paris mit großem Erfolg auf, von 1788 bis 1794 wirkte er in London als Bratschist am Salomon-Quartett mit. Er hielt sich darauf einige Jahre in Amsterdam auf, kehrte aber wieder nach London zurück, wo er im Jahr 1823 starb.

Werke

Von Federico Fiorillo sind einige Ballette, sodann Duos für Violinen, für Pianoforte und Violine und für Violine und Cello erhalten, außerdem Konzerte für eine und zwei Violinen, Streichquartette und Streichquintette. Sein bedeutendstes Werk sind seine 36 Capricen für Violine. Dieses Studienwerk wurde von Louis Spohr (1784–1859) mit einer zweiten Violinstimme herausgegeben.

Giuseppe Antonio Capuzzi (1755–1818)

Zeit und Umwelt

Während französische Musiker im letzten Jahrzehnt des 18. Jahrhunderts ohne Schwierigkeit ein Betätigungsfeld fanden, wenn sie sich den neuen Kräften zur Verfügung stellten, verließen ausländische zumeist das Land. Es versiegte auch der frühere starke Zuzug von Meistern; denn auf der einen Seite begegneten Ausländer einem gewissen Mißtrauen, andererseits war es für sie nicht leicht, sich den Revolutionären anzuschließen, weil sie sich damit unter Umständen die Rückkehr in die eigene Heimat versperrten. London wurde daher als Reiseziel vorgezogen.

LEBEN

Giuseppe Antonio Capuzzi wurde am 1. 8. 1755 in Breno bei Brescia geboren. Er war Schüler von Ferdinando Giuseppe Bertoni in Venedig und darauf Violinist an San Marco. Im Jahr 1796 ging er nach London, wo er ein Ballett herausbrachte. Zuletzt wirkte er als Lehrer am Konservatorium und als Kapellmeister an Santa Maria Maggiore in Bergamo, wo er am 28. 3. 1818 starb.

WERKE

Neben 5 Opern und zahlreichen Balletten verfaßte Giuseppe Antonio Capuzzi eine konzertante Sinfonie, Streichquartette, Streichquintette und Divertimenti für Violine und Generalbaß. Sein Stil bewegte sich im italienischen Rokoko.

Ignaz Walter (1755–1822)

ZEIT UND UMWELT

Die Anzahl der umherziehenden Theater- und Operntruppen stieg gegen Ende des 18. Jahrhunderts steil an, weil auf der einen Seite das an Schauspielen, Opern und Singspielen interessierte Publikum immer zahlreicher wurde, auf der anderen viele Städte zwar über einen Theaterbau, aber noch über kein fest engagiertes Ensemble verfügten. Unter diesen Truppen, die eine gewisse Mittelmäßigkeit selten überstiegen, befanden sich in der Regel nur ein bis zwei Spitzenkräfte, die dann zumeist auch die Leitung innehatten.

LEBEN

Johann Ignaz Walter wurde am 31. 8. 1755 in Radowitz (Radovice), Böhmen, geboren. Er war in Wien Schüler von Josef Starzer und wirkte 1779 an der Hofoper, ab 1783 in Prag, dann in Riga und ab 1789 in Mainz als Tenorist. Dann übernahm er die Leitung einer reisenden Operntruppe. Er starb in Regensburg am 22. 2. 1822.

WERKE

Neben etwa 12 Singspielen verfaßte Ignaz Walter eine Kantate zur Krönung Kaiser Leopolds II., eine zu Friedrich von Schillers Totenfeier, Messen, italienische und deutsche Arien und Kammermusik, darunter ein Quartett für Harfe, Flöte, Violine und Cello.

Christian Kalkbrenner (1755–1806)

ZEIT UND UMWELT

Die von Friedrich dem Großen ins Leben gerufene Hofkapelle, zu der er eine Vielzahl bedeutender Musiker heranzog, war für die Kapellen der anderen Mitglieder des königlichen Hauses beispielgebend, so daß auch unter seinem Nachfolger diese auf ihrem ursprünglichen Niveau weitergeführt wurden und fähige Kräfte stets Aufnahme fanden.

LEBEN

Christian Kalkbrenner wurde am 22. 9. 1755 in Minden geboren. Er war zunächst Chorist der Oper in Kassel, dann wirkte er ab 1788 als Kapellmeister der Königin Elisabeth Christine von Braunschweig-Bevern in Berlin und von 1790 bis 1796 des Prinzen von Preußen Heinrich in Rheinsberg, ging sodann nach Paris, wo er 1799 als Leiter des Chors der

Der Pianist Friedrich Kalkbrenner, Sohn des Christian Kalkbrenner

Opéra eingestellt wurde. Er starb am 10. 8. 1806 in Paris.

WERKE
Mit seinen für Rheinsberg und Paris geschriebenen Opern konnte Christian Kalkbrenner keine Erfolge erzielen. Seine Sinfonien, Klaviertrios, Violinsonaten und Klavierstücke sowie sein Klavierkonzert erfreuten sich einer gewissen Wertschätzung. Seine theoretischen Schriften jedoch waren ein wertvoller Beitrag zur Musikwissenschaft.

Giuseppe Bertini
(um 1756 bis nach 1847)

ZEIT UND UMWELT
Obwohl in Palermo seit je eine Hofkapelle gehalten, im Dom und anderen Kirchen alte und zeitgenössische Musik gepflegt und ein mit guten Lehrern versehenes Konservatorium gegründet wurden, kam es zu keiner sizilianischen Musikentwicklung. Die wenigen Musiker, die die Insel hervorbrachte, verließen sie sehr bald, um in Neapel oder sonstwo zu wirken. Und die einzelnen, die bleiben, konnten dem Mangel nicht abhelfen.

LEBEN
Giuseppe Bertini wurde um 1756 als Sohn des Musikers Salvatore Bertini (1721, Palermo, bis 1794, Palermo) in Palermo geboren. Er wirkte als Königlicher Hofkapellmeister in seiner Geburtsstadt, wo er nach 1847 starb.

WERKE
Von Giuseppe Bertini ist eine Anzahl Kirchenmusik – Messen, Proprien, Gesänge – handschriftlich erhalten. Er veröffentlichte auch ein Lexikon von Komponisten und Interpreten, das sehr wichtige Details enthält.

Janez Baptist Novak
(um 1756 bis 1833)

ZEIT UND UMWELT
Laibach (Ljubljana), ehemalige Hauptstadt des Herzogtums Krain und heutige der jugoslawischen Republik Slowenien, setzte in der zweiten Hälfte des 18. Jahrhunderts mit einem intensiven Musikleben ein. Im Jahr 1794 wurde die Philharmonische Gesellschaft der Stadt gegründet, deren Konzerte von Beginn an auf hohem Niveau standen.

LEBEN
Janez Baptist Novak (Johannes Baptista) wurde um 1756 in Laibach (Ljubljana) geboren. Er war Mitbegründer der Philharmonischen Gesellschaft der Stadt, in den Jahren 1799 und 1800 ihr Orchesterdirigent und von 1808 bis 1825 ihr Musikdirektor. Er starb am 29. 1. 1833 in Laibach.

WERKE
Von Janez Baptist Novak sind eine Kantate und eine Bühnenmusik erhalten, die ihn als unbedingten Anhänger und Nachahmer Wolfgang Amadeus Mozarts ausweisen.

LITERATUR
Dr. Cvetko, Janez Baptist Novak, ein slowenischer Anhänger Mozarts, Wien 1956.

Ernst Schick (1756–1815)

ZEIT UND UMWELT
Um die Stelle des Konzertmeisters einer Hofkapelle zu erhalten, mußte man um die Wende zum 19. Jahrhundert bei der hochentwickelten Technik des Violinspiels ein beträchtliches Maß an Virtuosität aufzuweisen haben und, weil auch die Anforderungen an das Orchester seit der in Mannheim erzielten Präzision schon sehr hochgeschraubt waren, über eine ausreichende musikalische Ausbildung verfügen. Die reine Akrobatik der vergangenen Zeiten reichte nicht mehr aus.

LEBEN
Ernst Johann Christian Schick wurde im Oktober 1756 in Den Haag geboren. Er wirkte ab dem letzten Jahrzehnt des 18. Jahrhunderts als Hofkonzertmeister in Berlin, wo er am 10. 12. 1815 starb.

WERKE

Von Ernst Schick sind lediglich 6 Violinkonzerte im Druck erschienen. Seine weiteren Kompositionen sind verlorengegangen. Sein Stil lehnte sich an den norddeutschen an.

Vincenzo Righini (1756–1812)

ZEIT UND UMWELT

Die nahezu verwurzelte Vorstellung, daß Musik nur in Italien oder zumindest von Italienern gelernt werden konnte, daß nur italienische Musik wert sei, gehört zu werden, war auch in den letzten Jahrzehnten des 18. Jahrhunderts noch nicht überholt. Besonders an verschiedenen Höfen wurden nur Italiener als Hofkapellmeister und Musiklehrer eingestellt.

LEBEN

Vincenzo Righini wurde am 22. 1. 1756 in Bologna geboren, wo er als Chorknabe an San Petronio sang und seine Ausbildung von Padre Martini und Antonio Bernacchi erhielt. Er trat zunächst als Operntenor in Parma auf, ging 1776 nach Prag, wo er 2 Opern herausbrachte, und wurde von Kaiser Joseph II. als Gesanglehrer des Hofes und Direktor der Opera buffa nach Wien berufen. Von 1787 bis 1792 wirkte er als Hofkapellmeister in Mainz und erhielt 1793 die Hofkapellmeisterstelle in Berlin, die er bis ungefähr 1806 betreute. 1810 kehrte er nach Bologna zurück, wo er am 19. 8. 1812 starb.

WERKE

Außer seinen etwa 20 Opern verfaßte Vincenzo Righini zahlreiche Orchesterwerke, Kammermusik, Klavierstücke, profane Kantaten, Chöre, deutsche und italienische Lieder mit Klavierbegleitung, Ballette, Kirchenmusik – Messen, Offertorien – und ein Oratorium (Der Tod Jesu). Über seine Arie »Vieni amore« schrieb Ludwig van Beethoven Variationen. Er gehörte zu den letzten großen Vertretern der neapolitanischen Oper und wurde zu seiner Zeit als Sänger, Gesanglehrer und Komponist sehr geschätzt.

Wolfgang Amadeus Mozart

(1756–91)

ZEIT UND UMWELT

Am 12. Dezember 1771 schrieb Kaiserin Maria Theresia ihrem Sohn, Erzherzog Ferdinand, Generalgouverneur der Lombardei, der beabsichtigte, Wolfgang Amadeus Mozart bei sich aufzunehmen, nach Mailand: »Du fragst mich, ob Du den jungen Salzburger in Deine Dienste nehmen sollst. Ich wüßte nicht, wozu und warum, da Du doch nicht nötig hast, einen Komponisten und ähnlich nutzloses Volk anzustellen. Ich sage es Dir nur, um Dich nicht mit unnützen Leuten zu belasten. Zudem hängt ihm eine große Familie an.«

Als Mozart 1781 bei Fürsterzbischof Hieronymus Graf von Colloredo um seine Entlassung einkam, wurde er wie ein Kutscher beschimpft und als »Bettelmusikant« hinausgeworfen.

Vergiftet und daseinsbedrohend war die Atmosphäre, in die er geboren wurde. Der

Jugendbildnis Wolfgang Amadeus Mozarts

Mozart spielt als sechsjähriger Knabe vor Kaiser Franz I.

ehrsüchtige, geldgierige Vater stellte ihn in halb Europa zur Schau wie ein Kalb mit zwei Köpfen. Man bestaunte anfänglich das Kind, das technisch einwandfrei Cembalo und Violine spielte und Selbstkomponiertes zu Gehör brachte. Die Musik selbst interessierte niemanden. Bald aber wurde offenbar, daß man kein possierliches Äffchen vor sich hatte, sondern einen heranreifenden ernsten Musiker, hinter dessen unüberbietbaren schönen Melodien und feinen, dem Ohr schmeichelnden, dahintändelnden Linien eine gewaltige Aussage stand, die den Zuhörer zum Nachdenken zwang. Dazu, daß man Mozart überall mit offenen Armen aufnahm, aber nie behalten wollte, sondern irgendwie abschob, daß er kein Engagement erhielt und hinter Persönlichkeiten zurückstehen mußte, deren Namen man heute kaum mehr kennt, bedurfte es keiner Intrige, die Ursache hiefür fand sich in der überwältigenden Kraft seiner Musik, der Endgültigkeit seiner Konzeption und der sicherlich nur erfühlten Einsicht, daß hier Klang und Form zur untrennbaren Substanz geworden waren. Man nannte seine Musik schwer, wenngleich sie oft anscheinend leicht dahinperlte, und sie war es auch, weil sie Herz und Gehirn stark in Anspruch nahm und belastete, indem sie anfänglich einen angenehmen Genuß bereitete, aber sofort darauf zwang, mitzufühlen, mitzudenken, und Gedanken und Gefühle sodann unaufhaltsam weit über die Musik hinaus in das allgemein Menschliche zielten und dadurch mit dem eigenen Verhalten in Widerstreit gerieten. Denn echte Kunst ist stets eine Mahnung, der viele gern ausweichen. Der wahre Künstler ist immer ein Prediger, der keines Wortes bedarf, weil er unmittelbar zu wirken versteht. Mozarts Musik war keine Ansammlung schöner Klänge und liebenswürdiger Melodien – das war nur ihr äußeres Gewand –, sie stellte wahre Kunst dar, die sich gestaltete ohne Rücksicht auf ihre Wirkung, sie war streng wahrhaftige Kunst ohne Konzessionen, ohne Lüge und ohne Halbheit.

Die Intriganten in Wien und anderswo rannten offene Türen ein. Man lehnte Mozart überall wegen seiner Musik ab, ohne daß sich die meisten klar bewußt wurden, was sie dazu bestimmte; sie empfanden ihn störend und unbequem. Nicht seine Musik wurde angegriffen und abgelehnt, sie wurde nur gemieden, ihren Komponisten traf die allgemeine Gegnerschaft, so daß er überall wie ein Aussätziger isoliert und kaltgestellt wurde. Es ist kein Wunder, daß die Diskrepanz zwischen der eigenen Leistung und der materiellen Lage Mozart schwer bedrückte; es ist auch kein Wunder, daß frühzeitig der Gedanke an den Tod, als einzigen Ausweg aus seiner verzweifelten Lage, in ihm aufstieg. Wenn auch die rastlosen Reisen in seiner Kindheit den Grund zu seiner letzten Krankheit legten, so waren es doch vor allem die Müdigkeit und die Erschöpfung als natürliche Folge seiner ungeheuren Arbeitsleistung, die er, jeden Auftrag annehmend, von Konzert zu Konzert und von Schüler zu Schüler hetzend, durch seine stets bedrängte Lage zu erbringen genötigt war, im Verein mit den vielen Demütigungen und Enttäuschungen, den unerfüllten Hoffnungen und nicht gehaltenen Versprechungen, den fallweise ihm aus Bosheit oder nur aus Unverstand zugefügten Kränkungen, die ihn ein frühes Ende ahnen ließen, ja eine gewisse Sehnsucht danach nährten. Er bekannte in einem Brief, im Tod das wahre Ziel des Lebens zu erkennen und sich nicht davor zu ängstigen, sondern ihn für das Tor zum Segen anzusehen. Es ist über die Todeskrankheit Mozarts viel gerätselt und viel gelehrter Unsinn gesprochen und geschrieben worden. Mag sie nun so oder so gewesen sein, in Wahrheit ist Wolfgang Amadeus Mozart seiner Zeit und seiner Umwelt erlegen.

LEBEN

Wolfgang Amadeus Mozart (getauft als Joannes Chrysostomus Wolfgangus Theophilus) wurde am 27. 1. 1756 in Salzburg als Sohn des

Eintragung in die Salzburger Dommatrikel vom 28. Januar 1756

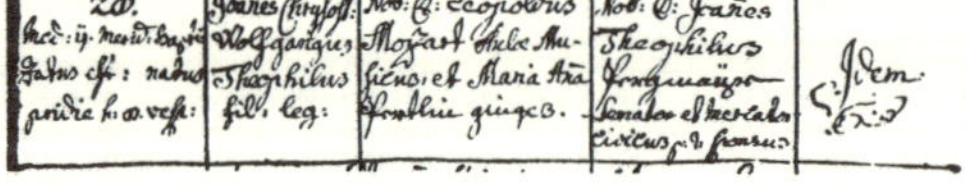

Daines Barrington, englischer Wissenschafter, berichtete über Mozarts Besuch in London

Hofmusikers Leopold Mozart geboren. Sehr früh zeigten sich seine musikalischen Anlagen, er verfolgte aufmerksam den Musikunterricht seiner älteren Schwester Maria Anna, er suchte auf dem Cembalo Zusammenklänge und erfreute sich daran, er merkte sich kleine Stücke, die der Vater spielte. Das ermutigte den Vater, Wolfgang einige kleine Menuette spielen zu lassen, aber aus dem Spiel wurde bald Ernst, und der Schwierigkeitsgrad der Lehrstücke wuchs. Die Versuche, selbst Stücke zu erfinden, stellten sich bald ein und bauten sich parallel mit den Fortschritten auf dem Cembalo aus. Mit fünfeinhalb Jahren nahm Wolfgang mitten unter 150 Chorknaben und Studenten an einer Aufführung der musikalischen Komödie »Sigismundus Hungariae Rex« von Johann Ernst Eberlin teil. Der rasche Fortschritt des Sohnes festigte in Leopold Mozart die Meinung, ein echtes Wunderkind vor sich zu haben, das man der Welt vorstellen müsse. Dazu trat, daß auch die Tochter ein weit über ihr Alter hinaus entwickeltes Musiktalent aufwies, so daß man ein Geschwisterpaar vorführen konnte.

Die erste Reise ging bereits im Januar 1762 nach München, wo der Kurfürst die beiden musikalischen Kinder freundlich empfing, anhörte und bewunderte. Das ermutigte die Familie, es auch mit Wien zu versuchen. Der Ruf der außerordentlichen Salzburger Kinder war ihnen bereits vorausgeeilt, die Familie Mozart, vor allem Wolfgang, wurde vom Kaiserpaar und dem Adel freundlich empfangen. Die beiden Kinder gaben, nachdem sie bereits in Linz konzertiert hatten, eine Vorführung. Wolfgang produzierte sich als Blindspieler auf dem Cembalo; Vater Mozart sah die Verwirklichung seiner Träume nahe. Wolfgang bekam jedoch eine Krankheit, die man für ansteckend hielt, man vermied begreiflicherweise jeden Kontakt mit der Familie, die nach einem kurzen Besuch Preßburgs nach Salzburg zurück mußte, ohne einen greifbaren Erfolg mitzubringen. Im selben Jahr noch (1763) kam es zu einer größeren Reise über München, Augsburg, Schwetzingen, Mainz, Frankfurt, Koblenz, Aachen und Brüssel nach Paris. In allen Städten gaben die Wunderkinder Konzerte, Wolfgang spielte Violine und in verschiedenen Kirchen die Orgel, in Schwetzingen machte er sich mit dem Mannheimer Orchesterstil bekannt. In Paris wurde er nach Versailles geladen. Dort widmete er einer Tochter des Königs zwei Sonaten. Er wurde überall angestaunt und zweimal porträtiert. In Versailles lernte er damals bekannte deutsche Musiker kennen wie Johann Schobert, Leontzi Honauer und Johann Gottfried Eckardt.

Die nächste Station war London (April 1764). Auch hier empfingen ihn der König und sein Hofstaat; Mozart mußte sein Können im Blattspiel, auf der Orgel, am verdeckten Cembalo, mit der Violine, als Improvisator und Komponist vorführen und machte auf alle großen Eindruck. Er kam mit Johann Christian Bach in Verbindung, gab öffentliche Konzerte und erhielt Gelegenheit, Händels Musik zu hören. Dann erkrankte der Vater, und Wolfgang konnte sich mehr der

Mozart bei Madame Pompadour

Komposition widmen. Als Leopold Mozart sich erholt hatte, ging der Konzertbetrieb weiter, seine Kinder spielten eine Komposition von Wolfgang vierhändig auf einem zweimanualigen Pedalcembalo. Im Juli 1765 wurde die Rückreise angetreten, auf der Wolfgang in Den Haag schwer erkrankte, so daß die Familie erst im Januar 1766 in Amsterdam eintraf. Weiter ging die Reise nach Paris und von dort über die Schweiz nach Hause. In allen Städten, an allen Höfen gab es Konzerte, Vorführungen neuer Originalkompositionen, viel Beifall und Bewunderung.

Der Vater unterwarf nun den Sohn ein Jahr lang einem strengen Studium des Kontrapunkts, dann versuchte er es ein zweites Mal in Wien, wo gerade die Blattern ausgebrochen waren. Es nützte nichts, nach Olmütz (Olomouc) auszuweichen, die Kinder wurden dennoch angesteckt, überstanden aber die Krankheit. Der Erfolg dieser Reise war unbefriedigend. Die Intrigen gegen das Wunderkind Mozart, in dem manche bereits den gefährlichen Konkurrenten witterten, setzten ein. Leopold Mozart lernte Franz Aspelmayr kennen, Hilfe brachte ihm jedoch auch diese neue Bekanntschaft keine.

Ein Jahr darauf dirigierte der nun zwölfjährige Mozart in der Salzburger Waisenhauskirche eine eigene Messe und wurde vom damaligen Erzbischof Siegmund Christoph Graf von Schrattenbach 1769 zum Hofkapellmeister ernannt. Im Dezember 1769 reiste der Vater mit Wolfgang nach Italien (Maria Anna war bereits zu alt, um noch als Wunderkind zu gelten). Der Weg führte über Verona, Mantua nach Mailand, wo mit Sammartini und Piccinni Fühlung genommen wurde. Wolfgang erhielt für die kommende Saison einen Opernauftrag. In Bologna nahm er bei Padre Martini Unterricht, in Florenz konzertierte er mit Nardini. In Rom schrieb er zum allgemeinen Erstaunen das Miserere von Gregorio Allegri nach einmaligem Anhören fehlerfrei nieder. In Neapel gab es Kontakt mit den Opernkomponisten De Majo und Paisiello. Auf der Rückreise verlieh ihm der Papst den Orden vom Goldenen Sporn. In Bologna wurde er in die Accademia dei Filarmonici aufgenommen. Wieder in Mailand, schrieb er die bestellte Oper »Mitridate, re di Ponto«, die 1770 mit großem Erfolg über die Bühne ging, 1772 trafen die Reisenden wieder in Salzburg ein. In allen italienischen Städten wurden die Konzerte, die Kompositionen Mozarts bestaunt und bejubelt. Der Hauptgewinn Mozarts bestand jedoch in der gründlichen und unmittelbaren Bekanntschaft mit der italienischen Musik. Noch 1772 war er ein zweites Mal in Italien, um in Mailand seine Oper »Lucio Silla« aufzuführen. Das Jahr 1773 fand ihn erneut in Salzburg und in Wien, wo er Joseph Haydns Quartettstil kennenlernte. Etliche Jahre intensiven Schaffens schlossen sich an, doch trotz aller Achtungsbezeugungen und Lobsprüche hatte er noch immer keine angemessene Stellung als Musiker. Hinzu kam die Abneigung, die ihm der neue Erzbischof Graf Colloredo deutlich entgegenbrachte. Im Jahr 1777 ging er neuerlich auf Reisen, dieses Mal von der kränkelnden Mutter begleitet.

Nicolò Antonio Giustiniani, kunstsinniger Bischof von Verona

Das Ziel war vorläufig Mannheim, wo er zu den Meistern des vorklassischen Mannheimer Stils in Beziehung trat, wie mit Cannabich, Holzbauer, Schweitzer, Filtz, Carlo Giuseppe Toeschi und anderen. Seine Zuneigung zur Sängerin Aloysia Weber hielt ihn etwas länger als beabsichtigt zurück, aber auf Befehl des Vaters reiste er dann doch nach Paris weiter. Die Hoffnungen, die sein Vater und wohl auch er auf diese Reise gesetzt hatten, wurden enttäuscht. Er war kein Wunderkind mehr, sondern ein junger Musiker, von denen es viele gab. Er erhielt einige Kompositionsaufträge, eine seiner Sinfonien und seine Musik zur Ballettpantomime »Les petites riens«, die vor zehn Jahren bereits Aspelmayr vertont hatte, wurden aufgeführt, er traf Johann Christian Bach aus London und Piccinni. Aber seine Mutter, die ihre Krankheit bereits aus Salzburg mitgebracht hatte, starb am 3. Juli 1778. Mozart wandte sich zur Heimreise. 1779 nahm er seine Konzertmeistertätigkeit in Salzburg wieder auf und wurde sogar Hoforganist. In die folgenden Jahre fielen viele seiner Meisterwerke, wie zum Beispiel Messen, Kirchensonaten, Sinfonien, Konzerte, Sonaten, das Singspiel »Zaide« und 1781 die Opera seria »Idomeneo«. Im selben Jahr kam es zum Bruch mit dem Erzbischof.

Wolfgang ließ sich in Wien nieder, um als freier Künstler zu leben. Er veranstaltete Akademien mit eigenen Werken, er gab Unterricht, er übernahm Kompositionsaufträge. Trotz höchsten Fleißes gelang es ihm nie, seine wirtschaftliche Lage in Ordnung zu bringen, seine ständige Geldverlegenheit nahm zuweilen durch unbedachte Ausgaben zu und dauerte bis zu seinem Tod an. Daher bemühte er sich mehrmals um eine feste Anstellung, aber es gelang ihm nie. 1782 wurde sein Singspiel »Die Entführung aus dem Serail« aufgeführt und freundlich aufgenommen. Der finanzielle Erfolg war aber nicht sehr hoch und besserte seine allgemeine Situation nur für kurze Zeit.

Am 4. August desselben Jahres heiratete er gegen den Willen seines Vaters Konstanze Weber, die jüngere Schwester der Sängerin Aloysia Weber und Kusine des Komponisten

Konstanze Mozart, Ölbild von J. Lange (?), 1782

Carl Maria von Weber. Die Ehe führte zu einer schweren Verstimmung zwischen Vater und Sohn, die sich erst wenige Jahre vor dem Ableben Leopold Mozarts milderte. Auch die Schwester Maria Anna war als gehorsame Tochter gegen Konstanze. In jener Zeit bildete sich eine starke menschliche und künstlerische Annäherung zwischen Mozart und Joseph Haydn heraus, die für beide Männer außerordentlich fruchtbar war. Um 1782 wurde Mozart in das Haus des Gesandten van Swieten eingeladen, wo vorwiegend Bach und Händel gespielt wurden, so daß er seine Kenntnis davon noch mehr vertiefen konnte; die Beschäftigung mit diesem Stil, die Arrangements von Präludien und Fugen von Bach für Streichquartett und die Instrumentation der Oratorien Händels mit Bläsern schlugen sich auch im eigenen Schaffen nieder. Als äußeren Ausdruck seiner Weltanschauung, welche die Freundschaft und Verbrüderung aller Menschen zum Hauptziel hatte, trat Mozart 1784 einer Freimaurerloge bei und betonte von da an diese Gesinnung bei jeder Gelegenheit in seinen Werken. Im Jahr 1786 wurde anläßlich eines Festes in Schönbrunn die Musikkomödie »Der Schauspieldirektor« neben einer Oper von Antonio Salieri gegeben. Im selben Jahr kam es zur Aufführung der ohne Auftrag geschriebenen Oper »Le nozze di Figaro« trotz schwerer Intrigen der Konkurrenten. Der Erfolg der Oper in Wien war durchschlagend, wurde aber von der Begeisterung, mit der sie in Prag aufgenommen wurde, weit übertroffen. Speziell für Prag schrieb er hierauf 1787 den »Don Giovanni«, mit dem er viel Applaus erntete. Die Ouvertüre zur Oper stellte er erst in der Nacht vor der Premiere fertig. Als im selben Jahr in Wien Gluck starb, hoffte Mozart, seine Stelle zu bekommen, aber der Kaiser hatte es damit nicht eilig. Erst nach dem großen Erfolg in Prag ließ er sich herbei, Mozart als Kammerkomponisten eine kleine jährliche Zahlung auszuwerfen (»Zu viel für das, was man von mir verlangt, und zu wenig, für das, was ich leisten könnte«, erklärte hierzu Mozart). Seine letzten Sinfonien entstanden 1788 (Es-Dur, g-Moll, C-Dur).

Das Jahr 1789 führte Mozart auf eine Reise über Dresden und Leipzig nach Berlin, wo er den Thomaskantor Johann Friedrich Doles kennenlernte und auf der Orgel der Thomaskirche spielte. König Friedrich Wilhelm II. erteilte ihm in Potsdam den Kompositionsauftrag für ein Streichquartett. Im Jahr 1790 brachte er die Oper »Così fan tutte« heraus und 1791 die Krönungsoper für Prag »La clemenza di Tito«, bei der ihm Franz Xaver Süßmayr behilflich sein mußte, damit sie rechtzeitg fertig wurde. Sie wurde am 6. September 1791 in Prag aufgeführt. Inzwischen hatte Mozart bereits die Arbeit an der »Zauberflöte« nahezu vollendet, die am 30. September auf die Bühne kam. Jener Graf Walsegg, der geheim Kompositionen aufkaufte, um sie als eigene Werke aufführen zu lassen,

Mozarts Reisen durch Böhmen, Mähren und die Slowakei

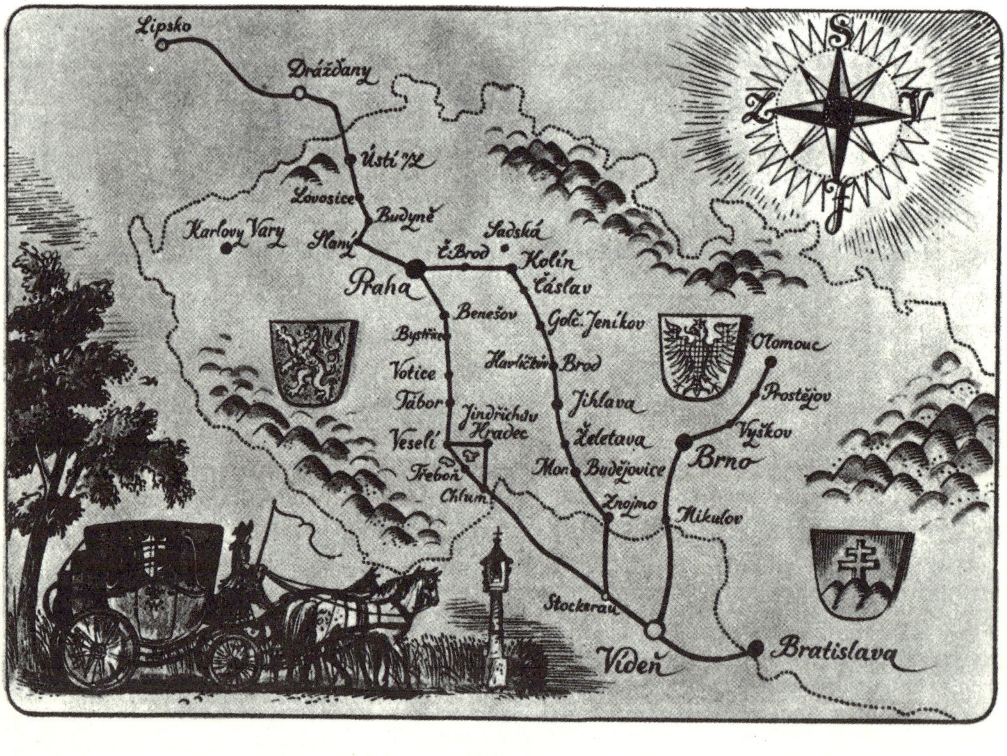

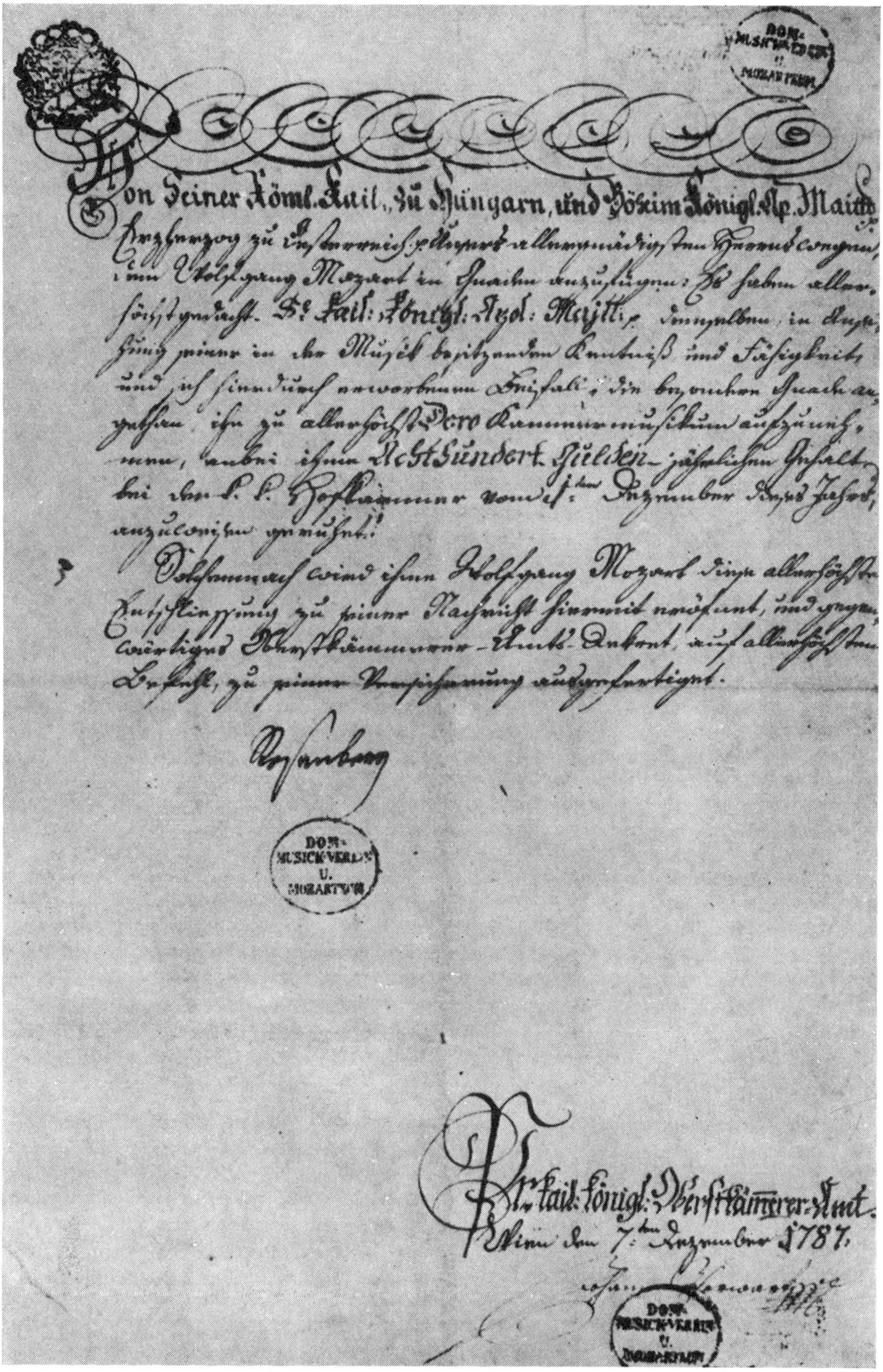
Von Seiner Röml. Kail. zu Hungarn, und Böheim Königl. Ap. Maitt.
Wolfgang Mozart
Acht Hundert Gulden
Wolfgang Mozart
Rosenberg
DOM-MUSICK-VEREIN U. MOZARTEUM
Vr. kail. königl. Oberstkämmerer-Amt.
Wien den 7ten Dezember 1787.

Dekret der Ernennung Mozarts zum Kammer-Musiker bei Hof

sandte seinen Boten auch zu Mozart. Das geheimnisvolle Betragen des Boten und die durch Arbeitsfülle der letzten Jahre überreizten Nerven wie sein allgemeiner schlimmer Gesundheitszustand ließen in Mozart die Vorstellung entstehen, daß der Auftrag, ein Requiem zu schreiben, aus dem Jenseits gekommen und die Totenmesse für ihn selbst bestimmt sei. Mit dieser Gewißheit machte er sich an die Arbeit, während sein Zustand sich verschlimmerte. Süßmayr half, so viel er konnte. Mozarts Lebenszeit reichte aber nicht aus, um das Werk zu vollenden; er starb am 5. 12. 1791. Die medizinische Todesursache ist nicht feststellbar. Am folgenden Tag mußte er auf dem St. Marxer Friedhof von Wien in ein Schachtgrab gelegt werden, weil die Witwe mittellos und niemand anders bereit war, die Kosten einer Beerdigung zu übernehmen. Seine Grabstätte konnte, als man sich in Wien endlich dafür interessierte, nur mehr annähernd identifiziert werden. Die wenigen, die seinen Sarg begleiteten, kehrten bereits beim Stadttor um. Konstanze war schwanger, krank und verzweifelt und außerstand, ihre Wohnung bei dem Winterwetter zu verlassen. So war der Totengräber der einzige letzte Gefährte einer der bedeutendsten Persönlichkeiten der Musikgeschichte.

Mozarts Grabdenkmal auf dem St. Marxer Friedhof in Wien

Seine Frau Konstanze, geborene Weber (6. 1. 1763, Zell im Wiesenthal, Schwarzwald, bis 6. 3. 1842, Salzburg), heiratete 1809 den dänischen Diplomaten Georg Nikolaus von Nissen (1761–1826), der Materialien zu einer Biographie Mozarts sammelte. Im Jahr 1820 zog das Ehepaar von Kopenhagen nach Salzburg, wo Konstanze die von Nissen begonnene Biographie 1828 herausgab. Von Mozarts 6 Kindern blieben nur 2 am Leben. Karl Thomas Mozart (21. 9. 1784, Wien, bis 31. 10. 1858, Mailand) war ein guter Pianist, wählte aber die Musik nicht als Beruf, sondern wurde Kaufmann und schließlich österreichischer Beamter. Franz Xaver Wolfgang Mozart (26. 6. 1791, Wien, bis 29. 7. 1844, Karlsbad) – er nannte sich Wolfgang Amadeus Mozart –, schlug die Laufbahn eines Musikers ein und wurde Komponist, Dirigent und Musiklehrer in Lemberg (Lwiw).

Werke

Mozarts kompositorisches Werk umfaßt mehr als 600 Nummern, die erhalten sind, darüber hinaus gibt es eine Anzahl Kompositionen, deren Urheberschaft zweifelhaft ist. Ein nicht geringer Teil seiner Stücke ist verlorengegangen und uns nur nominell bekannt. Diese für ein kurzes Leben so ungeheure Leistung ist das Ergebnis eines ungewöhnlichen Fleißes, zum Teil auch des Umstandes, daß er sehr früh zu komponieren begann; nicht zuletzt verdankte er die große Anzahl der Werke seiner Fähigkeit, auch große Kompositionen rasch in einem Zug niederzuschreiben, ohne sich lang mit Skizzen abzugeben, weil die Musik in ihm zumeist schon fertig durchdacht war und nur mehr zu Papier gebracht werden mußte. Die Kompositionen bildeten sich in seinem Gehirn, während er mit völlig anderen Dingen

Aus dem Noten-Skizzenbuch des achtjährigen Mozart

beschäftigt war, zum Beispiel Billard spielte, sich unterhielt oder sich frisieren ließ.
Der stilistische Horizont ist sehr weit gespannt, umfaßt alle Gattungen der Musik seiner Epoche und umgreift dazu als Erbe die Wiener und Salzburger Barocktradition, das italienische Barock und das Reich Bachs und Händels. Wenn auch in seiner Musik ein gewisses Fortschreiten vom Spätbarock, Rokoko und dem galanten Stil über Frühklassik zum reinen klassischen Stil verfolgbar ist, so betrifft das oft nur Äußerlichkeiten; tatsächlich sind alle Stilgattungen, wenngleich sie sehr verschieden sind, zu einer höheren Einheit verschmolzen und dadurch neu eingeordnet. Es mag für den Analytiker interessant sein, den einzelnen Einflüssen nachzugehen und festzustellen, was deutsch, was italienisch, was empfindsam und was kontrapunktisch ist – aber der Zuhörer bekommt alles in vollendeter Synthese an das Ohr, als neue, völlig eigenartige Musik, wie sie eben nur Mozart schreiben konnte, der sich seinen Stil selbst gebildet hatte. Er hat auf seinen vielen Reisen als Kind und junger Mann sehr viel Musik gehört und in sich aufgenommen – das ist auch der einzige Gewinn aus diesen Anstrengungen –, er hat alles, intuitiv zuerst und später bewußt, verarbeitet und umgestaltet, so daß daraus der nur ihm eigene Mozart-Stil geworden ist. Dabei war er nur sehr selten unabhängig wie die späteren Romantiker, sondern auftragsgebunden. Er war zwar kein Musikerzeuger mehr wie die Meister des Barock, denen Auftraggeber, Gesellschaft und Weltanschauung eine bestimmte, sehr starre, allerdings dann von vielen meisterhaft erfüllte Form vorgeschrieben hatten, die auf die Gesellschaft, den Adel und das Großbürgertum hingeordnet war. Er ordnete sich jedoch – vielleicht zum persönlichen Schaden, sicher aber zum Nutzen seiner Musik – der Gesellschaft nicht mehr unter, sondern zwang ihr seinen Willen auf.

Dem Kontakt wich er nicht aus, sondern suchte ihn als Mensch und als Künstler; sein Leben und seine Musik waren gesellschaftsgebunden, doch beides wurde zur Herausforderung, die Gegner erzeugte. Als Mensch unterlag er, weil das Leben nicht beliebig verlängerbar ist, aber seine Musik, der geistige und künstlerische Angriff auf die Menschen, blieb am Ende Sieger, wenn es auch lange dauerte. Das folgende 19. Jahrhundert sah diese Musik als liebliche, angenehm klingende, technisch interessante gehobene Unterhaltung. Das Zeitalter der Romantik mußte vergehen, damit verstanden wurde, welch tiefer Ernst, wieviel Ideengut in Mozarts Musik lag und gehoben werden mußte.

Die erste seiner mindestens 46 Sinfonien schrieb Mozart im Alter von 8 Jahren, im 18. Lebensjahr lagen bereits 30 vor. Sie waren anfänglich den italienischen Mustern nachempfunden und standen zugleich unter dem Einfluß seines Vaters und des Bach-Sohnes Johann Christian; sie waren zumeist dreisätzig, doch das Vorbild der Wiener Vorklassik, die als 3. Satz ein Menuett einschob, wirkte sich auf Mozarts sinfonisches Schaffen aus. Schon ab 1773 machten sich neue Ausdrucksformen bemerkbar. Die Sinfonien neigten zu kontrapunktischer Konzeption, die Sätze wurden zyklisch untereinander verschränkt. Das läßt Haydns Handschrift ahnen. Darauf kamen Werke mit galantem Duktus wie zum Beispiel A-Dur KV 201. Bei D-Dur KV 297 (die in Paris geschrieben wurde) machte sich der Orchesterstil von Mannheim deutlich. Die Sinfonien der Wiener Zeit entfernten sich immer mehr von der Serenadenhaltung. Die »Linzer« (C-Dur KV 425) wendete sich wieder Haydn zu, und in der »Prager« (D-Dur KV 504) liegt eine vollkommene Synthese durchgebildeter Kontrapunktik mit neuer Sinfonik vor. Die letzten drei (1788 innerhalb von nur sechs Wochen geschrieben) stellen, obgleich völlig voneinander verschieden, den Höhepunkt der von der Es-Dur KV 16 aus 1764 stetig ansteigenden Entwicklung dar.

Mozart hat außer den Sinfonien eine große Anzahl Orchesterwerke verfaßt, die zwischen Sinfonie, Konzert und Kammermusik stehen, als Serenade, Divertimento, Sinfonia, Partita, Cassation, Notturno, Nachtmusik, Ständchen oder ähnlich bezeichnet sind und die Form einer Sonate, eines Rondo, Konzertes usw. haben. Gemeinsam ist dieser Gelegenheitsmusik die Aneinanderreihung vieler Sätze, die oft keinen Zusammenhang haben. Es handelt sich zumeist um Gebrauchsmusik, was aber ihren künstlerischen Wert nicht schmälert. Die Serenaden sind in der Regel glanzvoller instrumentiert, die Divertimenti komplizierter motivisch oder auch kontrapunktisch durchgearbeitet. Auch die ungefähr 36 Märsche und Tänze zählen dazu. Die 21 Klavier- und die 5 Violinkonzerte (3 weitere sind umstritten) sind vorwiegend zum eigenen Konzertgebrauch verfaßt, die Konzerte mit anderen Soloinstrumenten sind Auftragskompositionen. Seine Klavierkonzerte bringen im Gegensatz zu älteren einen starken Ausbau des Orchesters, wo-

Autograph der ersten Takte des »Veilchens« von Mozart

durch das Klavier von seiner rein begleitenden Rolle befreit und dem Soloinstrument gleichgestellt wird. Mozart kommt damit besonders bei seinen letzten Klavierkonzerten in die Nähe Beethovens. Dazuzurechnen sind ein Konzert für zwei Klaviere, eines für drei und zwei Rondos für Klavier und Orchester. Dazu kommen ein »Concertone« für zwei Soloviolinen, eine konzertante Sinfonie für Solovioline und Soloviola, ein Konzert für Fagott aus dem Jahr 1774, eines für Klarinette aus dem Jahr 1791, 2 Flötenkonzerte, 4 Hornkonzerte und ein Konzert für Harfe und Flöte. Wie die Klavierkonzerte sind diese keine von Orchesterinstrumenten begleitete Virtuosenkonzerte, vielmehr steht das Soloinstrument im ständigen Dialog mit einem sinfonisch durchgearbeiteten Orchester, auf das zuweilen die Führung übergeht.

Von den 10 Quintetten Mozarts sind 7 nach dem Vorbild von Luigi Boccherini mit Streichern besetzt, aber mit dem Unterschied, daß der Cellist Boccherini zwei Celli verlangt, während Mozart die Bratschen verdoppelt. Die anderen drei haben Bläserbesetzung (Klarinette mit Streichern, Horn mit Streichern, Oboe, Klarinette, Horn, Fagott und Klavier). Sie tragen zum Teil das Gesicht eines Divertimento.

Das erste der 23 Streichquartette schrieb der Komponist mit 14 Jahren. Die frühen Quartette haben Divertimentocharakter, sind dreisätzig, passen sich zum Teil der italienischen Manier an und stehen unter dem Einfluß von Johann Christian Bach, der von Haydn sodann abgelöst wird, so daß die Quartette ab 1773 viersätzig werden, eine noch erweiterte Selbständigkeit der einzelnen Instrumente aufweisen und die Prävalenz der ersten Violine zurückdrängen; das Finale wird vom reinen Abschluß des Stückes zur Krönung und letzten Steigerung, der italienische Stil gibt dem deutschen Raum. Haydns »Russische Quartette« regen Mozart an, deren Stil zu übernehmen; die Themen werden motivisch verarbeitet, Einwicklungsprinzip ist die Variation. Dennoch unterscheiden sich die Quartette grundsätzlich von denen Haydns, besonders durch ihren süßen, sinnlichen, oft schwermütigen und stets vieldeutigen Klang. Haydn zielt auf eine ferne und vielleicht unerreichbare Schönheit, Mozarts Musik findet ihr Ziel in sich selbst. Da der Auftraggeber der »Preußischen Quartette«, Friedrich Wilhelm von Preußen, begeisterter Cellist ist, wird das Cello in den drei von ihm 1789/90 bestellten Quartetten bevorzugt.

Dazu sind die 2 Klavierquartette zu stellen, die zum Muster der vielen Stücke dieser Art geworden sind; 7 Trios für Klavier, Violine und Cello und eines für Klavier, Klarinette und Bratsche dienen ebenfalls dem eigenen Konzertgebrauch, es sind Spielmusiken höchster Qualität, wirken improvisatorisch, sind aber dennoch beste Kammermusik. Das gleiche gilt für die Streichtrios mit verschiedener Besetzung und den Bearbeitungen fremder Musik für Bläsertrios. Mozarts 2 Streichduos haben Sonatenform.

Bei den 40 Violin-Klavier-Sonaten sind beide Instrumente solistisch behandelt und gleichberechtigt. An der Spitze der Klaviermusik stehen 18 Sonaten, die eine den Streichquartetten ähnliche Entwicklung aufweisen; italienische Vorbilder am Beginn, anschließend von der Mannheimer Orchesterdynamik beeinflußt, am Ende konzertdramatische Gestaltung. Rondos, Fantasien und verschiedene Variationen über fremde Themen, Stücke für zwei Klaviere und für vierhändiges Spiel runden das Klavierwerk ab.

Seine Chorwerke sind Kirchenmusik, der das unvollendet und von Süßmayr fertiggestellte Requiem und die vierstimmige Motette mit Streichquartett und Orgel »Ave verum« voranzustellen sind. Neben einigen kleineren sakralen Werken hat Mozart 19 Messen und mehrere Messeteile mit verschiedenen Besetzungen geschrieben, von denen die 2 c-Moll-Messen (Missa solemnis KV 139 und Große Messe KV 427) und die C-Dur-Messe (»Krönungsmesse« KV 317) hervorzuheben sind. Größtes Interesse verdienen seine 17 Kirchensonaten für Orgel und Orchester (Epistelsonaten).

Seine Klavierlieder nähern sich der Opernarie, bleiben aber echte Lieder. Das beliebte Wiegenlied »Schlafe mein Prinzchen«

stammt aber nicht von Mozart, sondern von Bernhard Flies. Mehr dem Bereich der Oper zugehörig sind die Konzertarien (27 für Sopran, eine für Alt, 8 für Tenor, 6 für Baß mit Orchester).

Von den 22 Bühnenwerken (die Bühnenmusiken, theatralischen Serenaden und das Ballett »Les petites riens« hinzugerechnet) muß das Singspiel »Bastien und Bastienne« als frühes Meisterwerk des Zwölfjährigen genannt werden. Die Komödie »Die Gärtnerin aus Liebe« (nicht vollständig erhalten), die heroische Oper »Idomeneo«, das Singspiel »Die Entführung aus dem Serail«, »Figaros Hochzeit«, das Dramma giocoso »Don Giovanni«, die komische Oper »Così fan tutte«, »Die Zauberflöte« und »La clemenza di Tito« (um die bekanntesten zu nennen) schließen sich an. Sie beherrschen noch heute den Spielplan der Opernhäuser der Welt, wie auch die Orchester-, Kammer- und Solomusik in allen Konzertsälen erklingt und die Messen, Kantaten, Motetten und das Requiem zum festen Bestand aller Kirchenchöre gehören.

Missa solemnis in c-Moll KV 139, 5 Teile, entstanden 1768

»Waisenhaus-Messe« genannt, weil sie zur Einweihung der Waisenhaus-Kirche in Wien komponiert wurde. Ihre reiche Besetzung und Ausdehnung entsprechen dem feierlichen Anlaß. Sie ist der italienischen Kantatenmesse nachgebildet. Das Kyrie bringt eine langsame, feierliche Einleitung, die in ein fröhliches Allegro übergeht; das Christe wird von Soli vorgetragen. Gloria und Credo sind in Chor-, Ensemble- und Soli aufgespalten und enden mit prächtigen Doppelfugen. Sanctus und Benedictus sind voll Lyrismen; das Agnus schließt die Feier nach dem Geschmack der Zeit fröhlich ab. Die kompositorische Leistung dieses Werks ist derart gediegen, daß es schwerfällt zu glauben, daß der Komponist erst 13 Jahre alt war.

Missa in C-Dur »Krönungsmesse« KV 317, 5 Teile, entstanden 1779

Die Meinung, daß diese Messe zum Jahrestag der Krönung des Bildes in der Wallfahrtskirche Maria Plain bei Salzburg verfaßt worden sei, hat man vor einiger Zeit fallengelassen; wahrscheinlicher ist, daß sie zur Osterfeier im Salzburger Dom uraufgeführt wurde. Sie ist jedenfalls eine echte »Festmesse« für einen großen Kirchenraum. Das Kyrie signalisiert schon mit den ersten Takten die Festesfreude. Das Gloria ist ein Jubelgesang, das Credo hat Rondoform und endet mit einer großen Fuge. Unvergleichlich schön sind Benedictus und Agnus dieses konzertanten, sinfonisch durchgearbeiteten Werkes.

Große Messe in c-Moll KV 427, unvollendet, 4 Teile, entstanden vermutlich 1783

Das Kyrie ist ernst und frei kontrapunktisch, das Gloria schwungvoll, als wäre es in Italien entstanden, und mündet in eine brillante Doppelfuge. Noch stärker ist der italienische Einfluß im Credo sichtbar; das »Et incarnatus« fällt mit seiner Sopran-Koloraturarie – von drei Bläsern begleitet – völlig aus dem Rahmen des Üblichen. Sanctus und Benedictus sind wahre Konzertstücke. Obwohl es sich um einen Torso handelt, zählt diese Messe zu den bedeutendsten Werken des Komponisten.

Requiem KV 626, von Franz Xaver Süßmayr vollendet, 8 Teile, entstanden 1791

Der erste Teil (Requiem aeternam) wird vom schweren Klang der Bassetthörner und Fagotte, denen nur Hörner beigegeben sind, eingeleitet, dann setzt der Chor ein, forte und energisch,

Giacomo Casanova, Abenteurer und Schriftsteller, entwarf den Text zum Sextett im 2. Akt »Don Giovannis«, Stich von J. Berka

Autograph Mozarts: »Don Giovanni«, 2. Akt

und steigert sich beim »Exaudi« zu einem Ausbruch der Verzweiflung. Das Kyrie ist eine weit ausladende Fuge. Das anschließende Dies irae ist völlig naturalistisch gehalten und drückt die Angst des Menschen vor dem unbegreiflichen Ende aus. Dann verkündet die Posaune im Tuba mirum das Jüngste Gericht, die Solisten bekunden ihre Furcht vor dem höchsten Richter, der Chor sekundiert mit einem dreimaligen Angstschrei; die Bitte um Milde und Rettung wird zuerst von den Frauenstimmen, dann von den Männern vorgebracht und am Ende vom ganzen Chor wiederholt. Weiche Bassetthörnerklänge begleiten das lyrische »Recordare Jesu pie«, doch die Schrecken der Verdammnis malt der Chor im »Confundatis maledictis« in den düstersten Farben. Das Flehen um Schonung klingt zart auf, hierauf folgt das schwermütige Lacrimosa. Der dramatische Ablauf dieses Teils endet mit einer Fuge. Das Sanctus ist im Gegensatz zum Bisherigen tröstend und innig wie das Benedictus und das Agnus Dei. Die Fuge des Kyrie bildet den Abschluß des Werkes, das Mozart als Torso zurückgelassen hat. Es waren bei seinem Ableben nur das Requiem und Kyrie fertig gearbeitet. Vom Dies irae bis zum Hostias liegen nur Teilausfertigungen und Skizzen vor. Die Witwe mußte jedoch ein vollständiges Werk abliefern, das bestellt und bezahlt war. Süßmayr übernahm die Aufgabe und löste sie nach bestem Können, so daß Konstanze Mozart ein fertiges Werk dem Hochstapler Walsegg abliefern konnte, der es kopierte und mit dem Vermerk: »Requiem composto dal Conte Walsegg« versah, so daß die Erstaufführung unter dem Namen dieses Betrügers am 14. Dezember 1793 stattfinden konnte. Es war damals noch unbekannt, daß Mozart ein Requiem geschrieben hatte, sonst wäre nicht bei der Gedächtnisfeier in Prag 1792 das Requiem von František Antonín Rösler aufgeführt worden. Es vergingen viele Jahre, bis alle Fragen um dieses Werk geklärt waren. Maximilian Stadler setzte sich stark für die Echtheit des Requiems als Mozarts Werk ein. Spätere Komponisten versuchten mehrmals eine Ergänzung des Torsos, die besser als Süßmayrs Leistung sein sollte, fanden aber keine Zustimmung, denn wenn einer die künstlerischen Absichten Mozarts kannte, so war das nur der Mann, der eng mit ihm zusammengearbeitet hatte.

Ave verum corpus für vier Singstimmen und Streicher, Fronleichnamsmotette, entstanden 1791

Gerade durch seine Einfachheit ein höchst vollendetes Werk von unvergleichlicher Schönheit. Die Melodielinie des Soprans, der sich wie eine Lerche im Morgenlicht in die Höhe schwingt, schenkt ein seltenes musikalisches Erlebnis.

Sinfonie in Es-Dur KV 16, 3 Sätze, entstanden 1764

Der 1. Satz dieser ersten Sinfonie des achtjährigen Komponisten stellt ein energisches Akkordthema an den Beginn; darauf folgen langsame Bläserakkorde. Das zweite Thema steht in der Dominante. Die Reprise schwingt lyrisch aus. Im 2. Satz zieht sich ein Baßmotiv bis zum Ende durch. Das Prestofinale ist tänzerisch und fröhlich.

Sinfonie in B-Dur KV 17, 4 Sätze, entstanden 1765

Im 1. Satz erscheint die den Mannheimern abgelauschte dreimalige Motivbekräftigung. Das folgende Adagio bringt eine versonnene Träumerei. Dann schließen sich zwei gekoppelte Menuette an; ein elegantes Finale schließt das reizende Werk ab.

Sinfonie in D-Dur KV 48, 4 Sätze, entstanden 1768

Mit theatralischer Geste setzt das Kopfthema des 1. Satzes ein, der wirbelnd endet. Der 2. Satz in G-Dur ist ein schlichter melodischer Gesang der Streicher. Dann folgt das Menuett mit vollem Orchesterklang; in seinem Trio schweigen die Trompeten und Pauken. Das Allegro des 4. Satzes erinnert mit seinen vergnügten Triolen an eine Gigue.

Sinfonie in A-Dur KV 114, 4 Sätze, entstanden 1771

Der 1. Satz beginnt im Piano, dann wird das Thema forte wiederholt. Das zweite Thema wird von Violinen und Bratschen gebracht und endet mit einer reizenden Durchführung. Das Adagio in D-Dur ist eine schöne Kantilene. Daran schließt sich ein elegantes Menuett, dessen Trio nur von den Streichern gespielt wird. Trotz aller Fröhlichkeit wirkt das Finale sehr innig.

Sinfonie in F-Dur KV 130, 4 Sätze, entstanden 1772

Der Beginn des 1. Satzes ist pikant tänzerisch, aber leise und steigert die Dynamik erst gegen das Ende. Das Andantino grazioso des 2. Satzes ist äußerst elegant und läßt die Bläser kantabel hervortreten. Nach einem kräftigen Menuett mit einem lustigen Trio setzt molto allegro der 4. Satz gewichtig ein. Sein zweites Thema steht in Moll, die Durchführung wirkt sehr plastisch; die Reprise ist kontrapunktisch gearbeitet.

Sinfonie in D-Dur KV 133, 4 Sätze, entstanden 1772

Drei Tutti-Akkorde leiten den 1. Satz ein, eine aufsteigende Sequenz und darauf festliche Fanfarenklänge folgen. Die Exposition weist lombardischen Rhythmus auf. Die Durchführung kehrt nicht zum Anfangsthema zurück; das erfolgt erst in der glänzenden Schlußapotheose. Im Andante erklingt neben den Streichern eine Querflöte. Das Menuett ist kurz, einfach und rasch, sein Trio eigenwillig und spritzig. Das Finale bringt eine weite, atemlos dahineilende Gigue in Sonatenform.

Sinfonie in A-Dur KV 134, 4 Sätze, entstanden 1772

Der 1. Satz besteht nur aus einem Thema, dem eine Coda angehängt ist. Das Andante ist äußerst kantabel und wird zu einem sonatenförmigen Satz mit feinen Linien ausgebaut. Das etwas derbe Menuett erinnert an Joseph Haydn, und das Finale beginnt mit einer Bourrée, die voll in Sonatenform durchgeführt wird und in eine Coda mündet.

Sinfonie in D-Dur KV 135, 3 Sätze, entstanden 1772

Wie die italienische »Ouvertüre« oder »Sinfonia« ist dieses Werk dreisätzig und beginnt mit einem strahlenden Allegro. Das folgende Andante ist im galanten Stil geschrieben. Das Finale bringt eine Gigue in rasendem Tempo.

Sinfonie in g-Moll KV 183, 4 Sätze, entstanden 1773

Dieses schwermütige Werk beginnt mit einem Unisonothema, das tiefen Schmerz ausdrückt. Auch das von sordinierten Streichern vorgetragene Andante ist voll Trauer. Das Menuett gibt sich auffällig derb und fest, als sollte es ungebändigten Trotz ausdrücken. Das Finale nimmt das Menuett in umgebildeter Form auf, was der Sinfonie einen zyklischen Charakter verleiht.

Sinfonie in A-Dur KV 201, entstanden 1774 in Salzburg, 4 Sätze

Sie läßt die Vorbilder – Italiener und vor allem Michael Haydn – deutlich erkennen, dennoch ist die Sinfonie vom ersten bis zum letzten Ton, wie Mozart selbst vermerkt, »Del Signor Cavaliere Amadeo Wolfgango Mozart«. Der Schwung und die Heiterkeit, die durch das Werk ziehen, die Ausgewogenheit der 4 Sätze und deren thematische Beziehung zueinander gehen weit über die Vorbilder hinaus. Schon der 1. Satz, in dem die Streicher ein tänzerisches Thema gleich einer Sequenz vortragen, zieht die Aufmerksamkeit durch seine dynamische Rhythmik auf sich. Im 2. Satz singen sordinierte Streicher das Andante und werden von den Bläsern zart sekundiert. Das Menuett, energisch und straff, spinnt Anregungen des Andantes weiter und lenkt in das Thema des 1. Satzes ein, um es zu einem geistreichen, fröhlichen Finale zu verarbeiten.

Sinfonie in D-Dur KV 297 »Pariser Sinfonie«, 3 Sätze, in Paris Juni 1778 für das Concert spirituel verfaßt

Mit dreimal wiederholtem Grundton, forte von den Streichern energisch gespielt, beginnt das reich besetzte Orchester den 1., mit mehreren Nebenthemen, Soli der Bläser und Streicher ausgebauten konzertanten Satz. Der 2. Satz ist ähnlich üppig nach Mannheimer Muster ausgestattet. Menuett gibt es keines, dafür einen langen Schlußsatz voll Leben und voll französischer Effekte. Die Durchführung beschäftigt sich nur mit dem zweiten Thema und mündet in ein Finale, das alle Klangreize und Überraschungen des Mannheimer und des Pariser Stiles bietet.

Ludwig Ritter von Köchel

Sinfonie in C-Dur KV 338, 3 Sätze, entstanden 1780

Diese Sinfonie wurde 1781 in Wien mit vierzig Violinen, zehn Bratschen und zehn Kontrabässen aufgeführt. Nach der feierlichen Fanfare erklingt im 1. Satz sofort der zweite Thementeil, dann folgt ein Marsch, der piano in Moll endet. Die Durchführung ist dramatisch konzentriert. Den 2. Satz bestreiten die Streicher allein, der schnelle Schlußsatz klingt wie eine leidenschaftliche Tarantella.

Sinfonie in D-Dur KV 285, 4 Sätze, entstanden 1782, in endgültiger Form erst 1783 in Wien aufgeführt.

Feurig mit Sprüngen über zwei Oktaven setzt der 1. Satz ein, dann läuft er abwechslungsreich weiter. Anstelle eines zweiten Themas wird das erste verarbeitet und über einem Orgelpunkt zweistimmig vorgetragen. Es gibt überraschenderweise auch keine Reprise, an deren Stelle das Thema erneut variiert erklingt. Im 2. Satz spielen Streicher, Oboen, Fagotte und Hörner ein ruhiges Andante, das Menuett ist bürgerlich-behäbig, und das Rondofinale muß nach Anweisung des Komponisten »so geschwind, als es möglich ist« die Streicherpassagen dahinwirbeln lassen.

Sinfonie in C-Dur KV 425 »Linzer Sinfonie«, 4 Sätze, entstanden 1783

Der 1. Satz beginnt wie eine Haydn-Sinfonie mit einem langsamen, aus feierlichen Akkorden bestehenden Thema. Nach einer Wendung zum Moll folgt ein Allegro, zuerst piano, dann aber zu einem Marsch geformt; eine kurze Überleitung führt zum zweiten Thema, das unvermittelt in e-Moll alla turca einfällt, darauf piano wiederholt wird und einer strahlenden Durchführung weicht. Der 2. Satz ist kantabel-pastoral, ein drohendes Baßmotiv setzt dramatische Akzente. Das Menuett ist kraftvoll, aber heiter, und das Finale wirkt anfangs naiv fröhlich; ernste Akkordthemen zwingen aber zu dramatischen Auseinandersetzungen, so daß das sieghafte Ende erkämpft werden muß.

Sinfonie in D-Dur KV 504 »Prager Sinfonie«, 3 Sätze, entstanden 1786

Der 1. Satz beginnt spannend mit einem Erwartung erregenden Adagio, ein von den ersten Violinen synkopiertes Allegro schließt sich an, ein Gegenthema wird von den Bläsern eingeworfen. Hierauf wiederholt sich das Kopfthema in der Dominante und wird in der Durchführung kontrapunktisch erweitert. Das Ganze schwankt zwischen Heiterkeit und Trauer. Die Stimmung des um jene Zeit entstandenen »Don Giovanni« lastet auf der Sinfonie. Auch der 2. Satz bringt keine bleibende Aufheiterung. Das pastorale Thema wird von den folgenden Motiven verdunkelt. Ein Menuett fehlt, es hätte sich schlecht in die Grundhaltung der Sinfonie gefügt. Erst im Finale sprüht ungetrübte Lebensfreude auf; hier herrscht der Buffoton des »Figaro«.

Sinfonie in Es-Dur KV 543, 4 Sätze, entstanden 1788

Hell und klar malt ein kurzes Adagio sozusagen den Hintergrund, vor dem sich das Geschehen des 1. Satzes abwickelt. Das Hauptthema ist elegant und grazil beschwingt, sein Rhythmus kräftig, die Melodie strahlend, kurz vorbeiziehende Wolken zerstreuen sich immer rasch. Eine hinzugeführte Streicherpassage wird in einer kurzen Durchführung verarbeitet und verstärkt noch den Elan und die Prägnanz des Satzes. Der 2. Satz ist filigran gearbeitet, aber trotzdem schlicht und stimmungsvoll. Die Melodie ist ein graziöses Volksliedthema, das reizvoll entwickelt ein nahezu bukolisches Bild ergibt, obwohl zuweilen ein zweites Thema den Frieden stören will. Das Menuett ist besonders wegen des idyllischen Trios beliebt und berühmt geworden. Das Finale ist von Haydns Geist beherrscht; Humor und Laune dieses Meisters werden noch potenziert und mozartisch umgedeutet.

Sinfonie in g-Moll KV 550, 4 Sätze, entstanden 1788

Das Werk hebt sich durch seine Moll-Tonart von den anderen ab. Der schwermütige Charakter der Sinfonie prägt sich schon im Kopfthema des 1. Satzes aus. Das zweite verstärkt diese Stimmung, anstatt sie zu erhellen. Moll-Akkorde auf Moll-Akkorde verkünden, daß es auf die Klage des ersten Themas keinen Trost gibt. Das traurige Andantethema des 2. Satzes wird zwar milde verklärt, fällt jedoch wieder in seine düstere Grundstimmung zurück. Daß in einer solchen Nähe das Menuett kein fröhlicher Tanz sein kann, versteht sich von selbst. Schwere Rhythmik tritt wuchtig hervor, nur das Trio versucht durch beruhigende Motive die Spannungen zu lösen. Daß dies nicht gelingt, zeigt das erste Thema des Finales. Das zweite Thema setzt zwar mit zärtlichen Gesten ein, fällt aber in sich zusammen. Die Reprise klingt schmerzlich und bitter aus.

Sinfonie in C-Dur KV 551 »Jupiter-Sinfonie«, 4 Sätze, entstanden 1788

Die Benennung stammt von Johann Peter Salomon. Der 1. Satz bringt den Gegensatz feierlicher Betonung des Grundtones zu einer kantablen Phrase. Beide Thementeile werden zu einer ansteigenden Periode über einem Orgelpunkt verarbeitet und zum Abschluß geführt. Auch das zweite Thema besteht aus zwei gegensätzlichen Motiven. Das erste bildet, vom Baß imitiert, den Untergrund für das zweite. Im dramatischen Tuttiabschnitt kommt erneut der zweite Teil des ersten Themas zu Wort und wird mehrmals wiederholt. Nach einer Generalpause erklingt ein schöner Nachsatz, der das Material zur Durchführung liefert; in der Reprise hört man nun das zweite Motiv des ersten Themas in Moll. Das innige Andante des 2. Satzes wird vom Baß weitergeführt. Die Durchführung beginnt im dramatischen Moll. Ein Gegenmotiv entwickelt sich überraschenderweise zu mächtiger sinfonischer Steigerung. Das Menuett ist mehr sanglich als tänzerisch. Das Finale verbindet Sonatenform

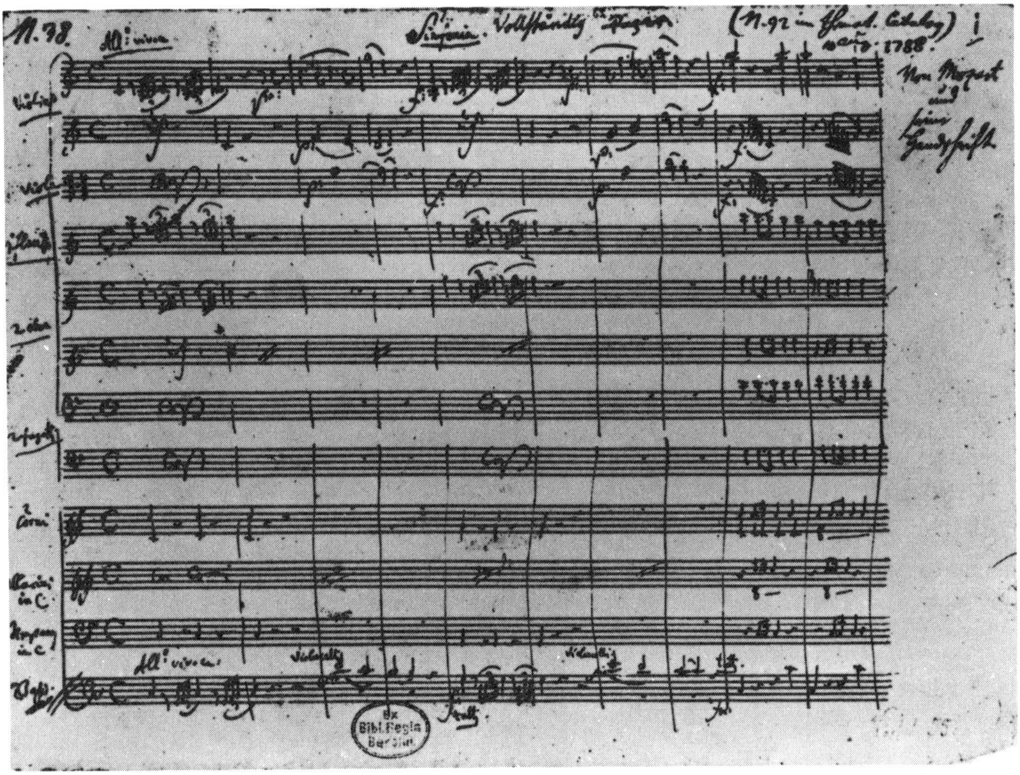

Erste Seite der Partitur »Jupiter-Sinfonie«

und Fugato in glänzender Technik. Die Fugendurchführung ersetzt das zweite Thema, ein neues Motiv tritt erst in der Fortführung auf. In der Coda sind alle Motive und Themen kunstvoll zu einer hinreißenden Musik voll Kraft zusammengefaßt.

Sinfonia concertante in Es-Dur für Oboe, Klarinette, Horn und Fagott KV 287b, Anh. I/9; 3 Sätze, entstanden 1778

Im 1. Satz spielen die vier Soloinstrumente, Oboe, Klarinette, Horn, Fagott, allein, dann wird das Thema von den übrigen Instrumenten tutti und auch einzeln übernommen. Der 2. Satz bringt schöne, beinahe nur von den Solisten bestrittene Melodien. Und der Schlußsatz besteht aus Variationen einer von der Oboe gebrachten Arietta, wobei die Solisten ihre Virtuosität glanzvoll entfalten können.

Konzert in C-Dur für Flöte und Harfe KV 299, 3 Sätze, entstanden 1778

Die Sonatenform wird im 1. Satz sehr frei gehandhabt. Die Soloinstrumente bringen ständig neues Material und brillantes Figurenwerk heran. Der 2. Satz ist voll von innigen Gefühlsausdrücken, bleibt aber elegant und geistreich. Der Finalsatz ist ein munteres »Rondeau«, dem der Komponist anfänglich italienischen, in weiterer Folge dann französischen Gavottenrhythmus verleiht.

Sinfonia concertante in Es-Dur für Violine und Viola KV 364, 3 Sätze, entstanden 1779

Der 1. Satz ist vom Gegensatz von forte und piano bedingt, aus dem sich sodann die Soli entwickeln und einander ablösen. Das Orchester tritt zurück und greift nach Art des alten Concerto grosso nur zuweilen bestätigend ein. Vor dem Schluß haben beide Solisten eine Kadenz, die vom Orchester konzertant abgeschlossen wird. Den langsamen 2. Satz könnte man als Trauergesang bezeichnen, man denkt daran, daß der Komponist in Paris seine Mutter begraben hat. Die Kantilene weitet sich dramatisch, bis sie in eine Kadenz, der Struktur des Werkes folgend, übergeht. Das Finale ist fröhlich. Mozart ist Klassiker und erlaubt seiner Musik keinen deutlichen Ausdruck persönlicher Gefühle. Das

Die »Zauberflöte«, Libretto von Emanuel Schikaneder, Kupferstich von J. H. Ramberg

Emanuel Schikaneder, Stich von P. Richter

lebendige Hauptthema wird von den Solisten immer wieder neu virtuos vorgetragen.

Fagottkonzert in B-Dur KV 191, 3 Sätze, entstanden 1774

Im 1. Satz tragen die Violinen ein einfach gebautes, aber weiträumiges Hauptthema vor. Im 2. Satz beweist der Komponist durch kantable Passagen des Soloinstruments, daß es nicht allein für komische und bukolische Musik reserviert ist. Dafür nützt das Rondofinale die bukolische Klangfarbe des Fagotts selbst aus.

Klarinettenkonzert in A-Dur KV 622, 3 Sätze, entstanden 1791

Das Konzert geht auf einen früheren unvollendeten Allegrosatz für Bassetthorn zurück und ist seinem Freund, dem hervorragenden Klarinettisten Anton Stadler, gewidmet. Nach einer langen Orchestereinleitung löst sich das Soloinstrument mit dem Hauptthema ab, wird wiederholt, fugiert und verziert. Dann bringt die Klarinette ein zweites Thema, zu dem der Orchestersatz kunstvoll ausgearbeitet gleichberechtigt konzertiert. Den 2. Satz eröffnet der Solist. Sein Adagio wird vom Orchester übernommen, die Klarinette besorgt die Verzierung und nützt alle ihre Möglichkeiten aus. Das Finale ist ein tänzerisch sehr ausgedehntes Rondo mit vielen reizvollen Wendungen und Kontrasten, die sich nahezu zur Groteske steigern.

Violinkonzert in G-Dur KV 216, 3 Sätze, entstanden 1775

Der 1. Satz bringt ein sehr verspieltes Presto mit liebenswürdigem und fröhlichem Duktus. Einem zarten, sehr sanglichen Adagio folgt ein übermütiges Rondo, in dem die Violine auf einem liegenbleibenden Grundton eine volksliedartige Melodie spielt und damit die damals in Paris neu aufgekommene Mode der Drehleier nachahmt.

Violinkonzert in D-Dur KV 218, 3 Sätze, entstanden 1775

Das von dem damals viel gespielten Konzert von Luigi Boccherini (1768) inspirierte Violinkonzert bringt mit einer langen Orchestereinleitung das Thema des 1. Satzes, dann erklingt die Solovioline in hoher Lage und figuriert das Thema. Das zweite Thema ist weich und tief und bildet mit dem ersten Thema die Substanz des Satzes, der mit einer Kadenz endet. Das Andante gehört zu den schönsten Melodien Mozarts. Das Rondofinale ist suitenartig aufgebaut und hat drei Themen. Das erste führt als eigentliches Rondothema zierlich zum zweiten, das von Solisten mit den Orchesterviolinen fröhlich und rasch in eine Volkstanzmelodie mündet.

Violinkonzert in A-Dur KV 219, 3 Sätze, entstanden 1775

Im 1. Satz werden die Themen vom Orchester nur angedeutet und dann vom Solisten vorgetragen. Der 2. Satz bringt ein breites Adagio mit elegischer Kantilene der Violine, während im Rondo der Solist das Menuett einleitet und virtuos verziert; darauf folgen ein kräftiger Mollteil alla turca und eine Violinphrase, die slawischer Herkunft ist. Das Menuett kehrt wieder und führt zum Schluß.

Klavierkonzert in F-Dur KV 413, 3 Sätze, entstanden 1782

Dem Wunsch der Verleger nach Konzerten, die auch von einem Kammerensemble gespielt werden konnten, und der Pianisten, daß Klavierkonzerte geschrieben werden, bei denen man das Orchester auch weglassen konnte, kam der Komponist nicht entgegen. Klavierpart und Orchesterpart sind hier voll durchgearbeitet und so aufeinander abgestimmt, daß sie untrennbar sind. Der 1. Satz fällt durch seinen klaren Grundriß auf und der folgende durch seinen besonderen Charme. Dem Rondofinale ist ein Refrain beigegeben, der in eine schöne feine Coda mündet.

Klavierkonzert in A-Dur KV 414, 3 Sätze, entstanden 1782

Einem eleganten 1. Satz folgt ein wunderbar elegisches Andante, das die bereits heraufdämmernde Romantik ahnen läßt und das Konzert zu einem der beliebtesten macht. Der 3. Satz ist bei aller Pathetik liebenswürdig, heiter und sorglos.

Klavierkonzert in C-Dur KV 415, 3 Sätze, entstanden 1782

Im gewichtigen Tutti beginnt dieses Konzert, für das ein großes Orchester aufgeboten wird. Mit brillanten Soli und interessanten orchestralen Passagen kommt es zu einem eleganten Finale. Das Andante ist dreiteilig mit einem schönen Hauptthema. Die Coda versöhnt den Hörer mit der häufigen Themenwiederholung. Das Allegro des Finales nimmt die Pathetik des 1. Satzes zum Teil wieder auf.

Klavierkonzert in Es-Dur KV 449, 3 Sätze, entstanden 1784

Themenreich stellt sich der 1. Satz vor, der durch seine vielen Modulationen eine große Lebendigkeit erhält. Der 2. Satz, ein Andantino, gewinnt seinen Reiz vorwiegend durch die Instrumentierung. Das abschließende Sonaten-Rondo – Allegro ma non troppo – wird mit einer Vielzahl musikalischer Gedanken bereichert.

Klavierkonzert in B-Dur KV 450, 3 Sätze, entstanden 1784

Dieses Werk stellt an das Können des Pianisten hohe Anforderungen. Schon der Solopart nach der Exposition ist äußerst bravourös. Es kommt zu keinem Konflikt zwischen den beiden Themen des Satzes, die nur nacheinander vorgeführt werden. Das hymnenartige Andante ist zweistrophig, es wird nicht variiert, aber reizend umspielt. Das Rondofinale ist pianistisch brillant wie das Wechselspiel zwischen Solo und Orchester.

Klavierkonzert in D-Dur KV 451, 3 Sätze, entstanden 1784

Der 1. Satz fällt durch seine sinfonische Durchführung der Themen und seine breite Orchestrierung auf. Die Melodien des 2. Satzes sind in viel Rankenwerk eingekleidet, er ähnelt formal stark einer Romanze. Im Rondo kommt es zu prächtigen Bläserpassagen, die das virtuose Spiel des Klaviers begleiten.

Klavierkonzert in G-Dur KV 453, 3 Sätze, entstanden 1784

Der 1. Satz läuft heiter, klangvoll und mit vielen reizenden Wendungen ab. Der 2. Satz bringt eine Arie mit Ritornellen. Das Finale besteht aus fünf Variationen, die sich jedesmal weiter vom Thema entfernen, und einer schwungvollen Coda.

Klavierkonzert in B-Dur KV 456, 3 Sätze, entstanden 1784

Der 1. Satz beginnt zwar mit einem Marsch, bleibt aber lustig mit witzigen Rhythmen. Im 2. Satz breitet sich die im 1. Satz kurz angedeutete düstere Stimmung aus. Das Thema klingt wie eine Ballade. Das Finale kehrt zur fröhlichen Stimmung zurück.

Klavierkonzert in F-Dur KV 459, 3 Sätze, entstanden 1784

Die Einleitung zum 1. Satz bringt militärisches Gepränge und ist für den ganzen Satz bestimmend. Das Seitenthema klingt, als zöge von ferne eine Militärkapelle vorbei. Der 2. Satz ist elegant und zart-schwärmerisch; das Kriegsspiel ist vergessen. Das Finale ist durchaus humoristisch, ähnlich einem Tanz von Elfen und Gnomen.

Klavierkonzert in d-Moll KV 466, 3 Sätze, entstanden 1785

Es fällt durch seine Moll-Tonart aus der Reihe der Klavierkonzerte und weicht von der klassischen Objektivität durch romantiknahen Persönlichkeitsausdruck ab. Das Hauptthema des 1. Satzes bringt eine düstere Stimmung, aber das zweite Thema klingt milder und wird vom Solo-Klavier übernommen und ausgedeutet. Auch die sanfte Romanze des 2. Satzes klingt im Mittelteil düster drohend. Der Beginn des Schlußsatzes, in dem die Rondoform mit einer Sonatenstruktur verquickt ist, bringt tragische Klänge, schließt aber mit einem Durakkord.

Klavierkonzert in C-Dur KV 467, 3 Sätze, entstanden 1785

Nach einer großen Orchestereinleitung werden acht musikalische Gedanken und einige solistische Einwürfe dem 1. Satz zugrunde gelegt. Der Marschcharakter wird bis zum Ende beibehalten. Das Andante bringt gedämpften Streicherklang. Die Kantilene ist vornehm und ohne Gefühlsausbrüche. Das Finale – ein neckisches Rondo – schnurrt ab, als käme es aus einem mechanischen Musikinstrument, ist aber trotzdem voll klarer, heiterer Klassizität.

Klavierkonzert in Es-Dur KV 482, 3 Sätze, entstanden 1785

Nach der Orchestereinleitung und dem Eingangssolo des Pianisten bringen Orchester und Klavier das Hauptthema des 1. Satzes. Nach einer Moll-Episode erklingt das Seitenthema mit auffälliger Eleganz. Die Durchführung besteht aus glänzenden Klavierpassagen. Das Thema des Andante in c-Moll zeigt trostlose Trauer und Tragik. Es wird von den Streichern vorgetragen und vom Solisten anschließend dreimal variiert.

Das abschließende Rondo ist voll konzertanter Brillanz.

Klavierkonzert in A-Dur KV 488, 3 Sätze, entstanden 1786

Der 1. Satz beginnt mit einem kantablen Thema; auch das Klavier spielt ein liebenswürdiges Solo. Der ganze Satz ist mit heiterer Harmonie erfüllt. Der 2. Satz bringt einen Dialog zwischen Solisten und Orchester in kummervoller Stimmung, die keine Aufheiterung erfährt. Das Rondo ist der Welt der Buffooper entnommen.

Klavierkonzert in c-Moll KV 491, 3 Sätze, entstanden 1786

Mit diesem Konzert stößt Mozart in die Ausdrucksformen der Romantik vor. Der 1. Satz ist von einer starken Spannung beherrscht, die Abschnitte schließen jeweils mit einem verminderten Septimenschritt, der ein persönliches Auflehnen gegen das widrige Lebensschicksal markiert. Vom »ewig heiteren Mozart« ist hier nichts zu bemerken. Auch das Klavier, das mit virtuosem Konzertieren brilliert, steht im Dienst der Aussage des Komponisten, der mit diesem Werk aus der Objektivität des Klassikers heraustritt. Den 2. Satz eröffnet der Pianist. Das Thema will mit schlichter Kantilene beruhigend wirken, wird aber von düsteren Einwürfen ständig unterbrochen. Der Schlußsatz ist eine Variationenfolge, in der zuweilen die schmerzliche Klage zum grimmigen Humor umschlägt und der Solist zugleich Gelegenheit erhält, seine Virtuosität glänzen zu lassen.

Klavierkonzert in C-Dur KV 503, 3 Sätze, entstanden 1786

Der 1. Satz dieses Konzerts bringt nach dem Auftakt sofort eine außerordentliche Verarbeitung des Motivs mit blendenden Modulationen, das zweite Thema bringt eine Eintrübung, die aber zurückgewiesen wird. Das delikate Klangbild des Mittelsatzes vermittelt innige Freude, und im Finale setzt Marschmusik der Bläser ein, die mehrmals in dunkles Moll abgleitet, aber in gehobener Stimmung endet.

Klavierkonzert in D-Dur KV 537 »Krönungskonzert«, 3 Sätze, entstanden 1788. Der Komponist spielte das Konzert 1790 in Frankfurt am Main anläßlich der Kaiserkrönung Leopolds II. Seine Hoffnung, daß ihm das eine Anstellung einbringe, erfüllte sich nicht

Es ist sehr auf Wirkung abgezielt, verläßt aber den Bereich seriöser Musik nie. Der 1. Satz ist virtuos angelegt, die gemächlich dahinfließenden Soli werden geistreich moduliert. Der 2. Satz bringt zwei große brillante Kadenzen. Das Finale betont eine virtuose Klaviertechnik.

Klavierkonzert in B-Dur KV 595, 3 Sätze, entstanden 1791

Mit lyrischem Ausdruck beginnt der 1. Satz; der schwermütige Charakter der Musik hält bis zum Ende an. Den Mittelsatz eröffnet das Klavier mit einer romanzenähnlichen Melodie. Im letzten Satz bringt der Solist das Refrainthema mit der Melodie seines Liedes »Komm, lieber Mai, und mache die Bäume wieder grün«. Dies schreibt Mozart neun Tage nach dem Rondo, um seine Sehnsucht nach dem Frühling auszudrücken.

Cassation B-Dur, KV 99, 7 Sätze, entstanden 1769

Das Werk beginnt mit einer festlichen Marcia, der ein schwungvoller Sinfoniesatz folgt. Das anschließende Andante spielen sordinierte Streicher allein. Dann erklingt ein kräftiges Menuett in B-Dur; ein spielerischer Andantesatz fügt sich an und ein zweites Menuett. Ein festliches Finale schließt die reizende Komposition ab.

Serenade in G-Dur KV 63, 7 Sätze, entstanden 1769

Dem Zeitgeschmack entsprechend beginnt auch diese Musik mit einer »Marche«. Ein bewegtes Allegro schließt sich an, dann folgt ein Andante mit sordinierten Streichern. Auch das erste Menuett – in Form eines Kanons – wird nur von Streichern bestritten. Hernach stimmt die Soloviolìne eine zierliche, von Streichern gitarrenartig begleitete Melodie an. Auch das zweite Menuett – ein dreistimmiger Kanon – wird nur von Streichern gespielt. Das tänzerische Finale jedoch entfaltet den vollen Orchesterklang.

Serenade in D-Dur KV 185, 8 Sätze, entstanden 1773

Die bunte Satzfolge des Werkes beginnt mit einem Marsch im festlichen Sinfoniesatz. Ein Allegro assai, ein Andante und ein Allegro schließen sich an und bilden ein kleines Violinkonzert innerhalb der Komposition. Ein schönes Andante grazioso wird von zwei Menuetten umschlossen; ein Allegrosatz beendet fröhlich das Stück.

Serenata notturna in D-Dur KV 239, 3 Sätze, entstanden 1776

Diese »Nächtliche Serenade« wird von zwei Streichorchestern vorgetragen, die nach Art des Concerto grosso konzertieren. Der 1. Satz bringt eine Marcia, die mit viel Figurenwerk ausgeschmückt ist. Das Menuett ist gravitätisch – mit Ausnahme des Trios mit seinem zierlich tändelnden Thema. Das Rondofinale zitiert einen Salzburger Gassenhauer der Zeit.

Serenade in D-Dur KV 250 »Haffner-Serenade«, 9 Sätze, entstanden 1776 zum Polterabend der Tochter des Salzburger Bürgermeisters Sigmund Haffner

Die Serenade beginnt mit einem majestätischen Marsch, dann folgt als Allegro ein Sinfoniesatz. Im anschließenden Andante tritt eine Soloviolinе auf, die auch im Trio des ersten Menuetts melodieführend ist. Ein breites Rondo reiht sich mit Buffofiguration im Refrain an. Das nächste Menuett ist lang und im galanten Stil gehalten, das Andante weit gespannt, bis das dritte Menuett mit zwei Trios erklingt. Ein kantables Adagio leitet zum Schlußsatz, in dem der überschäumenden Freude über den Anlaß der Komposition keine Schranken gesetzt sind.

Notturno in D-Dur KV 286, 3 Sätze, entstanden 1777

Das Werk erfordert vier Streichorchester mit je zwei Hörnern und ist so angelegt, daß das erste das Thema vorträgt und die anderen es nacheinander, immer mehr verkürzt, wiederholen. Besonders schön ist das Andante, dessen Melodie wir in der Oper »La Traviata« von Giuseppe Verdi wiederfinden.

Divertimento in D-Dur KV 334, 6 Sätze, entstanden 1779

Es handelt sich um mehr als eine »Unterhaltung«, der nur der 1. Satz und das tänzerische Finale gerecht werden. Der 2. Satz ist ein »Thema mit sechs Variationen«, voll Schwermut und Verzweiflung. Auch das folgende Menuett in D-Dur ist schmerzlich akzentuiert, nur sein Trio bringt etwas Fröhlichkeit. Das anschließende Adagio ist voll Sehnsucht nach Freiheit, und das abschließende zweite Menuett mit seinen zwei Trios bleibt in der ernsten Stimmung des Stückes.

Bläser-Serenade in B-Dur KV 361, 7 Sätze, entstanden 1781

Die Largoeinleitung ist sehr gewichtig und leitet zu einem Allegro molto in Sonatenform über. Erstes Menuett, Adagio und zweites Menuett gehen mit prächtigen Melodielinien einer Romanze in Es-Dur voraus. Dann folgt ein erfindungsreiches »Thema mit Variationen«, das sich vom Serenadenstil weit entfernt. Erst das Finale erfüllt wieder den Unterhaltungszweck des Werks.

Bläser-Serenade in Es-Dur KV 375, 5 Sätze, entstanden um 1780

Hier liegt ein empfindsames, besinnliches, nahezu romantisches Stück voll beschwingter Heiterkeit und schwärmerischer Innigkeit vor, das von den übrigen galanten Serenadenmusiken weit entfernt ist.

»Eine kleine Nachtmusik« in C-Dur KV 525, 4 Sätze, entstanden 1787

Das Werk ist für Streichquartette geschrieben. Der 1. Satz dieser berühmten Serenade beginnt mit einer Fanfare wie ein Weckruf, dann erklingt ein beruhigendes Thema wie ein höflicher Gruß. Der Nachsatz wird lustiger. Der 2. Satz bringt eine Romanze, der 3. ein kräftig einsetzendes Menuett. Ein Sonatenrondo mit einem interessant modulierten Refrain schließt das reizende Stück ab.

»Maurische Trauermusik« in e-Moll KV 477, 1 Satz, entstanden 1785 zum Tod zweier Logenbrüder des Komponisten

Das Werk stellt eine ernste Auseinandersetzung mit dem Problem des Todes und dessen Lösung im Sinn des freimaurerischen Stoizismus dar. Der Cantus firmus ist den Psalmtönen des kirchlichen Begräbnisgesanges entnommen und von Mozart marschähnlich alteriert. Das Stück beginnt mit dreimaligem Einsatz der Bläser, denen ein schmerzliches Streicherthema folgt, dann spielen die tiefen Bläser den Marsch. Die Streicher nehmen im Anschluß daran wieder das Wort und steigern ihre Klage zum vollen Ausdruck des Schmerzes. Der Schluß verhaucht im Pianissimo.

Streichquintett in C-Dur KV 515, 4 Sätze, entstanden 1787

Eine Fülle gegensätzlicher Gedanken und Empfindungen ballt sich in diesem Werk zu vollendeten Formen. Im 1. Satz wird alles zu spielerischen Wendungen mit zahlreichen überraschenden Modulationen verarbeitet. Das Menuett ist fein gezeichnet. Das folgende Andante bringt ein schlichtes Thema mit außerordentlicher Ausdruckskraft. Ein monumentales Rondofinale schließt das interessante Werk ab.

Streichquintett in g-Moll KV 516, 4 Sätze, entstanden 1787

Die düstere Stimmung des Werkes hellt sich in seinem Ablauf tröstlich auf. Das Hauptthema des 1. Satzes drückt bittere Resignation aus, die sich bis zum Ende trotz einiger Ansätze nicht löst. Das folgende Menuett findet erst im Trio einige Entspannung. Versöhnende, wenn auch wehmütige Klänge bringt erst das Adagio, so daß nach einer Fermate das Finale heiter und beglückend ausklingen kann.

Streichquintett in D-Dur KV 593, 4 Sätze, entstanden 1790

Ein kurzes ernstes Larghetto leitet das Werk ein und wird von einem spritzigen Allegro abgelöst. Das folgende Adagio erfährt ausdrucksvolle Steigerungen, klingt aber friedlich aus. Das energische Menuett umschließt ein Trio, in dem die erste Violine das Liedchen von Bernhard Flies, »Schlafe mein Prinzchen, schlaf ein«, vorträgt.

Das Finale ist leichtfüßig und außerordentlich lebhaft.

Streichquintett in Es-Dur KV 614, 4 Sätze, entstanden 1792

Dieses Werk nähert sich der Struktur der Divertimenti des Komponisten und beginnt mit einem Allegro, dessen Thema in allen weiteren Sätzen verarbeitet wird, im Andante in freier Rondoform variiert, im Trio des Menuetts als Ländler und im Finale in einer dem 1. Satz sehr nahen Form.

Streichquartett in G-Dur KV 387, 4 Sätze, entstanden 1782

Dieses Quartett ist das erste der Haydn gewidmeten 6 Quartette, in denen Formprinzipien dieses Meisters übernommen und verarbeitet sind, ohne irgendwie einer Nachahmung zu verfallen. Es zeigt eine besonders elegante Linienführung. Das Allegro vivace assai ist zwar ein Sonatensatz, wie ihn Haydn schreibt, aber deutlich von zwei Themen gespeist. Das kraftvolle und dennoch anschmiegsame Hauptthema ist für die Durchführung wichtig, das zweite Thema – marschähnlich und sehr klangvoll – wird von der zweiten Violine eingeführt und von der ersten mit satten Tönen wiederholt. Im Menuett bringt die erste Violine eine äußerst interessante Introduktion, dann stellt sich erst das Thema vor, dem die Bratsche eine chromatische Bewegung entgegenstellt. Das Trio ist abruptem Stimmungswechsel unterworfen. Im Andante wird das Hauptmotiv des Trios in Dur imitiert. Im Finale kommt es zu einer herrlichen Fuge, die mit einemmal abbricht und einem kantablen Thema den Vortritt läßt, das zur Fuge mit seiner Homophonie im scharfen Kontrast steht, ohne das Gleichgewicht des Gesamtbildes zu verschieben. Dieser Wechsel von Fuge und Homophonie wiederholt sich, dann kehrt in der Coda das Fugenthema wieder und klingt jetzt selbständig, von den anderen Instrumenten begleitet, aus.

Streichquartett in D-Dur KV 575, 4 Sätze, entstanden 1789

Dieses Werk gehört zu den drei sogenannten »Preußischen Quartetten«, die König Friedrich Wilhelm II. von Preußen bei Mozart bestellt hat. Der 1. Satz begnügt sich mit einem einzigen Thema, von dem sich das zweite ableitet, so daß es zu keiner Konfliktsituation kommen kann. Das Andante ist betont schlicht, das Menuett beschwingt und im Trio zart. Das Rondo-Allegretto verwendet ein Thema, das an den 1. Satz erinnert. Mit Rücksicht auf den Besteller, der ein begeisterter Cellist war, wird das Cello an vielen Stellen sehr bevorzugt.

Streichquartett in B-Dur KV 589, 4 Sätze, entstanden 1790

In diesem 2. »Preußischen Quartett« tritt die Musizierfreudigkeit in den Vordergrund: schon der 1. Satz fängt wie ein Menuett an. Das Cello trägt eine Arie vor. Es kommt zu keiner Dramatik. Einfallsreichtum und kunstvolle Verarbeitung erfreuen das Ohr. Im 2. Satz erhält das Cello die Führung, sein Thema wird von der ersten Violine imitiert. Das Menuett verdient durch seine rein tänzerische Struktur seine Bezeichnung im verstärkten Maß, sein Trio enthält eine weitgespannte melodische Linie. Das Finale ist als Rondo angelegt und bringt im Refrain ein sequenziertes Thema, das von einer glanzvollen Fuge abgelöst wird.

Streichquartett in F-Dur KV 590, 4 Sätze, entstanden 1790

Dieses letzte Streichquartett des Komponisten und 3. der »Preußischen Quartette« ist von reiner Freude am Musizieren beherrscht und hat nur eine Aussage, und die heißt: Musik. Im 1. Satz herrscht uneingeschränkt das Hauptthema, das mit großem Elan durchgeführt wird und ausklingt. Der langsame Satz ist durch ein graziöses Allegretto ersetzt. Das Menuett ist farbenfroh und ahmt Vogelstimmen nach. Das Finale ist voll stürmischer Sechzehntel, die einmal von einem ernsten barockisierenden Thema unterbrochen werden.

Trio für Klarinette, Bratsche und Klavier in Es-Dur KV 498, 3 Sätze, entstanden 1786

Die beiden Ecksätze sind gedanklich aneinandergebunden. Das Andante des 1. Satzes hat Rondoform, sein zweites Thema ist eine Ableitung des ersten und damit eng verwandt, so daß die Entwicklung kein Gegeneinander, sondern nur ein poetisches Nebeneinander ergeben kann. Das folgende Menuett und das Finale sind jedes mit eigener Thematik ausgestattet. Trotz dieser Verschiedenheit fließt aus dem Klangbereich die Einheit des Trios.

Klaviersonate in C-Dur KV 309, 3 Sätze, entstanden 1777

Der 1. Satz dieser ersten der Mannheimer Sonaten scheint in gehobener Spiellaune geschrieben zu sein: improvisatorisch und dennoch gebändigt und formgerecht. Das graziös verzierte und dennoch ernste Andante voll expressiver Stellen zeigt den Mannheimer Geist. Das abschließende Rondo bringt eine flüssige liedhafte Melodie.

Klaviersonate in D-Dur KV 311, 3 Sätze, entstanden 1777

Idylle und Intimität bestimmen die Atmosphäre dieses Werkes, dazu Behaglichkeit und frohe

Laune, was sich besonders in den Themen des 1. Satzes ausdrückt. Das folgende Andante con espressione ist ein anmutiges Spiel mit leisen, verhaltenen Gefühlen. Ein temperamentvolles Rondeau beendet das Stück.

Klaviersonate in a-Moll KV 310, 3 Sätze, entstanden 1778

In dieser ersten in Paris komponierten Sonate ist bereits im 1. Satz das Heroisch-Pathetische des französischen Stilideals spürbar. Im 2. Satz überwiegen tragisch-großartige Züge. Das Finale ist ein schattenhaft dahinhuschendes Presto voll dämonischer Wildheit.

Klaviersonate in F-Dur KV 332, 3 Sätze, entstanden 1778

Bei diesem Werk ist keine Rücksichtnahme auf den französischen Geschmack bemerkbar. Dafür ist die Sonatenform von liebenswürdiger Herzlichkeit der Empfindungen erfüllt. Eine innige, schwärmerische Melodie bringt das Adagio; es ist zweiteilig; der zweite Teil stellte nur eine transponierte Wiederholung des ersten Teiles dar. Mit schillernden Laufketten setzt das Finale ein. Der virtuose Satz verklingt still mit einigen Calandotakten.

Klaviersonate in B-Dur KV 333, 3 Sätze, entstanden 1778

Diese letzte Pariser Sonate ist ein besonders repräsentatives Beispiel des Sonatenschaffens des Komponisten. In ihr ist die klassische Sonatenform so rein ausgeprägt wie selten anderswo. Doch die Strenge der Form wird wegen der weiten Melodiebogen, der virtuosen Auszierung und der Spannung, die den 1. Satz beherrscht, auf den ersten Blick kaum sichtbar. Das Andante ist feierlich ernst, sagt aber als echtes klassisches Stück nichts Persönliches aus. Das Finale ist im höchsten Grad konzertant und stellt absolute Musik im wahrsten Sinne des Wortes dar.

Klaviersonate in c-Moll KV 457, 3 Sätze, entstanden 1784

Erschreckende Trostlosigkeit und Verzweiflung sprechen aus diesem Werk. Das viergliedrige Thema des 1. Satzes ist voll dramatischer Akzente; in der Coda steigert sich noch die düstere Stimmung durch Engführungen. Das Adagio in Es-Dur bringt ein Stück Rokoko ins Spiel, als sollte an bessere Zeiten erinnert werden. Im Finale vertieft sich das dunkle Stimmungsbild noch um einiges. Eine Aufhellung wird auch am Ende des Stückes nicht geboten.

Klaviersonate in C-Dur KV 545, 3 Sätze, entstanden 1788

Der Komponist bezeichnete das Werk als »Kleine Klaviersonate für Anfänger«, aber das für Unterrichtszwecke verfaßte Stück errang Weltruhm, nicht nur als Vorläufer der nachklassischen Sonatenliteratur, sondern ebenso als Konzertnummer. Sein schönster Teil ist der Mittelsatz, ein Andante voll lieblicher Melodie.

Klaviersonate in B-Dur KV 570, 3 Sätze, entstanden 1789

Die äußerste Einfachheit des Werkes und sein Verzicht auf allen pianistischen Schmuck, kompositorischen Glanz, auf dramatische Affekte und Kontraste gestalten es zu einem Juwel absoluter Musik, die nichts anderes sein will als Musik. Der 1. Satz ist ein zerlegter legato auf- und absteigender Dreiklang voll Lyrik, der Mittelsatz ein schmerzlich-süßes Adagio mit einer traurigen Moll-Episode, das Finale ein behagliches Rondo.

Klaviersonate in D-Dur KV 576, 3 Sätze, entstanden 1789

Dieses im Auftrag des Königs Friedrich Wilhelm II. von Preußen verfaßte Werk stellt an den Pianisten hohe Anforderungen. Der 1. Satz beginnt mit einem Hornruf. Dann folgen Motive und Episoden voll kontrapunktischem Raffinement und überraschender Modulationen – eine Synthese von galanten und polyphonen Stilmerkmalen. Der langsame Satz bringt eine rührende kantable Melodie mit dem unbeschreiblichen Zauber aller Gesangsätze des Komponisten. Das homophone Rondothema des Finales ist kontrapunktisch fein durchgearbeitet und führt zu einem Abschluß, der auf jedes Pathos verzichtet, dafür jedoch von einer ungeheuren gefühlstiefen, nahezu außerirdischen Musikalität durchströmt ist.

Literatur

B. Paumgartner, Mozart, Zürich 1973; E. Schenk, Wolfgang Amadeus Mozart, Wien 1975; K. Höcker, Das Leben des Wolfgang Amadeus Mozart, München 1980.

Joseph Preindl (1756–1823)

Zeit und Umwelt

Die Kapellmeisterstelle an St. Stephan in Wien war bereits seit Georg Reutter in Händen österreichischer Kräfte, während Hofkapelle und Oper als Domäne der Italiener galten. Seit dem Regierungsantritt der Kaiserin Maria Theresia (1740) war die Stelle auch sehr sparsam dotiert. Die Zeiten, in denen für Hof- und Domkapelle von Kaiser Karl VI. jährlich 100.000 Gulden aufgewendet wurden, waren schon längst vorbei.

LEBEN
Joseph Preindl wurde am 30. 1. 1756 in Marbach, Niederösterreich, geboren. Er war Schüler von Johann Georg Albrechtsberger, dann zunächst Chordirektor an der Peterskirche und ab 1809 Kapellmeister an St. Stephan in Wien, wo er am 26. 10. 1823 starb.

WERKE
Von Joseph Preindl sind mehrere Messen, Offertorien, ein Requiem, Phantasien und Variationen für Pianoforte und ein Konzert für zwei Cembali erhalten. Er veröffentlichte »Melodien aller deutschen Kirchenlieder, welche in St. Stephan in Wien gesungen werden« und mehrere Lehrwerke.

Johann Georg Wunderlich
(1756–1819)

ZEIT UND UMWELT
Ausländische Musiker, die sich in Paris mit der Absicht niedergelassen hatten, ständig zu bleiben, fanden keine Veranlassung, bei Ausbruch der Revolution ihre Stellungen aufzugeben. Sie mußten nicht fürchten, in ihrer Heimat für ihr Wirken im »revolutionären« Frankreich zur Verantwortung gezogen zu werden. In Frankreich selbst machte man ihnen deswegen weder im Kaiserreich noch nach der Restauration einen Vorwurf, falls sie sich nicht exponiert hatten.

LEBEN
Johann Georg Wunderlich wurde am 2. 2. 1756 in Bayreuth geboren. Er nahm in Paris bei Félix Rault Flötenunterricht, trat 1779 im Concert spirituel als Flötist auf und wurde ab 1782 zweiter und von 1787 bis 1813 erster Flötist der Opéra in Paris. Zugleich wirkte er ab 1794 als Flötenlehrer am Conservatoire. Er starb im Jahr 1819 in Paris.

WERKE
Von Johann Georg Wunderlich sind 6 Flötenduos, Flötensonaten mit Generalbaß, 6 Soli für Flöte mit fünf Klappen, 6 Divertissements für Soloflöte, mehrere Etüden für Flöte, 9 große Flötensoli, 3 große Sonaten mit Fagott oder Cello und weitere Konzert- sowie Übungsstücke für Flöte erschienen. Er schrieb auch eine viel verwendete Flötenschule.

Karel Blažej Kopřiva (1756–85)

ZEIT UND UMWELT
Seit der Schlacht am Weißen Berg (1620) war das tschechische Volk einer ständig fortschreitenden Entnationalisierung ausgesetzt. Daher konnte sich keine tschechische Literatur entwickeln. An ihrer Statt war die Musik das einzige Mittel der Selbstverwirklichung der Nation. Überall tönte die böhmische Landschaft von Musik. Das Volkslied und die Vokal- und Instrumentalmusik aller Gattungen waren zum wichtigsten Faktor für die Erhaltung der nationalen Existenz geworden. Trotz schwersten Drucks sind einzelne Gemeinden ohne Unterbrechung tschechisch geblieben, was in der Mehrzahl der Fälle den Kantoren und Organisten der kleinen Dorfkirchen zu verdanken ist, die die Traditionskette der bodenständigen Musik nicht abreißen ließen.

LEBEN
Karel Blažej Kopřiva (Karl Blasius Kopržiwa) wurde am 9. 2. 1756 in Zittolieb (Citoliby), Nordböhmen, geboren. Er war zunächst Schüler seines Vaters, sodann von Josef Seger in Prag. Anschließend assistierte er seinem Vater an der St.-Jakobs-Kirche seines Geburtsortes und wirkte als Organist bis zu seinem Tod am 15. 5. 1785.
Sein Vater Václav Jan Kopřiva (1708, Zittolieb, bis 1789, Zittolieb) war Kantor in seinem Geburtsort.

WERKE
Von Karel Blažej Kopřiva sind mehrere Messen, darunter eine bemerkenswerte Missa solemnis in Dis-Dur, eine Anzahl Arien, Orgelfugen, Orgelkonzerte und einige Sinfo-

nien erhalten, die zu den besten Werken tschechischer Musik des 18. Jahrhunderts zu zählen sind.
Von Václav Jan Kopřiva ist eine Missa pastoralis in D-Dur überliefert. In dieser spätbarocken Weihnachtsmesse klingt viel tschechisches Volksmusikgut an.

August Friedrich Kollmann
(1756–1829)

ZEIT UND UMWELT
Kunsttheoretiker unterliegen nicht selten dem Irrtum, daß ein Kunstwerk »machbar« sei, wenn man alles über sein Zustandekommen, über seine Struktur und Faktur weiß, daß also ihre theoretischen Kenntnisse sie befähige, Werke zu schaffen gleich denen, die sie bis in alle Tiefen ausgeleuchtet zu haben glauben. Die Ergebnisse sind zwar in der Regel durchaus »richtig«, aber von Kunst ebensoweit entfernt wie ihr Erzeuger selbst.

LEBEN
August Friedrich Christoph Kollmann wurde am 21. 3. 1756 in Engelbostel, Hannover, geboren. Er war ab 1781 Organist in Lüne bei Lüneburg und ab 1784 Küster und Kantor der deutschen Kapelle St. James in London, wo er am 21. 3. 1829 starb.

WERKE
Die musiktheoretischen Werke von August Friedrich Kollmann erschienen alle in London, erlebten mehrere Auflagen und wurden sehr geschätzt. Seine Kompositionen wirken wie konstruierte Beispiele zu seinen didaktischen Auseinandersetzungen. Er veröffentlichte Sinfonien für Klaviertrio, ein Klavierkonzert, »Melodie zum 100. Psalm mit 100 Harmonien«, 12 »analysierte« Fugen für Klavier, vierhändig, und eine »Programmsinfonie«.

LITERATUR
E. R. Jakobi, August Friedrich Christoph Kollmann als Theoretiker, in: Archiv für Musikwissenschaft XIII, 1956.

Joseph Gehot (1756 bis um 1820)

ZEIT UND UMWELT
Immer mehr Musiker aus Europa suchten in der Neuen Welt ein Betätigungsfeld, das sie auch fanden, denn mit wachsender Einwohnerzahl und steigendem Wohlstand vermehrten sich auch die kulturellen Bedürfnisse der ehemaligen Siedler.

LEBEN
Joseph Gehot wurde am 8. 4. 1756 in Brüssel geboren und vermutlich dort zum Violinisten ausgebildet. Er bereiste als Solist Europa, hielt sich einige Zeit in London auf und ging 1792 nach New York. Im Jahr 1793 wirkte er an den City Concerts in Philadelphia und darauf an der von Alexander Reinagle und dem Sänger und Schauspieler Thomas Wignell (um 1750–1803) gegründeten Orchestergesellschaft. Er starb um 1820 in Philadelphia.

WERKE
Neben einer Anzahl Bühnenwerke schrieb Joseph Gehot Violinkonzerte, Streichquartette, Streichtrios, Duette für Violine und Cello, 24 Stücke für Militärmusik und eine Ouvertüre mit 12 Sätzen, eine Reise von England nach Amerika darstellend. Er veröffentlichte auch einige Lehrwerke.

Alexander Reinagle (1756–1809)

ZEIT UND UMWELT
Das rasch aufblühende Philadelphia entwickelte bald ein reges Kulturleben. Eine Konzertgesellschaft zog die besten Kräfte an, von wo sie sie bekommen konnte; ein Theater spielte den europäischen Bühnen alles nach und brachte daneben auch schon in Amerika entstandene Stücke, Singschulen und Musiklehranstalten trugen viel zur Hebung des Musiklebens bei. Aus England einreisende Musiker waren schon wieder willkommen, aber Franzosen und Deutsche kamen immer mehr und schufen die ersten Grundlagen zu einer eigenständigen Musikentwicklung in den Vereinigten Staaten.

LEBEN
Alexander Reinagle wurde am 23. 4. 1756 in Portsmouth getauft. Er studierte in Edinburgh und ging 1786 nach New York und von dort nach Philadelphia, wo er als Musiklehrer, Konzertunternehmer, Sänger und Pianist wirkte. Im Jahr 1793 wurde er musikalischer Leiter eine Theatergesellschaft. Er starb am 21. 9. 1809 in Baltimore.
Sein Bruder Joseph Reinagle (1762, Portsmouth, bis 12. 11. 1825, Oxford) studierte zuerst Horn und Trompete, sodann Cello bei Christoph Schetky, seinem Schwager, wirkte aber zunächst als Violinist und Bratschist und dann als Dirigent in Edinburgh, ging darauf nach London und spielte dort in den Konzerten von Joseph Haydn. Schließlich übersiedelte er nach Oxford.

WERKE
Von Alexander Reinagle, der zu den Begründern des Konzertlebens in den USA zu zählen ist, sind Bühnenmusiken, Kammermusik, Cembalosonaten mit Violine und eine Sammlung »der beliebtesten schottischen Melodien mit Variationen für Cembalo« erhalten.
Joseph Reinagle schrieb »24 fortschreitende Pianoforteübungen«, Duos für Celli, Streichquartette und einige Reels, außerdem eine Celloschule.

Nicolas Joseph Hüllmandel
(1756–1823)

ZEIT UND UMWELT
Die Virtuosen, die alle Länder bereisten und an vielen Aufenthaltsorten auch Unterricht erteilten, die sich ständig verstärkende Tätigkeit der Musikverlage, die steigende Anzahl von Lehrwerken und theoretischen Erörterungen hatten ein fortschreitendes Zueinanderrücken der Musikentwicklung der einzelnen Musiklandschaften zur Folge, so daß die einst spezifischen Eigenheiten sich einander immer mehr anglichen und man bereits am Beginn des 19. Jahrhunderts von einer gemein-europäischen Musikentwicklung sprechen konnte, wenn man außer acht ließ, daß einzelne Länder, die erst vor kurzem darangegangen waren, eine eigenständige Musik zu begründen, noch mehrere Jahrzehnte ihre Eigenart bewahrten und sich erst später dem allgemeinen Entwicklungsstrom anschlossen.

LEBEN
Nicolas Joseph Hüllmandel wurde am 23. 5. 1756 in Straßburg geboren. Er war Neffe von Jean Joseph Rodolphe und Schüler von Carl Philipp Emanuel Bach in Hamburg. Er bildete sich zum vorzüglichen Pianisten und Virtuosen auf der Glasharmonika aus. Nach einem Aufenthalt in Mailand ging er um 1776 nach Paris und wirkte dort als gesuchter Pianolehrer. Wegen seiner engen Beziehungen zum französischen Hof und des Reichtums seiner Frau begab er sich bei Ausbruch der Revolution nach London, wo er bis zu seinem Tod am 19. 12. 1823 als Pianist und Lehrer wirkte.

WERKE
Das Wirken des Virtuosen und Lehrers Nicolas Joseph Hüllmandel brachte dem französischen Publikum und den Musikern die deutsche Klavierspielmanier und die deutsche Klaviermusik und damit die Musikentwicklung der Länder an beiden Seiten des Rheins einander näher. Sein Werk bestand aus 2 Sammlungen von »Airs« für Cembalo oder Piano, 2 weiteren aus Suiten, 26 Sonaten – zum Teil mit Violine- und weiteren Klavierstücken –, teils begleitet, teils unbegleitet. Diese Sammlungen, die als Lehrstücke geschrieben wurden, gelten als eine der besten ihrer Zeit. Er verfaßte auch eine wertvolle Musiklehre mit besonderer Berücksichtigung des Pianoforte und des Cembalo.

LITERATUR
D. E. Pike, Hüllmandel, in: Music & Letters XXI, 1940.

Christian Gottfried Körner
(1756–1831)

ZEIT UND UMWELT
Wenn auch die Musikästhetik der Zeit der

deutschen Klassik nur die absolute Musik positiv beurteilte und jede Subjektivität verurteilte, erschienen dennoch Betrachtungen über Charakterstellung in der Musik, die der Klassik offensichtlich zuwiderliefen und der aufsteigenden Romantik die Tür öffneten.

Leben

Christian Gottfried Körner, Vater des Dichters Theodor Körner, wurde am 2. 7. 1756 in Leipzig geboren. Er studierte in seinem Geburtsort und in Göttingen Jurisprudenz und trat in Dresden eine Amtsstellung an. Daneben betätigte er sich als Amateurmusiker und veröffentlichte Schriften zur Musikästhetik. Er starb am 13. 5. 1831 in Berlin.

Werke

Von Christian Gottfried Körner sind Vertonungen von Liedern aus »Wilhelm Meister« von Johann Wolfgang von Goethe, von Gedichten von Friedrich von Schiller (mit dem er befreundet war) und anderen zeitgenössischen Dichtern erhalten, die zum Teil für Solostimmen, zum Teil für Chöre gesetzt wurden.

Olof Åhlström (1756–1835)

Zeit und Umwelt

Carl Michael Bellman (4. 2. 1740, Stockholm, bis 11. 2. 1795, Stockholm) verwendete für seine Gedichte, die er selbst als Sänger vortrug, Chansons, Opernarien, Volkslieder oder Tanzmelodien und daneben auch Vertonungen zeitgenössischer Komponisten.

Leben

Olof Åhlström wurde am 14. 8. 1756 in Vårdinge geboren. Er war Schüler von Ferdinand Zellbell dem Jüngeren. Ab 1792 wirkte er als Organist an St. Jacob in Stockholm und betrieb daneben eine Notendruckerei. Er starb am 11. 8. 1835 in Stockholm.

Werke

Von Olof Åhlström sind eine Oper, Schauspielmusiken, Klaviersonaten und zahlreiche Lieder erschienen. Er brachte als Musikdrucker zwei große Sammlungen heraus: »Musikaliskt Tidsfördrift« (Musikalischer Zeitvertreib) – Klavierstücke, Lieder und Klavierbearbeitungen aus Opern ausländischer und skandinavischer Komponisten – und »Skaldestycker satte i musik« (Skaldenlieder). Mit August Afzelius (1785–1871) gab er eine schwedische Volkstanzsammlung heraus und bearbeitete Lieder von Carl Michael Bellman. Von seinen Liedern werden einige noch heute gesungen.

Bernardo Bittoni (1756–1829)

Zeit und Umwelt

In den kleineren italienischen Städten wirkten öfter reine Kirchenmusiker, die von den Opern unabhängig blieben, als in größeren. Sie hielten die Grenze zwischen sakraler und profaner Musik streng ein, ohne auf zeitgenössische Melodieführung und Harmonik zu verzichten, machten aber die Komposition vom Wort und von der sakralen Situation abhängig und wurden damit dem Begriff Kirchenmusik in jeder Beziehung gerecht.

Leben

Bernardo Bittoni wurde am 20. 8. 1756 in Fabriano geboren. Er war ab 1779 Domkapellmeister in Rieti, ging 1798 in gleicher Eigenschaft nach Fabriano, kehrte aber 1815 wieder nach Rieti zurück und wirkte dort neuerlich einige Jahre als Kapellmeister. Er starb am 18. 5. 1829 in Fabriano.

Werke

Von Bernardo Bittoni sind 2 Messen, mehrere Motetten und weitere kirchliche Gesänge bekannt geworden, die zwar einen zeitgenössischen, aber von der Oper unbeeinflußten Stil einhielten.

Anton Teyber (1756–1822)

Zeit und Umwelt

Emanuel Schikaneder (eigentlich Johann Joseph Schickeneder, 1. 9. 1751, Straubing, bis 21. 9. 1812, Wien), Schauspieler, Sänger,

Schauspieldichter, Librettist, Impresario und Theaterdirektor, spielte im Theaterleben Wiens im letzten Jahrzehnt des 18. Jahrhunderts und im ersten des 19. eine bedeutende Rolle.

LEBEN

Anton Teyber wurde am 8. 9. 1756 in Wien geboren. Er war Schüler von Padre Martini in Bologna, wirkte von 1788 bis 1791 als Cembalist an der Hofoper in Dresden und ab 1792 in gleicher Eigenschaft an der Wiener Hofoper, wurde Hofkomponist und ab 1793 Musiklehrer am Wiener Hof. Er starb am 18. 11. 1822 in Wien.
Sein Bruder Franz Teyber (25. 8. 1758, Wien, bis 21. 10. 1810, Wien) war Schüler von Georg Christoph Wagenseil, wirkte ab 1786 als Dirigent am Wandertheater von Emanuel Schikaneder und als Musikdirektor und Komponist am Theater an der Wien, das 1801 von Schikaneder mit seiner Oper »Alexander« eröffnet wurde. Kurz vor seinem Tod wurde er noch zum Hoforganisten ernannt.

WERKE

Von Anton Teyber sind 2 Oratorien, ein Melodram, mehrere Messen und andere Kirchenmusik, Sinfonien, Konzerte, Kammermusik und Lieder erhalten. Seine Lehrbücher sind ungedruckt geblieben.
Franz Teyber verfaßte Opern und Singspiele für das Theater von Emanuel Schikaneder und für das Theater in der Leopoldstadt, außerdem eine Messe, einige Deutsche Tänze und Klaviersonaten.

Józef Jawurek (1756–1840)

ZEIT UND UMWELT

Joseph Xaver Elsner, Franciszek Lessel (um 1780–1848), Frédéric Chopin (1810–49) und noch mehrere andere Musiker von internationalem Ruf bewiesen, daß trotz der völligen Vernichtung Polens und der Fremdherrschaft, der das Land unterworfen wurde, das eigenständige kulturelle Leben nicht erloschen war. Die Entwicklungslinie der polnischen Musik war zwar schmal geworden, wurde aber von bedeutenden Persönlichkeiten repräsentiert.

LEBEN

Józef Jawurek (Jaworek) wurde am 2. 10. 1756 in Beneschau (Benešov), Böhmen, geboren. Er dürfte in Böhmen ausgebildet worden sein, trat sodann 1792 als Pianist in Wien auf, ging später nach Warschau, wo er Musikdirektor der Augustinerkirche wurde und als Dirigent des Akademischen Musikvereins und als Klavierlehrer bis zu seinem Tod am 22. 7. 1840 wirkte. Er war mit der Familie Chopin befreundet.

WERKE

Von Józef Jawurek ist neben einiger unbedeutender Kirchenmusik nur Klaviermusik bekannt geworden, die vorwiegend Übungszwecken diente. In seinen Sonaten klingt böhmische und polnische Volksmusik mit.

Joseph Martin Kraus (1756–92)

ZEIT UND UMWELT

Der pathetische hochdramatische Stil der französischen Revolutionszeit machte auch außerhalb der Grenzen Frankreichs Schule. Die Unausgewogenheit des Formenaufbaus vervollständigte das Bild einer frühromantischen Faktur, die auch in Schweden viel Anklang fand.

LEBEN

Joseph Martin Kraus wurde am 20. 6. 1756 in Miltenberg am Main geboren. Er erhielt im Jesuitenkolleg in Mainz von Abbé Vogler seine erste musikalische Ausbildung. Dann studierte er in Mainz, Erfurt und Göttingen Philosophie. Im Jahr 1778 begab er sich nach Stockholm, wurde dort Mitglied der Musikakademie und 1781 Kapellmeister der Hofoper. Während der Jahre 1782 bis 1787 machte er eine Studienreise durch Deutschland, Italien, Frankreich und England, auf der er mit Christoph Willibald Gluck, Joseph Haydn, Johann Georg Albrechtsberger und Padre Martini Beziehungen aufnahm. Nach seiner Rückkehr nach Stockholm war er außer seinen Verpflichtungen an der Oper neben Abbé Vogler als Hofkapellmeister bis zu seinem Tod am 15. 12. 1792 tätig.

WERKE
Die mehrfach erfolgte Benennung von Joseph Martin Kraus als »schwedischer Mozart« trifft nur insoweit zu, daß beiden Meistern eine kurze Lebensdauer beschieden war. Eine Gleichsetzung wäre eher mit dem jungen Ludwig van Beethoven gerechtfertigt. Tatsächlich muß man ihn zu den Vorromantikern einreihen. Seine 3 Opern, das Ballett »Fiskarena« (Die Fischerin) und die Schauspielmusik zu »Amphitryon« (Molière) weisen deutlich romantische Züge auf. Das gleiche gilt für die Geburtstagskantate für König Gustaf III. und die Trauerkantate auf dessen Tod. Das Oratorium »Der Tod Jesu«, die Messe in e-Moll und das Requiem in d-Moll, die kleineren Kirchenwerke, die Konzertarien, Chöre und Lieder folgen vorklassischen und klassischen Vorbildern. Seine Symphonie funèbre und die übrigen 11 Sinfonien, die Kirchensinfonie in D-Dur, das Violinkonzert in C-Dur, das Quintett für Flöte und vier Streicher, die 9 Streichquartette, das Klaviertrio in D-Dur, die 4 Violinsonaten, die Sonate für Flöte und Viola, das Duo für Violine und Generalbaß und seine 2 Klaviersonaten sind zuweilen mit breiten, festlichen Klängen ausgestattet. Ein Teil davon wurde in unserer Zeit neu herausgebracht. Er war auch als Schauspieldichter und Musikschriftsteller tätig.

LITERATUR
G. Schweizer, Ein Altersgenosse Mozarts, Acta Mozartiana III, 1956.

Bernard Germain Lacépède
(1756–1825)

ZEIT UND UMWELT
Die Ansicht, daß die Musik eine deskriptive Kunst sei, die Vorgänge und Tatbestände, Emotionen und Gedanken zu verdeutlichen und ihren Ausdruck zu profilieren und zu vertiefen habe, wurde schon in früheren Stilepochen verfochten und trat in der Romantik in Theorie und Praxis mit erneuter Eindringlichkeit auf. Sie bildete vor allem für jede Art von Programmusik Anlaß und Rechtfertigung.

LEBEN
Bernard Germain Étienne de la Ville comte de Lacépède wurde am 26. 12. 1756 in Agen geboren und zum Cellisten, Pianisten und Organisten ausgebildet; Kompositionsunterricht erhielt er in Bordeaux von Franz Beck. Nachdem er bereits einige Opern ohne Erfolg geschrieben hatte, lernte er in Paris Christoph Willibald Gluck kennen, der ihm riet, bei François Joseph Gossec Unterricht zu nehmen. Der Publikumserfolg blieb aber auch bei den weiteren in Paris verfaßten Werken aus. Er starb am 5. 10. 1825 in Épinay-sur-Seine, Seine-St-Denis.

WERKE
Neben einer Reihe Opern, die von Zeitgenossen als einfallslos bezeichnet wurden, verfaßte Bernard Germain Lacépède Sonaten, Sextette, konzertante Sinfonien und ein Requiem, denen der musikalische Wert nicht abzusprechen ist. Seine Musik war zu doktrinär und in den programmatischen Ausdrucksformen zu forciert. Dafür wurden seine theoretischen Abhandlungen, vor allem »Die musikalische Poetik«, mit Begeisterung aufgenommen.

Pavel Vranický (1756–1808)

ZEIT UND UMWELT
Die einsetzende Romantik drückte sich auch in der Stoffwahl der Opernlibretti aus. Nachdem im Zuge der Aufklärung die antike Götterwelt verlassen worden war und sich die Oper realen Stoffen zugewandt hatte, trat das Bedürfnis nach phantastischen Vorgängen bald wieder auf. Die alten Götter konnte man nicht mehr zum Leben erwecken, sie wurden aber durch Sagengestalten der eigenen Heimat ersetzt. Feen und andere gute und böse Wesen bevölkerten bald die Bühnen.

Leben

Pavel Vranický (Paul Wranizky, Wranitzky) wurde am 30. 12. 1756 in Neureisch (Nová Ruzová), Mähren, geboren. Er kam 1776 nach Wien, um Theologie zu studieren, wandte sich aber der Musik zu und wurde Violinist in der Kapelle der Fürsten Esterházy in Eisenstadt unter Joseph Haydn. Er befreundete sich auch mit Joseph Martin Kraus, der sich in jenen Jahren in Wien aufhielt, und wurde von ihm unterrichtet. Im Jahr 1785 erhielt er die Leitung des Wiener Hofopernorchesters und wurde 1793 Sekretär der Wiener Tonkünstlersozietät. Er starb am 28. 9. 1808 in Wien.

Sein Bruder Antonín Vranický (Anton Wranizky, 13. 6. 1761, Neureisch, bis 6. 8. 1820, Wien) kam 1790 nach Wien und wirkte als Violinist am Hofopernorchester und als gesuchter Violinlehrer. Fürst Franz Joseph Maximilian Lobkowitz (1772–1816) stellte ihn als Kapellmeister in Raudnitz, Prag und Wien ein. Ab 1814 war er Konzertmeister am Theater an der Wien.

Werke

Zeit seines Lebens waren die kompositorischen Werke von Pavel Vranický in ganz Europa verbreitet und genossen einen hohen Beliebtheitsgrad. Von seinen Singspielen ist »Oberon, König der Elfen« als älteste »Geisteroper« am bemerkenswertesten. Auch seine Ballett-Divertissements wurden viel aufgeführt. Auf seine Bearbeitung eines russischen Tanzes von Ivan Mane Jarnović verfaßte Ludwig van Beethoven 12 Klaviervariationen. Seine 224 vorzüglichen Kanons fanden weniger Beachtung. Von seinen 22 Sinfonien, die vielfach aufgeführt wurden, fiel Opus 33 – »Für den Frieden mit der französischen Republik« – in Wien einem Aufführungsverbot zum Opfer. Er schrieb außerdem ein Flötenkonzert, ein Cellokonzert, zahlreiche Quintette, Streich- und Klavierquartette, Violin- und Klaviersonaten, außerdem Violinkonzerte und weitere Kammermusik, deren Zuschreibung nicht in jedem Fall gesichert ist, weil einiges davon von Antonín Vranický stammen dürfte.

Von Antonín Vranický erschienen 5 Streichquartette, eine Violinsonate, 2 Quintette und ein Violinkonzert in C-Dur im Druck, 16 Sinfonien, 15 weitere Violinkonzerte, Tänze, Märsche, Kirchenwerke und eine Reihe kleinerer Kompositionen blieben Manuskript.

Henry Condell (1757–1824)

Zeit und Umwelt

Ouvertüren, Zwischenaktmusik, musikalische Illustration stark dramatischer oder betont lyrischer Szenen und Ensembleschlüsse, eingestreute Lieder und Tänze weiteten nicht selten englische Schauspiele zu Singspielen aus, von denen der Schritt zur Oper nicht mehr weit war, aber dennoch selten gemacht wurde, denn das gesprochene Wort auf der Bühne, den handlungstragenden Dialog, wollten die Engländer nur ungern aufgeben, denn die gesungene, oft schwer verständliche Rede verdunkelte den Handlungsablauf und verdeckte den schlagfertigen Witz, der einen großen Teil des Vergnügens des Publikums bestritt.

Leben

Henry Condell wurde 1757 in Battersea (Groß-London) geboren. Er wirkte lange Jahre hindurch als Violinist am Drury Lane und Covent Garden Theatre und dürfte auch als Violinlehrer tätig gewesen sein. Über seine sonstigen Lebensumstände ist nichts bekannt. Er starb in Battersea am 24. 6. 1824.

Werke

Die Bühnenmusiken, Schauspielouvertüren, Ballettmusiken von Henry Condell wurden von den Londoner Theatern gerne angenommen, weil sie den Publikumsgeschmack gut trafen. Für ein Glee erhielt er vom Catch Club 1811 einen Preis.

Józef Kozłowski (1757–1831)

Zeit und Umwelt

Napoleons Feldzug gegen das Reich und der Brand von Moskau (1812), die politischen Anstrengungen zur Neuordnung Europas

(1815), der Dekabristenaufstand (1825) und der polnische Aufstand (1830/31) sind nur Beispiele für die schwerwiegenden Probleme, mit denen sich die russischen Zaren Alexander I. (Aleksandr Pawlowitsch, 1777–1825) und Nikolaus I. (Nikolai Pawlowitsch, 1796 bis 1855) auseinanderzusetzen hatten. Trotzdem setzte der Aufschwung des kulturellen Lebens ohne Verzögerungen ein.

Leben

Józef Kozłowski (Ossip Antonowitsch Koslowski) wurde 1757 in Warschau geboren. Nach einer Tätigkeit als Musiklehrer in polnischen Adelshäusern beteiligte er sich am Türkenkrieg, erregte dabei die Aufmerksamkeit des Fürsten Grigori Aleksandrowitsch Potemkin, der ihn nach St. Petersburg mitnahm. Hier wurde er nach dem Tod des Fürsten (1791) Inspektor der Musik und 1803 Musikdirektor des Kaiserlichen Theaters sowie Direktor der Hofballmusik. Ab 1819 bis zu seinem Tod am 27. 2. 1831 widmete er sich nur mehr der Komposition und fallweisen Hofkonzerten.

Werke

Neben mehreren Opern auf russische Texte schrieb Józef Kozłowski die Musik zu mehreren Schauspielen russischer Dichter. Äußerst populär wurden seine 70 Polonaisen, unter denen die auf den Text »Grom povedy rassanaisja« (Siegesruf erschalle) von Gawril Romanowitsch Derschawin (1743–1816) für Soli, Chor und Orchester bis 1833 als russische Nationalhymne gesungen wurde. Er verfaßte auch einige Messen, ein Requiem auf den Tod des letzten polnischen Königs, Stanisław II. (1798), und ein Te Deum für zwei Chöre und Orchester zur Krönung des Zaren Nikolaus I. (1825), Kantaten, Klavierstücke und ungefähr 30 Romanzen.

Johann Friedrich Eylenstein
(1757–1830)

Zeit und Umwelt

Das dichterische Wirken Johann Wolfgang von Goethes und seines Kreises in Weimar regte viele Komponisten zur Vertonung der durchwegs hochwertigen Texte an, besonders wenn diese selbst in Weimar beschäftigt waren und sozusagen an der Quelle saßen.

Leben

Johann Friedrich Adam Eylenstein wurde 1757 in Weimar geboren. Er wirkte dort als Violinist, Repetitor der Oper, Kammermusikus und Organist der Stadtkirche bis zu seinem Tod im Jahr 1830.

Werke

Von Johann Friedrich Eylenstein sind eine Klaviersonate und 25 »Lieder von beliebten Dichtern Teutschlands« erhalten. Die Gedichte stammen zum größten Teil aus dem Weimarer Dichterkreis.

William Reeve (1757–1815)

Zeit und Umwelt

Pantomimen, Ballettpantomimen, Schauspiele mit Musik, Singspiele und Opern wurden in England um die Wende zum 19. Jahrhundert sehr oft von Theatermusikern oder Sängern verfaßt, und zwar in vielen Fällen in Zusammenarbeit mehrerer. Da diese Theaterleute das sichere Gefühl dafür hatten, was bei ihrem Publikum gut ankam, konnten die Erfolge nicht ausbleiben. Manchmal wurden bereits vorliegende Werke ausgebeutet, um ein zugkräftiges neues zurechtzuschneidern, manchmal Lieder und Tänze aus Schottland oder Irland herangezogen, immer jedoch wurde das Stück mit wenigstens einem neuen Song versehen, der oft das Ganze trug. Und dieser Song mußte von einem der Mitarbeiter geschaffen werden, so daß auch hier trotz des stark handwerklichen Anscheins eine gewisse kompositorische Fähigkeit nicht fehlen durfte.

Leben

William Reeve wurde 1757 vermutlich in London geboren. Er war zuerst Schreiber, erlernte sodann das Orgelspiel und wurde 1781 Organist in Totnes, Devonshire. Dann trat er auf mehreren Bühnen als Schauspieler auf und sang ab 1791 im Chor des Covent Garden Theatre mit. Nun versuchte er sich mit Kompositionen und hatte Erfolg. Im Jahr 1802 wurde er Teilhaber des Sadler Wells Theatre, wo er seine eigenen Kompositionen auf die Bühne brachte. Er starb am 22. 6. 1815 in London.

WERKE
Die zahlreichen musikalischen Bühnenstücke verfaßte William Reeve zu einem großen Teil gemeinsam mit John Braham (1777 bis 1856), Joseph Mazzinghi, John Moorehead oder John Davy, alles erfahrene Theatermänner, die dem Publikum bieten konnten, was es verlangte.

John Danby (1757–98)

ZEIT UND UMWELT
Catches, Canons und Glees wurden von Musikverlegern bereitwillig angenommen, gedruckt und verbreitet – Messen, Motetten blieben handschriftlich liegen. Diese nüchterne Feststellung beleuchtet deutlich die Musiklandschaft in England um die Wende zum 19. Jahrhundert. Das Musiktheater stand auf dem gleichen Niveau dieser beliebten Gesänge, und die Zeit, in der die englische Musik ihren Aufschwung nahm, war noch fern.

LEBEN
John Danby wurde 1757 in London geboren. Er war Organist der Kapelle der spanischen Gesandtschaft bis zu seinem Tod am 16. 5. 1798 in London.

WERKE
Von John Danby sind 4 Bücher mit Catches, Canons und Glees erschienen. Seine Messen, Motetten und anderen sakralen Gesänge sind Manuskript geblieben.

Lazare Rameau (1757–94)

ZEIT UND UMWELT
Claude Rameau (1690, Dijon, bis 1761, Autun), Bruder von Jean-Philippe Rameau, war Organist an Notre-Dame, an der Abtei St-Bénigne und an St-Étienne in Dijon, sodann an St-Lazare in Autun. Er hatte in Dijon eine »Académie de Concerts« gegründet. Von seinen Werken ist nur ein Gassenhauer überliefert.
Sein ältester Sohn Jean-François Rameau (30. 1. 1716, Dijon, gestorben 1767 in einem Asyl) brachte sich kümmerlich als Musiklehrer durch. Seine Kompositionen sind verschollen.

LEBEN
Lazare Rameau wurde als zweiter Sohn des Claude Rameau am 28. 1. 1757 in Autun geboren. In ihm lebte die Genialität seines Onkels, Jean-Philippe Rameau, wieder auf. Er war bereits im Alter von 9 Jahren Organist in Autun und wirkte in der Folge an einer Reihe von Kirchen, zuletzt in Mâcon, wo er am 11. 10. 1794 starb.

WERKE
Von den Kompositionen von Lazare Rameau sind nur 3 Sonaten für Cembalo oder Pianoforte mit Violinbegleitung erhalten. Alles andere ist verlorengegangen.

Christian Latrobe
(1757–1836)

ZEIT UND UMWELT
Von den Herrnhutern ist auch ein Teil nach England ausgewandert, wo trotz aller konfessionellen Auseinandersetzungen um die Wende zum 19. Jahrhundert niemand mehr wegen seines Bekenntnisses an Vermögen und Leben bedroht war.

LEBEN
Christian Ignatius Latrobe wurde am 12. 2. 1757 in Fulnack, Leeds, geboren. Er war Sekretär der Herrnhuter Brüdergemeine in England und Amateurmusiker, der seine Liebhaberei in erster Linie in den Dienst seiner Glaubensfreunde stellte. Er starb am 6. 5. 1836 in Fairfield bei Manchester.

WERKE
Von den Klaviersonaten von Christian Latrobe sind drei in unserer Zeit neu herausgebracht worden. Er komponierte eine Reihe geistlicher Lieder selbst und brachte in 6 Bänden eine Sammlung kirchlicher Gesänge deutscher und italienischer Komponisten heraus.

Antonio Calegari (1757–1828)

ZEIT UND UMWELT
Handbücher, die versprechen, eine Fertigkeit oder Kenntnis im Schnellverfahren auf abgekürztem Wege zu vermitteln, setzen sich zumeist gut ab, weil viele Zeit und Mühe scheuen, die man braucht, um dieses Ziel zu erreichen. Daher war auch einer Kompositionslehre, mit der man »spielerisch« zum Komponisten wurde, trotz aller Einwände von Fachleuten viel Erfolg beschieden.

LEBEN
Antonio Calegari (Callegari) wurde am 17. 2. 1757 in Padua geboren. Er wirkte als Cellist und Opernkomponist von 1776 bis 1792 in verschiedenen oberitalienischen Städten; dann wurde er Organist und später Kapellmeister an Sant'Antonio in Padua, wo er am 22. 7. 1828 starb.
Sein Bruder Giuseppe Calegari (um 1750, Padua, bis 1812, Padua) war Impresario des Teatro Nuovo in seiner Geburtsstadt.

St. Paul's Cathedral in London, Stich von T. Bowles, 1755

WERKE
Von Antonio Calegari sind 10 Opern und sakrale Werke, darunter 6 Psalmen im Stil von Benedetto Marcello, erhalten. Er verfaßte mehrere theoretische Werke, von denen seine »Kompositionslehre für Nichtmusiker« das größte Aufsehen, aber auch viel Kritik erregte.
Giuseppe Calegari schrieb eine Reihe Opern für sein Theater.

Richard John Samuel Stevens (1757–1837)

ZEIT UND UMWELT
Der englische Kaufmann und Begründer der Königlichen Börse, Sir Thomas Gresham (1519–79), stiftete testamentarisch das Salär für einen Lehrer der Musikwissenschaft an dem von ihm ins Leben gerufenen Gresham College. Der erste war John Bull (1562 bis 1628).

LEBEN
Richard John Samuel Stevens wurde am 27. 3. 1757 in London geboren und unter William Savage im Chor von St. Paul's ausgebildet. Er wirkte als Organist an Temple Church und im Charter House; 1801 wurde ihm der Lehrstuhl für Musikwissenschaft am Gresham College übertragen, die er bis zu seinem Tod am 23. 9. 1837 betreute.

WERKE
Die Berühmtheit von Richard John Samuel Stevens fußt auf seinen 3 Sammlungen mit Glees, von denen einige preisgekrönt wurden. Weitere Glees und ein Catch erschienen in fremden Sammelwerken. Er veröffentlichte ferner 3 Cembalosonaten und Lieder, außerdem eine dreibändige Samm-

lung sakraler Musik für eine bis vier Stimmen von den bekanntesten italienischen und englischen Komponisten.

Alessandro Rolla (1757–1841)

ZEIT UND UMWELT

Giuseppe Ferdinando Brivio (um 1670 bis nach 1738) leitete in der ersten Hälfte des 18. Jahrhunderts in Mailand eine gut besuchte Gesangschule, eine »Musikakademie« oder ein Konservatorium gibt es in der Stadt jedoch erst seit 1808, in welchem Jahr der Vizekönig Eugène de Beauharnais (1781 bis 1824) das Königliche Konservatorium von Mailand eröffnete. Es wurde nach dem Muster der alten neapolitanischen Konservatorien organisiert.

LEBEN

Alessandro Rolla wurde am 6. 4. 1757 in Pavia geboren. Nach seiner Ausbildung wirkte er von 1782 bis 1802 als Solobratschist und Kammervirtuose, später als Violinist und Konzertmeister am Herzoghof in Parma. Sodann wurde er Konzertmeister am Teatro della Scala in Mailand, 1805 Soloviolinist des Vizekönigs Eugène de Beauharnais und Violinlehrer am Mailänder Konservatorium ab dessen Gründung bis zu seinem Tod am 15. 9. 1841.

WERKE

Von Alessandro Rolla sind Violin- und Bratschenkonzerte, Serenaden, Divertimenti, Streichquartette, Streichtrios, Duos, ein konzertantes Quintett und eine Reihe Ballette überliefert. Eine beträchtliche Anzahl davon ist in unserem Jahrhundert neu herausgebracht worden.

LITERATUR

G. Zampieri, L'epoca e l'arte di Alessandro Rolla, Pavia 1941.

Claus Schall (1757–1835)

ZEIT UND UMWELT

Wie in Stockholm hatte auch in Kopenhagen gegen Ende des 18. Jahrhunderts das Musikleben voll eingesetzt und konnte zu einem guten Teil von heimischen Kräften bestritten werden. Stilistisch war die dänische Komposition noch geraume Zeit von Italien, Frankreich und vor allem von der norddeutschen Schule abhängig.

LEBEN

Claus Nielsen Schall wurde am 28. 4. 1757 in Kopenhagen geboren. Er begann seine Laufbahn als Tanzeleve am Königlichen Theater seiner Geburtsstadt; später wurde er Violinist im Orchester, 1776 Repetitor, 1792 Konzertmeister und wirkte schließlich von 1817 bis zu seinem Tod am 10. 8. 1835 als Kapellmeister.

Sein Bruder Peder Schall (getauft 30. 12. 1762, Kopenhagen, bis 1. 2. 1820, Kopenhagen) war Cellist am Hoforchester von Kopenhagen und Gitarrenvirtuose.

WERKE

Neben ungefähr 20 Balletten und einigen Singspielen brachte Claus Schall 6 Violinsoli mit Generalbaß und einige Violinkonzerte heraus. Ihr Stil ist von Giovanni Battista Viotti beeinflußt.

Peder Schall veröffentlichte Solo- und Chorlieder mit Gitarre.

Christian Ludwig Dieter (1757–1822)

ZEIT UND UMWELT

Die Hofkapelle des Herzogs Karl Eugen von Württemberg verfügte ständig über vorzügliche Kräfte, die traditionsgemäß in Italien oder von italienischen Musikern, die einen großen Teil der Kapelle besetzten und aus der Schule des Kapellmeisters Niccolò Jommelli hervorgegangen waren, ausgebildet wurden.

LEBEN

Christian Ludwig Dieter wurde am 13. 6.

1757 in Ludwigsburg geboren und in Stuttgart entweder von Niccolò Jommelli selbst oder einem seiner Schüler ausgebildet. Er wirkte ab 1781 als erster Violinist bis zu seinem Tod am 12. 5. 1822 an der Stuttgarter Hofkapelle.

WERKE

Von Christian Ludwig Dieter wurde eine beachtliche Serie Singspiele in Stuttgart aufgeführt. Er schrieb außerdem Violin-, Horn-, Flöten-, Oboen- und Fagottkonzerte, Violinsoli und konzertante Stücke für Flöten und für Oboen, die dem ausgehenden italienischen Rokokostil folgten. Gedruckt wurde davon wenig.

LITERATUR

K. Haering, Christian Ludwig Dieter, in: Schwäbische Lebensbilder, Stuttgart 1940.

Ignaz Pleyel (1757–1831)

ZEIT UND UMWELT

Es schien ein geschickt angelegter Schachzug zu sein, Ignaz Pleyel, der soeben wegen der Französischen Revolution seine Stelle in Straßburg verlassen hatte müssen, nach London einzuladen und ihn mit der Leitung der Konzerte der »Professional Concerts« zu betrauen, die Joseph Haydn zugunsten der Salomon-Konzerte ablehnte. Man rechnete damit, daß die leichten, eingängigen Werke des Komponisten den Massenandrang bei jenen Konzerten schmälern würden. Diese gut gesponnene Intrige Londoner Geschäftsgeistes durchkreuzte jedoch Pleyel, indem er eine Sinfonie seines ehemaligen Lehrers und Freundes Haydn in das Programm des ersten Konzerts, das er dirigierte, aufnahm.

LEBEN

Ignaz Joseph Pleyel wurde am 18. 6. 1757 in Ruppersthal, Niederösterreich, geboren. Seine erste Ausbildung erhielt er von Johann Baptist Vanhall in Wien und sodann von Joseph Haydn. Nach einer mehrjährigen Kapellmeistertätigkeit unternahm er eine Studienreise nach Italien, an deren Ende er 1783 die Zweite-Kapellmeister-Stelle am Münster in Straßburg erhielt. Die Stelle des Ersten Kapellmeisters, die er 1789 bekam, gab er wegen der revolutionären Ereignisse auf. Im Jahr 1791 wurde er von »Professional Concerts« in London eingeladen, als Konkurrent Joseph Haydns aufzutreten, was aber mißlang. Im Jahr 1795 ließ er sich in Paris nieder, eröffnete dort eine Musikalienhandlung zum Vertrieb seiner eigenen Kompositionen und 1807 eine Klavierfabrik. Er starb bei Paris am 14. 11. 1831.

WERKE

Von den über 60 Sinfonien von Ignaz Pleyel sind 33 gedruckt erschienen. Er verfaßte außerdem 8 Instrumentalkonzerte, über 60 Streichquartette, ungefähr 9 Quartette für Flöte und Streicher, 15 Streichquintette, 4 Quintette für Bläser und Streicher, ein Sextett, ein Septett, ungefähr 12 Trios ohne Piano, ungefähr 50 Duos mit verschiedener Besetzung, etwa 4 Sonaten für Violine oder Flöte und Pianoforte, 14 Sonaten für Pianoforte zu vier Händen und noch zahlreiche Sonatinen, Rondos, Variationen und kleinere Stücke. An Vokalmusik verfaßte er mehrere Revolutionsgesänge, Kantaten und Lieder mit Klavierbegleitung, außerdem 2 Opern.
Die Beliebtheit dieser Kompositionen beweist die Tatsache, daß sie von 200 Verlagen in etwa 50 europäischen und amerikanischen Städten veröffentlicht und viele Male transkribiert und arrangiert wurden. Wenn sie auch die Originalität und Genialität der Werke Joseph Haydns nie erreichten, so sind sie doch sorgfältige Werkarbeit eines sensiblen, einfallsreichen Musikers. Seine Duos werden noch heute von Instrumentalisten als Übungsstücke verwendet. Nicht wenig des Gesamtwerks wurde in unserem Jahrhundert neu aufgelegt. Es würde verdienen, öfter gespielt zu werden.

François Lacodre (1757–1834)

ZEIT UND UMWELT

Neben allen anderen Instrumenten wurde das Orgelspiel in Frankreich durch alle Zeiten mit unverminderter Intensität gepflegt. Die vielen vorzüglichen Instrumente der französischen Kirchen luden dazu ein, sie nicht nur bei sakralen Handlungen, sondern auch zu reinen Konzertzwecken zu gebrauchen. Bei manchen Organisten war auch das Spiel während des Gottesdienstes Selbstzweck. Daher fiel es ihnen nicht schwer, während der Revolutionszeit die Kirchenorgel gegen ein Instrument in den »Tempeln der Vernunft« oder »Tempeln der Eintracht« zu vertauschen. Für wen sie spielten, war von untergeordneter Bedeutung, sie machten ihre Musik für jeden, der sie bestellte.

LEBEN

François Lacodre (genannt Blin) wurde am 21. 6. 1757 in Beaune, Côte-d'Or, geboren. Er erlernte in Paris bei Nicolas Roze und Nicolas Séjan das Spiel auf der Orgel, wirkte ab 1791 als Organist an St-Germain-l'Auxerrois, ab 1799 am Temple de la Concorde (Tempel der Eintracht) und von 1806 bis zu seinem Tod am 9. 2. 1834 an Notre-Dame.

WERKE

Die von den Zeitgenossen hochgeschätzten Orgelwerke von François Lacodre sind verlorengegangen. Erhalten sind von ihm nur kleinere Werke – Airs, Romanzen, Arrangements und Opernouvertüren –, die auch die Hand eines Meisters erkennen lassen.

Louis Abel Beffroy de Reigny (1757–1811)

ZEIT UND UMWELT

Der Eingriff staatlicher Macht in die Kunst geschah bis in das 19. Jahrhundert nur mittels der Zensur und betraf in erster Linie Literatur, Theater und zuweilen auch die bildenden Künste. Die Musik, die nichts »aussagte«, blieb in der Regel unbehelligt. Eine »befohlene« Kunst blieb späteren Zeiten vorbehalten. Man kann die von echter oder vorgegebener revolutionärer Begeisterung beflügelten Gesänge, Kantaten und Bühnenstücke nicht dazustellen, weil sie in den meisten Fällen nur bestellt, wie Geburtstags- und Krönungshymnen in den Feudalstaaten, oder sogar ohne Auftrag geliefert wurden und ebenso gut oder schlecht waren.

LEBEN

Louis Abel Beffroy de Reigny (Pseudonym Jacques Cousin) wurde am 6. 11. 1757 in Laon geboren. Er lebte als Literat und Komponist in Paris, wo er am 18. 12. 1811 starb.

WERKE

Von Louis Abel Beffroy de Reigny sind 2 Opern, die die politische Umwälzung verherrlichten, vielfach aufgeführt worden. Auch das Libretto stammte in beiden Fällen vom Komponisten. Außerdem veröffentlichte er eine dreibändige Sammlung seiner Gesänge, die die gleiche Tendenz aufwiesen.

LITERATUR

C. Westercamp, Beffroy de Reigny, Paris 1930.

Charles Wesley (1757–1834)

ZEIT UND UMWELT

Im letzten Viertel des 18. Jahrhunderts waren in England Kompositionen für »Orgel oder Cembalo« noch nicht außergewöhnlich, denn das Barock war dort noch nicht völlig ausgelaufen. Es war aber für die Entwicklung der englischen Musik nur förderlich, daß manche Komponisten bei den älteren Meistern anknüpften, denn was im Verlauf des 19. Jahrhunderts »Fortschrittliches« erzeugt worden war, konnte keine Grundlage für einen Aufschwung der Musik darstellen.

LEBEN

Charles Wesley wurde am 11. 12. 1757 in Bristol geboren. Er zeigte sehr früh musikalische Anlagen und wurde von William Boyce und Joseph Kelway (um 1700, Chichester, bis 1782, London), dem Bruder von Thomas Kelway, hervorragender Cembalist, zum Komponisten, Organisten und Cembalisten ausgebildet. Er wirkte sodann an verschiedenen Londoner Kirchen bis zu seinem Tod am 23. 5. 1834 als Organist.

WERKE

Die 6 Konzerte von Charles Wesley sind für Orgel oder Cembalo verfaßt. Sie sind seinem Lehrer William Boyce stark verpflichtet und daher sehr konservativ. Das gleiche gilt für sein Concerto grosso aus dem Jahr 1784. Außerdem schrieb er einige Anthems, 8 Gesänge, eine Schauspielmusik und verschiedene kleinere Stücke für Tasteninstrumente.

Antoine Ponchard (1758–1827)

ZEIT UND UMWELT

An dem Lebensziel der meisten Musiker der französischen Provinzen, früher oder später ein Betätigungsfeld in Paris zu erhalten, hat sich auch durch die politischen Ereignisse um die Wende zum 19. Jahrhundert nichts geändert. Wie hundert Jahre und länger zuvor, wechselten sie von einer Stelle zur anderen, bis sie am Ende in der Hauptstadt und im kulturellen Zentrum des Landes anlangten.

LEBEN

Antoine Ponchard wurde 1758 in Boussu bei Péronne geboren. Er bekleidete eine Reihe von Stellungen an den Kirchen und Kathedralen der Provinzen, bis er Orchesterdirigent am Grand Théâtre in Lyon wurde. Im Jahr 1815 gelang es ihm jedoch, die Kapellmeisterstelle an St-Eustache in Paris zu erhalten. Er starb im September 1827 in Paris.

WERKE

Von Antoine Ponchard sind 4 Messen, ein Requiem, eine Kantate und zahlreiche Motetten handschriftlich überliefert. Diese Kompositionen folgen dem zeitgenössischen Kirchenmusikstil in Frankreich.

Bernardo Mengozzi (1758–1800)

ZEIT UND UMWELT

Tommaso Guarducci (um 1720, Montefiascone, bis nach 1771, Florenz) war einer der berühmtesten Sänger seiner Zeit, der sowohl in Florenz wie in London als Opern- und Oratoriensänger die größten Erfolge errang. Er weigerte sich sein Leben lang, Unterricht zu geben, und hatte einen einzigen Schüler, der auch Ruhm und Karriere von ihm erbte.

LEBEN

Bernardo Mengozzi wurde 1758 in Florenz geboren. Er wurde von Tommaso Guarducci zum Tenoristen ausgebildet. Darauf sang er 7 Jahre in Neapel, sodann in London und schließlich bis zu seinem Tod im März 1800 in Paris, wo er seit 1794 als Gesanglehrer am Conservatoire gewirkt hatte.

WERKE

Der Operntenor Bernardo Mengozzi verfaßte 13 Opern und ein Ballett im italienischen Stil. Die Kompositionen waren auf seine eigene Person zugeschnitten.

Bernardo Porta (1758–1829)

ZEIT UND UMWELT

Der französische Gelehrte, Musikologe und Komponist Alexandre Étienne Choron (1771 bis 1834) begründete 1817 eine Schule für klassische und religiöse Musik, die als erste in Paris Werke von Giovanni Pierluigi Palestrina, Johann Sebastian Bach und Georg Friedrich Händel aufführte. Es wurden in erster Linie Sänger für diese Werke ausgebildet.

LEBEN

Bernardo Porta wurde 1758 in Rom geboren. Er war 6 Jahre lang Kapellmeister in Tivoli. Nach einem weiteren Aufenthalt in Rom ging er zwischen 1785 und 1788 nach Paris, wo er mit wechselndem Erfolg mehrere Opern herausbrachte und Musikunterricht gab. Im Jahr 1812 übernahm ihn Alexandre Étienne Choron als Harmonielehrer in seine Gesangschule. Er starb am 11. 6. 1829 in Paris.

WERKE

Neben ungefähr 15 Opern verfaßte Bernardo Porta mehrere Kammermusikwerke, eine Kantate und Lieder. Sein Stil lehnte sich an ältere römische Fakturen an.

Ludwig van Beethoven; F. Waldmüller, 1823

Geschenk der Pariser Klavierfabrikanten Gebrüder Erard an Ludwig van Beethoven

Verziertes Lautenschalloch aus dem 18. Jh.

Musikalische Soirée; W. Marstrand, 1834

Schalmei und Dudelsack; B. Pinelli, 1807

Prager Musikanten

Das Konzert; T. Hosemann

Die Musikstunde; J. H. Fragonard

António Leal Moreira (1758–1819)

ZEIT UND UMWELT
Mit dem Komponisten und Musiklehrer João de Sousa Carvalho setzte die bodenständige portugiesische Musikentwicklung ein – wenn auch nur zögernd. Die Opern wurden zwar noch immer den italienischen nachgebildet, aber fallweise bereits auf portugiesische Texte verfaßt. Es wurden Cembalostücke geschrieben, deren Stil sich an die Kirchenmusik anlehnte. Die Tendenz zu einem gewissen Ernst kann bei mehreren Komponisten jener Epoche bereits beobachtet werden.

LEBEN
António Leal Moreira wurde 1758 in Abrantes, Estremadura, geboren. Er wurde von João de Sousa Carvalho am Seminário patriarcal in Lissabon ausgebildet. Er war Organist und sodann Kapellmeister der Capela Real und Orchesterdirigent von Operntruppen bis 1800. Darauf widmete er sich nur dem Dienst am Hof und dem Unterricht bis zu seinem Tod am 21. 11. 1819 in Lissabon.

WERKE
Von António Leal Moreira sind ungefähr 10 italienische und portugiesische Opern in Lissabon aufgeführt worden. Er schrieb außerdem eine Serenata, ein Oratorium, Kantaten und sakrale Werke, wie Messen, Offertorien, Psalmen, Hymnen.

LITERATUR
M. de Sampayo Ribeiro, A música em Portugal nos siglos XVIII e XIX, Lissabon 1939.

John Calah (1758–98)

ZEIT UND UMWELT
Die Triosonate – Pianoforte, Violine und Cello – fand in England verhältnismäßig spät Eingang, wurde aber dann von einigen Komponisten mit viel Einfühlungsvermögen in die neue Form aufgegriffen, wenn auch das Interesse dafür lange auf einen kleinen Kreis beschränkt war.

LEBEN
John Calah wurde 1758 vermutlich in Newark-on-Trent geboren. Er war bis 1782 Organist an St. Mary's und Lehrer an der Singschule in Newark-on-Trent. Von 1785 bis zu seinem Tod am 5. 8. 1798 wirkte er als Organist an der Kathedrale von Peterborough.

WERKE
Neben einiger Kathedralenmusik – Services, Anthems – verfaßte John Calah eine Anzahl Lieder und Triosonaten für Pianoforte, Violine und Cello, die dem zeitgenössischen kontinentalen Stil folgten.

Francesco Galeazzi (1758–1819)

ZEIT UND UMWELT
Obwohl bis zum Ende des 18. Jahrhunderts einige viel benützte Violinschulen veröffentlicht wurden, und zwar von Autoren, die das Instrument selbst ausgezeichnet beherrschten, fehlte es wie auf anderen Gebieten an einer systematischen Methodik. Dieser Mangel wurde erst sehr spät behoben, weil die Methodik aller Unterrichtsfächer erst gefunden werden mußte.

LEBEN
Francesco Galeazzi wurde 1758 in Turin geboren. Er war Violinist und später Dirigent am Teatro Valle in Rom bis zu seinem Tod im Januar 1819.

WERKE
Von Francesco Galeazzi sind 6 Trios für zwei Violinen und Bratsche überliefert. Seine anderen Instrumentalwerke sind verschollen. Von großer Bedeutung ist seine zweibändige »Methodik des Violinspiels«, die älteste ihrer Art.

Matthew Camidge (1758–1844)

ZEIT UND UMWELT
Auch die Klaviersonate wurde um die Wende zum 19. Jahrhundert in England immer hei-

mischer. Sie hatte in vielen Fällen allerdings Suitencharakter, näherte sich aber dennoch immer mehr der kontinentalen Sonate der Klassik.

LEBEN

Matthew Camidge wurde 1758 in York geboren. Seine erste Ausbildung erhielt er an der Chapel Royal von James Nares. Dann wirkte er am Münster von York als Erster Vizeorganist und von 1799 bis 1842 als Nachfolger seines Vaters als Organist. Er starb am 23. 10. 1844 in York.
Sein Vater John Camidge (1735, York, bis 25. 4. 1803, York) wurde in London von Maurice Greene und Georg Friedrich Händel ausgebildet. Von 1756 bis 1799 wirkte er als Organist am Münster in York.

WERKE

Von Matthew Camidge sind Klavierkonzerte und Klaviersonaten überliefert. Er veröffentlichte auch eine Sammlung Psalmvertonungen und brachte außerdem ein Lehrwerk heraus.
John Camidge schrieb »Sechs leichte Cembalolektionen«.

Christoph Friedrich Wilhelm Nopitsch (1758–1824)

ZEIT UND UMWELT

Der empfindsame Stil, der in Süddeutschland neben dem Mannheimer eine beträchtliche Anzahl Anhänger hatte, schlug neben der Klassik eine direkte Brücke zur Vorromantik, nahm aber nicht wenig klassische Elemente in sich auf. Viele Kompositionen jener Art machen einen stark eklektischen Eindruck.

LEBEN

Christoph Friedrich Wilhelm Nopitsch wurde am 4. 2. 1758 in Kirchensittenbach bei Nürnberg geboren. Er nahm in Nürnberg bei Georg Wilhelm Gruber, in Regensburg bei Joseph Riepel und in Gotha bei Jan Jiří Benda und Anton Schweitzer Unterricht. Er wirkte ab 1781 bis zu seinem Tod am 22. 5. 1824 als Kantor und Städtischer Musikdirektor in Nördlingen.

WERKE

Neben einer Oper und einer Reihe Kirchenkantaten schrieb Christoph Friedrich Wilhelm Nopitsch 3 Sinfonien, Klavierwerke und Lieder auf Texte von Gottfried August Bürger, Karl Wilhelm Ramler und Friedrich Leopold Stolberg (1750–1819). Er verfaßte auch ein »Elementarbuch der Singkunst«.

Benedikt Schak (1758–1826)

ZEIT UND UMWELT

Das Repertoire reisender Operntruppen wurde häufig von deren Mitgliedern – Dirigenten, Instrumentalisten, Sängern – geschaffen oder zumindest ergänzt. Wenn auch dadurch viele Stücke von unterdurchschnittlicher Qualität auf die Wanderbühnen kamen, einiges davon fand dann doch in die Opernhäuser Eingang, denn unter diesen Komponisten befanden sich immer auch mehrere beachtliche Talente.

LEBEN

Benedikt Emanuel Schak (Schack, Cziak, Žák, Ziak) wurde am 7. 2. 1758 in Mirotitz (Mirotice), Südböhmen, getauft. Er studierte ab 1775 in Wien Medizin, Philosophie und Gesang. Nach einer Kapellmeistertätigkeit in Liegnitz (Legnica) trat er der Theatertruppe von Emanuel Schikaneder als Tenor bei und sang in Salzburg, Augsburg, Regensburg und Wien. Im Jahr 1793 ging er nach Prag, darauf nach Graz und 1796 an das Hoftheater in München, wo er am 11. 12. 1826 starb. Er war mit Michael und Joseph Haydn sowie mit Leopold und Wolfgang Amadeus Mozart befreundet.

WERKE

Von den Opern, die Benedikt Schak verfaßte, sind einige auf Libretti von Emanuel Schikaneder komponiert. Sie hielten sich nicht lang auf der Bühne. Auch seine Kirchenmusik – Messen, Proprien –, die der Klassik nahesteht, ist vergessen. Wolfgang

Amadeus Mozart schrieb über ein Thema von Schak Klaviervariationen (KV 613).

Johann Christoph Vogel (1758–88)

ZEIT UND UMWELT

Neben dem ausgehenden Rokoko wirkten in Paris zugewanderte Meister aus Mitteleuropa, die die stürmische Entwicklung der Musik auf die Klassik zu mit den bodenständigen Stilelementen und den starken italienischen Einflüssen zu vereinigen suchten. Es ist natürlich müßig zu überlegen, welches Aussehen die französische Musiklandschaft gewonnen hätte, wäre die Revolution nicht ausgebrochen. Aber man darf wohl annehmen, daß der politische Umschwung und die neuen ideologischen Grundlagen richtungweisend geworden sind und eine Reihe von möglichen Wegen in die Zukunft verschüttet haben.

LEBEN

Johann Christoph Vogel wurde am 18. 3. 1758 in Nürnberg getauft. Er war Schüler von Joseph Riepel. Im Jahr 1776 ging er nach Paris und wirkte dort als Hornist in mehreren Kapellen von Adelshäusern. Im Buffonistenstreit stellte er sich auf die Seite von Christoph Willibald Gluck, den er verehrte und nachahmte. Er starb am 26. 6. 1788 in Paris.

WERKE

Trotz seiner kurzen Wirkungszeit verfaßte Johann Christoph Vogel neben 2 Opern 3 Sinfonien für großes Orchester, 2 konzertante Sinfonien für Blasinstrumente mit Orchester, 3 Quartette für Fagott mit Streichtrio, 6 Quartette für Horn und Streichtrio, 6 Streichquartette, 6 Triosonaten, 6 Klarinettenduos, ein Fagottkonzert und 6 Fagottduos. Eine Reihe weiterer Instrumentalwerke ist ungedruckt geblieben. Sein Stil rückte der Klassik sehr nahe.

LITERATUR

A. Bickel, Johann Christoph Vogel, der große Nürnberger Komponist zwischen Gluck und Mozart, Nürnberg 1956.

München, Stich von F. X. Jungwirth

Matthieu-Frédéric Blasius
(1758–1829)

ZEIT UND UMWELT
Um 1800 wurden Grifflöcher und Klappen des Fagotts so weit vermehrt, daß darauf eine volle chromatische Skala spielbar und auch der Tonumfang vergrößert wurde. Damit rückte das Instrument endgültig in die Reihe der Soloinstrumente. Fagottkonzerte wurden bereits früher komponiert, diese waren aber dadurch beengt, daß nicht alle Töne der Skala wiedergegeben werden konnten.

LEBEN
Matthieu-Frédéric Blasius wurde am 24. 4. 1758 in Lauterbourg, Bas-Rhin, geboren. Er war ab 1790 Dirigent an der Comédie Italienne, ab 1795 Lehrer für Blasinstrumente am Pariser Conservatoire und wirkte von 1802 bis 1816 als Kapellmeister an der Opéra Comique. Er starb 1829 in Versailles.

WERKE
Von Matthieu-Frédéric Blasius sind Trios und Quartette für Blasinstrumente, zahlreiche Klarinetten- und Fagottkonzerte, außerdem 3 Violinkonzerte, 12 Streichquartette, Triosonaten, Violinduos und Opern erhalten. Er zählte zu den besten Fagottisten seiner Zeit.

Alphonse Fortia de Piles (1758–1826)

ZEIT UND UMWELT
Da sich die Revolution des französischen Bürgers gegen den Adel richtete, mußten die Angehörigen dieses Standes sehen, sich in Sicherheit zu bringen, wenn sie sich nicht gerade zur Haltung des Philippe Égalité (Louis Philippe Joseph duc d'Orléans) verstehen wollten, die schließlich doch auf der Guillotine endete.

LEBEN
Alphonse comte de Fortia de Piles wurde am 18. 8. 1758 in Marseille geboren. Er war Offizier der französischen Armee, nahm aber in Neapel Kompositionsunterricht und brachte ab 1782 in Paris eine Reihe Werke heraus. Bei Ausbruch der Revolution verließ er Frankreich, kehrte sodann als Journalist nach Paris zurück und ließ sich in Sisteron nieder, wo er am 18. 2. 1826 starb.

WERKE
Von Alphonse Fortia de Piles sind 4 Opern im Stil von Christoph Willibald Gluck, Pianofortesonaten, Sonaten für Cello und Generalbaß, Trios, Quartette, Quintette, Sinfonien und Fagottkonzerte im Druck erschienen. Seine Instrumentalmusik folgte dem neapolitanischen Stil des 18. Jahrhunderts.

Paul Winneberger (1758–1821)

ZEIT UND UMWELT
Abbé Georg Joseph Vogler war bis in das zweite Jahrzehnt des 19. Jahrhunderts für eine Vielzahl deutscher Musiker richtungweisende Autorität und Quelle ihrer theoretischen Ausbildung. Wenn dazu das praktische Beispiel des Mannheimer Orchesters und die Schulung seitens eines »Mannheimers« getreten waren, ergab sich zumindest ein gleichwertiges Resultat wie von einer Ausbildungsreise nach Italien.

LEBEN
Paul Anton Winneberger wurde am 7. 10. 1758 in Mergentheim (Bad Mergentheim) geboren. Er war bereits mit 9 Jahren Altist in der Hofkapelle seines Geburtsortes und mit 14 Organist. Er studierte in Würzburg Theologie und kam als Lehrer und Organist nach Mannheim, wo er gleichzeitig selbst von Abbé Vogler und Ignaz Hofbauer ausgebildet wurde. Er wirkte dort auch als Cellist. Gegen Ende des Jahrhunderts war er Cellist am Französischen Theater in Hamburg, wo er am 8. 2. 1821 starb.

WERKE
Von Paul Winneberger sind mehrere Opern, 2 Cellokonzerte und verschiedene Kammermusik erhalten, die den jüngeren Mannheimer Stil einhalten.

Samuel Gottlob Auberlen
(1758–1829)

ZEIT UND UMWELT
Die vom Dichter Christian Fürchtegott Gellert vertretene pietistische Aufklärung und seine volkstümliche und dennoch geschliffene Sprache regten viele Komponisten zur Vertonung an. Wurde sie den Texten auch nur einigermaßen gerecht, konnten sie mit begeisterter Aufnahme der Lieder rechnen.

LEBEN
Samuel Gottlob Auberlen wurde am 23. 11. 1758 in Fellbach bei Stuttgart geboren. Er wirkte ab 1783 als Musiklehrer in Zürich, 1791 als Musikdirektor in Zofingen, darauf in Winterthur und ab 1807 in Schaffhausen. Im Jahr 1817 wurde er Domorganist und Musikdirektor in Ulm, wo er am 23. 8. 1829 starb.

WERKE
»Gellerts Geistliche Lieder und Oden« für vier Stimmen ist das Hauptwerk von Samuel Gottlob Auberlen. Er verfaßte außerdem zwei Liedersammlungen. Seine Instrumentalwerke sind unbedeutend. Er schrieb auch eine Choralgesangschule.

Louis Adam (1758–1848)

ZEIT UND UMWELT
Die häufige Behauptung, daß Johann Sebastian Bach nach seinem Tod mit seinem Werk vergessen und erst im 19. Jahrhundert wiederentdeckt worden sei, wird bei näherer Betrachtung der Musikerbiographien aus der Zeit nach dem Wirken des Thomaskantors gründlich widerlegt, weil darin immer wieder der Vermerk auftaucht, der von einem »gründlichen Studium der Werke von Bach« spricht.

LEBEN
Louis Adam wurde am 3. 12. 1758 in Mutterholtz, Bas-Rhin, geboren. Er begab sich 1775 nach Paris, wo er im Concert spirituel 2 konzertante Sinfonien mit Erfolg herausbrachte. Er wirkte von 1797 bis 1842 als Pianolehrer am Conservatoire und starb am 8. 4. 1848.

WERKE
Der Pianist und Pianolehrer Louis Adam bereitete seine Laufbahn mit einem sehr gründlichen Studium der Werke von Georg Friedrich Händel und Johann Sebastian Bach vor. Neben seinen 2 Sinfonien verfaßte er eine große Anzahl Sonaten und Variationen für sein Instrument. Er brachte auch ein vorzügliches Lehrwerk für Pianisten heraus.

Josef Jelínek (1758–1825)

ZEIT UND UMWELT
Die Variationenwerke der Klavierkomponisten waren wertvolle Propagatoren berühmter Melodien der Opern- und Instrumentalkomponisten und machten das Publikum mit dem Volksliedgut anderer Völker bekannt. Wenn auch vieles davon wegen seiner

Josef Jelínek

virtuosen Diktion als Hausmusik ungeeignet war, so gab es genügend andere Stücke, die leicht zu bewältigen waren und eine große Breitenwirkung erreichten; zu dem erschienen auch fallweise erleichterte Fassungen allzu schwerer Kompositionen.

LEBEN
Josef Jelínek (Joseph Gelinek) wurde am 3. 12. 1758 in Seltsch (Selč), Böhmen, geboren und in Prag von Josef Seger ausgebildet. In Wien nahm er bei Johann Georg Albrechtsberger Kompositionsunterricht und wirkte ab 1818 als Hauskaplan und Klavierlehrer im Palais der Fürsten Esterházy. Er starb am 13. 4. 1825 als einer der hervorragendsten Pianisten seiner Zeit.

WERKE
Neben Klaviersonaten, Trios und Violinsonaten verfaßte Josef Jelínek über 100 Variationenreihen für Klavier, deren Themen Wolfgang Amadeus Mozart, Ludwig van Beethoven und Carl Maria von Weber (1786 bis 1826) entnommen wurden. Joseph Haydn, Wolfgang Amadeus Mozart und Ludwig van Beethoven, mit denen er engen Kontakt pflegte, bewunderten die teils rein didaktische Ziele verfolgenden, teils ausschließlich virtuosen Variationen rückhaltlos.

Carl Friedrich Zelter (1758–1832)

ZEIT UND UMWELT
Perfekte musiktheoretische Kenntnisse, vorzügliche Eignung zum Musiklehrer, hervorragendes Organisationstalent, kulturpolitische Geschicklichkeit sicherten manchem einen Platz in der Musikgeschichte, weil ohne das alles die Musikentwicklung nie so steil angestiegen wäre. Seine Kompositionen fanden schon mit Rücksicht auf die Wichtigkeit der Persönlichkeit des Komponisten viel Beachtung. Die Nachwelt jedoch anerkennt nur die Leistungen für die Musik, die kompositorische Tätigkeit wird nur mehr registriert, denn bei so viel Tüchtigkeit mußte der Künstler zu kurz kommen.

Carl Friedrich Zelter, Stich von B. H. Bendix

LEBEN
Carl Friedrich Zelter wurde am 11. 12. 1758 in Berlin geboren. Er erlernte zunächst das Gewerbe eines Maurermeisters, betrieb aber gleichzeitig viel und vielseitig Musik, so daß er bald unter Jiří Benda in dessen Theaterorchester als Violinist mitwirken konnte, seine Trauerkantate zum Tod Friedrichs des Großen, 1786, in der Potsdamer Garnisonskirche aufgeführt wurde und um dieselbe Zeit seine ersten Klavierstücke und Lieder im Druck erschienen. Er trat 1791 in den Singverein seines Lehrers Carl Friedrich Fasch, die spätere »Singakademie«, ein und übernahm 1800 die Leitung der Chorinstitution, die besonders durch ihre Bach-Pflege hohe kulturelle Bedeutung gewann; 1806 wurde er zum Ehrenmitglied und Assessor in die Königliche Akademie der Künste gewählt und 1809 zum Professor für Musik ernannt. Sein Hauptverdienst lag in seinem Bemühen um eine Neuordnung des Musikwesens in Staat und Stadt, in Kirche und Schule. Neben der »Singakademie« errichtete er eine »Ripienschule« und (1809) eine »Liedertafel«, die zum Vorbild aller späteren Männergesangsvereine wurde, und gründete 1822 das »Königliche Institut für Kirchenmusik«, die

spätere »Staatliche Akademie für Kirchen- und Schulmusik«, deren Leiter er wurde, und 1829 ein Seminarium für Musik an der Universität, das ebenfalls ihm unterstand. Er dirigierte außer der »Singakademie« ständige wöchentliche Orchesterkonzerte und einen Studentenchor und war auch als privater Musiklehrer tätig. Er starb am 15. 5. 1832 in Berlin.

WERKE

An der Spitze der Kompositionen von Carl Friedrich Zelter steht sein Liedschaffen. Er schrieb über 200 Lieder, darunter viele auf Texte von Johann Wolfgang von Goethe, der seine Vertonungen besonders schätzte, »weil sie nach seinem Sinne das Eigenleben der Dichtung nicht durch zuviel Musik störten, sondern den Stimmungsgehalt nur musikalisch unterstrichen«. Einige davon wie »Der König von Thule« und »Herr Urian« sind volkstümlich geworden. Veröffentlicht wurden »12 Lieder«, »Sämtliche Lieder, Balladen, Romanzen«, »Neue Sammlung« und »6 Deutsche Lieder für eine Altstimme«. Alle Lieder entsprachen durchaus der Forderung Goethes nach wenig Musik. Zelter schrieb außerdem Männerchöre und einige Kantaten, Opernszenen, geistliche Gesänge, Sinfonien, Klavierstücke und Instrumentalkonzerte, von denen das Bratschenkonzert zu unserer Zeit neu herausgebracht wurde. Die Neuauflagen der Lieder konnten zu ihrer Belebung wenig beitragen, weil die meisten von Vertonungen späterer Meister inzwischen überholt worden sind.

LITERATUR

J. Müller-Blattau, Karl Friedrich Zelter, Maurermeister und Musiker, Deutsches Jahrbuch für Musikwissenschaft II, 1957.

Angelo Tarchi (um 1759–1814)

ZEIT UND UMWELT

Während London für italienische Opern noch immer voll aufnahmebereit war, kam es um die Wende zum 19. Jahrhundert in Paris nicht selten zu Ablehnungen. Die Anzahl der französischen Opern nahm zu, so daß die Opernhäuser wählerischer sein mußten, weil das Publikum nicht einheitlich aus Liebhabern italienischer Musik bestand wie in England.

LEBEN

Angelo Tarchi wurde um 1759 in Neapel geboren, wurde dort am Conservatorio della Pietà de'Turchini von Lorenzo Fago (13. 8. 1704, Neapel, bis 30. 4. 1793), Sohn des Nicola Fago, Organist und Kapellmeister an Tesoro di San Gennaro und ab 1737 Lehrer am Conservatorio, und von Nicola Sala ausgebildet und brachte 1778 seine erste Opera buffa mit großem Erfolg heraus, so daß er bei allen italienischen Bühnen Eingang fand. Auch in London schnitt er 1789 mit 2 Opern gut ab, während er ein Jahr darauf in Paris nur wenig Anklang fand. Er ließ sich dennoch in der Stadt nieder und brachte eine Reihe seiner Opern zur Aufführung, blieb aber erfolglos, so daß er sich ab 1802 bis zu seinem Tod am 19. 8. 1814 nur mehr dem Gesangunterricht widmete.

WERKE

Außer 57 Opern verfaßte Angelo Tarchi einige schöne Instrumentalwerke und einige Kirchenmusik, die nicht erhalten ist.

Melchor López Jiménez (1759–1822)

ZEIT UND UMWELT

Die spanische Kirchenmusik hielt sich auch in den ersten Jahrzehnten des 19. Jahrhunderts von allen Formen der Theatermusik fern. Das galt im verstärkten Maß für die Kapellen außerhalb von Madrid. Ein Zusammenfließen mit außerkirchlichen Stilformen konnte erst stattfinden, als sich eine Profanmusik über die fallweisen Klavierkompositionen der Bühnenkomponisten hinaus entwickelt hatte.

LEBEN

Melchor López Jiménez wurde 1759 in Hueva, Guadalajara, geboren und an der Maîtrise der Königlichen Kapelle in Madrid ausgebildet. Von 1784 bis zu seinem Tod im Jahr 1822 wirkte er als Kapellmeister und Kanoniker an der Kathedrale von Santiago de Compostela.

WERKE

Von Melchor López Jiménez sind zahlreiche sakrale Werke – Messen, Offertorien und andere Proprien – überliefert. Ihr Stil ist klangreich, aber konservativ.

François Joseph Darcis
(1759 bis nach 1783)

ZEIT UND UMWELT

Die musikalischen Wunderkinder, die die Musikgeschichte kennt, waren in den meisten Fällen nur Frühbegabungen, die von ehrgeizigen und geldgierigen Eltern präsentiert wurden und dadurch in nicht wenigen Fällen nicht mehr gutzumachende gesundheitliche oder psychische Schäden erlitten. Durch eine frühe Berühmtheit aus der normalen Entwicklungsbahn des Menschen geworfen, fanden sie sich zumeist im Leben nur schwer zurecht oder starben früh an den in der Kindheit durchgemachten Strapazen.

LEBEN

François Joseph Darcis (d'Arcis, Darcy) wurde 1759 in Wien geboren und kam in Kindheitsjahren nach Paris, wo er von André Modest Grétry Unterricht erhielt. Er begann bereits mit 9 Jahren, in London und Paris als Pianist und Organist aufzutreten und Kompositionen zu veröffentlichen. Wegen Schwierigkeiten mit der Polizei verließ er Frankreich und ging nach Rußland, wo er 1778 eine russische Oper herausbrachte. Er starb vermutlich bald nach 1783 in Rußland.

WERKE

Bei seinem ersten Auftreten im Jahr 1771 im Concert spirituel spielte François Joseph Darcis seine 6 Sonaten für Cembalo oder Pianoforte. Neben 3 französischen Opern und einer russischen schrieb er 6 weitere Sonaten für Cembalo oder Pianoforte mit Violine und für Klavier arrangierte Arien.

François Devienne (1759–1803)

ZEIT UND UMWELT

Die von Jacques Hotteterre (um 1680–1761) konstruierte Flötentype war um 1800 mit einigen Verbesserungen immer noch in Gebrauch und wurde erst ungefähr 50 Jahre später von der Böhm-Flöte, die Theobald Böhm (1794–1881) baute, abgelöst. Es gab jedoch während der gesamten Zeit, in der nur die ältere Type zur Verfügung stand, bedeutende Virtuosen auf diesem Instrument, deren Kompositionen auch mit der neueren, um vieles leichter spielbaren Flöte erhebliche Schwierigkeiten bereiteten.

LEBEN

François Devienne wurde am 31. 1. 1759 in Joinville, Haut-Marne, geboren. Er war Flöten- und Fagottvirtuose und Mitglied der Musikbande der Pariser Schweizergarde. Ab 1789 spielte er im Théâtre de Monsieur; von 1795 bis 1802 wirkte er als Flötenlehrer am Conservatoire. Er starb am 6. 9. 1803 in Charenton.

WERKE

François Devienne, der letzte große Flötenvirtuose, ehe das Instrument seine heutige Form erhielt, verfaßte neben 11 Opern und Singspielen Sonaten für Cembalo oder Pianoforte mit Violine oder Flöte, Soli für Flöte und Generalbaß, Sonaten für Flöte, für Klarinette, für Fagott, für Violine und Generalbaß, Duos für zwei Flöten, für zwei Klarinetten, für zwei Fagotte, für zwei Flageoletts, für zwei Violinen oder Flöte mit Violine, für Flöte und Bratsche, für Klarinette und Fagott, Trios für zwei Flöten, für zwei Flöten und Generalbaß, für Flöte, Violine und Generalbaß, für Flöte, Bratsche und Generalbaß, für zwei Klarinetten und Fagott, für Horn, Klarinette und Fagott, für Violine, Fagott und Generalbaß, für Klavier, Flöte und Fagott oder Cello, Quartette für Flöte, Violine, Bratsche und Cello, für Fagott, Violine, Bratsche und Generalbaß, eine Sonate für Klavier, Flöte, Horn und Bratsche, 13 Konzerte für Flöte und Orchester, mehrere Konzerte für Fagott und Orchester, eine Sinfonie

»La Bataille de Jemmapes« (Die Schlacht von Jemmapes), eine Harmoniemusik, Ouvertüren für Blasinstrumente, weitere Sinfonien und Konzerte. Alle diese Werke werden zu einem großen Teil heute noch gespielt; vieles davon wurde zu unserer Zeit neu aufgelegt. An Vokalmusik schrieb er Arien, Romanzen, Hymnen und patriotische Gesänge.

LITERATUR

E. Humblot, Un musicien joinvillois de l'époque de la Révolution, François Devienne, Saint-Dizier 1909.

Antonio Bartolomeo Bruni
(1759–1821)

ZEIT UND UMWELT

Die Tendenz, französische Opern den italienischen vorzuziehen, verstärkte sich im letzten Jahrzehnt des 18. Jahrhunderts. Daher verstanden sich auch zugewanderte Italiener dazu, französische Opern auf die Bühne zu bringen. Wenn sie auch den Stil ihrem Gastland anglichen, konnte der Erfolg nicht ausbleiben.

LEBEN

Antonio Bartolomeo Bruni wurde am 2. 2. 1759 in Cuneo, Piemont, geboren. Er war in Turin Schüler von Gaetano Pugnani. Im Jahr 1780 kam er nach Paris und wurde Violinist an der Comédie Italienne, dann 1789 Orchesterdirigent am Théâtre de Monsieur, sodann an der Opéra Comique und an der Opéra Italienne. Zwischen 1785 und 1801 führte er 18 französische komische Opern auf, dann zog er sich in seine Heimat zurück. Von 1814 bis 1815 kehrte er nach Paris zurück, um 2 Opern aufzuführen. Da er damit einen nur mäßigen Erfolg errang, ging er nach Cuneo zurück, wo er am 5. 8. 1821 starb.

WERKE

Außer seinen Opern verfaßte Antonio Bartolomeo Bruni Etüden für Violine, Sonaten für Bratsche und Piano, Duos für zwei Violinen, Violine und Bratsche oder zwei Bratschen, die einen bedeutenden Wert hatten, Trios für zwei Violinen und Bratsche und Streichquartette. Er verfaßte auch ein Lehrwerk für Violine und eines für Viola alta.

Friedrich Rellstab (1759–1813)

ZEIT UND UMWELT

Wie Dirigenten und Virtuosen von der Fülle an Musik, die sie wiedergeben, angeregt werden, selbst zu komponieren, neigen auch Musikverleger dazu, eigenes auf den Markt zu bringen. Es zeigt sich dabei nicht selten, daß die Meinung von Interpreten, Dirigenten, Lehrern, Verlegern und Musikalienhändlern, sie seien schon durch ihre Beschäftigung zur Komposition prädestiniert, irrig ist.

LEBEN

Johann Karl Friedrich Rellstab wurde am 27. 2. 1759 in Berlin geboren. Er wurde von Johann Friedrich Agricola und von Carl Friedrich Fasch gründlich, aber vor allem theoretisch ausgebildet, mußte aber nach dem Tod seines Vaters dessen Druckerei übernehmen, der er einen Musikalienhandel und einen Notenverleih anschloß. Er versuchte auch, Liebhaberkonzerte zu organisieren, was nicht glückte. Als er durch den Krieg 1806 sein Vermögen verlor und 1812 die Druckerei schließen mußte, war er Musiklehrer, Kritiker und Musikschriftsteller. Er starb am 19. 8. 1813 in Berlin.

WERKE

Außer einem nie aufgeführten Singspiel und einigen Kantaten verfaßte Friedrich Rellstab mehrere Sinfonien, Ouvertüren und Lieder. Seine Bedeutung lag auf dem Feld der Musiktheorie und Musikdidaktik. Auch seine Kritiken und sonstigen schriftstellerischen Arbeiten sind sehr interessant und beweisen ein umfangreiches musikalisches Wissen.

Johann Christian Friedrich Haeffner (1759–1833)

ZEIT UND UMWELT

Obwohl zum Ende des 18. Jahrhunderts die

nationale schwedische Musik bereits auf eine breite Basis gestellt war, wurden Kräfte aus dem Ausland, besonders aus Deutschland, gerne aufgenommen. Sie mußten sich allerdings der schwedischen Musikentwicklung einordnen und sozusagen schwedische Musiker werden.

LEBEN

Johann Christian Friedrich Haeffner wurde am 2. 3. 1759 in Oberschönau bei Schmalkalden geboren und von Johann Gottfried Vierling ausgebildet. Er kam als Kapellmeister einer Theatertruppe nach Stockholm und erhielt dort 1780 eine Organistenstelle, wurde sodann Akkompagnist, 1793 Stellvertretender und 1799 Erster Kapellmeister am Königlichen Hoftheater. Im Jahr 1808 zog er sich nach Uppsala zurück, wo er 1820 ein Domorganistenamt übernahm und am 28. 5. 1833 starb.

WERKE

Von Johann Christian Friedrich Haeffner, der sich um die schwedische Musik sehr angenommen hat, sind außer seinen 3 Opern auf schwedische Texte eine Anzahl Vokalwerke erschienen, darunter ein oft aufgeführtes Oratorium »Försonaren på Golgatha« (Der Erlöser auf Golgatha), schwedische Lieder mit Klavierbegleitung, ein schwedisches Choralbuch, das die alten Choralmelodien des 17. Jahrhunderts wiederherstellte, eine schwedische Messe im alten Stil und eine vierstimmige Bearbeitung altschwedischer Lieder. Er ging von dem Gedanken aus, daß eine Musikentwicklung durch Einbeziehung echten Volksliedgutes am meisten gefördert wird.

Jean Lebrun (1759–1809)

ZEIT UND UMWELT

Als Dämpfer werden bei Blechblasinstrumenten heute durchbohrte Kegel aus Holz oder Metall verwendet, die in die Stürze einzuschieben sind. Beim Horn ohne Ventile erhöhte sich der Ton um einen oder zwei Halbtöne, weil der Dämpfer die Mensur veränderte. Gedämpfte Trompeten wurden bereits im 16. Jahrhundert geblasen, bei Hörnern wurden im 18. Jahrhundert Dämpfer für Echoeffekte eingesetzt.

LEBEN

Jean Lebrun wurde am 6. 4. 1759 in Lyon geboren. Er war Schüler von Jan Václav Stich und von Jean Joseph Rodolphe im Hornspiel, dann von 1786 bis 1792 erster Hornist an der Pariser Opéra und anschließend an der Berliner Hofoper. Nach einer längeren Konzertreise im Rheingebiet und in den Niederlanden kehrte er 1808 nach Paris zurück, wo er 1809 starb.

WERKE

Von dem bedeutenden französischen Hornisten Jean Lebrun, der besonders durch seine hohen Töne berühmt war, sind mehrere Hornkonzerte handschriftlich erhalten. Man schrieb ihm die Erfindung des Horn-Dämpfers zu; er dürfte ihn aber nur sehr oft angewendet haben.

Jacques Christian Michel Widerkehr (1759–1823)

ZEIT UND UMWELT

Das 1770 in Paris gegründete »Concert des amateurs« (Liebhaberkonzert) nahm nach seiner Übersiedlung in die Galerie Henri III den Titel »Concert de la Loge Olympique« an, das nach der Aufführung mehrerer Sinfonien von Joseph Haydn die 6 Pariser Sinfonien bestellte. Wie das Concert spirituel war diese Konzertvereinigung äußerst selektiv.

LEBEN

Jacques Christian Michel Widerkehr wurde am 18. 4. 1759 in Straßburg geboren. Er war Schüler von Franz Xaver Richter. Im Jahr 1783 trat er in Paris im Concert spirituel und im Concert de la Loge Olympique als Cellist auf. Ob er eine musikalische Stelle innehatte, ist nicht bekannt, jedenfalls betätigte er sich bis zu seinem Tod im April 1823 in Paris als Cellist, Cellolehrer und Komponist.

Sein Bruder Philippe Widerkehr (um 1770,

Straßburg, bis nach 1816, Paris) wirkte als Posaunist in der Musikbande der Nationalgarde, am Théâtre de la Cité und an der Opéra und von 1795 bis 1816 als Gesanglehrer am Conservatoire.

WERKE
Von Jacques Christian Michel Widerkehr sind Pianosonaten mit Violine und Generalbaß, Trios, 3 Bücher mit Streichquartetten, 2 Streichquintette und 6 Quintette für Piano und Bläser erschienen. Seine Musik gehört bereits der Vorromantik an.
Philippe Widerkehr hat 2 Bücher mit Potpourris für Pianoforte veröffentlicht.

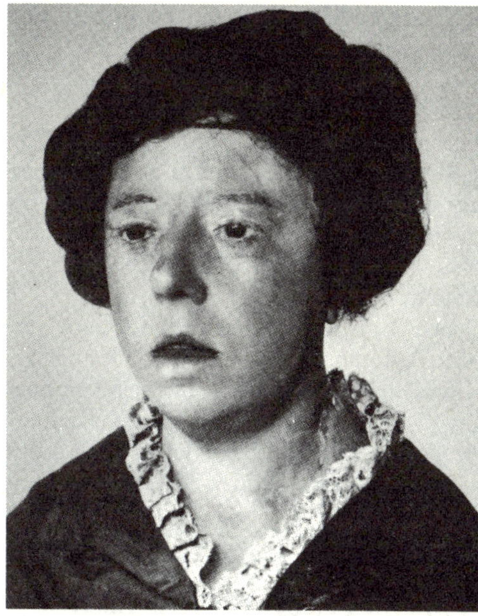

Maria Theresia von Paradis, Wachsbüste

Maria Theresia von Paradis
(1759–1824)

ZEIT UND UMWELT
Die öffentlichen Konzerte, die in der zweiten Hälfte des 18. Jahrhunderts in allen Musikländern immer häufiger wurden, boten auch Musikerinnen, die keine Opernsängerinnen waren, große Möglichkeiten aufzutreten. Solange nämlich die Musikausübung an Kirchen, Theater und Höfe gebunden war, konnten Frauen schwer unterkommen und wurden daher in den seltensten Fällen ausgebildet. Daß eine adelige Herkunft eine gründliche Ausbildung sehr förderte, war natürlich auch für jene Zeiten noch eine Selbstverständlichkeit.

LEBEN
Maria Theresia von Paradis wurde am 15. 5. 1759 in Wien geboren. Sie war von früher Kindheit an blind und wurde wegen ihrer offensichtlichen musikalischen Anlagen von Leopold Koželuch im Klavierspiel, von Antonio Salieri und Vincenzo Righini im Gesang und von Karl Friberth und Abbé Vogler in Komposition ausgebildet. Sie unternahm eine Konzertreise als Pianistin nach Paris, London, Brüssel und an deutsche Höfe. Nach Wien zurückgekehrt, gründete sie eine Musikschule und widmete sich bis zu ihrem Tod am 1. 2. 1824 dem Unterricht.

WERKE
Für ihre Kompositionen bediente sich Maria Theresia von Paradis einer von einem Freund erfundenen Blindenschrift. Sie schrieb ein Melodram, ein Singspiel und eine Oper, eine Trauerode auf den Tod Ludwigs XVI., ein Klaviertrio, Sonaten und Variationen für Klavier und eine Anzahl Lieder. Wolfgang Amadeus Mozart schrieb für sie ein Klavierkonzert und unterhielt zu ihr freundschaftliche Beziehungen.

LITERATUR
E. Komorzynski, Mozart und Maria Theresia Paradis, in: Mozart-Jahrbuch, 1952.

António da Silva Leite (1759–1833)

ZEIT UND UMWELT
Die Ansätze zu einer nationalen portugiesischen Musikentwicklung mehrten sich um 1800. Die Grundlage bildeten hiezu die fallweisen Cembalo- und Gitarrenkompositionen, die neben der Bühnenmusik entstanden,

und gelegentliche Kantaten zu öffentlichen Feiern.

LEBEN
António da Silva Leite wurde am 23. 5. 1759 in Pôrto geboren. Er wirkte als Kapellmeister an der Kathedrale seiner Geburtsstadt bis zu seinem Tod am 10. 1. 1833.

WERKE
Neben 2 in Pôrto aufgeführten Opern verfaßte António da Silva Leite ein Oratorium, »Gioas«, ein Tantum ergo für vier Stimmen mit Orchester, eine »Patriotische Hymne« für großes Orchester zur Krönung Königs João VI., Gesänge und Duette und 6 Sonaten für Gitarre und Violine.

Wilhelm Friedrich Ernst Bach
(1759–1845)

ZEIT UND UMWELT
Durch rund 250 Jahre war die Musikerdynastie Bach ein wesentlicher Faktor der abendländischen Musik. Mehr als 50 Mitglieder der weitverzweigten Familie hatten als Stadtpfeifer, Organisten, Kantoren, Cembalisten, Komponisten und Lehrer die Bezeichnung »Bach« und »Musiker« zum Synonym geprägt, bis der mit Abstand bedeutendste Namensträger die Musik des Barock zur Vollendung führte und abschloß. Ihm folgten die Söhne, deren Genialität wesentlichen Anteil an der Weiterentwicklung der Musik bis zur Höhe der Klassik nahm. Und die nächste Generation hatte sich mit der Last dieser Tradition auseinanderzusetzen.

LEBEN
Wilhelm Friedrich Ernst Bach wurde am 24. 5. 1759 in Bückeburg als Sohn des Johann Christoph Friedrich Bach (Bückeburger Bach) und Enkel des Johann Sebastian Bach getauft. Er war zunächst Schüler seines Vaters, der ihn 1778 zu dessen Onkel, Johann Christian Bach, nach London mitnahm und bei ihm beließ, so daß er seine Ausbildung vollenden konnte. In der Zeit bis zum Tod des Onkels (1782) trat er in London mehrmals mit Erfolg auf und machte sich als Klavierlehrer einen Namen. Sodann begab er sich nach Paris und den Niederlanden, wo er konzertierte, und ließ sich dann in Minden als Musikdirektor nieder. Den preußischen König Friedrich Wilhelm II., der nach seiner Thronbesteigung (1786) Minden besuchte, begrüßte er mit einer Kantate. Der König rief ihn 1789 nach Berlin und übertrug ihm die Funktion eines Cembalisten der Königin Friederike von Hessen-Darmstadt (1751 bis 1805); nach deren Tod wurde er Cembalist und Hofkapellmeister der Königin Luise von Mecklenburg-Strelitz (1776–1810) und Musiklehrer der preußischen Prinzen. Im Jahr 1811 zog er sich von allen Tätigkeiten zurück und starb am 25. 12. 1845 in Berlin als letzter männlicher Nachkomme Johann Sebastian Bachs.

WERKE
Von Wilhelm Friedrich Ernst Bach sind Klavierstücke, 3 Kavierkonzerte, ein Konzert für zwei Klaviere, ein Divertimento, ein Sextett, 2 Orchestersuiten, 2 Sinfonien, ein »Dreyblatt« – Pianofortestück für 6 Hände –,

Friederike von Hessen-Darmstadt

eine Anzahl Lieder und mehrere Kantaten, zumeist handschriftlich, erhalten.

LITERATUR

K. Geiringer, The Bach Family, London 1954.

Wilhelm Ferdinand Rong (1759–1842)

ZEIT UND UMWELT

Im Gegensatz zu Wien, wo die Hofkapelle in der zweiten Hälfte des 18. Jahrhunderts im Rahmen der intensiven Musikpflege der Stadt keine sehr bedeutende Rolle spielte, bildeten die einzelnen Kapellen der Angehörigen des Königshauses Berlins wichtige Sammelpunkte tüchtiger Musiker, die gemeinsam mit den bürgerlichen musikalischen Institutionen die breite Basis formten, von der ausgehend das Musikleben der Stadt im nächsten Jahrhundert sein ansehnliches Ausmaß entwickelte.

LEBEN

Wilhelm Ferdinand Rong wurde am 5. 8. 1759 in Niedertrübenwasser, Böhmen, geboren. Er wirkte ab 1786 als Kammermusiker des Prinzen Heinrich von Preußen und ab dessen Tod (1802) als Musiklehrer in Berlin, ab 1812 in Mecklenburg und von 1824 bis zu seinem Tod am 13. 11. 1842 in Bützow.

WERKE

Das Duodrama von Wilhelm Ferdinand Rong ist im Manuskript erhalten. Er verfaßte außerdem eine Messe und andere Kirchenmusik und patriotische Gesänge. Bedeutender als seine Musik waren seine Schulwerke.

František Vincenc Kramař (1759–1831)

ZEIT UND UMWELT

Im Unterschied zu unseren Zeiten kam noch weit in das 19. Jahrhundert hinein nahezu alles, was komponiert wurde, zur Aufführung, denn ältere Musik stand nicht im ausreichenden Maß zur Verfügung und fand auch nur beschränktes Interesse. Die Zahl der einzelnen Aufführungen war allerdings oft sehr niedrig, so daß der wirtschaftliche Erfolg bescheiden ausfiel. Aber es bot jedenfalls auch jungen Komponisten die Möglichkeit, vor ein Publikum zu treten, was wohl zu allen Zeiten eine der wirkungsvollsten Anregungen für einen Künstler war.

LEBEN

František Vincenc Kramař (Franz Krommer) wurde am 27. 11. 1759 in Kamenitz (Kamenice), Mähren, geboren. Er lernte von einem Verwandten das Orgelspiel und ging sodann in verschiedene Dienste nach Wien und Ungarn, wo er von 1790 bis 1795 als Kapellmeister an der Kathedrale von Pécs wirkte. Im Jahr 1810 stellte ihn das Wiener Hoftheater als Ballettkapellmeister ein, 1818 wurde er Kaiserlicher Kammerkomponist und war auch als Violinlehrer tätig. Er starb am 8. 1. 1831 in Wien.

WERKE

Von den über 300 Kompositionen, die František Kramař hinterlassen hat, wird in jüngster Zeit einiges gerechter beurteilt als früher, da man alles als seichte Vielschreiberei abtat. Viele Neuauflagen einzelner Streichquartette, Sinfonien und besonders der Klarinettenkonzerte zeugen von dem Interesse, das man nun diesem fruchtbaren Meister zuwendet. Aus der Fülle seiner Werke sind bemerkenswert: 7 Sinfonien, 10 Konzerte für Violine und andere Instrumente, 11 Stücke für Harmonieorchester, 13 Streichtrios, 30 Quintette, 40 Duos für Violinen, über 100 Streichquartette, einige Klavierstücke, zahlreiche Stücke für Streicher mit verschiedenen Blasinstrumenten, Oboenkonzerte, Klarinettenkonzerte, Suiten für Bläser, mehrere Messen und kleinere kirchenmusikalische Werke.

Klarinettenkonzert in Es-Dur, 3 Sätze, entstanden um 1803

Den 1. Satz kennzeichnen drei Themen. Das erste bringt Dreiklangmelodik und Motivwiederholung, wodurch der Satz viel Schwung erhält. Das zweite ist sehr ausdrucksvoll und kantabel, das dritte besteht aus abwärtsgerichteten Tonschritten im Raum einer Sexte. Das Soloinstrument ist in das musikalische Geschehen einbezogen. Der 2. Satz, ein Adagio, zeichnet sich durch pastorale Stimmung aus; schöne Klarinettenkantilenen werden von einer klangreichen Orchesterbegleitung getragen. Das Rondofinale ist ein echter Kehraus mit dem Charakter einer Chasse. Die Jagdmotive überstürzen einander fröhlich. Die Instrumentation des Satzes ist fein differenziert.

Carlo Angrisani (um 1760 bis nach 1817)

ZEIT UND UMWELT

Das Notturno (Nocturne) war im 18. und in der ersten Hälfte des 19. Jahrhunderts ein Divertimento beliebiger Besetzung, das zur Aufführung im Freien geschrieben war. Man verstand darunter auch ein einsätziges Stück für eine oder mehrere Singstimmen, begleitet oder unbegleitet, mit Ständchencharakter. Die Nocturne als elegisches, träumerisches Klavierstück kennt man erst seit John Field (1782–1837).

LEBEN

Carlo Angrisani wurde um 1760 in Reggio Emilia geboren. Er war Bassist, der an verschiedenen italienischen Häusern, in Wien und schließlich noch 1817 am King's Theatre in London in großen Rollen auftrat. Er dürfte einige Jahre nach 1817 gestorben sein. Sein Sterbeort ist unbekannt.

WERKE

Von Carlo Angrisani sind 2 Sammlungen Notturni für drei Singstimmen erschienen, die lange beliebt waren. Sie gehörten bereits der Vorromantik an.

Marcos Coelho Neto (um 1760–1823)

ZEIT UND UMWELT

Villa Rica, die Hauptstadt der brasilianischen Capitania Minas Gerais, war wegen ihrer ausgedehnten Gold- und Diamantenfelder außerordentlich reich und entwickelte ein intensives Musikleben, dessen Träger musikalisch sehr begabte Mulatten waren, die sich in verschiedene religiöse Bruderschaften gruppierten. Ihre Musikausbildung erhielten sie von farbigen Lehrern.

LEBEN

Marcos Coelho Neto, Filho, wurde um 1760 in Villa Rica geboren. Er gehörte zu den bedeutenden Mulattenkomponisten der Kolonialperiode Brasiliens, war Mitglied der Irmandade de São José dos Homems Pardos und wirkte in seiner Geburtsstadt bis zu seinem Tod am 23. 10. 1823 als Dirigent, Hornist und Trompeter.
Sein Vater Marcos Coelho Neto, Pai (um 1740, Villa Rica, bis 21. 8. 1806, Villa Rica), wirkte in seiner Geburtsstadt als Dirigent, Horn- und Trompetenvirtuose und Musiklehrer.

WERKE

Von Marcos Coelho Neto sind zahlreiche kirchenmusikalische Werke überliefert, von denen allerdings ein Teil seinem Vater Marcos Coelho Neto zugeschrieben werden muß. Ihr Stil geht zum Teil auf deutsche Quellen zurück. Seine bekannteste Komposition ist die Hymne »Maria mater gratiae« (Maria, Mutter der Gnade), die in Brasilien heute noch gesungen wird.

Karol Pietrowski
(um 1760 bis nach 1800)

ZEIT UND UMWELT

Obwohl zwischen den polnischen Musikern und den Kapellen in Dresden und Berlin ständig enge Bindungen herrschten, ist für die zweite Hälfte des 18. Jahrhunderts eine verstärkte Zuwendung der Polen zur Wiener Vorklassik und Klassik zu beobachten. Eine Reihe polnischer Komponisten holte sich ihre Ausbildung in Wien und gab das dort Erlernte in der Heimat an Schüler weiter.

LEBEN

Karol Pietrowski wurde um 1760 in Polen geboren. Er dürfte in Wien zum Musiker ausgebildet worden sein und an einer polnischen

Kirche als Organist oder Kapellmeister bis zu seinem Tod in den Jahren nach 1800 gewirkt haben.

WERKE
Von Karol Pietrowski sind 2 der Wiener Klassik nahestehende Sinfonien in D-Dur, ein Veni Creator für Sopran, Alt, Baß, zwei Violinen, zwei Hörner und Generalbaß und ein Offertorium »Benedictus sit Deus« (Gott sei gepriesen) für vier Singstimmen, zwei Violinen und Orgel-Generalbaß überliefert. Seine sakrale Musik ist offensichtlich konservativer als die Sinfonien.

Jean-Baptiste Cardon
(um 1760 bis 1803)

ZEIT UND UMWELT
Für Musiker, die bei Ausbruch der Französischen Revolution emigrierten, war Rußland ein verheißungsvolles Ziel, falls sie aus einer Stellung am französischen Hof kamen. Zarin Katharina II. gab sich allerdings mit dem Nimbus, der Guillotine entronnen zu sein, allein nicht zufrieden. Die Musiker mußten auch den Anforderungen ihrer neuen Stellung entsprechen.

LEBEN
Jean-Baptiste Cardon wurde um 1760 in Rethel als Sohn des Jean Guillain Cardon geboren. Er bildete sich zum Harfenvirtuosen aus und stand in Diensten des nachmaligen Königs Karl X.; darauf wurde er Musiklehrer am Hof zu Versailles. Als die Revolution ausbrach, floh er nach Rußland und erhielt die Konzertmeisterstelle am Zarenhof, die er bis zu seinem Tod am 11. 3. 1803 betreute.

WERKE
Von Jean-Baptiste Cardon erschienen mehrere konzertante Sinfonien und zahlreiche Harfenstücke. Noch in Paris brachte er eine Harfenschule mit 2 Harfensonaten heraus, die viel verwendet wurde.

P. Kenn (um 1760 bis nach 1808)

ZEIT UND UMWELT
Deutsche Blechbläser – Hornisten, Trompeter, Posaunisten – waren in Paris bei den verschiedenen Orchestern und der Harmoniekapelle der Nationalgarde besonders willkommen, weil ihr hoher Ausbildungsstand bekannt war. Es handelte sich in vielen Fällen um Abkömmlinge von Stadtpfeiferfamilien mit alter Tradition.

LEBEN
P. Kenn – der Vorname ist nicht überliefert – wurde um 1760 in Deutschland geboren, wo er als Bläser bereits einen Namen gewonnen hatte, als er 1782 nach Paris übersiedelte und als zweiter Hornist zum Opernorchester kam. Ab 1791 wirkte er gleichzeitig in der Musikbande der Nationalgarde und von 1795 bis 1802 als Hornlehrer am Konservatorium. Im Jahr 1808 wurde er pensioniert und starb einige Jahre darauf vermutlich in Paris.

WERKE
Von P. Kenn erschienen zahlreiche Stücke für Hörner und andere Blasinstrumente – Duos, Trios, Divertissements –, die lang zum festen Repertoire der französischen Harmoniekapellen gehörten.

Pietro Belloni (um 1760 bis nach 1822)

ZEIT UND UMWELT
Die Konservatorien Neapels hatten zu ihrer Zeit in der gesamten musikalischen Welt einen hervorragenden Ruf. Für Musiker, die dort ausgebildet wurden, bildete dies von vornherein eine starke Empfehlung. Das gleiche galt im erhöhten Maß für ehemalige Lehrer jener Schulen.

LEBEN
Pietro Belloni wurde um 1760 in Mailand geboren. Er war Gesanglehrer am Conservatorio Sant'Onofrio in Neapel, ehe er um 1800 nach Paris ging, wo er als Komponist und gesuchter Gesanglehrer bis zu seinem Tod nach 1822 tätig war.

WERKE
Von Pietro Belloni wurden zwischen 1801 und 1804 mehrere Ballette aufgeführt. Bellonis Bedeutung begründete aber seine Gesangschule, die 1822 erschien und lang in Benützung stand.

William Dixon (um 1760–1825)

ZEIT UND UMWELT
Lange vor der Gründung der Philharmonic Society (1840) fanden in Liverpool Sinfonie- und Kammermusikkonzerte statt. Die ersten Musikfestspiele wurden 1784 abgehalten. Die musikalischen Veranstaltungen bestritten allerdings noch Kräfte aus London oder Ausländer, mit Ausnahme der Kirchenmusik, die von eigenen Kapellen und fest angestellten Organisten und Kapellmeistern besorgt wurde.

LEBEN
William Dixon wurde um 1760 in London geboren. Er lebte als Komponist, Schriftsteller, Lehrer und Musikdrucker teils in seiner Geburtsstadt, teils in Liverpool, wo er an All Saint's Church wirkte. In London betätigte er sich vorwiegend als Gesanglehrer. Er starb im Jahr 1825 in London.

WERKE
Von William Dixon ist unter dem Titel »Psalmodia Christiana« eine Sammlung Kirchenmusik erschienen, unter »Euphonia« brachte er 62 Psalmen- und Hymnenmelodien für seine Kirche in Liverpool heraus, »Moralities« nannte er seine vertonten Verse über Musik, Freundschaft, Geiz und Wohltun. Einige seiner Hymnen sind in Sammelwerken erschienen. Er verfaßte auch eine Gesangschule.

Johann David Hermann
(um 1760–1846)

ZEIT UND UMWELT
Paris mit seinen vielseitigen Betätigungsmöglichkeiten für Musiker zog auch viele Meister aus Deutschland an. Auch die wußten, daß ein erfolgreicher Auftritt im Concert spirituel sozusagen die Aufnahmeprüfung für einen Wirkungskreis in der Musikstadt darstellte.

LEBEN
Johann David Hermann wurde um 1760 in Deutschland geboren. Er kam nach seiner Ausbildung zum Pianisten 1785 nach Paris und trat im Concert spirituel auf. Die darauf erfolgte Ernennung zum Klavierlehrer der Königin Marie Antoinette veranlaßte ihn, sich endgültig in der Stadt niederzulassen. Obwohl er seine Stellung 1789 verlor, blieb er als Pianist und Klavierlehrer bis zu seinem Tod im Jahr 1846 in Paris.

WERKE
Von Johann David Hermann sind eine Anzahl Sonaten und Potpourris für Pianoforte und 6 Pianofortekonzerte erschienen, die den endgültigen Sieg des neuen Tasteninstruments über das Cembalo anzeigten.

Charles Bonjour (um 1760 bis um 1810)

ZEIT UND UMWELT
Es ist bezeichnend, daß der erste französische Komponist, der für sein Werk das Pianoforte ausdrücklich vorschreibt, ein berühmter Orgelvirtuose (Jean-François Tapray) war, denn mit ihren vielen Klangmöglichkeiten zeigt gerade die Orgel, wie stark sich eine Komposition verändert, wenn Klangfarben ausgetauscht werden. Orgelkomponisten schreiben daher nach ganz spezifischen Klangvorstellungen, die sie erhalten wissen wollen. Sie bestimmen die Registrierung auf ihrem Instrument und verlangen, daß auch andere Kompositionen von dem Instrument gespielt werden, für das sie geschrieben haben.

LEBEN
Charles Bonjour wurde um 1760 in Paris geboren. Er war Orgelvirtuose, folgte Jean-François Tapray als Organist an St-Louis 1786 nach und versah diesen Dienst mit eini-

ger Unterbrechung während der Revolution bis zu seinem Tod um 1810.

Werke
Von Charles Bonjour sind eine Anzahl Triosonaten für (speziell vorgeschriebenes) Pianoforte und Violine und unter dem Titel »Les Distractions musicales« (Musikalische Zerstreuung) eine Reihe Präludien erschienen. Er war auch als Musikschriftsteller tätig.

Florenz

J. D. Benser (um 1760 bis nach 1790)

Zeit und Umwelt
Auch in England hatte sich gegen das Ende des 18. Jahrhunderts das Pianoforte so weit durchgesetzt, daß es schon seltener wahlweise mit dem Cembalo vorgeschrieben wurde. Die Musikverleger zeigten zwar noch durch längere Zeit die Möglichkeit an, Kompositionen für das neue Tasteninstrument auch auf dem Cembalo zu spielen; daß es sich dabei nur um eine mangelhafte Wiedergabe handeln konnte, mußte dabei nicht vermerkt werden.

Leben
J. D. Benser – die Vornamen sind unbekannt – wurde um 1760 vermutlich in London geboren. Er lebte als Cembalist und Pianist in seiner Geburtsstadt und wirkte vermutlich auch als Lehrer. Es ist unsicher, wann er nach 1790 gestorben ist. Der Ort seines Todes ist nicht feststellbar.

Werke
Von J. D. Benser sind Sonaten für Pianoforte und Violine, für Pianoforte allein und Übungsstücke für Pianoforte erhalten, außerdem 5 Sonaten für Pianoforte oder Cembalo mit Violine oder Querflöte.

Francesco Giovanni Giuliani (um 1760 bis nach 1820)

Zeit und Umwelt
Während in Paris die Mandoline kaum mehr gespielt wurde, so daß man bei einer Aufführung des »Don Giovanni« von Wolfgang Amadeus Mozart für die Begleitung des Ständchens sich mit einem Pizzicato von Violinen behelfen mußte, weil in der ganzen Stadt kein Mandolinist aufzutreiben war, konnten solche Schwierigkeiten in Wien nicht entstehen, wo die Pflege dieses Instruments nie eine Unterbrechung erfahren hatte.

Leben
Francesco Giovanni Giuliani wurde um 1760 in Florenz geboren. Er war Schüler von Pietro Nardini und wirkte nach seiner Ausbildung als Violinist am Teatro Nuovo in seiner Geburtsstadt. Um 1800 hielt er sich in Wien auf und gab Violin- und vor allem Mandolinkonzerte. Er starb nach 1820 in Florenz.

Werke
Von Francesco Giovanni Giuliani sind 2 Streichquartette, 3 Cembalokonzerte, 6 Pianofortesonaten, ein Quintett für Flöte und Streichquartett, eine Sinfonie und 6 Quartette für Mandoline, Violine, Cello oder Bratsche und Laute erhalten.

Quartett in A-Dur für Mandoline, Violine, Bratsche und Laute, 2 Sätze
Das Stück besteht aus 2 Allegrosätzen und folgt dem vorklassischen Stil. Die Grundform der Sonate mit Exposition, Durchführung und Reprise ist eingehalten wie der Themendualismus. Es kommt aber zu keiner thematischen Gegeneinanderführung, die Musik bleibt liebenswürdig und gefällig. Die führende Rolle fällt nahezu immer der Violine zu, die Harmonisierung ist

einfach. Die Kombination von zwei Streich- und zwei Zupfinstrumenten verleiht dem Stück einen besonderen Reiz.

Charles Lochon (um 1760 bis nach 1817)

ZEIT UND UMWELT
Trotz des Überhandnehmens der Vertreter des bodenständigen Kompositionsstils und der heimischen Technik des Violinspiels gab es genügend Anhänger der italienischen Faktur, die sich, von einem italienischen Meister abgeleitet, von Lehrer auf Schüler vererbt erhielt.

LEBEN
Charles Lochon wurde um 1760 in Lyon geboren. Er wirkte ab 1777 als erster Violinist an der Comédie de Bordeaux, ging 1780 nach Paris und spielte neben Julien Bertheaume, dessen von Felice de Giardini geerbten Stil er übernahm, als Violinist im Concert spirituel; 1783 wurde er Violinlehrer. Er starb nach 1817 in Paris.

WERKE
Von Charles Lochon sind 6 Duos für zwei Violinen, eine Sinfonie für zwei Oboen, zwei Hörner und Streicher, zwei konzertante Sinfonien für zwei Soloviolinen, zwei Oboen, zwei Hörner und Streicher und ein Divertimento für zwei Violinen, zwei Oboen, zwei Hörner, Bratsche, Fagott und Kontrabaß erhalten. Der Stil entspricht dem zeitgenössischen italienischen, weist aber viele romantische Elemente auf.

Jean-Baptiste Rey (um 1760–1822)

ZEIT UND UMWELT
Es hat immer wieder Meister gegeben, die nahezu ohne fremde Anleitung ein oder mehrere Instrumente bis zu einer hohen Perfektion erlernten, indem sie nach dem Aristotelischen Lehrsatz vorgingen, daß man »Harfe spielen lernt, indem man Harfe spielt«. Sie begannen ihren Aufstieg in kleinen Kapellen, wo ihr Können ausreichte, und lernten durch die Praxis, durch das Beispiel anderer und durch einschlägige Literatur, ja sogar durch den Unterricht, den sie erteilten.

LEBEN
Jean-Baptiste Rey wurde um 1760 in Tarascon geboren. Er soll sich im Selbstunterricht zum Cembalisten, Violinisten und Cellisten ausgebildet haben. In den Kathedralen von Viviers und von Uzes wirkte er als Kapellmeister, bis er 1785 nach Paris ging und sich dort als Musiklehrer niederließ. Ein Jahr darauf wurde er bereits als Cellist in das Opernorchester aufgenommen und blieb in dieser Stelle bis zu seinem Tod im Jahr 1822.

WERKE
Von Jean-Baptiste Rey kam ein Potpourri beliebter Melodien für Pianoforte heraus, außerdem 12 Cellosonaten. Er schrieb ein Lehrwerk und eine musiktheoretische Abhandlung.

Juan Manuel Olivares
(um 1760 bis nach 1800)

ZEIT UND UMWELT
Pedro Ramón Palacios y Sojo (17. 1. 1739, Valle de Santa Cruz de Pacayrigua bei Caracas, bis Juli 1799, Caracas) errichtete in Caracas ein Oratorium nach dem Vorbild des Filippo Neri (1515–95) in Rom, das zum Ausgangspunkt der Musikentwicklung im kolonialen Caracas im 18. Jahrhundert wurde.

LEBEN
Juan Manuel Olivares wurde um 1760 in Caracas geboren. Er war der älteste Musiker der von Pedro Ramón Palacios y Sojo eingeleiteten Musikblüte der Kolonialperiode von Caracas. Er starb nach 1800 vermutlich in Caracas.

WERKE
Von Juan Manuel Olivares sind zweistimmige Motetten mit Generalbaß, Vesperpsalmen mit Streicher- und Bläserbegleitung, ein dreistimmiges Salve regina mit Orchester, ein

vierstimmiges Stabat mater mit Orchester und Karfreitagslamentationen mit großem Orchester erhalten.

LITERATUR

J. B. Plaza, Juan Manuel Olivares, el mas antiguo compositor venezolano, Caracas 1960.

Louis Charles Ragué
(um 1760 bis nach 1793)

ZEIT UND UMWELT

Die breite Spielmöglichkeit der neu erfundenen Doppelpedalharfe verschaffte ihr in die Pariser Salons Eingang, wo sie mit ihrem vollen und dennoch weichen Klang, ja sogar durch ihre Gestalt und Spielgebärde der poetischen Neigung jener elitären Gesellschaft entgegenkam wie kein anderes Instrument.

LEBEN

Louis Charles Ragué wurde um 1760 vermutlich in Paris geboren. Er war ab ungefähr 1783 Schüler von Antonio Maria Gasparo Sacchini, setzte aber schon im selben Jahr mit der Publikation seiner Kompositionen ein, die, dem Zug der Zeit entsprechend, vorwiegend der Harfe gewidmet waren. Nachdem die Salons, für die er vor allem komponierte, 1789 ihre gesellschaftliche Funktion vorläufig verloren hatten, betätigte er sich als Musiklehrer bis zu seinem Tod nach 1793 in Moulins.

WERKE

Von Louis Charles Ragué sind außer 2 Opern, einem Ballett und einem Oratorium zahlreiche Sonaten für Harfe – solo oder mit Begleitung verschiedener Instrumente –, Harfenkonzerte, Arrangements von Arien für Harfe und 3 Sinfonien für großes Orchester erschienen. Seine Harfenmusik, die viel im Concert spirituel gespielt wurde, stand unter dem Einfluß des Mannheimer Stils und der aufkommenden französischen Romantik. Er verfaßte auch eine Harfenschule mit Übungsbeispielen.

Vincenzo Rastrelli (1760–1839)

ZEIT UND UMWELT

Für die Zeit, in der neben den ausgesprochenen Opernkomponisten in Italien Kirchenmusiker, Sänger, Instrumentalisten, Musiklehrer und Musikologen zumindest einige Opern geschrieben haben, drängt sich die Frage auf, ob es überhaupt einen italienischen Komponisten gegeben hat, der keine Oper verfaßte. Es gab in der Tat nicht viele, die abstinent blieben und zugleich ihre Komposition vom Einfluß der Oper frei hielten.

LEBEN

Vincenzo Rastrelli wurde 1760 in Fano geboren. Er war Schüler von Stanislao Mattei, also ein Enkelschüler von Padre Martini. Nach der Ausbildung wurde er Domkapellmeister in Fano. Hernach wirkte er als Komponist an der Hofkirche in Dresden, ging 1802 für 4 Jahre nach Moskau und betätigte sich anschließend als Gesanglehrer des Königlichen Hofes in Dresden bis zu seinem Tod am 20. 3. 1839.

WERKE

Von Vincenzo Rastrelli sind eine Messe, ein Kyrie, mehrere Magnificat und Offertorien überliefert. Weitere Kirchenmusik ist verlorengegangen. Sein Stil entsprach den von Padre Martini verfochtenen Grundsätzen.

Harriet Abrams (1760 bis um 1830)

ZEIT UND UMWELT

Berühmte Sängerinnen konnten ohne Schwierigkeit eigene Liedkompositionen bei Verlegern unterbringen, und man erlaubte ihnen, bei Konzerten auch eigene Werke zum besten zu geben. Daß sie komponierten, wurde ihnen eben als liebenswürdige Eigenheit gutgeschrieben. Geschätzt wurden sie selbstverständlich nur wegen ihrer Interpretation. Das kann man zumeist auch daran sehen, daß ihre eigenen Lieder sofort vergessen wurden, sobald sie selbst von der Bühne oder vom Konzertpodium abtraten.

LEBEN

Harriet Abrams wurde 1760 vermutlich in London geboren. Sie war Schülerin von Thomas Augustine Arne und trat zuerst in Stükken ihres Lehrers als Sopran am Drury Lane Theatre auf. Die gefeierte Sängerin zog sich noch vor 1800 in das Privatleben zurück und starb um 1830 in London.

WERKE

Harriet Abrams verfaßte eine Reihe Lieder, von denen einige sehr populär wurden. Im Jahr 1787 brachte sie eine größere Sammlung davon heraus und außerdem eine Sammlung von für drei Stimmen harmonisierte schottische Lieder, die sie mit ihren Schwestern Theodosia Abrams und Eliza Abrams (genaue Lebensdaten sind nicht bekannt) mit Erfolg vortrug.

Ádám Pálóczi Horváth (1760–1820)

ZEIT UND UMWELT

Johann Gottfried von Herder regte seine Zeitgenossen zur Besinnung auf die Geschichte des eigenen Volkes an und legte mit seinen Gedanken die geistigen und stofflichen Grundlagen zur Romantik. Er weckte das Selbstbewußtsein der »jungen« Völker Osteuropas, das diese durch Sammeln und Studieren ihres Volksmusik- und Volkssagengutes untermauerten.

LEBEN

Ádám Pálóczi Horváth wurde 1760 in Kömlöd geboren. Er war der erste Sammler von ungarischen Volksmelodien. Über sein Leben ist nichts bekannt. Er starb im Jahr 1820 in Nagybajom.

WERKE

Die von Ádám Pálóczi Horváth 1813 herausgebrachte Sammlung »alter und neuer Gesänge« beinhaltet 366 ungarische Volksmelodien – Lieder und Tänze –, davon 43 vom Herausgeber selbst. Sie sind eine wertvolle Quelle für die ungarische Musikforschung. Einzelnes davon wird noch heute gesungen oder gespielt.

Johann Rudolf Zumsteg (1760–1802)

ZEIT UND UMWELT

Die Balladenkomposition des ausgehenden 18. Jahrhunderts in der Form einer durchkomponierten Verserzählung mit farbiger Tonmalerei und drastischer Aktionsschilderung machte auf die Zeitgenossen einen tiefen Eindruck. Wenn wir ihn nicht mehr entsprechend nachempfinden können, liegt die Ursache bei Franz Schubert (1797–1828), der selbst wohl ebensostark davon gefesselt wurde, aber der Welt Balladen schenkte, die alles Vorangehende abwerteten.

LEBEN

Johann Rudolf Zumsteg wurde am 10. 1. 1760 in Sachsenflur, Odenwald, geboren. Er wurde als Sohn eines Bediensteten des Stuttgarter Hofes 1770 in die Karls-Schule aufgenommen, wo er sich mit Friedrich von Schiller anfreundete. Er erhielt Musikunterricht und wurde 1781 als Cellist in die Hofkapelle aufgenommen, 1785 als Cellolehrer bestellt und 1793 zum Hofkapellmeister ernannt. Er starb am 27. 1. 1802 in Stuttgart.

WERKE

Die Bedeutung von Johann Rudolf Zumsteg

Friedrich von Schiller, Stich von K. Küchler

fußt auf seiner bahnbrechenden Balladenkomposition. Er veröffentlichte davon 7 Bücher, außerdem 4 Bände Kantaten und eine Reihe weiterer Lieder, »Die Frühlingsfeier«, eine Ode für Deklamation und Orchester, eine Anzahl Opern und Schauspielmusiken, darunter zu »Die Räuber« von Friedrich von Schiller, zu der der Dichter meinte: »Daß man den Text bei der Musik vergessen wird.« Er schrieb außerdem ein Cellokonzert, Duette mit Cello, Sinfonien und Messen. Seine Musik führt bereits ein gutes Stück der Romantik entgegen.

Literatur

H. v. Hase, Johann Rudolf Zumsteg, in: Zeitschrift für Musikwissenschaft II, 1919/20.

Jacques Georges Cousineau (1760–1836)

Zeit und Umwelt

Die Entwicklung der Harfe zur vollen Modulationsfähigkeit und Chromatik eröffnete der Musik eine neue Klangwelt, die sowohl dem Rokoko wie der Romantik voll entsprach. Elegische Passagen, rhapsodische Tonbilder und glitzerndes Klanggewebe weckten Vorstellungen und Emotionen, die weit über alle Realität hinausreichten.

Leben

Jacques Georges Cousineau wurde am 13. 1. 1760 in Paris als Sohn des Lautenmachers und Harfenbauers Georges Cousineau (1733, Meschant, Vendée, bis 3. 1. 1800, Paris), dessen Mitarbeiter er wurde, geboren. Er war ab 1780 bis zu seinem Tod am 11. 1. 1836 Harfenist an der Pariser Oper und einige Zeit Harfenlehrer der Kaiserin Joséphine Beauharnais (1783–1814).

Werke

Von Jacques Georges Cousineau sind mehrere Harfensonaten erschienen, die die Möglichkeiten des neu geschaffenen Instruments voll ausnützen. Außerdem schrieb er eine Harfenschule.

Jan Ladislav Dusík (1760–1812)

Zeit und Umwelt

Die vielen Komponisten und Interpreten der Jahrzehnte um die Wende zum 19. Jahrhundert entsprachen dem herrschenden Bedürfnis. Die für Musik aufnahmebereite Gesellschaftsschicht wurde immer breiter. Viele Adelige hielten sich noch Kapellen, und das Bürgertum strömte in die vielen Konzerte, um die zeitgenössische Musik kennenzulernen, unbekümmert darum, welche Überraschungen die Kriege und die Politik brachten. Denn die Musik führte weitab von der Wirklichkeit in das Land der Romantik, wo der Phantasie alles geboten wurde, was das Leben versagte.

Leben

Jan Ladislav Dusík (Johann Ladislaus Dussek) wurde am 9. 2. 1760 in Tschaslau (Čáslav), Böhmen, geboren. Er studierte in Prag und bildete sich dort so weit aus, daß er eine Organistenstelle in Mecheln übernehmen und in gleicher Eigenschaft in Bergen op Zoom und Amsterdam wirken konnte. Er wurde darauf Erzieher der Söhne des Statthalters in Den Haag, trat sodann in Berlin und St. Petersburg als Klavier- und Glasharmonikavirtuose auf, hielt sich 2 Jahre in Litauen auf, spielte 1786 vor Marie Antoinette in Paris, begab sich nach Italien, kehrte nach Paris zurück, von wo er vor der Revolution nach London flüchtete. Der Musikverlag, den er dort gründete, fallierte, so daß er sich nach Hamburg zurückziehen mußte; er hielt sich nach kurzer Tätigkeit in Berlin erneut in Paris auf, wo er 1808 Konzertmeister des Fürsten Charles Maurice de Talleyrand-Périgord (1754–1838) wurde. Er starb am 20. 3. 1812 in St-Germain-en-Laye.

Werke

Außer 2 Opern verfaßte Jan Ladislav Dusík eine große Messe, 12 Klavierkonzerte und ein Doppelkonzert, 80 Violinsonaten, 53 Klaviersonaten für zwei und 8 für vier Hände, 10 Trios, ein Klavierquartett, ein Klavierquintett, außerdem zahlreiche Solostücke für Klavier. Einige von seinen kleinen Stücken und einzelne Sonaten und Sonatinen sind heute noch beliebt.

Klaviersonate in As-Dur, Opus 70, 3 Sätze
Das Stück ist mit »Le retour à Paris« (Rückkehr nach Paris) betitelt und bringt viel romantisches Empfinden und Eleganz. Das Adagio in E-Dur vereinigt Grazie und Wärme und fließt mit einer nirgends unterbrochenen Melodie und feinem Passagenwerk bis zum Ende dahin. Das As-Dur-Menuett setzt in fis-Moll ein und hat ein interessantes Trio in E-Dur. Das Finale ist tänzerisch, aber voll sentimentaler Episoden. Die Sonate hat bis heute nichts von ihrem Reiz verloren.

Klaviersonate in f-Moll, Opus 77, 4 Sätze
Der Titel »L'Invocation« (Anrufung) deutet auf romantisch-magischen Gehalt hin. Der einleitende Satz ist drängend gesteigert mit stürmisch ausbrechenden Passagen und gipfelt wild bewegt mit reicher Harmonik. Das Menuett bringt einen Kanon. Das Adagio in Des-Dur bezeichnet der Komponist selbst mit »solenne« (feierlich), und das abschließende Rondo läßt bereits Phantasie und Dämonie eines Chopin ahnen. Es handelt sich um die vielleicht schönste Sonate des Meisters.

LITERATUR

M. Marek, Jan Ladislav Dusíc a Čáslav, Čáslav 1960.

Jean-François Lesueur (1760–1837)

ZEIT UND UMWELT

Wie immer auch die während der Revolutionszeit und in den folgenden Jahren entstandene Musik Frankreichs gewertet werden muß, eines steht für sie fest: sie war nahezu ohne Ausnahme Ausdruck persönlicher Emotionen und Vorstellungen, sie war eine Mitteilung dessen, was in der Seele des Komponisten und des Interpreten, der sich damit identifizierte, vor sich ging – und damit war der Beginn der romantischen Epoche der französischen Musik gesetzt.

LEBEN

Jean-François Lesueur (le Sueur) wurde am 15. 2. 1760 in Drucat-Plessiel bei Abbeville geboren. Er erhielt als Chorknabe in Abbeville und in Amiens seine Ausbildung und wurde darauf Kapellmeister an der Kathedrale in Sées. Dann nahm er in Paris bei Nicolas Roze, der ihn an Sts-Innocents als Unterkapellmeister einstellte, weiteren Unterricht. Im Jahr 1779 übernahm er die Leitung der Maîtrise an der Kathedrale von Dijon, 1782 an der Kathedrale von Le Mans und 1783 an St-Martin von Tours; 1786 berief man ihn als Kapellmeister an Notre-Dame in Paris. Er setzte beim Kapitel der Kathedrale durch, daß bei hohen Feiertagen ein großes Orchester zugezogen wurde, was starken Beifall, aber auch heftige Kontroversen hervorrief. Eine baldige Reduktion des Orchesters veranlaßte ihn, seine Stelle aufzugeben, sich zurückzuziehen und durch 4 Jahre nur der Komposition zu leben. Dann kehrte er 1793 nach Paris zurück und brachte am Théâtre Feydeau einige Opern heraus. Als das Conservatoire gegründet war, erhielt er dort eine Inspektorenstelle. Er verlor sie wieder 1802 wegen Auseinandersetzungen, aber Napoleon ernannte ihn 1804 zu seinem Hofkapellmeister. Nach der Restauration wurde er Komponist der Hofkapelle und Opernkapellmeister und 1817 Kompositionslehrer am wiedereröffneten Konservatorium. Er starb am 6. 10. 1837 in Paris.

WERKE

Von Jean-François Lesueur sind zahlreiche – zum Teil nicht aufgeführte – Opern erhalten. Sie neigen alle zu pompösen Darbietungen, Massenchören und instrumentalen Effekten und können daher als erste romantische Opern in Paris bezeichnet werden. Neben einigen Divertissements schrieb er 33 Messen, 4 Oratorien, mehrere Te Deum, ein Stabat mater, einen Krönungsmarsch für Napoleon und viele kleinere Stücke. Er verfaßte mehrere theoretische Abhandlungen und Streitschriften. Stil und Klangbild seiner Musik machten ihn zum Vorläufer von Hector Berlioz.

LITERATUR

F. Lamy, Jean-François Lesueur, Paris 1912.

Ignacio António d'Almeida
(1760–1825)

ZEIT UND UMWELT
Für das allmähliche Ansteigen der portugiesischen profanen Musik außerhalb der Bühne um 1800 ist bezeichnend, daß vor allem Kirchenkomponisten und keine Bühnenkomponisten profane Musik schrieben. Es handelte sich zumeist um Cembalo- und Gitarrenmusik für den häuslichen Gebrauch, es gab aber auch schon Streichquartette für den Konzertsaal.

LEBEN
Ignacio António d'Almeida wurde am 18. 2. 1760 in Guimarães bei Braga geboren. Er war Domkapellmeister und Abt in Braga, wo er am 25. 10. 1825 starb.

WERKE
Von Ignacio António d'Almeida sind ein Requiem, ein Stabat mater, Karwochenoffizien und 3 Streichquartette überliefert. Sein Stil wurde vom zeitgenössischen französischen beeinflußt und mutete für seine Zeit modern an.

Jacob Friedrich Martius (1760–1842)

ZEIT UND UMWELT
Die Versuche, die Liniennotation durch eine Zifferschrift abzulösen, verwendeten zumeist die Ziffern 1 bis 7 zur Bezeichnung der Tonhöhen innerhalb der Oktave. Die Oktaven selbst wurden durch Zusätze wie Komma, Punkt, Semikolon, durch Punkte oder Kreise über oder unter den Ziffern, durch Stellen der Ziffern auf, zwischen oder über Linien oder durch zweistellige Zahlen, bei denen die erste Ziffer die Oktave, die zweite den Ton innerhalb der Oktave bedeutete, bezeichnet. Sie verfolgten didaktische Zwecke und sollten die Notation erleichtern; in Wahrheit waren alle schwerer zu erlernen als die Liniennotation.

LEBEN
Jacob Friedrich Martius (Marcius) wurde am 27. 3. 1760 als Sohn des Kantors Friedrich Martius (1726–98) in Erlangen geboren. Er studierte Theologie und wurde 1781 Organist an der Altstädter und 1786 an der Neustädter Kirche. Ab 1798 war er auch Stadt- und Universitätskantor und Leiter der »Musicalischen Gesellschaft« der Stadt. Er starb am 2. 7. 1842 in Erlangen.

WERKE
Im Gesangunterricht wendete Jacob Friedrich Martius eine Ziffernnotation an, seine Kompositionen schrieb er jedoch mit der zu seiner Zeit üblichen Notiermethode. Er brachte eine »Sammlung vermischter Clavier Stücke« in mehreren Heften, »Taschenbuch für Freunde und Freundinnen der Musik« in 4 Heften, Lieder, Gesänge und Festlieder für Schulen heraus. Er verfaßte außerdem Stücke für Pianoforte und einige Chöre. Er war auch als Musikschriftsteller tätig.

Franz Bühler (1760–1823)

ZEIT UND UMWELT
Das allmähliche Übergleiten der vorklassischen oder empfindsamen Stilgattungen zur Vorromantik ist gerade bei der Kirchenmusik häufig zu beobachten. Diese Kompositionen machen einen stark eklektischen Eindruck und sind mehr oder minder uneinheitlich. Gemeinsam ist ihnen aber ein auffälliges Streben nach Klangwirkung und eine sehr plastische Wortausdeutung.

LEBEN
Franz Bühler (Bihler) wurde am 12. 4. 1760 in Schneidheim bei Nördlingen geboren. Er trat 1778 in das Kloster Donauwörth ein, wo er zum Musiker ausgebildet wurde, verließ es aber 1794 und wurde zunächst Organist in Bozen und 1801 Domkapellmeister in Augsburg, wo er am 4. 2. 1823 starb.

WERKE
Von Franz Bühler sind eine Oper, ein Oratorium (»Jesus«), viele Messen, Requiem, Hymnen, Kirchenlieder sowie Kammermusik und Klavierwerke erhalten. Seine Musik war im

19. Jahrhundert sehr beliebt und weit verbreitet. Sie ist trotz vieler Übergangsformen zur Vorromantik zu stellen.

LITERATUR

Th. Wohnhaas, Über Leben und Werk des Augsburger Domkapellmeisters Franz Bühler, in: Jahrbuch der Vereinigung für Augsburger Bistumsgeschichte, IV, 1970.

Claude Joseph Rouget de Lisle
(1760–1836)

ZEIT UND UMWELT

Der im April 1792 in Straßburg entstandene »Kriegsgesang für die Rheinarmee« wurde von Freiwilligen aus Marseille bei ihrem Einzug in Paris im Juli desselben Jahres gesungen und erhielt dadurch den Titel »Marseillaise«. Sie wurde bei allen Schlachten der Revolution gesungen, bis sie der Convent 1795 zum Nationalgesang erhob. Im Kaiserreich und während der Restauration verstummte sie und erklang erneut erst bei den Revolutionen der Jahre 1830 und 1848 und wurde 1879 zur Nationalhymne der Republik Frankreich.

LEBEN

Claude Joseph Rouget de Lisle wurde am 10. 5. 1760 in Lons-le-Saunier geboren. Er war Offizier der Revolutionsarmee, verlor aber seinen Rang wegen seiner Weigerung, den Eid auf die Republik zu leisten, wurde über ein Jahr in Haft gehalten, dann wieder in die Armee aufgenommen, schließlich verwundet und verabschiedet. Anschließend lebte er von einer schmalen Pension, von einigen Freunden unterstützt, bis zu seinem Tod am 26. 6. 1836 in Choisy-le-Roi.

WERKE

Weltruf erlangte Claude Joseph Rouget de Lisle durch seine »Marseillaise«, deren Text und Vertonung er am 24. 4. 1792 in Straßburg schrieb. Er verfaßte außerdem Text und Musik zu einer Reihe patriotischer Lieder und Hymnen, die in mehreren Sammlungen – »Erste Sammlung 24 Hymnen, Lieder oder Romanzen mit Violine«, »50 französische Gesänge« – erschienen sind, und Libretti zu mehreren Opern.

LITERATUR

E. Guéret, Rouget de l'Isle inconnu, Paris 1943.

Johann Friedrich Hugo Dalberg
(1760–1812)

ZEIT UND UMWELT

Das Kurfürstentum Trier wurde 1794, das Bistum Worms 1797 von Frankreich einverleibt. Dadurch wurde die politische Bedeutung dieser alten Kulturzentren annulliert, ihre geistige Ausstrahlung konnte aber nicht geschmälert werden.

LEBEN

Johann Friedrich Hugo Nepomuk Eckenberg Reichsfreiherr von Dalberg wurde am 17. 5. 1760 in Mainz getauft. Er war Domkapitular in Trier und Worms und starb am 26. 7. 1812 in Aschaffenburg.

WERKE

Von Johann Friedrich Hugo Dalberg sind zahlreiche Kammermusikwerke, Sonaten, Variationen, Kantaten und die Melodramen »Evas Klage« und »Der sterbende Christ an seine Seele« überliefert. Seine Musik ist vom jüngeren Mannheimer Stil beeinflußt. Er verfaßte auch mehrere musiktheoretische Werke.

Friedrich Burchard Beneken
(1760–1818)

ZEIT UND UMWELT

Die Aufklärung vermochte den Pietismus nicht zurückzudrängen, sondern verstärkte ihn bei manchen Kreisen. Die um die Wende zum 19. Jahrhundert einsetzende Vorromantik, die in gewissen Maßen ideologisch dem Pietismus nahestand, wirkte sich ebenso begünstigend darauf aus.

LEBEN

Friedrich Burchard Beneken (Benecken) wurde am 13. 8. 1760 in Kloster Wennigsen bei Hannover geboren. Er war Pastor in Wülfinghausen, wo er am 22. 9. 1818 starb.

WERKE

Von Friedrich Burchard Beneken kamen heraus: »Lieder der Unschuld und Liebe«, »Lieder und Gesänge für fühlende Seelen«, »Lieder und kleine Klavierstücke für gute Menschen«, »Lieder der Religion, der Freundschaft und der Liebe«. Die Titel der Sammlungen charakterisieren sie eindeutig. Sie wurden sehr viel in Kirchen und Schulen gesungen. Bekannt geworden ist der Komponist aber durch seine Choralmelodie »Wie sie so sanft ruhn«.

Luigi Cherubini (1760–1842)

Luigi Cherubini

ZEIT UND UMWELT

Wenn man die Epoche des Barock wie der Musikforscher Hugo Riemann (1849–1919) mit dem Generalbaßzeitalter gleichsetzt, so muß man ihr Ausklingen mit dem letzten Jahrzehnt des 18. Jahrhunderts festlegen. Ein Komponist, dessen Wirken um 1780 einsetzte, war also noch Zeitgenosse der letzten Phase jener Stilgattung. Zugleich jedoch erlebte er das Erlöschen des Rokoko, die verschiedenen Gestaltungen der Vorklassik, die Üppigkeit der neapolitanischen und venezianischen Oper, die Auseinandersetzungen um die Faktur der Oper in Paris und das Aufsteigen und den Höhepunkt wie das Ende der Wiener Klassik. Falls er die ersten vier Jahrzehnte des 19. Jahrhunderts überlebte, wurde er noch Zeuge des Wirkens von Hector Berlioz, Frédéric Chopin und Felix Mendelssohn-Bartholdy (1809–1847), während Carl Maria von Weber und Franz Schubert schon der Vergangenheit angehörten; Giuseppe Verdi (1813–1901) und Richard Wagner (1813–83) hatten bereits ihre ersten Opern auf die Bühne gebracht und Robert Schumann (1810–56) seine 1. Sinfonie aufgeführt – das romantische Zeitalter stand also auf seinem Höhepunkt, so daß ein Komponist, dessen Wirkungszeit über 60 Jahre betrug, die Einflüsse mehrerer stark voneinander verschiedener Stilvarianten in sich aufnahm und im eigenen Werk verarbeitete.

LEBEN

Maria Luigi Zenobio Carlo Salvatore Cherubini wurde am 14. 9. 1760 in Florenz geboren und ausgebildet. Er begann sehr früh zu komponieren; seine ersten Werke – Kirchengesänge, Kantaten, Intermedien – erregten die Aufmerksamkeit des Großherzogs von Toskana, Leopold, des späteren Kaisers Leopold II., der ihm einen vierjährigen Studienaufenthalt bei Giuseppe Sarti in Venedig ermöglichte. Mit dem Jahr 1780 setzte seine Opernkomposition ein, die ihn 4 Jahre darauf nach London führte. Nachdem er dort zum Königlichen Hofkomponisten ernannt worden war, begab er sich 1786 nach Paris, wo er sich nach einem Aufenthalt in Turin endgültig niederließ und weiterhin zahlreiche Opern auf die Bühne brachte. Bei Gründung des Conservatoire wurde er mit einer

Inspektorenstellung betraut. An der Opéra konnte er keine Opern unterbringen, weil ihm Napoleon nicht gewogen war. Nach einer Arbeitspause bis 1808 wandte er sich der Kirchenmusik zu. Er veröffentlichte wohl in den folgenden Jahren noch eine Reihe erfolgreicher Opern, schrieb aber auch eine Sinfonie und weitere Instrumentalwerke. Die Restauration brachte ihm die Leitung der Königlichen Kapelle und (1822) des neu eröffneten Konservatoriums. Schließlich widmete er sich nur mehr dem Unterricht. Er starb am 13. 3. 1842 in Paris.

WERKE

Neben 15 italienischen und 14 französischen Opern hat Luigi Cherubini einige auf deutschen Text für Wien verfaßt. Davon sind »Der Wasserträger« und »Medea« heute noch zuweilen auf den Spielplänen. Außerdem schrieb er 14 große Messen, 2 Requiem, zahlreiche Messeteile, ein achtstimmiges Credo mit Orchester, 2 Dixit, ein Magnificat, ein Miserere, ein Te Deum mit Orchester, 4 Litaneien, 2 Lamentationen, ein Oratorium, 38 Motetten, Gradualien, Hymnen mit Orchester, 20 Antiphonen, viele Einlagen in Opern, ein Ballett, 17 Kantaten und andere Gelegenheitskompositionen mit Instrumenten, 77 Romanzen, italienische Gesänge, Notturnos, Kanons und Solfeggien, 8 Hymnen und revolutionäre Gesänge mit Orchester, eine Ouvertüre, eine Sinfonie, Märsche und Tänze, 6 Steichquartette, ein Quintett, 6 Klaviersonaten, eine Sonate für zwei Orgeln und eine große Fantasie für Klavier, eine große Zahl didaktischer Werke und mehrere musiktheoretische Abhandlungen. Der Stil dieser Vielzahl von Werken bewegt sich vom Spätbarock bis zur Hochromantik.

Missa solemnis in c-Moll, entstanden 1811

Diese große Messe bildete wie alle andern des Komponisten durch Verschmelzung alter chorischer Polyphonie im Sinne Palestrinas mit klassischer Instrumentierung durch ihre schlichte Würde und ernste Feierlichkeit Kirchenmusik in wahrer Bedeutung des Wortes. Das sanft schwärmerische, demütig betende und klagende Kyrie wird von einem feierlichen Orchestersatz eingeleitet. Das Christe wird von idyllischen Solostimmen in F-Dur vorgetragen. Das wiederkehrende Kyrie klingt mit einer großartigen Fuge aus. Das Gloria setzt mit Dreiklangmotiven der Chorstimmen ein, bringt im Laudamus eine prächtige Fuge, die aber von der Schlußfuge des Satzes an Brillanz noch übertroffen wird. Besonders schön ist das Miserere. Das Credo dringt mit bewegten Rhythmen ohne Zäsur bis zum Incarnatus vor, das wie das Crucifixus voll Poesie dem Text gerecht wird. Das Amen breitet sich zu einer mächtigen Chorfuge aus. Nach dem kraftvollen Chorhymnus des Sanctus und einem gefühlstiefen Benedictus beendet das Agnus das Werk mit erstaunlicher Ausdruckskraft.

Requiem in c-Moll, entstanden 1816

Diese dem Gedächtnis des hingerichteten Königs Ludwig XVI. gewidmete Trauermesse behält ihren schwermütigen dunklen Klang, den die Celli bereits im Introitus festlegen, vom Beginn bis zum Ende bei. Auch der Lobgesang »Te decet hymnus« bringt ebensowenig Aufhellung wie das Lux perpetua. Das Dies irae setzt mit Trompetenrufen ein, und ein einziger dröhnender Schlag des Tamtams kündigt das Gericht an. Die Dramatik des Textes wird durch sehr wenig Tonmalerei unterstrichen, das lyrisch-gesangliche Element überwiegt und hält an der Grundstimmung des Werkes fest bis zum wehmütigen Ausklang.

Requiem in d-Moll für Männerchor

Die Chorbesetzung ist drei- bis fünfstimmig, was der Messe viel liturgische Strenge verleiht. Stil und Melodik sind sehr schlicht gehalten, doch die dramatischen Textstellen werden durch die Männerstimmen und das Orchester mit gewaltiger Intensität unterstrichen. Klangprächtige Passagen und lyrische Einschübe erzeugen zur düsteren Grundhaltung des Werks erschütternde Kontraste.

Sinfonie in D-Dur, 4 Sätze, entstanden 1815

Der Komponist schrieb diese Sinfonie für die Londoner Philharmonie, zog sie aber sofort wieder zurück, weil sie nach seiner Meinung den Vergleich mit den Sinfonien Beethovens nicht aushielt. Er arbeitete sie 1830 zu einem Streichquartett um. Das inzwischen verschollene Werk wurde 1951 wiederaufgefunden und wird zuweilen auch aufgeführt. Sie zeichnet sich durch feine melodische Arbeit, gut ausgewogene Proportionen, exakte Kontrapunktik und interessante Stimmführungen aus und ist mit überraschenden Kontrasten ausgestattet, wie zum Beispiel die Vorbereitung des kantablen zweistimmigen Seitenthemas des 1. Satzes. Das Larghetto des 2. Satzes spannt einen weiten melodischen Bogen über alles sinfonische Geschehen und endet in einem nahezu erschreckenden Fortissimo. Der 3. Satz ist ein Menuett, obgleich die zeitgenössischen Werke den Tanz bereits durch ein Scherzo ersetzen. Cherubini zeigt hier, daß er noch ein echtes Menuett im Sinne Joseph Haydns zu schreiben imstand ist. Das Trio ist derart skurril, wie man es kaum in einer anderen klassischen Sinfonie finden kann; es soll dalmatischer Volksmusik entstammen. Der Kanon des 4. Satzes erinnert daran, daß der Komponist bei Giuseppe Sarti in die Schule gegangen ist.

1. Streichquartett in Es-Dur, 4 Sätze, entstanden 1814

Der Komponist lernte in Wien Joseph Haydn und Ludwig van Beethoven persönlich kennen und schätzen und kam mit deutscher romantischer Musik in Berührung. Beides wirkte sich auf seine Kammermusik deutlich erkennbar aus. In diesem Quartett stellt er dem 1. Satz, als eine Art Prolog, ein Adagio voran, dem ein Allegretto folgt. Darin erklingt eine Melodie auf italienische Art als Seitenthema; die Durchführung erfolgt sodann nach dem Muster des Altmeisters Haydn. Das Larghetto sostenuto des 2. Satzes zieht französisches Musikgut heran. Das Scherzo verlegt die Spannung in das Trio, das Finale hat Rondoform, greift Elemente des 1. Satzes auf und verleiht dem ganzen Werk dadurch eine schön ausgewogene Harmonie der beiden Ecksätze, zwischen denen das musikalische Geschehen mit viel Romantik abläuft.

2. Streichquartett in C-Dur, 4 Sätze, entstanden 1830

Es handelt sich hier um eine Umarbeitung der Sinfonie aus 1815, die der Komponist zurückgezogen hatte. Die sinfonische Herkunft des Quartetts ist am Gesamtbild unschwer erkennbar. Ein langsamer Prolog, der die Atmosphäre schafft, geht dem Allegro des 1. Satzes voraus, dessen Themen im Sinne des klassischen Sonatensatzes spannend verarbeitet sind. Das folgende Lento besteht aus 3 Teilen – a-Moll, A-Dur, a-Moll –, die dem Satz einen abgerundeten Charakter verleihen. Das Scherzo leitet problemlos und musikantisch zum beschwingten Allegro vivace des Finales.

3. Streichquartett in d-Moll, 4 Sätze, entstanden 1834

Das Hauptthema des 1. Satzes beginnt mit dem ersten Ton und schwelgt in Lyrismen, ein zweites Thema in italienischer Manier schließt sich an, und bei der Durchführung stand Joseph Haydn Pate. Im 2. Satz klingt eine ausdrucksvolle Kantilene auf, die sich leidenschaftlich steigert. Das Scherzo lehnt sich an das Hauptthema des 1. Satzes an und bringt im freien Fugato meisterhaft Kontrapunktik, die sich immer mehr verdichtet und schließlich homophon ausklingt; sein Trio steht dazu mit seiner Sachlichkeit in angenehmem Gegensatz. Das Finale bewegt sich anfänglich in der Grundtonart, ringt sich sodann zum Dur durch, als wolle es nach dem Kampf der Stimmen gegeneinander nach Art der Romantiker einen Sieg verkünden.

4. Streichquartett in E-Dur, 4 Sätze, entstanden 1834

Ein breites majestätisches Allegro maestoso eröffnet einen Sonatensatz, in dem es zu interessanten klanglichen und satztechnischen Steigerungen kommt. Das anschließende Allegretto bringt einen spielerisch geführten Kanon und wirkt sehr affektbetont. Das dreiteilige Scherzo beginnt stark pathetisch, der 2. Teil bringt ein sangliches Andantino con moto, der 3. ein gewaltiges dekoratives Unisono aller Instrumente. Das Finale ist besonders rhythmisch interessant.

5. Streichquartett in F-Dur, 4 Sätze, entstanden 1834

Hier liegt eine charmante musikalische Konversation nach französischer Art vor, deren artisti-

Titelblatt zu »Medea« von Luigi Cherubini, Stich von A. Tardieu, 1797

Pierre Gaveaux

sche Vollendung reines Vergnügen bereitet. Ein ruhiger Prolog leitet das Stück ein, sodann beginnt es mit einem Allegro, an dem sich alle Instrumente mit gleicher Grazie und Leichtigkeit beteiligen. Auch das Adagio will nur liebenswürdig sein, so daß man das Pathos des Scherzo nicht ernst nehmen kann. Das Trio vollendet das reizende Werk mit unerhörter Eleganz.

6. Streichquartett in a-Moll, 4 Sätze, entstanden 1837

Diesem Werk liegt das in der Klassik häufig herangezogene Thema »Durch Nacht zum Licht« zugrunde. Das pathetische Allegro moderato des 1. Satzes gibt die gedankliche Disposition, das Andantino ist zwar sehr verspielt, weist aber doch auf das Ringen nach Befreiung von aller Belastung hin, der 3. Satz bringt ein straffes Scherzo, das mit dem liedhaften Trio den Sieg bereits ahnen läßt. Im Finale wird der gesamte Ablauf neuerlich abgekürzt vorgeführt und mit einer hymnischen Apotheose abgeschlossen.

Streichquintette in e-Moll für 2 Violinen, Bratsche und 2 Celli, 5 Sätze, entstanden 1837

Hier liegt Spielmusik im besten Sinne des Wortes vor. Der 1. Satz hat mit seinem Grave rein einleitenden Charakter und führt zum Allegro commodo mit reizenden gegensätzlichen Themen, deren Durchführung aber keine ernsten Konflikte erzeugt. Ein schlichtes sangliches Andante folgt, und ein lebendiges Scherzo mit seinem graziösen Trio leitet zum Finale, einem virtuosen Allegro, über, vor dessen Coda sich ein besinnliches Larghetto einschiebt. Das Werk ist ein eleganter Abschied des Meisters von aller Musik, die er der Welt geschenkt hatte.

LITERATUR

L. Schemann, Luigi Cherubini, Stuttgart 1925.

Pierre Gaveaux (1760–1825)

ZEIT UND UMWELT

Der geniale Mannheimer Franz Beck erlernte neben seinem heimischen Stil die Kompositionstechnik von Baldassare Galuppi und brachte sein Wissen und Können an die Oper in Bordeaux mit, wo seine Schüler zu einer Synthese der Mannheimer Vorklassik, des damals modernen venezianischen Opernstils und französisches, schon der Frühromantik zuneigendes Rokoko befähigt wurden.

LEBEN

Pierre Gaveaux wurde am 9. 10. 1760 in Béziers geboren. Er wurde in Bordeaux von Franz Beck im Orgelspiel und in der Komposition ausgebildet. Nachdem er seine ursprüngliche Absicht, Kleriker zu werden, aufgegeben hatte, wurde er erster Tenor am Grand Théâtre von Bordeaux. Im Jahr 1789 ging er nach Paris an das Théâtre de Monsieur und wirkte sodann von 1801 bis 1812 als Sänger und Komponist am Théâtre Feydeau. Er eröffnete anschließend einen Musikverlag, erkrankte aber bald darauf. Er starb am 5. 2. 1825 in Paris.

WERKE

Außer seinen ungefähr 40 Opern, die sehr volkstümlich gehalten wurden, schrieb Pierre Gaveaux 6 Ouvertüren, Canzonetten, Chansons, Romanzen, Kantaten, Freimaurerlieder, Revolutionsgesänge und verschiedene Bühnenmusik wie Pantomimen und Ballette. Sein Stil läßt die Herkunft aus Mannheim deutlich erkennen.

Johann Brandl (1760–1837)

ZEIT UND UMWELT
Die Streichquartette von Joseph Haydn wurden sehr bald von Musikern der gesamten musikalischen Welt eifrig studiert. Sie wirkten auf viele wie eine Offenbarung und regten sofort zur Nachahmung an. Einzelne bedankten sich bei dem Meister, indem sie ihm ihre Nachahmungen widmeten.

LEBEN
Johann Evangelist Brandl wurde am 14. 11. 1760 in Klosterrohr bei Regensburg geboren. Er war ab 1789 Musikdirektor am Hof des Fürstbischofs von Speyer und Bruchsal und ab 1806 Hofmusikdirektor in Karlsruhe, wo er am 25. 5. 1837 starb.

WERKE
Von Johann Brandl sind ein Singspiel, 3 Opern, Oratorien, Messen, Sinfonien und außerdem 6 Streichquartette, die er Joseph Haydn widmete und nach dessen Muster aufbaute, erschienen. Seine ganze Musik steht der Klassik sehr nahe.

Giambattista Cimador
(um 1761 bis um 1808)

ZEIT UND UMWELT
Das Orchester des King's Theatre in London lehnte es ab, Sinfonien von Wolfgang Amadeus Mozart aufzuführen, weil sie technisch zu schwierig waren. Dies wirft ein beredtes Bild auf die Leistungsfähigkeit eines der am meisten anerkannten Orchester der Stadt um die Wende zum 19. Jahrhundert.

LEBEN
Giambattista Cimador wurde um 1761 in Venedig geboren. Er brachte 1788 eine Oper heraus, die zwar Erfolg hatte, ihn selbst aber nicht befriedigte, so daß er die Partitur vernichtete. Im Jahr 1791 ließ er sich in London als Gesanglehrer nieder. Als er hörte, daß das Orchester des King's Theatre keine Mozart-Sinfonien zu spielen imstand war, arrangierte er einige davon als Sextett für Flöte und Streicher. Er starb in London um 1808.

WERKE
Von Giambattista Cimador sind außer den sehr guten Arrangements von Mozart-Sinfonien Duos für zwei Violinen, für Violine und Bratsche, ein Konzert für Kontrabaß und einige Vokalstücke bekannt geworden. Seine Faktur wurde zweifellos absichtlich auf leichte Spielbarkeit ausgerichtet.

Antoine Hugot (um 1761–1803)

ZEIT UND UMWELT
Für Instrumentalisten, besonders für Bläser, führte der Weg zu einer Lehrstelle am Conservatoire häufig über die Musikbande der Nationalgarde. Beide Institutionen hatten einen großen Bedarf an guten Bläsern, die auch in Paris nicht in ausreichender Menge vorhanden waren.

LEBEN
Antoine Hugot (le Jeune genannt) wurde um 1761 in Paris geboren. Er war zunächst Soloflötist im Orchester des Théâtre Italien. Während der Revolution gehörte er der Musikbande der Nationalgarde an und wurde 1795 Flötenlehrer am Conservatoire. Im Concert spirituel trat er mehrmals mit großem Erfolg mit eigenen Flötenkompositionen auf. Er starb am 18. 9. 1803 als einer der großen Flötenvirtuosen seiner Zeit.

WERKE
Von Antoine Hugot sind 36 kleine Arien, leicht und progressiv für 2 Flöten arrangiert, 6 Flötenkonzerte, 3 Trios für zwei Flöten und Generalbaß, 6 Sonaten für Soloflöte mit Generalbaß, 6 leichte Sonaten für Soloflöte, 23 große Etüden für Oboe und eine sehr viel verwendete Flötenschule erschienen.

Vittorio Trento (um 1761–1833)

ZEIT UND UMWELT
Das Teatro La Fenice in Venedig wurde 1790

erbaut, brannte vor der Vollendung ab und erhielt 1792 seine endgültige Gestalt. Es war im Verlauf des 19. Jahrhunderts Uraufführungsort vieler berühmter Opern und zählt noch heute zu den bedeutendsten Opernhäusern Italiens. Bei der Aufnahme von Mitwirkenden war das Haus immer sehr selektiv.

Leben
Vittorio Trento wurde um 1761 in Venedig geboren. Er war dort Schüler von Ferdinando Bertoni am Conservatorio dei Mendicanti. Darauf widmete er sich der Komposition von Opern und Balletten und wirkte zunächst als Cembalist am Teatro San Samuele und, nach einer Reise nach London zur Aufführung seines Balletts »Triumph der Liebe« im Jahr 1796, ab 1797 als Kapellmeister am Teatro La Fenice. Ab 1806 war er Konzertmeister am Teatro Italiano in Amsterdam. Nach einem Aufenthalt in Lissabon lebte er ab 1811 in London, dann von 1818 bis 1821 in Italien, darauf neuerlich in Lissabon und schließlich in Venedig, wo er im Jahr 1833 starb.

Werke
Von Vittorio Trento sind ungefähr 30 Opern und mehr als 50 Ballette erhalten. Er schrieb weiters Kantaten, mehrere Oratorien, einige Instrumentalwerke und Lieder. Er leitete ein neues Aufblühen der venezianischen komischen Oper ein.

Ernst Häusler (um 1761–1837)

Zeit und Umwelt
Da im 16. Jahrhundert Frauen in den Kapellchören nicht singen durften und Kastraten erst hundert Jahre später eine Rolle zu spielen begannen, wurden die Altpartien von Tenoristen mit Kopfstimme gesungen, zuweilen auch die den Knaben vorbehaltenen Diskantstimmen. Nachdem im 18. Jahrhundert das Interesse an Kastratenstimmen wieder abgeflaut war, erfreuten sich diese Falsettisten oder Tenorini (kleine Tenöre) erneut einer hohen Wertschätzung.

Leben
Ernst Häusler wurde um 1761 in Stuttgart geboren. Er war Schüler der berühmten Karls-Schule, wo er zum Cellisten ausgebildet wurde. Von 1800 bis zu seinem Tod im Jahr 1837 wirkte er als letzter Kantor in Augsburg an St. Anna. Er hatte eine selten hohe Falsettstimme, so daß er ohne Schwierigkeit in der Lage war, Sopranpartien zu singen.

Werke
Von Ernst Häusler sind eine große Anzahl Kantaten, Lieder und einige Kammermusikwerke mit Cello erhalten.

Bernard Viguerie (um 1761–1819)

Zeit und Umwelt
Es war ab 1800 in Frankreich zur Regel geworden, Klaviersonaten nur mehr für Pianoforte zu schreiben und das Instrument mit allen Möglichkeiten auszunützen, so daß eine Wiedergabe auf einem Cembalo kaum mehr durchführbar wurde. Man wollte unter anderem auf die dynamische Differenzierung nicht mehr verzichten.

Leben
Bernard Viguerie wurde um 1761 in Carcassonne geboren. Er wurde in Paris zum Pianisten ausgebildet und ließ sich dort als Musiklehrer und Musikverleger nieder. Seine Kompositionen verlegte er zum Großteil selbst. Er starb im März 1819 in Paris.

Werke
Von Bernard Viguerie sind eine große Zahl ausdrücklich für Pianoforte geschriebene Sonaten mit Violinbegleitung oder solo, eine »Ouverture et chasse« (Ouvertüre und Jagdmusik) für Piano, Violine und Generalbaß, mehrere »Schlachtenstücke«, 2 Capricen für Piano und einige Pianokonzerte erschienen, außerdem eine Pianoforte-Schule. Die »Schlachtenstücke« gehören zum Typus romantischer Programmusik.

John Hindle (1761–96)

ZEIT UND UMWELT
Wie man in Italien nichts daran fand, wenn Priester und Mönche nicht immer sehr fromme Opern auf die Bühne brachten, so traten in England Kleriker und Kirchenmusiker mit Glees und Catches vor die Öffentlichkeit, die oft eine große Popularität gewannen.

LEBEN
John Hindle wurde 1761 in London geboren. Er wirkte bis zu seinem Tod im Jahr 1796 als Laienvikar an Westminster Abbey. Ob er daneben auch eine andere musikalische Stelle ausübte, ist nicht bekannt.

WERKE
Von John Hindle ist eine Anzahl ein- und zweistimmiger Lieder, eine Sammlung von Glees für drei bis fünf Stimmen und ein vielgesungener Chant bekannt geworden. Sein Glee »Queen of the silver bow« (Königin des Silberbogens) war lange beliebt.

John Andrew Stevenson (1761–1833)

ZEIT UND UMWELT
Mit Farce wurde zunächst ein komisches Zwischenspiel zu Bühnenstücken, ab dem 15. Jahrhundert ein selbständiges kurzes Bühnenstück mit eingelegten Chansons und später eine musikalische Posse schlechthin bezeichnet. Komische Grundhaltung und leichte Musik waren ihre Hauptmerkmale.

LEBEN
Sir John Andrew Stevenson wurde im November 1761 in Dublin geboren. Er war ab 1771 Chorist an Christ Church und an St. Patrick's, wo er ab 1783 als Chordirigent wirkte. Im Jahr 1800 wurde er Chorleiter an Christ Church und 1814 Erster Organist und Musikdirektor an Castle Chapel. Er starb am 14. 9. 1833 in Kells, Meath.

WERKE
Außer der Musik zu zahlreichen Farcen und Operetten schrieb John Andrew Stevenson ein Oratorium, sakrale Melodien und eine Sammlung Services und Anthems. Er veröffentlichte gemeinsam mit Thomas Moore (1779–1852) 8 Bände mit irischen Melodien.

Ludwig Abeille (1761–1832)

ZEIT UND UMWELT
Der schon im 18. Jahrhundert große Bedarf an Liedern steigerte sich im folgenden um vieles. Die an Musik interessierte Schicht verbreiterte sich von Jahrzehnt zu Jahrzehnt; sie wollte aber nicht nur Musik hören, sondern auch selbst machen. Das Lied war die nächstliegende musikalische Äußerung, weil es Gefühle und Vorstellungen am deutlichsten vermittelte, Poesie und Musik zu einem Ganzen verschmolz und keines Mediums bedurfte, zumal der Sänger Instrument und Interpret zugleich ist.

LEBEN
Johann Christian Ludwig Abeille wurde am 20. 2. 1761 in Bayreuth geboren. Er studierte in Stuttgart und wurde 1782 Mitglied der Privatkapelle des Herzogs von Wüttemberg; 1802 wurde er Konzertmeister und bald darauf Organist der Hofkapelle und Hofmusikdirektor. Nachdem er durch 50 Jahre im Dienst des Stuttgarter Hofes gestanden war, starb er am 2. 3. 1832 in Stuttgart.

WERKE
Von Ludwig Abeille sind zahlreiche Lieder erschienen, die ohne Ausnahme einen beträchtlichen künstlerischen Wert hatten. Auch seine Konzerte und Trios für Cembalo wurden sehr geschätzt.

Johann Gottlieb Karl Spazier (1761–1805)

ZEIT UND UMWELT
Die starke Nachfrage nach Liedern erregte selbstverständlich ein ebenso umfangreiches

Angebot, wie immer und überall künstlerische Leistungen zu einem großen Teil vom Publikumsbedürfnis gelenkt werden.

LEBEN

Johann Gottlieb Karl Spazier (Pseudonym Karl Pilger) wurde am 20. 4. 1761 in Berlin geboren. Er studierte in Halle und Göttingen, war Professor in Gießen, übersiedelte nach Berlin und später nach Leipzig, wo er am 19. 1. 1805 starb.

WERKE

Die Lieder, die Johann Gottlieb Karl Spazier veröffentlichte, folgten den Forderungen der Berliner Liederschule; Einfachheit, Schlichtheit, Textverständlichkeit, klangreiche Harmonik ohne viel Dissonanzen und Chromatik gewährleisteten, daß sie auch von »in Musik Ununterrichteten« gesungen und verstanden werden konnten. Er veröffentlichte »Einfache Clavierlieder«, »Lieder und andere Gesaenge«, dazu eine Reihe vierstimmiger Chöre, deren Harmonisierung weder Sängern noch Chorleitern irgendwelche Schwierigkeiten bereitete. Seine musikwissenschaftlichen und philosophischen Publikationen enthalten originelle und interessante Gedanken.

LITERATUR

M. Friedländer, Das deutsche Lied im 18. Jahrhundert, Berlin 1902.

Jewstignjei Fomin (1761–1800)

ZEIT UND UMWELT

Die Methode der Zarin Katharina II., Leibeigene von ausländischen Kräften unterrichten zu lassen und zur weiteren Ausbildung in das Ausland, vor allem nach Italien, zu senden, bewährte sich. Der von Peter dem Großen eingeleitete Anschluß Rußlands an den Westen wurde auf diese Art auch auf dem Feld der Musik sehr rasch hergestellt, und das Ziel der Zarin, eine bodenständige russische Musikentwicklung zu begründen, wurde von dieser weitblickenden Herrscherin nachgerade erzwungen.

LEBEN

Jewstignjei Ipatowitsch Fomin wurde am 5. 8. 1761 in St. Petersburg geboren. Er war Leibeigener und wurde an der St. Petersburger Kunstakademie von Hermann Raupach zum Musiker ausgebildet. Zusätzlich sandte ihn die Zarin 1782 zur Vervollkommnung der Ausbildung zu Padre Martini nach Bologna, wo er 1785 in die Accademia Filarmonica aufgenommen wurde. Nach seiner Heimkehr im Jahr 1796 wurde er Repetitor der St. Petersburger Staatstheater. Er ist mit Maxim Beresowski und Dmitri Bortnjanski zu den Begründern der russischen Musik und der russischen Oper zu rechnen, die von Michail Glinka (1804–57) zur Nationaloper geformt wurde. Er starb Ende April 1800 in St. Petersburg.

WERKE

Neben einer Serie von Opern, von denen eine (»Der Held von Nowgorod«) auf ein Libretto von Katharina II. komponiert wurde, verfaßte Jewstignjei Fomin klangvolle Kirchenmusik und das heute noch aufgeführte Melodram »Orpheus und Euridice«.

LITERATUR

W. B. Dobrochotow, Jewstignjei Ipatowitsch Fomin, Moskau 1949.

Georg Friedrich Wolf (1761–1814)

ZEIT UND UMWELT

Die Anweisungen der Berliner Liederschule wurden von einem großen Teil deutscher Komponisten befolgt. Sie entsprachen der allgemeinen Kunstauffassung der zweiten Hälfte des 18. Jahrhunderts, die bis über die Jahrhundertwende hinaus noch starke Wirksamkeit hatte, bis sie in die Vorromantik mündete.

LEBEN

Georg Friedrich Wolf wurde am 12. 9. 1761 in Hainrode bei Sondershausen geboren. Er war ab 1785 Kapellmeister in Stolberg und wirkte von 1802 bis zu seinem Tod am 23. 1. 1814 in gleicher Eigenschaft in Wernigerode.

WERKE
Von Georg Friedrich Wolf sind 2 Hefte Lieder, »Trauermotetten und Arien«, erschienen. Auch seine Klaviermusik: 2 Sonaten, »Vermischte Klavier- und Singestücke« und mehrere Sonaten zu vier Händen, sind offenbar für die Hausmusik bestimmt.

José Maurício Nunes Garcia
(1761–1830)

ZEIT UND UMWELT
Die von Mulatten 1784 gegründete Bruderschaft der heiligen Caecilia bestritt Kirchen- und Staatsmusik der brasilianischen Kolonie auch in den ersten Jahren der Regentschaft des aus Lissabon geflohenen portugiesischen Königs João VI. Erst nachdem der Großteil des Hofes aus dem Mutterland in Rio de Janeiro eingelangt war, ging die Leitung der Hofkapelle an Portugiesen über.

LEBEN
José Maurício Nunes Garcia wurde am 20. 9. 1761 in Rio de Janeiro geboren. Er war Mulatte, wurde 1792 Priester und im selben Jahr Kapellmeister der Kathedrale von Rio de Janeiro. Er eröffnete in seinem Haus eine Musikschule, die er zeitlebens leitete. Nachdem der König von Portugal, João VI., seinen Regierungssitz von Lissabon nach Rio de Janeiro verlegen mußte, wurde Nunes Garcia zum Inspektor und Dirigent der Königlichen Kapelle ernannt, mußte aber diese Stellung an den 1811 gleichfalls aus Lissabon emigrierten Marcos Portugal abgeben. Er starb am 18. 4. 1830 in Rio de Janeiro.
Sein Sohn José Maurício Nunes Garcia Filho (10. 12. 1808, Rio de Janeiro, bis 19. 10. 1884, Rio de Janeiro) war Arzt und Musiker.

WERKE
José Maurício Nunes Garcia war ein vorzüglicher Kenner der europäischen Musik, vor allem der Werke von Joseph Haydn. Seine kompositorische Tätigkeit erstreckte sich vorwiegend auf die sakrale Musik. Er schrieb 11 Antiphonen, 2 Magnificat, 28 Litaneien, 7 Motetten, 7 Te Deum, 5 Psalmen, 11 Tantum ergo, 27 Graduale, 4 Offertorien, 4 Stabat mater, 18 Messen, 3 Requiem und eine »Symphonia fúnebre« (Trauersinfonie), außerdem eine Oper, mehrere Bühnenmusiken, eine Ouvertüre, eine Sinfonie und Chöre.
José Maurício Nunes Garcia Filho verfaßte 2 Messen und weitere sakrale Musik, außerdem profane Gebrauchsmusik – Walzer, Romanzen usw.

LITERATUR
L. H. Corrêa de Azevedo, Um velho compositor brasileiro, in: Boletim latino-americano de música, 1935.

Franz Jakob Freystädtler (1761–1841)

ZEIT UND UMWELT
Musikschüler aus Salzburg wurden in Wien von Wolfgang Amadeus Mozart aufgenommen, auch wenn sie nichts oder nur wenig bezahlen konnten. Sie erhielten eine gediegene Ausbildung und vielleicht sogar eine Empfehlung, die ihnen jedoch wenig nützte, weil ihr Lehrer nicht einmal imstand war, sich selbst gut zu verkaufen.

James Levine

LEBEN
Franz Jakob Freystädtler wurde am 13. 9. 1761 in Salzburg geboren. Er war in seiner Geburtsstadt fürsterzbischöflicher Sängerknabe und ab 1786 in Wien Schüler von Wolfgang Amadeus Mozart. Mit seinen Kompositionen fand er wenig Anklang, sie waren offenbar zu »mozartisch«. Daher mußte er sich als Musiklehrer durchbringen. Er starb im Jahr 1841 in Wien.

WERKE
Von Franz Jakob Freystädtler sind sehr ansprechende Lieder, Klavier- und Kammermusik bekannt geworden, die in der Gefolgschaft seines Lehrers geschrieben wurden, aber dessen Genialität bei weitem nicht erreichten.

Friedrich Ludwig Aemilius Kunzen (1761–1817)

ZEIT UND UMWELT
Gegen Ende des 19. Jahrhunderts war die eigenständige dänische Musikentwicklung bereits voll etabliert. Wenn auch sehr enge Kontakte mit dem norddeutschen Raum weiterhin gepflegt wurden und fallweise deutsche Musiker »dänische« Musik schrieben und aufführten, so sind dänische Kompositionen aus jener Zeit bereits deutlich von anderen unterscheidbar. Eigenentwicklung setzt keine Isolierung voraus. Sie gedeiht, im Gegenteil, im ständigen Zusammenwirken mit den Nachbarn am besten.

LEBEN
Friedrich Ludwig Aemilius Kunzen (Kuntzen) wurde am 24. 9. 1761 in Lübeck als Sohn des Adolph Carl Kunzen geboren. Er studierte an der Universität Kiel und ging sodann nach Kopenhagen, wo er eine dänische Oper herausbrachte. Nach kurzer Kapellmeistertätigkeit in Frankfurt und Prag wurde er Königlicher Kapellmeister in Kopenhagen, wo er am 28. 1. 1817 starb.

WERKE
Von Friedrich Ludwig Aemilius Kunzen sind 2 dänische Opern, Singspiele, Schauspielmusiken, Chorwerke, eine Sinfonie in g-Moll, Klavierstücke und zahlreiche Lieder erhalten. Seine Sinfonie im norddeutschen Stil und Lieder wurden in unserem Jahrhundert neu herausgebracht.

Peter Grönland (1761–1825)

ZEIT UND UMWELT
Die Anteilnahme der holsteinischen Bevölkerung am deutschen Geistesleben wurde um die Wende zum 19. Jahrhundert in keiner Weise gehemmt. Die Holsteiner studierten zwar in Kiel und nahmen in Kopenhagen Stellungen an, publizierten aber ihre literarischen und musikalischen Werke in der Regel in Deutschland.

LEBEN
Peter Grönland wurde am 15. 10. 1761 in Wilster, Holstein, geboren. Er studierte in Kiel und arbeitete darauf als Beamter in Kopenhagen. Seine Lieder brachte er in Leipzig heraus. Er starb am 30. 12. 1825 in Kopenhagen.

WERKE
Die Lieder von Peter Grönland sind ausnahmslos auf deutsche Texte komponiert. Sie erschienen im Göttinger Musenalmanach und in den Sammlungen von Johann Friedrich Reichardt. Einzeln sind herausgekommen: »Notenbuch zu dem akademischen Liederbuche«, »Lieder von Goethe«, »Die erste Walpurgisnacht« und »Osterfeyer« (aus Goethes »Faust«). Die Lieder waren zum Konzertgebrauch bestimmt und dementsprechend anspruchsvoll.

Selim III. (1761–1808)

ZEIT UND UMWELT
Mit »Maqam« bezeichnet man die Melodiemodelle der islamischen Musik. Die musikalische Vorstellung des orientalischen Musikers besteht nicht aus Tönen, sondern aus melodischen Gestalttypen, die als ungeteilte

Melodielinien ausgeführt werden. Die Zuordnung der einzelnen Maqamat zu gewissen Gedanken- oder Gefühlsinhalten, die in der Volksmusik – regional verschieden – bestimmend war, wird von der Kunstmusik der Städte nicht mehr beachtet. Der arabische Philosoph Ibn Sina (980–1037) kannte noch eine Ethoslehre und die kosmische Beziehung einzelner Maqamat.

LEBEN
Selim III. wurde am 24. 12. 1761 in Istanbul geboren. Er war der 28. Sultan des Osmanischen Reiches und beschäftigte sich viel mit Dichtkunst und Musik. Selbst spielte er meisterhaft die Nay (lange Längsflöte) und den Tanbur (Langhalslaute). Eine große Anzahl Instrumentalisten und Komponisten wirkten unter seiner Leitung an seinem Hof. Er starb am 29. 7. 1808 in Istanbul.

WERKE
Von Selim III. sind über 60 Vokal- und Instrumentalstücke erhalten. Er hat selbst einige neue Maqamat zusammengestellt und erarbeitete einen neuen Stil, der bis in das 3. Jahrzehnt des 19. Jahrhunderts maßgebend blieb.

LITERATUR
S. K. Asküt, 500 yıllık türk musikisi, Ankara 1967.

Wojciech Dankowski
(um 1762 bis nach 1800)

ZEIT UND UMWELT
Der sinfonische Stil Polens näherte sich in der zweiten Hälfte des 18. Jahrhunderts der Wiener Vorklassik und Klassik, während die Kirchenmusik auf ihren alten, von italienischen Meistern festgelegten Bahnen verharrte.

LEBEN
Wojciech Dankowski wurde um 1762 in Polen geboren. Er war Kirchenmusiker in Lemberg (Lwiw), Gnesen (Gniezno) und Grodzisk (Wielkopolski), wo er nach 1800 gestorben sein dürfte.

WERKE
Von Wojciech Dankowski sind ungefähr 50 Messen, viele Motetten, Litaneien, Psalmen, Offertorien und andere sakrale Werke in zahlreichen Kirchenarchiven abschriftlich erhalten. Er verfaßte außerdem 8 Sinfonien, die für die polnische Musikgeschichte von großer Wichtigkeit sind, weil sie unbestreitbar unter dem Einfluß der Wiener Vorklassik standen.

Thomas Hamly Butler
(1762–1823)

ZEIT UND UMWELT
Pianofortestücke als Hausmusik stellten auch Ende des 18. Jahrhunderts eine Seltenheit in England dar. Da sich aber Verleger darüberwagten, muß ein gewisser Bedarf bereits vorgelegen sein. Es gab eben doch auch Engländer, die sich mit den in Massen auf den Markt geworfenen Glees und Catches nicht begnügten.

LEBEN
Thomas Hamly Butler wurde 1762 in London geboren. Er wurde an der Chapel Royal unter James Nares ausgebildet. Nach dem Stimmbruch begab er sich nach Italien, um bei Niccolò Piccinni Kompositionsunterricht zu nehmen. Nach seiner Rückkehr wurde er für das Drury Lane Theatre als Komponist engagiert, ging aber nach Beendigung seines Vertrags nach Edinburgh, um sich als Musiklehrer niederzulassen. Er starb im Jahr 1823 in Edinburgh.

WERKE
Neben einer Schauspielmusik verfaßte Thomas Hamly Butler eine große Anzahl Pianofortestücke, die großen Anklang fanden. Sie waren nicht sehr schwierig gehalten, nützten aber die Möglichkeiten des Instruments geschickt aus, so daß sie einem unkritischen Zuhörer komplizierter erschienen, als sie tatsächlich waren.

James Leach (1762–98)

ZEIT UND UMWELT

Obwohl in den USA nach dem Unabhängigkeitskrieg eine beträchtliche Anzahl eingewanderter oder bereits in der Neuen Welt geborener Musiker um die Schaffung einer neuen Psalmodie für die verschiedenen Bekenntnisse bemüht war, wurden doch vorwiegend aus England weitere Psalmmelodien übernommen. Die praktisch völlige Freiheit der Religionsausübung führte zur Gründung zahlreicher Gemeinden, die sich gern von den benachbarten auch durch die Kirchenmusik unterschieden.

LEBEN

James Leach wurde 1762 in Wardle bei Rochdale, Lancashire, geboren. Er war ab 1789 Sänger und Gesanglehrer in Rochdale und einige Jahre später in Salford. Er starb am 8. 2. 1798 durch einen Unfall in der Nähe von Manchester.

WERKE

Von James Leach erschienen zwei Serien »Hymnen und Psalmodien«, die zu einem Teil in nordamerikanischen Kirchenmusiksammlungen für Anhänger der Hochkirche und für Methodisten Eingang gefunden haben.

Feliks Janiewicz (1762–1848)

ZEIT UND UMWELT

Die Philharmonic Society in London wurde 1813 von Johann Baptist Cramer (1771 bis 1858), vom Musikverleger Philip Antony Corri (um 1780 bis um 1850) und vom Violinisten William Dance (1755, London, bis 5. 6. 1840, London) gegründet. In kürzester Zeit erweiterte sich der erste Mitgliederstand auf mehr als 20 namhafte Musiker der Stadt.

LEBEN

Feliks Janiewicz (Yaniewicz) wurde 1762 in Wilna (Vilnius) geboren. Er war ab 1777 als Violinist Mitglied der Königlichen Kapelle in Warschau. König Stanisław II. Auguszt ermöglichte ihm ein Musikstudium in Nancy. Nach einem Aufenthalt in Wien und in Italien ging er nach Paris und trat im Concert spirituel auf, hierauf nach London und schließlich nach Liverpool, wo er die Leitung einer Musikalienhandlung übernahm. Er gehörte zu den ersten Mitgliedern der Philharmonic Society, deren erste Konzerte er als Konzertmeister leitete. Von 1815 bis zu seinem Tod am 21. 5. 1848 wirkte er in Edinburgh als Dirigent der dortigen Musical Society und als Arrangeur mehrerer Musikfeste.

WERKE

Von Feliks Janiewicz, der zu den besten Violinisten seiner Zeit zählte, sind 5 Violinkonzerte, 6 Divertimenti, 6 Trios für zwei Violinen und Cello, 4 Duos für Violinen, mehrere Klavierstücke und einige Vokalwerke, außerdem Bearbeitungen und Transkriptionen fremder Kompositionen für Violinen überliefert.

LITERATUR

J. Berwaldt, Feliks Janiewicz (1762–1848), Krakau 1966.

Karl Christian Agthe (1762–97)

ZEIT UND UMWELT

Das seit 1248 eng mit der Hanse verbundene Reval hatte noch im 18. Jahrhundert viele deutschsprechende Einwohner, so daß es für Singspiele in deutscher Sprache genügend Publikum gab.

LEBEN

Karl Christian Agthe wurde am 16. 1. 1762 in Hettstedt bei Mansfeld geboren. Er war bereits mit 14 Jahren Musikdirektor einer Schauspieltruppe in Reval (Tallinn). Im Jahr 1782 wurde er Hoforganist in Ballenstedt, wo er am 27. 11. 1797 starb.

WERKE

Von Karl Christian Agthe wurden in Reval 4 Singspiele – darunter »Erwin und Elmire« von Johann Wolfgang von Goethe – und ein

Ballett; ein weiteres Singspiel wurde 1779 in St. Petersburg, ein sechstes nach 1782 in Ballenstedt aufgeführt. Außerdem veröffentlichte er 2 Hefte mit Liedern und 6 Klaviersonaten, davon eine für vier Hände.

Jérôme Joseph Momigny (1762–1842)

ZEIT UND UMWELT

Es ist eine nahezu allgemeine Erscheinung, daß Kompositionen hervorragender Musikwissenschafter nicht zu den bedeutendsten Werken gezählt werden können. Sie dienten auch in der Regel zur Bestätigung der Lehrmeinungen des Gelehrten und als Beispiele einer bestimmten Kompositionstechnik und sprechen nur die an, die eben die Technik zu erkennen und zu schätzen gelernt haben. Mit Musik im wahren Sinn des Wortes haben sie oft sehr wenig zu tun.

LEBEN

Jérôme Joseph de Momigny wurde am 20. 1. 1762 in Philippeville, Namur, geboren. Er war bereits mit 12 Jahren Organist in St-Omer, dann in Ste-Colombe, Rhône, und ab 1785 in Lyon, wo er sich 1793 am Aufstand der Stadt gegen die Jakobiner beteiligte. Im Jahr 1794 flüchtete er in die Schweiz, kehrte aber 3 Jahre darauf wieder nach Lyon zurück, wo er bis 1828 eine Musikalienhandlung mit Verlag leitete. Er brachte neben seinen eigenen ungefähr 750 Werke von 153 Komponisten heraus. Darauf erkrankte er und starb am 25. 8. 1842 in Charenton-St-Maurice bei Paris.

WERKE

Neben seinem umfangreichen und zum Teil epochemachenden musiktheoretischen Werk schrieb Jérôme Joseph Momigny 6 Streichquartette, 6 Violinsonaten, 9 Sonaten für Klavier, Violine und Generalbaß, ein Trio, eine große Nocturne für Klavier und Flöte oder Violine, 2 Klaviersonaten, 12 Fantasien und Variationen sowie 4 Potpourris für Klavier, 2 Opern, eine Operette, eine Pantomime, 5 Kantaten, 137 Romanzen, außerdem 2 Klavierschulen. Der künstlerische Wert dieser Kompositionen ist nicht hoch.

Giuseppe Nicolini (1762–1842)

ZEIT UND UMWELT

Die Massenerzeugung von Opern setzte sich in Italien auch in den ersten Jahrzehnten des 19. Jahrhunderts fort. Sie wurden gleichmäßig gefällig und zum Teil mit interessanten melodischen Einfällen hergestellt, erhoben sich aber nur in einzelnen Fällen über das Niveau der Unterhaltungsmusik.

LEBEN

Giuseppe Nicolini wurde am 29. 1. 1762 in Piacenza geboren und von 1778 bis 1784 in Neapel am Conservatorio Sant'Onofrio von Giacomo Insanguine und Domenico Cimarosa ausgebildet. Im Jahr 1781 brachte er mit Erfolg ein Oratorium und 1793 in Parma seine erste Oper heraus. Ab 1816 stand er im Dienst des Teatro Comunale in Parma, 1819 wurde er Domkapellmeister in Piacenza, wo er am 18. 12. 1842 starb.

WERKE

Die etwa 70 Opern von Giuseppe Nicolini wurden zum Großteil mit Erfolg in Mailand, Venedig, Genua, Livorno, Bologna, Neapel, Rom, Wien, Piacenza, Padua und Verona aufgeführt. Außerdem schrieb er 7 Oratorien, ungefähr 40 Messen, 100 Psalmen, 2 Requiem, bei 20 Kantaten, Arien, Canzonetten, Sinfonien, Kammermusik, Sonaten und andere Stücke für Cembalo und Gitarre sowie Gelegenheitskompositionen.

LITERATUR

A. Rapetti e C. Censi, Un maestro di musica piacentino: Giuseppe Nicolini, Piacenza 1944.

Girolamo Crescentini (1762–1846)

ZEIT UND UMWELT

In Italien und in Wien fanden einzelne Kastratensoprane auch noch in den ersten Jahrzehnten des 19. Jahrhunderts ihr Publikum. Sie waren auch als Gesanglehrer gesucht.

LEBEN

Girolamo Crescentini wurde am 2. 2. 1762 in Urbania bei Urbino geboren. Er war Kastratensopran und trat in den meisten italienischen Städten mit Erfolg auf. Im Ausland war er in Lissabon, in Paris und in Wien willkommen, wo er als Gesanglehrer der kaiserlichen Familie wirkte. Im Jahr 1816 wurde er Gesanglehrer am Real Conservatorio di Musica in Neapel, wo er am 24. 4. 1846 starb.

WERKE

Von Girolamo Crescentini sind mehrere Kantaten und Arien, außerdem eine mehrmals aufgelegte Sammlung von Gesangsübungen erhalten.

František Václav Hůrka (1762–1805)

ZEIT UND UMWELT

Abgesehen von den seltenen Liedern mit mehreren Begleitinstrumenten galt bis Ende des 18. Jahrhunderts, daß der Sänger sich mit der Laute, Gitarre, Harfe, mit dem Cembalo oder Pianoforte selbst begleitete. Jedoch schon bei den volkstümlichen, sentimentalen Liedern der Übergangszeit zur Romantik trat die Forderung auf, Gesang und Begleitung verschiedenen Interpreten anzuvertrauen, weil die Begleitung komplizierter geworden war.

LEBEN

František Václav Hůrka (Friedrich Franz, Franz Venceslaus) wurde am 19. 2. 1762 in Merklin, Böhmen, geboren. Er begann seine Laufbahn als Altist an der Kreuzherrnkirche in Prag, sang sodann in Leipzig, wurde 1788 Kammersänger in Schwedt, Oder, und Dresden und 1789 Königlicher Sänger in Berlin, wo er von 1791 bis 1802 als Mitglied der Singakademie wirkte und am 10. 10. 1805 starb.
Sein Bruder Josef Martin Hůrka (11. 11. 1756, Chudenitz – Chudenice, Böhmen, bis nach 1800, Portugal) war Schüler von Jan Koželuh und wirkte als Sänger und Cellist. Er trat 1786 in Spanien dem Franziskanerorden bei, wechselte zu einem portugiesischen Kloster über, wo er nach 1800 starb.

WERKE

Von František Václav Hůrka haben mehrere Liedersammlungen eine weite Verbreitung erfahren: »Scherz und Ernst in 12 Liedern«, »Die Farben« (7 Lieder), »15 deutsche Lieder«. Einzelne Lieder wie »Der Totengräber«, »Die Schiffahrt« und »Des Pächters Rückkehr aus Yorkshire« sind außerordentlich viel gesungen worden wie auch seine beiden Chorwerke »Die Glocke« und »Die drei Rosen« oder sein Te Deum. Er schrieb außerdem ein Divertimento und 6 Streicherdivertimenti, die verschollen sind. Seine Musik steht der Romantik schon sehr nahe.
Josef Martin Hůrka hat angeblich vorzügliche Cellokonzerte und Sonaten verfaßt, die bisher nicht aufgefunden werden konnten.

Ferdinand Waldstein (1762–1823)

ZEIT UND UMWELT

Selbstkomponierende Kunstmäzene erobern ihren Platz in der Kunstgeschichte oft weniger durch ihre eigenen Leistungen als über die ihnen von ihren Schützlingen gewidmeten unsterblichen Werke.

LEBEN

Ferdinand Ernst Joseph Gabriel Graf von Waldstein und Wartenburg zu Dux wurde am 24. 3. 1762 in Wien geboren. Er war Offizier und Diplomat, Musikfreund, Förderer von Komponisten und selbst Komponist; er verehrte Wolfgang Amadeus Mozart und Ludwig van Beethoven, der Variationen über ein Thema von Waldstein verfaßte und ihm seine Klaviersonate Opus 53 (Waldstein-Sonate) widmete. Er starb am 26. 5. 1823 in Wien.

WERKE

Von Ferdinand Waldstein sind eine Sinfonie in D-Dur und 3 Solokantaten erhalten. Diese Kompositionen sind der Klassik sehr angenähert. Die Sinfonie wurde in unserem Jahrhundert neu herausgebracht.

Marcos António da Fonseca Portugal (1762–1830)

ZEIT UND UMWELT

Die politischen Ereignisse der Napoleon-Zeit griffen wie in allen anderen betroffenen Ländern auch in Portugal in den Lebensweg vieler ein, die sich damit freiwillig nicht konfrontieren, sondern sich ungestört ihrer Lebensaufgabe widmen wollten. Die Eroberung des Landes und die Flucht des Königshauses nach Brasilien hatten auch für manchen Musiker und Theatermann entscheidende Folgen.

LEBEN

Marcos António da Fonseca Portugal (eigentlich Marcos António da Ascenção) wurde am 24. 3. 1762 in Lissabon geboren und im Seminário patriarcal und von João de Sousa Carvalho ausgebildet. Als Dirigent des Salitre-Theaters in Lissabon legte er sich 1785 den Namen eines Freundes seiner Familie zu. Nachdem er bereits eine Reihe von Bühnenwerken geschrieben hatte, begab er sich 1792 nach Italien, wo er bis 1799 eine große Anzahl sehr erfolgreicher Opern auf die Bühne brachte. In die Heimat zurückgekehrt, wurde er Königlicher Kapellmeister und Leiter des Teatro San Carlos in Lissabon. Als die Königsfamilie 1807 nach Brasilien flüchtete, blieb er zunächst auf seinem Posten als Theaterdirektor. Da aber das Musik- und Theaterleben in Lissabon stark absank, folgte er 1810 dem König nach Rio de Janeiro und nahm dort sein Hofkapellmeisteramt erneut auf. Im neu gegründeten Teatro São João der brasilianischen Hauptstadt wurden mehrere Opern von ihm aufgeführt. Als der König 1821 nach Lissabon zurückkehrte, war Portugal aus gesundheitlichen Gründen nicht mehr imstand, die Seereise in die Heimat zu unternehmen, sondern blieb in Rio de Janeiro, wo er am 7. 2. 1830 starb.
Sein Bruder Simão da Ascenção (um 1765, Lissabon, bis um 1835, Rio de Janeiro) war Kirchenmusiker. Er begleitete den Bruder nach Rio de Janeiro und dürfte auch dort ein kirchenmusikalisches Amt betreut haben.

WERKE

Von Marcos António da Fonseca Portugal sind ungefähr 50 Opern auf italienische und auf portugiesische Texte aufgeführt worden. Ihr Erfolg war weltweit. Außerdem schrieb er 5 große Messen, 5 Orgelmessen, 2 Te Deum mit Orchester, fünfstimmige Psalmen, Psalmen mit großem Orchester, mehrere Miserere, Matutin und Sequenzen.
Simão da Ascenção verfaßte zahlreiche Kirchenmusiken für Lissabon und für Rio de Janeiro, von denen nur ein geringer Teil handschriftlich erhalten ist.

LITERATUR

M. de Sampayo Ribeiro, No centenário da morte de Marcos Portugal, Coimbra 1933.

Franz Pollini (1762–1846)

ZEIT UND UMWELT

Nachdem um 1800 das Pianoforte nahezu überall eingebürgert war, gingen Lehrer und Virtuosen daran, die Techniken des Instruments zu verfeinern. Bis zu einem Spiel eines Franz Liszt (1811–86) war gewiß noch ein langer Weg zurückzulegen. Das Ineinanderlegen der Hände bildete jedoch bereits den ersten Schritt dahin.

LEBEN

Franz Pollini (Francesco Giuseppe) wurde am 25. 3. 1762 in Ljubljana geboren. Er war Schüler von Wolfgang Amadeus Mozart und von Nicola Antonio Zingarelli, wirkte zunächst in seinem Geburtsort als Sänger und Schauspieler, ging sodann als Opernsänger, Violinist und Pianist nach Italien und ließ sich schließlich 1790 in Mailand als Klavierlehrer nieder, wo er am 17. 9. 1846 starb.

WERKE

Von Franz Pollini, der als Pianist neue Techniken des Spiels fand und ausübte, ist eine große Anzahl Sonaten, Variationen, Fantasien und kleinerer Stücke für Pianoforte und für Cembalo erhalten. Er schrieb außerdem einige Kammermusiken, 2 Opern, ein Melodram, eine Kantate und das sehr bekannte Oratorium »Stabat mater« für Sopran, Alt, zwei Violinen, zwei Celli und Orgel. Er verfaßte auch eine viel verwendete Cembaloschule.

Stephen Storace (1762–96)

ZEIT UND UMWELT

Um 1800 zeigten sich die ersten Ansätze zu einer englischen Oper. Bezeichnend hierfür ist, daß die Anstöße von einem Meister italienischer Abkunft kamen. Es war natürlich nicht soweit, daß das italienische Muster aufgegeben wurde; auch die Texte blieben zum Teil italienisch. Die Tendenz zur Eigenständigkeit zeigte sich vor allem in der dichten Instrumentierung und der Einführung eines echten Finales an den Aktschlüssen.

LEBEN

Stephen Storace wurde am 4. 4. 1762 in einer italienischen Familie in London geboren und in Neapel am Conservatorio Sant'Onofrio ausgebildet. Dann ging er nach Wien, wo er seine ersten italienischen Opern auf die Bühne brachte und mit Wolfgang Amadeus Mozart Freundschaft schloß. Ab 1787 lebte er in London und schrieb dort eine Reihe englischer Singspiele und Opern. Er starb am 19. 3. 1796 in London.

WERKE

Neben 19 Bühnenwerken in italienischer und englischer Sprache, bei denen die letztgenannten als stilistische Neuerung echte Aktfinale brachten, verfaßte Stephen Storace einige Quartette und Quintette und weitere Kammermusik; alles im Stil Mozarts.

Karl Friedrich Horn (1762–1830)

ZEIT UND UMWELT

Mit der Herausgabe des »Wohltemperierten Klaviers« setzte in England die Bach-Pflege ein. Von da ab gehörten Johann Sebastian Bachs Werke zu den Standardprogrammpunkten der Konzerte wie bisher die von Georg Friedrich Händel und Joseph Haydn.

LEBEN

Karl Friedrich Horn wurde am 13. 4. 1762 in Nordhausen geboren. Er war Schüler von Christoph Gottlieb Schröter und ging sodann nach London, wo er als Musiklehrer in hochadelige Kreise kam und von 1789 bis 1793 Musiklehrer der Königin Charlotte und bis 1811 der Prinzessin Augusta (1737–1813) war. Ab 1824 wirkte er als Organist an St. George's Chapel in Windsor, wo er am 5. 8. 1830 starb.

WERKE

Von Karl Friedrich Horn sind Klaviersonaten, 12 Variationen für Klavier mit Flöte oder Violine und »Military Divertimentos« erhalten. Er schrieb eine Generalbaßschule und eine Harmonielehre mit Beispielen. Mit Samuel Wesley gab er 1810 das »Wohltemperierte Clavier« von Johann Sebastian Bach heraus und leitete damit die Bach-Pflege in England ein.

Pierre Jean Garat (1762–1823)

ZEIT UND UMWELT

Es ist bezeichnend für die Einstellung des Franzosen zu Kunst und Künstlern, daß Lieblinge der hocharistokratischen Salons während der Revolution kaum behelligt wurden und bald darauf von der aufgerückten Gesellschaftklasse, die die alte genau kopierte, erneut eingeladen und bewundert wurden.

LEBEN

Pierre Jean Garat wurde am 25. 4. 1762 in Ustaritz, Basses-Pyrénées, geboren. Er war Tenor-Bariton-Sänger mit weitem Tonumfang. Nach gründlichem Unterricht in Bordeaux bei Franz Beck ging er als Konzertsänger nach Paris, wurde dort in die höchsten Kreise aufgenommen und von einem Salon nach dem anderen eingeladen. Die Revolution setzte dem ein vorläufiges Ende, aber unter dem Direktorium hatte er die neue Klasse bereits für sich gewonnen. Er erhielt auch eine Ernennung zum Gesanglehrer am Conservatoire. Er starb am 1. 3. 1823 in Paris.

WERKE
Von dem berühmten Sänger Pierre Jean Garat sind nur einige sentimentale Romanzen bekannt geworden, zu denen er die Texte zumeist selbst verfaßte.

Jan Pavel Veselý (1762–1810)

ZEIT UND UMWELT
Die Emigration böhmischer Musiker setzte sich auch bis in das 19. Jahrhundert hinein fort, weil das Musikleben sich noch immer vorwiegend auf die Kirchen und einige Adelshäuser beschränkte. Es gab wohl auch einzelne Opernaufführungen von hoher Qualität, aber zu einem ständigen Konzertbetrieb war es noch nicht gekommen, so daß eben viele Musiker ihr Betätigungsfeld in Wien oder in den deutschen Städten suchen mußten.

LEBEN
Jan Pavel Veselý (Johann Paul Wessely) wurde am 24. 6. 1762 in Frauenberg (Hluboká nad Vitavou), Böhmen, geboren. Er wirkte ab 1797 als Violinist in Altona, dann in Kassel und schließlich ab 1800 bis zu seinem Tod am 1. 6. 1810 als Konzertmeister in Ballenstedt.

WERKE
Von Jan Pavel Veselý sind ein Rondo für Horn und Orchester, 10 Variationen für Horn, Violine und Orchester, 8 Variationen für Klarinette und Orchester, 14 Streichquartette, 3 Steichtrios, 3 Quartette für Klarinette, Violine, Bratsche und Kontrabaß erhalten. Seine 2 Singspiele sind handschriftlich überliefert. Seine Musik gehört eindeutig der Vorromantik an.

Marco Santucci (1762–1843)

ZEIT UND UMWELT
Bei den oft abrupt erfolgten mehrmaligen gesellschaftlichen Umstellungen, die zuweilen zu raschen Gründungen kultureller Institutionen führten, konnte es leicht geschehen, daß man bei der Auswahl ihrer Mitglieder zu wenig selektiv vorging. Die Folge war, daß künstlerische Leistungen als einmalig und bahnbrechend prämiert wurden, die an sich dem Kenner nichts Neues und nichts Erstaunliches brachten, weil sie schon längst überholt waren.

LEBEN
Marco Santucci wurde am 4. 7. 1762 in Camaiore, Toskana, geboren. Er war Schüler von Fedele Fenaroli und wirkte von 1797 bis 1806 als Kapellmeister an San Giovanni in Laterano in Rom und sodann als Kanonikus am Dom in Lucca, wo er am 19. 11. 1843 starb.

WERKE
Von Marco Santucci sind mehrere Sinfonien, Solokantaten und eine beträchtliche Anzahl Kirchenmusik erhalten. Er schrieb eine Reihe Kanons bis zu sieben Stimmen. Seine vierchörige sechzehnstimmige Motette wurde von der Accademia Napoleone als etwas ganz Besonderes und Neues prämiert. Man wußte dort anscheinend nicht, wie viele mehrchörige Werke älterer Meister es bis dahin bereits gegeben hatte.

Karl Doblhof-Dier (1762–1836)

ZEIT UND UMWELT
Der Musikbetrieb war immer auch ein Markt der Eitelkeiten. Es gab Käuze, die fremde Kompositionen ankauften und als eigene ausgaben, die selbst zu komponieren versuchten, ihre Werke von gut bezahlten Musikern bei freiem Eintritt aufführen ließen und schließlich als Gipfelpunkt der Skurrilität ihre Kompositionen auf eigene Kosten in Druck gaben und sodann bei sich aufbewahr-

ten, um nach ihrem Tod als im stillen wirkende Künstler entdeckt zu werden.

LEBEN
Karl von Doblhof-Dier wurde am 13. 7. 1762 in Wien geboren. Er war Schüler von Antonio Salieri und ein fleißiger Komponist, der jedoch seine auf eigene Kosten gedruckten Werke nie publizierte. Er starb im Jahr 1836 in Wien.

WERKE
Die Kompositionen von Karl Doblhof-Dier – Messen, andere Kirchenmusik, sakrale und profane Lieder für mehrere oder eine Stimme – wurden erst nach seinem Tod entdeckt. Ihr Wert muß als mittelmäßig bezeichnet werden, so daß kein Nachruhm damit begründet werden konnte.

Jakob Haibel (1762–1826)

ZEIT UND UMWELT
Der Übergang vom Theatermusiker und Singspielkomponisten zum Domchordirektor dürfte einem echten Musiker nicht schwergefallen sein, denn für ihn war Musik immer nur Musik, gleichgültig, welchem Zweck sie diente.

LEBEN
Petrus Jakob Haibel (Heibel) war Mitglied der Theatertruppe von Emanuel Schikaneder. Von 1806 bis zu seinem Tod am 27. 3. 1826 wirkte er als Domchordirektor in Djakovar, Slawonien (Djakovo, Kroatien).

WERKE
Von Jakob Haibel sind zahlreiche Singspiele und ein Ballett erhalten. Er dürfte während seiner Tätigkeit als Kirchenmusiker eine größere Anzahl sakrale Musik, vor allem Messen, komponiert haben. Überliefert ist davon nichts.

Jaime Ferrer (1762–1824)

ZEIT UND UMWELT
Die Musik der Hieronymiten im Kloster Escorial hob sich von der übrigen spanischen durch einen stark modernistischen Zug ab, der auf den Unterricht zurückging, den Padre Antonio Soler bei Domenico Scarlatti genossen hatte.

LEBEN
Jaime Ferrer wurde am 10. 8. 1762 in Cervera del Maestre, Castellón de la Plana, geboren. Er war Schüler von Antonio Soler und sodann Kapellmeister und Organist im Hieronymitenkloster San Lorenzo de El Escorial, wo er am 21. 8. 1824 starb.

WERKE
Von Jaime Ferrer sind zahlreiche Messen, Vespern, Psalmen, Miserere, Lamentationen, Hymnen, Responsorien und Villancicos erhalten. Der Stil seines Lehrers Antonio Soler prägte sich darin deutlich aus.

Maximilian Friedrich von Droste-Hülshoff (1762–1840)

ZEIT UND UMWELT
Es gab keine Fortsetzung der Wiener Klassik, wohl aber einzelne Komponisten, die sich am ihrem Werk gründlich geschult hatten, aber trotzdem keinen Schritt zu einer Fortentwicklung machen konnten, wie es vom höchsten Punkt eines Berges kein Weiterhinauf gibt, sondern neue Wege mit neuen Zielen finden mußten.

LEBEN
Maximilian Friedrich Freiherr von Droste-Hülshoff wurde am 22. 10. 1762 in Hülshoff bei Münster geboren. Er war zuerst Domherr in Münster, lebte sodann ganz der Musik. Er starb am 8. 3. 1840 in Alst, Westfalen.
Seine Nichte Annette Freiin von Droste-Hülshoff (10. 1. 1797, Hülshoff, bis 24. 5. 1848, Meersburg) war Dichterin und Musikerin.

WERKE
Von an Joseph Haydn geschulten Werken von Maximilian Friedrich von Droste-Hüls-

Annette von Droste-Hülshoff, Ölgemälde von W. Stiehl

hoff sind 3 Streichquartette und »Das große Halleluja« im Druck erschienen. Er schrieb außerdem 11 Streichquartette, 3 Streichdivertimenti, 5 Streichquintette, 4 Sinfonien, 4 konzertante Stücke, eine Konzertarie, 2 Messen, 3 Te Deum, mehrere Chorwerke und geistliche Lieder, 3 Opern und zahlreiche Klavierstücke.
Annette von Droste-Hülshoff schrieb 3 unvollendet gebliebene Opern, eine Anzahl Lieder und Volksliedbearbeitungen, darunter die Bearbeitung der Weisen des Lochamer Liederbuchs (1452–60), das 42 deutsche Lieder und eine lateinische Kontrafaktur enthält.

LITERATUR

Annette von Droste-Hülshoff als Musikerin, Archiv für Musikwissenschaft X, 1953.

Michael Kelly (1762–1826)

ZEIT UND UMWELT

Das deutsche Singspiel der letzten Jahrzehnte des 18. und der ersten des 19. Jahrhunderts gehörte mit wenigen Ausnahmen der Unterhaltungsmusik an. Es war oft mehr ein Ergebnis routinierter Technik als eines kompositorischen Schaffens. Seine Bühnenwirksamkeit konnten Männer der Bühne – Sänger, Schauspieler, Dirigenten – am besten abschätzen und treffen.

LEBEN

Michael Kelly (O'Kelly, Occhelli) wurde am 25. 12. 1762 in Dublin geboren. Er war Schüler von Michael Arne in Dublin, von Venanzio Rauzzini in London, von Fedele Fenaroli und Giuseppe Aprile in Neapel, wo er mit großem Erfolg als Opernsänger auftrat. Von 1784 bis 1787 sang er am Hoftheater in Wien und erwarb dort die Freundschaft von Wolfgang Amadeus Mozart. Dann kehrte er nach London zurück; er wirkte am Drury Lane Theatre als Tenor und ab 1793 als Leiter des King's Theatre. Er starb am 9. 10. 1826 in London.

WERKE

Von Michael Kelly sind 62 Singspiele und

Michael Kelly, Schabkunstblatt von C. Turner

Schauspielmusiken sowie ein Ballett über die Bühne gegangen. Außerdem verfaßte er zahlreiche englische, französische und italienische Lieder. Seine »Lebenserinnerungen« sind eine Fundgrube von Informationen über seine Zeit.

LITERATUR

S. M. Ellis, The Life of Michael Kelly, London 1930.

Franz Tausch (1762–1817)

ZEIT UND UMWELT

Das Mannheimer Orchester bildete nicht nur vorzügliche Dirigenten und Komponisten aus, sondern auch Virtuosen auf verschiedenen Instrumenten, die darauf ihrerseits die Ergebnisse dieser strengen Schulung an ihre Schüler weitergaben.

LEBEN

Franz Tausch wurde am 26. 12. 1762 in Heidelberg geboren. Er spielte bereits mit 8 Jahren als Klarinettist im Mannheimer Orchester. Er ging mit dem Hof 1778 nach München, wo er blieb, bis er 1789 an das Berliner Hoforchester engagiert wurde. In Berlin gründete er eine Blasinstrumentenschule. Er starb am 9. 2. 1817.

WERKE

Von Franz Tausch ist eine große Anzahl Werke für Klarinette überliefert, darunter 2 Klarinettenkonzerte, 3 konzertante Stücke für zwei Klarinetten, die lang als Übungsmaterial verwendet wurden.

Alday l'Aîné (um 1763 bis nach 1800)

ZEIT UND UMWELT

In der zweiten Hälfte des 18. Jahrhunderts traten in Frankreich noch einzelne Mandolinisten auf. Sie wechselten aber bald zur Violine über, weil das allgemeine Interesse an diesem Instrument nahezu erlosch, während in anderen Musikländern es noch intensiv gepflegt wurde.

LEBEN

Alday l'Aîné wurde um 1763 in Frankreich geboren. Er trat im Concert spirituel zunächst als Mandolinist auf, wandte sich aber dann der Violine zu. Um 1795 ließ er sich in Lyon nieder und eröffnete eine Musikalienhandlung. Er dürfte dort auch als Violinist gewirkt haben. Er starb in Lyon, sein Todesjahr nach 1800 kann nicht ermittelt werden.

Sein Bruder Paul Alday le Jeune (1764, Frankreich, bis 1835, vermutlich Dublin) war Schüler von Giovanni Battista Viotti. Er konzertierte oft mit großem Erfolg im Concert spirituel in Paris als Violinist, ging um 1790 nach England, wirkte von 1806 bis 1809 in Edinburgh als Dirigent und Musiklehrer, eröffnete sodann in Dublin eine Musikalienhandlung, gründete dort 1812 eine Musikakademie und wurde 1820 Professor für Violinspiel.

WERKE

Von Alday l'Aîné sind konzertante Sinfonien, ein Streichquartett und ein Violinkonzert erhalten. Er schrieb auch eine Violinschule.

Paul Alday le Jeune schrieb 4 Violinkonzerte, verschiedene Melodien für Violine und Generalbaß und 28 Violinetüden.

Johann Jakob Heckel (um 1763–1811)

ZEIT UND UMWELT

Nicht alle Mitglieder der Mannheimer Hofkapelle gingen mit dem Kurfürsten Karl Theodor in dessen neue Residenz nach München. Ein Teil davon blieb zurück und setzte die Pflege der Mannheimer Tradition fort.

LEBEN

Johann Jakob Heckel wurde um 1763 vermutlich in Mannheim geboren. Er wurde 1790 Musiklehrer und Kapellmeister der in Mannheim verbliebenen Hofkapellmitglieder. Darauf wirkte er in der Schweiz, in Regensburg, Wien, Preßburg und Budapest. Er starb am 16. 12. 1811 in Gumpoldskirchen, Niederösterreich.

WERKE
Von Johann Jakob Heckel sind zahlreiche Stücke für Pianoforte oder Cembalo und eine beträchtliche Menge Romanzen und Kantaten erhalten. Sie sind der Frühromantik zuzuordnen.

Olivier Aubert (1763–1830)

ZEIT UND UMWELT
Um 1800 war die Technik des Cellospiels nahezu auf dem heute gültigen Stand angelangt. Die Verbesserungen betrafen vor allem den Neigungswinkel des Instruments zum Spieler. Es handelte sich aber dabei um individuelle Vorlieben, aber auch um neue Fingersatzmethoden, Lagenspiel auf tieferen Saiten, Mehrfachgriffe, Pizzicati der linken Hand und ähnliches, das sich von Jahrzehnt zu Jahrzehnt vervollkommnete. Der Stachel kam erst in der zweiten Hälfte des 19. Jahrhunderts in Gebrauch.

LEBEN
Pierre François Olivier Aubert wurde 1763 in Amiens geboren und an der Maîtrise der Kathedrale seiner Geburtsstadt ausgebildet. Er trat in Paris als Cellist in das Orchester der Opéra Comique ein und wirkte dort durch 25 Jahre. Daneben gab er Cellounterricht. Er starb im Jahr 1830 in Paris.

WERKE
Von Olivier Aubert sind 8 Bücher mit Cellosonaten, 12 Duos für zwei Celli und 3 Streichquartette erhalten. Sein Spiel wurde wegen seiner außerordentlichen Brillanz sehr geschätzt.

Michel Joseph Gebauer (1763–1812)

ZEIT UND UMWELT
Die Musikanten der Schweizergarde von Versailles waren wegen ihrer vorzüglichen Ausbildung bekannt. Sie wurden ausnahmslos in die Musikbande der Nationalgarde übernommen, soweit sie es wünschten, was für einige die erste Stufe zu einer ausgezeichneten Karriere bildete.

LEBEN
Michel Joseph Gebauer wurde 1763 in La Fère, Aisne, geboren. Er war Oboist der Schweizergarde in Versailles. Im Jahr 1791 trat er in gleicher Eigenschaft der Musikbande der Nationalgarde bei. Von 1795 bis 1802 war er Lehrer am Conservatoire in Paris, dann wurde er der Kaiserlichen Garde zugeteilt. Er starb im Dezember 1812 in Paris.

WERKE
Von Michel Joseph Gebauer sind Duos für Violinen oder Blasinstrumente, 2 Bläserquartette und mehr als 200 Militärmärsche erhalten.

Johann Andreas Amon (1763–1825)

ZEIT UND UMWELT
Seine heute gültige Gestalt erhielt das Horn erst im zweiten Drittel des 19. Jahrhunderts. Das um 1800 noch verwendete Horn ohne Ventile, ohne Grifflöcher und ohne Klappen erforderte eine außerordentliche Geschicklichkeit, die besonders bei deutschen und tschechischen Meistern entwickelt wurde.

LEBEN
Johann Andreas Amon wurde 1763 in Bamberg geboren und von Jan Václav Stich zum Hornisten ausgebildet. In Paris, wohin ihn sein Lehrer mitgenommen hatte, erhielt er von Antonio Sacchini Kompositionsunterricht. Er unternahm mit Stich ausgedehnte Konzertreisen, ließ sich aber 1789 als städtischer Musikdirektor und Musikverleger in Heilbronn nieder. Im Jahr 1817 wurde er Kapellmeister des Fürstenhauses Oettingen-Wallerstein. Er starb am 29. 3. 1825 in Wallerstein, Bayern.

WERKE
Von Johann Andreas Amon wurden Sonaten für verschiedene Instrumente, Trios, Quartette, Quintette, Konzerte, eine Sinfonie und

Lieder - insgesamt ungefähr 100 Opuszahlen - gedruckt. Handschriftlich sind 2 Messen, ein Requiem und 2 Singspiele erhalten.

Vojtěch Matyaš Jírovec (1763–1850)

Vojtěch Matyaš Jírovec

ZEIT UND UMWELT

Mit dem Tod des letzten der drei Wiener Klassiker Ludwig van Beethoven wurde ihrer Epoche ein abruptes Ende gesetzt. Es gab keine Nachklassik und kein Ausklingen dieses singulären Hochflugs der Musikentwicklung. Einzelne Epigonen brachten gute Nachahmungen, aber eine Fortsetzung der Klassik war offenbar unmöglich. Die Nachfolgenden mußten die neuen Wege einschlagen, die von den »Klassikern« mit einzelnen Werken bereits gewiesen worden waren.

LEBEN

Vojtěch Matyaš Jírovec (Adalbert Mathias Gyrowetz) wurde am 19. 2. 1763 in Budweis (České Budějovice) geboren. Er studierte in Prag und war gräflicher Sekretär in Brünn und Wien, wo er bereits mit seinen Sinfonien Erfolg hatte und mit Joseph Haydn und Wolfgang Amadeus Mozart bekannt wurde. Er setzte seine Studien in Neapel bei Giovanni Paisiello und Nicola Sala fort. Hierauf ging er als Kapellmeister und Komponist nach Paris und London. Im Jahr 1793 trat er in Wien als Kaiserlicher Legationssekretär in den Staatsdienst und wirkte an einigen deutschen Höfen. Von 1804 bis 1831 war er Kapellmeister des Wiener Hoftheaters. Er starb am 19. 3. 1850 in Wien.

WERKE

Verschiedene Instrumentalkompositionen von Vojtěch Matyaš Jírovec erschienen unter dem Namen Joseph Haydns. Die geschickte Nachahmung der Faktur des Altmeisters ermöglichte diese verlegerische Täuschung. Auch seine 40 Sinfonien kommen seinem Vorbild sehr nahe wie die Serenaden, Divertimenti, Partiten und Tänze. Er schrieb außerdem 2 Klavierkonzerte, 43 gedruckte Streichquartette und eine weitere Anzahl, die nicht erschienen ist, 2 Streichquintette, Flötenquintette, Flötenquartette, zahlreiche Klavier- und Streichtrios, Arien, Lieder und mehrstimmige Gesänge, weiters 19 Messen und zahlreiche sakrale Vokalwerke. Ferner verfaßte er eine Anzahl Opern, Singspiele, Ballette und Divertissements für verschiedene Bühnen. Er war bei seinen Zeitgenossen sehr geschätzt, überlebte aber seinen Ruhm, weil er bei seiner Klassiknachahmung stehenblieb und das stilistische Fortschreiten der Musik bis tief in die Romantik hinein unbeachtet ließ.

LITERATUR

A. Hnilička, Portrety starých českých mistrů hudebních, Prag 1922.

Jean Xavier Lefèvre (1763–1829)

ZEIT UND UMWELT

Um 1800 wurde in allen Musikzentren der Klarinette erhöhte Aufmerksamkeit zugewendet. Die Modulationsfähigkeit ihres Klanges eignete sie ebenso vorzüglich zum Melodieinstrument im Orchester und in den Blasensembles wie zum Soloinstrument. Verbesserungen wurden laufend erfunden, um die Spielmöglichkeiten zu erhöhen und den Klang zu verbessern, bis in der Mitte des

19. Jahrhunderts die endgültige Form des Instruments gefunden war.

LEBEN

Jean Xavier Lefèvre wurde am 6. 3. 1763 in Lausanne geboren. Er war in Paris Schüler von Michel Yost und sodann von 1787 bis 1817 Orchestermitglied der Opéra, nachdem er bereits bei der Königlichen Gardemusik gespielt hatte. Von 1807 bis 1829 wirkte er an der Kaiserlichen und später Königlichen Kapelle und war zugleich von 1795 bis 1825 Lehrer am Conservatoire. Er starb am 9. 11. 1829 in Paris.

WERKE

Von Jean Xavier Lefèvre sind Sonaten für Klarinette und Generalbaß, Duos für zwei Klarinetten, für Klarinette und Fagott, Trios für zwei Klarinetten und Fagott, Quartette für Klarinette, Violine, Bratsche und Generalbaß, 6 Klarinettenkonzerte, 2 konzertante Sinfonien für Klarinette und Fagott und ein Konzert für Oboe, Klarinette und Fagott mit Orchester erschienen. Er erweiterte die Klarinette um eine sechste Klappe.

Gottlob Bachmann (1763–1840)

ZEIT UND UMWELT

Da Singspiele nicht selten lokale Anspielungen beinhalteten, war ihr Unterhaltungswert sehr hoch, wenn sie von einem Ortskundigen hergestellt wurden. Und mehr als Unterhaltung verlangte das Publikum in der Regel auch nicht.

LEBEN

Gottlob Bachmann wurde am 28. 3. 1763 in Bornitz bei Zeitz geboren. Er war ab 1791 Organist an der Nikolaikirche in Zeitz, wo er am 10. 4. 1840 starb.

WERKE

Von Gottlob Bachmann sind Lieder und Balladen, etwas Kammermusik sowie Klavier- und Orgelstücke erhalten. Er verfaßte auch 2 Singspiele mit großem lokalem Erfolg.

Giacomo Gotifredo Ferrari (1763–1842)

ZEIT UND UMWELT

Die Beziehungen der Fürstbistümer Brixen und Trient zum Bistum Chur, dessen Bereich nach Südtirol hineinreichte, waren sehr eng, so daß Trientiner Untertanen nicht selten Studium und Ausbildung in Chur suchten, ehe sie höhere Bildungsmöglichkeiten in Italien in Anspruch nahmen.

LEBEN

Giacomo (Jacopo) Gotifredo Ferrari wurde am 2. 4. 1763 in Rovereto, Trentino, geboren und im Kloster Mariaberg bei Chur ausgebildet. Anschließend studierte er bei Gaetano Latilla und Giovanni Paisiello in Neapel. Er war in Paris Akkompagnist bei Königin Marie Antoinette und später am Théâtre Feydeau. Im Jahr 1792 ließ er sich als Musiklehrer in London nieder, wo er, durch Reisen nach Paris und einer Unterrichtstätigkeit in Edinburgh von 1823 bis 1827 unterbrochen, bis zu seinem Tod im Dezember 1842 blieb.

WERKE

Von Giacomo Gotifredo Ferrari ist eine große Zahl Werke für Klavier, Gesang, Harfe und Flöte erschienen. Er verfaßte außerdem 5 Opern, 2 Ballette und ein Oratorium. Er war auch als Musikschriftsteller tätig.

LITERATUR

E. Zaniboni, Jacopo Gotifredo Ferrari, Trient 1907.

Domenico Dragonetti (1763–1846)

ZEIT UND UMWELT

Kontrabaßvirtuosen haben immer am Mangel an Stücken für ihr Instrument gelitten und als Ersatz Fagott- und Celloliteratur gespielt. Das Spielen von Cellostimmen war auch geeignet, das technische Können ins rechte Licht zu setzen, obwohl man das Stück selbst dadurch verfremdete, was aber durch das Vergnügen an der technischen Leistung aufgewogen wurde.

LEBEN
Domenico Dragonetti wurde am 7. 4. 1763 in Venedig geboren. Er war hauptsächlich Autodidakt und spielte bereits mit 13 Jahren am Teatro San Benedetto und 1787 im Markusdom als Kontrabassist mit. 1794 ging er nach London, wo er an der Oper, in den Ancient Concerts und in den Konzerten der Philharmonic Society mitwirkte. Er freundete sich mit Thomas Linley dem Jüngeren eng an. Beim Beethoven-Fest in Bonn im Jahr 1845 trat er als erster Kontrabassist auf. Er starb am 16. 4. 1846 in London.

WERKE
Von Domenico Dragonetti sind Konzerte, Sonaten und andere Stücke für Kontrabaß – solo und mit Klavier – erschienen, außerdem Streichquartette und 3 italienische Canzonetten. Er selbst spielte gern Cellomusik auf seinem Instrument, das er virtuos beherrschte.

LITERATUR
F. Caffi, Biografia di Domenico Dragonetti, Venedig 1846.

Friedrich Johann Albrecht Muck (1763–1839)

ZEIT UND UMWELT
Lieder und Chöre neigten vor und nach 1800 auch in Süddeutschland stark zum Pietismus, der bereits viel von der anbrechenden Romantik in sich aufnahm.

LEBEN
Friedrich Johann Albrecht Muck wurde am 24. 4. 1763 in Forheim, Nördlingen, geboren. Er studierte in Erlangen und wurde nach mehreren Pfarrerstellen 1809 Dekan und Distriktsschulinspektor in Rothenburg ob der Tauber, wo er am 4. 11. 1839 starb.

WERKE
Von Friedrich Johann Albrecht Muck sind Lieder, Chöre und liturgische Gesänge – Vaterunser – erhalten. Sie hatten textlich und musikalisch starken pietistischen Einschlag, konnten aber bereits der Frühromantik zugezählt werden. Das gleiche gilt für sein Oratorium »Die Nazarener in Pompeji«. Er war auch als Musikschriftsteller tätig und setzte sich sehr für den Schulgesang ein.

Franz Stanislaus Spindler (1763–1819)

ZEIT UND UMWELT
Schauspielmusiken und Singspiele für Wanderbühnen und kleinere Theaterunternehmen wurden zumeist von Kräften des eigenen Ensembles je nach Bedarf erzeugt und entsprachen dem augenblicklichen Bedürfnis. Ihre musikalische Qualität war in der Regel nicht hoch. Aber zuweilen wurden beachtliche Werke daraus, weil zufällig ein wirklicher Komponist Hand angelegt hatte, dessen weitere Lebenswege und Kompositionen diese Qualifikation bewiesen.

LEBEN
Franz Stanislaus Spindler wurde am 4. 5. 1763 in Steingaden, Bayern, geboren. Er war bei verschiedenen Bühnen als Schauspieler und Sänger tätig, bis er 1808 Kapellmeister am Münster von Straßburg wurde, wo er am 8. 9. 1819 starb.

WERKE
Neben Schauspielmusiken und 12 Singspielen für verschiedene Theaterunternehmen verfaßte Franz Stanislaus Spindler 2 Melodramen und das Oratorium »Die Hirten bei der Krippe zu Bethlehem«, das sehr bekannt geworden ist; es weist viele romantische Elemente auf.

Franz Danzi (1763–1826)

ZEIT UND UMWELT
Die sich ständig erweiternden Ausdrucksmöglichkeiten der Instrumente, die Fülle der neu gewonnenen Klangfarben und die fortschreitende Differenzierung der Instrumentierung mußten zwangsläufig neben allen anderen Gründen zur Subjektivierung der musikalischen Aussage führen. Der Komponist bekam die Farben in die Hand, mit

denen er ein Bild seines Gemütszustands deutlichmachen konnte und »sagen, was er leidet«. Er begann Melodik und Harmonik auf seine Persönlichkeit abzustimmen, seine Freude, seinen Schmerz, seine Ideen mitzuteilen, und verstand sich nicht mehr als Teilchen eines geordneten Kosmos, sondern bezog alles Geschehen darin auf sich, weil für ihn er selbst den Mittelpunkt alles Seins und Geschehens darstellte.

LEBEN

Franz Ignaz Danzi wurde am 15. 6. 1763 in Schwetzingen als Sohn des Cellisten der Mannheimer Kapelle Innocenzio Danzi (um 1730, Italien, bis 17. 4. 1798, München) getauft. Er war Celloschüler seines Vaters, Kompositionsschüler von Abbé Vogler und wurde 1778 Mitglied der Hofkapelle, blieb aber vorläufig in Mannheim, als diese im selben Jahr nach München übersiedelte, und wirkte als Repetitor des Mannheimer Hoftheaters. Als der Vater 1783 in Pension ging, nahm er in München dessen Stelle ein. Er begab sich auf mehrere Konzertreisen und gehörte einige Jahre einer Operntruppe an, nahm sodann 1798 seine Tätigkeit in der Hofkapelle in München erneut auf und wurde zum Vizekapellmeister ernannt. Im Jahr 1807 gab er die Stelle wegen Zwistigkeiten mit dem Hofkapellmeister Peter Winter auf und wurde Hofkapellmeister und Direktor des Königlichen Konservatoriums in Stuttgart. Von 1812 bis zu seinem Tod am 13. 4. 1826 wirkte er als Hofkapellmeister in Karlsruhe.

WERKE

Außer seinen 16 Opern und einem Oratorium schrieb Franz Danzi Schauspielmusiken, Ballette, Kantaten, mehrere Messen, ein Te Deum, Magnificat, 8 Sinfonien und mehrere Konzerte für Klarinette, für Flöte, für Klarinette und Flöte, für Klarinette und Fagott. Seine Kammermusik vom Sextett bis zum Duo wird heute noch geschätzt, nicht nur, weil man darin das Heraufdämmern des romantischen Zeitalters deutlich spürt, sondern auch wegen der feinen Instrumentierung und Stimmführung. Besonders geschätzt werden die Bläserquintette in g-Moll und e-Moll und das Hornkonzert in E-Dur.

Konzert für Horn und Orchester in E-Dur, 3 Sätze

Die Melodik der Hornstimme im 1. Satz wird vom Orchester gemütlich begleitet und entfaltet erst allmählich seine eigene Aussage. In der Schlußkadenz meldet sich das Soloinstrument erneut, wird aber sofort vom Orchesterklang überdeckt. Der 2. Satz bringt eine elegische Romanze in Moll. Dann folgt ein munteres Rondo, das der Formgebung der Klassik folgt.

Bläserquintett in g-Moll, 4 Sätze

Es handelt sich um Unterhaltungsmusik im besten Sinne des Wortes. Das Stück folgt dem Muster von Joseph Haydn: schnell – langsam – Menuett – Finale. Außer dem Menuett zeigen alle Sätze Sonatenform. Im 1. Satz fehlt aber die Reprise und im letzten die Durchführung. Die Romantik mit ihren Freiheiten war bereits angebrochen.

LITERATUR

O. Keller, Die Familie Danzi in München, in: Neue Musikzeitung, April 1926.

Nathaniel Gow (1763–1831)

ZEIT UND UMWELT

Niel Gow bildete mit seinen Söhnen und weiteren Nachkommen in den Jahrzehnten vor und nach der Wende zum 19. Jahrhundert nahezu eine Institution zur Sammlung, Bearbeitung, Interpretation und auch Neuschöpfung schottischen Musikgutes sowie deren Druck und Verbreitung.

LEBEN

Nathaniel Gow wurde am 28. 5. 1763 in Inver als Sohn des Niel Gow geboren. Mit 16 Jahren wurde er bereits zu den »Königlichen Trompetern in Schottland« aufgenommen. In Edinburgh vervollständigte er den Violinunterricht, den ihm sein Vater – selbst ein vorzüglicher Violinist – erteilt hatte, und konnte seinen Bruder William Gow (1751, Inver, bis 1791, Edinburgh) als Orchesterdirigent ablösen. Neben seinem Wirken als Interpret, Dirigent und Komponist führte er in Edinburgh eine Musikalienhandlung und

einen Musikverlag, der viel gesammelte schottische Musik herausbrachte und der Nachwelt erhielt. Er bildete eine maßgebende Persönlichkeit im gesamten schottischen Musikleben bis zu seinem Tod am 19. 1. 1831.
Sein Sohn Niel Gow (um 1795, Edinburgh, bis 7. 11. 1823, Edinburgh) war, wie der Vater, als Interpret schottischer Musik, als Musikalienhändler und Komponist tätig.
Seine Brüder William Gow, Andrew Gow (1760, Inver, bis 1803, Edinburgh) und John Gow (1764, Inver, bis 22. 11. 1826, Edinburgh) wirkten ebenso als Interpreten, Sammler und Herausgeber von schottischer Musik.

WERKE
Neben einer großen Anzahl schottischer Tanzmusik und einzelnen sehr verbreiteten Liedern verfaßte Nathaniel Gow ein interessantes Konzertstück, das Rufe, Lärm und Geräusche der Straßen von Edinburgh musikalisch wiedergab, also die Schreie der Fischweiber und der Straßenhändler, den Gesang der Bettler und den Klang der Kirchenglocken. Er schuf damit ein Werk, das bereits inmitten der Romantik stand.
Niel Gow der Jüngere schrieb einige sehr beliebte Lieder.
Die gesamte Familie machte sich durch Sammlungen schottischer Volksmusik sehr verdient.

Simon Mayr (1763–1845)

ZEIT UND UMWELT
Die Kriege vor der Zeit Napoleons und während seiner Regierung, der mehrmalige Machtwechsel in mehreren europäischen Staaten, die gesellschaftliche Umschichtung griffen fast in jedes Privatleben ein, und zwar um so stärker, je höher der einzelne im Mittelpunkt allgemeinen Interesses stand. Doch für manche von ihnen war es dennoch nur ein Kulissenwechsel ihrer künstlerischen oder wissenschaftlichen Tätigkeit, denn – und das ist für uns das Erstaunliche an jener Zeit – eine ernstliche Behinderung wurde, wenige Fälle ausgenommen, keinem geistig Schaffenden durch einen Wechsel der politischen Macht auferlegt.

LEBEN
Johann Simon Mayr (Giovanni Simone) wurde am 14. 6. 1763 in Mendorf, Bayern, geboren. Er erhielt seine erste Ausbildung am Jesuitenseminar in Ingolstadt. Dann begab er sich zu Ferdinando Giuseppe Bertoni nach Venedig, wo er 1774 mit seiner ersten Oper hervortrat und einen großen Erfolg erntete. Im Jahr 1802 wurde er Kapellmeister an Santa Maria Maggiore in Bergamo und 1805 Kompositionslehrer am Musikinstitut der Stadt, in der er am 2. 12. 1845 starb.

WERKE
Neben mehr als 70 Opern, von denen einige noch heute Interesse erwecken, schrieb Simon Mayr ein Ballett, 8 Oratorien, bei 50 Kantaten, zahlreiche Messen, Requiem, Vespern, Psalmen, Motetten und eine Passion. Sein Stil gehörte der Frühromantik an, weist aber zahlreiche klassische Elemente auf. Er war auch als Musikschriftsteller tätig.

LITERATUR
C. G. Scotti, Simone Mayr, Bergamo 1903.

Étienne Nicolas Méhul (1763–1817)

ZEIT UND UMWELT
Es gab in den Jahrzehnten der großen Umwälzungen vor und nach 1800 Künstler, die bemüht waren, sich von allem fernzuhalten, und andere, die jede neue Phase der Zeitgeschichte, jedes neue Ereignis mit großem Interesse miterlebten und zum Anlaß neuen Schaffens nahmen. Sie waren es auch zumeist, die die Stilentwicklung weitertrieben, weil sie mit den alten Formen unter den gewandelten Umweltbedingungen nicht ihr Auslangen finden konnten.

LEBEN
Étienne Nicolas Méhul (Étienne Henri) wurde am 22. 6. 1763 in Givet, Ardennes, geboren. Er leistete bereits mit 10 Jahren Orga-

nistenhilfsdienste an der Franziskanerkirche seiner Geburtsstadt, wirkte später am Benediktinerkloster Lavaldieu in gleicher Eigenschaft, bis er 1778 stellvertretender Organist wurde. Er verließ aber das Kloster im selben Jahr, ließ sich in Paris als Musiklehrer nieder und nahm gleichzeitig bei Jean Frédéric Edelmann Kompositionsunterricht. Nachdem ihm eine Ode, eine lyrische Szene und 6 Klaviersonaten einigen Erfolg gebracht hatten, wandte er sich der Oper zu und blieb dabei. Im Jahr 1795 wurde er Inspektor des Konservatoriums und Mitglied der Académie des Beaux-Arts. Er starb am 18. 10. 1817 in Paris.

WERKE

Von den über 40 Opern von Étienne Nicolas Méhul, mit denen er das Werk von Christoph Willibald Gluck weiterführte, wird »Joseph in Ägypten« noch heute von einigen Opernhäusern aufgeführt. Seine revolutionären Kantaten und patriotischen Gesänge, insbesondere der »Chant du départ« (Abschiedsgesang), brachten ihm den Ehrentitel eines »französischen Komponisten ersten Ranges« ein. Sonst sind nur noch seine 6 großangelegten Klaviersonaten, seine 5 Ballette und seine 6 Sinfonien, von denen nur 2 erhalten sind, von Bedeutung. Sehr beliebt waren auch seine Opernouvertüren, die oft als Konzertstücke gespielt wurden. Er schrieb außerdem einige Bühnenmusiken, mehrere Messen – darunter eine Messe solenelle – und mehrere Romanzen. Sein Stil stellte keine Überleitungsform zur Romantik dar, wie oft behauptet wird, sondern gehörte mit seinen meisten Werken der neuen Epoche voll an.

Sinfonie in g-Moll, 4 Sätze, entstanden 1808

Der 1. Satz läßt die Vorbilder Haydn und Mozart erkennen, rückt aber mit seiner geballten Energie in Beethovens Nähe. Der 2. Satz fällt dagegen etwas ab, er bietet nicht sehr einfallsreiche Variationen und einen Moll-Teil, der etwas Abwechslung bringt. Den 3. Satz nennt er traditionell Menuett, schreibt aber ein ausgezeichnetes Scherzo, dessen Hauptthema aus einem Pizzicato besteht; im Trio tragen Bläser und Streicher lange Unisonokantilenen vor. Im Finale herrscht starke Bewegung; sein thematisches Material ist den vorangehenden Sätzen entnommen und geschickt mit gekonnter Kontrapunktik entfaltet.

LITERATUR

Méhul, sa vie, son génie, son caractère, Genf 1973.

Johann Sebastian Demar (1763–1832)

ZEIT UND UMWELT

Schüler von Franz Xaver Richter in Straßburg genossen in Frankreich einen guten Ruf und wurden gern angestellt, wie sich überhaupt die Straßburger Tradition einer allgemeinen Beliebtheit erfreute.

LEBEN

Johann Sebastian Demar wurde am 29. 6. 1763 in Gauaschach, Bayern, geboren und von Franz Xaver Richter in Straßburg ausgebildet. Zunächst war er Organist in Weißenburg, hielt sich sodann in Wien, Italien und Paris auf und wurde um 1806 in Orléans Leiter des Grand Concert d'Amateurs. Er betrieb dort auch einen Musikverlag. Er starb um 1832 in Orléans.

WERKE

Von Johann Sebastian Demar sind Konzerte für verschiedene Instrumente, Quartette, Trios, Duos und Sonaten veröffentlicht worden. Seine Musik lehnte sich stark an den Mannheimer Stil an. Er verfaßte auch Schulen für verschiedene Instrumente.

Peter Ritter (1763–1846)

ZEIT UND UMWELT

Trotz der Verlegung des kurfürstlichen Hofes nach München im Jahr 1778 blieb der zurückgebliebene Rest der Hofkapelle auf dem Niveau, das sie einmal erreicht hatte, und behielt ihre bevorzugte Stellung noch lang im 19. Jahrhundert bei.

LEBEN

Peter Ritter wurde am 2. 7. 1763 in Mannheim geboren und von Abbé Vogler ausgebil-

det. Er wirkte ab 1784 an der Mannheimer Hofkapelle als Cellist und von 1803 bis 1823 als Kapellmeister, nachdem er zuvor Konzertmeister und Musikdirektor gewesen war. Er starb am 1. 8. 1846 in Mannheim.
Sein Onkel, Georg Wenzel Ritter (7. 4. 1748, Mannheim, bis 16. 6. 1808, Berlin), wirkte ab 1768 in der Mannheimer Kurfürstlichen Kapelle, nach deren Übersiedlung im Jahr 1778 in München und ab 1788 am Berliner Hoforchester als Fagottist.

WERKE
Von Peter Ritter sind 21 Opern und Singspiele aufgeführt worden, darunter die älteste Vertonung des Falstaff-Stoffes von William Shakespeare. Er verfaßte außerdem ein Oratorium (Der verlorene Sohn) und zahlreiche Kammermusiken. Von ihm stammt die Melodie des bekannten Kirchenliedes »Großer Gott, wir loben dich«.
Georg Wenzel Ritter komponierte 2 Fagottkonzerte und 6 Quartette für Violine, Bratsche, Cello und Fagott.

LITERATUR
W. Schulze, Peter Ritter, Berlin 1895.

Thomas Wright (1763–1829)

ZEIT UND UMWELT
Dem französischen Musiker und Musikwissenschafter Étienne Loulié (um 1650, Paris, bis 1702, Paris) gebührt das Verdienst, als erster ein Metronom konstruiert zu haben, dessen Verwendbarkeit aber durch seine übermäßigen Dimensionen sehr erschwert wurde. Es folgten mehrere weitere Konstruktionen, bis der Instrumentenmacher Johann Nepomuk Mälzl (1772–1838) das noch heute verwendete Zeitmaßgerät baute.

LEBEN
Thomas Wright wurde am 18. 9. 1763 in Stockton-on-Tees geboren. Er war bereits mit 11 Jahren Schüler von John Garth in Sedgefield, dem er 1784 als Organist nachfolgte. Ein Jahr darauf wurde er von John Ebdon an die Kathedrale von Durham geholt. Im Jahr 1797 übernahm er den Organistendienst in Stockton, das er 1817 wieder verließ, um in Kirckleatham zu spielen, kehrte aber bald wieder zurück und wirkte in seinem Geburtsort als Musiklehrer bis zu seinem Tod am 24. 11. 1829 in Wycliffe Rectory.

William Shakespeare

WERKE
Von Thomas Wright sind ein Konzert für Cembalo oder Pianoforte, ein Anthem anläßlich des Friedens von Amiens (1802) und mehrere Ouvertüren und Lieder bekannt geworden. Bemerkenswert ist seine Erfindung eines Taschenmetronoms, das die Konstruktion von Étienne Loulié um vieles verbesserte, aber durch die Erfindung von Mälzl weit überholt wurde.

František Pecháček (1763–1816)

ZEIT UND UMWELT
Gegen Ende des 18. Jahrhunderts ergoß sich die böhmische Musikeremigration in erster Linie nach Wien, das wenigstens als erste Station gewählt wurde; Auswanderungen nach Dresden, Berlin oder Mannheim waren selte-

ner geworden. Das aufstrebende Musik- und Theaterleben in Wien war für Musiker zu einem Anziehungspunkt geworden, der hinter Paris nur mehr wenig zurückstand.

LEBEN
František Martin Pecháček (Pechatschek, Pechaczek, Behatschek) wurde am 10. 11. 1763 in Wildenschwert (Ústi nad Orlicí), Böhmen, geboren. Er lernte sehr früh das Violinspiel und wurde in Leitomischl (Litomyšl) und in Weißwasser (Bélá Voda) ausgebildet. Im Jahr 1783 kam er nach Wien und wirkte bis zu seinem Tod am 26. 9. 1816 als Kapellmeister am Landstraßer Theater.

WERKE
Von František Pecháček sind neben einer Reihe von Singspielen 12 Sinfonien, zahlreiche Orchestertänze, Harmoniemusik, Klavierwerke und einige Kirchenmusiken – Messen, Gesänge – bekannt geworden. Vieles davon ist der Unterhaltungsmusik zuzuordnen. Die Sinfonien bewegten sich im Schatten der Klassik.

John Davy (1763–1824)

ZEIT UND UMWELT
Vokalquartette waren im Verlauf des 18. Jahrhunderts sehr selten geworden. Sie traten erst wieder auf, als die Bühnenmusik und die Oper mehrstimmige Solistenensembles in ihrem Spielablauf, insbesondere bei Aktschlüssen, präsentierten.

LEBEN
John Davy wurde am 23. 12. 1763 in Upton Helions bei Exeter geboren. Er war in Exeter Schüler von William Jackson und ab 1777 sein Assistent an der Orgel. Einige Jahre darauf wurde er am Covent Garden Theatre Orchestermitglied. Zugleich betätigte er sich als Musiklehrer. Er starb am 22. 2. 1824 in London.

WERKE
Von John Davy sind zahlreiche Ballette und Singspiele bekannt geworden, außerdem eine Ode auf Nelsons Sieg und Tod, Harfenstücke, eine Klaviersonate und Lieder, von denen »The Bay of Biscay« (Die Bucht von Biskaya) noch heute gesungen wird.

André Frédéric Eler (um 1764–1821)

ZEIT UND UMWELT
Zu viel Können und zu wenig Kunst, das sind in der Regel die Gründe dafür, daß Kompositionen von Musikologen und Musikpädagogen erfolglos bleiben. Das Wissen um alles, die Kenntnis aller melodischen und harmonischen Möglichkeit lassen der Intuition keinen Raum; sie ist zwar für diese Komponisten anscheinend überflüssig, keinesfalls aber für das Publikum.

LEBEN
André Frédéric Eler wurde um 1764 im Elsaß geboren. Er wirkte zunächst als Bibliothekar am Konservatorium in Paris, dann als Lehrer für Begleitung und Solfeggien. Im Jahr 1816 ernannte ihn Luigi Cherubini zum Professor für Kontrapunkt und Fuge. Er starb am 21. 4. 1821 in Paris.

WERKE
Die kompositorische Tätigkeit von André Frédéric Eler war zu einem großen Teil den Blasinstrumenten gewidmet. Er schrieb 6 Sonaten für Violine, Cello und Pianoforte, 3 Trios für Flöte, Klarinette und Fagott, 3 Streichquartette, 3 Quartette für Flöte, Violine, Bratsche und Generalbaß, 9 Quartette für Flöte, Klarinette, Horn und Fagott, 3 Quartette für zwei Klarinetten, Horn und Fagott, eine konzertante Sinfonie für Flöte, Horn und Fagott, 2 Hornkonzerte, ein Oboenkonzert, 2 Ouvertüren, 12 Kanons für zwei, drei und vier Stimmen und Pianoforte, 4 Opern, eine republikanische Hymne und Kirchenmusik. Der Erfolg dieser Kompositionen war nicht groß; sie wirkten außerordentlich doktrinär.

Heinrich Gerhard Lenz
(um 1764–1839)

Zeit und Umwelt
Der Neffe Friedrichs II., Prinz von Preußen Friedrich Ludwig Christian, genannt Louis Ferdinand (1772–1806), war ein großer Musikkenner und Musikliebhaber, der sich selbst als Musiker und Komponist betätigte. Seine Kapelle war ständig mit den besten Kräften besetzt.

Leben
Heinrich Gerhard von Lenz (Lentz) wurde um 1764 in Köln geboren. Er trat 1784 in Paris als Pianist auf, 1792 in London und 1795 in Hamburg, dann folgte er dem Ruf des Prinzen von Preußen Louis Ferdinand nach Berlin. Nach dem Tod des Prinzen ging er nach Warschau, wo er von 1826 bis 1831 am Konservatorium lehrte und am 21. 8. 1839 starb.

Werke
Von Heinrich Gerhard Lenz sind Klaviersonaten für zwei und vier Hände, Klavierkonzerte, Klaviertrios und mehrere Sinfonien erschienen. Seine Musik gehörte deutlich der Frühromantik an.

Literatur
R. Hahn, Louis Ferdinand von Preußen als Musiker, Breslau 1935.

Jan Štiastný (1764 bis um 1830)

Zeit und Umwelt
Das Prager Konzertleben hatte sich um 1800 so weit etabliert, daß es einem böhmischen Virtuosen eine Ausgangsbasis für seine Konzertreisen bieten konnte. Als Mitglied des Theaterorchesters und als Lehrer am Konservatorium fanden einzelne bereits ein ausreichendes Betätigungsfeld.

Leben
František Jan Štiastný (Štastný, Stiasny, Stasny) wurde 1764 in Prag als Sohn des Oboisten Jan Štiastný (um 1730, Prag, bis 1782, Prag) geboren. Er trat als Cellovirtuose in seiner Geburtsstadt, in Nürnberg und Mannheim auf, sodann in London und Paris, bis er sich in Mannheim niederließ, wo er vermutlich in der Hofkapelle bis zu seinem Tod um 1830 wirkte.
Sein Bruder Bernard Václav Štiastný (1760, Prag, bis 1835, Prag) war ab 1796 als Cellist Mitglied des Prager Theaterorchesters und von 1811 bis 1822 Cellolehrer am Konservatorium.

Werke
Die Duette und Sonaten für zwei Celli von Jan Štiastný gehören zu den besten Stücken dieser Gattung. Ebenso vorzüglich sind sein Divertissement und Grand Trio für Bratsche und Celli, sein Concertino für Flöte, Bratsche und Celli und seine Soli für Celli und Generalbaß.
Bernard Václav Štiastný schrieb »Il maestro ed il scolare« (Der Lehrer und der Schüler), »8 imitazioni e 6 pezzi con fughe« (8 Imitationen und 6 Stücke mit Fugen), ein weitverbreitetes Lehrwerk, das lange seinem Bruder zugeschrieben wurde, außerdem weitere zumeist pädagogische Cellostücke.

Vincenzo Federici (1764–1826)

Zeit und Umwelt
»Cembalomeister« wurden in den Opernhäusern noch weit bis in das 19. Jahrhundert hinein gebraucht. Abgesehen von ihrer Tätigkeit als Begleiter der Rezitative, erforderten doch noch viele Ouvertüren und Arien ein Continuospiel. Sie fungierten auch sehr oft als Repetitoren.

Leben
Vincenzo Federici wurde 1764 in Pesaro geboren, kam im Alter von 16 Jahren nach England und wurde dort am King's Theatre in London »Maestro di cembalo«, Arrangeur und Komponist. Ab 1808 bis zu seinem Tod am 26. 9. 1826 wirkte er als Harmonie- und Kontrapunktlehrer am Konservatorium in Mailand.
Francesco Federici (um 1750, Genua, bis

nach 1803, vermutlich Mailand) war Opernkomponist. Ein Verwandtschaftsverhältnis beider kann nicht vermutet werden.

Werke
Von Vincenzo Federici sind ungefähr 15 Ballette und Opern in London und in Italien aufgeführt worden.
Francesco Federici schrieb für Rom und Mailand je eine Oper.

Joseph William Holder (1764–1832)

Zeit und Umwelt
Es ist auffällig, daß gegen Ende des 18. Jahrhunderts die englischen Komponisten von Glees, Catches, Songs und Kanons den Verlegern Pianofortestücke lieferten. Es handelte sich dabei durchwegs um Hausmusik, was beweist, wie häufig das neue Tasteninstrument alle anderen in den Adels- und Bürgerhäusern verdrängt hatte.

Leben
Joseph William Holder wurde 1764 in St. John's, Clerkenwell, geboren und unter James Nares an der Chapel Royal in London ausgebildet. Hernach wirkte er als Assistent des Organisten Frederick Charles Reinhold (1737, London, bis 29. 9. 1815, Somers Town) an St. George the Martyr, bis er zum Organisten an St. Mary's Church in Bungay ernannt wurde. Dann zog er sich in die Nähe von Chelmsford zurück, wo er 1832 starb.

Werke
Von Joseph William Holder sind Messen, Anthems, 3 Sammlungen mit Glees, Kanons, Lieder und Pianofortestücke erschienen, außerdem Arrangements von Chören von Georg Friedrich Händel. Seine Stücke für Pianoforte ahmen den zeitgenössischen französischen Stil nach.

Franz Lauska (1764–1825)

Zeit und Umwelt
Johann Nepomuk Hummel (1778–1837) und besonders Carl Maria von Weber warfen auf dem Gebiet der Pianistik um die Wende zum 19. Jahrhundert ihre Schatten bereits voraus, besonders für die, die bei den klassischen Vorbildern nur das Figurenwerk sahen und nachahmten, ohne jemals zum musikalischen Kern vorzudringen.

Leben
Franz Seraphinus Lauska wurde am 13. 1. 1764 in Brünn geboren. Er war in Wien Schüler von Johann Georg Albrechtsberger, wirkte als Hausmusiker in Rom und als Kammermusiker in München und ließ sich 1798 in Berlin nieder, wo er als Klavierlehrer großes Ansehen genoß. Er starb am 18. 4. 1825 in Berlin.

Werke
Von Franz Lauska sind 22 Klaviersonaten – eine zu vier Händen –, eine Violin- und eine Cellosonate, Rondos und Variationen für Klavier, Männerquintette und einige Lieder erschienen. Sein Stil, der vorerst die Fakturen von Hummel vorausnahm, näherte sich der Romantik von Carl Maria von Weber.

Literatur
P. Egert, Die Klaviersonate im Zeitalter der Romantik, Leipzig 1934.

Felix Joseph Lipowsky (1764–1842)

Zeit und Umwelt
Manche, die viel gelesen haben, greifen selbst zur Feder, und die viel Musik gehört haben und sie lieben, versuchen selbst zu komponieren, was einigen gelang, weil sie nicht darangingen, fremde Musik zu sezieren, um herauszubekommen, wie sie gemacht wurde, sondern sich nur bescheiden bemühten, die Klänge zu formen, die in ihnen durch Kompositionen anderer geweckt wurden.

Leben
Felix Joseph Lipowsky wurde am 25. 1. 1764 in Wiesensteig, Württemberg, geboren. Er war Rechts- und Geschichtswissenschafter, Politiker, Kunst- und Musikforscher, Ge-

schichtsschreiber und Enzyklopädist, Organist und Chorleiter. Er starb am 21. 3. 1842 in München.

WERKE
Die Ballette von Felix Joseph Lipowsky sind nicht erhalten, dafür seine Messe in g-Moll, der ein künstlerischer Wert nicht abgesprochen werden kann.

Alexander Campbell (1764–1824)

ZEIT UND UMWELT
Nachdem England und das übrige musikalische Europa, vor allem Deutschland, mit der irischen und schottischen Volksmusik bekannt geworden waren, stieg das Verlangen danach steil an. Es verstärkte sich noch in der Epoche der Romantik, die die Pflege alten Volksgutes zu ihrem Programmpunkt machte.

LEBEN
Alexander Campbell wurde am 22. 2. 1764 in Tombea, Loch Lubnaig, geboren. Er war Schüler von Giusto Ferdinando Tenducci in Edinburgh, wo er anschließend als Organist, Musiklehrer, Sammler und Herausgeber schottischer Lieder wirkte. Er starb am 15. 5. 1824 in Edinburgh.
William Campbell (um 1750, Schottland, bis um 1800, Schottland) war ein bedeutender Sammler und Herausgeber schottischer Volksmusik. Eine verwandtschaftliche Beziehung der beiden scheint nicht vorzuliegen.

WERKE
Von Alexander Campbell sind 2 Sammlungen schottischer Volkslieder, eine mit Violin-, die zweite mit Harfenbegleitung, erschienen. Sie wurden zum Großteil von Walter Scott (1771–1832) neu textiert. Außerdem schrieb er eine Reihe sehr populär gewordener Lieder im schottischen Volkston.
William Campbell veröffentlichte 25 Bücher mit schottischen Volkstänzen und Reels, für Violine, Cembalo und Querflöte arrangiert. Es ist nicht feststellbar, ob eigene Kompositionen eingestreut wurden.

Bernhard Anselm Weber (1764–1821)

ZEIT UND UMWELT
Der Bogenflügel (Xänorphika), ein Klavier, bei dem die Saiten durch Scheibenräder wie bei der Drehleier angestrichen werden, hatte seinen Vorläufer im Nürnbergischen Geigenclavicymbel, das Hans Heyden (1536–1613) erfand. Am kompliziertesten war die Konstruktion von Carl Leopold Röllig aus dem Jahr 1797, die für jede Taste einen besonderen Bogen in Bewegung setzte.

LEBEN
Bernhard Anselm Weber wurde am 18. 4. 1764 in Mannheim geboren. Er war Schüler von Abbé Vogler und Ignaz Holzbauer und studierte in Heidelberg Theologie, Philosophie und Jurisprudenz, bildete sich sodann zum Virtuosen auf der Xänorphika aus. Er wurde Musikdirektor einer Theatertruppe in Hannover und 1792 Zweiter Kapellmeister des Nationaltheaters in Berlin, nach dessen Vereinigung mit der Italienischen Oper er die Gesamtleitung als Königlicher Kapellmeister übernahm. Er starb am 23. 3. 1821 in Berlin.

WERKE
Die Opern und Singspiele von Bernhard Anselm Weber weisen die Faktur von Christoph Willibald Gluck auf, ebenso seine 2 Melodramen. Er verfaßte außerdem Orchesterstücke, Klaviermusik, Kantaten, Arien, Lieder, Chöre, Ballette und ungefähr 40 Schauspielmusiken, darunter die Musik zu »Die Jungfrau von Orleans«, »Wallenstein« und »Wilhelm Tell« mit dem berühmten Jägerlied »Mit dem Pfeil den Bogen« und dem Chor »Rasch tritt der Tod den Menschen an«.

Georg Christoph Grosheim (1764–1841)

ZEIT UND UMWELT
Bei jedem Stilwandel der Musikgeschichte erschienen Publikationen, die sich über den »Verfall der Tonkunst« ereiferten. Regel-

losigkeit, mangelndes Melos, brutale Harmonisierung waren unter vielen anderen die stereotypen Vorwürfe, die den Vertretern der neuen Epoche gemacht wurden; Hand in Hand damit gingen Klagen über das Absinken der allgemeinen Moral und der Kassandraruf, der vor dem endgültigen Sturz in den Abgrund warnte. Einer Erwiderung bedarf diese Erscheinung, die den Eindruck vermittelt, daß das Geistes- und Kunstleben der Menschheit von einer unermeßlichen Höhe immer mehr abgleite, nicht, denn sie wird auftreten, solange es eine Stilentwicklung der Musik gibt.

LEBEN

Georg Christoph Grosheim wurde am 1. 7. 1764 in Kassel geboren. Er wurde 1781 Mitglied der Kasseler Hofkapelle und war von 1800 bis 1805 ihr Musikdirektor, außerdem Musiklehrer und Musikalienhändler. Er starb am 18. 11. 1841 in Kassel.

WERKE

Viele Kompositionen von Georg Christoph Grosheim blieben ungedruckt und sind zum Großteil verschollen. Erschienen sind Orgelpräludien, Klavierfantasien, Variationen, kleinere Orchesterwerke, Lieder, Arien und eine Volksliedersammlung, außerdem 2 Opern und die Kantaten »Hektors Tod« für zwei Solostimmen mit Orchester und »Die zehn Gebote« für vier Stimmen und Orgel. Er veröffentlichte eine Reihe musikwissenschaftlicher und kritischer Werke, darunter eines, das den Niedergang der Tonkunst feststellt und beklagt.

Janós Lavotta (1764–1820)

ZEIT UND UMWELT

Der Verbunkos (Werbung) geht auf die Werbetänze der österreichischen Armee im 18. Jahrhundert zurück. Er kam um 1780 in Ungarn auf und wurde in der Mitte des 19. Jahrhunderts vom Csárdás abgelöst. Charakteristisch dafür war neben lebhaften Rhythmen, Häufung von Synkopen und Punktierungen, Triolenpassagen die sogenannte ungarische Tonleiter – eine harmonische Moll-Skala mit erhöhter Quart.

LEBEN

Janós Lavotta wurde am 5. 7. 1764 in Pusztafödémes geboren. Er studierte in Preßburg

Pest-Buda, um 1800

und Budapest und wirkte darauf als Beamter und Privaterzieher. Im Jahr 1792 wurde er Musikdirektor der ersten ständigen Theatertruppe in Budapest, dann lebte er in Miskolc und unternahm als Violinvirtuose zahlreiche Konzertreisen durch Ungarn. Von 1802 bis 1804 dirigierte er das Theaterorchester von Kolozsvár (Cluj). Um 1816 war er Musikalienhändler in Debrecen. Er starb am 11. 8. 1820 in Tálya.

WERKE
Von Janós Lavotta sind Verbunkos, Polonaisen, Menuette und andere Tänze für Streicher erhalten, außerdem Klavierwerke mit volkstümlichen Melodien. Er war der erste, der die sogenannte ungarische Skala kompositorisch verwendete.

Valentino Fioravanti (1764–1837)

ZEIT UND UMWELT
Es war bezeichnend für das neu angebrochene Jahrhundert, daß ein päpstlicher Kapellmeister der Peterskirche in Rom nicht mehr zugleich die Opernbühnen mit komischen Opern beliefern konnte. Die Unbefangenheit künstlerischen Leistungen gegenüber begann sogar in Italien zu schwinden. Einschränkungen verschiedenster Art seitens der politischen Machthaber standen vor der Tür.

LEBEN
Valentino Fioravanti wurde am 11. 9. 1764 in Rom geboren. Er war in Neapel Privatschüler von Nicola Sala und brachte 1784 seine erste Oper heraus, die eine lange Erfolgsserie einleitete. Im Jahr 1807 wurde er zum Leiter des Teatro San Carlos in Lissabon ernannt. Als er 1816 zum Kapellmeister an San Pietro bestellt wurde, gab er die Opernkomposition auf und widmete sich nur mehr der Kirchenmusik. Er starb am 16. 6. 1837 in Capua.

WERKE
Von Valentino Fioravanti sind 77 Opern aufgeführt worden, die ihn zu den bedeutendsten Komponisten der italienischen komischen Oper reihten. Seine Kantaten und Kirchenwerke – Messen, Proprien jeder Art – treten dahinter weit zurück.

Gottfried Kindscher
(1764–1840)

ZEIT UND UMWELT
Die Kapelle der Schloßkirche von Dessau und die Herzogliche Hofkapelle genossen den Ruf eines gediegenen Musikbetriebes, der die Traditionspflege in den Vordergrund stellte.

LEBEN
Johann Ludwig Gottfried Kindscher wurde am 14. 10. 1764 in Klentsch bei Dessau geboren. Er war Schüler von Friedrich Wilhelm Rust und wurde noch in jungen Jahren Organist der Schloßkirche und Musiklehrer in Dessau, wo er am 20. 10. 1840 starb.

WERKE
Von Gottfried Kindscher erschienen »XXIV Lieder«, außerdem weitere Lieder und Chöre, die der romantischen Musikepoche angehörten. Er veröffentlichte auch 2 Schulwerke.

Charles Henri Plantade
(1764–1839)

ZEIT UND UMWELT
Die Romanze, die bereits in den Salons des Ancien régime sehr beliebt war, rückte während des Kaiserreichs und noch mehr nach der Restauration in den Mittelpunkt der französischen Liedformen. Abgesehen davon, daß viele Opern mindestens eine Romanze brachten, wurde sie zur beliebtesten Programmnummer der Liederabende der Konzertsäle und privaten Soireen.

LEBEN
Charles Henri Plantade wurde am 14. 10. 1764 in Pontoise geboren. Er war Gesanglehrer am Konservatorium, sodann Kapellmeister des Königs von Holland, Louis Napoleon, wirkte dann bis 1815 an leitender Stelle

bei der Opéra in Paris und darauf bis 1830 an der Königlichen Kapelle. Er starb am 18. 12. 1839 in Paris.

WERKE

Mit seinen ungefähr 20 Sammlungen von Romanzen wurde Charles Henri Plantade berühmt. Er schrieb außerdem einige Opern, mehrere Messen, ein Requiem, ein Te Deum, Motetten und eine sehr beliebte Harfensonate.

János Bihari (1764–1827)

ZEIT UND UMWELT

Bis zum Ende des 19. Jahrhunderts hielt man die Zigeunermusik für echte ungarische Volksmusik. Dann erst gelang es klarzustellen, daß sie zwar Elemente ungarischer Musik enthält, aber ebensoviel von den Nachbarvölkern, wie Slowaken, Ukrainer, Rumänen, Serben, Kroaten. Auch die sogenannte ungarische Skala ist eine Zigeunertonleiter.

LEBEN

János Bihari wurde am 21. 10. 1764 in Nagyabony geboren. Er war Violinvirtuose und Vertreter der Zigeunermusik. Als Achtzehnjähriger gründete er eine Kapelle und bereiste mit ihr Ungarn und das Ausland. Er starb am 26. 4. 1827 in Budapest.

WERKE

Von János Bihari sind zahlreiche Zigeunerweisen – Verbunkos, Csárdás – erhalten, von denen viele heute noch von den Zigeunerkapellen gespielt werden. Nicht wenige seiner Stücke haben in die Musik des 19. Jahrhunderts Eingang gefunden.

LITERATUR

E. Major, Bihari János élete és müvei, in: Éneklö Ifjuság, Budapest 1944.

Ignác Held (1764–1816)

ZEIT UND UMWELT

Am Ende des 18. Jahrhunderts schlugen tschechische Musiker auch den Weg nach Polen und Rußland ein und fanden sich dort wegen der Verwandtschaft der Sprachen leicht zurecht; sie waren den Italienern und Deutschen gegenüber sogar im Vorteil, weil auch in Rußland nationale Ideen entstanden waren, die der fortschreitenden Überfremdung des Geisteslebens einen Riegel vorschoben. Tschechen und auch Polen waren als Verwandte davon nicht betroffen. Der Panslawismus stand bereits am Horizont.

LEBEN

Ignác František Held (Ignati Franzewitsch Geld) wurde am 8. 12. 1764 in Hohenbruck (Třebechovice pod Orebim), Böhmen, geboren. Er wirkte ab 1783 in Polen, St. Petersburg und Moskau als Gitarrist, Pianist und Musiklehrer bis zu seinem Tod im Jahr 1816 in Brest-Litowsk.
Sein Bruder Jan Děpold Held (Jan Theobald, Jan František Heldt, Pseudonym Jan Orebský) wurde am 11. 3. 1770 in Hohenbruck (Třebechovice pod Orebim) geboren. Er war Arzt, Dekan der medizinischen Fakultät und Rektor der Prager Universität, spielte Baryton, Violine, Bratsche und Gitarre und nahm am Musikleben in Prag lebhaften Anteil. Er starb am 30. 6. 1851.

WERKE

Von Ignác Held sind zahlreiche vorzügliche Klavierwerke – Polonaisen, Volkstänze – und mit Klavier begleitete Lieder erschienen. Er schrieb auch eine Schule für siebensaitige Gitarre.
Jan Held komponierte zahlreiche Lieder, wie »Der Fischer« (Goethe), »Schwanenlied« (Bürger), ein Minuetto scherzoso für Klavier und ein sehr beliebtes Te Deum.
Beide Komponisten kamen der Wiener Klassik sehr nahe.

Louis Sébastien Lebrun (1764–1829)

ZEIT UND UMWELT

Die französische komische Oper hatte sich um 1800 bereits völlig von der italienischen emanzipiert und ihren eigenen Typus herausgebildet, obwohl in Paris und den anderen großen französischen Städten ständig italienische Opern aufgeführt wurden und großen Zulauf hatten. Die französische war seriöser, musikalisch gehaltvoller und dem Gang der Stilentwicklung der sinfonischen Musik enger angeschlossen, während die italienische mehr der Unterhaltungsmusik zuzurechnen war.

LEBEN
Louis Sébastien Lebrun wurde am 10. 12. 1764 in Paris geboren. Er war Tenor an der Opéra und der Opéra Comique und ab 1807 Sänger der Kaiserlichen Privatkapelle. Er starb am 27. 6. 1829 in Paris.

WERKE
Von Louis Sébastien Lebrun wurden 16 komische Opern mit großem Erfolg aufgeführt und oft wiederholt. Er schrieb auch eine Messe solenelle und ein Te Deum. Beide Werke waren lange im Repertoire der französischen Kirchenkapellen.

Pietro Carlo Guglielmi
(um 1765–1817)

ZEIT UND UMWELT
Retrospektiv betrachtet werden die Wege sehr deutlich, auf denen sich die italienische Opernkomposition zu ihrer Vollendung im Verlauf des 19. Jahrhunderts durch Gioacchino Antonio Rossini (1792–1868), Gaetano Donizetti (1797–1848) und Giuseppe Verdi entwickelte. Wir können die Vorläufer der großen Meister sehr leicht feststellen. Die Zeitgenossen allerdings, die die Zukunft nicht sahen, hielten oft jede Entwicklungsstufe für einen Gipfelpunkt.

LEBEN
Pietro Carlo Guglielmi (Guglielmini genannt) wurde um 1765 in Rom als Sohn des Pietro Alessandro Guglielmi geboren und am Conservatorio Santa Maria di Loreto in Neapel ausgebildet. Er brachte in Madrid seine erste Oper heraus (1794), kehrte aber bald nach Neapel zurück. Im ersten Jahrzehnt des 19. Jahrhunderts suchte er Lissabon, Paris und London auf. Von 1814 bis 1816 war er Kapellmeister in Massa. Er starb am 28. 2. 1817 in Neapel als einer der meistgeschätzten Opernkomponisten seiner Zeit.

WERKE
Von Pietro Carlo Guglielmi wurden 47 Opern aufgeführt, die fast ohne Ausnahme sehr günstig aufgenommen wurden. Sie galten als sehr fortschrittlich, wurden aber bald von den Opern von Rossini, als dessen Vorläufer er zu bezeichnen ist, von den Bühnen verdrängt.

Jean Baptiste Bédard
(um 1765 bis um 1815)

ZEIT UND UMWELT
Während des 18. Jahrhunderts kam es in allen französischen Städten zur Errichtung von ständig bespielten Bühnen. Da mindestens die Hälfte der gegebenen Stücke Opern waren, mußten ständige Theaterorchester gehalten werden, so daß auch Musiker außerhalb der Kirchenkapellen Beschäftigung fanden.

LEBEN
Jean Baptiste Bédard wurde um 1765 in Rennes geboren. Er war Violinist und später Dirigent am Theater seiner Geburtsstadt. Im Jahr 1796 kam er nach Paris, wo er um 1815 starb. Welche Stelle er in der französischen Hauptstadt innehatte, ist nicht bekannt.

WERKE
Von Jean Baptiste Bédard sind 2 Sinfonien, mehrere Sonaten für Violine und Harfe und Duos und Soli für Violinen erhalten. Seine Kompositionen folgten noch Vorbildern des 18. Jahrhunderts.

Carlos Francisco de Almeyda
(um 1765 bis nach 1800)

ZEIT UND UMWELT
Mit »Violetta« wurden verschiedene Streich-

instrumente der Violen- und der Violinenfamilie bezeichnet. Im 18. Jahrhundert wurdezuweilen die Bratsche schlechthin so benannt, oft aber auch eine Diskantgambe.

LEBEN

Carlos Francisco de Almeyda wurde um 1765 in Burgos geboren. Er stand als Violinist und Komponist im Dienst des Hofes und starb im ersten Jahrzehnt des 19. Jahrhunderts in Madrid.

WERKE

Von Carlos Francisco de Almeyda sind 6 Streichquartette im Druck erschienen. Eine »Sinfonia« für zwei Bratschen, Violetta, zwei Oboen, zwei Jagdhörner und Generalbaß ist handschriftlich überliefert. Seine Musik ist sehr konservativ.

T. G. Williamson
(um 1765 bis nach 1800)

ZEIT UND UMWELT

Überseeische Musik wurde in Europa vor 1800 kaum beachtet, nicht einmal die melodien- und klangreiche Indiens. Die überhebliche Abwertung aller Menschen außerhalb Europas und ihrer Leistungen erstreckte sich eben auch auf die Musik. Versuche, etwas aus der Fülle exotischer Klangwelt in Europa zu vermitteln, stellten sich sehr zögernd ein.

LEBEN

T. G. Williamson – die Vornamen sind nicht überliefert – wurde um 1765 vermutlich in London geboren. Er betrieb eine Musikalienhandlung und einen Musikverlag, in dem er auch seine eigenen Kompositionen herausbrachte. Ob er sich sonst auf dem Gebiet der Musik betätigte, ist nicht feststellbar. Er starb in den Jahren nach 1800 in London.

WERKE

Von T. G. Williamson sind eine Anzahl Vokalmusik verschiedener Art, 6 Sonatinen und eine Reihe Märsche erschienen. Er brachte, vermutlich als erster, zwei Sammlungen »Hindu-Lieder« heraus.

John Jousse (um 1765–1837)

ZEIT UND UMWELT

Eine beträchtliche Anzahl Mitglieder des niedrigen Adels schloß sich in Frankreich der Revolution an. Nur wer von ihnen irgendwie bei der Steuereinhebung beschäftigt war, tat besser, wenn er das Land verließ, was bei dem ungeheuren Steuerdruck, dem das französische Bürgertum bis zur Revolution ausgesetzt war, begreiflich ist.

LEBEN

John (Jean) Jousse wurde um 1765 in Orléans geboren. Er stammte aus adeliger Familie und war in der Finanzverwaltung der Krone tätig. Beim Ausbruch der Revolution floh er nach London und wirkte dort als Musiklehrer bis zu seinem Tod im Januar 1837.

WERKE

Von John Jousse sind Lehrwerke für Sänger, Violinisten und Pianisten mit vielen Übungsbeispielen, die zum Teil interessante Musikstücke waren, erschienen. Besonders seine Lehrstücke für Pianisten wurden viel gespielt.

Domenico Lanzetti
(um 1765 bis nach 1800)

ZEIT UND UMWELT

Die Celloliteratur nahm in der zweiten Hälfte des 18. Jahrhunderts sehr zu, doch nicht in dem Maß wie die Kompositionen für das Klavier und die Violine. Der Grund hiefür dürfte auch darin zu suchen sein, daß das Cello viel weniger für die Hausmusik verwendet wurde als die anderen zwei Instrumente, weil es zu jener Zeit noch als »schwer erlernbares« Instrument galt und wegen der etwas mangelhaften Unterrichtsmethodik auch war.

LEBEN

Domenico Lanzetti wurde um 1765 vermutlich in Italien geboren. Er war Cellovirtuose und Komponist für sein Instrument. Mehr ist über sein Leben und Wirken nicht bekannt.

Er dürfte nach 1800 gestorben sein. Sein Sterbeort ist nicht bekannt. Dafür, daß er ein Nachkomme des berühmten Cellisten Salvatore Lanzetti gewesen ist, fehlt jeder Beleg.

WERKE
Von Domenico Lanzetti sind 19 sehr schöne Cellokonzerte und 2 Cellosonaten mit Instrumenten und Generalbaß erhalten.

Francesco Antonio de Blasis
(1765–1851)

ZEIT UND UMWELT
Instrumentalkonzerte der Virtuosen, Kirchen- und Bühnenmusik waren die Musikgattungen, die im 18. Jahrhundert und in einem Teil des 19. von italienischen Komponisten in der Regel geschaffen wurden. Musik für den Konzertsaal war noch verhältnismäßig selten; es wurden auch weit weniger Konzerte veranstaltet als in anderen Ländern. Es gab zuwenig Publikum, das danach verlangte.

LEBEN
Francesco Antonio de Blasis wurde 1765 in Neapel geboren. Er war Schüler von Fedele Fenaroli, sodann Lehrer an den Konservatorien in Neapel und in Venedig und starb am 22. 10. 1851 in Florenz.

WERKE
Von Francesco Antonio de Blasis sind einige Opern, mehrere Oratorien und verschiedene Orchester- und Kammermusik bekannt geworden. Seine Musik war lehrhaft und wirkte wie Beispiele aus musikwissenschaftlichen Werken. Ihr Erfolg war sehr mittelmäßig, abgesehen davon, daß damals in Italien Konzertmusik überhaupt wenig Publikum ansprach.

George William Chard (1765–1849)

ZEIT UND UMWELT
Tüchtige Organisten, fähige Chorleiter und Chorlehrer, das war der selbstverständliche Bedarf der englischen Kirchen. Es war bequem, wenn der Organist einen Teil der Kirchenmusik selbst schrieb, weil sie nicht immer leicht beschaffbar und in vielen Fällen in bestimmten Kirchen nicht verwendbar war. Daß diese Kompositionen stets in den gleichen Bahnen liefen, ergab sich daraus von selbst.

LEBEN
George William Chard wurde 1765 in Winchester geboren. Er war ab 1787 Hilfsorganist an der Kathedrale seines Geburtsorts und ab 1802 Hauptorganist, wirkte aber gleichzeitig in dieser Eigenschaft an St. Maurice und St. Mary. Er starb am 23. 5. 1849 in Winchester.

WERKE
Von George William Chard sind »Twelve Glees, for three, four and five voices« (12 Glees für 3, 4 und 5 Stimmen) erschienen. Er schrieb außerdem Kirchenmusik – Services, Anthems.

Johann Georg Distler (1765–99)

ZEIT UND UMWELT
Auch der gründlichste Unterricht von Joseph Haydn konnte lediglich zu einer möglichst getreuen Nachahmung führen, die nur individuelle Varianten aufwies, aber keine Weiterentwicklung brachte.

LEBEN
Johann Georg Distler wurde 1765 in Wien geboren. Er war einer der liebsten Schüler von Joseph Haydn. Im Jahr 1781 trat er als Violinist der Hofkapelle in Stuttgart bei. Sein Gesundheitszustand zwang ihn, nach Wien zurückzukehren, wo er am 28. 7. 1799 starb.

WERKE
Von den Kompositionen von Johann Georg Distler sind 18 Streichquartette, 6 Streichquintette, ein Violinkonzert und ein Flötenkonzert erhalten. Alle weiteren Werke sind verlorengegangen. Die Kammermusik ist in getreuer Gefolgschaft seines Lehrers gearbei-

tet, betont aber das solistische Element mehr als die Vorbilder.

Pietro Terziani (1765–1831)

ZEIT UND UMWELT

Der Geist der römischen Schule der Kirchenmusik blieb nicht nur im Verlauf des 18. Jahrhunderts, sondern weit darüber hinaus lebendig, weil ihre Tradition zwar von wenigen, dafür aber von äußerst befähigten Meistern getragen und weitergegeben wurde.

LEBEN

Pietro Terziani wurde 1765 in Rom geboren. Er war Schüler von Giovanni Battista Casali und in Neapel von Giacomo Insanguine am Conservatorio Sant'Onofrio. Nach einer Kapellmeistertätigkeit in Neapel wurde er in gleicher Eigenschaft an San Giovanni in Laterano berufen. Er starb am 5. 10. 1831 in Rom.

WERKE

Außer den Opern, die er für Neapel schrieb, verfaßte Pietro Terziani mehrere Messen und Motetten im römischen, strengen Kirchenstil, außerdem »Litanie della Beata Vergine« (Litaneien der seligen Jungfrau) für zwei Stimmen mit Orgel, weiters Romanzen und Arien. Er hat das Erbe seines Lehrers Casali in das 19. Jahrhundert hineingetragen.

Josef Leopold Eybler (1765–1846)

ZEIT UND UMWELT

Ab dem Tod der Kaiserin Maria Theresia (1780) überstürzten sich die innen- und außenpolitischen Ereignisse in Österreich. Die Reformen Kaiser Josephs II., das Wetterleuchten der Revolution in Frankreich am Horizont des übrigen Europa, die Koalitionskriege, die Annahme des österreichischen Kaisertitels durch Franz II. und seine Niederlegung der deutschen Kaiserkrone, die Schlachten vor den Toren Wiens und der Einmarsch Napoleons in der österreichischen Hauptstadt, der Wiener Kongreß, die Geldentwertung, der damit verbundene wirtschaftliche Niedergang und die politischen Zustände des Vormärz griffen tief in den Lebensgang der Wiener Bevölkerung ein. Trotzdem blühte in jener Zeit – während der Klassik und im Anschluß daran – die Musik in Wien auf wie nie zuvor, so daß man den Eindruck gewinnt, daß sie sich von allen widrigen Umweltbedingungen emanzipiert habe, um, unabhängig von allem Zeitgeschehen, den eigenen Entwicklungsweg zu gehen.

LEBEN

Josef Leopold Edler von Eybler wurde am 8. 2. 1765 in Schwechat, Niederösterreich, geboren. Er war von 1776 bis 1779 in Wien Schüler von Johann Georg Albrechtsberger und gab darauf Klavier- und Violinunterricht; er betätigte sich auch als Orgel-, Waldhorn-, Bratschen- und Barytonspieler und als Sänger. Im Jahr 1792 wurde er Chorregent der Wiener Karmeliterkirche, wirkte von 1794 bis 1824 als Regens chori am Schotten-

Joseph II., Stich von F. John

stift und zugleich als Hofmusiklehrer, ab 1804 als Vize-Hofkapellmeister und, nachdem Antonio Salieri 1824 gestorben war, als Hofkapellmeister bis 1833. Er starb am 24. 7. 1846 in Wien.

WERKE
Von Josef Leopold Eybler sind 32 Messen, 7 Te Deum, ein Requiem, Psalmen, Sinfonien, Streichquartette, Oboenquintette und Lieder erhalten. Er schrieb außerdem die Oratorien »Die Hirten an der Krippe« und »Die vier letzten Dinge«. Er hat im Dezember 1791 als erster mit den Ergänzungen zum Requiemfragment von Wolfgang Amadeus Mozart begonnen. Erhalten sind davon die Abschnitte vom »Dies irae« bis zum »Lacrimosa«.

LITERATUR
R. Haas, Josef Leopold Edler von Eybler, Mozart-Jahrbuch, 1952.

František Josef Dusík
(1765 bis nach 1816)

ZEIT UND UMWELT
Ljubljana hatte schon sehr früh ein reges Musikleben. Die Nähe des venezianischen Raumes und der Hofkapellen von Graz und Wien ermöglichte es, tüchtige Kräfte zu bekommen. Musiker aus Böhmen, die sich über Wien oder über Italien anboten, wurden besonders bereitwillig aufgenommen, denn Tschechen und Slowenen waren nicht nur wegen der Ähnlichkeit ihrer Sprachen, sondern auch durch ihre rege Musikalität verwandt.

LEBEN
František Josef Dusík (Dussek, Benedikt Dussek-Cormundi) wurde am 22. 3. 1765 in Tschaslau (Časlav), Böhmen, geboren. Nach seiner Ausbildung in Prag war er Konzertmeister am Teatro San Benedetto in Venedig und an der Scala in Mailand, 1798 Militärkapellmeister in Venedig und ab 1806 Domkapellmeister in Ljubljana, wo er nach 1816 starb.

WERKE
Von František Josef Dusík sind mehrere Buffoopern aufgeführt worden. Er schrieb außerdem das Oratorium »Gerusaleme distrutta« (Zerstörtes Jerusalem), Messen, Proprien, Streichquartette, Sinfonien, Serenaden und Klaviersonaten. Seine Musik läßt die klassiknahe Schulung von Prag erkennen.

Jean-Baptiste Cartier (1765–1841)

ZEIT UND UMWELT
Mehr noch als durch seine Kompositionen leitete Giovanni Battista Viotti durch seine Lehrtätigkeit eine neue Phase des französischen Violinunterrichts ein. Wie sich seine Werke mit zunehmender Erfahrung und Erkenntnis immer gehaltvoller und gediegener gestalteten, so wurde sein Unterricht ständig intensiver. Es gab zu jener Zeit noch keine echte Didaktik des Musikunterrichts; die Lehrer mußten sie selbst aus ihrer Praxis erarbeiten und fanden in manchen glücklichen Fällen intuitiv die Methode, die ihre Schüler auf ein hohes Leistungsniveau führte. Diese gaben sie sodann mitsamt ihren eigenen Erfahrungen wieder weiter, so daß sich eine spezifische Didaktik der Schüler von Viotti und seiner Enkelschüler herausbildete.

LEBEN
Jean-Baptiste Cartier wurde am 28. 5. 1765 in Avignon geboren. Er war in Paris Schüler von Giovanni Battista Viotti, anschließend Akkompagnist der Königin Marie Antoinette. Von 1791 bis 1821 wirkte er als Violinist an der Opéra, ab 1804 an der Kaiserlichen und ab 1815 an der Königlichen Kapelle. Er war auch als gesuchter Violinlehrer tätig. Er starb im Jahr 1841 in Paris.

WERKE
Von Jean-Baptiste Cartier sind außer 2 Opern 2 Sinfonien, Violinvariationen, Etüden, Sonaten und Duos erschienen, die zum Teil Übungsmaterial darstellten. Er schrieb auch eine mehrmals aufgelegte »Kunst der Violine«.

Friedrich Ludwig Seidel (1765–1831)

ZEIT UND UMWELT
Der Kompositionsstil der Brüder Johann Gottlieb und Carl Heinrich Graun wurde besonders von Josef Benda übernommen und weiterentwickelt, so daß er bei dessen Schülern in der Vorromantik mündete. Die Mannheimer Vorklassik ist bei den Berliner Meistern nur in einzelnen Äußerlichkeiten bemerkbar.

LEBEN
Friedrich Ludwig Seidel wurde am 1. 6. 1765 in Treuenbrietzen, Mark Brandenburg, geboren und in Berlin von Josef Benda ausgebildet. Nach einer Reise nach Paris und London ließ er sich in Berlin nieder und wurde dort 1792 Organist der Marienkirche, 1801 Orchestermitglied des Nationaltheaters, 1808 Musikdirektor der Königlichen Kapelle und 1822 Hofkapellmeister. Er starb am 5. 5. 1831 in Berlin.

WERKE
Neben mehreren Opern und Singspielen schrieb Friedrich Ludwig Seidel einige Ouvertüren, ein Sextett für Bläser und Klavier, Ballett- und Bühnenmusik, Messen, 2 Requiem und das Oratorium »Unsterblichkeit«, außerdem Klavierstücke und Lieder.

Anton Eberl (1765–1807)

ZEIT UND UMWELT
Es war die Zeit der Wiener Klassik, deren Vertreter die musikalische Welt bereicherten wie nie zuvor, jedoch nur von einer Elite ihrer Bedeutung entsprechend eingeschätzt wurden – die Zeit, in der Kompositionen, die heute kaum jemand mehr kennt, den allgemeinen Beifall auf sich zogen, während man der »Eroica« nur höfliche Achtung schenkte.

LEBEN
Anton Franz Joseph Eberl wurde am 13. 6. 1765 in Wien geboren. Er war Pianist und machte ausgedehnte Konzertreisen, die ihn bis nach St. Petersburg führten, wo er sich von 1796 bis 1800 aufhielt. Anschließend lebte er als Pianist und Klavierlehrer in Wien, wo er am 11. 3. 1807 starb.

WERKE
Unter den 7 musikalischen Bühnenwerken von Anton Eberl befindet sich eine »Zauberoper« (Die Königin der schwarzen Insel), die thematisch und musikalisch dem romantischen Zeitalter angehört. Er schrieb außerdem nahezu nur Instrumentalwerke: Sinfonien, Klavierkonzerte, verschiedene Kammermusik – Sextette, Streichquartette –, Klaviersonaten, Klaviervariationen, Klavierfantasien, außerdem einige Kantaten. Seine Klaviersonate in c-Moll und einige Variationen sind ursprünglich unter dem Namen Mozarts erschienen. Seine Es-Dur-Sinfonie wurde zugleich mit der »Eroica« uraufgeführt und erntete uneingeschränkten Beifall im Gegensatz zum Werk von Ludwig van Beethoven.

Franz Xaver Kleinheinz (1765–1832)

ZEIT UND UMWELT
Ein markantes Merkmal der musikalischen Bühnenstücke nach 1800 ist die Sprache. Die österreichischen und deutschen Komponisten hörten auf, italienische Libretti zu verwenden, weil das bürgerliche Publikum den Handlungsverlauf verstehen wollte. Das Italienische war als Opernsprache verabschiedet worden.

LEBEN
Franz Xaver Kleinheinz wurde am 26. 6. 1765 in Nassenbeuren bei Mindelheim, Allgäu, getauft. Nach seiner Ausbildung in Memmingen und seinem Wirken in der Hofkapelle in München kam er 1803 nach Wien und wurde Schüler von Johann Georg Albrechtsberger. Er war Kapellmeister in Brünn, sodann am Deutschen Theater in Budapest, wo er am 29. 1. 1832 starb.

WERKE
Neben 2 in Budapest herausgebrachten Opern auf deutsche Libretti schrieb Franz

Xaver Kleinheinz Vertonungen von Balladen von Friedrich von Schiller, Kantaten, eine Orchestermesse, ein Bläserquintett, ein Trio für Klarinette, Cello und Klavier, ein Klavierkonzert, Klavier- und Violinsonaten. Er bearbeitete Beethovensche Klaviersonaten für Streichquartett, wurde ihnen aber nur wenig gerecht.

Johann Aloys Miksch (1765–1845)

ZEIT UND UMWELT
Wenn Chordirigenten Chorwerke schreiben, entstehen nicht immer bedeutende Kunstwerke. Eines zeichnet sie aber aus: Solche Komponisten wissen jedenfalls, wie der bestmögliche Chorklang entsteht und wie die einzelnen Stimmen am schönsten zur Geltung kommen; daher sind ihre Werke unbedingt publikumswirksam.

LEBEN
Johann Aloys Miksch (Mieksch) wurde am 19. 7. 1765 in Georgental (Jurki), Böhmen, geboren. Er war ab 1778 Kapellknabe in Dresden, ab 1786 Sänger an der Hofkirche, ab 1801 Gesanglehrer der Kapellknaben, ab 1820 Chordirektor der Hofoper. Er starb am 24. 9. 1845 in Dresden.

WERKE
Der Sänger Johann Aloys Miksch schrieb eine Reihe Messen, Requiem, Kantaten und andere sakrale Musik, die zwar nicht gedruckt wurden, aber wegen ihres Wohlklangs zu ihrer Zeit sehr beliebt waren.

Michał Kleofas Ogiński (1765–1833)

ZEIT UND UMWELT
Die letzte Teilung Polens (1795) zwang viele Adelige, das Land zu verlassen. Wer sich von ihnen gegen die Zerreißung ihrer Heimat auflehnte, verlor auch sein Vermögen. Viele wandten sich nach Frankreich.

LEBEN
Fürst Michał Kleofas Ogiński wurde am 25. 9. 1765 in Guzów bei Warschau geboren. Er war Schüler von Józef Kozłowski und Giovanni Battista Viotti. Seine diplomatische Laufbahn wurde durch die Teilung Polens unterbrochen. Er ging nach Paris, hielt sich aber nach seiner Aussöhnung mit Zar Alexander I. von 1802 bis 1807 und von 1810 bis 1815, nachdem er einen Teil seiner Güter zurückbekommen hatte, wieder in Polen auf. Dann ließ er sich in Florenz nieder, wo er am 15. 10. 1833 starb.
Sein Onkel, Fürst Michał Kasimierz Ogiński (1728, Guzów, bis 31. 5. 1800, Warschau), war Komponist.

WERKE
Neben einer Oper schrieb Michał Kleofas Ogiński französische Romanzen und Märsche und zahlreiche Mazurken, Walzer und Polonaisen für Klavier. Seine über ganz Europa verbreiteten Polonaisen bildeten eine Übergangsform von der getanzten Polonaise zur Konzertpolonaise, wie sie später Frédéric Chopin komponierte, dessen Eleganz und Sentimentalität er vorausnahm.
Michał Kasimierz Ogiński schrieb Klaviermusik im Stil von Józef Kozłowski.

LITERATUR
I. F. Belsa, Michał Kleofas Ogiński, Krakau 1967.

Frédéric Nicolas Duvernoy (1765–1838)

ZEIT UND UMWELT
Neben der Klarinette wurde das Horn zum beliebtesten Blasinstrument der einsetzenden Romantik. Der warme runde Ton des Horns kam den Gefühlsinhalten und Vorstellungen jenes Musikzeitalters weit entgegen. Wenn es auch noch keine Ventile gab, so verbesserten sich doch die Spielmöglichkeiten von Jahrzehnt zu Jahrzehnt. Die im Naturhorn fehlenden Töne wurden durch Stege, die den Luftstrom verlängerten oder verkürzten, und später durch Klappen erzeugt. Auch die Hand des Hornisten in der Stürze brachte

Veränderungen der angeblasenen Töne zustande.

LEBEN
Frédéric Nicolas Duvernoy wurde am 16. 10. 1765 in Montbéliard geboren. Er war ab 1788 Orchestermitglied der Comédie Italienne und ab 1797 der Opéra, wo er von 1801 bis 1817 als Solist wirkte. Gleichzeitig spielte er in der Musikbande der Nationalgarde und unterrichtete als Hornlehrer von 1797 bis 1815. Er starb am 19. 7. 1838 in Paris.

WERKE
Beinahe alle Kompositionen von Frédéric Nicolas Duvernoy waren dem Horn gewidmet: 12 Hornkonzerte, 3 Quintette für Horn, zwei Violinen, Bratsche und Generalbaß, Trios für Horn, Violine und Cello, 3 Serien und Etüden für Horn, Soli und Duos für Horn und Klavier. Er schrieb auch Lehrwerke für sein Instrument mit schönen Beispielen.

Daniel Steibelt (1765–1823)

ZEIT UND UMWELT
Brillantes Klavierspiel, leicht eingängige spritzige Musik, dies brachten einen Musiker bald in Mode. Publikum und Verleger ließen sich gern davon faszinieren, die einen, weil sie dabei die Unterhaltung fanden, die sie liebten, die andern wegen des daraus resultierenden Geschäfts.

LEBEN
Daniel Gottlieb Steibelt wurde am 22. 10. 1765 in Berlin geboren und von Johann Philipp Kirnberger ausgebildet. Er führte ein unstetes Leben, hatte aber als Pianist und Komponist bedeutende Erfolge. Im Jahr 1808 mußte er vor seinen Gläubigern nach Rußland fliehen und wirkte dort als Kapellmeister der Französischen Oper in St. Petersburg bis zu seinem Tod am 2. 10. 1823.

WERKE
Neben einer Reihe Opern verfaßte Daniel Steibelt Ouvertüren, 7 Klavierkonzerte, Klavierquintette, Klavierquartette, Klaviertrios, mehr als 60 Violinsonaten, bei 40 Sonaten für Harfe und Klavier und zahlreiche Stücke für Klavier allein, außerdem einige Kantaten. Seine Werke waren durchwegs sehr leicht und zum Teil auch seicht, aber außerordentlich beliebt.

LITERATUR
G. Müller, Daniel Steibelt, sein Leben und seine Klavierwerke, Straßburg 1933.

Jan Jakub Ryba (1765–1815)

ZEIT UND UMWELT
Um 1800 setzte eine echte selbständige tschechische Musikentwicklung ein, die durch die ersten Kunstlieder in tschechischer Sprache gekennzeichnet ist.

LEBEN
Jan Jakub Šimon (Johann Jakob) Ryba wurde am 26. 10. 1765 in Prestitz (Přeštice), Böhmen, geboren. Er war ab 1788 Schulrektor und Kirchenmusikdirigent in Rozmital (Rožmital před Třemšinem), Böhmen, wo er am 8. 4. 1815 starb.

WERKE
Ian Jakub Ryba hat angeblich weit über 1000 Werke verfaßt, festgestellt ist aber davon nur ein Teil, der immer noch umfangreich genug ist: zahlreiche Messen, Motetten, Kantaten, andere Kirchenmusik, Singspiele, Melodramen, Orchesterwerke und Kammermusik. Bemerkenswert an seinem kompositorischen Werk sind seine Kunstlieder auf tschechischen Text, der frühesten ihrer Art; einige davon sind auch mit übersetzten Texten (»Zwölf böhmische Lieder«, »Neue böhmische Lieder«) herausgekommen.

Friedrich Heinrich Himmel (1765–1814)

ZEIT UND UMWELT
Nach der preußischen Niederlage bei Jena und Auerstedt (1806) flüchtete König Fried-

rich Wilhelm III. bis nach Memel. Seine Hofkapelle hörte praktisch auf zu existieren. Das Berliner Musikleben erlahmte und setzte erst nach dem Befreiungskrieg erneut ein.

Leben

Friedrich Heinrich Himmel wurde am 20. 11. 1765 in Treuenbrietzen, Brandenburg, geboren. Er war Kompositionsschüler von Johann Gottlieb Naumann in Dresden. Hierauf sandte ihn König Friedrich Wilhelm II. zur weiteren Ausbildung nach Italien. Im Jahr 1795 wurde er Hofkapellmeister in Berlin und betreute dieses Amt, von einer zweijährigen Reise nach Rußland und Skandinavien unterbrochen, bis 1806. Dann begab er sich nach Pyrmont und nach Kassel und kehrte erst 1813 wieder nach Berlin zurück, wo er am 8. 6. 1814 starb.

Werke

Die zum größten Teil auf deutsche Texte geschriebenen Opern von Friedrich Heinrich Himmel waren außerordentlich beliebt, noch mehr aber seine Lieder, die bereits voll der Romantik angehörten, wie zum Beispiel die Vertonung des Gedichtes von Theodor Körner »Vater, ich rufe dich!« Er eröffnete die Liedseligkeit des deutschen Biedermeier. Der erste Zyklus dieser Gattung war sein »Alexis und Ida«, ein Schäferroman in 46 Liedern, der heute noch Beachtung findet. Außerdem schrieb er Psalmen, ein Vaterunser, Vespern, eine Messe, Kantaten, ein Klavierkonzert, 2 Klavierquartette für Flöte, Violine und Cello, ein Sextett für Klavier, zwei Bratschen, zwei Hörner und Cello, mehrere Klaviertrios, zahlreiche Stücke für Klavier allein, ein Oratorium und einige sehr beliebte Opern.

Friedrich Wilhelm II. von Preußen, Stich von J. Adam, 1793

Thomas Attwood (1765–1838)

Zeit und Umwelt

Der Niederschlag der Vorklassik und Klassik in England war gering. Soweit im 18. Jahrhundert überhaupt eine kompositorische Tätigkeit außerhalb der Musik für die Bühne, des leichten Liedes und der Kirchenmusik geleistet wurde, folgte sie französischen Vorbildern, weil es sich vorwiegend um Klaviermusik handelte, deren große Vertreter eben in Frankreich gewirkt hatten. Die einzelnen englischen Schüler der Klassiker jedoch schlossen sich bereits am Beginn des 19. Jahrhunderts der Romantik an.

Leben

Thomas Attwood wurde am 23. 11. 1765 in London geboren. Bereits mit 9 Jahren wurde er Chorknabe der Chapel Royal unter James Nares und Edmund Ayrton. Mit 17 Jahren fiel er dem Prince of Wales George (König Georg IV.) auf, der ihn zur Ausbildung nach Italien sandte. In Neapel wurde er Schüler von Gaetano Latilla und darauf in Wien von Wolfgang Amadeus Mozart. Nach seiner Rückkehr nach London wurde er neben Frederik Charles Reinhold Organist an St. George the Martyr und Mitglied der Kammermusik des Kronprinzen, außerdem Musiklehrer der Herzogin von York Friederike (1767–1820) und der Prinzessin von Wales Karoline (1768–1821). Im Jahr 1796 erhielt er die Organistenstelle an St. Paul's in London, 1821 ernannte ihn König Georg IV.

zum Organisten seiner Privatkapelle in Brighton. Er war eines der ersten Mitglieder der Philharmonic Society und Gründungsmitglied der Royal Academie of Music (1823), 1836 wurde er noch Organist der Chapel Royal. Er starb am 28. 3. 1838 in London.

WERKE
Obwohl Thomas Attwood Mozarts Schüler war, wurde kein Klassiker aus ihm. Seine 19 Opern wurden zwar auf englische Libretti geschrieben, verließen aber die in England übliche italienische Faktur kaum. Seine zahlreiche Kirchenmusik - Anthems, Services, Chants und weitere Gesänge - bildet durch ihre starke Ausdruckskraft zweifellos einen merklichen Fortschritt der englischen Musik. Das gleiche gilt von seinen Klaviersonaten im erhöhten Maß.

Philippe Jacob Pfeffinger (1765–1821)

ZEIT UND UMWELT
Politische Umbrüche haben stets neue künstlerische Talente auf den Plan gerufen oder dem Schaffen bereits bekannter eine neue Richtung gewiesen.

LEBEN
Philippe Jacob Pfeffinger wurde am 15. 12. 1765 in Straßburg geboren. Er war Schüler von Ignaz Pleyel und wurde 1790 Kapellmeister am Temple Neuf. Im Jahr 1794 ließ er sich in Paris nieder und erlangte dort mit seinen revolutionären Liedern und seinen Romanzen eine gewisse Berühmtheit. Er starb um 1821 in Paris.

WERKE
Philippe Jacob Pfeffinger verfaßte zunächst eine Reihe religiöser Kantaten, deren Wert nicht sehr hoch anzuschlagen war. Seine patriotischen Gesänge, die er darauf komponierte, fanden guten Anklang wie auch seine Romanzen, die den Zeitgeschmack gut trafen.

Joseph Mazzinghi (1765–1844)

ZEIT UND UMWELT
England mangelte es um die Wende zum 19. Jahrhundert nicht an kompositorischen Begabungen. Es wurde jedoch äußerst wenig Instrumentalmusik geschrieben, wenn man von Stücken für Tasteninstrumente absieht, und nahezu keine Sinfonik. Die Konzerte versorgten sich damit aus dem Ausland, mit dem anscheinend kein englischer Komponist in Wettbewerb treten wollte.

LEBEN
Joseph Mazzinghi wurde am 25. 12. 1765 in London geboren. Er war als Kind Schüler von Johann Christian Bach und als Zehnjähriger bereits imstand, den Organistendienst an der portugiesischen Kirche zu versehen. Anschließend erhielt er von Antonio Maria Gasparo Sacchini und Pasquale Anfossi Unterricht. Im Jahr 1784 wurde er Musikalischer Leiter des King's Theatre. Zugleich war er Musiklehrer der späteren Königin Karoline. Er starb am 15. 1. 1844 in Downside bei Bath.
Sein Vater Thomas Mazzinghi (um 1730, Korsika, bis 20. 5. 1775, London) war Violinist in Marylebone Gardens.

WERKE
Von Joseph Mazzinghi sind 2 italienische und 10 englische Opern aufgeführt worden, außerdem mehrere Ballette und Melodramen. Er schrieb ferner nahezu 70 Klaviersonaten und viele Arrangements für dieses Instrument, zahlreiche Glees und Terzette, harmonisierte Arien, Lieder und andere Vokalstücke, darunter das lang beliebte Weihnachtslied »Sagt mir, Hirten«, eine dreistimmige Messe und 6 Hymnen.
Von Thomas Mazzinghi sind 6 Solostücke für Violine herausgekommen.

Jean Marie Raoul (um 1766–1837)

ZEIT UND UMWELT
Die Instrumentenfamilien, aus denen sich das Sinfonieorchester der Klassik zusammen-

setzte, wurden auch von den Romantikern nahezu unverändert übernommen. Die Verwendung älterer Instrumente wie Violen, Längsflöten, Lauten, Cembali hörte auf. Einzelne Virtuosen und Komponisten, die darauf zurückgriffen, konnten nur beschränktes Interesse erwecken. Eine Renaissance dieser Instrumente setzte erst gegen Ende des 19. Jahrhunderts ein.

LEBEN

Jean Marie Raoul wurde um 1766 in Paris geboren. Obwohl er als Cellovirtuose große Erfolge hatte, wandte er sich dem Gambenspiel zu, mit dem er noch bestimmte Kreise anzusprechen, aber keine Schule zu begründen imstand war. Er starb 1837 in Paris.

WERKE

Von Jean Marie Raoul sind Sonaten, Etüden und Soli für Cello erschienen. Er schrieb auch eine Reihe von Stücken für die von ihm gepflegte siebensaitige Gambe, die er »Heptachord« nannte, und veröffentlichte eine Celloschule.

John Addison (um 1766–1844)

ZEIT UND UMWELT

Opern mit italienischen Texten wurden um die Wende zum 19. Jahrhundert immer mehr von Stücken in heimatlicher Sprache auf englischen Bühnen verdrängt. Es blieb aber bei der aus Italien importierten Struktur. Die Opern waren in der Regel mit nicht sehr einfallsreichen Melodien ausgestattet. Im Grunde klangen alle irgendwie gleich.

LEBEN

John Addison wurde um 1766 in London geboren. Er wirkte als Cellist, Kontrabassist und Kapellmeister in den Vauxhall Gardens in London, darauf in Liverpool, Manchester und Dublin und ließ sich schließlich als Gesanglehrer in London nieder, wo er am 30. 1. 1844 starb.

WERKE

Von John Addison wurden einige englische Singspiele mit Erfolg aufgeführt. Er schrieb außerdem eine Reihe von Bühnenmusiken und 6 Sonaten für zwei Violinen oder Querflöten, die der Vorromantik angehören.

Stjepan Anikijewitsch Degtjarow
(1766–1813)

ZEIT UND UMWELT

Dank den Bemühungen einiger russischer Komponisten um 1800 glich sich die russische Kirchenmusik um einiges der römischen an und gewann dadurch mehr Entwicklungsmöglichkeiten, weil sie sich von einer Reihe starrer beengender Regeln befreite. Von dieser Basis ausgehend konnte es im Verlauf des 19. Jahrhunderts zu den klangerfüllten Chören kommen, die die ganze Welt bewundert.

LEBEN

Stjepan Anikijewitsch Degtjarow wurde 1766 in Borisowka geboren. Er sang als Leibeigener im Chor und im Theater seines Dienstherrn, wurde sodann von Giuseppe Sarti in St. Petersburg ausgebildet, studierte darauf in Italien und wurde Konzertmeister der Theater in Kuskowo und Ostankino. Im Jahr 1809 ließ er sich in Moskau als Komponist und Musiklehrer nieder. Er starb am 5. 5. 1813 im Gouvernement Kursk.

WERKE

Die Kirchenmusik von Stjepan Anikijewitsch Degtjarow zeichnete sich durch besonderen Klangreichtum aus. Er verfaßte außerdem 60 Instrumentalkonzerte und 3 Oratorien: »Die Befreiung Moskaus« für Soli, drei Chöre, Sinfonieorchester und Blasorchester, »Der Triumph Rußlands und die Vernichtung der Feinde« und »Napoléons Flucht«.

Johann Nepomuk Kalcher
(1766–1826)

ZEIT UND UMWELT

Maximilian IV. Joseph (1756–1826) folgte Karl Theodor 1799 in die bayrische Kurfürstenwürde. Er wurde 1806 als Maximilian I. Joseph erster König von Bayern und leitete die großzügige, von seinen Nachfolgern fortgesetzte Kulturpolitik ein, die aus München eine Stadt der Kunst und der Wissenschaft formte.

LEBEN
Johann Nepomuk Kalcher wurde 1766 in Freising geboren und dort zum Organisten ausgebildet. Er setzte sein Studium in München bei dem Pianisten und Musikwissenschafter Joseph Graetz (2. 12. 1760, Vohburg, bis 17. 7. 1826, München) fort und erhielt 1798 über dessen Empfehlung die Stelle des Hoforganisten, die er bis zu seinem Tod im Jahr 1826 betreute.

WERKE
Die Werke von Johann Nepomuk Kalcher – Sinfonien, Messen, Konzerte, Sonaten und Lieder –, von denen wenig gedruckt wurde, unterlagen einer sehr schwankenden Beurteilung. Carl Maria von Weber, der Kalchers Schüler war, brachte ihm große Verehrung entgegen.

Franz Xaver Süßmayr (1766–1803)

ZEIT UND UMWELT
Die letzten zwei Jahrzehnte des 18. Jahrhunderts brachten für Wien die umwälzenden Reformen Josephs II. sowie den Widerhall der Französischen Revolution und auf dem Feld der Musik das Wirken der drei Klassiker und einer Fülle von Meistern, deren Kompositionen weniger anspruchsvoll, dafür aber umso erfolgreicher waren.

LEBEN
Franz Xaver Süßmayr (Sießmayr) wurde 1766 in Schwanenstadt, Oberösterreich, geboren. Er war in Wien Schüler von Antonio Salieri und Wolfgang Amadeus Mozart, dem er vermutlich sehr selbstlos nach Möglichkeit kompositorische Routinearbeiten abnahm und als Sekretär und Kopist diente, dessen Nachlaß zu ordnen er half und dessen Requiem er vollendete. Erst nach Mozarts Tod setzte sein Lebensabschnitt als Komponist ein; er wurde Dirigent am Nationaltheater und 1794 Hofopernkapellmeister. Er starb am 16. 9. 1803 in Wien.

WERKE
Sein Platz in der Musikgeschichte wird Franz Xaver Süßmayr wegen seiner Vollendung des von Mozart hinterlassenen Requiems eingeräumt, die an Einfühlung, Geschick und Geschmack trotz aller Einwendungen noch von keinem, wer es auch versuchte, übertroffen wurde. Seine eigenen Kompositionen haben wegen ihrer an Volksmusik grenzenden Melodien zu seiner Zeit gut gefallen, obwohl ihnen jede Tiefe und Originalität abgeht. Seine Opern waren nicht besser und nicht schlechter als die meisten seiner Zeit, das gleiche gilt für seine Kirchen- und Instrumentalmusik, bei der Salieri und nicht Mozart Pate stand. Seine patriotische Kantate »Der Retter in Gefahr« wurde mehrmals mit viel Applaus aufgeführt.

LITERATUR
W. Jerger, Mozarts Schüler und Mitarbeiter, Acta Mozartiana XIII, 1966.

Louis Massonneau (1766–1848)

ZEIT UND UMWELT
Eine weitere Stufe der Entwicklung des Konzertwesens stellte in den ersten Jahrzehnten des 19. Jahrhunderts die Einbeziehung bürgerlicher Laienchöre in Konzerte von Berufsmusikern dar. Da diese Chöre um vieles umfangreicher waren als die an Höfen oder Kirchen fest engagierten, erhielten die Oratorienaufführungen den Festklang, den das romantische Zeitalter verlangte.

LEBEN
Louis Massonneau wurde am 10. 1. 1766 in Kassel geboren. Er kam 1783 als Violinist und Viola-d'amore-Spieler an den landgräflichen Hof seines Geburtsorts; dann wirkte er als Konzertmeister in Göttingen, Frankfurt am Main, Altona, Dessau und schließlich in Ludwigslust, wo er Hofkapellmeister

wurde. Er dirigierte die ersten drei Mecklenburgischen Musikfeste in den Jahren 1816, 1819 und 1820, bei denen die Ludwigsluster Hofkapelle mit den bürgerlichen Oratorienchören gemeinsam konzertierte. Er starb am 4. 10. 1848 in Ludwigslust.

WERKE
Von Louis Massonneau sind 3 Duos für drei Violinen, 3 Duos für Violine und Cello, 3 Trios für Violinen und Cello, 12 Streichquartette, 3 Quartette für Oboe, Violine, Bratsche und Cello, eine konzertante Sinfonie für zwei Flöten und Orchester, 4 Sinfonien, darunter »La Tempête et le calme« (Sturm und Beruhigung), eine Vorläuferin der »Pastorale« von Ludwig van Beethoven, erhalten. Handschriftlich sind Kantaten, Messen und eine Oper überliefert. Sein Stil bewegt sich in den Bahnen der deutschen Klassik mit starkem Ausdruck und vielen Lyrismen.

Vincenc Houška (1766–1840)

ZEIT UND UMWELT
Mit 2 großen Aufführungen des »Alexanderfest« von Georg Friedrich Händel wurde 1813 von Joseph Sonnleithner (1765, Wien, bis 25. 12. 1835, Wien), dem Sohn des Komponisten Christoph Sonnleithner, unter der Patronanz Erzherzogs Rudolf von Österreich (1788–1831) die »Gesellschaft der Musikfreunde« gegründet, deren Konzerte bis in die Gegenwart einen wichtigen Faktor des Wiener Musiklebens darstellen.

LEBEN
Vincenc Houška (Vinzenz Hauschka) wurde am 21. 1. 1766 in Mies (Stříbro), Böhmen, geboren. Er war Schüler von Anton Laube und von Josef Seger und wirkte sodann bis 1788 als Cellist in der Kapelle des Grafen Thun. Nach einer Konzertreise wurde er Beamter in Wien. Er nahm an der Gründung und Leitung der »Gesellschaft der Musikfreunde« in Wien maßgebenden Anteil und dirigierte eine Reihe ihrer Konzerte und Akademien, darunter auch Werke von Ludwig van Beethoven, mit dem er eng befreundet war. Er starb am 13. 9. 1840 in Wien.

WERKE
Der größte Teil des Schaffens von Vincenc Houška, wie seine Cellokonzerte und Kammermusikwerke, sind verlorengegangen. Erhalten sind nur 6 Cellosonaten, einige Lieder, Notturni und Kanons für Singstimmen, die trotz ausgezeichneter Schulung stark epigonal wirken.

Georg Laurenz Schneider (1766–1855)

ZEIT UND UMWELT
Einige Komponisten fielen nur dadurch nicht der völligen Vergessenheit anheim, weil einige ihrer Werke einem bedeutenden Meister unterschoben worden waren. Wenn auch der Verlegerbetrug früher oder später aufgedeckt wurde, so blieb doch eine gewisse Wertschätzung der unterschobenen Kompositionen erhalten, weil sonst anscheinend der Betrug nicht möglich gewesen wäre. Dabei wird aber oft das Urteilsvermögen des breiten Publikums überschätzt.

LEBEN
Georg Laurenz Schneider wurde am 13. 2. 1766 in Burgpreppach, Unterfranken, geboren. Er war in jungen Jahren Kapellmeister in Ingelfingen, Württemberg, und wirkte von 1792 bis 1829 als Musikdirektor in Coburg, wo er am 6. 4. 1855 starb.

WERKE
Neben einem Singspiel und einer Oper schrieb Georg Laurenz Schneider die Ouvertüre »Ein veste Burg« für zwei Orchester, Sinfonien, Konzerte, Quodlibets, Sonaten, Duos und Lieder, von denen zwei Wolfgang Amadeus Mozart unterschoben wurden.

Samuel Wesley (1766–1837)

ZEIT UND UMWELT
Durch die ab 1768 alle drei Jahre in Birmingham veranstalteten Festspiele wurde das

Musikleben der Stadt stark gehemmt, weil sich alle Bemühungen auf diese Festspiele konzentrierten, so daß die übrigen musikalischen Veranstaltungen nur schwer damit in Wettbewerb treten konnten. Auf diese Weise entstand zwischen den Festspielen ein musikalisches Vakuum, das erst im Verlauf des 19. Jahrhunderts ausgeglichen werden konnte.

LEBEN

Samuel Wesley wurde am 24. 2. 1766 in Bristol geboren und entwickelte sich in frühester Jugend zum »Wunderkind«, das allgemeines Staunen hervorrief. Er gab bereits ab 1779 im Haus seiner Familie regelmäßig Konzerte. Sein bedeutendster Lehrer war William Boyce, der ihn zum Organisten, Cembalisten und Komponisten ausbildete. Er wirkte ab 1811 als Dirigent und Organist an den Festspielen von Birmingham mit und spielte im Musikleben der Stadt eine bedeutende Rolle. Er starb am 11. 10. 1837 in London.

Sein Bruder Charles Wesley (11. 12. 1757, Bristol, bis 23. 5. 1834, London) war ebenso frühbegabt und Schüler von James Boyce. Er wirkte an verschiedenen Kirchen als Organist.

WERKE

Von Samuel Wesley sind 4 Sinfonien, 4 Ouvertüren, 11 Orgelkonzerte mit Orchester, 4 Messen, Motetten, Services, Anthems, Kammermusik, Orgel- und Klavierstücke, Lieder, Duette und Glees erhalten. Seine Musik wirkte eher konservativ, aber klangvoll; seine sakralen (katholischen wie anglikanischen) Werke werden auch noch heute in den Kirchen Englands und denen des Kontinents gehört. In Zusammenarbeit mit Karl Friedrich Horn gab er das »Wohltemperierte Clavier« von Johann Sebastian Bach heraus und leitete eine englische Bach-Renaissance ein.

Charles Wesley schrieb 6 Konzerte für Orgel oder Cembalo, 8 Lieder, 6 Streichquartette, ein Concerto grosso und einige Anthems. Seiner Musik haften noch barocke Formen an.

LITERATUR

J. T. Lightwood, Samuel Wesley, London 1937.

Joseph Weigl (1766–1846)

ZEIT UND UMWELT

Die Kapelle der Fürsten Esterházy in Eisenstadt, Joseph Haydn, Antonio Salieri und Johann Georg Albrechtsberger, ein für unkomplizierte, problemlose, schön klingende, in alten Bahnen laufende Musik empfängliches Publikum, das allen revolutionären Gedankengängen abgeschworen hat und der biedermeierlichen geistarmen Gemütlichkeit in die Arme gefallen war, all das stellte die Umwelt Österreichs in der ersten Hälfte des 19. Jahrhunderts dar.

LEBEN

Joseph Weigl wurde am 28. 3. 1766 in Eisenstadt als Sohn des Cellisten Joseph Franz Weigl (19. 3. 1740, Bayern, bis 25. 1. 1820,

Joseph Weigl, Stich von J. Putz

Wien) geboren. Er begann frühzeitig zu komponieren. Mit seiner ersten italienischen Oper errang er die Gunst Kaiser Josephs II. und wurde von Gottfried van Swieten gefördert. Im Jahr 1790 nahm ihn Antonio Salieri als Hilfsdirigenten in die Hofoper auf, wo er 1791 Dirigent wurde; 1827 erreichte ihn die Ernennung zum Vize-Hofkapellmeister. Er starb am 3. 2. 1846 in Wien.
Sein Bruder Thaddäus Weigl (8. 4. 1776, Wien, bis 19. 2. 1844, Wien) war Musikalienhändler und Kustos der Musikabteilung der Kaiserlich-Königlichen Bibliothek.

WERKE
Von Joseph Weigl sind 13 italienische und 18 deutsche Opern aufgeführt worden, außerdem 17 Ballette und 2 Oratorien. Er schrieb weiters 22 Kantaten, 11 Messen und Trios für Oboe, Violine und Cello. So begeistert diese Kompositionen von den Zeitgenossen aufgenommen wurden, so rasch fielen sie wegen ihrer Gehaltsarmut der Vergessenheit anheim.
Thaddäus Weigl schrieb 5 Operetten und 15 Ballette.

Friedrich Fleischmann (1766–1798)

ZEIT UND UMWELT
Von einem »Mannheimer« ausgebildete Musiker wurden besonders im süddeutschen und mitteldeutschen Raum gern aufgenommen, denn wenn auch zuweilen die kompositorische Ausdruckskraft bei einem solchen Schüler den Durchschnitt nicht überragte, so brachten sie ohne Ausnahme die Erfahrung eines exakten Orchesterklangs mit.

LEBEN
Johann Friedrich Anton Fleischmann wurde am 19. 7. 1766 in Marktheidenfeld bei Würzburg geboren. Er war Schüler von Ignaz Holzbauer und Abbé Vogler in Mannheim. Nach seinem Studium in Würzburg trat er in die Dienste des Fürstenhauses Thurn und Taxis und wirkte von 1789 bis zu seinem Tod am 30. 11. 1798 als Hofkapellmeister in Meiningen.

WERKE
Von Friedrich Fleischmann sind eine Oper, eine Anzahl Lieder, 3 Sinfonien, ein Klavierkonzert und eine Klaviersonate für vier Hände erhalten. Sein Stil ist dem jüngeren Mannheimer verpflichtet.

Jacques-Marie Beauvarlet-Charpentier (1766–1834)

ZEIT UND UMWELT
Die meisten der großen Orgeln in den Kirchen von Paris verstummten auch während der Revolutionszeit nicht, weil der Kirchendienst überhaupt wenigen Störungen ausgesetzt war. Auch für den revolutionären Franzosen war Kirchenmusik nichts anderes als Musik.

LEBEN
Jacques-Marie Beauvarlet-Charpentier wurde am 31. 7. 1766 in Lyon als Sohn des Organisten Jean-Jacques Beauvarlet-Charpentier geboren. Er folgte 1794 seinem Vater an der Orgel von St-Paul in Paris, erhielt nach der Revolution den Organistenposten an St-Germain-des-Prés und im Jahr 1815 an St-Eustache, den er bis zu seinem Tod am 7. 9. 1834 betreute.

WERKE
Von Jacques-Marie Beauvarlet-Charpentier sind zahlreiche Pianostücke, Romanzen, 6 Magnificat, 15 Noëls, Orgelmessen, 2 Te Deum, 6 Hymnen für die Hauptfeste des Kirchenjahrs und jährlich ab 1822 bis 1834 fortlaufende Hefte mit Orgelstücken erhalten. Er zählte zu den bedeutenden Organisten seiner Zeit.

Ignaz Anton Ladurner (1766–1839)

ZEIT UND UMWELT
Wie in vielen Gebieten kamen in Südtirol die Musiker aus den Klosterschulen und erhielten ihre Ausbildung zumeist an einem der größeren Stifte des gleichen Ordens in Öster-

reich oder in Süddeutschland, wo sie zumeist ein breiteres Betätigungsfeld fanden.

LEBEN

Ignaz Anton Franz Xaver Ladurner wurde am 1. 8. 1766 in Aldein bei Bozen als Sohn des Klavierlehrers und Organisten Franz Xaver Ladurner (13. 11. 1735, Algund, bis 20. 2. 1782, Algund) geboren. Seine Ausbildung erhielt er im Stift Benediktbeuren, Bayern, von seinem Onkel Innozenz Ladurner (1745–1807), Organist und Chorregent. Nach einem zweijährigen Organistendienst als Nachfolger seines Vaters in Algund ging er nach München, von dort nach Longeville bei Bar-le-Duc und schließlich 1788 nach Paris, wo er sehr bald als Pianist, Lehrer und Komponist eine gute Position erreichte. Von 1797 bis 1802 wirkte er als Pianolehrer am Konservatorium, sodann als gesuchter Privatlehrer bis zu seinem Tod am 4. 3. 1839 in Villain bei Massy, Essonne.
Sein Bruder Joseph Aloys Ladurner (7. 3. 1769, Algund, bis 20. 2. 1851, Brixen) war ebenfalls von 1777 bis 1784 Schüler des Onkels in Benediktbeuren und wurde fürstbischöflicher Kaplan und Organist in Brixen.

WERKE

Die Opéra Comique in Paris führte 2 Opern von Ignaz Anton Ladurner auf. Er schrieb außerdem 12 Klaviersonaten, eine Klaviersonate für vier Hände, 9 Violinsonaten, Divertissements und Variationen. Diese Musik muß der Vorromantik zugeordnet werden.
Joseph Aloys Ladurner schrieb vor allem Kirchenmusik, aber auch zahlreiche Variationen und Fantasien für Klavier im zeitgenössischen Stil.

Joachim Joseph Fuetsch (1766–1852)

ZEIT UND UMWELT

Durch Leopold Mozart, Luigi Gatti und Michael Haydn war eine gründliche Ausbildung am Salzburger Dom gewährleistet. Trotz intensiver Traditionspflege wurden die Schüler stets auf dem neuesten Stand der Musikentwicklung gehalten. Dem Geist der Stadt entsprechend wurden aber auch barocke Reminiszenzen von Lehrern auf Schüler weitervererbt.

LEBEN

Joachim Joseph Fuetsch wurde am 11. 8. 1766 in Salzburg geboren. Er war von 1775 bis 1784 Singknabe im Salzburger Dom und Schüler von Leopold Mozart, Luigi Gatti und Michael Haydn. Nach seiner Tätigkeit als Cellist der Hofkapelle wirkte er von 1817 bis 1835 als Domkapellmeister. Er starb am 4. 5. 1852 in Salzburg.

WERKE

Von Joachim Joseph Fuetsch ist eine Anzahl Kirchenmusik – Messen, Proprien – erhalten. Er schrieb außerdem Kammermusik, Männerchöre und Lieder – alles klangvolle, gut gearbeitete Musik.

Joseph Denis Doche (1766–1825)

ZEIT UND UMWELT

Auch in Paris war es um 1800 keine Seltenheit, daß ein Komponist Musik für eine Vaudeville-Bühne und zur selben Zeit sakrale Musik schrieb. Man bewunderte höchstens die Wandelbarkeit seines kompositorischen Ausdrucks.

LEBEN

Joseph Denis Doche wurde am 22. 8. 1766 in Paris geboren. Er wirkte zunächst nach seiner Ausbildung als Kapellmeister an der Kathedrale von Coutance, dann ließ er sich 1891 in Paris nieder, wirkte als Instrumentalist am Théâtre du Vaudeville und schließlich von 1815 bis 1823 als Dirigent. Er starb am 20. 7. 1825 in Soissons.
Sein Sohn Alexandre Pierre Joseph Doche (1799, Paris, bis 1849, St. Petersburg) war ab 1820 erster Violinist am Théâtre du Vaudeville und wurde nach dem Abgang seines Vaters (1823) Zweiter und 1828 Erster Dirigent. Er beendete seine Karriere als Dirigent des Französischen Theaters in St. Petersburg.

Werke
Von Joseph Denis Doche erschienen zahlreiche Bühnenmusiken und Arien für sein Theater, außerdem Romanzen im Geschmack der Zeit, Klavierstücke und eine Anzahl verschiedener Kirchenmusik.
Alexandre Pierre Joseph Doche schrieb nahezu ausschließlich für das Théâtre du Vaudeville.

Dionys Weber (1766–1842)

Zeit und Umwelt
Mit der Gründung des Konservatoriums in Prag setzte die Entwicklung der profanen Musik Böhmens ein, die sich innerhalb weniger Jahrzehnte zu einem hohen Niveau emporschwang, weil ab nun die Musiker in größerer Zahl in der Heimat bleiben und ihr Talent entfalten konnten.

Leben
Friedrich Dionys Weber wurde am 9. 10. 1766 in Welchau, Böhmen, geboren. Er war Schüler von Abbé Vogler, Mitbegründer des Prager Konservatoriums und sein erster Direktor. Er starb am 25. 12. 1842 in Prag.

Werke
Von Dionys Weber wurden einige Opern aufgeführt. Er schrieb außerdem Militärmärsche, ein Sextett für Hörner, eines für Posaunen, 3 Hornquartette, zahlreiche Tänze und Variationen für Klavier, 18 Kantaten und die »Hymne an den Frieden« für Chor und Orchester.

Simon Molitor (1766–1848)

Zeit und Umwelt
Der italienische Gitarrenvirtuose Mauro Giuliani (1781–1828), der sich von 1807 bis 1819 in Wien aufhielt, war Begründer der Wiener Gitarristik des 19. Jahrhunderts. Das Interesse dafür war bereits von einigen seiner Vorläufer geweckt worden.

Leben
Alois Franz Simon Joseph Molitor wurde am 3. 11. 1766 in Neckarsulm geboren. Er kam gegen 1790 als Violinist nach Wien und wurde Beamter im Kriegskommissariat. Zugleich und nach seiner Pensionierung war er als Musikhistoriker und Gitarrist tätig. Er starb am 21. 2. 1848 in Wien.

Werke
Von Simon Molitor sind eine Ouvertüre, 5 Violinkonzerte, ein Klarinettenkonzert, 6 Streichquartette, Klavierstücke mit Blas- und Streichinstrumenten, Männerchöre und Lieder, etwa 60 Tanzstücke für Orchester und zahlreiche Kompositionen und Arrangements für Gitarre, die dieses Instrument in Wien wieder populär machten, erhalten. Er brachte auch eine viel benützte Gitarrenschule heraus.

Literatur
J. Zuth, Simon Molitor und die Wiener Gitarristik um 1800, Wien 1920.

Rodolphe Kreutzer
(1766–1831)

Zeit und Umwelt
Wie bereits im 18. übten auch während eines großen Teils des 19. Jahrhunderts neben Virtuosen jeder Art die großen Violinisten die stärkste Anziehung auf das Konzertpublikum aus. Das mag an der von keinem Instrument übertroffenen Vielfalt der Ausdrucksmöglichkeiten der Violine, ihrem der menschlichen Stimme am nächsten kommenden Klang liegen, aber zu einem großen Teil an der dem Zuhörer aufgedrängten Fiktion, daß ihre Töne nicht in einem Instrument entstehen, sondern im Virtuosen selbst, und die Violine gleichsam nur das Medium darstellt, durch das die Töne unserem Ohr zugeleitet werden. Man billigt dem Ton der Violine nahezu die gleiche Ursprünglichkeit zu wie dem Gesang, der davon an Tonumfang, Wendigkeit, Tempo und Anzahl der Klangvariationen weit übertroffen wird.

LEBEN
Rodolphe Kreutzer wurde am 16. 11. 1766 in Versailles geboren. Er war Schüler von Antonín Stamic und spielte bereits mit 13 Jahren im Concert spirituel ein selbst komponiertes Konzert. Im Jahr 1783 wurde er Violinist in der Königlichen Kapelle in Versailles und 1790 zusätzlich Soloviolinist des Théâtre Italien. Von 1795 bis 1825 wirkte er als Violinlehrer am Conservatoire, 1801 wurde er erster Soloviolinist des Opernorchesters und trat 1802 der Kapelle des Ersten Konsuls bei. Von 1825 bis 1827 wirkte er als Kapellmeister der Königlichen Kapelle und zugleich von 1824 bis 1826 als Dirigent des Opernorchesters. Nachdem er 1827 in den Ruhestand getreten war, starb er am 6. 1. 1831 in Genf.

WERKE
Neben etwa 40 Opern schrieb Rodolphe Kreutzer, einer der größten Violinvirtuosen seiner Zeit, dem Ludwig van Beethoven seine Violinsonate Opus 47 widmete (die er vermutlich nie gespielt hatte), 40 Capricen für Solovioline, die zum festen Bestand der Studienliteratur für dieses Instrument wurden, 19 Violinkonzerte, 2 Doppelkonzerte für zwei Violinen, 2 Doppelkonzerte für Violine und Cello, 15 Streichquartette, 15 Streichtrios, mehrere Violinsonaten, Violinduette und Variationen für Violine mit Orchester und 3 konzertante Sinfonien für zwei Violinen und Orchester, außerdem auch einige Ballette.

LITERATUR
A. Moser, Geschichte des Violinspiels, Berlin 1923.

Rodolphe Kreutzer, Stich von K. T. Riedel

John Wall Callcott (1766–1821)

ZEIT UND UMWELT
Akademische, staatliche und private Ehrungen, Medaillen und Preise waren um 1800 in England im größten Ausmaß zu erreichen, wenn ein Komponist Glees, Catches und Lieder auf der gewohnten anspruchslosen künstlerischen Ebene schrieb. Er wurde zum Liebling des Publikums und der Verleger, die seine Erzeugnisse gut verkaufen konnten.

LEBEN
John Wall Callcott wurde am 20. 11. 1766 in Kensington geboren. Er war Organist an verschiedenen Londoner Kirchen und ab 1806 Lektor für deutsche Musik an Royal Institution. Er starb am 15. 5. 1821 in Bristol.

WERKE
Von John Wall Callcott sind zahlreiche Glees, Catches, Oden und Anthems veröffentlich worden. Dafür erhielt er unzählige Preise und Auszeichnungen.

Ferdinando Rutini (1767–1827)

ZEIT UND UMWELT
Buffoopern wurden in Italien auch nach 1800 in beträchtlicher Menge geschrieben, aber in den großen Opernhäusern bereits seltener aufgeführt. Sie wurden zum Standardrepertoire der kleineren Häuser. Das Publikum

der großen zog in immer stärkerem Maß die Opera seria der primitiven Komik auf der Bühne vor.

LEBEN
Ferdinando Rutini wurde 1767 in Modena als Sohn von Giovanni Maria Rutini geboren. Er wirkte ab 1812 als Kapellmeister in Macerata, sodann in Terracina, wo er am 13. 11. 1827 starb.

WERKE
Von Ferdinando Rutini sind über 30 Buffoopern, zumeist in kleineren Theatern in Florenz, aufgeführt worden. Er schrieb außerdem Kantaten und Klaviersonaten, die bereits der Romantik angehören.

Friedrich Adam Hiller (1767–1812)

ZEIT UND UMWELT
Der von Johann Adam Hiller geformte Typus des deutschen Singspiels war um die Wende zum 19. Jahrhundert bereits über das gesamte deutsche Sprachgebiet und darüber hinaus verbreitet und löste die vordem so beliebte italienische Buffooper überall ab. Die Verwendung der Sprache des Publikums, die wirklichkeitsnahen Libretti und darin aufgerollten Konflikte brachten einen hohen Unterhaltungswert der Stücke.

LEBEN
Friedrich Adam Hiller wurde 1767 in Leipzig als Sohn von Johann Adam Hiller geboren. Er war Sänger und Violinist und wirkte ab 1790 als Theaterkapellmeister in Schwerin, ab 1796 in Altona und von 1799 bis zu seinem Tod am 23. 11. 1812 in Königsberg (Kaliningrad).

WERKE
Von Friedrich Adam Hiller sind 4 Singspiele, 6 Streichquartette und eine Anzahl kleinerer Vokal- und Instrumentalwerke bekannt geworden. Sein Stil näherte sich bereits sehr der Romantik.

Francesco Basili (1767–1850)

ZEIT UND UMWELT
Die Musik der Kapellen des Kirchenstaates war auch nach 1800 weniger von der Oper beeinflußt als die im übrigen Italien. Der altrömische Stil war zwar nirgends obligatorisch, galt aber doch stets als ehrwürdig und bestimmten religiösen Zeremonien angemessen, so daß er nie vergessen wurde. Es wurde immer viel a cappella komponiert und gesungen, und gregorianische Passagen fanden sich, wenn auch oft nur angedeutet, in nahezu jedem sakralen Werk, das auf dem Boden des Papststaates entstand.

LEBEN
Francesco Basili wurde am 31. 1. 1767 in Loreto als Sohn des Kapellmeisters Andrea Basili und Bruder des Organisten Pasquale Antonio Basili geboren und vom Vater, sodann von Giovanni Battista Borghi und Giuseppe Jannaconi in Rom ausgebildet. Er wirkte von 1809 bis 1827 als Kapellmeister in Foligno, dann in Macerata und schließlich in Loreto, war anschließend bis 1837 Zensor des Konservatoriums in Mailand und darauf bis zu seinem Tod am 25. 3. 1850 Kapellmeister an San Pietro in Rom.

WERKE
Von Francesco Basili wurden 14 Opern aufgeführt. Er schrieb außerdem Sinfonien, 3 Streichquartette, ein Klavierkonzert, zahlreiche Kirchenmusik, darunter ein Requiem und ein Oratorium. Obwohl Leben und Wirken des Komponisten weit in das Zeitalter der Romantik reichten, gehörte sein Stil dem frühen 18. Jahrhundert an.

Franz Volkert (1767–1845)

ZEIT UND UMWELT
Gleichzeitiges Wirken als Kirchenorganist und Operndirigent, wie es in Italien sehr häufig bis über 1800 hinaus feststellbar war, bildete auch für Wien nichts Außerordentliches. Das beweist den hohen Kunstsinn der Wiener kirchlichen Behörden jener Zeit.

LEBEN
Franz Volkert wurde am 2. 2. 1767 bei Bunzlau (Bolesławiec), Schlesien, geboren. Er wirkte in Wien als Kirchenorganist und als Kapellmeister am Theater an der Wien bis zu seinem Tod am 22. 3. 1845.

WERKE
Von Franz Volkert sind ungefähr 150 Singspiele, musikalische Farcen, Melodramen und Pantomimen aufgeführt worden, die sehr beliebt waren. Er schrieb außerdem Klaviertrios, Klaviervariationen, verschiedene Lieder und für die Kirche vierstimmige Gradualien und eine Anzahl Orgelstücke.

Andreas Jakob Romberg (1767–1821)

ZEIT UND UMWELT
Große Kantaten, die zumeist als Oratorien bezeichnet werden, obwohl das Libretto keinen Handlungsablauf schildert, lagen auf der Linie der Romantik. Mit dem Aufgebot von Solisten, mächtigen Chören und vollem Orchester konnten gewaltige Klangbilder entworfen, heroische und sentimentale Emotionen plakativ deutlich gemacht und so dem Publikum ein gemeinsames Erleben geschenkt werden, das als Zuhörer über seine Grenzen hinauswächst und mit Herz und Seele gleichsam mitschaffend wird.

LEBEN
Andreas Jakob Romberg wurde am 24. 4. 1767 in Vechta bei Münster als Sohn des Klarinettisten und Musikdirektors in Münster, Gerhard Heinrich Romberg (8. 8. 1745, Münster, bis 14. 11. 1819, Münster), geboren. Er machte mit seinem Vetter als Violinist Konzertreisen durch Deutschland, Holland, Italien und Frankreich. Im Jahre 1784 spielte er im Concert spirituel in Paris, wirkte von 1790 bis 1793 als Violinist im kurfürstlichen Orchester in Bonn, hielt sich dann als Dirigent in Hamburg auf und wurde 1815 Hofkapellmeister in Gotha, wo er am 10. 11. 1821 starb.
Sein Vetter Bernhard Heinrich Romberg (11. 11. 1767, Dinklage, Oldenburg, bis 13. 8. 1841, Hamburg), Sohn des Fagottisten Anton Romberg (6. 3. 1742, Münster, bis 14. 12. 1814, Münster), reiste als Cellist mit Andreas Jakob Romberg von 1784 bis 1790 durch Europa, spielte sodann bis 1793 an der Hofkapelle in Bonn, reiste allein nach Spanien und England, wirkte von 1801 bis 1803 als Cellolehrer am Conservatoire in Paris, spielte von 1805 bis 1806 in der Berliner Hofkapelle, lebte hierauf in Hamburg und wurde 1815 zum Hofkapellmeister in Berlin ernannt. Im Jahr 1819 ging er neuerlich auf Konzertreisen und kehrte schließlich nach Hamburg zurück.

WERKE
Das bekannteste Werk von Andreas Jakob Romberg ist die Kantate für Chor und Orchester »Das Lied von der Glocke« (Schiller), die noch heute von Amateurvereinen aufgeführt wird. Er schrieb ferner die Vokalwerke »Die Kindsmörderin«, »Die Macht des Gesanges«, »Monolog der Jungfrau von Orleans«, »Harmonie der Sphären«, »Der Graf von Habsburg« (alle nach Friedrich von Schiller), außerdem kirchliche Lieder und Oden. An Instrumentalkompositionen liegen zahlreiche Violinstücke, Streichquartette, Streichquintette, 4 Sinfonien und ungefähr 20 Violinkonzerte vor.
Bernhard Heinrich Romberg schrieb verschiedene Stücke auf Volksmelodien, Fantasien, Rondos, Capriccios und Variationen für Cello und Orchester, 10 Cellokonzerte, 3 Celloconcertinos und eine Kindersinfonie.

LITERATUR
K. Stephenson, Anton Romberg, Hamburg 1938. H. Schäfer, Bernhard Romberg, Münster 1931.

Joseph Schnabel (1767–1831)

ZEIT UND UMWELT
Das Königliche Institut für Kirchenmusik in Breslau war eines der bedeutendsten seiner Art und bildete neben der Domkapelle eine wichtige Pflegestätte der katholischen Kirchenmusik in Deutschland. Es stand in be-

sonders engem Kontakt mit ähnlichen Institutionen in Würzburg und Regensburg.

LEBEN
Joseph Schnabel wurde am 24. 5. 1767 in Naumburg am Queis (Nowogrodziec), Schlesien, geboren. Er war zunächst Dorfschulmeister, ging sodann 1797 nach Breslau (Wrocław), wo er als Violinist und Organist an Kirchen, dann am Theaterorchester wirkte, 1805 Domkapellmeister, 1806 Konzertdirigent, 1812 Universitätsmusikdirektor und Musiklehrer am katholischen Seminar und Direktor des Königlichen Instituts für Kirchenmusik wurde. Er starb am 16. 6. 1831 in Breslau.

WERKE
Von Joseph Schnabel sind 5 Messen, 4 Gradualien, 2 Offertorien, Antiphonen, Hymnen, Vespern, sodann Männerquartette, Lieder, Militärmärsche und andere Stücke für Blechbläser, ein Klarinettenkonzert und ein Quintett für Gitarre und Streichquartett im Druck erschienen. Sein »Transeamus usque Bethlehem« (Wandern wir nach Bethlehem) ist bis heute weit verbreitet und beliebt.

Friedrich Eck (1767–1838)

ZEIT UND UMWELT
Selbst »Mannheimer« gewesen zu sein oder Schüler eines Orchestermitglieds aus Mannheim, war eine äußerst wichtige Empfehlung für Musiker dieser Zeit. Sie erfüllten in den meisten Fällen auch die Erwartungen, die man in sie setzte.

LEBEN
Johann Friedrich Gerhard Eck wurde am 24. 5. 1767 in Schwetzingen als Sohn des Waldhornisten und Mitglieds des Mannheimer Orchesters Georg Eck (um 1740, Böhmen, bis nach 1778, München) getauft. Schon 1778 wurde er als Accessist in die Hofkapelle von München aufgenommen, wo er 1780 Hofmusikus und 1788 Konzertmeister wurde. Von 1793 bis 1801 wirkte er als Musikdirektor des Kleinen Hoftheaters in München, dann übersiedelte er nach Frankreich. Er starb am 22. 2. 1838 in Bamberg.

WERKE
Von dem Violinisten Friedrich Eck sind 6 Violinkonzerte und eine konzertante Sinfonie mit zwei Violinen erhalten. Sein Stil lehnt sich an den jüngeren von Mannheim an.

Émilie Julie Candeille (1767–1834)

ZEIT UND UMWELT
Die Französische Revolution, die mit vielen Konventionen brach, verschaffte auch dem weiblichen Geschlecht einen größeren Freiheitsraum. Wenn auch schon immer einzelne Frauen als Komponistinnen hervorgetreten waren, so geschah das stets unter gewissen günstigen Voraussetzungen und ohne viel mehr als zeitweise achtende Anerkennung. Eine echte Gleichsetzung ihrer Leistung der eines männlichen Komponisten im vollen Umfang wurde aber weder im revolutionären Frankreich noch in unserem Jahrhundert erreicht.

LEBEN
Émilie Julie Candeille wurde am 31. 7. 1767 in Paris als Tochter des Pierre Joseph Candeille geboren. Sie trat zuerst als Opernsängerin auf, aber sofort darauf als Pianistin und Komponistin im Concert spirituel. Sie sang die Hauptrolle ihrer ersten Oper selbst. Nachdem sie mit weiteren Opern wenig Erfolg hatte, widmete sie sich vor allem der Komposition von Klavierstücken und dem Klavierunterricht. Sie starb am 4. 2. 1834 in Paris.

WERKE
Von Émilie Julie Candeille sind 4 Sonaten für Cembalo oder Piano, eine Sonate für zwei Klaviere, 3 Klaviertrios, ein Cembalokonzert und zahlreiche Romanzen und Lieder erhalten. Ihre Vokalkompositionen ragen an Qualität weit über die anderen hinaus.

Christian Friedrich Gottlieb Schwencke (1767–1822)

ZEIT UND UMWELT

Die Stellen eines Kantors des Johanneum und eines Direktors der Kirchenmusik in Hamburg wurden stets ohne Ausnahme mit sehr befähigten und voll ausgebildeten Kräften besetzt, die in der Regel bereits auf anderen Posten auffallende Leistungen geboten hatten.

LEBEN

Christian Friedrich Gottlieb Schwencke wurde am 30. 8. 1767 in Wachsenhausen, Harz, als Sohn des Fagottisten und Hamburger Ratsmusikers Johann Gottlieb Schwencke (1744, Breitenau, Sachsen, bis 7. 12. 1823, Hamburg) geboren. Er war Schüler von Friedrich Wilhelm Marpurg und Johann Philipp Kirnberger. Mit 23 Jahren wurde er bereits Kantor am Johanneum und Direktor der Kirchenmusik von Hamburg und wirkte gleichzeitig als Stadtkantor. Er starb am 27. 10. 1822 in Hamburg.

WERKE

Außer einigen Bühnenmusiken für Hamburg schrieb Christian Friedrich Gottlieb Schwencke 2 Oratorien, ein Oboenkonzert, 3 Violinsonaten, 6 große Orgelfugen, Klaviersonaten, sakrale Kantaten, einen Psalm, ein Vaterunser und die Vertonung einer Ode. Er zählte zu den bedeutendsten evangelischen Kirchenmusikern seiner Zeit.

Henri-Montan Berton (1767–1844)

ZEIT UND UMWELT

Schon während des Ersten Kaiserreiches, aber noch mehr nach der Restauration stand die komische Oper hoch in der Gunst des französischen Publikums, das in der heiteren Atmosphäre dieser Bühnenstückgattung Ablenkung von den Zeitereignissen suchte.

LEBEN

Henri-Montan Berton wurde am 17. 9. 1767 als Sohn des Direktors der Opéra, Pierre-Montan Berton (7. 1. 1727, Maubert-Fontaines, Ardennen, bis 14. 5. 1780, Paris), der selbst einige Opern schrieb, geboren. Er war ab 1795 Harmonielehrer und ab 1817 Kompositionslehrer am Conservatoire, ab 1807 Kapellmeister der Opéra Comique und ab 1809 Chorleiter der Großen Oper. Er starb am 22. 4. 1844 in Paris.

WERKE

Neben 48 Opern und 4 Balletten schrieb Henri-Montan Berton 5 Oratorien, Messen, Kantaten, Kanons, Lieder und einige Instrumentalwerke. Er stand mit seinem Werk an der Schwelle der Romantik.

August Eberhard Müller (1767–1817)

ZEIT UND UMWELT

Die innerhalb des deutschen Sprachgebiets mit Beginn des 19. Jahrhunderts einsetzende intensivere Bach-Pflege ging zumeist mit einer verstärkten Verbreitung der Werke der Wiener Klassik – vorwiegend von Joseph Haydn und von Wolfgang Amadeus Mozart – Hand in Hand.

LEBEN

August Eberhard Müller wurde am 13. 12. 1767 in Nordheim, Niedersachsen, geboren. Er war Schüler von Johann Christoph Friedrich Bach in Bückeburg, wo er sodann ab 1788 als Organist der Ulrichskirche wirkte, kam 1794 an die Nikolaikirche in Leipzig und wurde dort 1800 Adjunkt und 1804 Kantor an der Thomasschule und Städtischer Musikdirektor, schließlich 1810 Hofkapellmeister in Weimar, wo er am 3. 12. 1817 starb.

WERKE

Als Thomaskantor bemühte sich August Eberhard Müller um eine neue verstärkte Bach-Pflege und um die Verbreitung der Werke der Wiener Klassik. Er führte 1801 in Leipzig als erster »Die Jahreszeiten« von Joseph Haydn außerhalb Wiens auf. Trotz seines Leipziger Amtes widmete er sein kompositorisches Schaffen wenig der Vokalmusik, dafür um so mehr der Entwicklung der Pianistik. Er schrieb 2 Klavierkonzerte, 14 Sonaten, 17 Capricen, Variationen und weitere Stücke für das Klavier, 7 Flötenkonzerte, Polonaisen für Flöte und Orchester, Flötenstücke und Flötenduos, Orgelstücke und Klaviertrios. Mit seinen Etüden für Flöte und Klavier trug er viel zur Förderung eines virtuosen Konzertstils bei.

LITERATUR

Zur Lebensgeschichte August Eberhard Müllers, in: Die Musik IX, 1909/10.

José Pons (1768–1818)

ZEIT UND UMWELT

Der auffällige Unterschied des katalonischen und des valencianischen Stils blieb auch um die Wende zum 19. Jahrhundert noch bestehen. Die engen Beziehungen der Katalanen zu Frankreich wirkte sich auf ihre Musik entwicklungsfördernd aus, während in Valencia die Kirchenmusik weit stärker der Tradition verhaftet blieb.

LEBEN

José Pons wurde 1768 in Gerona geboren und in Córdoba von Jaime Balins y Vila (um 1750, Gerona, bis 3. 11. 1822, Córdoba), Kapellmeister, Komponist, von dem 3 Rondos und eine Cembalosonate erhalten sind, ausgebildet. Er wirkte als Kapellmeister in seiner Geburtsstadt, sodann in Valencia, wo er 1818 starb.

WERKE

Berühmt wurde José Pons durch seine Weihnachts-Villancicos, die von Singstimmen, Orchester oder Orgel aufgeführt wurden und strukturell Oratorien ähnlich waren. Von seinen weiteren Werken sind mehrere Miserere für die Karwoche erhalten. Sein Stil ist typisch katalonisch.

Francisco Javier Cabo (1768–1832)

ZEIT UND UMWELT

Die altspanische A-cappella-Schule von Juan Ginés Pérez (1548–1612) und von dessen Schüler Juan Bautista Comes (1568–1643) wurde in Valencia bis in das 19. Jahrhundert gepflegt.

LEBEN

Francisco Javier Cabo wurde 1768 in Nájera bei Valencia geboren. Er war ab 1810 Kapellsänger, ab 1816 Organist und ab 1830 Kapellmeister der Kathedrale in Valencia, wo er am 21. 11. 1832 starb.

WERKE

Francisco Javier Cabo zählte zu den bedeutendsten neueren Kirchenkomponisten, die den alten Stil perfekt beherrschten. Man rühmte besonders sein Miserere, sein Credidi und sein Beatus vir wegen ihres überraschenden Chorklanges.

Carl Göpfert (1768–1818)

ZEIT UND UMWELT

Die erhöhte Aufmerksamkeit, die am Beginn der romantischen Stilperiode der Gitarre zugewandt wurde, führte zu bisher ungewohnten Besetzungen, in denen die Gitarre mit Blasinstrumenten vorgeschrieben wird. Abgesehen von der etwas störenden Verschiedenheit der Dynamik, ergaben sich daraus interessante Klangmischungen.

LEBEN

Carl Andreas Göpfert wurde am 16. 1. 1768 in Rimpar bei Würzburg geboren. Er wirkte bereits mit 20 Jahren als erster Klarinettist an der Hofkapelle in Meiningen und leitete deren Harmoniemusik bis zu seinem Tod am 11. 4. 1818.

WERKE

Von Carl Göpfert sind 5 Klarinettenkonzerte, eine konzertante Sinfonie für Klarinette und Fagott, ein Hornkonzert, Duos für zwei Klarinetten, für zwei Hörner, für Gitarre und Flöte und für Gitarre und Fagott, weiters 5 Quartette für Klarinette, Violine, Bratsche und Cello, Bläserquintette und

Bläseroktette erhalten. Seine Musik gehört der Romantik an.

Louis Emmanuel Jadin (1768–1853)

ZEIT UND UMWELT

Der »Salon« wurde um 1800 zu einer vornehmlich von der Damenwelt getragenen Instanz des Musiklebens und ließ eine eigene Art der Musik entstehen, die im Verlauf des 19. Jahrhunderts in breit-bürgerliche Fakturen verflachte und »neben dem Tee von der schönen Welt so ganz gemütlich wie jener eingenommen wird« (E. T. A. Hoffmann). Die Bezeichnung »Salonmusik« bedeutete bald »unfruchtbares inhaltsloses Tongeklingel, vorgetäuschte Virtuosität und kunstunwürdiges Zeug«.

LEBEN

Louis Emmanuel Jadin wurde am 21. 9. 1768 in Versailles geboren. Er war Musikpage König Ludwigs XVI. und Klavierschüler seines Bruders Hyacinthe, von 1789 bis 1792 Akkompagnist am Théâtre de Monsieur in Paris, während der Revolution Mitglied der Musikbande der Nationalgarde, ab 1800 Lehrer am Konservatorium, ab 1806 zugleich Kapellmeister am Théâtre Molière und von 1814 bis 1830 Mitglied der Königlichen Kapelle. Er starb am 11. 4. 1853 in Montfort-l'Amaury bei Versailles.
Sein Bruder Hyacinthe Jadin (1769, Versailles, bis 1802, Paris) war ab 1795 Klavierlehrer am Konservatorium in Paris.

E. T. A. Hoffmann

WERKE

Von Louis Emmanuel Jadin sind 9 Streichquartette, ein »Großes Quintett«, eine Militärsinfonie, 2 Ouvertüren, eine konzertante Sinfonie, 2 Klavierkonzerte, eine konzertante Sinfonie für Harfe und Klavier und eine große Anzahl Klaviermusik: Variationen, Fantasien über Opernmelodien, Potpourris, Sonaten, Nocturnen, begleitet oder unbegleitet, erschienen. Es handelt sich um typisch seichte Salonmusik. Ferner komponierte er zahlreiche Blasmusik und eine Reihe patriotischer und anderer Chöre, außerdem ungefähr 40 Opern.
Hyacinthe Jadin schrieb 9 Klaviersonaten, ein vierhändiges Klavierstück, Sonaten für Klavier und Violine, 6 Quartette, 4 Klavierkonzerte und zahlreiche Arrangements und Potpourris für den »Salon«.

LITERATUR

G. de Saint-Foix, Les frères Jadin, in: Revue Musicale, 1925.

Johann Baptist Henneberg
(1768–1822)

ZEIT UND UMWELT

Der Wechsel vom Kirchendienst zum Theaterdienst und weiter zum Dienst in einem Adelshaus war für Wiener Musiker um 1800 ein völlig problemloser Vorgang, weil in der musikerfüllten Stadt sakrale, sinfonische und dramatische Musik so eng aneinandergrenzten, daß sie nahezu ineinanderflossen.

LEBEN

Johann Baptist Henneberg wurde am 6. 12. 1768 in Wien geboren. Er war zunächst Organist am Schottenstift, sodann von 1790 bis 1803 Kapellmeister des Theaters auf der Wieden, darauf Mitglied der Kapelle des Hauses Esterházy und schließlich von 1818 bis zu seinem Tod am 26. 11. 1822 Kaiserlicher Hofkapellorganist.

WERKE

Neben mehreren Singspielen schrieb Johann Baptist Henneberg eine Anzahl Kirchenmusik und mehrere Orchesterwerke durchschnittlicher Qualität.

Jean-Jacques Grasset
(um 1769–1839)

ZEIT UND UMWELT

Der französische Stil der Violinistik hatte sich um 1800 bereits so gefestigt, daß ihre Entwicklung keinen fremden Einflüssen mehr ausgesetzt war. Sie erhob sich nie zur sensationellen Akrobatik der Italiener, die sich damit immer mehr von echter Musik entfernten, sie blieb stets gediegen, tief verinnerlicht und ausdrucksstark und machte sich mit jedem Ton zum Diener der interpretierten Komposition.

LEBEN

Jean-Jacques Grasset wurde um 1769 in Paris geboren und von Julien Bertheaume zum Violinisten ausgebildet. Er begann seine Konzerttätigkeit im Jahr 1786 und trat 1800 in das Orchester der Großen Oper ein. Gleichzeitig wirkte er als Violinlehrer am Konservatorium. Von 1801 bis 1829 war er Orchesterleiter und Violinsolist an der Comédie Italienne. Er starb am 25. 8. 1839 in Paris.

WERKE

Die kompositorische Tätigkeit von Jean-Jacques Grasset war vor allem der Violine gewidmet; er schrieb 12 Duos für zwei Violinen und 3 Violinkonzerte. Seine weiteren Kompositionen sind verlorengegangen.

Pietro Casella (1769–1843)

ZEIT UND UMWELT

Die gleichzeitige Betreuung eines Opernorchesters und einer Kirchenkapelle wurde in Italien ab 1800 immer häufiger vermieden. Es wurde immer öfter verhindert, daß Kirchenmusiker Opern herausbrachten, so daß Komponisten, die einen kirchlichen Posten übernahmen, auch ihr kompositorisches Schaffen nur mehr diesem widmeten.

LEBEN

Pietro Casella wurde 1769 in Pieve, Umbrien, geboren. Er brachte nach seiner Ausbildung in Neapel eine Reihe Opern heraus. Als er sodann Konservatoriumslehrer und Kirchenmusikdirektor wurde, wandte er sich nur mehr der sakralen Musik zu. Er starb am 12. 12. 1843 in Neapel.

WERKE

Nach den für Neapel geschriebenen Opern verfaßte Pietro Casella als Kirchenmusikdirektor nur mehr Messen, Motetten, Vespern und andere sakrale Gesänge, die sich stilistisch weit von den Opern abhoben.

Danil Nikititsch Kaschin (1769–1841)

ZEIT UND UMWELT

In den Kompositionen in Rußland nach der Wende zum 19. Jahrhundert tauchen bereits die ersten Anzeichen einer eigenständigen Musik auf, in der nicht nur Volksmelodien eingeflochten, sondern auch verarbeitet wurden. Diese Entwicklung wurde in der Oper vor allem auch dadurch gefördert, daß die Libretti russische Themen behandelten.

LEBEN

Danil Nikititsch Kaschin wurde 1769 in Moskau als Leibeigener geboren. Er war Schüler von Giuseppe Sarti und wirkte nach seiner Ausbildung als Dirigent einer Leibeigenenkapelle in Moskau. Darauf war er dort als Komponist, Pianist, Dirigent, Musiklehrer und Konzertveranstalter bis zu seinem Tod am 10. 12. 1841 tätig.

WERKE
Durch seine Kriegslieder im Jahr 1812 wurde Danil Nikititsch Kaschin sehr bekannt. Er schrieb 5 Opern mit russischen Themen, die den Einfluß der russischen Volksmusik deutlich erkennen lassen, ein Klavierkonzert, ein Klaviertrio, Klavierstücke, Lieder, Chöre und Kantaten. Er gab eine Sammlung 108 russischer Volkslieder mit Klavierbegleitung in 3 Bänden heraus.

Thomas Haigh (1769–1808)

ZEIT UND UMWELT
Während seines Aufenthalts in London in den Jahren 1891 und 1892 unterrichtete Joseph Haydn mehrere Schüler, die in seiner Gefolgschaft eine beträchtliche Anzahl Kompositionen herausbrachten; man hätte davon erwarten können, daß sich darauf eine englische Musikentwicklung aufbaut. Es blieb bei diesen vielversprechenden Ansätzen, die keine Fortsetzung fanden.

LEBEN
Thomas Haigh wurde 1769 in London geboren. Er studierte bei Joseph Haydn Komposition. Er wirkte kurze Zeit in Manchester als Pianist, Violinist und Musiklehrer, ging jedoch 1801 nach London zurück und setzte dort diese Tätigkeiten bis zu seinem Tod im April 1808 fort.

WERKE
Die Haupttätigkeit von Thomas Haigh bestand im Arrangement von zahlreichen Sinfonien von Joseph Haydn und der Musik anderer Komponisten. Er schrieb außerdem ein Violinkonzert, 12 Sonaten für Klavier und Violine, Klaviersonaten und andere Klavierstücke sowie einige Lieder. Seine Versuche, den Stil der Wiener Klassik nach England zu bringen, blieben ohne Auswirkung.

Friedrich Rochlitz (1769–1842)

ZEIT UND UMWELT
Der Übergang von der Aufklärung zur Romantik wurde nicht nur von einer gewaltigen Anzahl von Meisterwerken der Klassiker und der ersten Romantiker getragen, sondern auch von einem umfangreichen musikalischen, literarischen und ästhetischen Schrifttum, das neben den künstlerischen die ideologischen und philosophischen Grundlagen zur Abkehr vom Rationalismus auf breiten Lebensgebieten vorbereitete. Die zu einem nackten Absolutismus zurückgekehrten Regierungsformen förderten natürlich eine geistige Haltung ihrer Untertanen, die zwar ihre Bindung an transzendente Leitvorstellungen gelockert oder ganz gelöst und dafür ihr Dasein in ihrem »Volkstum« und dessen legendär ausgeschmückter Vergangenheit integriert hatten.

LEBEN
Johann Friedrich Rochlitz wurde am 12. 2. 1769 in Leipzig geboren. Er war Thomasschüler in seiner Geburtsstadt und wirkte anschließend zeitweilig als Organist an der Thomaskirche. Sein Lehrer war Johann Friedrich Doles. Schon während seines Studiums widmete er sich der literarischen Tätigkeit und errang bald eine hervorragende Stellung in der musikalischen Welt durch seine Leitung der »Allgemeinen Musikalischen Zeitung«. Über die Vermittlung Goethes wurde er sächsisch-weimarischer Hofrat. Er widmete sein Wirken der Musikgeschichte und Musikkritik, vor allem der Gesangsmusik, verfaßte eine Reihe musikästhetischer Schriften, Oratorien- und Kantatentexte, mehrere Schauspiele und Opernlibretti. Er starb am 16. 12. 1842 in Leipzig als einer der bedeutendsten Musikologen seiner Zeit.

WERKE
Das kompositorische Schaffen von Friedrich Rochlitz tritt an Bedeutung weit hinter sein literarisches zurück. Er schrieb Lieder, Chöre, vor allem Männerchöre, Klavierstücke und mehrere sehr klangschöne Kirchenkantaten, die bereits voll der Romantik angehörten.

LITERATUR
E. Ehinger, Friedrich Rochlitz als Musik-

schriftsteller, in: Sammlung musikwissenschaftlicher Einzeldarstellungen IV, Leipzig 1929.

Johann Georg Lickl
(1769–1843)

Zeit und Umwelt
Die Fülle der um 1800 in Wien auftretenden Komponisten für Kirche, Konzertsaal und Theater zog viele Schüler an, die die Anzahl der Musiker noch erhöhte. Voraussetzung dafür war natürlich die große Aufnahmefähigkeit des Publikums, die beinahe jedem die Möglichkeit bot, seine Werke vorzuführen. Dazu trat, daß die Nachbarländer im Osten, wie zum Beispiel Ungarn, einen erhöhten Bedarf an Musikern hatten, den sie aus dem eigenen Gebiet noch nicht decken konnten.

Leben
Johann Georg Lickl wurde am 11. 4. 1769 in Klosterneuburg, Niederösterreich, geboren. Nach seiner Ausbildung in Wien und einiger Tätigkeit für verschiedene Theater wurde er 1806 Kirchenmusikdirektor in Pécs, Ungarn, wo er am 12. 5. 1843 starb.

Werke
Außer einigen Singspielen für Schikaneders Theater schrieb Johann Georg Lickl eine Anzahl Messen, Motetten und auch einige Kammermusik. Sein Stil war an dem der Wiener Klassik geschult.

Giovanni Agostino Perotti
(1769–1855)

Zeit und Umwelt
Wie die Violinmusik artete um 1800 auch die Klaviermusik zuweilen exzentrisch aus. Klaviersonaten für sechs Hände waren für ein gewisses Konzertpublikum gewiß eine willkommene Sensation, wohl weniger wegen des außerordentlich hohen künstlerischen Werts der Komposition als wegen der Kuriosität.

Leben
Giovanni Agostino Perotti wurde am 12. 4. 1769 in Vercelli, Piemont, geboren. Er war Schüler seines Bruders Giovanni Domenico Perotti und von Stanislao Mattei in Bologna. Er wurde 1795 Cembalist am österreichischen und 1798 am englischen Hof, ließ sich darauf in Venedig nieder, wo er von 1811 bis 1817 als Kapellmeister an San Marco wirkte und am 28. 6. 1855 starb.
Sein Bruder Giovanni Domenico Perotti (um 1750, Vercelli, bis 1824, Vercelli) studierte bei Padre Martini und Stanislao Mattei in Bologna und wurde 1779 Kapellmeister am Dom von Vercelli.

Werke
Von Giovanni Agostino Perotti wurden mehrere Opern mit Erfolg in Italien und London aufgeführt. Er schrieb außerdem ein Oratorium, mehrere Kantaten, Messen, Motetten, Miserere und 5 Sonaten für Klavier sechshändig. Er war auch als Musikschriftsteller tätig.
Giovanni Domenico Perotti schrieb eine Anzahl Opern, eine sehr geschätzte Sinfonie in D-Dur, Kantaten und verschiedene Kirchenmusik – Messen, Proprien, Litaneien.

Giuseppe Farinelli (1769–1836)

Zeit und Umwelt
Domenico Cimarosa war mit seinen reizenden, klangvollen Opern bis in das 19. Jahrhundert hinein das Vorbild vieler Komponisten. Die Anlehnung einiger an Cimarosa ging so weit, daß man zuweilen an ein Plagiat dachte und erst genaue Stilanalysen nötig wurden, um festzustellen, daß es sich eben doch nur um eine treffende Nachahmung handelte.

Leben
Giuseppe Farinelli (eigentlich Giuseppe Francesco Finco – er änderte seinen Namen aus Dankbarkeit gegenüber seinem Förderer, dem Kastratensänger Farinelli, der in Wahrheit Carlo Broschi hieß) wurde am 7. 5. 1769 in Este geboren und am Conservatorio della

Pietà de'Turchini in Neapel ausgebildet. Er lebte von 1810 bis 1817 in Turin, dann in Triest, wo er als Cembalist am Teatro Grande und ab 1819 auch als Kapellmeister am Dom San Giusto bis zu seinem Tod am 12. 12. 1836 wirkte.

WERKE

Von Giuseppe Farinelli sind 20 seriöse und 38 komische Opern aufgeführt worden, die sich so eng an den Stil von Domenico Cimarosa anschlossen, daß die Stildifferenzen kaum merkbar waren. Er schrieb außerdem ein Oratorium, 8 dramatische Kantaten, 5 große Messen, 2 Te Deum, ein Stabat mater und weitere Kirchenwerke. Seine Musik gehörte noch dem 18. Jahrhundert an.

Benedikt Hacker (1769–1829)

ZEIT UND UMWELT

Die Musikgeschichte der fürsterzbischöflichen Residenz Salzburg weist eine beachtliche Reihe bedeutender Musiker auf, so daß auch ein Musikverleger über genügend Objekte verfügen konnte, um voll ausgelastet zu sein. Leopold Mozarts und Michael Haydns kompositorisches Schaffen allein bot eine interessante verlegerische Aufgabe.

LEBEN

Benedikt Hacker wurde am 30. 5. 1769 in Metten, Niederbayern, geboren. Er war in Salzburg Violinschüler Leopold Mozarts und studierte bei Michael Haydn Komposition. Neben seinem Wirken als Violinist in der Stiftskirche auf dem Nonnberg betrieb er eine Buch- und Musikalienhandlung, der er einen Musikverlag anschloß. Er brachte Werke von Leopold Mozart und vor allem weltliche Vokalmusik von Michael Haydn heraus. Er starb am 2. 5. 1829 bei Salzburg.

WERKE

Die Kirchenmusik von Benedikt Hacker war der Zeit entsprechend nahezu durchwegs auf deutsche Texte komponiert. Er schrieb außerdem sehr beliebte Männerchöre und gemischte Chöre, außerdem Lieder mit Klavierbegleitung und Gelegenheitskantaten. Der Stil seines Lehrers ist überall erkennbar.

LITERATUR

O. Wessely, Benedikt Hacker, in: Musik in Geschichte und Gegenwart V, 1956.

Józef Elsner (1769–1854)

ZEIT UND UMWELT

Im Jahr 1815 wurde in Warschau eine »Gesellschaft zur Erhaltung und Förderung der Tonkunst« gegründet. Daneben entstand ein Jahr darauf eine Gesangs- und Deklamationsschule, aus der sich 1821 das Warschauer Konservatorium entwickelte. Beide Institutionen trugen viel zur Weiterentwicklung der eigenständigen polnischen Kultur trotz der Fremdherrschaft bei. Aus ihnen gingen einige bedeutende Musiker hervor, unter anderen Frédéric Chopin.

LEBEN

Józef Franciszek Elsner wurde am 1. 6. 1769 in Grottkau (Grotków), Schlesien, geboren. Nach seinem Medizinstudium trat er als Violinist in die Kapelle des Theaters in Brünn ein, wurde 1792 Theaterkapellmeister in Lemberg (Lwiw) und 1799 in Warschau. Er war Gründer der »Gesellschaft zur Erhaltung und Förderung der Tonkunst« in Warschau und Direktor der Gesangs- und Deklamationsschule, war somit auch Lehrer von Frédéric Chopin. Er starb am 18. 4. 1854 in Elsnerowo bei Warschau.

WERKE

Von Józef Elsner wurden 32 Opern aufgeführt, die zu den Vorläufern der Werke von Stanisław Moniuszko (1819–72) gezählt werden können. Er schrieb ferner mehrere Ballette, Duodramen, Schauspielmusiken, 8 Sinfonien, Polonaisen mit Orchester, ein Septett, ein Streichquintett, 11 Streichquartette, 2 Klavierquartette, Klaviertrios, Sonaten für Klavier und Streicher, Klaviersonaten, Konzerte für verschiedene Instrumente, Kantaten, viele Lieder und 106 kirchliche Werke –

ein Passionsoratorium, Messen, Requiem, Motetten. Er wirkte auch als Musikschriftsteller. Sein kompositorisches, pädagogisches und organisatorisches Wirken war ein wichtiger Faktor der polnischen Musikgeschichte.

LITERATUR

J. Herrmann, Józef Elsner und die polnische Musik, München 1969.

Pierre Antoine Dominique Della Maria (1769-1800)

ZEIT UND UMWELT

Die Erhebung der Bevölkerung von Marseille gegen die herrschende Adelsschicht war besonders heftig, so daß an eine Musikausübung nicht gedacht werden konnte, und Musiker und andere Künstler nach Möglichkeit die Stadt verließen.

LEBEN

Pierre Antoine Dominique Della Maria wurde am 14. 6. 1769 in Marseille geboren. Er verließ die Stadt bei Ausbruch der Revolution und begab sich nach Italien, wo er seine Ausbildung bei Giovanni Paisiello vervollkommnete. Nachdem er in Italien 3 lyrische Opern herausgebracht hatte, begab er sich 1796 nach Paris, wo er noch weitere 6 Bühnenwerke schuf und bereits am 9. 3. 1800 starb.

WERKE

Außer seinen Opern sind keine Werke von Pierre Antoine Dominique Della Maria bekannt geworden. Seine in Paris verfaßten Bühnenwerke sind insoweit interessant, als sie bereits starke lyrische Elemente aufweisen und somit der anbrechenden Romantik sehr nahestehen.

Aleksei Titow (1769-1827)

ZEIT UND UMWELT

Wenn auch um 1800 besonders der Stil von Wolfgang Amadeus Mozart für die russische Opernkomposition maßgebendes Vorbild war, so mehrten sich dann doch die Ansätze einer nationalen Faktur, die die echte russische Nationaloper eines Michail Glinka ankündigten.

LEBEN

Aleksei Nikolajewitsch Titow wurde am 12. 7. 1769 in St. Petersburg geboren. Er war Generalmajor der Gardekavallerie und Opernkomponist in seinem Geburtsort, in dem er am 8. 11. 1827 starb.
Sein Bruder Sergei Nikolajewitsch Titow (1770, St. Petersburg, bis 1827, St. Petersburg) wirkte ebenfalls als Komponist.

WERKE

Von Aleksei Titow wurden ungefähr 20 Opern aufgeführt, für die Mozart das stilistische Vorbild bildete. Sie weisen aber deutliche Merkmale russischer Volksmusik auf. Er schrieb außerdem Ballette und Melodramen.
Sergei Titow schrieb mehrere Opern und vermutlich das seinem Bruder zugeschriebene Ballett »Der neue Werther«.

Jean-Aimé Vernier (1769 bis nach 1838)

ZEIT UND UMWELT

Zur Harfe vorgetragene religiöse Gedichte kleideten pietistische Schwärmerei in die Form der Romantik und fanden sicherlich viel Anklang, weil gerade dieses Instrument dem Gefühlsgehalt einer solchen Poesie in jener Zeit den besten Ausdruck zu geben imstand war.

LEBEN

Jean-Aimé Vernier wurde am 16. 8. 1769 in Paris geboren. Er wirkte ab 1780 als Violinist am Concert spirituel und ab 1795 als Harfenist an der Opéra Comique; von 1813 bis 1838 war er Harfenist der Großen Oper. Er dürfte in einem der folgenden Jahre in Paris gestorben sein.

WERKE

Von Jean-Aimé Vernier wurde eine komische Oper aufgeführt. Bekannt wurde er durch seine 3 Bände mit vertonten religiösen Liedern zu Harfenbegleitung und durch weitere Harfenstücke, die leicht spielbar und sehr wohlklingend waren.

Bonifazio Asioli (1769–1832)

ZEIT UND UMWELT

Das 1808 in Mailand errichtete Konservatorium, für das Simon Mayr einen Großteil der Vorarbeiten erledigte – Unterrichtsplan, Auswahl der Lehrkräfte und organisatorische Einrichtungen –, bot einer stattlichen Reihe Musikologen und Musiker eine ehrenvolle Stelle. Die Anforderungen an Lehrer und Schüler wurden vom Anfang an hoch angesetzt und sind bis heute auf dem gleichen Niveau geblieben.

LEBEN

Bonifazio Asioli wurde am 30. 8. 1769 in Correggio geboren. Er studierte in Parma und wurde darauf Kapellmeister in seiner Geburtsstadt. Von 1787 bis 1796 lebte er als Dirigent in Turin und ließ sich nach einem Zwischenaufenthalt in Venedig in Mailand nieder, wo er 1808 zum Studiendirektor des neuerrichteten Konservatoriums ernannt wurde. Im Jahr 1813 zog er sich nach Correggio zurück, wo er am 18. 5. 1832 starb.

WERKE

Neben 7 Opern und einem Oratorium schrieb Bonifazio Asioli Messen, Motetten, Kantaten, Quintette, Duette und Nokturnen für Singstimmen und Sonaten für Cembalo und Pianoforte. Bedeutender als seine Kompositionen sind seine pädagogischen und theoretischen Werke.

Christian Heinrich Rinck (1770–1846)

ZEIT UND UMWELT

Was die Schüler von Johann Sebastian Bach übermittelt bekamen, gaben sie an ihre eigenen Schüler weiter, so daß die Bach-Tradition bis in die Mitte des 19. Jahrhunderts und länger lebendig blieb, also bis in eine Zeit, in der man bereits daranging, alle überlieferten Werke des Thomaskantors neu aufzulegen, intensiv zu studieren und aufzuführen.

LEBEN

Johann Christian Heinrich Rinck wurde am 18. 2. 1770 in Elgersburg, Thüringen, geboren. Er studierte von 1786 bis 1789 in Erfurt bei Johann Christian Kittel, einem Schüler von Johann Sebastian Bach, und wirkte ab 1790 als Stadtorganist in Gießen, ab 1805 als Stadtorganist und Gymnasialkantor in Darmstadt, wo er ab 1813 auch Hoforganist und ab 1817 Kammermusiker war und am 7. 8. 1846 starb.

WERKE

Von Christian Heinrich Rinck, der als einer der besten Organisten seiner Zeit galt, sind 2 Messen, 3 Kantaten, eine Motette, eine Hymne für Chor und Orgel und Choräle, zahlreiche Orgelchoräle – figuriert oder mit Variationen –, Choralpräludien und Choralpostludien, Fughetten, Fugen, ferner Studienwerke über das Orgelspiel und den Choralgesang erschienen, außerdem Klavier- und Kammermusik und sakrale Gesänge. Die Bach-Tradition wird bei allen diesen Werken deutlich.

Ferdinando Carulli (1770–1841)

ZEIT UND UMWELT

Auch in Frankreich erfuhr die Gitarristik mit dem Anbruch des 19. Jahrhunderts einen neuen Aufschwung. Neben der Harfe vermittelte der Gitarrenklang eine Fülle von Emotionen und Vorstellungen, die sich in das romantische Weltbild der Zeit fügten.

LEBEN

Ferdinando Carulli wurde am 20. 2. 1770 in Neapel geboren. Er wirkte zunächst in seinem Geburtsort als Gitarrenvirtuose und begab sich 1818 nach Paris, wo er Gitarrist, Gitarrenlehrer und Komponist für dieses Instrument bis zu seinem Tod am 17. 2. 1841 war.

WERKE

Von Ferdinando Carulli sind Konzerte und Sonaten für Gitarre, Nokturnen für Gitarre und Klavier oder für Flöte, Violine und Gitarre und die auf die Julirevolution bezogene Programmusik für Gitarre »Les trois jours« (Die drei Tage) erschienen. Er verfaßte eine vielfach verwendete Gitarrenschule.

Antonín Rejcha (1770–1836)

ZEIT UND UMWELT

Josef Rejcha (13. 3. 1752, Chudenice, bis 5. 3. 1795, Bonn) war von 1774 bis 1785 erster Cellist am fürstlichen Orchester in Wallerstein und trat mit erfolgreichen Cellokonzerten, Duos und konzertanten Sinfonien für Cello und Violine auf. Er wurde in Bonn 1785 Konzertmeister am kurfürstlichen Orchester, in dem Ludwig van Beethoven Bratsche spielte, und bald darauf Kapellmeister am Nationaltheater.

LEBEN

Antonín Josef Rejcha (Anton, Antoine Reicha) wurde am 26. 2. 1770 in Prag als Neffe des Cellisten Josef Rejcha geboren. Als jener in Bonn die Theaterkapellmeisterstelle erhielt, nahm er seinen Neffen, der bisher ab 1790 im kurfürstlichen Orchester als Violinist gewirkt hatte, als zweiten Flötisten in das Nationaltheater auf. Nach der Auflösung der kurfürstlichen Residenz im Jahr 1794 begab sich Antonín Rejcha nach Hamburg und betätigte sich dort als Musiklehrer. Sein Plan, in Paris eine Oper herauszubringen, schlug fehl, dafür hatte er mit Instrumentalstücken Erfolg. Von 1802 bis 1808 lebte er in Wien, wo er seine in Bonn angebahnte Bekanntschaft mit Beethoven erneuern konnte und eine Oper auf die Bühne brachte. Im Jahr 1808 ließ er sich in Paris nieder und wurde 1818 Kompositionslehrer am Conservatoire. Er betreute diese Stelle bis zu seinem Tod am 28. 5. 1836.

WERKE

Von Antonín Rejcha sind 106 Opuszahlen und eine große Anzahl unnumerierter Kompositionen im Druck erschienen. Sein Werk umfaßt nahezu alle Musikgattungen vom Solo bis zur Sinfonie, vom Lied bis zur Oper. Er brachte den bereits vergessenen Kontrapunkt wieder zu Ehren und öffnete der Harmonik neue Wege, die von seinen zum Teil sehr berühmten Schülern in ihren heute noch geschätzten Werken begangen wurden. Er schrieb 2 Sinfonien, eine Ouvertüre, ein Oktett für vier Streich- und vier Blasinstrumente, 3 Streichquintette, 20 Streichquartette, ein Quartett für Klavier, Flöte, Cello und Fagott, 24 Bläserquintette, die zu seinen wertvollsten Werken zählen, 6 Quartette für Flöte, Violine, Bratsche und Cello, ein Quartett für vier Flöten, 7 Klaviertrios, ein Trio für drei Celli, 24 Horntrios, 4 Violinduos, 22 Flötenduos, Sonaten für Violine und Klavier, zahlreiche Klavierstücke – Sonaten, Etüden, Fugen, Fantasien, Variationen – und Orgelstücke. Viele Werke – Sinfonien, Ouvertüren, Konzerte, Kammermusik, Klavier- und Orgelwerke und die meisten Vokalwerke –, ein Requiem, ein Te Deum, die Kantate »Leonore« (Bürger), eine Fuge für zwei Chöre a cappella, das Melodram »Abschied der Johanna d'Arc« (nach Schiller) blieben Manuskript. Bei einer Reihe weiterer Kompositionen ist die Zuschreibung noch nicht gesichert. Sein musiktheoretisches Schrifttum zählt zum besten seiner Zeit. Er wurde auf vielen Gebieten stark von Beethoven beeinflußt, ohne jemals dessen Niveau zu erreichen.

LITERATUR

O. Šotolová, Antonín Rejcha, pedagog a skladatel, in: Hudební věda VII, 1970.

Georg Abraham Schneider (1770–1839)

ZEIT UND UMWELT

Johann Gottlieb Portmann (4. 12. 1739, Oberlichtenau bei Chemnitz – Karl-Marx-Stadt, bis 27. 9. 1798, Darmstadt), Kantor und Theoretiker, war ein vorzüglicher Methodiker des Musikunterrichts, was nicht nur aus seinen methodologischen Abhandlungen hervorgeht, sondern noch mehr durch die Erfolge seines persönlich erteilten Unterrichts bestätigt wird.

Leben

Georg Abraham Schneider wurde am 19. 4. 1770 in Darmstadt geboren. Er war der Schwiegersohn und Schüler des Kantors Johann Gottlieb Portmann und wirkte zunächst als Oboist eines hessischen Regiments, dann als Hofmusiker in Schwerin, anschließend bei Prinz Heinrich von Preußen in Rheinsberg und nach dessen Tod (1802) in der Königlichen Kapelle in Berlin, wo er auf eigene Faust Abonnementskonzerte veranstaltete. Nach einem Aufenthalt von 1814 bis 1816 in Reval (Tallinn) als Theaterkapellmeister wurde er Kapellmeister der Hofoper und Musikmeister der Garderegimenter in Berlin, wo er am 19. 1. 1839 starb.

Werke

Von Georg Abraham Schneider sind mehrere Singspiele, viele Ballette, Schauspielmusiken, Melodramen und Zwischenaktmusiken auf die Bühne gekommen. Er schrieb mehrere Oratorien, Kantaten, Sinfonien, Ouvertüren und zahlreiche Stücke für Blasinstrumente – Quartette, Trios, Duos für Flöten, Konzerte für Flöte, für Oboe, für Englisch-Horn, für Fagott, für Horn und noch weitere Instrumente –, von denen über 100 im Druck erschienen. Der ausgezeichnete Unterricht seines Schwiegervaters ist in jeder dieser Kompositionen erkennbar.

Heinrich Anton Hoffmann
(1770–1842)

Zeit und Umwelt

Der Feststellung, daß die Wiener Klassik mit dem Tod Beethovens abschloß und damit die gesamte Musik der Klassik überhaupt ihr Ende fand, steht nicht entgegen, daß eine Reihe Komponisten im klassischen Stil schrieben. Es handelte sich um Epigonen, die ihn nicht weiterentwickelten, sondern nur getreu nachahmten.

Leben

Johann Heinrich Anton Hoffmann wurde am 4. 6. 1770 in Mainz geboren und dort ausgebildet. Er war Hofviolinist in der Kurmainzer Hofkapelle, wurde 1799 Mitglied des Frankfurter Theaterorchesters und zugleich ab 1801 Korrepetitor des Theaters, an dem er sodann ab 1811 als Konzertmeister und ab 1817 als Vizemusikdirektor wirkte. Von 1819 bis 1821 wirkte er als Musikdirektor der Stadt Frankfurt am Main, zog sich aber 1825 von seinen Tätigkeiten zurück. Er starb am 19. 1. 1842 in Frankfurt am Main.
Sein Bruder Philipp Karl Hoffmann (5. 3. 1769, Mainz, bis 14. 11. 1842, Frankfurt am Main) lebte als Klavierlehrer in Mainz, im Rheingau, in Aschaffenburg und Offenbach, unternahm mehrere Konzertreisen nach Amsterdam, Wien und St. Petersburg, wo er von 1810 bis 1821 tätig war, lebte sodann in Frankfurt und gab sich vorwiegend naturwissenschaftlichen Studien hin.

Werke

Von Heinrich Anton Hoffmann wurden 2 Violinkonzerte, ein Konzert für zwei Violinen und Orchester, 6 Streichquartette, 6 Duos für zwei Violinen, 9 Duos für Violine und Cello, eine Sonate für Solovioline, 24 Tänze für Klavier, eine Kantate für gemischten Chor und Orchester, 24 Lieder, 6 Freimaurergesänge und eine Arietta gedruckt. Weitere zahlreiche Kompositionen sind zum Teil handschriftlich überliefert.
Philipp Karl Hoffmann schrieb zahlreiche Klavierwerke, darunter 6 Sonaten und Variationen für zwei und vier Hände, außerdem Kadenzen zu Klavierkonzerten von Wolfgang Amadeus Mozart.
Beide schrieben im Schatten der Wiener Klassiker und gewannen erst später einige Selbständigkeit.

James Hewitt (1770–1827)

Zeit und Umwelt

Im letzten Jahrzehnt des 18. Jahrhunderts kam es bereits zur Aufführung der ersten amerikanischen Opern, von denen »Tammanny, or The Indian Chief« (Tammanny oder Der Indianerhäuptling) die bekannteste war. Es schlossen sich am Beginn des folgenden Jahrhunderts sogleich mehrere ähnliche Werke an, die mit der zugleich einsetzenden Komposition von Instrumentalmusik zu einem steilen Anstieg des Musiklebens in den USA führten.

LEBEN
James Hewitt wurde am 4. 6. 1770 in Dartmoor geboren. Er dürfte Schüler von Giovanni Battista Viotti gewesen sein. Er wirkte zunächst als Violinist am Hoforchester in London, ging aber 1792 nach New York, wo er mit großem Erfolg als Violinvirtuose auftrat und seine erste Oper »Tammanny« herausbrachte. Er wirkte als Leiter von Militärkapellen der Stadt, als Musikverleger und als Kirchenorganist. Von 1812 bis 1818 war er in Boston am Federal Street Theatre tätig, kehrte darauf nach New York zurück, wo er den Posten eines Musikdirektors am Park Theatre bekleidete, wandte sich erneut nach Boston und betreute einen leitenden Posten des Musiklebens der Stadt bis zu seinem Tod am 1. 8. 1827.

WERKE
Von James Hewitt kamen einige Programmouvertüren heraus: »Die Schlacht«, »Sturm«, »Passion« usw. Außer der Oper »Tammanny« schrieb er noch eine komische Oper, mehrere Bühnenmusiken, Klavierstücke, Violinduette und Lieder. Seine Musik gehörte unzweifelhaft der Frühromantik an.

Max Keller (1770–1855)

ZEIT UND UMWELT
Kleine Kirchenchöre kommen oft in die Verlegenheit, die meisten Werke nicht oder nur mangelhaft besetzt aufführen zu können. Diesen kommen leider viel zu wenige Komponisten entgegen, die es verstehen, auch mit wenigen Stimmen und Instrumenten schöne, klangvolle Ordinarien und Proprien zu schreiben.

LEBEN
Max Keller wurde am 7. 10. 1770 in Trostberg an der Alz, Bayern, geboren. Er wurde in Altötting ausgebildet und wirkte darauf dort bis zu seinem Tod am 16. 12. 1855 als Organist.

WERKE
Das umfangreiche kompositorische Werk von Max Keller war zum Großteil Kirchen mit kleinen Verhältnissen gewidmet. Seine Messen wurden für eine oder zwei Singstimmen mit Orgel und fakultativen Hörnern geschrieben, wirkten aber dennoch klangvoll und ansprechend. Auch seine Adventslieder und Litaneien halten sich im gleichen Rahmen. Er schrieb außerdem zahlreiche Orgelstücke, die für kleine Instrumente zugeschnitten sind.

Friedrich Witt (1770–1836)

ZEIT UND UMWELT
Der Dirigent und Musikologe Fritz Stein (17. 12. 1879, Gerlachsheim, bis 14. 11. 1961, Berlin) entdeckte 1908 in Jena die Stimmen einer mit Beethovens Namen signierten Sinfonie in C-Dur. Er schrieb sie auch aus stilistischen Gründen dem jungen Ludwig van Beethoven zu und veröffentlichte sie 1911 als »Jenaer Sinfonie«. Im Jahr 1957 wurde das gleiche Werk im Stift Göttweig, Niederösterreich, aufgefunden und als C-Dur-Sinfonie von Friedrich Witt identifiziert.

LEBEN
Friedrich Witt wurde am 6. 11. 1770 in Haltenbergstetten (Niederstetten bei Bad Mergentheim) geboren. Er trat 1790 als Cellist in die fürstliche Kapelle in Wallerstein ein und wirkte von 1802 bis zu seinem Tod am 3. 1. 1736 als Kapellmeister in Würzburg.

WERKE
Von Friedrich Witt sind zahlreiche Werke im Druck erschienen: 2 Opern, 2 Oratorien, mehrere Messen, Proprien und Kantaten, 8 – von 18 – Sinfonien, darunter die Ludwig van Beethoven zugeschriebene C-Dur-Sinfonie,

ein Cellokonzert, ein Flötenkonzert, ein Septett für Klarinette, Horn, Fagott und Streicher und ein großes Quintett für Horn und Streicher. Er war zu seiner Zeit als Komponist sehr angesehen. Sein Stil folgt der Wiener Klassik.

Ludwig van Beethoven (1770–1827)

ZEIT UND UMWELT

Der franko-flämische Raum, der ab 1400 durch mehr als 2 Jahrhunderte die Kraftquelle der abendländischen Musikentwicklung bildete und in vier Phasen seine Meister nach Frankreich, nach Italien, nach Deutschland und Österreich sandte, wo diese im Zusammenwirken mit den heimischen Kräften neue Zentren der Tonkunst ins Leben riefen, erlahmte sodann, als hätte er sich erschöpft. Er versiegte jedoch nicht vollends, denn wenn auch Freiheitskampf und Glaubensstreit, ökonomische und soziale Umwälzungen alle Geisteskultur beschränkten, so erhoben sich immer noch die Kathedralen über die Dächer der Bürgerhäuser als zu Stein gewandelte Klänge einer ehemals blühenden Musiklandschaft, so erfüllten Orgelton und Chorgesang die Kirchenschiffe, abgeschirmt gegen das Getöse der Waffen und das Geschrei der Märkte, so prangte von Wänden und Altären der Farbenrausch jener hohen Kulturepoche. Die Musik verstummte in Flandern nie. Es gab auch in jener stilleren Zeit immer wieder Meister, denen der Klangraum der Kirchenemporen und Hofkapellen zu eng war. Sie suchten und fanden weite Wirkungsfelder im Ausland, vor allem in Paris, wo ein neues Kraftzentrum der europäischen Musik entstanden war, auf das sich die Blicke des gesamten Kontinents richteten; sie integrierten sich aber dem neuen Betätigungsfeld, sie brachten keine »flämische Schule« mit. Erst im 18. Jahrhundert wanderte der Chorsänger Ludwig van Beethoven aus der Stadt der Türme und Glocken, Mechelen, bis nach Bonn, um dort als Kapellmeister zu wirken und brachte das gesamte reiche musikalische Erbe seiner Heimat mit, allerdings nur als Erbgut, das er nicht selbst

Ludwig van Beethoven, Lithographie von Kriehuber, 1865

auswertete, sondern weitergab an seinen Sohn, der damit nichts zu beginnen wußte und auch nur als genetischer Übermittler fungierte, damit es in die Hand des Enkels gelangte. Den Raum allerdings, in dem dieser Enkel sein gewaltiges Erbgut wirksam machen konnte, brachten die für diesen Fall glücklichen Zeitverhältnisse. Bonn wäre zu schmal gewesen; dort hätte sich kein Ludwig van Beethoven zu dem Titanen der Musik entwickeln können, der er wurde. Man sandte ihn nach Wien, damit er sich von Mozart ausbilden ließ, und er konnte nicht mehr nach Bonn zurück, weil die politischen und militärischen Ereignisse der Zeit das Kurfürstentum annullierten. Daher mußte er in Wien verbleiben, wo Joseph Haydn und Wolfgang Amadeus Mozart die »Wiener Klassik«, durch eine Fülle von Meistern der Vorklassik vorbereitet, begründeten, wo das Musikleben schon seit Jahrzehnten aus dem Schatten des Hofes herausgetreten war und von einem musischen Adel und einem geistig aufstrebenden Bürgertum getragen wurde, wo allen Widrigkeiten zum Trotz das flandrische Erbe, durch Entwicklungsergebnisse der gesamten abendländischen Tonkunst bereichert, seine Blüte entfalten konnte. Die vergeblichen Bemühungen des Vaters, aus dem genialen Sohn ein lukratives Wunderkind zu formen, die mehr als tristen Familienverhältnisse konnten nur hemmend und lebensverkürzend, aber nie verhindernd, die Zeitereignisse - Revolution in Frankreich und ihre Folgen - sogar fördernd wirken. Zeitweilige Not und Krankheit - auch die Ertaubung nicht, die für einen Musiker wohl das Schlimmste ist - vermochten die ererbte künstlerische Ausdrucksfähigkeit und den unzähmbaren Willen hiezu nicht zu lähmen. Und der Tod, der alles menschliche Streben, Wollen und Hoffen beendet, alle Möglichkeiten und Fähigkeiten außer Kraft setzt, wurde zwar viel zu früh Sieger über den Leistungswillen und die Lebenskraft des Meisters, konnte aber mit nahezu außermenschlicher Anstrengung so lange in Zaum gehalten werden, bis der musikalischen Welt zumindest ein Teil des Erbes geschenkt war, das dieser vorläufig letzte große Vertreter der ehemaligen franko-flämischen Hochblüte der Musik über genetische Brücken durch eine Umwelt voll Zufällen und in einer Zeit der Umreihung aller Werte in die mitteleuropäische Musikhauptstadt Wien gebracht und dort neu geformt hat.

Wohnhaus Beethovens in Bonn

Leben

Beethovens Vorfahren waren Handwerker und Bauern in der Gegend von Lüttich und Mechelen im heutigen Belgien. Sein Großvater, der ebenfalls Ludwig hieß, war am 4. Januar 1712 in Mechelen geboren, wurde in Löwen und Lüttich Chorsänger, kam 1733 nach Bonn und amtierte ab 1771 als kurfürstlicher Kapellmeister. Er starb in Bonn am 24. Dezember 1773. Sein Sohn Johann (um 1740, vermutlich in Mechelen, bis 18. 12. 1792, Bonn) wurde am 27. März 1756 Tenorsänger in derselben Kapelle und heiratete am 12. November 1767 Maria Magdalena Keverich, Witwe des Kammerdieners Leym, Tochter eines Kochs. Beider Sohn Ludwig wurde vermutlich am 16. Dezember (getauft am 17. Dezember) 1770 in Bonn als zweitältestes von 7 Kindern geboren. Es zeigte sich bei ihm frühzeitig eine starke musikalische Veranlagung, so daß der Vater sofort daranging, Ludwig im Rahmen seiner Möglichkeiten auszubilden. Einem Zug der damaligen Zeit folgend, sah er als Musiker die Chance, aus seinem Sohn ein Wunderkind zu machen. Mit brutalem Terror trieb er den jungen Ludwig an das Cembalo. Der Hoforganist Gilles van den Eeden (um 1710, Niederlande, begraben 20. 6. 1782, Bonn) gab dem Knaben einigen Unterricht. Mit acht Jahren stellte ihn der Vater als »Sechsjährigen« dem Publikum vor, erreichte aber keinen praktischen Erfolg, weil sich der Sohn nicht drillen ließ. Ludwig wurde oder war bereits Musiker und kein Musikautomat. Am 15. Februar 1781 wurde Christian Gottlob Neefe Vize-Hoforganist in Bonn, nahm sich des jungen Ludwigs an und brachte ihn so weit, daß dieser ihn ein Jahr später an der Orgel vertreten konnte und an der Hofkapelle

Streichinstrumente, die 1802 Karl Fürst Lichnowsky Beethoven schenkte

als Hilfscembalist angestellt wurde. Neefe vermittelte Ludwig die Kenntnis des »Wohltemperierten Claviers« und der Klavierwerke Carl Philipp Emanuel Bachs. Ein mißglückter Versuch der Mutter, Ludwig den Niederländern als Wunderkind anzupreisen, war dem allen vorangegangen (1781) wie der von Neefe vermittelte Druck der dem Kurfürsten gewidmeten Klavierstücke. Der Dienst in der von Andrea Lucchesi geleiteten Kapelle machte Beethoven mit vielen Werken der Gegenwart und der Vergangenheit vertraut. Sein regulärer Schulunterricht nahm allerdings 1783 sein Ende, Beethoven mußte sich als Autodidakt weiterbilden. Dabei war ihm der häufige Aufenthalt im Haus der Familie von Breuning, wo er nicht nur Musikunterricht erteilte, sondern darüber hinaus als gern gesehener Gast galt, sehr förderlich. Über diese Familie lernte er auch den Geiger Franz Anton Ries (10. 11. 1750, Bonn, bis 1. 11. 1846, Godesberg) kennen, der ihm Violinstunden gab. Beethoven fand in Wien Gelegenheit, diese Freundlichkeit dadurch zu vergelten, daß er dessen Sohn Ferdinand Ries (1784–1838) seinerseits unterrichtete. Ferner freundete er sich mit Graf Ferdinand Ernst von Waldstein an, der es beim Kurfürsten Maximilian Franz (1756–1801), dem Bruder Kaiser Josephs II., gemeinsam mit Neefe durchsetzte, daß Beethoven nach Wien geschickt wurde, um bei Mozart Unterricht zu nehmen. Es kam zu einer kurzen Begegnung mit Mozart, jedoch dann erhielt Beethoven die Verständigung, daß seine Mutter im Sterben lag. Sie war aber schon tot (17. Juli 1787), als ihr Sohn anlangte, der nun die Führung der Familie zu übernehmen hatte. Er begann wieder den Dienst im Hoforchester, in der Kirche und bei den musikalischen Akademien der Stadt, erweiterte seinen Horizont durch Lektüre und Vorlesungen an der Uni-

Erzherzog Maximilian Franz

versität und komponierte eifrig. Im Jahr 1792 kam Joseph Haydn auf seiner Reise nach London durch Bonn, Beethoven wurde ihm vorgestellt; der Meister sagte ihm zu, ihn nach seiner Rückkehr in Wien zu unterrichten. Vermutlich auf eine Intervention Waldsteins erhielt Beethoven abermals die Möglichkeit, im Dezember des Jahres auf Kosten des Kurfürsten nach Wien zu gehen. Es war geplant, daß er nach beendeter Ausbildung nach Bonn auf einen leitenden Posten zurückkehren solle. Der spätere Einmarsch der Franzosen in das Rheinland vereitelte diese Absicht. Das beabsichtigte Studium bei Haydn ließ sich nicht sehr glücklich an, Beethovens Vorstellung von musikalischer Diktion hatte bereits so viel Eigenständigkeit angenommen, daß er sich den strengen von Haydn gelehrten Regeln schwer einordnen konnte. Ohne Haydns Wissen pflegte der junge Mann aus Bonn Beziehungen zu Johann Schenk, dessen Unterweisungen ihm mehr zusagten. Als Haydn Wien zu seiner zweiten Londoner Reise verließ, nahm Beethoven bei Albrechtsberger Unterricht im Kontrapunkt, was ihm bei seinem Widerstand gegen die Fesseln starrer Regeln auf viele Jahre hinaus eine Abneigung gegen die Fuge einbrachte. Von Antonio Salieri ließ er sich in die Welt des italienischen Gesangs einführen, kammermusikalische Formen lernte er bei Emanuel Aloys Förster.

Waldsteins Empfehlungen öffneten Beethoven die Türen zu den musikinteressierten Adelshäusern Wiens. Als 1794 das Kurfürstentum Köln aufgehoben wurde und die Zahlungen für Beethoven ausblieben, geriet er nicht in Verlegenheit, weil er inzwischen in Wien genügend Gönner und Bewunderer gefunden hatte, in deren Häusern er konzertieren und unterrichten konnte. Er wohnte im Palais des Fürsten Lichnowsky (1706–96), später bei Graf Erdödy. Zu den weiteren Bewunderern gehörten der russische Botschafter Graf Rasumowsky, dem er drei Streichquartette (op. 59) widmete, Fürst Nikolaus Esterházy, für den er die Messe in C-Dur (op. 86) komponierte, Erzherzog Rudolf, dem er durch Jahre Musikunterricht erteilte und zu dessen Inthronisation als Erzbischof von Olmütz er die Missa solemnis komponierte, Graf Moritz von Lichnowsky, Bruder des Fürsten, Freiherr Ignaz von Gleichenstein, der Tuchhändler Johann Nepomuk

Fürst Andreas Cyrillowitsch Rasumowsky

Wohnzimmer Beethovens im Hause des Freiherrn von Pasqualati

Wolfmayer sowie viele andere Adelige und reiche Bürger versorgten ihn mit Kompositions- und Konzertaufträgen.
Beethovens Ruf hatte sich rasch verbreitet, die Wiener Gesellschaft schätzte diesen ungehobelten Musiker aus Bonn mit pockennarbigem Gesicht hoch, der des »Jakobinismus« verdächtig war und gleichzeitig ein imponierend sicheres Auftreten hatte. Sein Klavierspiel riß alle hin, besonders seine abrupten Kontraste, die er dem Mannheimer Orchester abgelauscht hatte. Es gehörte zum guten Ton, die Kammermusikabende Beethovens bei Lichnowsky aufzusuchen, an denen außer Ferdinand Ries der Violinist Ignaz Schuppanzigh mitwirkte (1776–1830). Freunde, Gönner, Bewunderer, Förderer ebneten Beethoven alle Wege, er konnte komponieren, was er wollte, die Verleger zahlten dafür gerne hohe Preise, er durfte konzertieren, wo er wollte, er fand mehr Zuhörer, als die Säle faßten, und falls er Unterricht zu geben Lust hatte, kamen die Schüler aus den ersten Kreisen der Stadt. Aber schon 1796 stellten sich die ersten Zeichen der Schwerhörigkeit, jenes »Sausen und Brausen im Ohr« ein, das sein Leben verbitterte. Es war noch nicht so weit, daß es Beethoven in seinem künstlerischen Wirken störte, es war auch noch nicht bekannt, daß dieses Leiden nicht geheilt werden konnte, noch gaben die Ärzte den üblichen Trost und konnten ihre Ohnmacht verheimlichen. 1795 kamen Beethovens Brüder nach Wien: Kaspar Anton Karl (1774 bis 1815), der Kassenbeamter wurde, und Nikolaus Johann (1776–1848), der es vom Lehrling zum Apotheker in Linz und Gutsbesitzer in Gneixendorf bei Krems brachte. Das freundschaftliche Verhältnis zu den beiden erfuhr nur eine Trübung, weil Beethoven ihre Frauen nicht schätzte. Seine Taubheit verschärfte sich um das Jahr 1808. Er mußte das Konzertieren aufgeben und wurde immer mehr zum zurückgezogenen Sonderling. Sei-

ner Verzweiflung hatte er bereits 1802 im sogenannten »Heiligenstädter Testament« Ausdruck verliehen, mit dem er von seinen Brüdern Abschied nahm. Er wechselte häufig seine Wohnung (ungefähr fünfzigmal), weil er durch seine schlechte Laune überall in Streit geriet, er stieß mit seinem Mißtrauen seine besten Freunde zurück. Sein kompositorisches Schaffen blieb jedoch ungebrochen, sein »inneres Ohr«, sein Tonbewußtsein hatte das Leiden nicht angegriffen. Seine beiden größten Werke, die Missa solemnis und die Neunte Sinfonie, hat er mit eigenen Ohren nie gehört, aber jeden Ton erlebt. 1819 kam es zu einer völligen Ertaubung, er konnte sich nur mehr schriftlich mit der Umwelt verständigen, fuhr aber trotz seiner hoffnungslosen Lage fort zu komponieren und sich mit Werken anderer Komponisten zu beschäftigen. Seine Gesundheit blieb, abgesehen vom Ohrenleiden, bis zum Jahr 1825 im großen und ganzen ungetrübt. Dann aber kam es zu schweren Störungen. Ein Darmleiden, das zu einer Leberzirrhose führte, machte ihm schwer zu schaffen. Im Dezember 1826 erkältete er sich stark. Die Folge war eine Lungenentzündung, an die sich eine Herzwassersucht anschloß. Im Februar 1827 trat vorübergehend eine Besserung ein, dann ging es rasch dem Ende zu. Am 26. März 1827 verschied Ludwig van Beethoven, dem es zeitlebens Vergnügen gemacht hatte, bei ärgstem Gewitter im Freien zu sein, während eines Unwetters. Viele Tausende folgten seinem Sarg. Franz Grillparzer verfaßte die Grabrede. Unter den Fackelträgern war auch Franz Schubert.

WERKE

Als Beethoven zu komponieren begann,

Ankündigung von Beethovens erster Akademie: 2. April 1800

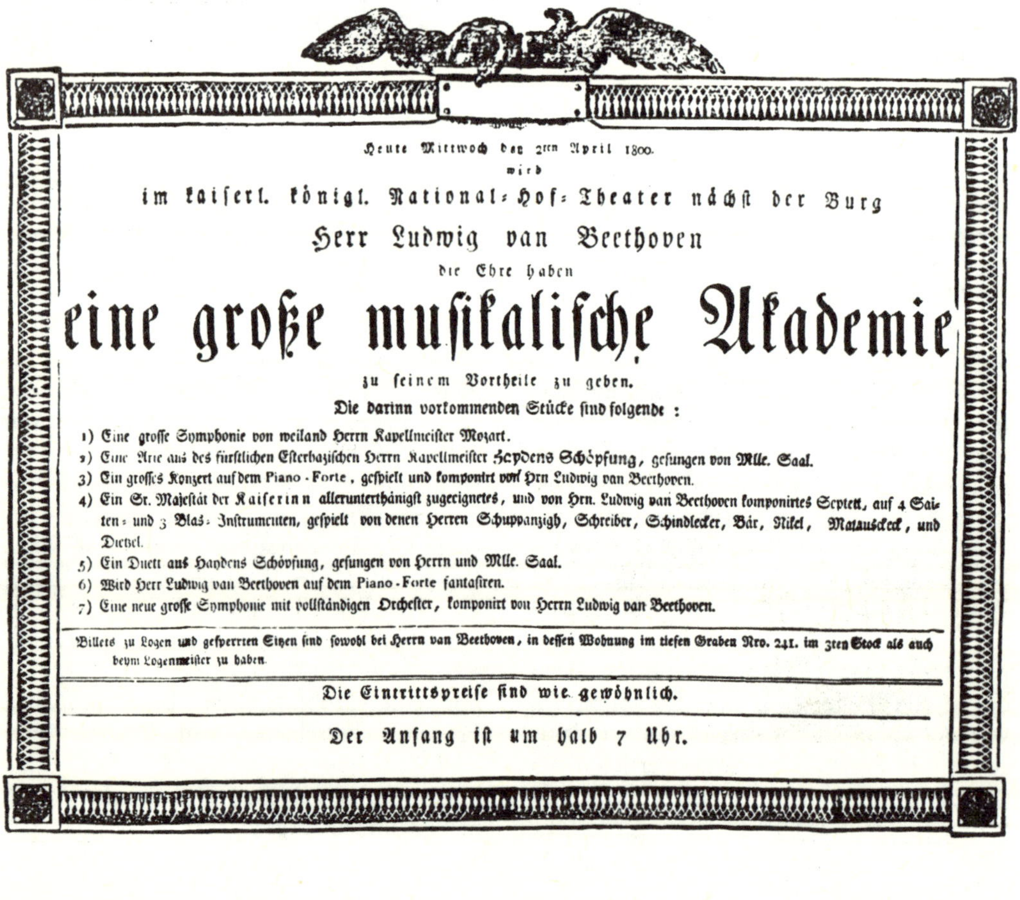

Heute Mittwoch den 2ten April 1800.
wird
im kaiserl. königl. National-Hof-Theater nächst der Burg
Herr Ludwig van Beethoven
die Ehre haben
eine große musikalische Akademie
zu seinem Vortheile zu geben.
Die darinn vorkommenden Stücke sind folgende:

1) Eine grosse Symphonie von weiland Herrn Kapellmeister Mozart.
2) Eine Arie aus des fürstlichen Esterhazischen Herrn Kapellmeister Haydens Schöpfung, gesungen von Mlle. Saal.
3) Ein grosses Konzert auf dem Piano-Forte, gespielt und komponirt von Hrn Ludwig van Beethoven.
4) Ein Sr. Majestät der Kaiserinn allerunterthänigst zugeeignetes, und von Hrn. Ludwig van Beethoven komponirtes Septett, auf 4 Saiten- und 3 Blas-Instrumenten, gespielt von denen Herren Schuppanzigh, Schreiber, Schindlecker, Bär, Nikel, Matauscheck, und Dietzel.
5) Ein Duett aus Haydens Schöpfung, gesungen von Herrn und Mlle. Saal.
6) Wird Herr Ludwig van Beethoven auf dem Piano-Forte fantasiren.
7) Eine neue grosse Symphonie mit vollständigen Orchester, komponirt von Herrn Ludwig van Beethoven.

Billets zu Logen und gesperrten Sitzen sind sowohl bei Herrn van Beethoven, in dessen Wohnung im tiefen Graben Nro. 241. im 3ten Stock als auch beym Logenmeister zu haben.

Die Eintrittspreise sind wie gewöhnlich.

Der Anfang ist um halb 7 Uhr.

Anna Pauline Milder sang als erste die »Leonore« in Beethovens »Fidelio«

strebte die Klassik bereits ihrem Höhepunkt zu. Haydn und auch Mozart mußten durch die vorangegangenen Stilrichtungen schreiten und am Aufbau der neuen Ausdrucksmöglichkeiten mitwirken – Beethoven blieb es vorbehalten, sie zu ihrer Vollendung und darüber hinaus zu führen. Er fand den hochentwickelten und bereits zur Manieriertheit erstarrten Mannheimer Stil vor, eine durchdachte und architektonisch ausgemessene erprobte Form der Sinfonie und des Streichquartettes, eine von vielen Virtuosen des endenden Jahrhunderts durchgebildete Instrumentaltechnik, eine bis zur letzten Möglichkeit errechnete Kontrapunktik, die theoretisch unterbauten und praktisch erreichten Höchstleistungen der Orgelmeister und großen Cembalisten, die Chorführung, Rezitativgestaltung und den Solisteneinsatz des Oratoriums, die Ouvertüre, die Arie und den Ensemblebau der Oper, kurz alle Musikformen in weit vorangetriebenen Entwicklungsphasen. Beethoven verwendete die Fülle von zeitgenössischen und alten, von deutschen, englischen, französischen und italienischen Formen, vom Volksliedgut ganz Europas als Baumaterial und einte alles in einer Synthese, die zugleich sein ureigener Stil wurde. Hier zeigte sich der Gipfel der Klassik, der sich schon der kommenden Romantik zuneigte. Es ist unmöglich, historische oder ideologische Grenzen zwischen den Musikepochen zu ziehen, weil jede etwas von den anderen in sich trägt. Sie dürfen nur von Zentralpunkten aus betrachtet werden, indem man nach vorne und rückwärts sieht bis zu den verschwimmenden, sich überschneidenden Grenzen. Und für die Klassik in der Musik ist Beethoven dieser Gipfelpunkt, wie es Goethe im Reich der Dichtung ist; auch bei ihm findet man archaische, barocke, galante wie romantische Züge. Beethoven war Höhe- und Wendepunkt zugleich, er brachte die Klassik nicht nur zum Höchststand ihrer Entwicklung, er beschloß sie auch und öffnete die Tore zur Romantik der künstleri-

Wilhelmine Schroeder-Devrient sang bei der Wiederaufführung von Beethovens »Fidelio« (1822) die Titelrolle

schen Subjektivierung. Mit ihm hat die Musik endgültig aufgehört, eine Sammlung schöner, nach irgendwelchen Regeln geordneter Klänge zu sein, sie wurde nun zum Ausdruck des Menschen für Menschen. In seiner Hand steigerte sich die Musik, fußend auf Bachs Stimmführung, der Weiträumigkeit Händels, der strengen Thematik Haydns und Klarheit eines Gluck, geschmückt mit der Melodik Mozarts und dessen Nachahmern, zur gewaltigen Architektonik, vielgestaltig und dennoch einheitlich ausgerichtet, deren Formgebung durch das gesamte 19. Jahrhundert bis zu Gustav Mahler (1860–1911) und Arnold Schönberg (1874–1951) wirksam und gültig war. Beethoven war auch einer der ersten, die sich von der Massenproduktion der älteren Komponisten und vieler zeitgenössischer losgesagt haben. Seine Werke reiften langsam nach vielen Skizzen aus und wurden auch dann noch bearbeitet, neu gestaltet und umgeformt. Diese unbedingte Konzentration auf jedes geplante und ausgeführte Stück, sei es klein und im Rahmen des Ganzen unbedeutend oder wichtig wie die mehrmals umgearbeitete Oper »Fidelio«, hatte zur Folge, daß seine Opuszahlen bei weitem nicht an die von Haydn oder Mozart heranreichen. Obwohl seine erste und seine letzte Komposition Kammermusik sind, nehmen seine neun Sinfonien – in der Zeit eines Vierteljahrhunderts geschrieben – in seinem Schaffen eine zentrale Stellung ein. Sie gehören zum Hauptrepertoire unseres Musiklebens. Die sogenannte »Jenaer Sinfonie« in C-Dur, die ihm eine Zeitlang als 10. Sinfonie zugeschrieben worden ist, stammt allerdings von Friedrich Witt. »Wellingtons Sieg oder Die Schlacht bei Vittoria«, op. 91 (1813) muß zu den Sinfonien gestellt werden. Die 9 Ouvertüren sind sinfonische Werke, die weit über die üblichen Opern- oder Ballettouvertüren hinausragen: die Erste, Zweite und Dritte Leonoren-Ouvertüre, alle C-Dur (1805 und 1806); »Coriolan«, c-Moll (1897); »Egmont«, f-Moll (1810); »König Stephan«, Es-Dur (1811); »Die Ruinen von Athen«, C-Dur (1811); »Zur Namensfeier«, C-Dur (1815), »Zur Weihe des Hauses«, C-Dur (1822). Von den zwei Balletten, »Ritterballett«, D-Dur (1791), und »Die Geschöpfe des Prometheus« (1801), behauptet sich das zweite noch heute auf den Bühnen. Auch die kleineren Orchesterwerke, Menuette, Tänze, Märsche, Escossaisen, werden ständig gespielt. Zu den Standardkonzerten für Solisten zählen die 5 Klavierkonzerte, das Tripelkonzert, das Violinkonzert und die 2 Violinromanzen. Als völlig gleichrangig mit den sinfonischen Kompositionen muß die Kammermusik eingestuft werden. Das Oktett für Bläser Es-Dur wurde noch in Bonn (1892) geschrieben und von Beethoven selbst zum Streichquintett op. 4 umgearbeitet. Weitere Bläsermusik sind ein Septett, 2 Sextette, 1 Quintett, ein Rondo für acht Bläser, 2 Bläsertrios. Die 3 Streichquintette, die Fuge für fünf Streicher und vor allem die 16 Streichquartette erklingen noch heute in allen Kammermusiksälen sowie die 10 Violinsonaten, die 5 Cellosonaten, die 3 Klavierquartette, die Trios und verschiedenen Duos. Die Klaviermusik, besonders die 32 Sonaten, gehört

Titelblatt der »Missa solemnis« mit Widmung an Erzherzog Rudolf

zu den Kostbarkeiten der gesamten Tonkunst und ist zum Prüfstein jedes Pianisten geworden. Die Missa solemnis und die C-Dur-Messe gehen weit über den Rahmen sakraler Musik hinaus. Das Oratorium »Christus am Ölberge« nähert sich stark einer opernhaften Chorfantasie und ist noch immer sehr beliebt. Die Oper »Fidelio«, eine der ersten bedeutenden »Rettungsopern«, gehört zu den meistaufgeführten Werken aller Opernhäuser. Dazu kommen noch verschiedene Vokalwerke, 91 Klavierlieder, 2 Kaiserkantaten, 44 Kanons und verschiedene Volksliederbearbeitungen.

Messe D-Dur »Missa solemnis« op. 123, für Soli, Chor und Orchester, gewidmet Erzherzog Rudolf, vollendet 1823, uraufgeführt 1824

Die Messe sprengt den sakralen Rahmen und stellt eine der großartigsten Konzertkantaten der Musikgeschichte dar. Sie folgt dem kanonischen Text, weitet ihn jedoch gedanklich im Sinn einer seiner Zeit entsprechenden Religiosität aus. Das Credo ist geradezu visionär gehalten. Der letzte Satz schließt mit der »Bitte um inneren und äußeren Frieden«, aber in diese Bitte tönt Kriegsmusik und läßt Zweifel an der Erfüllung aufkommen.

Christus am Ölberge, Oratorium op. 85, für Sopran, Tenor, Baß, gemischten Chor, Orchester. Entstanden 1801/02, uraufgeführt am 5. April 1803 in Wien, Text von Franz Xaver Huber

Opernnahe Ausdeutung des Passionsgeschehens, voll von prächtigen Chören und Arien.

Fantasie für Klavier, Chor und Orchester, c-Moll op. 80, gewidmet Maximilian Joseph, König von Bayern, uraufgeführt am 22. Dezember 1808 in Wien mit Beethoven am Klavier und Ignaz Xaver Ritter von Seyfried (1776–1841) am Dirigentenpult

Der Text ist ein dreistrophiges Gedicht, das die Kernidee des klassischen Humanismus besingt (angeblich von Christoph Kuffner). Da das Klavier als Soloinstrument dem Orchester mit Chor gegenübergestellt ist, muß das Stück zu den Klavierkonzerten gezählt werden. Der Solist beginnt mit einem improvisatorischen Präludium, das Orchester fällt mit einer Marschmelodie ein, daran schließt die Weise der »Gegenliebe« auf dem Klavier mit Hörnerbegleitung an, darauf variiert das Orchester das Thema mit verschiedenen Instrumentenkombinationen, am Ende kommt der Chor (»Schmeichelnd hold und lieblich klingen unseres Lebens Harmonien...«) zu Wort. Das abschließende Presto bekräftigt mit Klavier und farbigem Orchesterklang das humanistische Bekenntnis.

1. Sinfonie in C-Dur op. 21, gewidmet Freiherr van Swieten, entstanden 1799, uraufgeführt unter der Leitung des Komponisten am 2. April 1800 im Wiener Hofburgtheater, 4 Sätze

Die Besetzung der Sinfonie gleicht der von Mozarts Haffner-Sinfonie; sie steht deutlich unter dem Einfluß von Haydn und Mozart, läßt jedoch den dem Komponisten eigenen Stil erkennen. Der 1. Satz beginnt für die damalige Zeit überraschend mit einem Dominantseptimakkord, dann gleitet die Musik zum Hauptthema, das ebenso leichtbeschwingt ist wie das Seitenthema. Die Durchführung ist kurz wie bei Mozart. Die Coda klingt marschähnlich aus. Der 2. Satz bringt ein liedhaftes Thema im Volkston, in einem zweiten erklingen Geigen und Flöten in Tanzrhythmen, die Durchführung ist voll Kontraste und Spannung. In der Reprise gibt es eine Gegenstimme zum Liedthema im Baß. Der 3. Satz heißt noch Menuetto, obschon es sich um ein humorvolles Scherzo handelt. Der 4. Satz hat Rondoform und klingt nach einem fröhlichen Verlauf mit marschartigen Signalen der Blechinstrumente aus.

2. Sinfonie in D-Dur op. 36, gewidmet Fürst Karl von Lichnowsky, entstanden 1802/03, uraufgeführt unter der Leitung des Komponisten im Theater an der Wien in Wien am 5. April 1803, 4 Sätze

Mit dieser Sinfonie hat sich Beethoven schon ein gutes Stück von seinen Vorbildern entfernt. Viele Zeitgenossen sind durch das »übertriebene Streben nach dem Neuen und Auffallenden« erschreckt, nur einer prophezeit: »Wenn tausend jetzt gefeierte Modesachen längst zu Grabe getragen sind, wird dieses Werk noch leben.« Er hat vielleicht begriffen, daß hier eine neue Stufe der künstlerischen Qualität erreicht wurde, auf der die Intensität und Individualisierung der Tonsprache das heroische Pathos verstärkt und die Form vergrößert. Die strahlende Lebensfreude der 1. Sinfonie ist beibehalten, jedoch in eine ernstere Sphäre gerückt. Subjektiviert ist dabei nur der Kampfeswillen um ein humanistisches Weltbild, nicht aber das persönliche Schicksal des Komponisten selbst, der gerade um die Zeit der Entstehung der Sinfonie wegen der fortschreitenden Ertaubung in eine schwere psychische Krise geraten war. Der 1. Satz beginnt mit einem gewichtigen Adagio. Die Kantilene des ersten Themas wird stark eingetrübt, erhebt sich aber sieghaft zum Hauptthema, dem ein zweites Thema energisch entgegengeführt wird. Die Durchführung verarbeitet vorwiegend das erste Thema, es bleibt jedoch die klassische Forderung des Themendualismus gewahrt. Im 2. Satz wird eine friedliche Melodie in ständig wechselnder Instrumentation vorgetragen, ein zweites Thema sekundiert, dann schließt sich eine ländliche Tanzweise an. Der 3. Satz ist zum ersten Mal von Beethoven mit Scherzo bezeichnet. Die Stimmung ist ausgelassen, der Wechsel von Bläsern und Streichern, von Forte und Piano drückt ungehemmt Fröhlichkeit aus, die in das Finale hinübergenommen wird. Nur vorübergehend kommt es zu besinnlichen Passagen. Die Rondoform wird von der Durchführung überschritten. Der Satz endet mit nahezu hymnischen Klängen.

3. Sinfonie in Es-Dur »Sinfonia Eroica« op. 55, gewidmet Fürst Franz Joseph von Lobkowitz, beendet 1804, uraufgeführt am 7. April 1805 im Theater an der Wien in Wien unter der Leitung des Komponisten, 4 Sätze

Diese Sinfonie beschreitet völlig neue Wege der Instrumentation und kompositorischen Technik: durch Individualisierung der Instrumente und Entwicklung des Materials werden aus Grundmotiven und ihrer Verteilung auf selbständige Linien neue, entgegengesetzte Themen geschaffen und auf weite Räume entfaltet. So gewinnt die Durchführung bisher unbekannte Dimensionen, wodurch sich die Aussagekraft gewaltig steigert. Von den Zeitgenossen kaum begriffen und dann fälschlich als Programmusik aufgefaßt, wird sie, des Komponisten »beste und liebste Sinfonie«, zum Standardwerk aller Konzertsäle. Sie ist »geschrieben auf Bonaparte«. Als sich dieser zum Kaiser macht, tilgt Beethoven, der Republikaner, enttäuscht die Widmung und setzt an ihre Stelle den Vermerk: »Heroische Sinfonie, komponiert, um das Andenken eines großen Mannes zu feiern.« Der 1. Satz, Allegro con brio, zieht bereits mit den ersten zwei Introduktionsakkorden und dem Kernmotiv in den Celli die Aufmerksamkeit auf sich. Nach mehreren Abwandlungen des Motivs steigt daraus eine anmutige Melodie der Holzbläser und Violinen hervor. Dann klingt ein entgegengeführtes Seitenthema auf, die Auseinandersetzung kulminiert mit schrillen Synkopen und mündet in eine sangbare Marschmelodie der Oboen, der die Streicher eine elegische Gegenlinie entgegensetzen. Darauf tritt das Hauptthema wieder auf den Plan, zuerst in veränderter Tonart, dann in kühner Modulation zum ursprünglichen Es-Dur geführt, und klingt triumphierend in einer breiten Coda aus. Der 2. Satz (Adagio assai) ist ein Trauermarsch (vielfach einzeln als solcher verwendet). Streicher und Oboen singen das Grablied in c-Moll. Das Trio wechselt wie ein Trost zum C-Dur. Hernach setzt die Totenklage erneut ein und entwickelt sich in Sonatenform zur schmerzlichen Anklage, die erst in der Coda versöhnend verhallt. Das Scherzo als 3. Satz wirkt mit seinen unruhigen Streichern, den hastenden Staccati nahezu dämonisch. Sein Trio erweckt mit schmetternden Hörnerdreiklängen die Vorstellung von Natur, Wald und Jagd. Die Reprise des Hauptteils führt wiederum die Turbulenz des pulsierenden Lebens vor Augen. Der 4. Satz verarbeitet das Thema eines Contretanzes (das auch im Ballett »Die Geschöpfe des Prometheus« verwendet wird) in acht Variationen mit einer Doppelfuge über ein Baßthema; ihnen schließt sich als Coda eine stürmische Stretta im Presto an und endet mit Fanfarenklängen.

Titelblatt zur »Eroica« Beethovens

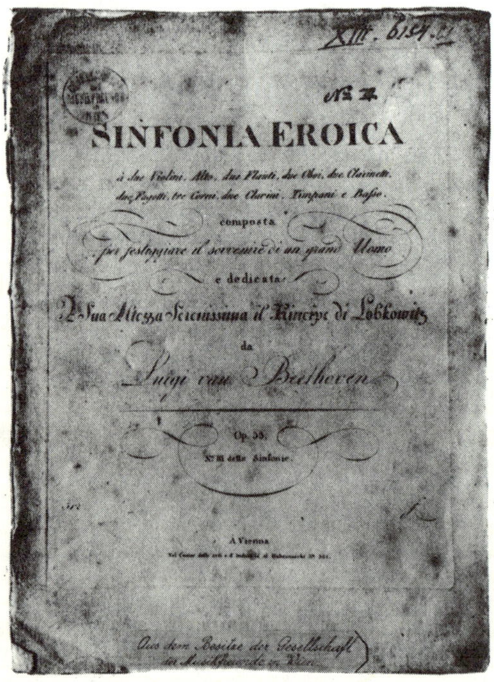

4. Sinfonie in B-Dur op. 60, gewidmet Graf Oppersdorf, fertiggestellt 1806, uraufgeführt März 1807 im Palais des Fürsten Lobkowitz in Wien unter der Leitung des Komponisten, 4 Sätze

Im 1. Satz entwickelt sich das muntere Hauptthema aus einem feierlichen Adagio. Das zweite kantable Thema wird zwar entgegengeführt, aber es kommt zu keiner Auseinandersetzung. Das fröhliche Musizieren ermattet allmählich, bis die Pauke wie eine Wecktrommel die Instrumente zu neuer Tätigkeit in der Reprise ruft. Der 2. Satz bringt zwei Adagiothemen, das erste spielen die Violinen, das zweite übernehmen die Holzbläser. Der 3. Satz ist in einigen Partiturnachdrucken mit Menuett überschrieben. Die Benennung stammt nicht von Beethoven. In Wahrheit handelt es sich auch um ein Scherzo, dessen Hauptthema an den 1. Satz erinnert und auf seine derbe Art das Geschehen beherrscht. Das Trio klingt volkstümlich. Das Finale drückt trotz der schroffen Gegensätze der beiden Themen und der dramatischen Zuspitzung graziös und verspielt untrübbare Lebensfreude aus.

5. Sinfonie in c-Moll op. 67, gewidmet Fürst Lobkowitz und Graf Rasumowsky, entstanden zwischen 1804 und 1808, uraufgeführt am 22. Dezember 1808 im Theater an der Wien in Wien unter der Leitung des Komponisten, genannt »Schicksals-Sinfonie«, 4 Sätze

Angeblich hat Beethoven dem 1. Satz das Motto vorangestellt: »So pocht das Schicksal an die Pforten.« Ob das richtig oder erfunden ist, es darf auf keinen Fall als Programm verstanden werden. Auch diese Sinfonie ist absolute Musik, in die nur ein poetisches Element, eine allgemeine Aussage, eingeführt wird. Das aus vier Tönen bestehende, dramatische »Schicksalsmotiv« beherrscht den gesamten 1. Satz. Es gibt ein zweites Thema, aber es wird vom ersten ständig zurückgedrängt, das sich mit seinem drohenden Pochen kennzeichnet. Bratschen und Celli nehmen im 2. Satz den Kampf gegen das Schicksal auf. Das Thema hat Marschcharakter. Schon hört man den Siegesjubel der Trompeten, aber mahnende Einwürfe der Begleitstimmen wirken dämpfend und hemmend, der Rhythmus des Schicksalsmotivs wird vernehmbar. Der Kampf ist noch nicht zu Ende. Der 3. Satz kann in dieser Stimmung kein Scherzo bringen. Das Hauptthema ist dem Schicksalsmotiv verwandt und erinnert an die Tragik des 1. Satzes. Das Trio bringt etwas Heiterkeit, aber keine Befreiung. Dann vereinen sich im plötzlichen Umschwung alle Instrumente zum 4., eng angeschlossenen Satz. Mehrere Themen steigen auf, alle sieghaft und zuversichtlich. Es gibt einen kurzen Rückblick auf die Trostlosigkeit des 3. Satzes, dann bricht ungehemmter Jubel aus, weil die Schicksalsdrohung endgültig überwunden ist.

6. Sinfonie in F-Dur »Sinfonia pastorale« op. 68, Fürst Lobkowitz und Graf Rasumowsky gewidmet, verfaßt 1807/08 in Heiligenstadt, uraufgeführt am 22. Dezember 1808 im Theater an der Wien in Wien unter der Leitung des Komponisten zugleich mit der 5. Sinfonie, 4 Sätze

Die »Pastorale« nimmt eine Ausnahmestellung unter den Sinfonien Beethovens ein, weil ihre Sätze programmatische Überschriften tragen, vor deren wörtlicher Ausdeutung er aber selbst warnt: »Man überläßt es dem Zuhörer, die Situationen ausfindig zu machen. Sinfonia caracteristica oder eine Erinnerung an das Landleben. Jede Malerei, nachdem sie in der Instrumentalmusik zu weit getrieben, verliert. Wer auch nur je eine Idee vom Landleben erhalten, kann sich ohne viel Überschriften selbst denken, was der Autor will. Auch ohne Beschreibung wird man das Ganze, welches mehr Empfindung als Tongemälde, erkennen.« Das ist eine deutliche Absage an die Programmusik. Beethoven kommt es auf die »Idee vom Landleben« an, was keineswegs tonmalerische Mittel ausschließt. Er vollzieht eine Synthese von klassischer Sinfonie und Naturschilderung, stellt jedoch mehr seine Liebe zum Landleben dar als dieses selbst. Der 1. Satz trägt die Aufschrift: »Erwachen heiterer Gefühle bei der Ankunft auf dem Lande.« Damit ist die Stimmung des Satzes umschrieben. Die beiden wenig gegensätzlichen lieblichen Themen malen die ungetrübte Freude über die ländliche Szene. Der 2. Satz heißt »Szene am Bach« und bringt eine lyrische Idylle, aus der man die Geräusche eines friedlichen, von einem Bach durchflossenen Tales heraushören kann. Deutlich werden am Ende der Gesang der Nachtigall (Flöte), der Wachtelruf (Oboe) und der Kuckuck (Klarinette). Der 3. Satz, »Lustiges Zusammensein der Landleute«, ist den Tänzen der Dorfgemeinschaft gewidmet; auf einmal zieht ein Sommergewitter auf, dann vertreiben Sturm, Donner, Blitze und peitschende Regengüsse die fröhlichen Tänzer, bis das Unwetter abebbt. »Frohe, dankbare Gefühle nach dem Sturm«, ist das Motto des 4. Satzes. Der »Hirtengesang« erklingt, eine schöne Melodie löst ihn ab, aber er kehrt variiert wieder. Endlich schließt die Sinfonie mit einem Hymnus auf die Natur.

7. Sinfonie in A-Dur op. 92, Graf von Fried und der Kaiserin von Rußland gewidmet, vollendet zwischen 1809 und 1812, uraufgeführt am 8. Dezember 1813 im Akademiesaal in Wien unter der Leitung des Komponisten, 4 Sätze

Die Sinfonie verfolgt keine programmatische Absicht, obwohl man darin Anspielungen der politischen Ereignisse (Niederlage Napoleons in Rußland) hat sehen wollen. Das Werk ist abso-

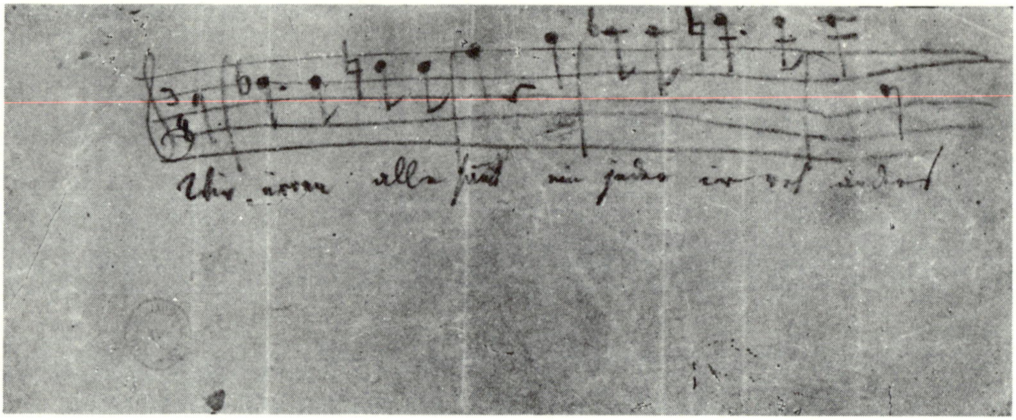

Autograph von Ludwig van Beethoven

lute Musik, in der Richard Wagner eine »Apotheose des Tanzes« erblickt, weil rhythmischer Schwung ihr Hauptmerkmal darstellt. Nach der breiten Einleitung zum 1. Satz entwickeln sich zwei helle Themen, schwärmerisch und romantisch, dann setzt das Hauptthema des Satzes mit tänzerischem Rhythmus ein. In den Übermut klingen zwar einige ernstere Wendungen hinein, können aber die heitere Laune der Musik nicht stören. Der 2. Satz, ein Allegretto, ist anfänglich ernst und etwas traurig, die Violinen bringen aber bald eine leidenschaftliche Melodie zu Gehör. Doch die nachdenklichen Akkorde kehren wieder, obwohl ihnen ein tröstlicher Klarinettengesang vorausgegangen ist. Im 3. Satz tritt die überschäumende Lebensfreude des 1. Satzes wieder in Kraft. Das Trio klingt an ein österreichisches Wallfahrerlied an, das nach dem wiederholten Hauptsatz ein zweites Mal auftaucht und neuerlich vom ersten Thema abgelöst wird. Dann aber kommt es zum hinreißenden Finale, das bacchantisch alle Grenzen des Herkömmlichen überschreitet und in einer glänzenden Coda ausklingt.

8. Sinfonie in D-Dur op. 93, vollendet in Linz im Oktober 1812, uraufgeführt am 27. Februar 1814 im Redoutensaal der Wiener Hofburg unter der Leitung des Komponisten zugleich mit der 7. Sinfonie, einem Vokalterzett und der Schlacht-Sinfonie, 4 Sätze

Den Plan, dem 1. Satz eine Einleitung voranzustellen, läßt Beethoven fallen und beginnt mit einem freudigen Hauptthema. Eine besinnliche Weise schließt sich an, seine Begegnung mit dem ersten Thema ist keine Auseinandersetzung, sondern ein lustiges Spiel, das friedlich endet. Der 2. Satz, ein Allegretto scherzando, besteht nur aus einem Thema, das sehr graziös ist und nicht mehr sein will. Der 3. Satz bringt ein Menuett im Sinn Haydns. Das Trio atmet behagliche Biedermeierluft. Das Finale wird zum Höhepunkt, in dem die Fröhlichkeit wild ausartet. Ein ruhiges Motiv – die einzige Kantilene der Sinfonie – wirkt besänftigend, wird aber im rasch dahinstürmenden Schlußteil mitgerissen.

9. Sinfonie in d-Moll op. 125, für großes Orchester, im 4. Satz außerdem für Vokalsolisten (Sopran, Alt, Tenor, Baß) und vierstimmigen gemischten Chor, dem preußischen König gewidmet, verfaßt zwischen den Jahren 1817 und 1823, uraufgeführt am 7. Mai 1824 im Kärntnertor-Theater in Wien unter der Leitung des Kapellmeisters Michael Umlauff (1781 bis 1842), 4 Sätze

»Herr Ludwig van Beethoven selbst wird an der Leitung des Ganzen Antheil nehmen«, heißt es auf den Anschlägen. Die Aufnahme der Sinfonie beim Publikum ist enthusiastisch, die Meinung der Fachleute dagegen geteilt. Mehrere wenden sich scharf gegen die Verwendung von Singstimmen in einer Sinfonie. Dabei hat eine »Schlacht-Sinfonie« von Peter Winter allgemeine Zustimmung gefunden, obwohl sie am Schluß auch die Grenzen zwischen Sinfonie und Kantate verwischt. Trotzdem hat mit der Premiere der Siegeslauf dieses größten Werkes Beethoven seinen Anfang genommen und es zum festen Kulturbesitz der gesamten Menschheit gemacht. Dazu trägt neben der gewaltigen kompositorischen Leistung die humanistische Botschaft der Tondichtung von der Brüderlichkeit aller Menschen, der Aufruf zur Besinnung auf die höchsten menschlichen Ideale bei. Die Absicht, Schillers »Ode an die Freude« zu vertonen, hatte Beethoven bereits als junger Mann gefaßt, weil er die Kernidee dieses Gedichtes zum weltanschaulichen Leitgedanken seines Lebens gemacht hat. 1812 wollte er die Ouvertüre mit Chor über die Ode komponieren, schließlich verwendete er das damals notierte Thema für den Chorsatz seiner Sinfonie. Der 1. Satz beginnt mit leeren Quinten, die nach Wagner die »Welt ohne Freude« symbolisieren. Daraus entwickelt sich das weitgespannte Hauptthema, nimmt den Kampf gegen die bedrückte Stimmung auf, dringt aber nicht durch. Ein zweites Thema erleidet das gleiche Schicksal, es bringt in die Durchführung auch keine Aufhellung, vielmehr wird die harte Auseinandersetzung in die Reprise getragen. Erst in der Coda wird das Thema in Dur transponiert. Es kommt aber zu keinem sieghaften Ende. Der 2. Satz ist ein Scherzo im großen Format, obwohl es von Beethoven nicht ausdrücklich so bezeichnet wird. Ein derbes Tanzthema wird mehrmals von einer besinnlichen Melodie unterbrochen, aber das sprunghafte zweite Thema reißt die Aufmerksamkeit an sich. Der Mittelteil bringt eine fröhliche Tanzmelodie. Dann kommt es im Schlußteil zu einer kunstvoll kontrapunktischen Verarbeitung beider Themen. In die »Welt ohne Freude« kehrt die schlichte Weise des Mittelteiles, hymnisch erhoben, ein. Im 3. Satz deuten zwei kantable Themen den Frieden der Welt an, den die Menschen ersehnen, gleichsam als Ziel, um das in den beiden vorangegangenen Sätzen gekämpft wurde. Doch dieser erträumte Sieg des Guten genügt nicht, der Komponist bleibt nicht dabei, zu den Menschen zu sprechen, sondern läßt im 4. Satz Singstimmen selbst daran teilnehmen, nachdem er sie mittels eines Baritonrezitativs aufgefordert hat. Die Sinfonie wird zur Kantate, die Kantate zur Hymne der Menschheitsverbrüderung. Der grandiose Ausklang läßt die textliche Peinlichkeit des Rezitatives vergessen.

»Wellingtons Sieg oder Die Schlacht bei Vittoria« op. 91, für Pikkolo, zwei Flöten, zwei Oboen, zwei Klarinetten, zwei Fagotte, vier Hörner, sechs Trompeten, drei Posaunen, Pauken, Kleine Trommel, Große Trommel, Triangel, Becken, Ratschen, Donnermaschine, Streicher, entstanden 1813, uraufgeführt am 8. Dezember 1813 im Akademiesaal in Wien unter der Gesamtleitung des Komponisten (Joseph Weigl und Antonio Salieri dirigierten die auf den gegenüberliegenden Galerien aufgestellten Schlachtenmusiken, Jacques Meyerbeer saß bei den Pauken und Ignaz Moscheles schlug die Becken), Programmsinfonie, darstellend den Sieg der Engländer über Napoleon bei Vittoria am 21. Juni 1813, 2 Teile

Im ersten Teil wird die Schlacht naturalistisch mittels Donnermaschine, Ratschen und Trommeln geschildert. Eine Hälfte des geteilten Orchesters stellt mit dem Spottlied auf den englischen General Marlborough das französische Heer, die andere mit dem Marsch »Rule Britannia« das englische Heer dar. Der zweite Teil, »Siegessymphonie« betitelt, ist ein rein instrumentaler Satz, mit »türkischer Musik (Pikkolo, Triangel, Becken, Große Trommel)« verstärkt, der im Allegro einige Verwandtschaft mit der 7. Sinfonie aufweist. Der Andantesatz bringt die englische Hymne »God save the King«. Nach einer Fuge verschmelzen Hymne und Siegesmarsch zum triumphalen Ende.

Die Geschöpfe des Prometheus, Ballettmusik op. 43, bestehend aus einer Ouvertüre und 16 Nummern, entstanden 1800/01, uraufgeführt am 28. März 1801 im Wiener Hofburgtheater

Das Ballett schildert den Raub des Feuers für die Menschengeschöpfe, der ihre geistige Erhebung zur Sphäre der Götter ermöglichen soll. Heute wird die Ouvertüre häufig in Konzertsälen gespielt. Wie die meisten Ouvertüren des Komponisten besteht sie aus einer langsamen Einleitung und einem Allegro-Hauptthema. Ein zweites Thema wird von den Flöten gebracht. Nach knapper Durchführung und Reprise folgt eine freudige Coda.

Leonoren-Ouvertüre Nr. 1 C-Dur op. 138, entstanden um 1804

Die Ouvertüre, die ursprünglich für den »Fidelio« geschrieben ist (die Oper hat anfänglich den Titel »Leonore« getragen), folgt dem Vorbild von Cherubini und gibt einen nur allgemeinen Umriß des Operngeschehens. Sie wird selten gespielt.

Leonoren-Ouvertüre Nr. 2 C-Dur op. 72, erstmals gespielt am 20. November 1805 bei der Opernuraufführung im Theater an der Wien in Wien

Der Ideengehalt der Oper »Fidelio«, Kerkerszene, Leonores Heroismus, das rettende Trompetensignal, die Freude der Befreiten und der Sieg der Gerechtigkeit werden sinfonisch dargestellt. Die Themen der Oper sind nacheinander verarbeitet, das Trompetensignal erklingt zuerst aus der Ferne, das zweite schon aus der Nähe und löst ein von den Holzbläsern gespieltes Dankgebet aus, dann bricht ein überschäumender Jubel über die Rettung in höchster Not aus, der in einem Triumphmarsch kulminiert.

Leonoren-Ouvertüre Nr. 3 C-Dur op. 72a, für die Aufführung der zweiten Fidelio-Fassung am 29. März 1806 im Theater an der Wien in Wien

Hier sind die Grenzen der Opernouvertüre gesprengt, so daß aus dem Werk eine selbständige sinfonische Tondichtung wird. Die Handlung der Oper wird nicht wie in der Ouvertüre Nr. 2 der Reihe nach vorgestellt, sondern ein Bild ihrer Dramatik und ihres tieferen Sinnes wiedergegeben. Der Konflikt wird von den einzelnen, den Handlungspersonen zugeordneten Themen ausgetragen. Das ferne, erregende Trompetensignal erklingt auch hier zweimal, erinnert aber weniger an die Opernhandlung, sondern erweckt die Hoffnung, daß in jeder menschlichen Not die Rettung durch die Gerechtigkeit kommt. Und der Triumphmarsch am Ende verkündet diesen Sieg. Beethoven selbst hat erkannt, daß alle drei Ouvertüren in den Konzertsaal gehören. Er verfaßte daher für die Aufführung der endgültigen Opernfassung die Fidelio-Ouvertüre E-Dur op. 72, die einer Operneinleitung mehr entspricht. Seit Gustav Mahler ist es üblich, die 3. Leonoren-Ouvertüre vor dem letzten Bild der Oper zu spielen, weil diese den geistigen Gehalt der Opernhandlung vertieft und profiliert.

Coriolan-Ouvertüre in c-Moll op. 62, 1807 für das Drama »Coriolan« von Heinrich Joseph von Collins komponiert und zum Bestandteil des Konzertrepertoires geworden

Die als sinfonisches Tongemälde angelegte Ouvertüre schildert den Kampf der Plebejer gegen die Patrizier des alten Rom, den Gewissenskonflikt des zum Vaterlandsverräter gewordenen Coriolan, der sich von seinen Gegnern töten läßt. Das Kopfthema charakterisiert den Helden, das kantable zweite Thema drückt die Bitte der patriotischen Mutter aus, die ihn zurückhalten will. Das Ende zeichnet den selbstverschuldeten Untergang Coriolans.

Egmont-Ouvertüre in f-Moll op. 84, geschrieben zur »Egmont-Musik« für Goethes Trauerspiel, uraufgeführt am 15. Juni 1810

»Beethoven ist mit bewundernswertem Genie in meine Intentionen eingegangen«, urteilt Goethe darüber. Die Ouvertüre ist zum selbständigen Konzertstück geworden. Wuchtige Akkorde stellen den Unterdrücker Alba vor. Die klagenden Stimmen der Niederländer drängen sich vor, dann kommt aus einem Motiv Hoffnung auf Befreiung. Der Kampf beginnt. Egmont fällt. Doch der Freiheitswille des Volkes ist ungebrochen. Mit Siegesfanfaren, die auch die Bühnenmusik des Dramas abschließen, endet die Ouvertüre.

Ouvertüre zu »König Stephan« in Es-Dur op. 117, entstanden in Bad Teplitz 1811, uraufgeführt am 9. Februar in Pest zum gleichnamigen Stück von August von Kotzebue

Der Chronikform des Stückes entsprechend, das die Uranfänge und den Aufstieg des ungarischen Volkes darstellt, hat die Ouvertüre episch-rhapsodische Gestalt und ist von ungarischer Volksmusik inspiriert.

Ouvertüre zu »Die Ruinen von Athen« in G-Dur op. 113, zugleich mit »König Stephan« entstanden und uraufgeführt

In dem opernhaften Stück belauscht die Göttin Minerva ein griechisches Paar, das über die Not des Türkenjoches klagt, und fordert es zur Rache auf. Merkur geleitet Minerva nach Pest, beide werden bei der Einweihung des Theaters begrüßt. Diese gezwungene Handlung übernimmt Beethoven in die Ouvertüre. Die Reprise ist verkürzt und geht ohne zweites Thema zur Coda über, die festlich ausklingt.

Ouvertüre in C-Dur »Zur Namensfeier« op. 115, bestimmt zur Namensfeier des Kaisers Franz I., wurde aber erst im Oktober 1814 fertig und am 25. Dezember 1815 im Wiener Redoutensaal uraufgeführt

Ein marschartiges Maestoso entwickelt sich über ein etwas bizarres Thema zu einem polyphonen festlichen Allegro.

Ouvertüre in C-Dur »Zur Weihe des Hauses« op. 124, Fürst Galitzin gewidmet, Konzertouvertüre ohne Programm, uraufgeführt am 3. Oktober 1822 gemeinsam mit dem gleichnamigen Festspiel von Carl Meisl zur Eröffnung des Theaters in der Josefstadt in Wien

Festlicher Bläserklang bildet das Präludium des Werkes. Das Mittelstück ist rastlos bewegt, anfänglich fugiert, dann frei geformt. Der Hauptsatz bringt eine große Doppelfuge, die an den Stil Georg Friedrich Händels erinnert. Der Schluß entfaltet die ganze Pracht des Orchesterklanges.

1. Klavierkonzert in C-Dur op. 15, gewidmet Prinzessin Odescalchi, uraufgeführt vermutlich am 2. April 1800, 3 Sätze

Der 1. Satz beginnt mit einer Orchestereinleitung; ein Marschthema setzt dann leise ein und steigert sich zu festlichem Klang. Das zweite Thema ist kantabel; in der Durchführung erscheint das Hauptthema neuerlich. Nach einer Überleitung fällt das Klavier ein und beherrscht von nun an den Satz, in dem aber das Orchester nicht auf eine Begleiterrolle beschränkt ist, sondern gleichberechtigt an der Entwicklung teilnimmt. Der Satz schließt mit einer Solokadenz. Der 2. Satz bringt ein intimes, stimmungsreiches

Largo, dessen Thema vom Klavier virtuos variiert und verziert wird. Das Rondofinale hat Tanzform und ist humorvoll wie ein Stück von Haydn.

2. Klavierkonzert in B-Dur op. 19, Karl Nikl, Edlem von Nikelsberg, gewidmet, entstanden 1795, umgearbeitet 1798, 3 Sätze (in der Urfassung vor dem 1. Klavierkonzert entstanden)

Im 1. Satz ist Mozarts Einfluß deutlich merkbar. Das Hauptthema, das die Orchestereinleitung bringt, zerfällt in zwei Motive, die einander entgegengeführt werden. Ein kantables Thema geht davon aus und wird vom Klavier lyrisch weitergetragen. Der 2. Satz mit seinen üppigen Variationen enthält eine Reihe von poetischen Bildern. Das Rondofinale ist energisch und brillant.

3. Klavierkonzert in c-Moll op. 37, gewidmet Fürst Ludwig Ferdinand, endgültig gestaltet 1802, am 5. November 1805 vom Komponisten im Theater an der Wien in Wien gespielt, 3 Sätze

Es handelt sich nicht mehr um virtuoses Klavierspiel vor einem Hintergrund, die thematische Entwicklung wird von sinfonischen Prinzipien bestimmt. Dieses neue Pathos prägt sich schon im Hauptthema des 1. Satzes aus, dessen Entwicklung sofort beginnt. Das Klavier setzt erst ein, als schon das zweite Thema aufgerissen ist, und beteiligt sich an der Durchführung und an der Coda. Der 2. Satz wird vom Solisten eröffnet, der sich in Klangregionen begibt, die Schumann oder Chopin vorausahnen lassen. Die Melodien der Flöten und Fagotte sind von großartigen Arpeggien des Klaviers umrahmt. Die Reprise mündet in eine große Kadenz. Der 3. Satz stellt auch das Klavier voran, das ein Rondothema vorträgt. Das Orchester greift ein, es entwickelt sich ein interessantes Wechselspiel zwischen den Partnern. Zwei kurze Kadenzen folgen und darauf die Coda, die aus dem Kopfthema entwickelt ist. Im schönen Zusammenklang endigt der Satz.

4. Klavierkonzert in D-Dur op. 58, gewidmet Erzherzog Rudolf, entstanden zwischen 1804 und 1806, im März 1807 vom Komponisten im Palais Lobkowitz in Wien uraufgeführt, 3 Sätze

In diesem stark lyrisch gehaltenen Konzert ist die Verschmelzung des Solos mit dem Orchester zur einheitlichen sinfonischen Form und die innere Verkettung aller drei Sätze bis zur Vollendung durchgeführt, so daß man von einer Tondichtung für Klavier mit Orchester sprechen kann. Fein und zurückhaltend eröffnet das Klavier den 1. Satz. Das Orchester spinnt die idyllische Stimmung im Durchführungsteil weiter. Das zweite Thema ist energischer, es bleibt jedoch bei den schwärmerischen Klängen des Soloinstrumentes und des Orchesters. Über ausdrucksreiches Figurenwerk kommt das Klavier zur Kadenz (von der Beethoven zwei Fassungen komponiert hat). Der lyrische Teil des Satzes erklingt sodann erneut bis zum strahlenden Ende. Der langsame 2. Satz soll von der Orpheussage inspiriert sein. Das Klavier repräsentiert den Sänger der Liebe, der die finsteren Mächte der Unterwelt bezwingt, indem er sein Melos unbeirrt den widerstrebenden Themen so lange entgegenhält, bis der Gegner durch die Macht des Gesanges und der Liebe überwältigt ist. Ebenso leise, wie der 2. Satz ausklingt, hebt der 3. an. Das Rondo entwickelt sich nur langsam und zaghaft, als könne man sich des errungenen Sieges noch nicht erfreuen. Endlich ist jede Furcht abgeschüttelt, mit zarten Tönen kommen die Zwischenthemen an, eine Kadenz imitiert das Rondothema und mündet in eine Prestostretta.

5. Klavierkonzert in Es-Dur op. 73, gewidmet Erzherzog Rudolf, entstanden 1809, uraufgeführt im November 1810 in einem Leipziger Gewandhauskonzert mit Friedrich Schneider (1786–1853), 3 Sätze

Das Werk wurde wegen seiner Länge 1812 in Wien abgelehnt. Der 1. Satz ist tatsächlich breit angelegt (582 Takte), benötigt aber diese Ausdehnung, um den improvisatorisch gestalteten Klavierpart voll zu entfalten. Das Soloinstrument setzt gleich zu Beginn mit einer weit ausladenden Kadenz ein, nach der das Hauptthema gebracht wird, dem sich ein zweites marschähnliches zugesellt. Die Durchführung wirkt dramatisch, was im 19. Jahrhundert zu überflüssigen programmatischen Deutungen führte. Der Mittelsatz ist ein Adagio un poco moto, besinnlich und ernst, ein choralartiges Liedthema ohne Blech und Pauken. Das Klavier figuriert und verziert die Melodie virtuos, übernimmt es dann vollgriffig, um es gemeinsam mit dem Orchester ausklingen zu lassen. Das Finale schließt unmittelbar an, verbindet die Rondo- mit der Sonatenform und entwickelt den Satz als vollwertiges Gegengewicht zum Kopfsatz. Vor der Coda kommt es zu einem Duo zwischen Klavier und Pauke, das von triumphierenden Oktavskalen des Tasteninstrumentes abgeschlossen wird.

Violinkonzert D-Dur op. 61, gewidmet Stephen von Breuning, entstanden 1806, uraufgeführt am 23. Dezember 1806 im Theater an der Wien in Wien mit Franz Clement (1780–1842), 3 Sätze

Dieses Werk gilt als bedeutendstes Konzert der Violinliteratur und ist Prüfstein für jeden Violinisten. Der Charakter des Soloinstrumentes ist entsprechend vorwiegend lyrisch und gefühlsbetont mit unübertrefflicher Synthese des Solos mit dem Orchester. Nach der Einleitung und Themenaufstellung des Orchesters im 1. Satz meldet sich das Soloinstrument mit einer virtuosen Kadenz und nimmt das Hauptthema auf. Im blendenden Zusammenspiel wird das thematische Material ausgewertet. Eine Idee leitet zur Reprise über, in der die Themen noch reicher ausgestaltet werden. Dann kommt es zur großen Kadenz, die über das zweite lyrische Thema in den glänzenden Abschluß fließt. Der 2. Satz gleicht einer zärtlichen Romanze, die mit einer Kadenz zum Rondofinale führt. Sofort übernimmt die Violine in diesem technisch anspruchsvollen 3. Satz die Führung. Der sinfonische Gedankenaustausch entwickelt sich im tänzerischen Rhythmus, ein Moll-Thema legt eine lyrische Episode ein, dann gelangt das Rondo-Thema wieder zu seinem Recht und entfaltet alle Facetten der singenden und jubelnden Violine.

Romanze für Violine und Orchester in G-Dur op. 40, entstanden 1802

Die Romanze bietet ein ausgeprägtes Wechselspiel der Violine und des Orchesters, nachdem der Solist sofort beim Beginn mit virtuosen Doppelgriffen das Hauptthema vorgetragen hat. Die thematische Entwicklung ist etwas spröde, aber trotzdem sehr expressiv.

Ignaz Schuppanzigh, Bleistiftzeichnung von J. Danhauser

Romanze für Violine und Orchester in F-Dur op. 50, entstanden vermutlich 1798/99

Ihr kantables Thema ist sehr ausdrucksreich, virtuos verziert und einschmeichelnd romantisch.

Konzert für Klavier, Violine und Violoncello in D-Dur »Tripelkonzert« op. 56, gewidmet Fürst Lobkowitz, entstanden 1804, uraufgeführt im Mai 1808 im Wiener Augarten mit Ignaz Schuppanzigh, 3 Sätze

Beethoven nennt dieses Werk selbst »Grand Concerto Concertante« und will damit auf die klassische Konzertform und gleichzeitig auf die Spielfreudigkeit des Stückes hinweisen. Der Klaviersatz ist einfacher behandelt als der Part für die Streicher, weil er Erzherzog Rudolf und dessen pianistischen Möglichkeiten zugedacht war. Der 1. Satz ist großförmig angelegt und mit frischer, melodiöser Musik erfüllt, es kommt jedoch zu keiner thematischen Auseinandersetzung. Der 2. Satz bringt im Largo eine weitgespannte Gesangsmelodie mit reichen Verzierungen. Das Solocello führt zum Finale mit seinem prächtigen »Rondo alla Polacca«.

Streichquartett Nr. 7 in F-Dur »1. Rasumowsky-Quartett« op. 59,1, gewidmet Fürst Rasumowsky, entstanden 1806, 4 Sätze

Das unverhältnismäßig lange Quartett trägt sinfonischen Charakter, seine Sätze haben Sonatenformen, das Prinzip des Themendualismus ist überall durchgeführt. Dem Kopfthema des 1. Satzes gesellen sich drei weitere Themen zu, die alle in der Durchführung verarbeitet werden. In der Coda tritt das erste Thema wieder in den Vordergrund. Auch im 2. Satz ballt sich eine Themengruppe, der das Gegenthema spät gegenübergestellt wird. Nach einer stark verdichteten Durchführung schließt der Satz in heiterer Stimmung. Das Adagio ist eine Trauermusik, ähnlich den langsamen Sätzen der Eroica oder der Fünften. Das Finale schließt unmittelbar an, das »Thème russe« klingt auf, die Rasumowsky zu Ehren eingebaute russische Volksweise, und beherrscht den Rest des Satzes.

Streichquartett Nr. 8 in e-Moll »2. Rasumowsky-Quartett« op. 59,2, gewidmet Fürst Rasumowsky, entstanden 1806, 4 Sätze

Es weicht nicht so stark vom Herkömmlichen ab wie das 1. Rasumowsky-Quartett, ist aber von starker persönlicher Aussage beherrscht. Das Hauptthema des 1. Satzes setzt nach zwei Akkordschlägen ein; es besteht aus zerlegten Akkorden, Seitengedanken werden herangezogen und verarbeitet, dennoch bleibt noch unklar, wohin das Ganze zielt. Für den 2. Satz verlangt Beethoven »Molto di sentimento« (Viel Gefühl). Nach dem Bericht seines Freundes Karl Holz (1798–1858) hat Beethoven diesen Satz komponiert »nachts auf einem Spaziergang bei Baden bei Wien beim Anblick des Sternenhimmels«. Der 3. Satz, Allegretto, nimmt mit seiner Grazie die Sentimentalität einer Mazurka von Frédéric Chopin voraus. Das zweite Thema ist eine russische Weise, die auch Modest Mussorgski und Nikolai Rimski-Korsakow verwenden. Das Finale ist ein rauschendes Bacchanal.

Streichquartett Nr. 9 in C-Dur »3. Rasumowsky-Quartett« op. 39,3, gewidmet Fürst Rasumowsky, entstanden 1806, 4 Sätze

Wegen des rhythmischen Schwunges des Kopfthemas und der heroischen Struktur des Finales wird dieses Stück »Heldenquartett« genannt. Der 1. Satz beginnt wie eine Sinfonie mit einem Andante con moto, das von einem tänzerischen Allegrothema abgelöst wird. Eine Stretta beschließt den Satz. Der 2. Satz bringt ein melancholisches Thema, das aus Rußland stammen könnte. Das Menuett klingt an das Rokoko an. Das unmittelbar angehängte Finale bringt eine großangelegte Fuge, die mit einer prächtigen Coda endet.

Streichquartett Nr. 10 in Es-Dur »Harfenquartett« op. 74, gewidmet Fürst Lobkowitz, entstanden 1809, 4 Sätze

Seinen Namen hat das Quartett wegen der arpeggierenden Pizzicati erhalten, mit denen die Reprise des 1. Satzes begleitet wird. Die ersten beiden Sätze folgen der üblichen Norm, außer daß der Komponist im 1. Satz sofort das thematische Material ausbreitet und durchführt. Der 2. Satz stellt jene Art von »endloser Melodie« vor, die für die letzten Adagios Beethovens charakteristisch ist. Er ist voll Traurigkeit. »Jede Note ist eine Träne.« Das Prestomotiv des 3. Satzes ähnelt dem der Fünften, sein Trio ist eine Art von Cantus firmus. Der 4. Satz erinnert an die Sechste. Einfache Melodik und friedliche Variationen drücken die Freude an ruhigem Genuß der Natur aus.

Streichquartett Nr. 11 in f-Moll op. 95, vom Komponisten selbst »Quartetto serioso« benannt, gewidmet Zmeskall von Domanowetz, entstanden 1810, 4 Sätze

Das Grundmotiv des 1. Satzes ist düster. Weichere Melodien führen das zweite Thema heran, können sich aber nicht durchsetzen. Der 2. Satz hat dreiteilige Liedform, deren zweiter Teil ein freies Fugato bringt. Der anschließende nächste Satz ist ein Scherzo, dessen Trio choralartig klingt, der 4. Satz ist ein rasches Rondo.

Streichquartett Nr. 12 in Es-Dur op. 127, gewidmet Fürst Galitzin, entstanden 1824, uraufgeführt am 6. März 1825 vom Schuppanzigh-Quartett in Wien, 4 Sätze

Der 1. Satz wird vom Gegensatz einer Serie robuster, synkopierter Akkorde zu einer anmutigen melodischen Linie beherrscht. Der 2. Satz setzt die kantable Linie fort, variiert sie fünfmal und schließt mit einer träumerischen Coda. Das Scherzando vivace des 3. Satzes zählt zu den besten Scherzi des Komponisten; witzige Staccati, energische Engführungen und Ostinati erzeugen Schwung und Bewegung. Das Rondofinale klingt romantisch-verspielt.

Streichquartett Nr. 13 in B-Dur op. 130, gewidmet Fürst Galitzin, entstanden 1826, uraufgeführt am 21. März 1826 in Wien, 6 Sätze

Der 1. Satz mit einem Adagio als Einleitung, das im Mittelteil ein zweites Motiv aufnimmt und sich zu einem Allegro entwickelt. Der 2., Presto genannte Satz ist ein Scherzo im wahrsten Sinne des Wortes. Er huscht wie ein Feentanz dahin. Den 3. Satz hat Robert Schumann »Intermezzo« benannt, er ist ein Zeugnis des großen Variationsstils des Komponisten, leicht hingeworfen, aber doch solid durchgearbeitet. Im 4. Satz klingt ein »Deutscher Walzer« auf (alla danza tedesca), volkstümlich und lustig. Die »Cavatina« des 5. Satzes ist ein nahezu überirdischer Gesang, geschrieben »in Schmerz und Tränen«. Auch das Finale ist »unter sehr schmerzlichen Umständen« geschrieben, aber dennoch tänzerisch beschwingt.

Streichquartett Nr. 14 in cis-Moll op. 131, gewidmet Fürst Galitzin, entstanden 1826, aufgeführt erst nach dem Tod des Komponisten, 7 Sätze

Die Sätze gehen ineinander über, vier Hauptsätze heben sich heraus, die restlichen drei fungieren zwischen ihnen als Überleitung. Der 1. Satz bringt eine Fuge mit drei Zwischenspielen, die in einen Trauermarsch mündet. Der 2. Satz, einen Halbton höher, ist eine fein gezeichnete Melodie der ersten Violine, wie »eine sanfte Erinnerung«. Der 3. Satz beginnt mit zwei schweren Akkorden. Dann entwickelt sich das Thema. Das folgende Adagio bildet den Mittelpunkt des Quartettes und ist »wohl das Schwermütigste, was je in Tönen ausgesagt worden ist« (Richard Wagner). Mit dem Andante im 4. Satz bringt uns Beethoven eine große Variation, wie er sie schon im Quartett Nr. 12 geschaffen hat; er geht dabei über die Variation zur Transformation des Themas über, um ihm neue Ausdruckskraft zu verleihen. Das Presto des 5. Satzes besteht aus einer einzigen melodischen Linie. Und in den letzten beiden Sätzen hören wir »den Tanz der Welt selbst: wilde Lust, schmerzliche Klage, Wollust und Leid« (Richard Wagner).

Streichquartett Nr. 15 in a-Moll op. 132, gewidmet Fürst Galitzin, entstanden 1825, privat uraufgeführt vom Schuppanzigh-Quartett am 9. September 1825 in Wien, 5 Sätze

Da die Arbeit an diesem Quartett in die Zeit fiel, in der Beethoven erkrankte, will man aus der Musik ein Programm, nämlich »Musikalische Beschreibung von Krankheit und Genesung«, herauslesen. Das ist eine Verkennung. Das Stück stellt nur allgemein den Kampf gegen widriges Schicksal und den Sieg der Freude über den Schmerz dar wie viele Werke Beethovens. Der 1. Satz ist, vom formalen Gesichtspunkt aus gesehen, der originellste, weil er die Gesetze des Sonaten-Allegro sehr oft durchbricht. Nach der langsamen Einleitung setzt ein Allegro ein, dessen thematisches Material während des ganzen Satzes durchgeführt wird. Ein zweites, ruhigeres Thema kommt dazu, aber das erste bleibt Sieger. Im 2. Satz klingen vierstimmige Tanzrhythmen, bald lustig, bald traurig. Der 3. Satz ist vom Komponisten überschrieben: »Heiliger Dankgesang eines Genesenen an die Gottheit, in der lydischen Tonart.« Im 4. Satz kommt ein klassisches Marschthema, das einen Abschluß des Quartettes vortäuscht, es führt aber zum 5. Satz, in dem der Sieg des Menschen über den Schmerz tiefer und leidenschaftlicher dargestellt wird, als ein Marsch es könnte.

Streichquartett Nr. 16 in F-Dur op. 135, entstanden 1826 in Gneixendorf, uraufgeführt im März 1828 in Wien, letztes Quartett des Komponisten, das er selbst nie gehört hat, 4 Sätze

Der 1. Satz ist eine reine Quartettarbeit, geschrieben in einem Zug ohne ein Zeichen des Nachlassens der Schöpferkraft. Die Tonsprache ist einfach, klar und problemlos. Das Vivace des 2. Satzes ist ein Scherzo, das keinerlei Anzeichen der persönlichen Lage Beethovens aufweist. Edel und schön erklingen die freien Variationen des 3. Satzes, und auch der 4. bringt reine Unterhaltung. Textunterlegungen, um eine programmatische Deutung zu gewinnen, mußten scheitern.

Große Fuge in B-Dur op. 133, gewidmet Erzherzog Rudolf, entstanden 1824, ursprünglich als Finale zu op. 130 geschrieben

Sie ist von einer Ouvertüre eingeleitet, in der das Thema in vier Varianten vorgestellt wird. Dann setzt eine Fuge mit zwei Themen und einer Variation ein, die zu einem grandiosen Schluß führt.

Streichtrio G-Dur op. 9,1, gewidmet Graf von Browne, entstanden 1798, 4 Sätze

Der 1. Satz ist von einem kurzen Adagio eingeleitet, dem im folgenden Allegro das erste Motiv folgt, welches das ganze Werk beherrscht. Ein lyrisches zweites Thema klingt auf, aber es kommt zu keiner Auseinandersetzung. Es bleibt ein Spiel, der Unterhaltungszweck ist die Devise dieses Stückes. Das Adagio ist einem Andante angenähert. Die friedliche Stimmung wird nicht gestört; schöner Klang, reiche Farben erfreuen das Ohr. Das Scherzo ist schlicht und reizvoll, und im Finale-Presto entwickelt sich der Widerstreit der zwei Themen mit geselliger Musik. Die Coda ist ein sprühendes Feuerwerk.

Streichtrio D-Dur op. 9,2, gewidmet Graf von Browne, entstanden 1798, 4 Sätze

Zwei lyrische Themen bestreiten den 1. Satz. Das Andante bringt eine sonore Romanze. Das Menuett ist ganz zart mit einem ebensolchen Staccato-Trio. Das Rondo-Allegro bringt echten Musikantenstil.

Streichtrio c-Moll op. 9,3, gewidmet Graf von Browne, entstanden 1798, 4 Sätze

Der 1. Satz beginnt mit einem düsteren Allegro con spirito. Das Kopfthema ist weit ausgreifend, Gegenstimmen bringen scharfe Auseinandersetzungen. Nach einer Generalpause kommen lyrische Harmonien zu Wort. Doch die Durchführung vertieft die Konflikte, und die Coda schließt pessimistisch. Der Komponist ist vom Unterhaltungszweck schon weit abgekommen. Die Spannungen des Andante sind von den Gegenstimmen zum Hauptthema verursacht. Erst nach der melodischen Kadenz tritt Beruhigung ein. Das Scherzo ist nervös und wenig lustig. Im Prestofinale wird die Rondoform überspielt, in Sonatenform treibt die Musik auf eine Coda zu, die alle düsteren Gedanken verscheucht.

Klaviertrio in D-Dur »Geistertrio« op. 70,1, gewidmet Gräfin Marie von Erdödy, entstanden 1808, 3 Sätze

Die Bezeichnung hat das Trio wegen der gespenstigen Stimmung des Largosatzes erhalten. Kraftvoll beginnt der 1. Satz mit einem Allegro vivace e con brio unisono. Dann trägt das Cello das Thema vor. In die Entwicklung tritt ein selbständiges Seitenthema. Die Durchführung bringt starke Spannungen, die sich jedoch lösen. Das Kopfmotiv erklingt noch einmal in der Coda. Das Largo espressivo ist ein Nachtstück, mehr noch, es scheint unserer Welt entrückt zu sein und nur fahl aus anderen Regionen herüberzuleuchten. Die Harmonik wirkt impressionistisch. Im Prestofinale ist es wieder taghell. In fließendem Vorwärtsdrängen zielt die Musik auf einen versöhnlichen Schluß hin.

Klaviertrio in Es-Dur op. 70,2, gewidmet Gräfin Marie von Erdödy, entstanden 1808, 3 Sätze

Eingangs des 1. Satzes steht ein Poco sostenuto; während es sich zum Allegro ma non troppo bewegt, klingt ein Seitenthema auf. Nach der Reprise kommt die Einleitung ein zweites Mal, eine liebenswürdige Coda schließt den Satz ab. Das Allegretto des 2. Satzes hat zwei Teile, die variiert werden. Zwei Kantilenen schließen sich an, von denen sich die erste ausbreitet wie ein Menuett. Nach etlichen Modulationen kommt es zum Allegrofinale, das heiter weiterläuft und so ausklingt.

Klaviertrio in B-Dur op. 97, gewidmet Erzherzog Rudolf, entstanden 1811, 3 Sätze

Im 1. Satz wird das Hauptthema vom Klavier gespielt. Die Streicher bringen das Gegenthema. Dann entwickelt sich das Allegro zum Scherzo mit einfachem Thema, dessen Trio mit fanfarenartigem Klang dynamische Gegensätze profiliert. Der 2. Satz, Andante cantabile però con moto, bringt ein schlichtes Thema, das variiert wird. Das Finale beginnt im Ton des Scherzos, entwickelt sich aber zu einem vom Klavier graziös begleiteten Presto, das befreit ausklingt.

Sonate für Cello und Klavier in A-Dur op. 69, gewidmet Baron von Gleichenstein, entstanden 1809, 4 Sätze

Das Cello beginnt den 1. Satz mit einer kantablen Melodie solo, das Klavier übernimmt das Thema, dann werden die Rollen vertauscht. Im Scherzo kommt es ohne Wiederholung zum Trio. Nun erscheint der Vordersatz zum zweitenmal und nach neuerlicher Wiedergabe des pastoralen Trios zum drittenmal. Vor das melodische Finale ist ein kurzes Adagio cantabile gestellt.

Sonate für Violine und Klavier in a-Moll op. 23, gewidmet Graf von Fries, entstanden 1801, 3 Sätze

Wie beinahe alle Sätze beherrscht auch diesen 1. ein rasches Tempo. Zwei Themen jagen und lösen einander dabei mehrmals ab. Die Violine bringt eine sangliche Melodie, kann sich aber nicht durchsetzen. Erst im 2. Satz breitet sich die Kantilene friedlich aus. Dann setzt das Presto erneut ein. Das Allegro molto des Finales setzt die dramatischen Vorgänge fort, bis ein Cantus firmus den Satz mit einer knappen Coda abschließt.

Sonate für Violine und Klavier in F-Dur »Frühlingssonate« op. 24, gewidmet Graf von Fries, entstanden 1801, 3 Sätze

Ihre Bezeichnung erhält die Sonate von den heiteren Stimmungsbildern, die von den Lyrismen beider Instrumente beschworen werden. Die Melodien bewegen sich mit großen Gesten, eigenwilligen Rhythmen und malerischen Klangflächen. Ein starkes Pathos zieht durch die ganze Sonate, die nur positive, erfreuliche Gedanken bringt und weckt.

Sonate für Violine und Klavier in A-Dur op. 30,1, gewidmet Zar Alexander I., entstanden 1810, 3 Sätze

Helle, sangliche Motive kennzeichnen das Werk. Der Mittelsatz hat Liedform, das Finale beinhaltet 6 Variationen, die allerdings sehr frei sind und das Thema nicht sklavisch nachzeichnen.

Sonate für Violine und Klavier in c-Moll op. 30,2, gewidmet Zar Alexander I., entstanden 1810, 4 Sätze

Der 1. Satz ist leidenschaftlich und dramatisch. Im Adagio kommt die Kantilene zu Wort, wird aber zweimal von stürmischen Einbrüchen gestört, bis sie ihre liebliche Weise weitersingen kann. Ein keckes Scherzo schließt sich an, dann nimmt das Finale die Auseinandersetzungen wieder auf, die von einer Presto-Coda beendet werden.

Sonate für Violine und Klavier in G-Dur op. 30,3, gewidmet Zar Alexander I., entstanden 1810, 3 Sätze

Unbeschwertes, fröhliches Konzertieren ist der Sinn dieser Sonate. Ihr Menuett ist besonders graziös, die Themen sind nicht gegeneinander, sondern einander begleitend und ausschmükkend geführt.

Sonate für Violine und Klavier in A-Dur »Kreutzer-Sonate« op. 47, gewidmet Rodolphe Kreutzer, entstanden 1803, 3 Sätze. Die Sonate wurde ursprünglich für den Virtuosen George Bridgetower (1779–1860) geschrieben, mit dem Beethoven die Sonate zweimal im Entstehungsjahr spielte; 1805 widmete der Komponist sie Rodolphe Kreutzer

Der 1. Satz beginnt mit einem virtuosen mehrstimmigen Violinsolo, womit der repräsentative Konzertcharakter der Sonate festgelegt ist. Virtuosität, Klangfülle, überraschende Modulationen, weite melodische Gesten sind die Gründe für die Beliebtheit des Werkes.

Sonate für Violine und Klavier in G-Dur op. 96, Erzherzog Rudolf gewidmet, entstanden 1812, 4 Sätze

Ruhige Besinnlichkeit, leicht eingängliche schöne Melodien, ausdrucksvolle Harmonik

Seite der Klaviersonate op. 81 von Ludwig van Beethoven

kennzeichnen diese Spielmusik, die wenig technische Anforderungen stellt.

Klaviersonate in Es-Dur »Grande Sonate« op. 7, gewidmet Comtesse Babette von Keglevics, entstanden 1797, 4 Sätze

Mit dieser Sonate emanzipiert sich Beethoven vom Einfluß Haydns. Schon der 1. Satz ist von elementaren Klanggebilden erfüllt, die gegeneinander geführt werden. Das Largo des 2. Satzes klagt über Einsamkeit und Sehnsucht. Der 3. Satz ist ein Scherzo, aber dennoch ernst und zurückhaltend. Erst im 4. Satz wird offenbar, welche tiefe Zuneigung Beethoven zu seiner Schülerin Babette von Keglevics gefaßt hatte.

Klaviersonate in c-Moll »Grande Sonate Pathétique« op. 13, gewidmet Karl Fürst von Lichnowsky, entstanden 1799, 3 Sätze

Die Sonate ist aus der Gewißheit, taub zu werden, und dem Entschluß, diesem Schicksal zu trotzen, entstanden, »obwohl es Augenblicke in meinem Leben geben wird, wo ich das unglücklichste Geschöpf Gottes sein werde« (Brief an Beethovens Freund Wegeler). Die unübertroffene Ausdruckskraft, mit der tiefes Leid und mannhafter Entschluß dargestellt ist, hat die Sonate populär gemacht. Die tragische Stimmung des 1. Satzes beherrscht die ganze Sonate.

Klaviersonate in As-Dur op. 26, gewidmet Carl Fürst von Lichnowsky, entstanden 1802, 4 Sätze

Der 1. Satz bringt fünf Variationen im freien Stil. Die sonst in der ersten Sätzen üblichen Allegrobewegungen scheinen hier im Scherzo des 2. Satzes auf. Berühmt gemacht hat diese Sonate vor allem der 3. Satz mit der Überschrift: »Trauermarsch zum Tod eines Helden.« Es ist die Musik eines langsamen, von Bläsern begleiteten Konduktes. Der 4. Satz ist reine Spielmusik, die von der tiefen Trauer des vorangehenden Satzes ablenken will.

Klaviersonate in cis-Moll »Mondscheinsonate« op. 27,2, gewidmet Gräfin Giulietta Guicciardi, entstanden 1802, 3 Sätze

Die Benennung ist sehr willkürlich, der grandiose 1. Satz läßt sich nicht programmatisch deuten. Das anschließende Scherzo ist lyrisch und lieblich. Im Schlußsatz kommt die schmerzliche Stimmung des Komponisten deutlich hervor.

Klaviersonate in C-Dur »Waldstein-Sonate« op. 53, gewidmet Graf von Waldstein, entstanden 1804, 4 Sätze

Diese Sonate wird als Höhepunkt des klassischen Schaffens Beethovens bezeichnet, völlig frei von

Gefühlseinflüssen und persönlichen Ideen. In Frankreich erhält sie den Namen »L'aurore« (Morgenröte) wegen des Beginns des 1. Satzes, dessen Crescendo einem Tagesanbruch gleicht. Das Adagio stellt nur eine Einleitung zum Finale dar, das an den Pianisten bisher unbekannte technische Höchstforderungen stellt.

Klaviersonate in f-Moll »Appassionata« op. 57, gewidmet Graf Franz von Brunswick, entstanden 1804, 3 Sätze

Sie zählt zu den berühmtesten Sonaten Beethovens, weil in keiner anderen die unheimliche Gewalt der Natur so plastisch, aber ohne Tonmalerei, sondern sozusagen mit gleichgestimmtem Herzen zum Ausdruck kommt. Der Komponist scheint sich mit der Natur zu identifizieren, man sieht ihn selbst im Sturm mittoben, weil er selbst zum Ungewitter geworden ist. Fahl und gespenstisch kommt das Hauptthema des 1. Satzes aus dem Klavier, es zieht sich zurück, droht von ferne, dann prasselt hereinstürzend der Sturm nieder. Die Durchführung schildert nicht das Unwetter, sondern seine dämonische Gewalt. Das Andante stellt eine Gespensterprozession dar und das Finale einen infernalischen Tanz von Gestalten aus dem Jenseits.

Klaviersonate in Es-Dur »Das Lebewohl« op. 81a, gewidmet Erzherzog Rudolf, entstanden 1809/10, 2 Sätze

Einzige Programmsonate Beethovens, mit der er die Abreise seines Schülers und Freundes Erzherzog Rudolf nach Budapest und dessen Rückkehr nach Wien darstellt. Der 1. Satz endet mit dem Blasen des Postillions, im 2. klingt die Klage über die Abwesenheit des geliebten Freundes auf und dann der Jubel über dessen glückliche Heimkehr.

Klaviersonate in B-Dur »Große Sonate für das Hammerklavier« op. 106, gewidmet Erzherzog Rudolf, entstanden 1818/19, 4 Sätze

Diese Sonate hat lange Zeit für unspielbar gegolten. Liszt spielte sie zwar schon als Zehnjähriger, fand aber keine unmittelbaren Nachfolger. Erst am Ende des 19. Jahrhunderts wurde sie von den Klaviervirtuosen bewältigt. Schon der Beginn des 1. Satzes zeigt den großen pianistischen Stil des Werkes. Eine Fülle von Effekten melodischer, modulatorischer und rhythmischer Natur bringt die Durchführung der beiden Themen und verlangt zugleich ungeheures pianistisches Können. Das Scherzo ist leicht und zart. Als Höhepunkt der Sonate wird das Adagio angesehen, das als »Mausoleum des Kollektivleides der Welt« bezeichnet worden ist. Die das Werk abschließende Fuge übertrifft kompositorisch und pianistisch alles Vorausgehende.

LITERATUR

Eliot Forbes, Thayer's Life of Beethoven, Princeton, N. J. 1970; Romain Rolland, Ludwig van Beethoven, Zürich 1969.

Leichenbegängnis Beethovens in Wien, Lithographie von F. Stöber

Kurzlexikon zur Musik der Klassik

Absolute Musik, durch sich selbst wirkende Musik, die keine außermusikalischen Vorstellungen vermitteln will

Acciaccatura, Verzierung durch ganz kurzes Nachklingen der kleinen Untersekunde der Hauptnote, später mit Appoggiatura gleichbedeutend

Adagio, langsam, gemächlich

Affettuoso, leidenschaftlich, affektbetont

Air, metrisch klares und periodisch einfaches Vokal- oder Instrumentalstück

Air à boire, volkstümliches Lautenlied, Trinklied

Air à boire et danser, auf ein Liebesgedicht komponiertes, im Volkston gehaltenes Lautenlied

Air sérieux, kunstvolles, zum Teil rezitativisches Lautenlied, zuweilen in Dialogform

Akkompagnist, Begleiter der Solisten oder Ensembles auf Tasteninstrumenten; auch Continuospieler, der die nicht notierten Füllstimmen bei Generalbaßkompositionen improvisatorisch mitspielt

Alla breve, um die Hälfte verkürzter und daher auf das Doppelte beschleunigter Zweiertakt

Alla turca, türkische Fakturen nachahmend, die im 17. Jahrhundert durch die Janitscharenkapellen der türkischen Heere in Europa bekannt wurden

Alla zingarese, mit zigeunermusikartigem Rhythmus und Akzent

Allegretto, etwas rasch, langsamer als Allegro

Allegro, fröhlich, lebhaft, rasch

Allegro agitato, erregt und rasch

Allegro animato, lebhaft und rasch

Allegro assai, sehr rasch

Allegro comodo, nicht übermäßig rasch

Allegro con brio, rasch und feurig

Allegro deciso, rasch und entschieden

Allegro di molto, sprachlich fehlerhaft für Allegro molto

Allegro feroce, wild

Allegro furioso, rasend

Allegro impetuoso, stürmisch

Allegro ma non troppo, nicht zu rasch

Allegro maestoso, rasch und majestätisch

Allegro moderato, mäßig rasch

Allegro molto, sehr rasch

Allegro mosso, bewegt

Allegro risoluto, rasch und entschlossen

Allegro spirituoso, lebhaft

Allegro vivace, lebhaft

Allegro vivo, lebhaft

Allemande, Allemanda, etwas schwermütiger, gemessener deutscher Tanz; auch Satz der Suite

Amenfuge, feierlicher fugierter Abschluß sakraler Gesänge der römischen Liturgie auf dem Wort »Amen« (So sei es – so ist es), das den vorangehenden Text bekräftigt

Andante, gehend, gemäßigt

Andante cantabile però con moto, sangliches, aber bewegtes Andante

Andante con moto, gemäßigt, aber mit Bewegung

Andante ma piutosto mosso, gemäßigt, aber eher bewegt

Andante moderato, sehr gemäßigt

Andante molto, sehr gemäßigt

Andante sostenuto, gemäßigt und zurückhaltend

Andantino, etwas schneller als Andante

Angelika, große theorbierte Laute mit 17 diatonisch gestimmten Saiten

Anthem, englische (aus Antiphone verderbte) Bezeichnung eines nichtliturgischen Gesangstücks, zumeist auf biblischen oder parabiblischen Text komponiert, sehr oft hymnischen Charakters

Antiphone, Antiphon (Mehrzahl Antiphonen, Antiphone), Wechselgesang von Bibeltexten oder anderen sakralen Dichtungen von zwei Chören, von denen einer von einem Solisten ersetzt sein kann; seltener sind Antiphonen mit zwei Solisten ohne Chöre

Appoggiatura, Vorhalt, Vorschlag

Arie, Sologesang in Oper, Oratorium und Kantate, durch Weiträumigkeit und seiner textlich oft weiten Entfernung von jeder poetischen Bindung vom Lied unterschieden

Ariette, Arietta, dem Lied ähnliche kleine Arie, oft zweiteilig

Arioso, zwischen Arie und Rezitativ liegende Melodieführung

Arpeggien, rasches Nacheinanderanschlagen der Töne eines Akkordes, ohne daß ihr akkordischer Zusammenhang verlorengeht (gebrochene Akkorde)

Arrangement, Umarbeitung eines Musikstücks zur Wiedergabe in gegebenen Möglichkeiten, z. B. von Orchesterstücken für Tasteninstrumente (Klavierauszug) oder Streichquartette usw.

Augmentation, Verlängerung einer Note um die Hälfte ihres Zeitwerts, später auch Dehnung auf doppelte und dreifache Werte

Auto sacramental, kurze dramatische Aufführungen an kirchlichen Festtagen zur Verkündung von Glaubenslehren in Spanien und Portugal

Bachwerkeverzeichnis - BWV, Verzeichnis der Werke von Johann Sebastian Bach
Ballabile, tänzerisch
Ballade, epische Dichtung, zumeist strophenweise komponiert oder auch durchkomponiert
Ballata, mittelalterliches Tanzlied, später auch für Ballade verwendet
Baryton, Streichinstrument in der Größe einer Tenorgambe mit 6 bis 7 Griffsaiten aus Darm und 9 bis 28 Resonanzsaiten aus Metall; im 19. Jahrhundert kleine Abart des Violoncello
Bassett, klarinettenartiges Holzblasinstrument mit Messingbirne
Battaglia, Bataille, musikalische Schilderung einer Schlacht - Kampflärm, Schreie der Kämpfenden, Siegenden und Flüchtenden
Beatus vir, qui timet, 111. Psalm, häufig als Graduale verwendet
Benedicamus Domino, Responsorium am Ende einer Messe, die kein Gloria hat
Benedicite, Gesang der Jünglinge im Feuerofen, Dan. III/23-24, im anglikanischen Service verwendet
Bezifferter Baß, siehe Generalbaß
Bolero, spanischer Tanz aus dem 18. Jahrhundert, zumeist von Kastagnetten, Tamburinen und Gitarren begleitet
Bordun, bei Saiteninstrumenten unverkürzt gezupfte, gestrichene oder mitschwingende, in unveränderter Tonhöhe klingende Saiten; beim Dudelsack Pfeifen mit unverändertem Baß- oder Quintton
Bourrée, altfranzösischer heiterer Tanz
Brunette, kurzes, heiteres volkstümliches französisches Lied mit amourösem und pastoralem Text; auch rein instrumentale Wiedergabe dieser Liedgattung

Calando, nachlassend, in Tempo und Tonstärke abnehmend
Cantabile, sanglich
Canzonette, kleine Kanzone, tänzerisches Vokalstück in Italien, von deutschen und englischen Komponisten als leichte volkstümliche Liedgattung weiterentwickelt
A cappella, Chorgesang ohne Instrumentalbegleitung
Capriccio, eigenwilliges Musikstück; im 19. Jahrhundert Sonaten- und Sinfoniesatz anstelle des früheren Menuetts
Caprice, siehe Capriccio
Cassation, Kassation, heiteres, im Freien gespieltes Instrumentalstück, Abschiedsständchen
Catch, geselliges, in England sehr beliebtes Chorlied, anfänglich in Kanonform, zumeist mit fröhlichem, für Männerrunden geeignetem Text
Chalumeauregister, tiefes, nicht überblasbares Register der Klarinette; bei der Orgel schalmeienartig klingende Pfeifen
Chanson, nach 1500 mehrstimmiges A-cappella-Lied, das im 17. Jahrhundert dem Air weichen mußte; ab dem 19. Jahrhundert Bezeichnung für eine leichte Liedform der Unterhaltungsmusik
Chant, kurze Psalmodie der anglikanischen Kirchenmusik, ein- oder mehrstimmig
Chasse, Caccia, Jagdstück, bei dem Jagdsignale eingearbeitet sind und häufig kanonartiges Jagen der Stimmen das Tempo bestimmt
Chorregent, Leiter und Dirigent eines Chores
Chromatik, »Einfärbung« und »Schärfung« durch Dazwischenschallen skalenfremder Halbtöne zur Ausdruckssteigerung
Chromatische Skala, Halbtonskala aus 12 Tönen von jedem Ton zu seiner Oktave
Cister, Sister (auch Zither), Mittelform zwischen Laute und Gitarre; bis in das 18. Jahrhundert gebräuchlich
Clarino, hohe Trompete, die durch Benützung der hohen Obertöne alle Stufen der chromatischen Skala hervorbringt
Clavicord, neben dem Cembalo das wichtigste »Klavier«, bei dem die Saiten quer zur Klaviatur laufen; sein kleiner, süßer Ton war bis zum Ende des 18. Jahrhunderts sehr beliebt; dann wurde es vom Pianoforte verdrängt
Cluster, Tontraube, Komplex mehrerer eng benachbarter Töne
Coda, abschließender Satz oder Satzteil
Colascione, Langhalslaute, ursprünglich dreisaitig, später sechssaitig, gezupft oder mit Plektron angeschlagen
Concertant, Mittelform zwischen Concerto-grosso-Form und sinfonischer Faktur: Einzelne Instrumente dominieren im Orchester und treten fallweise solistisch hervor
Concerto grosso, »Großes Konzert«, Musizierform, bei der ein kleines Solistenensemble (Concertino) dem Orchester (Ripieno) gegenübergestellt ist und mit ihm alternativ oder gemeinsam konzertiert
Confiteor, Bußgebet aus dem 11. Jahrhundert, bei der Messe als Graduale und im Stundengebet verwendet
Con espressione, mit Ausdruck
Con moto, mit Bewegung
Con spirito, mit Feuer

Continuo, siehe Generalbaß
Countertenor, Männeraltist, der durch Falsettieren die Stimmlage eines Frauen- oder Knabenalts erreicht
Crescendo, allmähliches Anschwellen der Tonstärke
Czakán, ungarische Stockflöte

Decrescendo, langsamer, dynamisch schwächer werdend
De profundis, Bitt- und Bußgebet, Psalm 129
Dies irae, Teil der Totenmesse
Diminuierung, Diminution, Verkürzung der Notenzeitwerte, auch Verzierung durch Zerlegung einzelner Töne oder Tonschritte in Gruppen kleiner, rascher Notenwerte
Dirigent, ab dem 18. Jahrhundert Leiter einer Ensembleaufführung, der Rhythmus, Dynamik, Einsatz der einzelnen Stimmen und den Gesamtausdruck der gespielten Musik überwacht und lenkt
Diskant, hohe Stimmlage, Sopran
Diskantist, Sänger der führenden Oberstimmen in einem Knabenchor
Divertimento, zusammengestellte kurze Stücke in unverbindlicher Satzfolge mit beliebiger Besetzung
Divertissement, Divertimento; bei der französischen Oper Balletteinlage, bei der Fuge Episode; Intermezzo
Dolce, doucement, süß, weich, zierlich
Dominant-Akkord, Akkord auf der 5. Stufe der Tonleiter
Dominante, 5. Stufe der Dur- und Moll-Tonleiter
Domine ad adiuvandum, Psalm 148, als Graduale verwendet
Doppelfuge, Verarbeitung von zwei Hauptthemen zu einer Fugenkomposition
Drehleier, Radleier, Saiteninstrument, das durch ein im Innern des Korpus laufendes, mit einer Kurbel gedrehtes Scheibenrad gestrichen wird; daneben erklingen Bordunsaiten
Duett, Stück für zwei gleiche oder ähnliche Klangquellen, vor allem zwei Singstimmen
Duo, Musikstück für zwei ungleiche Klangquellen
Duodrama, Duodram, gesprochener und zumeist auch gespielter Bühnendialog mit musikalischer Untermalung
Durchführung, Verarbeitung der in einem Sinfonie- oder Sonatensatz vorgestellten Themen durch deren Zerlegung, Weiterentwicklung und Gegeneinanderführung und Heranziehen fremder Tonarten

Ekphonetische Zeichen, Ausdrucks- und Betonungszeichen im byzantinischen Kirchengesang und zur hebräischen Kantillation
Entremés, kleines Stück für die Zwischenakte von Opern und Schauspielen in Spanien; gleichbedeutend mit Intermedium
Espressivo, ausdrucksvoll
Etüde, Übungsstück, auch freies Konzertstück ohne Übungscharakter
Exaudi nos, Domine, Aschermittwochantiphone
Exequien, Beerdigungsgesänge

Fandango, spanischer, ursprünglich gesungener, stark rhythmisierter Tanz
Fanfare, zumeist von Trompeten oder Hörnern geblasener Ruf, der die Aufmerksamkeit auf eine auftretende Persönlichkeit oder eine Darbietung lenkt; auch Benennung einer ventillosen Trompete
Fantasie, ungebundene Komposition, die zumeist aus mehreren Teilen improvisatorischen Charakters besteht
Farce, Farsa, kurze ein- bis zweiaktige Opera buffa, vorwiegend komischen Inhalts, als Einlage zu einer Opera seria, die zuweilen parodiert und persifliert wurde
Feldpartie, Feldmusik, Musik der Hof- und Feldtrompeter, aus Signalen zusammengesetzt und zumeist ein- oder höchstens zweistimmig
Fermate, Verharren auf einem Ton oder einem Akkord über seinen Zeitwert hinaus
Figuriert, mit Auflösung größerer Notenwerte in umspielende Tonlinien ausgeschmückt
Flageolett, durch leichtes Berühren der Saiten an deren Schwingungsknotenpunkten erzeugte Töne; auch kleine Schnabelflöte
Fugato, im Fugensatz geschrieben
Fuge, aus Kanon und Ricercare entwickelte Kompositionstechnik. Das Fugenthema (Dux) wird (zumeist unisono) vorgetragen und bei seiner Wiederholung von einem zweiten gleichen Thema in einer anderen Lage (Comes) kontrapunktisch begleitet; darauf folgen weitere Einsätze beider Themen alternierend, wobei die Regeln des Kontrapunkts gewahrt bleiben müssen
Fugheta, kleine Fuge, zumeist weniger streng angelegt

Gavotte, zweitaktiger Tanz, Teil der Suite
Generalbaß, Basso continuo, Continuo, bezifferter Baß, Akkordschrift, die die Begleitakkorde mit Ziffern auf den Baßnoten anzeigt. Der Komponist schrieb die Melodiestimme und den dazugehörigen Baß nieder und bezifferte die Füllakkorde, die der »Continuospieler« improvisatorisch einsetzte. Dieses Hauptkennzeichen

der Barockmusik wurde bis zur Wende zum 19. Jahrhundert noch viel und gerne verwendet

Generalpause, gleichzeitiges Verstummen sämtlicher Instrumente und Stimmen

Gigue, Giga, heiterer Schreittanz im Dreiertakt

Glasharmonika, Verillon, Instrument, bei dem Glasgefäße oder Glasscheiben zum Erklingen gebracht werden; es war zur Zeit der Empfindsamkeit sehr geschätzt

Glee, einfaches, anspruchslos und meistens auch völlig kunstlos gesetztes, mehrstimmiges unbegleitetes Lied in England

Graduale, Stufengesang, Teil des Proprium

Grazioso, graziös, lieblich

Harmoniemusik, Musik für Bläserensemble, bestehend aus Blech- und Holzblasinstrumenten und Schlagzeug (Trommeln, Pauken, Triangel etc.)

Hexachord, Aufeinanderfolge von sechs Tönen einer Tonleiter; Sechstonleiter

Hobokenverzeichnis - Hob., Verzeichnis der Werke von Joseph Haydn, angelegt von Antony van Hoboken (geboren 23. 3. 1887, Rotterdam)

Homophon, gleichstimmig, einstimmig; auch einstimmige oder duettierende Melodieführung mit Akkordbegleitung

Hornpipe, englischer Tanz, von der Hornpipe (Schalmeienart) begleitet

Hymnograph, Schöpfer von Hymnen der byzantinischen Liturgie

Imitation, Wiederholung einer melodisch-rhythmischen Einheit einer Stimme in einer anderen Tonhöhe

Interludium, instrumentales Zwischenspiel, Überleitung

Intermedium, Kurzoper und Kurzballett als Zwischenaktspiel bei Schauspielen und Opere serie

Intermezzo, Zwischenstück, vorwiegend bei Tanzsuiten; auch selbständiges, dem Capriccio angenähertes Musikstück

Introitus, einleitendes vokales oder instrumentales Musikstück; auch Teil des Proprium

Invention, ohne weitere Verbindlichkeit bearbeiteter musikalischer Einfall; im 19. Jahrhundert »Impromptu« genannt

Jig, englischer Reihen- oder Kettentanz, zumeist gesungen

Kadenz, melodisch oft sehr weit ausgebaute Schlußformel eines Musikstücks, das dem Solisten Gelegenheit bietet, seine Virtuosität zu zeigen. Die Ausführung überließ der Komponist oft dem Solisten

Kanon, mehrstimmiger Satz mit strenger Imitation, bei dem zumindest eine Stimme einer anderen in melodischer und rhythmischer Identität folgt. Vorausgesetzt ist, daß das Thema sich wenigstens teilweise selbst kontrapunktieren kann

Kantate, weiträumige Komposition für Singstimmen und Chor und fallweise auch mit Instrumenten

Kantele, finnisches Volksmusikinstrument, ähnliche dem Cymbal; es ist mit 5 bis 13 Saiten bespannt und wird zumeist gezupft, seltener gestrichen

Kantilene, besonders sangliche Melodie

Kantillation, solistisch psalmodierender Sprechgesang für Gebete und Lesungen im synagogalen Gottesdienst

Kanzone, Kunstliedform für eine oder mehrere Stimmen, zuweilen mit Vor-, Zwischen- und Nachspiel und Begleitung. Instrumentale Kanzonen ohne Singstimmen ahmen die Stimmung des Liedes nach

Kapellmeister, ursprünglich Leiter von Kirchenchören (Kapellen), später der kirchlichen Instrumentalensembles; heute gleichbedeutend mit »Dirigent«

Kirchentonarten, Tonleitern des Mittelalters, die in authentische - dorisch (d = d), phrygisch (e = e), lydisch (f = f) und mixolydisch (g = g) - und plagale - hypodorisch (a = a), hypophrygisch (h = h), hypolydisch (c = c) und hypomyxolydisch (d = d) - eingeteilt werden

Köchelverzeichnis - KV, Verzeichnis der Werke von Wolfgang Amadeus Mozart, angelegt von Ludwig von Köchel (14. 1. 1800, Stein, bis 3. 6. 1877, Wien)

Kolo, serbokroatischer Tanz mit Gesang und Instrumentalbegleitung

Komplet, Compieta, Complatorium, letzte Hore des katholischen Officium; auch Schlußantiphone

Kontrafaktur, Umwandlung eines Vokalwerkes durch Unterlegung eines neuen Textes

Kontrapunkt, Gegenstimme zur Melodielinie Ton für Ton

Kontretanz, Contredanse, englischer Bürger- und Hoftanz, der in Frankreich im 18. Jahrhundert Eingang fand und um 1800 als »Quadrille« nach Deutschland kam

Konzertmeister, im 17. und 18. Jahrhundert Leiter des Konzerts vom ersten Violinpult aus neben dem »Kapellmeister« am Cembalo. Heute bezeichnet man damit den Führer der Ersten

Violinen, dem auch alle kleinen solistischen Stellen zufallen

Lamentationen, Lesungen in den letzten drei Tagen der Karwoche (Karwochenlectio), deren Text den »Klagen des Propheten Jeremias« entnommen sind; oft vertont
Lamento, Klagegesang
Larghetto, etwas langsam
Largo, langsam, breit
Lauda Sion salvatorem, Fronleichnamssequenz, Text von Thomas von Aquin (um 1225–74)
Leçons de ténèbres, Karwochenlektionen
Legato, gebunden, im Legatospiel folgen die Töne einander ohne die geringste Pause
Lento, langsam
Lira da braccio, Lyraviole, Vorstufe zur Violine mit zumeist 5 Griffsaiten und 2 Bordunsaiten
Litanei, Bittgebet oder Bittgesang in Form von responsorialen Anrufungen
Loa, kurzes, instrumental begleitetes Vorspiel zu Theaterstücken in Spanien
Lombardischer Rhythmus, Melodieführung mit häufigen Vorschlägen
Lydisch, Kirchentonart

Madrigal, im 16. und 17. Jahrhundert gehobener musikalischer Ausdruck eleganter zeitgenössischer Poesie im jeweils herrschenden Stil; später erlesenes Kunstlied
Magnificat, Marienhymnus, im katholischen Officium Höhepunkt der Vesper, Text aus dem Evangelium Lukas (1/46–55)
Mandatum novum, Johannes 14/34, im Proprium und Service verwendet
Maskenspiel, Masque, im 16. und 17. Jahrhundert am Hof und in Adelshäusern Englands zum Teil von Adeligen selbst ausgeführte mythologische und allegorische Szenen mit Musik und Tanz
Maîtrise, größeren französischen Kirchen angeschlossene Chorschule; ihr Leiter hieß Maître de Chapelle
Marche, Marcia, Marsch, im Marschrhythmus
Melismen, stark mit Vokalisen durchsetzte Melodien
Melodram, Deklamation mit Musikuntermalung
Melodrama, gesprochenes Schauspiel mit Musikuntermalung
Menuett, französischer Tanz aus der Zeit Ludwigs XIV., Sinnbild höfischer Grazie. Im 18. Jahrhundert Satz des Divertimento, der Sonate und der Sinfonie
Mesto, traurig, düster
Miserere mei, Deus, Gott, erbarme dich meiner, Bußpsalm (Psalm 50), viel bei Exequien verwendet, oftmals vertont
Missa brevis, Kurzmesse des evangelischen Gottesdienstes, die nur aus Kyrie und Gloria besteht; auch gekürzte Messe für den katholischen Gottesdienst
Moderator, gemäßigt
Modulation, Übergang von einer Tonart zu einer anderen, um dort einige Zeit zu verbleiben. Sie wurde im vollen Umfang erst nach der Temperierung der Skala, wodurch jeder Ton mehreren Tonarten zugeordnet werden konnte, möglich
Monodie, einstimmige Melodieführung, im Gegensatz zur kontrapunktischen Anlage mehrerer Stimmen, mit zumeist akkordischer Begleitung
Monodrama, rezitierende Passage mit Musikbegleitung in einem musikalischen Schauspiel oder in einer Kantate
Motette, Form der vokalen Polyphonie mit sakralem Text, die im Verlauf der Musikgeschichte mehrfach ihre Struktur änderte; abgesehen von diesem Wandel haftet ihr stets eine gewisse Würde und Erhabenheit der Diktion an
Murkybässe, in gebrochenen Oktaven sich bewegende Bässe
Musette, Dudelsack; Tanz im Dreiertakt mit bordunähnlichen durchgehenden Bässen

Noël, Weihnachtslied in Frankreich, häufig auf Volksmelodien gesungen; im 19. Jahrhundert auch als Romanze oder Arie komponiert
Nokturne, Nocturne, Nachtstück im Ton der Ballade, Romanze oder Kassation für Kammerensemble, Orchester oder Klavier

Offertorium, Teil des Proprium, nach dem Credo gesungen
Officium, ursprünglich Gottesdienst mit Messe, später Nebengottesdienst außerhalb der Messe auf die Stundenämter eingeengt
Operette, im 18. Jahrhundert »kleine Oper« im Buffostil oder singspielähnlich; ab dem 19. Jahrhundert im Bereich leichter Unterhaltungsmusik angesiedeltes Lustspiel mit Gesang- und Tanzeinlagen
Oratorium, aus den im »Oratorio« (Betsaal) römischer Klöster gepflegten Hymnen und Wechselgesängen nahezu parallel zur Oper entstanden. Es entwickelte sich in zwei Zweigen, dem volkstümlichen Oratorio volgare (italienisch) und dem Oratorio latino (lateinisch, textlich und inhaltlich gehoben); auf die letztere Form fußend, kam es zum Anstieg zum Oratorium im englischen und deutschen Kulturbereich
Ordinarium, unveränderlich festgelegte liturgi-

sche Texte der Messe: Kyrie, Gloria, Credo, Sanctus, Benedictus, Agnus

Orgelpunkt, angehaltener Baßton, zumeist am Ende eines Stücks auf der Dominante des Schlußakkords

Orphika, kleines Hammerklavier mit 2 bis 4 Oktaven Tonumfang, das mit einem um den Hals laufenden Band getragen und mit einer Hand gespielt wurde

Ostinato, ständige Wiederholung eines musikalischen Motivs, zumeist im Baß

Ouvertüre, Einleitungsstück zu einem musikalischen Schauspiel oder mit Musik versehenes Sprechstück (auch bei Schauspielen ohne Musik), sinfonisch oder frei gestaltet und auch als selbständiges Konzertstück aufgeführt

Pange lingua, Kreuzeshymne aus dem 6. Jahrhundert, oftmals umgedichtet, heute als Vesper- und Prozessionshymnus verwendet, oftmals vertont

Parodie, Umformung eines Stücks zu einem neuen, in dem wesentliche Teile des benützten Werks zitiert oder in veränderter Gestalt wiedergegeben werden; auch satirische Bedeutung: groteske Verzerrung, Persiflage

Partite, Partita, siehe Suite

Paso, Paso doble, spanischer Paartanz mit einfachen Schritten, lebhaft, aber nicht sehr rasch

Passion, Leidensgeschichte nach den Evangelientexten als Oratorium oder Kantate; im evangelischen Bereich auf Texte in der Volkssprache und mit Dichtungen angereichert, auf die sich das Hauptgewicht verlagert, wodurch die Passionen formal zu Oratorien (Passionsoratorium) wurden

Pasticcio, aus älteren Werkteilen zusammengestelltes oder von mehreren Komponisten vertontes Stück: Oper, Oratorium, Divertimento etc.

Pastorale, Hirtenstück, Darstellung bukolischer Szenen, auch Weihnachtsmusik; Benennung der Sechsten von Beethoven

Pastorelle, Pastourelle, kurze Pastorale

Pentatonik, fünfstufiges Tonsystem ohne Halbtonschritte

Phonascus, Chorleiter bei Kirchenkapellen

Pizzicato, gezupfte Töne auf Streichinstrumenten

Polyphonie, gleichzeitiges Erklingen mehrerer Töne, das dem jeweiligen Stil entsprechenden kompositorischen Regeln unterworfen ist; auch die gleichzeitige Führung mehrerer Melodien, die einander kontrapunktieren

Portativ, tragbare Orgel ohne Pedal zum Konzertgebrauch

Positiv, kleine Standorgel ohne Pedal zur Begleitung von Sängern außerhalb der Chorempore (z. B. in Altarnähe)

Postludium, Nachspiel

Potpourri, aneinandergereihte verschiedene Musikstücke oder Teile davon, die nur im losen oder in überhaupt keinem Zusammenhang zueinander stehen, oft Suite von Melodien aus einer Oper oder von Stücken mit ähnlichem Stimmungsbezug (z. B. Volksliederpotpourri)

Präludium, Vorspiel, Einleitung

Prestissimo, überaus rasch

Presto, sehr rasch

Proprium, dem Kirchenkalender oder dem jeweiligen Anlaß entsprechende textlich veränderliche Gesänge zur Messe: Introitus, Graduale, Alleluja, Tractus, Communio, Offertorium, Tantum ergo etc.

Punktierte Noten, bei denen ein Punkt hinter der Note ihren Zeitwert um die Hälfte und 2 Punkte um ein weiteres Viertel verlängern

Quodlibet, Quotlibet (Was beliebt oder wieviel beliebt), gleichzeitiges Erklingen von zwei oder mehreren kontrapunktisch aufeinander abgestimmten Melodien; auch Nebeneinanderreihung verschiedener Melodien wie bei den Potpourris. Die verwendeten Musikstücke erzeugen oft überraschende komische Kontrastwirkungen

Reel, alter, auch in Schottland und Skandinavien verbreiteter englischer Tanz im geraden Takt, der zumeist von mehreren Paaren ausgeführt wurde

Regens chori, Chorregent

Regina coeli, Marienantiphone aus dem 12. Jahrhundert

Reprise, Wiederholung des ersten Satzteiles nach der Durchführung des zweiten bei Sonate und Sinfonie

Requiem, Totenmesse mit verändertem Ordinarium; Gloria und Credo fehlen, dafür sind Requiem aeternam – Absolve Domine – Dies irae – Domine Jesu Christe – Lux aeterna eingeschoben

Responsorium, Wechselgesang zwischen Altarsänger und Chor, dem nur kurze Einwürfe oder abschließende Bekräftigungen zugeteilt sind

Rettungsoper, Operntyp, bei dem in Bedrängnis geratene Hauptgestalten im letzten Augenblick durch glückliche Fügungen gerettet werden

Rezitativ, Sprechgesang in Oper und Oratorium zur Mitteilung des Handlungsfortganges oder für Dialoge; es ist entweder harmonisch entwickelt (Recitativo arioso) oder nicht (Recitativo secco)

Rhapsodisch, folkloristisch erzählend

Ricercar, Ricercare, kanonartige Intonation, Vorform der Fuge

Ripienist, chorverstärkender Sänger, der je nach Bedarf zugezogen wird

Ripienoschule, Chorschule, die keine Solisten ausbildet

Ritornell, instrumentales Vor-, Nach- oder Zwischenspiel im Strophenlied, in der Da-capo-Arie oder im Instrumentalkonzert, zumeist imitatorisch

Romanze, sentimentales Lied größeren Umfangs oder arioses Instrumentalstück

Rondo, Rondeau, instrumentale Nachahmung des gleichnamigen mittelalterlichen Tanzlieds mit Couplet (Soloteil) und Refrain (Chorantwort); Anfang und Ende entsprechen einander oft imitatorisch

Round, englischer Rundgesang oder Reigentanz

Sainete, burleskes Zwischenspiel des spanischen Schauspiels, oft mit Tänzen und Gesängen

Salve regina, Gegrüßt seist Du, Königin, monodisch, mehrstimmig oder für Orgel bearbeitete Marienantiphone aus dem 11. Jahrhundert

Sarabande, altspanischer, energisch rhythmisierter Volkstanz mit gravitätischer Würde

Scherzante, scherzoähnlich

Scherzato, dem Scherzo angenähert

Scherzo, launiger Sonaten- oder Sinfoniesatz, auch virtuoses Instrumentalstück freier Natur

Schuloper, Schuldrama, das aus der Gegenreformation hervorgegangene Jesuitendrama wurde an manchen Orten weit über die Barockzeit hinaus gepflegt. Die Universität Salzburg führte von 1620 bis um 1796 jeweils am Ende des Schuljahres ein komponiertes Drama auf

Scordatur, Scordatura, Umstimmen von Saiten, um gewisse Griffe zu erleichtern oder überhaupt erreichbar zu machen

Scordiert, mit umgestimmten Saiten

Seguidilla, spanischer Tanz im Dreiertakt, ähnlich einem raschen Bolero, zumeist von Gitarren und Kastagnetten begleitet

Sepolcro, Totengesang, Grabgesang

Sequenz, im Mittelalter dem Alleluja folgender, oft weit ausgedehnter Gesang, der einer freien Koloratur nahekam und »mehr Musik« in die Sakralhandlung brachte; zur besseren Merkbarkeit wurden diesen langen Tonreihen Texte unterlegt, woraus sich eine neue Gattung der Vokal- und Instrumentalmusik entwickelte. In neuerer Zeit versteht man unter Sequenz eine Tonwiederholung auf veränderter Tonhöhe

Serpent, Blasinstrument in der Baßlage, bis zu 3 Meter lang, mit schlangenförmig gewundenem Rohr. Es wird mittels Kesselmundstück angeblasen und hat 6 Grifflöcher. Sein Ton ist dumpf und rauh und diente oft als Baßverstärker

Service, Gottesdienst der anglikanischen Kirche. Das full service (Volles Service) besteht aus dem morning-(Morgen-)service (Venite, Te Deum, Benedictus, Jubilate, Benedicite), dem evening-(Abend-)service (Magnificat, Nunc dimitis, Cantate Domino, Deus misereatur) und dem communion-(Kommunion-)service (Kyrie, Credo, eventuell Sanctus, zuweilen alle Teile des katholischen Ordinarium). Das short service (kurzes Service) bringt nur Teile des full service. Die Sprache des Service ist in der Regel englisch

Sforzato, sforzando, plötzliche starke Betonung eines Tones oder einer Tongruppe

Sinfonie, im 18. Jahrhundert formte sich die klassische Sinfonie parallel zur Sonatenstruktur aus

Singspiel, Schauspiel mit eingestreuten Liedern und Instrumentalstücken. Vorstufe zur deutschen Oper

Solfeggien, Gesangsübungen auf Tonsilben

Solmisation, Benennung der Skala nach Guido von Arezzo: Ut-Re-Mi-Fa-Sol-La, für den siebten Ton wurde im 16. Jahrhundert »Si« hinzugefügt; im 17. Jahrhundert wurde »Ut« durch »Do« ersetzt

Sonate, nach mehrmaligem Bedeutungswandel bildete sich um 1750 die Sonate der Klassik aus. Sie war zumeist viersätzig und folgte der Faktur der Sinfonie und des Streichquartetts der Zeit. Der 1. Satz drückt Handeln, Geschehen, Dramatik im Allegro aus (Sonaten-Allegro), der 2. Satz ist liedhaft, langsam, lyrisch, oft schmerzlich, der 3. Satz ist zumeist ein heiteres Menuett oder Scherzo, der 4. Satz bringt den jubelnden Ausklang

Sostenuto, zurückhaltend, breit, getragen

Spieloper, leichte Oper, zwischen Opéra comique und Singspiel stehend, mit gesprochenen Textteilen oder Rezitativen

Spinett, dem Cembalo ähnliches Tasteninstrument mit kastenartigem Gehäuse und einchörigen, quer zur Klaviatur verlaufenden Saiten

Stabat mater, Mariensequenz von Jacopo da Todi (um 1230–1306), oftmals vertont

Staccato, abgestoßen, wobei zwischen den voneinander abgehobenen Tönen winzige Pausen entstehen

Strathspey Reel, schottischer, langsamer Tanz im Vierertakt mit weiten Intervallsprüngen, benannt nach dem Flußtal des Spey

Stretta, eng geführte Fuge oder letzter, stark beschleunigter Teil einer Arie oder eines Aktes mit massierten Instrumenten

Subdominante, 4. Stufe der Dur- und Moll-Tonleiter

Succentor, Vertreter oder Gehilfe des Chorleiters, Unterkantor, ebenso Ausbilder des Knabenchors

Suite, Partite, Ordre, Stück aus verschiedenen Teilen, insbesondere Tänzen, später auch anderen Kompositionen; auch Zusammenstellung zugkräftiger Passagen oder Arien einer Oper, eines Balletts oder einer Bühnenmusik

Synkope, Abweichung vom normalen Metrumverlauf, indem unbetonte Taktteile akzentuiert und betonte ohne Akzente belassen werden

Synkopiert, mit Synkopen stark versehen

Table entertainment (Tischunterhaltung), wobei der »Unterhalter« sein Publikum um einen Tisch vor sich versammelt und mit Erzählungen, Rezitationen, Scherzen und Liedern unterhält

Tantum ergo, 5. Strophe des Pange lingua, die mit der 6. Strophe (Genitori) bei Sakramentsaussetzungen gesungen wird

Te Deum, Hymnus, ursprünglich Ambrosius zugeschrieben und daher »Ambrosianischer Lobgesang« genannt; vermutlich Dichtung von Niketas von Remesiana (gestorben 441)

Tenebrae factae sund, Matthäus 27/45, 46, Karwochengesang

Terzett, dreistimmiges Stück für gleichartige Singstimmen oder Instrumente

Theorbe, Baßlaute mit verlängertem Hals, der nicht wie bei der Laute geknickt ist, und 2 Wirbelkasten, von denen einer für 6 bis 8 über das Griffbrett laufende, der andere für die 8 freischwebenden Saiten bestimmt sind

Theorbist, Theorbenspieler, häufig als Continuospieler eingesetzt

Toccata, sehr frei und weiträumig gefaßtes Stück, vorwiegend für Tasteninstrumente

Tonadilla, kurzes Gesangsstück am Ende kleiner Einlagen zu spanischen Bühnenstücken mit Refrain

Tonika, Grundton der Skala

Transkription, Übertragung eines Stücks zur Aufführung mit anderen als die vom Komponisten vorgeschriebenen Instrumenten. Sie erfordert in den meisten Fällen ein Arrangement, das nicht selten die Substanz der Komposition verletzt

Transposition, Übertragung eines Tonwerks von einer Tonart in eine andere, höhere oder tiefere

Trio, dreistimmiges Stück mit verschiedenartigen Instrumenten

Triste, traurig

Tropus, Einschub in die antiphonaren Formen des gregorianischen Gesangs oder Beifügung zu Teilen des Ordinarium

Trugschluß, vorläufiger Schluß eines Stückteiles von der Dominante nicht zur Tonika kadenzierend, sondern zur verwandten Moll-Tonart, was eine Fortsetzung bis zum echten Ganzschluß zur Tonika fordert

Tutti, beim Solistenkonzert und dem Concerto grosso das »Große Orchester« im Gegensatz zu den Solostimmen oder dem Concertino

Unisono, einstimmig, wobei zumeist Oktavenabstände unberücksichtigt bleiben

Un poco moto, ein wenig bewegt

Variation, Veränderung, vielgestaltige Kompositionstechnik, bei der ein Grundthema mehrfach in immer wieder veränderter Form gebracht wird. Das variierte Thema bleibt dabei stets, wenn auch sehr entfernt, erkennbar

Vaudeville, Vorform des Air de cour, im 18. Jahrhundert Form des leichten französischen Singspiels

Veni creator sancte spiritus (Komm, Schöpfer, heiliger Geist), oft vertonte Pfingstsequenz; Text vermutlich von Papst Innozenz III. (um 1161 bis 1216)

Versett, Versette, Versetl, Orgelsatz, der einen gesungenen Vers ersetzt, im Verlauf der Entwicklung von der Melodie des Vokalstücks oft bis zu dessen freier Bearbeitung entfernt

Vesper, katholischer Abendgottesdienst, der aus 5 Antiphonen und 5 Psalmen besteht; sehr oft als selbständiges Tonwerk komponiert

Villancico, volkstümliche einfache Liedform in Spanien mit zumeist religiösem Text. Heute instrumental begleitetes Weihnachtslied

Villanella, Villanesca, volkstümliches monodisches oder mehrstimmiges neapolitanisches Tanzlied

Viola alta, vergrößerte Bratsche, Tenorinstrument der Violinenfamilie, kam im 19. Jahrhundert außer Gebrauch

Viola bastarda, große Viola da gamba mit 6 bis 7 gestrichenen und ebenso vielen mitschwingenden Saiten unter dem Steg und dem Griffbrett

Viola d'amore, Streichinstrument der Violenfamilie, aus der Viola bastarda entwickelt, mit 7 Spielsaiten aus Darm und 7 mitschwingenden Saiten aus Metall

Viola pomposa, auf Anregung Bachs gebaute Großform der Bratsche mit 5 Saiten, wegen seiner Stellung zwischen Bratsche und Cello auch Violoncello piccolo genannt

Violon alto, um 1800 in Frankreich konstruierte Violine mit 5. Saite, um ihren Tonumfang nach unten zu erweitern

Vivace, lebhaft, bewegt

Voluntary, Komposition oder Improvisation für Orgel zum Beginn des anglikanischen Gottesdienstes oder zu dessen Ende, früher auch vor der Predigt eingesetzt; auch Synonym für Improvisation oder freie Komposition für Orgel überhaupt

Vorhalt, um eine kleine Ober- oder Untersekunde verzögerter Eintritt eines Akkord- oder Melodietones

Vorschlag, Einschieben eines oder mehrerer kurzer Töne zwischen zwei Haupttönen der Melodielinie, um diese zu verzieren

Xänorphica, Bogenflügel, Streichklavier, in dem wie bei einer Drehleier die Saiten von Scheibenrädern gestrichen werden; immer wieder neu konstruiert, setzte es sich doch nie durch

Zarzuela, spanische Bühnenstückgattung, die im 18. Jahrhundert von der italienischen Oper verdrängt worden war, erfuhr im nächsten Jahrhundert durch Einbeziehen folkloristischer Elemente und Erweiterung von 2 auf 3 Akte eine neue Belebung

Register

Dieses Kreuzregister enthält alle wesentlichen Namen, über die der Text informiert. Fremdsprachige Originaltitel von Musikwerken wurden zusätzlich in deutscher Übersetzung ins Register aufgenommen, soweit sie im Text übersetzt aufscheinen. Deutsche wie fremdsprachige bestimmte Artikel am Beginn von Titeln sind weggelassen worden. Fallweise in diesem Band erwähnte Komponisten, die vor 1685 oder nach 1770 geboren sind, wurden nur mit Geburts- und Sterbejahr versehen. Nähere Informationen darüber können dem Band »Alte Musik«, »Barock-Musik« oder den der »Musik der Klassik« folgenden Bänden entnommen werden.
Halbfett gedruckte Seitenangaben bezeichnen Haupthinweise.

A

B

C

D

E

F

G

H

I

J

K

L

M

N

O

P

Q

R

S

T

U

V

W

Bildnachweis

Wir danken folgenden Personen und Institutionen für die Überlassung von Bildmaterial:

Farbtafeln: Archiv für Kunst und Geschichte, Berlin: I, II (oben), IV (oben). Bärenreiter Verlag: VIII (unten). BASF, Ludwigshafen: XIV (oben). Cosmopress, Genf: VIII (oben). Verlag M. Diesterweg: V, VI, VII (unten), IX (unten). Historisches Museum der Stadt Wien: XII (oben). Istituto editoriale italiano, Milano: XV (oben). Musée National du Louvre, Paris: XVI (unten), Museum für Kunst und Gewerbe, Hamburg: II (unten). Nationalhistoriske Museum, Frederiksborg: XIV (unten). Propyläen-Verlag IV (unten), VII (oben). Residenz Verlag: III, X, XI (oben), XIII. Stalling Verlag: XVI (oben).

Schwarzweißbilder: Amalthea-Verlag: 17, 60, 129, 156, 200, 283, 397, 508, 593, 675. Oskar Anrather: 113. Archiv für Kunst und Geschichte, Berlin: 533. Bärenreiter Verlag: 30, 38, 43, 53, 78, 79, 96, 103, 140, 181, 194, 197, 210, 215, 223, 230, 238, 257, 260, 263, 270, 276, 279, 282, 306, 307, 344, 350, 362, 369, 414, 447, 448, 469, 472, 475, 481, 499, 536, 553, 603, 604, 653. Verlag Das Bergland-Buch: 112, 271, 381, 439, 596, 619, 628, 659. Bibliotheca comunale, Verona: 542. Conservatorio Giovanni Battista Martini, Bologna: 105, 135, 189. Verlag M. Diesterweg: 100, 286, 299, 408. Gesellschaft der Musikfreunde, Wien: 378. Gustav Giehs: 34, 39, 83, 162, 185, 371. Graphische Sammlung Albertina, Wien: 29. Graphische Sammlung, München: 579. Historisches Museum der Stadt Wien: 124, 518, 587, 622, 649. Internationale Stiftung Mozarteum, Salzburg: 218. Mozart-Gedenkstätte, Augsburg: 207, 273, 304, 354, 411, 459, 463, 468, 478. Österreichische Nationalbibliothek, Wien: 2, 19, 56, 60, 63, 75, 81, 117, 120, 148, 149, 171, 174, 188, 241, 261, 279, 305, 309, 311, 313, 315, 318, 319, 321, 328, 331, 335, 342, 356, 374, 377, 382, 418, 431, 497, 517, 526, 538, 539, 541, 546, 547, 551, 555, 557, 582, 601, 644, 669, 673, 674, 676, 678, 680, 688, 689. Propyläen-Verlag: 226. Residenz Verlag: 69, 143, 252, 297, 310, 312, 325, 339, 401, 486, 540, 579, 609, 639, 670, 671, 672. Lois Renz: 128. Alois Schmiedbauer: 22. Stadtverkehrsbüro Salzburg: 236.
Alle übrigen Aufnahmen Kiesel-Archiv, Salzburg.